W9-AWC-426

THE OXFORD-DUDEN PICTORIAL GERMAN-ENGLISH DICTIONARY

THE OXFORD-DUDEN PICTORIAL GERMAN-ENGLISH DICTIONARY

Edited by
the Dudenredaktion and
the German Section of the
Oxford University Press
Dictionary Department

CLARENDON PRESS – OXFORD

Oxford University Press, Walton Street, Oxford OX2 6DP
Oxford New York Toronto
Delhi Bombay Calcutta Madras Karachi
Petaling Jaya Singapore Hong Kong Tokyo
Nairobi Dar es Salaam Cape Town
Melbourne Auckland
and associated companies in
Berlin Ibadan

Oxford is a trade mark of Oxford University Press

Published in the United States by
Oxford University Press, New York

Reprinted 1982, 1984, 1986, 1987
Limp edition first published 1987
Reprinted 1988, 1990

British Library Cataloguing in Publication Data
The Oxford-Duden pictorial German-English dictionary.
1. German language – Dictionaries – English
2. English language – Dictionaries – German
I. Pheby, John II. Dudenredaktion
III. Oxford University Press. Dictionary Department. German Section IV. Pictorial German-English dictionary
433'.2'1 PF3640 79-41241
ISBN 0-19-864135-4
ISBN 0-19-869153-X (limp)

German text edited by Dieter Solf et al., Mannheim
English text edited by John Pheby, Oxford, with the assistance of Roland Breitsprecher, Michael Clark, Judith Cunningham, Derek Jordan, and Werner Scholze

Illustrations by Jochen Schmidt, Mannheim

Coordinating editors of the bilingual edition: John Pheby, Oxford, and Werner Scholze, Mannheim

Printed in Hong Kong

Foreword

This German-English pictorial dictionary is based on the third, completely revised edition of the German *Bildwörterbuch* published as Volume 3 of the ten-volume *Duden* series of monolingual German dictionaries. The English text represents a direct translation of the German original and follows the original layout and style as closely as possible. It was produced by the German Section of the Oxford University Press Dictionary Department in cooperation with the Dudenredaktion of the Bibliographisches Institut and with the assistance of numerous British companies, institutions, and technical experts.

There are certain kinds of information which can be conveyed more readily and clearly by pictures than by descriptions and explanations, and an illustration will support the simple translation by helping the reader to visualize the object denoted by a given word. This applies both to technical vocabulary sought by the layman and to everyday objects foreign to the general user. In the present dictionary these will be mainly objects from German life which are strange to the English-speaking user – this was dictated by the origin of the text – and the picture will help him to form some impression of the way in which the objects fit into the lives of the German-speaking communities.
Each double page contains a plate illustrating the vocabulary of a whole subject, together with the exact German names and their correct English translations. The arrangement of the text and the presence of alphabetical indexes in German and English allow the dictionary to be used either way: as a German-English or an English-German dictionary. This, together with the wide range of vocabulary, which includes a large proportion of specialized words and technical terms, makes the Oxford-Duden Pictorial Dictionary an indispensable supplement to any German-English or English-German dictionary.

We should like to thank the following individuals and organizations for their help and advice during the preparation of the English text: Mr. N.K. Bowley; British Northrop Ltd.; British Rail, Oxford Region (Area Civil Engineer & Signals Supervisor); The Brush and Compass (Hunts Office Equipment Ltd.); The Careers Information Service of the Army, the Royal Air Force and the Royal Navy; Dr. R. Clark; Mr. G.R. Cunningham; Dentons Cycles Ltd.; Eadie Boyd Ltd.; Mr. P. East; Mr. G. Gilmour, Assistant Librarian, Oxford Polytechnic Library; Greenaway Morris Ltd.; Mr. A.J. Hall, B. Sc., F.R.I.C., F.T.I., F.S.D.C.; George Hattersley & Sons Ltd.; Heel-A-Mat Ltd.; Mr. Simon Howe; Mr. Heinz E. Kiewe, Art Needlework Industries Ltd.; Mather & Platt Ltd.; Melson Wingate Ltd.; Motorworld Garages Ltd.; Mr. W. Napper; Oxfordshire Fire Service (Divisional Headquarters, B Division); Perschke Price Service Organization Ltd.; Rowell & Son; Mr. Robert Sephton, Librarian, Oxford College of Further Education; Mr. W. Slater, Platt, Saco, Lowell Ltd.; Stanton King Organization; Mr. M.J. Trafford; Messrs. R.E. and S.J. Wiblin, Markertow Ltd.

We should also like to extend our thanks to the English staff of the Oxford Dictionaries, in particular Mr. D.J. Edmonds, Dr. D.R. Howlett, Mr. A.M. Hughes, Mr. G. Murray, and Miss S. Raphael.

Oxford, 1980 J. P.

Vorwort

Dieses deutsch-englische Bildwörterbuch entstand auf der Grundlage der 3., vollständig neu bearbeiteten Auflage des deutschen Bildwörterbuches, das als Band 3 der Reihe „Der Duden in 10 Bänden" erschienen ist. Der englische Teil wurde vom German Department des traditionsreichen englischen Verlages Oxford University Press in Zusammenarbeit mit der Dudenredaktion und mit Unterstützung zahlreicher britischer Firmen, Institutionen und Fachwissenschaftler erstellt.

Bilder können bestimmte Informationen schneller und deutlicher vermitteln als Erklärungen und Beschreibungen. Die Abbildung läßt uns häufig sehr viel leichter den Gegenstand erkennen, der mit einem bestimmten Wort bezeichnet wird, als eine noch so treffende Definition des Wortes.

Auch im Umgang mit einer fremden Sprache – ob wir sie nun lernen oder lehren, ob wir sie gut oder weniger gut beherrschen – ist die bildliche Darstellung eine nützliche Hilfe. Die Bildtafeln in diesem Buch zeigen die wichtigsten Dinge aus allen Bereichen des Lebens jeweils in ihrem thematischen Zusammenhang. Auf einer einzig aufgeschlagenen Doppelseite finden wir eine Tafel, die den Wortschatz eines ganzen Gebietes illustriert, dazu die zugehörigen exakten deutschen Bezeichnungen und die korrekten englischen Entsprechungen. Die thematische Gliederung erspart mühsames Nachschlagen der einzelnen Wörter, da man sich über einen ganzen Sachbereich mit einem Blick informieren kann. Außerdem werden alle Wörter noch einmal gesondert in je einem deutschen und einem englischen Register in alphabetischer Reihenfolge verzeichnet.

Diese Konzeption und die Tatsache, daß die Wortauswahl in hohem Maße gerade die speziellen und fachbezogenen Wörter berücksichtigt, machen das Oxford-Duden-Bildwörterbuch zu einer unentbehrlichen Ergänzung jedes deutsch-englischen Wörterbuches.

Wir danken allen Firmen, Institutionen und Fachleuten, die uns bei der Beschaffung und Gestaltung des Bildmaterials unterstützt haben.

Mannheim, 1980

Der Wissenschaftliche Rat
der Dudenredaktion

Abbreviations used in the English text

Am.	*American usage*
c.	*castrated (animal)*
coll.	*colloquial*
f.	*female (animal)*
form.	*formerly*
joc.	*jocular*
m.	*male (animal)*
poet.	*poetic*
sg.	*singular*
sim.	*similar*
y.	*young (animal)*

Abkürzungen im deutschen Text

Im deutschen Text ist bei allen Substantiven das Geschlecht angegeben, soweit es nicht aus der Beugung ersichtlich oder mit dem des unmittelbar vorhergehenden Substantivs identisch ist. Synonyme stehen in Klammern.

ähnl.	ähnlich
alem.	alemannisch
altchristl.	altchristlich
automat.	automatisch
bayr.	bayrisch
bergm.	bergmännisch
Bez.	Bezeichnung
christl.	christlich
darg.	dargestellt
dicht.	dichterisch
dt.	deutsch
elektr.	elektrisch
engl.	englisch
etrusk.	etruskisch
f	Femininum
fam.	familiär
früh.	früher
griech.	griechisch
internat.	international
landsch.	landschaftlich
m	Maskulinum
mitteld.	mitteldeutsch
mundartl.	mundartlich
n	Neutrum
nd.	niederdeutsch
obd.	oberdeutsch
od.	oder
österr.	österreichisch
pl	Plural
schemat.	schematisch
scherzh.	scherzhaft
schwäb.	schwäbisch
schweiz.	schweizerisch
seem.	seemännisch
sg	Singular
sog.	sogenannt
südd.	süddeutsch
südwestd.	südwestdeutsch
stud.	studentisch
techn.	technisch
ugs.	umgangssprachlich
versch.	verschiedene
verw.	verwandt
z. B.	zum Beispiel

Inhaltsverzeichnis

Die arabischen Ziffern sind die Nummern der Bildtafeln.

Contents

The arabic numerals are the numbers of the pictures.

Inhaltsverzeichnis

Contents

Inhaltsverzeichnis

Contents

Inhaltsverzeichnis

Contents

Inhaltsverzeichnis

Contents

1-8 Atommodelle *n*
- *atom models*
1 das Atommodell des Wasserstoffs *m* (H)
- *model of the hydrogen (H) atom*
2 der Atomkern, ein Proton *n*
- *atomic nucleus, a proton*
3 das Elektron
- *electron*
4 der Elektronenspin
- *electron spin*
5 das Atommodell des Heliums *n* (He)
- *model of the helium (He) atom*
6 die Elektronenschale
- *electron shell*
7 das Pauli-Prinzip
- *Pauli exclusion principle (exclusion principle, Pauli principle)*
8 die abgeschlossene Elektronenschale des Na-Atoms *n* (Natriumatoms)
- *complete electron shell of the Na atom (sodium atom)*
9-14 Molekülstrukturen *f* (Gitterstrukturen)
- *molecular structures* *(lattice structures)*
9 der Kochsalzkristall
- *crystal of sodium chloride (of common salt)*
10 das Chlorion
- *chlorine ion*
11 das Natriumion
- *sodium ion*
12 der Cristobalitkristall
- *crystal of cristobalite*
13 das Sauerstoffatom
- *oxygen atom*
14 das Siliciumatom
- *silicon atom*
15 die „Energietreppe" (mögliche Quantensprünge *m*) des Wasserstoffatoms *n*
- *energy levels* *(possible quantum jumps) of the hydrogen atom*
16 der Atomkern (das Proton)
- *atomic nucleus (proton)*
17 das Elektron
- *electron*
18 das Niveau des Grundzustands *m*
- *ground state level*
19 der angeregte Zustand
- *excited state*
20-25 die Quantensprünge *m*
- *quantum jumps* *(quantum transitions)*
20 die Lyman-Serie
- *Lyman series*
21 die Balmer-Serie
- *Balmer series*
22 die Paschen-Serie
- *Paschen series*
23 die Bracket-Serie
- *Brackett series*
24 die Pfund-Serie
- *Pfund series*
25 das freie Elektron
- *free electron*
26 das Bohr-Sommerfeldsche Atommodell des H-Atoms *n*
- *Bohr-Sommerfeld model of the H atom*
27 die Energieniveaus *n* des Elektrons *n*
- *energy levels of the electron*
28 der spontane Zerfall eines radioaktiven Materials *n*
- *spontaneous decay* *of radioactive material*
29 der Atomkern
- *atomic nucleus*
30-31 das Alphateilchen (α, die Alphastrahlung, der Heliumatomkern)
- *alpha particle (α, alpha radiation, helium nucleus)*
30 das Neutron
- *neutron*
31 das Proton
- *proton*
32 das Betateilchen (β, die Betastrahlung, das Elektron)
- *beta particle (β, beta radiation, electron)*
33 die Gammastrahlung (γ, eine harte Röntgenstrahlung)
- *gamma radiation (γ, a hard X-radiation)*
34 die Kernspaltung
- *nuclear fission*
35 der schwere Atomkern
- *heavy atomic nucleus*
36 der Neutronenbeschuß
- *neutron bombardment*
37-38 die Kernbruchstücke *n*
- *fission fragments*
39 das freigesetzte Neutron
- *released neutron*
40 die Gammastrahlung (γ)
- *gamma radiation (γ)*
41 die Kettenreaktion
- *chain reaction*
42 das kernspaltende Neutron
- *incident neutron*
43 der Kern vor der Spaltung
- *nucleus prior to fission*
44 das Kernbruchstück
- *fission fragment*
45 das freigesetzte Neutron
- *released neutron*
46 die wiederholte Kernspaltung
- *repeated fission*
47 das Kernbruchstück
- *fission fragment*
48 die kontrollierte Kettenreaktion in einem Atomreaktor *m*
- *controlled chain reaction in a nuclear reactor*
49 der Atomkern eines spaltbaren Elements *n*
- *atomic nucleus of a fissionable element*
50 der Beschuß durch ein Neutron *n*
- *neutron bombardment*
51 das Kernbruchstück (der neue Atomkern)
- *fission fragment (new atomic nucleus)*
52 das freiwerdende Neutron
- *released neutron*
53 die absorbierten Neutronen *n*
- *absorbed neutrons*
54 der Moderator, eine Bremsschicht aus Graphit *m*
- *moderator, a retarding layer of graphite*
55 die Wärmeableitung (Energiegewinnung)
- *extraction of heat (production of energy)*
56 die Röntgenstrahlung
- *X-radiation*
57 der Beton-Blei-Schutzmantel
- *concrete and lead shield*
58 die Blasenkammer zur Sichtbarmachung der Bahnspuren *f* energiereicher ionisierender Teilchen *n*
- *bubble chamber* *for showing the tracks of high-energy ionizing particles*
59 die Lichtquelle
- *light source*
60 die Kamera
- *camera*
61 die Expansionsleitung
- *expansion line*
62 der Lichtstrahlengang
- *path of light rays*
63 der Magnet
- *magnet*
64 der Strahlungseintritt
- *beam entry point*
65 der Spiegel
- *reflector*
66 die Kammer
- *chamber*

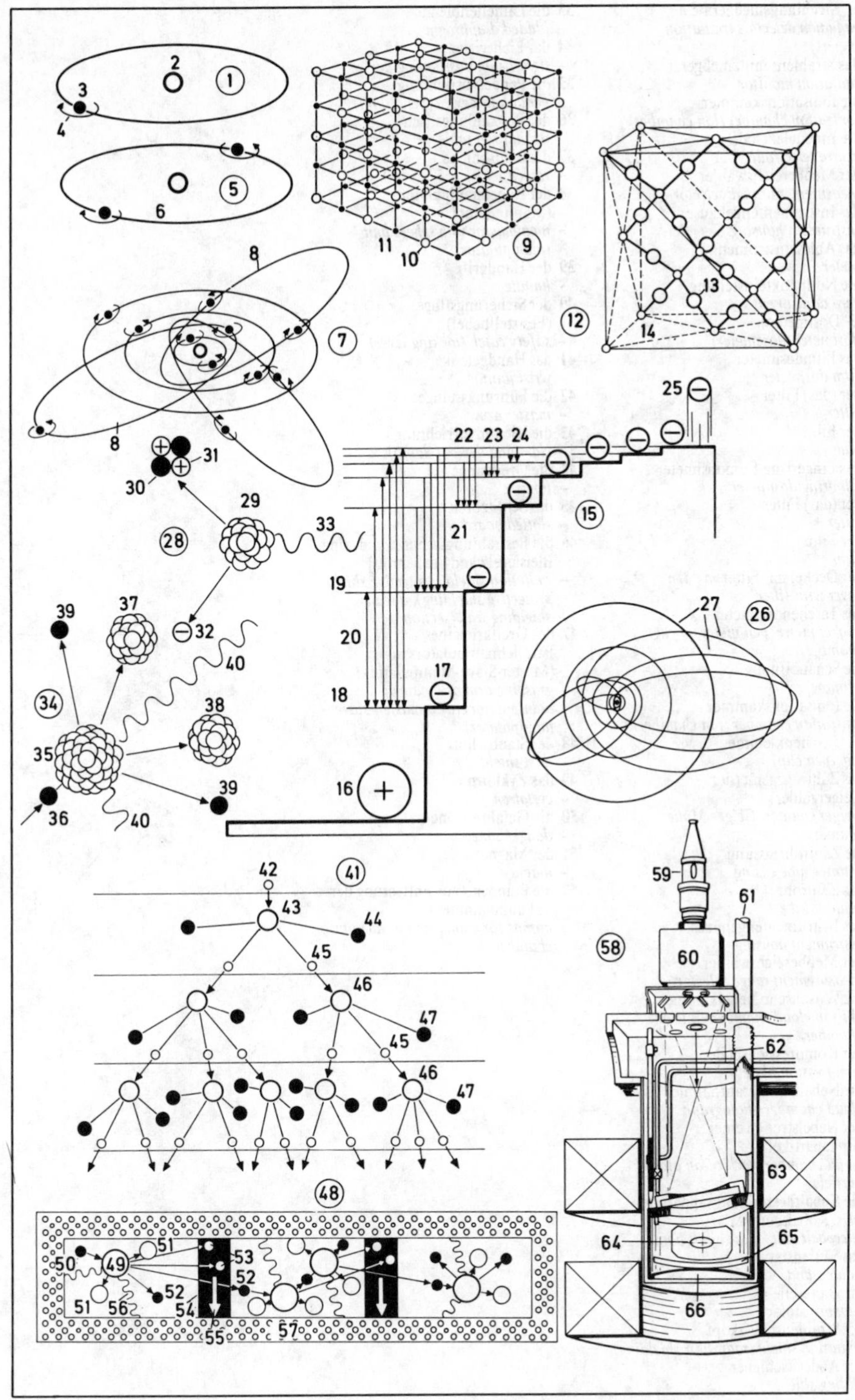

1-23 Strahlungsmeßgeräte *n*
- ***radiation detectors*** *(radiation meters)*

1 das Strahlenschutzmeßgerät
- *radiation monitor*

2 die Ionisationskammer
- *ionization chamber (ion chamber)*

3 die Innenelektrode
- *central electrode*

4 der Meßbereichswähler
- *measurement range selector*

5 das Instrumentengehäuse
- *instrument housing*

6 das Ableseinstrument
- *meter*

7 die Nullpunkteinstellung
- *zero adjustment*

8-23 Dosimeter *n*
- *dosimeter (dosemeter)*

8 das Filmdosimeter
- *film dosimeter*

9 der (das) Filter
- *filter*

10 der Film
- *film*

11 das Fingerring-Filmdosimeter
- *film-ring dosimeter*

12 der (das) Filter
- *filter*

13 der Film
- *film*

14 der Deckel mit Filter *m od. n*
- *cover with filter*

15 das Taschendosimeter
- *pocket meter (pen meter, pocket chamber)*

16 die Schauöffnung
- *window*

17 die Ionisationskammer
- *ionization chamber (ion chamber)*

18 die Taschenklemme
- *clip (pen clip)*

19 das Zählrohrgerät (der Geigerzähler)
- *Geiger counter (Geiger-Müller counter)*

20 die Zählrohrfassung
- *counter tube casing*

21 das Zählrohr
- *counter tube*

22 das Instrumentengehäuse
- *instrument housing*

23 der Meßbereichswähler
- *measurement range selector*

24 die Wilsonsche Nebelkammer
- *Wilson cloud chamber (Wilson chamber)*

25 der Kompressionsboden
- *compression plate*

26 die Nebelkammeraufnahme
- *cloud chamber photograph*

27 der Nebelstreifen einer Alphapartikel
- *cloud chamber track of an alpha particle*

28 die Kobaltbestrahlungsapparatur (*ugs.* Kobaltbombe)
- ***telecobalt unit*** (coll. *cobalt bomb)*

29 das Säulenstativ
- *pillar stand*

30 die Halteseile *n*
- *support cables*

31 der Strahlenschutzkopf
- *radiation shield (radiation shielding)*

32 der Abdeckschieber
- *sliding shield*

33 die Lamellenblende
- *bladed diaphragm*

34 das Lichtvisier
- *light-beam positioning device*

35 die Pendelvorrichtung
- *pendulum device (pendulum)*

36 der Bestrahlungstisch
- *irradiation table*

37 die Laufschiene
- *rail (track)*

38 der Kugelmanipulator (Manipulator)
- ***manipulator with sphere unit*** *(manipulator)*

39 der Handgriff
- *handle*

40 der Sicherungsflügel (Feststellhebel)
- *safety catch (locking lever)*

41 das Handgelenk
- *wrist joint*

42 die Führungsstange
- *master arm*

43 die Klemmvorrichtung
- *clamping device (clamp)*

44 die Greifzange
- *tongs*

45 das Schlitzbrett
- *slotted board*

46 die Bestrahlungsschutzwand, eine Bleisiegelwand [im Schnitt]
- *radiation shield (protective shield, protective shielding), a lead shielding wall [section]*

47 der Greifarm eines Parallelmanipulators *m* (Master-Slave-Manipulators)
- *grasping arm of a pair of manipulators (of a master/slave manipulator)*

48 der Staubschutz
- *dust shield*

49 das Zyklotron
- ***cyclotron***

50 die Gefahrenzone
- *danger zone*

51 der Magnet
- *magnet*

52 die Pumpen *f* zur Entleerung der Vakuumkammer
- *pumps for emptying the vacuum chamber*

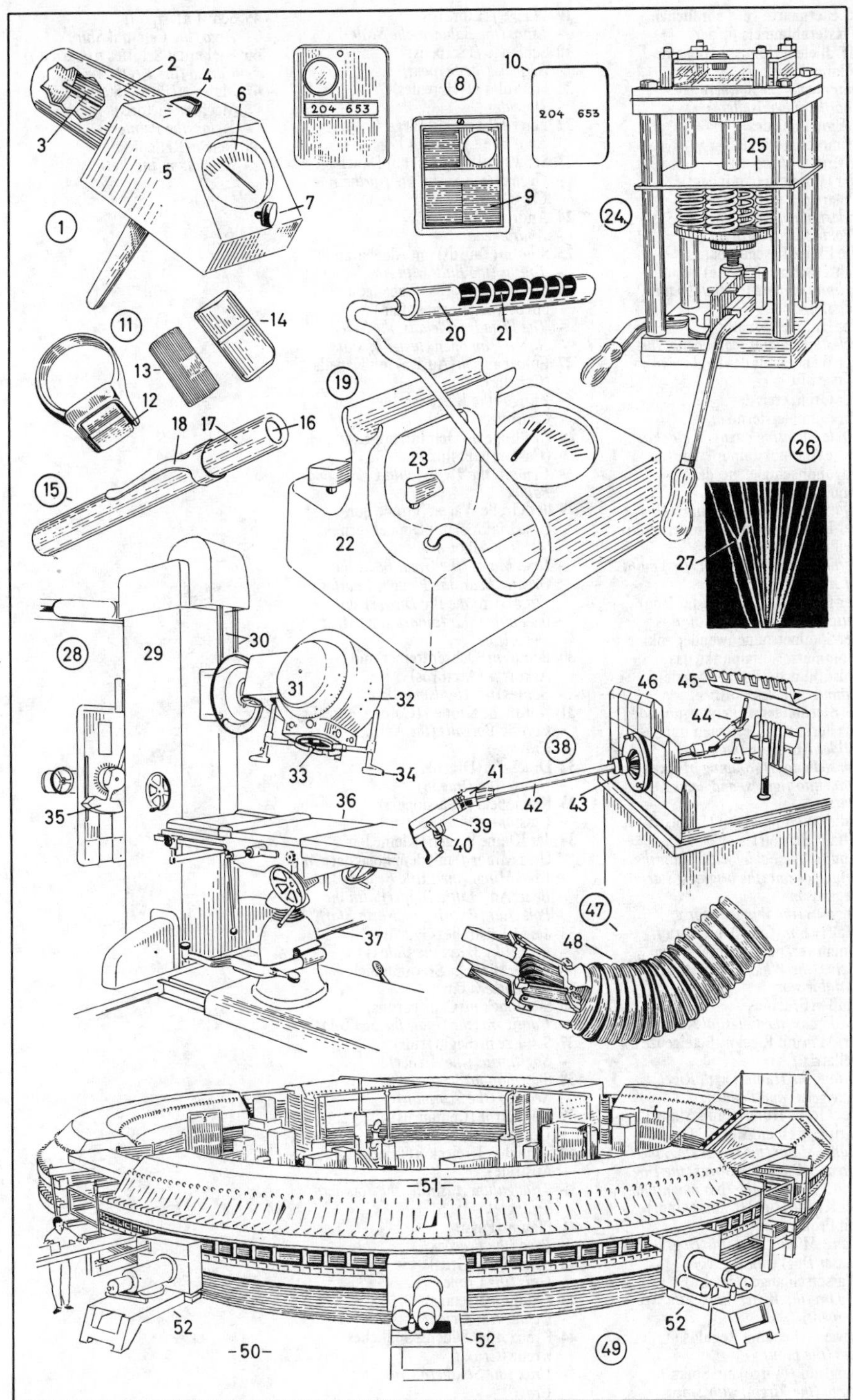
1
2
3
4
5
6
7
8
204 653
9
10
204 653
11
12
13
14
15
16
17
18
19
20
21
22
23
24
25
26
27
28
29
30
31
32
33
34
35
36
37
38
39
40
41
42
43
44
45
46
47
48
49
50
51
52

1-35 Sternkarte *f* des nördlichen Fixsternhimmels *m* (der nördlichen Hemisphäre), eine Himmelskarte
- ***star map of the northern sky*** *(northern hemisphere)*

1-8 Einteilung des Himmelsgewölbes *n*
- *divisions of the sky*

1 der Himmelspol mit dem Polarstern *m* (Nordstern)
- *celestial pole with the Pole Star (Polaris, the North Star)*

2 die Ekliptik (scheinbare Jahresbahn der Sonne)
- *ecliptic (apparent annual path of the sun)*

3 der Himmelsäquator
- *celestial equator (equinoctial line)*

4 der Wendekreis des Krebses *m*
- *tropic of Cancer*

5 der Grenzkreis der Zirkumpolarsterne *m*
- *circle enclosing circumpolar stars*

6-7 die Äquinoktialpunkte *m* (die Tagundnachtgleiche, das Äquinoktium)
- *equinoctial points (equinoxes)*

6 der Frühlingspunkt (Widderpunkt, Frühlingsanfang)
- *vernal equinoctial point (first point of Aries)*

7 der Herbstpunkt (Herbstanfang)
- *autumnal equinoctial point*

8 der Sommersonnenwendepunkt (Sommersolstitialpunkt, das Solstitium, die Sonnenwende)
- *summer solstice (solstice)*

9-48 Sternbilder *n* (*Vereinigung von* Fixsternen *m*, Gestirnen *n zu Bildern*) **u. Sternnamen** *m*
- ***constellations*** *(grouping of fixed stars into figures)* ***and names of stars***

9 Adler *m* (Aquila) mit Hauptstern *m* Altair *m* (Atair)
- *Aquila (the Eagle) with Altair the principal star (the brightest star)*

10 Pegasus *m*
- *Pegasus (the Winged Horse)*

11 Walfisch *m* (Cetus) mit Mira *f*, einem veränderlichen Stern *m*
- *Cetus (the Whale) with Mira, a variable star*

12 Fluß *m* Eridanus
- *Eridamus (the Celestial River)*

13 Orion *m* mit Rigel *m*, Beteigeuze u. Bellatrix *f*
- *Orion (the Hunter) with Rigel, Betelgeuse and Bellatrix*

14 der Große Hund (Canis Major) mit
- Sirius *m*, einem Stern 1. Größe
- *Canis Major (the Great Dog, the Greater Dog) with Sirius (the Dog Star), a star of the first magnitude*

15 der Kleine Hund (Canis Minor) mit Prokyon *m*
- *Canis Minor (the Little Dog, the Lesser Dog) with Procyon*

16 Wasserschlange *f* (Hydra)
- *Hydra (the Water Snake, the Sea Serpent)*

17 Löwe *m* (Leo) mit Regulus *m*
- *Leo (the Lion)*

18 Jungfrau *f* (Virgo) mit Spika *f*
- *Virgo (the Virgin) with Spica*

19 Waage *f* (Libra)
- *Libra (the Balance, the Scales)*

20 Schlange *f* (Serpens)
- *Serpens (the Serpent)*

21 Herkules *m* (Hercules)
- *Hercules*

22 Leier *f* (Lyra) mit Wega *f*
- *Lyra (the Lyre) with Vega*

23 Schwan *m* (Cygnus) mit Deneb *m*
- *Cygnus (the Swan, the Northern Cross) with Deneb*

24 Andromeda *f*
- *Andromeda*

25 Stier *m* (Taurus) mit Aldebaran *m*
- *Taurus (the Bull) with Aldebaran*

26 die Plejaden *f* (das Siebengestirn), ein offener Sternhaufen
- *The Pleiades (Pleiads, the Seven Sisters), an open cluster of stars*

27 Fuhrmann *m* (Auriga) mit Kapella *f* (Capella)
- *Auriga (the Wagoner, the Charioteer)*

28 Zwillinge *m* (Gemini) mit Kastor *m* (Castor) u. Pollux *m*
- *Gemini (the Twins) with Castor and Pollux*

29 der Große Wagen (Große Bär, Ursa Major *f*) mit Doppelstern *m* Mizar u. Alkor *m*
- *Ursa Major (the Great Bear, the Greater Bear, the Plough, Charles's Wain,* Am. *the Big Dipper) with the double star (binary star) Mizar and Alcor*

30 Bootes *m* (Ochsentreiber) mit Arktur *m* (Arcturus)
- *Boötes (the Herdsman)*

31 Nördliche Krone *f* (Corona Borealis)
- *Corona Borealis (the Northern Crown)*

32 Drache *m* (Draco)
- *Draco (the Dragon)*

33 Kassiopeia *f* (Cassiopeia)
- *Cassiopeia*

34 der Kleine Wagen (Kleine Bär, Ursa Minor *f*) mit dem Polarstern *m*
- *Ursa Minor (the Little Bear, Lesser Bear,* Am. *Little Dipper) with the Pole Star (Polaris, the North Star)*

35 die Milchstraße (Galaxis)
- *the Milky Way (the Galaxy)*

36-48 der südliche Sternhimmel
- ***the southern sky***

36 Steinbock *m* (Capricornus)
- *Capricorn (the Goat, the Sea Goat)*

37 Schütze *m* (Sagittarius)
- *Sagittarius (the Archer)*

38 Skorpion *m* (Scorpius)
- *Scorpio (the Scorpion)*

39 Kentaur *m* (Centaurus)
- *Centaurus (the Centaur)*

40 Südliches Dreieck *n* (Triangulum Australe)
- *Triangulum Australe (the Southern Triangle)*

41 Pfau *m* (Pavo)
- *Pavo (the Peacock)*

42 Kranich *m* (Grus)
- *Grus (the Crane)*

43 Oktant *m* (Octans)
- *Octans (the Octant)*

44 Kreuz *n* des Südens, Südliches Kreuz (Crux *f*)
- *Crux (the Southern Cross, the Cross)*

45 Schiff *n* (Argo *f*)
- *Argo (the Celestial Ship)*

46 Kiel *m* des Schiffes *n* (Carina *f*)
- *Carina (the Keel)*

47 Maler *m* (Pictor, Staffelei *f*, Machina Pictoris)
- *Pictor (the Painter)*

48 Netz *n* (Reticulum)
- *Reticulum (the Net)*

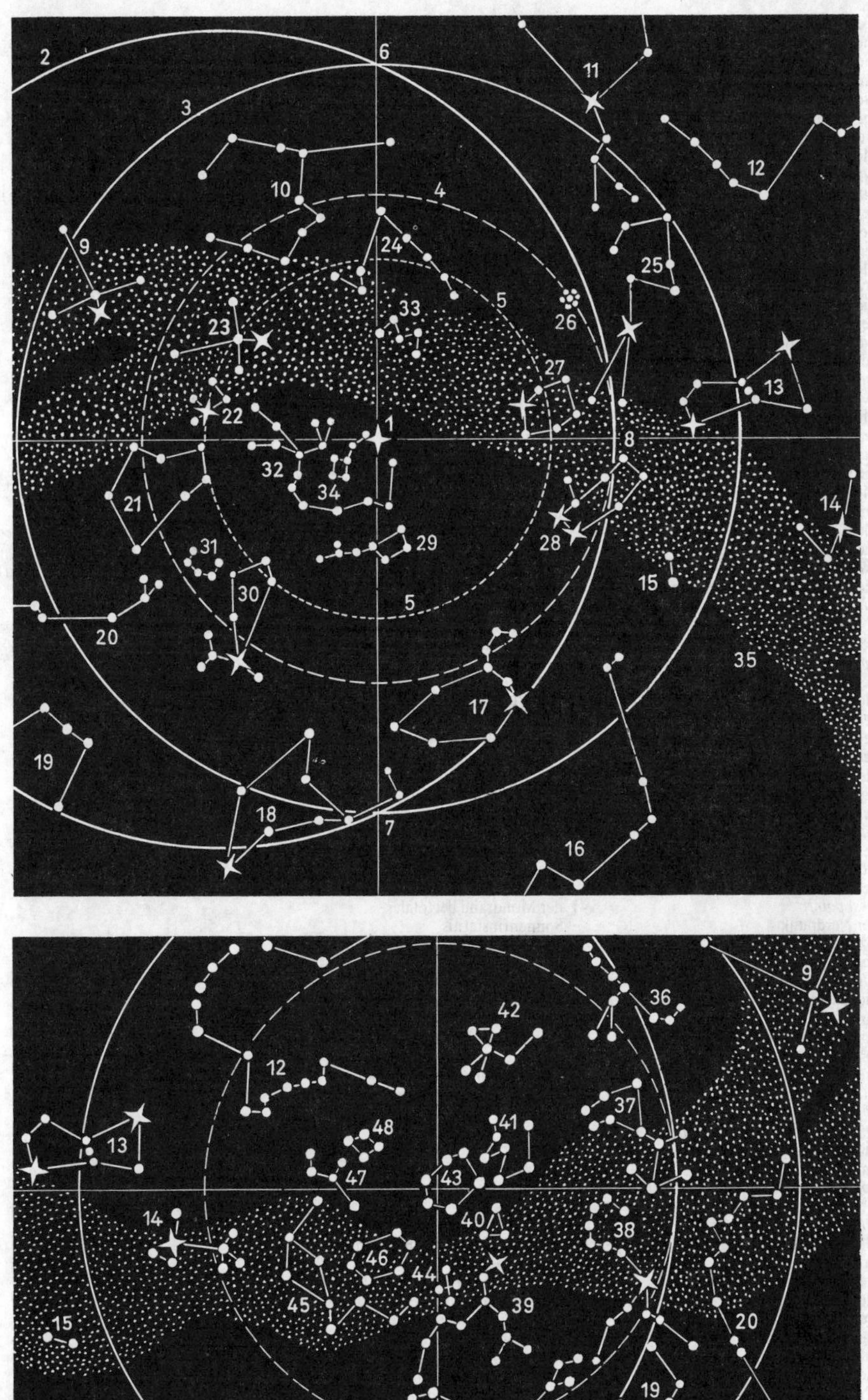
2
3
6
4
5
5
7
8
1
9
10
11
12
13
14
15
16
17
18
19
20
21
22
23
24
25
26
27
28
29
30
31
32
33
34
35
36
37
38
39
40
41
42
43
44
45
46
47
48

1-9 der Mond
- *the moon*

1 die Mondbahn (der Mondumlauf um die Erde)
- *moon's path (moon's orbit round the earth)*

2-7 die Mondphasen *f* (der Mondwechsel)
- *lunar phases (moon's phases, lunation)*

2 der Neumond
- *new moon*

3 die Mondsichel (der zunehmende Mond)
- *crescent (crescent moon, waxing moon)*

4 der Halbmond (das erste Mondviertel)
- *half-moon (first quarter)*

5 der Vollmond
- *full moon*

6 der Halbmond (das letzte Mondviertel)
- *half-moon (last quarter, third quarter)*

7 die Mondsichel (der abnehmende Mond)
- *crescent (crescent moon, waning moon)*

8 die Erde (Erdkugel)
- *the earth (terrestrial globe)*

9 die Richtung der Sonnenstrahlen *m*
- *direction of the sun's rays*

10-21 die scheinbare Sonnenbahn zu Beginn *m* der Jahreszeiten *f*
- *apparent path of the sun at the beginning of the seasons*

10 die Himmelsachse
- *celestial axis*

11 der Zenit
- *zenith*

12 die Horizontalebene
- *horizontal plane*

13 der Nadir
- *nadir*

14 der Ostpunkt
- *east point*

15 der Westpunkt
- *west point*

16 der Nordpunkt
- *north point*

17 der Südpunkt
- *south point*

18 die scheinbare Sonnenbahn am 21. Dezember *m*
- *apparent path of the sun on 21 December*

19 die scheinbare Sonnenbahn 21. März *m* u. 23. September *m*
- *apparent path of the sun on 21 March and 23 September*

20 die scheinbare Sonnenbahn am 21. Juni *m*
- *apparent path of the sun on 21 June*

21 die Dämmerungsgrenze
- *border of the twilight area*

22-28 die Drehbewegungen *f* der Erdachse
- *rotary motions of the earth's axis*

22 die Achse der Ekliptik
- *axis of the ecliptic*

23 die Himmelssphäre
- *celestial sphere*

24 die Bahn des Himmelspols *m* (Präzession *f* und Nutation *f*)
- *path of the celestial pole (precession and nutation)*

25 die instantane Rotationsachse
- *instantaneous axis of rotation*

26 der Himmelspol
- *celestial pole*

27 die mittlere Rotationsachse
- *mean axis of rotation*

28 die Polhodie
- *polhode*

29-35 Sonnen- und Mondfinsternis [nicht maßstäblich]
- *solar and lunar eclipse [not to scale]*

29 die Sonne
- *the sun*

30 die Erde
- *the earth*

31 der Mond
- *the moon*

32 die Sonnenfinsternis
- *solar eclipse*

33 die Totalitätszone
- *area of the earth in which the eclipse appears total*

34-35 die Mondfinsternis
- *lunar eclipse*

34 der Halbschatten
- *penumbra (partial shadow)*

35 der Kernschatten
- *umbra (total shadow)*

36-41 die Sonne
- *the sun*

36 die Sonnenscheibe
- *solar disc (disk) (solar globe, solar sphere)*

37 Sonnenflecken *m*
- *sunspots*

38 Wirbel *m* in der Umgebung von Sonnenflecken *m*
- *cyclones in the area of sunspots*

39 die Korona (Corona), der bei totaler Sonnenfinsternis oder mit Spezialinstrumenten *n* beobachtbare Sonnenrand
- *corona (solar corona), observable during total solar eclipse or by means of special instruments*

40 Protuberanzen *f*
- *prominences (solar prominences)*

41 der Mondrand bei totaler Sonnenfinsternis
- *moon's limb during a total solar eclipse*

42-52 die Planeten *m* (das Planetensystem, Sonnensystem) [nicht maßstäblich] und die Planetenzeichen *n* (Planetensymbole)
- *planets (planetary system, solar system) [not to scale] and planet symbols*

42 die Sonne
- *the sun*

43 der Merkur
- *Mercury*

44 die Venus
- *Venus*

45 die Erde mit dem Erdmond *m*, ein Satellit *m* (Trabant)
- *Earth, with the moon, a satellite*

46 der Mars mit zwei Monden *m*
- *Mars, with two moons (satellites)*

47 die Planetoiden *m* (Asteroiden)
- *asteroids (minor planets)*

48 der Jupiter mit 14 Monden *m*
- *Jupiter, with 14 moons (satellites)*

49 der Saturn mit 10 Monden *m*
- *Saturn, with 10 moons (satellites)*

50 der Uranus mit fünf Monden *m*
- *Uranus, with five moons (satellites)*

51 der Neptun mit zwei Monden *m*
- *Neptune, with two moons (satellites)*

52 der Pluto
- *Pluto*

53-64 die Tierkreiszeichen *n* (Zodiakussymbole)
- *signs of the zodiac (zodiacal signs)*

53 Widder *m* (Aries)
- *Aries (the Ram)*

54 Stier *m* (Taurus)
- *Taurus (the Bull)*

55 Zwillinge *m* (Gemini)
- *Gemini (the Twins)*

56 Krebs *m* (Cancer)
- *Cancer (the Crab)*

57 Löwe *m* (Leo)
- *Leo (the Lion)*

58 Jungfrau *f* (Virgo)
- *Virgo (the Virgin)*

59 Waage *f* (Libra)
- *Libra (the Balance, the Scales)*

60 Skorpion *m* (Scorpius)
- *Scorpio (the Scorpion)*

61 Schütze *m* (Sagittarius)
- *Sagittarius (the Archer)*

62 Steinbock *m* (Capricornus)
- *Capricorn (the Goat, the Sea Goat)*

63 Wassermann *m* (Aquarius)
- *Aquarius (the Water Carrier, the Water Bearer)*

64 Fische *m* (Pisces)
- *Pisces (the Fish)*

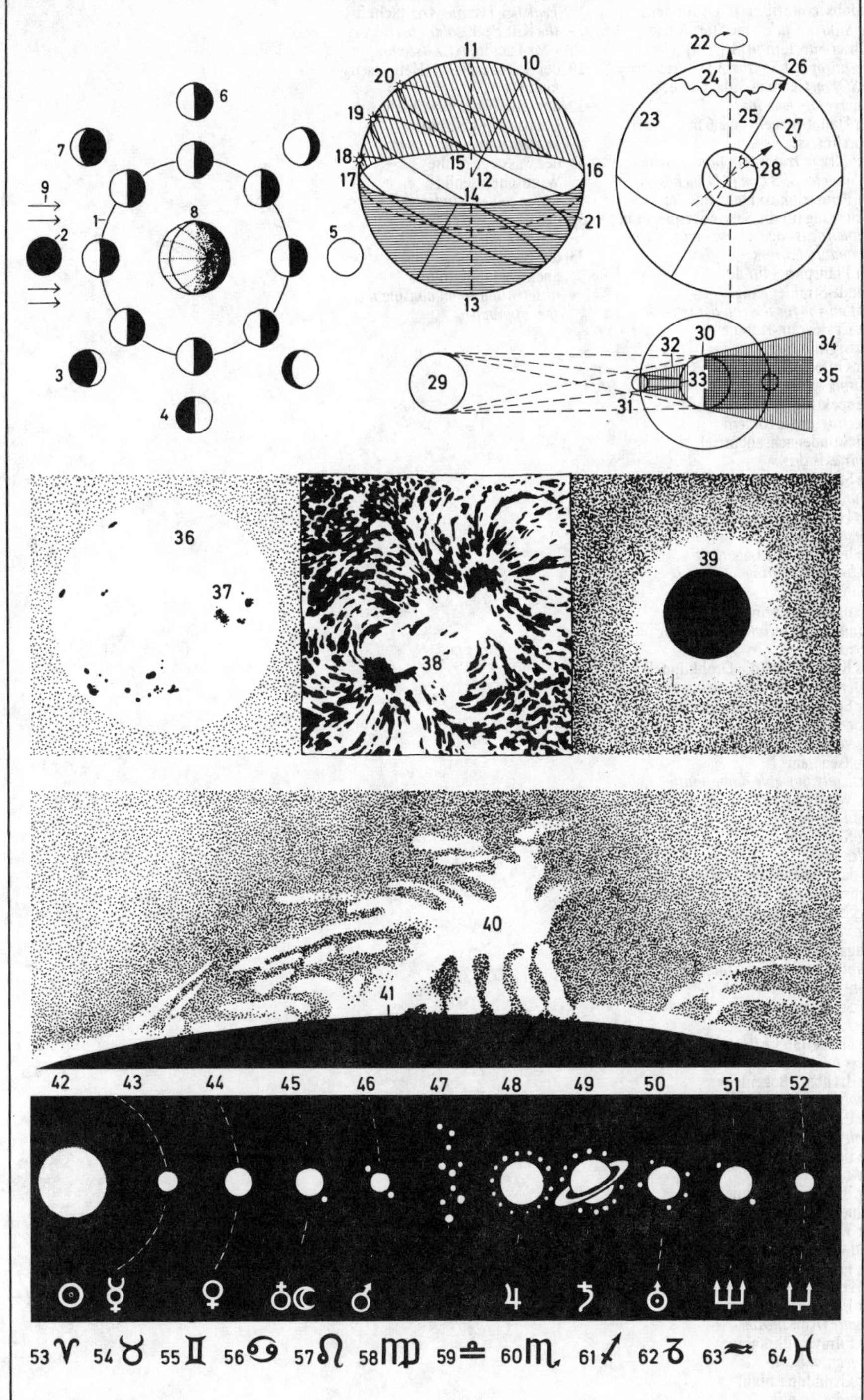
1
2
3
4
5
6
7
8
9
10
11
12
13
14
15
16
17
18
19
20
21
22
23
24
25
26
27
28
29
30
31
32
33
34
35
36
37
38
39
40
41
42
43
44
45
46
47
48
49
50
51
52
53
54
55
56
57
58
59
60
61
62
63
64

1-16 das Europäische Südobservatorium (ESO) auf dem *La Silla* in *Chile*, eine Sternwarte (Observatorium *n*) [Schnitt]
- *the European Southern Observatory (ESO) on* Cerro la Silla, Chile, *an observatory [section]*

1 der Hauptspiegel von 3,6 m Durchmesser *m*
- *primary mirror (main mirror) with a diameter of 3.6 m (144 inches)*

2 die Primärfokuskabine mit der Halterung für die Sekundärspiegel *m*
- *prime focus cage with mounting for secondary mirrors*

3 der Planspiegel für den Coudé-Strahlengang
- *flat mirror for the coudé ray path*

4 die Cassegrain-Kabine
- *Cassegrain cage*

5 der Gitterspektrograph
- *grating spectrograph*

6 die spektrographische Kamera
- *spectrographic camera*

7 der Stundenachsenantrieb
- *hour axis drive*

8 die Stundenachse
- *hour axis*

9 das Hufeisen der Montierung
- *horseshoe mounting*

10 die hydraulische Lagerung
- *hydrostatic bearing*

11 Primär- und Sekundärfokuseinrichtungen *f*
- *primary and secondary focusing devices*

12 das Kuppeldach (die Drehkuppel)
- *observatory dome (revolving dome)*

13 der Spalt (Beobachtungsspalt)
- *observation opening*

14 das vertikal bewegliche Spaltsegment
- *vertically movable dome shutter*

15 der Windschirm
- *wind screen*

16 der Siderostat
- *siderostat*

17-28 das Planetarium *Stuttgart* [Schnitt]
- *the* Stuttgart *Planetarium [section]*

17 der Verwaltungs-, Werkstatt- und Magazinbereich
- *administration, workshop, and store area*

18 die Stahlspinne
- *steel scaffold*

19 die glasvertafelte Pyramide
- *glass pyramid*

20 die drehbare Bogenleiter
- *revolving arched ladder*

21 die Projektionskuppel
- *projection dome*

22 die Lichtblende
- *light stop*

23 der Planetariumsprojektor
- *planetarium projector*

24 der Versenkschacht
- *well*

25 das Foyer
- *foyer*

26 der Filmvorführraum
- *theatre* (Am. *theater)*

27 die Filmvorführkabine
- *projection booth*

28 der Gründungspfahl
- *foundation pile*

29-33 das Sonnenobservatorium *Kitt Peak* bei *Tucson, Ariz.* [Schnitt]
- *the* Kitt Peak *solar observatory near* Tucson, Ariz. *[section]*

29 der Sonnenspiegel (Heliostat)
- *heliostat*

30 der teilweise unterirdische Beobachtungsschacht
- *sunken observation shaft*

31 der wassergekühlte Windschutzschild
- *water-cooled windshield*

32 der Konkavspiegel
- *concave mirror*

33 der Beobachtungs- und Spektrographenraum
- *observation room housing the spectrograph*

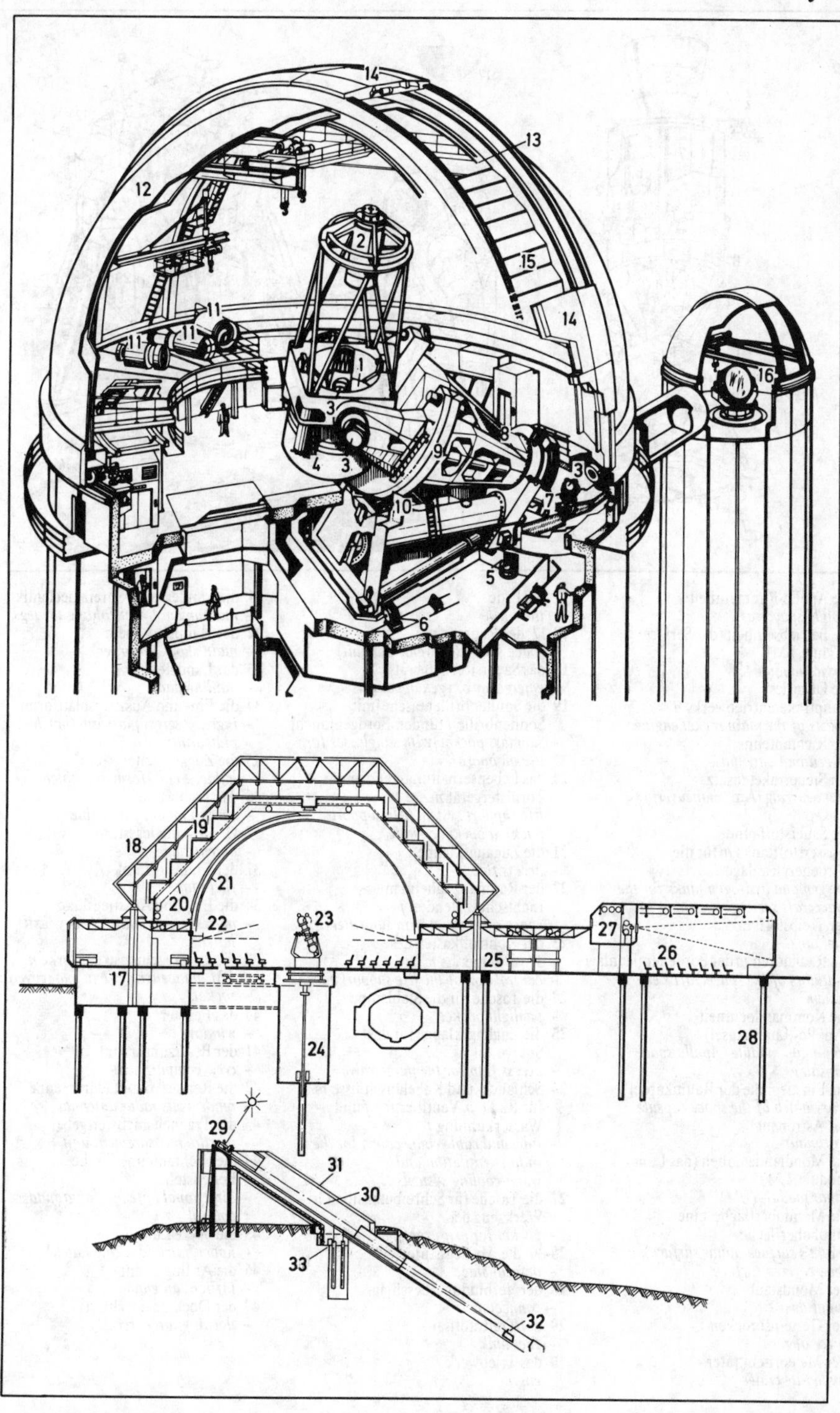
14
13
12
2
15
11
11
11
14
16
1
3
8
9
4
3
3
7
10
5
6
19
18
21
20
22
23
27
26
25
17
24
28
29
31
30
33
32

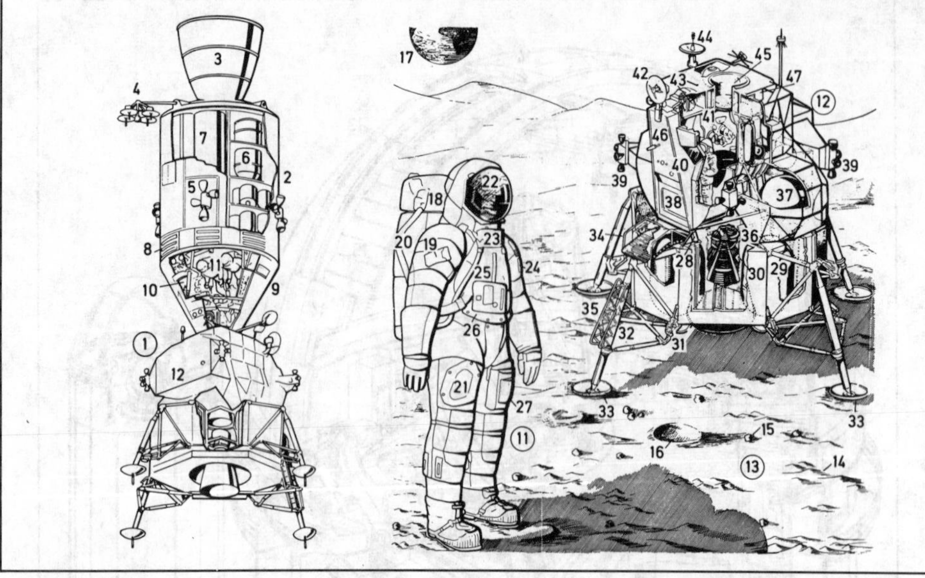

1 die Apollo-Raumeinheit
- *Apollo spacecraft*

2 die Betriebseinheit (das Service module, SM)
- *service module (SM)*

3 die Düse des Hauptraketentriebwerks *n*
- *nozzle of the main rocket engine*

4 die Richtantenne
- *directional antenna*

5 der Steuerraketensatz
- *manoeuvring (*Am.* maneuvering) rockets*

6 die Sauerstoff- und Wasserstofftanks *m* für die Bordenergieanlage
- *oxygen and hydrogen tanks for the spacecraft's energy system*

7 der Treibstofftank
- *fuel tank*

8 die Radiatoren *m* der Bordenergieanlage
- *radiators of the spacecraft's energy system*

9 die Kommandoeinheit (Apollo-Raumkapsel)
- *command module (Apollo space capsule)*

10 die Einstiegluke der Raumkapsel
- *entry hatch of the space capsule*

11 der Astronaut
- *astronaut*

12 die Mondlandeeinheit (das Lunar module, LM)
- *lunar module (LM)*

13 die Mondoberfläche, eine Stauboberfläche
- *moon's surface (lunar surface), a dust-covered surface*

14 der Mondstaub
- *lunar dust*

15 der Gesteinsbrocken
- *piece of rock*

16 der Meteoritenkrater
- *meteorite crater*

17 die Erde
- *the earth*

18-27 der Raumanzug
- *space suit (extra-vehicular suit)*

18 das Sauerstoffnotgerät
- *emergency oxygen apparatus*

19 die Sonnenbrillentasche [mit Sonnenbrille *f* für den Bordgebrauch]
- *sunglass pocket [with sunglasses for use on board]*

20 das Lebenserhaltungsgerät, ein Tornistergerät *n*
- *life support system (life support pack), a backpack unit*

21 die Zugangsklappe
- *access flap*

22 der Raumanzughelm mit Lichtschutzblenden *f*
- *space suit helmet with sun filters*

23 der Kontrollkasten des Tornistergeräts *n*
- *control box of the life support pack*

24 die Tasche für die Stablampe
- *penlight pocket*

25 die Zugangsklappe für das Spülventil
- *access flap for the purge valve*

26 Schlauch- und Kabelanschlüsse *m* für Radio *n*, Ventilierung *f* und Wasserkühlung *f*
- *tube and cable connections for the radio, ventilation and water-cooling systems*

27 die Tasche für Schreibutensilien *n*, Werkzeug u.ä.
- *pocket for pens, tools, etc.*

28-36 die Abstiegsstufe
- *descent stage*

28 der Verbindungsbeschlag
- *connector*

29 der Treibstofftank
- *fuel tank*

30 das Triebwerk
- *engine*

31 die Landegestell-Spreizmechanik
- *mechanism for unfolding the legs*

32 das Hauptfederbein
- *main shock absorber*

33 der Landeteller
- *landing pad*

34 die Ein- und Ausstiegsplattform
- *ingress/egress platform (hatch platform)*

35 die Zugangsleiter
- *ladder to platform and hatch*

36 das Triebwerkskardan
- *cardan mount for engine*

37-47 die Aufstiegsstufe
- *ascent stage*

37 der Treibstofftank
- *fuel tank*

38 die Ein- und Ausstiegsluke
- *ingress/egress hatch (entry/exit hatch)*

39 die Lageregelungstriebwerke *n*
- *LM manoeuvring (*Am.* maneuvering) rockets*

40 das Fenster
- *window*

41 der Besatzungsraum
- *crew compartment*

42 die Rendezvous-Radarantenne
- *rendezvous radar antenna*

43 der Trägheitsmeßwertgeber
- *inertial measurement unit*

44 die Richtantenne für die Bodenstelle
- *directional antenna for ground control*

45 die obere Luke
- *upper hatch (docking hatch)*

46 die Anflugantenne
- *inflight antenna*

47 der Dockingeinschnitt
- *docking target recess*

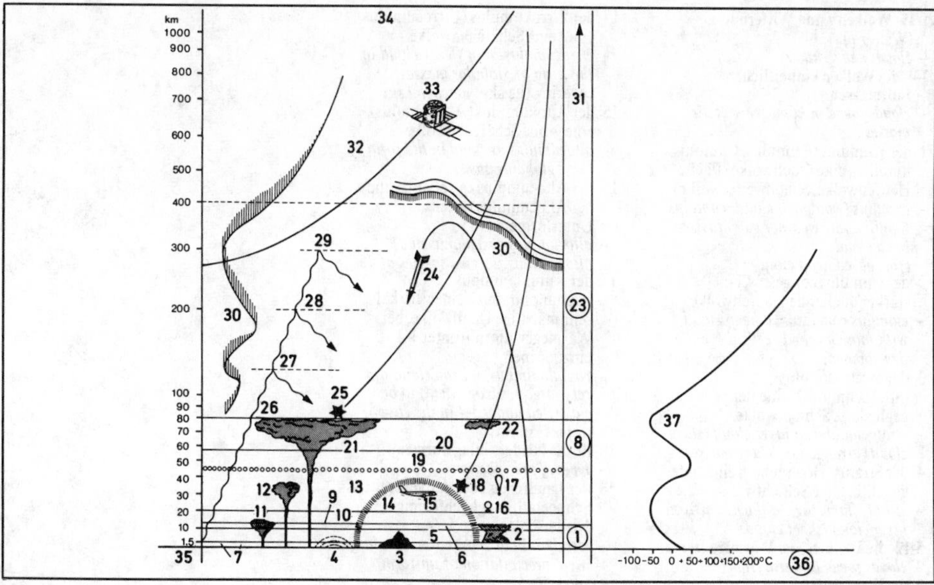

1 die Troposphäre
- ***the troposphere***

2 Gewitterwolken *f*
- *thunderclouds*

3 der höchste Berg *Mount Everest* [8 882 m]
- *the highest mountain,* Mount Everest *[8,882m]*

4 der Regenbogen
- *rainbow*

5 die Starkwindschicht
- *jet stream level*

6 die Nullschicht (Umkehr der senkrechten Luftbewegungen *f*)
- *zero level (inversion of vertical air movement)*

7 die Grundschicht
- *ground layer (surface boundary layer)*

8 die Stratosphäre
- ***the stratosphere***

9 die Tropopause
- *tropopause*

10 die Trennschicht (Schicht schwächerer Luftbewegungen *f*)
- *separating layer (layer of weaker air movement)*

11 die Atombombenexplosion
- *atomic explosion*

12 die Wasserstoffbombenexplosion
- *hydrogen bomb explosion*

13 die Ozonschicht
- *ozone layer*

14 die Schallwellenausbreitung
- *range of sound wave propagation*

15 das Stratosphärenflugzeug
- *stratosphere aircraft*

16 der bemannte Ballon
- *manned balloon*

17 der Meßballon
- *sounding balloon*

18 der Meteor
- *meteor*

19 die Obergrenze der Ozonschicht
- *upper limit of ozone layer*

20 die Nullschicht
- *zero level*

21 der Krakatau-Ausbruch
- *eruption of Krakatoa*

22 leuchtende Nachtwolken *f*
- *luminous clouds (noctilucent clouds)*

23 die Ionosphäre
- ***the ionosphere***

24 der Forschungsraketenbereich
- *range of research rockets*

25 die Sternschnuppe
- *shooting star*

26 die Kurzwelle (Hochfrequenz)
- *short wave (high frequency)*

27 die E-Schicht
- *E-layer (Heaviside-Kennelly Layer)*

28 die F_1-Schicht
- *F_1-layer*

29 die F_2-Schicht
- *F_2-layer*

30 das Polarlicht
- *aurora (polar light)*

31 die Exosphäre
- ***the exosphere***

32 die Atomschicht
- *atom layer*

33 der Meßsatellitenbereich
- *range of satellite sounding*

34 der Übergang zum Weltraum
- *fringe region*

35 die Höhenskala
- *altitude scale*

36 die Temperaturskala
- *temperature scale (thermometric scale)*

37 die Temperaturlinie
- *temperature graph*

1-19 Wolken *f* **und Witterung** *f* (Wetter *n*)
- ***clouds and weather***

1-4 die Wolken einheitlicher Luftmassen *f*
- ***clouds found in homogeneous air masses***

1 der Kumulus (Cumulus, Cumulus humilis), eine Quellwolke (flache Haufenwolke, Schönwetterwolke)
- *cumulus (woolpack cloud, cumulus humilis, fair-weather cumulus), a heap cloud (flat-based heap cloud)*

2 der Cumulus congestus, eine stärker quellende Haufenwolke
- *cumulus congestus, a heap cloud with more marked vertical development*

3 der Stratokumulus (Stratocumulus), eine tiefe, gegliederte Schichtwolke
- *stratocumulus, a layer cloud (sheet cloud) arranged in heavy masses*

4 der Stratus (Hochnebel), eine tiefe, gleichförmige Schichtwolke
- *stratus (high fog), a thick, uniform layer cloud (sheet cloud)*

5-12 die Wolken *f* **an Warmfronten** *f*
- ***clouds found at warm fronts***

5 die Warmfront
- *warm front*

6 der Zirrus (Cirrus), eine hohe bis sehr hohe Eisnadelwolke, dünn, mit sehr mannigfaltigen Formen *f*
- *cirrus, a high to very high ice-crystal cloud, thin and assuming a wide variety of forms*

7 der Zirrostratus (Cirrostratus), eine Eisnadelschleierwolke
- *cirrostratus, an ice-crystal cloud veil*

8 der Altostratus, eine mittelhohe Schichtwolke
- *altostratus, a layer cloud (sheet cloud) of medium height*

9 der Altostratus praecipitans, eine Schichtwolke mit Niederschlag *m* (Fallstreifen) in der Höhe
- *altostratus praecipitans, a layer cloud (sheet cloud) with precipitation in its upper parts*

10 der Nimbostratus, eine Regenwolke, vertikal sehr mächtige Schichtwolke, aus der Niederschlag *m* (Regen oder Schnee) fällt
- *nimbostratus, a rain cloud, a layer cloud (sheet cloud) of very large vertical extent which produces precipitation (rain or snow)*

11 der Fraktostratus (Fractostratus), ein Wolkenfetzen *m* unterhalb des Nimbostratus *m*
- *fractostratus, a ragged cloud occurring beneath nimbostratus*

12 der Fraktokumulus (Fractocumulus), ein Wolkenfetzen *m* wie 11, jedoch mit quelligen Formen *f*
- *fractocumulus, a ragged cloud like 11 but with billowing shapes*

13-17 die Wolken *f* **an Kaltfronten** *f*
- ***clouds at cold fronts***

13 die Kaltfront
- *cold front*

14 der Zirrokumulus (Cirrocumulus), eine feine Schäfchenwolke
- *cirrocumulus, thin fleecy cloud in the form of globular masses;* covering the sky: *mackerel sky*

15 der Altokumulus (Altocumulus), eine grobe Schäfchenwolke
- *altocumulus, a cloud in the form of large globular masses*

16 der Altocumulus castellanus und der Altocumulus floccus, Unterformen zu 15
- *altocumulus castellanus and altocumulus floccus, species of 15*

17 der Kumulonimbus (Cumulonimbus), eine vertikal sehr mächtige Quellwolke, bei Wärmegewittern *n* unter 1-4 einzuordnen
- *cumulonimbus, a heap cloud of very large vertical extent, to be classified under 1-4 in the case of tropical storms*

18-19 die Niederschlagsformen *f*
- ***types of precipitation***

18 der Landregen oder der verbreitete Schneefall, ein gleichförmiger Niederschlag *m*
- *steady rain or snow covering a large area, precipitation of uniform intensity*

19 der Schauerniederschlag (Schauer), ein ungleichmäßiger (strichweise auftretender) Niederschlag *m*
- *shower, scattered precipitation*

schwarze Pfeile = Kaltluft
black arrow = cold air
weiße Pfeile = Warmluft
white arrow = warm air

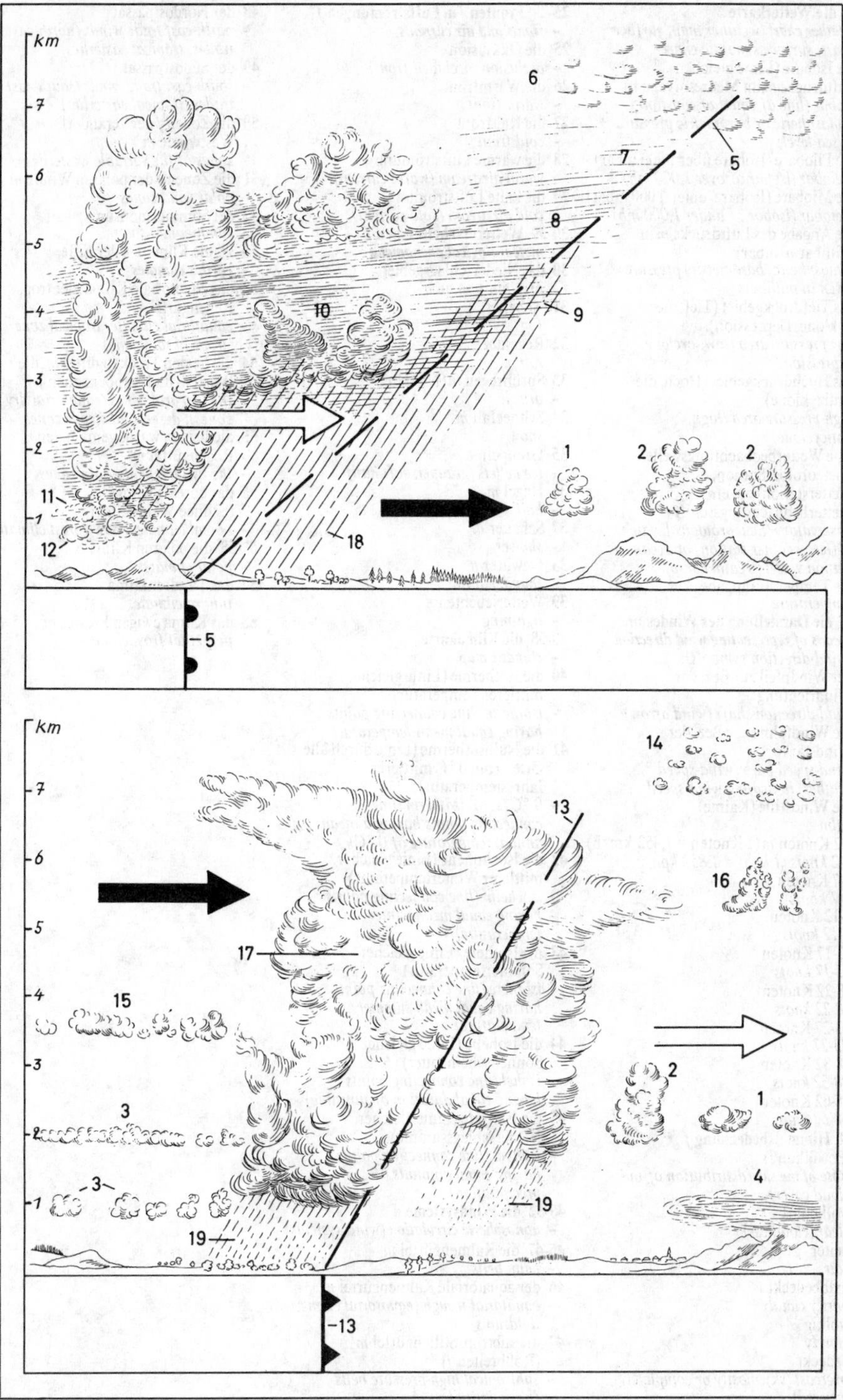
km
7
6
5
4
3
2
1
1
2
5
6
7
8
9
10
11
12
18
5
km
7
6
5
4
3
2
1
14
13
16
17
15
3
2
1
3
4
19
19
13

1-39 die Wetterkarte
- ***weather chart*** *(weather map, surface chart, surface synoptic chart)*

1 die Isobare (Linie gleichen Luftdrucks *m* im Meeresniveau *n*)
- *isobar (line of equal or constant atmospheric or barometric pressure at sea level)*

2 die Pliobare (Isobare über 1 000 mbar)
- *pleiobar (isobar of over 1,000 mb)*

3 die Miobare (Isobare unter 1 000 mbar)
- *meiobar (isobar of under 1,000 mb)*

4 die Angabe des Luftdrucks *m* in Millibar *n* (mbar)
- *atmospheric (barometric) pressure given in millibars*

5 das Tiefdruckgebiet (Tief, die Zyklone, Depression)
- *low-pressure area (low, cyclone, depression)*

6 das Hochdruckgebiet (Hoch, die Antizyklone)
- *high-pressure area (high, anticyclone)*

7 eine Wetterbeobachtungsstelle (meteorolog. Station, Wetterstation) od. ein Wetterbeobachtungsschiff *n*
- *observatory (meteorological watch office, weather station) or ocean station vessel (weather ship)*

8 die Temperaturangabe
- *temperature*

9-19 die Darstellung des Windes *m*
- ***means of representing wind direction*** *(wind-direction symbols)*

9 der Windpfeil zur Bez. der Windrichtung
- *wind-direction shaft (wind arrow)*

10 die Windfahne zur Bez. der Windstärke
- *wind-speed barb (wind-speed feather) indicating wind speed*

11 die Windstille (Kalme)
- *calm*

12 1-2 Knoten *m* (1 Knoten = 1,852 km/h)
- *1-2 knots (1 knot = 1.852 kph)*

13 3-7 Knoten
- *3-7 knots*

14 8-12 Knoten
- *8-12 knots*

15 13-17 Knoten
- *13-17 knots*

16 18-22 Knoten
- *18-22 knots*

17 23-27 Knoten
- *23-27 knots*

18 28-32 Knoten
- *28-32 knots*

19 58-62 Knoten
- *58-62 knots*

20-24 Himmelsbedeckung *f* (Bewölkung)
- ***state of the sky*** *(distribution of the cloud cover)*

20 wolkenlos
- *clear (cloudless)*

21 heiter
- *fair*

22 halbbedeckt
- *partly cloudy*

23 wolkig
- *cloudy*

24 bedeckt
- *overcast (sky mostly or completely covered)*

25-29 Fronten *f* **u. Luftströmungen** *f*
- ***fronts and air currents***

25 die Okklusion
- *occlusion (occluded front)*

26 die Warmfront
- *warm front*

27 die Kaltfront
- *cold front*

28 die warme Luftströmung
- *warm airstream (warm current)*

29 die kalte Luftströmung
- *cold airstream (cold current)*

30-39 Wettererscheinungen *f*
- ***meteorological phenomena***

30 das Niederschlagsgebiet
- *precipitation area*

31 Nebel *m*
- *fog*

32 Regen *m*
- *rain*

33 Sprühregen *m* (Nieseln *n*)
- *drizzle*

34 Schneefall *m*
- *snow*

35 Graupeln *n*
- *ice pellets (graupel, soft hail)*

36 Hagel *m*
- *hail*

37 Schauer *m*
- *shower*

38 Gewitter *n*
- *thunderstorm*

39 Wetterleuchten *n*
- *lightning*

40-58 die Klimakarte
- ***climatic map***

40 die Isotherme (Linie gleicher mittlerer Temperatur)
- *isotherm (line connecting points having equal mean temperature)*

41 die Nullisotherme (Linie durch alle Orte *m* mit 0 °C mittlerer Jahrestemperatur)
- *0 °C (zero) isotherm (line connecting points having a mean annual temperature of 0 °C)*

42 die Isochimene (Linie gleicher mittlerer Wintertemperatur)
- *isocheim (line connecting points having equal mean winter temperature)*

43 die Isothere (Linie gleicher Sommertemperatur)
- *isothere (line connecting points having equal mean summer temperature)*

44 die Isohelie (Linie gleicher Sonnenscheindauer)
- *isohel (line connecting points having equal duration of sunshine)*

45 die Isohyete (Linie gleicher Niederschlagssumme)
- *isohyet (line connecting points having equal amounts of precipitation)*

46-52 die Windsysteme *n*
- ***atmospheric circulation*** *(wind systems)*

46-47 die Kalmengürtel *m*
- *calm belts*

46 der äquatoriale Kalmengürtel *m*
- *equatorial trough (equatorial calms, doldrums)*

47 die subtrop. Stillengürtel *m* (Roßbreiten *f*)
- *subtropical high-pressure belts (horse latitudes)*

48 der Nordostpassat
- *north-east trade winds (north-east trades, tropical easterlies)*

49 der Südostpassat
- *south-east trade winds (south-east trades, tropical easterlies)*

50 die Zonen *f* der veränderl. Westwinde *m*
- *zones of the variable westerlies*

51 die Zonen *f* der polaren Winde *m*
- *polar wind zones*

52 der Sommermonsun
- *summer monsoon*

53-58 die Klimate *n* **der Erde**
- ***earth's climates***

53 das äquatoriale Klima: der trop. Regengürtel
- *equatorial climate: tropical zone (tropical rain zone)*

54 die beiden Trockengürtel *m*: die Wüsten- und Steppenzonen *f*
- *the two arid zones (equatorial dry zones): desert and steppe zones*

55 die beiden warm-gemäßigten Regengürtel *m*
- *the two temperate rain zones*

56 das boreale Klima (Schnee-Wald-Klima)
- *boreal climate (snow forest climate)*

57-58 die polaren Klimate *n*
- *polar climates*

57 das Tundrenklima
- *tundra climate*

58 das Klima ewigen Frostes *m*
- *perpetual frost climate*

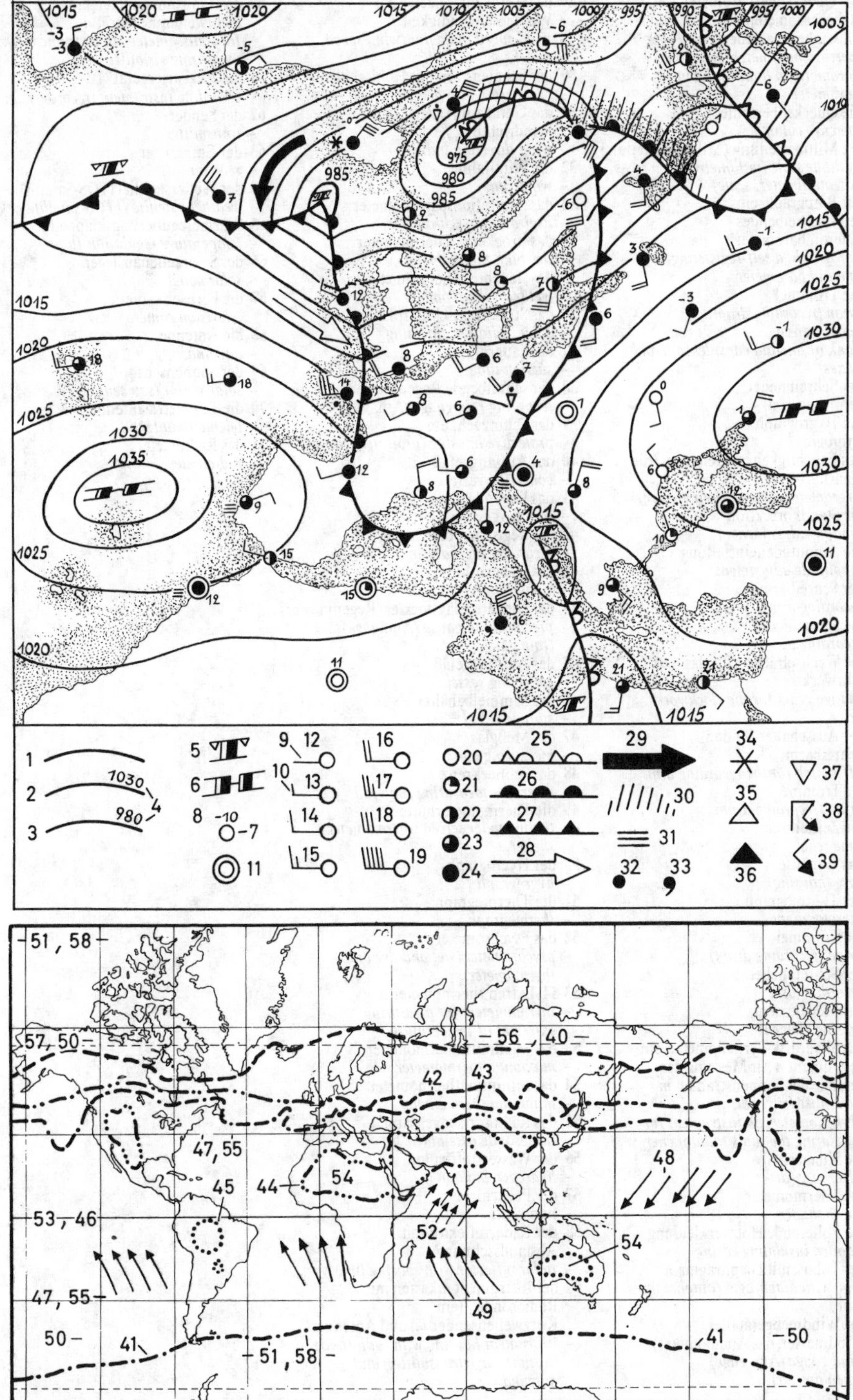
1015
1020
1010
1005
1000
995
990
985
980
975
1025
1030
1035
1 2 3 4 5 6 8 9 10 11 12 13 14 15 16 17 18 19 20 21 22 23 24 25 26 27 28 29 30 31 32 33 34 35 36 37 38 39
51, 58
57, 50
56, 40
42
43
47, 55
45
44
54
48
53, 46
52
49
50
41

1 das Quecksilberbarometer, ein Heberbarometer *n*, ein Flüssigkeitsbarometer *n*
- *mercury barometer, a siphon barometer, a liquid-column barometer*
2 die Quecksilbersäule
- *mercury column*
3 die Millibarteilung (Millimeterteilung)
- *millibar scale (millimetre,* Am. *millimeter, scale)*
4 der Barograph, ein selbstschreibendes Aneroidbarometer
- *barograph, a self-registering aneroid barometer*
5 die Trommel
- *drum (recording drum)*
6 der Dosensatz
- *bank of aneroid capsules (aneroid boxes)*
7 der Schreibhebel
- *recording arm*
8 der Hygrograph
- *hygrograph*
9 das Feuchtigkeitsmeßelement (die Haarharfe)
- *hygrometer element (hair element)*
10 die Standkorrektion
- *reading adjustment*
11 die Amplitudeneinstellung
- *amplitude adjustment*
12 der Schreibarm
- *recording arm*
13 die Schreibfeder
- *recording pen*
14 die Wechselräder *n* für das Uhrwerk
- *change gears for the clockwork drive*
15 der Ausschalter für den Schreibarm
- *off switch for the recording arm*
16 die Trommel
- *drum (recording drum)*
17 die Zeitteilung
- *time scale*
18 das Gehäuse
- *case (housing)*
19 der Thermograph
- *thermograph*
20 die Trommel
- *drum (recording drum)*
21 der Schreibhebel
- *recording arm*
22 das Meßelement
- *sensing element*
23 das Silverdisk-Pyrheliometer, ein Instrument *n* zur Messung der Energie der Sonnenstrahlen *m*
- *silver-disc (silver-disk) pyrheliometer, an instrument for measuring the sun's radiant energy*
24 die Silberscheibe
- *silver disc (disk)*
25 das Thermometer
- *thermometer*
26 die isolierende Holzverkleidung
- *wooden insulating casing*
27 der Tubus, mit Diaphragma *n*
- *tube with diaphragm (diaphragmed tube)*
28 das Windmeßgerät (der Windmesser, das Anemometer)
- *wind gauge (*Am. *gage) (anemometer)*
29 das Gerät zur Anzeige der Windgeschwindigkeit *f*
- *wind-speed indicator (wind-speed meter)*
30 der Schalenstern mit Hohlschalen *f*
- *cross arms with hemispherical cups*
31 das Gerät zur Anzeige der Windrichtung *f*
- *wind-direction indicator*
32 die Windfahne
- *wind vane*
33 das Aspirationspsychrometer
- *aspiration psychrometer*
34 das „trockene" Thermometer
- *dry bulb thermometer*
35 das „feuchte" Thermometer
- *wet bulb thermometer*
36 das Strahlungsschutzrohr
- *solar radiation shielding*
37 das Saugrohr
- *suction tube*
38 der schreibende Regenmesser
- *recording rain gauge (*Am. *gage)*
39 das Schutzgehäuse
- *protective housing (protective casing)*
40 das Auffanggefäß
- *collecting vessel*
41 das Regendach
- *rain cover*
42 die Registriervorrichtung
- *recording mechanism*
43 das Heberrohr
- *siphon tube*
44 der Niederschlagsmesser (Regenmesser)
- *precipitation gauge (*Am. *gage) (rain gauge)*
45 das Auffanggefäß
- *collecting vessel*
46 der Sammelbehälter
- *storage vessel*
47 das Meßglas
- *measuring glass*
48 das Schneekreuz
- *insert for measuring snowfall*
49 die Thermometerhütte
- *thermometer screen (thermometer shelter)*
50 der Hygrograph
- *hygrograph*
51 der Thermograph
- *thermograph*
52 das Psychrometer
- *psychrometer (wet and dry bulb thermometer)*
53-54 Extremthermometer *n*
- *thermometers for measuring extremes of temperature*
53 das Maximumthermometer
- *maximum thermometer*
54 das Minimumthermometer
- *minimum thermometer*
55 das Radiosondengespann
- *radiosonde assembly*
56 der Wasserstoffballon
- *hydrogen balloon*
57 der Fallschirm
- *parachute*
58 der Radarreflektor mit Abstandsschnur *f*
- *radar reflector with spacing lines*
59 der Instrumentenkasten mit Radiosonde *f* (ein Kurzwellensender *m*) und Antenne *f*
- *instrument housing with radiosonde (a short-wave transmitter) and antenna*
60 das Transmissometer, ein Sichtweitenmeßgerät *n*
- *transmissometer, an instrument for measuring visibility*
61 das Registriergerät
- *recording instrument (recorder)*
62 der Sender
- *transmitter*
63 der Empfänger
- *receiver*
64 der Wettersatellit (ITOS-Satellit)
- *weather satellite (ITOS satellite)*
65 Wärmeregulierungsklappen *f*
- *temperature regulation flaps*
66 der Solarzellenausleger
- *solar panel*
67 die Fernsehkamera
- *television camera*
68 die Antenne
- *antenna*
69 der Sonnensensor
- *solar sensor (sun sensor)*
70 die Telemetrieantenne
- *telemetry antenna*
71 das Radiometer
- *radiometer*

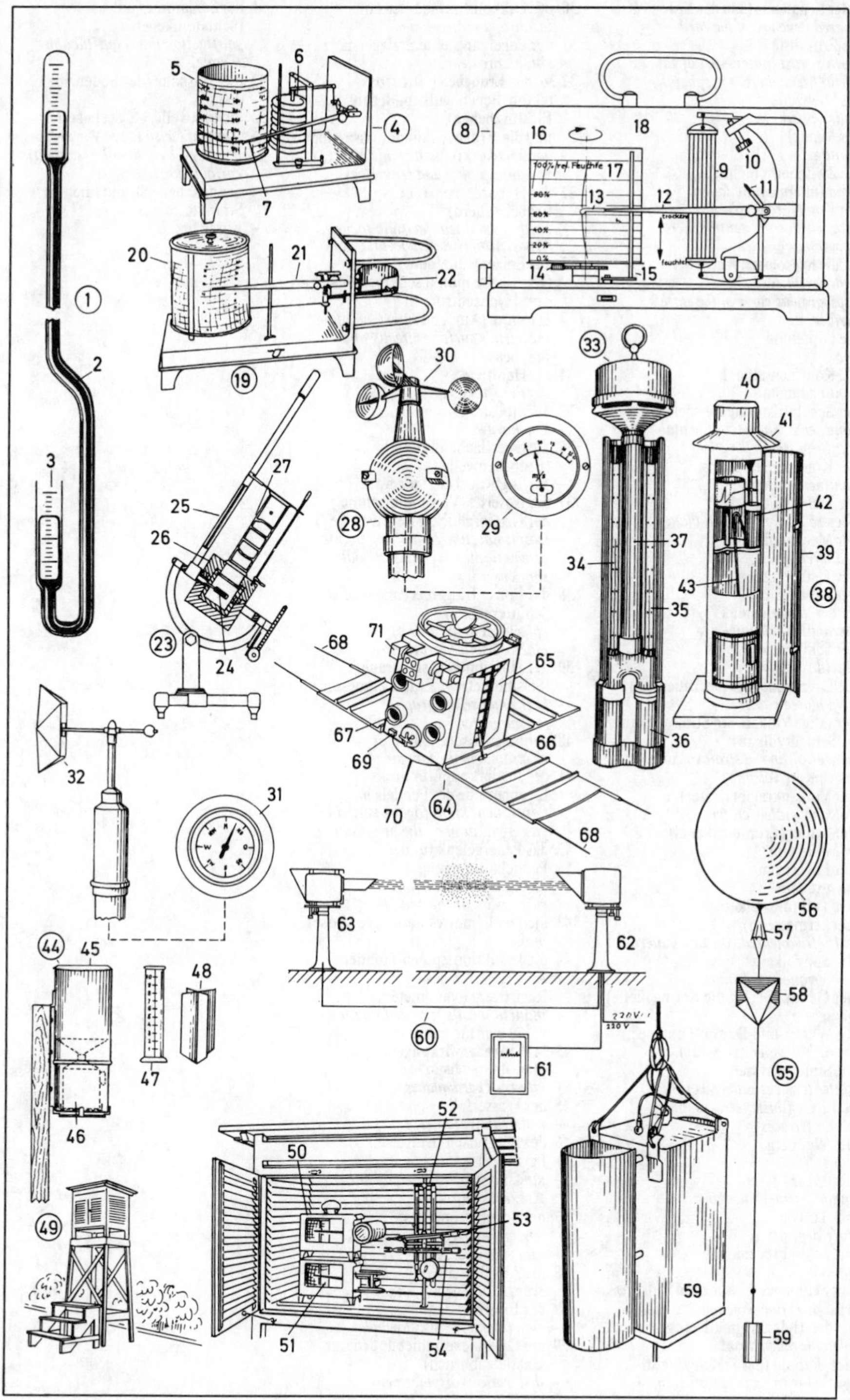
100% rel. Feuchte
80%
60%
40%
20%
0%
trocken
feucht
m/s
220 V
220 V

1-5 der Schalenaufbau der Erde
- ***layered structure of the earth***

1 die Erdkruste
- *earth's crust (outer crust of the earth, lithosphere, oxysphere)*

2 die Fließzone
- *hydrosphere*

3 der Mantel
- *mantle*

4 die Zwischenschicht
- *sima (intermediate layer)*

5 der Kern (Erdkern)
- *core (earth core, centrosphere, barysphere)*

6-12 die hypsometr. Kurve der Erdoberfläche
- ***hypsographic curve of the earth's surface***

6 die Gipfelung
- *peak*

7 die Kontinentaltafel
- *continental mass*

8 der Schelf (Kontinentalsockel)
- *continental shelf (continental platform, shelf)*

9 der Kontinentalabhang
- *continental slope*

10 die Tiefseetafel
- *deep-sea floor (abyssal plane)*

11 der Meeresspiegel
- *sea level*

12 der Tiefseegraben
- *deep-sea trench*

13-28 der Vulkanismus
- ***volcanism*** *(vulcanicity)*

13 der Schildvulkan
- *shield volcano*

14 die Lavadecke (der Deckenerguß)
- *lava plateau*

15 der tätige Vulkan, ein Stratovulkan *m* (Schichtvulkan)
- *active volcano, a stratovolcano (composite volcano)*

16 der Vulkankrater (Krater)
- *volcanic crater (crater)*

17 der Schlot (Eruptionskanal)
- *volcanic vent*

18 der Lavastrom
- *lava stream*

19 der Tuff (die vulkan. Lockermassen *f*)
- *tuff (fragmented volcanic material)*

20 der Subvulkan
- *subterranean volcano*

21 der Geysir (Geiser, die Springquelle)
- *geyser*

22 die Wasser-und-Dampf-Fontäne
- *jet of hot water and steam*

23 die Sinterterrassen *f*
- *sinter terraces (siliceous sinter terraces, fiorite terraces, pearl sinter terraces)*

24 der Wallberg
- *cone*

25 das Maar
- *maar (extinct volcano)*

26 der Tuffwall
- *tuff deposit*

27 die Schlotbrekzie
- *breccia*

28 der Schlot des erloschenen Vulkans *m*
- *vent of extinct volcano*

29-31 der Tiefenmagmatismus
- ***plutonic magmatism***

29 der Batholit (das Tiefengestein)
- *batholite (massive protrusion)*

30 der Lakkolith, eine Intrusion
- *lacolith, an intrusion*

31 der Lagergang, eine Erzlagerstätte
- *sill, an ore deposit*

32-38 das Erdbeben (*Arten:* das tekton. Beben, vulkan. Beben, Einsturzbeben) **und die Erdbebenkunde** (Seismologie)
- ***earthquake*** (kinds: *tectonic quake, volcanic quake)* ***and seismology***

32 das Hypozentrum (der Erdbebenherd)
- *earthquake focus (seismic focus, hypocentre,* Am. *hypocenter)*

33 das Epizentrum (der Oberflächenpunkt senkrecht über dem Hypozentrum *n*)
- *epicentre* (Am. *epicenter), point on the earth's surface directly above the focus*

34 die Herdtiefe
- *depth of focus*

35 der Stoßstrahl
- *shock wave*

36 die Oberflächenwellen *f* (Erdbebenwellen)
- *surface waves (seismic waves)*

37 die Isoseiste (Verbindungslinie *f* der Orte *m* gleicher Bebenstärke *f*)
- *isoseismal (line connecting points of equal intensity of earthquake shock)*

38 das Epizentralgebiet (makroseism. Schüttergebiet)
- *epicentral area (area of macroseismic vibration)*

39 der Horizontalseismograph (Seismometer *n*, Erdbebenmesser *m*)
- ***horizontal seismograph*** *(seismometer)*

40 der magnetische Dämpfer
- *electromagnetic damper*

41 der Justierknopf für die Eigenperiode des Pendels *n*
- *adjustment knob for the period of free oscillation of the pendulum*

42 das Federgelenk für die Pendelaufhängung
- *spring attachment for the suspension of the pendulum*

43 die Pendelmasse (stationäre Masse)
- *mass*

44 die Induktionsspulen *f* für den Anzeigestrom des Registriergalvanometers *n*
- *induction coils for recording the voltage of the galvanometer*

45-54 Erdbebenwirkungen *f* (die Makroseismik)
- ***effects of earthquakes***

45 der Wasserfall
- *waterfall (cataract, falls)*

46 der Bergrutsch (Erdrutsch, Felssturz)
- *landslide (rockslide, landslip,* Am. *rock slip)*

47 der Schuttstrom (das Ablagerungsgebiet)
- *talus (rubble, scree)*

48 die Abrißnische
- *scar (scaur, scaw)*

49 der Einsturztrichter
- *sink (sinkhole, swallowhole)*

50 die Geländeverschiebung (der Geländeabbruch)
- *dislocation (displacement)*

51 der Schlammerguß (Schlammkegel)
- *solifluction lobe (solifluction tongue)*

52 die Erdspalte (der Bodenriß)
- *fissure*

53 die Flutwelle, bei Seebeben *n*
- *tsunami (seismic sea wave) produced by seaquake (submarine earthquake)*

54 der gehobene Strand (die Strandterrasse)
- *raised beach*

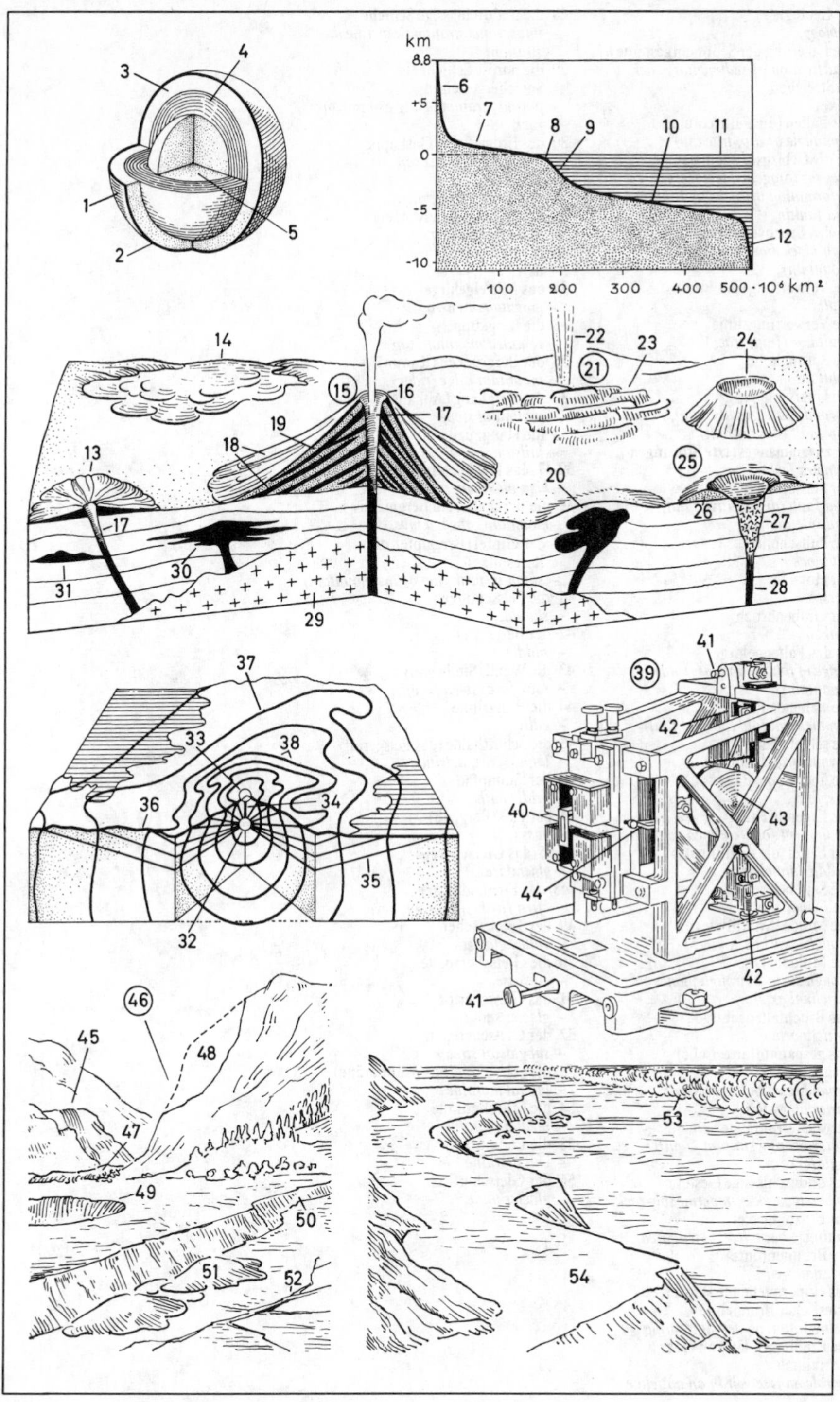
km
8.8
+5
0
-5
-10
100 200 300 400 500 · 10⁶ km²
1 2 3 4 5 6 7 8 9 10 11 12
13 14 15 16 17 18 19 20 21 22 23 24 25 26 27 28 29 30 31
32 33 34 35 36 37 38 39 40 41 42 43 44
45 46 47 48 49 50 51 52 53 54

1-33 Geologie
- ***geology***

1 die Lagerung der Sedimentgesteine *n*
- *stratification of sedimentary rock*

2 das Streichen
- *strike*

3 das Fallen (die Fallrichtung)
- *dip (angle of dip, true dip)*

4-20 die Gebirgsbewegungen *f*
- ***orogeny*** *(orogenis, tectogenis, deformation of rocks by folding and faulting)*

4-11 das Bruchschollengebirge
- ***fault-block mountain*** *(block mountain)*

4 die Verwerfung (der Bruch)
- *fault*

5 die Verwerfungslinie
- *fault line (fault trace)*

6 die Sprunghöhe
- *fault throw*

7 die Überschiebung
- *normal fault (gravity fault, normal slip fault, slump fault)*

8-11 zusammengesetzte Störungen *f*
- ***complex faults***

8 der Staffelbruch
- *step fault (distributive fault, multiple fault)*

9 die Pultscholle
- *tilt block*

10 der Horst
- *horst*

11 der Grabenbruch
- *graben*

12-20 das Faltengebirge
- ***range of fold mountains*** *(folded mountains)*

12 die stehende Falte
- *symmetrical fold (normal fold)*

13 die schiefe Falte
- *asymmetrical fold*

14 die überkippte Falte
- *overfold*

15 die liegende Falte
- *recumbent fold (reclined fold)*

16 der Sattel (die Antiklinale)
- *saddle (anticline)*

17 die Sattelachse
- *anticlinal axis*

18 die Mulde (Synklinale)
- *trough (syncline)*

19 die Muldenachse
- *trough surface (trough plane, synclinal axis)*

20 das Bruchfaltengebirge
- *anticlinorium*

21 **das gespannte** (artesische) **Grundwasser**
- ***groundwater under pressure*** *(artesian water)*

22 die wasserführende Schicht
- *water-bearing stratum (aquifer, aquafer)*

23 das undurchlässige Gestein
- *impervious rock (impermeable rock)*

24 das Einzugsgebiet
- *drainage basin (catchment area)*

25 die Brunnenröhre
- *artesian well*

26 das emporquellende Wasser, ein artesischer Brunnen *m*
- *rising water, an artesian spring*

27 **die Erdöllagerstätte** an einer Antiklinale
- ***petroleum reservoir*** *in an anticline*

28 die undurchlässige Schicht
- *impervious stratum (impermeable stratum)*

29 die poröse Schicht als Speichergestein *n*
- *porous stratum acting as reservoir rock*

30 das Erdgas, eine Gaskappe
- *natural gas, a gas cap*

31 das Erdöl
- *petroleum (crude oil)*

32 das Wasser (Randwasser)
- *underlying water*

33 der Bohrturm
- *derrick*

34 das Mittelgebirge
- ***mountainous area***

35 die Bergkuppe
- *rounded mountain top*

36 der Bergrücken (Kamm)
- *mountain ridge (ridge)*

37 der Berghang (Abhang)
- *mountain slope*

38 die Hangquelle
- *hillside spring*

39-47 das Hochgebirge
- ***high-mountain region***

39 die Bergkette, ein Bergmassiv *n*
- *mountain range, a massif*

40 der Gipfel (Berggipfel, die Bergspitze)
- *summit (peak, top of the mountain)*

41 die Felsschulter
- *shoulder*

42 der Bergsattel
- *saddle*

43 die Wand (Steilwand)
- *rock face (steep face)*

44 die Hangrinne
- *gully*

45 die Schutthalde (das Felsgeröll)
- *talus (scree, detritus)*

46 der Saumpfad
- *bridle path*

47 der Paß (Bergpaß)
- *pass (col)*

48-56 das Gletschereis
- ***glacial ice***

48 das Firnfeld (Kar)
- *firn field (firn basin, nevé)*

49 der Talgletscher
- *valley glacier*

50 die Gletscherspalte
- *crevasse*

51 das Gletschertor
- *glacier snout*

52 der Gletscherbach
- *subglacial stream*

53 die Seitenmoräne (Wallmoräne)
- *lateral moraine*

54 die Mittelmoräne
- *medial moraine*

55 die Endmoräne
- *end moraine*

56 der Gletschertisch
- *glacier table*

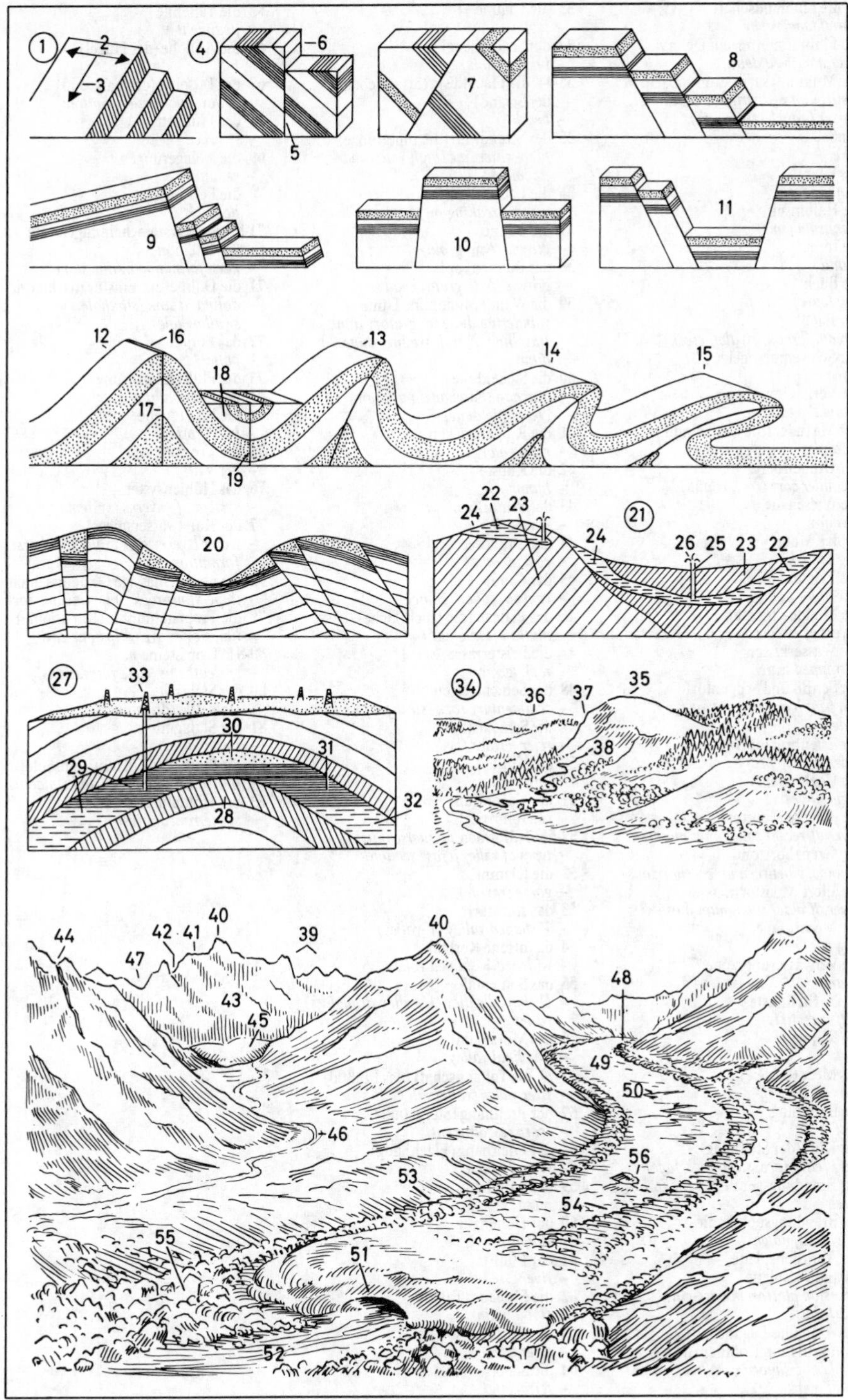
1
2
3
4
5
6
7
8
9
10
11
12
13
14
15
16
17
18
19
20
21
22
23
24
25
26
27
28
29
30
31
32
33
34
35
36
37
38
39
40
41
42
43
44
45
46
47
48
49
50
51
52
53
54
55
56

1-13 die Flußlandschaft
- ***fluvial topography***

1 die Flußmündung, ein Delta *n*
- *river mouth, a delta*

2 der Mündungsarm, ein Flußarm *m*
- *distributary (distributary channel), a river branch (river arm)*

3 der See
- *lake*

4 das Ufer
- *bank*

5 die Halbinsel
- *peninsula (spit)*

6 die Insel
- *island*

7 die Bucht
- *bay (cove)*

8 der Bach
- *stream (brook, rivulet, creek)*

9 der Schwemmkegel
- *levee*

10 die Verlandungszone
- *alluvial plain*

11 der Mäander (die Flußwindung)
- *meander (river bend)*

12 der Umlaufberg
- *meander core (rock island)*

13 die Wiesenaue
- *meadow*

14-24 das Moor
- ***bog*** *(marsh)*

14 das Flachmoor
- *low-moor bog*

15 die Muddeschichten *f*
- *layers of decayed vegetable matter*

16 das Wasserkissen
- *entrapped water*

17 der Schilf- und Seggentorf
- *fen peat [consisting of rush and sedge]*

18 der Erlenbruchtorf
- *alder-swamp peat*

19 das Hochmoor
- *high-moor bog*

20 die jüngere Moostorfmasse
- *layer of recent sphagnum mosses*

21 der Grenzhorizont
- *boundary between layers (horizons)*

22 die ältere Moostorfmasse
- *layer of older sphagnum mosses*

23 der Moortümpel
- *bog pool*

24 die Verwässerungszone
- *swamp*

25-31 die Steilküste
- ***cliffline*** *(cliffs)*

25 die Klippe
- *rock*

26 das Meer (die See)
- *sea (ocean)*

27 die Brandung
- *surf*

28 das Kliff (der Steilhang)
- *cliff (cliff face, steep rock face)*

29 das Brandungsgeröll (Strandgeröll)
- *scree*

30 die Brandungshohlkehle
- *[wave-cut] notch*

31 die Abrasionsplatte (Brandungsplatte)
- *abrasion platform (wave-cut platform)*

32 das Atoll (das Lagunenriff, Kranzriff), ein Korallenriff *n*
- *atoll (ring-shaped coral reef), a coral reef*

33 die Lagune
- *lagoon*

34 der Strandkanal
- *breach (hole)*

35-44 die Flachküste (Strandebene, der Strand)
- ***beach***

35 der Strandwall (die Flutgrenze)
- *high-water line (high-water mark, tidemark)*

36 die Uferwellen *f*
- *waves breaking on the shore*

37 die Buhne
- *groyne* (Am. *groin)*

38 der Buhnenkopf
- *groyne* (Am. *groin) head*

39 die Wanderdüne, eine Düne
- *wandering dune (migratory dune, travelling,* Am. *traveling, dune), a dune*

40 die Sicheldüne
- *barchan (barchane, barkhan, crescentic dune)*

41 die Rippelmarken *f*
- *ripple marks*

42 die Kupste
- *hummock*

43 der Windflüchter
- *wind cripple*

44 der Strandsee
- *coastal lake*

45 der Cañon
- ***canyon*** *(cañon, coulee)*

46 das Plateau (die Hochfläche)
- *plateau (tableland)*

47 die Felsterrasse
- *rock terrace*

48 das Schichtgestein
- *sedimentary rock (stratified rock)*

49 die Schichtstufe
- *river terrace (bed)*

50 die Kluft
- *joint*

51 der Cañonfluß
- *canyon river*

52-56 Talformen *f [Querschnitt]*
- ***types of valley*** *[cross section]*

52 die Klamm
- *gorge (ravine)*

53 das Kerbtal
- *V-shaped valley (V-valley)*

54 das offene Kerbtal
- *widened V-shaped valley*

55 das Sohlental
- *U-shaped valley (U-valley, trough valley)*

56 das Muldental
- *synclinal valley*

57-70 die Tallandschaft (das Flußtal)
- ***river valley*** *(valleyside)*

57 der Prallhang (Steilhang)
- *scarp (escarpment)*

58 der Gleithang (Flachhang)
- *slip-off slope*

59 der Tafelberg
- *mesa*

60 der Höhenzug
- *ridge*

61 der Fluß
- *river*

62 die Flußaue (Talaue)
- *flood plain*

63 die Felsterrasse
- *river terrace*

64 die Schotterterrasse
- *terracette*

65 die Tallehne
- *pediment*

66 die Anhöhe (der Hügel)
- *hill*

67 die Talsohle (der Talgrund)
- *valley floor (valley bottom)*

68 das Flußbett
- *riverbed*

69 die Ablagerungen *f*
- *sediment*

70 die Felssohle
- *bedrock*

71-83 die Karsterscheinungen *f* im Kalkstein *m*
- ***karst formation*** *in limestone*

71 die Doline, ein Einsturztrichter *m*
- *dolina, a sink (sinkhole, swallowhole)*

72 das Polje
- *polje*

73 die Flußversickerung
- *percolation of a river*

74 die Karstquelle
- *karst spring*

75 das Trockental
- *dry valley*

76 das Höhlensystem
- *system of caverns (system of caves)*

77 der Karstwasserspiegel
- *water level (water table) in a karst formation*

78 die undurchlässige Gesteinsschicht
- *impervious rock (impermeable rock)*

79 die Tropfsteinhöhle (Karsthöhle)
- *limestone cave (dripstone cave)*

80-81 Tropfsteine *m*
- *speleothems (cave formations)*

80 der Stalaktit
- *stalactite (dripstone)*

81 der Stalagmit
- *stalagmite*

82 die Sintersäule (Tropfsteinsäule)
- *linked-up stalagmite and stalactite*

83 der Höhlenfluß
- *subterranean river*

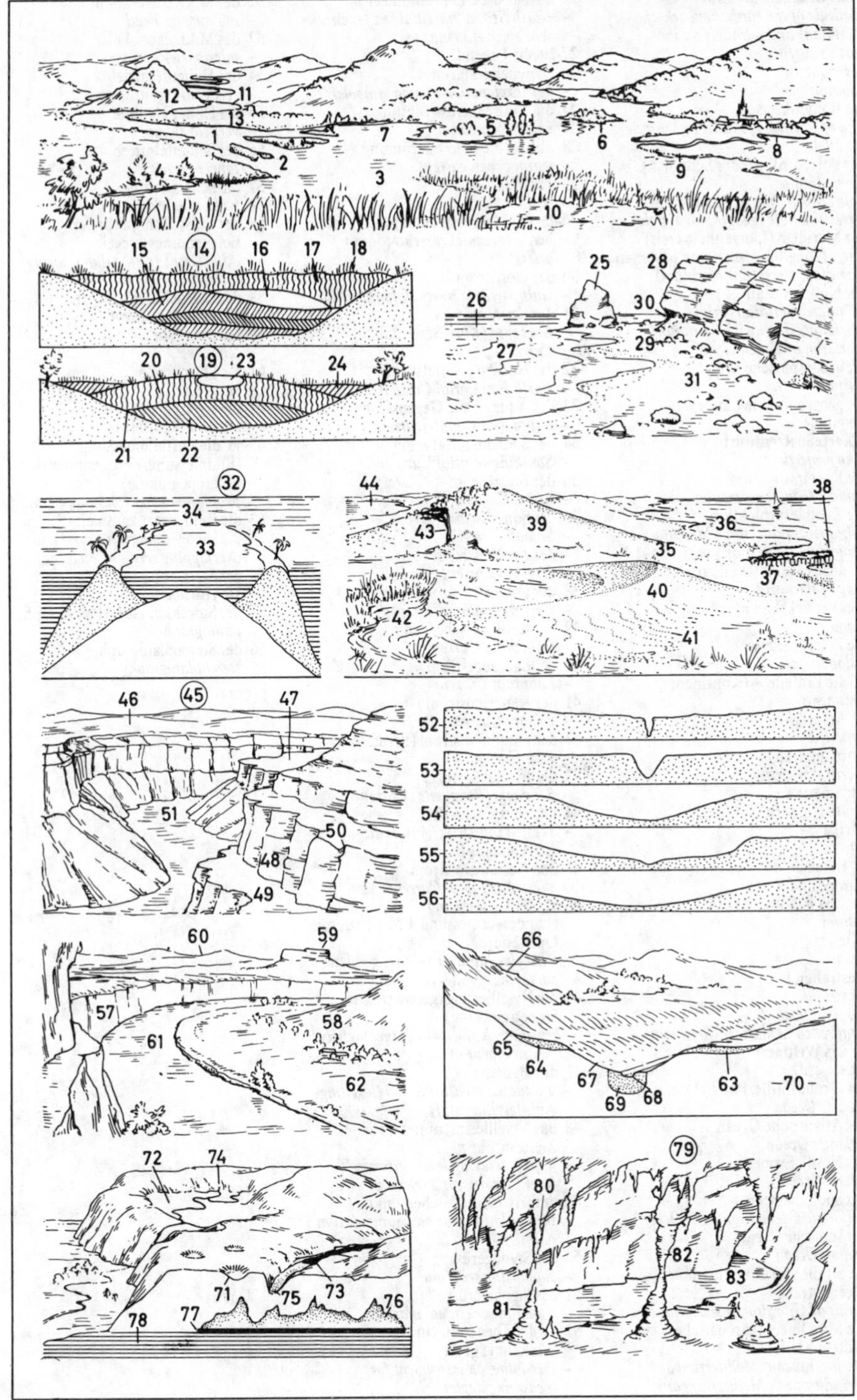

1 2 3 4 5 6 7 8 9 10 11 12 13
14 15 16 17 18
19 20 21 22 23 24
25 26 27 28 29 30 31
32 33 34
35 36 37 38 39 40 41 42 43 44
45 46 47 48 49 50 51
52 53 54 55 56
57 58 59 60 61 62
63 64 65 66 67 68 69 -70-
71 72 73 74 75 76 77 78
79 80 81 82 83

1-7 das Gradnetz der Erde
- ***graticule of the earth*** *(network of meridians and parallels on the earth's surface)*

1 der Äquator
- *equator*

2 ein Breitenkreis *m*
- *line of latitude (parallel of latitude, parallel)*

3 der Pol (Nordpol oder Südpol *m*), ein Erdpol *m*
- *pole (North Pole or South Pole), a terrestrial pole (geographical pole)*

4 der Meridian (Längenhalbkreis)
- *line of longitude (meridian of longitude, meridian, terrestrial meridian)*

5 der Nullmeridian
- *Standard meridian (Prime meridian, Greenwich meridian, meridian of Greenwich)*

6 die geographische Breite
- *latitude*

7 die geographische Länge
- *longitude*

8-9 Kartennetzentwürfe *m*
- ***map projections***

8 die Kegelprojektion
- *conical (conic) projection*

9 die Zylinderprojektion
- *cylindrical projection (Mercator projection, Mercator's projection)*

10-45 die Erdkarte (Weltkarte)
- ***map of the world***

10 die Wendekreise *m*
- *tropics*

11 die Polarkreise *m*
- *polar circles*

12-18 die Erdteile *m* (Kontinente)
- ***continents***

12-13 Amerika *n*
- *America*

12 Nordamerika *n*
- *North America*

13 Südamerika *n*
- *South America*

14 Afrika *n*
- *Africa*

15-16 Eurasien *n*
- *Europe and Asia*

15 Europa *n*
- *Europe*

16 Asien *n*
- *Asia*

17 Australien *n*
- *Australia*

18 die Antarktis
- *Antarctica (Antarctic Continent)*

19-26 das Weltmeer
- ***ocean*** *(sea)*

19 der Große (Stille, Pazif.) Ozean
- *Pacific Ocean*

20 der Atlantische Ozean
- *Atlantic Ocean*

21 das Nördl. Eismeer
- *Arctic Ocean*

22 das Südl. Eismeer
- *Antarctic Ocean (Southern Ocean)*

23 der Indische Ozean
- *Indian Ocean*

24 die Straße von Gibraltar, eine Meeresstraße
- *Strait of Gibraltar, a sea strait*

25 das Mittelmeer (europäische Mittelmeer)
- *Mediterranean (Mediterranean Sea, European Mediterranean)*

26 die Nordsee, ein Randmeer *n*
- *North Sea, a marginal sea (epeiric sea, epicontinental sea)*

27-29 die Legende (Zeichenerklärung)
- ***key (explanation of map symbols)***

27 die kalte Meeresströmung
- *cold ocean current*

28 die warme Meeresströmung
- *warm ocean current*

29 der Maßstab
- *scale*

30-45 die Meeresströmungen *f*
- ***ocean (oceanic) currents*** *(ocean drifts)*

30 der Golfstrom
- *Gulf Stream (North Atlantic Drift)*

31 der Kuroschio
- *Kuroshio (Kuro Siwo, Japan Current)*

32 der Nordäquatorialstrom
- *North Equatorial Current*

33 der Äquatoriale Gegenstrom
- *Equatorial Countercurrent*

34 der Südäquatorialstrom
- *South Equatorial Current*

35 der Brasilstrom
- *Brazil Current*

36 der Somalistrom
- *Somali Current*

37 der Agulhasstrom
- *Agulhas Current*

38 der Ostaustralstrom
- *East Australian Current*

39 der Kalifornische Strom
- *California Current*

40 der Labradorstrom
- *Labrador Current*

41 der Kanarienstrom
- *Canary Current*

42 der Humboldtstrom (Perustrom)
- *Peru Current*

43 der Benguellastrom
- *Benguela (Benguella) Current*

44 die Westwinddrift
- *West Wind Drift (Antarctic Circumpolar Drift)*

45 der Westaustralstrom
- *West Australian Current*

46-62 die Vermessung (Landesvermessung, Erdmessung, Geodäsie)
- ***surveying*** *(land surveying, geodetic surveying, geodesy)*

46 die Nivellierung (geometrische Höhenmessung)
- *levelling* (Am. *leveling) (geometrical measurement of height)*

47 die Meßlatte
- *graduated measuring rod (levelling,* Am. *leveling, staff)*

48 das Nivellierinstrument, ein Zielfernrohr *n*
- *level (surveying level, surveyor's level), a surveyor's telescope*

49 der trigonometrische Punkt
- *triangulation station (triangulation point)*

50 das Standgerüst
- *supporting scaffold*

51 das Signalgerüst
- *signal tower (signal mast)*

52-62 der Theodolit, ein Winkelmeßgerät *n*
- ***theodolite, an instrument for measuring angles***

52 der Mikrometerknopf
- *micrometer head*

53 das Mikroskopokular
- *micrometer eyepiece*

54 der Höhenfeintrieb
- *vertical tangent screw*

55 die Höhenklemme
- *vertical clamp*

56 der Seitenfeintrieb
- *tangent screw*

57 die Seitenklemme
- *horizontal clamp*

58 der Einstellknopf für den Beleuchtungsspiegel
- *adjustment for the illuminating mirror*

59 der Beleuchtungsspiegel
- *illuminating mirror*

60 das Fernrohr
- *telescope*

61 die Querlibelle
- *spirit level*

62 die Kreisverstellung
- *circular adjustment*

63-66 die Luftbildmessung (Bildmessung, Fotogrammetrie, Fototopographie)
- ***photogrammetry*** *(phototopography)*

63 die Reihenmeßkammer
- *air survey camera for producing overlapping series of pictures*

64 das Stereotop
- *stereoscope*

65 der Storchschnabel (Pantograph)
- *pantograph*

66 der Stereoplanigraph
- *stereoplanigraph*

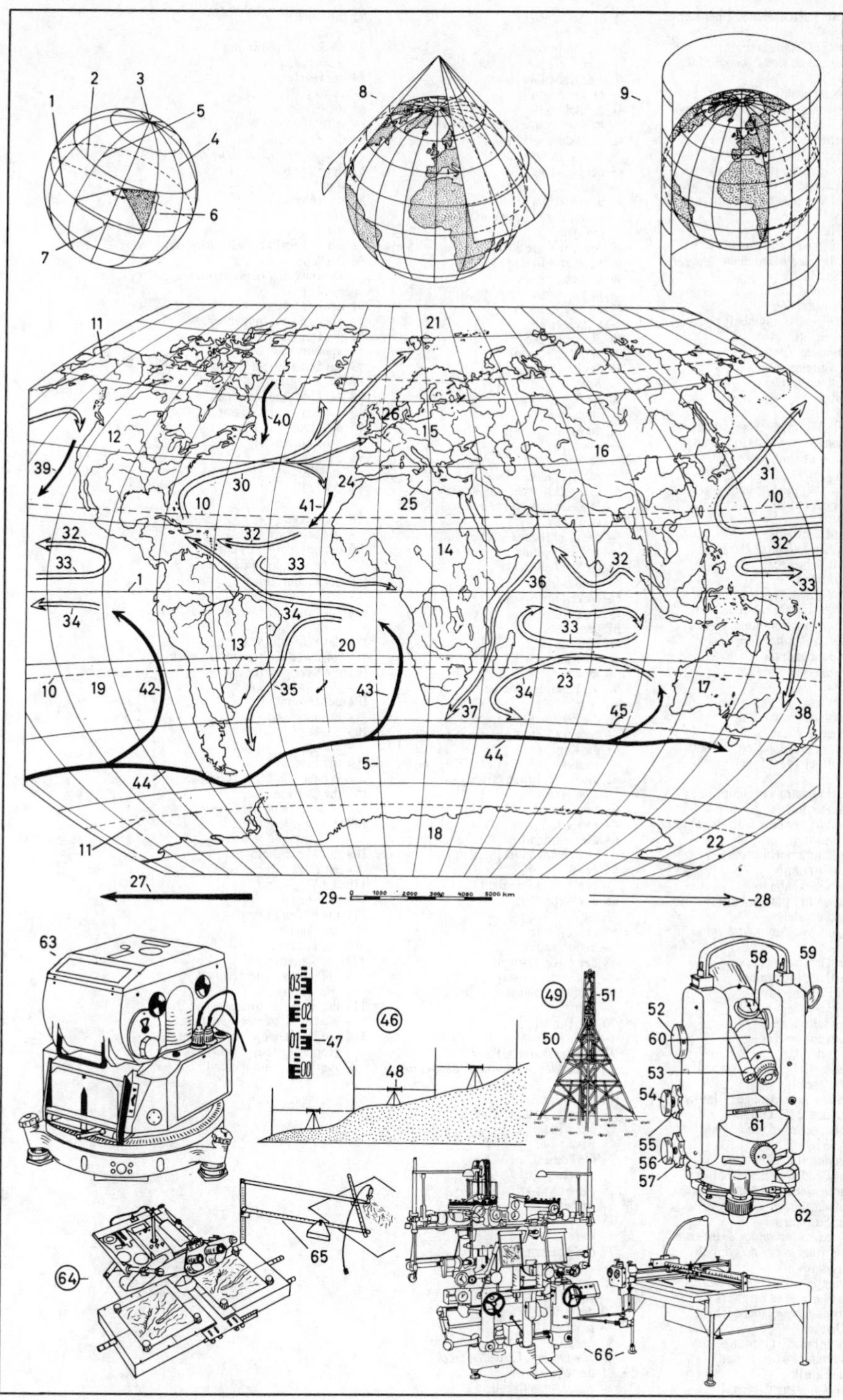
0 1000 2000 3000 4000 5000 km

1-114 die Kartenzeichen einer Karte 1:25 000
- ***map signs*** *(map symbols, conventional signs) on a 1:25 000 map*

1 der Nadelwald
- *coniferous wood (coniferous trees)*

2 die Lichtung
- *clearing*

3 das Forstamt
- *forestry office* [no symbol]

4 der Laubwald
- *deciduous wood (non-coniferous trees)*

5 die Heide
- *heath (rough grassland, rough pasture, heath and moor, bracken)*

6 der Sand
- *sand (sand hills)*

7 der Strandhafer
- *beach grass* [no symbol]

8 der Leuchtturm
- *lighthouse*

9 die Wattengrenze
- *mean low water*

10 die Bake
- *beacon*

11 die Tiefenlinien *f* (Isobathen)
- *submarine contours* [no symbol]

12 die Eisenbahnfähre (das Trajekt)
- *train ferry* [no symbol]

13 das Feuerschiff
- *lightship*

14 der Mischwald
- *mixed wood (mixed trees)*

15 das Buschwerk
- *brushwood*

16 die Autobahn mit Auffahrt *f*
- *motorway with slip road* (Am. *freeway with on-ramp, freeway with acceleration lane)*

17 die Bundesstraße (Fernverkehrsstraße)
- *trunk road*

18 die Wiese
- *grassland* [no symbol]

19 die nasse Wiese
- *marshy grassland* [no symbol]

20 der Bruch (das Moor)
- *marsh*

21 die Hauptstrecke (Hauptlinie, Hauptbahn)
- *main line railway* (Am. *trunk line)* [no symbol]

22 die Bahnunterführung
- *road over railway*

23 die Nebenbahn
- *branch line* [no symbol]

24 die Blockstelle
- *signal box* (Am. *switch tower)* [no symbol]

25 die Kleinbahn
- *local line* [no symbol]

26 der Planübergang
- *level crossing*

27 die Haltestelle
- *halt* [no symbol]

28 die Villenkolonie
- *residential area* [no symbol]

29 der Pegel
- *water gauge* (Am. *gage)* [no symbol]

30 die Straße III. Ordnung
- *good, metalled road*

31 die Windmühle
- *windmill* [labelled: Mill]

32 das Gradierwerk (die Saline)
- *thorn house (graduation house, salina, salt-works* [no symbol]

33 der Funkturm
- *broadcasting station (wireless or television mast)* [no symbol]

34 das Bergwerk
- *mine* [labelled: Mine]

35 das verlassene Bergwerk
- *disused mine* [labelled: Mine (Disused)]

36 die Straße II. Ordnung
- *secondary road (B road)*

37 die Fabrik
- *works* [labelled: Works]

38 der Schornstein
- *chimney*

39 der Drahtzaun
- *wire fence* [no symbol]

40 die Straßenüberfahrt
- *bridge over railway*

41 der Bahnhof
- *railway station* (Am. *railroad station)*

42 die Bahnüberführung
- *bridge under railway*

43 der Fußweg
- *footpath*

44 der Durchlaß
- *bridge for footpath under railway* [no symbol]

45 der schiffbare Strom
- *navigable river* [no symbol]

46 die Schiffbrücke
- *pontoon bridge* [no symbol]

47 die Wagenfähre
- *vehicle ferry*

48 die Steinmole
- *mole* [no symbol]

49 das Leuchtfeuer
- *beacon*

50 die Steinbrücke
- *stone bridge*

51 die Stadt
- *town (city)*

52 der Marktplatz
- *market place (market square)*

53 die große Kirche mit 2 Türmen *m*
- *large church with two towers* [no symbol]

54 das öffentliche Gebäude
- *public building*

55 die Straßenbrücke
- *road bridge*

56 die eiserne Brücke
- *iron bridge*

57 der Kanal
- *canal*

58 die Kammerschleuse
- *lock*

59 die Landungsbrücke
- *jetty*

60 die Personenfähre
- *foot ferry (foot passenger ferry)*

61 die Kapelle
- *chapel (church) without tower or spire*

62 die Höhenlinien *f* (Isohypsen)
- *contours*

63 das Kloster
- *monastery (convent)* [named]

64 die weit sichtbare Kirche
- *church landmark* [no symbol]

65 der Weinberg
- *vineyard* [no symbol]

66 das Wehr
- *weir*

67 die Seilbahn
- *aerial ropeway*

68 der Aussichtsturm
- *view point* [tower]

69 die Stauschleuse
- *dam*

70 der Tunnel
- *tunnel*

71 der trigonometr. Punkt
- *triangulation station (triangulation point)*

72 die Ruine
- *remains of a building*

73 das Windrad
- *wind pump*

74 die Festung
- *fortress [castle]*

75 das Altwasser
- *ox-bow lake*

76 der Fluß
- *river*

77 die Wassermühle
- *watermill* [labelled: Mill]

78 der Steg
- *footbridge*

79 der Teich
- *pond*

80 der Bach
- *stream (brook, rivulet, creek)*

81 der Wasserturm
- *water tower* [labelled]

82 die Quelle
- *spring*

83 die Straße I. Ordnung
- *main road (A road)*

84 der Hohlweg
- *cutting*

85 die Höhle
- *cave* [labelled: Cave]

86 der Kalkofen
- *lime kiln* [labelled: Lime Works]

87 der Steinbruch
- *quarry*

88 die Tongrube
- *clay pit*

89 die Ziegelei
- *brickworks* [labelled: Brickworks]

90 die Wirtschaftsbahn
- *narrow-gauge* (Am. *narrow-gage) railway*

91 der Ladeplatz
- *goods depot (freight depot)*

92 das Denkmal
- *monument*

93 das Schlachtfeld
- *site of battle*

94 das Gut, eine Domäne
- *country estate, a demesne*

95 die Mauer
- *wall* [no symbol]

96 das Schloß
- *stately home*

97 der Park
- *park*

98 die Hecke
- *hedge* [no symbol]

99 der unterhaltene Fahrweg
- *poor or unmetalled road*

100 der Ziehbrunnen
- *well*

101 der Einzelhof (Weiler, Einödhof)
- *farm* [named]

102 der Feld- und Waldweg
- *unfenced path (unfenced track)*

103 die Kreisgrenze
- *district boundary*

104 der Damm
- *embankment*

105 das Dorf
- *village*

106 der Friedhof
- *cemetery* [labelled: Cemy]

107 die Dorfkirche
- *church (chapel) with spire*

108 der Obstgarten
- *orchard*

109 der Meilenstein
- *milestone*

110 der Wegweiser
- *guide post*

111 die Baumschule
- *tree nursery* [no symbol]

112 die Schneise
- *ride (aisle, lane, section line)* [no symbol]

113 die Starkstromleitung
- *electricity transmission line*

114 die Hopfenanpflanzung (der Hopfengarten)
- *hop garden* [no symbol]

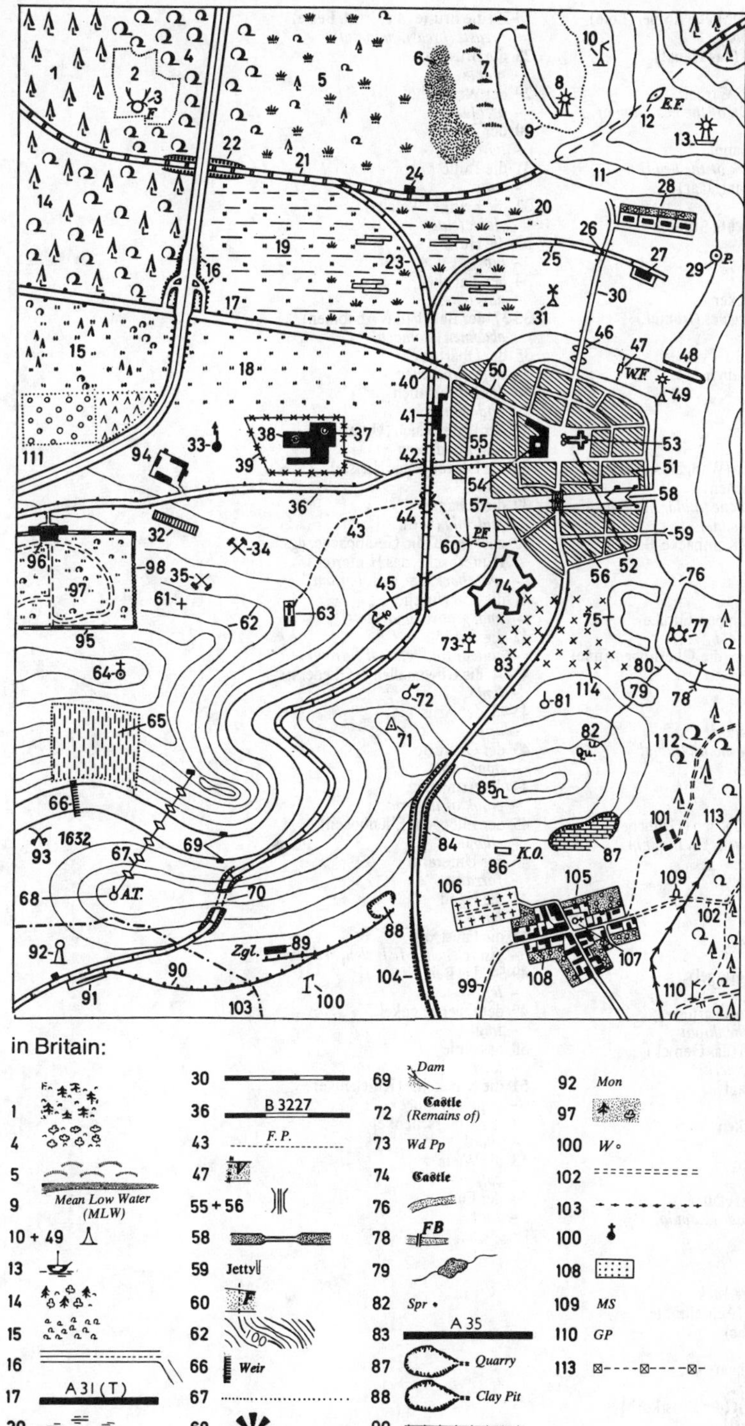
B.F.
W.F.
P.F.
K.O.
A.T.
Zgl.
Qu.
1632
in Britain:
1
4
5
9 Mean Low Water (MLW)
10 + 49
13
14
15
16
17 A31 (T)
20
30
36 B 3227
43 F. P.
47
55 + 56
58
59 Jetty
60
62 100
66 Weir
67
68
69 Dam
72 Castle (Remains of)
73 Wd Pp
74 Castle
76
78 FB
79
82 Spr
83 A 35
87 Quarry
88 Clay Pit
90
92 Mon
97
100 W
102
103
100
108
109 MS
110 GP
113

1-54 der menschliche Körper (Leib)
- ***the human body***
1-18 der Kopf (das Haupt)
- ***head***
1 der Scheitel (Wirbel)
- *vertex (crown of the head, top of the head)*
2 das Hinterhaupt
- *occiput (back of the head)*
3 das Kopfhaar (Haar)
- *hair*
4-17 das Gesicht (Antlitz)
- ***face***
4-5 die Stirn
- *forehead*
4 der Stirnhöcker
- *frontal eminence (frontal protuberance)*
5 der Stirnwulst
- *superciliary arch*
6 die Schläfe
- *temple*
7 das Auge
- *eye*
8 das Jochbein (Wangenbein, der Backenknochen)
- *zygomatic bone (malar bone, jugal bone, cheekbone)*
9 die Wange (Kinnbacke, Backe)
- *cheek*
10 die Nase
- *nose*
11 die Nasen-Lippen-Furche
- *nasolabial fold*
12 das Philtrum (die Oberlippenrinne)
- *philtrum*
13 der Mund
- *mouth*
14 der Mundwinkel
- *angle of the mouth (labial commissure)*
15 das Kinn
- *chin*
16 das Kinngrübchen (Grübchen)
- *dimple (fossette) in the chin*
17 die Kinnlade
- *jaw*
18 das Ohr
- *ear*
19-21 der Hals
- ***neck***
19 die Kehle (Gurgel)
- *throat*
20 *ugs.* die Drosselgrube
- *hollow of the throat*
21 der Nacken (das Genick)
- *nape of the neck*
22-41 der Rumpf
- ***trunk***
22-25 der Rücken
- ***back***
22 die Schulter
- *shoulder*
23 das Schulterblatt
- *shoulderblade (scapula)*
24 die Lende
- *loins*
25 das Kreuz
- *small of the back*
26 die Achsel (Achselhöhle, Achselgrube)
- *armpit*
27 die Achselhaare *n*
- *armpit hair*
28-30 die Brust (der Brustkorb)
- ***thorax*** *(chest)*
28-29 die Brüste (die Brust, Büste)
- *breasts (breast, mamma)*
28 die Brustwarze
- *nipple*
29 der Warzenhof
- *areola*
30 der Busen
- *bosom*
31 die Taille
- *waist*
32 die Flanke (Weiche)
- *flank (side)*
33 die Hüfte
- *hip*
34 der Nabel
- *navel*
35-37 der Bauch (das Abdomen)
- ***abdomen*** *(stomach)*
35 der Oberbauch
- *upper abdomen*
36 der Mittelbauch
- *abdomen*
37 der Unterbauch (Unterleib)
- *lower abdomen*
38 die Leistenbeuge (Leiste)
- *groin*
39 die Scham
- *pudenda (vulva)*
40 das Gesäß (die Gesäßbacke, *ugs.* Hinterbacke, das Hinterteil)
- *seat (backside,* coll. *bottom)*
41 die Afterfurche
- *anal groove (anal cleft)*
42 die Gesäßfalte
- *gluteal fold (gluteal furrow)*
43-54 die Gliedmaßen *f* (Glieder *n*)
- ***limbs***
43-48 der Arm
- *arm*
43 der Oberarm
- *upper arm*
44 die Armbeuge
- *crook of the arm*
45 der Ellbogen (Ellenbogen)
- *elbow*
46 der Unterarm
- *forearm*
47 die Hand
- *hand*
48 die Faust
- *fist (clenched fist, clenched hand)*
49-54 das Bein
- ***leg***
49 der Oberschenkel
- *thigh*
50 das Knie
- *knee*
51 die Kniekehle (Kniebeuge)
- *popliteal space*
52 der Unterschenkel
- *shank*
53 die Wade
- *calf*
54 der Fuß
- *foot*

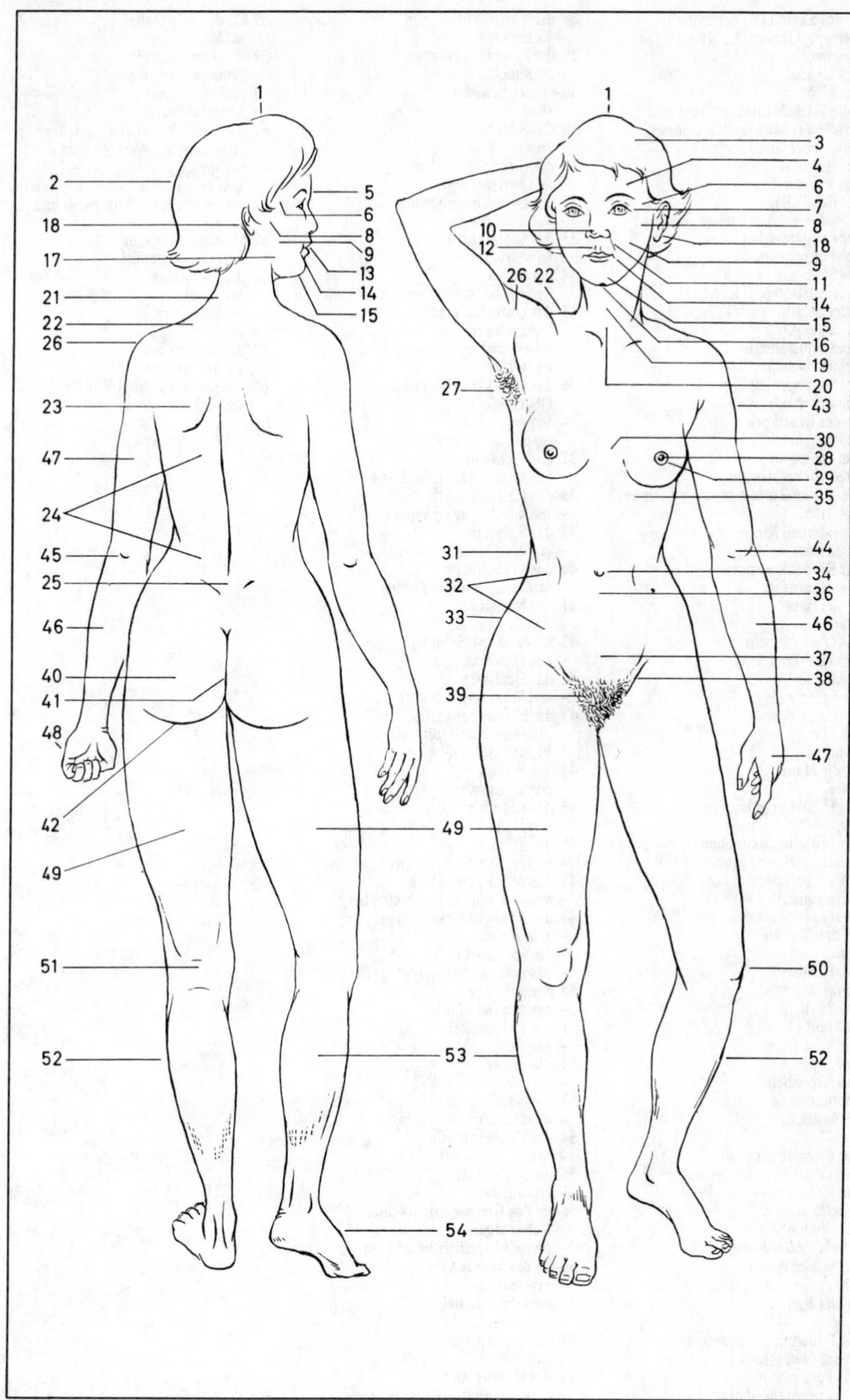
1
2
3
4
5
6
7
8
9
10
11
12
13
14
15
16
17
18
19
20
21
22
23
24
25
26
27
28
29
30
31
32
33
34
35
36
37
38
39
40
41
42
43
44
45
46
47
48
49
50
51
52
53
54

1-29 das Skelett (Knochengerüst, Gerippe, Gebein, die Knochen *m*)
- ***skeleton*** *(bones)*

1 der Schädel
- *skull*

2-5 die Wirbelsäule (das Rückgrat)
- ***vertebral column*** *(spinal column, spine, backbone)*

2 der Halswirbel
- *cervical vertebra*

3 der Brustwirbel
- *dorsal vertebra (thoracic vertebra)*

4 der Lendenwirbel
- *lumbar vertebra*

5 das Steißbein
- *coccyx (coccygeal vertebra)*

6-7 der Schultergürtel
- *shoulder girdle*

6 das Schlüsselbein
- *collarbone (clavicle)*

7 das Schulterblatt
- *shoulderblade (scapula)*

8-11 der Brustkorb
- ***thorax*** *(chest)*

8 das Brustbein
- *breastbone (sternum)*

9 die echten Rippen *f* (wahren Rippen)
- *true ribs*

10 die falschen Rippen *f*
- *false ribs*

11 der Rippenknorpel
- *costal cartilage*

12-14 der Arm
- ***arm***

12 das Oberarmbein (der Oberarmknochen)
- *humerus*

13 die Speiche
- *radius*

14 die Elle
- *ulna*

15-17 die Hand
- ***hand***

15 der Handwurzelknochen
- *carpus*

16 der Mittelhandknochen
- *metacarpal bone (metacarpal)*

17 der Fingerknochen (das Fingerglied)
- *phalanx (phalange)*

18-21 das Becken
- ***pelvis***

18 das Hüftbein
- *ilium (hip bone)*

19 das Sitzbein
- *ischium*

20 das Schambein
- *pubis*

21 das Kreuzbein
- *sacrum*

22-25 das Bein
- ***leg***

22 das Oberschenkelbein
- *femur (thigh bone, thigh)*

23 die Kniescheibe
- *patella (kneecap)*

24 das Wadenbein
- *fibula (splint bone)*

25 das Schienbein
- *tibia (shinbone)*

26-29 der Fuß
- ***foot***

26 die Fußwurzelknochen *m*
- *tarsal bones (tarsus)*

27 das Fersenbein
- *calcaneum (heelbone)*

28 die Vorfußknochen *m*
- *metatarsus*

29 die Zehenknochen *m*
- *phalanges*

30-41 der Schädel
- ***skull***

30 das Stirnbein
- *frontal bone*

31 das linke Scheitelbein
- *left parietal bone*

32 das Hinterhauptsbein
- *occipital bone*

33 das Schläfenbein
- *temporal bone*

34 der Gehörgang
- *external auditory canal*

35 das Unterkieferbein (der Unterkiefer)
- *lower jawbone (lower jaw, mandible)*

36 das Oberkieferbein (der Oberkiefer)
- *upper jawbone (upper jaw, maxilla)*

37 das Jochbein
- *zygomatic bone (cheekbone)*

38 das Keilbein
- *sphenoid bone (sphenoid)*

39 das Siebbein
- *ethmoid bone (ethmoid)*

40 das Tränenbein
- *lachrimal (lacrimal) bone*

41 das Nasenbein
- *nasal bone*

42-55 der Kopf [Schnitt]
- ***head*** *[section]*

42 das Großhirn
- *cerebrum (great brain)*

43 die Hirnanhangdrüse
- *pituitary gland (pituitary body, hypophysis cerebri)*

44 der Balken
- *corpus callosum*

45 das Kleinhirn
- *cerebellum (little brain)*

46 die Brücke
- *pons (pons cerebri, pons cerebelli)*

47 das verlängerte Mark
- *medulla oblongata (brain-stem)*

48 das Rückenmark
- *spinal cord*

49 die Speiseröhre
- *oesophagus (esophagus, gullet)*

50 die Luftröhre
- *trachea (windpipe)*

51 der Kehldeckel
- *epiglottis*

52 die Zunge
- *tongue*

53 die Nasenhöhle
- *nasal cavity*

54 die Keilbeinhöhle
- *sphenoidal sinus*

55 die Stirnhöhle
- *frontal sinus*

56-65 das Gleichgewichts- und Gehörorgan
- ***organ of equilibrium and hearing***

56-58 das äußere Ohr
- ***external ear***

56 die Ohrmuschel
- *auricle*

57 das Ohrläppchen
- *ear lobe*

58 der Gehörgang
- *external auditory canal*

59-61 das Mittelohr
- ***middle ear***

59 das Trommelfell
- *tympanic membrane*

60 die Paukenhöhle
- *tympanic cavity*

61 die Gehörknöchelchen *n*: der Hammer, der Amboß, der Steigbügel
- *auditory ossicles: hammer, anvil and stirrup (malleus, incus and stapes)*

62-64 das innere Ohr
- ***inner ear*** *(internal ear)*

62 das Labyrinth
- *labyrinth*

63 die Schnecke
- *cochlea*

64 der Gehörnerv
- *auditory nerve*

65 die Eustachische Röhre
- *eustachian tube*

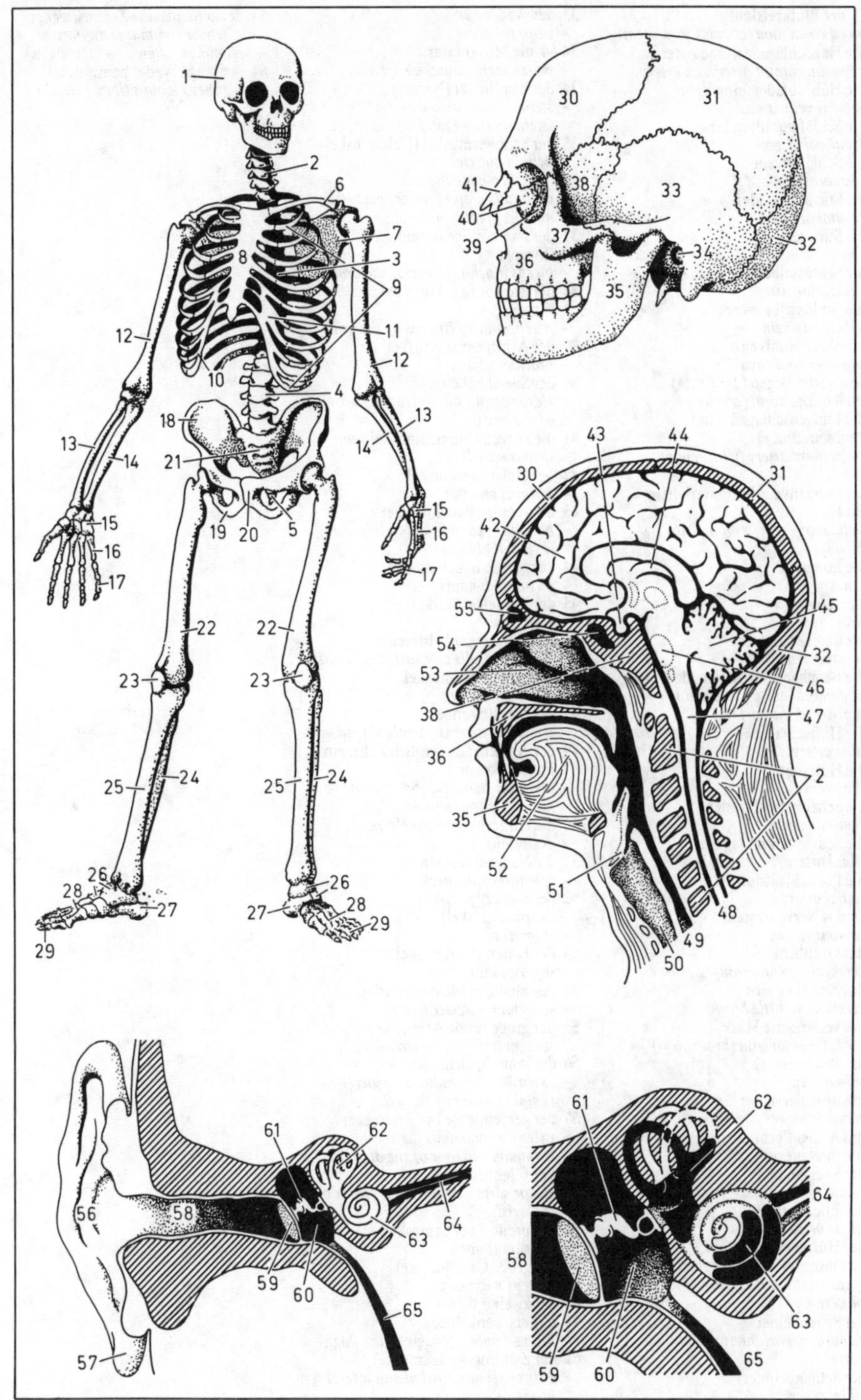
1
2
6
7
3
8
9
11
12
10
4
18
13
14
21
15
19
20
5
16
17
22
23
24
25
26
28
27
29
30
31
38
33
41
40
37
39
34
32
36
35
43
44
42
55
45
54
53
46
47
2
36
52
51
48
49
50
56
58
61
62
64
63
59
60
65
57

1-21 der Blutkreislauf
- ***blood circulation*** *(circulatory system)*
1 die Halsschlagader, eine Arterie
- *common carotid artery, an artery*
2 die Halsblutader, eine Vene
- *jugular vein, a vein*
3 die Schläfenschlagader
- *temporal artery*
4 die Schläfenvene
- *temporal vein*
5 die Stirnschlagader
- *frontal artery*
6 die Stirnvene
- *frontal vein*
7 die Schlüsselbeinschlagader
- *subclavian artery*
8 die Schlüsselbeinvene
- *subclavian vein*
9 die obere Hohlvene
- *superior vena cava*
10 der Aortenbogen (die Aorta)
- *arch of the aorta (aorta)*
11 die Lungenschlagader [mit venösem Blut *n*]
- *pulmonary artery [with venous blood]*
12 die Lungenvene [mit arteriellem Blut *n*]
- *pulmonary vein [with arterial blood]*
13 die Lungen *f*
- *lungs*
14 das Herz
- *heart*
15 die untere Hohlvene
- *inferior vena cava*
16 die Bauchaorta (absteigende Aorta)
- *abdominal aorta (descending portion of the aorta)*
17 die Hüftschlagader
- *iliac artery*
18 die Hüftvene
- *iliac vein*
19 die Schenkelschlagader
- *femoral artery*
20 die Schienbeinschlagader
- *tibial artery*
21 die Pulsschlagader
- *radial artery*

22-33 das Nervensystem
- ***nervous system***
22 das Großhirn
- *cerebrum (great brain)*
23 das Zwischenhirn
- *cerebellum (little brain)*
24 das verlängerte Mark
- *medulla oblongata (brain-stem)*
25 das Rückenmark
- *spinal cord*
26 die Brustnerven *m*
- *thoracic nerves*
27 das Armgeflecht
- *brachial plexus*
28 der Speichennerv
- *radial nerve*
29 der Ellennerv
- *ulnar nerve*
30 der Hüftnerv (Beinnerv, Ischiasnerv) [hinten liegend]
- *great sciatic nerve [lying posteriorly]*
31 der Schenkelnerv
- *femoral nerve (anterior crural nerve)*
32 der Schienbeinnerv
- *tibial nerve*
33 der Wadennerv
- *peroneal nerve*

34-64 die Muskulatur
- ***musculature*** *(muscular system)*
34 der Kopfhalter (Nicker)
- *sternocleidomastoid muscle (sternomastoid muscle)*
35 der Schultermuskel (Deltamuskel)
- *deltoid muscle*
36 der große Brustmuskel
- *pectoralis major (greater pectoralis muscle, greater pectoralis)*
37 der zweiköpfige Armmuskel (Bizeps)
- *biceps brachii (biceps of the arm)*
38 der dreiköpfige Armmuskel (Trizeps)
- *triceps brachii (triceps of the arm)*
39 der Armspeichenmuskel
- *brachioradialis*
40 der Speichenbeuger
- *flexor carpi radialis (radial flexor of the wrist)*
41 die kurzen Daumenmuskeln *m*
- *thenar muscle*
42 der große Sägemuskel
- *serratus anterior*
43 der schräge Bauchmuskel
- *obliquus externus abdominis (external oblique)*
44 der gerade Bauchmuskel
- *rectus abdominis*
45 der Schneidermuskel
- *sartorius*
46 der Unterschenkelstrecker
- *vastus lateralis and vastus medialis*
47 der Schienbeinmuskel
- *tibialis anterior*
48 die Achillessehne
- *tendo calcanaeus (Achilles' tendon)*
49 der Abzieher der großen Zehe, ein Fußmuskel *m*
- *abductor hallucis (abductor of the hallux), a foot muscle*
50 die Hinterhauptmuskeln *m*
- *occipitalis*
51 die Nackenmuskeln *m*
- *splenius of the neck*
52 der Kapuzenmuskel (Kappenmuskel)
- *trapercius*
53 der Untergrätenmuskel
- *infraspinatus*
54 der kleine runde Armmuskel
- *teres minor (lesser teres)*
55 der große runde Armmuskel
- *teres major (greater teres)*
56 der lange Speichenstrecker
- *extensor carpi radialis longus (long radial extensor of the wrist)*
57 der gemeinsame Fingerstrecker
- *extensor communis digitorum (common extensor of the digits)*
58 der Ellenbeuger
- *flexor carpi ulnaris (ulnar flexor of the wrist)*
59 der breite Rückenmuskel
- *latissimus dorsi*
60 der große Gesäßmuskel
- *gluteus maximus*
61 der zweiköpfige Unterschenkelbeuger
- *biceps femoris (biceps of the thigh)*
62 der Zwillingswadenmuskel
- *gastrocnemius, medial and lateral heads*
63 der gemeinsame Zehenstrecker
- *extensor communis digitorum (common extensor of the digits)*
64 der lange Wadenbeinmuskel
- *peroneus longus (long peroneus)*

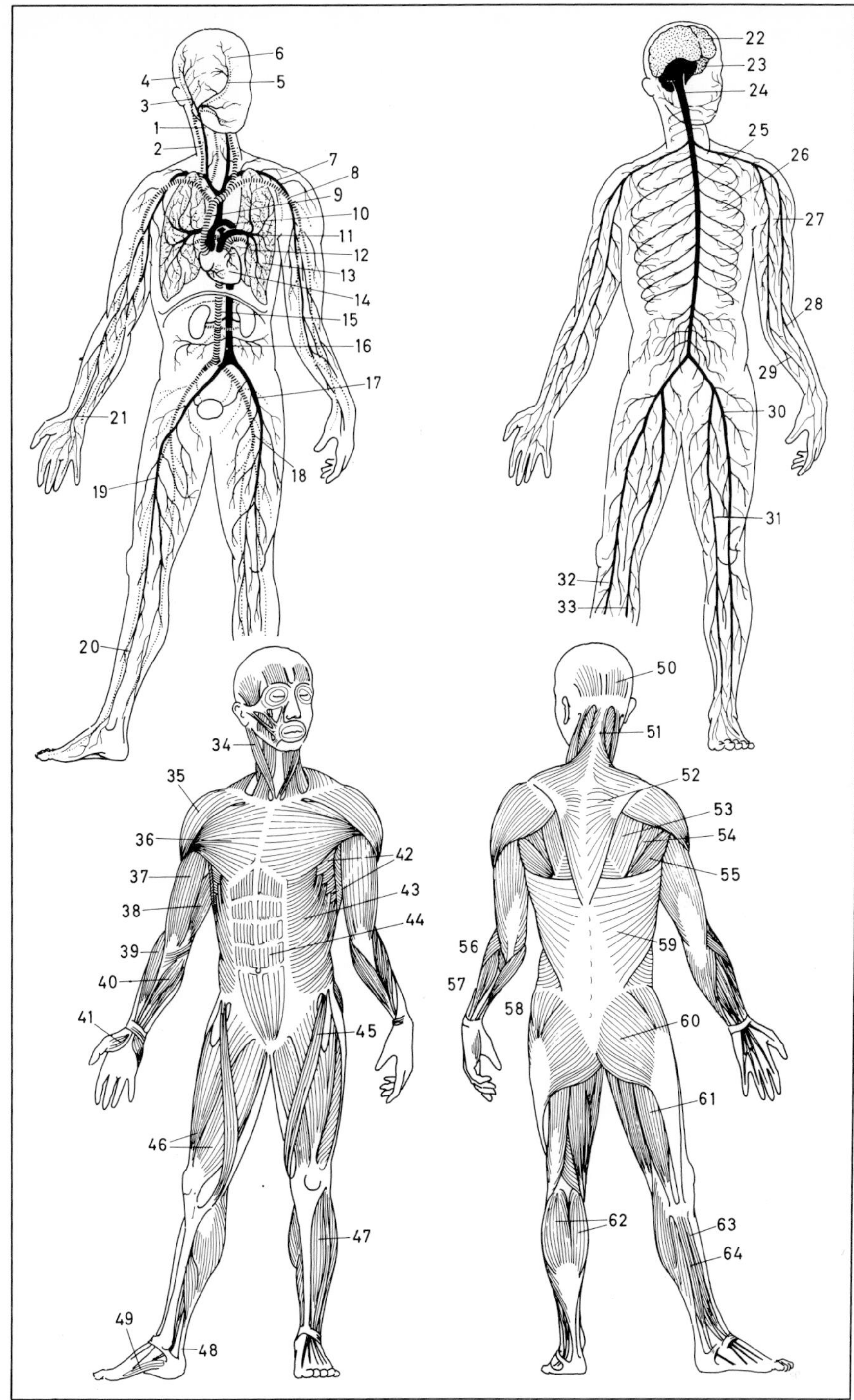
1
2
3
4
5
6
7
8
9
10
11
12
13
14
15
16
17
18
19
20
21
22
23
24
25
26
27
28
29
30
31
32
33
34
35
36
37
38
39
40
41
42
43
44
45
46
47
48
49
50
51
52
53
54
55
56
57
58
59
60
61
62
63
64

1-13 der Kopf und der Hals
- ***head and neck***
1 der Kopfhalter (Kopfnicker, Nicker)
- *sternocleidomastoid muscle (sternomastoid muscle)*
2 der Hinterhauptmuskel
- *occipitalis*
3 der Schläfenmuskel
- *temporalis (temporal, temporal muscle)*
4 der Stirnmuskel
- *occipitofrontalis (frontalis)*
5 der Ringmuskel des Auges *n*
- *orbicularis oculi*
6 mimische Gesichtsmuskeln *m*
- *muscles of facial expression*
7 der große Kaumuskel
- *masseter*
8 der Ringmuskel des Mundes *m*
- *orbicularis oris*
9 die Ohrspeicheldrüse
- *parotid gland*
10 der Lymphknoten; *falsch:* die Lymphdrüse
- *lymph node (submandibular lymph gland)*
11 die Unterkieferdrüse
- *submandibular gland (submaxillary gland)*
12 die Halsmuskeln *m*
- *muscles of the neck*
13 der Adamsapfel [nur beim Mann]
- *Adam's apple (laryngeal prominence) [in men only]*

14-37 der Mund und der Rachen
- ***mouth and throat***
14 die Oberlippe
- *upper lip*
15 das Zahnfleisch
- *gum*

16-18 das Gebiß
- ***teeth*** *(set of teeth)*
16 die Schneidezähne *m*
- *incisors*
17 der Eckzahn
- *canine tooth (canine)*
18 die Backenzähne *m*
- *premolar (bicuspid) and molar teeth (premolars and molars)*
19 der Mundwinkel
- *angle of the mouth (labial commissure)*
20 der harte Gaumen
- *hard palate*
21 der weiche Gaumen (das Gaumensegel)
- *soft palate (velum palati, velum)*
22 das Zäpfchen
- *uvula*
23 die Gaumenmandel (Mandel)
- *palatine tonsil (tonsil)*
24 die Rachenhöhle (der Rachen)
- *pharyngeal opening (pharynx, throat)*
25 die Zunge
- *tongue*
26 die Unterlippe
- *lower lip*
27 der Oberkiefer
- *upper jaw (maxilla)*

28-37 der Zahn
- ***tooth***
28 die Wurzelhaut
- *periodontal membrane (periodontium, pericementum)*
29 der Zement
- *cement (dental cementum, crusta petrosa)*
30 der Zahnschmelz
- *enamel*
31 das Zahnbein
- *dentine (dentin)*
32 das Zahnmark (die Pulpa)
- *dental pulp (tooth pulp, pulp)*
33 die Nerven *m* und Blutgefäße *n*
- *nerves and blood vessels*
34 der Schneidezahn
- *incisor*
35 der Backenzahn
- *molar tooth (molar)*
36 die Wurzel
- *root (fang)*
37 die Krone
- *crown*

38-51 das Auge
- ***eye***
38 die Augenbraue
- *eyebrow (supercilium)*
39 das Oberlid
- *upper eyelid (upper palpebra)*
40 das Unterlid
- *lower eyelid (lower palpebra)*
41 die Wimper
- *eyelash (cilium)*
42 die Iris (Regenbogenhaut)
- *iris*
43 die Pupille
- *pupil*
44 die Augenmuskeln *m*
- *eye muscles (ocular muscles)*
45 der Augapfel
- *eyeball*
46 der Glaskörper
- *vitreous body*
47 die Hornhaut
- *cornea*
48 die Linse
- *lens*
49 die Netzhaut
- *retina*
50 der blinde Fleck
- *blind spot*
51 der Sehnerv
- *optic nerve*

52-63 der Fuß
- ***foot***
52 die große Zehe (der große Zeh)
- *big toe (great toe, first toe, hallux, digitus I)*
53 die zweite Zehe
- *second toe (digitus II)*
54 die Mittelzehe
- *third toe (digitus III)*
55 die vierte Zehe
- *fourth toe (digitus IV)*
56 die kleine Zehe
- *little toe (digitus minimus, digitus V)*
57 der Zehennagel
- *toenail*
58 der Ballen
- *ball of the foot*
59 der Wadenbeinknöchel (Knöchel)
- *lateral malleolus (external malleolus, outer malleolus, malleolus fibulae)*
60 der Schienbeinknöchel
- *medial malleolus (internal malleolus, inner malleolus, malleolus tibulae, malleolus medialis)*
61 der Fußrücken (Spann, Rist)
- *instep (medial longitudinal arch, dorsum of the foot, dorsum pedis)*
62 die Fußsohle
- *sole of the foot*
63 die Ferse (Hacke, der Hacken)
- *heel*

64-83 die Hand
- ***hand***
64 der Daumen
- *thumb (pollex, digitus I)*
65 der Zeigefinger
- *index finger (forefinger, second finger, digitus II)*
66 der Mittelfinger
- *middle finger (third finger, digitus medius, digitus III)*
67 der Ringfinger
- *ring finger (fourth finger, digitus anularis, digitus IV)*
68 der kleine Finger
- *little finger (fifth finger, digitus minimus, digitus V)*
69 der Speichenrand
- *radial side of the hand*
70 der Ellenrand
- *ulnar side of the hand*
71 der Handteller (die Hohlhand)
- *palm of the hand (palma manus)*

72-74 die Handlinien *f*
- ***lines of the hand***
72 die Lebenslinie
- *life line (line of life)*
73 die Kopflinie
- *head line (line of the head)*
74 die Herzlinie
- *heart line (line of the heart)*
75 der Daumenballen
- *ball of the thumb (thenar eminence)*
76 das Handgelenk (die Handwurzel)
- *wrist (carpus)*
77 das Fingerglied
- *phalanx (phalange)*
78 die Fingerbeere
- *finger pad*
79 die Fingerspitze
- *fingertip*
80 der Fingernagel (Nagel)
- *fingernail (nail)*
81 das Möndchen
- *lunule (lunula) of the nail*
82 der Knöchel
- *knuckle*
83 der Handrücken
- *back of the hand (dorsum of the hand, dorsum manus)*

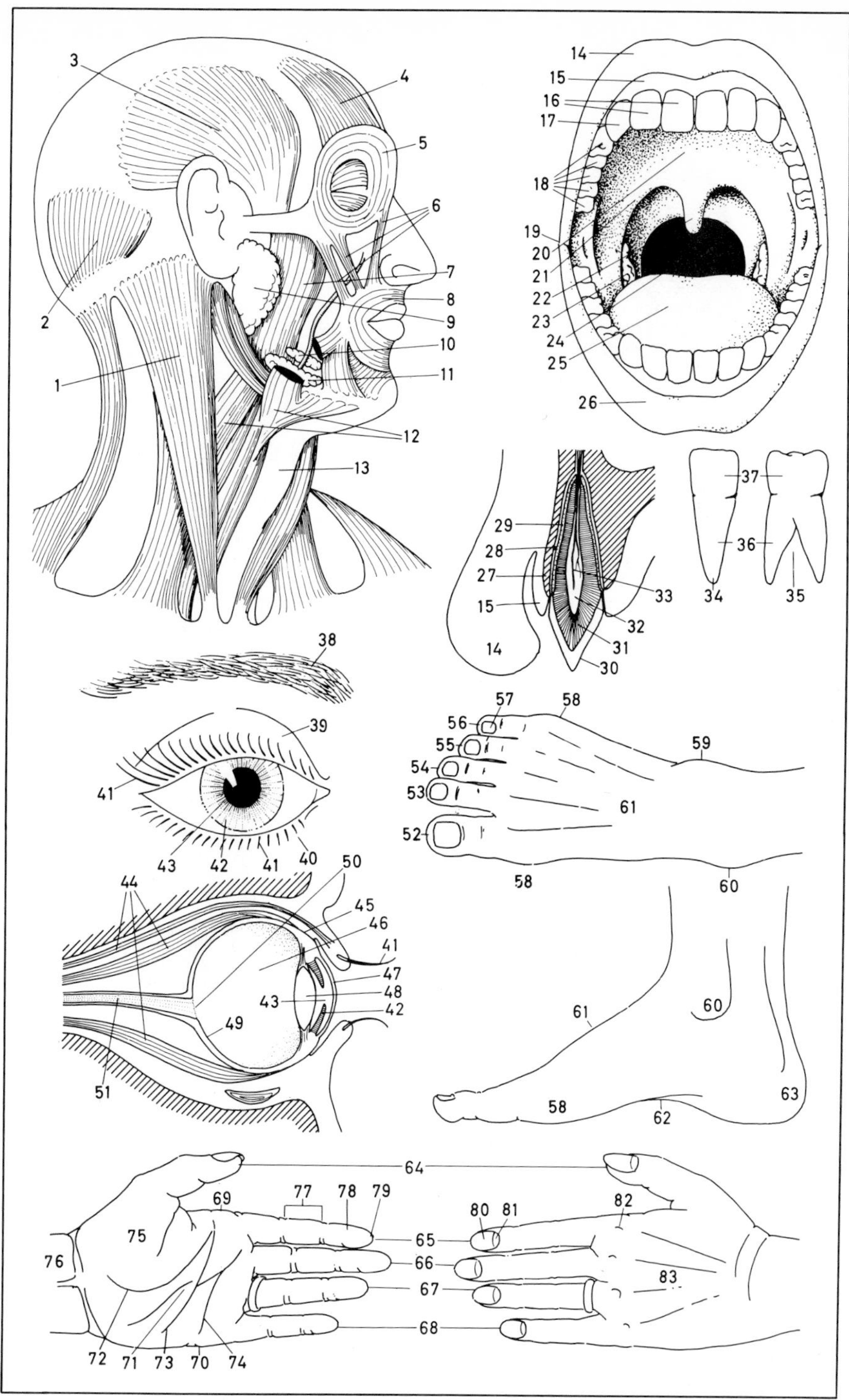
1
2
3
4
5
6
7
8
9
10
11
12
13
14
15
16
17
18
19
20
21
22
23
24
25
26
27
28
29
30
31
32
33
34
35
36
37
38
39
40
41
42
43
44
45
46
47
48
49
50
51
52
53
54
55
56
57
58
59
60
61
62
63
64
65
66
67
68
69
70
71
72
73
74
75
76
77
78
79
80
81
82
83

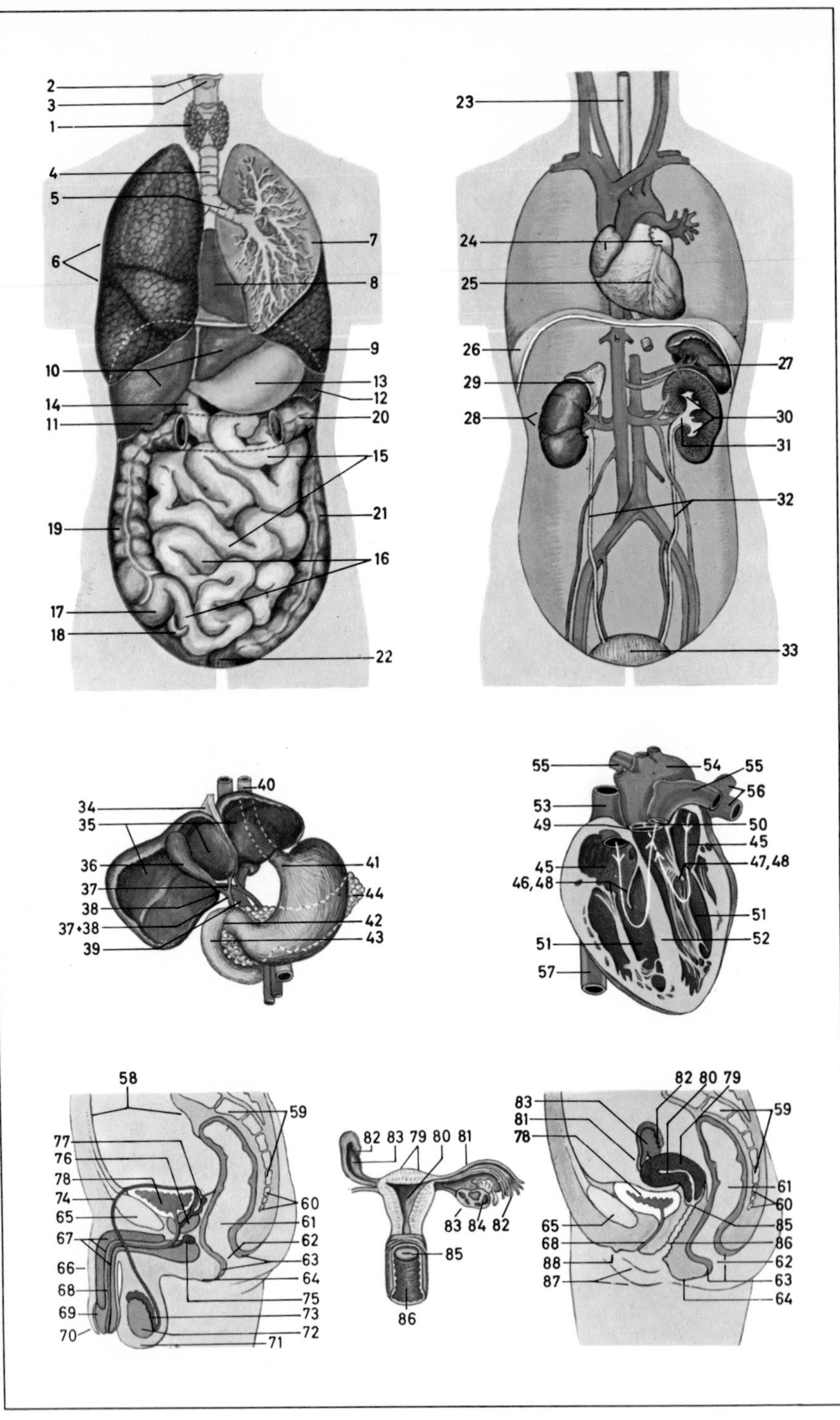
2
3
1
4
5
6
7
8
9
10
13
12
14
11
20
15
19
21
16
17
18
22
23
24
25
26
27
29
28
30
31
32
33
40
34
35
36
41
37
44
38
37+38
42
39
43
55
54
55
56
53
49
50
45
45
47,48
46,48
51
51
52
57
58
59
77
76
78
74
60
65
61
67
62
66
63
68
64
75
69
73
70
72
71
82 83 79 80 81
83 84 82
85
86
82 80 79
83
81
78
59
61
60
65
85
68
86
88
62
87
63
64

1-57 die inneren Organe *n* [von vorn]
- ***internal organs*** *[front view]*
1 die Schilddrüse
- *thyroid gland*
2-3 der Kehlkopf
- *larynx*
2 das Zungenbein
- *hyoid bone (hyoid)*
3 der Schildknorpel
- *thyroid cartilage*
4 die Luftröhre
- *trachea (windpipe)*
5 der Luftröhrenast (die Bronchie)
- *bronchus*
6-7 die Lunge
- *lung*
6 der rechte Lungenflügel
- *right lung*
7 der obere Lungenlappen [Schnitt]
- *upper pulmonary lobe (upper lobe of the lung) [section]*
8 das Herz
- *heart*
9 das Zwerchfell
- *diaphragm*
10 die Leber
- *liver*
11 die Gallenblase
- *gall bladder*
12 die Milz
- *spleen*
13 der Magen
- *stomach*
14-22 der Darm
- ***intestines*** *(bowel)*
14-16 der Dünndarm
- ***small intestine*** *(intestinum tenue)*
14 der Zwölffingerdarm
- *duodenum*
15 der Leerdarm
- *jejunum*
16 der Krummdarm
- *ileum*
17-22 der Dickdarm
- ***large intestine*** *(intestinum crassum)*
17 der Blinddarm
- *caecum (cecum)*
18 der Wurmfortsatz
- *appendix (vermiform appendix)*
19 der aufsteigende Grimmdarm
- *ascending colon*
20 der querliegende Grimmdarm
- *transverse colon*
21 der absteigende Grimmdarm
- *descending colon*
22 der Mastdarm
- *rectum*
23 die Speiseröhre
- *oesophagus (esophagus, gullet)*
24-25 das Herz
- *heart*
24 das Herzohr
- *auricle*
25 die vordere Längsfurche
- *anterior longitudinal cardiac sulcus*
26 das Zwerchfell
- *diaphragm*
27 die Milz
- *spleen*
28 die rechte Niere
- *right kidney*
29 die Nebenniere
- *suprarenal gland*
30-31 die linke Niere [Längsschnitt]
- *left kidney [longitudinal section]*
30 der Nierenkelch
- *calyx (renal calyx)*
31 das Nierenbecken
- *renal pelvis*
32 der Harnleiter
- *ureter*
33 die Harnblase
- *bladder*
34-35 die Leber [hochgeklappt]
- *liver [from behind]*
34 das Leberband
- *falciform ligament of the liver*
35 der Leberlappen
- *lobe of the liver*
36 die Gallenblase
- *gall bladder*
37-38 der gemeinsame Gallengang
- *common bile duct*
37 der Lebergang
- *hepatic duct (common hepatic duct)*
38 der Gallenblasengang
- *cystic duct*
39 die Pfortader
- *portal vein (hepatic portal vein)*
40 die Speiseröhre
- *oesophagus (esophagus, gullet)*
41-42 der Magen
- *stomach*
41 der Magenmund
- *cardiac orifice*
42 der Pförtner
- *pylorus*
43 der Zwölffingerdarm
- *duodenum*
44 die Bauchspeicheldrüse
- *pancreas*
45-57 das Herz [Längsschnitt]
- ***heart*** *[longitudinal section]*
45 der Vorhof
- *atrium*
46-47 die Herzklappen *f*
- *valves of the heart*
46 die dreizipflige Klappe
- *tricuspid valve (right atrioventricular valve)*
47 die Mitralklappe
- *bicuspid valve (mitral valve, left atrioventricular valve)*
48 das Segel
- *cusp*
49 die Aortenklappe
- *aortic valve*
50 die Pulmonalklappe
- *pulmonary valve*
51 die Herzkammer
- *ventricle*
52 die Kammerscheidewand
- *ventricular septum (interventricular septum)*
53 die obere Hohlvene
- *superior vena cava*
54 die Aorta
- *aorta*
55 die Lungenschlagader
- *pulmonary artery*
56 die Lungenvene
- *pulmonary vein*
57 die untere Hohlvene
- *inferior vena cava*
58 das Bauchfell
- *peritoneum*
59 das Kreuzbein
- *sacrum*
60 das Steißbein
- *coccyx (coccygeal vertebra)*
61 der Mastdarm
- *rectum*
62 der After
- *anus*
63 der Schließmuskel
- *anal sphincter*
64 der Damm
- *perineum*
65 die Schambeinfuge
- *pubic symphisis (symphisis pubis)*
66-77 die männl. Geschlechtsorgane *n* [Längsschnitt]
- ***male sex organs*** *[longitudinal section]*
66 das männliche Glied
- *penis*
67 der Schwellkörper
- *corpus cavernosum and spongiosum of the penis (erectile tissue of the penis)*
68 die Harnröhre
- *urethra*
69 die Eichel
- *glans penis*
70 die Vorhaut
- *prepuce (foreskin)*
71 der Hodensack
- *scrotum*
72 der rechte Hoden
- *right testicle (testis)*
73 der Nebenhoden
- *epididymis*
74 der Samenleiter
- *spermatic duct (vas deferens)*
75 die Cowper-Drüse
- *Cowper's gland (bulbourethral gland)*
76 die Vorsteherdrüse
- *prostate (prostate gland)*
77 die Samenblase
- *seminal vesicle*
78 die Harnblase
- *bladder*
79-88 die weibl. Geschlechtsorgane *n* [Längsschnitt]
- ***female sex organs*** *[longitudinal section]*
79 die Gebärmutter
- *uterus (matrix, womb)*
80 die Gebärmutterhöhle
- *cavity of the uterus*
81 der Eileiter
- *fallopian tube (uterine tube, oviduct)*
82 die Fimbrien
- *fimbria (fimbriated extremity)*
83 der Eierstock
- *ovary*
84 das Follikel mit dem Ei *n*
- *follicle with ovum (egg)*
85 der äußere Muttermund
- *os uteri externum*
86 die Scheide
- *vagina*
87 die Schamlippe
- *lip of the pudendum (lip of the vulva)*
88 der Kitzler
- *clitoris*

1-13 Notverbände *m*
- ***emergency bandages***

1 der Armverband
- *arm bandage*

2 das Dreieckstuch als Armtragetuch *n* (Armschlinge *f*)
- *triangular cloth used as a sling (an arm sling)*

3 der Kopfverband
- *head bandage (capeline)*

4 das Verbandspäckchen
- *first aid kit*

5 der Schnellverband
- *first aid dressing*

6 die keimfreie Mullauflage
- *sterile gauze dressing*

7 das Heftpflaster
- *adhesive plaster (sticking plaster)*

8 die Wunde
- *wound*

9 die Mullbinde
- *bandage*

10 der behelfsmäßige Stützverband eines gebrochenen Gliedes *n*
- *emergency splint for a broken limb (fractured limb)*

11 das gebrochene Bein
- *fractured leg (broken leg)*

12 die Schiene
- *splint*

13 das Kopfpolster
- *headrest*

14-17 Maßnahmen *f* **zur Blutstillung** (die Unterbindung eines Blutgefäßes *n*)
- ***measures for stanching the blood flow*** *(tying up of, ligature of, a blood vessel)*

14 die Abdrückstellen *f* der Schlagadern *f*
- *pressure points of the arteries*

15 die Notaderpresse am Oberschenkel *m*
- *emergency tourniquet on the thigh*

16 der Stock als Knebel *m* (Drehgriff)
- *walking stick used as a screw*

17 der Druckverband
- *compression bandage*

18-23 die Bergung und Beförderung eines Verletzten *m* (Verunglückten)
- ***rescue and transport of an injured person***

18 der Rautek-Griff (zur Bergung eines Verletzten *m* aus einem Unfallfahrzeug *n*)
- *Rautek grip (for rescue of victim of a car accident)*

19 der Helfer
- *helper*

20 der Verletzte (Verunglückte)
- *injured person (casualty)*

21 der Kreuzgriff
- *chair grip*

22 der Tragegriff
- *carrying grip*

23 die Behelfstrage aus Stöcken *m* und einer Jacke
- *emergency stretcher of sticks and a jacket*

24-27 die Lagerung Bewußtloser *m* **und die künstliche Atmung** (Wiederbelebung)
- ***positioning of an unconscious person and artificial respiration*** *(resuscitation)*

24 die stabile Seitenlage (Nato-Lage)
- *coma position*

25 der Bewußtlose
- *unconscious person*

26 die Mund-zu-Mund-Beatmung (*Abart:* Mund-zu-Nase-Beatmung)
- *mouth-to-mouth resuscitation* (variation: *mouth-to-nose resuscitation)*

27 die Elektrolunge, ein Wiederbelebungsapparat *m*, ein Atemgerät *n*
- *resuscitator (respiratory apparatus, resuscitation apparatus), a respirator (artificial breathing device)*

28-33 die Rettung bei Eisunfällen *m*
- ***methods of rescue in ice accidents***

28 der im Eis *n* Eingebrochene
- *person who has fallen through the ice*

29 der Retter
- *rescuer*

30 das Seil
- *rope*

31 der Tisch (o.ä. Hilfsmittel *n*)
- *table (or similar device)*

32 die Leiter
- *ladder*

33 die Selbstrettung
- *self-rescue*

34-38 die Rettung Ertrinkender *m*
- ***rescue of a drowning person***

34 der Befreiungsgriff bei Umklammerung *f*
- *method of release (release grip, release) to free rescuer from the clutch of a drowning person*

35 der Ertrinkende
- *drowning person*

36 der Rettungsschwimmer
- *lifesaver*

37 der Achselgriff, ein Transportgriff *m*
- *chest grip, a towing grip*

38 der Hüftgriff
- *tired swimmer grip (hip grip)*

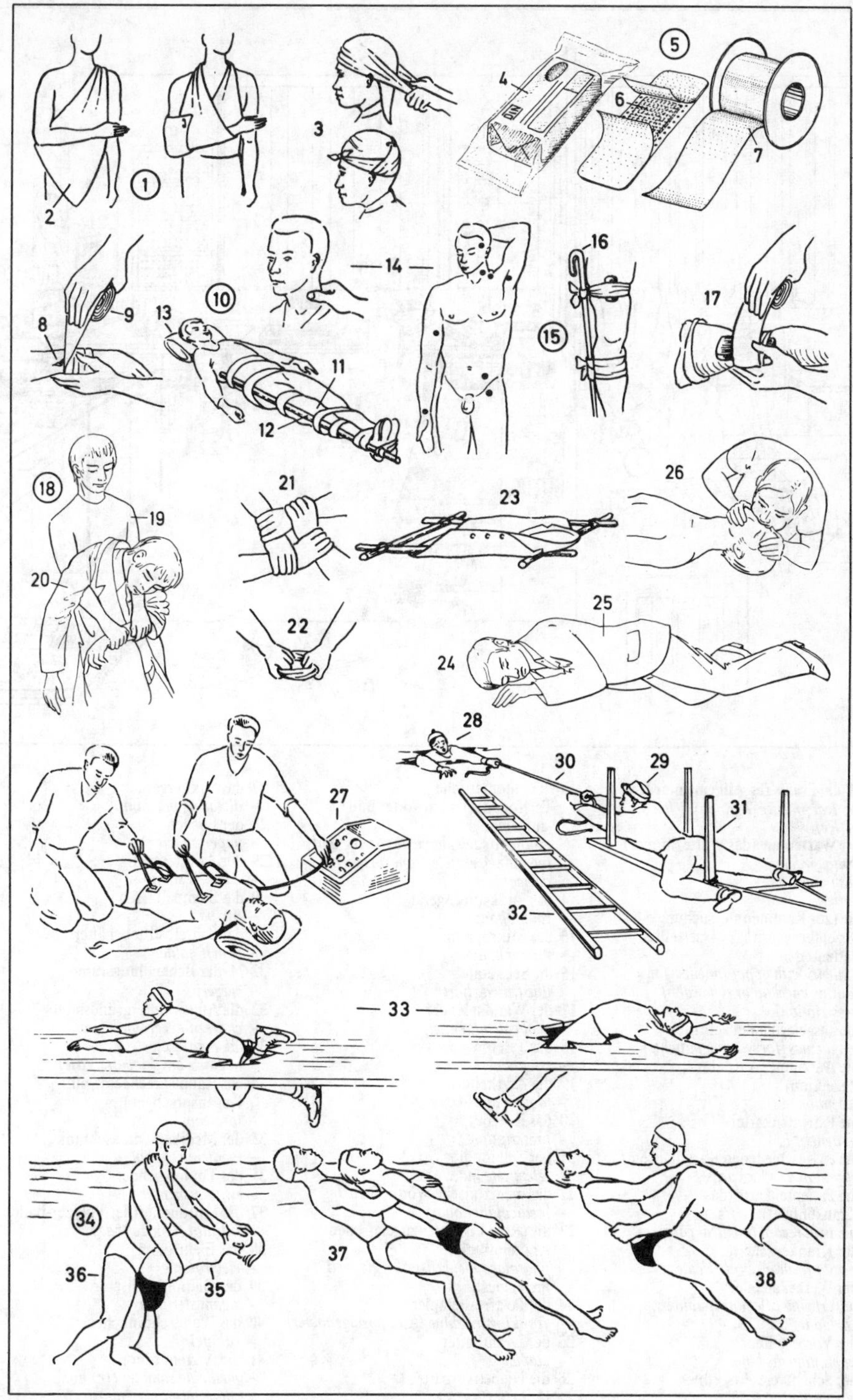

1
2
3
4
5
6
7
8
9
10
11
12
13
14
15
16
17
18
19
20
21
22
23
24
25
26
27
28
29
30
31
32
33
34
35
36
37
38

1-74 die Praxis für Allgemeinmedizin *f*
- ***general practice*** (Am. *physician's office)*

1 **der Warteraum** (das Wartezimmer)
- ***waiting room***

2 der Patient
- *patient*

3 die (zur Routineuntersuchung oder Rezepterneuerung) vorbestellten Patienten *m*
- *patients with appointments (for a routine checkup or renewal of prescription)*

4 die ausgelegten Zeitschriften *f*
- *magazines [for waiting patients]*

5 die Annahme (Aufnahme, Rezeption)
- *reception*

6 die Patientenkartei
- *patients file*

7 die ausgeschiedenen Karteikarten *f*
- *eliminated index cards*

8 die Patientenkarte (das Krankenblatt)
- *medical record (medical card)*

9 der Krankenschein
- *health insurance certificate*

10 der Werbekalender
- *advertising calendar (publicity calendar)*

11 das Vorbestellbuch
- *appointments book*

12 der Schriftverkehrsordner
- *correspondence file*

13 der automatische Telefonanrufbeantworter und -aufzeichner
- *automatic telephone answering and recording set (telephone answering device)*

14 das Funksprechgerät
- *radiophone*

15 das Mikrophon
- *microphone*

16 die Schautafel
- *illustrated chart*

17 der Wandkalender
- *wall calendar*

18 das Telefon
- *telephone*

19 die Arzthelferin
- *[doctor's] assistant*

20 das Rezept
- *prescription*

21 der Telefonblock
- *telephone index*

22 das medizinische Wörterbuch
- *medical dictionary*

23 die „Rote Liste" der zugelassenen Arzneimittel *n*
- *pharmacopoeia (list of registered medicines)*

24 der Postfreistempler
- *franking machine* (Am. *postage meter)*

25 der Drahthefter
- *stapler*

26 die Diabetikerkartei
- *diabetics file*

27 das Diktiergerät
- *dictating machine*

28 der Locher
- *paper punch*

29 der Arztstempel
- *doctor's stamp*

30 das Stempelkissen
- *ink pad*

31 der Schreibstiftebehälter
- *pencil holder*

32-74 der Behandlungsraum
- ***surgery***

32 die Augenhintergrundstafel
- *chart of eyegrounds*

33 die Arzttasche
- *doctor's bag (doctor's case)*

34 das Raumsprechgerät, ein Gegensprechgerät
- *intercom*

35 der Medikamentenschrank
- *medicine cupboard*

36 der Tupferspender
- *swab dispenser*

37 die Luftdusche (der Politzer-Ballon)
- *inflator (Politzer bag)*

38 das Elektrotom
- *electrotome*

39 der Dampfsterilisator
- *steam sterilizer*

40 das Wandschränkchen
- *cabinet*

41 die Ärztemuster *n*
- *medicine samples (from the pharmaceutical industry)*

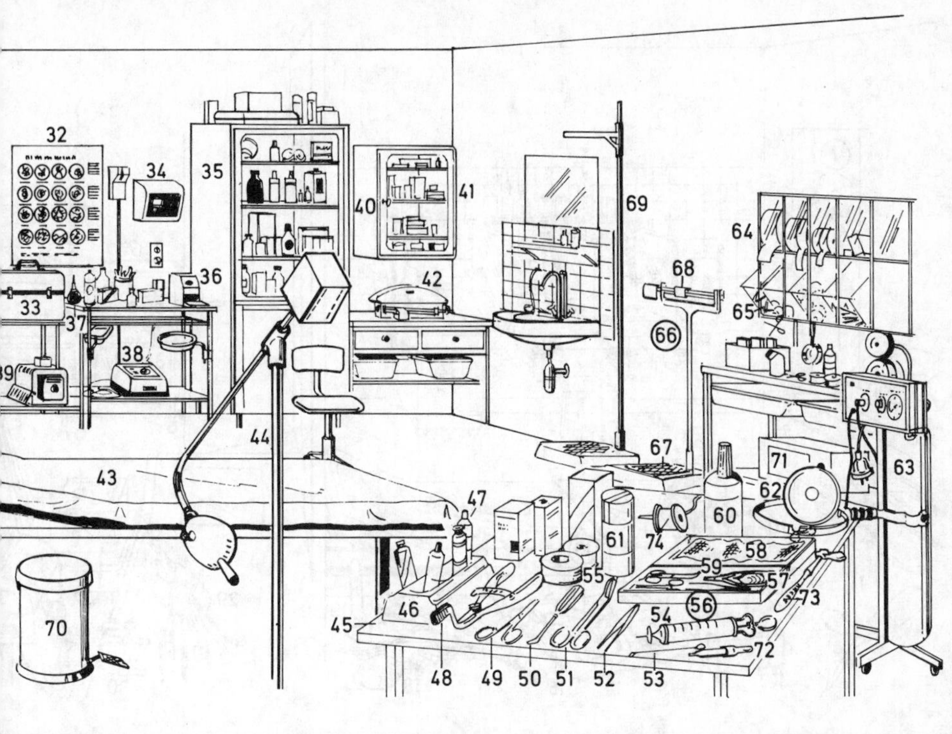

42 die Babywaage
- *baby scales*

43 die Untersuchungsliege
- *examination couch*

44 der Beleuchtungsstrahler
- *directional lamp*

45 der Verbandstisch
- *instrument table*

46 der Tubenständer
- *tube holder*

47 die Salbentube
- *tube of ointment*

48-50 die Behandlungsinstrumente *n* **für die kleine Chirurgie**
- ***instruments for minor surgery***

48 der Mundsperrer
- *mouth gag*

49 die Kocher-Klemme
- *Kocher's forceps*

50 der scharfe Löffel
- *scoop (curette)*

51 die gekröpfte Schere
- *angled scissors*

52 die Pinzette
- *forceps*

53 die Knopfsonde
- *olive-pointed (bulb-headed) probe*

54 die Spritze für Spülungen von Ohr *n* oder Blase *f*
- *syringe for irrigations of the ear or bladder*

55 das Heftpflaster
- *adhesive plaster (sticking plaster)*

56 das chirurgische Nahtmaterial
- *surgical suture material*

57 die gebogene chrirurgische Nadel
- *curved surgical needle*

58 die sterile Gaze
- *sterile gauze*

59 der Nadelhalter
- *needle holder*

60 die Sprühdose zur Hautdesinfektion
- *spray for disinfecting the skin*

61 der Fadenbehälter
- *thread container*

62 der Augenspiegel
- *ophthalmoscope*

63 das Vereisungsgerät für kryochirurgische Eingriffe *m*
- *freezer for cryosurgery*

64 der Pflaster- und Kleinteilespender
- *dispenser for plasters and small pieces of equipment*

65 die Einmalinjektionsnadeln *f* und -spritzen *f*
- *disposable hypodermic needles and syringes*

66 die Personenwaage, eine Laufgewichtswaage
- *scales, sliding-weight scales*

67 die Wiegeplattform
- *weighing platform*

68 das Laufgewicht
- *sliding weight (jockey)*

69 der Körpergrößenmesser
- *height gauge* (Am. *gage*)

70 der Abfalleimer
- *waste bin* (Am. *trash bin*)

71 der Heißluftsterilisator
- *hot-air sterilizer*

72 die Pipette
- *pipette*

73 der Reflexhammer
- *percussor*

74 der Ohrenspiegel
- *aural speculum (auriscope, aural syringe)*

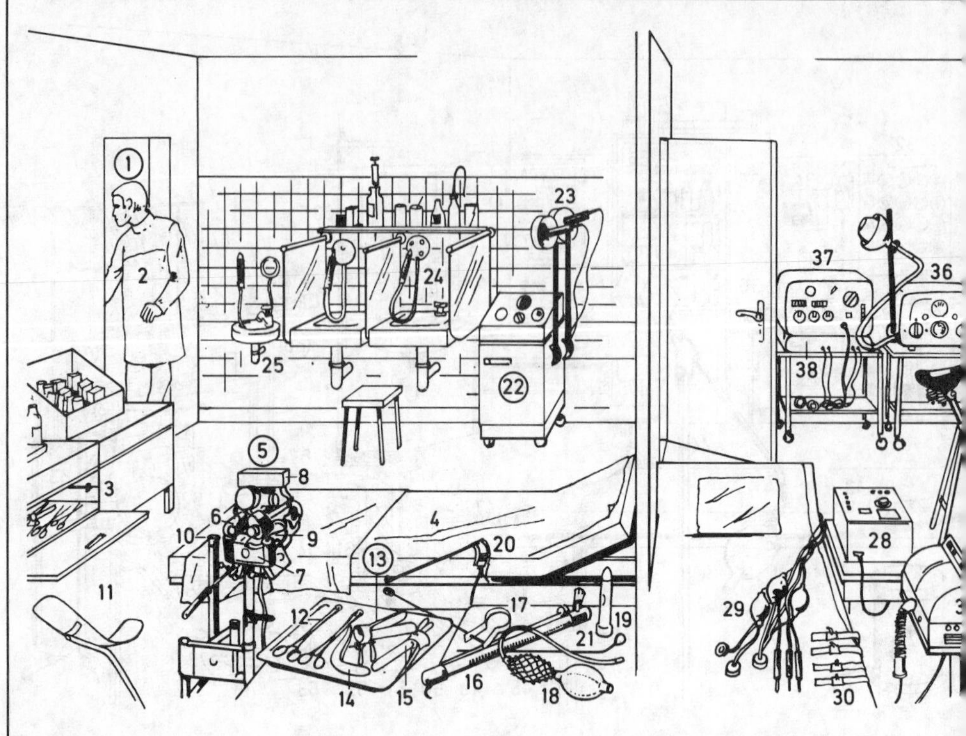

1 das Sprechzimmer (Konsultationszimmer)
- *consulting room*

2 der Arzt für Allgemeinmedizin *f* (der Allgemeinmediziner; *früh.:* der praktische Arzt)
- *general practitioner*

3-21 gynäkologische und proktologische Untersuchungsinstrumente *n*
- ***instruments for gynecological and proctological examinations***

3 die Vorwärmung der Instrumente *n* auf Körpertemperatur *f*
- *warming the instruments up to body temperature*

4 die Untersuchungsliege
- *examination couch*

5 das Kolposkop
- *colposcope*

6 der binokulare Einblick
- *binocular eyepiece*

7 die Kleinbildkamera
- *miniature camera*

8 die Kaltlichtbeleuchtung
- *cold light source*

9 der Drahtauslöser
- *cable release*

10 die Öse für den Beinhalter
- *bracket for the leg support*

11 der Beinhalter (Beinkloben)
- *leg support (leg holder)*

12 die Kornzangen *f* (Tupferhalter)
- *holding forceps (sponge holder)*

13 das Scheidenspekulum (der Scheidenspiegel)
- *vaginal speculum*

14 das untere Blatt des Scheidenspiegels *m*
- *lower blade of the vaginal speculum*

15 die Platinöse (für Abstriche *m*)
- *platinum loop (for smears)*

16 das Rektoskop
- *rectoscope*

17 die Biopsiezange für das Rektoskop
- *biopsy forceps used with the rectoscope (proctoscope)*

18 der Luftinsufflator für die Rektoskopie
- *insufflator for proctoscopy (rectoscopy)*

19 das Proktoskop
- *proctoscope (rectal speculum)*

20 der Harnröhrenkatheter (Urethroskop)
- *urethroscope*

21 das Führungsgerät für das Proktoskop
- *guide for inserting the proctoscope*

22 das Diathermiegerät (Kurzwellengerät, Kurzwellenbestrahlungsgerät)
- *diathermy unit (short-wave therapy apparatus)*

23 der Radiator
- *radiator*

24 die Inhaliereinrichtung
- *inhaling apparatus (inhalator)*

25 das Spülbecken (für Auswurf *m*)
- *basin (for sputum)*

26-31 die Ergometrie
- ***ergometry***

26 das Fahrradergometer
- *bicycle ergometer*

27 der Monitor (die Leuchtbildanzeige des EKG *n* und der Puls- und Atemfrequenz während der Belastung)
- *monitor (visual display of the ECG and of pulse and respiratory rates when performing work)*

28 das EKG-Gerät (der Elektrokardiograph)
- *ECG (electrocardiograph)*

29 die Saugelektroden *f*
- *suction electrodes*

30 die Anschnallelektroden *f* zur Ableitung von den Gliedmaßen *f*
- *strap-on electrodes for the limbs*

31 das Spirometer (zur Messung der Atemfunktionen *f*)
- *spirometer (for measuring respiratory functions)*

32 die Blutdruckmessung
- *measuring the blood pressure*

33 der Blutdruckmesser
- *sphygmomanometer*

34 die Luftmanschette
- *inflatable cuff*

35 das Stethoskop (Hörrohr)
- *stethoscope*

- **36** das Mikrowellengerät für Bestrahlungen *f*
  - *microwave treatment unit*
- **37** das Faradisiergerät (Anwendung *f* niederfrequenter Ströme *m* mit verschiedenen Impulsformen *f*)
  - *faradization unit (application of low-frequency currents with different pulse shapes)*
- **38** das automatische Abstimmungsgerät
  - *automatic tuner*
- **39** das Kurzwellengerät mit Monode *f*
  - *short-wave therapy apparatus*
- **40** der Kurzzeitmesser
  - *timer*
- **41-59 das Labor** (Laboratorium)
  - ***laboratory***
- **41** die medizinisch-technische Assistentin (MTA)
  - *medical laboratory technician*
- **42** der Kapillarständer für die Blutsenkung
  - *capillary tube stand for blood sedimentation*
- **43** der Meßzylinder
  - *measuring cylinder*
- **44** die automatische Pipette
  - *automatic pipette*
- **45** die Nierenschale
  - *kidney dish*
- **46** das tragbare EKG-Gerät für den Notfalleinsatz
  - *portable ECG machine for emergency use*
- **47** das automatische Pipettiergerät
  - *automatic pipetting device*
- **48** das thermokonstante Wasserbad
  - *constant temperature water bath*
- **49** der Wasseranschluß mit Wasserstrahlpumpe *f*
  - *tap with water jet pump*
- **50** die Färbeschale (für die Färbung der Blutausstriche *m*, Sedimente *n* und Abstriche *m*)
  - *staining dish (for staining blood smears, sediments and other smears)*
- **51** das binokulare Forschungsmikroskop
  - *binocular research microscope*
- **52** der Pipettenständer für die Photometrie
  - *pipette stand for photometry*
- **53** das Rechen- und Auswertegerät für die Photometrie
  - *computer and analyser for photometry*
- **54** das Photometer
  - *photometer*
- **55** der Kompensationsschreiber
  - *potentiometric recorder*
- **56** die Transformationsstufe
  - *transforming section*
- **57** das Laborgerät
  - *laboratory apparatus (laboratory equipment)*
- **58** die Harnsedimentstafel
  - *urine sediment chart*
- **59** die Zentrifuge
  - *centrifuge*

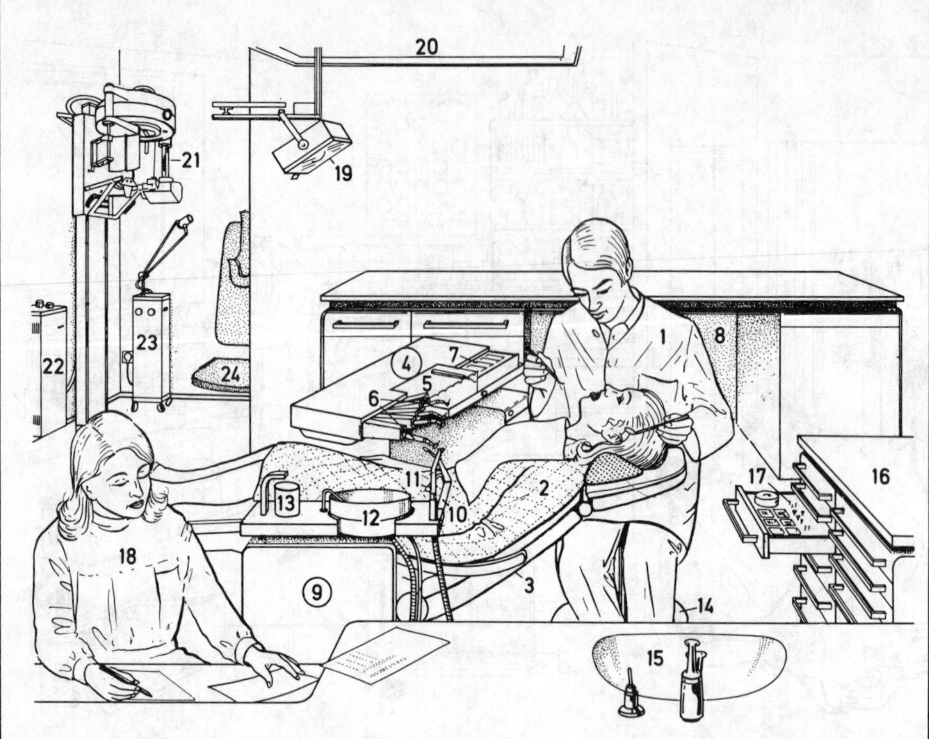

1 der Zahnarzt
- *dentist (dental surgeon)*

2 der Patient
- *patient*

3 der Patientenstuhl (Behandlungsstuhl)
- *dentist's chair*

4 das Zahnarztgerät
- *dental instruments*

5 der Behandlungstray
- *instrument tray*

6 die Bohrinstrumente *n* mit verschiedenen Handstücken *n*
- *drills with different handpieces*

7 die Medikamentenkassette
- *medicine case*

8 die Garage (für das Zahnarztgerät)
- *storage unit (for dental instruments)*

9 die Helferineinheit
- *assistant's unit*

10 die Mehrfachfunktionsspritze (für kaltes und warmes Wasser, Spray *m* oder Luft *f*)
- *multi-purpose syringe (for cold and warm water, spray or air)*

11 die Absauganlage
- *suction apparatus*

12 das Speibecken
- *basin*

13 das Wasserglas mit automatischer Füllung
- *water glass, filled automatically*

14 der Arbeitssessel
- *stool*

15 das Waschbecken
- *washbasin*

16 der Instrumentenschrank
- *instrument cabinet*

17 das Bohrerfach
- *drawer for drills*

18 die Zahnarzthelferin
- *dentist's assistant*

19 die Behandlungslampe
- *dentist's lamp*

20 die Deckenleuchte
- *ceiling light*

21 das Röntgengerät für Panoramaaufnahmen *f*
- *X-ray apparatus for panoramic pictures*

22 der Röntgengenerator
- *X-ray generator*

23 das Mikrowellengerät, ein Bestrahlungsgerät *n*
- *microwave treatment unit, a radiation unit*

24 der Sitzplatz
- *seat*

25 die Zahnprothese (der Zahnersatz, das künstliche Gebiß)
- *denture (set of false teeth)*

26 die Brücke (Zahnbrücke)
- *bridge (dental bridge)*

27 der zurechtgeschliffene Zahnstumpf
- *prepared stump of the tooth*

28 die Krone (*Arten:* Goldkrone, Jacketkrone)
- *crown (*kinds: *gold crown, jacket crown)*

29 der Porzellanzahn
- *porcelain tooth (porcelain pontic)*

30 die Füllung (Zahnfüllung, *veralt.:* Plombe)
- *filling*

31 der Stiftzahn (Ringstiftzahn)
- *post crown*

32 die Facette
- *facing*

33 der Ring
- *diaphragm*

34 der Stift
- *post*

35 die Carborundscheibe
- *carborundum disc (disk)*

36 die Schmirgelscheibe
- *grinding wheel*

37 Kavitätenbohrer *m*
- *burs*

38 der Finierer (flammenförmige Bohrer)
- *flame-shaped finishing bur*

39 Spaltbohrer *m* (Fissurenbohrer)
- *fissure burs*

40 der Diamantschleifer
- *diamond point*

41 der Mundspiegel
- *mouth mirror*

42 die Mundleuchte
- *mouth lamp*

43 der Thermokauter (Kauter)
- *cautery*

44 die Platin-Iridium-Elektrode
- *platinum-iridium electrode*

45 Zahnreinigungsinstrumente *n*
- *tooth scalers*

46 die Sonde
- *probe*

47 die Extraktionszange
- *extraction forceps*

48 der Wurzelheber (Stößel)
- *tooth-root elevator*

49 der Knochenmeißel
- *bone chisel*

50 der Spatel
- *spatula*

51 das Füllungsmischgerät
- *mixer for filling material*

52 die Synchronzeitschaltuhr
- *synchronous timer*

53 die Injektionsspritze zur Anästhesierung (Nervbetäubung)
- *hypodermic syringe for injection of local anaesthetic*

54 die Injektionsnadel
- *hypodermic needle*

55 der Matrizenspanner
- *matrix holder*

56 der Abdrucklöffel
- *impression tray*

57 die Spiritusflamme
- *spirit lamp*

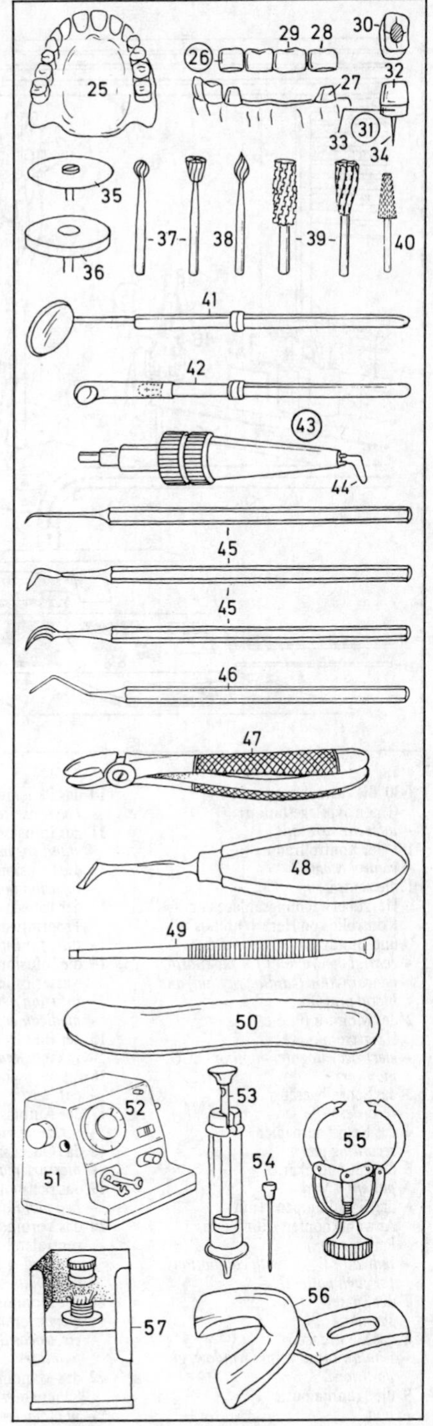

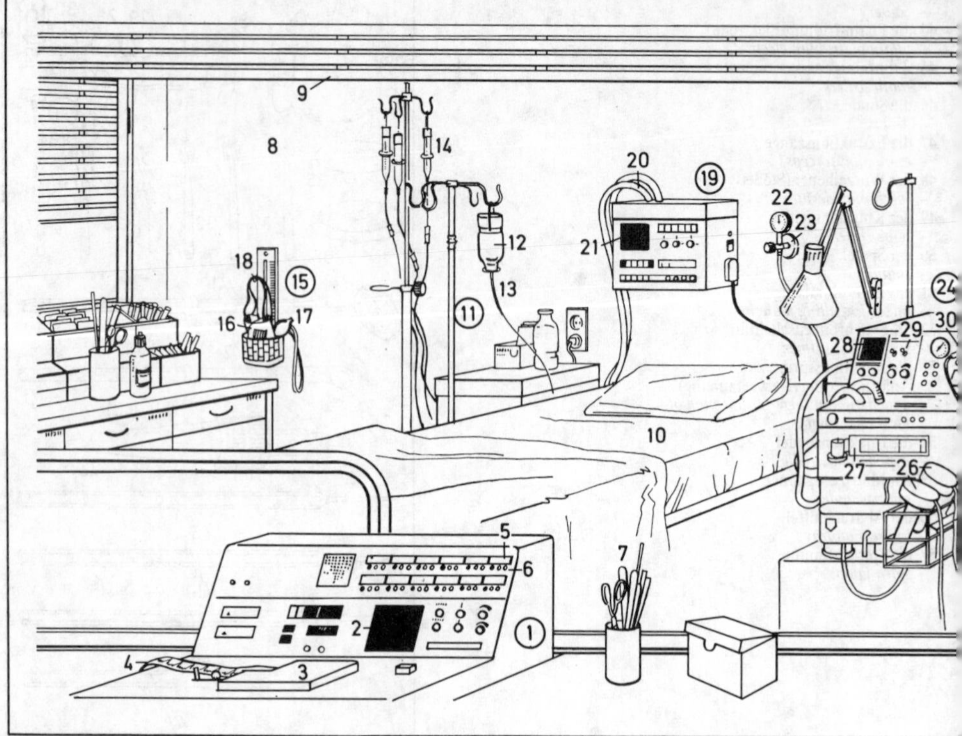

1-30 die Intensivstation (Intensivpflegestation)
- ***intensive care unit***

1-9 der Kontrollraum
- ***control room***

1 die zentrale Herzüberwachungsanlage zur Kontrolle von Herzrhythmus *m* und Blutdruck *m*
- *central control unit for monitoring heart rhythm (cardiac rhythm) and blood pressure*

2 der Monitor für die Herzstromkurve
- *electrocardiogram monitor (ECG monitor)*

3 das Schreibgerät
- *recorder*

4 das Registrierpapier
- *recording paper*

5 die Patientenkarte
- *patient's card*

6 die Signallampen *f* (mit Anwahlknöpfen *n* für jeden Patienten *m*)
- *indicator lights (with call buttons for each patient)*

7 der Spatel
- *spatula*

8 das Sichtfenster
- *window (observation window, glass partition)*

9 die Trennjalousie
- *blind*

10 das Patientenbett
- *bed (hospital bed)*

11 der Infusionsgeräteständer
- *stand for infusion apparatus*

12 die Infusionsflasche
- *infusion bottle*

13 der Infusionsschlauch für Tropfinfusionen *f*
- *tube for intravenous drips*

14 die Infusionseinrichtung für wasserlösliche Medikamente *n*
- *infusion device for water-soluble medicaments*

15 der Blutdruckmesser
- *sphygmomanometer*

16 die Manschette
- *cuff*

17 der Aufblasballon
- *inflating bulb*

18 das Quecksilbermanometer
- *mercury manometer*

19 das Bettmonitorgerät
- *bed monitor*

20 das Verbindungskabel zur zentralen Überwachungsanlage
- *connecting lead to the central control unit*

21 der Monitor für die Herzstromkurve
- *electrocardiogram monitor (ECG monitor)*

22 das Manometer für die Sauerstoffzufuhr
- *manometer for the oxygen supply*

23 der Wandanschluß für die Sauerstoffbeatmung
- *wall connection for oxygen treatment*

24 die fahrbare Patientenüberwachungseinheit
- *mobile monitoring unit*

25 das Elektrodenkabel zum passageren Schrittmacher *m*
- *electrode lead to the short-term pacemaker*

26 die Elektroden *f* zur Elektroschockbehandlung
- *electrodes for shock treatment*

27 die EKG-Registriereinheit
- *ECG recording unit*

28 der Monitor zur Überwachung der Herzstromkurve
- *electrocardiogram monitor (ECG monitor)*

29 die Bedienungsknöpfe *m* für die Einstellung des Monitors *m*
- *control switches and knobs (controls) for adjusting the monitor*

30 die Bedienungsknöpfe *m* für die Schrittmachereinheit
- *control buttons for the pacemaker unit*

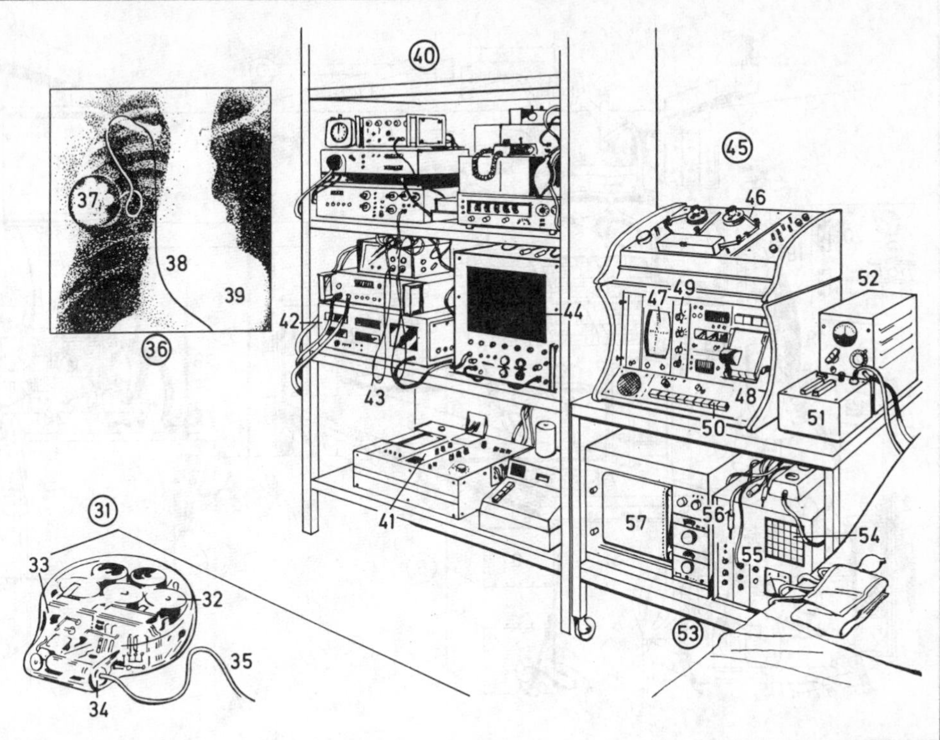

31 **der Herzschrittmacher**
- ***pacemaker*** *(cardiac pacemaker)*

32 die Quecksilberbatterie
- *mercury battery*

33 der programmierbare Taktgeber
- *programmed impulse generator*

34 der Elektrodenausgang
- *electrode exit point*

35 die Elektrode
- *electrode*

36 die Herzschrittmacherimplantation
- *implantation of the pacemaker*

37 der intrakorporale Herzschrittmacher (Schrittmacher)
- *internal cardiac pacemaker (internal pacemaker, pacemaker)*

38 die transvenös geführte Elektrode
- *electrode inserted through the vein*

39 die Herzsilhouette im Röntgenbild *n*
- *cardiac silhouette on the X-ray*

40 **die Anlage zur Schrittmacherkontrolle**
- ***pacemaker control unit***

41 der EKG-Schreiber
- *electrocardiograph (ECG recorder)*

42 der automatische Impulsmesser
- *automatic impulse meter*

43 das Verbindungskabel (EKG-Kabel) zum Patienten
- *ECG lead to the patient*

44 der Monitor zur optischen Kontrolle der Schrittmacherimpulse *m*
- *monitor unit for visual monitoring of the pacemaker impulses*

45 der EKG-Langzeitanalysator
- *long-term ECG analyser*

46 das Magnetband zur Aufnahme der EKG-Impulse *m* bei der Analyse
- *magnetic tape for recording the ECG impulses during analysis*

47 der Monitor zur EKG-Kontrolle
- *ECG monitor*

48 die automatische EKG-Rhythmusanalyse auf Papier *n*
- *automatic analysis on paper of the ECG rhythm*

49 die Einstellung der EKG-Amplitudenhöhe
- *control knob for the ECG amplitude*

50 die Programmwahl für die EKG-Analyse
- *program selector switches for the ECG analysis*

51 das Ladegerät für die Antriebsbatterien *f* des Patientengerätes *n*
- *charger for the pacemaker batteries*

52 das Prüfgerät für die Batterien *f*
- *battery tester*

53 das Druckmeßgerät für den Rechtsherzkatheter
- *pressure gauge (Am. gage) for the right cardiac catheter*

54 der Monitor zur Kurvenkontrolle
- *trace monitor*

55 der Druckanzeiger
- *pressure indicator*

56 das Verbindungskabel zum Papierschreiber *m*
- *connecting lead to the paper recorder*

57 der Papierschreiber für die Druckkurven *f*
- *paper recorder for pressure traces*

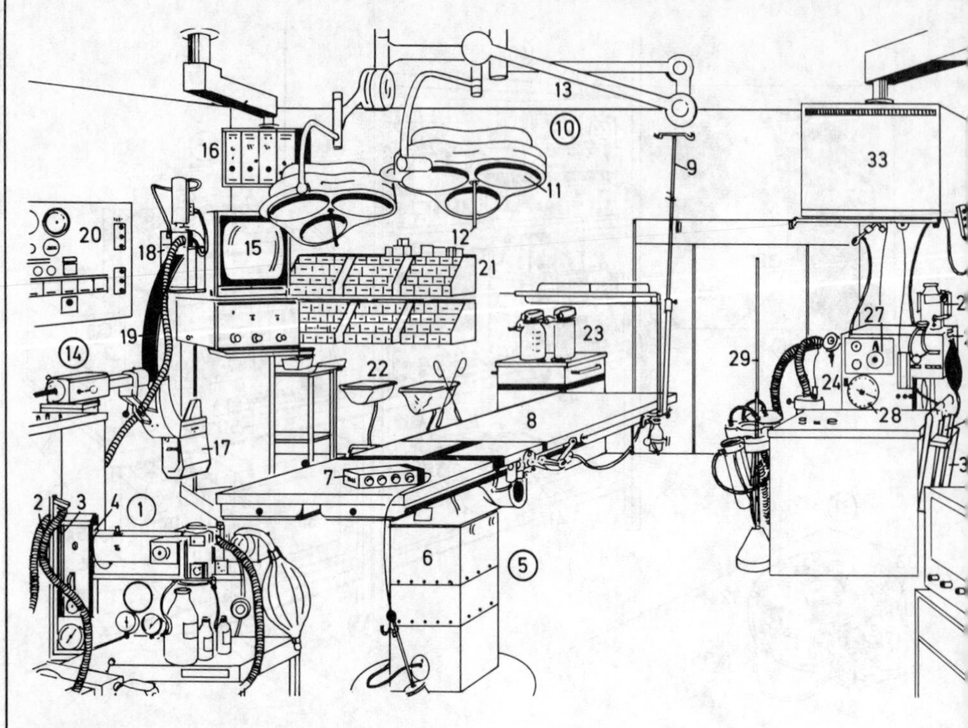

1-54 die chirurgische Abteilung (chirurgische Klinik)
- ***surgical unit***

1-33 der Operationssaal (OP-Saal)
- ***operating theatre*** (Am. *theater)*

1 der Narkose- und Dauerbeatmungsapparat
- *anaesthesia and breathing apparatus (respiratory machine)*

2 die Inhalationsschläuche *m*
- *inhalers (inhaling tubes)*

3 der Durchflußmesser für Lachgas *n* (Distickstoffoxid, Stickstoffoxydul)
- *flowmeter for nitrous oxide*

4 der Durchflußmesser für Sauerstoff *m*
- *oxygen flow meter*

5 der aufgeständerte Operationstisch (OP-Tisch)
- *pedestal operating table*

6 die Tischsäule
- *table pedestal*

7 das Steuergerät
- *control device (control unit)*

8 die verstellbare Operationstischfläche
- *adjustable top of the operating table*

9 der Ständer für Tropfinfusionen *f*
- *stand for intravenous drips*

10 die schwenkbare schattenfreie Operationsleuchte (OP-Lampe)
- *swivel-mounted shadow-free operating lamp*

11 das Leuchtelement
- *individual lamp*

12 der Handgriff
- *handle*

13 der Schwenkarm
- *swivel arm*

14 der fahrbare Röntgendurchleuchtungsapparat
- *mobile fluoroscope*

15 der Bildwandlermonitor
- *monitor of the image converter*

16 der Monitor [Rückseite]
- *monitor [back]*

17 die Röhreneinheit
- *tube*

18 die Bildwandlereinheit
- *image converter*

19 der C-Bogen
- *C-shaped frame*

20 die Schalttafel der Klimaanlage
- *control panel for the air-conditioning*

21 das chirurgische Nahtmaterial
- *surgical suture material*

22 der fahrbare Abfallbehälter
- *mobile waste tray*

23 die Behälter *m* mit unsterilen Kompressen *f*
- *containers for unsterile (unsterilized) pads*

24 das Narkose- und Dauerbeatmungsgerät
- *anaesthesia and respiratory apparatus*

25 der Respirator
- *respirator*

26 der Fluothane-(Halothan-)Behälter
- *fluothane container (halothane container)*

27 die Ventilationseinstellung
- *ventilation control knob*

28 die Registriertafel mit Zeiger *m* für das Atemvolumen
- *indicator with pointer for respiratory volume*

29 das Stativ mit Inhalationsschläuchen *m* und Druckmessern *m*
- *stand with inhalers (inhaling tubes) and pressure gauges* (Am. *gages)*

30 der Katheterbehälter
- *catheter holder*

31 der steril verpackte Katheter
- *catheter in sterile packing*

32 der Pulsschreiber (Sphygmograph)
- *sphygmograph*

33 der Monitor
- *monitor*

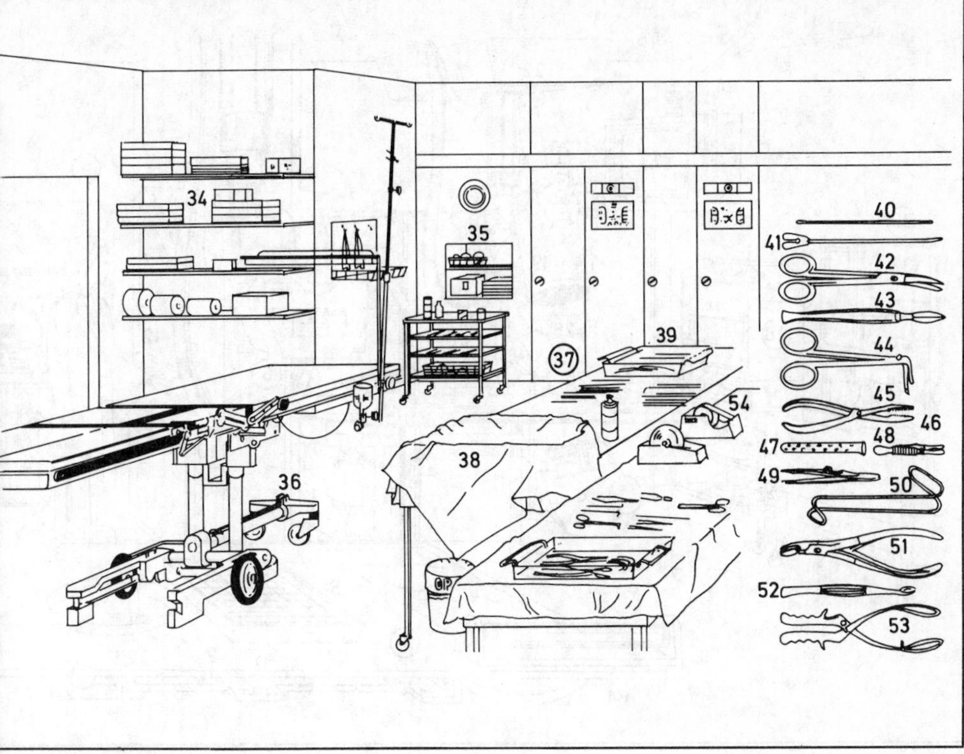

34-54 der Vorbereitungs- und Sterilisierraum
- ***preparation and sterilization room***

34 das Verbandsmaterial
- *dressing material*

35 der Kleinsterilisator
- *small sterilizer*

36 das Operationstischfahrgestell
- *carriage of the operating table*

37 der fahrbare Instrumententisch
- *mobile instrument table*

38 das sterile Tuch
- *sterile cloth*

39 der Instrumentenkorb
- *instrument tray*

40-53 die chirurgischen Instrumente *n*
- ***surgical instruments***

40 die Knopfsonde
- *olive-pointed (bulb-headed) probe*

41 die Hohlsonde
- *hollow probe*

42 die gebogene Schere
- *curved scissors*

43 das Skalpell
- *scalpel (surgical knife)*

44 der Ligaturführer
- *ligature-holding forceps*

45 die Sequesterzange
- *sequestrum forceps*

46 die Branche
- *jaw*

47 das Dränrohr (Dränagerohr)
- *drainage tube*

48 die Aderpresse (Aderklemme)
- *surgeon's tourniquet (torcular)*

49 die Arterienpinzette
- *artery forceps*

50 der Wundhaken
- *blunt hook*

51 die Knochenzange
- *bone nippers (bone-cutting forceps)*

52 der scharfe Löffel (die Kürette) für die Ausschabung (Kürettage)
- *scoop (curette) for erasion (curettage)*

53 die Geburtszange
- *obstetrical forceps*

54 die Heftpflasterrolle
- *roll of plaster*

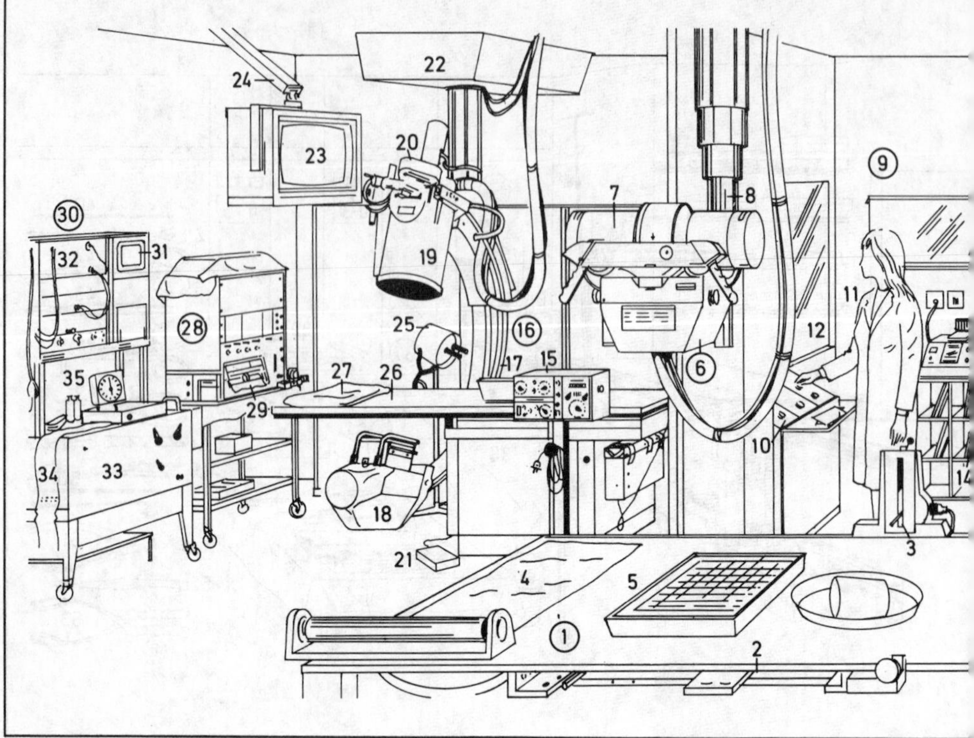

1-35 die Röntgenstation
- ***X-ray unit***

1 der Röntgenuntersuchungstisch
- *X-ray examination table*

2 die Röntgenkassettenhalterung
- *support for X-ray cassettes*

3 die Höheneinstellung für den Zentralstrahl bei Seitaufnahmen *f*
- *height adjustment of the central beam for lateral views*

4 die Kompresse bei Nieren- und Gallenaufnahmen *f*
- *compress for pyelography and cholecystography*

5 die Instrumentenschale
- *instrument basin*

6 die Röntgeneinrichtung zur Aufnahme von Nierenkontrastdarstellungen *f*
- *X-ray apparatus for pyelograms*

7 die Röntgenröhre
- *X-ray tube*

8 das ausfahrbare Röntgenstativ
- *telescopic X-ray support*

9 die zentrale Röntgenschaltstelle
- *central X-ray control unit*

10 das Schaltpult
- *control panel (control desk)*

11 die Röntgenassistentin
- *radiographer (X-ray technician)*

12 das Blickfenster zum Angioraum *m* (Angiographieraum)
- *window to the angiography room*

13 das Oxymeter
- *oxymeter*

14 die Kassetten *f* für Nierenaufnahmen *f*
- *pyelogram cassettes*

15 das Druckspritzengerät für Kontrastmittelinjektionen *f*
- *contrast medium injector*

16 das Röntgenbildverstärkergerät
- *X-ray image intensifier*

17 der C-Bogen
- *C-shaped frame*

18 der Röntgenkopf mit der Röntgenröhre
- *X-ray head with X-ray tube*

19 der Bildwandler mit der Bildwandlerröhre
- *image converter with converter tube*

20 die Filmkamera
- *film camera*

21 der Fußschalter
- *foot switch*

22 die fahrbare Halterung
- *mobile mounting*

23 der Monitor
- *monitor*

24 der schwenkbare Monitorarm
- *swivel-mounted monitor support*

25 die Operationslampe (OP-Lampe)
- *operating lamp*

26 der angiographische Untersuchungstisch
- *angiographic examination table*

27 das Kopfkissen
- *pillow*

28 der Acht-Kanal-Schreiber
- *eight-channel recorder*

29 das Registrierpapier
- *recording paper*

30 der Kathetermeßplatz für die Herzkatheterisierung
- *catheter gauge (Am. gage) unit for catheterization of the heart*

31 der Sechs-Kanal-Monitor für Druckkurven *f* und EKG *n*
- *six-channel monitor for pressure graphs and ECG*

32 die Druckwandlereinschübe *m*
- *slide-in units of the pressure transducer*

33 die Papierregistriereinheit mit Entwickler *m* für die Fotoregistrierung
- *paper recorder unit with developer for photographic recording*

34 das Registrierpapier
- *recording paper*

35 der Kurzzeitmesser
- *timer*

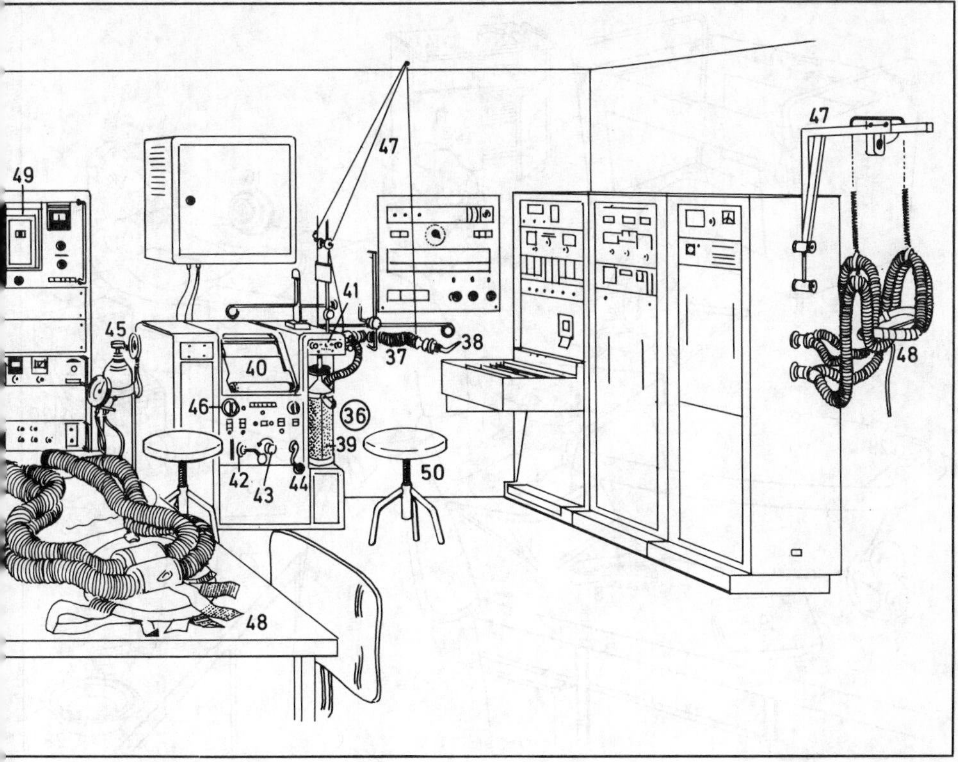

36-50 Spirometrie *f*
- ***spirometry***

36 der Spirograph, für die Lungenfunktionsprüfung
- *spirograph for pulmonary function tests*

37 der Atemschlauch
- *breathing tube*

38 das Mundstück
- *mouthpiece*

39 der Natronkalkabsorber
- *soda-lime absorber*

40 das Registrierpapier
- *recording paper*

41 die Gasversorgungsregulierung
- *control knobs for gas supply*

42 der O_2-Stabilisator
- *O_2-stabilizer*

43 die Drosselklappe
- *throttle valve*

44 die Absorberzuschaltung
- *absorber attachment*

45 die Sauerstoffflasche
- *oxygen cylinder*

46 die Wasserversorgung
- *water supply*

47 die Schlauchhalterung
- *tube support*

48 die Gesichtsmaske
- *mask*

49 der Meßplatz für den CO_2-Verbrauch
- *CO_2 consumption meter*

50 der Patientenhocker
- *stool for the patient*

1 das Kinderreisebett
- *collapsible cot*
2 die Babywippe
- *bouncing cradle*
3 die Säuglingsbadewanne
- *baby bath*
4 der Wickeltischaufsatz
- *changing top*
5 der Säugling (das Baby, Wickelkind)
- *baby (new-born baby)*
6 die Mutter
- *mother*
7 die Haarbürste
- *hairbrush*
8 der Kamm
- *comb*
9 das Handtuch
- *hand towel*
10 die Schwimmente
- *toy duck*
11 die Wickelkommode
- *changing unit*
12 der Beißring
- *teething ring*
13 die Cremedose
- *cream jar*
14 der Puderstreuer
- *box of baby powder*
15 der Lutscher (Schnuller)
- *dummy*
16 der Ball
- *ball*
17 der Babyschlafsack
- *sleeping bag*
18 die Pflegebox (Babybox)
- *layette box*
19 die Milchflasche
- *feeding bottle*
20 der Sauger
- *teat*
21 die Warmhaltebox (Flaschenbox)
- *bottle warmer*
22 die Windelhose für Wegwerfwindeln *f*
- *rubber baby pants for disposable nappies* (Am. *diapers)*
23 das Kinderhemdchen
- *vest*
24 die Strampelhose
- *leggings*
25 das Babyjäckchen
- *baby's jacket*
26 das Häubchen
- *hood*
27 die Kindertasse
- *baby's cup*
28 der Kinderteller, ein Warmhalteteller *m*
- *baby's plate, a stay-warm plate*
29 das Thermometer
- *thermometer*

30 der Stubenwagen, ein Korbwagen *m*
- *bassinet, a wicker pram*

31 die Stubenwagengarnitur
- *set of bassinet covers*

32 der Baldachin
- *canopy*

33 der Kinderstuhl, ein Klappstuhl *m*
- *baby's high chair, a folding chair*

34 der Sichtfensterkinderwagen
- *pram (baby-carriage) [with windows]*

35 das zurückklappbare Verdeck
- *folding hood*

36 das Sichtfenster
- *window*

37 der Sportwagen
- *pushchair* (Am. *stroller)*

38 der Fußsack
- *foot-muff* (Am. *foot-bag)*

39 der Laufstall (das Laufställchen, Ställchen)
- *play pen*

40 der Laufstallboden
- *floor of the play pen*

41 die Bauklötze *m*
- *building blocks (building bricks)*

42 das Kleinkind
- *small child*

43 das Lätzchen
- *bib*

44 der Rasselring
- *rattle (baby's rattle)*

45 die Babyschuhe *m*
- *bootees*

46 der Teddybär
- *teddy bear*

47 das Töpfchen (der Topf)
- *potty (baby's pot)*

48 die Babytragetasche
- *carrycot*

49 das Sichtfenster
- *window*

50 die Haltegriffe *m*
- *handles*

1-12 die Babykleidung
- ***baby clothes***

1 die Ausfahrgarnitur
- *pram suit*

2 das Mützchen
- *hood*

3 das Ausfahrjäckchen
- *pram jacket (matinée coat)*

4 der Pompon (Bommel)
- *pompon (bobble)*

5 die Babyschuhe *m*
- *bootees*

6 das Achselhemdchen
- *sleeveless vest*

7 das Schlupfhemdchen
- *envelope-neck vest*

8 das Flügelhemdchen
- *wrapover vest*

9 das Babyjäckchen
- *baby's jacket*

10 das Windelhöschen
- *rubber baby pants*

11 das Strampelhöschen (der Babystrampler)
- *playsuit*

12 der zweiteilige Babydress
- *two-piece suit*

13-30 die Kleinkinderkleidung
- ***infants' wear***

13 das Sommerkleidchen, ein Trägerkleidchen *n*
- *child's sundress, a pinafore dress*

14 der Flügelärmel
- *frilled shoulder strap*

15 das gesmokte Oberteil
- *shirred top*

16 der Sommerhut (Sonnenhut)
- *sun hat*

17 der einteilige Jerseyanzug
- *one-piece jersey suit*

18 der Vorderreißverschluß
- *front zip*

19 der Overall
- *catsuit (playsuit)*

20 die Applikation
- *motif (appliqué)*

21 das Spielhöschen
- *romper*

22 der Spielanzug
- *playsuit (romper suit)*

23 der Schlaf- und Strampelanzug
- *coverall (sleeper and strampler)*

24 der Bademantel
- *dressing gown (bath robe)*

25 die Kindershorts *pl*
- *children's shorts*

26 die Hosenträger *m*
- *braces* (Am. *suspenders)*

27 das Kinder-T-Shirt
- *children's T-shirt*

28 das Jerseykleidchen (Strickkleidchen)
- *jersey dress (knitted dress)*

29 die Stickerei
- *embroidery*

30 die Kindersöckchen *n*
- *children's ankle socks*

31-47 die Schulkinderkleidung
- ***school children's wear***

31 der Regenmantel (Lodenmantel)
- *raincoat (loden coat)*

32 die Lederhose (Lederhosen *pl*)
- *leather shorts (lederhosen)*

33 der Hirschhornknopf
- *staghorn button*

34 die Lederhosenträger *m*
- *braces* (Am. *suspenders)*

35 der Hosenlatz
- *flap*

36 das Kinderdirndl
- *girl's dirndl*

37 die Zierkordel (Zierverschnürung)
- *cross lacing*

38 der Schneeanzug (Steppanzug)
- *snow suit (quilted suit)*

39 die Steppnaht
- *quilt stitching (quilting)*

40 die Latzhose
- *dungarees (bib and brace)*

41 der Latzrock
- *bib skirt (bib top pinafore)*

42 die Strumpfhose
- *tights (pantie-hose)*

43 der Nickipulli (Nicki)
- *sweater (jumper)*

44 das Teddyjäckchen
- *pile jacket*

45 die Gamaschenhose
- *leggings*

46 der Mädchenrock
- *girl's skirt*

47 der Kinderpulli
- *child's jumper*

48-68 die Teenagerkleidung
- ***teenagers' clothes***

48 die Mädchenüberziehbluse
- *girl's overblouse (overtop)*

49 die Mädchenhose
- *slacks*

50 das Mädchenkostüm
- *girl's skirt suit*

51 die Kostümjacke
- *jacket*

52 der Kostümrock
- *skirt*

53 die Kniestrümpfe *m*
- *knee-length socks*

54 der Mädchenmantel
- *girl's coat*

55 der Mantelgürtel
- *tie belt*

56 die Mädchentasche
- *girl's bag*

57 die Wollmütze
- *woollen* (Am. *woolen) hat*

58 die Mädchenbluse
- *girl's blouse*

59 der Hosenrock
- *culottes*

60 die Knabenhose
- *boy's trousers*

61 das Knabenhemd
- *boy's shirt*

62 der Anorak
- *anorak*

63 die angeschnittenen Taschen *f*
- *inset pockets*

64 das Kapuzenband
- *hood drawstring (drawstring)*

65 der Strickbund
- *knitted welt*

66 der (die) Wetterparka
- *parka coat (parka)*

67 der Durchziehgürtel
- *drawstring (draw cord)*

68 die aufgesetzten Taschen *f*
- *patch pockets*

1
2
3
4
5
6
7
8
9
10
11
12
13
14
15
16
17
18
19
20
21
22
23
24
25
26
27
28
29
30
31
32
33
34
35
36
37
38
39
40
41
42
43
44
45
46
47
48
49
50
51
52
53
54
55
56
57
58
59
60
61
62
63
64
65
66
67
68

1 das Nerzjäckchen
- *mink jacket*
2 der Rollkragenpullover
- *cowl neck jumper*
3 der halsferne Rollkragen
- *cowl collar*
4 der Überziehpullover
- *knitted overtop*
5 der Umschlagkragen
- *turndown collar*
6 der Umschlagärmel
- *turn-up (turnover) sleeve*
7 der Rolli (Unterziehrolli)
- *polo neck jumper*
8 der Kleiderrock
- *pinafore dress*
9 die Reversbluse
- *skirt (with revers collar)*
10 das Hemdblusenkleid, ein durchgeknöpftes Kleid
- *shirt-waister dress, a button-through dress*
11 der Kleidergürtel
- *belt*
12 das Winterkleid
- *winter dress*
13 die (der) Paspel
- *piping*
14 die Manschette
- *cuff*
15 der lange Ärmel
- *long sleeve*
16 die Steppweste (wattierte Steppweste)
- *quilted waistcoat*
17 die Steppnaht
- *quilt stitching (quilting)*
18 der Lederbesatz
- *leather trimming*
19 die lange Winterhose
- *winter slacks*
20 der Ringelpulli
- *striped polo jumper*
21 die Latzhose
- *boiler suit (dungarees, bib and brace)*
22 die aufgesetzte Tasche
- *patch pocket*
23 die Brusttasche
- *front pocket*
24 der Latz
- *bib*
25 das Wickelkleid
- *wrapover dress (wrap-around dress)*
26 die Polobluse
- *shirt*
27 das Folklorekleid
- *peasant-style dress*
28 die Blümchenborte
- *floral braid*
29 die Tunika (Tunique, das Tunikakleid)
- *tunic (tunic top, tunic dress)*
30 der Armbund
- *ribbed cuff*
31 das aufgesteppte Muster
- *quilted design*
32 der Plisseerock
- *pleated skirt*
33 das zweiteilige Strickkleid
- *two-piece knitted dress*
34 der Bootsausschnitt, ein Halsausschnitt *m*
- *boat neck, a neckline*
35 der Ärmelaufschlag
- *turn-up*
36 der angeschnittene Ärmel
- *kimono sleeve*
37 das eingestrickte Muster
- *knitted design*
38 der Lumber
- *lumber-jacket*
39 das Zopfmuster
- *cable pattern*
40 die Hemdbluse (Hemdenbluse, Bluse)
- *shirt-blouse*
41 der Schlaufenverschluß
- *loop fastening*
42 die Stickerei
- *embroidery*
43 der Stehkragen
- *stand-up collar*
44 die Stiefelhose
- *cossack trousers*
45 das Kasackkleid
- *two-piece combination (shirt top and long skirt)*
46 die Schleife
- *tie (bow)*
47 die Blende
- *decorative facing*
48 der Ärmelschlitz
- *cuff slit*
49 der Seitenschlitz
- *side slit*
50 das Chasuble
- *tabard*
51 der Seitenschlitzrock
- *inverted pleat skirt*
52 der Untertritt
- *godet*
53 das Abendkleid
- *evening gown*
54 der plissierte Trompetenärmel
- *pleated bell sleeve*
55 die Partybluse
- *party blouse*
56 der Partyrock
- *party skirt*
57 der Hosenanzug
- *trouser suit (slack suit)*
58 die Wildlederjacke
- *suede jacket*
59 der Pelzbesatz
- *fur trimming*
60 der Pelzmantel (*Arten:* Persianer *m*, Breitschwanz, Nerz, Zobel)
- *fur coat (*kinds: *Persian lamb, broadtail, mink, sable)*
61 der Wintermantel (Tuchmantel)
- *winter coat (cloth coat)*
62 der Ärmelpelzbesatz
- *fur cuff (fur-trimmed cuff)*
63 der Pelzkragen
- *fur collar (fur-trimmed collar)*
64 der Lodenmantel
- *loden coat*
65 die Pelerine
- *cape*
66 die Knebelknöpfe *m*
- *toggle fastenings*
67 der Lodenrock
- *loden skirt*
68 das Ponchocape
- *poncho-style coat*
69 die Kapuze
- *hood*

1
2
3
4
5
6
7
8
9
10
11
12
13
14
15
16
17
18
19
20
21
22
23
24
25
26
27
28
29
30
31
32
33
34
35
36
37
38
39
40
41
42
43
44
45
46
47
48
49
50
51
52
53
54
55
56
57
58
59
60
61
62
63
64
65
66
67
68
69

1 das Kostüm
- *skirt suit*
2 die Kostümjacke
- *jacket*
3 der Kostümrock
- *skirt*
4 die angeschnittene Tasche
- *inset pocket*
5 die Ziernaht
- *decorative stitching*
6 das Jackenkleid
- *dress and jacket combination*
7 die Paspel
- *piping*
8 das Trägerkleid
- *pinafore dress*
9 das Sommerkleid
- *summer dress*
10 der Gürtel (Kleidergürtel)
- *belt*
11 das zweiteilige Kleid
- *two-piece dress*
12 die Gürtelschnalle
- *belt buckle*
13 der Wickelrock
- *wrapover (wrap-around) skirt*
14 die Tubenlinie
- *pencil silhouette*
15 die Schulterknöpfe *m*
- *shoulder buttons*
16 der Fledermausärmel
- *batwing sleeve*
17 das Overdresskleid
- *overdress*
18 die Kimonopasse
- *kimono yoke*
19 der Bindegürtel
- *tie belt*
20 der Sommermantel
- *summer coat*
21 die abknöpfbare Kapuze
- *detachable hood*
22 die Sommerbluse
- *summer blouse*
23 der Revers
- *lapel*
24 der Rock
- *skirt*
25 die Vorderfalte
- *front pleat*
26 das Dirndl (Dirndlkleid)
- *dirndl (dirndl dress)*
27 der Puffärmel
- *puffed sleeve*
28 der Dirndlschmuck
- *dirndl necklace*
29 die Dirndlbluse
- *dirndl blouse*
30 das Mieder
- *bodice*
31 die Dirndlschürze
- *dirndl apron*
32 der Spitzenbesatz (die Spitze), eine Baumwollspitze
- *lace trimming (lace), cotton lace*
33 die Rüschenschürze
- *frilled apron*
34 die Rüsche
- *frill*
35 der Kasack
- *smock overall*
36 das Hauskleid
- *house frock (house dress)*
37 die Popelinejacke
- *poplin jacket*
38 das T-Shirt
- *T-shirt*
39 die Damenshorts *pl*
- *ladies' shorts*
40 der Hosenaufschlag
- *trouser turn-up*
41 der Gürtelbund
- *waistband*
42 der Blouson
- *bomber jacket*
43 der Stretchbund
- *stretch welt*
44 die Bermudas *pl*
- *Bermuda shorts*
45 die Steppnaht
- *saddle stitching*
46 der Rüschenkragen
- *frill collar*
47 der Knoten
- *knot*
48 der Hosenrock
- *culotte*
49 das Twinset
- *twin set*
50 die Strickjacke
- *cardigan*
51 der Pulli
- *sweater*
52 die Sommerhose
- *summer (lightweight) slacks*
53 der Overall
- *jumpsuit*
54 der Ärmelaufschlag
- *turn-up*
55 der Reißverschluß
- *zip*
56 die aufgesetzte Tasche
- *patch pocket*
57 das Nickituch
- *scarf (neckerchief)*
58 der Jeansanzug
- *denim suit*
59 die Jeansweste
- *denim waistcoat*
60 die Jeans *pl* (Blue Jeans)
- *jeans (denims)*
61 die Schlupfbluse
- *overblouse*
62 der Krempelärmel
- *turned-up sleeve*
63 der Stretchgürtel
- *stretch belt*
64 das rückenfreie T-Shirt
- *halter top*
65 der Kasackpullover
- *knitted overtop*
66 der Tunnelgürtel
- *drawstring waist*
67 der Sommerpulli
- *short-sleeved jumper*
68 der V-Ausschnitt
- *V-neck (vee-neck)*
69 der Umlegekragen
- *turndown collar*
70 der Strickbund
- *knitted welt*
71 das Schultertuch (Dreieckstuch)
- *shawl*

1
2
3
4
5
6
7
8
9
10
11
12
13
14
15
16
17
18
19
20
21
22
23
24
25
26
27
28
29
30
31
32
33
34
35
36
37
38
39
40
41
42
43
44
45
46
47
48
49
50
51
52
53
54
55
56
57
58
59
60
61
62
63
64
65
66
67
68
69
70
71

1-15 die Damenunterkleidung (Damenunterwäsche, Damenwäsche, *schweiz.* die Dessous *n)*
- ***ladies' underwear*** *(ladies' underclothes, lingerie)*

1 der Büstenhalter (BH)
- *brassière (bra)*

2 die Miederhose
- *pantie-girdle*

3 das Hosenkorselett
- *pantie-corselette*

4 der Longline-Büstenhalter (lange BH)
- *longline brassière (longline bra)*

5 der Elastikschlüpfer
- *stretch girdle*

6 der Strumpfhalter
- *suspender*

7 das Unterhemd
- *vest*

8 das Hosenhöschen in Slipform *f*
- *pantie briefs*

9 der Damenkniestrumpf
- *ladies' knee-high stocking*

10 der Schlankformschlüpfer
- *long-legged (long leg) panties*

11 die lange Unterhose
- *long pants*

12 die Strumpfhose
- *tights (pantie-hose)*

13 der Unterrock
- *slip*

14 der Halbrock
- *waist slip*

15 der Slip
- *bikini briefs*

16-21 die Damennachtkleidung
- ***ladies' nightwear***

16 das Nachthemd
- *nightdress (nightgown, nightie)*

17 der zweiteilige Hausanzug (Schlafanzug)
- *pyjamas* (Am. *pajamas)*

18 das Oberteil
- *pyjama top*

19 die Hose
- *pyjama trousers*

20 der Haus- und Bademantel
- *housecoat*

21 der Schlaf- und Freizeitanzug
- *vest and shorts set [for leisure wear and as nightwear]*

22-29 die Herrenunterwäsche (Herrenunterkleidung, Herrenwäsche)
- ***men's underwear*** *(men's underclothes)*

22 das Netzhemd (die Netzunterjacke)
- *string vest*

23 der Netzslip
- *string briefs*

24 der Deckverschluß
- *front panel*

25 die Unterjacke ohne Ärmel *m*
- *sleeveless vest*

26 der Slip
- *briefs*

27 der Schlüpfer
- *trunks*

28 die Unterjacke mit halben Ärmeln *m*
- *short-sleeved vest*

29 die Unterhose mit langen Beinen *n*
- *long johns*

30 der Hosenträger
- *braces* (Am. *suspenders)*

31 der Hosenträgerklipp
- *braces clip*

32-34 Herrensocken *f*
- ***men's socks***

32 die knielange Socke
- *knee-length sock*

33 der elastische Sockenrand
- *elasticated top*

34 die wadenlange Socke
- *long sock*

35-37 die Herrennachtkleidung
- ***men's nightwear***

35 der Morgenmantel
- *dressing gown*

36 der Langform-Schlafanzug
- *pyjamas* (Am. *pajamas)*

37 das Schlafhemd
- *nightshirt*

38-47 Herrenhemden *n*
- ***men's shirts***

38 das Freizeithemd
- *casual shirt*

39 der Gürtel
- *belt*

40 das Halstuch
- *cravat*

41 die Krawatte
- *tie*

42 der Krawattenknoten
- *knot*

43 das Smokinghemd
- *dress shirt*

44 die Rüschen *f* (der Rüschenbesatz)
- *frill (frill front)*

45 die Manschette
- *cuff*

46 der Manschettenknopf
- *cuff link*

47 die Smokingschleife (Fliege)
- *bow-tie*

4
1
2
3
5
6
16
18
17
19
20
7
12
11
10
8
13
14
21
9
15
22
35
36
37
25
28
29
23
24
26
33
32
27
34
40
38
39
42
41
47
44
45
46
43
30
31

1-67 die Herrenmode
- ***men's fashion***

1 der Einreiher, ein Herrenanzug *m*
- *single-breasted suit, a men's suit*

2 die Jacke (der Rock, das Jackett)
- *jacket (coat)*

3 die Anzughose
- *suit trousers*

4 die Weste
- *waistcoat (vest)*

5 der Aufschlag (Revers)
- *lapel*

6 das Hosenbein mit Bügelfalte
- *trouser leg with crease*

7 der Smoking, ein Abendanzug
- *dinner dress, an evening suit*

8 der Seidenrevers
- *silk lapel*

9 die Brusttasche
- *breast pocket*

10 das Einstecktuch (Ziertaschentuch)
- *dress handkerchief*

11 die Smokingschleife
- *bow-tie*

12 die Seitentasche
- *side pocket*

13 der Frack, ein Gesellschaftsanzug *m*
- *tailcoat (tails), evening dress*

14 der Frackschoß
- *coat-tail*

15 die weiße Frackweste
- *white waistcoat (vest)*

16 die Frackschleife
- *white bow-tie*

17 der Freizeitanzug
- *casual suit*

18 die Taschenklappe (Patte)
- *pocket flap*

19 der Frontsattel
- *front yoke*

20 der Jeansanzug
- *denim suit*

21 die Jeansjacke
- *denim jacket*

22 die Jeans *pl* (Blue Jeans)
- *jeans (denims)*

23 der Hosenbund
- *waistband*

24 der Strandanzug
- *beach suit*

25 die Shorts *pl*
- *shorts*

26 die kurzärmelige Jacke
- *short-sleeved jacket*

27 der Sport-(Trainings-)Anzug
- *tracksuit*

28 die Trainingsjacke mit Reißverschluß *m*
- *tracksuit top with zip*

29 die Trainingshose
- *tracksuit bottoms*

30 die Strickjacke
- *cardigan*

31 der Strickkragen
- *knitted collar*

32 der Herrensommerpulli
- *men's short-sleeved pullover (men's short-sleeved sweater)*

33 das kurzärmelige Hemd
- *short-sleeved shirt*

34 der Hemdenknopf
- *shirt button*

35 der Ärmelaufschlag
- *turn-up*

36 das Strickhemd
- *knitted shirt*

37 das Freizeithemd
- *casual shirt*

38 die aufgesetzte Hemdentasche
- *patch pocket*

39 die Freizeit-(Wander-)Jacke
- *casual jacket*

40 die Kniebundhose
- *knee-breeches*

41 der Kniebund
- *knee strap*

42 der Kniestrumpf
- *knee-length sock*

43 die Lederjacke
- *leather jacket*

44 die Arbeitslatzhose
- *bib and brace overalls*

45 der verstellbare Träger
- *adjustable braces (*Am. *suspenders)*

46 die Latztasche
- *front pocket*

47 die Hosentasche
- *trouser pocket*

48 der Hosenschlitz
- *fly*

49 die Zollstocktasche
- *rule pocket*

50 das Karohemd
- *check shirt*

51 der Herrenpullover
- *men's pullover*

52 der Skipullover
- *heavy pullover*

53 die Unterziehstrickweste
- *knitted waistcoat (vest)*

54 der Blazer
- *blazer*

55 der Rockknopf
- *jacket button*

56 der Arbeitsmantel (Arbeitskittel, „weiße Kittel")
- *overall*

57 der Regentrenchcoat, ein Trenchcoat *m*
- *trenchcoat*

58 der Mantelkragen
- *coat collar*

59 der Mantelgürtel
- *coat belt*

60 der Popeline-(Übergangs-)Mantel
- *poplin coat*

61 die Manteltasche
- *coat pocket*

62 die verdeckte Knopfleiste
- *fly front*

63 der Tuchcaban
- *car coat*

64 der Mantelknopf
- *coat button*

65 der Schal
- *scarf*

66 der Tuchmantel
- *cloth coat*

67 der Handschuh
- *glove*

1 2 3 4 5 6 7 8 9 10 11 12 13 14 15 16 17 18 19 20 21 22 23 24 25 26 27 28 29 30 31 32 33 34 35 36 37 38 39 40 41 42 43 44 45 46 47 48 49 50 51 52 53 54 55 56 57 58 59 60 61 62 63 64 65 66 67

1-25 Bart- und Haartrachten *f* (Frisuren) **des Mannes** *m* (Männerfrisuren)
- ***men's beards and hairstyles*** *(haircuts)*

1 das lange, offene Haar
- *long hair worn loose*

2 die Allongeperücke (Staatsperücke, Lockenperücke), eine Perücke; *kürzer und glatter:* die Stutzperücke (Atzel), die Halbperücke (das Toupet)
- *allonge periwig (full-bottomed wig), a wig;* shorter and smoother: *bob wig, toupet*

3 die Locken *f*
- *curls*

4 die Haarbeutelperücke (der Haarbeutel, Mozartzopf)
- *bag wig (purse wig)*

5 die Zopfperücke
- *pigtail wig*

6 der Zopf
- *queue (pigtail)*

7 die Zopfschleife (das Zopfband)
- *bow (ribbon)*

8 der Schnauzbart (*ugs.* Schnauzer)
- *handlebars (handlebar moustache,* Am. *mustache)*

9 der Mittelscheitel
- *centre (*Am. *center) parting*

10 der Spitzbart, ein Kinnbart *m*
- *goatee (goatee beard), chintuft*

11 der Igelkopf (*ugs.* Stiftenkopf, die Bürste)
- *closely-cropped head of hair (crew cut)*

12 der Backenbart
- *whiskers*

13 der Henriquatre, ein Spitz- und Knebelbart *m*
- *Vandyke beard (stiletto beard, bodkin beard), with waxed moustache (*Am. *mustache)*

14 der Seitenscheitel
- *side parting*

15 der Vollbart
- *full beard (circular beard, round beard)*

16 der Stutzbart
- *tile beard*

17 die Fliege
- *shadow*

18 der Lockenkopf (Künstlerkopf)
- *head of curly hair*

19 der englische Schnurrbart
- *military moustache (*Am. *mustache) (English-style moustache)*

20 der Glatzkopf
- *partly bald head*

21 die Glatze (*ugs.* Platte)
- *bald patch*

22 der Kahlkopf
- *bald head*

23 der Stoppelbart (die Stoppeln *f*, Bartstoppeln)
- *stubble beard (stubble, short beard bristles)*

24 die Koteletten *pl; früh.* Favoris
- *side-whiskers (sideboards, sideburns)*

25 die glatte Rasur
- *clean shave*

26 der Afro-Look (für Männer u. Frauen)
- *Afro look (for men and women)*

27-38 Haartrachten *f* (Frisuren) **der Frau** (Frauenfrisuren, Damen- und Mädchenfrisuren)
- ***ladies' hairstyles*** *(coiffures, women's and girls' hairstyles)*

27 der Pferdeschwanz
- *ponytail*

28 das aufgesteckte Haar
- *swept-back hair (swept-up hair, pinned-up hair)*

29 der Haarknoten (Knoten, Chignon, *ugs.* Dutt)
- *bun (chignon)*

30 die Zopffrisur (Hängezöpfe *m*)
- *plaits (bunches)*

31 die Kranzfrisur (Gretchenfrisur)
- *chaplet hairstyle (Gretchen style)*

32 der Haarkranz
- *chaplet (coiled plaits)*

33 das Lockenhaar
- *curled hair*

34 der Bubikopf
- *shingle (shingled hair, bobbed hair)*

35 der Pagenkopf (die Ponyfrisur)
- *pageboy style*

36 die Ponyfransen *f* (*ugs.* Simpelfransen)
- *fringe (*Am. *bangs)*

37 die Schneckenfrisur
- *earphones*

38 die Haarschnecke
- *earphone (coiled plait)*

1
2
3
4
5
6
7
8
9
10
11
12
13
14
15
16
17
18
19
20
21
22
23
24
25
26
27
28
29
30
31
32
33
34
35
36
37
38

1-21 Damenhüte *m* **und -mützen** *f*
- ***ladies' hats and caps***

1 die Hutmacherin beim Anfertigen *n* eines Hutes *m*
- *milliner making a hat*

2 der Stumpen
- *hood*

3 die Form
- *block*

4 die Putzteile *m od. n*
- *decorative pieces*

5 der Sonnenhut (Sombrero)
- *sombrero*

6 der Mohairhut mit Federputz *m*
- *mohair hat with feathers*

7 der Modellhut mit Schmuckgesteck *n*
- *model hat with fancy appliqué*

8 die Leinenmütze
- *linen cap (jockey cap)*

9 die Mütze aus dicker Dochtwolle
- *hat made of thick candlewick yarn*

10 die Strickmütze
- *woollen* (Am. *woolen) hat (knitted hat)*

11 die Mohairstoffkappe
- *mohair hat*

12 der Topfhut mit Steckfedern *f*
- *cloche with feathers*

13 der große Herrenhut aus Sisal *m* mit Ripsband *n*
- *large men's hat made of sisal with corded ribbon*

14 die Herrenhutform mit Schmuckband *n*
- *trilby-style hat with fancy ribbon*

15 der weiche Haarfilzhut
- *soft felt hat*

16 der Japanpanamahut
- *Panama hat with scarf*

17 die Nerzschirmkappe
- *peaked mink cap*

18 der Nerzpelzhut
- *mink hat*

19 die Fuchspelzmütze mit Lederkopfteil *m*
- *fox hat with leather top*

20 die Nerzmütze
- *mink cap*

21 der Florentinerhut
- *slouch hat trimmed with flowers*

22-40 Herrenhüte *m* **und -mützen** *f*
- ***men's hats and caps***

22 der Filzhut im City-Stil *m*
- *trilby hat (trilby)*

23 der Lodenhut
- *loden hat (Alpine hat)*

24 der Rauhhaarfilzhut mit Quasten *f*
- *felt hat with tassels (Tyrolean hat, Tyrolese hat)*

25 die Kordmütze
- *corduroy cap*

26 die Wollmütze
- *woollen* (Am. *woolen) hat*

27 die Baskenmütze
- *beret*

28 die Schiffermütze (Prinz-Heinrich-Mütze)
- *German sailor's cap ('Prinz Heinrich' cap)*

29 die Schirmmütze (Seglermütze)
- *peaked cap (yachting cap)*

30 der Südwester
- *sou'wester (southwester)*

31 die Fuchsfellmütze mit Ohrenklappen *f*
- *fox cap with earflaps*

32 die Ledermütze mit Fellklappen *f*
- *leather cap with fur flaps*

33 die Bisamfellmütze (Schiwago-Mütze)
- *musquash cap*

34 die Schiffchenmütze, eine Fell- oder Krimmermütze
- *astrakhan cap, a real or imitation astrakhan cap*

35 der Strohhut (die Kreissäge)
- *boater*

36 der (graue oder schwarze) Zylinder (Zylinderhut) aus Seidentaft *m*; *zusammenklappbar:* der Klapphut (Chapeau claque)
- *(grey,* Am. *gray, or black) top hat made of silk taffeta;* collapsible: *crush hat (opera hat, claque)*

37 der Sommerhut aus Stoff *m* mit Täschchen *n*
- *sun hat (lightweight hat) made of cloth with small patch pocket*

38 der breitrandige Hut (Kalabreser, Zimmermannshut, Künstlerhut)
- *wide-brimmed hat*

39 die Zipfelmütze (Skimütze)
- *toboggan cap (skiing cap, ski cap)*

40 die Arbeitsmütze (für Landwirte *m*, Forstbeamte, Handwerker)
- *workman's cap (for farmers, foresters, craftsmen)*

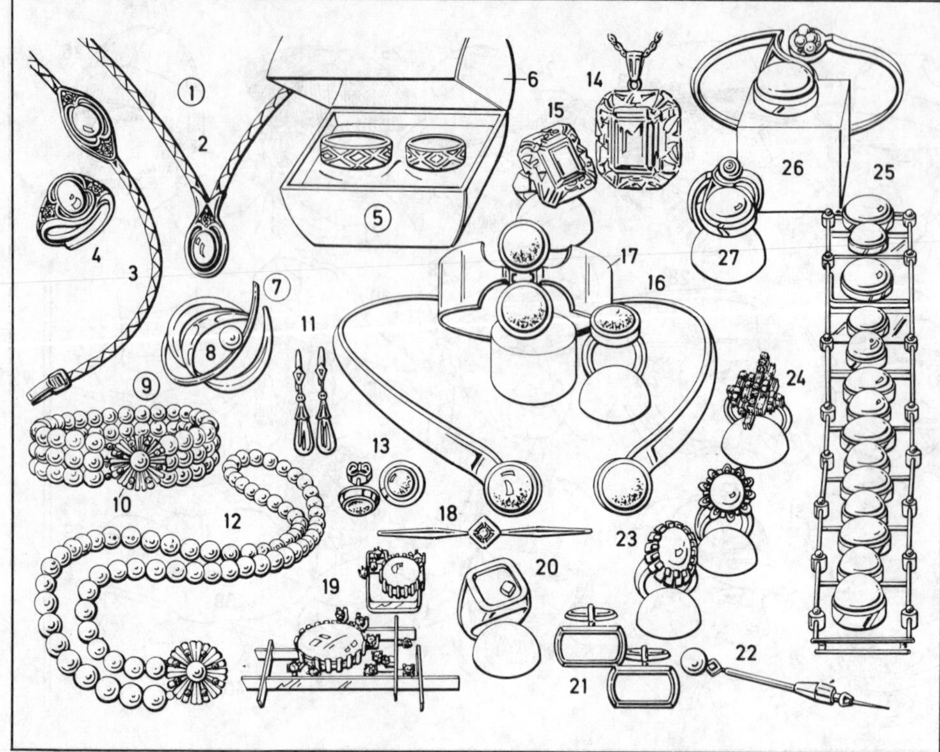

1 die Schmuckgarnitur (das Schmuckset)
- *set of jewellery (Am. jewelry)*

2 das Collier
- *necklace*

3 das Armband
- *bracelet*

4 der Ring
- *ring*

5 die Trauringe *m*
- *wedding rings*

6 das Trauringkästchen
- *wedding ring box*

7 die Brosche, eine Perlenbrosche
- *brooch, a pearl brooch*

8 die Perle
- *pearl*

9 das Zuchtperlenarmband
- *cultured pearl bracelet*

10 die Schließe, eine Weißgoldschließe
- *clasp, a white gold clasp*

11 das Ohrgehänge
- *pendant earrings (drop earrings)*

12 das Zuchtperlencollier
- *cultured pearl necklace*

13 die Ohrringe
- *earrings*

14 der Schmucksteinanhänger (Edelsteinanhänger)
- *gemstone pendant*

15 der Schmucksteinring (Edelsteinring)
- *gemstone ring*

16 der Halsring
- *choker (collar, neckband)*

17 der Armreif
- *bangle*

18 die Ansteckadel mit Brillant *m*
- *diamond pin*

19 der moderne Ansteckschmuck
- *modern-style brooches*

20 der Herrenring
- *man's ring*

21 die Manschettenknöpfe
- *cuff links*

22 die Krawattennadel
- *tiepin*

23 der Brillantring mit Perle *f*
- *diamond ring with pearl*

24 der moderne Brillantring
- *modern-style diamond ring*

25 das Schmucksteinarmband (Edelsteinarmband)
- *gemstone bracelet*

26 der asymmetrische Schmuckreif
- *asymmetrical bangle*

27 der asymmetrische Schmuckring
- *asymmetrical ring*

28 die Elfenbeinkette
- *ivory necklace*

29 die Elfenbeinrose (Erbacher Rose)
- *ivory rose*

30 die Elfenbeinbrosche
- *ivory brooch*

31 die Schmuckkassette (Schmuckschatulle, der Schmuckkasten, das Schmuckkästchen)
- *jewel box (jewel case)*

32 die Perlenkette
- *pearl necklace*

33 die Schmuckuhr
- *bracelet watch*

34 die Echtkorallenkette
- *coral necklace*

35 die Berlocken *f* (das Ziergehänge, der Charivari)
- *charms*

36 die Münzenkette
- *coin bracelet*

37 die Goldmünze
- *gold coin*

38 die Münzenfassung
- *coin setting*

39 das Kettenglied
- *link*

40 der Siegelring
- *signet ring*

41 die Gravur (das Monogramm)
- *engraving (monogram)*

42-86 die Schleifarten und Schliffformen *f*
- *cuts and forms*

42-71 facettierte Steine
- *faceted stones*

42-43 der normal facettierte Rundschliff
- *standard round cut*

44 der Brillantschliff
- *brilliant cut*

45 der Rosenschliff
- *rose cut*

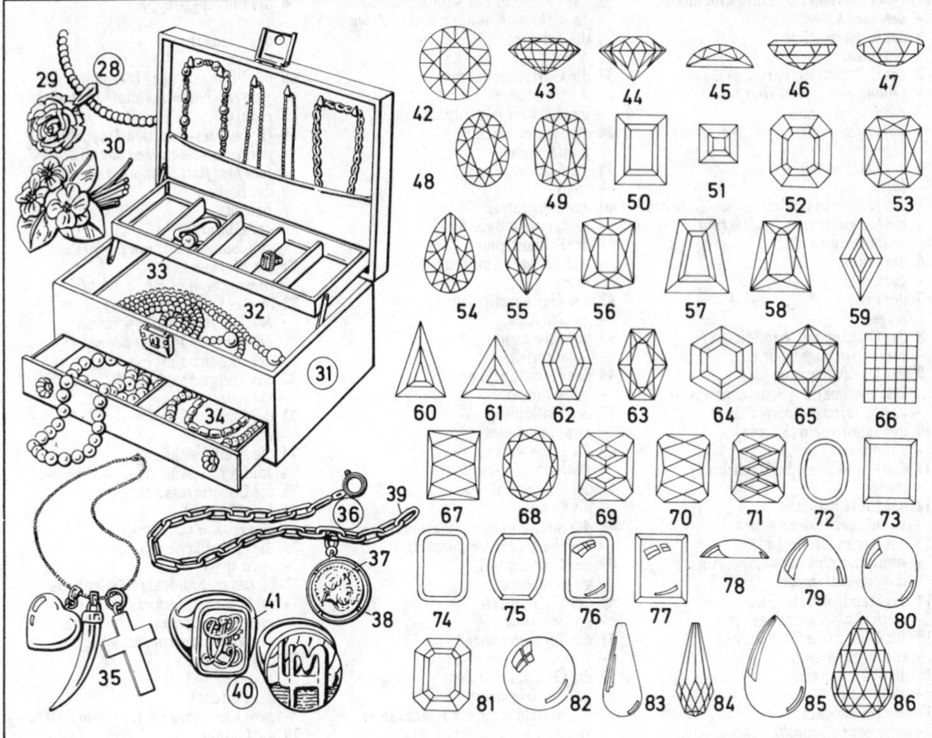

46 die flache Tafel
- *flat table*
47 die gemugelte Tafel
- *table en cabochon*
48 der normal facettierte normale Schliff
- *standard cut*
49 der normal facettierte antike Schliff
- *standard antique cut*
50 der Rechteck-Treppenschliff
- *rectangular step-cut*
51 der Karree-Treppenschliff
- *square step-cut*
52 der Achteck-Treppenschliff
- *octagonal step-cut*
53 der Achteck-Kreuzschliff
- *octagonal cross-cut*
54 die normal facettierte Birnenform
- *standard pear-shape (pendeloque)*
55 die Navette
- *marquise (navette)*
56 die normal facettierte Faßform
- *standard barrel-shape*
57 der Trapez-Treppenschliff
- *trapezium step-cut*
58 der Trapez-Kreuzschliff
- *trapezium cross-cut*
59 das Spießeck (der Rhombus)
- *rhombus step-cut*
60-61 das Dreieck *m* (der Triangel)
- *triangular step-cut*
62 das Sechseck (Hexagon) im Treppenschliff *m*
- *hexagonal step-cut*
63 das ovale Sechseck (Hexagon)
- *oval hexagonal cross-cut*
64 das runde Sechseck im Treppenschliff *m*
- *round hexagonal step-cut*
65 das runde Sechseck im Kreuzschliff *m*
- *round hexagonal cross-cut*
66 der Schachbrettschliff
- *chequer-board cut*
67 der Triangelschliff
- *triangle cut*
68-71 Phantasieschliffe *m*
- *fancy cuts*
72-77 Ringsteine *m*
- *ring gemstones*
72 die ovale flache Tafel
- *oval flat table*
73 die rechteckige flache Tafel
- *rectangular flat table*
74 die achteckige flache Tafel
- *octagonal flat table*
75 die Faßform
- *barrel-shape*
76 die antike gemugelte Tafel
- *antique table en cabochon*
77 die rechteckige gemugelte Tafel
- *rectangular table en cabochon*
78-81 Cabochons *m*
- *cabochons*
78 der runde Cabochon
- *round cabochon (simple cabochon)*
79 der runde Kegel
- *high dome (high cabochon)*
80 der ovale Cabochon
- *oval cabochon*
81 der achteckige Cabochon
- *octagonal cabochon*
82-86 Kugeln *f* und Pampeln *f*
- *spheres and pear-shapes*
82 die glatte Kugel
- *plain sphere*
83 die glatte Pampel
- *plain pear-shape*
84 die facettierte Pampel
- *faceted pear-shape*
85 der glatte Tropfen
- *plain drop*
86 das facettierte Briolett
- *faceted briolette*

1-53 das freistehende Einfamilienhaus
- ***detached house***
1 das Kellergeschoß
- *basement*
2 das Erdgeschoß (Parterre)
- *ground floor* (Am. *first floor)*
3 das Obergeschoß
- *upper floor (first floor,* Am. *second floor)*
4 der Dachboden
- *loft*
5 das Dach, ein ungleiches Satteldach *n*
- *roof, a gable roof (saddle roof, saddleback roof)*
6 die Traufe
- *gutter*
7 der First
- *ridge*
8 der Ortgang mit Winddielen *f*
- *verge with bargeboards*
9 der Dachvorsprung (das Dachgesims), ein Sparrengesims *n*
- *eaves, rafter-supported eaves*
10 der Schornstein (Kamin)
- *chimney*
11 der Dachkanal (die Dachrinne)
- *gutter*
12 der Einlaufstutzen
- *swan's neck (swan-neck)*
13 das Regenabfallrohr
- *rainwater pipe (downpipe,* Am. *downspout, leader)*
14 das Standrohr, ein Gußrohr *n*
- *vertical pipe, a cast-iron pipe*
15 der Giebel (die Giebelseite)
- *gable (gable end)*
16 die Wandscheibe
- *glass wall*
17 der Haussockel
- *base course (plinth)*
18 die Loggia
- *balcony*
19 das Geländer
- *parapet*
20 der Blumenkasten
- *flower box*
21 die zweiflügelige Loggiatür
- *French window (French windows) opening on to the balcony*
22 das zweiflügelige Fenster
- *double casement window*
23 das einflügelige Fenster
- *single casement window*
24 die Fensterbrüstung mit Fensterbank *f*
- *window breast with window sill*
25 der Fenstersturz
- *lintel (window head)*
26 die Fensterleibung
- *reveal*
27 das Kellerfenster
- *cellar window (basement window)*
28 der Rolladen
- *rolling shutter*
29 der Rolladenaussteller
- *rolling shutter frame*
30 der Fensterladen (Klappladen)
- *window shutter (folding shutter)*
31 der Ladenfeststeller
- *shutter catch*
32 die Garage, mit Geräteraum *m*
- *garage with tool shed*
33 das Spalier
- *espalier*
34 die Brettertür
- *batten door (ledged door)*
35 das Oberlicht mit Kreuzsprosse *f*
- *fanlight with mullion and transom*
36 die Terrasse
- *terrace*
37 die Gartenmauer mit Abdeckplatten *f*
- *garden wall with coping stones*
38 die Gartenleuchte
- *garden light*
39 die Gartentreppe
- *steps*
40 der Steingarten
- *rockery (rock garden)*
41 der Schlauchhahn
- *outside tap* (Am. *faucet) for the hose*
42 der Gartenschlauch
- *garden hose*
43 der Rasensprenger
- *lawn sprinkler*
44 das Planschbecken
- *paddling pool*
45 der Plattenweg
- *stepping stones*
46 die Liegewiese
- *sunbathing area (lawn)*
47 der Liegestuhl
- *deck-chair*
48 der Sonnenschirm (Gartenschirm)
- *sunshade (garden parasol)*
49 der Gartenstuhl
- *garden chair*
50 der Gartentisch
- *garden table*
51 die Teppichstange
- *frame for beating carpets*
52 die Garageneinfahrt
- *garage driveway*
53 die Einfriedung, ein Holzzaun *m*
- *fence, a wooden fence*

54-57 die Siedlung
- ***housing estate*** *(housing development)*
54 das Siedlungshaus
- *house on a housing estate (on a housing development)*
55 das Schleppdach
- *pent roof (penthouse roof)*
56 die Schleppgaube (Schleppgaupe)
- *dormer (dormer window)*
57 der Hausgarten
- *garden*

58-63 das Reihenhaus, gestaffelt
- ***terraced house*** *[one of a row of terraced houses]*, ***stepped***
58 der Vorgarten
- *front garden*
59 der Pflanzenzaun
- *hedge*
60 der Gehweg
- *pavement (*Am. *sidewalk, walkway)*
61 die Straße
- *street (road)*
62 die Straßenleuchte (Straßenlaterne, Straßenlampe)
- *street lamp (street light)*
63 der Papierkorb
- *litter bin (*Am. *litter basket)*

64-68 das Zweifamilienhaus
- ***house divided into two flats*** (Am. *house divided into two apartments, duplex house)*
64 das Walmdach
- *hip (hipped) roof*
65 die Haustür
- *front door*
66 die Eingangstreppe
- *front steps*
67 das Vordach
- *canopy*
68 das Pflanzen- oder Blumenfenster
- *flower window (window for house plants)*

69-71 das Vier-Familien-Doppelhaus
- ***pair of semi-detached houses divided into four flats*** (Am. *apartments)*
69 der Balkon
- *balcony*
70 der Glaserker
- *sun lounge* (Am. *sun parlor)*
71 die Markise
- *awning (sun blind, sunshade)*

72-76 das Laubenganghaus
- ***block of flats*** (Am. *apartment building, apartment house) with access balconies*
72 das Treppenhaus
- *staircase*
73 der Laubengang
- *balcony*
74 die Atelierwohnung
- *studio flat* (Am. *studio apartment)*
75 die Dachterrasse, eine Liegeterrasse
- *sun roof, a sun terrace*
76 die Grünfläche
- *open space*

77-81 das mehrstöckige Zeilenhaus
- ***multi-storey block of flats*** (Am. *multistory apartment building, multistory apartment house)*
77 das Flachdach
- *flat roof*
78 das Pultdach
- *pent roof (shed roof, lean-to roof)*
79 die Garage
- *garage*
80 die Pergola
- *pergola*
81 das Treppenhausfenster
- *staircase window*
82 das Hochhaus
- *high-rise block of flats* (Am. *high-rise apartment building, high-rise apartment house)*
83 das Penthouse (die Dachterrassenwohnung)
- *penthouse*

84-86 das Wochenendhaus, ein Holzhaus *n*
- ***weekend house****, a timber house*
84 die waagerechte Bretterschalung
- *horizontal boarding*
85 der Natursteinsockel
- *natural stone base course (natural stone plinth)*
86 das Fensterband
- *strip windows (ribbon windows)*

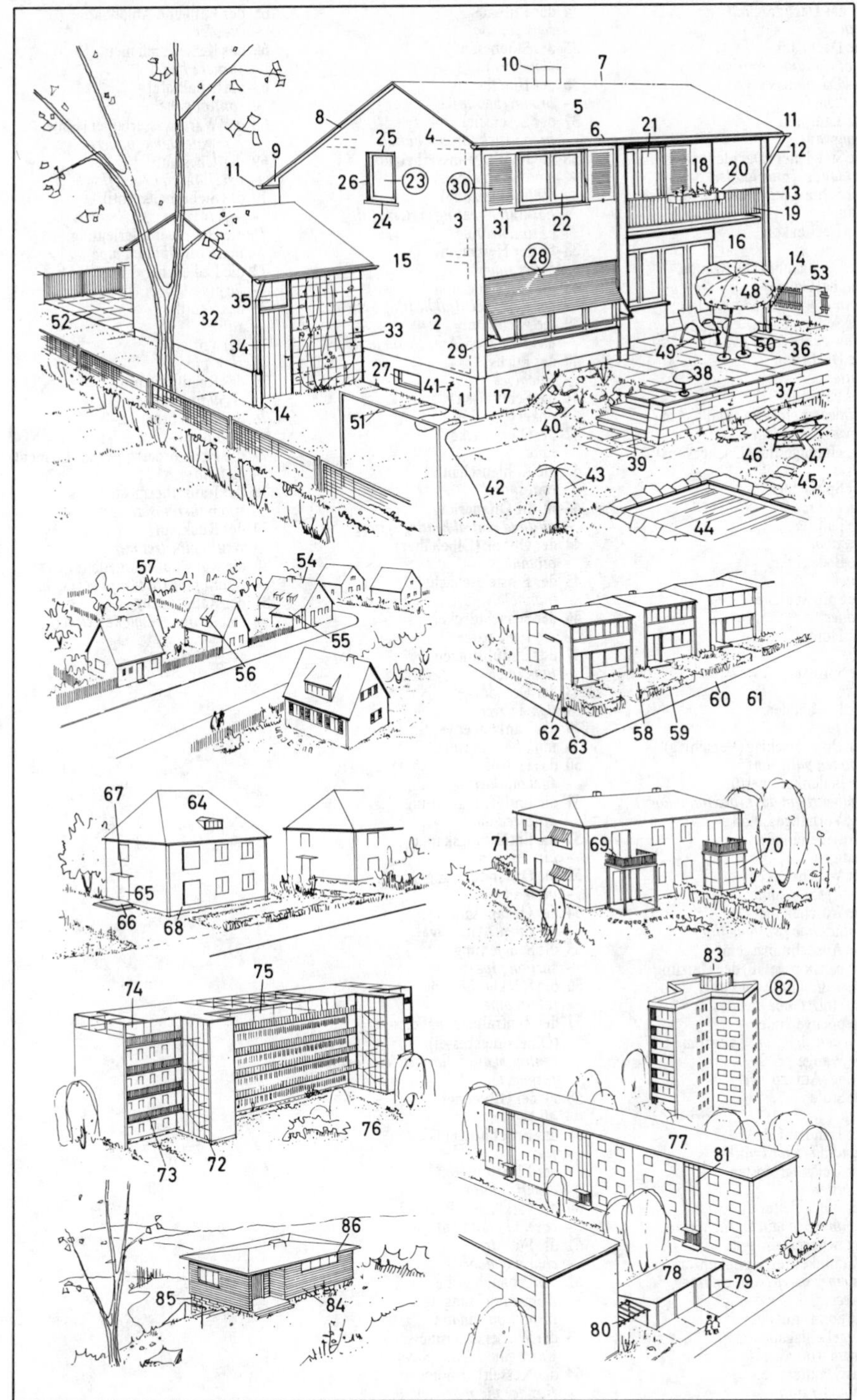

1-29 das Dachgeschoß
- ***attic***
1 die Dachhaut
- *roof cladding (roof covering)*
2 das Dachfenster
- *skylight*
3 das Laufbrett
- *gangway*
4 die Steigleiter (Dachleiter)
- *cat ladder (roof ladder)*
5 der Schornstein (Kamin, die Esse)
- *chimney*
6 der Dachhaken
- *roof hook*
7 die Dachgaube (Dachgaupe, Gaube, Gaupe)
- *dormer window (dormer)*
8 das Schneefanggitter
- *snow guard (roof guard)*
9 die Dachrinne
- *gutter*
10 das Fallrohr
- *rainwater pipe (downpipe,* Am. *downspout, leader)*
11 das Hauptgesims (Dachgesims)
- *eaves*
12 der Spitzboden
- *pitched roof*
13 die Falltür
- *trapdoor*
14 die Bodenluke
- *hatch*
15 die Sprossenleiter
- *ladder*
16 der Holm
- *stile*
17 die Sprosse
- *rung*
18 der Dachboden
- *loft (attic)*
19 der Holzverschlag (Verschlag)
- *wooden partition*
20 die Bodenkammertür
- *lumber room door (boxroom door)*
21 das Vorhängeschloß (Vorlegeschloß)
- *padlock*
22 der Wäschehaken
- *hook [for washing line]*
23 die Wäscheleine
- *clothes line (washing line)*
24 das Ausdehnungsgefäß (Expansionsgefäß) der Heizung
- *expansion tank for boiler*
25 die Holztreppe und das Treppengeländer
- *wooden steps and balustrade*
26 die Wange
- *string (*Am. *stringer)*
27 die Stufe
- *step*
28 der Handlauf
- *handrail (guard rail)*
29 der Geländerpfosten
- *baluster*
30 der Blitzableiter
- *lightning conductor (lightning rod)*
31 **der Schornsteinfeger** (Kaminkehrer, Essenkehrer)
- ***chimney sweep*** *(*Am. *chimney sweeper)*
32 die Sonne mit dem Kugelschlagapparat *m*
- *brush with weight*
33 das Schultereisen
- *shoulder iron*
34 der Rußsack
- *sack for soot*
35 der Stoßbesen
- *flue brush*
36 der Handbesen
- *broom (besom)*
37 der Besenstiel
- *broomstick (broom handle)*
38-81 die Warmwasserheizung, eine Sammelheizung (Zentralheizung)
- ***hot-water heating system,*** *full central heating*
38-43 der Heizraum
- ***boiler room***
38 die Koksfeuerung
- *coke-fired central heating system*
39 die Aschentür
- *ash box door (*Am. *cleanout door)*
40 der Fuchs
- *flueblock*
41 das Schüreisen
- *poker*
42 die Ofenkrücke
- *rake*
43 die Kohlenschaufel
- *coal shovel*
44-60 die Ölfeuerung
- ***oil-fired central heating system***
44 der Öltank (Ölbehälter)
- *oil tank*
45 der Einsteigschacht
- *manhole*
46 der Schachtdeckel
- *manhole cover*
47 der Einfüllstutzen
- *tank inlet*
48 der Domdeckel
- *dome cover*
49 das Tankbodenventil
- *tank bottom valve*
50 das Heizöl
- *fuel oil (heating oil)*
51 die Entlüftungsleitung
- *air-bleed duct*
52 die Entlüftungskappe
- *air vent cap*
53 die Ölstandsleitung
- *oil level pipe*
54 der Ölstandsanzeiger
- *oil gauge (*Am. *gage)*
55 die Saugleitung
- *suction pipe*
56 die Rücklaufleitung
- *return pipe*
57 der Zentralheizungskessel (Ölheizungskessel)
- *central heating furnace (oil heating furnace)*
58-60 der Ölbrenner
- ***oil burner***
58 das Frischluftgebläse
- *fan*
59 der Elektromotor
- *electric motor*
60 die verkleidete Brenndüse
- *covered pilot light*
61 die Fülltür
- *charging door*
62 das Schauglas (die Kontrollöffnung)
- *inspection window*
63 der Wasserstandsmesser
- *water gauge (*Am. *gage)*
64 das Kesselthermometer
- *furnace thermometer*
65 der Füll- und Ablaßhahn
- *bleeder*
66 das Kesselfundament
- *furnace bed*
67 die Schalttafel
- *control panel*
68 der Warmwasserboiler (Boiler)
- *hot water tank (boiler)*
69 der Überlauf
- *overflow pipe (overflow)*
70 das Sicherheitsventil
- *safety valve*
71 die Hauptverteilerleitung
- *main distribution pipe*
72 die Isolierung
- *lagging*
73 das Ventil
- *valve*
74 der Vorlauf
- *flow pipe*
75 das Regulierventil
- *regulating valve*
76 der Heizkörper
- *radiator*
77 die Heizkörperrippe (das Element)
- *radiator rib*
78 der Raumthermostat
- *room thermostat*
79 der Rücklauf
- *return pipe (return)*
80 die Rücklaufsammelleitung
- *return pipe [in two-pipe system]*
81 der Rauchabzug
- *smoke outlet (smoke extract)*

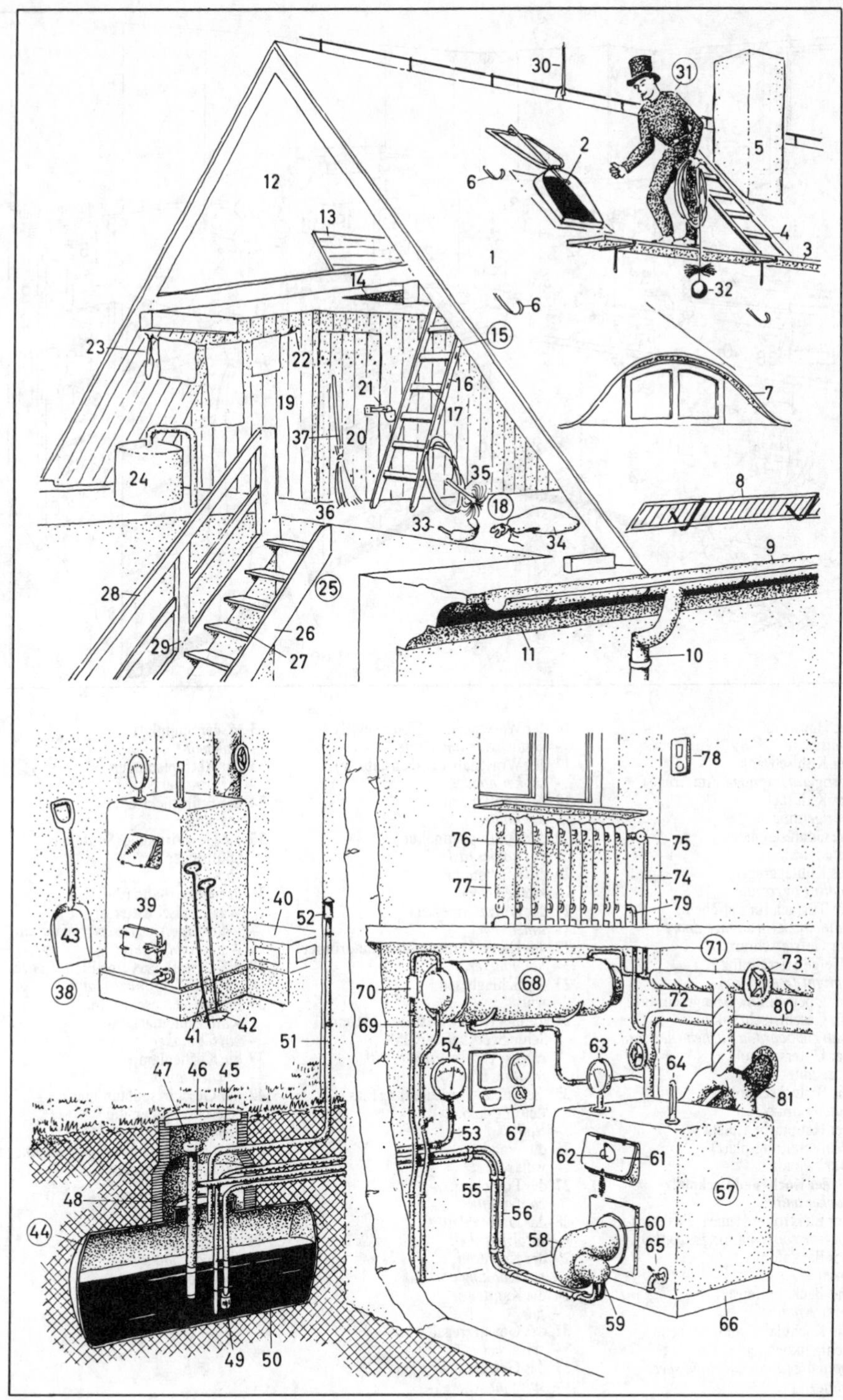
1
2
3
4
5
6
7
8
9
10
11
12
13
14
15
16
17
18
19
20
21
22
23
24
25
26
27
28
29
30
31
32
33
34
35
36
37
38
39
40
41
42
43
44
45
46
47
48
49
50
51
52
53
54
55
56
57
58
59
60
61
62
63
64
65
66
67
68
69
70
71
72
73
74
75
76
77
78
79
80
81

1 die Hausfrau
- *housewife*

2 der Kühlschrank
- *refrigerator (fridge,* Am. *icebox)*

3 das Kühlfach
- *refrigerator shelf*

4 die Gemüseschale
- *salad drawer*

5 das Kühlaggregat
- *cooling aggregate*

6 das Türfach für Flaschen *f*
- *bottle rack (in storage door)*

7 der Gefrierschrank (Tiefgefrierschrank)
- *upright freezer*

8 der Oberschrank (Hängeschrank), ein Geschirrschrank *m*
- *wall cupboard, a kitchen cupboard*

9 der Unterschrank
- *base unit*

10 die Besteckschublade
- *cutlery drawer*

11 der Hauptarbeitsplatz (Vorbereitungsplatz)
- *working top*

12-17 der Koch- und Backplatz
- ***cooker unit***

12 der Elektroherd (*auch:* Gasherd)
- *electric cooker (*also: *gas cooker)*

13 der Backofen
- *oven*

14 das Backofenfenster
- *oven window*

15 die Kochplatte (automatische Schnellkochplatte)
- *hotplate (automatic high-speed plate)*

16 der Wasserkessel (Flötenkessel)
- *kettle (whistling kettle)*

17 der Wrasenabzug (Dunstabzug)
- *cooker hood*

18 der Topflappen
- *pot holder*

19 der Topflappenhalter
- *pot holder rack*

20 die Küchenuhr
- *kitchen clock*

21 der Kurzzeitmesser
- *timer*

22 das Handrührgerät (der Handrührer)
- *hand mixer*

23 der Schlagbesen
- *whisk*

24 die elektrische Kaffeemühle, eine Schlagwerkkaffeemühle
- *electric coffee grinder (with rotating blades)*

25 die elektrische Zuleitung (das Leitungskabel)
- *lead*

26 die Wandsteckdose
- *wall socket*

27 der Eckschrank
- *corner unit*

28 das Drehtablett
- *revolving shelf*

29 der Kochtopf
- *pot (cooking pot)*

30 die Kanne
- *jug*

31 das Gewürzregal
- *spice rack*

32 das Gewürzglas
- *spice jar*

33-36 der Spülplatz
- ***sink unit***

33 der Abtropfständer
- *dish drainer*

34 der Frühstücksteller
- *tea plate*

35 die Geschirrspüle (Spüle, das Spülbecken)
- *sink*

36 der Wasserhahn (die Wassermischbatterie)
- *water tap (*Am. *faucet) (mixer tap,* Am. *mixing faucet)*

37 die Topfpflanze, eine Blattpflanze
- *pot plant, a foliage plant*

38 die Kaffeemaschine (der Kaffeeautomat)
- *coffee maker*

39 die Küchenlampe
- *kitchen lamp*

40 der Geschirrspülautomat (Geschirrspüler, die Geschirrspülmaschine)
- *dishwasher (dishwashing machine)*

41 der Geschirrwagen
- *dish rack*

42 der Eßteller
- *dinner plate*

43 der Küchenstuhl
- *kitchen chair*

44 der Küchentisch
- *kitchen table*

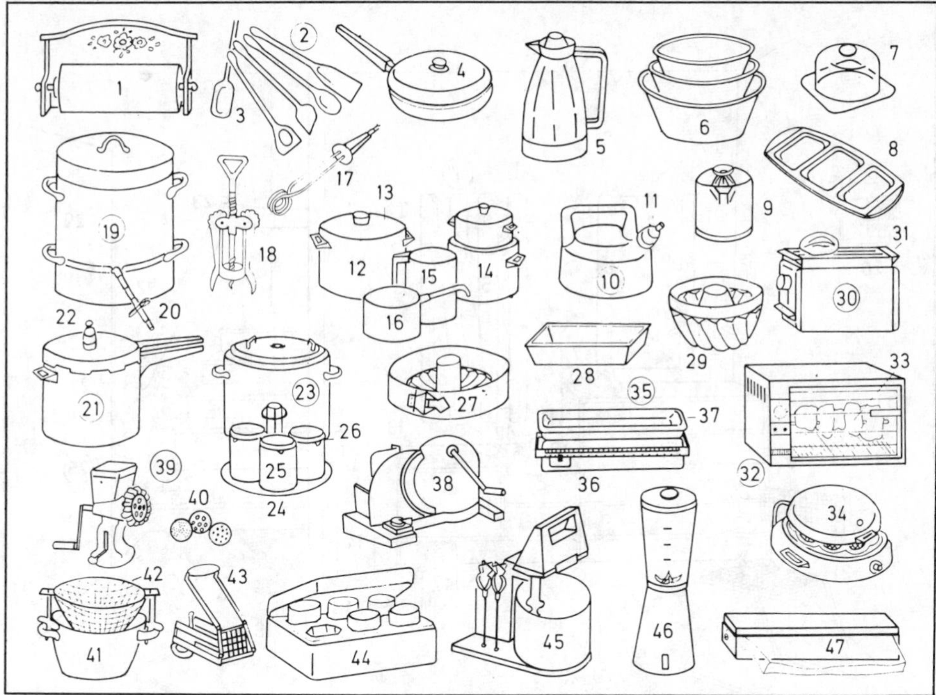

1 der Allzweckabroller mit Allzwecktüchern *n* (Papiertüchern)
- *general-purpose roll holder with kitchen roll (paper towels)*

2 die Kochlöffelgarnitur
- *set of wooden spoons*

3 der Rührlöffel
- *mixing spoon*

4 die Bratpfanne
- *frying pan*

5 die Isolierkanne
- *Thermos jug*

6 Küchenschüsseln *f*
- *set of bowls*

7 die Käseglocke
- *cheese dish with glass cover*

8 das Kabarett
- *three-compartment dish*

9 die Saftpresse für Zitrusfrüchte *f*
- *lemon squeezer*

10 der Flötenkessel
- *whistling kettle*

11 die Flöte
- *whistle*

12-16 die Geschirrserie
- ***pan set***

12 der Kochtopf (Fleischtopf)
- *pot (cooking pot)*

13 der Topfdeckel
- *lid*

14 der Bratentopf
- *casserole dish*

15 der Milchtopf
- *milk pot*

16 die Stielkasserolle
- *saucepan*

17 der Tauchsieder
- *immersion heater*

18 der Hebelkorkenzieher
- *corkscrew [with levers]*

19 der Entsafter
- *juice extractor*

20 die Schlauchklemme
- *tube clamp (tube clip)*

21 der Schnellkochtopf (Dampfkochtopf)
- *pressure cooker*

22 das Überdruckventil
- *pressure valve*

23 der Einkocher (Einwecker)
- *fruit preserver*

24 der Einweckeinsatz
- *removable rack*

25 das Einweckglas (Weckglas)
- *preserving jar*

26 der Einweckring
- *rubber ring*

27 die Springform
- *spring form*

28 die Kastenkuchenform
- *cake tin*

29 die Napfkuchenform
- *cake tin*

30 der Toaster
- *toaster*

31 der Brötchenröstaufsatz
- *rack for rolls*

32 der Grill
- *rotisserie*

33 der Grillspieß
- *spit*

34 der Waffelautomat
- *electric waffle iron*

35 die Laufgewichtswaage
- *sliding-weight scales*

36 das Laufgewicht
- *sliding weight*

37 die Waagschale
- *scale pan*

38 der Allesschneider
- *food slicer*

39 der Fleischhacker
- *mincer (Am. meat chopper)*

40 die Schneidscheiben *f*
- *blades*

41 der Pommes-frites-Topf
- *chip pan*

42 der Drahteinsatz
- *basket*

43 der Pommes-frites-Schneider
- *potato chipper*

44 der Joghurtbereiter
- *yoghurt maker*

45 die Kleinküchenmaschine
- *mixer*

46 der Mixer
- *blender*

47 das Folienschweißgerät
- *bag sealer*

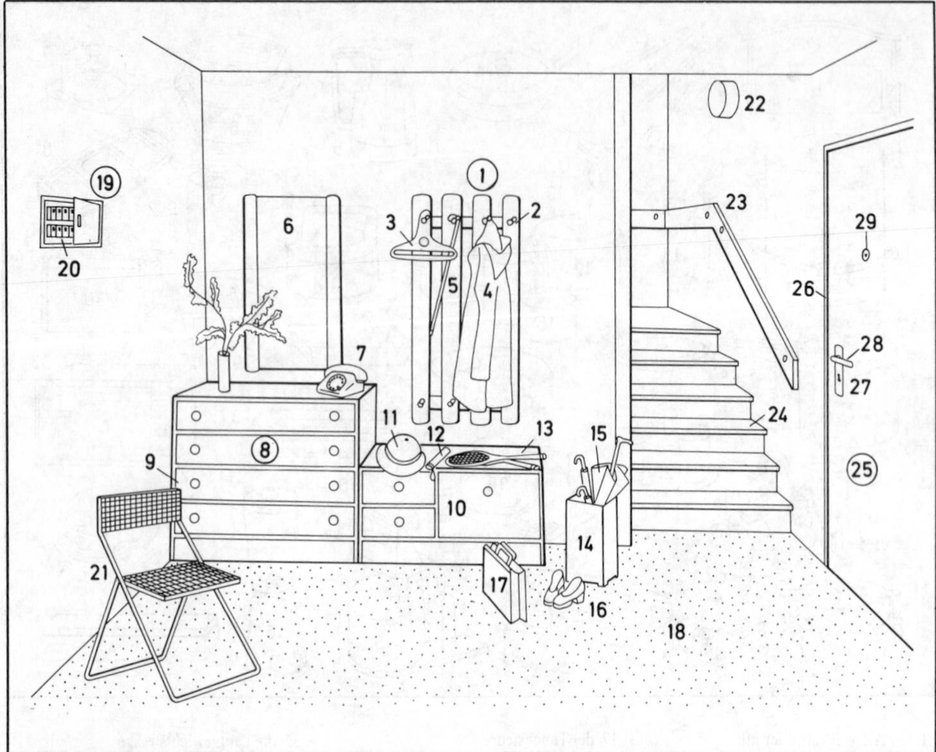

1-29 die Diele (der Flur, Korridor, Vorraum, Vorplatz)
- ***hall*** *(entrance hall)*

1 die Garderobe (Flurgarderobe, Garderobenwand)
- *coat rack*

2 der Kleiderhaken
- *coat hook*

3 der Kleiderbügel
- *coat hanger*

4 das Regencape
- *rain cape*

5 der Spazierstock
- *walking stick*

6 der Garderobenspiegel
- *hall mirror*

7 das Telefon
- *telephone*

8 der Schuh-Mehrzweck-Schrank
- *chest of drawers for shoes, etc.*

9 die Schublade
- *drawer*

10 die Sitzbank
- *seat*

11 der Damenhut
- *ladies' hat*

12 der Taschenschirm
- *telescopic umbrella*

13 die Tennisschläger *m*
- *tennis rackets (tennis racquets)*

14 der Schirmständer
- *umbrella stand*

15 der Regenschirm
- *umbrella*

16 die Schuhe *m*
- *shoes*

17 die Aktentasche
- *briefcase*

18 der Teppichboden
- *fitted carpet*

19 der Sicherungskasten
- *fuse box*

20 der Sicherungsautomat
- *miniature circuit breaker*

21 der Stahlrohrstuhl
- *tubular steel chair*

22 die Treppenleuchte
- *stair light*

23 der Handlauf
- *handrail*

24 die Treppenstufe
- *step*

25 die Abschlußtür (Korridortür)
- *front door*

26 der Türrahmen
- *door frame*

27 das Türschloß
- *door lock*

28 die Türklinke
- *door handle*

29 das Guckloch (der Spion)
- *spyhole*

1 die Stollenanbauwand (Schrankwand)
- *wall units*

2 der Stollen
- *side wall*

3 das Bücherregal
- *bookshelf*

4 die Bücherreihe
- *row of books*

5 die Anbauvitrine
- *display cabinet unit*

6 der Unterschrank
- *cupboard base unit*

7 das Schrankelement
- *cupboard unit*

8 der Fernseher
- *television set (TV set)*

9 die Stereoanlage
- *stereo system (stereo equipment)*

10 die Lautsprecherbox
- *speaker (loudspeaker)*

11 der Pfeifenständer
- *pipe rack*

12 die Pfeife
- *pipe*

13 der Globus
- *globe*

14 der Messingkessel
- *brass kettle*

15 das Fernrohr
- *telescope*

16 die Aufsatzuhr
- *mantle clock*

17 die Porträtbüste
- *bust*

18 das mehrbändige Lexikon
- *encyclopaedia [in several volumes]*

19 der Raumteiler
- *room divider*

20 der Barschrank (das Barfach)
- *drinks cupboard*

21-26 die Polsterelementgruppe
- ***upholstered suite** (seating group)*

21 der Polstersessel (Fauteuil)
- *armchair*

22 die Armlehne
- *arm*

23 das Sitzkissen
- *seat cushion (cushion)*

24 das Sofa
- *settee*

25 das Rückenkissen
- *back cushion*

26 die Rundecke
- *[round] corner section*

27 das Sofakissen
- *scatter cushion*

28 der Couchtisch
- *coffee table*

29 der Aschenbecher
- *ashtray*

30 das Tablett
- *tray*

31 die Whiskyflasche
- *whisky (whiskey) bottle*

32 die Sodawasserflasche
- *soda water bottle (soda bottle)*

33-34 die Eßgruppe
- ***dining set***

33 der Eßtisch
- *dining table*

34 der Stuhl
- *chair*

35 der Store
- *net curtain*

36 die Zimmerpflanzen *f*
- *indoor plants (houseplants)*

1 der Schlafzimmerschrank, ein Hochschrank *m*
- *wardrobe (*Am. *clothes closet)*

2 das Wäschefach
- *linen shelf*

3 der Korbstuhl
- *cane chair*

4-13 das Doppelbett (*ähnl.:* das französische Bett)
- ***double bed*** (sim.: *double divan)*

4-6 das Bettgestell
- ***bedstead***

4 das Fußende (der *od.* das Fußteil)
- *foot of the bed*

5 der Bettkasten
- *bed frame*

6 das Kopfende (der *od.* das Kopfteil)
- *headboard*

7 die Tagesdecke
- *bedspread*

8 die Schlafdecke, eine Steppdecke
- *duvet, a quilted duvet*

9 das Bettuch (Bettlaken), ein Leintuch
- *sheet, a linen sheet*

10 die Matratze, eine Schaumstoffauflage mit Drellüberzug *m*
- *mattress, a foam mattress with drill tick*

11 das Keilkissen
- *[wedge-shaped] bolster*

12-13 das Kopfkissen
- *pillow*

12 der Kopfkissenbezug
- *pillowcase (pillowslip)*

13 das Inlett
- *tick*

14 das Bücherregal (der Regalaufsatz)
- *bookshelf [attached to the headboard]*

15 die Leselampe
- *reading lamp*

16 der elektrische Wecker
- *electric alarm clock*

17 die Bettkonsole
- *bedside cabinet*

18 die Schublade
- *drawer*

19 die Schlafzimmerlampe
- *bedroom lamp*

20 das Wandbild
- *picture*

21 der Bilderrahmen
- *picture frame*

22 der Bettvorleger
- *bedside rug*

23 der Teppichboden
- *fitted carpet*

24 der Frisierstuhl
- *dressing stool*

25 die Frisierkommode
- *dressing table*

26 der Parfümzerstäuber
- *perfume spray*

27 das (der) Parfümflakon
- *perfume bottle*

28 die Puderdose
- *powder box*

29 der Frisierspiegel
- *dressing-table mirror (mirror)*

1-11 die Eßgruppe
- *dining set*
1 der Eßtisch
- *dining table*
2 das Tischbein
- *table leg*
3 die Tischplatte
- *table top*
4 der (das) Set
- *place mat*
5 das Gedeck
- *place (place setting, cover)*
6 der Suppenteller (tiefe Teller)
- *soup plate (deep plate)*
7 der flache Teller
- *dinner plate*
8 die Suppenterrine
- *soup tureen*
9 das Weinglas
- *wineglass*
10 der Eßzimmerstuhl
- *dining chair*
11 die Sitzfläche
- *seat*
12 die Deckenlampe (Hängelampe)
- *lamp (pendant lamp)*
13 die Übergardinen
- *curtains*
14 die Gardine
- *net curtain*
15 die Gardinenleiste
- *curtain rail*
16 der Bodenteppich
- *carpet*
17 der Hängeschrank
- *wall unit*
18 die Glastür
- *glass door*
19 der Einlegeboden
- *shelf*
20 das Sideboard
- *sideboard*
21 die Besteckschublade
- *cutlery drawer*
22 die Wäscheschublade
- *linen drawer*
23 der Sockel
- *base*
24 das runde Tablett
- *round tray*
25 die Topfpflanze
- *pot plant*
26 der Geschirrschrank (die Vitrine)
- *china cabinet (display cabinet)*
27 das Kaffeegeschirr
- *coffee set (coffee service)*
28 die Kaffeekanne
- *coffee pot*
29 die Kaffeetasse
- *coffee cup*
30 die Untertasse
- *saucer*
31 das Milchkännchen
- *milk jug*
32 die Zuckerdose
- *sugar bowl*
33 das Eßgeschirr
- *dinner set (dinner service)*

1 der Eßtisch
- *dining table*

2 das Tafeltuch, ein Damasttuch *n*
- *tablecloth, a damask cloth*

3-12 das Gedeck
- ***place** (place setting, cover)*

3 der Grundteller (Unterteller)
- *bottom plate*

4 der flache Teller (Eßteller)
- *dinner plate*

5 der tiefe Teller (Suppenteller)
- *deep plate (soup plate)*

6 der kleine Teller, für die Nachspeise (das Dessert)
- *dessert plate (dessert bowl)*

7 das Eßbesteck
- *knife and fork*

8 das Fischbesteck
- *fish knife and fork*

9 die Serviette (das Mundtuch)
- *serviette (napkin, table napkin)*

10 der Serviettenring
- *serviette ring (napkin ring)*

11 das Messerbänkchen
- *knife rest*

12 die Weingläser *n*
- *wineglasses*

13 die Tischkarte
- *place card*

14 der Suppenschöpflöffel (die Suppenkelle)
- *soup ladle*

15 die Suppenschüssel (Terrine)
- *soup tureen (tureen)*

16 der Tafelleuchter (Tischleuchter)
- *candelabra*

17 die Sauciere (Soßenschüssel)
- *sauceboat (gravy boat)*

18 der Soßenlöffel
- *sauce ladle (gravy ladle)*

19 der Tafelschmuck
- *table decoration*

20 der Brotkorb
- *bread basket*

21 das Brötchen
- *roll*

22 die Scheibe Brot *n* (die Brotscheibe)
- *slice of bread*

23 die Salatschüssel
- *salad bowl*

24 das Salatbesteck
- *salad servers*

25 die Gemüseschüssel
- *vegetable dish*

26 die Bratenplatte
- *meat plate (*Am. *meat platter)*

27 der Braten
- *roast meat (roast)*

28 die Kompottschüssel
- *fruit dish*

29 die Kompottschale
- *fruit bowl*

30 das Kompott
- *fruit (stewed fruit)*

31 die Kartoffelschüssel
- *potato dish*

32 der fahrbare Anrichtetisch
- *serving trolley*

33 die Gemüseplatte
- *vegetable plate (*Am. *vegetable platter)*

34 der Toast
- *toast*

35 die Käseplatte
- *cheeseboard*

36 die Butterdose
- *butter dish*

37 das belegte Brot
- *open sandwich*

38 der Brotbelag
- *filling*

39 das Sandwich
- *sandwich*

40 die Obstschale
- *fruit bowl*

41 die Knackmandeln *f* (*auch:* Kartoffelchips *m*, Erdnüsse *f*)
- *almonds (*also: *potato crisps, peanuts)*

42 die Essig- und Ölflasche
- *oil and vinegar bottle*

43 das Ketchup
- *ketchup (catchup, catsup)*

44 die Anrichte
- *sideboard*

45 die elektrische Warmhalteplatte
- *electric hotplate*

46 der Korkenzieher
- *corkscrew*

47 der Kronenkorköffner, ein Flaschenöffner *m*
- *crown cork bottle-opener (crown cork opener), a bottle-opener*

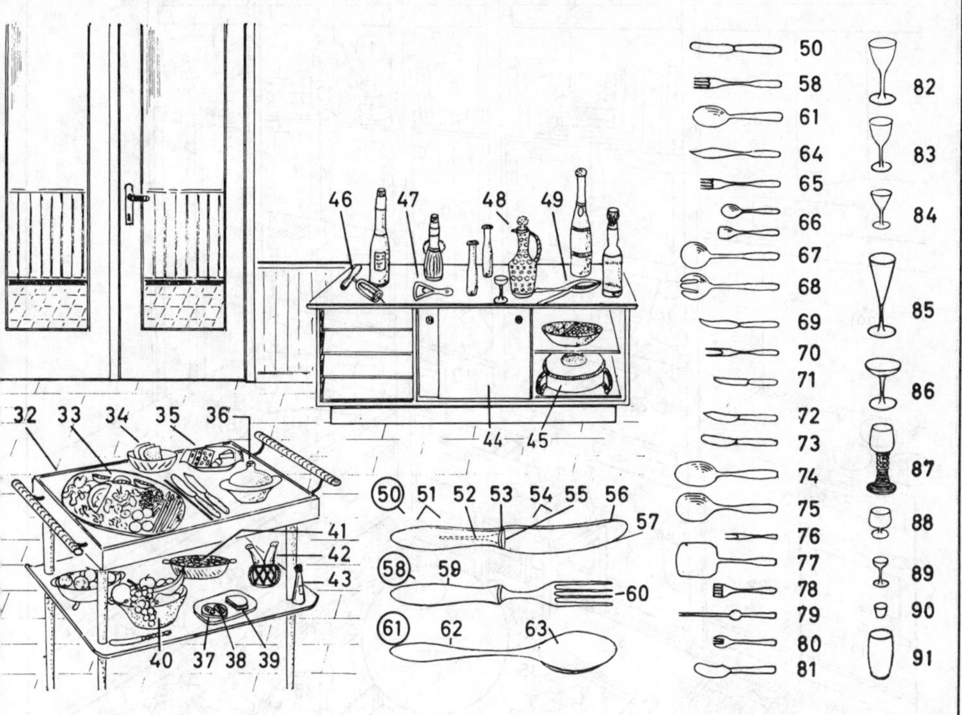

48 die Likörkaraffe
- *liqueur decanter*

49 der Nußknacker
- *nutcrackers (nutcracker)*

50 das Messer
- *knife*

51 das Heft (der Griff)
- *handle*

52 die Angel
- *tang (tongue)*

53 die Zwinge
- *ferrule*

54 die Klinge
- *blade*

55 die Krone
- *bolster*

56 der Rücken
- *back*

57 die Schneide
- *edge (cutting edge)*

58 die Gabel
- *fork*

59 der Stiel
- *handle*

60 die Zinke
- *prong (tang, tine)*

61 der Löffel (Eßlöffel, Suppenlöffel)
- *spoon (dessert spoon, soup spoon)*

62 der Stiel
- *handle*

63 der Schöpfteil
- *bowl*

64 das Fischmesser
- *fish knife*

65 die Fischgabel
- *fish fork*

66 der Dessertlöffel (Kompottlöffel)
- *dessert spoon (fruit spoon)*

67 der Salatlöffel
- *salad spoon*

68 die Salatgabel
- *salad fork*

69-70 das Vorlegebesteck
- *carving set (serving cutlery)*

69 das Vorlegemesser
- *carving knife*

70 die Vorlegegabel
- *serving fork*

71 das Obstmesser
- *fruit knife*

72 das Käsemesser
- *cheese knife*

73 das Buttermesser
- *butter knife*

74 der Gemüselöffel, ein Vorlegelöffel *m*
- *vegetable spoon, a serving spoon*

75 der Kartoffellöffel
- *potato server (serving spoon for potatoes)*

76 die Sandwichgabel
- *cocktail fork*

77 der Spargelheber
- *asparagus server (asparagus slice)*

78 der Sardinenheber
- *sardine server*

79 die Hummergabel
- *lobster fork*

80 die Austerngabel
- *oyster fork*

81 das Kaviarmesser
- *caviare knife*

82 das Weißweinglas
- *white wine glass*

83 das Rotweinglas
- *red wine glass*

84 das Südweinglas (Madeiraglas)
- *sherry glass (madeira glass)*

85-86 die Sektgläser
- *champagne glasses*

85 das Spitzglas
- *tapered glass*

86 die Sektschale, ein Kristallglas *n*
- *champagne glass, a crystal glass*

87 der Römer
- *rummer*

88 die Kognakschale
- *brandy glass*

89 die Likörschale
- *liqueur glass*

90 das Schnapsglas
- *spirit glass*

91 das Bierglas
- *beer glass*

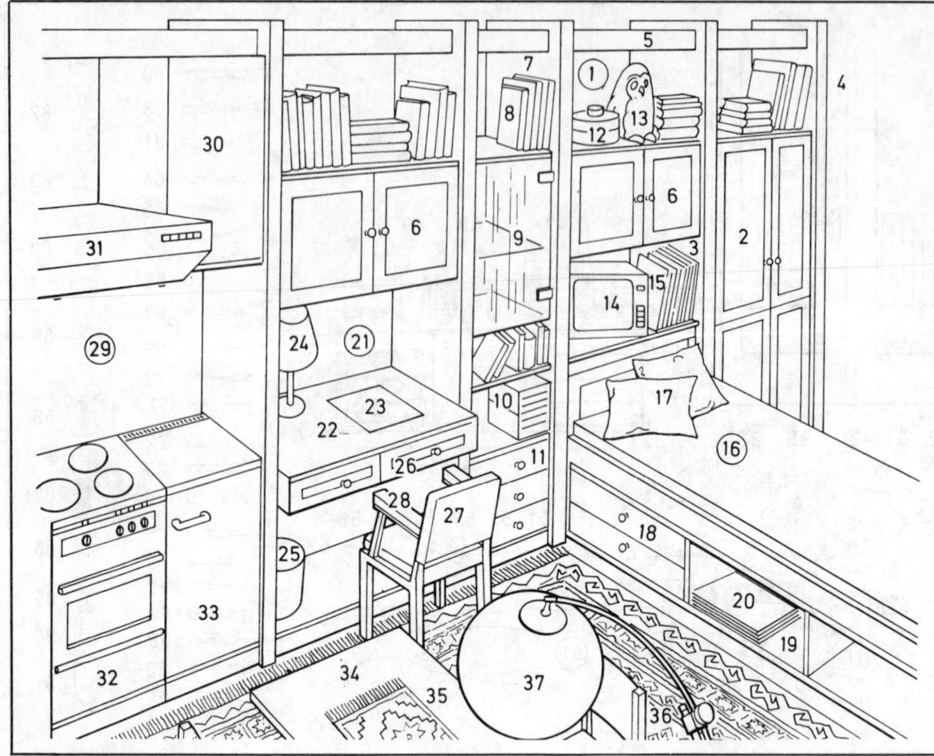

1 die Apartmentwand (Schrankwand, Regalwand, Studiowand)
- *wall units (shelf units)*

2 die Schrankfront
- *wardrobe door (*Am. *clothes closet door)*

3 der Korpus
- *body*

4 der Stollen
- *side wall*

5 die Blende
- *trim*

6 das zweitürige Schrankelement
- *two-door cupboard unit*

7 das Bücherregal (Vitrinenregal)
- *bookshelf unit (bookcase unit) [with glass door]*

8 die Bücher *n*
- *books*

9 die Vitrine
- *display cabinet*

10 die Karteikästen *m*
- *card index boxes*

11 die Schublade
- *drawer*

12 die Konfektdose
- *decorative biscuit tin*

13 das Stofftier
- *soft toy animal*

14 der Fernseher
- *television set (TV set)*

15 die Schallplatten *f*
- *records (discs)*

16 die Bettkastenliege
- *bed unit*

17 das Sofakissen
- *scatter cushion*

18 die Bettkastenschublade
- *bed unit drawer*

19 das Bettkastenregal
- *bed unit shelf*

20 die Zeitschriften *f*
- *magazines*

21 der Schreibplatz
- *desk unit (writing unit)*

22 der Schreibtisch
- *desk*

23 die Schreibunterlage
- *desk mat (blotter)*

24 die Tischlampe
- *table lamp*

25 der Papierkorb
- *wastepaper basket*

26 die Schreibtischschublade
- *desk drawer*

27 der Schreibtischsessel
- *desk chair*

28 die Armlehne
- *arm*

29 die Küchenwand (Anbauküche)
- *kitchen unit*

30 der Oberschrank
- *wall cupboard*

31 der Wrasenabzug (die Dunsthaube)
- *cooker hood*

32 der Elektroherd
- *electric cooker*

33 der Kühlschrank
- *refrigerator (fridge,* Am. *icebox)*

34 der Eßtisch
- *dining table*

35 der Tischläufer
- *table runner*

36 der Orientteppich
- *oriental carpet*

37 die Stehlampe
- *standard lamp*

1 das Kinderbett, ein Doppelbett *n* (Etagenbett)
- *children's bed, a bunk-bed*
2 der Bettkasten
- *storage box*
3 die Matratze
- *mattress*
4 das Kopfkissen
- *pillow*
5 die Leiter
- *ladder*
6 der Stoffelefant, ein Kuscheltier *n* (Schlaftier)
- *soft toy elephant, a cuddly toy animal*
7 der Stoffhund
- *soft toy dog*
8 das Sitzkissen
- *cushion*
9 die Ankleidepuppe
- *fashion doll*
10 der Puppenwagen
- *doll's pram*
11 die Schlafpuppe
- *sleeping doll*
12 der Baldachin
- *canopy*
13 die Schreibtafel
- *blackboard*
14 die Rechensteine *m*
- *counting beads*
15 das Plüschpferd zum Schaukeln *n* und Ziehen *n*
- *toy horse for rocking and pulling*
16 die Schaukelkufen *f*
- *rockers*
17 das Kinderbuch
- *children's book*
18 das Spielemagazin
- *compendium of games*
19 das Mensch-ärgere-dich-nicht-Spiel
- *ludo*
20 das Schachbrett
- *chessboard*
21 der Kinderzimmerschrank
- *children's cupboard*
22 die Wäscheschublade
- *linen drawer*
23 die Schreibplatte
- *drop-flap writing surface*
24 das Schreibheft
- *notebook (exercise book)*
25 die Schulbücher *n*
- *school books*
26 der Bleistift (*auch:* Buntstift *m*, Filzstift, Kugelschreiber)
- *pencil (also: crayon, felt tip pen, ballpoint pen)*
27 der Kaufladen (Kaufmannsladen)
- *toy shop*
28 der Verkaufsstand
- *counter*
29 der Gewürzständer
- *spice rack*
30 die Auslage
- *display*
31 das Bonbonsortiment
- *assortment of sweets* (Am. *candies*)
32 die Bonbontüte
- *bag of sweets* (Am. *candies*)
33 die Waage
- *scales*
34 die Ladenkasse
- *cash register*
35 das Kindertelefon
- *toy telephone*
36 das Warenregal
- *shop shelves (goods shelves)*
37 die Holzeisenbahn
- *wooden train set*
38 der Muldenkipper, ein Spielzeugauto *n*
- *dump truck, a toy lorry (toy truck)*
39 der Hochbaukran
- *tower crane*
40 der Betonmischer
- *concrete mixer*
41 der große Plüschhund
- *large soft toy dog*
42 der Würfelbecher
- *dice cup*

1-20 die Vorschulerziehung
- ***pre-school education** (nursery education)*

1 die Kindergärtnerin
- *nursery teacher*

2 der Vorschüler
- *nursery child*

3 die Bastelarbeit
- *handicraft*

4 der Klebstoff
- *glue*

5 das Aquarellbild
- *watercolour (Am. watercolor) painting*

6 der Aquarellkasten
- *paintbox*

7 der Malpinsel
- *paintbrush*

8 das Wasserglas
- *glass of water*

9 das Puzzle
- *jigsaw puzzle (puzzle)*

10 der Puzzlestein
- *jigsaw puzzle piece*

11 die Buntstifte *m* (Wachsmalstifte)
- *coloured (Am. colored) pencils (wax crayons)*

12 die Knetmasse (Plastilinmasse)
- *modelling (Am. modeling) clay (plasticine)*

13 Knetfiguren *f* (Plastilinfiguren)
- *clay figures (plasticine figures)*

14 das Knetbrett
- *modelling (Am. modeling) board*

15 die Schultafelkreide
- *chalk (blackboard chalk)*

16 die Schreibtafel (Tafel)
- *blackboard*

17 die Rechensteine *m*
- *counting blocks*

18 der Faserschreibstift
- *felt pen (felt tip pen)*

19 das Formlegespiel
- *shapes game*

20 die Spielergruppe
- *group of players*

21-32 das Spielzeug
- ***toys***

21 das Kubusspiel
- *building and filling cubes*

22 der mechanische Baukasten
- *construction set*

23 die Kinderbücher *n*
- *children's books*

24 der Puppenwagen, ein Korbwagen
- *doll's pram, a wicker pram*

25 die Babypuppe
- *baby doll*

26 der Baldachin
- *canopy*

27 die Bauklötze *m*
- *building bricks (building blocks)*

28 das hölzerne Bauwerk
- *wooden model building*

29 die Holzeisenbahn
- *wooden train set*

30 der Schaukelteddy
- *rocking teddy bear*

31 der Puppensportwagen
- *doll's pushchair*

32 die Ankleidepuppe
- *fashion doll*

33 das Kind im Kindergartenalter *n*
- *child of nursery school age*

34 die Garderobenablage
- *cloakroom*

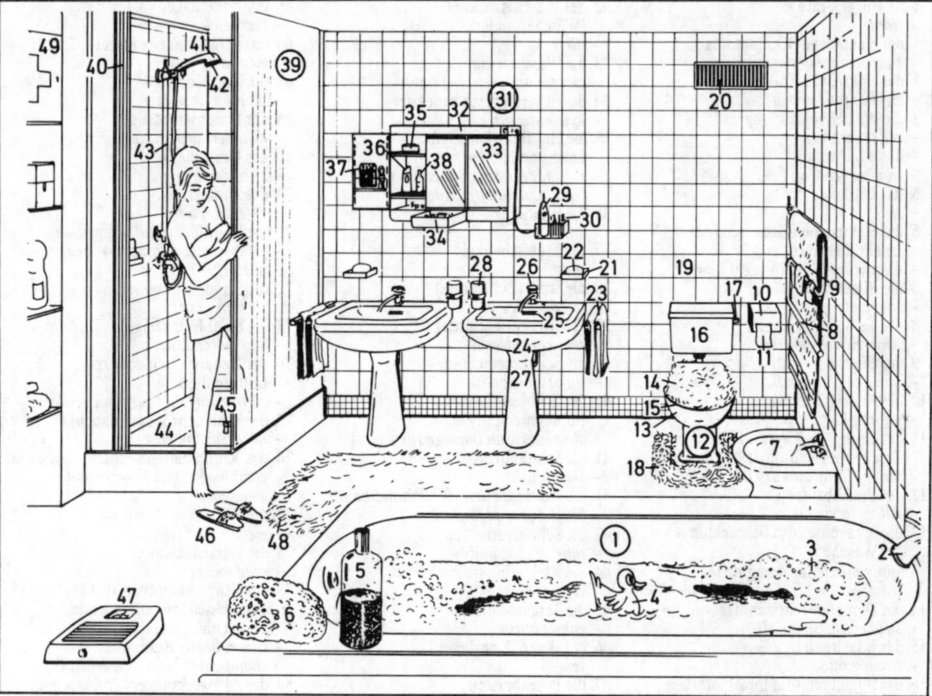

1 die Badewanne
- *bath*

2 die Mischbatterie für kaltes und warmes Wasser
- *mixer tap (Am. mixing faucet) for hot and cold water*

3 das Schaumbad
- *foam bath (bubble bath)*

4 die Schwimmente
- *toy duck*

5 der Badezusatz
- *bath additive*

6 der Badeschwamm
- *bath sponge (sponge)*

7 das Bidet
- *bidet*

8 der Handtuchhalter
- *towel rail*

9 das Frottierhandtuch
- *terry towel*

10 der Toilettenpapierhalter
- *toilet roll holder (*Am. *bathroom tissue holder)*

11 das Toilettenpapier (Klosettpapier, *ugs.* Klopapier), eine Rolle Kreppapier *n*
- *toilet paper (*coll. *loo paper,* Am. *bathroom tissue), a roll of crepe paper*

12 die Toilette (das Klosett, *ugs.* Klo, der Abort, *ugs.* Lokus)
- *toilet (lavatory, W.C.,* coll. *loo)*

13 das Klosettbecken
- *toilet pan (toilet bowl)*

14 der Klosettdeckel mit Frottierüberzug
- *toilet lid with terry cover*

15 die Klosettbrille
- *toilet seat*

16 der Wasserkasten
- *cistern*

17 der Spülhebel
- *flushing lever*

18 die Klosettumrahmung (Klosettumrandung)
- *pedestal mat*

19 die Wandkachel
- *tile*

20 die Abluftöffnung
- *ventilator (extraction vent)*

21 die Seifenschale
- *soap dish*

22 die Seife
- *soap*

23 das Handtuch
- *hand towel*

24 das Waschbecken
- *washbasin*

25 der Überlauf
- *overflow*

26 der Kalt- und Warmwasserhahn
- *hot and cold water tap*

27 der Waschbeckenfuß mit dem Siphon *m*
- *washbasin pedestal with trap (anti-syphon trap)*

28 das Zahnputzglas (der Zahnputzbecher)
- *tooth glass (tooth mug)*

29 die elektrische Zahnbürste
- *electric toothbrush*

30 die Zahnbürsteneinsätze *m*
- *detachable brush heads*

31 der Spiegelschrank
- *mirrored bathroom cabinet*

32 die Leuchtröhre
- *fluorescent lamp*

33 der Spiegel
- *mirror*

34 das Schubfach
- *drawer*

35 die Puderdose
- *powder box*

36 das Mundwasser
- *mouthwash*

37 der elektrische Rasierapparat
- *electric shaver*

38 das Rasierwasser (After-shave, die After-shave-Lotion)
- *aftershave lotion*

39 die Duschkabine
- *shower cubicle*

40 der Duschvorhang
- *shower curtain*

41 die verstellbare Handbrause (Handdusche)
- *adjustable shower head*

42 der Brausenkopf
- *shower nozzle*

43 die Verstellstange
- *shower adjustment rail*

44 das Fußbecken (die Duschwanne)
- *shower base*

45 der Wannenablauf (das Überlaufventil)
- *waste pipe (overflow)*

46 der Badepantoffel
- *bathroom mule*

47 die Personenwaage
- *bathroom scales*

48 der Badevorleger (die Badematte)
- *bath mat*

49 die Hausapotheke
- *medicine cabinet*

1-20 Bügelgeräte *n*
- ***irons***

1 der elektrische Bügelautomat
- *electric ironing machine*

2 der elektrische Fußschalter
- *electric foot switch*

3 die Walzenbewicklung
- *roller covering*

4 die Bügelmulde
- *ironing head*

5 das Bettlaken
- *sheet*

6 das elektrische Bügeleisen (der Leichtbügelautomat)
- *electric iron (light-weight iron)*

7 die Bügelsohle
- *sole-plate*

8 der Temperaturwähler
- *temperature selector*

9 der Bügeleisengriff
- *handle (iron handle)*

10 die Anzeigeleuchte
- *pilot light*

11 der Dampf-, Spray- und Trockenbügelautomat
- *steam, spray and dry iron*

12 der Einfüllstutzen
- *filling inlet*

13 die Spraydüse zum Befeuchten *n* der Wäsche
- *spray nozzle for damping the washing*

14 die Dampfaustrittsschlitze
- *steam hole (steam slit)*

15 der Bügeltisch
- *ironing table*

16 das Bügelbrett (die Bügelunterlage)
- *ironing board (ironing surface)*

17 der Bügelbrettbezug
- *ironing-board cover*

18 die Bügeleisenablage
- *iron well*

19 das Aluminiumgestell
- *aluminium (Am. aluminum) frame*

20 das Ärmelbrett
- *sleeve board*

21 die Wäschetruhe
- *linen bin*

22 die schmutzige Wäsche
- *dirty linen*

23-34 Wasch- und Trockengeräte *n*
- ***washing machines and driers***

23 die Waschmaschine (der Waschvollautomat)
- *washing machine (automatic washing machine)*

24 die Waschtrommel
- *washing drum*

25 der Sicherheitstürverschluß
- *safety latch (safety catch)*

26 der Drehwählschalter
- *program selector control*

27 die Mehrkammerfronteinspülung
- *front soap dispenser [with several compartments]*

28 der Trockenautomat, ein Abluftwäschetrockner
- *tumble drier*

29 die Trockentrommel
- *drum*

30 die Fronttür mit den Abluftschlitzen *m*
- *front door with ventilation slits*

31 die Arbeitsplatte
- *work top*

32 der Wäschetrockner (Wäscheständer)
- *airer*

33 die Wäscheleine
- *clothes line (washing line)*

34 der Scherenwäschetrockner
- *extending airer*

35 die Haushaltsleiter, eine Leichtmetalleiter
- *stepladder (steps), an aluminium (Am. aluminum) ladder*

36 die Wange
- *stile*

37 der Stützschenkel
- *prop*

38 die Stufe (Leiterstufe)
- *tread (rung)*

39-43 Schuhpflegemittel *n*
- ***shoe care utensils***

39 die Schuhcremedose
- *tin of shoe polish*

40 der Schuhspray, ein Imprägnierspray *m*
- *shoe spray, an impregnating spray*

41 die Schuhbürste
- *shoe brush*

42 die Auftragebürste für Schuhcreme *f*
- *brush for applying polish*

43 die Schuhcremetube
- *tube of shoe polish*

44 die Kleiderbürste
- *clothes brush*

45 die Teppichbürste
- *carpet brush*

46 der Besen (Kehrbesen)
- *broom*

47 die Besenborsten
- *bristles*

48 der Besenkörper
- *broom head*

49 der Besenstiel
- *broomstick (broom handle)*

50 das Schraubgewinde
- *screw thread*

51 die Spülbürste (Abwaschbürste)
- *washing-up brush*

52 die Kehrschaufel
- *pan (dust pan)*

53-86 die Bodenpflege
- ***floor and carpet cleaning***

53 der Handfeger (Handbesen)
- *brush*

54 der Putzeimer (Scheuereimer, Aufwascheimer)
- *bucket (pail)*

55 das Scheuertuch (Putztuch, *nd.* Feudel)
- *floor cloth (cleaning rag)*

56 die Scheuerbürste
- *scrubbing brush*

57 der Teppichkehrer
- *carpet sweeper*

58 der Handstaubsauger
- *upright vacuum cleaner*

59 die Umschalttaste
- *changeover switch*

60 der Gelenkkopf
- *swivel head*

61 die Staubbeutelfüllanzeige
- *bag-full indicator*

62 die Staubbeutelkassette
- *dust bag container*

63 der Handgriff
- *handle*

64 das Rohr
- *tubular handle*

65 der Kabelhaken
- *flex hook*

66 das aufgewundene Kabel
- *wound-up flex*

67 die Kombidüse
- *all-purpose nozzle*

68 der Bodenstaubsauger
- *cylinder vacuum cleaner*

69 das Drehgelenk
- *swivel coupling*

70 das Ansatzrohr
- *extension tube*

71 die Kehrdüse (*ähnl: Klopfdüse)*
- *floor nozzle (sim.: carpet beater nozzle)*

72 die Saugkraftregulierung
- *suction control*

73 die Staubfüllanzeige
- *bag-full indicator*

74 der Nebenluftschieber zur Luftregulierung
- *sliding fingertip suction control*

75 der Schlauch (Saugschlauch)
- *hose (suction hose)*

76 das Kombinationsteppichpflegegerät
- *combined carpet sweeper and shampooer*

77 die elektrische Zuleitung
- *electric lead (flex)*

78 die Gerätsteckdose
- *plug socket*

79 der Teppichklopfvorsatz (*ähnl.:* Teppichschamponiervorsatz, Teppichbürstvorsatz)
- *carpet beater head (sim.: shampooing head, brush head)*

80 der Allzwecksauger (Trocken- und Naßsauger)
- *all-purpose vacuum cleaner (dry and wet operation)*

81 die Lenkrolle
- *castor*

82 das Motoraggregat
- *motor unit*

83 der Deckelverschluß
- *lid clip*

84 der Grobschmutzschlauch
- *coarse dirt hose*

85 das Spezialzubehör für Grobschmutz *m*
- *special accessory (special attachment) for coarse dirt*

86 der Staubbehälter
- *dust container*

87 der Einkaufswagen
- *shopper (shopping trolley)*

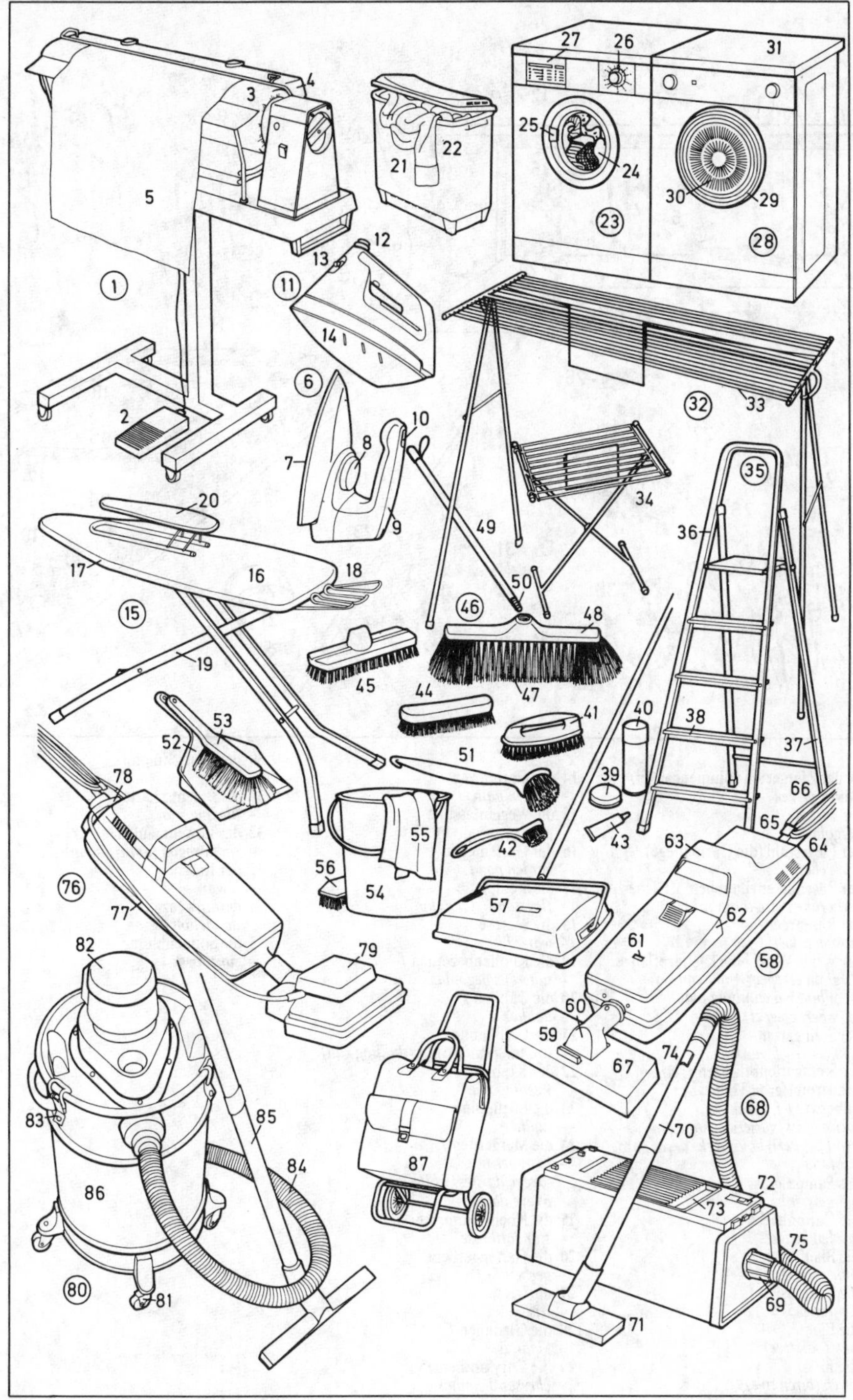
1
2
3
4
5
6
7
8
9
10
11
12
13
14
15
16
17
18
19
20
21
22
23
24
25
26
27
28
29
30
31
32
33
34
35
36
37
38
39
40
41
42
43
44
45
46
47
48
49
50
51
52
53
54
55
56
57
58
59
60
61
62
63
64
65
66
67
68
69
70
71
72
73
74
75
76
77
78
79
80
81
82
83
84
85
86
87

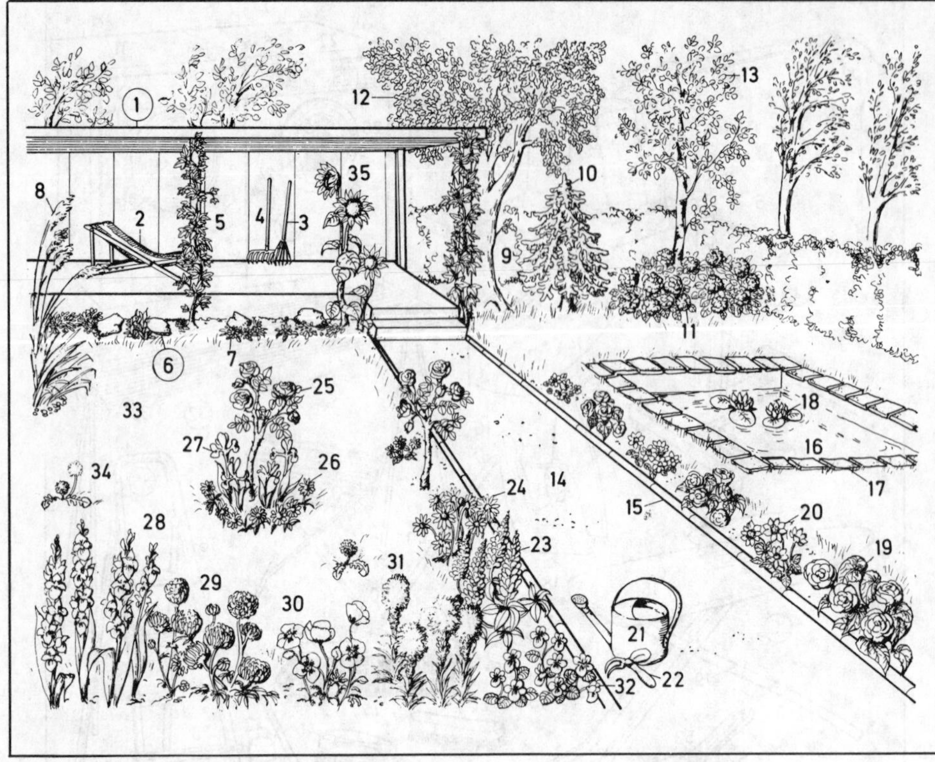

1-35 der Ziergarten (Blumengarten)
- ***flower garden***
1 die Pergola
- *pergola*
2 der Liegestuhl (die Gartenliege)
- *deck-chair*
3 der Rasenbesen (Laubbesen, Fächerbesen)
- *lawn rake (wire-tooth rake)*
4 der Rasenrechen
- *garden rake*
5 der Wilde Wein, eine Kletterpflanze
- *Virginia creeper (American ivy, woodbine), a climbing plant (climber, creeper)*
6 der Steingarten
- *rockery (rock garden)*
7 die Steingartenpflanzen *f*; *Arten:* Mauerpfeffer *m*, Hauswurz *f*, Silberwurz *f*, Blaukissen *n*
- *rock plants;* varieties: *stonecrop (wall pepper), houseleek, dryas, aubretia*
8 das Pampasgras
- *pampas grass*
9 die Gartenhecke
- *garden hedge*
10 die Blaufichte
- *blue spruce*
11 die Hortensien *f*
- *hydrangeas*
12 die Eiche
- *oak (oak tree)*
13 die Birke
- *birch (birch tree)*
14 der Gartenweg
- *garden path*
15 die Wegeinfassung
- *edging*
16 der Gartenteich
- *garden pond*
17 die Steinplatte
- *flagstone (stone slab)*
18 die Seerose
- *water lily*
19 die Knollenbegonien *f*
- *tuberous begonias*
20 die Dahlien *f*
- *dahlias*
21 die Gießkanne
- *watering can* (Am. *sprinkling can)*
22 der Krehl
- *weeding hoe*
23 die Edellupine
- *lupin*
24 die Margeriten *f*
- *marguerites (oxeye daisies, white oxeye daisies)*
25 die Hochstammrose
- *standard rose*
26 die Gartengerbera
- *gerbera*
27 die Iris
- *iris*
28 die Gladiolen *f*
- *gladioli*
29 die Chrysanthemen *f*
- *chrysanthemums*
30 der Klatschmohn
- *poppy*
31 die Prachtscharte
- *blazing star*
32 das Löwenmäulchen
- *snapdragon (antirrhinum)*
33 der Rasen
- *lawn*
34 der Löwenzahn
- *dandelion*
35 die Sonnenblume
- *sunflower*

1-32 der Kleingarten (Schrebergarten, Gemüse- und Obstgarten)
- ***allotment*** *(fruit and vegetable garden)*

1, 2, 16, 17, 29 Zwergobstbäume *m* (Spalierobstbäume, Formobstbäume)
- *dwarf fruit trees (espaliers, espalier fruit trees)*

1 die Verrierpalmette, ein Wandspalierbaum *m*
- *quadruple cordon, a wall espalier*

2 der senkrechte Schnurbaum (Kordon)
- *vertical cordon*

3 der Geräteschuppen
- *tool shed (garden shed)*

4 die Regentonne
- *water butt (water barrel)*

5 die Schlingpflanze
- *climbing plant (climber, creeper, rambler)*

6 der Komposthaufen
- *compost heap*

7 die Sonnenblume
- *sunflower*

8 die Gartenleiter
- *garden ladder (ladder)*

9 die Staude (Blumenstaude)
- *perennial (flowering perennial)*

10 der Gartenzaun (Lattenzaun, das Staket)
- *garden fence (paling fence, paling)*

11 der Beerenhochstamm
- *standard berry tree*

12 die Kletterrose, am Spalierbogen *m*
- *climbing rose (rambling rose) on the trellis arch*

13 die Buschrose (der Rosenstock)
- *bush rose (standard rose tree)*

14 die Sommerlaube (Gartenlaube)
- *summerhouse (garden house)*

15 der Lampion (die Papierlaterne)
- *Chinese lantern (paper lantern)*

16 der Pyramidenbaum, die Pyramide, ein freistehender Spalierbaum *m*
- *pyramid tree (pyramidal tree, pyramid), a free-standing espalier*

17 der zweiarmige, waagerechte Schnurbaum (Kordon)
- *double horizontal cordon*

18 die Blumenrabatte, ein Randbeet *n*
- *flower bed, a border*

19 der Beerenstrauch (Stachelbeerstrauch, Johannisbeerstrauch)
- *berry bush (gooseberry bush, currant bush)*

20 die Zementleisteneinfassung
- *concrete edging*

21 der Rosenhochstamm (Rosenstock, die Hochstammrose)
- *standard rose (standard rose tree)*

22 das Staudenbeet
- *border with perennials*

23 der Gartenweg
- *garden path*

24 der Kleingärtner (Schrebergärtner)
- *allotment holder*

25 das Spargelbeet
- *asparagus patch (asparagus bed)*

26 das Gemüsebeet
- *vegetable patch (vegetable plot)*

27 die Vogelscheuche
- *scarecrow*

28 die Stangenbohne, eine Bohnenpflanze an Stangen *f* (Bohnenstangen)
- *runner bean (Am. scarlet runner), a bean plant on poles (bean poles)*

29 der einarmige, waagerechte Schnurbaum (Kordon)
- *horizontal cordon*

30 der Obsthochstamm (hochstämmige Obstbaum)
- *standard fruit tree*

31 der Baumpfahl
- *tree stake*

32 die Hecke
- *hedge*

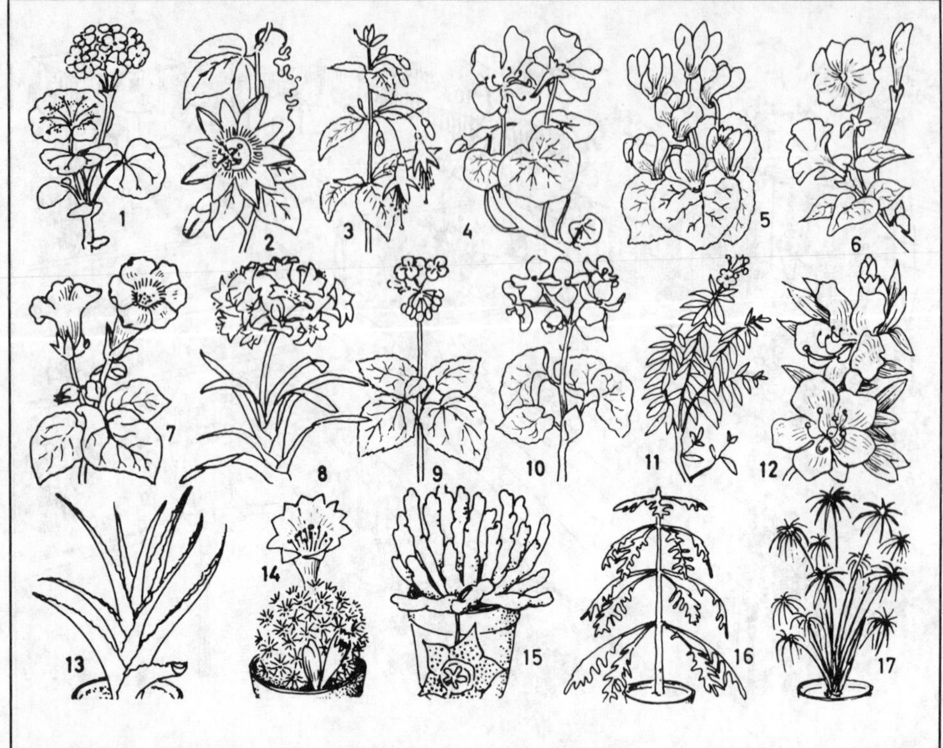

1 die Pelargonie (der Storchschnabel), ein Geraniengewächs *n*
- *pelargonium (crane's bill), a geranium*

2 die Passionsblume (Passiflora), eine Kletterpflanze *f*
- *passion flower (Passiflora), a climbing plant (climber, creeper)*

3 die Fuchsie (Fuchsia), ein Nachtkerzengewächs *n*
- *fuchsia, an anagraceous plant*

4 die Kapuzinerkresse (Blumenkresse, das Tropaeolum)
- *nasturtium (Indian cress, tropaeolum)*

5 das Alpenveilchen (Cyclamen), ein Primelgewächs *n*
- *cyclamen, a primulaceous herb*

6 die Petunie, ein Nachtschattengewächs *n*
- *petunia, a solanaceous herb*

7 die Gloxinie (Sinningia), ein Gesneriengewächs *n*
- *gloxinia (Sinningia), a gesneriaceous plant*

8 die Klivie (Clivia), ein Amaryllisgewächs *n* (Narzissengewächs)
- *Clivia minata, an amaryllis (narcissus)*

9 die Zimmerlinde (Sparmannia), ein Lindengewächs *n*
- *African hemp (Sparmannia), a tiliaceous plant, a linden plant*

10 die Begonie (Begonia, das Schiefblatt)
- *begonia*

11 die Myrte (Brautmyrte, Myrtus)
- *myrtle (common myrtle, Myrtus)*

12 die Azalee (Azalea), ein Heidekrautgewächs *n*
- *azalea, an ericaceous plant*

13 die Aloe, ein Liliengewächs *n*
- *aloe, a liliaceous plant*

14 der Igelkaktus (Kugelkaktus, Echinopsis, Epsis)
- *globe thistle (Echinops)*

15 der Ordenskaktus (die Stapelia, eine Aasblume, Aasfliegenblume, Ekelblume), ein Seidenpflanzengewächs *n*
- *stapelia (carrion flower), an asclepiadaceous plant*

16 die Zimmertanne (Schmucktanne, eine Araukarie)
- *Norfolk Island pine (an araucaria, grown as an ornamental)*

17 das Zypergras (der Cyperus alternifolius), ein Ried- oder Sauergras *n*
- *galingale, a cyperacious plant of the sedge family*

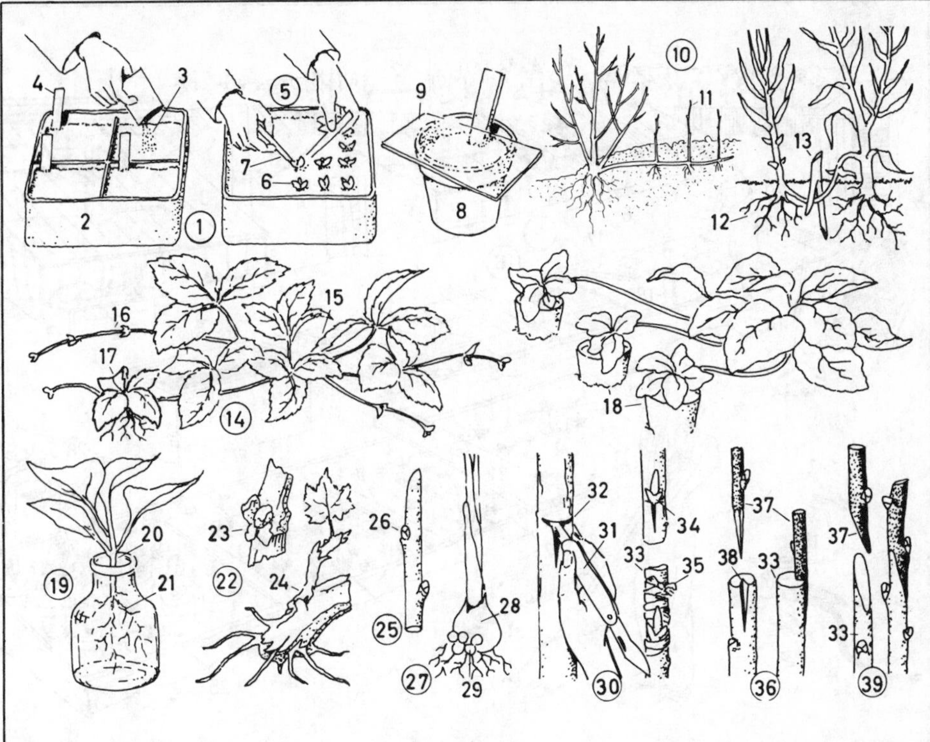

1 die Aussaat
- *seed sowing (sowing)*

2 die Aussaatschale (Saatschale)
- *seed pan*

3 der Samen
- *seed*

4 das Namensschild
- *label*

5 das Verstopfen (Pikieren, Verpflanzen, Umpflanzen, Versetzen, Umsetzen)
- *pricking out (pricking off, transplanting)*

6 der Sämling
- *seedling (seedling plant)*

7 das Pflanzholz
- *dibber (dibble)*

8 der Blumentopf (die Scherbe, *md.* der Blumenasch, *obd.* der Blumenscherben), ein Pflanztopf *m*
- *flower pot (pot)*

9 die Glasscheibe
- *sheet of glass*

10 die Vermehrung durch Ableger *m*
- *propagation by layering*

11 der Ableger
- *layer*

12 der bewurzelte Ableger
- *layer with roots*

13 die Astgabel zur Befestigung
- *forked stick used for fastening*

14 die Vermehrung durch Ausläufer *m*
- *propagation by runners*

15 die Mutterpflanze
- *parent (parent plant)*

16 der Ausläufer (Fechser)
- *runner*

17 der bewurzelte Sproß
- *small rooted leaf cluster*

18 das Absenken in Töpfe *m*
- *setting in pots*

19 der Wassersteckling
- *cutting in water*

20 der Steckling
- *cutting (slip, set)*

21 die Wurzel
- *root*

22 der Augensteckling an der Weinrebe
- *bud cutting on vine tendril*

23 das Edelauge, eine Knospe
- *scion bud, a bud*

24 der ausgetriebene Steckling
- *sprouting (shooting) cutting*

25 der Holzsteckling
- *stem cutting (hardwood cutting)*

26 die Knospe
- *bud*

27 die Vermehrung durch Brutzwiebeln *f*
- *propagation by bulbils (brood bud bulblets)*

28 die alte Zwiebel
- *old bulb*

29 die Brutzwiebel
- *bulbil (brood bud bulblet)*

30-39 die Veredlung
- ***grafting** (graftage)*

30 die Okulation (das Okulieren)
- *budding (shield budding)*

31 das Okuliermesser
- *budding knife*

32 der T-Schnitt
- *T-cut*

33 die Unterlage
- *support (stock, rootstock)*

34 das eingesetzte Edelauge
- *inserted scion bud*

35 der Bastverband
- *raffia layer (bast layer)*

36 das Pfropfen (Spaltpfropfen)
- *side grafting*

37 das Edelreis (Pfropfreis)
- *scion (shoot)*

38 der Keilschnitt
- *wedge-shaped notch*

39 die Kopulation (das Kopulieren)
- *splice graft (splice grafting)*

55 Gärtnerei (Gartenbaubetrieb)

1-51 der Gartenbaubetrieb (die Gärtnerei, der Erwerbsgartenbau)
- ***market garden*** (Am. *truck garden, truck farm)*

1 der Geräteschuppen
- *tool shed*

2 der Hochbehälter (das Wasserreservoir)
- *water tower (water tank)*

3 die Gartenbaumschule, eine Baumschule
- *market garden (*Am. *truck garden, truck farm), a tree nursery*

4 das Treibhaus (Warmhaus, Kulturhaus, Kaldarium)
- *hothouse (forcing house, warm house)*

5 das Glasdach
- *glass roof*

6 die Rollmatte (Strohmatte, Rohrmatte, Schattenmatte)
- *[roll of] matting (straw matting, reed matting, shading)*

7 der Heizraum
- *boiler room (boiler house)*

8 das Heizrohr (die Druckrohrleitung)
- *heating pipe (pressure pipe)*

9 das Deckbrett (der Deckladen, das Schattenbrett, Schattierbrett)
- *shading panel (shutter)*

10-11 die Lüftung
- *ventilators (vents)*

10 das Lüftungsfenster (die Klapplüftung)
- *ventilation window (window vent, hinged ventilator)*

11 die Firstlüftung
- *ridge vent*

12 der Pflanzentisch
- *potting table (potting bench)*

13 der Durchwurf (das Erdsieb, Stehsieb, Wurfgitter)
- *riddle (sieve, garden sieve, upright sieve)*

14 die Erdschaufel (Schaufel)
- *garden shovel (shovel)*

15 der Erdhaufen (die kompostierte Erde, Komposterde, Gartenerde)
- *heap of earth (composted earth, prepared earth, garden mould,* Am. *mold)*

16 das Frühbeet (Mistbeet, Warmbeet, Treibbeet, der Mistbeetkasten)
- *hotbed (forcing bed, heated frame)*

17 das Mistbeetfenster (die Sonnenfalle)
- *hotbed vent (frame vent)*

18 das Lüftungsholz (Luftholz)
- *vent prop*

19 der Regner (das Beregnungsgerät, der Sprenger, Sprinkler)
- *sprinkler (sprinkling device)*

20 der Gärtner (Gartenbauer, Gartenbaumeister, Handelsgärtner)
- *gardener (nursery gardener, grower, commercial grower)*

21 der Handkultivator
- *cultivator (hand cultivator, grubber)*

22 das Laufbrett
- *plank*

23 verstopfte (pikierte) Pflänzchen *n*
- *pricked-out seedlings (pricked-off seedlings)*

24 getriebene Blumen *f* [Frühtreiberei]
- *forced flowers [forcing]*

25 Topfpflanzen *f* (eingetopfte, vertopfte Pflanzen)
- *potted plants (plants in pots, pot plants)*

26 die Bügelgießkanne
- *watering can (*Am. *sprinkling can)*

27 der Bügel (Schweizerbügel)
- *handle*

28 die Gießkannenbrause
- *rose*

29 das Wasserbassin (der Wasserbehälter)
- *water tank*

30 das Wasserrohr mit Wasser *n*
- *water pipe*

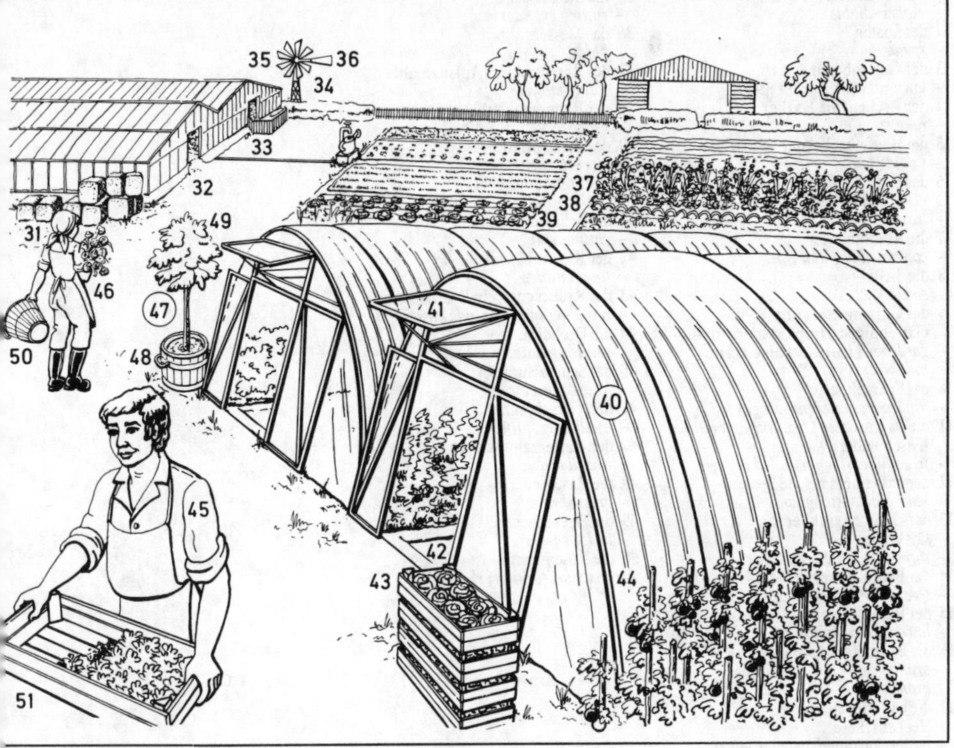

31 der Torfmullballen
- *bale of peat*

32 das Warmhaus
- *warm house (heated greenhouse)*

33 das Kalthaus
- *cold house (unheated greenhouse)*

34 der Windmotor
- *wind generator*

35 das Windrad
- *wind wheel*

36 die Windfahne
- *wind vane*

37 das Staudenbeet, ein Blumenbeet *n*
- *shrub bed, a flower bed*

38 die Ringeinfassung
- *hoop edging*

39 das Gemüsebeet
- *vegetable plot*

40 der Folientunnel (das Foliengewächshaus)
- *plastic tunnel (polythene greenhouse)*

41 die Lüftungsklappe
- *ventilation flap*

42 der Mittelgang
- *central path*

43 die Gemüseversandsteige (Gemüsesteige)
- *vegetable crate*

44 die Stocktomate (Tomatenstaude)
- *tomato plant*

45 der Gartenbaugehilfe
- *nursery hand*

46 die Gartenbaugehilfin
- *nursery hand*

47 die Kübelpflanze
- *tub plant*

48 der Kübel
- *tub*

49 das Orangenbäumchen
- *orange tree*

50 der Drahtkorb
- *wire basket*

51 der Setzkasten
- *seedling box*

1 das Pflanzholz (Setzholz)
- *dibber (dibble)*
2 der Spaten
- *spade*
3 der Gartenbesen
- *lawn rake (wire-tooth rake)*
4 der Rechen (die Harke)
- *rake*
5 die Häufelhacke (der Häufler)
- *ridging hoe*
6 das Erdschäufelchen (die Pflanzkelle)
- *trowel*
7 die Kombihacke
- *combined hoe and fork*
8 die Sichel
- *sickle*
9 das Gartenmesser (die Gartenhippe, Hippe, Asthippe)
- *gardener's knife (pruning knife, billhook)*
10 das Spargelmesser
- *asparagus cutter (asparagus knife)*
11 die Baumschere (Astschere, der Astschneider)
- *tree pruner (long-handled pruner)*
12 der halbautomatische Spaten
- *semi-automatic spade*
13 der Dreizinkgrubber (die Jätekralle)
- *three-pronged cultivator*
14 der Baumkratzer (Rindenkratzer)
- *tree scraper (bark scraper)*
15 der Rasenlüfter
- *lawn aerator (aerator)*
16 die Baumsäge (Astsäge)
- *pruning saw (saw for cutting branches)*
17 die batteriebetriebene Heckenschere
- *battery-operated hedge trimmer*
18 die Motorgartenhacke
- *motor cultivator*
19 die elektrische Handbohrmaschine
- *electric drill*
20 das Getriebe
- *gear*
21 das Anbau-Hackwerkzeug
- *cultivator attachment*
22 der Obstpflücker
- *fruit picker*
23 die Baumbürste (Rindenbürste)
- *tree brush (bark brush)*
24 die Gartenspritze zur Schädlingsbekämpfung
- *sprayer for pest control*
25 das Sprührohr
- *lance*
26 der Schlauchwagen
- *hose reel (reel and carrying cart)*
27 der Gartenschlauch
- *garden hose*
28 der Motorrasenmäher
- *motor lawn mower (motor mower)*
29 der Grasfangkorb
- *grassbox*
30 der Zweitaktmotor
- *two-stroke motor*
31 der elektrische Rasenmäher
- *electric lawn mower (electric mower)*
32 das Stromkabel
- *electric lead (electric cable)*
33 das Messerwerk
- *cutting unit*
34 der Handrasenmäher
- *hand mower*
35 die Messerwalze
- *cutting cylinder*
36 das Messer
- *blade*
37 der Rasentraktor (Aufsitzmäher)
- *riding mower*
38 der Bremsarretierhebel
- *brake lock*
39 der Elektrostarter
- *electric starter*
40 der Fußbremshebel
- *brake pedal*
41 das Schneidwerk
- *cutting unit*
42 der Kippanhänger
- *tip-up trailer*
43 der Kreisregner, ein Rasensprenger *m*
- *revolving sprinkler, a lawn sprinkler*
44 die Drehdüse
- *revolving nozzle*
45 der Schlauchnippel
- *hose connector*
46 der Viereckregner
- *oscillating sprinkler*
47 der Gartenschubkarren
- *wheelbarrow*
48 die Rasenschere
- *grass shears*
49 die Heckenschere
- *hedge shears*
50 die Rosenschere
- *secateurs (pruning shears)*

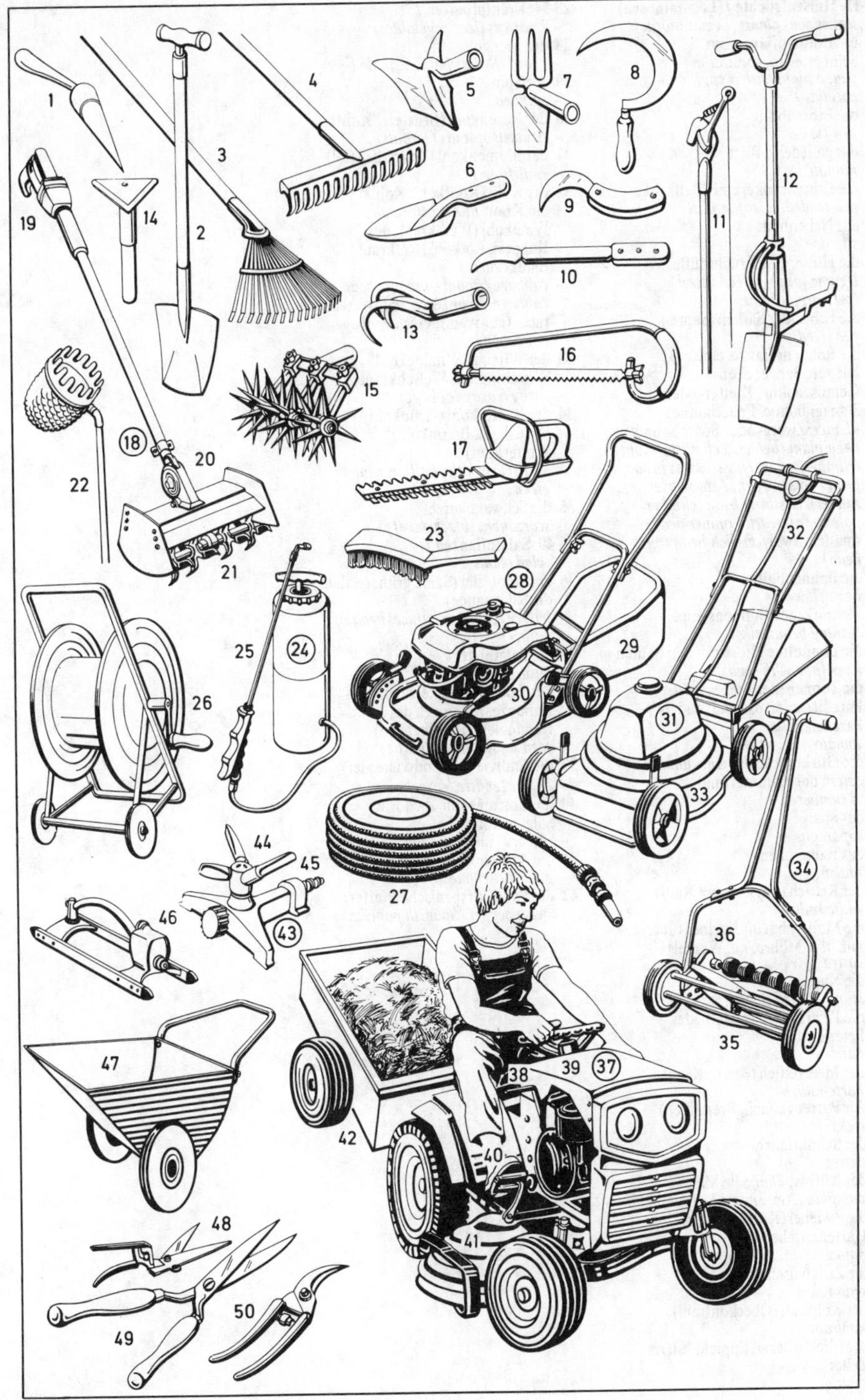
1
2
3
4
5
6
7
8
9
10
11
12
13
14
15
16
17
18
19
20
21
22
23
24
25
26
27
28
29
30
31
32
33
34
35
36
37
38
39
40
41
42
43
44
45
46
47
48
49
50

1-11 Hülsenfrüchte *f* **(Leguminosen)**
- ***leguminous plants*** *(Leguminosae)*

1 die Erbsenpflanze, ein Schmetterlingsblütler *m*
- *pea, a plant with a papilionaceous corolla*

2 die Erbsenblüte
- *pea flower*

3 das gefiederte Blatt
- *pinnate leaf*

4 die Erbsenranke, eine Blattranke
- *pea tendril, a leaf tendril*

5 das Nebenblatt
- *stipule*

6 die Hülse, eine Fruchthülle
- *legume (pod), a seed vessel (pericarp, legume)*

7 die Erbse [der Samen (Same)]
- *pea [seed]*

8 die Bohnenpflanze, eine Kletterpflanze; *Sorten:* Gemüsebohne, Kletter- oder Stangenbohne, Feuerbohne; *kleiner:* Zwerg- oder Buschbohne
- *bean plant (bean), a climbing plant (climber, creeper);* varieties: *broad bean (runner bean,* Am. *scarlet runner), climbing bean (climber, pole bean), scarlet runner bean;* smaller: *dwarf French bean (bush bean)*

9 die Bohnenblüte
- *bean flower*

10 der rankende Bohnenstengel
- *twining beanstalk*

11 die Bohne [die Hülse mit den Samen *m*]
- *bean [pod with seeds]*

12 die Tomate (der Liebesapfel, Paradiesapfel, *österr.* Paradeis, Paradeiser)
- *tomato*

13 die Gurke (*schwäb. Guckummer, österr.* der Kümmerling)
- *cucumber*

14 der Spargel
- *asparagus*

15 das Radieschen
- *radish*

16 der Rettich (*bayr.-österr.* Radi)
- *white radish*

17 die Mohrrübe (*obd.* gelbe Rübe, *md. obd.* Möhre, *nd.* Wurzel)
- *carrot*

18 die Karotte
- *stump-rooted carrot*

19 die Petersilie (Federselli, das Peterlein)
- *parsley*

20 der Meerrettich (*österr.* Kren)
- *horse-radish*

21 der Porree (Lauch, Breitlauch)
- *leeks*

22 der Schnittlauch
- *chives*

23 der Kürbis; *ähnl.:* die Melone
- *pumpkin* (Am. *squash);* sim.: *melon*

24 die Zwiebel (Küchenzwiebel, Gartenzwiebel)
- *onion*

25 die Zwiebelschale
- *onion skin*

26 der Kohlrabi (Oberkohlrabi)
- *kohlrabi*

27 der (die) Sellerie (Eppich, *österr.* Zeller)
- *celeriac*

28-34 Krautpflanzen *f*
- ***brassicas*** *(leaf vegetables)*

28 der Mangold
- *chard (Swiss chard, seakale beet)*

29 der Spinat
- *spinach*

30 der Rosenkohl (Brüsseler Kohl)
- *Brussels sprouts (sprouts)*

31 der Blumenkohl (*österr.* Karfiol)
- *cauliflower*

32 der Kohl (Kopfkohl, Kohlkopf), ein Kraut *n*; *Zuchtformen:* Weißkohl (Weißkraut, *ugs.* Kappes), Rotkohl (Rotkraut, Blaukraut)
- *cabbage (round cabbage, head of cabbage), a brassica;* cultivated races (cultivars): *green cabbage, red cabbage*

33 der Wirsing (Wirsingkohl, Wirsching, das Welschkraut)
- *savoy (savoy cabbage)*

34 der Blätterkohl (Grünkohl, Krauskohl, Braunkohl, Winterkohl)
- *kale (curly kale, kail), a winter green*

35 die Schwarzwurzel
- *scorzonera (black salsify)*

36-40 Salatpflanzen *f*
- ***salad plants***

36 der Kopfsalat (Salat, grüner Salat, die Salatstaude)
- *lettuce (cabbage lettuce, head of lettuce)*

37 das Salatblatt
- *lettuce leaf*

38 der Feldsalat (Ackersalat, die Rapunze, Rapunzel, das Rapunzlein, Rapünzchen)
- *corn salad (lamb's lettuce)*

39 die Endivie (der Endiviensalat)
- *endive (endive leaves)*

40 die Chicorée (die Zichorie, Salatzichorie)
- *chicory (succory, salad chicory)*

41 die Artischocke
- *globe artichoke*

42 der Paprika (spanische Pfeffer)
- *sweet pepper (Spanish paprika)*

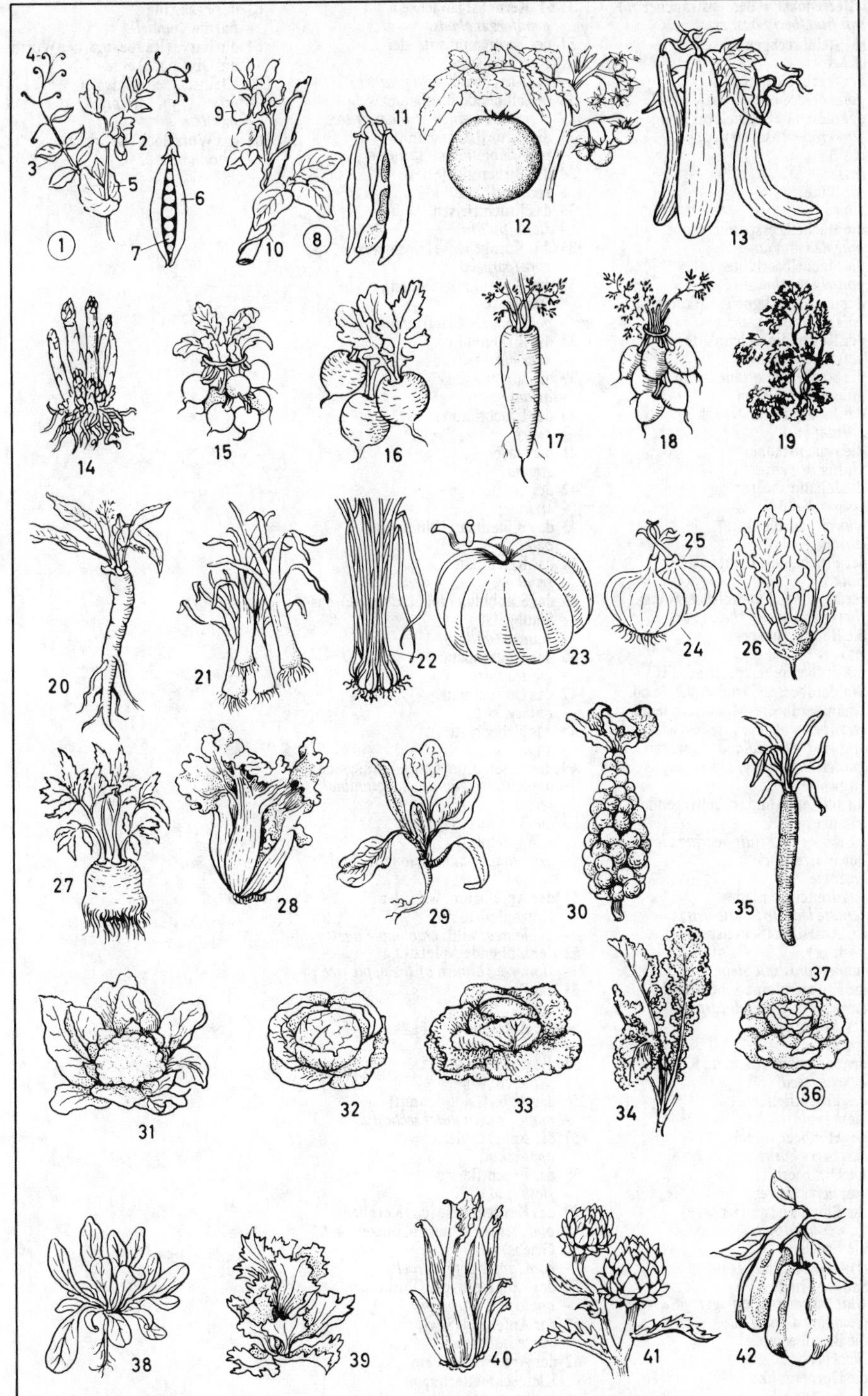
1
2
3
4
5
6
7
8
9
10
11
12
13
14
15
16
17
18
19
20
21
22
23
24
25
26
27
28
29
30
31
32
33
34
35
36
37
38
39
40
41
42

1-30 Beerenobst *n* (Beerensträucher *m*)
- ***soft fruit** (berry bushes)*

1-15 Steinbrechgewächse *n*
- ***Ribes***

1 der Stachelbeerstrauch
- *gooseberry bush*

2 der blühende Stachelbeerzweig
- *flowering gooseberry cane*

3 das Blatt
- *leaf*

4 die Blüte
- *flower*

5 die Stachelbeerspannerraupe
- *magpie moth larva*

6 die Stachelbeerblüte
- *gooseberry flower*

7 der unterständige Fruchtknoten
- *epigynous ovary*

8 der Kelch (die Kelchblätter *n*)
- *calyx (sepals)*

9 die Stachelbeere, eine Beere
- *gooseberry, a berry*

10 der Johannisbeerstrauch
- *currant bush*

11 die Fruchttraube
- *cluster of berries*

12 die Johannisbeere (*österr.* Ribisel, *schweiz.* Trübli *n*)
- *currant*

13 der Fruchtstiel (Traubenstiel)
- *stalk*

14 der blühende Johannisbeerzweig
- *flowering cane of the currant*

15 die Blütentraube
- *raceme*

16 die Erdbeerpflanze; *Arten:* die Walderdbeere, Gartenerdbeere od. Ananaserdbeere, Monatserdbeere
- *strawberry plant;* varieties: *wild strawberry (woodland strawberry), garden strawberry, alpine strawberry*

17 die blühende und fruchttragende Pflanze
- *flowering and fruit-bearing plant*

18 der Wurzelstock
- *rhizome*

19 das dreiteilige Blatt
- *ternate leaf (trifoliate leaf)*

20 der Ausläufer (Seitensproß, Fechser)
- *runner (prostrate stem)*

21 die Erdbeere, eine Scheinfrucht
- *strawberry, a pseudocarp*

22 der Außenkelch
- *epicalyx*

23 der Samenkern (Samen, Kern)
- *achene (seed)*

24 das Fruchtfleisch
- *flesh (pulp)*

25 der Himbeerstrauch
- *raspberry bush*

26 die Himbeerblüte
- *raspberry flower*

27 die Blütenknospe (Knospe)
- *flower bud (bud)*

28 die Frucht (Himbeere), eine Sammelfrucht
- *fruit (raspberry), an aggregate fruit (compound fruit)*

29 die Brombeere
- *blackberry*

30 die Dornenranke
- *thorny tendril*

31-61 Kernobstgewächse *n*
- ***pomiferous plants***

31 der Birnbaum; *wild:* der Holzbirnbaum
- *pear tree;* wild: *wild pear tree*

32 der blühende Birnbaumzweig
- *flowering branch of the pear tree*

33 die Birne [Längsschnitt]
- *pear [longitudinal section]*

34 der Birnenstiel (Stiel)
- *pear stalk (stalk)*

35 das Fruchtfleisch
- *flesh (pulp)*

36 das Kerngehäuse (Kernhaus)
- *core (carpels)*

37 der Birnenkern (Samen), ein Obstkern
- *pear pip (seed), a fruit pip*

38 die Birnenblüte
- *pear blossom*

39 die Samenanlage
- *ovules*

40 der Fruchtknoten
- *ovary*

41 die Narbe
- *stigma*

42 der Griffel
- *style*

43 das Blütenblatt (Blumenblatt)
- *petal*

44 das Kelchblatt
- *sepal*

45 das Staubblatt (der Staubbeutel, das Staubgefäß)
- *stamen (anther)*

46 der Quittenbaum
- *quince tree*

47 das Quittenblatt
- *quince leaf*

48 das Nebenblatt
- *stipule*

49 die Apfelquitte (Quitte) [Längsschnitt]
- *apple-shaped quince [longitudinal section]*

50 die Birnquitte (Quitte) [Längsschnitt]
- *pear-shaped quince [longitudinal section]*

51 der Apfelbaum; *wild:* der Holzapfelbaum
- *apple tree;* wild: *crab apple tree*

52 der blühende Apfelzweig
- *flowering branch of the apple tree*

53 das Blatt
- *leaf*

54 die Apfelblüte
- *apple blossom*

55 die welke Blüte
- *withered flower*

56 der Apfel [Längsschnitt]
- *apple [longitudinal section]*

57 die Apfelschale
- *apple skin*

58 das Fruchtfleisch
- *flesh (pulp)*

59 das Kerngehäuse (das Kernhaus, *obd.* der Apfelbutzen, Butzen, *md.* Griebs)
- *core (apple core, carpels)*

60 der Apfelkern, ein Obstkern *m*
- *apple pip, a fruit pip*

61 der Apfelstiel (Stiel)
- *apple stalk (stalk)*

62 der Apfelwickler, ein Kleinschmetterling *m*
- *codling moth (codlin moth)*

63 der Fraßgang
- *burrow (tunnel)*

64 die Larve (Raupe, *ugs.* der Wurm, die Obstmade) eines Kleinschmetterlings *m*
- *larva (grub, caterpillar) of a small moth*

65 das Wurmloch (Bohrloch)
- *wormhole*

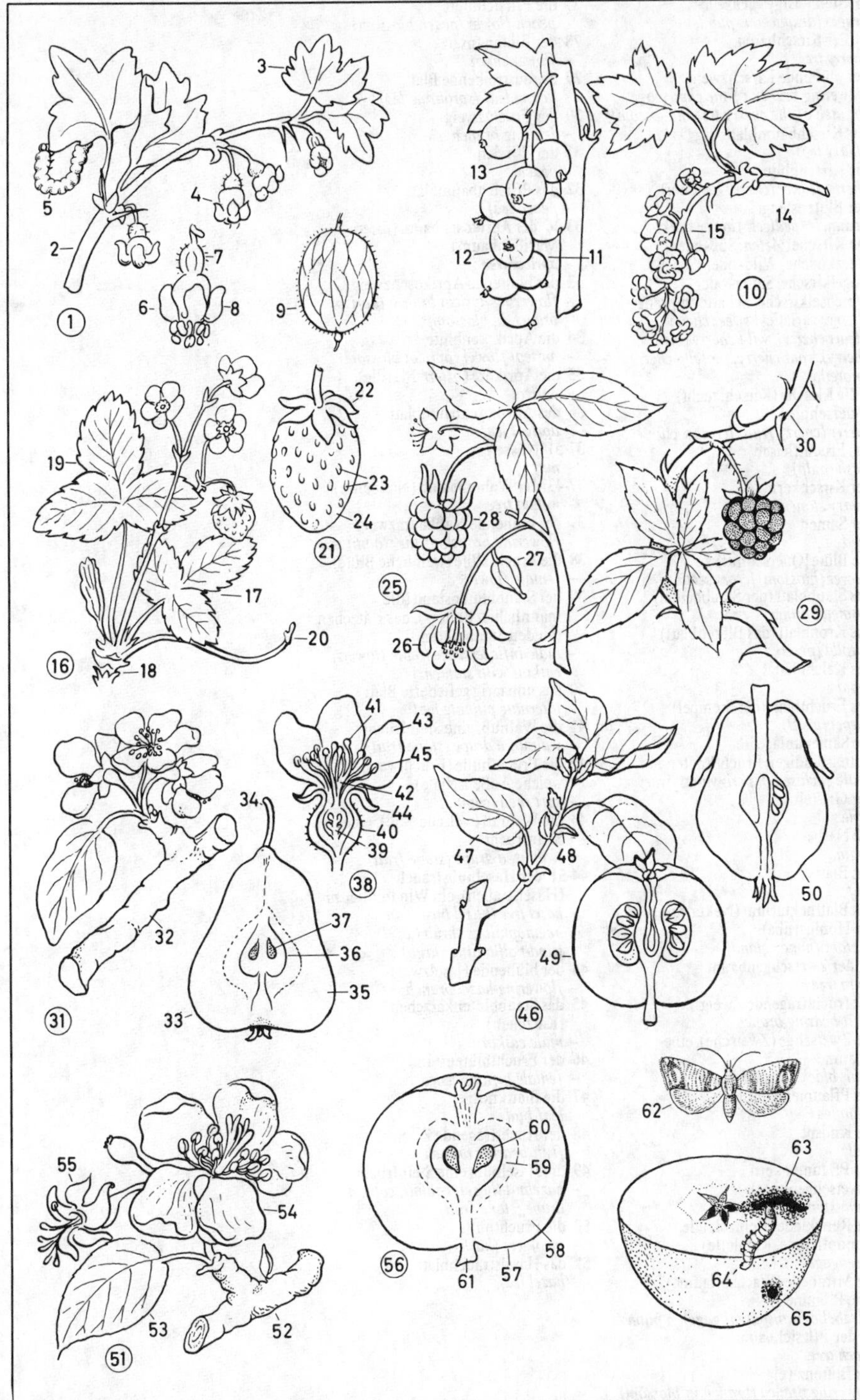
1
2
3
4
5
6
7
8
9
10
11
12
13
14
15
16
17
18
19
20
21
22
23
24
25
26
27
28
29
30
31
32
33
34
35
36
37
38
39
40
41
42
43
44
45
46
47
48
49
50
51
52
53
54
55
56
57
58
59
60
61
62
63
64
65

1-36 Steinobstgewächse *n*
- ***drupes*** *(drupaceous plants)*

1-18 der Kirschbaum
- ***cherry tree***

1 der blühende Kirschzweig
- *flowering branch of the cherry tree (branch of the cherry tree in blossom)*

2 das Kirschbaumblatt
- *cherry leaf*

3 die Kirschblüte
- *cherry flower (cherry blossom)*

4 der Blütenstengel
- *peduncle (pedicel, flower stalk)*

5 die Kirsche; *Arten:* Süß- oder Herzkirsche, Wild- oder Vogelkirsche, Sauer- oder Weichselkirsche, Schattenmorelle
- *cherry;* varieties: *sweet cherry (heart cherry), wild cherry (bird cherry), sour cherry, morello cherry (morello)*

6-8 die Kirsche (Kirschfrucht) [Querschnitt]
- ***cherry*** *(cherry fruit) [cross section]*

6 das Fruchtfleisch
- *flesh (pulp)*

7 der Kirschkern
- *cherry stone*

8 der Samen
- *seed*

9 die Blüte [Querschnitt]
- *flower (blossom) [cross section]*

10 das Staubblatt (der Staubbeutel)
- *stamen (anther)*

11 das Kronblatt (das Blütenblatt)
- *corolla (petal)*

12 das Kelchblatt
- *sepal*

13 das Fruchtblatt (der Stempel)
- *carpel (pistil)*

14 die Samenanlage im mittelständigen Fruchtknoten *m*
- *ovule enclosed in perigynous ovary*

15 der Griffel
- *style*

16 die Narbe
- *stigma*

17 das Blatt
- *leaf*

18 das Blattnektarium (Nektarium, die Honiggrube)
- *nectary (honey gland)*

19-23 der Zwetschgenbaum
- ***plum tree***

19 der fruchttragende Zweig
- *fruit-bearing branch*

20 die Zwetschge (Zwetsche), eine Pflaume
- *oval, black-skinned plum*

21 das Pflaumenbaumblatt
- *plum leaf*

22 die Knospe
- *bud*

23 der Pflaumenkern (Zwetschgenkern)
- *plum stone*

24 die Reneklode (Reineclaude, Rundpflaume, Ringlotte)
- *greengage*

25 die Mirabelle (Wachspflaume), eine Pflaume
- *mirabelle (transparent gage), a plum*

26-32 der Pfirsichbaum
- ***peach tree***

26 der Blütenzweig
- *flowering branch (branch in blossom)*

27 die Pfirsichblüte
- *peach flower (peach blossom)*

28 der Blütenansatz
- *flower shoot*

29 das austreibende Blatt
- *young leaf (sprouting leaf)*

30 der Fruchtzweig
- *fruiting branch*

31 der Pfirsich
- *peach*

32 das Pfirsichbaumblatt
- *peach leaf*

33-36 der Aprikosenbaum (*österr.* Marillenbaum)
- ***apricot tree***

33 der blühende Aprikosenzweig
- *flowering apricot branch (apricot branch in blossom)*

34 die Aprikosenblüte
- *apricot flower (apricot blossom)*

35 die Aprikose (*österr.* Marille)
- *apricot*

36 das Aprikosenbaumblatt
- *apricot leaf*

37-51 Nüsse *f*
- ***nuts***

37-43 der Walnußbaum (Nußbaum)
- ***walnut tree***

37 der blühende Nußbaumzweig
- *flowering branch of the walnut tree*

38 die Fruchtblüte (weibliche Blüte)
- *female flower*

39 der Staubblütenstand (die männlichen Blüten *f*, das Kätzchen mit den Staubblüten *f*)
- *male inflorescence (male flowers, catkins with stamens)*

40 das unpaarig gefiederte Blatt
- *alternate pinnate leaf*

41 die Walnuß, eine Steinfrucht
- *walnut, a drupe (stone fruit)*

42 die Fruchthülle (Fruchtwand, weiche Außenschale)
- *soft shell (cupule)*

43 die Walnuß (welsche Nuß), eine Steinfrucht
- *walnut, a drupe (stone fruit)*

44-51 der Haselnußstrauch (Haselstrauch), ein Windblütler *m*
- ***hazel tree*** *(hazel bush), an anemophilous shrub (a wind-pollinating shrub)*

44 der blühende Haselzweig
- *flowering hazel branch*

45 das Staubblütenkätzchen (Kätzchen)
- *male catkin*

46 der Fruchtblütenstand
- *female inflorescence*

47 die Blattknospe
- *leaf bud*

48 der fruchttragende Zweig
- *fruit-bearing branch*

49 die Haselnuß, eine Steinfrucht
- *hazelnut (hazel, cobnut, cob), a drupe (stone fruit)*

50 die Fruchthülle
- *involucre (husk)*

51 das Haselstrauchblatt
- *hazel leaf*

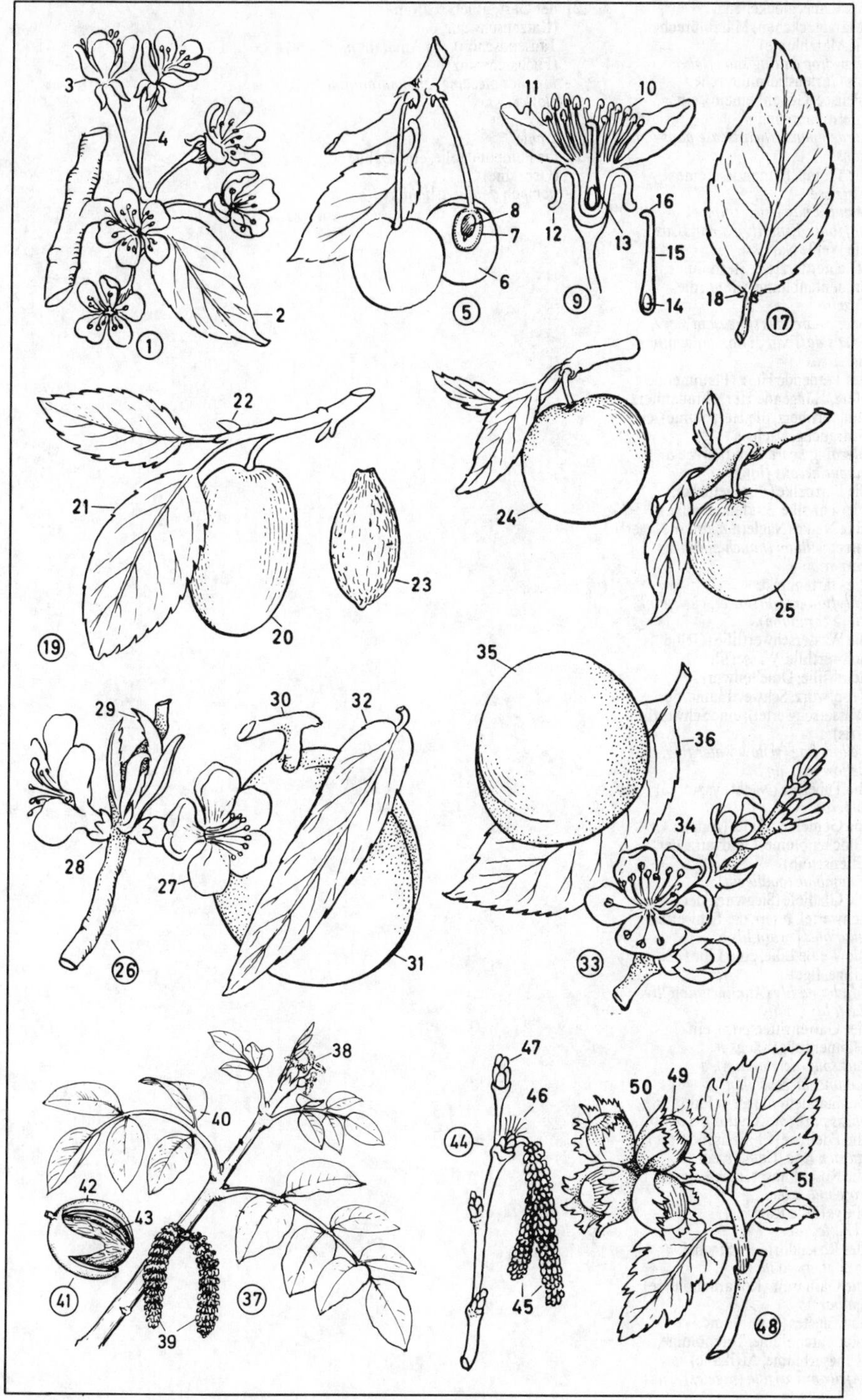
1
2
3
4
5
6
7
8
9
10
11
12
13
14
15
16
17
18
19
20
21
22
23
24
25
26
27
28
29
30
31
32
33
34
35
36
37
38
39
40
41
42
43
44
45
46
47
48
49
50
51

1 das Schneeglöckchen (Märzglöckchen, Märzblümchen, die Märzblume)
- *snowdrop (spring snowflake)*
2 das Gartenstiefmütterchen (Pensee, Gedenkemein), ein Stiefmütterchen *n*
- *garden pansy (heartsease pansy), a pansy*
3 die Trompetennarzisse, eine Narzisse
- *trumpet narcissus (trumpet daffodil, Lent lily), a narcissus*
4 die Weiße Narzisse (Dichternarzisse, Sternblume, Studentenblume); *ähnl.:* die Tazette
- *poet's narcissus (pheasant's eye, poet's daffodil);* sim.: *polyanthus narcissus*
5 das Tränende Herz (Flammende Herz, Hängende Herz, Frauenherz, Jungfernherz, die Herzblume), ein Erdrauchgewächs *n*
- *bleeding heart (lyre flower), a fumariaceous flower*
6 die Bartnelke (Büschelnelke, Fleischnelke, Studentennelke), eine Nelke (Näglein *n*, *österr.* Nagerl)
- *sweet william (bunch pink), a carnation*
7 die Gartennelke
- *gillyflower (gilliflower, clove pink, clove carnation)*
8 die Wasserschwertlilie (Gelbe Schwertlilie, Wasserlilie, Schilflilie, Drachenwurz, Tropfwurz, Schwertblume, der Wasserschwertel), eine Schwertlilie (Iris)
- *yellow flag (yellow water flag, yellow iris), an iris*
9 die Tuberose (Nachthyazinthe)
- *tuberose*
10 die Gemeine Akelei (Aglei, Glockenblume, Goldwurz, der Elfenschuh)
- *columbine (aquilegia)*
11 die Gladiole (Siegwurz, der Schwertel, *österr.* das Schwertel)
- *gladiolus (sword lily)*
12 die Weiße Lilie, eine Lilie (*obd.* Gilge, Ilge)
- *Madonna lily (Annunciation lily, Lent lily), a lily*
13 der Gartenrittersporn, ein Hahnenfußgewächs *n*
- *larkspur (delphinium), a ranunculaceous plant*
14 der Staudenphlox, ein Phlox *m*
- *moss pink (moss phlox), a phlox*
15 die Edelrose (Chinesische Rose)
- *garden rose (China rose)*
16 die Rosenknospe, eine Knospe
- *rosebud, a bud*
17 die gefüllte Rose
- *double rose*
18 der Rosendorn, ein Stachel *m*
- *rose thorn, a thorn*
19 die Gaillardie (Kokardenblume)
- *gaillardia*
20 die Tagetes (Samtblume, Studentenblume, Totenblume, Tuneserblume, Afrikane)
- *African marigold (tagetes)*
21 der Gartenfuchsschwanz (Katzenschwanz, das Tausendschön), ein Amarant *m* (Fuchsschwanz)
- *love-lies-bleeding, an amaranthine flower*
22 die Zinnie
- *zinnia*
23 die Pompondahlie, eine Dahlie (Georgine)
- *pompon dahlia, a dahlia*

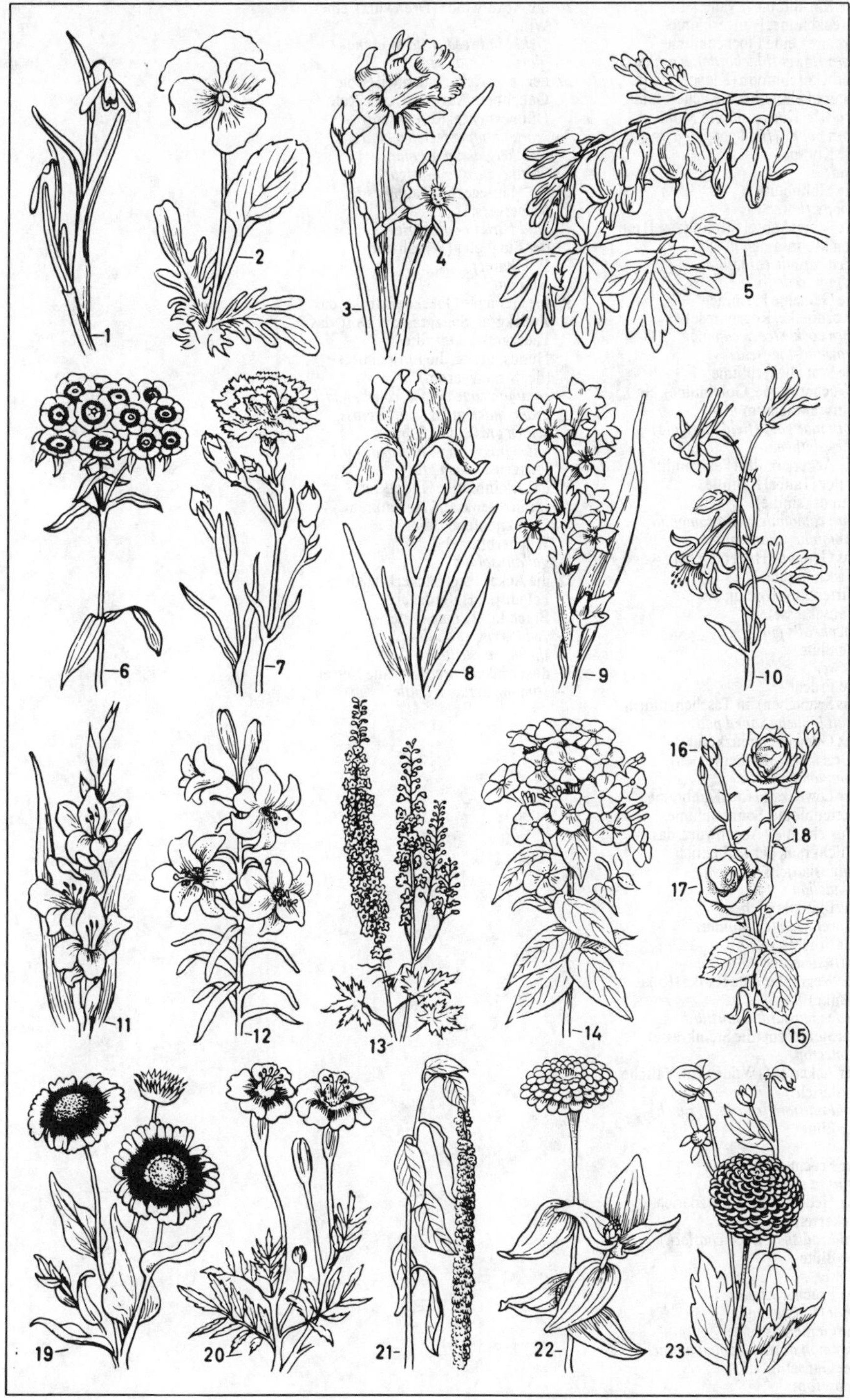
1
2
3
4
5
6
7
8
9
10
11
12
13
14
15
16
17
18
19
20
21
22
23

1 die Kornblume (Zyane, Kreuzblume, Hungerblume, Tremse), eine Flockenblume
- *corn flower (bluebottle), a centaury*
2 der Klatschmohn (Klappermohn, *österr.* Feldmohn, die Feuerblume, *schweiz.* Kornrose), ein Mohn *m*
- *corn poppy (field poppy), a poppy*
3 die Knospe
- *bud*
4 die Mohnblüte
- *poppy flower*
5 die Samenkapsel (Mohnkapsel) mit den Mohnsamen *m*
- *seed capsule containing poppy seeds*
6 die Gemeine Kornrade (Kornnelke, Roggenrose)
- *corn cockle (corn campion, crown-of-the-field)*
7 die Saatwucherblume (Wucherblume, Goldblume), ein Chrysanthemum *n*
- *corn marigold (field marigold), a chrysanthemum*
8 die Ackerkamille (Feldkamille, Wilde [Taube] Kamille, Hundskamille)
- *corn camomile (field camomile, camomile, chamomile)*
9 das Gemeine Hirtentäschel (Täschelkraut, das Hirtentäschelkraut, die Gänsekresse)
- *shepherd's purse*
10 die Blüte
- *flower*
11 die Frucht (das Schötchen), in Täschchenform *f*
- *fruit (pouch-shaped pod)*
12 das Gemeine Kreuzkraut (Greiskraut, der Beinbrech)
- *common groundsel*
13 der Löwenzahn (die Kuhblume, Kettenblume, Sonnenblume, „Pusteblume", Augenwurz, das Milchkraut, der Kuhlattich, Hundslattich)
- *dandelion*
14 das Blütenköpfchen
- *flower head (capitulum)*
15 der Fruchtstand
- *infructescence*
16 die Wegrauke, eine Rauke (Ruke, Runke)
- *hedge mustard, a mustard*
17 das Steinkraut (die Steinkresse)
- *stonecrop*
18 der Ackersenf (Wilde Senf, Falsche Hederich)
- *wild mustard (charlock, runch)*
19 die Blüte
- *flower*
20 die Frucht, eine Schote
- *fruit, a siliqua (pod)*
21 der Hederich (Echte Hederich, Ackerrettich)
- *wild radish (jointed charlock)*
22 die Blüte
- *flower*
23 die Frucht (Schote)
- *fruit (siliqua, pod)*
24 die Gemeine Melde
- *common orache (common orach)*
25 der Gänsefuß
- *goosefoot*
26 die Ackerwinde (Drehwurz), eine Winde
- *field bindweed (wild morning glory), a bindweed*
27 der (das) Ackergauchheil (Rote Gauchheil, Augentrost, die Rote Hühnermyrte, Rote Miere)
- *scarlet pimpernel (shepherd's weatherglass, poor man's weatherglass, eye-bright)*
28 die Mäusegerste (Taubgerste, Mauergerste)
- *wild barley (wall barley)*
29 der Flughafer (Windhafer, Wildhafer)
- *wild oat*
30 die Gemeine Quecke (Zwecke, das Zweckgras, Spitzgras, der Dort, das Pädergras); *ähnl.:* die Hundsquecke, die Binsenquecke (der Strandweizen)
- *common couch grass (couch, quack grass, quick grass, quitch grass, scutch grass, twitch grass, witchgrass);* sim.: *bearded couch grass, sea couch grass*
31 das Kleinblütige Knopfkraut (Franzosenkraut, Hexenkraut, Goldknöpfchen, die Wucherblume)
- *gallant soldier*
32 die Ackerdistel (Ackerkratzdistel, Felddistel, Haferdistel, Brachdistel), eine Distel
- *field eryngo (Watling Street thistle), a thistle*
33 die Große Brennessel, eine Nessel
- *stinging nettle, a nettle*

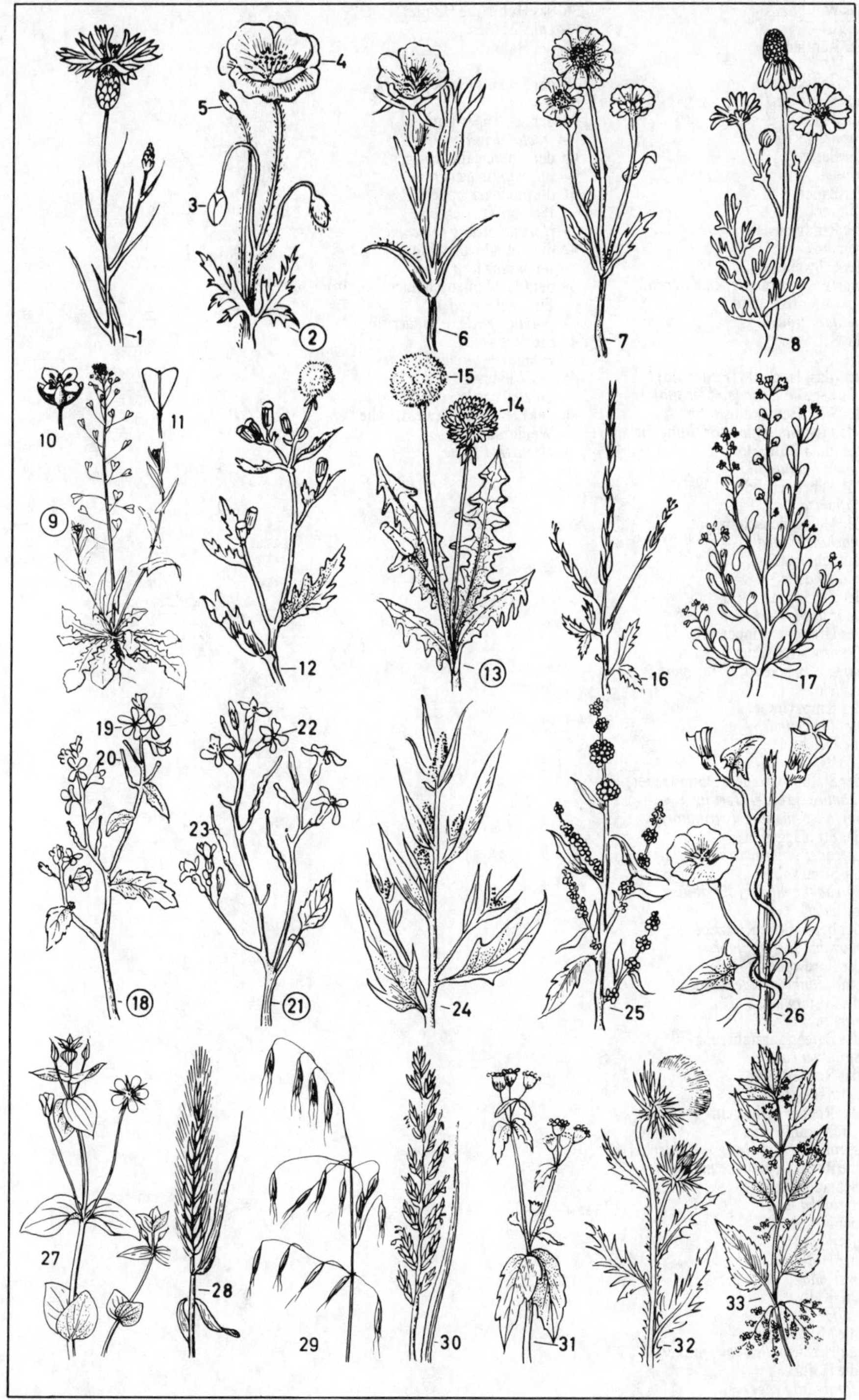
1
2
3
4
5
6
7
8
9
10
11
12
13
14
15
16
17
18
19
20
21
22
23
24
25
26
27
28
29
30
31
32
33

1 das Wohnhaus
- *house*
2 der Reittierstall
- *stable*
3 die Hauskatze
- *house cat (cat)*
4 die Bäuerin
- *farmer's wife*
5 der Besen
- *broom*
6 der Bauer
- *farmer*
7 der Rindviehstall
- *cowshed*
8 der Schweinestall
- *pigsty (sty,* Am. *pigpen, hogpen)*
9 der Offenfreßstand
- *outdoor trough*
10 das Schwein
- *pig*
11 der (das) Hochsilo (Futtersilo)
- *above-ground silo (fodder silo)*
12 das Silobeschickungsrohr
- *silo pipe (standpipe for filling the silo)*
13 der (das) Güllesilo
- *liquid manure silo*
14 das Nebengebäude
- *outhouse*
15 der Maschinenschuppen
- *machinery shed*
16 das Schiebetor
- *sliding door*
17 der Zugang zur Werkstatt
- *door to the workshop*
18 der Dreiseitenkipper, ein Transportfahrzeug *n*
- *three-way tip-cart, a transport vehicle*
19 der Kippzylinder
- *tipping cylinder*
20 die Deichsel
- *shafts*
21 der Stallmiststreuer (Dungstreuer)
- *manure spreader (fertilizer spreader, manure distributor)*
22 das Streuaggregat
- *spreader unit (distributor unit)*
23 die Streuwalze
- *spreader cylinder (distributor cylinder)*
24 der bewegliche Kratzboden
- *movable scraper floor*
25 die Bordwand
- *side planking (side board)*
26 die Gitterwand
- *wire mesh front*
27 das Beregnungsfahrzeug
- *sprinkler cart*
28 das Regnerstativ
- *sprinkler stand*
29 der Regner (Schwachregner), ein Drehstrahlregner
- *sprinkler, a revolving sprinkler*
30 die Regnerschläuche *m* (die Schlauchleitung)
- *sprinkler hoses*
31 der Hofraum
- *farmyard*
32 der Hofhund
- *watchdog*
33 das Kalb
- *calf*
34 die Milchkuh
- *dairy cow (milch-cow, milker)*
35 die Hofhecke
- *farmyard hedge*
36 das Huhn (die Henne)
- *chicken (hen)*
37 der Hahn
- *cock (*Am. *rooster)*
38 der Traktor (Schlepper)
- *tractor*
39 der Schlepperfahrer
- *tractor driver*
40 der Universalladewagen
- *all-purpose trailer*
41 die [hochgeklappe] Pick-up-Vorrichtung
- *[folded] pickup attachment*
42 die Entladevorrichtung
- *unloading unit*
43 der (das) Folienschlauchsilo, ein Futtersilo *m od. n*
- *polythene silo, a fodder silo*
44 die Viehweide
- *meadow*
45 das Weidevieh
- *grazing cattle*
46 der Elektrozaun (elektrische Weidezaun)
- *electrified fence*

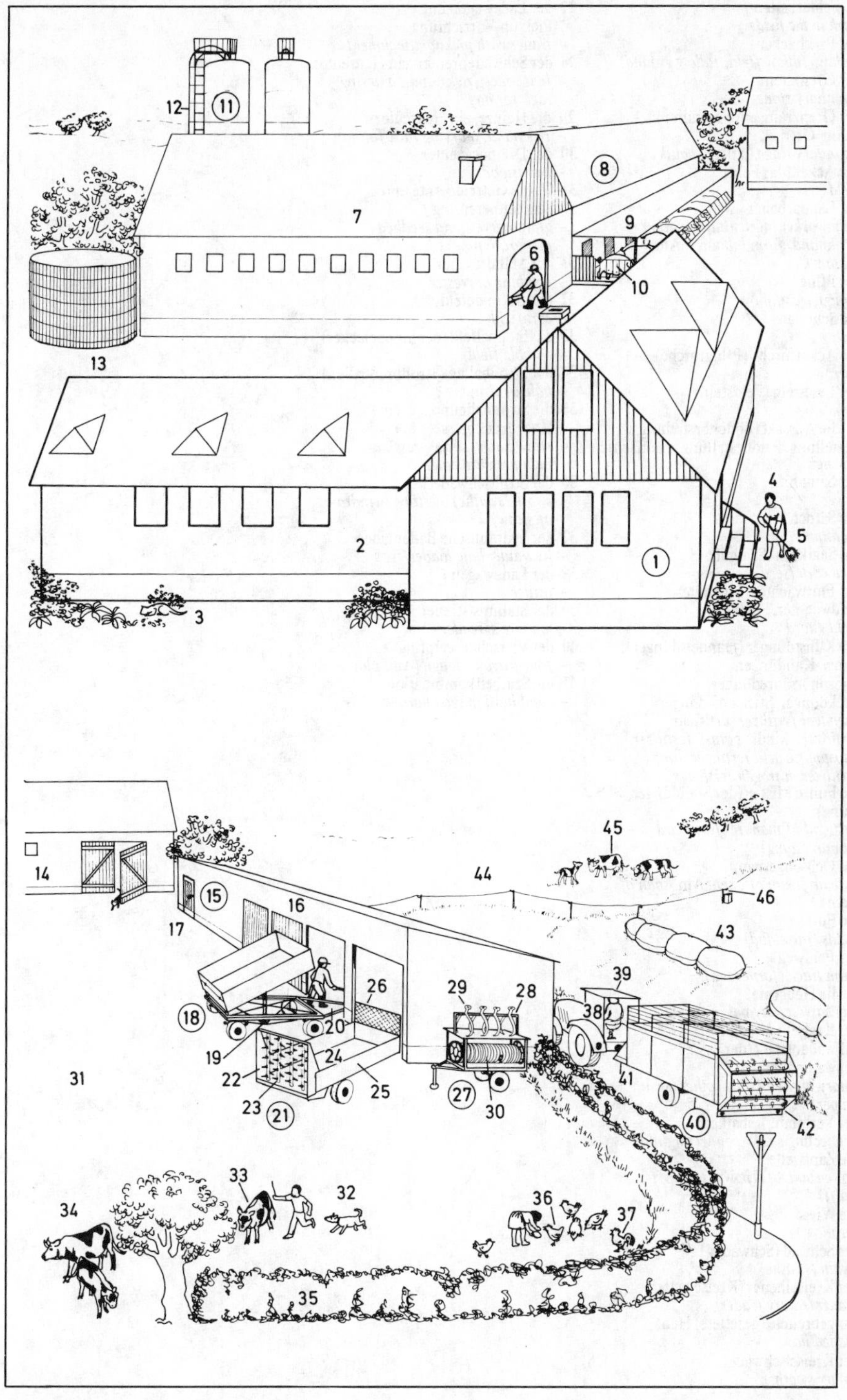
1
2
3
4
5
6
7
8
9
10
11
12
13
14
15
16
17
18
19
20
21
22
23
24
25
26
27
28
29
30
31
32
33
34
35
36
37
38
39
40
41
42
43
44
45
46

1-41 Feldarbeiten *f*
- ***work in the fields***

1 der Brachacker
- *fallow (fallow field, fallow ground)*

2 der Grenzstein
- *boundary stone*

3 der Grenzrain, ein Feldrain *m* (Rain, Ort)
- *boundary ridge, a balk (baulk)*

4 der Acker (das Feld)
- *field*

5 der Landarbeiter
- *farmworker (agricultural worker, farmhand, farm labourer,* Am. *laborer)*

6 der Pflug
- *plough (*Am. *plow)*

7 die Scholle
- *clod*

8 die Ackerfurche (Pflugfurche)
- *furrow*

9 der Lesestein (Feldstein)
- *stone*

10-12 die Aussaat (Bodenbestellung, Bestellung, Feldbestellung, das Säen)
- *sowing*

10 der Sämann
- *sower*

11 das Sätuch
- *seedlip*

12 das Saatkorn (Saatgut)
- *seed corn (seed)*

13 der Flurwächter (Flurhüter, Feldwächter, Feldhüter)
- *field guard*

14 der Kunstdünger (Handelsdünger); *Arten:* Kalidünger, Phosphorsäuredünger, Kalkdünger, Stickstoffdünger
- *chemical fertilizer (artificial fertilizer);* kinds: *potash fertilizer, phosphoric acid fertilizer, lime fertilizer, nitrogen fertilizer*

15 die Fuhre Mist *m* (der Stalldünger, Dung)
- *cartload of manure (farmyard manure, dung)*

16 das Ochsengespann
- *oxteam (team of oxen,* Am. *span of oxen)*

17 die Flur
- *fields (farmland)*

18 der Feldweg
- *farm track (farm road)*

19-30 die Heuernte
- ***hay harvest*** *(haymaking)*

19 der Kreiselmäher mit Schwadablage *f* (der Schwadmäher)
- *rotary mower with swather (swath reaper)*

20 der Verbindungsbalken
- *connecting shaft (connecting rod)*

21 die Zapfwelle
- *power take-off (power take-off shaft)*

22 die Wiese
- *meadow*

23 der Schwad (Schwaden)
- *swath (swathe)*

24 der Kreiselheuer (Kreiselzetter)
- *tedder (rotary tedder)*

25 das gebreitete (gezettete) Heu
- *tedded hay*

26 der Kreiselschwader
- *rotary swather*

27 der Ladewagen mit Pick-up-Vorrichtung
- *trailer with pickup attachment*

28 der Schwedenreuter, ein Heureuter
- *fence rack (rickstand), a drying rack for hay*

29 die Heinze, ein Heureuter
- *rickstand, a drying rack for hay*

30 der Dreibockreuter
- *hay tripod*

31-41 die Getreideernte und Saatbettbereitung *f*
- *grain harvest and seedbed preparation*

31 der Mähdrescher
- *combine harvester*

32 das Getreidefeld
- *cornfield*

33 das Stoppelfeld (der Stoppelacker)
- *stubble field*

34 der Strohballen (Strohpreßballen)
- *bale of straw*

35 die Strohballenpresse, eine Hochdruckpresse
- *straw baler (straw press), a high-pressure baler*

36 der Strohschwad
- *swath (swathe) of straw (windrow of straw)*

37 der hydraulische Ballenlader
- *hydraulic bale loader*

38 der Ladewagen
- *trailer*

39 der Stallmiststreuer
- *manure spreader*

40 der Vierscharbeetpflug
- *four-furrow plough (*Am. *plow)*

41 die Saatbettkombination
- *combination seed-harrow*

1
2
3
4
5
6
7
8
9
10
11
12
13
14
15
16
17
18
18
19
20
21
22
23
23
24
25
26
27
28
29
30
31
32
33
34
35
36
37
38
39
40
41

1-33 der Mähdrescher (die Kombine)
- ***combine harvester*** *(combine)*

1 der Halmteiler
- *divider*

2 die Ährenheber *m*
- *grain lifter*

3 der Messerbalken
- *cutter bar*

4 die Pick-up-Haspel, eine Federzinkenhaspel
- *pickup reel, a spring-tine reel*

5 der Haspelregeltrieb
- *reel gearing*

6 die Einzugswalze
- *auger*

7 der Kettenschrägförderer
- *chain and slat elevator*

8 der Hydraulikzylinder für die Schneidwerkverstellung
- *hydraulic cylinder for adjusting the cutting unit*

9 die Steinfangmulde
- *stone catcher (stone trap)*

10 die Entgrannungseinrichtung
- *awner*

11 der Dreschkorb
- *concave*

12 die Dreschtrommel
- *threshing drum (drum)*

13 die Wendetrommel, zur Strohzuführung
- *revolving beater [for freeing straw from the drum and preparing it for the shakers]*

14 der Hordenschüttler
- *straw shaker (strawwalker)*

15 das Gebläse für die Druckwindreinigung
- *fan for compressed-air winnowing*

16 der Vorbereitungsboden
- *preparation level*

17 das Lamellensieb
- *louvred-type sieve*

18 die Siebverlängerung
- *sieve extension*

19 das Wechselsieb
- *shoe sieve (reciprocating sieve)*

20 die Kornschnecke
- *grain auger*

21 die Überkehrschnecke
- *tailings auger*

22 der Überkehrauslauf
- *tailings outlet*

23 der Korntank
- *grain tank*

24 die Korntankfüllschnecke
- *grain tank auger*

25 die Zubringerschnecken *f* zum Korntankauslauf *m*
- *augers feeding to the grain tank unloader*

26 das Korntankauslaufrohr
- *grain unloader spout*

27 die Fenster *n* zur Beobachtung der Tankfüllung
- *observation ports for checking tank contents*

28 der Sechszylinder-Dieselmotor
- *six-cylinder diesel engine*

29 die Hydraulikpumpe mit Ölbehälter *m*
- *hydraulic pump with oil reservoir*

30 das Triebachsvorgelege
- *driving axle gearing*

31 die Triebradbereifung
- *driving wheel tyre (Am. tire)*

32 die Lenkachsbereifung
- *rubber-tyred (Am. rubber-tired) wheel on the steering axle*

33 der Fahrerstand
- *driver's position*

34-39 der selbstfahrende Feldhäcksler
- ***self-propelled forage harvester*** *(self-propelled field chopper)*

34 die Schneidtrommel (Häckseltrommel)
- *cutting drum (chopper drum)*

35 das Maisgebiß
- *corn head*

36 die Fahrerkabine
- *cab (driver's cab)*

37 der schwenkbare Auswurfturm (Überladeturm)
- *swivel-mounted spout (discharge pipe)*

38 der Auspuff
- *exhaust*

39 die Hinterradlenkung
- *rear-wheel steering system*

40-45 der Wirbelschwader
- ***rotary swather***

40 die Gelenkwelle
- *cardan shaft*

41 das Laufrad
- *running wheel*

42 der Doppelfederzinken
- *double spring tine*

43 die Handkurbel
- *crank*

44 der Schwadrechen
- *swath rake*

45 der Dreipunktanbaubock
- *three-point linkage*

46-58 der Wirbelwender
- ***rotary tedder***

46 der Ackerschlepper
- *tractor*

47 die Anhängedeichsel
- *draw bar*

48 die Gelenkwelle
- *cardan shaft*

49 die Zapfwelle
- *power take-off (power take-off shaft)*

50 das Getriebe
- *gearing (gears)*

51 das Tragrohr
- *frame bar*

52 der Kreisel
- *rotating head*

53 das Zinkentragrohr
- *tine bar*

54 der Doppelfederzinken
- *double spring tine*

55 der Schutzbügel
- *guard rail*

56 das Laufrad
- *running wheel*

57 die Handkurbel für die Höhenverstellung
- *height adjustment crank*

58 die Laufradverstellung
- *wheel adjustment*

59-84 der Kartoffelsammelroder (Kartoffelbunkerroder)
- ***potato harvester***

59 die Bedienungsstangen *f* für die Aufzüge *m* des Rodeorgans *n*, des Bunkers *m* und die Deichselverstellung
- *control levers for the lifters of the digger and the hopper and for adjusting the shaft*

60 die höhenverstellbare Zugöse
- *adjustable hitch*

61 die Zugdeichsel
- *drawbar*

62 die Deichselstütze
- *drawbar support*

63 der Gelenkwellenanschluß
- *cardan shaft connection*

64 die Druckwalze
- *press roller*

65 das Getriebe für die Motorhydraulik
- *gearing (gears) for the hydraulic system*

66 das Scheibensech
- *disc (disk) coulter* (Am. *colter) (rolling coulter)*

67 die Dreiblattschar
- *three-bladed share*

68 der Scheibensechantrieb
- *disc (disk) coulter* (Am. *colter) drive*

69 das Siebband
- *open-web elevator*

70 die Siebbandklopfeinrichtung
- *agitator*

71 das Mehrstufengetriebe
- *multi-step reduction gearing*

72 die Auflegematte
- *feeder*

73 der Krautabstreifer (die rotierende Flügelwalze)
- *haulm stripper (flail rotor)*

74 das Hubrad
- *rotary elevating drum*

75 die Taumelzellenwalze
- *mechanical tumbling separator*

76 das Krautband mit federnden Abstreifern *m*
- *haulm conveyor with flexible haulm strippers*

77 die Krautbandklopfeinrichtung
- *haulm conveyor agitator*

78 der Krautbandantrieb mit Keilriemen *m*
- *haulm conveyor drive with V-belt*

79 das Gumminoppenband zur Feinkraut-, Erdklumpen- und Steinabsonderung
- *studded rubber belt for sorting vines, clods and stones*

80 das Beimengenband
- *trash conveyor*

81 das Verleseband
- *sorting table*

82 die Gummischeibenwalzen *f* für die Vorsortierung
- *rubber-disc (rubber-disk) rollers for presorting*

83 das Endband
- *discharge conveyor*

84 der Rollbodenbunker
- *endless-floor hopper*

85-96 die Rübenerntemaschine (der Bunkerköpfroder)
- ***beet harvester***

85 der Köpfer
- *topper*

86 das Tastrad
- *feeler*

87 das Köpfmesser
- *topping knife*

88 das Tasterstützrad mit Tiefenregulierung *f*
- *feeler support wheel with depth adjustment*

89 der Rübenputzer
- *beet cleaner*

90 der Blattelevator
- *haulm elevator*

91 die Hydraulikpumpe
- *hydraulic pump*

92 der Druckluftbehälter
- *compressed-air reservoir*

93 der Ölbehälter
- *oil tank (oil reservoir)*

94 die Spannvorrichtung für den Rübenelevator
- *tensioning device for the beet elevator*

95 das Rübenelevatorband
- *beet elevator belt*

96 der Rübenbunker
- *beet hopper*

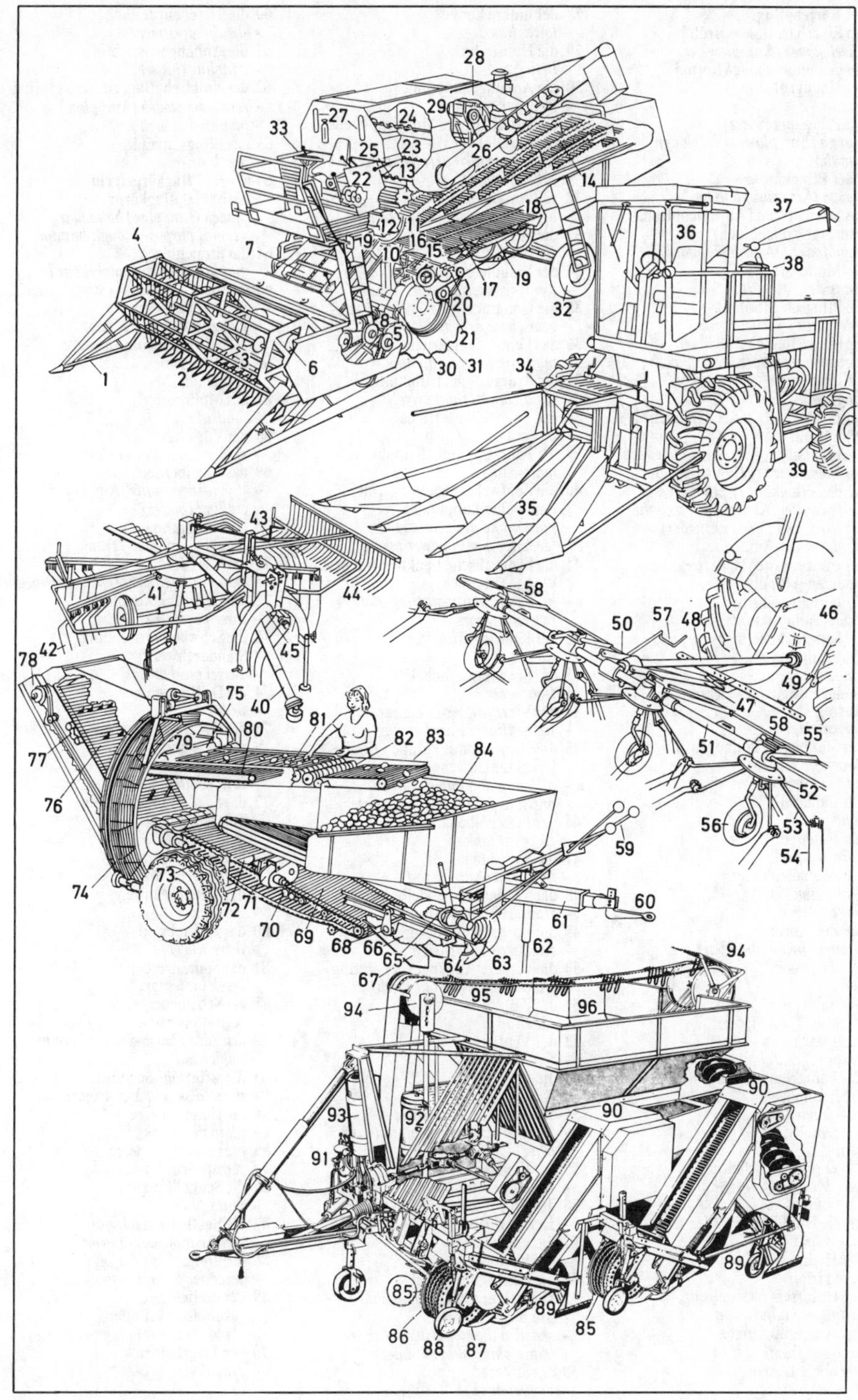
1
2
3
4
5
6
7
8
9
10
11
12
13
14
15
16
17
18
19
20
21
22
23
24
25
26
27
28
29
30
31
32
33
34
35
36
37
38
39
40
41
42
43
44
45
46
47
48
49
50
51
52
53
54
55
56
57
58
59
60
61
62
63
64
65
66
67
68
69
70
71
72
73
74
75
76
77
78
79
80
81
82
83
84
85
86
87
88
89
90
91
92
93
94
95
96

1 **der Karrenpflug,** ein Einscharpflug *m* [früh.]
- ***wheel plough*** (Am. *plow), a single-bottom plough* [form.]

2 der Handgriff
- *handle*

3 der Pflugsterz (Sterz)
- *plough* (Am. *plow) stilt (plough handle)*

4-8 **der Pflugkörper**
- ***plough*** (Am. ***plow) bottom***

4 das Streichblech (Abstreichblech, Panzerabstreichblech)
- *mouldboard* (Am. *moldboard)*

5 das Molterbrett
- *landside*

6 die Pflugsohle (Sohle)
- *sole (slade)*

7 die (das) Pflugschar (Schar)
- *ploughshare (share,* Am. *plowshare)*

8 die Griessäule
- *frog (frame)*

9 der Grindel (Gründel, Grendel, Pflugbaum)
- *beam (plough beam,* Am. *plowbeam)*

10 das Messersech (Pflugmesser, der *od.* das Pflugkolter), ein Sech *n*
- *knife coulter* (Am. *colter), a coulter*

11 der Vorschäler (Vorschneider)
- *skim coulter* (Am. *colter)*

12 der Führungssteg (Quersteg, das Querzeug) für die Kettenselbstführung
- *guide-chain crossbar*

13 die Selbsthaltekette (Führungskette)
- *guide chain*

14-19 **der Pflugkarren** (Karren, die Karre)
- ***forecarriage***

14 der Stellbügel (Stellbogen, die Brücke, das Joch)
- *adjustable yoke (yoke)*

15 das Landrad
- *land wheel*

16 das Furchenrad
- *furrow wheel*

17 die Zughakenkette (Aufhängekette)
- *hake chain*

18 die Zugstange
- *draught beam (drawbar)*

19 der Zughaken
- *hake*

20 **der Schlepper** (Ackerschlepper, Traktor, Trecker, die Zugmaschine)
- ***tractor*** *(general-purpose tractor)*

21 das Fahrerhausgestänge (der Überrollbügel)
- *cab frame (roll bar)*

22 der Sattelsitz
- *seat*

23 die Zapfwellenschaltung
- *power take-off gear-change (gearshift)*

24-29 **die Hubhydraulik** (der Kraftheber)
- ***power lift***

24 der Hydraulikkolben
- *ram piston*

25 die Hubstrebenverstellung
- *lifting rod adjustment*

26 der Anschlußrahmen
- *drawbar frame*

27 der obere Lenker
- *top link*

28 der untere Lenker
- *lower link*

29 die Hubstrebe
- *lifting rod*

30 die Anhängekupplung
- *drawbar coupling*

31 die lastschaltbare Motorzapfwelle (Zapfwelle)
- *live power take-off, live power take-off shaft*

32 das Ausgleichsgetriebe
- *differential gear (differential)*

33 die Steckachse
- *floating axle*

34 der Wandlerhebel
- *torque converter lever*

35 die Gangschaltung
- *gear-change (gearshift)*

36 das Feinstufengetriebe
- *multi-speed transmission*

37 die hydraulische Kupplung
- *fluid clutch (fluid drive)*

38 das Zapfwellengetriebe
- *power take-off gear*

39 die Fahrkupplung (Kupplung)
- *main clutch*

40 die Zapfwellenschaltung, mit Zapfwellenkupplung *f*
- *power take-off gear-change (gearshift) with power take-off clutch*

41 die hydraulische Lenkung mit dem Wendegetriebe *n*
- *hydraulic power steering and reversing gears*

42 der Kraftstoffbehälter
- *fuel tank*

43 der Schwimmerhebel
- *float lever*

44 der Vierzylinder-Dieselmotor
- *four-cylinder diesel engine*

45 die Ölwanne mit Pumpe *f* für die Druckumlaufschmierung
- *oil sump and pump for the pressure-feed lubrication system*

46 der Frischölbehälter
- *fresh oil tank*

47 die Spurstange
- *track rod* (Am. *tie rod)*

48 der Vorderachspendelbolzen
- *front axle pivot pin*

49 die Vorderachsfederung
- *front axle suspension*

50 die vordere Anhängevorrichtung
- *front coupling (front hitch)*

51 der Kühler
- *radiator*

52 der Ventilator
- *fan*

53 die Batterie
- *battery*

54 der (das) Ölbadluftfilter
- *oil bath air cleaner (oil bath air filter)*

55 **der Grubber** (Kultivator)
- ***cultivator*** *(grubber)*

56 der Profilrahmen
- *sectional frame*

57 die Federzinke
- *spring tine*

58 die (das) Schar, ein[e] Doppelherzschar *f u. n* (*ähnl.:* Meißelschar)
- *share, a diamond-shaped share (sim.: chisel-shaped share)*

59 das Stützrad
- *depth wheel*

60 die Tiefeneinstellung
- *depth adjustment*

61 die Anhängevorrichtung
- *coupling (hitch)*

62 **der Volldrehpflug,** ein Anbaupflug *m*
- ***reversible plough*** (Am. *plow), a mounted plough*

63 das Pflugstützrad
- *depth wheel*

64-67 **der Pflugkörper, ein Universalpflugkörper** *m*
- ***plough*** (Am. ***plow) bottom,*** *a general-purpose plough bottom*

64 das Streichblech
- *mouldboard* (Am. *moldboard)*

65 die (das) Pflugschar (Schar), ein[e] Spitzschar *f u. n*
- *ploughshare (share,* Am. *plowshare), a pointed share*

66 die Pflugsohle
- *sole (slade)*

67 das Molterbrett
- *landside*

68 der Vorschäler
- *skim coulter* (Am. *colter)*

69 das Scheibensech
- *disc (disk) coulter* (Am. *colter) (rolling coulter)*

70 der Pflugrahmen
- *plough* (Am. *plow) frame*

71 der Grindel
- *beam (plough beam,* Am. *plowbeam)*

72 die Dreipunktkupplung
- *three-point linkage*

73 die Schwenkvorrichtung (das Standdrehwerk)
- *swivel mechanism*

74 **die Drillmaschine**
- ***drill***

75 der Säkasten
- *seed hopper*

76 das Säschar
- *drill coulter* (Am. *colter)*

77 das Saatleitungsrohr, ein Teleskoprohr
- *delivery tube, a telescopic tube*

78 der Saatauslauf
- *feed mechanism*

79 der Getriebekasten
- *gearbox*

80 das Antriebsrad
- *drive wheel*

81 der Spuranzeiger
- *track indicator*

82 **die Scheibenegge,** ein Aufsattelgerät *n*
- ***disc (disk) harrow,*** *a semimounted implement*

83 die x-förmige Scheibenanordnung
- *discs (disks) in X-configuration*

84 die glatte Scheibe
- *plain disc (disk)*

85 die gezackte Scheibe
- *serrated-edge disc (disk)*

86 die Schnellkupplung
- *quick hitch*

87 **die Saatbettkombination**
- ***combination seed-harrow***

88 die dreifeldrige Zinkegge
- *three-section spike-tooth harrow*

89 der dreifeldrige Zweiwalzenkrümler
- *three-section rotary harrow*

90 der Tragrahmen
- *frame*

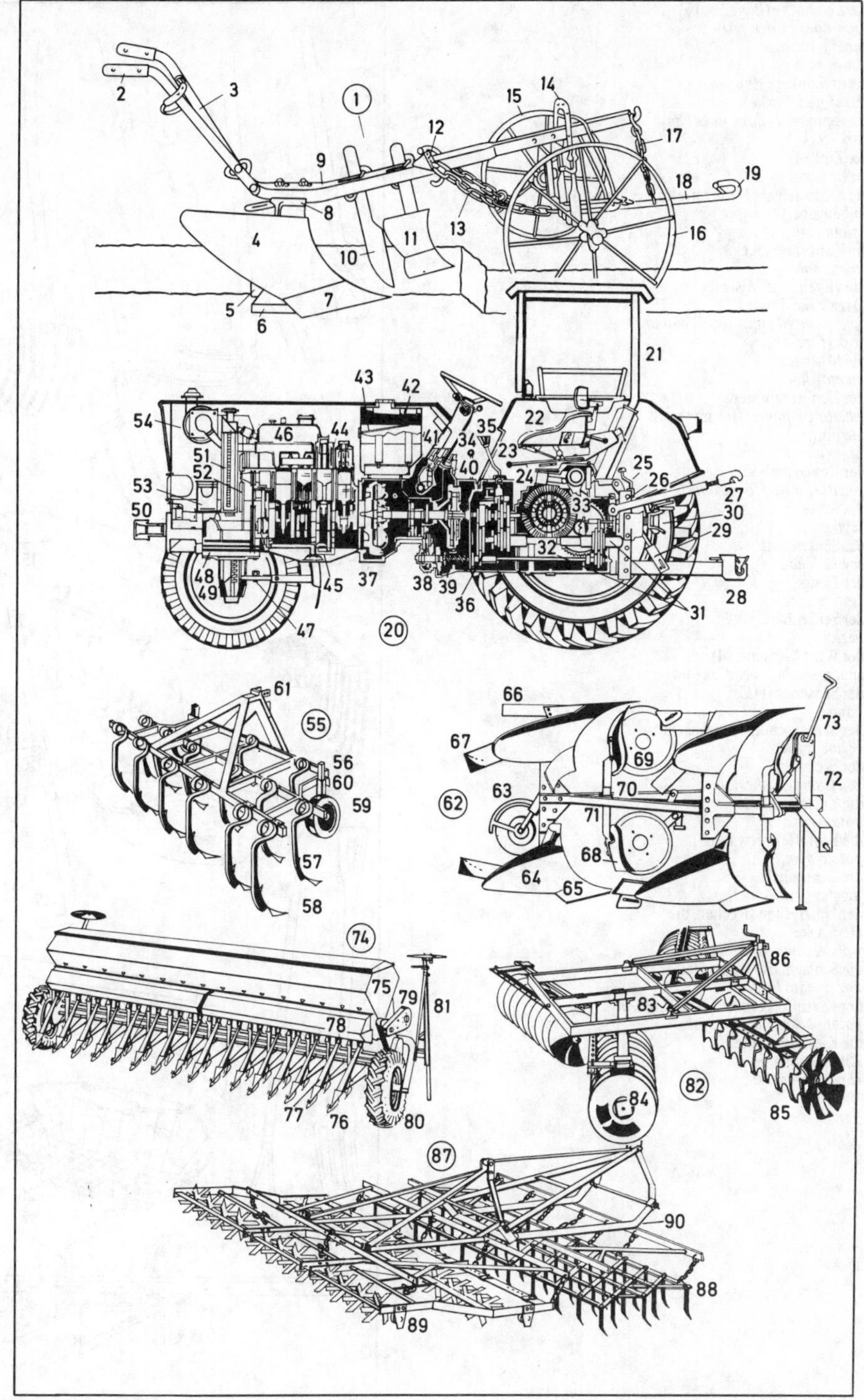
1
2
3
4
5
6
7
8
9
10
11
12
13
14
15
16
17
18
19
20
21
22
23
24
25
26
27
28
29
30
31
32
33
34
35
36
37
38
39
40
41
42
43
44
45
46
47
48
49
50
51
52
53
54
55
56
57
58
59
60
61
62
63
64
65
66
67
68
69
70
71
72
73
74
75
76
77
78
79
80
81
82
83
84
85
86
87
88
89
90

1 die Ziehhacke (Bügelhacke)
- *draw hoe (garden hoe)*

2 der Hackenstiel
- *hoe handle*

3 die dreizinkige Heugabel (Heuforke, Forke)
- *three-pronged (three-tined) hay fork (fork)*

4 der Zinken
- *prong (tine)*

5 die Kartoffelgabel (Kartoffelforke, Rübengabel)
- *potato fork*

6 die Kartoffelhacke
- *potato hook*

7 die vierzinkige Mistgabel (Mistforke, Forke)
- *four-pronged (four-tined) manure fork (fork)*

8 die Misthacke
- *manure hoe*

9 der Dengelhammer
- *whetting hammer [for scythes]*

10 die Finne
- *peen (pane)*

11 der Dengelamboß
- *whetting anvil [for scythes]*

12 die Sense
- *scythe*

13 das Sensenblatt
- *scythe blade*

14 der Dengel
- *cutting edge*

15 der Sensenbart
- *heel*

16 der Wurf (Sensenstiel)
- *snath (snathe, snead, sneath)*

17 der Sensengriff (Griff)
- *handle*

18 der Sensenschutz (Sensenschuh)
- *scythe sheath*

19 der Wetzstein
- *whetstone (scythestone)*

20 die Kartoffelkralle
- *potato rake*

21 die Kartoffellegewanne
- *potato planter*

22 die Grabgabel
- *digging fork (fork)*

23 der Holzrechen (Rechen, die Heuharke)
- *wooden rake (rake, hayrake)*

24 die Schlaghacke (Kartoffelhacke)
- *hoe (potato hoe)*

25 der Kartoffelkorb, ein Drahtkorb *m*
- *potato basket, a wire basket*

26 die Kleekarre, eine Kleesämaschine
- *clover broadcaster*

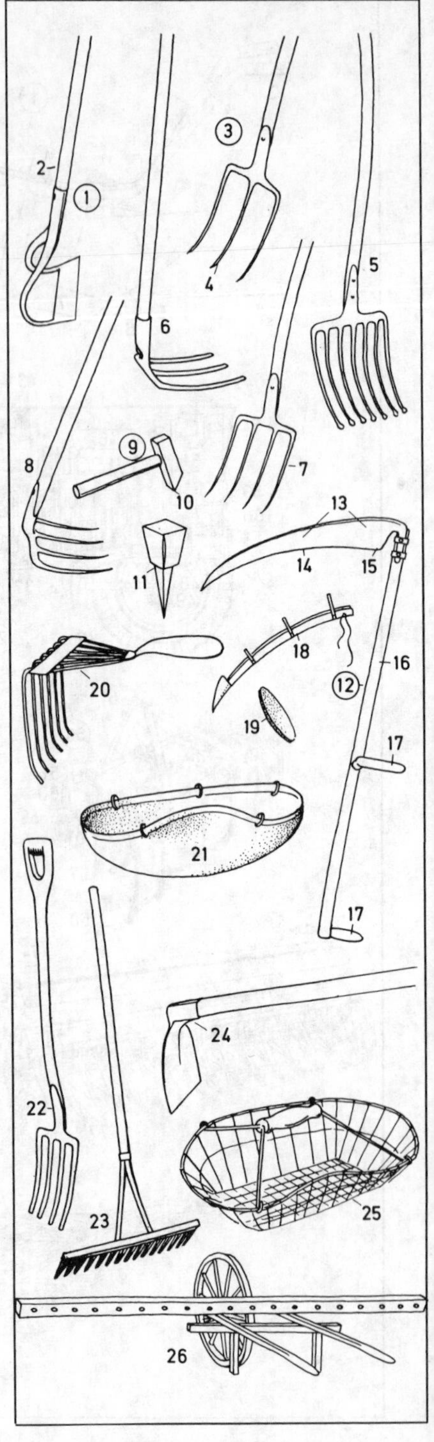

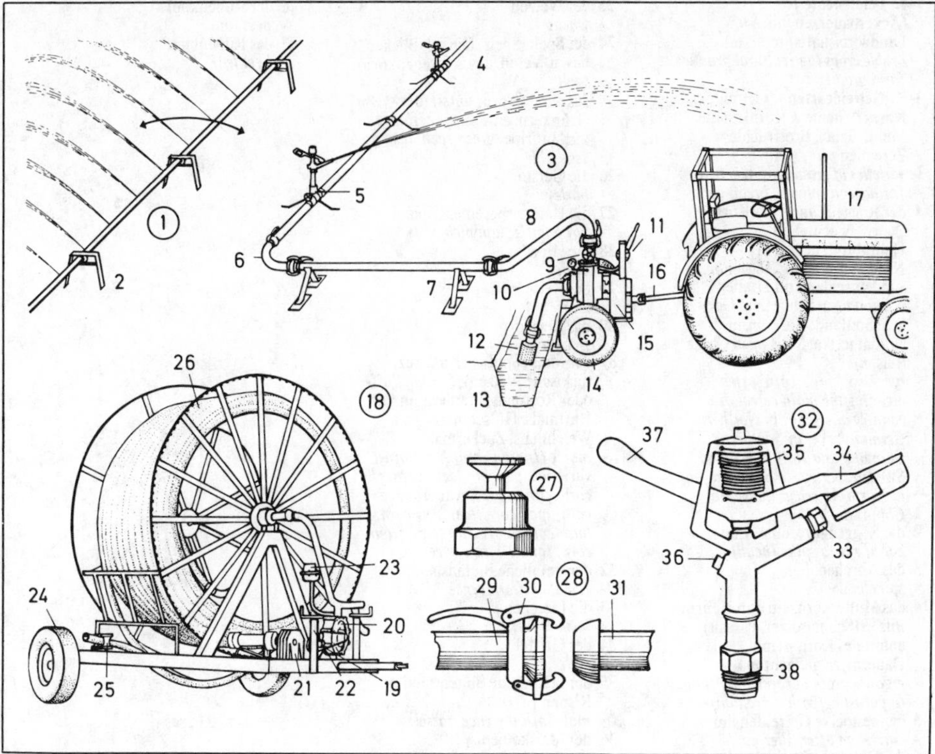

1 das Düsenschwenkrohr
- *oscillating spray line*

2 der Lagerstützbock
- *stand (steel chair)*

3 die vollbewegliche Beregnungsanlage
- *portable irrigation system*

4 der Kreisregner
- *revolving sprinkler*

5 die Standrohrkupplung
- *standpipe coupler*

6 der Kardanbogen
- *elbow with cardan joint (cardan coupling)*

7 der Stützbock
- *pipe support (trestle)*

8 der Pumpenanschlußbogen
- *pump connection*

9 der Druckanschluß
- *delivery valve*

10 das Manometer
- *pressure gauge* (Am. *gage*) *(manometer)*

11 die Evakuierungspumpe
- *centrifugal evacuating pump*

12 der Saugkorb
- *basket strainer*

13 der Graben
- *channel*

14 das Fahrgestell für die Schlepperpumpe
- *chassis of the p.t.o.-driven pump (power take-off-driven pump)*

15 die Schlepperpumpe
- *p.t.o.-driven (power take-off-driven) pump*

16 die Gelenkwelle
- *cardan shaft*

17 der Schlepper
- *tractor*

18 der Beregnungsautomat für Großflächen *f*
- *long-range irrigation unit*

19 der Antriebsstutzen
- *drive connection*

20 die Turbine
- *turbine*

21 das Getriebe
- *gearing (gears)*

22 die verstellbare Wagenabstützung
- *adjustable support*

23 die Evakuierungspumpe
- *centrifugal evacuating pump*

24 das Laufrad
- *wheel*

25 die Rohrführung
- *pipe support*

26 das PE-Rohr (Polyesterrohr)
- *polyester pipe*

27 die Regendüse
- *sprinkler nozzle*

28 das Schnellkupplungsrohr mit Kardangelenkkupplung *f*
- *quick-fitting pipe connection with cardan joint*

29 der (das) Kardan-M-Teil
- *M-cardan*

30 die Kupplung
- *clamp*

31 das (der) Kardan-V-Teil
- *V-cardan*

32 der Kreisregner, ein Feldregner *m*
- *revolving sprinkler, a field sprinkler*

33 die Düse
- *nozzle*

34 der Schwinghebel
- *breaker*

35 die Schwinghebelfeder
- *breaker spring*

36 der Stopfen
- *stopper*

37 das Gegengewicht
- *counterweight*

38 das Gewinde
- *thread*

1-47 Feldfrüchte *f* (Ackerbauerzeugnisse *n*, Landwirtschaftsprodukte)
- ***arable crops*** *(agricultural produce, farm produce)*

1-37 Getreidearten *f* (Getreide *n*, Körnerfrüchte *f*, Kornfrüchte, Mehlfrüchte, Brotfrüchte, Zerealien *pl*)
- ***varieties of grain*** *(grain, cereals, farinaceous plants, bread-corn)*

1 der Roggen (*auch:* das Korn; „Korn" bedeutet oft Hauptbrotfrucht *f*, in Norddeutschland: Roggen *m*, in Süddeutschland und Italien: Weizen *m*, in Schweden: Gerste *f*, in Schottland: Hafer *m*, in Nordamerika: Mais *m*, in China: Reis *m*)
- *rye (*also: *corn, 'corn' often meaning the main cereal of a country or region; in Northern Germany: rye; in Southern Germany and Italy: wheat; in Sweden: barley; in Scotland: oats; in North America: maize; in China: rice)*

2 die Roggenähre, eine Ähre
- *ear of rye, a spike (head)*

3 das Ährchen
- *spikelet*

4 das Mutterkorn, ein durch einen Pilz *m* (Schmarotzer, Parasit) entartetes Korn *n* (mit Dauermyzelgeflecht *n*)
- *ergot, a grain deformed by fungus (a parasite) (with mycelium)*

5 der bestockte Getreidehalm
- *corn stem after tillering*

6 der Halm
- *culm (stalk)*

7 der Halmknoten
- *node of the culm*

8 das Blatt (Getreideblatt)
- *leaf (grain leaf)*

9 die Blattscheide (Scheide)
- *leaf sheath (sheath)*

10 das Ährchen
- *spikelet*

11 die Spelze
- *glume*

12 die Granne
- *awn (beard, arista)*

13 das Samenkorn (Getreidekorn, Korn, der Mehlkörper)
- *seed (grain, kernel, farinaceous grain)*

14 die Keimpflanze
- *embryo plant*

15 das Samenkorn
- *seed*

16 der Keimling
- *embryo*

17 die Wurzel
- *root*

18 das Wurzelhaar
- *root hair*

19 das Getreideblatt
- *grain leaf*

20 die Blattspreite (Spreite)
- *leaf blade (blade, lamina)*

21 die Blattscheide
- *leaf sheath*

22 das Blatthäutchen
- *ligule (ligula)*

23 der Weizen
- *wheat*

24 der Spelt (Spelz, Dinkel, Blicken, Fesen, Vesen, das Schwabenkorn)
- *spelt*

25 das Samenkorn; *unreif:* der Grünkern, eine Suppeneinlage
- *seed;* unripe: *green spelt, a soup vegetable*

26 die Gerste
- *barley*

27 die Haferrispe, eine Rispe
- *oat panicle, a panicle*

28 die Hirse
- *millet*

29 der Reis
- *rice*

30 das Reiskorn
- *rice grain*

31 der Mais (*landsch.* Kukuruz, türkische Weizen); *Sorten:* Puff- oder Röstmais, Pferdezahnmais, Hartmais, Hülsenmais, Weichmais, Zuckermais
- *maize (Indian corn,* Am. *corn);* varieties: *popcorn, dent corn, flint corn (flint maize,* Am. *Yankee corn), pod corn (*Am. *cow corn, husk corn), soft corn (*Am. *flour corn, squaw corn), sweet corn*

32 der weibliche Blütenstand
- *female inflorescence*

33 die Lieschen *pl*
- *husk (shuck)*

34 der Griffel
- *style*

35 der männliche Blütenstand in Rispen *f*
- *male inflorescence (tassel)*

36 der Maiskolben
- *maize cob (*Am. *corn cob)*

37 das Maiskorn
- *maize kernel (grain of maize)*

38-45 Hackfrüchte *f*
- ***root crops***

38 die Kartoffel (*österr.* der Erdapfel, Herdapfel, die Grundbirne, *schweiz.* die Erdbirne), eine Knollenpflanze; *Sorten:* die runde, rundovale, plattovale, lange Kartoffel, Nierenkartoffel; nach Farben: die weiße, gelbe, rote, blaue Kartoffel
- *potato plant (potato), a tuberous plant;* varieties: *round, round-oval (pear-shaped), flat-oval, long, kidney-shaped potato;* according to colour: *white (*Am. *Irish), yellow, red, purple potato*

39 die Saatkartoffel (Mutterknolle)
- *seed potato (seed tuber)*

40 die Kartoffelknolle (Kartoffel, Knolle)
- *potato tuber (potato, tuber)*

41 das Kartoffelkraut
- *potato top (potato haulm)*

42 die Blüte
- *flower*

43 die giftige Beerenfrucht (der Kartoffelapfel)
- *poisonous potato berry (potato apple)*

44 die Zuckerrübe, eine Runkelrübe
- *sugar beet, a beet*

45 die Wurzel (Rübe, der Rübenkörper)
- *root (beet)*

46 der Rübenkopf
- *beet top*

47 das Rübenblatt
- *beet leaf*

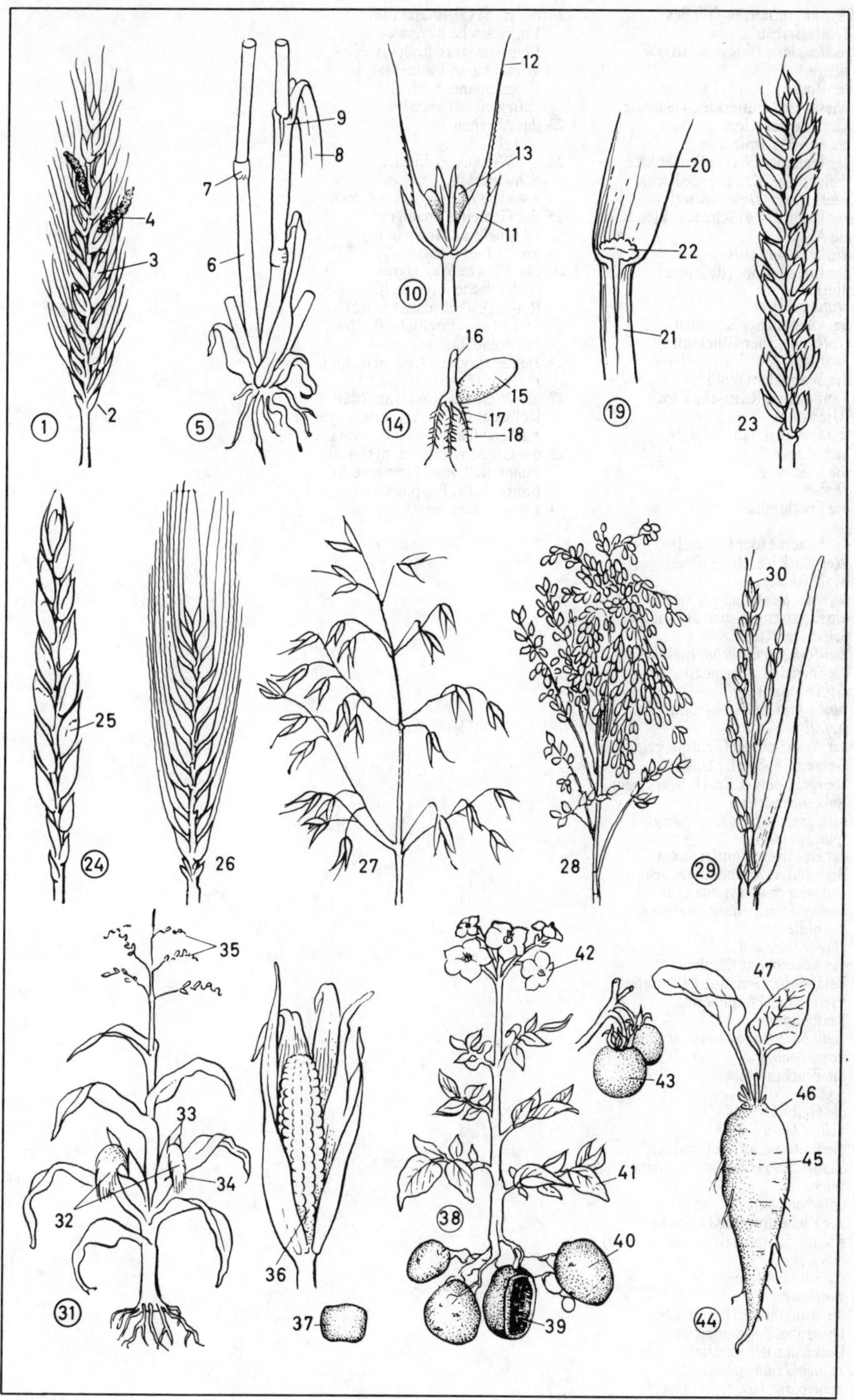
1
2
3
4
5
6
7
8
9
10
11
12
13
14
15
16
17
18
19
20
21
22
23
24
25
26
27
28
29
30
31
32
33
34
35
36
37
38
39
40
41
42
43
44
45
46
47

1-28 Futterpflanzen *f* **für den Feldfutterbau**
- ***fodder plants (forage plants) for tillage***

1 der Rotklee (Kopfklee, Rote Wiesenklee, Futterklee, Deutsche Klee, Steyrer Klee)
- *red clover (purple clover)*

2 der Weißklee (Weiße Wiesenklee, Weidenklee, Kriechende Klee)
- *white clover (Dutch clover)*

3 der Bastardklee (Schwedenklee, *nd.* die Alsike)
- *alsike clover (alsike)*

4 der Inkarnatklee (Rosenklee, Blutklee)
- *crimson clover*

5 das vierblättrige Kleeblatt (*volkstüml.:* der Glücksklee)
- *four-leaf (four-leaved) clover*

6 der Wundklee (Wollklee, Tannenklee, Russische Klee, Bärenklee)
- *kidney vetch (lady's finger, lady-finger)*

7 die Kleeblüte
- *flower*

8 die Fruchthülse
- *pod*

9 die Luzerne (der Dauerklee, Welsche Klee, Hohe Klee, Monatsklee)
- *lucerne (lucern, purple medick)*

10 die Esparsette (Esper, der Süßklee, Schweizer Klee)
- *sainfoin (cock's head, cockshead)*

11 die Serradella (Serradelle, der Große Vogelfuß)
- *bird's foot (bird-foot, bird's foot trefoil)*

12 der Ackerspörgel (Feldspörgel, Gemeine Spörgel, Feldspark, Spörgel, Spergel, Spark, Sperk), ein Nelkengewächs *n*
- *corn spurrey (spurrey, spurry), a spurrey (spurry)*

13 der Komfrey (Comfrey), ein Beinwell *m*, Rauhblattgewächs *n*
- *common comfrey, one of the borage family (Boraginaceae)*

14 die Blüte
- *flower (blossom)*

15 die Ackerbohne (Saubohne, Feldbohne, Gemeine Feldbohne, Viehbohne, Pferdebohne, Roßbohne)
- *field bean (broad bean, tick bean, horse bean)*

16 die Fruchthülse
- *pod*

17 die Gelbe Lupine
- *yellow lupin*

18 die Futterwicke (Ackerwicke, Saatwicke, Feldwicke, Gemeine Wicke)
- *common vetch*

19 der Kicherling (die Deutsche Kicher, Saatplatterbse, Weiße Erve)
- *chick-pea*

20 die Sonnenblume
- *sunflower*

21 die Runkelrübe (Futterrübe, Dickrübe, Burgunderrübe, Dickwurz, der Randich)
- *mangold (mangelwurzel, mangoldwurzel, field mangel)*

22 der Hohe Glatthafer (das Französische Raygras, Franzosengras, Roßgras, der Wiesenhafer, Fromental, die Fromändaner Schmale)
- *false oat (oat-grass)*

23 das Ährchen
- *spikelet*

24 der Wiesenschwingel, ein Schwingel *m*
- *meadow fescue grass, a fescue*

25 das Gemeine Knaulgras (Knäuelgras, Knauelgras)
- *cock's foot (cocksfoot)*

26 das Welsche Weidelgras (Italienische Raygras, Italienische Raigras), *ähnl.:* das Deutsche Weidelgras (Englische Raygras, Englische Raigras)
- *Italian ryegrass;* sim.: *perennial ryegrass (English ryegrass)*

27 der Wiesenfuchsschwanz (das Kolbengras), ein Ährenrispengras *n*
- *meadow foxtail, a paniculate grass*

28 der Große Wiesenknopf (Große Pimpernell, Rote Pimpernell, die Bimbernelle, Pimpinelle)
- *greater burnet saxifrage*

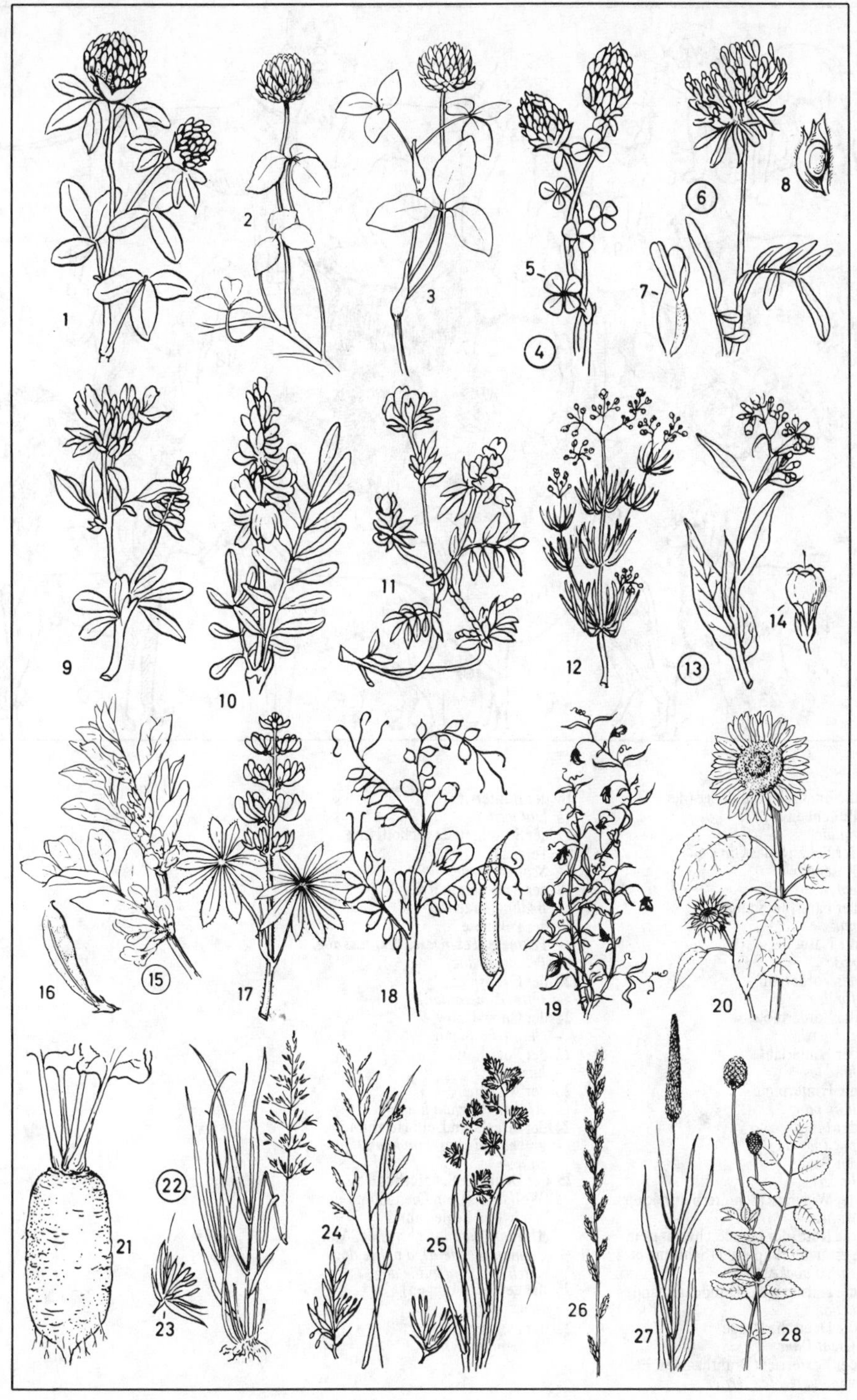
1
2
3
4
5
6
7
8
9
10
11
12
13
14
15
16
17
18
19
20
21
22
23
24
25
26
27
28

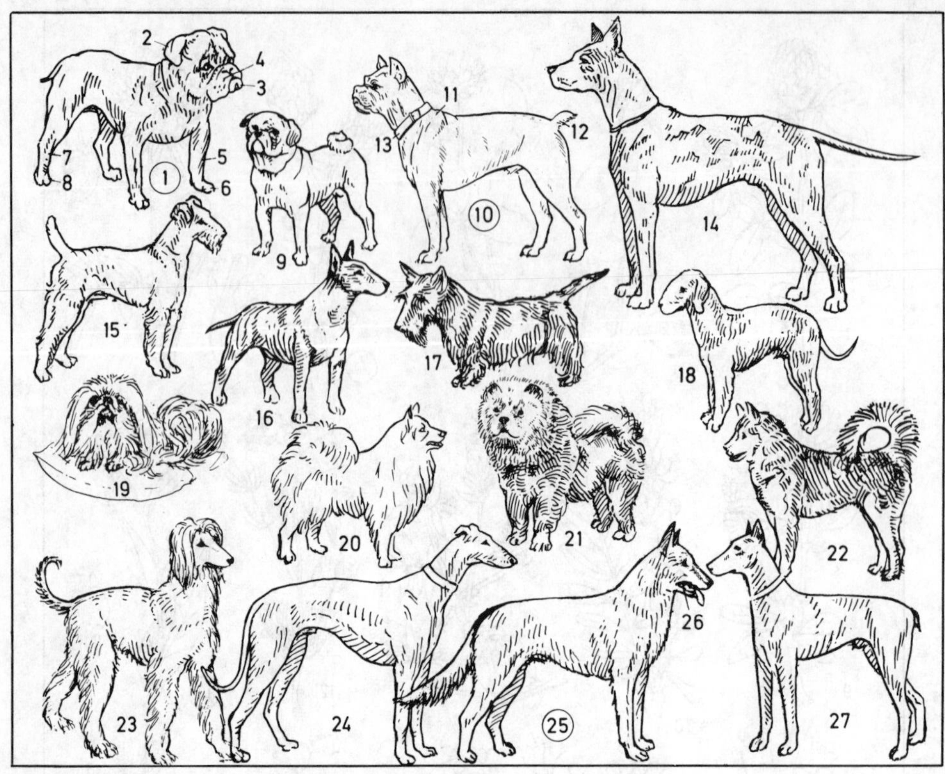

1 die Englische Bulldogge (der Bullenbeißer)
- *bulldog*
2 der Behang (das Ohr), ein Rosenohr *n*
- *ear, a rose-ear*
3 der Fang (die Schnauze)
- *muzzle*
4 die Nase
- *nose*
5 der Vorderlauf
- *foreleg*
6 die Vorderpfote
- *forepaw*
7 der Hinterlauf
- *hind leg*
8 die Hinterpfote
- *hind paw*
9 der Mops
- *pug (pug dog)*
10 der Boxer
- *boxer*
11 der Widerrist (Schulterblatthöcker)
- *withers*
12 die Rute (der Hundeschwanz), ein gestutzter (kupierter) Schwanz *m*
- *tail, a docked tail*
13 die Halsung (das Hundehalsband)
- *collar*
14 die Deutsche Dogge
- *Great Dane*
15 der Foxterrier (Drahthaarfox, Fox)
- *wire-haired fox terrier*
16 der Bullterrier
- *bull terrier*
17 der Scotchterrier (Schottische Terrier)
- *Scottish terrier*
18 der Bedlingtonterrier
- *Bedlington terrier*
19 der Pekinese
- *Pekinese (Pekingese, Pekinese dog, Pekingese dog)*
20 der Großspitz
- *spitz (Pomeranian)*
21 der Chow-Chow
- *chow (chow-chow)*
22 der Polarhund
- *husky*
23 der Afghane
- *Afghan (Afghan hound)*
24 der Greyhound, ein Hetzhund *m*
- *greyhound (*Am. *grayhound), a courser*
25 der Deutsche Schäferhund (Wolfshund), ein Diensthund *m*, Wach- und Begleithund
- *Alsatian (German sheepdog,* Am. *German shepherd), a police dog, watch dog, and guide dog*
26 die Lefzen *f* (Lippen)
- *flews (chaps)*
27 der Dobermann
- *Dobermann terrier*

28-31 die Hundegarnitur
- ***dog's outfit***

28 die Hundebürste
- *dog brush*

29 der Hundekamm
- *dog comb*

30 die Leine (Hundeleine, der Riemen); *für Jagdzwecke:* Schweißriemen
- *lead (dog lead, leash);* for hunting: *leash*

31 der Maulkorb
- *muzzle*

32 der Freßnapf (Futternapf)
- *feeding bowl (dog bowl)*

33 der Knochen
- *bone*

34 der Neufundländer
- *Newfoundland dog*

35 der Schnauzer
- *schnauzer*

36 der Pudel, *ähnl. u. kleiner:* der Zwergpudel
- *poodle;* sim. and smaller: *pygmy (pigmy) poodle*

37 der Bernhardiner
- *St. Bernard (St. Bernard dog)*

38 der Cockerspaniel
- *cocker spaniel*

39 der Kurzhaardackel (Dachshund, Teckel), ein Erdhund *m*
- *dachshund, a terrier*

40 der Deutsche Vorstehhund
- *German pointer*

41 der Setter (Englischer Vorstehhund)
- *English setter*

42 der Schweißhund (Spürhund)
- *trackhound*

43 der Pointer, ein Spürhund *m*
- *pointer, a trackhound*

1-6 Reitkunst *f* (die Hohe Schule, das Schulreiten)
- ***equitation*** *(high school riding, haute école)*
1 die Piaffe
- *piaffe*
2 der Schulschritt
- *walk*
3 die Passage (der spanische Tritt)
- *passage*
4 die Levade
- *levade (pesade)*
5 die Kapriole
- *capriole*
6 die Kurbette
- *courbette (curvet)*
7-25 das Geschirr
- ***harness***
7-13 das Zaumzeug (der Zaum)
- *bridle*
7-11 das Kopfgestell
- ***headstall*** *(headpiece, halter)*
7 der Nasenriemen
- *noseband*
8 das Backenstück
- *cheek piece (cheek strap)*
9 der Stirnriemen
- *browband (front band)*
10 das Genickstück
- *crownpiece*
11 der Kehlriemen
- *throatlatch (throatlash)*
12 die Kinnkette (Kandarenkette)
- *curb chain*
13 die Kandare (Schere)
- *curb bit*
14 der Zughaken
- *hasp (hook) of the hame* (Am. *drag hook)*
15 das Spitzkumt, ein Kumt *n* (Kummet)
- *pointed collar, a collar*
16 die Schalanken *pl*
- *trappings (side trappings)*
17 der Kammdeckel
- *saddle-pad*
18 der Bauchgurt
- *girth*
19 der Sprenggurt
- *backband*
20 die Aufhaltekette
- *shaft chain (pole chain)*
21 die Deichsel
- *pole*
22 der Strang
- *trace*
23 der Bauchnotgurt
- *second girth (emergency girth)*
24 der Zuggurt
- *trace*
25 die Zügel *m*
- *reins* (Am. *lines)*
26-36 das Sielengeschirr (Blattgeschirr)
- ***breast harness***
26 die Scheuklappe
- *blinker* (Am. *blinder, winker)*
27 der Aufhaltering
- *breast collar ring*
28 das Brustblatt
- *breast collar (Dutch collar)*
29 die Gabel
- *fork*
30 der Halsriemen
- *neck strap*
31 der Kammdeckel
- *saddle-pad*
32 der Rückenriemen
- *loin strap*
33 der Zügel
- *reins (rein,* Am. *line)*
34 der Schweifriemen
- *crupper (crupper-strap)*
35 der Strang
- *trace*
36 der Bauchgurt
- *girth (belly-band)*
37-49 Reitsättel *m*
- ***saddles***
37-44 der Bocksattel
- ***stock saddle*** (Am. *western saddle)*
37 der Sattelsitz
- *saddle seat*
38 der Vorderzwiesel
- *pommel horn (horn)*
39 der Hinterzwiesel
- *cantle*
40 das Seitenblatt
- *flap* (Am. *fender)*
41 die Trachten *pl*
- *bar*
42 der Bügelriemen
- *stirrup leather*
43 der Steigbügel
- *stirrup (stirrup iron)*
44 der Woilach
- *blanket*
45-49 die Pritsche (der englische Sattel)
- ***English saddle*** *(cavalry saddle)*
45 der Sitz
- *seat*
46 der Sattelknopf
- *cantle*
47 das Seitenblatt
- *flap*
48 die Pausche
- *roll (knee roll)*
49 das Sattelkissen
- *pad*
50-51 Sporen *pl* [*sg* der Sporn]
- ***spurs***
50 der Anschlagsporn
- *box spur (screwed jack spur)*
51 der Anschnallsporn
- *strapped jack spur*
52 das Hohlgebiß
- *curb bit*
53 das Maulgatter
- *gag bit (gag)*
54 der Striegel
- *currycomb*
55 die Kardätsche
- *horse brush (body brush, dandy brush)*

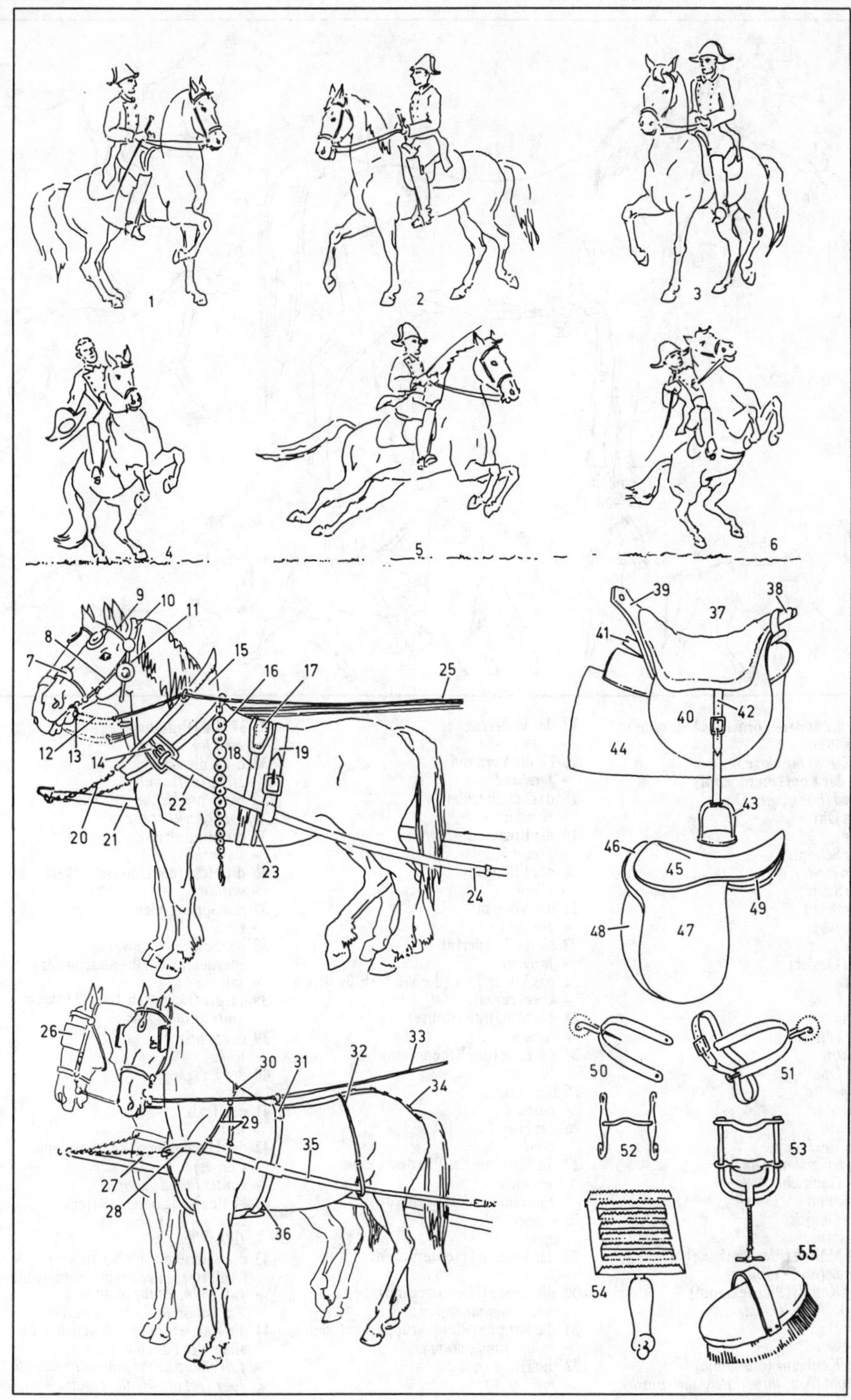
1
2
3
4
5
6
7
8
9
10
11
12
13
14
15
16
17
18
19
20
21
22
23
24
25
26
27
28
29
30
31
32
33
34
35
36
37
38
39
40
41
42
43
44
45
46
47
48
49
50
51
52
53
54
55

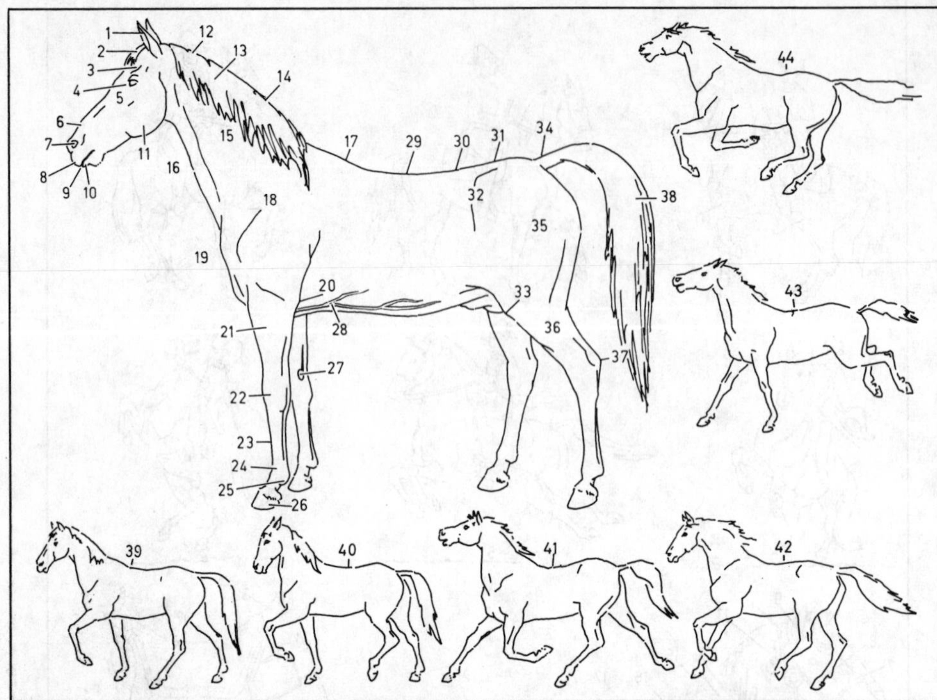

1-38 die äußere Form (das Exterieur) des Pferdes *n*
- ***points of the horse***

1-11 der Kopf (Pferdekopf)
- ***head*** *(horse's head)*

1 das Ohr
- *ear*

2 der Schopf
- *forelock*

3 die Stirn
- *forehead*

4 das Auge
- *eye*

5 das Gesicht
- *face*

6 die Nase
- *nose*

7 die Nüster
- *nostril*

8 die Oberlippe
- *upper lip*

9 das Maul
- *mouth*

10 die Unterlippe
- *underlip (lower lip)*

11 die Ganasche
- *lower jaw*

12 das Genick
- *crest (neck)*

13 die Mähne (Pferdemähne)
- *mane (horse's mane)*

14 der Kamm (Pferdekamm)
- *crest (horse's crest)*

15 der Hals
- *neck*

16 der Kehlgang (die Kehle)
- *throat* (Am. *throatlatch, throatlash)*

17 der Widerrist
- *withers*

18-27 die Vorhand
- ***forehand***

18 das Schulterblatt
- *shoulder*

19 die Brust
- *breast*

20 der Ellbogen
- *elbow*

21 der Vorarm
- *forearm*

22-26 der Vorderfuß
- ***forefoot***

22 das Vorderknie (die Vorderfußwurzel)
- *knee (carpus, wrist)*

23 der Mittelfuß (Röhre)
- *cannon*

24 die Köte (das Kötengelenk)
- *fetlock*

25 die Fessel
- *pastern*

26 der Huf
- *hoof*

27 die Kastanie des Pferdes *n*, eine Schwiele
- *chestnut (castor), a callosity*

28 die Sporader
- *spur vein*

29 der Rücken (Pferderücken)
- *back*

30 die Lende (Nierengegend)
- *loins (lumbar region)*

31 die Kruppe (Pferdekruppe, das Kreuz)
- *croup (rump, crupper)*

32 die Hüfte
- *hip*

33-37 die Hinterhand
- ***hind leg***

33 die Kniescheibe
- *stifle (stifle joint)*

34 die Schweifrübe
- *root (dock) of the tail*

35 die Hinterbacke
- *haunch*

36 die Hose (der Unterschenkel)
- *gaskin*

37 das Sprunggelenk
- *hock*

38 der Schweif (Schwanz, Pferdeschweif, Pferdeschwanz)
- *tail*

39-44 die Gangarten *f* des Pferdes *n*
- ***gaits*** *of the horse*

39 der Schritt
- *walk*

40 der Paßgang
- *pace*

41 der Trab
- *trot*

42 der Handgalopp (kurze Galopp, Canter)
- *canter (hand gallop)*

43-44 der Vollgalopp (gestreckte Galopp, die Karriere)
- *full gallop*

43 die Karriere beim Auffußen *n* (Aufsetzen) der beiden Vorderfüße *m*
- *full gallop at the moment of descent on to the two forefeet*

44 die Karriere beim Schweben *n* mit allen vier Füßen *m*
- *full gallop at the moment when all four feet are off the ground*

Abkürzungen:
m. = männlich; *k.* = *kastriert;*
w. = weiblich; *j.* = das Jungtier
Abbreviations:
m. = *male;* c. = *castrated;* f. = *female;* y. = *young*

1-2 Großvieh *n* (Vieh)
- *cattle*

1 das Rind, ein Horntier *n*, ein Wiederkäuer *m*; *m.* der Stier (Bulle); *k.* der Ochse; *w.* die Kuh; *j.* das Kalb
- *cow, a bovine animal, a horned animal, a ruminant;* m. *bull;* c. *ox;* f. *cow;* y. *calf*

2 das Pferd; *m.* der Hengst; *k.* der Wallach; *w.* die Stute; *j.* das Füllen (Fohlen)
- *horse;* m. *stallion;* c. *gelding;* f. *mare;* y. *foal*

3 der Esel
- *donkey*

4 der Saumsattel (Tragsattel)
- *pack saddle (carrying saddle)*

5 der Saum (die Traglast)
- *pack (load)*

6 der Quastenschwanz
- *tufted tail*

7 die Quaste
- *tuft*

8 das Maultier, ein Bastard *m* von Eselhengst *m* und Pferdestute *f*
- *mule, a cross between a male donkey and a mare*

9 das Schwein, ein Paarhufer *m*; *m.* der Eber; *w.* die Sau; *j.* das Ferkel
- *pig, a cloven-hoofed animal;* m. *boar;* f. *sow;* y. *piglet*

10 der Schweinsrüssel (Rüssel)
- *pig's snout (snout)*

11 das Schweinsohr
- *pig's ear*

12 das Ringelschwänzchen
- *curly tail*

13 das Schaf; *m.* der Schafbock (Bock, Widder); *k.* der Hammel; *j.* das Lamm
- *sheep;* m. *ram;* c. *wether;* f. *ewe;* y. *lamb*

14 die Ziege (Geiß)
- *goat*

15 der Ziegenbart
- *goat's beard*

16 der Hund, ein Leonberger *m*; *m.* der Rüde; *w.* die Hündin; *j.* der Welpe
- *dog, a Leonberger;* m. *dog;* f. *bitch;* y. *pup (puppy, whelp)*

17 die Katze, eine Angorakatze; *m.* der Kater
- *cat, an Angora cat (Persian cat);* m. *tom (tom cat)*

18-36 Kleinvieh *n*
- ***small domestic animals***

18 das Kaninchen; *m.* der Rammler (Bock); *w.* die Häsin
- *rabbit;* m. *buck;* f. *doe*

19-36 Geflügel *n*
- ***poultry** (domestic fowl)*

19-26 das Huhn
- ***chicken***

19 die Henne
- *hen*

20 der Kropf
- *crop (craw)*

21 der Hahn; *k.* der Kapaun
- *cock (Am. rooster);* c. *capon*

22 der Hahnenkamm
- *cockscomb (comb, crest)*

23 der Wangenfleck
- *lap*

24 der Kinnlappen
- *wattle (gill, dewlap)*

25 der Sichelschwanz
- *falcate (falcated) tail*

26 der Sporn
- *spur*

27 das Perlhuhn
- *guinea fowl*

28 der Truthahn (Puter); *w.* die Truthenne (Pute)
- *turkey;* m. *turkey cock (gobbler);* f. *turkey hen*

29 das Rad
- *fan tail*

30 der Pfau
- *peacock*

31 die Pfauenfeder
- *peacock's feather*

32 das Pfauenauge
- *eye (ocellus)*

33 die Taube; *m.* der Täuberich
- *pigeon;* m. *cock pigeon*

34 die Gans; *m.* der Gänserich (Ganser, *nd.* Ganter); *j. nd.* das Gössel
- *goose;* m. *gander;* y. *gosling*

35 die Ente; *m.* der Enterich (Erpel); *j.* das Entenküken
- *duck;* m. *drake;* y. *duckling*

36 die Schwimmhaut
- *web (palmations) of webbed foot (palmate foot)*

74 Geflügelhaltung, Eierproduktion

1-27 die Geflügelhaltung (Intensivhaltung)
- ***poultry farming (intensive poultry management)***

1-17 die Bodenhaltung
- ***straw yard (strawed yard) system***

1 der Hühneraufzuchtstall (Kükenstall)
- *fold unit for growing stock (chick unit)*

2 das Küken
- *chick*

3 die Schirmglucke
- *brooder (hover)*

4 die verstellbare Futterrinne
- *adjustable feeding trough*

5 der Junghennenstall
- *pullet fold unit*

6 die Tränkrinne
- *drinking trough*

7 der Wasserzulauf
- *water pipe*

8 die Einstreu
- *litter*

9 die Junghenne
- *pullet*

10 die Lüftungsvorrichtung
- *ventilator*

11-17 die Mastgeflügelzucht
- ***broiler rearing*** *(rearing of broiler chickens)*

11 der Scharraum (Tagesraum)
- *chicken run (*Am. *fowl run)*

12 das Masthuhn
- *broiler chicken (broiler)*

13 der Futterautomat
- *mechanical feeder (self-feeder, feed dispenser)*

14 die Haltekette
- *chain*

15 das Futterrohr
- *feed supply pipe*

16 die automatische Rundtränke (Selbsttränke)
- *mechanical drinking bowl (mechanical drinker)*

17 die Lüftungsvorrichtung
- *ventilator*

18 die Batteriehaltung (Käfighaltung)
- *battery system (cage system)*

19 die Batterie (Legebatterie)
- *battery (laying battery)*

20 der Etagenkäfig (Stufenkäfig, Batteriekäfig)
- *tiered cage (battery cage, stepped cage)*

21 die Futterrinne
- *feeding trough*

22 die Eierlängssammlung
- *egg collection by conveyor*

23-27 die automatische Futterzuführung und Entmistung
- ***mechanical feeding and dunging*** *(manure removal, droppings removal)*

23 das Schnellfütterungssystem für die Batteriefütterung (die Futtermaschine)
- *rapid feeding system for battery feeding (mechanical feeder)*

24 der Einfülltrichter
- *feed hopper*

25 das Futtertransportband (die Futtertransportkette, Futterkette)
- *endless-chain feed conveyor (chain feeder)*

26 die Wasserleitung
- *water pipe (liquid feed pipe)*

27 das Kottransportband
- *dunging chain (dunging conveyor)*

28 der Schlupfbrüter
- *[cabinet type] setting and hatching machine*

29 die Vorbruttrommel
- *ventilation drum [for the setting compartment]*

30 der Schlupfteil
- *hatching compartment (hatcher)*

31 der Metallschlupfwagen
- *metal trolley for hatching trays*

32 die Metallschlupfhorde
- *hatching tray*

33 der Vorbruttrommelantrieb
- *ventilation drum motor*

34-53 die Eierproduktion
- ***egg production***

34 die Eiersammelvorrichtung (Eiersammlung)
- *egg collection system (egg collection)*

35 die Niveauförderung
- *multi-tier transport*

36 die Einquersammlung
- *collection by pivoted fingers*

37 der Antriebsmotor
- *drive motor*

38 die Einsortiermaschine
- *sorting machine*

39 die Rollenzufuhr
- *conveyor trolley*

40 der Durchleuchtungsspiegel
- *fluorescent screen*

41 die Absaugvorrichtung zum Eiertransport *m*
- *suction apparatus (suction box) for transporting eggs*

42 das Ablagebord für leere und volle Höckereinsätze *m*
- *shelf for empty and full egg boxes*

43 die Eierwaagen *f*
- *egg weighers*

44 die Klassensortierung
- *grading*

45 der Höckereinsatz
- *egg box*

46 die vollautomatische Eierverpackungsmaschine
- *fully automatic egg-packing machine*

47 die Durchleuchtungskabine
- *radioscope box*

48 der Durchleuchtungstisch
- *radioscope table*

49-51 die Auflegevorrichtung
- *feeder*

49 die Vakuumabsaugvorrichtung
- *suction transporter*

50 der Vakuumschlauch
- *vacuum line*

51 der Anfuhrtisch
- *supply table*

52 die automatische Zählung und Gewichtsklassensortierung *f*
- *automatic counting and grading*

53 der Verpackungsentstapler
- *packing box dispenser*

54 der Fußring
- *leg ring*

55 die Geflügelmarke
- *wing tally (identification tally)*

56 das Zwerghuhn (Bantamhuhn)
- *bantam*

57 die Legehenne
- *laying hen*

58 das Hühnerei (Ei)
- *hen's egg (egg)*

59 die Kalkschale (Eierschale), eine Eihülle
- *eggshell, an egg integument*

60 die Schalenhaut
- *shell membrane*

61 die Luftkammer
- *air space*

62 das Eiweiß (*österr.* Eiklar)
- *white [of the egg] (albumen)*

63 die Hagelschnur (Chalaza)
- *chalaza (*Am. *treadle)*

64 die Dotterhaut
- *vitelline membrane (yolk sac)*

65 die Keimscheibe (der Hahnentritt)
- *blastodisc (germinal disc, cock's tread, cock's treadle)*

66 das Keimbläschen
- *germinal vesicle*

67 der (das) weiße Dotter
- *white*

68 das Eigelb (der *od.* das gelbe Dotter)
- *yolk*

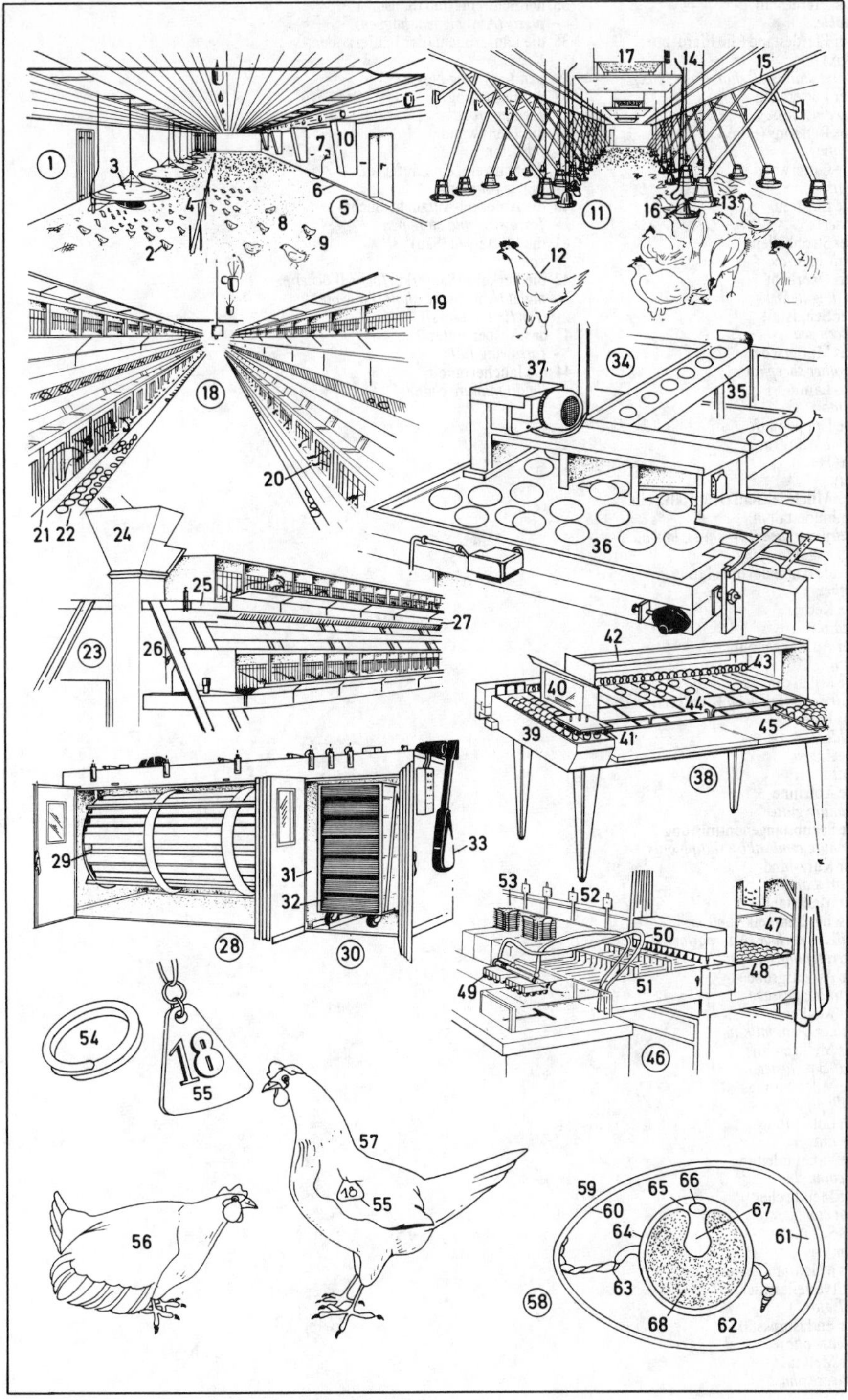
1
2
3
4
5
6
7
8
9
10
11
12
13
14
15
16
17
18
19
20
21
22
23
24
25
26
27
28
29
30
31
32
33
34
35
36
37
38
39
40
41
42
43
44
45
46
47
48
49
50
51
52
53
54
55
18
56
57
58
59
60
61
62
63
64
65
66
67
68

1 **der Pferdestall**
- ***stable***
2 der Pferdestand (die Pferdebox, Box)
- *horse stall (stall, horse box, box)*
3 der Futtergang
- *feeding passage*
4 das Reitpony (Pony)
- *pony*
5 die Gitterwand
- *bars*
6 die Einstreu
- *litter*
7 der Strohballen
- *bale of straw*
8 das Oberlicht
- *ceiling light*
9 **der Schafstall**
- ***sheep pen***
10 das Mutterschaf
- *mother sheep (ewe)*
11 das Lamm
- *lamb*
12 die Doppelraufe
- *double hay rack*
13 das Heu
- *hay*
14 **der Milchviehstall** (Kuhstall), ein Anbindestall *m*
- ***dairy cow shed*** *(cow shed), in which cows require tying*
15-16 die Anbindevorrichtung
- *tether*
15 die Kette
- *chain*
16 der Aufhängeholm
- *rail*
17 die Milchkuh
- *dairy cow (milch-cow, milker)*
18 das Euter
- *udder*
19 die Zitze
- *teat*
20 die Kotrinne
- *manure gutter*
21 die Schubstangenentmistung
- *manure removal by sliding bars*
22 der Kurzstand
- *short standing*
23 **der Melkstand,** ein Fischgrätenmelkstand *m*
- ***milking parlour*** (Am. *parlor), a herringbone parlour*
24 die Arbeitsgrube
- *working passage*
25 der Melker
- *milker* (Am. *milkman)*
26 das Melkgeschirr
- *teat cup cluster*
27 die Milchleitung
- *milk pipe*
28 die Luftleitung
- *air line*
29 die Vakuumleitung
- *vacuum line*
30 der Melkbecher
- *teat cup*
31 das Schauglas
- *window*
32 das Milchsammel- und Luftverteilerstück
- *pulsator*
33 der Entlastungstakt
- *release phase*
34 der Melktakt
- *squeeze phase*
35 **der Schweinestall** (Saustall)
- ***pigsty*** (Am. *pigpen, hogpen)*
36 die Läuferbucht (der Läuferkoben, Koben)
- *pen for young pigs*
37 der Futtertrog
- *feeding trough*
38 die Trennwand
- *partition*
39 das Schwein, ein Läufer *m*
- *pig, a young pig*
40 die Abferkel-Aufzucht-Bucht
- *farrowing and store pen*
41 die Muttersau (Sau)
- *sow*
42 die Ferkel *n* (Sauferkel *[bis 8 Wochen]*)
- *piglet* (Am. *shoat, shote) (sow pig [for first 8 weeks])*
43 das Absperrgitter
- *farrowing rails*
44 die Jaucherinne
- *liquid manure channel*

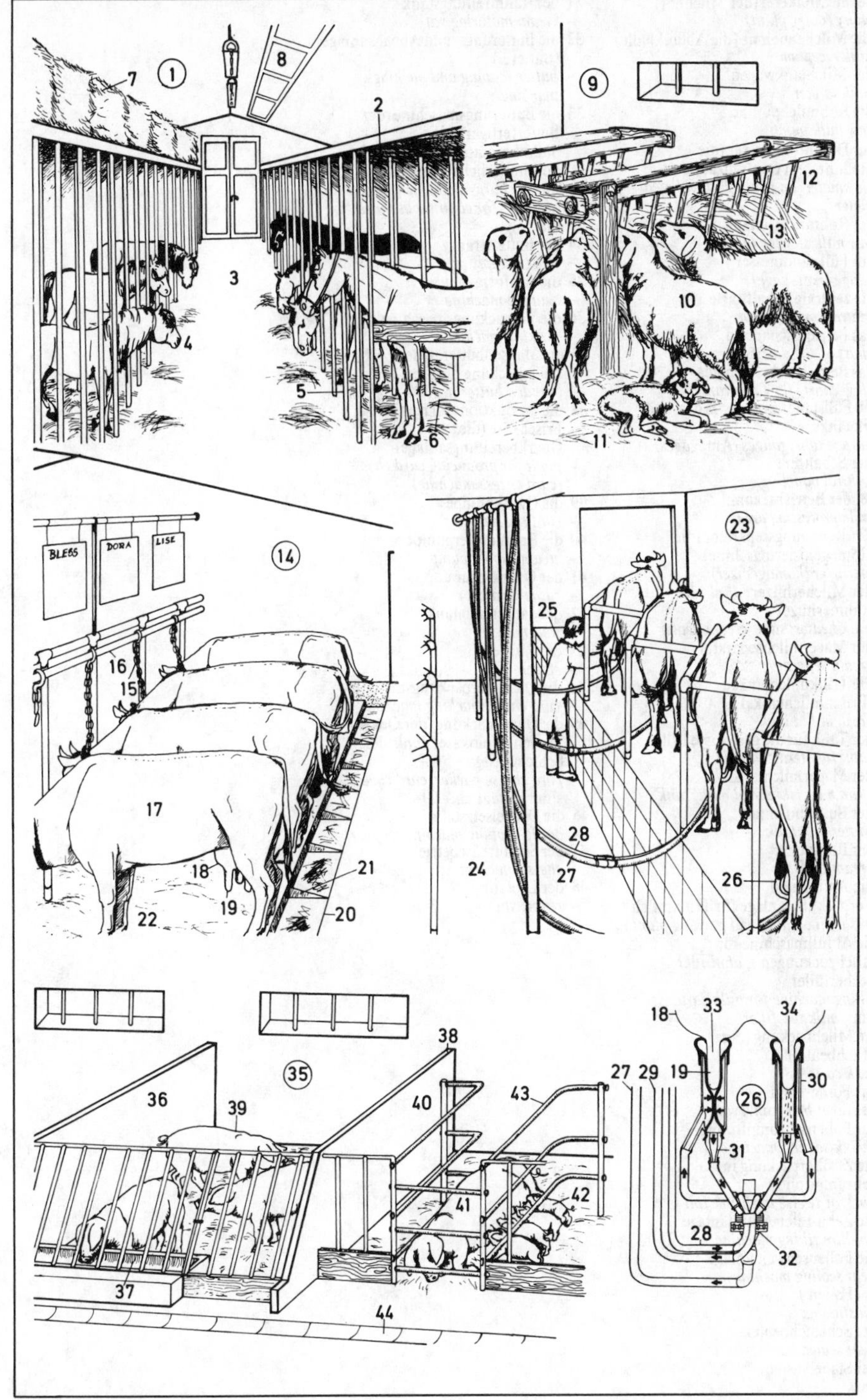
1
2
3
4
5
6
7
8
9
10
11
12
13
14
BLESS
DORA
LISE
15
16
17
18
19
20
21
22
23
24
25
26
27
28
18
33
34
27
29
19
30
26
31
28
32
35
36
37
38
39
40
41
42
43
44

1-48 die Molkerei (der Milchhof)
- ***dairy*** *(dairy plant)*

1 **die Milchannahme** (die Abtankhalle)
- ***milk reception***

2 der Milchtankwagen
- *milk tanker*

3 die Rohmilchpumpe
- *raw milk pump*

4 der Durchflußmesser (die Meßuhr), ein Ovalradzähler *m*
- *flowmeter, an oval (elliptical) gear meter*

5 der Rohmilchsilotank
- *raw milk storage tank*

6 der Füllstandmesser
- *gauge (*Am.* gage)*

7 **die zentrale Schaltwarte**
- ***central control room***

8 das Betriebsschaubild
- *chart of the dairy*

9 das Betriebsablaufschema
- *flow chart (flow diagram)*

10 die Füllstandsanzeiger *m* des Silotanks
- *storage tank gauges (*Am.* gages)*

11 das Schaltpult
- *control panel*

12-48 der Betriebsraum
- ***milk processing area***

12 der Reinigungsseparator (die Homogenisiermaschine)
- *sterilizer (homogenizer)*

13 der Milcherhitzer; *ähnl.:* der Rahmerhitzer
- *milk heater;* sim.: *cream heater*

14 der Magermilchseparator
- *cream separator*

15 die Trinkmilchtanks (Frischmilchtanks)
- *fresh milk tanks*

16 der Tank für die gereinigte Milch
- *tank for sterilized milk*

17 der Magermilchtank
- *skim milk (skimmed milk) tank*

18 der Buttermilchtank
- *buttermilk tank*

19 der Rahmtank
- *cream tank*

20 die Abfüll- und Verpackungsanlage für Trinkmilch *f*
- *fresh milk filling and packing plant*

21 die Abfüllmaschine für Milchpackungen *f*, *ähnl.:* der Becherfüller
- *filling machine for milk cartons;* sim.: *milk tub filler*

22 die Milchpackung (der Milchbeutel)
- *milk carton*

23 das Förderband
- *conveyor belt (conveyor)*

24 der Folienschrumpftunnel
- *shrink-sealing machine*

25 die Zwölferpackung in Schrumpffolie *f*
- *pack of twelve in shrink foil*

26 die Zehn-Liter-Abfüllanlage
- *ten-litre filling machine*

27 die Folienschweißanlage
- *heat-sealing machine*

28 die Folien *f*
- *plastic sheets*

29 der Schlauchbeutel
- *heat-sealed bag*

30 der Stapelkasten
- *crate*

31 der Rahmreifungstank
- *cream maturing vat*

32 die Butterungs- und Abpackanlage (Butterei)
- *butter shaping and packing machine*

33 die Butterungsmaschine (der Butterfertiger), eine Süßrahmbutterungsanlage für kontinuierliche Butterung *f*
- *butter churn, a creamery butter machine for continuous butter making*

34 der Butterstrang
- *butter supply pipe*

35 die Ausformanlage
- *shaping machine*

36 die Verpackungsmaschine
- *packing machine*

37 die Markenbutter in der 250-g-Packung
- *branded butter in 250 g packets*

38 die Produktionsanlage für Frischkäse (die Quarkbereitungsanlage)
- *plant for producing curd cheese (curd cheese machine)*

39 die Quarkpumpe
- *curd cheese pump*

40 die Rahmdosierpumpe
- *cream supply pump*

41 der Quarkseparator
- *curds separator*

42 der Sauermilchtank
- *sour milk vat*

43 der Rührer
- *stirrer*

44 die Quarkverpackungsmaschine
- *curd cheese packing machine*

45 die Quarkpackung (der Quark, Topfen, Weißkäse; *ähnl.:* der Schichtkäse)
- *curd cheese packet (curd cheese;* sim.: *cottage cheese)*

46 die Deckelsetzstation
- *bottle-capping machine (capper)*

47 der Schnittkäsebetrieb
- *cheese machine*

48 der Labtank
- *rennet vat*

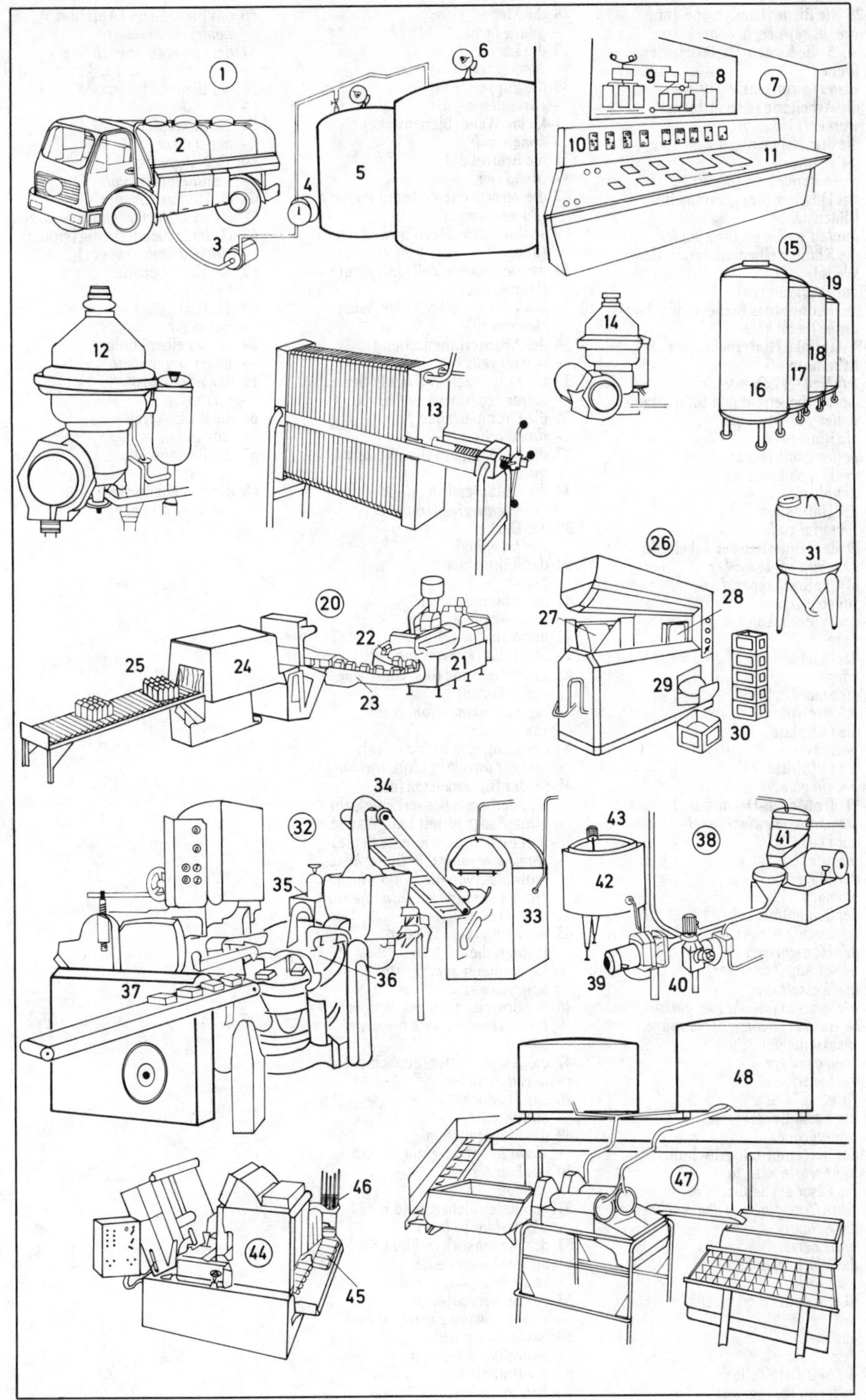
1
2
3
4
5
6
7
8
9
10
11
12
13
14
15
16
17
18
19
20
21
22
23
24
25
26
27
28
29
30
31
32
33
34
35
36
37
38
39
40
41
42
43
44
45
46
47
48

1-25 die Biene (Honigbiene, Imme)
- ***bee*** *(honey-bee, hive-bee)*
1, 4, 5 die Kasten *f* (Klassen) der Biene
- ***castes*** *(social classes) of bees*
1 die Arbeiterin (Arbeitsbiene)
- *worker (worker bee)*
2 die drei Nebenaugen *n* (Stirnaugen)
- *three simple eyes (ocelli)*
3 das Höschen (der gesammelte Blütenstaub)
- *load of pollen on the hind leg*
4 die Königin (Bienenkönigin, der Weisel)
- *queen (queen bee)*
5 die Drohne (das Bienenmännchen)
- *drone (male bee)*
6-9 das linke Hinterbein einer Arbeiterin
- ***left hind leg of a worker***
6 das Körbchen für den Blütenstaub
- *pollen basket*
7 die Bürste
- *pollen comb (brush)*
8 die Doppelklaue
- *double claw*
9 der Haftballen
- *suctorial pad*
10-19 der Hinterleib der Arbeiterin
- ***abdomen of the worker***
10-14 der Stechapparat
- ***stinging organs***
10 der Widerhaken
- *barb*
11 der Stachel
- *sting*
12 die Stachelscheide
- *sting sheath*
13 die Giftblase
- *poison sac*
14 die Giftdrüse
- *poison gland*
15-19 der Magen-Darm-Kanal
- ***stomachic-intestinal canal***
15 der Darm
- *intestine*
16 der Magen
- *stomach*
17 der Schließmuskel
- *contractile muscle*
18 der Honigmagen
- *honey bag (honey sac)*
19 die Speiseröhre
- *oesophagus (esophagus, gullet)*
20-24 das Facettenauge (Netzauge, Insektenauge)
- ***compound eye***
20 die Facette
- *facet*
21 der Kristallkegel
- *crystal cone*
22 der lichtempfindl. Abschnitt
- *light-sensitive section*
23 die Faser des Sehnervs *m*
- *fibre* (Am. *fiber) of the optic nerve*
24 der Sehnerv
- *optic nerve*
25 das Wachsplättchen
- *wax scale*
26-30 die Zelle (Bienenzelle)
- ***cell***
26 das Ei
- *egg*
27 die bestiftete Zelle
- *cell with the egg in it*
28 die Made
- *young larva*
29 die Larve
- *larva (grub)*
30 die Puppe
- *chrysalis (pupa)*
31-43 die Wabe (Bienenwabe)
- ***honeycomb***
31 die Brutzelle
- *brood cell*
32 die verdeckelte Zelle mit Puppe *f* (Puppenwiege)
- *sealed (capped) cell with chrysalis (pupa)*
33 die verdeckelte Zelle mit Honig *m* (Honigzelle)
- *sealed (capped) cell with honey (honey cell)*
34 die Arbeiterinnenzellen *f*
- *worker cells*
35 die Vorratszellen *f*, mit Pollen *m*
- *storage cells, with pollen*
36 die Drohnenzellen *f*
- *drone cells*
37 die Königinnenzelle (Weiselwiege)
- *queen cell*
38 die schlüpfende Königin
- *queen emerging [from her cell]*
39 der Deckel
- *cap (capping)*
40 das Rähmchen
- *frame*
41 der Abstandsbügel
- *distance piece*
42 die Wabe
- *[artificial] honeycomb*
43 die Mittelwand (der künstliche Zellenboden)
- *septum (foundation, comb foundation)*
44 der Königinnenversandkäfig
- *queen's travelling* (Am. *traveling) box*
45-50 der Bienenkasten (die Ständerbeute, Blätterbeute), ein Hinterlader *m*, mit Längsbau *m* (ein Bienenstock *m*, eine Beute)
- ***frame hive*** *(movable-frame hive, movable-comb hive [into which frames are inserted from the rear], a beehive (hive))*
45 der Honigraum mit den Honigwaben *f*
- *super (honey super) with honeycombs*
46 der Brutraum mit den Brutwaben *f*
- *brood chamber with breeding combs*
47 das Absperrgitter (der Schied)
- *queen-excluder*
48 das Flugloch
- *entrance*
49 das Flugbrettchen
- *flight board (alighting board)*
50 das Fenster
- *window*
51 veralteter Bienenstand *m*
- *old-fashioned bee shed*
52 der Bienenkorb (Stülpkorb, Stülper), eine Beute
- *straw hive (skep), a hive*
53 der Bienenschwarm
- *swarm (swarm cluster) of bees*
54 das Schwarmnetz
- *swarming net (bag net)*
55 der Brandhaken
- *hooked pole*
56 das Bienenhaus (Apiarium)
- *apiary (bee house)*
57 der Imker (Bienenzüchter)
- *beekeeper (apiarist,* Am. *beeman)*
58 der Bienenschleier
- *bee veil*
59 die Imkerpfeife
- *bee smoker*
60 die Naturwabe
- *natural honeycomb*
61 die Honigschleuder
- *honey extractor (honey separator)*
62-63 der Schleuderhonig (Honig)
- *strained honey (honey)*
62 der Honigbehälter
- *honey pail*
63 das Honigglas
- *honey jar*
64 der Scheibenhonig
- *honey in the comb*
65 der Wachsstock
- *wax taper*
66 die Wachskerze
- *wax candle*
67 das Bienenwachs
- *beeswax*
68 die Bienengiftsalbe
- *bee sting ointment*

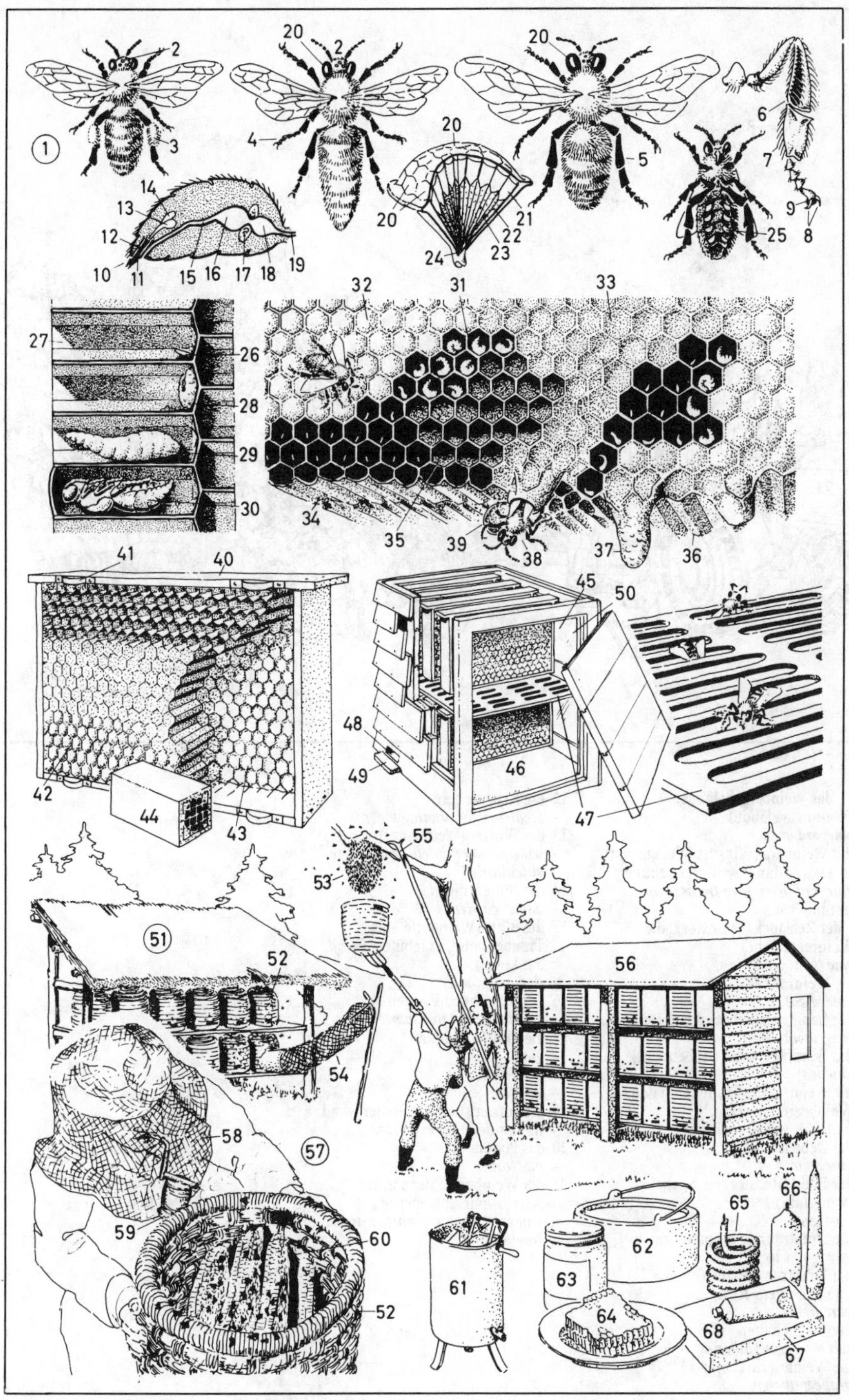
1
2
3
4
5
6
7
8
9
10
11
12
13
14
15
16
17
18
19
20
21
22
23
24
25
26
27
28
29
30
31
32
33
34
35
36
37
38
39
40
41
42
43
44
45
46
47
48
49
50
51
52
53
54
55
56
57
58
59
60
61
62
63
64
65
66
67
68

1-21 das Weinbergsgelände (Weinbaugelände)
- ***vineyard area***

1 der Weinberg (Wingert, Weingarten) in Drahtrahmenspaliererziehung *f*
- *vineyard using wire trellises for training vines*

2-9 der Rebstock (Weinstock, die Weinrebe, Rebe)
- ***vine*** (Am. *grapevine)*

2 die Weinranke
- *vine shoot*

3 der Langtrieb (Schoß, die Lotte)
- *long shoot*

4 das Weinrebenblatt (Rebenblatt)
- *vine leaf*

5 die Weintraube (Traube) mit den Weinbeeren *f*
- *bunch of grapes (cluster of grapes)*

6 der Rebenstamm
- *vine stem*

7 der Pfahl (Rebstecken, Stickel, Weinpfahl)
- *post (stake)*

8 die Drahtrahmenabspannung
- *guy (guy wire)*

9 der Drahtrahmen (das Drahtrahmengerüst)
- *wire trellis*

10 der Lesebehälter
- *tub for grape gathering*

11 die Weinleserin (Leserin)
- *grape gatherer*

12 die Rebenschere
- *secateurs for pruning vines*

13 der Winzer (Weinbauer)
- *wine grower (viniculturist, viticulturist)*

14 der Büttenträger
- *dosser carrier*

15 die Bütte (Weinbütte, Traubenhotte, Tragbütte, die *od.* das Logel)
- *dosser (pannier)*

16 der Maischetankwagen
- *crushed grape transporter*

17 die Traubenmühle
- *grape crusher*

18 der Trichter
- *hopper*

19 die aufsteckbare Dreiseitenwand
- *three-sided flap extension*

20 das Podest
- *platform*

21 der Weinbergschlepper, ein Schmalspurschlepper *m*
- *vineyard tractor, a narrow-track tractor*

1-22 der Weinkeller (Lagerkeller, Faßkeller, das Faßlager)
- ***wine cellar*** *(wine vault)*

1 das Gewölbe
- *vault*

2 das Lagerfaß
- *wine cask*

3 der Weinbehälter, ein Betonbehälter
- *wine vat, a concrete vat*

4 der Edelstahlbehälter (*auch:* Kunststofftank)
- *stainless steel vat* (also: *vat made of synthetic material)*

5 das Propeller-Schnellrührgerät
- *propeller-type high-speed mixer*

6 der Propellerrührer
- *propeller mixer*

7 die Kreiselpumpe
- *centrifugal pump*

8 der (das) Edelstahl-Schichtfilter
- *stainless steel sediment filter*

9 der halbautomatische Rundfüller
- *semi-automatic circular bottling machine*

10 die halbautomatische Naturkorken-Verschließmaschine
- *semi-automatic corking machine*

11 das Flaschenlager (Flaschengestell)
- *bottle rack*

12 der Kellereigehilfe
- *cellarer's assistant*

13 der Flaschenkorb
- *bottle basket*

14 die Weinflasche
- *wine bottle*

15 die Weinstütze
- *wine jug*

16 die Weinprobe
- *wine tasting*

17 der Weinküfermeister
- *head cellarman*

18 der Weinküfer
- *cellarman*

19 das Weinglas
- *wineglass*

20 das Schnelluntersuchungsgerät
- *inspection apparatus [for spot-checking samples]*

21 die Horizontaltraubenpresse
- *horizontal wine press*

22 das Sprühgerät
- *humidifier*

1-19 Obstschädlinge *m*
- ***fruit pests***
1 der Schwammspinner (Großkopf)
- *gipsy (gypsy) moth*
2 die Eiablage (der Schwamm)
- *batch (cluster) of eggs*
3 die Raupe
- *caterpillar*
4 die Puppe
- *chrysalis (pupa)*
5 die Apfelgespinstmotte, eine Gespinstmotte
- *small ermine moth, an ermine moth*
6 die Larve
- *larva (grub)*
7 das Gespinstnetz (Raupennest)
- *tent*
8 die Raupe beim Skelettierfraß *m*
- *caterpillar skeletonizing a leaf*
9 der Fruchtschalenwickler (Apfelschalenwickler)
- *fruit surface eating tortrix moth (summer fruit tortrix moth)*
10 der Apfelblütenstecher (Apfelstecher, Blütenstecher, Brenner), ein Rüsselkäfer *m*
- *appleblossom weevil, a weevil*
11 die angestochene vertrocknete Blüte
- *punctured, withered flower (blossom)*
12 das Stichloch
- *hole for laying eggs*
13 der Ringelspinner
- *lackey moth*
14 die Raupe
- *caterpillar*
15 die Eier *n*
- *eggs*
16 der Kleine Frostspanner (Frostnachtspanner, Waldfrostspanner, Frostschmetterling), ein Spanner *m*
- *winter moth, a geometrid*
17 die Raupe
- *caterpillar, an inchworm, measuring worm, looper*
18 die Kirschfliege (Kirschfruchtfliege), eine Bohrfliege
- *cherry fruit fly, a borer*
19 die Larve (Made)
- *larva (grub, maggot)*

20-27 Rebenschädlinge *m*
- ***vine pests***
20 der Falsche Mehltau, ein Mehltaupilz *m*, eine Blattfallkrankheit
- *downy mildew, a mildew, a disease causing leaf drop*
21 die Lederbeere
- *grape affected with downy mildew*
22 der Traubenwickler
- *grape-berry moth*
23 der Heuwurm, die Raupe der ersten Generation
- *first-generation larva of the grape-berry moth (*Am. *grape worm)*
24 der Sauerwurm, die Raupe der zweiten Generation
- *second-generation larva of the grape-berry moth (*Am. *grape worm)*
25 die Puppe
- *chrysalis (pupa)*
26 die Wurzellaus, eine Reblaus
- *root louse, a grape phylloxera*
27 die gallenartige Wurzelanschwellung (Wurzelgalle, Nodosität, Tuberosität)
- *root gall (knotty swelling of the root, nodosity, tuberosity)*
28 der Goldafter
- *brown-tail moth*
29 die Raupe
- *caterpillar*
30 das Gelege
- *batch (cluster) of eggs*
31 das Überwinterungsnest
- *hibernation cocoon*
32 die Blutlaus, eine Blattlaus
- *woolly apple aphid (American blight), an aphid*
33 der Blutlauskrebs, eine Wucherung
- *gall caused by the woolly apple aphid*
34 die Blutlauskolonie
- *woolly apple aphid colony*
35 die San-José-Schildlaus, eine Schildlaus
- *San-José scale, a scale insect (scale louse)*
36 die Larven *f* [*männl.* länglich, *weibl.* rund]
- *larvae (grubs)* [male *elongated,* female *round*]

37-55 Ackerschädlinge *m* (Feldschädlinge)
- ***field pests***
37 der Saatschnellkäfer, ein Schnellkäfer *m*
- *click beetle, a snapping beetle (*Am. *snapping bug)*
38 der Drahtwurm, die Larve des Saatschnellkäfers *m*
- *wireworm, larva of the click beetle*
39 der Erdfloh
- *flea beetle*
40 die Hessenfliege (Hessenmücke), eine Gallmücke
- *Hessian fly, a gall midge (gall gnat)*
41 die Larve
- *larva (grub)*
42 die Wintersaateule, eine Erdeule
- *turnip moth, an earth moth*
43 die Puppe
- *chrysalis (pupa)*
44 die Erdraupe, eine Raupe
- *cutworm, a caterpillar*
45 der Rübenaaskäfer
- *beet carrion beetle*
46 die Larve
- *larva (grub)*
47 der Große Kohlweißling
- *large cabbage white butterfly*
48 die Raupe des Kleinen Kohlweißlings *m*
- *caterpillar of the small cabbage white butterfly*
49 der Derbrüßler, ein Rüsselkäfer *m*
- *brown leaf-eating weevil, a weevil*
50 die Fraßstelle
- *feeding site*
51 das Rübenälchen, eine Nematode (ein Fadenwurm *m*)
- *sugar beet eelworm, a nematode (a threadworm, hairworm)*
52 der Kartoffelkäfer (Koloradokäfer)
- *Colorado beetle (potato beetle)*
53 die ausgewachsene Larve
- *mature larva (grub)*
54 die Junglarve
- *young larva (grub)*
55 die Eier *n*
- *eggs*

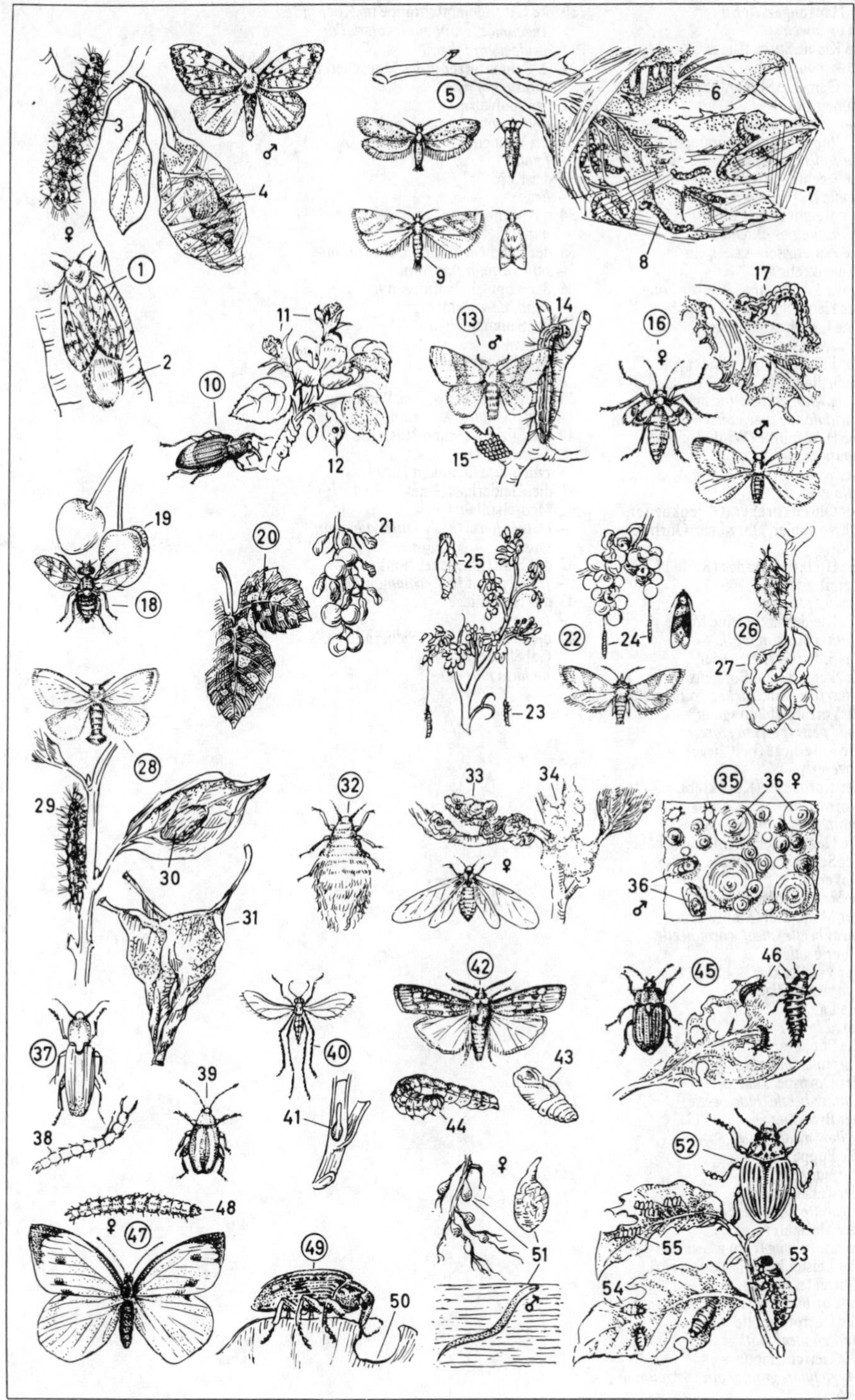
1
2
3
4
♂
5
6
7
8
9
♀
10
11
12
13
♂
14
15
16
♀
17
♂
18
19
20
21
22
23
24
25
26
27
28
29
30
31
32
33
34
♀
35
36 ♀
36
♂
37
38
39
40
41
42
43
44
45
46
47
♀
48
49
50
51
♀
♂
52
53
54
55

81 Hausungeziefer, Vorratsschädlinge und Schmarotzer

1-14 Hausungeziefer *n*
- ***house insects***

1 die Kleine Stubenfliege
- *lesser housefly*

2 die Gemeine Stubenfliege (Große Stubenfliege)
- *common housefly*

3 die Puppe (Tönnchenpuppe)
- *chrysalis (pupa, coarctate pupa)*

4 die Stechfliege (der Wadenstecher)
- *stable fly (biting housefly)*

5 der dreigliedrige Fühler
- *trichotomous antenna*

6 die Kellerassel (Assel), ein Ringelkrebs *m*
- *wood louse (slater,* Am. *sow bug)*

7 das Heimchen (die Hausgrille), eine Grabheuschrecke
- *house cricket*

8 der Flügel mit Schrillader *f* (Schrillapparat *m*)
- *wing with stridulating apparatus (stridulating mechanism)*

9 die Hausspinne (Winkelspinne)
- *house spider*

10 das Wohnnetz
- *spider's web*

11 der Ohrenkriecher (Ohrenkneifer, Ohrenhöhler, Ohrwurm, Öhrling)
- *earwig*

12 die Hinterleibszange (Raife *pl,* Cerci)
- *caudal pincers*

13 die Kleidermotte, eine Motte
- *clothes moth, a moth*

14 das Silberfischchen (der Zuckergast), ein Borstenschwanz *m*
- *silverfish* (Am. *slicker), a bristletail*

15-30 Vorratsschädlinge *m*
- ***food pests*** *(pests to stores)*

15 die Käsefliege (Fettfliege)
- *cheesefly*

16 der Kornkäfer (Kornkrebs, Kornwurm)
- *grain weevil (granary weevil)*

17 die Hausschabe (Deutsche Schabe, der Schwabe, Franzose, Russe, Kakerlak)
- *cockroach (black beetle)*

18 der Mehlkäfer (Mehlwurm)
- *meal beetle (meal worm beetle, flour beetle)*

19 der Vierfleckige Bohnenkäfer
- *spotted bruchus*

20 die Larve
- *larva (grub)*

21 die Puppe
- *chrysalis (pupa)*

22 der Dornspeckkäfer
- *leather beetle (hide beetle)*

23 der Brotkäfer
- *yellow meal beetle*

24 die Puppe
- *chrysalis (pupa)*

25 der Tabakkäfer
- *cigarette beetle (tobacco beetle)*

26 der Maiskäfer
- *maize billbug (corn weevil)*

27 der Leistenkopfplattkäfer, ein Getreideschädling *m*
- *one of the Cryptolestes, a grain pest*

28 die Dörrobstmotte
- *Indian meal moth*

29 die Getreidemotte
- *Angoumois grain moth (Angoumois moth)*

30 die Getreidemottenraupe im Korn *n*
- *Angoumois grain moth caterpillar inside a grain kernel*

31-42 Schmarotzer *m* des Menschen *m*
- ***parasites of man***

31 der Spulwurm
- *round worm (maw worm)*

32 das Weibchen
- *female*

33 der Kopf
- *head*

34 das Männchen
- *male*

35 der Bandwurm, ein Plattwurm *m*
- *tapeworm, a flatworm*

36 der Kopf, ein Haftorgan *n*
- *head, a suctorial organ*

37 der Saugnapf
- *sucker*

38 der Hakenkranz
- *crown of hooks*

39 die Wanze (Bettwanze, Wandlaus)
- *bug (bed bug,* Am. *chinch)*

40 die Filzlaus (Schamlaus, eine Menschenlaus)
- *crab louse (a human louse)*

41 die Kleiderlaus (eine Menschenlaus)
- *clothes louse (body louse, a human louse)*

42 der Floh (Menschenfloh)
- *flea (human flea, common flea)*

43 die Tsetsefliege
- *tsetse fly*

44 die Malariamücke (Fiebermücke, Gabelmücke)
- *malaria mosquito*

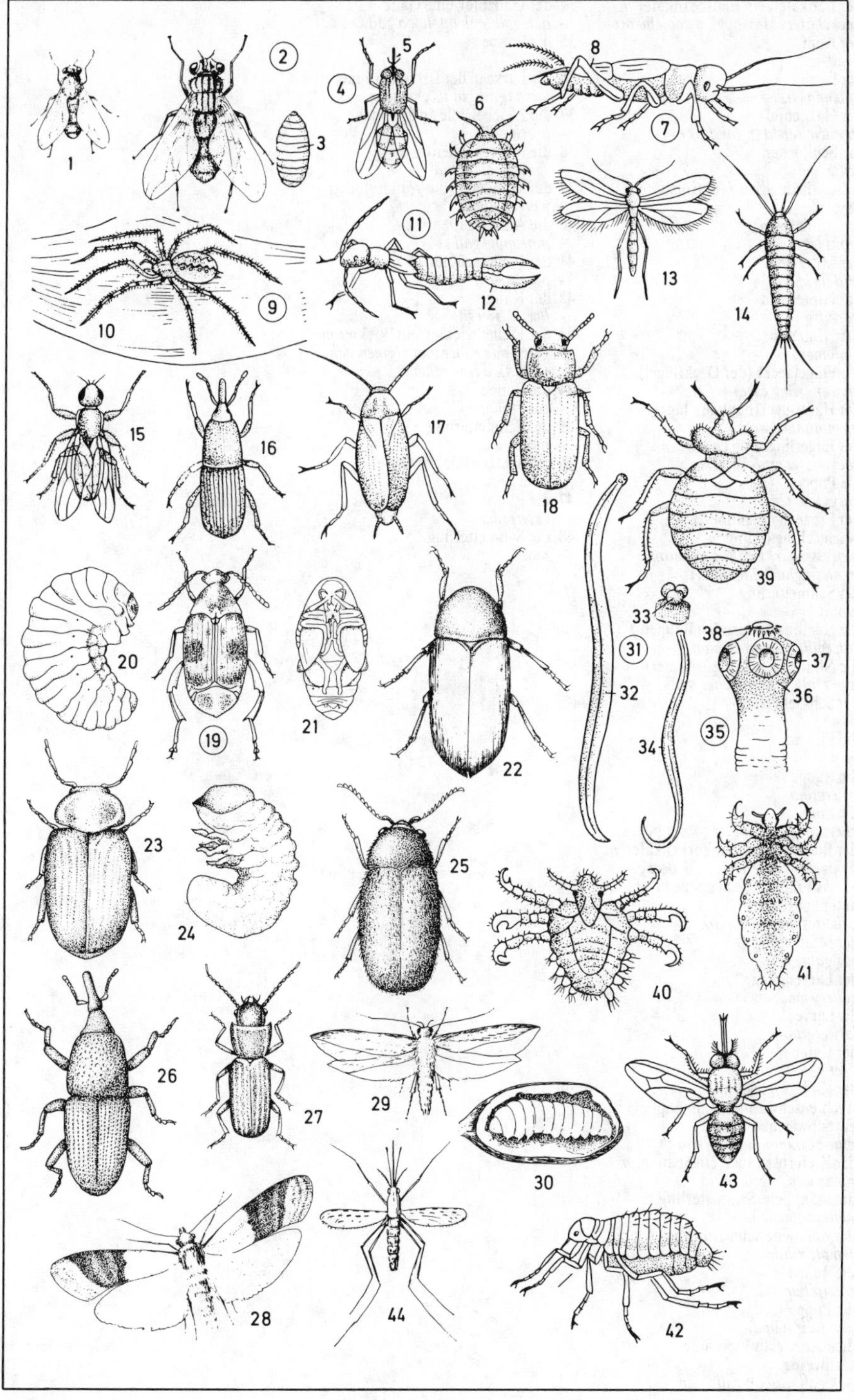
1
2
3
4
5
6
7
8
9
10
11
12
13
14
15
16
17
18
19
20
21
22
23
24
25
26
27
28
29
30
31
32
33
34
35
36
37
38
39
40
41
42
43
44

1 der Maikäfer, ein Blatthornkäfer *m*
- *cockchafer (May bug), a lamellicorn*
2 der Kopf
- *head*
3 der Fühler
- *antenna (feeler)*
4 der Halsschild
- *thoracic shield (prothorax)*
5 das Schildchen
- *scutellum*
6-8 die Gliedmaßen *f* (Extremitäten)
- *legs*
6 das Vorderbein
- *front leg*
7 das Mittelbein
- *middle leg*
8 das Hinterbein
- *back leg*
9 der Hinterleib
- *abdomen*
10 die Flügeldecke (der Deckflügel)
- *elytron (wing case)*
11 der Hautflügel (häutige Flügel)
- *membranous wing*
12 der Engerling, eine Larve
- *cockchafer grub, a larva*
13 die Puppe
- *chrysalis (pupa)*
14 der Prozessionsspinner, ein Nachtschmetterling *m*
- *processionary moth, a nocturnal moth (night-flying moth)*
15 der Schmetterling
- *moth*
16 die gesellig wandernden Raupen *f*
- *caterpillars in procession*
17 die Nonne (der Fichtenspinner)
- *nun moth (black arches moth)*
18 der Schmetterling
- *moth*
19 die Eier *n*
- *eggs*
20 die Raupe
- *caterpillar*
21 die Puppe
- *chrysalis (pupa) in its cocoon*
22 der Buchdrucker, ein Borkenkäfer *m*
- *typographer beetle, a bark beetle*
23-24 das Fraßbild [Fraßgänge *m* unter der Rinde]
- *galleries under the bark*
23 der Muttergang
- *egg gallery*
24 der Larvengang
- *gallery made by larva*
25 die Larve
- *larva (grub)*
26 der Käfer
- *beetle*
27 der Kiefernschwärmer (Fichtenschwärmer, Tannenpfeil), ein Schwärmer *m*
- *pine hawkmoth, a hawkmoth*
28 der Kiefernspanner, ein Spanner *m*
- *pine moth, a geometrid*
29 der männliche Schmetterling
- *male moth*
30 der weibliche Schmetterling
- *female moth*
31 die Raupe
- *caterpillar*
32 die Puppe
- *chrysalis (pupa)*
33 die Eichengallwespe, eine Gallwespe
- *oak-gall wasp, a gall wasp*
34 der Gallapfel, eine Galle
- *oak gall (oak apple), a gall*
35 die Wespe
- *wasp*
36 die Larve in der Larvenkammer
- *larva (grub) in its chamber*
37 die Zwiebelgalle an der Buche
- *beech gall*
38 die Fichtengallenlaus
- *spruce-gall aphid*
39 der Wanderer (die Wanderform)
- *winged aphid*
40 die Ananasgalle
- *pineapple gall*
41 der Fichtenrüßler
- *pine weevil*
42 der Käfer
- *beetle (weevil)*
43 der Eichenwickler, ein Wickler *m*
- *green oak roller moth (green oak tortrix), a leaf roller*
44 die Raupe
- *caterpillar*
45 der Schmetterling
- *moth*
46 die Kieferneule (Forleule)
- *pine beauty*
47 die Raupe
- *caterpillar*
48 der Schmetterling
- *moth*

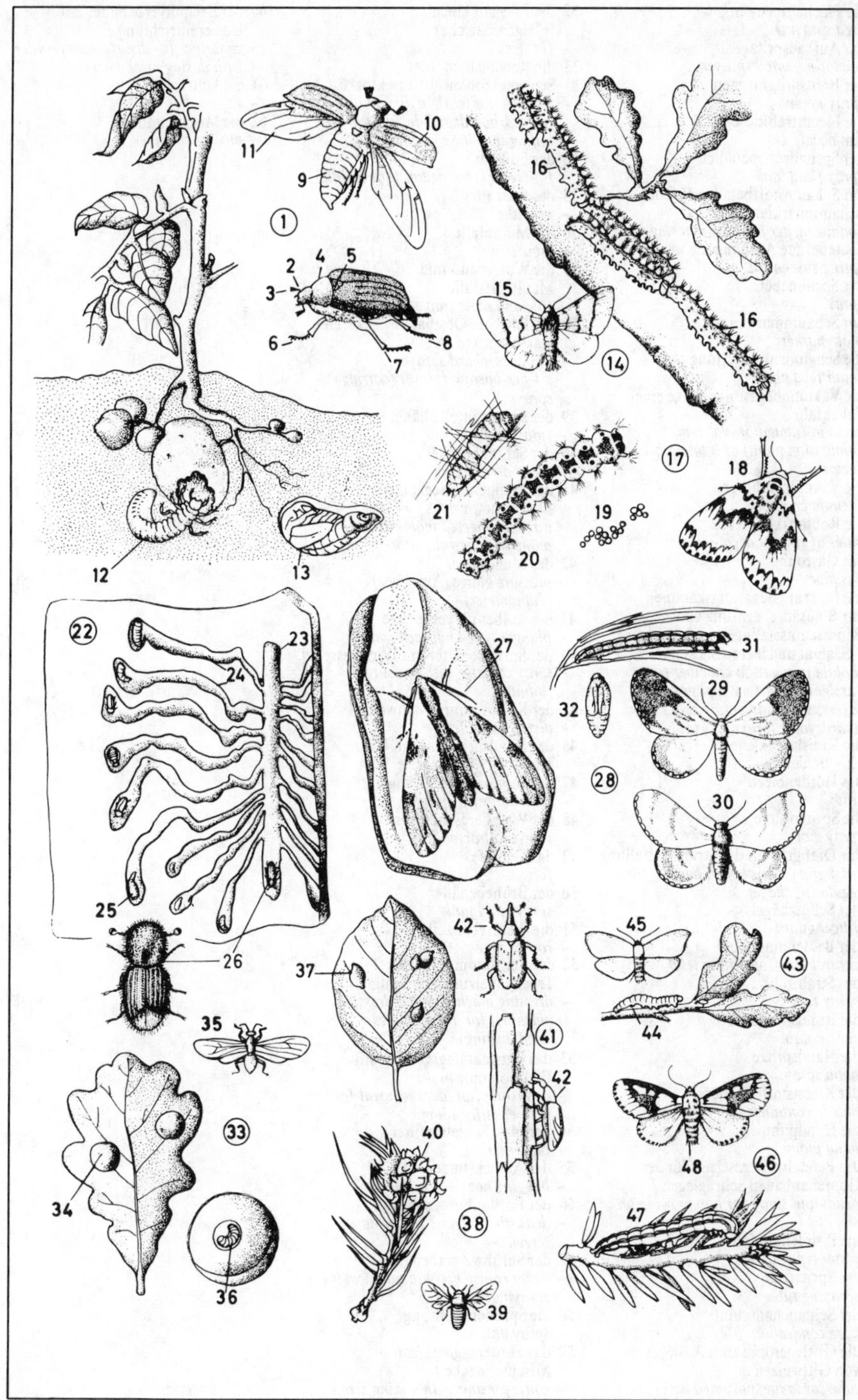
11
10
9
1
16
2
4
5
3
15
6
7
8
16
14
17
18
21
19
20
12
13
22
23
27
24
31
32
29
28
30
25
26
42
37
45
43
44
35
41
42
33
40
48
46
34
36
38
47
39

1 die Flächenspritzung
- *area spraying*
2 das Aufbauspritzgerät
- *tractor-mounted sprayer*
3 der Breitspritzrahmen
- *spray boom*
4 die Flachstrahldüse
- *fan nozzle*
5 der Spritzbrühebehälter
- *spray fluid tank*
6 der Schaumstoffbehälter für die Schaummarkierung
- *foam canister for blob marking*
7 die federnde Aufhängung
- *spring suspension*
8 der Sprühnebel
- *spray*
9 der Schaummarkierer
- *blob marker*
10 die Schaumzufuhrleitung
- *foam feed pipe*
11 die Vakuumbegasungsanlage einer Tabakfabrik
- *vacuum fumigator (vacuum fumigation plant) of a tobacco factory*
12 die Vakuumkammer
- *vacuum chamber*
13 die Rohtabakballen *m*
- *bales of raw tobacco*
14 das Gasrohr
- *gas pipe*
15 die fahrbare Begasungskammer zur Blausäurebegasung von Baumschulsetzlingen *m*, Setzreben *f*, Saatgut und leeren Säcken *m*
- *mobile fumigation chamber for fumigating nursery saplings, vine layers, seeds and empty sacks with hydrocyanic (prussic) acid*
16 die Kreislaufanlage
- *gas circulation unit*
17 das Hordenblech
- *tray*
18 die Spritzpistole
- *spray gun*
19 der Drehgriff für die Strahlverstellung
- *twist grip (control grip, handle) for regulating the jet*
20 der Schutzbügel
- *finger guard*
21 der Bedienungshebel
- *control lever (operating lever)*
22 das Strahlrohr
- *spray tube*
23 die Rundstrahldüse
- *cone nozzle*
24 die Handspritze
- *hand spray*
25 der Kunststoffbehälter
- *plastic container*
26 die Handpumpe
- *hand pump*
27 das Pendelspritzgestänge für den Hopfenanbau in Schräglagen *f*
- *pendulum spray for hop growing on slopes*
28 die Pistolenkopfdüse
- *pistol-type nozzle*
29 das Spritzrohr
- *spraying tube*
30 der Schlauchanschluß
- *hose connection*
31 die Giftlegeröhre zum Auslegen *n* von Giftweizen *m*
- *tube for laying poisoned bait*
32 die Fliegenklappe (Fliegenklatsche)
- *fly swat*
33 die Reblauslanze (der Schwefelkohlenstoffinjektor)
- *soil injector (carbon disulphide,* Am. *carbon disulfide, injector) for killing the vine root louse*
34 der Fußtritt
- *foot lever (foot pedal, foot treadle)*
35 das Gasrohr
- *gas tube*
36 die Mausefalle
- *mousetrap*
37 die Wühlmaus- und Maulwurfsfalle
- *vole and mole trap*
38 die fahrbare Obstbaumspritze, eine Karrenspritze
- *mobile orchard sprayer a wheelbarrow sprayer (carriage sprayer)*
39 der Spritzmittelbehälter
- *spray tank*
40 der Schraubdeckel
- *screw-on cover*
41 das Pumpenaggregat mit Benzinmotor *m*
- *direct-connected motor-driven pump with petrol motor*
42 das Manometer
- *pressure gauge (*Am. *gage) (manometer)*
43 die Kolbenrückenspritze
- *plunger-type knapsack sprayer*
44 der Spritzbehälter mit Windkessel *m*
- *spray canister with pressure chamber*
45 der Kolbenpumpenschwengel
- *piston pump lever*
46 das Handspritzrohr mit Düse *f*
- *hand lance with nozzle*
47 das aufgesattelte Sprühgerät
- *semi-mounted sprayer*
48 der Weinbergschlepper
- *vineyard tractor*
49 das Gebläse
- *fan*
50 der Brühebehälter
- *spray fluid tank*
51 die Weinrebenzeile
- *row of vines*
52 der Beizautomat für die Trockenbeizung von Saatgut *n*
- *dressing machine (seed-dressing machine) for dry-seed dressing (seed dusting)*
53 das Entstaubungsgebläse mit Elektromotor *m*
- *dedusting fan (dust removal fan) with electric motor*
54 der (das) Schlauchfilter
- *bag filter*
55 der Absackstutzen
- *bagging nozzle*
56 der Entstaubungsschirm
- *dedusting screen (dust removal screen)*
57 der Sprühwasserbehälter
- *water canister [containing water for spraying]*
58 die Sprüheinrichtung
- *spray unit*
59 das Förderaggregat mit Mischschnecke *f*
- *conveyor unit with mixing screw*
60 der Beizpulverbehälter mit Dosiereinrichtung *f*
- *container for disinfectant powder with dosing mechanism*
61 die Fahrrolle
- *castor*
62 die Mischkammer
- *mixing chamber*

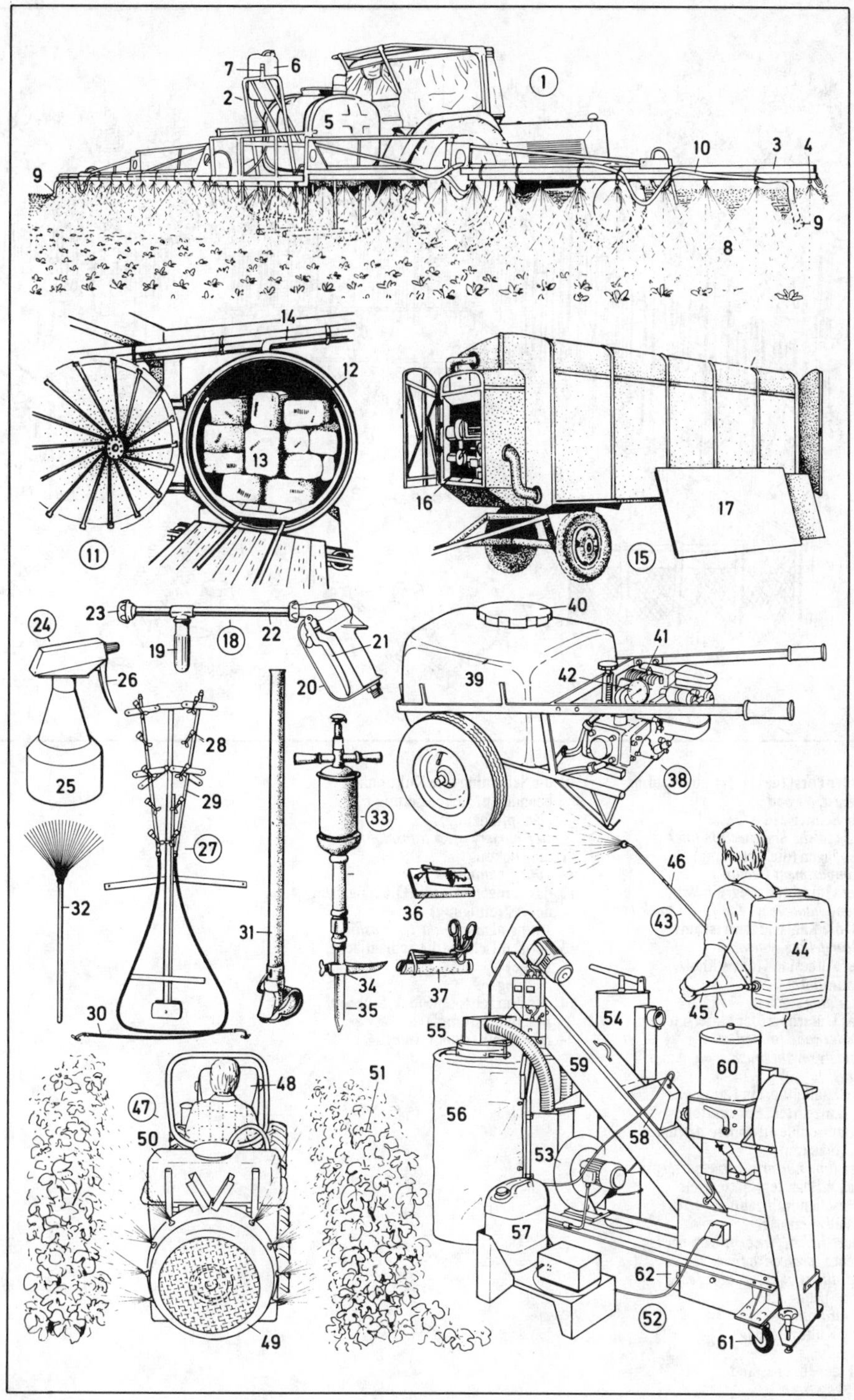
1
2
3
4
5
6
7
8
9
10
11
12
13
14
15
16
17
18
19
20
21
22
23
24
25
26
27
28
29
30
31
32
33
34
35
36
37
38
39
40
41
42
43
44
45
46
47
48
49
50
51
52
53
54
55
56
57
58
59
60
61
62

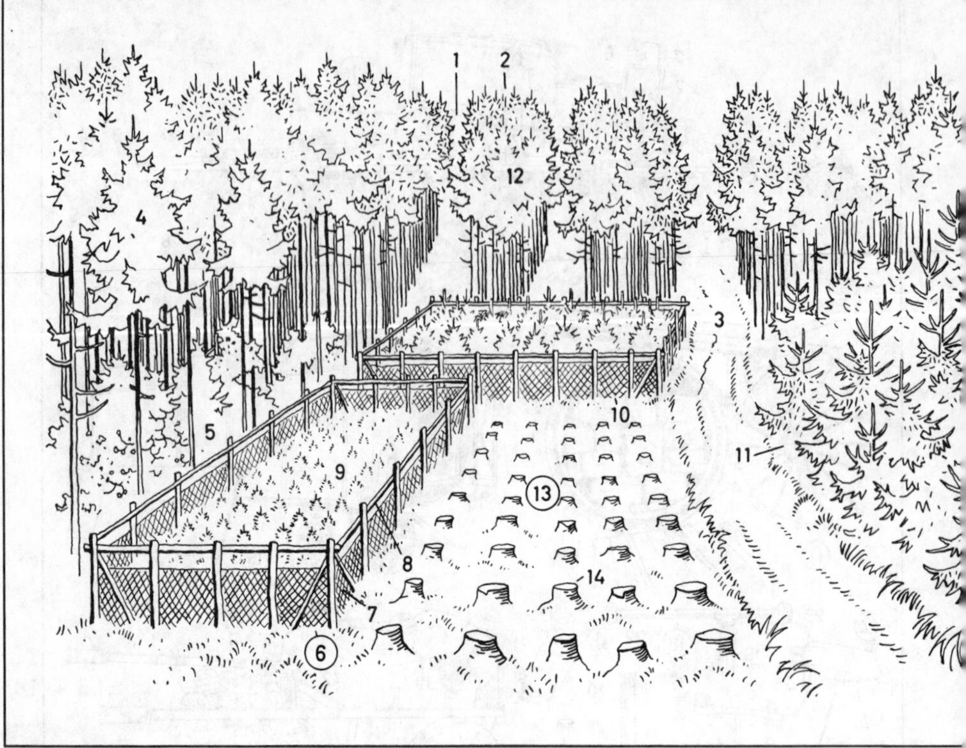

1-34 der Forst (das Holz), ein Wald *m*
- ***forest,*** *a wood*

1 die Schneise (das Gestell)
- *ride (aisle, lane, section line)*

2 das Jagen (die Abteilung)
- *compartment (section)*

3 der Holzabfuhrweg, ein Waldweg *m*
- *wood haulage way, a forest track*

4-14 die Kahlschlagwirtschaft
- ***clear-felling system***

4 der Altbestand (das Altholz, Baumholz)
- *standing timber*

5 das Unterholz (der Unterstand)
- *underwood (underbrush, undergrowth, brushwood,* Am. *brush)*

6 der Saatkamp, ein Kamp *m* (Pflanzgarten, Forstgarten, Baumschule *f*); *andere Art:* der Pflanzkamp
- *seedling nursery, a tree nursery*

7 das Wildgatter (Gatter), ein Maschendrahtzaun *m* (Kulturzaun)
- *deer fence (fence), a wire netting fence (protective fence for seedlings);* sim.: *rabbit fence*

8 die Sprunglatte
- *guard rail*

9 die Kultur (Saat)
- *seedlings*

10-11 der Jungbestand
- *young trees*

10 die Schonung (die Kultur nach beendeter Nachbesserung *f*, Nachpflanzung)
- *tree nursery after transplanting*

11 die Dickung
- *young plantation*

12 das Stangenholz (die Dickung nach der Astreinigung)
- *young plantation after brashing*

13 der Kahlschlag (die Schlagfläche, Blöße)
- *clearing*

14 der Wurzelstock (Stock, Stubben, *ugs.* Baumstumpf)
- *tree stump (stump, stub)*

15-37 der Holzeinschlag (Hauungsbetrieb)
- ***wood cutting*** *(timber cutting, tree felling,* Am. *lumbering)*

15 das gerückte (gepolterte) Langholz
- *timber skidded to the stack (stacked timber,* Am. *yarded timber)*

16 die Schichtholzbank, ein Raummeter *n* Holz, der Holzstoß
- *stack of logs, one cubic metre (*Am. *meter) of wood*

17 der Pfahl
- *post (stake)*

18 der Waldarbeiter (Forstwirt) beim Wenden *n*
- *forest labourer (woodsman,* Am. *logger, lumberer, lumberjack, lumberman, timberjack) turning (*Am. *canting) timber*

19 der Stamm (Baumstamm, das Langholz)
- *bole (tree trunk, trunk, stem)*

20 der Haumeister beim Numerieren *n*
- *feller numbering the logs*

21 die Stahlmeßkluppe
- *steel tree calliper (caliper)*

22 die Motorsäge (beim Trennen *n* eines Stammes *m*)
- *power saw (motor saw) cutting a bole*

23 der Schutzhelm mit Augenschutz *m* und Gehörschutzkapseln *f*
- *safety helmet with visor and ear pieces*

24 die Jahresringe *m*
- *annual rings*

25 der hydraulische Fällheber
- *hydraulic felling wedge*

26 die Schutzkleidung [orangefarbene Bluse *f*, grüne Hose *f*]
- *protective clothing [orange top, green trousers]*

27 das Fällen mit Motorsäge *f*
- *felling with a power saw (motor saw)*

28 die ausgeschnittene Fallkerbe
- *undercut (notch, throat, gullet, mouth, sink, kerf, birdsmouth)*

29 der Fällschnitt
- *back cut*

30 die Tasche mit Fällkeil *m*
- *sheath holding felling wedge*

31 der Abschnitt
- *log*

32 das Freischneidegerät zur Beseitigung von Unterholz *n* und Unkraut *n*
- *free-cutting saw for removing underwood and weeds*

33 der Anbausatz mit Kreissäge *f* (oder Schlagmesser *n*)
- *circular saw (or activated blade) attachment*

34 die Motoreinheit
- *power unit (motor)*

35 das Gebinde mit Sägekettenhaftöl *n*
- *canister of viscous oil for the saw chain*

36 der Benzinkanister
- *petrol canister (*Am. *gasoline canister)*

37 das Fällen von Schwachholz *n* (Durchforsten *n*)
- *felling of small timber (of small-sized thinnings) (thinning)*

1 die Axt
- *axe* (Am. *ax)*
2 die Schneide
- *edge (cutting edge)*
3 der Stiel
- *handle (helve)*
4 der Scheitkeil mit Einsatzholz *n* und Ring *m*
- *felling wedge (falling wedge) with wood insert and ring*
5 der Spalthammer
- *riving hammer (cleaving hammer, splitting hammer)*
6 die Sapine (der Sappie, Sappel)
- *lifting hook*
7 der Wendehaken
- *cant hook*
8 das Schäleisen
- *barking iron (bark spud)*
9 der Fällheber mit Wendehaken *m*
- *peavy*
10 der Kluppmeßstock mit Reißer *m*
- *slide calliper (caliper) (calliper square)*
11 die Heppe (das *od.* der Gertel), ein Haumesser *n*
- *billhook, a knife for lopping*
12 der Revolvernumerierschlägel
- *revolving die hammer (marking hammer, marking iron,* Am. *marker)*
13 die Motorsäge
- *power saw (motor saw)*
14 die Sägekette
- *saw chain*
15 die Sicherheitskettenbremse mit Handschutz *m*
- *safety brake for the saw chain, with finger guard*
16 die Sägeschiene
- *saw guide*
17 die Gashebelsperre
- *accelerator lock*
18 die Entästungsmaschine
- *snedding machine (trimming machine,* Am. *knotting machine, limbing machine)*
19 die Vorschubwalzen *f*
- *feed rolls*
20 das Gelenkmesser
- *flexible blade*
21 der Hydraulikarm
- *hydraulic arm*
22 der Spitzenabschneider
- *trimming blade*
23 die Stammholzentrindung
- *debarking (barking, bark stripping) of boles*
24 die Vorschubwalze
- *feed roller*
25 der Lochrotor
- *cylinder trimmer*
26 das Rotormesser
- *rotary cutter*
27 der Waldschlepper (zum Transport *m* von Schicht- und Schwachholz *n* innerhalb des Waldes *n*)
- *short-haul skidder*
28 der Ladekran
- *loading crane*
29 der Holzgreifer
- *log grips*
30 die Laderunge
- *post*
31 die Knicklenkung
- *Ackermann steering system*
32 das Rundholzpolter
- *log dump*
33 die Numerierung
- *number (identification number)*
34 der Stammholzschlepper (Skidder)
- *skidder*
35 der Frontschild
- *front blade (front plate)*
36 das überschlagfeste Sicherheitsverdeck
- *crush-proof safety bonnet* (Am. *safety hood)*
37 die Knicklenkung
- *Ackermann steering system*
38 die Seilwinde
- *cable winch*
39 die Seilführungsrolle
- *cable drum*
40 der Heckschild
- *rear blade (rear plate)*
41 das freihängende Stammholz
- *boles with butt ends held off the ground*
42 der Straßentransport von Langholz *n*
- *haulage of timber by road*
43 der Zugwagen
- *tractor (tractor unit)*
44 der Ladekran
- *loading crane*
45 die hydraulische Ladestütze
- *hydraulic jack*
46 die Seilwinde
- *cable winch*
47 die Runge
- *post*
48 der Drehschemel
- *bolster plate*
49 der Nachläufer
- *rear bed (rear bunk)*

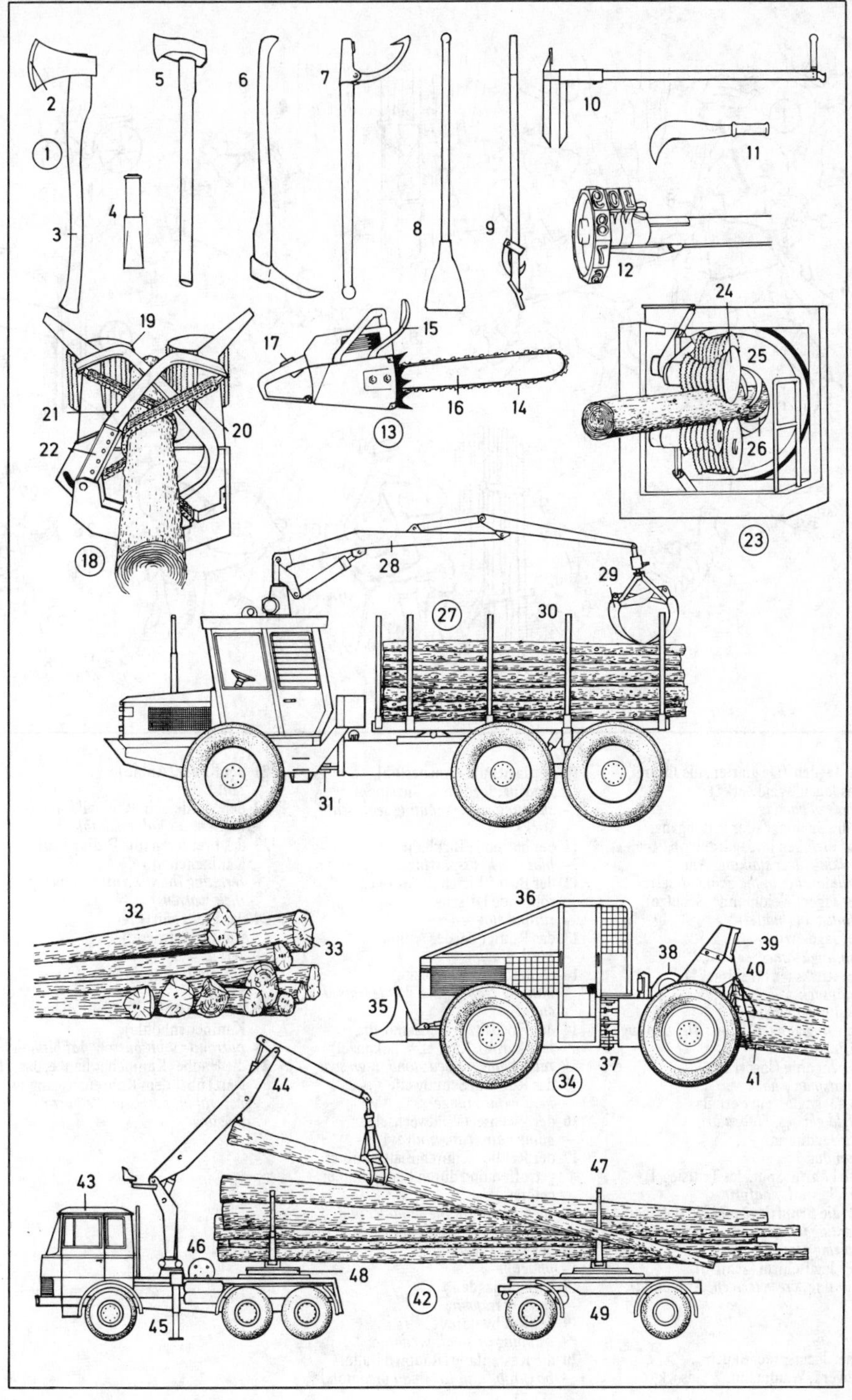
1
2
3
4
5
6
7
8
9
10
11
12
13
14
15
16
17
18
19
20
21
22
23
24
25
26
27
28
29
30
31
32
33
34
35
36
37
38
39
40
41
42
43
44
45
46
47
48
49

1-52 Jagden *f* (Jagdarten, die Jägerei, das Jagen, Weidwerk*)
- ***kinds of hunting***

1-8 die Suchjagd (der Pirschgang, das Pirschen im Jagdrevier *n*, Revier)
- ***stalking*** *(deer stalking,* Am. *stillhunting) in the game preserve*

1 der Jäger (Weidmann*, Schütze)
- *huntsman (hunter)*

2 der Jagdanzug
- *hunting clothes*

3 der Rucksack (Weidsack*)
- *knapsack*

4 die Pirschbüchse
- *sporting gun (sporting rifle, hunting rifle)*

5 der Jagdhut (Jägerhut)
- *huntsman's hat*

6 das Jagdglas, ein Fernglas
- *field glasses, binoculars*

7 der Jagdhund
- *gun dog*

8 die Fährte (Spur, das Trittsiegel)
- *track (trail, hoofprints)*

9-12 die Brunftjagd und die Balzjagd
- ***hunting in the rutting season and the pairing season***

9 der Jagdschirm (Schirm)
- *hunting screen (screen,* Am. *blind)*

10 der Jagdstuhl (Ansitzstuhl, Jagdsitz, Jagdstock, Sitzstock)
- *shooting stick (shooting seat, seat stick)*

11 der balzende Birkhahn
- *blackcock, displaying*

12 der Brunfthirsch (brünstige, röhrende Hirsch)
- *rutting stag*

13 das Rottier bei der Äsung
- *hind, grazing*

14-17 der Anstand (Ansitz)
- *hunting from a raised hide (raised stand)*

14 der Hochsitz (Hochstand, die Jagdkanzel, Kanzel, Wildkanzel)
- *raised hide (raised stand, high seat)*

15 das Rudel in Schußweite *f*
- *herd within range*

16 der Wechsel (Wildwechsel)
- *game path* (Am. *runway)*

17 der Rehbock, durch Blattschuß *m* getroffen und durch Fangschuß *m* getötet
- *roebuck, hit in the shoulder and killed by a finishing shot*

18 der Jagdwagen
- *phaeton*

19-27 Fangjagden *f*
- ***types of trapping***

19 der Raubwildfang
- *trapping of small predators*

20 die Kastenfalle (Raubwildfalle)
- *box trap (trap for small predators)*

21 der Köder (Anbiß)
- *bait*

22 der Marder, ein Raubwild *n*
- *marten, a small predator*

23 das Frettieren (die Erdjagd auf Kaninchen *n*)
- *ferreting (hunting rabbits out of their warrens)*

24 das Frettchen (Frett, Kaninchenwiesel)
- *ferret*

25 der Frettchenführer
- *ferreter*

26 der Bau (Kaninchenbau, die Kaninchenhöhle)
- *burrow (rabbit burrow, rabbit hole)*

27 die Haube (Kaninchenhaube, das Netz) über dem Röhrenausgang *m*
- *net (rabbit net) over the burrow opening*

* In der Jägersprache auch Waidwerk, Waidmann, Waidsack

28 die Wildfutterstelle (Winterfutterstelle)
- *feeding place for game (winter feeding place)*

29 der Wilderer (Raubschütz, Wildfrevler, Jagdfrevler, Wilddieb)
- *poacher*

30 der Stutzen, ein kurzes Gewehr *n*
- *carbine, a short rifle*

31 die Sauhatz (Wildschweinjagd)
- *boar hunt*

32 die Wildsau (Sau, das Wildschwein)
- *wild sow (sow, wild boar)*

33 der Saupacker (Saurüde, Rüde, Hatzrüde, Hetzhund; *mehrere:* die Meute, Hundemeute)
- *boarhound (hound, hunting dog;* collectively: *pack, pack of hounds)*

34-39 die Treibjagd (Kesseljagd, Hasenjagd, das Kesseltreiben)
- ***beating** (driving, hare hunting)*

34 der Anschlag
- *aiming position*

35 der Hase (Krumme, Lampe), ein Haarwild *n*
- *hare, furred game (ground game)*

36 der Apport (das Apportieren)
- *retrieving*

37 der Treiber
- *beater*

38 die Strecke (Jagdbeute)
- *bag (kill)*

39 der Wildwagen
- *cart for carrying game*

40 die Wasserjagd (Entenjagd)
- *waterfowling (wildfowling, duck shooting,* Am. *duck hunting)*

41 der Wildentenzug, das Federwild
- *flight of wild ducks, winged game*

42-46 die Falkenbeize (Beizjagd, Beize, Falkenjagd, Falknerei)
- ***falconry** (hawking)*

42 der Falkner (Falkenier, Falkenjäger)
- *falconer*

43 das Zieget, ein Fleischstück *n*
- *reward, a piece of meat*

44 die Falkenhaube (Falkenkappe)
- *falcon's hood*

45 die Fessel
- *jess*

46 der Falke, ein Beizvogel, ein Falkenmännchen *n* (Terzel *m*) beim Schlagen *n* eines Reihers *m*
- *falcon, a hawk, a male hawk (tiercel) swooping (stooping) on a heron*

47-52 die Hüttenjagd
- ***shooting from a butt***

47 der Einfallbaum
- *tree to which birds are lured*

48 der Uhu (Auf), ein Reizvogel *m* (Lockvogel)
- *eagle owl, a decoy bird (decoy)*

49 die Krücke (Jule)
- *perch*

50 der angelockte Vogel, eine Krähe
- *decoyed bird, a crow*

51 die Krähenhütte (Uhuhütte), eine Hütte (Schießhütte, Ansitzhütte)
- *butt for shooting crows or eagle owls*

52 die Schießluke
- *gun slit*

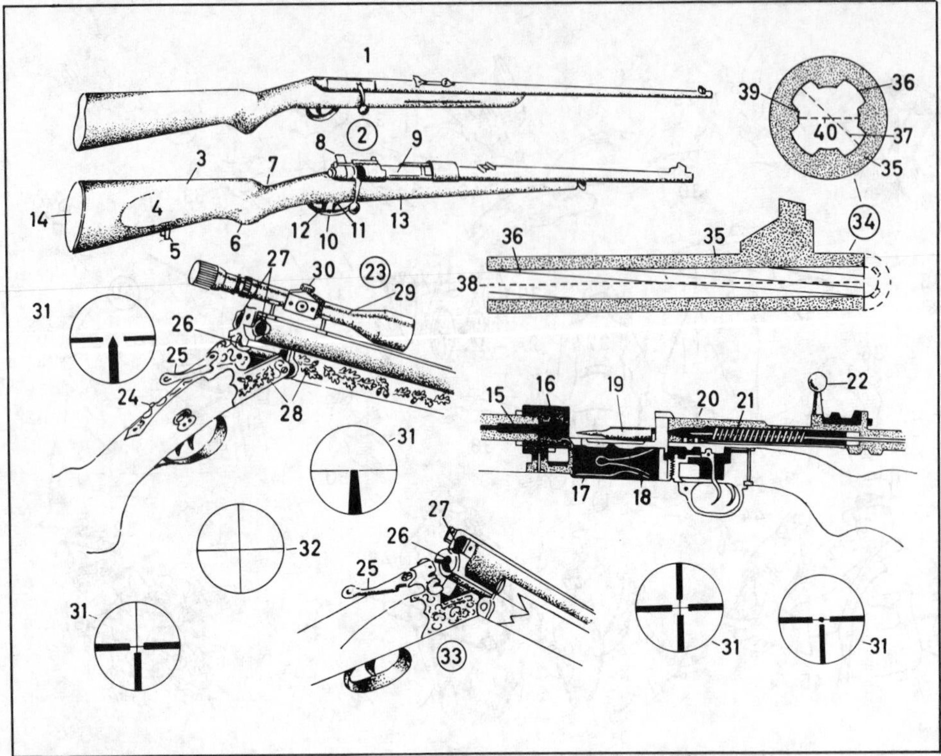

1-40 Sportwaffen *f* (Jagdgewehre *n*)
- ***sporting guns*** *(sporting rifles, hunting rifles)*

1 der Einzellader
- *single-loader (single-loading rifle)*

2 die Repetierbüchse, eine Handfeuerwaffe (Schußwaffe), ein Mehrlader *m* (Magazingewehr *n*)
- *repeating rifle, a small-arm (fire-arm), a repeater (magazine rifle, magazine repeater)*

3, 4, 6, 13 die Schäftung
- *stock*

3 der Kolben
- *butt*

4 die Backe [an der linken Seite]
- *cheek [on the left side]*

5 der Riemenbügel
- *sling ring*

6 der Pistolengriff
- *pistol grip*

7 der Kolbenhals
- *small of the butt*

8 der Sicherungsflügel
- *safety catch*

9 das Schloß (Gewehrschloß)
- *lock*

10 der Abzugbügel
- *trigger guard*

11 der Druckpunktabzug
- *second set trigger (firing trigger)*

12 der Stecher
- *hair trigger (set trigger)*

13 der Vorderschaft
- *foregrip*

14 der Rückschlaghinderer (die Gummikolbenkappe)
- *butt plate*

15 das Patronenlager
- *cartridge chamber*

16 der Hülsenkopf
- *receiver*

17 das Patronenmagazin
- *magazine*

18 die Zubringerfeder
- *magazine spring*

19 die Munition
- *ammunition (cartridge)*

20 die Kammer
- *chamber*

21 der Schlagbolzen
- *firing pin (striker)*

22 der Kammerstengel
- *bolt handle (bolt lever)*

23 der Drilling, ein kombiniertes Gewehr *n*, ein Selbstspanner *m*
- *triple-barrelled (triple-barreled) rifle, a self-cocking gun*

24 der Umschaltschieber (*bei verschiedenen Waffen:* die Sicherung)
- *reversing catch (*in various guns: *safety catch)*

25 der Verschlußhebel
- *sliding safety catch*

26 der Büchsenlauf
- *rifle barrel (rifled barrel)*

27 der Schrotlauf
- *smooth-bore barrel*

28 die Jagdgravur
- *chasing*

29 das Zielfernrohr
- *telescopic sight (riflescope, telescope sight)*

30 Schrauben *f* für die Absehenverstellung
- *graticule adjuster screws*

31-32 das Absehen (Zielfernrohrabsehen)
- *graticule (sight graticule)*

31 versch. Absehensysteme *n*
- *various graticule systems*

32 das Fadenkreuz
- *cross wires (*Am. *cross hairs)*

33 die Bockflinte
- *over-and-under shotgun*

34 der gezogene Gewehrlauf
- *rifled gun barrel*

35 die Laufwandung
- *barrel casing*

36 der Zug
- *rifling*

37 das Zugkaliber
- *rifling calibre (*Am. *caliber)*

38 die Seelenachse
- *bore axis*

39 das Feld
- *land*

40 das Bohrungs- oder Felderkaliber (Kaliber)
- *calibre (bore diameter,* Am. *caliber)*

41-48 Jagdgeräte *n*
- ***hunting equipment***
41 der Hirschfänger
- *double-edged hunting knife*
42 der Genickfänger (das Weidmesser, Jagdmesser)
- *[single-edged] hunting knife*
43-47 Lockgeräte *n* **zur Lockjagd**
- ***calls for luring game*** *(for calling game)*
43 der Fiepblatter (Rehblatter, die Rehfiepe)
- *roe call*
44 die Hasenklage (Hasenquäke)
- *hare call*
45 die Wachtellocke
- *quail call*
46 der Hirschruf
- *stag call*
47 die Rebhuhnlocke
- *partridge call*
48 der Schwanenhals, eine Bügelfalle
- *bow trap (bow gin), a jaw trap*
49 die Schrotpatrone
- *small-shot cartridge*
50 die Papphülse
- *cardboard case*
51 die Schrotladung
- *small-shot charge*
52 der Filzpfropf
- *felt wad*
53 das rauchlose Pulver (*andere Art:* Schwarzpulver)
- *smokeless powder* (different kind: *black powder)*
54 die Patrone
- *cartridge*
55 das Vollmantelgeschoß
- *full-jacketed cartridge*
56 der Weichbleikern
- *soft-lead core*
57 die Pulverladung
- *powder charge*
58 der Amboß
- *detonator cap*
59 das Zündhütchen
- *percussion cap*
60 das Jagdhorn
- *hunting horn*
61-64 das Waffenreinigungsgerät
- *rifle cleaning kit*
61 der Putzstock
- *cleaning rod*
62 die Laufreinigungsbürste
- *cleaning brush*
63 das Reinigungswerg
- *cleaning tow*
64 die Reinigungsschnur
- *pull-through (*Am.* pull-thru)*
65 die Visiereinrichtung
- *sights*
66 die Kimme
- *notch (sighting notch)*
67 die Visierklappe
- *back sight leaf*
68 die Visiermarke
- *sight scale division*
69 der Visierschieber
- *back sight slide*
70 die Raste
- *notch [to hold the spring]*
71 das Korn
- *front sight (foresight)*
72 die Kornspitze
- *bead*
73 Ballistik *f*
- ***ballistics***
74 die Mündungswaagerechte
- *azimuth*
75 der Abgangswinkel
- *angle of departure*
76 der Erhöhungswinkel (Elevationswinkel)
- *angle of elevation*
77 die Scheitelhöhe
- *apex (zenith)*
78 der Fallwinkel
- *angle of descent*
79 die ballist. Kurve
- *ballistic curve*

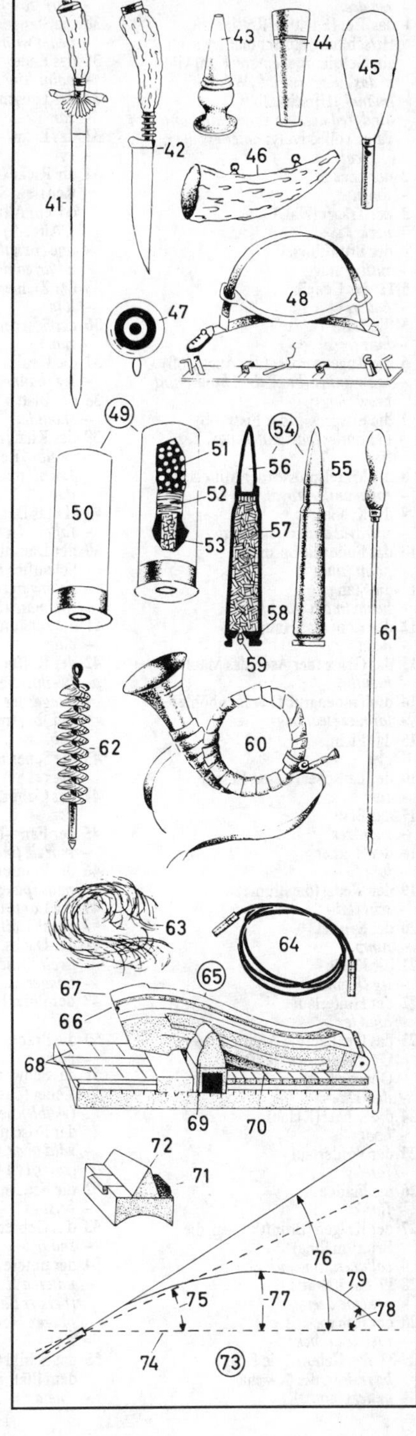

1-27 das Rotwild (Edelwild)
- ***red deer***
1 das Tier (Edeltier, Rottier, die Hirschkuh), ein Schmaltier *n* od. ein Gelttier *n*; *mehrere:* Kahlwild *n, das Junge: (weibl.)* Wildkalb *n, (männl.)* Hirschkalb *n*
- *hind (red deer), a young hind or a dam;* collectively: *anterless deer,* (y.)*: calf*
2 der Lecker
- *tongue*
3 der Träger (Hals)
- *neck*
4 der Brunfthirsch
- *rutting stag*
5-11 das Geweih
- ***antlers***
5 die Rose
- *burr (rose)*
6 die Augensprosse (der Augsproß)
- *brow antler (brow tine, brow point, brow snag)*
7 die Eissprosse (der Eissproß)
- *bez antler (bay antler, bay, bez tine)*
8 die Mittelsprosse (der Mittelsproß)
- *royal antler (royal, tray)*
9 die Krone
- *surroyal antlers (surroyals)*
10 das Ende (die Sprosse)
- *point (tine)*
11 die Stange
- *beam (main trunk)*
12 der Kopf (das Haupt)
- *head*
13 das Geäse (der Äser, das Maul)
- *mouth*
14 die Tränengrube (Tränenhöhle)
- *larmier (tear bag)*
15 das Licht
- *eye*
16 der Lauscher (Loser, Luser)
- *ear*
17 das Blatt
- *shoulder*
18 der Ziemer
- *loin*
19 der Wedel (die Blume)
- *scut (tail)*
20 der Spiegel
- *rump*
21 die Keule
- *leg (haunch)*
22 der Hinterlauf
- *hind leg*
23 das Geäfter (die Afterklaue, Oberklaue, der Heufler, Oberrücken)
- *dew claw*
24 die Schale (Klaue)
- *hoof*
25 der Vorderlauf
- *foreleg*
26 die Flanke
- *flank*
27 der Kragen (Brunftkragen, die Brunftmähne)
- *collar (rutting mane)*
28-39 das Rehwild
- ***roe*** *(roe deer)*
28 der Rehbock (Bock)
- *roebuck (buck)*
29-31 das Gehörn (die Krone, *bayr.*-östr. das Gewichtl)
- ***antlers*** *(horns)*
29 die Rose
- *burr (rose)*
30 die Stange mit den Perlen *f*
- *beam with pearls*
31 das Ende
- *point (tine)*
32 der Lauscher
- *ear*
33 das Licht
- *eye*
34 die Ricke (Geiß, Rehgeiß, das Reh), ein Schmalreh *n* (Kitzreh) od. ein Altreh *n* (Geltreh, Altricke *f*, Altgeiß)
- *doe (female roe), a female fawn or a barren doe*
35 der Ziemer (Rehziemer)
- *loin*
36 der Spiegel
- *rump*
37 die Keule
- *leg (haunch)*
38 das Blatt
- *shoulder*
39 das Kitz, *(männl.)* Bockkitz, *(weibl.)* Rehkitz
- *fawn,* (m.) *young buck,* (f.) *young doe*
40-41 das Damwild
- *fallow deer*
40 der Damhirsch (Dambock), ein Schaufler *m, (weibl.)* das Damtier
- *fallow buck, a buck with palmate (palmated) antlers,* (f.) *doe*
41 die Schaufel
- *palm*
42 der Rotfuchs, *(männl.)* Rüde, *(weibl.)* die Fähe (Fähin), *das Junge:* der Welpe
- *red fox,* (m.) *dog,* (f.) *vixen,* (y.) *cub*
43 die Seher *m*
- *eyes*
44 das Gehör
- *ear*
45 der Fang (das Maul)
- *muzzle (mouth)*
46 die Pranten (Branten, Branken)
- *pads (paws)*
47 die Lunte (Standarte, Rute)
- *brush (tail)*
48 der Dachs, *(männl.)* Dachsbär, *(weibl.)* die Dächsin
- *badger,* (f.) *sow*
49 der Pürzel (Bürzel, Schwanz, die Rute)
- *tail*
50 die Prante (Brante, Branke)
- *paws*
51 das Schwarzwild, *(männl.)* der Keiler (das Wildschwein, die Sau) *(weibl.)* die Bache (Sau), *das Junge:* der Frischling
- *wild boar,* (m.) *boar,* (f.) *wild sow (sow),* (y.) *young boar*
52 die Federn *f (der Kamm)*
- *bristles*
53 das Gebrech (Gebräch, der Rüssel)
- *snout*
54 der untere Hauzahn (Hauer), *beide unteren Hauzähne:* das Gewaff, *(bei der Bache)* die Haken, *beide oberen Hauzähne:* die Haderer *f*
- *tusk*
55 das Schild (bes. dicke Haut *f* auf dem Blatt *n*)
- *shield*
56 die Schwarte (Haut)
- *hide*
57 das Geäfter
- *dew claw*
58 der Pürzel (Bürzel, Schmörkel, das Federlein)
- *tail*
59 der Hase (Feldhase), *(männl.)* Rammler, *(weibl.)* Setzhase (die Häsin)
- *hare,* (m.) *buck,* (f.) *doe*
60 der Seher (das Auge)
- *eye*
61 der Löffel
- *ear*
62 die Blume
- *scut (tail)*
63 der Hinterlauf (Sprung)
- *hind leg*
64 der Vorderlauf
- *foreleg*
65 das Kaninchen
- *rabbit*
66 der Birkhahn (Spielhahn, kleine Hahn)
- *blackcock*
67 der Schwanz (das Spiel, der Stoß, die Leier, Schere)
- *tail*
68 die Sichelfedern *f*
- *falcate (falcated) feathers*
69 das Haselhuhn
- *hazel grouse (hazel hen)*
70 das Rebhuhn
- *partridge*
71 das (der) Schild
- *horseshoe (horseshoe marking)*
72 der Auerhahn (Urhahn, große Hahn)
- *wood grouse (capercaillie)*
73 der Federbart (Kehlbart, Bart)
- *beard*
74 der Spiegel
- *axillary marking*
75 der Schwanz (Stoß, Fächer, das Ruder, die Schaufel)
- *tail (fan)*
76 der Fittich (die Schwinge)
- *wing (pinion)*
77 der Edelfasan (Jagdfasan), ein Fasan *m, (männl.)* Fasanenhahn, *(weibl.)* Fasanenhenne
- *common pheasant, a pheasant,* (m.) *cock pheasant (pheasant cock),* (f.) *hen pheasant (pheasant hen)*
78 das Federohr (Horn)
- *plumicorn (feathered ear, ear tuft, ear, horn)*
79 der Fittich (das (der) Schild)
- *wing*
80 der Schwanz (Stoß, das Spiel)
- *tail*
81 das Bein (der Ständer)
- *leg*
82 der Sporn
- *spur*
83 die Schnepfe (Waldschnepfe)
- *snipe*
84 der Stecher (Schnabel)
- *bill (beak)*

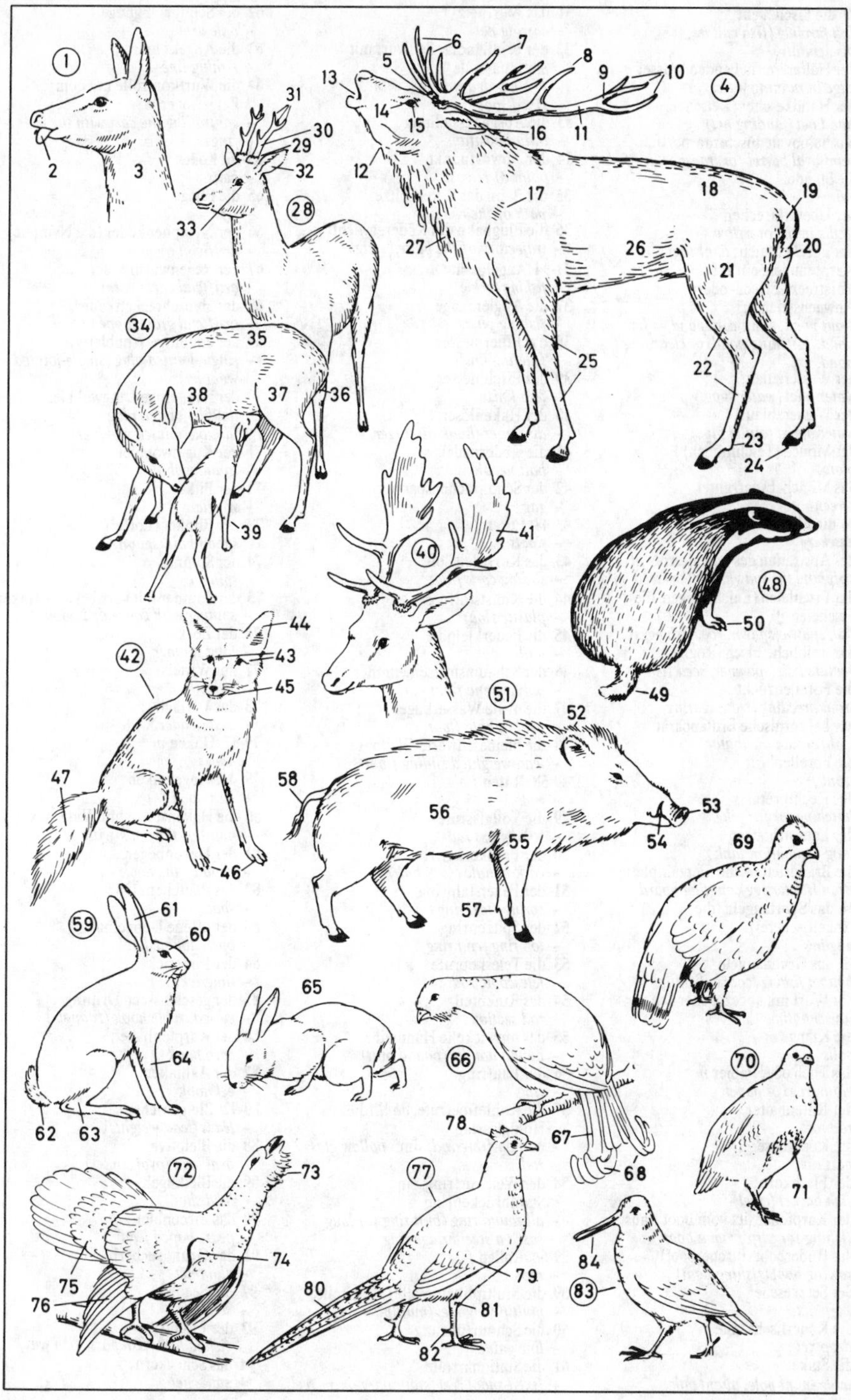
1
2
3
4
5
6
7
8
9
10
11
12
13
14
15
16
17
18
19
20
21
22
23
24
25
26
27
28
29
30
31
32
33
34
35
36
37
38
39
40
41
42
43
44
45
46
47
48
49
50
51
52
53
54
55
56
57
58
59
60
61
62
63
64
65
66
67
68
69
70
71
72
73
74
75
76
77
78
79
80
81
82
83
84

89 Fischzucht und Angelsport

1-19 die Fischzucht
- ***fish farming*** *(fish culture, pisciculture)*

1 der Hälter im fließenden Wasser *n*
- *cage in running water*

2 der Handkescher (Ketscher)
- *hand net (landing net)*

3 das halbovale Fischtransportfaß
- *semi-oval barrel for transporting fish*

4 die Stande
- *vat*

5 der Überlaufrechen
- *trellis in the overflow*

6 der Forellenteich; *ähnl.:* der Karpfenteich, ein Brut-, Vorstreck-, Streck- oder Abwachsteich *m*
- *trout pond;* sim.: *carp pond, a fry pond, fattening pond, or cleansing pond*

7 der Wasserzulauf
- *water inlet (water supply pipe)*

8 der Wasserablauf
- *water outlet (outlet pipe)*

9 der Mönch (Teichmönch)
- *monk*

10 das Mönchabsperrgitter
- *screen*

11-19 die Fischbrutanstalt
- ***hatchery***

11 das Abstreifen des Laichhechts *m*
- *stripping the spawning pike (seed pike)*

12 der Fischlaich (Laich, Rogen, die Fischeier *n*)
- *fish spawn (spawn, roe, fish eggs)*

13 der weibliche Fisch (Rogner)
- *female fish (spawner, seed fish)*

14 die Forellenzucht
- *trout breeding (trout rearing)*

15 der kalifornische Brutapparat
- *Californian incubator*

16 die Forellenbrut
- *trout fry*

17 das Hechtbrutglas
- *hatching jar for pike*

18 der Langstromtrog
- *long incubation tank*

19 die Brandstettersche Eierzählplatte
- *Brandstetter egg-counting board*

20-94 das Sportangeln (die Angelfischerei)
- ***angling***

20-31 das Grundangeln
- ***bottom fishing*** *(coarse fishing)*

20 der Wurf mit abgezogener Schnur
- *line shooting*

21 die Klänge *m*
- *coils*

22 das Tuch oder Papier *n*
- *cloth (rag) or paper*

23 der Rutenhalter
- *rod rest*

24 die Köderdose
- *bait tin*

25 der Fischkorb
- *fish basket (creel)*

26 der Karpfenansitz vom Boot *n* aus
- *fishing for carp from a boat*

27 das Ruderboot (Fischerboot)
- *rowing boat (fishing boat)*

28 der Setzkescher
- *keep net*

29 die Köderfischsenke
- *drop net*

30 die Stake
- *pole (punt pole, quant pole)*

31 das Wurfnetz
- *casting net*

32 der beidhändige Seitwurf mit Stationärrolle
- *two-handed side cast with fixed-spool reel*

33 die Ausgangsstellung
- *initial position*

34 der Abwurfpunkt
- *point of release*

35 die Bahn der Rutenspitze
- *path of the rod tip*

36 die Flugbahn des Ködergewichts *n*
- *trajectory of the baited weight*

37-94 Angelgeräte *n*
- ***fishing tackle***

37 die Anglerzange
- *fishing pliers*

38 das Filiermesser
- *filleting knife*

39 das Fischmesser
- *fish knife*

40 der Hakenlöser
- *disgorger (hook disgorger)*

41 die Ködernadel
- *bait needle*

42 der Schonrachenspanner
- *gag*

43-48 Posen *f*
- ***floats***

43 das Korkgleitfloß
- *sliding cork float*

44 die Kunststoffpose
- *plastic float*

45 die Federkielpose
- *quill float*

46 der Schaumstoffschwimmer
- *polystyrene float*

47 die ovale Wasserkugel
- *oval bubble float*

48 die bleibeschwerte Gleitpose
- *lead-weighted sliding float*

49-58 Ruten *f*
- ***rods***

49 die Vollglasrute
- *solid glass rod*

50 der Preßkorkgriff
- *cork handle (cork butt)*

51 der Federstahlring
- *spring-steel ring*

52 der Spitzenring
- *top ring (end ring)*

53 die Teleskoprute
- *telescopic rod*

54 das Rutenteil
- *rod section*

55 das umwickelte Handteil
- *bound handle (bound butt)*

56 der Laufring
- *ring*

57 die Kohlefiberrute, *ähnl.:* die Hohlglasrute
- *carbon-fibre rod;* sim.: *hollow glass rod*

58 der Weitwurfring, ein Stahlbrückenring
- *all-round ring (butt ring for long cast), a steel bridge ring*

59-64 Rollen *f*
- ***reels***

59 die Multiplikatorrolle (Multirolle)
- *multiplying reel (multiplier reel)*

60 die Schnurführung
- *line guide*

61 die Stationärrolle
- *fixed-spool reel (stationary-drum reel)*

62 der Schnurfangbügel
- *bale arm*

63 die Angelschnur
- *fishing line*

64 die Wurfkontrolle mit dem Zeigefinger *m*
- *controlling the cast with the index finger*

65-76 Köder *m*
- ***baits***

65 die Fliege
- *fly*

66 der Nymphenköder (die Nymphe)
- *artificial nymph*

67 der Regenwurmköder
- *artificial earthworm*

68 der Heuschreckenköder
- *artificial grasshopper*

69 der einteilige Wobbler
- *single-jointed plug (single-jointed wobbler)*

70 der zweiteilige Langwobbler
- *double-jointed plug (double-jointed wobbler)*

71 der Kugelwobbler
- *round wobbler*

72 der Pilker
- *wiggler*

73 der Blinker (Löffel)
- *spoon bait (spoon)*

74 der Spinner
- *spinner*

75 der Spinner mit verstecktem Haken
- *spinner with concealed hook*

76 der Zocker
- *long spinner*

77 der Wirtel
- *swivel*

78 das Vorfach
- *cast (leader)*

79-87 Haken *m*
- ***hooks***

79 der Angelhaken
- *fish hook*

80 die Hakenspitze mit Widerhaken *m*
- *point of the hook with barb*

81 der Hakenbogen
- *bend of the hook*

82 das Plättchen (Öhr)
- *spade (eye)*

83 der offene Doppelhaken
- *open double hook*

84 der Limerick
- *limerick*

85 der geschlossene Drilling
- *closed treble hook (triangle)*

86 der Karpfenhaken
- *carp hook*

87 der Aalhaken
- *eel hook*

88-92 Bleigewichte *n*
- ***leads*** *(lead weights)*

88 die Bleiolive
- *oval lead (oval sinker)*

89 die Bleikugeln *f*
- *lead shot*

90 das Birnenblei
- *pear-shaped lead*

91 das Grundsucherblei
- *plummet*

92 das Seeblei
- *sea lead*

93 der Fischpaß
- *fish ladder (fish pass, fish way)*

94 das Schockernetz
- *stake net*

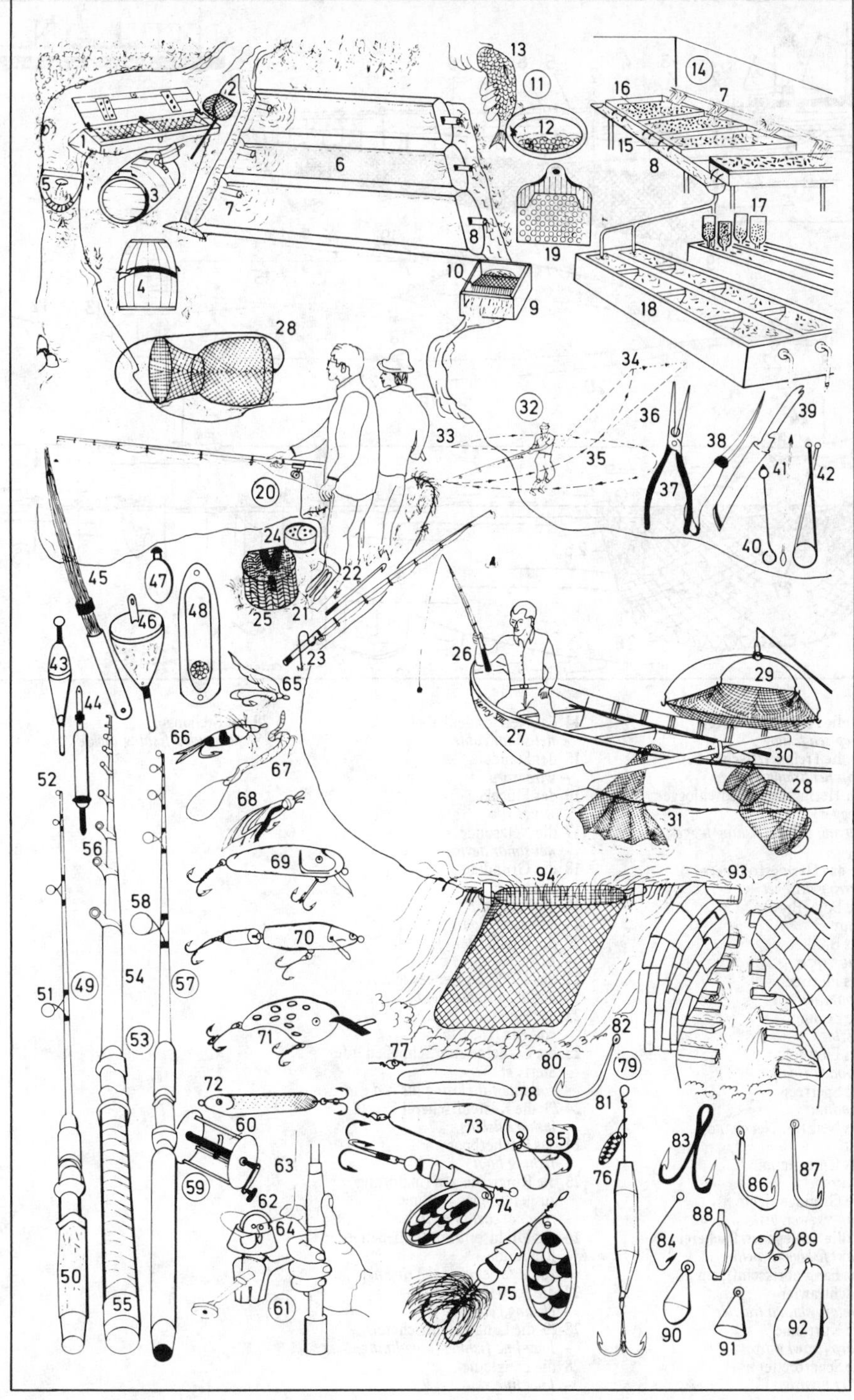
1
2
3
4
5
6
7
8
9
10
11
12
13
14
15
16
17
18
19
20
21
22
23
24
25
26
27
28
29
30
31
32
33
34
35
36
37
38
39
40
41
42
43
44
45
46
47
48
49
50
51
52
53
54
55
56
57
58
59
60
61
62
63
64
65
66
67
68
69
70
71
72
73
74
75
76
77
78
79
80
81
82
83
84
85
86
87
88
89
90
91
92
93
94

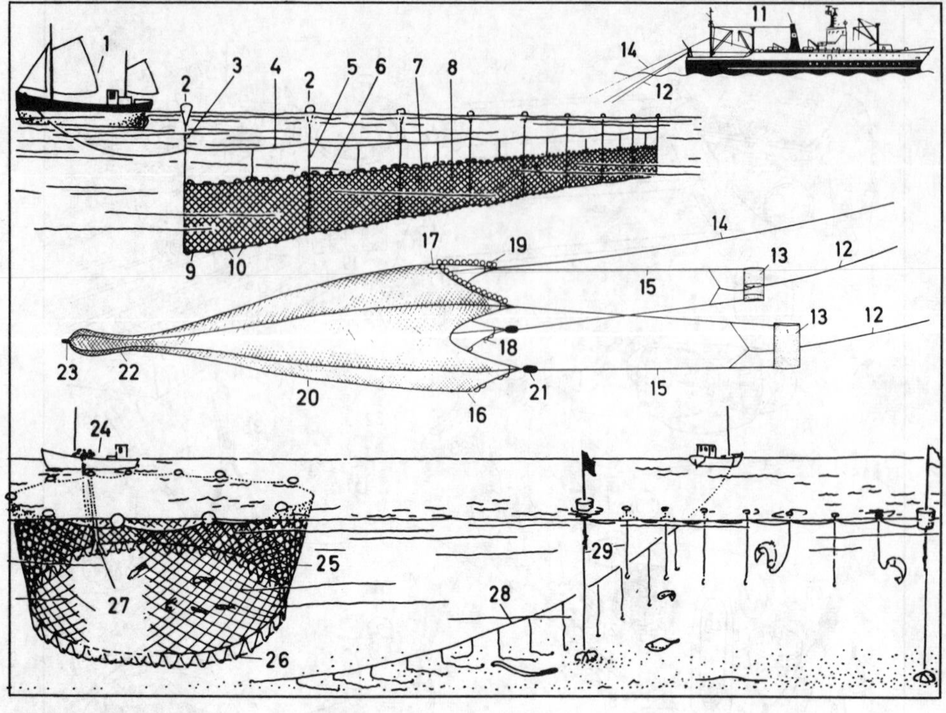

1-23 die Hochseefischerei
- ***deep-sea fishing***

1-10 die Treibnetzfischerei
- ***drift net fishing***

1 der Heringslogger (Fischlogger, Logger)
- *herring lugger (fishing lugger, lugger)*

2-10 das Heringstreibnetz
- ***herring drift net***

2 die Boje (Brail)
- *buoy*

3 das Brailtau
- *buoy rope*

4 das Fleetreep
- *float line*

5 die Zeising
- *seizing*

6 das Flottholz
- *wooden float*

7 das Sperreep
- *headline*

8 das Netz (die Netzwand)
- *net*

9 das Untersimm
- *footrope*

10 die Grundgewichte *n*
- *sinkers (weights)*

11-23 die Schleppnetzfischerei
- ***trawl fishing*** *(trawling)*

11 das Fangfabrikschiff, ein Fischtrawler
- *factory ship, a trawler*

12 die Kurrleine
- *warp (trawl warp)*

13 die Scherbretter *n*
- *otter boards*

14 das Netzsondenkabel
- *net sonar cable*

15 der Stander
- *wire warp*

16 der Flügel
- *wing*

17 die Netzsonde
- *net sonar device*

18 das Grundtau
- *footrope*

19 die Kugeln *f*
- *spherical floats*

20 der Bauch (Belly)
- *belly*

21 das 1800-kg-Eisengewicht
- *1,800 kg iron weight*

22 der Stert
- *cod end (cod)*

23 die Codleine zum Schließen *n* des Sterts *m*
- *cod line for closing the cod end*

24-29 die Küstenfischerei
- ***inshore fishing***

24 das Fischerboot
- *fishing boat*

25 die Ringwade, ein ringförmig ausgefahrenes Treibnetz *n*
- *ring net cast in a circle*

26 das Drahtseil zum Schließen *n* der Ringwade
- *cable for closing the ring net*

27 die Schließvorrichtung
- *closing gear*

28-29 die Langleinenfischerei
- *long-line fishing (long-lining)*

28 die Langleine
- *long line*

29 die Stellangel
- *suspended fishing tackle*

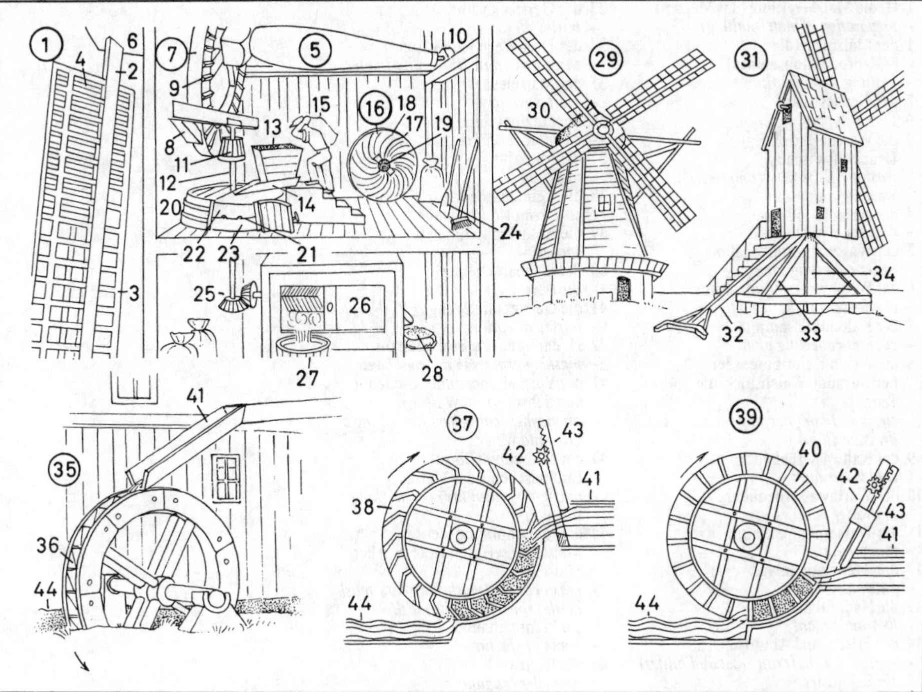

1-34 die Windmühle
- ***windmill***

1 der Windmühlenflügel
- *windmill vane (windmill sail, windmill arm)*

2 die Windrute
- *stock (middling, back, radius)*

3 die Saumlatte
- *frame*

4 die Windtür
- *shutter*

5 die Flügelwelle (Radwelle)
- *wind shaft (sail axle)*

6 der Flügelkopf
- *sail top*

7 das Kammrad
- *brake wheel*

8 die Radbremse
- *brake*

9 der Holzzahn
- *wooden cog*

10 das Stützlager
- *pivot bearing (step bearing)*

11 das Windmühlengetriebe (der Trilling)
- *wallower*

12 das Mühleisen
- *mill spindle*

13 die Gosse
- *hopper*

14 der Rüttelschuh
- *shoe (trough, spout)*

15 der Müller
- *miller*

16 der Mühlstein
- *millstone*

17 der Hauschlag (die Luftfurche)
- *furrow (flute)*

18 die Sprengschärfe (Mahlfurche)
- *master furrow*

19 das Mühlsteinauge
- *eye [of the millstone]*

20 die Bütte (das Mahlsteingehäuse)
- *hurst (millstone casing)*

21 der Mahlgang
- *set of stones (millstones)*

22 der Läuferstein (Oberstein)
- *runner (upper millstone)*

23 der Bodenstein
- *bed stone (lower stone, bedder)*

24 die Holzschaufel
- *wooden shovel*

25 der Kegeltrieb (Winkeltrieb)
- *bevel gear (bevel gearing)*

26 der Rundsichter
- *bolter (sifter)*

27 der Holzbottich
- *wooden tub (wooden tun)*

28 das Mehl
- *flour*

29 die holländ. Windmühle
- *smock windmill (Dutch windmill)*

30 die drehbare Windmühlenhaube
- *rotating (revolving) windmill cap*

31 die Bockmühle
- *post windmill (German windmill)*

32 der Stert
- *tailpole (pole)*

33 das Bockgerüst
- *base*

34 der Königsbaum
- *post*

35-44 die Wassermühle
- ***watermill***

35 das oberschlächtige Zellenrad, ein Mühlrad *n* (Wasserrad)
- *overshot mill wheel (high-breast mill wheel), a mill wheel (waterwheel)*

36 die Schaufelkammer (Zelle)
- *bucket (cavity)*

37 das mittelschlächtige Mühlrad
- *middleshot mill wheel (breast mill wheel)*

38 die gekrümmte Schaufel
- *curved vane*

39 das unterschlächtige Mühlrad
- *undershot mill wheel*

40 die gerade Schaufel
- *flat vane*

41 das Gerinne
- *headrace (discharge flume)*

42 das Mühlwehr
- *mill weir*

43 der Wasserüberfall
- *overfall (water overfall)*

44 der Mühlbach (Mühlgraben)
- *millstream (millrace, Am. raceway)*

1-41 die Malzbereitung (das Mälzen)
- ***preparation of malt*** *(malting)*

1 der Mälzturm (die Malzproduktionsanlage)
- *malting tower (maltings)*

2 der Gersteeinlauf
- *barley hopper*

3 die Waschetage mit Druckluftwäsche *f*
- *washing floor with compressed-air washing unit*

4 der Ablaufkondensator
- *outflow condenser*

5 der Wasserauffangbehälter
- *water-collecting tank*

6 der Weichwasserkondensator
- *condenser for the steep liquor*

7 der Kältemittelsammler
- *coolant-collecting plant*

8 die Weich-Keim-Etage (der Feuchtraum, Weichstock, die Tenne)
- *steeping floor (steeping tank, dressing floor)*

9 der Kaltwasserbehälter
- *cold water tank*

10 der Warmwasserbehälter
- *hot water tank*

11 der Wasserpumpenraum
- *pump room*

12 die Pneumatikanlage
- *pneumatic plant*

13 die Hydraulikanlage
- *hydraulic plant*

14 der Frisch- und Abluftschacht
- *ventilation shaft (air inlet and outlet)*

15 der Exhauster
- *exhaust fan*

16-18 die Darretagen *f*
- ***kilning floors***

16 die Vordarre
- *drying floor*

17 der Brennerventilator
- *burner ventilator*

18 die Nachdarre
- *curing floor*

19 der Darrablaufschacht
- *outlet duct from the kiln*

20 der Fertigmalztrichter
- *finished malt collecting hopper*

21 die Trafostation
- *transformer station*

22 die Kältekompressoren *m*
- *cooling compressors*

23 das Grünmalz (Keimgut)
- *green malt (germinated barley)*

24 die drehbare Horde
- *turner (plough)*

25 die zentrale Schaltwarte mit dem Schaltschaubild *n*
- *central control room with flow diagram*

26 die Aufgabeschnecke
- *screw conveyor*

27 die Waschetage
- *washing floor*

28 die Weich-Keim-Etage
- *steeping floor*

29 die Vordarre
- *drying kiln*

30 die Nachdarre
- *curing kiln*

31 der Gerstesilo
- *barley silo*

32 die Waage
- *weighing apparatus*

33 der Gersteelevator
- *barley elevator*

34 der Drei-Wege-Kippkasten
- *three-way chute (three-way tippler)*

35 der Malzelevator
- *malt elevator*

36 die Putzmaschine
- *cleaning machine*

37 der Malzsilo
- *malt silo*

38 die Keimabsaugung
- *corn removal by suction*

39 die Absackmaschine
- *sacker*

40 der Staubabscheider
- *dust extractor*

41 die Gersteanlieferung
- *barley reception*

42-53 der Sudprozeß im Sudhaus *n*
- ***mashing process in the mashhouse***

42 der Vormaischer zum Mischen *n* von Schrot *n* und Wasser *n*
- *premasher (converter) for mixing grist and water*

43 der Maischbottich zum Einmaischen *n* des Malzes *n*
- *mash tub (mash tun) for mashing the malt*

44 die Maischpfanne (der Maischkessel) zum Kochen *n* der Maische
- *mash copper (mash tun,* Am. *mash kettle) for boiling the mash*

45 die Pfannenhaube
- *dome of the tun*

46 das Rührwerk
- *propeller (paddle)*

47 die Schiebetür
- *sliding door*

48 die Wasserzuflußleitung
- *water (liquor) supply pipe*

49 der Brauer (Braumeister, Biersieder)
- *brewer (master brewer, masher)*

50 der Läuterbottich zum Absetzen *n* der Rückstände *m* (Treber) und Abfiltrieren *n* der Würze
- *lauter tun for settling the draff (grains) and filtering off the wort*

51 die Läuterbatterie zur Prüfung der Würze auf Feinheit *f*
- *lauter battery for testing the wort for quality*

52 der Hopfenkessel (die Würzpfanne) zum Kochen *n* der Würze
- *hop boiler (wort boiler) for boiling the wort*

53 das Schöpfthermometer
- *ladle-type thermometer (scoop thermometer)*

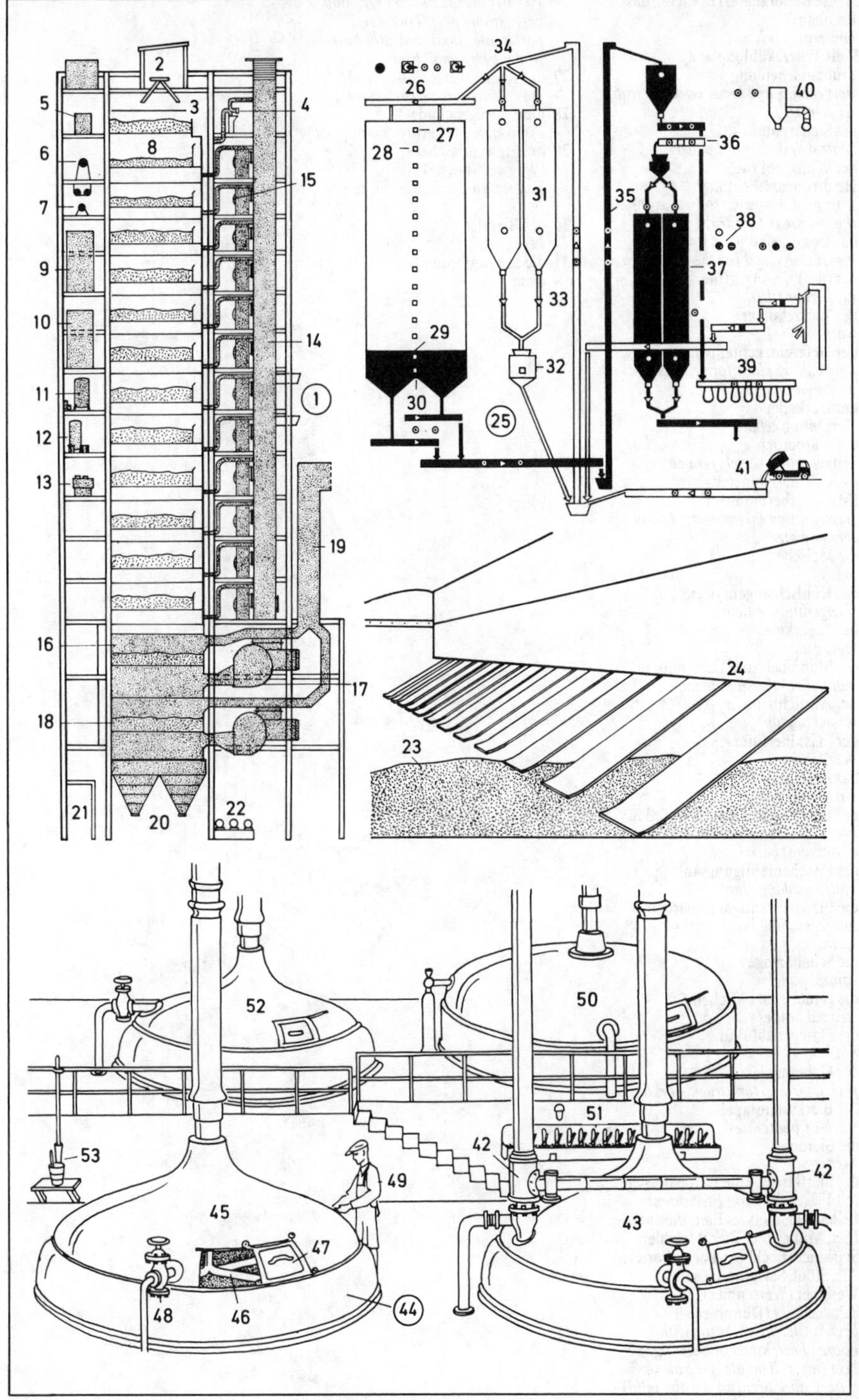
1
2
3
4
5
6
7
8
9
10
11
12
13
14
15
16
17
18
19
20
21
22
23
24
25
26
27
28
29
30
31
32
33
34
35
36
37
38
39
40
41
42
43
44
45
46
47
48
49
50
51
52
53

1-31 die Bierbrauerei (Brauerei, das Brauhaus)
- ***brewery*** *(brewhouse)*

1-5 die Würzekühlung und Trubausscheidung
- ***wort cooling and break removal*** *(trub removal)*

1 das Steuerpult
- *control desk (control panel)*

2 der Whirlpool zur Heißtrubausscheidung
- *whirlpool separator for removing the hot break (hot trub)*

3 das Dosiergefäß für Kieselgur *f*
- *measuring vessel for the kieselguhr*

4 der (das) Kieselgurfilter
- *kieselguhr filter*

5 der Würzekühler
- *wort cooler*

6 der Hefereinzuchtapparat
- *pure culture plant for yeast (yeast propagation plant)*

7 der Gärkeller
- *fermenting cellar*

8 der Gärbottich
- *fermentation vessel (fermenter)*

9 das Gärthermometer (Maischethermometer)
- *fermentation thermometer (mash thermometer)*

10 die Maische
- *mash*

11 das Kühlschlangensystem
- *refrigeration system*

12 der Lagerkeller
- *lager cellar*

13 das Mannloch zum Lagertank *m*
- *manhole to the storage tank*

14 der Anstichhahn
- *broaching tap*

15 der (das) Bierfilter
- *beer filter*

16 das Faßlager
- *barrel store*

17 das Bierfaß, ein Aluminiumfaß *n*
- *beer barrel, an aluminium* (Am. *aluminum) barrel*

18 die Flaschenreinigungsanlage
- *bottle-washing plant*

19 die Flaschenreinigungsmaschine
- *bottle-washing machine (bottle washer)*

20 die Schaltanlage
- *control panel*

21 die gereinigten Flaschen *f*
- *cleaned bottles*

22 die Flaschenabfüllung
- *bottling*

23 der Gabelstapler
- *forklift truck (fork truck, forklift)*

24 der Bierkastenstapel
- *stack of beer crates*

25 die Bierdose
- *beer can*

26 die Bierflasche, eine Europaflasche mit Flaschenbier *n*; *Biersorten:* helles Bier, dunkles Bier, Pilsener Bier, Münchener Bier, Malzbier, Starkbier (Bockbier, Bock), Porter, Ale, Stout, Salvator, Gose, Weißbier (Weizenbier), Schwachbier (Dünnbier)
- *beer bottle, a Eurobottle with bottled beer;* kinds of beer: *light beer (lager, light ale, pale ale or bitter), dark beer (brown ale, mild), Pilsener beer, Munich beer, malt beer, strong beer (bock beer), porter, ale, stout, Salvator beer, wheat beer, small beer*

27 der Kronenverschluß
- *crown cork (crown cork closure)*

28 die Einwegpackung
- *disposable pack (carry-home pack)*

29 die Einwegflasche (Wegwerfflasche)
- *non-returnable bottle (single-trip bottle)*

30 das Bierglas
- *beer glass*

31 die Schaumkrone
- *head*

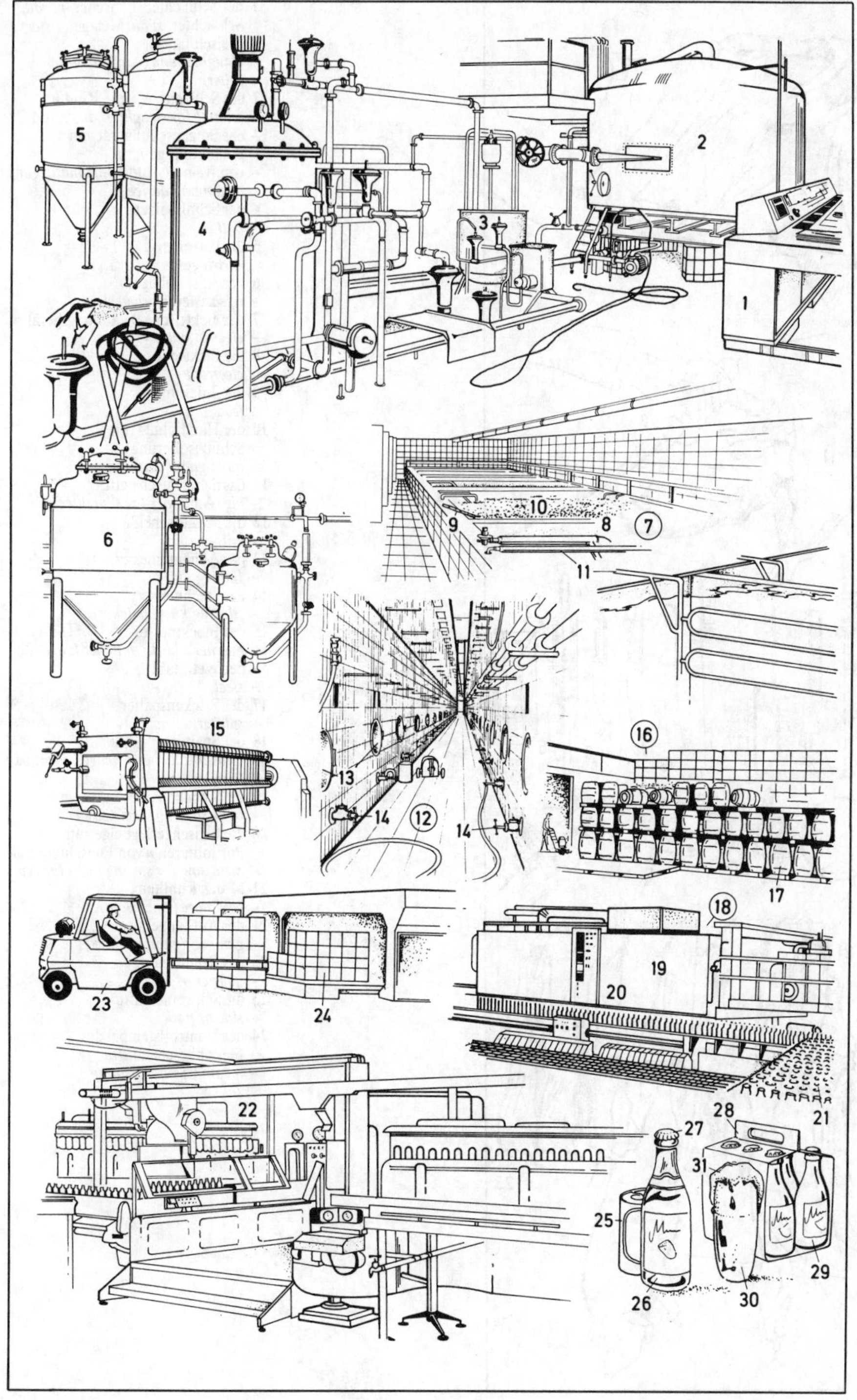
1
2
3
4
5
6
7
8
9
10
11
12
13
14
14
15
16
17
18
19
20
21
22
23
24
25
26
27
28
29
30
31

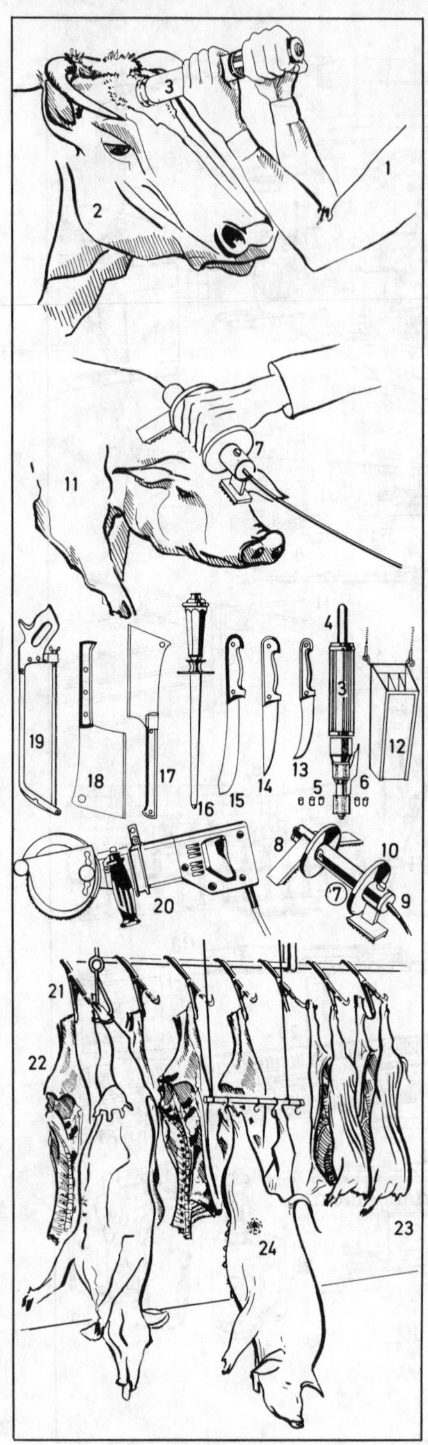

1 der Schlächter (Fleischer, *nordd.* Schlachter, *südd.* Metzger, *österr.* Fleischhauer)
- *slaughterman (Am. slaughterer, killer)*

2 das Schlachtvieh, ein Rind *n*
- *animal for slaughter, an ox*

3 das Bolzenschußgerät, ein Betäubungsgerät *n*
- *captive-bolt pistol (pneumatic gun), a stunning device*

4 der Schußbolzen
- *bolt*

5 die Patronen *f*
- *cartridges*

6 der Auslösebügel
- *release lever (trigger)*

7 das elektrische Betäubungsgerät
- *electric stunner*

8 die Elektrode
- *electrode*

9 die Zuleitung
- *lead*

10 der Handschutz (die Schutzisolierung)
- *hand guard (insulation)*

11 das Schlachtschwein
- *pig (Am. hog) for slaughter*

12 die Messerscheide
- *knife case*

13 das Abhäutemesser
- *flaying knife*

14 das Stechmesser
- *sticking knife (sticker)*

15 das Blockmesser
- *butcher's knife (butcher knife)*

16 der Wetzstahl
- *steel*

17 der Rückenspalter
- *splitter*

18 der Spalter
- *cleaver (butcher's cleaver, meat axe (Am. meat ax))*

19 die Knochensäge
- *bone saw (butcher's saw)*

20 die Fleischzerlegesäge zum Portionieren *n* von Fleischteilen *n*
- *meat saw for sawing meat into cuts*

21-24 das Kühlhaus
- ***cold store** (cold room)*

21 der Aufhängebügel
- *gambrel (gambrel stick)*

22 das Rinderviertel
- *quarter of beef*

23 die Schweinehälfte
- *side of pork*

24 der Kontrollstempel des Fleischbeschauers *m*
- *meat inspector's stamp*

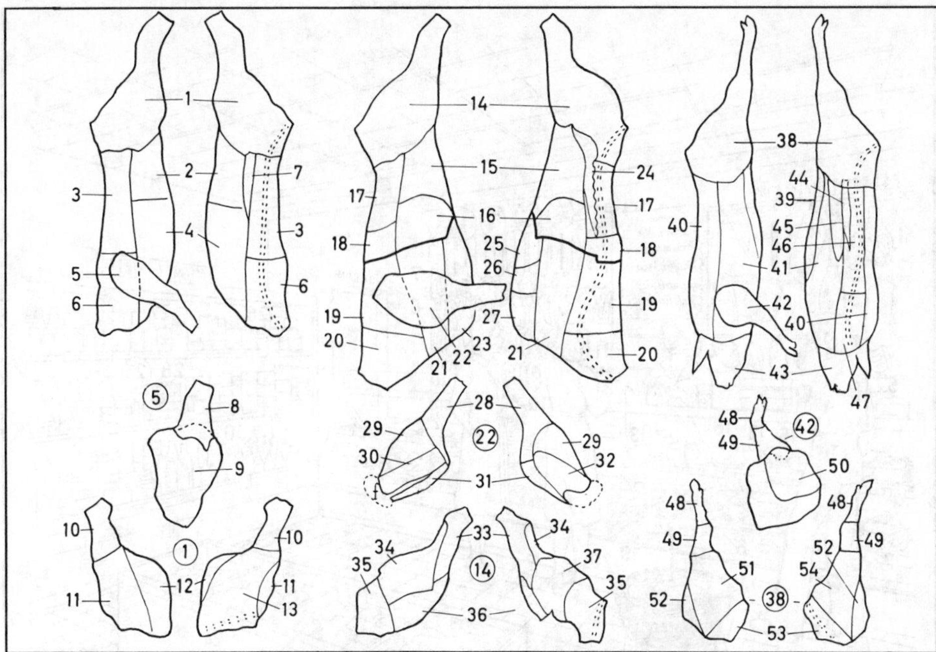

linke Seite: Fleischseite;
rechte Seite: Knochenseite
left: meat side;
right: bone side

1-13 das Kalb
- animal: ***calf;*** meat: ***veal***

1 die Keule mit Hinterhachse *f* (*südd.* Hinterhaxe *f*)
- *leg with hind knuckle*

2 der Bauch
- *flank*

3 das Kotelett (Kalbskotelett)
- *loin and rib*

4 die Brust (Kalbsbrust)
- *breast (breast of veal)*

5 der Bug mit Vorderhachse *f* (*südd.* Vorderhaxe *f*)
- *shoulder with fore knuckle*

6 der Hals
- *neck with scrag (scrag end)*

7 das Filet (Kalbsfilet)
- *best end of loin (of loin of veal)*

8 die Vorderhachse
- *fore knuckle*

9 der Bug
- *shoulder*

10 die Hinterhachse (*südd.* Hinterhaxe)
- *hind knuckle*

11 das Nußstück
- *roasting round (oyster round)*

12 das Frikandeau
- *cutlet for frying or braising*

13 die Oberschale
- *undercut (fillet)*

14-37 das Rind
- animal: ***ox;*** meat: ***beef***

14 die Keule mit Hinterhesse *f*
- *round with rump and shank*

15-16 die Lappen *m*
- *flank*

15 die Fleischdünnung
- *thick flank*

16 die Knochendünnung
- *thin flank*

17 das Roastbeef
- *sirloin*

18 die Hochrippe
- *prime rib (fore ribs, prime fore rib)*

19 die Fehlrippe
- *middle rib and chuck*

20 der Kamm
- *neck*

21 die Spannrippe
- *flat rib*

22 der Bug mit Vorderhesse *f*
- *leg of mutton piece (bladebone) with shin*

23 die Brust (Rinderbrust)
- *brisket (brisket of beef)*

24 das Filet (Rinderfilet)
- *fillet (fillet of beef)*

25 die Nachbrust
- *hind brisket*

26 die Mittelbrust
- *middle brisket*

27 das Brustbein
- *breastbone*

28 die Vorderhesse
- *shin*

29 das dicke Bugstück
- *leg of mutton piece*

30 das Schaufelstück
- *part of bladebone*

31 das falsche Filet
- *part of top rib*

32 der Schaufeldeckel
- *part of bladebone*

33 die Hinterhesse
- *shank*

34 das Schwanzstück
- *silverside*

35 die Blume
- *rump*

36 die Kugel
- *thick flank*

37 die Oberschale
- *top side*

38-54 das Schwein
- animal: ***pig;*** meat: ***pork***

38 der Schinken mit dem Eisbein *n* und dem Spitzbein *n*
- *leg with knuckle and trotter*

39 die Wamme
- *ventral part of the belly*

40 der Rückenspeck
- *back fat*

41 der Bauch
- *belly*

42 der Bug mit Eisbein *n* und Spitzbein *n*
- *bladebone with knuckle and trotter*

43 der Kopf (Schweinskopf)
- *head (pig's head)*

44 das Filet (Schweinefilet)
- *fillet (fillet of pork)*

45 der Flomen
- *leaf fat (pork flare)*

46 das Kotelett (Schweinekotelett)
- *loin (pork loin)*

47 der Kamm (Schweinekamm)
- *spare rib*

48 das Spitzbein
- *trotter*

49 das Eisbein
- *knuckle*

50 das dicke Stück
- *butt*

51 das Schinkenstück
- *fore end (ham)*

52 die Nuß
- *round end for boiling*

53 der Schinkenspeck
- *fat end*

54 die Oberschale
- *gammon steak*

1-30 die Fleischerei (das Fleischerfachgeschäft, *obd./westd.* Metzgerei, Schlächterei, *nd.* Schlachterei)
- ***butcher's shop***

1-4 Fleischwaren *pl*
- ***meat***

1 der Knochenschinken
- *ham on the bone*

2 die Speckseite
- *flitch of bacon*

3 das Dörrfleisch (Rauchfleisch)
- *smoked meat*

4 das Lendenstück
- *piece of loin (piece of sirloin)*

5 das Schweinefett (Schweineschmalz)
- *lard*

6-11 Wurstwaren *pl*
- ***sausages***

6 das Preisschild
- *price label*

7 die Mortadella
- *mortadella*

8 das Brühwürstchen (Würstchen, Siedewürstchen); *Arten:* „Wiener", „Frankfurter"
- *scalded sausage;* kinds: *Vienna sausage (Wiener), Frankfurter sausage (Frankfurter)*

9 der Preßsack (Preßkopf)
- *collared pork* (Am. *headcheese)*

10 der Fleischwurstring (die „Lyoner")
- *ring of [Lyoner] sausage*

11 die Bratwurst
- *bratwurst (sausage for frying or grilling)*

12 die Kühltheke
- *cold shelves*

13 der Fleischsalat
- *meat salad (diced meat salad)*

14 die Aufschnittware
- *cold meats (*Am. *cold cuts)*

15 die Fleischpastete
- *pâté*

16 das Hackfleisch (Gehackte, Schabefleisch, Geschabte, Gewiegte)
- *mince (mincemeat, minced meat)*

17 das Eisbein
- *knuckle of pork*

18 der Sonderangebotskorb
- *basket for special offers*

19 die Sonderpreistafel
- *price list for special offers*

20 das Sonderangebot
- *special offer*

21 die Tiefkühltruhe
- *freezer*

22 das abgepackte Bratenfleisch
- *pre-packed joints*

23 das tiefgefrorene Fertiggericht
- *deep-frozen (deepfreeze) ready-to-eat meal*

24 das Hähnchen
- *chicken*

25 Konserven *f* (Vollkonserven; *mit beschränkter Haltbarkeit:* Präserven *f)*
- *canned food*

26 die Konservendose
- *can*

27 die Gemüsekonserve
- *canned vegetables*

28 die Fischkonserve
- *canned fish*

29 die Remoulade
- *salad cream*

30 die Erfrischungsgetränke *n*
- *soft drinks*

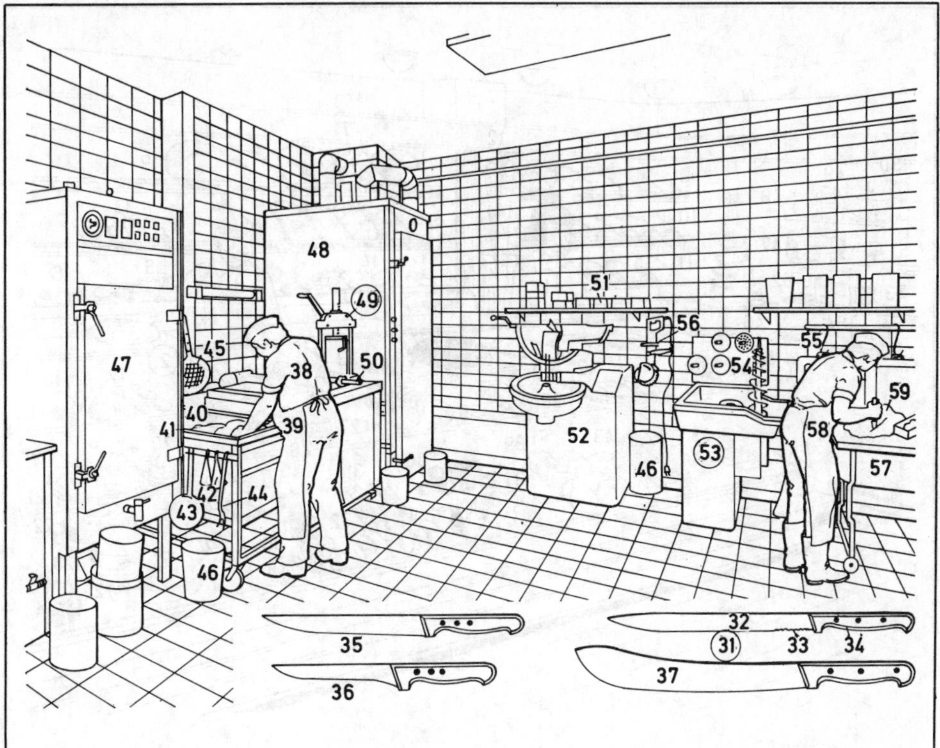

31-59 die Wurstküche (der Zubereitungsraum)
- ***kitchen for making sausages***

31-37 Fleischermesser *n* (Metzgermesser, Schlächtermesser)
- ***butcher's knives***

31 das Aufschnittmesser
- *slicer*

32 die Messerklinge
- *knife blade*

33 die Sägezahnung
- *saw teeth*

34 das Messerheft
- *knife handle*

35 das Fleischmesser
- *carver (carving knife)*

36 das Ausbeinmesser
- *boning knife*

37 das Blockmesser
- *butcher's knife (butcher knife)*

38 der Fleischermeister (Fleischer, *obd./westd.* Metzger, Schlächter, *nd.* Schlachter)
- *butcher (master butcher)*

39 die Fleischerschürze
- *butcher's apron*

40 die Mengmulde (*nd.* Schlachtermolle, Molle)
- *meat-mixing trough*

41 der (das) Brät (das Bratwurstfüllsel, die Wurstmasse)
- *sausage meat*

42 die Schabglocke
- *scraper*

43 der Schaumlöffel
- *skimmer*

44 die Wurstgabel
- *sausage fork*

45 das Brühsieb
- *scalding colander*

46 der Abfalleimer
- *waste bin (Am. trash bin)*

47 der Kochschrank mit Backeinrichtung *f* für Dampf *m* oder Heißluft *f*
- *cooker, for cooking with steam or hot air*

48 die Räucherkammer
- *smoke house*

49 der Handwurstfüller (Tischwurstfüller)
- *sausage filler (sausage stuffer)*

50 das Füllrohr
- *feed pipe (supply pipe)*

51 die Gemüsebehälter *m*
- *containers for vegetables*

52 der Kutter für die Brätherstellung
- *mincing machine for sausage meat*

53 der Fleischwolf (die Faschiermaschine)
- *mincing machine (meat mincer, mincer, Am. meat grinder)*

54 die Passierscheiben *f*
- *plates (steel plates)*

55 der Fleischhaken
- *meathook (butcher's hook)*

56 die Knochensäge
- *bone saw*

57 die Hackbank
- *chopping board*

58 der Fleischergeselle beim Zerlegen *n*
- *butcher, cutting meat*

59 das Fleischstück
- *piece of meat*

1-54 der Verkaufsraum der Bäckerei (Feinbäckerei, Konditorei)
- ***baker's shop***

1 die Verkäuferin
- *shop assistant (*Am. *salesgirl, saleslady)*

2 das Brot (der Brotlaib, Laib)
- *bread (loaf of bread, loaf)*

3 die Krume
- *crumb*

4 die Kruste (Brotrinde)
- *crust (bread crust)*

5 das Endstück (*n*orddt. die Kante)
- *crust (*Am. *heel)*

6-12 Brotsorten *f*
- ***kinds of bread*** *(breads)*

6 das Rundbrot (Landbrot, ein Mischbrot *n*)
- *round loaf, a wheat and rye bread*

7 das kleine Rundbrot
- *small round loaf*

8 das Langbrot, ein Roggenmischbrot *n*
- *long loaf (bloomer), a wheat and rye bread*

9 das Weißbrot
- *white loaf*

10 das Kastenbrot (*ugs.* Kommißbrot), ein Vollkornbrot *n*
- *pan loaf, a wholemeal rye bread*

11 der Stollen (Weihnachtsstollen, Christstollen)
- *yeast bread (*Am. *stollen)*

12 das französische Weißbrot (die Baguette)
- *French loaf (baguette, French stick)*

13-16 Brötchen *n* (*norddt.* **Rundstücke,** *landsch.* **Wecke** *m*, **Wecken** *m*, **Semmeln** *f*)
- ***rolls***

13 die Semmel (*auch:* der Salzkuchen)
- *roll*

14 das Weizenbrötchen (Weißbrötchen, *auch:* Salzbrötchen, Mohnbrötchen, Kümmelbrötchen)
- *[white] roll*

15 das Doppelbrötchen
- *double roll*

16 das Roggenbrötchen
- *rye-bread roll*

17-47 Konditoreiwaren *pl*
- ***cakes*** *(confectionery)*

17 die Sahnerolle
- *cream roll*

18 die Pastete, eine Blätterteigpastete
- *vol-au-vent, a puff pastry (*Am. *puff paste)*

19 die Biskuitrolle
- *Swiss roll (*Am. *jelly roll)*

20 das Törtchen
- *tartlet*

21 die Cremeschnitte
- *slice of cream cake*

22-24 Torten *f*
- ***flans (*****Am.** ***pies) and gateaux (torten)***

22 die Obsttorte (*Arten:* Erdbeertorte, Kirschtorte, Stachelbeertorte; Pfirsichtorte, Rhabarbertorte)
- *fruit flan (*kinds: *strawberry flan, cherry flan, gooseberry flan, peach flan, rhubarb flan)*

23 die Käsetorte
- *cheesecake*

24 die Cremetorte (*auch:* Sahnetorte, *Arten:* Buttercremetorte, Schwarzwälder Kirschtorte)
- *cream cake (*Am. *cream pie) (*kinds: *butter-cream cake, Black Forest gateau)*

25 die Tortenplatte
- *cake plate*

26 der Baiser (die Meringe, *schweiz.* Meringue)
- *meringue*

27 der Windbeutel
- *cream puff*

28 die Schlagsahne (*österr.* das Schlagobers)
- *whipped cream*

29 der Berliner Pfannkuchen (Berliner)
- *doughnut (*Am. *bismarck)*

30 das Schweinsohr
- *Danish pastry*

31 die Salzstange (*auch:* Kümmelstange)
- *saltstick (saltzstange) (*also: *caraway roll, caraway stick)*

32 das Hörnchen
- *croissant (crescent roll,* Am. *crescent)*

33 der Napfkuchen (Topfkuchen, *oberdt.* Gugelhupf)
- *ring cake (gugelhupf)*

34 der Kastenkuchen mit Schokoladenüberzug *m*
- *slab cake with chocolate icing*

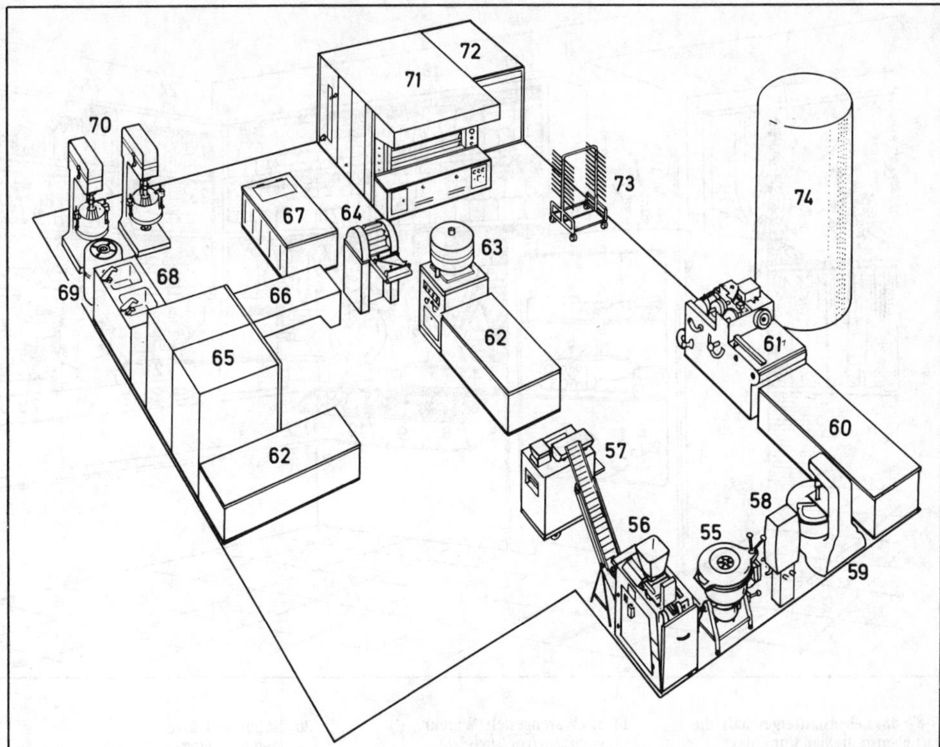

35 das Streuselgebäck
- *streusel cakes*

36 der Mohrenkopf
- *marshmallow*

37 die Makrone
- *coconut macaroon*

38 die Schnecke (*landsch.* Schneckennudel)
- *schnecke*

39 der Amerikaner
- *[kind of] iced bun*

40 der Einback
- *sweet bread*

41 der Hefezopf
- *plaited bun (plait)*

42 der Frankfurter Kranz
- *Frankfurter garland cake*

43 der Blechkuchen (*Arten:* Streuselkuchen, Zuckerkuchen, Zwetschgenkuchen)
- *slices (*kinds: *streusel slices, sugared slices, plum slices)*

44 die Brezel (Laugenbrezel)
- *pretzel*

45 die Waffel
- *wafer* (Am. *waffle)*

46 der Baumkuchen
- *tree cake (baumkuchen)*

47 der Tortenboden
- *flan case*

48-50 abgepackte Brotsorten *f*
- ***wrapped bread***

48 das Vollkornbrot (*auch:* Weizenkeimbrot)
- *wholemeal bread (*also: *wheatgerm bread)*

49 der Pumpernickel
- *pumpernickel (wholemeal rye bread)*

50 das Knäckebrot
- *crispbread*

51 der Lebkuchen
- *gingerbread (*Am. *lebkuchen)*

52 das Mehl (*Arten:* Weizenmehl, Roggenmehl)
- *flour (*kinds: *wheat flour, rye flour)*

53 die Hefe
- *yeast (baker's yeast)*

54 der Zwieback (Kinderzwieback)
- *rusks (French toast)*

55-74 der Backraum (die Backstube)
- ***bakery*** *(bakehouse)*

55 die Knetmaschine
- *kneading machine (dough mixer)*

56-57 die Brotanlage
- ***bread unit***

56 die Teigteilmaschine
- *divider*

57 die Wirkanlage
- *moulder (*Am. *molder)*

58 das Wassermisch- und -meßgerät
- *premixer*

59 der Mixer
- *dough mixer*

60 der Arbeitstisch
- *workbench*

61 die Brötchenanlage
- *roll unit*

62 der Arbeitstisch
- *workbench*

63 die Teigteil- und Rundwirkmaschine
- *divider and rounder (rounding machine)*

64 die Hörnchenwickelmaschine
- *crescent-forming machine*

65 Frosteranlagen *f*
- *freezers*

66 das Fettbackgerät
- *oven [for baking with fat]*

67-70 die Konditorei
- ***confectionery unit***

67 der Kühltisch
- *cooling table*

68 die Spüle
- *sink*

69 der Kocher
- *boiler*

70 die Rühr- und Schlagmaschine
- *whipping unit [with beater]*

71 der Etagenofen (Backofen)
- *reel oven (oven)*

72 der Gärraum
- *fermentation room*

73 der Gärwagen
- *[fermentation] trolley*

74 die Mehlsiloanlage
- *flour silo*

1-87 das Lebensmittelgeschäft (die Lebensmittelhandlung, das Feinkostgeschäft, *veraltet:* die Kolonialwarenhandlung), ein Einzelhandelsgeschäft *n*
- ***grocer's shop*** *(grocer's, delicatessen shop,* Am. *grocery store, delicatessen store), a retail shop (*Am. *retail store)*

1 die Schaufensterauslage
- *window display*

2 das Plakat (Werbeplakat)
- *poster (advertisement)*

3 die Kühlvitrine
- *cold shelves*

4 die Wurstwaren *pl*
- *sausages*

5 der Käse
- *cheese*

6 das Brathähnchen
- *roasting chicken (broiler)*

7 die Poularde, eine gemästete Henne
- *poulard, a fattened hen*

8-11 Backzutaten *f*
- ***baking ingredients***

8 die Rosinen *f*; *ähnl.:* Sultaninen
- *raisins;* sim.: *sultanas*

9 die Korinthen *f*
- *currants*

10 das Zitronat
- *candied lemon peel*

11 das Orangeat
- *candied orange peel*

12 die Neigungswaage, eine Schnellwaage
- *computing scale, a rapid scale*

13 der Verkäufer
- *shop assistant (*Am. *salesclerk)*

14 das Warengestell (Warenregal)
- *goods shelves (shelves)*

15-20 Konserven *f*
- ***canned food***

15 die Büchsenmilch (Dosenmilch)
- *canned milk*

16 die Obstkonserve
- *canned fruit (cans of fruit)*

17 die Gemüsekonserve
- *canned vegetables*

18 der Fruchtsaft
- *fruit juice*

19 die Ölsardinen *f*, eine Fischkonserve
- *sardines in oil, a can of fish*

20 die Fleischkonserve
- *canned meat (cans of meat)*

21 die Margarine
- *margarine*

22 die Butter
- *butter*

23 das Kokosfett, ein Pflanzenfett *n*
- *coconut oil, a vegetable oil*

24 das Öl; *Arten:* Tafelöl, Salatöl; Olivenöl, Sonnenblumenöl, Weizenkeimöl, Erdnußöl
- *oil;* kinds: *salad oil, olive oil, sunflower oil, wheatgerm oil, ground-nut oil*

25 der Essig
- *vinegar*

26 der Suppenwürfel
- *stock cube*

27 der Brühwürfel
- *bouillon cube*

28 der Senf
- *mustard*

29 die Essiggurke
- *gherkin (pickled gherkin)*

30 die Suppenwürze
- *soup seasoning*

31 die Verkäuferin
- *shop assistant (*Am. *salesgirl, saleslady)*

32-34 Teigwaren *pl*
- ***pastas***

32 die Spaghetti *pl*
- *spaghetti*

33 die Makkaroni *pl*
- *macaroni*

34 die Nudeln *f*
- *noodles*

35-39 Nährmittel *pl*
- ***cereal products***

35 die Graupen *f*
- *pearl barley*

36 der Grieß
- *semolina*

37 die Haferflocken *f*
- *rolled oats (porridge oats, oats)*

38 der Reis
- *rice*

39 der Sago
- *sago*

40 das Salz
- *salt*

41 der Kaufmann (Händler), ein Einzelhändler *m*
- *grocer (*Am. *groceryman), a shopkeeper, tradesman, retailer (*Am. *storekeeper)*

42 die Kapern *f*
- *capers*

43 die Kundin
- *customer*

44 der Kassenzettel
- *receipt (sales check)*

45 die Einkaufstasche
- *shopping bag*

46-49 Packmaterial *n*
- ***wrapping material***

46 das Einwickelpapier
- *wrapping paper*

47 der Klebestreifen
- *adhesive tape*

48 der Papierbeutel
- *paper bag*

49 die spitze Tüte
- *cone-shaped paper bag*

50 das Puddingpulver
- *blancmange powder*

51 die Konfitüre
- *whole-fruit jam (preserve)*

52 die Marmelade
- *jam*

53-55 Zucker *m*
- ***sugar***

53 der Würfelzucker
- *cube sugar*

54 der Puderzucker
- *icing sugar (*Am. *confectioner's sugar)*

55 der Kristallzucker, eine Raffinade
- *refined sugar in crystals*

56-59 Spirituosen *pl*
- ***spirits***

56 der Korn, ein klarer Schnaps *m* (Branntwein)
- *schnapps distilled from grain [usually wheat]*

57 der Rum
- *rum*

58 der Likör
- *liqueur*

59 der Weinbrand (Kognak)
- *brandy (cognac)*

60-64 Wein *m* in Flaschen *f*
- ***wine in bottles*** *(bottled wine)*

60 der Weißwein
- *white wine*

61 der Chianti
- *chianti*

62 der Wermut
- *vermouth*

63 der Sekt (Schaumwein)
- *sparkling wine*

64 der Rotwein
- *red wine*

65-68 Genußmittel *n*
- ***tea, coffee, etc.***

65 der Kaffee (Bohnenkaffee)
- *coffee (pure coffee)*

66 der Kakao
- *cocoa*

67 die Kaffeesorte
- *coffee*

68 der Teebeutel
- *tea bag*

69 die elektr. Kaffeemühle
- *electric coffee grinder*

70 die Kaffeeröstmaschine
- *coffee roaster*

71 die Rösttrommel
- *roasting drum*

72 die Probierschaufel
- *sample scoop*

73 die Preisliste
- *price list*

74 die Tiefkühltruhe
- *freezer*

75-86 Süßwaren *pl*
- ***confectionery*** *(Am. candies)*

75 das (der) Bonbon
- *sweet (*Am. *candy)*

76 die Drops *m*
- *drops*

77 die Karamelle
- *toffees*

78 die Schokoladentafel
- *bar of chocolate*

79 die Bonbonniere
- *chocolate box*

80 die Praline (das Praliné), ein Konfekt *n*
- *chocolate, a sweet*

81 der Nougat (Nugat)
- *nougat*

82 das Marzipan
- *marzipan*

83 die Weinbrandbohne
- *chocolate liqueur*

84 die Katzenzunge
- *cat's tongue*

85 der Krokant
- *croquant*

86 die Schokoladentrüffel
- *truffle*

87 das Tafelwasser (Selterswasser, der Sprudel)
- *soda water*

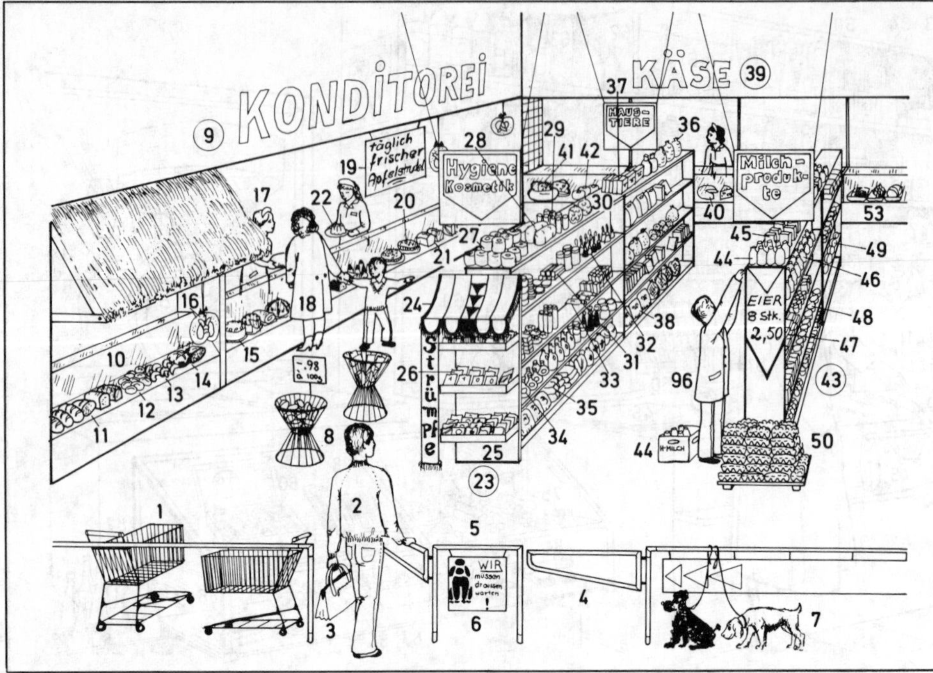

1-95 der Supermarkt, ein Selbstbedienungsgeschäft *n* für Lebensmittel *n*
- ***supermarket,*** *a self-service food store*

1 der Einkaufswagen
- *shopping trolley*

2 der Kunde (Käufer)
- *customer*

3 die Einkaufstasche
- *shopping bag*

4 der Zugang zum Verkaufsraum *m*
- *entrance to the sales area*

5 die Absperrung (Barriere)
- *barrier*

6 das Hundeverbotsschild
- *sign (notice) banning dogs*

7 die angeleinten Hunde *m*
- *dogs tied by their leads*

8 der Verkaufskorb
- *basket*

9 die Backwarenabteilung (Brotabteilung, Konditoreiabteilung)
- ***bread and cake counter*** *(bread counter, cake counter)*

10 die Backwarenvitrine
- *display counter for bread and cakes*

11 die Brotsorten *f*
- *kinds of bread (breads)*

12 die Brötchen *n*
- *rolls*

13 die Hörnchen *n*
- *croissants (crescent rolls,* Am. *crescents)*

14 das Landbrot
- *round loaf (strong rye bread)*

15 die Torte
- *gateau*

16 die Jahresbrezel *[südd.],* eine Hefebrezel
- *pretzel [made with yeast dough]*

17 die Verkäuferin
- *shop assistant (*Am. *salesgirl, saleslady)*

18 die Kundin (Käuferin)
- *customer*

19 das Angebotsschild
- *sign listing goods*

20 die Obsttorte
- *fruit flan*

21 der Kastenkuchen
- *slab cake*

22 der Napfkuchen
- *ring cake*

23 die Kosmetikgondel, eine Gondel (ein Verkaufsregal *n*)
- ***cosmetics gondola,*** *a gondola (sales shelves)*

24 der Baldachin
- *canopy*

25 das Strumpffach
- *hosiery shelf*

26 die Strumpfpackung
- *stockings pack (nylons pack)*

27-35 Körperpflegemittel (Kosmetika) *n*
- ***toiletries*** *(cosmetics)*

27 die Cremedose (Creme; *Arten:* Feuchtigkeitscreme *f,* Tagescreme *f,* Nachtcreme *f,* Handcreme *f)*
- *cream jar (cream;* kinds: *moisturising cream, day cream, night-care cream, hand cream)*

28 die Wattepackung
- *cotton wool packet*

29 die Puderdose
- *powder tin*

30 die Packung Wattebäuschchen *n*
- *packet of cotton wool balls*

31 die Zahnpastapackung
- *toothpaste box*

32 der Nagellack
- *nail varnish (nail polish)*

33 die Cremetube
- *cream tube*

34 der Badezusatz
- *bath salts*

35 Hygieneartikel *m*
- *sanitary articles*

36-37 die Tiernahrung
- *pet foods*

36 die Hundevollkost
- *complete dog food*

37 die Packung Hundekuchen *m*
- *packet of dog biscuits*

38 die Packung Katzenstreu *f*
- *bag of cat litter*

39 die Käseabteilung
- ***cheese counter***

40 der Käselaib
- *whole cheese*

41 der Schweizer Käse (Emmentaler) mit Löchern *n*
- *Swiss cheese (Emmental cheese) with holes*

42 der Edamer (Edamer Käse), ein Rundkäse
- *Edam cheese, a round cheese*

43 die Milchproduktegondel
- *gondola for dairy products*

44 die H-Milch (haltbare, hocherhitzte und homogenisierte Milch)
- *long-life milk (milk with good keeping properties, pasteurized and homogenized milk)*

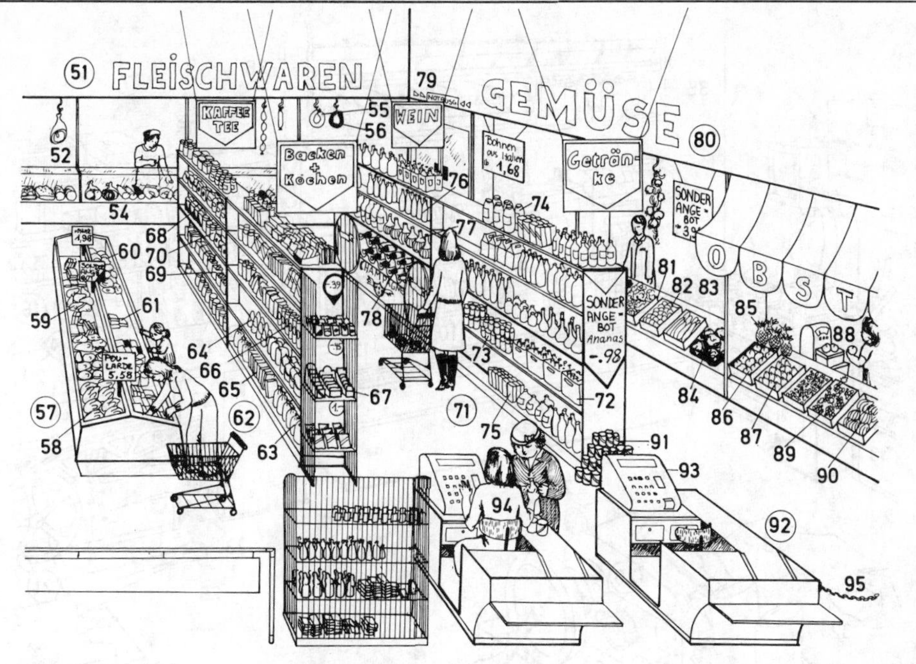

45 der Milchbeutel
- *plastic milk bag*

46 die Sahne
- *cream*

47 die Butter
- *butter*

48 die Margarine
- *margarine*

49 die Käseschachtel
- *cheese box*

50 die Eierpackung
- *egg box*

51 die Frischfleischabteilung (Fleischwarenabteilung)
- ***fresh meat counter*** *(meat counter)*

52 der Knochenschinken
- *ham on the bone*

53 die Fleischwaren *pl*
- *meat (meat products)*

54 die Wurstwaren *pl*
- *sausages*

55 der Fleischwurstring
- *ring of [pork] sausage*

56 der Rotwurstring (die Blutwurst)
- *ring of blood sausage*

57 die Tiefkühlbox
- *freezer*

58-61 das Gefriergut
- ***frozen food***

58 die Poularde
- *poulard*

59 der Putenschlegel
- *turkey leg (drumstick)*

60 das Suppenhuhn
- *boiling fowl*

61 das Gefriergemüse
- *frozen vegetables*

62 die Back- und Nährmittelgondel
- ***gondola for baking ingredients and cereal products***

63 das Weizenmehl
- *wheat flour*

64 der Zuckerhut
- *sugar loaf*

65 die Packung Suppennudeln *f*
- *packet of noodles [for soup]*

66 das Speiseöl
- *salad oil*

67 die Gewürzpackung
- *spice packet*

68-70 die Genußmittel *n*
- ***tea, coffee, etc.***

68 der Kaffee
- *coffee*

69 die Teeschachtel
- *tea packet*

70 der lösliche Pulverkaffee (Instantkaffee)
- *instant coffee*

71 die Getränkegondel
- ***drinks gondola***

72 der Bierkasten (Kasten Bier *n*)
- *beer crate (crate of beer)*

73 die Bierdose (das Dosenbier)
- *beer can (canned beer)*

74 die Fruchtsaftflasche
- *fruit juice bottle*

75 die Fruchtsaftdose
- *fruit juice can*

76 die Weinflasche
- *bottle of wine*

77 die Chiantiflasche
- *chianti bottle*

78 die Sektflasche
- *champagne bottle*

79 der Notausgang
- *emergency exit*

80 die Obst- und Gemüseabteilung
- ***fruit and vegetable counter***

81 der Gemüsekorb
- *vegetable basket*

82 die Tomaten *f*
- *tomatoes*

83 die Gurken *f*
- *cucumbers*

84 der Blumenkohl
- *cauliflower*

85 die Ananas
- *pineapple*

86 die Äpfel *m*
- *apples*

87 die Birnen *f*
- *pears*

88 die Obstwaage
- *scales for weighing fruit*

89 die Weintrauben *f*
- *grapes (bunches of grapes)*

90 die Bananen *f*
- *bananas*

91 die Konservendose
- *can*

92 der Kassenstand (die Kasse)
- ***checkout***

93 die Registrierkasse
- *cash register*

94 die Kassiererin
- *cashier*

95 die Sperrkette
- *chain*

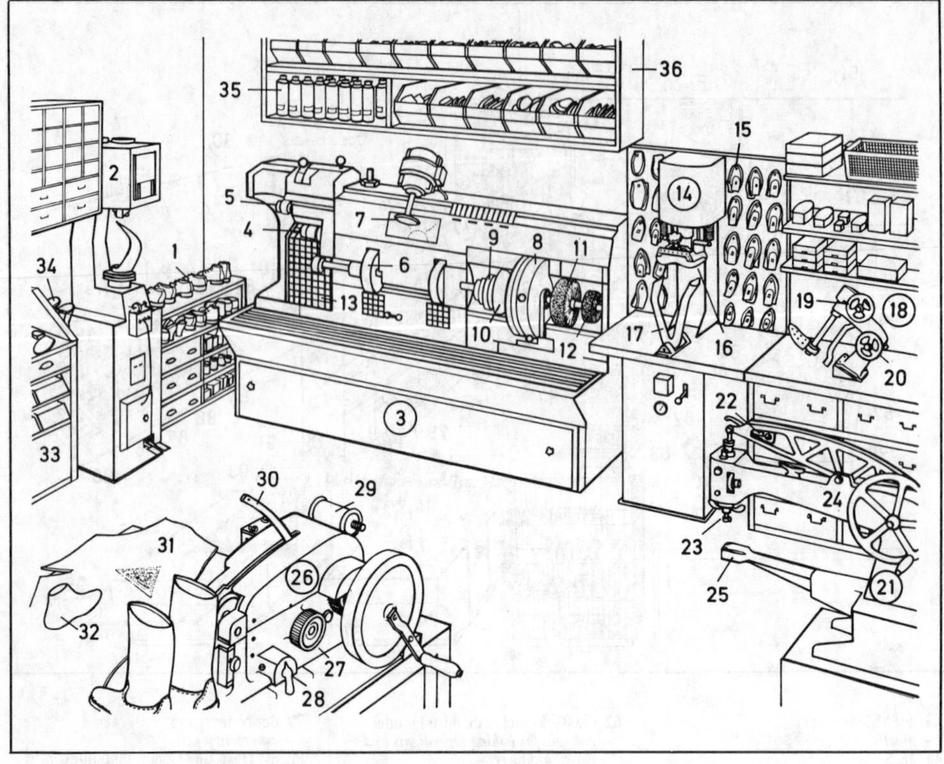

1-68 die Schuhmacherwerkstatt (*landsch.* Schusterwerkstatt)
- *shoemaker's workshop (bootmaker's workshop)*

1 die fertigen (reparierten) Schuhe *m*
- *finished (repaired) shoes*

2 die Durchnähmaschine
- *auto-soling machine*

3 die Ausputzmaschine
- *finishing machine*

4 der Absatzfräser
- *heel trimmer*

5 die Wechselfräser *m*
- *sole trimmer*

6 die Schleifscheibe
- *scouring wheel*

7 der Bimskreisel
- *naum keag*

8 der Antrieb
- *drive unit (drive wheel)*

9 der Schnittdrücker
- *iron*

10 die Schwabbelscheibe
- *buffing wheel*

11 die Polierbürste
- *polishing brush*

12 die Roßhaarbürste
- *horsehair brush*

13 die Absaugung
- *extractor grid*

14 die automatische Sohlenpresse
- *automatic sole press*

15 die Preßplatte
- *press attachment*

16 das Preßkissen
- *pad*

17 die Andruckbügel *m*
- *press bar*

18 der Ausweitapparat
- *stretching machine*

19 die Verstellvorrichtung für Weite *f*
- *width adjustment*

20 die Verstellvorrichtung für Länge *f*
- *length adjustment*

21 die Nähmaschine
- *stitching machine*

22 die Stärkeverstellung
- *power regulator (power control)*

23 der Fuß
- *foot*

24 das Schwungrad
- *handwheel*

25 der Langarm
- *arm*

26 die Doppelmaschine
- *sole stitcher (sole-stitching machine)*

27 der Fußanheber
- *foot bar lever*

28 die Vorschubeinstellung
- *feed adjustment (feed setting)*

29 die Fadenrolle
- *bobbin (cotton bobbin)*

30 der Fadenführer
- *thread guide (yarn guide)*

31 das Sohlenleder
- *sole leather*

32 der Leisten
- *[wooden] last*

33 der Arbeitstisch
- *workbench*

34 der Eisenleisten
- *last*

35 die Farbsprühdose
- *dye spray*

36 das Materialregal
- *shelves for materials*

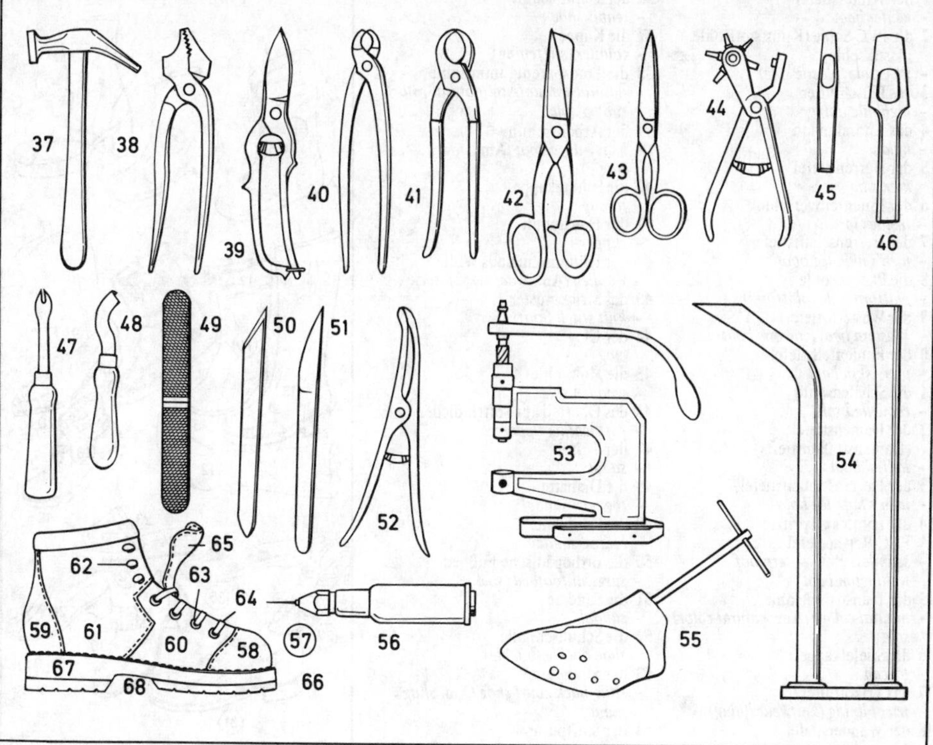

37 der Schusterhammer
- *shoemaker's hammer*

38 die Falzzange
- *shoemaker's pliers (welt pincers)*

39 die Bodenlederschere
- *sole-leather shears*

40 die kleine Beißzange
- *small pincers (nippers)*

41 die große Beißzange (Kneifzange)
- *large pincers (nippers)*

42 die Oberlederschere
- *upper-leather shears*

43 die Fadenschere
- *scissors*

44 die Revolverlochzange
- *revolving punch (rotary punch)*

45 das Locheisen
- *punch*

46 das Henkellocheisen
- *punch [with a handle]*

47 der Stiftenzieher
- *nail puller*

48 das Randmesser
- *welt cutter*

49 die Schuhmacherraspel
- *shoemaker's rasp*

50 das Schustermesser
- *cobbler's knife (shoemaker's knife)*

51 das Schärfmesser
- *skiving knife (skife knife, paring knife)*

52 die Kappenheberzange
- *toecap remover*

53 die Ösen-, Haken- und Druckknopfeinsetzmaschine
- *eyelet, hook, and press-stud setter*

54 der Arbeitsständer (Eisenfuß)
- *stand (with iron lasts)*

55 der Weitfixleisten
- *width-setting tree*

56 das Nagelheft
- *nail grip*

57 der Stiefel
- *boot*

58 die Vorderkappe
- *toecap*

59 die Hinterkappe
- *counter*

60 das Vorderblatt
- *vamp*

61 das Seitenteil (das Quartier)
- *quarter*

62 der Haken
- *hook*

63 die Öse
- *eyelet*

64 das Schnürband
- *lace (shoelace, bootlace)*

65 die Zunge
- *tongue*

66 die Sohle
- *sole*

67 der Absatz
- *heel*

68 das Gelenk
- *shank (waist)*

1 der Winterstiefel
- *winter boot*

2 die PVC-Sohle (Kunststoffsohle, Plastiksohle)
- *PVC sole (plastic sole)*

3 das Plüschfutter
- *high-pile lining*

4 das Anoraknylon
- *nylon*

5 der Herrenstiefel
- *men's boot*

6 der Innenreißverschluß
- *inside zip*

7 der Herrenschaftstiefel
- *men's high leg boot*

8 die Plateausohle
- *platform sole (platform)*

9 der Westernstiefel
- *Western boot (cowboy boot)*

10 der Fohlenfellstiefel
- *pony-skin boot*

11 die Schalensohle
- *cemented sole*

12 der Damenstiefel (Damenstraßenstiefel)
- *ladies' boot*

13 der Herrenstraßenstiefel
- *men's high leg boot*

14 der nahtlos gespritzte PVC-Regenstiefel
- *seamless PVC waterproof wellington boot*

15 die Transparentsohle
- *natural-colour* (Am. *natural-color*) *sole*

16 die Stiefelkappe
- *toecap*

17 das Trikotfutter
- *tricot lining (knitwear lining)*

18 der Wanderstiefel
- *hiking boot*

19 die Profilsohle
- *grip sole*

20 der gepolsterte Schaftrand
- *padded collar*

21 die Verschnürung
- *tie fastening (lace fastening)*

22 die Badepantolette
- *open-toe mule*

23 das Oberteil aus Frottierstoff
- *terry upper*

24 die Pololaufsohle
- *polo outsole*

25 der Pantoffel
- *mule*

26 das Breitkordoberteil
- *corduroy upper*

27 der Spangenpumps
- *evening sandal (sandal court shoe)*

28 der hohe Absatz (Stöckelabsatz)
- *high heel (stiletto heel)*

29 der Pumps
- *court shoe* (Am. *pump*)

30 der Mokassin
- *moccasin*

31 der Halbschuh (Schnürschuh)
- *shoe, a tie shoe (laced shoe, Oxford shoe,* Am. *Oxford)*

32 die Zunge
- *tongue*

33 der Halbschuh mit hohem Absatz
- *high-heeled shoe (shoe with raised heel)*

34 der Slipper
- *casual*

35 der Sportschuh (Turnschuh)
- *trainer (training shoe)*

36 der Tennisschuh
- *tennis shoe*

37 die Kappe
- *counter (stiffening)*

38 die Transparentgummisohle
- *natural-colour* (Am. *natural-color*) *rubber sole*

39 der Arbeitsschuh
- *heavy-duty boot* (Am. *stogy, stogie*)

40 die Schutzkappe
- *toecap*

41 der Hausschuh
- *slipper*

42 der Hüttenschuh aus Wolle
- *woollen* (Am. *woolen*) *slip sock*

43 das Strickmuster
- *knit stitch (knit)*

44 der Clog
- *clog*

45 die Holzsohle
- *wooden sole*

46 das Oberteil aus Softrindleder
- *soft-leather upper*

47 der Töffel
- *sabot*

48 die Dianette
- *toe post sandal*

49 die Sandalette
- *ladies' sandal*

50 das orthopädische Fußbett
- *surgical footbed (sock)*

51 die Sandale
- *sandal*

52 die Schuhschnalle
- *shoe buckle (buckle)*

53 der Slingpumps
- *sling-back court shoe* (Am. *sling pump*)

54 der Stoffpumps
- *fabric court shoe*

55 der Keilabsatz
- *wedge heel*

56 der Lernlaufkinderschuh
- *baby's first walking boot*

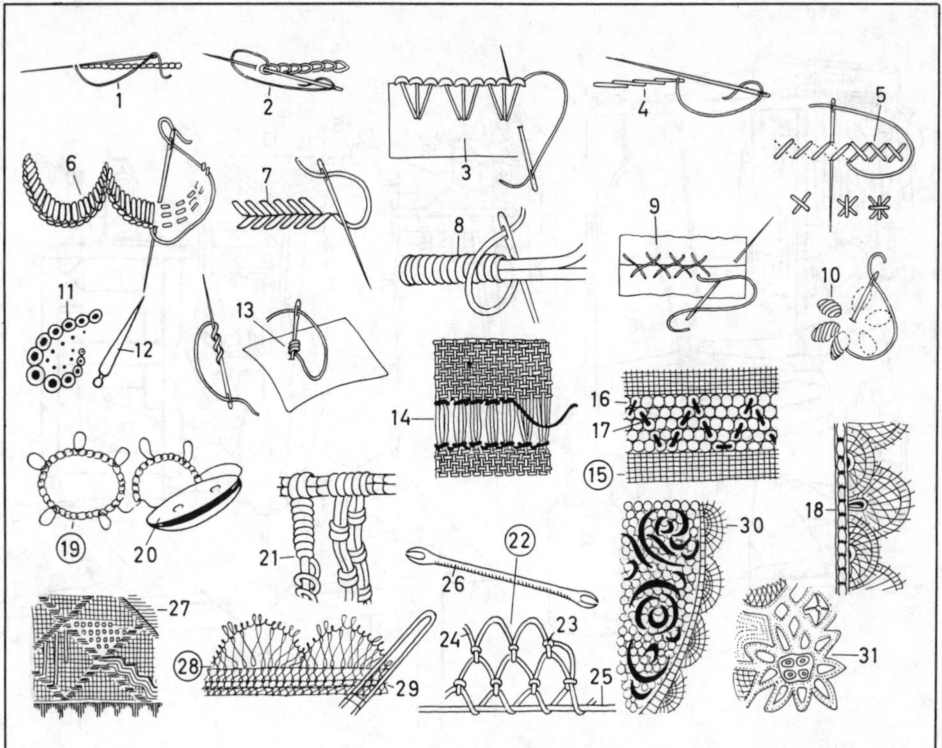

1 die Steppnaht
- *backstitch seam*

2 der Kettenstich
- *chain stitch*

3 der Zierstich
- *ornamental stitch*

4 der Stielstich
- *stem stitch*

5 der Kreuzstich
- *cross stitch*

6 der Langettenstich
- *buttonhole stitch (button stitch)*

7 der Zopfstich
- *fishbone stitch*

8 der Schnurstich
- *overcast stitch*

9 der Hexenstich
- *herringbone stitch (Russian stitch, Russian cross stitch)*

10 die Plattsticharbeit (Flachsticharbeit, Flachstickarbeit)
- *satin stitch (flat stitch)*

11 die Lochstickerei
- *eyelet embroidery (broderie anglaise)*

12 der Lochstecher
- *stiletto*

13 der Knötchenstich (Knotenstich)
- *French knot (French dot, knotted stitch, twisted knot stitch)*

14 die Durchbrucharbeit (der Hohlsaum)
- *hem stitch work*

15 die Tüllarbeit (Tüllspitze)
- *tulle work (tulle lace)*

16 der Tüllgrund (Spitzengrund)
- *tulle background (net background)*

17 der Durchzug
- *darning stitch*

18 die Klöppelspitze; *Arten:* Valenciennesspitzen, Brüsseler Spitzen
- *pillow lace (bobbin lace, bone lace);* kinds: *Valenciennes, Brussels lace*

19 die Schiffchenarbeit (Frivolitätenarbeit, Okkiarbeit, Occhiarbeit)
- *tatting*

20 das Schiffchen
- *tatting shuttle (shuttle)*

21 die Knüpfarbeit (das Makramee)
- *knotted work (macramé)*

22 die Filetarbeit (Netzarbeit, das Filament)
- *filet (netting)*

23 die Filetschlinge (der Filetknoten)
- *netting loop*

24 der Filetfaden
- *netting thread*

25 der Filetstab
- *mesh pin (mesh gauge)*

26 die Filetnadel (Netznadel, Schütze, Filiernadel)
- *netting needle*

27 die Ajourarbeit (Durchbrucharbeit)
- *open work*

28 die Gabelhäkelei (Gimpenhäkelei)
- *gimping (hairpin work)*

29 die Häkelgabel
- *gimping needle (hairpin)*

30 die Nadelspitzen *f* (Nähspitzen, die Spitzenarbeit); *Arten:* Reticellaspitzen, Venezianerspitzen, Alençonspitzen; *ähnl.* mit Metallfaden *m:* die Filigranarbeit
- *needlepoint lace (point lace, needlepoint);* kinds: *reticella lace, Venetian lace, Alençon lace;* sim. *with metal thread: filigree work*

31 die Bändchenstickerei (Bändchenarbeit)
- *braid embroidery (braid work)*

1-27 das Damenschneideratelier
- ***dressmaker's workroom***

1 der Damenschneider
- *dressmaker*

2 das Maßband (Bandmaß), ein Metermaß *n*
- *tape measure (measuring tape), a metre (Am. meter) tape measure*

3 die Zuschneideschere
- *cutting shears*

4 der Zuschneidetisch
- *cutting table*

5 das Modellkleid
- *model dress*

6 die Schneiderpuppe (Schneiderbüste)
- *dressmaker's model (dressmaker's dummy, dress form)*

7 der Modellmantel
- *model coat*

8 die Schneidernähmaschine
- *sewing machine*

9 der Antriebsmotor
- *drive motor*

10 der Treibriemen
- *drive belt*

11 die Fußplatte
- *treadle*

12 das Nähmaschinengarn (die Garnrolle)
- *sewing machine cotton (sewing machine thread) (bobbin)*

13 die Zuschneideschablone
- *cutting template*

14 das Nahtband (Kantenband)
- *seam binding*

15 die Knopfschachtel
- *button box*

16 der Stoffrest
- *remnant*

17 der fahrbare Kleiderständer
- *movable clothes rack*

18 der Flächenbügelplatz
- *hand-iron press*

19 die Büglerin
- *presser (ironer)*

20 das Dampfbügeleisen
- *steam iron*

21 die Wasserzuleitung
- *water feed pipe*

22 der Wasserbehälter
- *water container*

23 die neigbare Bügelfläche
- *adjustable-tilt ironing surface*

24 die Bügeleisenschwebevorrichtung
- *lift device for the iron*

25 die Saugwanne für die Dampfabsaugung
- *steam extractor*

26 die Fußschalttaste für die Absaugung
- *foot switch controlling steam extraction*

27 der aufgebügelte Vliesstoff
- *pressed non-woven woollen (Am. woolen) fabric*

1-32 das Herrenschneideratelier
- ***tailor's workroom***

1 der dreiteilige Spiegel
- *triple mirror*

2 die Stoffbahnen *f*
- *lengths of material*

3 der Anzugstoff
- *suiting*

4 das Modejournal
- *fashion journal (fashion magazine)*

5 der Aschenbecher
- *ashtray*

6 der Modekatalog
- *fashion catalogue*

7 der Arbeitstisch
- *workbench*

8 das Wandregal
- *wall shelves (wall shelf unit)*

9 die Nähgarnrolle
- *cotton reel*

10 die Nähseidenröllchen *n*
- *small reels of sewing silk*

11 die Handschere
- *hand shears*

12 die kombinierte Elektro- und Tretnähmaschine
- *combined electric and treadle sewing machine*

13 der Tritt
- *treadle*

14 der Kleiderschutz
- *dress guard*

15 das Schwungrad
- *band wheel*

16 der Unterfadenumspuler
- *bobbin thread*

17 der Nähmaschinentisch
- *sewing machine table*

18 die Nähmaschinenschublade
- *sewing machine drawer*

19 das Kantenband
- *seam binding*

20 das Nadelkissen
- *pincushion*

21 die Anzeichnerei
- *marking out*

22 der Herrenschneider
- *tailor*

23 das Formkissen
- *shaping pad*

24 die Schneiderkreide
- *tailor's chalk (French chalk)*

25 das Werkstück
- *workpiece*

26 der Dampfbügler
- *steam press (steam pressing unit)*

27 der Schwenkarm
- *swivel arm*

28 das Bügelformkissen
- *pressing cushion (pressing pad)*

29 das Bügeleisen
- *iron*

30 das Handbügelkissen
- *hand-ironing pad*

31 die Stoffbürste
- *clothes brush*

32 das Bügeltuch
- *pressing cloth*

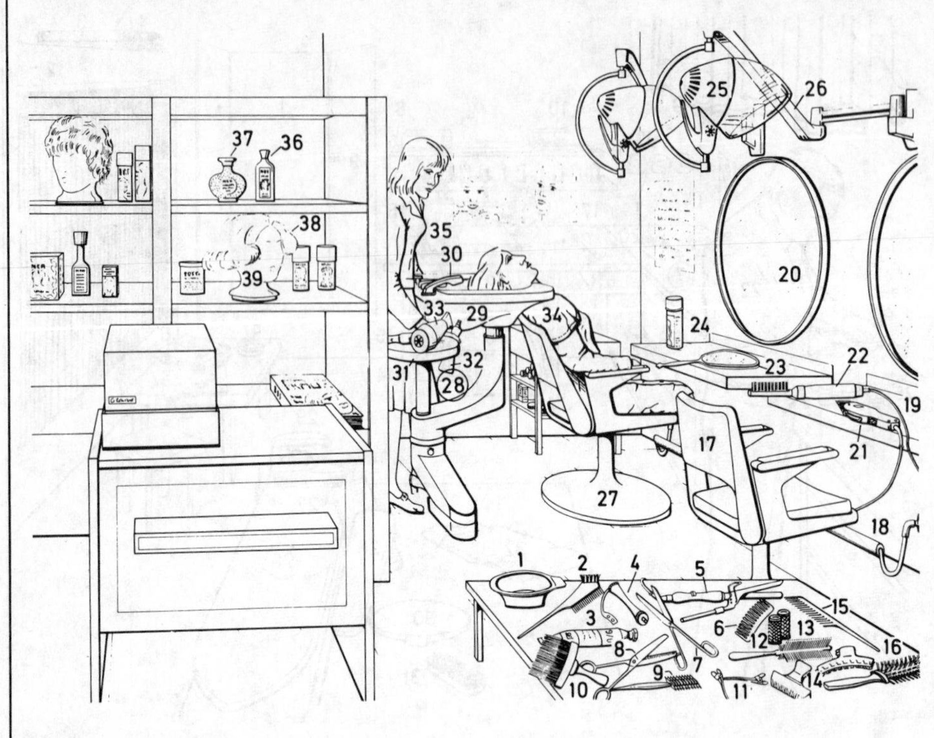

1-39 der Damenfrisiersalon (Damensalon) und Kosmetiksalon
- ***ladies' hairdressing salon and beauty salon*** (Am. *beauty parlor, beauty shop)*

1-16 Frisierutensilien *n*
- ***hairdresser's tools***

1 die Schale für das Blondiermittel
- *bowl containing bleach*

2 die Strähnenbürste
- *detangling brush*

3 die Blondiermitteltube
- *bleach tube*

4 der Färbelockenwickel
- *curler [used in dyeing]*

5 die Brennschere
- *curling tongs (curling iron)*

6 der Einsteckkamm
- *comb (back comb, side comb)*

7 die Haarschneideschere
- *haircutting scissors*

8 die Effilierschere
- *thinning scissors (*Am. *thinning shears)*

9 das Effiliermesser
- *thinning razor*

10 die Haarbürste
- *hairbrush*

11 der Haarclip
- *hair clip*

12 der Lockenwickler (Lockenwickel)
- *roller*

13 die Lockwellbürste
- *curl brush*

14 die Lockenklammer
- *curl clip*

15 der Frisierkamm
- *dressing comb*

16 die Stachelbürste
- *stiff-bristle brush*

17 der verstellbare Frisierstuhl
- *adjustable hairdresser's chair*

18 die Fußstütze
- *footrest*

19 der Frisiertisch
- *dressing table*

20 der Frisierspiegel
- *salon mirror (mirror)*

21 der Haarschneider
- *electric clippers*

22 der Fönkamm
- *warm-air comb*

23 der Handspiegel
- *hand mirror (hand glass)*

24 das Haarspray (das Haarfixativ)
- *hair spray (hair-fixing spray)*

25 die Trockenhaube, eine Schwenkarmhaube
- *drier, a swivel-mounted drier*

26 der Haubenschwenkarm
- *swivel arm of the drier*

27 der Tellerfuß
- *round base*

28 die Waschanlage
- *shampoo unit*

29 das Haarwaschbecken
- *shampoo basin*

30 die Handbrause
- *hand spray (shampoo spray)*

31 das Serviceplateau
- *service tray*

32 die Shampooflasche
- *shampoo bottle*

33 der Fön
- *hair drier (hand hair drier, hand-held hair drier)*

34 der Frisierumhang
- *cape (gown)*

35 die Friseuse
- *hairdresser*

36 die Parfumflasche
- *perfume bottle*

37 die Flasche mit Toilettenwasser *n*
- *bottle of toilet water*

38 die Perücke (Zweitfrisur)
- *wig*

39 der Perückenständer
- *wig block*

1-42 der Herrensalon
- *men's salon (men's hairdressing salon, barber's shop, Am. barbershop)*

1 der Friseur (Friseurmeister, schweiz. Coiffeur)
- *hairdresser (barber)*

2 der Arbeitskittel (Friseurkittel)
- *overalls (hairdresser's overalls)*

3 die Frisur (der Haarschnitt)
- *hairstyle (haircut)*

4 der Frisierumhang (Haarschneidemantel)
- *cape (gown)*

5 der Papierkragen
- *paper towel*

6 der Frisierspiegel
- *salon mirror (mirror)*

7 der Handspiegel
- *hand mirror (hand glass)*

8 die Frisierleuchte
- *light*

9 das Toilettenwasser
- *toilet water*

10 das Haarwasser (der Haarwaschzusatz)
- *hair tonic*

11 die Haarwaschanlage
- *shampoo unit*

12 das Waschbecken
- *shampoo basin*

13 die Handdusche (Handbrause)
- *hand spray (shampoo spray)*

14 die Mischbatterie
- *mixer tap (Am. mixing faucet)*

15 die Steckdosen *f*, z.B. für den Fönanschluß
- *sockets, e.g. for hair drier*

16 der verstellbare Frisierstuhl
- *adjustable hairdresser's chair (barber's chair)*

17 der Verstellbügel
- *height-adjuster bar (height adjuster)*

18 die Armlehne
- *armrest*

19 die Fußstütze
- *footrest*

20 das Haarwaschmittel
- *shampoo*

21 der Parfümzerstäuber
- *perfume spray*

22 der Haartrockner (Fön)
- *hair drier (hand hair drier, hand-held hair drier)*

23 der Haarfestiger in der Spraydose
- *setting lotion in a spray can*

24 die Handtücher *n*, zur Haartrocknung
- *hand towels for drying hair*

25 die Tücher für Gesichtskompressen *f*
- *towels for face compresses*

26 das Kreppeisen
- *crimping iron*

27 der Nackenpinsel
- *neck brush*

28 der Frisierkamm
- *dressing comb*

29 der Heißluftkamm
- *warm-air comb*

30 die Thermobürste
- *warm-air brush*

31 der Frisierstab (Lockenformer)
- *curling tongs (hair curler, curling iron)*

32 die Haarschneidemaschine
- *electric clippers*

33 die Effilierschere
- *thinning scissors (Am. thinning shears)*

34 die Haarschneideschere, *ähnl.*: die Modellierschere
- *haircutting scissors; sim.: styling scissors*

35 das Scherenblatt
- *scissor-blade*

36 das Schloß
- *pivot*

37 der Schenkel
- *handle*

38 das Rasiermesser
- *open razor (straight razor)*

39 der Messergriff
- *razor handle*

40 die Rasierschneide
- *edge (cutting edge, razor's edge, razor's cutting edge)*

41 das Effiliermesser
- *thinning razor*

42 der Meisterbrief
- *diploma*

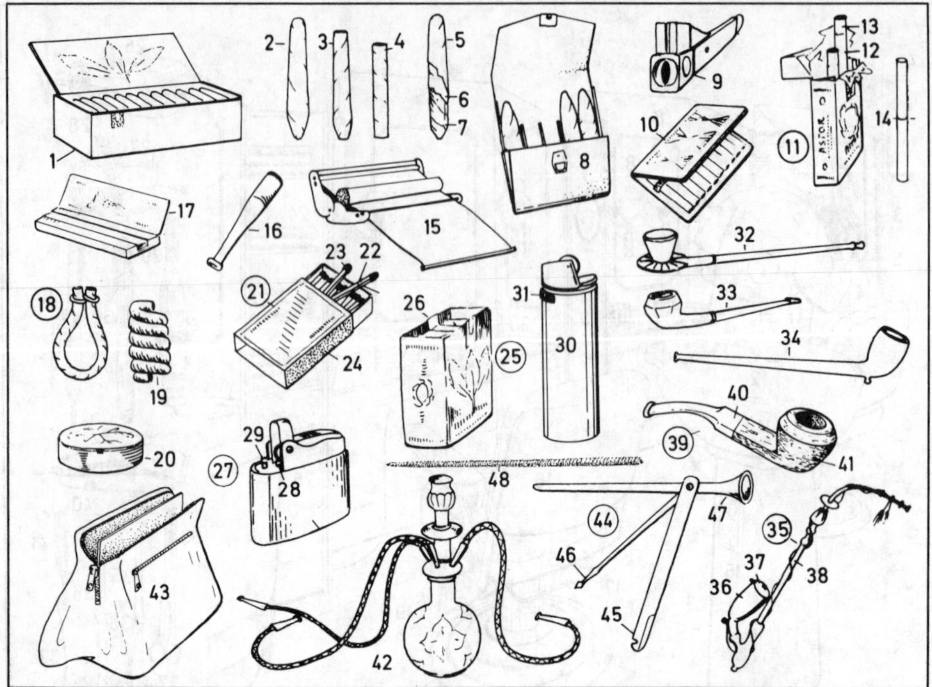

1 die Zigarrenkiste
- *cigar box*

2 die Zigarre; *Arten:* Havanna, Brasil, Sumatra
- *cigar;* kinds: *Havana cigar (Havana), Brazilian cigar, Sumatra cigar*

3 das (der, *ugs.* die) Zigarillo
- *cigarillo*

4 der Stumpen
- *cheroot*

5 das Deckblatt
- *wrapper*

6 das Umblatt
- *binder*

7 die Einlage
- *filler*

8 das Zigarrenetui
- *cigar case*

9 der Zigarrenabschneider
- *cigar cutter*

10 das Zigarettenetui
- *cigarette case*

11 die Zigarettenschachtel
- *cigarette packet* (Am. *pack)*

12 die Zigarette, eine Filterzigarette
- *cigarette, a filter-tipped cigarette*

13 das Mundstück; *Arten:* Korkmundstück, Goldmundstück
- *cigarette tip;* kinds: *cork tip, gold tip*

14 die Papirossa
- *Russian cigarette*

15 die Zigarettenmaschine (der Zigarettenwickler)
- *cigarette roller*

16 die Zigarettenspitze
- *cigarette holder*

17 das Zigarettenpapierheftchen
- *packet of cigarette papers*

18 der Rollentabak
- *pigtail (twist of tobacco)*

19 der Kautabak; *ein Stück:* der Priem
- *chewing tobacco;* a piece: *plug (quid, chew)*

20 die Schnupftabaksdose, mit Schnupftabak *m*
- *snuff box, containing snuff*

21 die Streichholzschachtel (Zündholzschachtel)
- *matchbox*

22 das Streichholz (Zündholz)
- *match*

23 der Schwefelkopf (Zündkopf)
- *head (match head)*

24 die Reibfläche
- *striking surface*

25 das Paket (Päckchen) Tabak *m*; *Arten:* Feinschnitt, Krüllschnitt, Navy Cut
- *packet of tobacco;* kinds: *fine cut, shag, navy plug*

26 die Banderole (Steuerbanderole, Steuermarke)
- *revenue stamp*

27 das Benzinfeuerzeug
- *petrol cigarette lighter (petrol lighter)*

28 der Feuerstein
- *flint*

29 der Docht
- *wick*

30 das Gasfeuerzeug, ein Einwegfeuerzeug (Wegwerffeuerzeug)
- *gas cigarette lighter (gas lighter), a disposable lighter*

31 die Flammenregulierung
- *flame regulator*

32 der Tschibuk
- *chibonk (chibonque)*

33 die kurze Pfeife
- *short pipe*

34 die Tonpfeife
- *clay pipe (Dutch pipe)*

35 die lange Pfeife
- *long pipe*

36 der Pfeifenkopf
- *pipe bowl (bowl)*

37 der Pfeifendeckel
- *bowl lid*

38 das Pfeifenrohr
- *pipe stem (stem)*

39 die Bruyèrepfeife
- *briar pipe*

40 das Pfeifenmundstück
- *mouthpiece*

41 die (sandgestrahlte oder polierte) Bruyèremaserung
- *sand-blast finished or polished briar grain*

42 die (das) Nargileh, eine Wasserpfeife
- *hookah (narghile, narghileh), a water pipe*

43 der Tabaksbeutel
- *tobacco pouch*

44 das Raucherbesteck (Pfeifenbesteck)
- *smoker's companion*

45 der Auskratzer
- *pipe scraper*

46 der Pfeifenreiniger
- *pipe cleaner*

47 der Stopfer
- *tobacco presser*

48 der Pfeifenreinigungsdraht
- *pipe cleaner*

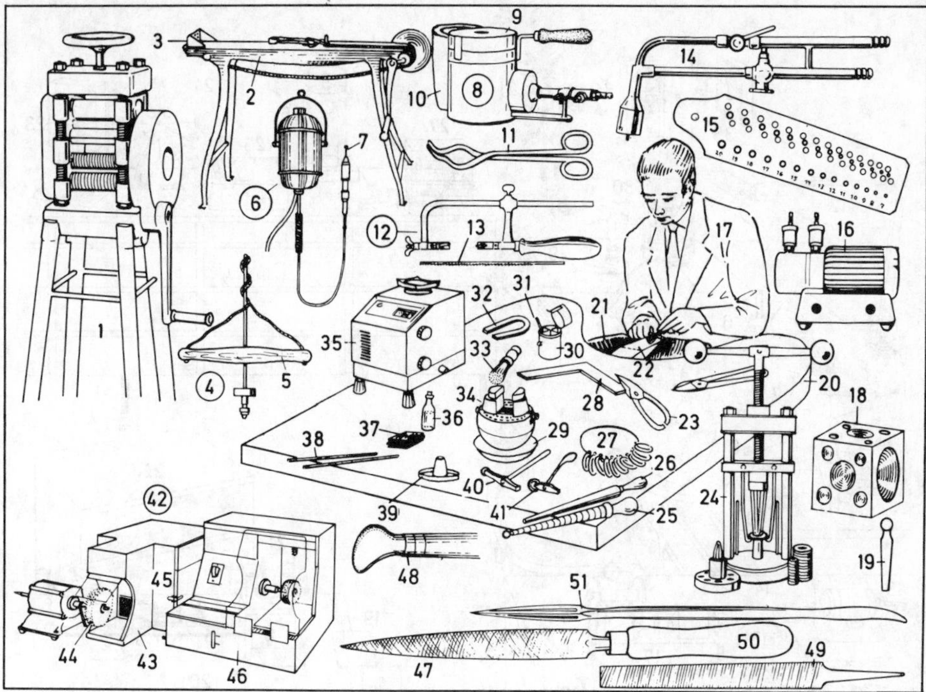

1 die Draht- und Blechwalze
- *wire and sheet roller*

2 die Ziehbank
- *drawbench (drawing bench)*

3 der Draht (Gold- oder Silberdraht)
- *wire (gold or silver wire)*

4 der Dreul (Drillbohrer)
- *archimedes drill (drill)*

5 das Querholz
- *crossbar*

6 die elektrische Hängebohrmaschine
- *suspended (pendant) electric drilling machine*

7 der Kugelfräser mit Handstück *n*
- *spherical cutter (cherry)*

8 der Schmelzofen
- *melting pot*

9 der Schamottedeckel
- *fireclay top*

10 der Graphittiegel
- *graphite crucible*

11 die Tiegelzange
- *crucible tongs*

12 die Bogensäge
- *piercing saw (jig saw)*

13 das Laubsägeblatt
- *piercing saw blade*

14 die Lötpistole
- *soldering gun*

15 das Gewindeschneideisen
- *thread tapper*

16 das Zylinderlötgebläse
- *blast burner (blast lamp) for soldering*

17 der Goldschmied
- *goldsmith*

18 die Würfelanke (Anke, der Vertiefstempel)
- *swage block*

19 die Punze
- *punch*

20 das Werkbrett
- *workbench (bench)*

21 das Werkbrettfell
- *bench apron*

22 der Feilnagel
- *needle file*

23 die Blechschere
- *metal shears*

24 die Trauringmaschine (Trauring-Weitenänderungsmaschine)
- *wedding ring sizing machine*

25 der Ringstock
- *ring gauge* (Am. *gage*)

26 der Ringriegel
- *ring-rounding tool*

27 das Ringmaß
- *ring gauge* (Am. *gage*)

28 der Stahlwinkel
- *steel set-square*

29 das Linsenkissen, ein Lederkissen
- *(circular) leather pad*

30 die Punzenbüchse
- *box of punches*

31 die Punze
- *punch*

32 der Magnet
- *magnet*

33 die Brettbürste (der Brettpinsel)
- *bench brush*

34 die Gravierkugel
- *engraving ball (joint vice, clamp)*

35 die Gold- und Silberwaage, eine Präzisionswaage
- *gold and silver balance (assay balance), a precision balance*

36 das Lötmittel
- *soldering flux (flux)*

37 die Glühplatte, aus Holzkohle *f*
- *charcoal block*

38 die Lötstange
- *stick of solder*

39 der Lötborax
- *soldering borax*

40 der Fassonhammer
- *shaping hammer*

41 der Ziselierhammer
- *chasing (enchasing) hammer*

42 die Poliermaschine
- *polishing and burnishing machine*

43 der Tischexhauster (Tischstaubsauger)
- *dust exhauster (vacuum cleaner)*

44 die Polierbürste
- *polishing wheel*

45 der Staubsammelkasten
- *dust collector (dust catcher)*

46 das Naßbürstgerät
- *buffing machine*

47 die Rundfeile
- *round file*

48 der Blutstein (Roteisenstein)
- *bloodstone (haematite, hematite)*

49 die Flachfeile
- *flat file*

50 das Feilenheft
- *file handle*

51 der Polierstahl
- *polishing iron (burnisher)*

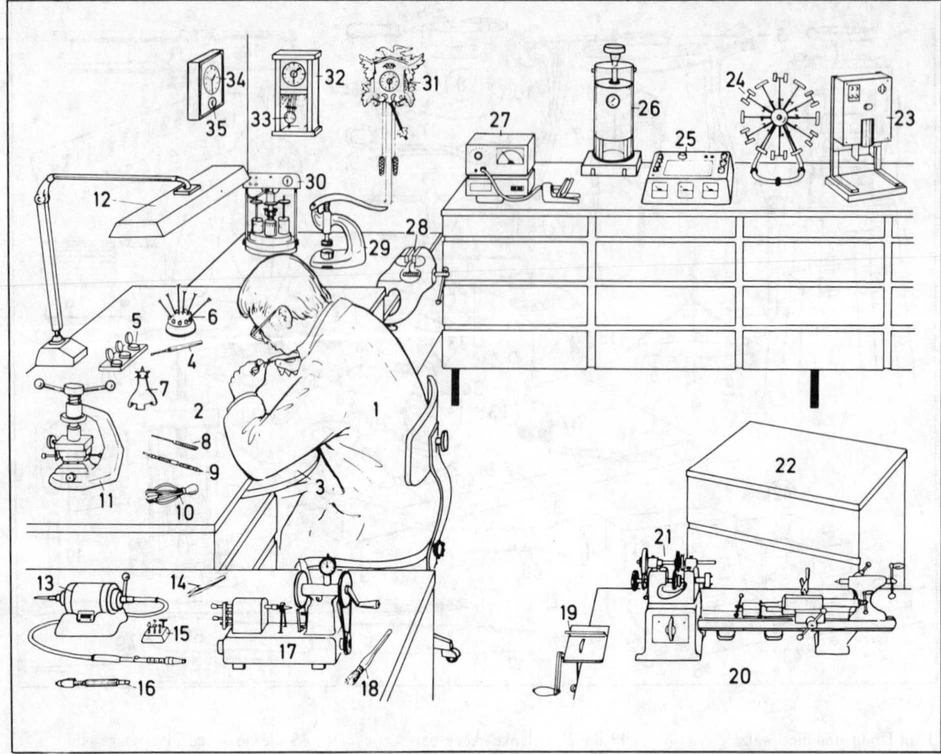

1 der Uhrmacher
- *watchmaker;* also: *clockmaker*

2 der Werktisch
- *workbench*

3 die Armauflage
- *armrest*

4 der Ölgeber
- *oiler*

5 der Ölblock für Kleinuhren *f*
- *oil stand*

6 der Schraubenziehersatz
- *set of screwdrivers*

7 der Zeigeramboß
- *clockmaker's anvil*

8 die Glättahle, eine Reibahle
- *broach, a reamer*

9 das Federstegwerkzeug
- *spring pin tool*

10 der Abheber für Armbanduhrzeiger *m*
- *hand-removing tool*

11 der Gehäuseschlüssel
- *watchglass-fitting tool [for armoured,* Am. *armored, glass]*

12 die Arbeitslampe, eine Mehrzweckleuchte
- *workbench lamp, a multi-purpose lamp*

13 der Mehrzweckmotor
- *multi-purpose motor*

14 die Kornzange (Pinzette)
- *tweezers*

15 die Poliermaschinenaufsätze *m*
- *polishing machine attachments*

16 das Stiftenklöbchen
- *pin vice (pin holder)*

17 die Rolliermaschine (der Rollierstuhl) zum Rollieren *n*, Polieren *n*, Arrondieren *n* und Kürzen *n* von Wellen *f*
- *burnisher, for burnishing, polishing and shortening of spindles*

18 der Staubpinsel
- *dust brush*

19 der Abschneider für Metallarmbänder *n*
- *cutter for metal watch straps*

20 die Präzisions-Kleindrehmaschine (Kleindrehbank, der Uhrmacherdrehstuhl)
- *precision bench lathe (watchmaker's lathe)*

21 das Keilriemenvorgelege
- *drive-belt gear*

22 der Werkstattmuli für Ersatzteile *n*
- *workshop trolley for spare parts*

23 die Vibrationsreinigungsmaschine
- *ultrasonic cleaner*

24 das Umlaufprüfgerät für automatische Uhren *f*
- *rotating watch-testing machine for automatic watches*

25 das Meßpult für die Überprüfung elektronischer Bauelemente *n*
- *watch-timing machine for electronic components*

26 das Prüfgerät für wasserdichte Uhren *f*
- *testing device for waterproof watches*

27 die Zeitwaage
- *electronic timing machine*

28 der Schraubstock
- *vice (*Am. *vise)*

29 die Einpreßvorrichtung für armierte Uhrgläser *n*
- *watchglass-fitting tool for armoured (*Am. *armored) glasses*

30 der Reinigungsautomat für die konventionelle Reinigung
- *[automatic] cleaning machine for conventional cleaning*

31 die Kuckucksuhr (Schwarzwälderuhr)
- *cuckoo clock (Black Forest clock)*

32 die Wanduhr (der Regulator)
- *wall clock (regulator)*

33 das Kompensationspendel
- *compensation pendulum*

34 die Küchenuhr
- *kitchen clock*

35 die Kurzzeituhr (der Kurzzeitwecker)
- *timer*

1 die elektronische Armbanduhr
- *electronic wristwatch*

2 die Digitalanzeige (eine Leuchtdiodenanzeige, *auch:* Flüssigkristallanzeige)
- *digital readout, a light-emitting diode (LED) readout;* also: *liquid crystal readout*

3 der Stunden- und Minutenknopf
- *hour and minute button*

4 der Datums- und Sekundenknopf
- *date and second button*

5 das Armband
- *strap (watch strap)*

6 das Stimmgabelprinzip (Prinzip der Stimmgabeluhr *f*)
- *tuning fork principle (principle of the tuning fork watch)*

7 die Antriebsquelle (eine Knopfzelle)
- *power source (battery cell)*

8 die elektronische Schaltung
- *transformer*

9 das Stimmgabelelement (Schwingelement)
- *tuning fork element (oscillating element)*

10 das Klinkenrad
- *wheel ratchet*

11 das Räderwerk
- *wheels*

12 der große Zeiger
- *minute hand*

13 der kleine Zeiger
- *hour hand*

14 das Prinzip der elektronischen Quarzuhr *f*
- *principle of the electronic quartz watch*

15 der Quarz (Schwingquarz)
- *quartz*

16 die Frequenzunterteilung (integrierte Schaltungen *f*)
- *integrated circuit*

17 der Schrittschaltmotor
- *oscillation counter*

18 der Decoder
- *decoder*

19 die Terminuhr (der Wecker, die Weckuhr)
- *calendar clock (alarm clock)*

20 die Digitalanzeige mit Fallblattziffern *f*
- *digital display with flip-over numerals*

21 die Sekundenanzeige
- *second indicator*

22 die Abstelltaste
- *stop button*

23 das Stellrad
- *forward and backward wind knob*

24 die Standuhr
- *grandfather clock*

25 das Zifferblatt
- *face*

26 das Uhrgehäuse
- *clock case*

27 das Pendel (das *od.* der Perpendikel)
- *pendulum*

28 das Schlaggewicht
- *striking weight*

29 das Ganggewicht
- *time weight*

30 die Sonnenuhr
- *sundial*

31 die Sanduhr (Eieruhr)
- *hourglass (egg timer)*

32-43 das Springbild der automatischen Armbanduhr *f* (Uhr mit automatischem Aufzug *m*, Selbstaufzug)
- ***components of an automatic watch*** *(automatic wristwatch)*

32 die Schwingmasse (der Rotor)
- *weight (rotor)*

33 der Stein (Lagerstein), ein synthetischer Rubin
- *stone (jewel, jewelled bearing), a synthetic ruby*

34 die Spannklinke
- *click*

35 das Spannrad
- *click wheel*

36 das Uhrwerk
- *clockwork (clockwork mechanism)*

37 die Werkplatte
- *bottom train plate*

38 das Federhaus
- *spring barrel*

39 die Unruh
- *balance wheel*

40 das Ankerrad
- *escape wheel*

41 das Aufzugsrad
- *crown wheel*

42 die Krone (der Kronenaufzug)
- *winding crown*

43 das Antriebswerk
- *drive mechanism*

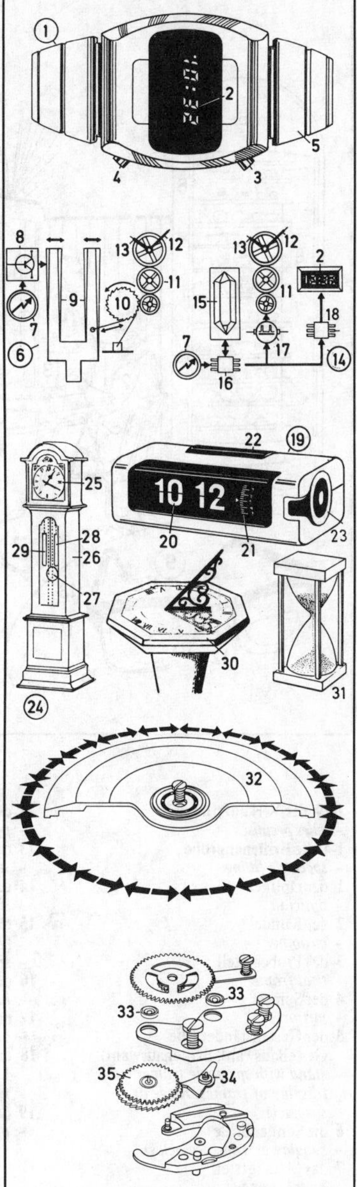

1-19 der Verkaufsraum
- ***sales premises***

1-4 die Brillenanprobe
- ***spectacle fitting***

1 der Optiker
- *optician*

2 der Kunde
- *customer*

3 das Probegestell
- *trial frame*

4 der Spiegel
- *mirror*

5 der Gestellständer (die Gestellauswahl, Brillenauswahl)
- *stand with spectacle frames (display of frames, range of spectacles)*

6 die Sonnenbrille
- *sunglasses (sun spectacles)*

7 das Metallgestell
- *metal frame*

8 das Horngestell
- *tortoiseshell frame (shell frame)*

9 die Brille
- *spectacles (glasses)*

10-14 das Brillengestell
- ***spectacle frame***

10 die Gläserfassung
- *fitting (mount) of the frame*

11 der Steg
- *bridge*

12 der Padsteg
- *pad bridge*

13 der Bügel
- *side*

14 das Bügelscharnier
- *side joint*

15 das Brillenglas, ein Bifokalglas *n* (Zweistärkenglas)
- *spectacle lens, a bifocal lens*

16 der Handspiegel
- *hand mirror (hand glass)*

17 das Fernglas
- *binoculars*

18 das monokulare Fernrohr (der Tubus)
- *monocular telescope (tube)*

19 das Mikroskop
- *microscope*

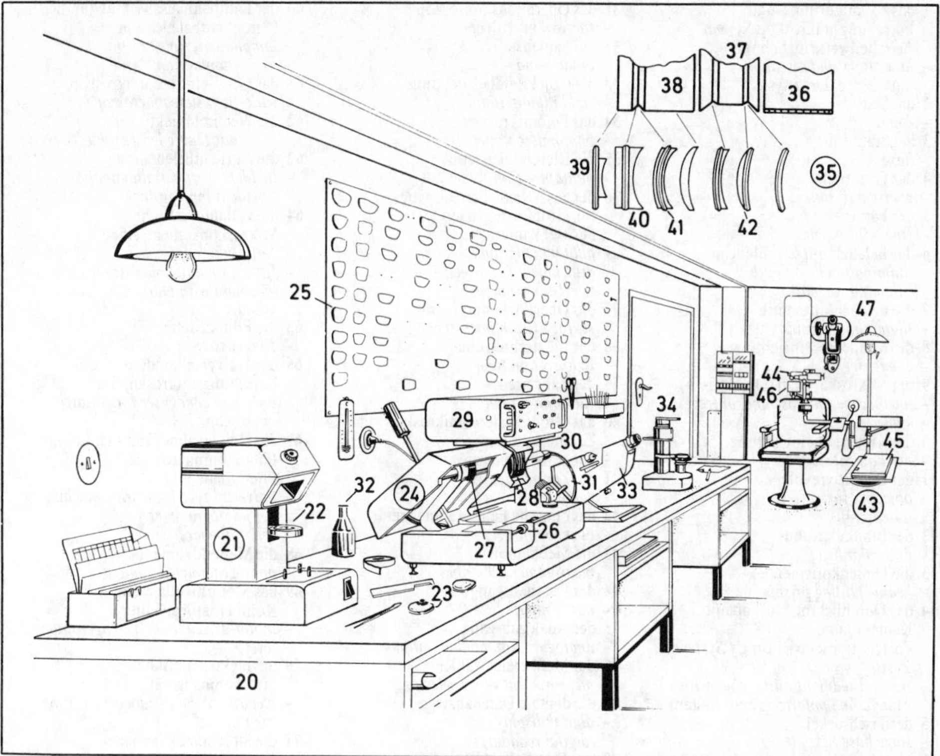

20-47 die Optikerwerkstatt
- ***optician's workshop***

20 der Arbeitstisch
- *workbench*

21 das Universalzentriergerät
- *universal centring (centering) apparatus*

22 die Zentriersaugeraufnahme
- *centring (centering) suction holder*

23 der Zentriersauger
- *sucker*

24 der Brillenglas-Randbearbeitungsautomat
- *edging machine*

25 die Formscheiben *f* für den Randbearbeitungsautomaten *m*
- *formers for the lens edging machine*

26 die eingesetzte Formscheibe
- *inserted former*

27 die mitdrehende Kopierscheibe
- *rotating printer*

28 die Schleifscheibenkombination
- *abrasive wheel combination*

29 das Steuergerät
- *control unit*

30 das Maschinenteil
- *machine part*

31 der Kühlwasseranschluß
- *cooling water pipe*

32 die Reinigungsflüssigkeit
- *cleaning fluid*

33 der Scheitelbrechwertmesser
- *focimeter (vertex refractionometer)*

34 das Zentrier-, Saugerandrück- und Metallaufblockgerät
- *metal-blocking device*

35 Schleifscheibenkombination *f* und Schliffformen *f*
- *abrasive wheel combination and forms of edging*

36 die Vorschleifscheibe
- *roughing wheel for preliminary surfacing*

37 die Feinschleifscheibe für Plus- und Minusfacette *f*
- *fining lap for positive and negative lens surfaces*

38 die Feinschleifscheibe für Spezialfacette *f* und Flachfacette *f*
- *fining lap for special and flat lenses*

39 das Plankonkavglas mit Flachfacette *f*
- *plano-concave lens with a flat surface*

40 das Plankonkavglas mit Spezialfacette *f*
- *plano-concave lens with a special surface*

41 das Konkavkonvexglas mit Spezialfacette *f*
- *concave and convex lens with a special surface*

42 das Konkavkonvexglas mit Minusfacette *f*
- *convex and concave lens with a special surface*

43 der ophthalmologische Prüfplatz
- *ophthalmic test stand*

44 der Phoropter mit Ophthalmometer *n* und Augenrefraktometer *n*
- *phoropter with ophthalmometer and optometer (refractometer)*

45 der Probiergläserkasten
- *trial lens case*

46 der Sehzeichenkollimator
- *collimator*

47 der Sehzeichenprojektor
- *acuity projector*

1 das Laboratoriums- und Forschungsmikroskop *System Leitz* [teilweise im Schnitt]
- *laboratory and research microscope,* Leitz system
2 das Stativ
- *stand*
3 der Stativfuß
- *base*
4 der Grobtrieb
- *coarse adjustment*
5 der Feintrieb
- *fine adjustment*
6 der Beleuchtungsstrahlengang
- *illumination beam path (illumination path)*
7 die Beleuchtungsoptik
- *illumination optics*
8 die Kondensoreinrichtung
- *condenser*
9 der Mikroskoptisch (Objekttisch)
- *microscope (microscopic, object) stage*
10 die Kreuztischeinrichtung
- *mechanical stage*
11 der Objektivrevolver
- *objective turret (revolving nosepiece)*
12 der Binokulartubus
- *binocular head*
13 die Umlenkprismen *n*
- *beam-splitting prisms*
14 das Durchlichtmikroskop mit Kamera *f* und Polarisationseinrichtung *f System Zeiss*
- *transmitted-light microscope with camera and polarizer,* Zeiss system
15 der Tischsockel
- *stage base*
16 der Aperturblendenschieber
- *aperture-stop slide*
17 der Universaldrehtisch
- *universal stage*
18 die Objektivbrücke
- *lens panel*
19 die Bildweiche
- *polarizing filter*
20 das (der) Kamerateil
- *camera*
21 die Einstellscheibe
- *focusing screen*
22 die Diskussionstubusanordnung
- *discussion tube arrangement*
23 das Großfeld-Metallmikroskop, ein Auflichtmikroskop *n*
- *wide-field metallurgical microscope, a reflected-light microscope (microscope for reflected light)*
24 die Projektionsmattscheibe
- *matt screen (ground glass screen, projection screen)*
25 die Großbildkamera
- *large-format camera*
26 die Kleinbildkamera
- *miniature camera*
27 die Bodenplatte
- *base plate*
28 das Lampenhaus
- *lamphouse*
29 der drehbare Kreuztisch
- *mechanical stage*
30 der Objektivrevolver
- *objective turret (revolving nosepiece)*
31 das Operationsmikroskop
- *surgical microscope*
32 das Säulenstativ
- *pillar stand*
33 die Objektfeldbeleuchtung
- *field illumination*
34 das Fotomikroskop
- *photomicroscope*
35 die Kleinbildkassette
- *miniature film cassette*
36 der zusätzliche Fotoausgang für Großformat- oder Fernsehkamera *f*
- *photomicrographic camera attachment for large-format or television camera*
37 das Oberflächenprüfgerät
- *surface-finish microscope*
38 der Lichtschnittubus
- *light section tube*
39 der Zahntrieb
- *rack and pinion*
40 das Großfeldstereomikroskop mit Zoomeinstellung *f*
- *zoom stereomicroscope*
41 das Zoomobjektiv
- *zoom lens*
42 das optische Feinstaubmeßgerät
- *dust counter*
43 die Meßkammer
- *measurement chamber*
44 der Datenausgang
- *data output*
45 der Analogausgang
- *analogue* (Am. *analog*) *output*
46 der Meßbereichwähler
- *measurement range selector*
47 die digitale Datenanzeige
- *digital display (digital readout)*
48 das Eintauchrefraktometer, zur Nahrungsmitteluntersuchung
- *dipping refractometer for examining food*
49 das Mikroskopphotometer
- *microscopic photometer*
50 die Photometerlichtquelle
- *photometric light source*
51 die Meßeinrichtung (der Photovervielfacher)
- *measuring device (photomultiplier, multiplier phototube)*
52 die Lichtquelle für die Übersichtsbeleuchtung
- *light source for survey illumination*
53 der Elektronikschrank
- *remote electronics*
54 das universelle Großfeldmikroskop
- *universal wide-field microscope*
55 der Fotostutzen, für Kamera *f* oder Projektionsaufsatz *m*
- *adapter for camera or projector attachment*
56 der Drehknopf zum Einstellen *n* des Okularabstandes *m*
- *eyepiece focusing knob*
57 die Filteraufnahme
- *filter pick-up*
58 die Handauflage
- *handrest*
59 das Lampenhaus für die Auflichtbeleuchtung
- *lamphouse for incident (vertical) illumination*
60 der Lampenhausanschluß für die Durchlichtbeleuchtung
- *lamphouse connector for transillumination*
61 das Großfeldstereomikroskop
- *wide-field stereomicroscope*
62 die Wechselobjektive *n*
- *interchangeable lenses (objectives)*
63 die Auflichtbeleuchtung
- *incident (vertical) illumination (incident top lighting)*
64 die vollautomatische Mikroskopkamera, eine Aufsatzkamera
- *fully automatic microscope camera, a camera with photomicro mount adapter*
65 die Filmkassette
- *film cassette*
66 der Universalkondensor zum Forschungsmikroskop 1 *n*
- *universal condenser for research microscope 1*
67 die Universalmeßkammer für die Photogrammetrie (der Phototheodolit)
- *universal-type measuring machine for photogrammetry (phototheodolite)*
68 die Meßbildkamera
- *photogrammetric camera*
69 das Motornivellier, ein Kompensatornivellier *n*
- *motor-driven level, a compensator level*
70 das elektro-optische Streckenmeßgerät
- *electro-optical distance-measuring instrument*
71 die Stereomeßkammer
- *stereometric camera*
72 die horizontale Basis
- *horizontal base*
73 der Sekundentheodolit
- *one-second theodolite*

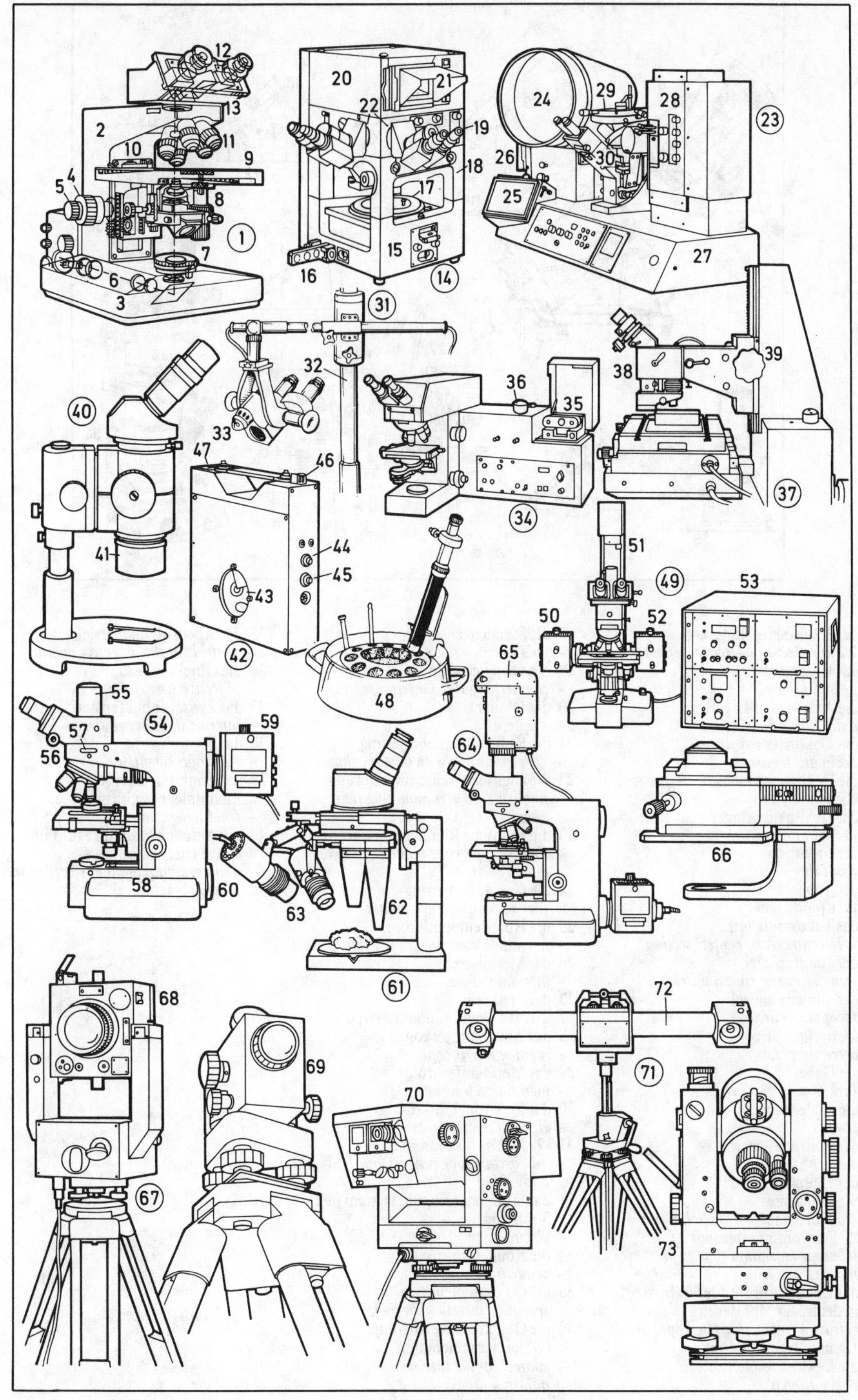
1
2
3
4
5
6
7
8
9
10
11
12
13
14
15
16
17
18
19
20
21
22
23
24
25
26
27
28
29
30
31
32
33
34
35
36
37
38
39
40
41
42
43
44
45
46
47
48
49
50
51
52
53
54
55
56
57
58
59
60
61
62
63
64
65
66
67
68
69
70
71
72
73

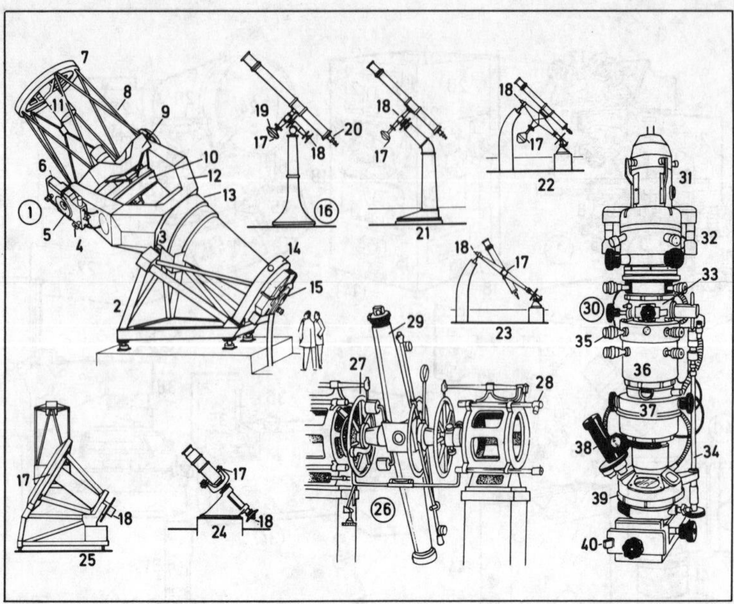

1 das 2,2-m-Spiegelteleskop
- ***2.2 m reflecting telescope*** *(reflector)*

2 das Untergestell
- *pedestal (base)*

3 die Axial-radial-Lagerung
- *axial-radial bearing*

4 das Deklinationsgetriebe
- *declination gear*

5 die Deklinationsachse
- *declination axis*

6 das Deklinationslager
- *declination bearing*

7 der Frontring
- *front ring*

8 der Tubus
- *tube (body tube)*

9 das Tubusmittelteil
- *tube centre* (Am. *center) section*

10 der Hauptspiegel
- *primary mirror (main mirror)*

11 der Umlenkspiegel
- *secondary mirror (deviation mirror, corrector plate)*

12 die Gabel
- *fork mounting (fork)*

13 die Abdeckung
- *cover*

14 das Führungslager
- *guide bearing*

15 der Hauptantrieb der Stundenachse
- *main drive unit of the polar axis*

16-25 Fernrohrmontierungen *f*
- ***telescope mountings*** *(telescope mounts)*

16 das Linsenfernrohr (der Refraktor) in deutscher Montierung
- *refractor (refracting telescope) on a German-type mounting*

17 die Deklinationsachse
- *declination axis*

18 die Stundenachse
- *polar axis*

19 das Gegengewicht
- *counterweight (counterpoise)*

20 das Okular
- *eyepiece*

21 die Knicksäulenmontierung
- *knee mounting with a bent column*

22 die englische Achsenmontierung
- *English-type axis mounting (axis mount)*

23 die englische Rahmenmontierung
- *English-type yoke mounting (yoke mount)*

24 die Gabelmontierung
- *fork mounting (fork mount)*

25 die Hufeisenmontierung
- *horseshoe mounting (horseshoe mount)*

26 der Meridiankreis
- *meridian circle*

27 der Teilkreis
- *divided circle (graduated circle)*

28 das Ablesemikroskop
- *reading microscope*

29 das Meridianfernrohr
- *meridian telescope*

30 das Elektronenmikroskop
- *electron microscope*

31-39 die Mikroskopröhre
- *microscope tube (microscope body, body tube)*

31 das Strahlenerzeugungssystem (der Strahlkopf)
- *electron gun*

32 die Kondensorlinsen *f*
- *condensers*

33 die Objektschleuse
- *specimen insertion air lock*

34 die Objekttischverstellung (Objektverschiebung)
- *control for the specimen stage adjustment*

35 der Aperturblendentrieb
- *control for the objective apertures*

36 die Objektivlinse
- *objective lens*

37 das Zwischenbildfenster
- *intermediate image screen*

38 die Fernrohrlupe
- *telescope magnifier*

39 das Endbildfenster (der Endbildleuchtschirm)
- *final image tube*

40 die Aufnahmekammer für Film- bzw. Plattenkassetten *f*
- *photographic chamber for film and plate magazines*

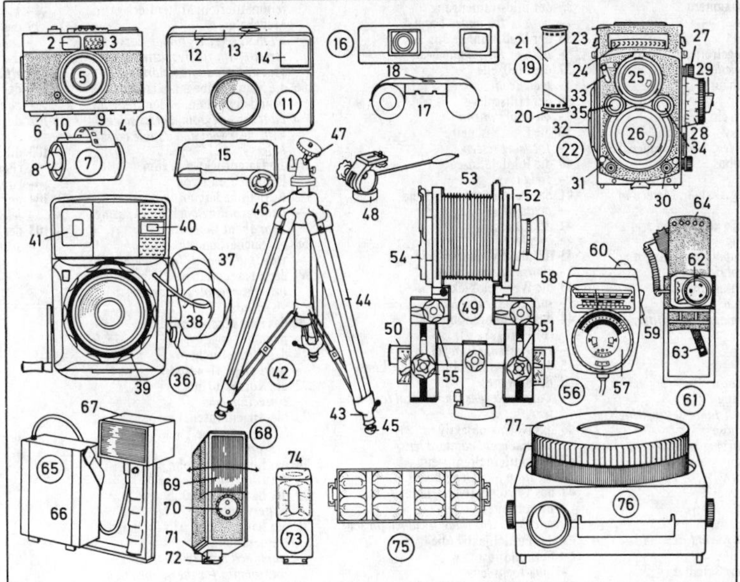

1 die Kleinbild-Kompaktkamera
- *miniature camera (35 mm camera)*

2 der Sucherausblick
- *viewfinder eyepiece*

3 das Belichtungsmesserfenster
- *meter cell*

4 der Zubehörschuh
- *accessory shoe*

5 das versenkbare Objektiv
- *flush lens*

6 die Rückspulkurbel (Rückwickelkurbel)
- *rewind handle (rewind, rewind crank)*

7 die Kleinbildkassette (Kleinbildpatrone) 135
- *miniature film cassette (135 film cassette, 35 mm cassette)*

8 die Filmspule
- *film spool*

9 der Film mit dem „Einfädelschwanz" *m*
- *film with leader*

10 das Kassettenmaul
- *cassette slit (cassette exit slot)*

11 die Kassettenkamera
- *cartridge-loading camera*

12 die Auslösetaste
- *shutter release (shutter release button)*

13 der Blitzwürfelanschluß
- *flash cube contact*

14 der quadratische Sucher
- *rectangular viewfinder*

15 die Filmkassette 126 (Instamatic-Kassette)
- *126 cartridge (instamatic cartridge)*

16 die Pocketkamera (Kleinstbildkamera)
- *pocket camera (subminiature camera)*

17 die Kleinstbildkassette 110
- *110 cartridge (subminiature cartridge)*

18 das Bildnummernfenster
- *film window*

19 der Rollfilm 120
- *120 rollfilm*

20 die Rollfilmspule
- *rollfilm spool*

21 das Schutzpapier
- *backing paper*

22 die zweiäugige Spiegelreflexkamera
- *twin-lens reflex camera*

23 der aufklappbare Sucherschacht
- *folding viewfinder hood (focusing hood)*

24 das Belichtungsmesserfenster
- *meter cell*

25 das Sucherobjektiv
- *viewing lens*

26 das Aufnahmeobjektiv
- *object lens*

27 der Spulenknopf
- *spool knob*

28 die Entfernungseinstellung
- *distance setting (focus setting)*

29 der Nachführbelichtungsmesser
- *exposure meter using needle-matching system*

30 der Blitzlichtanschluß
- *flash contact*

31 der Auslöser
- *shutter release*

32 die Filmtransportkurbel
- *film transport (film advance, film wind)*

33 der Blitzschalter
- *flash switch*

34 das Blendeneinstellrad
- *aperture-setting control*

35 das Zeiteinstellrad
- *shutter speed control*

36 die Großformathandkamera (Pressekamera)
- *large-format hand camera (press camera)*

37 der Handgriff
- *grip (handgrip)*

38 der Drahtauslöser
- *cable release*

39 der Rändelring zur Entfernungseinstellung
- *distance-setting ring (focusing ring)*

40 das Entfernungsmesserfenster
- *rangefinder window*

41 der Mehrformatsucher
- *multiple-frame viewfinder (universal viewfinder)*

42 das Rohrstativ (Dreibein)
- *tripod*

43 das Stativbein
- *tripod leg*

44 der Rohrschenkel
- *tubular leg*

45 der Gummifuß
- *rubber foot*

46 die Mittelsäule
- *central column*

47 der Kugelgelenkkopf
- *ball and socket head*

48 der Kinonivellierkopf
- *cine camera pan and tilt head*

49 die Großformatbalgenkamera
- *large-format folding camera*

50 die optische Bank
- *optical bench*

51 die Standartenverstellung
- *standard adjustment*

52 die Objektivstandarte
- *lens standard*

53 der Balgen
- *bellows*

54 das Kamerarückteil
- *camera back*

55 die Rückteilverstellung
- *back standard adjustment*

56 der Handbelichtungsmesser (Belichtungsmesser)
- *hand-held exposure meter (exposure meter)*

57 die Rechenscheibe
- *calculator dial*

58 die Anzeigeskalen *f* mit Anzeigenadel *f*
- *scales (indicator scales) with indicator needle (pointer)*

59 die Meßbereichswippe
- *range switch (high/low range selector)*

60 die Diffusorkalotte für Lichtmessungen *f*
- *diffuser for incident light measurement*

61 die Belichtungsmeßkassette für Großbildkameras *f*
- *probe exposure meter for large-format cameras*

62 das Meßgerät
- *meter*

63 die Meßsonde
- *probe*

64 der Kassettenschieber
- *dark slide*

65 das zweiteilige Elektronenblitzgerät
- *battery-portable electronic flash (battery-portable electronic flash unit)*

66 das (der) Generatorteil (die Batterie)
- *powerpack unit (battery)*

67 die Blitzlampe (der Blitzstab)
- *flash head*

68 das einteilige Elektronenblitzgerät
- *single-unit electronic flash (flashgun)*

69 der schwenkbare Reflektor
- *swivel-mounted reflector*

70 die Photodiode
- *photodiode*

71 der Sucherfuß
- *foot*

72 der Mittenkontakt
- *hot-shoe contact*

73 das Würfelblitzgerät
- *flash cube unit*

74 der Würfelblitz
- *flash cube*

75 die Flashbar *(AGFA)*
- *flash bar (AGFA)*

76 der Diaprojektor
- *slide projector*

77 das Rundmagazin
- *rotary magazine*

1-105 die Systemkamera
- ***system camera***

1 die einäugige Kleinbild-Spiegelreflexkamera
- *miniature single-lens reflex camera*

2 das Kameragehäuse
- *camera body*

3-8 das Objektiv, ein Normalobjektiv
- *lens, a normal lens (standard lens)*

3 der Objektivtubus
- *lens barrel*

4 die Entfernungsskala in Metern *m* und Feet *m*
- *distance scale in metres and feet*

5 der Blendenring
- *aperture ring (aperture-setting ring, aperture control ring)*

6 die Frontlinsenfassung mit Filteranschluß *m*
- *front element mount with filter mount*

7 die Frontlinse
- *front element*

8 der Rändelring zur Scharfeinstellung
- *focusing ring (distance-setting ring)*

9 die Tragriemenöse
- *ring for the carrying strap*

10 das Batteriefach
- *battery chamber*

11 der Schraubdeckel
- *screw-in cover*

12 die Rückspulkurbel
- *rewind handle (rewind, rewind crank)*

13 der Batteriehauptschalter
- *battery switch*

14 der Blitzlichtanschluß für F- und X-Kontakt *m*
- *flash socket for F and X contact*

15 der Spannhebel für den Selbstauslöser
- *self-time lever (setting lever for the self-timer, setting lever for the delayed-action release)*

16 der Schnellschalthebel
- *single-stroke film advance lever*

17 das Bildzählwerk
- *exposure counter (frame counter)*

18 der Auslöseknopf
- *shutter release (shutter release button)*

19 der Verschlußzeitenknopf
- *shutter speed setting knob (shutter speed control)*

20 der Zubehörschuh
- *accessory shoe*

21 der Blitzlicht-Mittenkontakt
- *hot-shoe flash contact*

22 der Suchereinblick (das Sucherokular) mit Korrekturlinse *f*
- *viewfinder eyepiece with correcting lens*

23 die Kamerarückwand
- *camera back*

24 die Filmandruckplatte
- *pressure plate*

25 der Filmmitnehmer des Schnelladesystems *n*
- *take-up spool of the rapid-loading system*

26 die Transportzahntrommel
- *transport sprocket*

27 der Rückspulfreilauf
- *rewind release button (reversing clutch)*

28 das Filmfenster (Negativfenster, Bildfenster, die Bildbühne)
- *film window*

29 der Rückspulmitnehmer
- *rewind cam*

30 der Stativgewindeanschluß
- *tripod socket (tripod bush)*

31 das Spiegelreflexsystem
- *reflex system (mirror reflex system)*

32 das Objektiv
- *lens*

33 der Reflexspiegel
- *reflex mirror*

34 das Bildfenster
- *film window*

35 der Bildstrahlengang
- *path of the image beam*

36 der Meßstrahlengang
- *path of the sample beam*

37 die Meßzelle
- *meter cell*

38 der Hilfsspiegel
- *auxiliary mirror*

39 die Einstellscheibe
- *focusing screen*

40 die Bildfeldlinse
- *field lens*

41 das Pentadachkantprisma
- *pentaprism*

42 das Okular
- *eyepiece*

43-105 das Systemzubehör
- ***system of accessories***

43 die Wechselobjektive *n*
- *interchangeable lenses*

44 das Fischaugenobjektiv (Fischauge)
- *fisheye lens (fisheye)*

45 das Weitwinkelobjektiv (die kurze Brennweite)
- *wide-angle lens (short focal length lens)*

46 das Normalobjektiv
- *normal lens (standard lens)*

47 die mittlere Brennweite
- *medium focal length lens*

48 das Teleobjektiv (die lange Brennweite)
- *telephoto lens (long focal length lens)*

49 das Fernobjektiv (die Fernbildlinse)
- *long-focus lens*

50 das Spiegelobjektiv
- *mirror lens*

51 das Sucherbild
- *viewfinder image*

52 das Signal für die manuelle Einstellung
- *signal to switch to manual control*

53 der Mattscheibenring
- *matt collar (ground glass collar)*

54 das Mikroprismenraster (Mikrospaltbildfeld)
- *microprism collar*

55 der Schnittbildindikator (die Meßkeile *m*)
- *split-image rangefinder (focusing wedges)*

56 die Blendenskala
- *aperture scale*

57 der Belichtungsmesserzeiger
- *exposure meter needle*

58-66 auswechselbare Einstellscheiben *f*
- *interchangeable focusing screens*

58 die Vollmattscheibe mit Mikroprismenraster
- *all-matt screen (ground glass screen) with microprism spot*

59 die Vollmattscheibe mit Prismenraster *n* und Schnittbildindikator *m*
- *all-matt screen (ground glass screen) with microprism spot and split-image rangefinder*

60 die Vollmattscheibe ohne Einstellhilfsmittel *n*
- *all-matt screen (ground glass screen) without focusing aids*

61 die Mattscheibe mit Gitterteilung *f*
- *matt screen (ground glass screen) with reticule*

62 das Prismenraster für Objektive *n* hoher Öffnung *f*
- *microprism spot for lenses with a large aperture*

63 das Prismenraster für Objektive ab Lichtstärke *f*=1:3,5
- *microprism spot for lenses with an aperture of f = 1 : 3.5 or larger.*

64 die Fresnellinse mit Mattscheibenring *m* und Schnittbildindikator *m*
- *Fresnel lens with matt collar (ground glass collar) and split-image rangefinder*

65 die Vollmattscheibe mit feinmattiertem Mittenfleck *m* und Meßskalen *f*
- *all-matt screen (ground glass screen) with finely matted central spot and graduated markings*

66 die Mattscheibe mit Klarglasfleck *m* und doppeltem Fadenkreuz *n*
- *matt screen (ground glass screen) with clear spot and double cross hairs*

67 die Datenrückwand zum Einbelichten *n* von Aufnahmedaten *n*
- *data recording back for exposing data about shots*

68 der Sucherlichtschacht
- *viewfinder hood (focusing hood)*

69 der auswechselbare Prismensucher
- *interchangeable pentaprism viewfinder*

70 das Pentadachkantprisma
- *pentaprism*

71 der Winkelsucher
- *right-angle viewfinder*

72 die Korrekturlinse
- *correction lens*

73 die Augenmuschel (Okularmuschel)
- *eyecup*

74 das Einstellfernrohr
- *focusing telescope*

75 der Batterieanschluß
- *battery unit*

76 der Batteriehandgriff für den Kameramotor
- *combined battery holder and control grip for the motor drive*

77 die Schnellschußkamera
- *rapid-sequence camera*

78 der ansetzbare Kameramotor
- *attachable motor drive*

79 die externe Stromversorgung
- *external (outside) power supply*

80 das Zehn-Meter-Filmmagazin
- *ten meter film back (magazine back)*

81-98 Naheinstell- und Makrogeräte *n*
- *close-up and macro equipment*

81 der Zwischentubus
- *extension tube*

82 der Adapterring
- *adapter ring*

83 der Umkehrring
- *reversing ring*

84 das Objektiv in Retrostellung *f*
- *lens in retrofocus position*

85 das Balgengerät (Balgennaheinstellgerät)
- *bellows unit (extension bellows, close-up bellows attachment)*

86 der Einstellschlitten
- *focusing stage*

87 der Diakopiervorsatz
- *slide-copying attachment*

88 der Diakopieradapter
- *slide-copying adapter*

89 der Mikrofotoansatz
- *micro attachment (photomicroscope adapter)*

90 das Reprostativ
- *copying stand (copy stand, copypod)*

91 die „Spinnenbeine" *n.*
- *spider legs*

92 das Reproduktionsgestell (der Reproständer, Kopierständer)
- *copying stand (copy stand)*

93 der Reproarm
- *arm of the copying stand (copy stand)*

94 das Makrostativ (der Makroständer)
- *macrophoto stand*

95 die Tischeinsatzplatten *f* für das Makrostativ
- *stage plates for the macrophoto stand*

96 die Einlegescheibe
- *insertable disc (disk)*

97 der Lieberkühn-Reflektor
- *Lieberkühn reflector*

98 die Kreuztischeinrichtung
- *mechanical stage*

99 das Tischstativ
- *table tripod (table-top*

100 das Schulterstativ
- *rifle grip*

101 der Drahtauslöser
- *cable release*

102 der Doppeldrahtauslö
- *double cable release*

103 die Kameratasche (Bereitschaftstasche)
- *camera case (ever-read*

104 der Objektivköcher
- *lens case*

105 der Weichleder-Objek
- *soft-leather lens pouch*

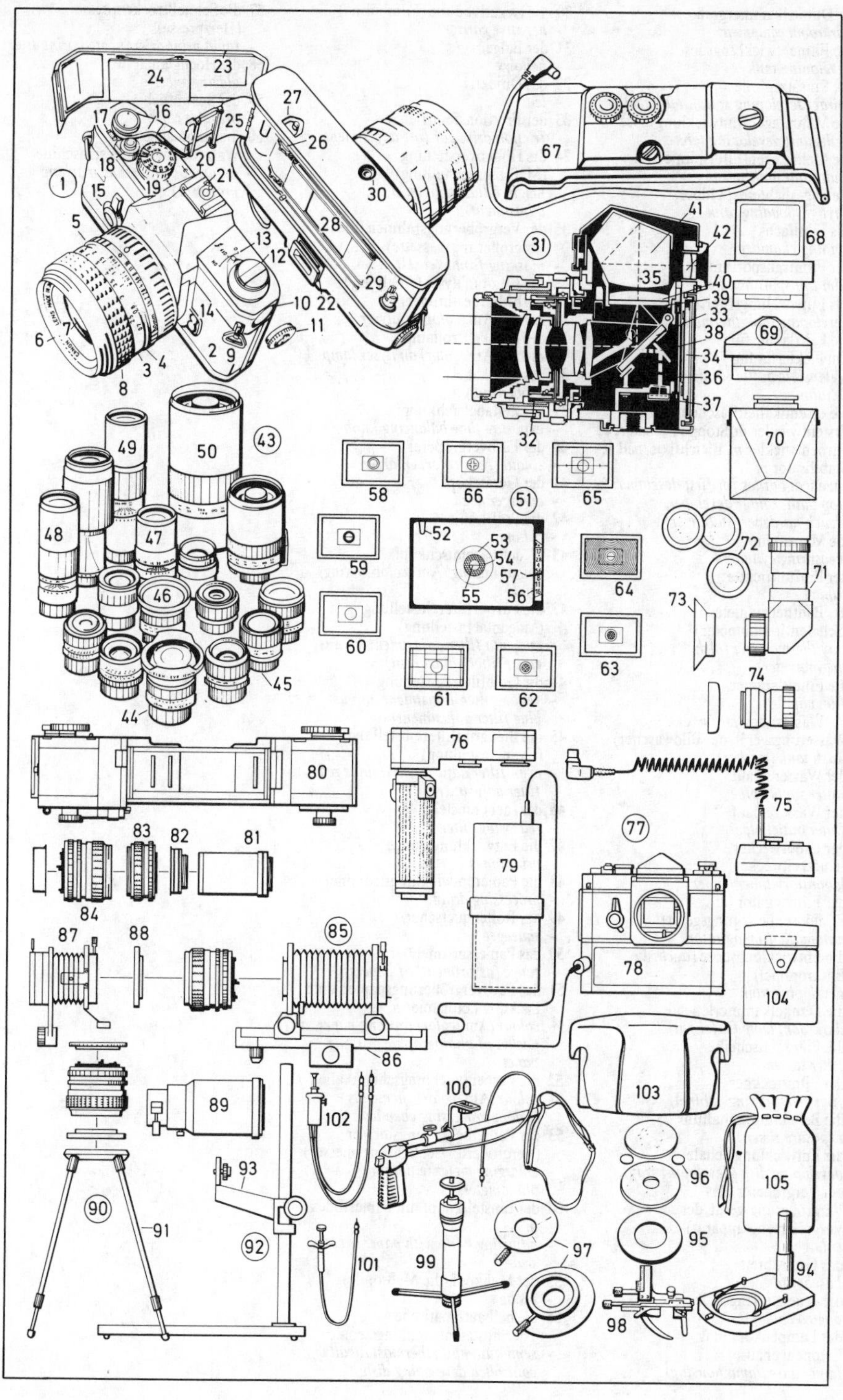
1
2
3
4
5
6
7
8
9
10
11
12
13
14
15
16
17
18
19
20
21
22
23
24
25
26
27
28
29
30
31
32
33
34
35
36
37
38
39
40
41
42
43
44
45
46
47
48
49
50
51
52
53
54
55
56
57
58
59
60
61
62
63
64
65
66
67
68
69
70
71
72
73
74
75
76
77
78
79
80
81
82
83
84
85
86
87
88
89
90
91
92
93
94
95
96
97
98
99
100
101
102
103
104
105

1-60 Dunkelkammergeräte *n*
- ***darkroom equipment***

1 die Filmentwicklungsdose
- *developing tank*

2 die Einsatzspirale
- *spiral (developing spiral, tank reel)*

3 die Mehretagen-Entwicklungsdose
- *multi-unit developing tank*

4 die Mehretagen-Filmspirale
- *multi-unit tank spiral*

5 die Tageslichteinspuldose
- *daylight-loading tank*

6 das Filmfach
- *loading chamber*

7 der Filmtransportknauf
- *film transport handle*

8 das Entwicklungsthermometer
- *developing tank thermometer*

9 die Faltflasche für Entwicklerlösung *f*
- *collapsible bottle for developing solution*

10 die Chemikalienflaschen *f* für Erstentwickler *m*, Stopphärtebad *n*, Farbentwickler *m*, Bleichfixierbad *n*, Stabilisator *m*
- *chemical bottles for first developer, stop bath, colour developer, bleach-hardener, stabilizer*

11 die Mensuren *f*
- *measuring cylinders*

12 der Einfülltrichter
- *funnel*

13 das Badthermometer (Schalenthermometer)
- *tray thermometer (dish thermometer)*

14 die Filmklammer
- *film clip*

15 die Wässerungswanne (das Wässerungsgerät, der Bildwascher)
- *wash tank (washer)*

16 der Wasserzulauf
- *water supply pipe*

17 der Wasserablauf
- *water outlet pipe*

18 der Laborwecker (Kurzzeitwecker)
- *laboratory timer (timer)*

19 der Filmagitator (das Filmdosenbewegungsgerät)
- *automatic film agitator*

20 die Entwicklungsdose (*auch:* die Bildtrommel)
- *developing tank*

21 die Dunkelkammerleuchte
- *darkroom lamp (safelight)*

22 die Filterglasscheibe
- *filter screen*

23 der Filmtrockner
- *film drier (drying cabinet)*

24 die Belichtungsschaltuhr
- *exposure timer*

25 die Entwicklungsschale
- *developing dish (developing tray)*

26 der Vergrößerer (das Vergrößerungsgerät, der Vergrößerungsapparat)
- *enlarger*

27 das Grundbrett
- *baseboard*

28 die geneigte Tragsäule
- *angled column*

29 der Lampenkopf (das Lampengehäuse)
- *lamphouse (lamp housing)*

30 die Negativbühne (Filmbühne)
- *negative carrier*

31 der Balgen
- *bellows*

32 das Objektiv
- *lens*

33 der Friktionsfeintrieb
- *friction drive for fine adjustment*

34 die Höhenverstellung (Maßstabsverstellung)
- *height adjustment (scale adjustment)*

35 der Vergrößerungsrahmen (die Vergrößerungskassette)
- *masking frame (easel)*

36 der Coloranalyser (Analyser, Farbfilterbestimmer)
- *colour (*Am.* color) analyser*

37 die Farbkontrollampe
- *colour (*Am.* color) analyser lamp*

38 das Meßkabel
- *probe lead*

39 der Zeitabgleichknopf
- *exposure time balancing knob*

40 der Farbvergrößerer
- *colour (*Am.* color) enlarger*

41 der Gerätekopf
- *enlarger head*

42 die Profilsäule
- *column*

43-45 der Farbmischkopf
- *colour-mixing (*Am.* color-mixing) knob*

43 die Purpurfiltereinstellung (Magentaeinstellung)
- *magenta filter adjustment (minus green filter adjustment)*

44 die Gelbfiltereinstellung
- *yellow filter adjustment (minus blue filter adjustment)*

45 die Blaugrünfiltereinstellung (Cyaneinstellung)
- *cyan filter adjustment (minus red filter adjustment)*

46 das (der) Einstellfilter
- *red swing filter*

47 die Entwicklungszange
- *print tongs*

48 die Papierentwicklungstrommel
- *processing drum*

49 der Rollenquetscher
- *squeegee*

50 das Papiersortiment
- *range (assortment) of papers*

51 das Farbvergrößerungspapier, eine Packung Fotopapier *n*
- *colour (*Am.* color) printing paper, a packet of photographic printing paper*

52 die Farbentwicklungschemikalien *f*
- *colour (*Am.* color) chemicals (colour processing chemicals)*

53 der Papierbelichtungsmesser (Vergrößerungsbelichtungsmesser)
- *enlarging meter (enlarging photometer)*

54 der Einstellknopf mit Papierindex *m*
- *adjusting knob with paper speed scale*

55 der Meßkopf (die Meßsonde)
- *probe*

56 die halbautomatische Thermostatentwicklungsschale
- *semi-automatic thermostatically controlled developing dish*

57 die Schnelltrockenpresse (Heizpresse)
- *rapid print drier (heated print drier)*

58 die Hochglanzfolie
- *glazing sheet*

59 das Spanntuch
- *pressure cloth*

60 die automatische Walzenentwicklungsmaschine
- *automatic processor (machine processor)*

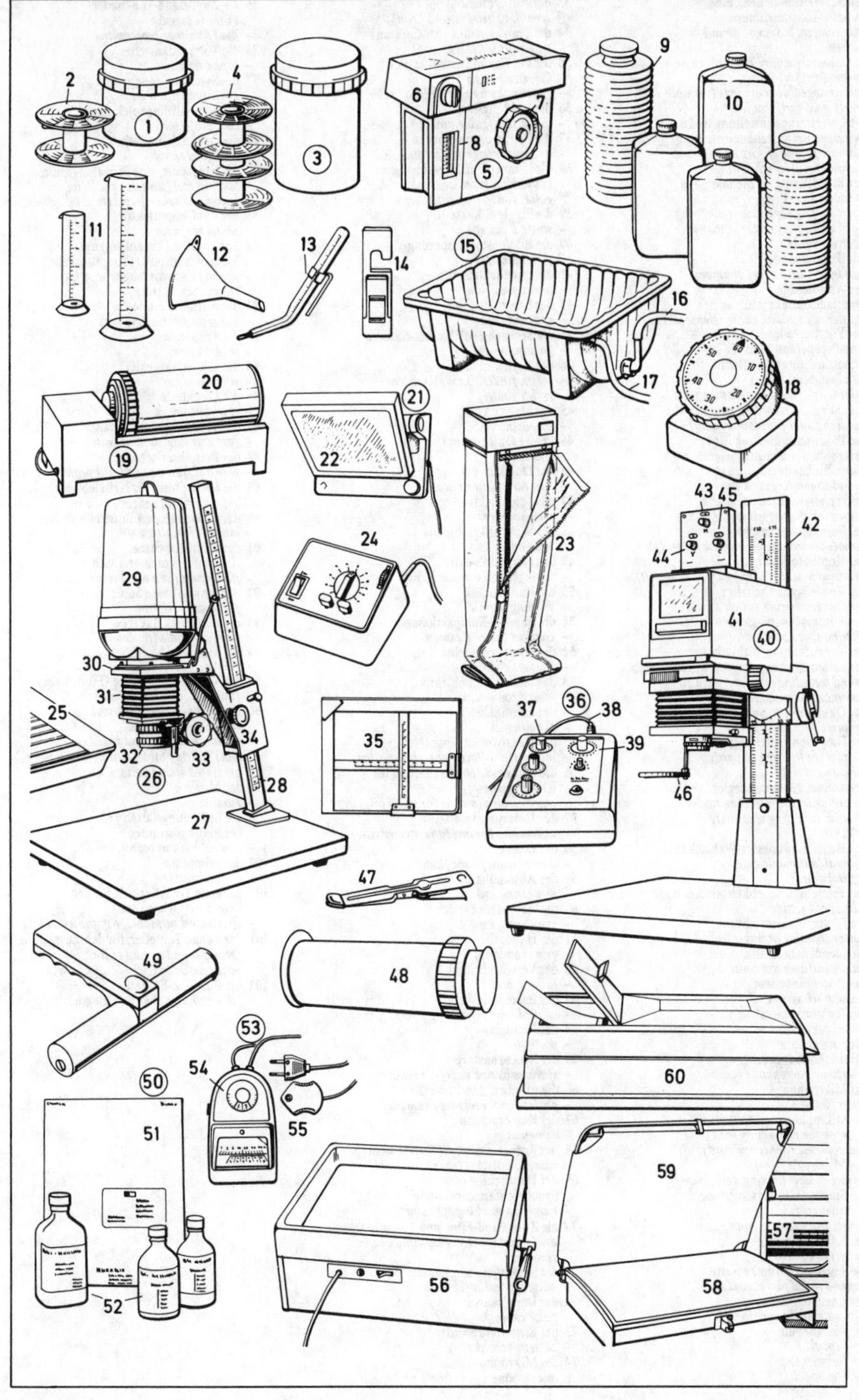
1
2
3
4
5
6
7
8
9
10
11
12
13
14
15
16
17
18
19
20
21
22
23
24
25
26
27
28
29
30
31
32
33
34
35
36
37
38
39
40
41
42
43
44
45
46
47
48
49
50
51
52
53
54
55
56
57
58
59
60

1 **die Schmalfilmkamera**, eine Super-8-Tonfilmkamera
- ***cine camera***, *a Super-8 sound camera*
2 das auswechselbare Zoomobjektiv (Varioobjektiv)
- *interchangeable zoom lens (variable focus lens, varifocal lens)*
3 die Entfernungseinstellung und die manuelle Brennweiteneinstellung
- *distance setting (focus setting) and manual focal length setting*
4 der Blendenring für die manuelle Blendeneinstellung
- *aperture ring (aperture-setting ring, aperture control ring) for manual aperture setting*
5 der Batteriehandgriff
- *handgrip with battery chamber*
6 der Auslöser mit Drahtauslöseranschluß *m*
- *shutter release with cable release socket*
7 der Pilotton- oder Impulsgeberanschluß für das Tonaufnahmegerät *n* (beim Zweibandverfahren)
- *pilot tone or pulse generator socket for the sound recording equipment (with the dual film-tape system)*
8 die Tonanschlußleitung für Mikrophon *n* oder Zuspielgerät *n* (beim Einbandverfahren *n*)
- *sound connecting cord for microphone or external sound source (in single-system recording)*
9 der Fernauslöseranschluß
- *remote control socket (remote control jack)*
10 der Kopfhöreranschluß
- *headphone socket* (sim.: *earphone socket)*
11 der Einstellsystemschalter
- *autofocus override switch*
12 der Filmgeschwindigkeitsschalter
- *filming speed selector*
13 der Tonaufnahme-Wahlschalter für automatischen oder manuellen Betrieb
- *sound recording selector switch for automatic or manual operation*
14 das Okular mit Augenmuschel *f*
- *eyepiece with eyecup*
15 die Dioptrieneinstellung
- *diopter control ring (dioptric adjustment ring)*
16 der Tonaussteuerungsregler
- *recording level control (audio level control, recording sensitivity selector)*
17 der Belichtungsmesser-Wahlschalter
- *manual/automatic exposure control switch*
18 die Filmempfindlichkeitseinstellung
- *film speed setting*
19 die Powerzoomeinrichtung
- *power zooming arrangement*
20 die Blendenautomatik
- *automatic aperture control*
21 **das Pistentonsystem**
- ***sound track system***
22 die Tonfilmkamera
- *sound camera*
23 der ausziehbare Mikrophonausleger
- *telescopic microphone boom*
24 das Mikrophon
- *microphone*
25 die Mikrophonanschlußleitung
- *microphone connecting lead (microphone connecting cord)*
26 **das Mischpult**
- ***mixing console*** *(mixing desk, mixer)*
27 die Eingänge für verschiedene Tonquellen *f*
- *inputs from various sound sources*
28 der Kameraausgang
- *output to camera*
29 **die Super-8-Tonfilmkassette**
- ***Super-8 sound film cartridge***
30 das Kassettenfenster
- *film gate of the cartridge*
31 die Vorratsspule
- *feed spool*
32 die Aufwickelspule
- *take-up spool*
33 der Aufnahmetonkopf
- *recording head (sound head)*
34 die Transportrolle (der Capstan)
- *transport roller (capstan)*
35 die Gummiandruckrolle (der Gegencapstan)
- *rubber pinch roller (capstan idler)*
36 die Führungsnut
- *guide step (guide notch)*
37 die Belichtungssteuernut
- *exposure meter control step*
38 die Konversionsfiltereingabenut
- *conversion filter step (colour,* Am. *color, conversion filter step)*
39 **die Single-8-Kassette**
- ***single-8 cassette***
40 die Bildfensteraussparung
- *film gate opening*
41 der unbelichtete Film
- *unexposed film*
42 der belichtete Film
- *exposed film*
43 **die Sechzehn-Millimeter-Kamera**
- ***16 mm camera***
44 der Reflexsucher
- *reflex finder (through-the-lens reflex finder)*
45 das Magazin
- *magazine*
46-49 **der Objektivkopf**
- ***lens head***
46 der Objektivrevolver
- *lens turret (turret head)*
47 das Teleobjektiv
- *telephoto lens*
48 das Weitwinkelobjektiv
- *wide-angle lens*
49 das Normalobjektiv
- *normal lens (standard lens)*
50 die Handkurbel
- *winding handle*
51 **die Super-8-Kompaktkamera**
- ***compact Super-8 camera***
52 die Filmverbrauchsanzeige
- *footage counter*
53 das Makrozoomobjektiv
- *macro zoom lens*
54 der Zoomhebel
- *zooming lever*
55 die Makrovorsatzlinse (Nahlinse)
- *macro lens attachment (close-up lens)*
56 die Makroschiene (Halterung für Kleinvorlagen *f*)
- *macro frame (mount for small originals)*
57 **das Unterwassergehäuse**
- ***underwater housing*** *(underwater case)*
58 der Diopter
- *direct-vision frame finder*
59 der Abstandhalter
- *measuring rod*
60 die Stabilisationsfläche
- *stabilizing wing*
61 der Handgriff
- *grip (handgrip)*
62 der Verschlußriegel
- *locking bolt*
63 der Bedienungshebel
- *control lever (operating lever)*
64 das Frontglas
- *porthole*
65 **der Synchronstart**
- ***synchronization start*** *(sync start)*
66 die Filmberichterkamera
- *professional press-type camera*
67 der Kameramann
- *cameraman*
68 der Kameraassistent (Tonassistent)
- *camera assistant (sound assistant)*
69 der Handschlag zur Synchronstartmarkierung
- *handclap marking sync start*
70 **die Zwei-Band-Film- und Tonaufnahme**
- ***dual film-tape recording using a tape recorder***
71 die impulsgebende Kamera
- *pulse-generating camera*
72 das Impulskabel
- *pulse cable*
73 der Kassettenrecorder
- *cassette recorder*
74 das Mikrophon
- *microphone*
75 **die Zwei-Band-Ton- und Filmwiedergabe**
- ***dual film-tape reproduction***
76 die Tonbandkassette
- *tape cassette*
77 das Synchronsteuergerät
- *synchronization unit*
78 der Schmalfilmprojektor
- *cine projector*
79 die Originalfilmspule
- *film feed spool*
80 die Fangspule, eine Selbstfangspule
- *take-up reel (take-up spool), an automatic take-up reel (take-up spool)*
81 **der Tonfilmprojektor**
- ***sound projector***
82 der Tonfilm (Pistenfilm) mit Magnetrandspur *f* (Tonpiste, Piste)
- *sound film with magnetic stripe (sound track, track)*
83 die Aufnahmetaste
- *automatic-threading button*
84 die Tricktaste
- *trick button*
85 der Lautstärkeregler
- *volume control*
86 die Löschtaste
- *reset button*
87 der Trickprogrammschalter
- *fast and slow motion switch*
88 der Betriebsartschalter
- *forward, reverse, and still projection switch*
89 die Klebepresse für Naßklebungen *f*
- *splicer for wet splices*
90 der schwenkbare Filmstreifenhalter
- *hinged clamping plate*
91 **der Filmbetrachter** (Laufbildbetrachter, Editor)
- ***film viewer*** *(animated viewer editor)*
92 der schwenkbare Spulenarm
- *foldaway reel arm*
93 die Rückwickelkurbel
- *rewind handle (rewinder)*
94 die Mattscheibe
- *viewing screen*
95 die Markierungsstanze (Filmstanze)
- *film perforator (film marker)*
96 **der Sechs-Teller-Film- und -Ton-Schneidetisch**
- ***six-turntable film and sound cutting table*** *(editing table, cutting bench, animated sound editor)*
97 der Monitor
- *monitor*
98 die Bedienungstasten *f* (der Betätigungsbrunnen)
- *control buttons (control well)*
99 der Filmteller
- *film turntable*
100 der erste Tonteller, z.B. für den Live-Ton (Originalton)
- *first sound turntable, e.g. for live sound*
101 der zweite Tonteller, für den Zuspielton
- *second sound turntable for post-sync sound*
102 die Bild-Ton-Einheit
- *film and tape synchronizing head*

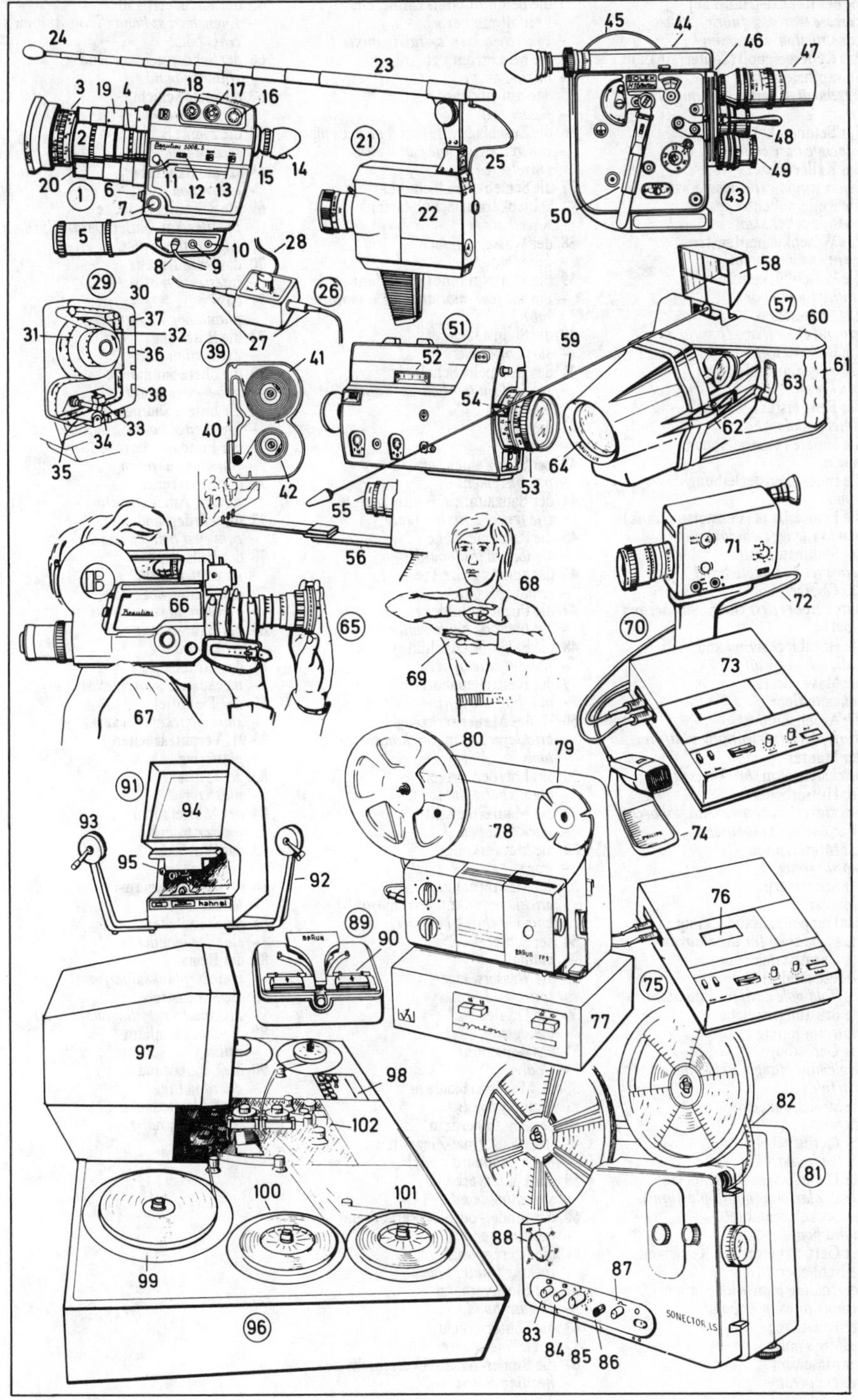
Beaulieu
BOLEX
BRAUN
hahnel
synton
PHILIPS
SONECTOR LS
1
2
3
4
5
6
7
8
9
10
11
12
13
14
15
16
17
18
19
20
21
22
23
24
25
26
27
28
29
30
31
32
33
34
35
36
37
38
39
40
41
42
43
44
45
46
47
48
49
50
51
52
53
54
55
56
57
58
59
60
61
62
63
64
65
66
67
68
69
70
71
72
73
74
75
76
77
78
79
80
81
82
83
84
85
86
87
88
89
90
91
92
93
94
95
96
97
98
99
100
101
102

1-49 der Rohbau [Hausbau]
- ***carcase*** *(carcass, fabric) [house construction, carcassing]*

1 das Kellergeschoß (Souterrain), aus Stampfbeton *m*
- *basement of tamped (rammed) concrete*

2 der Betonsockel
- *concrete base course*

3 das Kellerfenster
- *cellar window (basement window)*

4 die Kelleraußentreppe
- *outside cellar steps*

5 das Waschküchenfenster
- *utility room window*

6 die Waschküchentür
- *utility room door*

7 das Erdgeschoß
- *ground floor* (Am. *first floor)*

8 die Backsteinwand (Ziegelsteinwand)
- *brick wall*

9 der Fenstersturz
- *lintel (window head)*

10 die äußere Fensterleibung
- *reveal*

11 die innere Fensterleibung
- *jamb*

12 die Fensterbank (Fenstersohlbank)
- *window ledge (window sill)*

13 der Stahlbetonsturz
- *reinforced concrete lintel*

14 das Obergeschoß
- *upper floor (first floor,* Am. *second floor)*

15 die Hohlblocksteinwand
- *hollow-block wall*

16 die Massivdecke
- *concrete floor*

17 die Arbeitsbühne
- *work platform (working platform)*

18 der Maurer
- *bricklayer* (Am. *brickmason)*

19 der Hilfsarbeiter
- *bricklayer's labourer* (Am. *laborer);* also: *builder's labourer*

20 der Mörtelkasten
- *mortar trough*

21 der Schornstein
- *chimney*

22 die Treppenhausabdeckung
- *cover (boards) for the staircase*

23 die Gerüststange (der Gerüstständer)
- *scaffold pole (scaffold standard)*

24 die Brüstungsstreiche
- *platform railing*

25 der Gerüstbug
- *angle brace (angle tie) in the scaffold*

26 die Streichstange
- *ledger*

27 der Gerüsthebel
- *putlog (putlock)*

28 der Dielenbelag (Bohlenbelag)
- *plank platform (board platform)*

29 das Sockelschutzbrett
- *guard board*

30 der Gerüstknoten, mit Ketten- od. Seilschließen *f*
- *scaffolding joint with chain or lashing or whip or bond*

31 der Bauaufzug
- *builder's hoist*

32 der Maschinist
- *mixer operator*

33 die Betonmischmaschine, ein Freifallmischer *m*
- *concrete mixer, a gravity mixer*

34 die Mischtrommel
- *mixing drum*

35 der Aufgabekasten
- *feeder skip*

36 die Zuschlagstoffe [Sand *m*, Kies *m*]
- *concrete aggregate [sand and gravel]*

37 die Schiebkarre (Schubkarre, der Schiebkarren, Schubkarren)
- *wheelbarrow*

38 der Wasserschlauch
- *hose (hosepipe)*

39 die Mörtelpfanne (Speispfanne)
- *mortar pan (mortar trough, mortar tub)*

40 der Steinstapel
- *stack of bricks*

41 das gestapelte Schalholz
- *stacked shutter boards (lining boards)*

42 die Leiter
- *ladder*

43 der Sack Zement *m*
- *bag of cement*

44 der Bauzaun, ein Bretterzaun *m*
- *site fence, a timber fence*

45 die Reklamefläche
- *signboard (billboard)*

46 das aushängbare Tor
- *removable gate*

47 die Firmenschilder *n*
- *contractors' name plates*

48 die Baubude (Bauhütte)
- *site hut (site office)*

49 der Baustellenabort
- *building site latrine*

50-57 das Mauerwerkzeug
- ***bricklayer's*** (Am. *brickmason's)* ***tools***

50 das Lot (der Senkel)
- *plumb bob (plummet)*

51 der Maurerbleistift
- *thick lead pencil*

52 die Maurerkelle
- *trowel*

53 der Maurerhammer
- *bricklayer's (Am. brickmason's) hammer (brick hammer)*

54 der Schlegel
- *mallet*

55 die Wasserwaage
- *spirit level*

56 die Traufel
- *laying-on trowel*

57 das Reibebrett
- *float*

58-68 Mauerverbände *m*
- ***masonry bonds***

58 der NF-Ziegelstein (Normalformat-Ziegelstein)
- *brick (standard brick)*

59 der Läuferverband
- *stretching bond*

60 der Binder- od. Streckerverband
- *heading bond*

61 die Abtreppung
- *racking (raking) back*

62 der Blockverband
- *English bond*

63 die Läuferschicht
- *stretching course*

64 die Binder- od. Streckerschicht
- *heading course*

65 der Kreuzverband
- *English cross bond (Saint Andrew's cross bond)*

66 der Schornsteinverband
- *chimney bond*

67 die erste Schicht
- *first course*

68 die zweite Schicht
- *second course*

69-82 die Baugrube
- ***excavation***

69 die Schnurgerüstecke
- *profile* (Am. *batterboard) [fixed on edge at the corner]*

70 das Schnurkreuz
- *intersection of strings*

71 das Lot
- *plumb bob (plummet)*

72 die Böschung
- *excavation side*

73 die obere Saumdiele
- *upper edge board*

74 die untere Saumdiele
- *lower edge board*

75 der Fundamentgraben
- *foundation trench*

76 der Erdarbeiter
- *navvy (* Am. *excavator)*

77 das Förderband
- *conveyor belt (conveyor)*

78 der Erdaushub
- *excavated earth*

79 der Bohlenweg
- *plank roadway*

80 der Baumschutz
- *tree guard*

81 der Löffelbagger
- *mechanical shovel (excavator)*

82 der Tieflöffel
- *shovel bucket (bucket)*

83-91 Verputzarbeiten *f*
- ***plastering***

83 der Gipser
- *plasterer*

84 der Mörtelkübel
- *mortar trough*

85 das Wurfsieb
- *screen*

86-89 das Leitergerüst
- ***ladder scaffold***

86 die Standleiter
- *standard ladder*

87 der Belag
- *boards (planks, platform)*

88 die Kreuzstrebe
- *diagonal strut (diagonal brace)*

89 die Zwischenlatte
- *railing*

90 die Schutzwand
- *guard netting*

91 der Seilrollenaufzug
- *rope-pulley hoist*

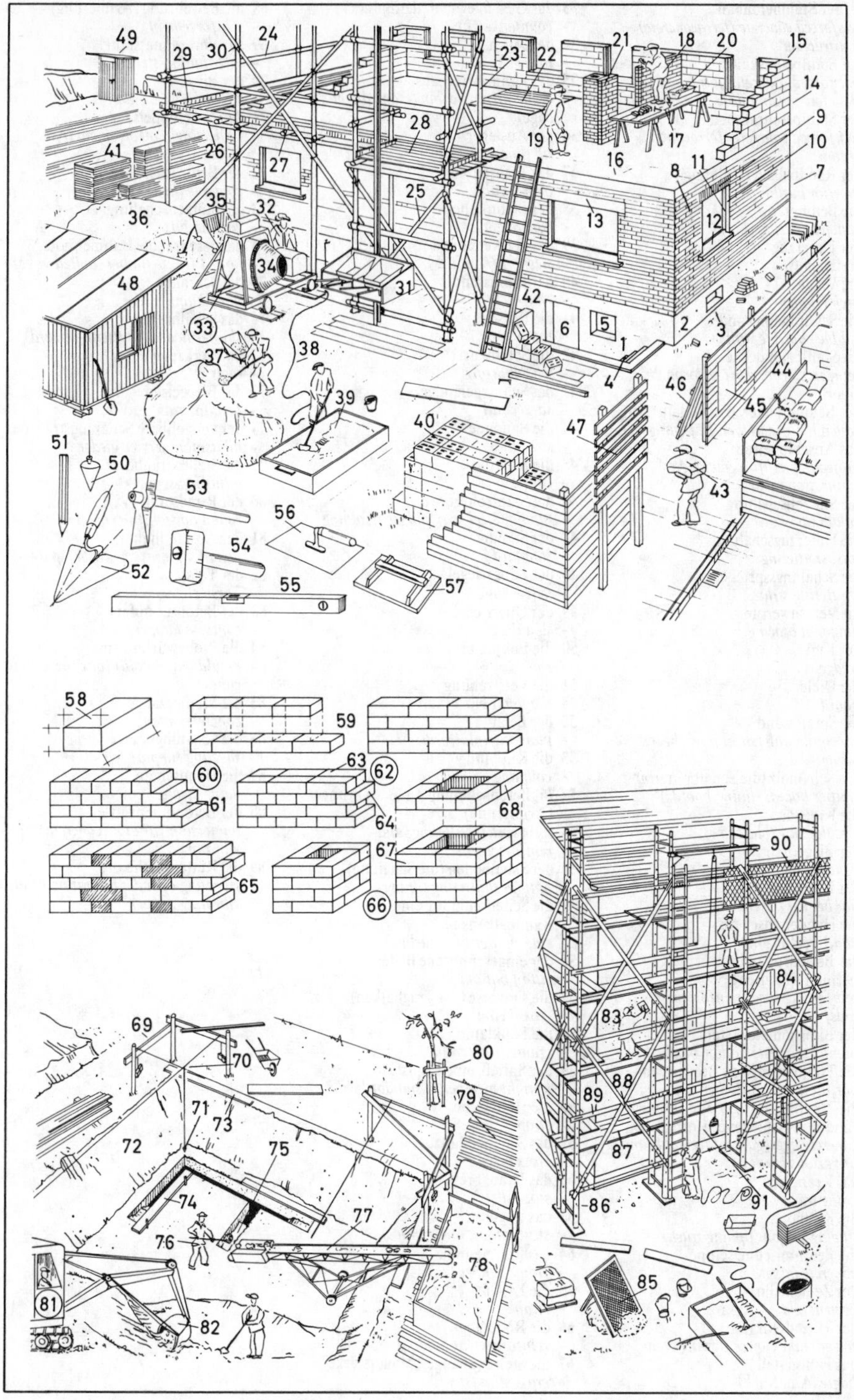
1
2
3
4
5
6
7
8
9
10
11
12
13
14
15
16
17
18
19
20
21
22
23
24
25
26
27
28
29
30
31
32
33
34
35
36
37
38
39
40
41
42
43
44
45
46
47
48
49
50
51
52
53
54
55
56
57
58
59
60
61
62
63
64
65
66
67
68
69
70
71
72
73
74
75
76
77
78
79
80
81
82
83
84
85
86
87
88
89
90
91

1-89 der Stahlbetonbau
- ***reinforced concrete (ferroconcrete) construction***

1 das Stahlbetonskelett
- *reinforced concrete (ferroconcrete) skeleton construction*

2 der Stahlbetonrahmen
- *reinforced concrete (ferroconcrete) frame*

3 der Randbalken (Unterzug)
- *inferior purlin*

4 die Betonpfette
- *concrete purlin*

5 der Unterzug
- *ceiling joist*

6 die Voute
- *arch (flank)*

7 die Schüttbetonwand
- *rubble concrete wall*

8 die Stahlbetondecke
- *reinforced concrete (ferroconcrete) floor*

9 der Betonarbeiter, beim Glattstrich *m*
- *concreter (concretor), flattening out*

10 das Anschlußeisen
- *projecting reinforcement* (Am. *connection rebars)*

11 die Stützenschalung
- *column box*

12 die Unterzugschalung
- *joist shuttering*

13 die Schalungssprieße
- *shuttering strut*

14 die Verschwertung
- *diagonal bracing*

15 der Keil
- *wedge*

16 die Diele
- *board*

17 die Spundwand
- *sheet pile wall (sheet pile, sheet piling)*

18 das Schalholz (die Schalbretter *n*)
- *shutter boards (lining boards)*

19 die Kreissäge
- *circular saw (buzz saw)*

20 der Biegetisch
- *bending table*

21 der Eisenbieger
- *bar bender (steel bender)*

22 die Handeisenschere
- *hand steel shears*

23 das Bewehrungseisen (Armierungseisen)
- *reinforcing steel (reinforcement rods)*

24 der Bimshohlblockstein
- *pumice concrete hollow block*

25 die Trennwand, eine Bretterwand
- *partition wall, a timber wall*

26 die Zuschlagstoffe *m* [Kies *m* und Sand *m* verschiedener Korngröße]
- *concrete aggregate [gravel and sand of various grades]*

27 das Krangleis
- *crane track*

28 die Kipplore
- *tipping wagon (tipping truck)*

29 die Betonmischmaschine
- *concrete mixer*

30 der Zementsilo
- *cement silo*

31 der Turmdrehkran
- *tower crane (tower slewing crane)*

32 das Fahrgestell
- *bogie* (Am. *truck)*

33 das Gegengewicht (der Ballast)
- *counterweight*

34 der Turm
- *tower*

35 das Kranführerhaus
- *crane driver's cabin (crane driver's cage)*

36 der Ausleger
- *jib (boom)*

37 das Tragseil
- *bearer cable*

38 der Betonkübel
- *concrete bucket*

39 der Schwellenrost
- *sleepers* (Am. *ties)*

40 der Bremsschuh
- *chock*

41 die Pritsche
- *ramp*

42 die Schubkarre
- *wheelbarrow*

43 das Schutzgeländer
- *safety rail*

44 die Baubude
- *site hut*

45 die Kantine
- *canteen*

46 das Stahlrohrgerüst
- *tubular steel scaffold (scaffolding)*

47 der Ständer
- *standard*

48 der Längsriegel
- *ledger tube*

49 der Querriegel
- *tie tube*

50 die Fußplatte
- *shoe*

51 die Verstrebung
- *diagonal brace*

52 der Belag
- *planking (platform)*

53 die Kupplung
- *coupling (coupler)*

54-76 Betonschalung *f* u. Bewehrung *f* (Armierung)
- ***formwork*** *(shuttering) and reinforcement*

54 der Schalboden (die Schalung)
- *bottom shuttering (lining)*

55 die Seitenschalung eines Randbalkens *m*
- *side shutter of a purlin*

56 der eingeschnittene Boden
- *cut-in bottom*

57 die Traverse (der Tragbalken)
- *cross beam*

58 die Bauklammer
- *cramp iron (cramp, dog)*

59 der Sprieß, eine Kopfstütze
- *upright member, a standard*

60 die Heftlasche
- *strap*

61 das Schappelholz
- *cross piece*

62 das Drängbrett
- *stop fillet*

63 das Bugbrett
- *strut (brace, angle brace)*

64 das Rahmenholz
- *frame timber (yoke)*

65 die Lasche
- *strap*

66 die Rödelung
- *reinforcement binding*

67 die Stelze (Spange, „Mauerstärke")
- *cross strut (strut)*

68 die Bewehrung (Armierung)
- *reinforcement*

69 der Verteilungsstahl
- *distribution steel*

70 der Bügel
- *stirrup*

71 das Anschlußeisen
- *projecting reinforcement* (Am. *connection rebars)*

72 der Beton (Schwerbeton)
- *concrete (heavy concrete)*

73 die Stützenschalung
- *column box*

74 das geschraubte Rahmenholz
- *bolted frame timber (bolted yoke)*

75 die Schraube
- *nut (thumb nut)*

76 das Schalbrett
- *shutter board (shuttering board)*

77-89 Werkzeug *n*
- ***tools***

77 das Biegeeisen
- *bending iron*

78 der verstellbare Schalungsträger
- *adjustable service girder*

79 die Stellschraube
- *adjusting screw*

80 der Rundstahl
- *round bar reinforcement*

81 der Abstandhalter
- *distance piece (separator, spacer)*

82 der Torstahl
- *Torsteel*

83 der Betonstampfer
- *concrete tamper*

84 die Probewürfelform
- *mould* (Am. *mold) for concrete test cubes*

85 die Monierzange
- *concreter's tongs*

86 die Schalungsstütze
- *sheeting support*

87 die Handschere
- *hand shears*

88 der Betoninnenrüttler
- *immersion vibrator (concrete vibrator)*

89 die Rüttelflasche
- *vibrating cylinder (vibrating head, vibrating poker)*

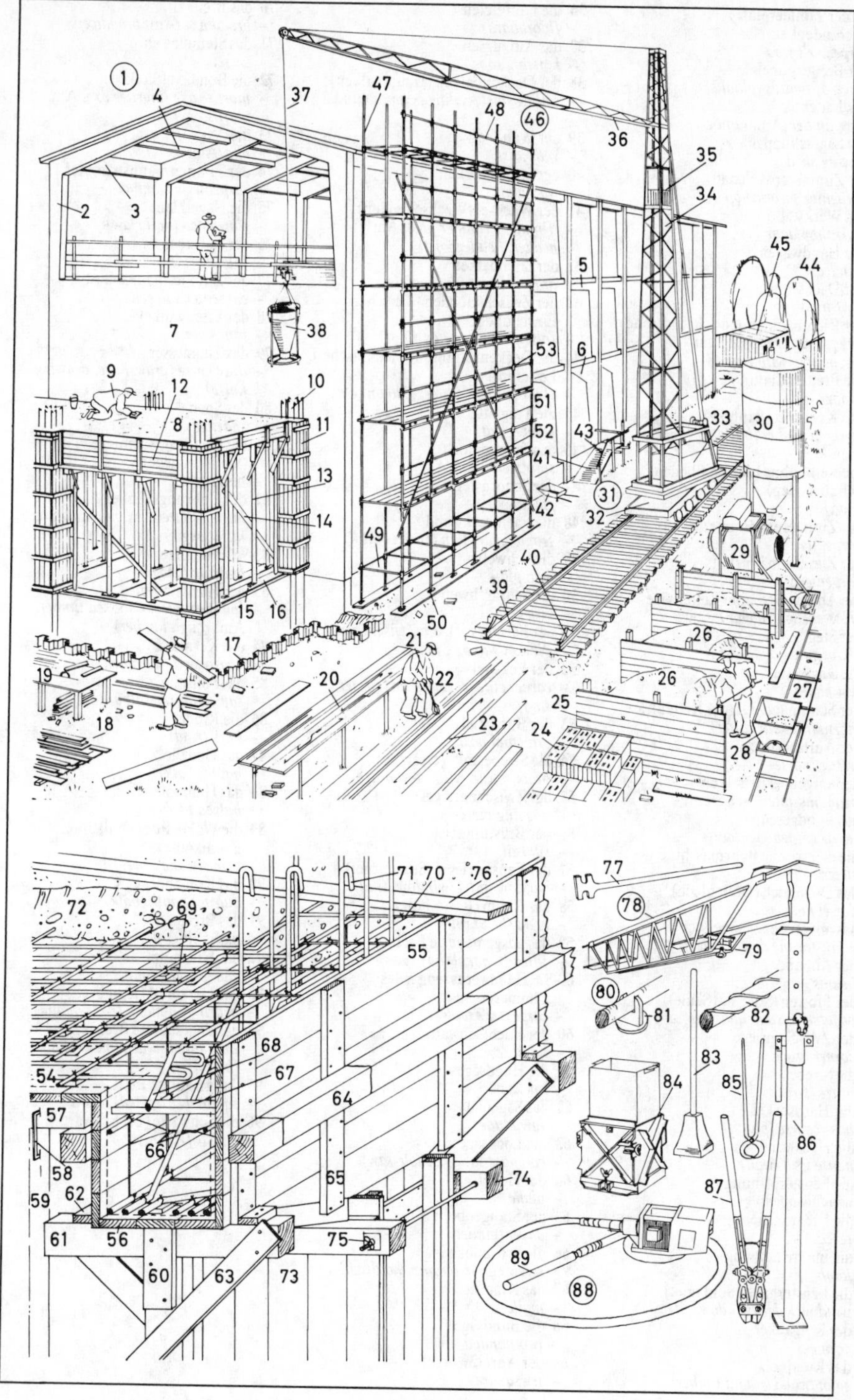
1
2
3
4
5
6
7
8
9
10
11
12
13
14
15
16
17
18
19
20
21
22
23
24
25
26
27
28
29
30
31
32
33
34
35
36
37
38
39
40
41
42
43
44
45
46
47
48
49
50
51
52
53
54
55
56
57
58
59
60
61
62
63
64
65
66
67
68
69
70
71
72
73
74
75
76
77
78
79
80
81
82
83
84
85
86
87
88
89

1-59 der Zimmerplatz (Abbindeplatz)
- ***carpenter's yard***
1 der Bretterstapel
- *stack of boards (planks)*
2 das Langholz
- *long timber* (Am. *lumber)*
3 der Sägeschuppen
- *sawing shed*
4 die Zimmererwerkstatt
- *carpenter's workshop*
5 das Werkstattor
- *workshop door*
6 der Handwagen
- *handcart*
7 der Dachstuhl
- *roof truss*
8 der Richtbaum, mit der Richtkrone
- *tree [used for topping out ceremony], with wreath*
9 die Bretterschalung
- *timber wall*
10 das Kantholz (Bauholz)
- *squared timber (building timber, scantlings)*
11 die Reißbühne (der Reißboden, Schnürboden)
- *drawing floor*
12 der Zimmerer (Zimmermann)
- *carpenter*
13 der Zimmermannshut
- *carpenter's hat*
14 die Ablängsäge, eine Kettensäge
- *cross-cut saw, a chain saw*
15 der Steg
- *chain guide*
16 die Sägekette
- *saw chain*
17 der Stemmapparat (die Kettenfräse)
- *mortiser (chain cutter)*
18 der Auflagerbock
- *trestle (horse)*
19 der aufgebockte Balken
- *beam mounted on a trestle*
20 das Bundgeschirr
- *set of carpenter's tools*
21 die elektrische Bohrmaschine
- *electric drill*
22 das Dübelloch (Dollenloch)
- *dowel hole*
23 das angerissene Dübelloch
- *mark for the dowel hole*
24 der Abbund
- *beams*
25 der Pfosten (Stiel, die Säule)
- *post (stile, stud, quarter)*
26 der Zwischenriegel
- *corner brace*
27 die Strebe
- *brace (strut)*
28 der Haussockel
- *base course (plinth)*
29 die Hauswand
- *house wall (wall)*
30 die Fensteröffnung
- *window opening*
31 die äußere Leibung
- *reveal*
32 die innere Leibung
- *jamb*
33 die Fensterbank (Sohlbank)
- *window ledge (window sill)*
34 der Ringanker
- *cornice*
35 das Rundholz
- *roundwood (round timber)*
36 die Laufdielen *f*
- *floorboards*
37 das Aufzugseil
- *hoisting rope*
38 der Deckenbalken (Hauptbalken)
- *ceiling joist (ceiling beam, main beam)*
39 der Wandbalken
- *wall joist*
40 der Streichbalken
- *wall plate*
41 der Wechsel (Wechselbalken)
- *trimmer (trimmer joist,* Am. *header, header joist)*
42 der Stichbalken
- *dragon beam (dragon piece)*
43 der Zwischenboden (die Einschubdecke)
- *false floor (inserted floor)*
44 die Deckenfüllung, aus Koksasche *f*, Lehm *m* u.a.
- *floor filling of breeze, loam, etc.*
45 die Traglatte
- *fillet (cleat)*
46 das Treppenloch
- *stair well (well)*
47 der Schornstein
- *chimney*
48 die Fachwerkwand
- *framed partition (framed wall)*
49 die Schwelle
- *wall plate*
50 die Saumschwelle
- *girt*
51 der Fensterstiel, ein Zwischenstiel *m*
- *window jamb, a jamb*
52 der Eckstiel
- *corner stile (corner strut, corner stud)*
53 der Bundstiel
- *principal post*
54 die Strebe, mit Versatz *m*
- *brace (strut) with skew notch*
55 der Zwischenriegel
- *nogging piece*
56 der Brüstungsriegel
- *sill rail*
57 der Fensterriegel (Sturzriegel)
- *window lintel (window head)*
58 das Rähm (Rähmholz)
- *head (head rail)*
59 das ausgemauerte Fach
- *filled-in panel (bay, pan)*

60-82 Handwerkszeug *n* des Zimmerers *m*
- ***carpenter's tools***
60 der Fuchsschwanz
- *hand saw*
61 die Handsäge
- *bucksaw*
62 das Sägeblatt
- *saw blade*
63 die Lochsäge
- *compass saw (keyhole saw)*
64 der Hobel
- *plane*
65 der Stangenbohrer
- *auger (gimlet)*
66 die Schraubzwinge
- *screw clamp (cramp, holdfast)*
67 das Klopfholz
- *mallet*
68 die Bundsäge
- *two-handed saw*
69 der Anreißwinkel
- *try square*
70 das Breitbeil
- *broad axe* (Am. *broadax)*
71 das Stemmeisen
- *chisel*
72 die Bundaxt (Stoßaxt)
- *mortise axe (mortice axe,* Am. *mortise ax)*
73 die Axt
- *axe* (Am. *ax)*
74 der Zimmermannshammer
- *carpenter's hammer*
75 die Nagelklaue
- *claw head (nail claw)*
76 der Zollstock
- *folding rule*
77 der Zimmermannsbleistift
- *carpenter's pencil*
78 der Eisenwinkel
- *iron square*
79 das Zugmesser
- *drawknife (drawshave, drawing knife)*
80 der Span
- *shaving*
81 die Gehrungsschmiege (Stellschmiege)
- *bevel*
82 der Gehrungswinkel
- *mitre square* (Am. *miter square, miter angle)*

83-96 Bauhölzer *n*
- ***building timber***
83 der Rundstamm
- *round trunk (undressed timber,* Am. *rough lumber)*
84 das Kernholz
- *heartwood (duramen)*
85 das Splintholz
- *sapwood (sap, alburnum)*
86 die Rinde
- *bark (rind)*
87 das Ganzholz
- *baulk (balk)*
88 das Halbholz
- *halved timber*
89 die Waldkante (Fehlkante, Baumkante)
- *wane (waney edge)*
90 das Kreuzholz
- *quarter baulk (balk)*
91 das Brett
- *plank (board)*
92 das Hirnholz
- *end-grained timber*
93 das Herzbrett (Kernbrett)
- *heartwood plank (heart plank)*
94 das ungesäumte Brett
- *unsquared (untrimmed) plank (board)*
95 das gesäumte Brett
- *squared (trimmed) board*
96 die Schwarte (der Schwartling)
- *slab (offcut)*

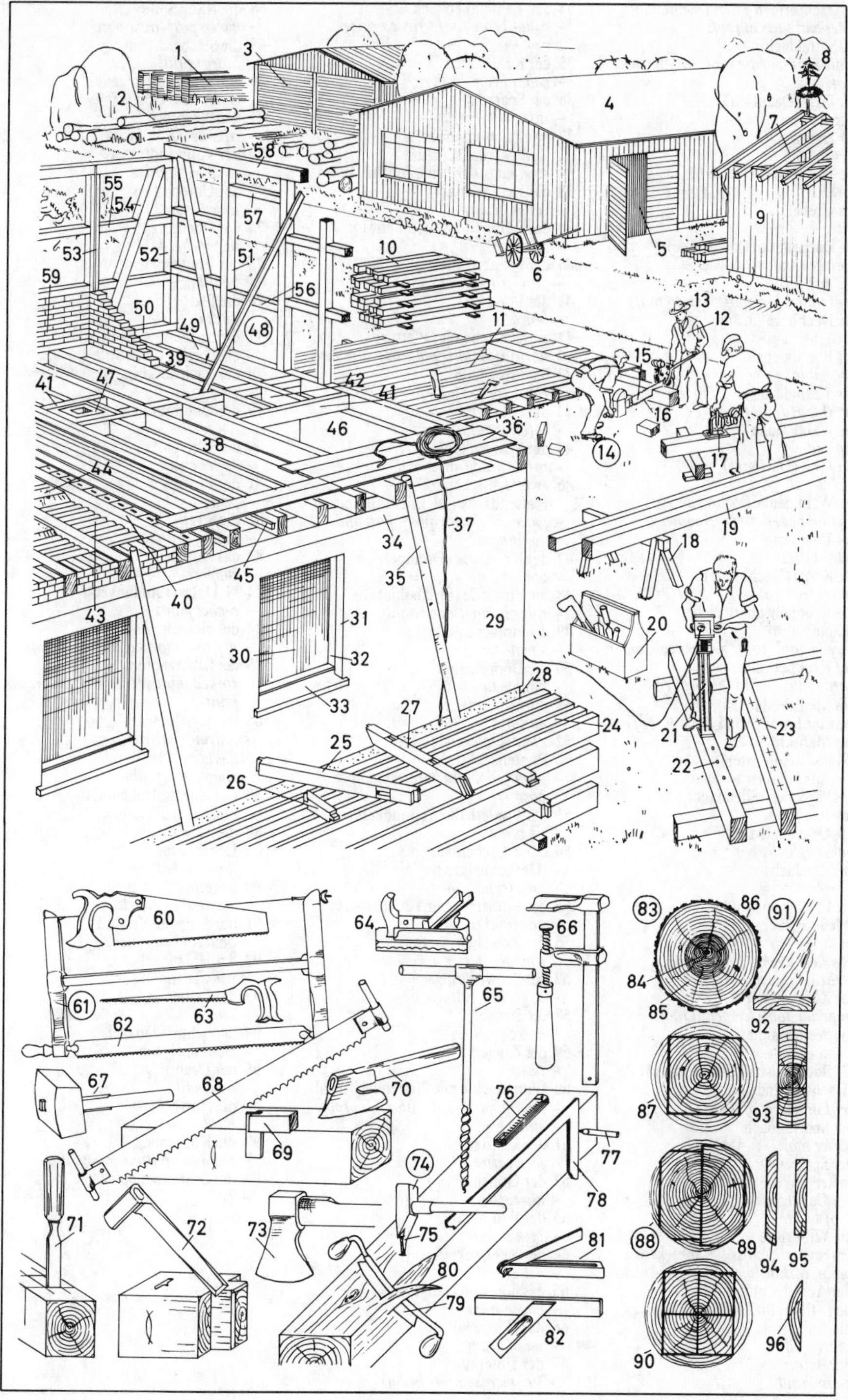
1
2
3
4
5
6
7
8
9
10
11
12
13
14
15
16
17
18
19
20
21
22
23
24
25
26
27
28
29
30
31
32
33
34
35
36
37
38
39
40
41
42
43
44
45
46
47
48
49
50
51
52
53
54
55
56
57
58
59
60
61
62
63
64
65
66
67
68
69
70
71
72
73
74
75
76
77
78
79
80
81
82
83
84
85
86
87
88
89
90
91
92
93
94
95
96

1-26 Dachformen *f* und Dachteile *n*
- ***styles and parts of roofs***
1 das Satteldach
- *gable roof (saddle roof, saddleback roof)*
2 der First (Dachfirst)
- *ridge*
3 der Ortgang
- *verge*
4 die Traufe (der Dachfuß)
- *eaves*
5 der Giebel
- *gable*
6 die Dachgaube (Dachgaupe)
- *dormer window (dormer)*
7 das Pultdach
- *pent roof (shed roof, lean-to roof)*
8 das Dachliegefenster
- *skylight*
9 der Brandgiebel
- *fire gable*
10 das Walmdach
- *hip (hipped) roof*
11 die Walmfläche
- *hip end*
12 der Grat (Dachgrat)
- *hip (arris)*
13 die Walmgaube (Walmgaupe)
- *hip (hipped) dormer window*
14 der Dachreiter
- *ridge turret*
15 die Kehle (Dachkehle)
- *valley (roof valley)*
16 das Krüppelwalmdach (der Schopfwalm)
- *hipped-gable roof (jerkin head roof)*
17 der Krüppelwalm
- *partial-hip (partial-hipped) end*
18 das Mansarddach
- *mansard roof (*Am. *gambrel roof)*
19 das Mansardfenster (Mansardenfenster)
- *mansard dormer window*
20 das Sägedach (Sheddach)
- *sawtooth roof*
21 das Oberlichtband
- *north light*
22 das Zeltdach
- *broach roof*
23 die Fledermausgaube (Fledermausgaupe)
- *eyebrow*
24 das Kegeldach
- *conical broach roof*
25 die Zwiebelkuppel
- *imperial dome (imperial roof)*
26 die Wetterfahne
- *weather vane*

27-83 Dachkonstruktionen *f* **aus Holz** *n* (Dachverbände *m*)
- ***roof structures of timber***
27 das Sparrendach
- *rafter roof*
28 der Sparren
- *rafter*
29 der Dachbalken
- *roof beam*
30 die Windrispe
- *diagonal tie (cross tie, sprocket piece, cocking piece)*
31 der Aufschiebling
- *arris fillet (tilting fillet)*
32 die Außenwand
- *outer wall*
33 der Balkenkopf
- *beam head*
34 das Kehlbalkendach
- *collar beam roof (trussed-rafter roof)*
35 der Kehlbalken
- *collar beam (collar)*
36 der Sparren
- *rafter*
37 zweifachstehender Kehlbalkendachstuhl
- *strutted collar beam roof structure*
38 das Kehlgebälk
- *collar beams*
39 das Rähm (die Seitenpfette)
- *purlin*
40 der Pfosten (Stiel)
- *post (stile, stud)*
41 der Bug
- *brace*
42 einfachstehender Pfettendachstuhl
- *unstrutted (king pin) roof structure*
43 die Firstpfette
- *ridge purlin*
44 die Fußpfette
- *inferior purlin*
45 der Sparrenkopf
- *rafter head (rafter end)*
46 zweifachstehender Pfettendachstuhl, mit Kniestock *m*
- *purlin roof with queen post and pointing sill*
47 der Kniestock (Drempel)
- *pointing sill*
48 die Firstlatte (Firstbohle)
- *ridge beam (ridge board)*
49 die einfache Zange
- *simple tie*
50 die Doppelzange
- *double tie*
51 die Mittelpfette
- *purlin*
52 zweifachliegender Pfettendachstuhl
- *purlin roof structure with queen post*
53 der Binderbalken (Bundbalken)
- *tie beam*
54 der Zwischenbalken (Deckenbalken)
- *joist (ceiling joist)*
55 der Bindersparren (Bundsparren)
- *principal rafter*
56 der Zwischensparren
- *common rafter*
57 der Schwenkbug
- *angle brace (angle tie)*
58 die Strebe
- *brace (strut)*
59 die Zangen *f*
- *ties*
60 Walmdach *n* mit Pfettendachstuhl *m*
- *hip (hipped) roof with purlin roof structure*
61 der Schifter
- *jack rafter*
62 der Gratsparren
- *hip rafter*
63 der Walmschifter
- *jack rafter*
64 der Kehlsparren
- *valley rafter*
65 das doppelte Hängewerk
- *queen truss*
66 der Hängebalken
- *main beam*
67 der Unterzug
- *summer (summer beam)*
68 die Hängesäule
- *queen post (truss post)*
69 die Strebe
- *brace (strut)*
70 der Spannriegel
- *collar beam (collar)*
71 der Wechsel
- *trimmer (*Am. *header)*
72 der Vollwandträger
- *solid-web girder*
73 der Untergurt
- *lower chord*
74 der Obergurt
- *upper chord*
75 der Brettersteg
- *boarding*
76 die Pfette
- *purlin*
77 die tragende Außenwand
- *supporting outer wall*
78 der Fachwerkbinder
- *roof truss*
79 der Untergurt
- *lower chord*
80 der Obergurt
- *upper chord*
81 der Pfosten
- *post*
82 die Strebe
- *brace (strut)*
83 das Auflager
- *support*

84-98 Holzverbindungen *f*
- ***timber joints***
84 der einfache Zapfen
- *mortise (mortice) and tenon joint*
85 der Scherzapfen
- *forked mortise (mortice) and tenon joint*
86 das gerade Blatt
- *halving (halved) joint*
87 das gerade Hakenblatt
- *simple scarf joint*
88 das schräge Hakenblatt
- *oblique scarf joint*
89 die schwalbenschwanzförmige Überblattung
- *dovetail halving*
90 der einfache Versatz
- *single skew notch*
91 der doppelte Versatz
- *double skew notch*
92 der Holznagel
- *wooden nail*
93 der Dollen
- *pin*
94 der Schmiedenagel
- *clout nail (clout)*
95 der Drahtnagel
- *wire nail*
96 die Hartholzkeile *m*
- *hardwood wedges*
97 die Klammer
- *cramp iron (timber dog, dog)*
98 der Schraubenbolzen
- *bolt*

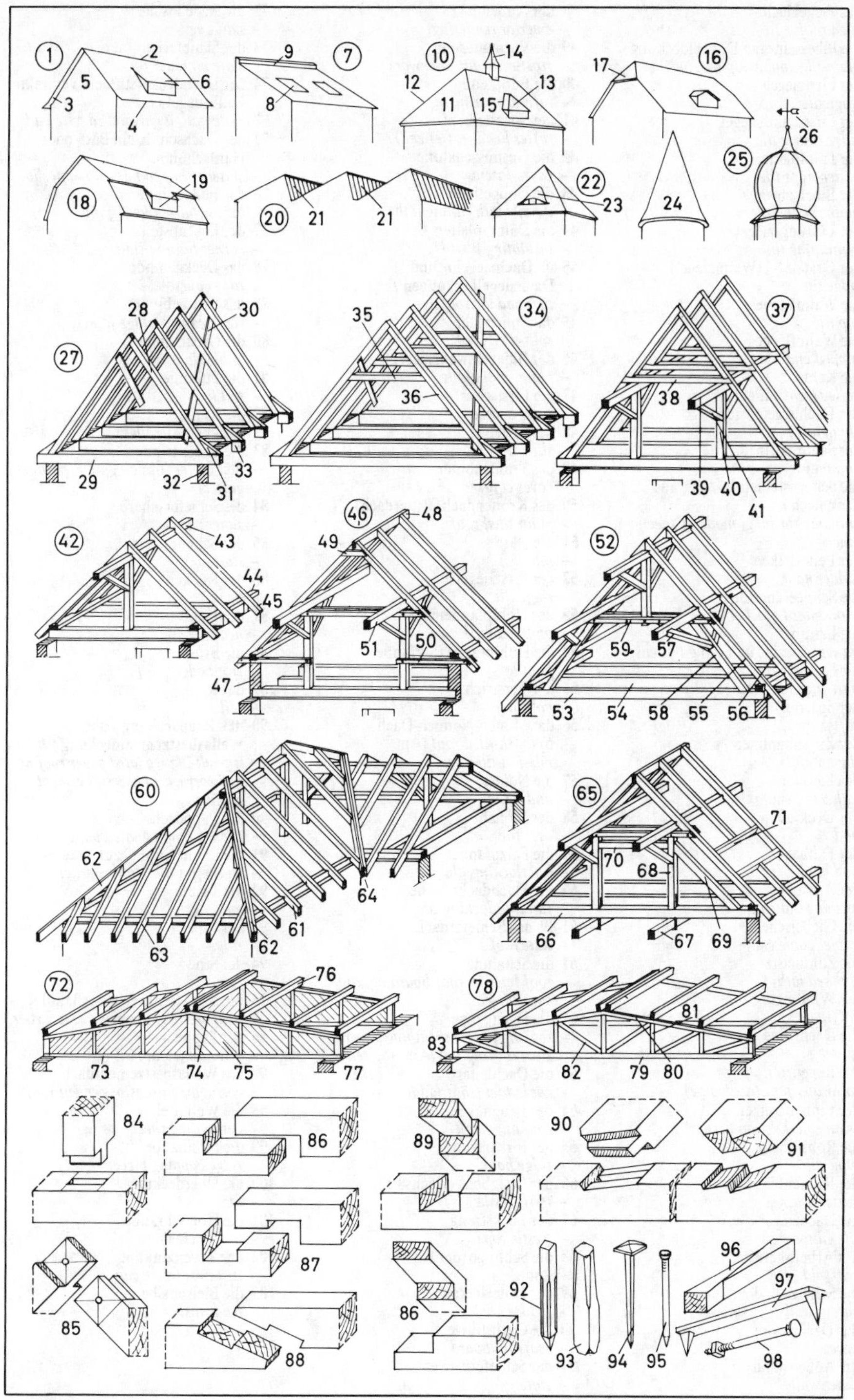
1
2
3
4
5
6
7
8
9
10
11
12
13
14
15
16
17
18
19
20
21
22
23
24
25
26
27
28
29
30
31
32
33
34
35
36
37
38
39
40
41
42
43
44
45
46
47
48
49
50
51
52
53
54
55
56
57
58
59
60
61
62
63
64
65
66
67
68
69
70
71
72
73
74
75
76
77
78
79
80
81
82
83
84
85
86
87
88
89
90
91
92
93
94
95
96
97
98

1 das Ziegeldach
- *tiled roof*
2 die Biberschwanz-Doppeldeckung
- *plain-tile double-lap roofing*
3 der Firstziegel
- *ridge tile*
4 der Firstschlußziegel
- *ridge course tile*
5 die Traufplatte
- *under-ridge tile*
6 der Biberschwanz
- *plain (plane) tile*
7 der Lüftungsziegel
- *ventilating tile*
8 der Gratziegel (Walmziegel)
- *ridge tile*
9 die Walmkappe
- *hip tile*
10 die Walmfläche
- *hipped end*
11 die Kehle
- *valley (roof valley)*
12 das Dachliegefenster
- *skylight*
13 der Schornstein
- *chimney*
14 die Schornsteineinfassung, aus Zinkblech *n*
- *chimney flashing, made of sheet zinc*
15 der Leiterhaken
- *ladder hook*
16 die Schneefangstütze
- *snow guard bracket*
17 die Lattung
- *battens (slating and tiling battens)*
18 die Lattenlehre
- *batten gauge* (Am. *gage)*
19 der Sparren
- *rafter*
20 der Ziegelhammer
- *tile hammer*
21 das Lattbeil
- *lath axe* (Am. *ax)*
22 das Deckfaß
- *hod*
23 der Faßhaken
- *hod hook*
24 der Ausstieg
- *opening (hatch)*
25 die Giebelscheibe
- *gable (gable end)*
26 die Zahnleiste
- *toothed lath*
27 das Windbrett
- *soffit*
28 die Dachrinne
- *gutter*
29 das Regenrohr
- *rainwater pipe (downpipe)*
30 der Einlaufstutzen
- *swan's neck (swan-neck)*
31 die Rohrschelle
- *pipe clip*
32 der Rinnenbügel
- *gutter bracket*
33 die Dachziegelschere
- *tile cutter*
34 das Arbeitsgerüst
- *scaffold*
35 die Schutzwand
- *safety wall*
36 das Dachgesims
- *eaves*
37 die Außenwand
- *outer wall*
38 der Außenputz
- *exterior rendering*
39 die Vormauerung
- *frost-resistant brickwork*
40 die Fußpfette
- *inferior purlin*
41 der Sparrenkopf
- *rafter head (rafter end)*
42 die Gesimsschalung
- *eaves fascia*
43 die Doppellatte
- *double lath (tilting lath)*
44 die Dämmplatten *f*
- *insulating boards*

45-60 Dachziegel *m* und Dachziegeldeckungen *f*
- ***tiles and tile roofings***

45 das Spließdach
- *split-tiled roof*
46 der Biberschwanzziegel
- *plain (plane) tile*
47 die Firstschar
- *ridge course*
48 der Spließ
- *slip*
49 das Traufgebinde
- *eaves course*
50 das Kronendach (Ritterdach)
- *plain-tiled roof*
51 die Nase
- *nib*
52 der Firstziegel
- *ridge tile*
53 das Hohlpfannendach
- *pantiled roof*
54 die Hohlpfanne (S-Pfanne)
- *pantile*
55 der Verstrich
- *pointing*
56 das Mönch-Nonnen-Dach
- *Spanish-tiled roof* (Am. *mission-tiled roof)*
57 die Nonne
- *under tile*
58 der Mönch
- *over tile*
59 die Falzpfanne
- *interlocking tile*
60 die Flachdachpfanne
- *flat interlocking tile*

61-89 das Schieferdach
- ***slate roof***

61 die Schalung
- *roof boards (roof boarding, roof sheathing)*
62 die Dachpappe
- *roofing paper (sheathing paper);* also: *roofing felt* (Am. *rag felt)*
63 die Dachleiter
- *cat ladder (roof ladder)*
64 der Länghaken
- *coupling hook*
65 der Firsthaken
- *ridge hook*
66 der Dachbock (Dachstuhl)
- *roof trestle*
67 der Bockstrang
- *trestle rope*
68 die Schlinge (der Knoten)
- *knot*
69 der Leiterhaken
- *ladder hook*
70 die Gerüstdiele
- *scaffold board*
71 der Schieferdecker
- *slater*
72 die Nageltasche
- *nail bag*
73 der Schieferhammer
- *slate hammer*
74 der Dachdeckerstift, ein verzinkter Drahtnagel *m*
- *slate nail, a galvanized wire nail*
75 der Dachschuh, ein Bast- oder Hanfschuh *m*
- *slater's shoe, a bast or hemp shoe*
76 das Fußgebinde
- *eaves course (eaves joint)*
77 der Eckfußstein
- *corner bottom slate*
78 das Deckgebinde
- *roof course*
79 das Firstgebinde
- *ridge course (ridge joint)*
80 die Ortsteine *m*
- *gable slate*
81 die Fußlinie
- *tail line*
82 die Kehle
- *valley (roof valley)*
83 die Kastenrinne
- *box gutter (trough gutter, parallel gutter)*
84 die Schieferschere
- *slater's iron*
85 der Schieferstein
- *slate*
86 der Rücken
- *back*
87 der Kopf
- *head*
88 die Brust
- *front edge*
89 das Reiß
- *tail*

90-103 Pappdeckung *f* und Wellasbestzementdeckung *f*
- ***asphalt-impregnated paper roofing and corrugated asbestos cement roofing***

90 das Pappdach
- *asphalt-impregnated paper roof*
91 die Bahn [parallel zur Traufe]
- *width [parallel to the gutter]*
92 die Traufe
- *gutter*
93 der First
- *ridge*
94 der Stoß
- *join*
95 die Bahn [senkrecht zur Traufe]
- *width [at right angles to the gutter]*
96 der Pappnagel
- *felt nail (clout nail)*
97 das Wellasbestzementdach
- *corrugated asbestos cement roof*
98 die Welltafel
- *corrugated sheet*
99 die Firsthaube
- *ridge capping piece*
100 die Überdeckung
- *lap*
101 die Holzschraube
- *wood screw*
102 der Regenzinkhut
- *rust-proof zinc cup*
103 die Bleischeibe
- *lead washer*

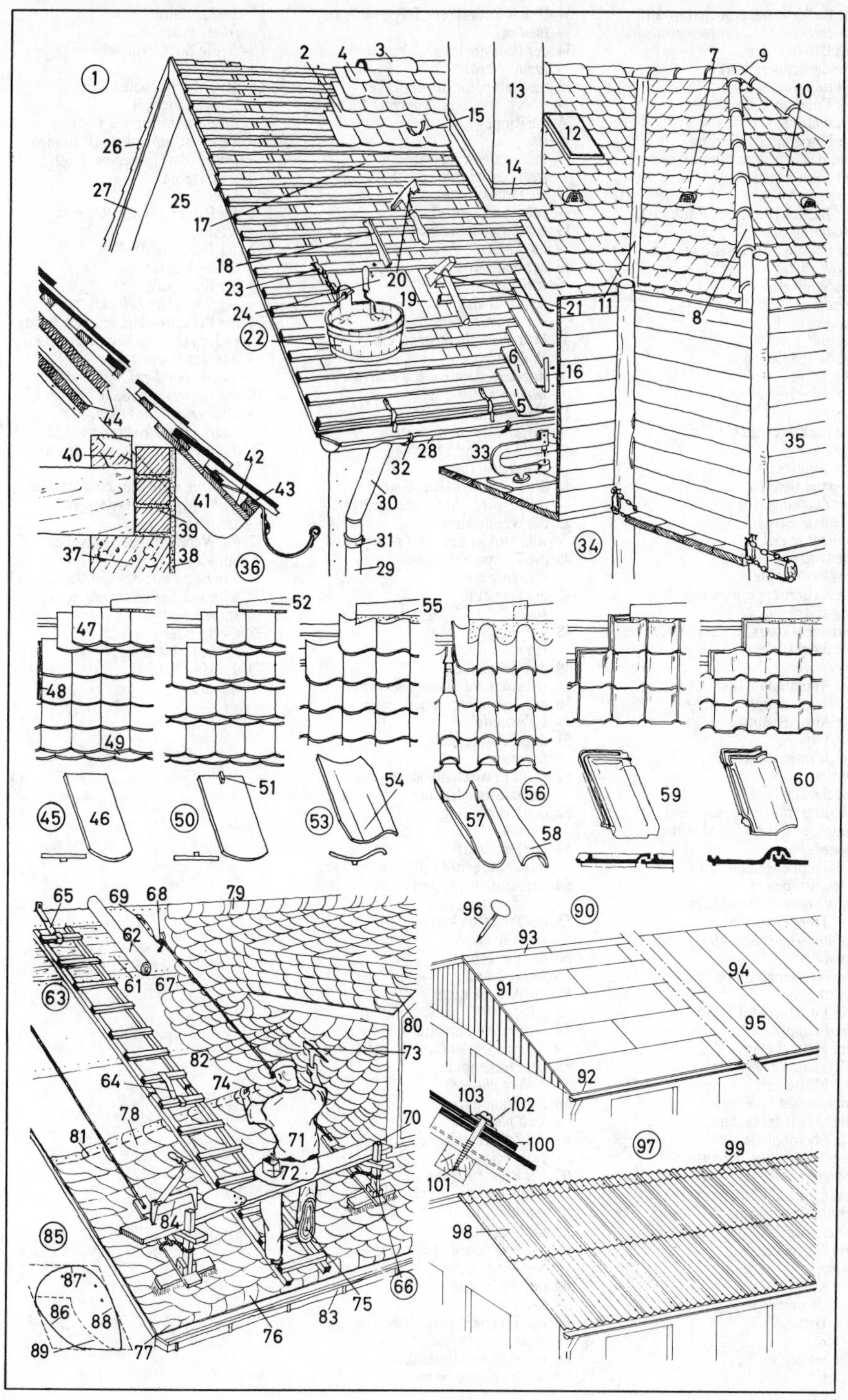
1
2
3
4
5
6
7
8
9
10
11
12
13
14
15
16
17
18
19
20
21
22
23
24
25
26
27
28
29
30
31
32
33
34
35
36
37
38
39
40
41
42
43
44
45
46
47
48
49
50
51
52
53
54
55
56
57
58
59
60
61
62
63
64
65
66
67
68
69
70
71
72
73
74
75
76
77
78
79
80
81
82
83
84
85
86
87
88
89
90
91
92
93
94
95
96
97
98
99
100
101
102
103

1 die Kellerwand, eine Betonwand
- *basement wall, a concrete wall*
2 das Bankett (der Fundamentstreifen)
- *footing (foundation)*
3 der Fundamentvorsprung
- *foundation base*
4 die Horizontalisolierung
- *damp course (damp-proof course)*
5 der Schutzanstrich
- *waterproofing*
6 der Bestich (Rapputz, Rauhputz)
- *rendering coat*
7 die Backsteinflachschicht
- *brick paving*
8 das Sandbett
- *sand bed*
9 das Erdreich
- *ground*
10 die Seitendiele
- *shuttering*
11 der Pflock
- *peg*
12 die Packlage (das Gestück)
- *hardcore*
13 der Unterbeton
- *oversite concrete*
14 der Zementglattstrich (Zementestrich)
- *cement screed*
15 die Untermauerung
- *brickwork base*
16 die Kellertreppe, eine Massivtreppe
- *basement stairs, solid concrete stairs*
17 die Blockstufe
- *block step*
18 die Antrittsstufe (der Antritt)
- *curtail step (bottom step)*
19 die Austrittsstufe
- *top step*
20 der Kantenschutz
- *nosing*
21 die Sockelplatte
- *skirting (skirting board,* Am. *mopboard, washboard, scrub board, base)*
22 das Treppengeländer, aus Metallstäben *m*
- *balustrade of metal bars*
23 der Treppenvorplatz
- *ground-floor* (Am. *first-floor) landing*
24 die Hauseingangstür
- *front door*
25 der Fußabstreifer
- *foot scraper*
26 der Plattenbelag
- *flagstone paving*
27 das Mörtelbett
- *mortar bed*
28 die Massivdecke, eine Stahlbetonplatte
- *concrete ceiling, a reinforced concrete slab*
29 das Erdgeschoßmauerwerk
- *ground-floor* (Am. *first-floor) brick wall*
30 die Laufplatte
- *ramp*
31 die Keilstufe
- *wedge-shaped step*
32 die Trittstufe
- *tread*
33 die Setzstufe
- *riser*
34-41 das Podest (der Treppenabsatz)
- ***landing***
34 der Podestbalken
- *landing beam*
35 die Stahlbetonrippendecke
- *ribbed reinforced concrete floor*
36 die Rippe
- *rib*
37 die Stahlbewehrung
- *steel-bar reinforcement*
38 die Druckplatte
- *subfloor (blind floor)*
39 der Ausgleichestrich
- *level layer*
40 der Feinestrich
- *finishing layer*
41 der Gehbelag
- *top layer (screed)*
42-44 die Geschoßtreppe, eine Podesttreppe
- ***dog-legged staircase, a staircase without a well***
42 die Antrittsstufe
- *curtail step (bottom step)*
43 der Antrittspfosten
- *newel post (newel)*
44 die Freiwange (Lichtwange)
- *outer string* (Am. *outer stringer)*
45 die Wandwange
- *wall string* (Am. *wall stringer)*
46 die Treppenschraube
- *staircase bolt*
47 die Trittstufe
- *tread*
48 die Setzstufe
- *riser*
49 das Kropfstück
- *wreath piece (wreathed string)*
50 das Treppengeländer
- *balustrade*
51 der Geländerstab
- *baluster*
52-62 das Zwischenpodest
- ***intermediate landing***
52 der Krümmling
- *wreath*
53 der Handlauf
- *handrail (guard rail)*
54 der Austrittspfosten
- *head post*
55 der Podestbalken
- *landing beam*
56 das Futterbrett
- *lining board*
57 die Abdeckleiste
- *fillet*
58 die Leichtbauplatte
- *lightweight building board*
59 der Deckenputz
- *ceiling plaster*
60 der Wandputz
- *wall plaster*
61 die Zwischendecke
- *false ceiling*
62 der Riemenboden
- *strip flooring (overlay flooring, parquet strip)*
63 die Sockelleiste
- *skirting board* (Am. *mopboard, washboard, scrub board, base)*
64 der Abdeckstab
- *beading*
65 das Treppenhausfenster
- *staircase window*
66 der Hauptpodestbalken
- *main landing beam*
67 die Traglatte
- *fillet (cleat)*
68-69 die Zwischendecke
- *false ceiling*
68 der Zwischenboden (die Einschubdecke)
- *false floor (inserted floor)*
69 die Zwischenbodenauffüllung
- *floor filling (plugging, pug)*
70 die Lattung
- *laths*
71 der Putzträger (die Rohrung)
- *lathing*
72 der Deckenputz
- *ceiling plaster*
73 der Blindboden
- *subfloor (blind floor)*
74 der Parkettboden, mit Nut *f* und Feder *f* (Nut- u. Federriemen *m*)
- *parquet floor with tongued-and-grooved blocks*
75 die viertelgewendelte Treppe
- *quarter-newelled* (Am. *quarter-neweled) staircase*
76 die Wendeltreppe, mit offener Spindel *f*
- *winding staircase (spiral staircase) with open newels (open-newel staircase)*
77 die Wendeltreppe, mit voller Spindel *f*
- *winding staircase (spiral staircase) with solid newels (solid-newel staircase)*
78 die Spindel
- *newel (solid newel)*
79 der Handlauf
- *handrail*

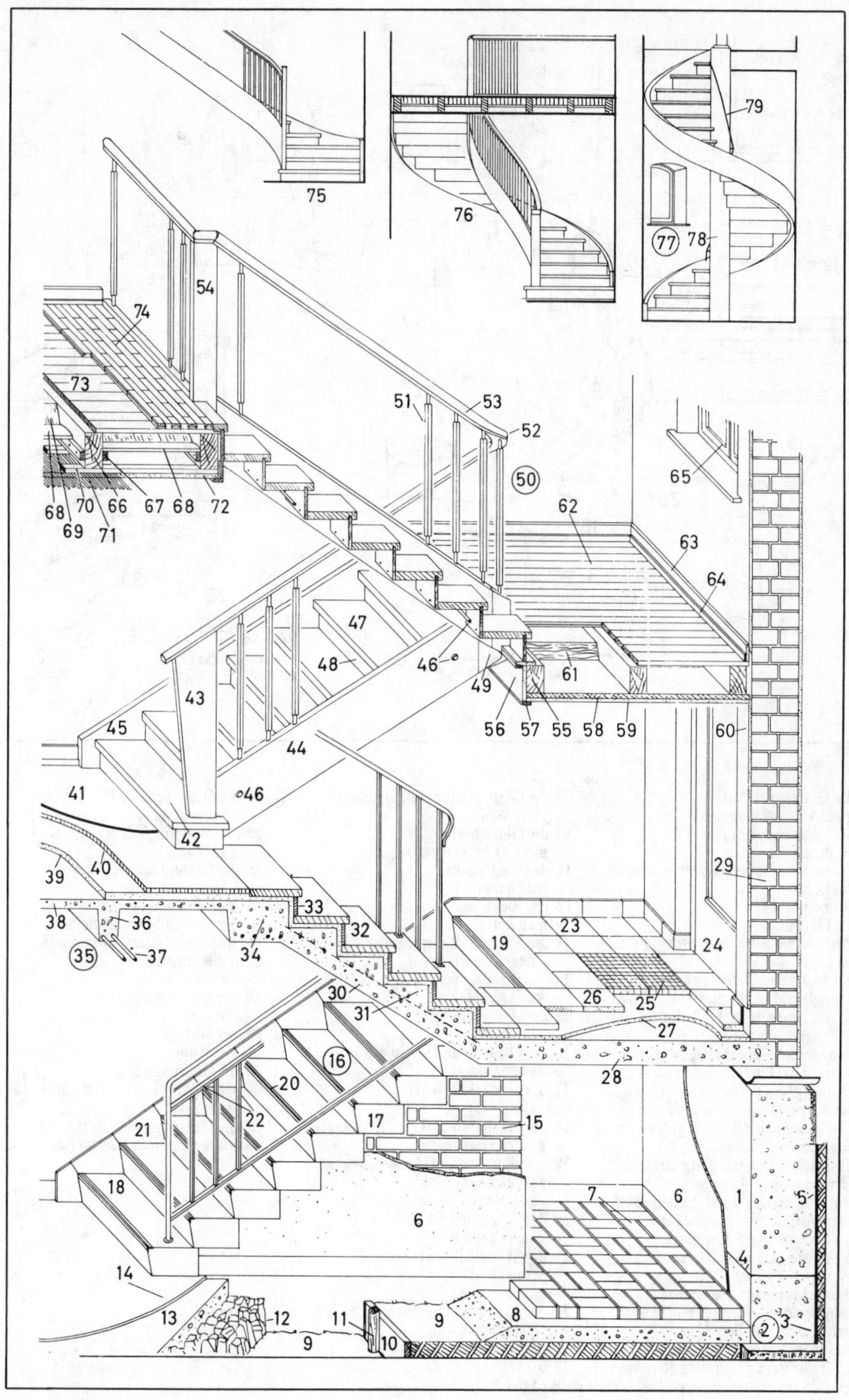
1
2
3
4
5
6
7
8
9
10
11
12
13
14
15
16
17
18
19
20
21
22
23
24
25
26
27
28
29
30
31
32
33
34
35
36
37
38
39
40
41
42
43
44
45
46
47
48
49
50
51
52
53
54
55
56
57
58
59
60
61
62
63
64
65
66
67
68
69
70
71
72
73
74
75
76
77
78
79

1 die Glaserwerkstatt
- *glazier's workshop*

2 die Leistenproben *f* (Rahmenproben)
- *frame wood samples (frame samples)*

3 die Leiste
- *frame wood*

4 die Gehrung
- *mitre joint (mitre,* Am. *miter joint, miter)*

5 das Flachglas; *Arten:* Fensterglas, Mattglas, Musselinglas, Kristallspiegelglas, Dickglas, Milchglas, Verbundglas, Panzerglas (Sicherheitsglas)
- *sheet glass;* kinds: *window glass, frosted glass, patterned glass, crystal plate glass, thick glass, milk glass, laminated glass (safety glass, shatterproof glass)*

6 das Gußglas; *Arten:* Kathedralglas, Ornamentglas, Rohglas, Butzenglas, Drahtglas, Linienglas
- *cast glass;* kinds: *stained glass, ornamental glass, raw glass, bull's-eye glass, wired glass, line glass (lined glass)*

7 die Gehrungssprossenstanze
- *mitring* (Am. *mitering) machine*

8 der Glaser (*z.B.* Bauglaser, Rahmenglaser, Kunstglaser)
- *glassworker* (e.g. *building glazier, glazier, decorative glass worker)*

9 die Glastrage (der Glaserkasten)
- *glass holder*

10 die Glasscherbe
- *piece of broken glass*

11 der Bleihammer
- *lead hammer*

12 das Bleimesser
- *lead knife*

13 die Bleirute (Bleisprosse, der Bleisteg)
- *came (lead came)*

14 das Bleiglasfenster
- *leaded light*

15 der Arbeitstisch
- *workbench*

16 die Glasscheibe (Glasplatte)
- *pane of glass*

17 der Glaserkitt (Kitt)
- *putty*

18 der Stifthammer (Glaserhammer)
- *glazier's hammer*

19 die Glaserzange (Glasbrechzange, Kröselzange)
- *glass pliers*

20 der Schneidewinkel
- *glazier's square*

21 das Schneidelineal (die Schneideleiste)
- *glazier's rule*

22 der Rundglasschneider (Zirkelschneider)
- *glazier's beam compass*

23 die Öse
- *eyelet*

24 die Glaserecke
- *glazing sprig*

25-26 Glasschneider *m*
- *glass cutters*

25 der Glaserdiamant (Krösel), ein Diamantschneider *m*
- *diamond glass cutter*

26 der Stahlrad-Glasschneider
- *steel-wheel (steel) glass cutter*

27 das Kittmesser
- *putty knife*

28 der Stiftdraht
- *pin wire*

29 der Stift
- *panel pin*

30 die Gehrungssäge
- *mitre (*Am. *miter) block (mitre box) [with saw]*

31 die Gehrungsstoßlade (Stoßlade)
- *mitre (*Am. *miter) shoot (mitre board)*

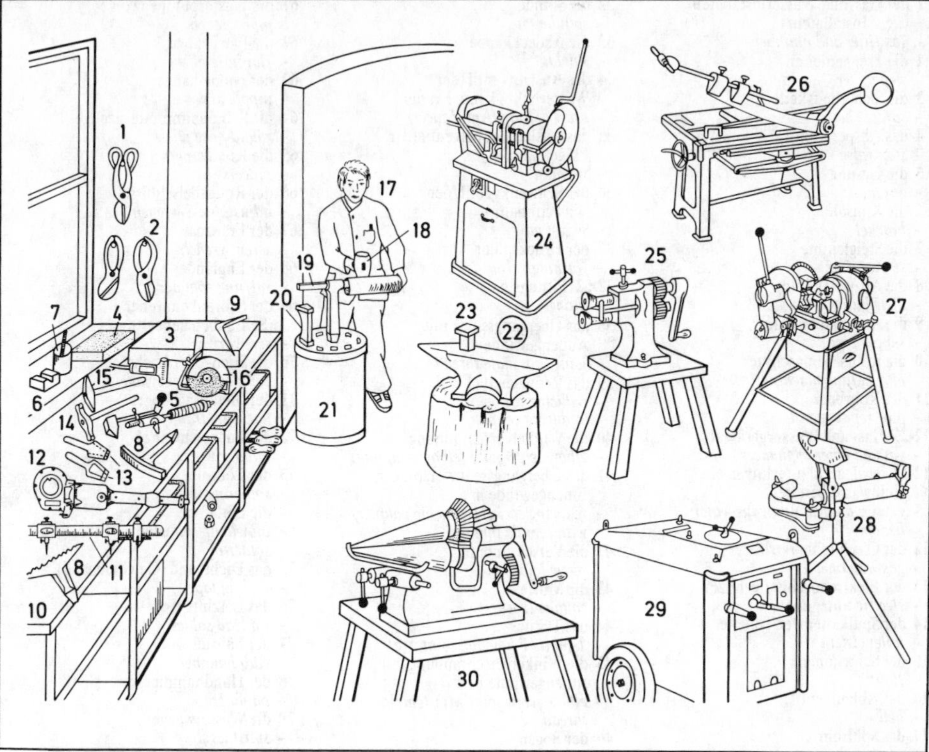

1 die Blechschere
- *metal shears (tinner's snips,* Am. *tinner's shears)*

2 die Winkelschere
- *elbow snips (angle shears)*

3 die Richtplatte
- *gib*

4 die Schlichtplatte
- *lapping plate*

5-7 das Propangaslötgerät
- *propane soldering apparatus*

5 der Propangaslötkolben, ein Hammerlötkolben *m*
- *propane soldering iron, a hatchet iron*

6 der Lötstein, ein Salmiakstein *m*
- *soldering stone, a sal-ammoniac block*

7 das Lötwasser (Flußmittel)
- *soldering fluid (flux)*

8 der Sickenstock, zum Formen *n* von Wülsten *m* (Sicken *f*, Sieken, Secken)
- *beading iron for forming reinforcement beading*

9 die Winkelreibahle, eine Reibahle
- *angled reamer*

10 die Werkbank
- *workbench (bench)*

11 der Stangenzirkel
- *beam compass (trammel,* Am. *beam trammel)*

12 die elektrische Handschneidkluppe
- *electric hand die*

13 das Locheisen
- *hollow punch*

14 der Sickenhammer
- *chamfering hammer*

15 der Kornhammer
- *beading swage (beading hammer)*

16 die Trennschleifmaschine
- *abrasive-wheel cutting-off machine*

17 der Klempner (*obd.* Spengler, *schweiz.* Stürzner)
- *plumber*

18 der Holzhammer
- *mallet*

19 das Horn
- *mandrel*

20 die Faust
- *socket (tinner's socket)*

21 der Klotz
- *block*

22 der Amboß
- *anvil*

23 der Tasso
- *stake*

24 die Kreissägemaschine
- *circular saw (buzz saw)*

25 die Sicken-, Bördel- und Drahteinlegemaschine
- *flanging, swaging, and wiring machine*

26 die Tafelschere (Schlagschere)
- *sheet shears (guillotine)*

27 die Gewindeschneidmaschine
- *screw-cutting machine (thread-cutting machine, die stocks)*

28 die Rohrbiegemaschine
- *pipe-bending machine (bending machine, pipe bender)*

29 der Schweißtransformator
- *welding transformer*

30 die Biegemaschine (Rundmaschine) zum Biegen *n* von Trichtern *m*
- *bending machine (rounding machine) for shaping funnels*

1 der Gas- und Wasserinstallateur (*ugs.:* Installateur)
- *gas fitter and plumber*
2 die Treppenleiter
- *stepladder*
3 die Sicherheitskette
- *safety chain*
4 das Absperrventil
- *stop valve*
5 die Gasuhr
- *gas meter*
6 die Konsole
- *bracket*
7 die Steigleitung
- *service riser*
8 die Abzweigleitung
- *distributing pipe*
9 die Anschlußleitung
- *supply pipe*
10 die Rohrsägemaschine
- *pipe-cutting machine*
11 der Rohrbock
- *pipe repair stand*
12-25 Gas- und Wassergeräte *n*
- ***gas and water appliances***
12-13 der Durchlauferhitzer, ein Heißwasserbereiter
- *geyser, an instantaneous water heater*
12 der Gasdurchlauferhitzer
- *gas water heater*
13 der Elektrodurchlauferhitzer
- *electric water heater*
14 der Spülkasten der Toilette
- *toilet cistern*
15 der Schwimmer
- *float*
16 das Ablaufventil
- *bell*
17 das Spülrohr
- *flush pipe*
18 der Wasserzufluß
- *water inlet*
19 der Bedienungshebel
- *flushing lever (lever)*
20 der Heizungskörper (Zentralheizungskörper, Radiator)
- *radiator*
21 die Radiatorrippe
- *radiator rib*
22 das Zweirohrsystem
- *two-pipe system*
23 der Vorlauf
- *flow pipe*
24 der Rücklauf
- *return pipe*
25 der Gasofen
- *gas heater*
26-37 Armaturen *f*
- ***plumbing fixtures***
26 der Siphon (Geruchsverschluß)
- *trap (anti-syphon trap)*
27 die Einlochmischbatterie für Waschbecken *n*
- *mixer tap* (Am. *mixing faucet) for washbasins*
28 der Warmwassergriff
- *hot tap*
29 der Kaltwassergriff
- *cold tap*
30 die ausziehbare Schlauchbrause
- *extendible shower attachment*
31 der Wasserhahn (das Standventil) für Waschbecken *n*
- *water tap (pillar tap) for washbasins*
32 die Spindel
- *spindle top*
33 die Abdeckkappe
- *shield*
34 das Auslaufventil (der Wasserhahn, Kran, Kranen)
- *draw-off tap* (Am. *faucet)*
35 das Auslaufdoppelventil (der Flügelhahn)
- *supatap*
36 das Schwenkventil (der Schwenkhahn)
- *swivel tap*
37 der Druckspüler
- *flushing valve*
38-52 Fittings *n*
- ***fittings***
38 das Übergangsstück mit Außengewinde *n*
- *joint with male thread*
39 das Reduzierstück
- *reducing socket (reducing coupler)*
40 die Winkelverschraubung
- *elbow screw joint (elbow coupling)*
41 das Übergangsreduzierstück mit Innengewinde *n*
- *reducing socket (reducing coupler) with female thread*
42 die Verschraubung
- *screw joint*
43 die Muffe
- *coupler (socket)*
44 das T-Stück
- *T-joint (T-junction joint, tee)*
45 die Winkelverschraubung mit Innengewinde *n*
- *elbow screw joint with female thread*
46 der Bogen
- *bend*
47 das T-Stück mit Abgangsinnengewinde *n*
- *T-joint (T-junction joint, tee) with female taper thread*
48 der Deckenwinkel
- *ceiling joint*
49 der Übergangswinkel
- *reducing elbow*
50 das Kreuzstück
- *cross*
51 der Übergangswinkel mit Außengewinde *n*
- *elbow joint with male thread*
52 der Winkel
- *elbow joint*
53-57 Rohrbefestigungen *f*
- ***pipe supports***
53 das Rohrband
- *saddle clip*
54 das Abstandsrohrband
- *spacing bracket*
55 der Dübel
- *plug*
56 einfache Rohrschellen *f*
- *pipe clips*
57 die Abstandsrohrschelle
- *two-piece spacing clip*
58-86 Installationswerkzeug *n*
- ***plumber's tools, gas fitter's tools***
58 die Brennerzange
- *gas pliers*
59 die Rohrzange
- *footprints*
60 die Kombinationszange
- *combination cutting pliers*
61 die Wasserpumpenzange
- *pipe wrench*
62 die Flachzange
- *flat-nose pliers*
63 der Nippelhalter
- *nipple key*
64 die Standhahnmutternzange
- *round-nose pliers*
65 die Kneifzange
- *pincers*
66 der Rollgabelschlüssel
- *adjustable S-wrench*
67 der Franzose
- *screw wrench*
68 der Engländer
- *shifting spanner*
69 der Schraubendreher (Schraubenzieher)
- *screwdriver*
70 die Stich- oder Lochsäge
- *compass saw (keyhole saw)*
71 der Metallsägebogen
- *hacksaw frame*
72 der Fuchsschwanz
- *hand saw*
73 der Lötkolben
- *soldering iron*
74 die Lötlampe
- *blowlamp (blowtorch) [for soldering]*
75 das Dichtband (Gewindeband)
- *sealing tape*
76 das Lötzinn
- *tin-lead solder*
77 der Fäustel
- *club hammer*
78 der Handhammer
- *hammer*
79 die Wasserwaage
- *spirit level*
80 der Schlosserschraubstock
- *steel-leg vice (Am. vise)*
81 der Rohrschraubstock
- *pipe vice* (Am. *vise)*
82 der Rohrbieger
- *pipe-bending machine*
83 die Biegeform
- *former (template)*
84 der Rohrabschneider
- *pipe cutter*
85 die Gewindeschneidkluppe
- *hand die*
86 die Gewindeschneidmaschine
- *screw-cutting machine (thread-cutting machine)*

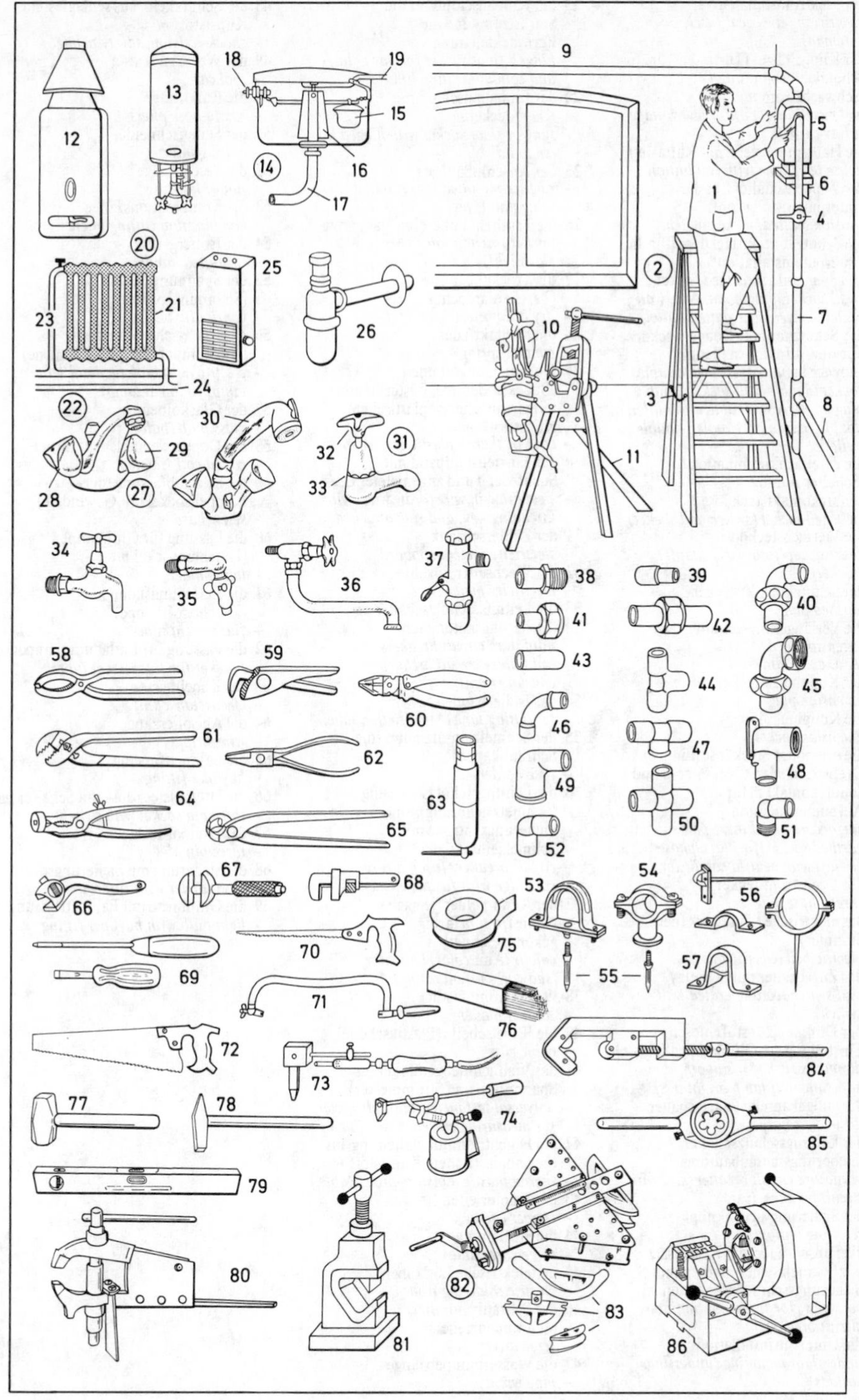
1
2
3
4
5
6
7
8
9
10
11
12
13
14
15
16
17
18
19
20
21
22
23
24
25
26
27
28
29
30
31
32
33
34
35
36
37
38
39
40
41
42
43
44
45
46
47
48
49
50
51
52
53
54
55
56
57
58
59
60
61
62
63
64
65
66
67
68
69
70
71
72
73
74
75
76
77
78
79
80
81
82
83
84
85
86

1 der Elektroinstallateur
- *electrician (electrical fitter, wireman)*
2 der Klingeltaster (Türtaster) für Schutzkleinspannung *f* (Schwachstrom *m*)
- *bell push (doorbell) for low-voltage safety current*
3 die Haussprechstelle mit Ruftaste *f*
- *house telephone with call button*
4 der Wippenschalter [für die Unterputzinstallation]
- *[flush-mounted] rocker switch*
5 die Schutzkontaktsteckdose [für die Unterputzinstallation]
- *[flush-mounted] earthed socket (wall socket, plug point,* Am. *wall outlet, convenience outlet, outlet)*
6 die Schutzkontakt-Doppelsteckdose [für die Aufputzinstallation]
- *[surface-mounted] earthed double socket (double wall socket, double plug point,* Am. *double wall outlet, double convenience outlet, double outlet)*
7 die Zweifachkombination (Schalter *m* und Schutzkontaktsteckdose *f*)
- *switched socket (switch and socket)*
8 die Vierfachsteckdose
- *four-socket (four-way) adapter (socket)*
9 der Schutzkontaktstecker
- *earthed plug*
10 die Verlängerungsschnur
- *extension lead* (Am. *extension cord)*
11 der Kupplungsstecker
- *extension plug*
12 die Kupplungsdose
- *extension socket*
13 die dreipolige Steckdose [für Drehstrom *m*] mit Nulleiter *m* und Schutzkontakt *m* für die Aufputzinstallation
- *surface-mounted three-pole earthed socket [for three-phase circuit] with neutral conductor*
14 der Drehstromstecker
- *three-phase plug*
15 das elektrische Läutewerk (der Summer)
- *electric bell (electric buzzer)*
16 der Zugschalter mit Schnur *f*
- *pull-switch (cord-operated wall switch)*
17 der Dimmer [zur stufenlosen Einstellung des Glühlampenlichts *n*]
- *dimmer switch [for smooth adjustment of lamp brightness]*
18 der gußgekapselte Paketschalter
- *drill-cast rotary switch*
19 der Leitungsschutzschalter (Sicherungsschraubautomat)
- *miniature circuit breaker (screw-in circuit breaker, fuse)*
20 der Sicherungsdruckknopf
- *resetting button*
21 die Paßschraube, der Paßeinsatz [für Schmelzsicherungen *f* und Sicherungsschraubautomaten *m*]
- *set screw [for fuses and miniature circuit breakers]*
22 die Unterflurinstallation
- *underfloor mounting (underfloor sockets)*
23 der Kippanschluß für die Starkstrom- und die Fernmeldeleitung
- *hinged floor socket for power lines and communication lines*
24 der Einbauanschluß mit Klappdeckel *m*
- *sunken floor socket with hinged lid (snap lid)*
25 der Anschlußaufsatz
- *surface-mounted socket outlet (plug point) box*
26 die Taschenlampe, eine Stablampe
- *pocket torch, a torch (*Am. *flashlight)*
27 die Trockenbatterie (Taschenlampenbatterie)
- *dry cell battery*
28 die Kontaktfeder
- *contact spring*
29 die Leuchtenklemme (Buchsenklemme, Lüsterklemme), teilbar, aus thermoplastischem Kunststoff *m*
- *strip of thermoplastic connectors*
30 das Einziehstahlband mit Suchfeder *f* und angenieteter Öse
- *steel draw-in wire (draw wire) with threading key, and ring attached*
31 der Zählerschrank
- *electricity meter cupboard*
32 der Wechselstromzähler
- *electricity meter*
33 die Leitungsschutzschalter *m* (Sicherungsautomaten)
- *miniature circuit breakers (miniature circuit breaker consumer unit)*
34 das Isolierband
- *insulating tape (*Am. *friction tape)*
35 der Schmelzeinsatzhalter (die Schraubkappe)
- *fuse holder*
36 die Leitungsschutzsicherung (Schmelzsicherung), eine Sicherungspatrone mit Schmelzeinsatz *m*
- *circuit breaker (fuse), a fuse cartridge with fusible element*
37 der Kennmelder [je nach Nennstrom *m* farbig gekennzeichnet]
- *colour (*Am. *color) indicator [showing current rating]*
38-39 das Kontaktstück
- *contact maker*
40 die Kabelschelle (Plastikschelle)
- *cable clip*
41 das Vielfachmeßgerät (der Spannungs- und Strommesser)
- *universal test meter (multiple meter for measuring current and voltage)*
42 die Feuchtraummantelleitung aus thermoplastischem Kunststoff *m*
- *thermoplastic moisture-proof cable*
43 der Kupferleiter
- *copper conductor*
44 die Stegleitung
- *three-core cable*
45 der elektrische Lötkolben
- *electric soldering iron*
46 der Schraubendreher (Schraubenzieher)
- *screwdriver*
47 die Wasserpumpenzange
- *pipe wrench*
48 der Schutzhelm aus schlagfestem Kunststoff *m*
- *shock-resisting safety helmet*
49 der Werkzeugkoffer
- *tool case*
50 die Rundzange
- *round-nose pliers*
51 der Seitenschneider
- *cutting pliers*
52 die Taschensäge
- *junior hacksaw*
53 die Kombinationszange
- *combination cutting pliers*
54 der Isoliergriff
- *insulated handle*
55 der Spannungssucher (Spannungsprüfer)
- *continuity tester*
56 die elektrische Glühlampe (Allgebrauchslampe, Glühbirne)
- *electric light bulb (general service lamp, filament lamp)*
57 der Glaskolben
- *glass bulb (bulb)*
58 der Doppelwendelleuchtkörper
- *coiled-coil filament*
59 die Schraubfassung (der Lampensockel mit Gewinde *n*)
- *screw base*
60 die Fassung für Glühlampen *f* (Leuchtensockel *m*)
- *lampholder*
61 die Entladungslampe (Leuchtstofflampe)
- *fluorescent tube*
62 die Fassung für Entladungslampen *f*
- *bracket for fluorescent tubes*
63 das Kabelmesser
- *electrician's knife*
64 die Abisolierzange
- *wire strippers*
65 die Bajonettfassung
- *bayonet fitting*
66 die Dreipolsteckdose mit Schalter *m*
- *three-pin socket with switch*
67 der Dreipolstecker
- *three-pin plug*
68 die Sicherung mit Sicherungsdraht *m*
- *fuse carrier with fuse wire*
69 die Glühbirne mit Bajonettfassung *f*
- *light bulb with bayonet fitting*

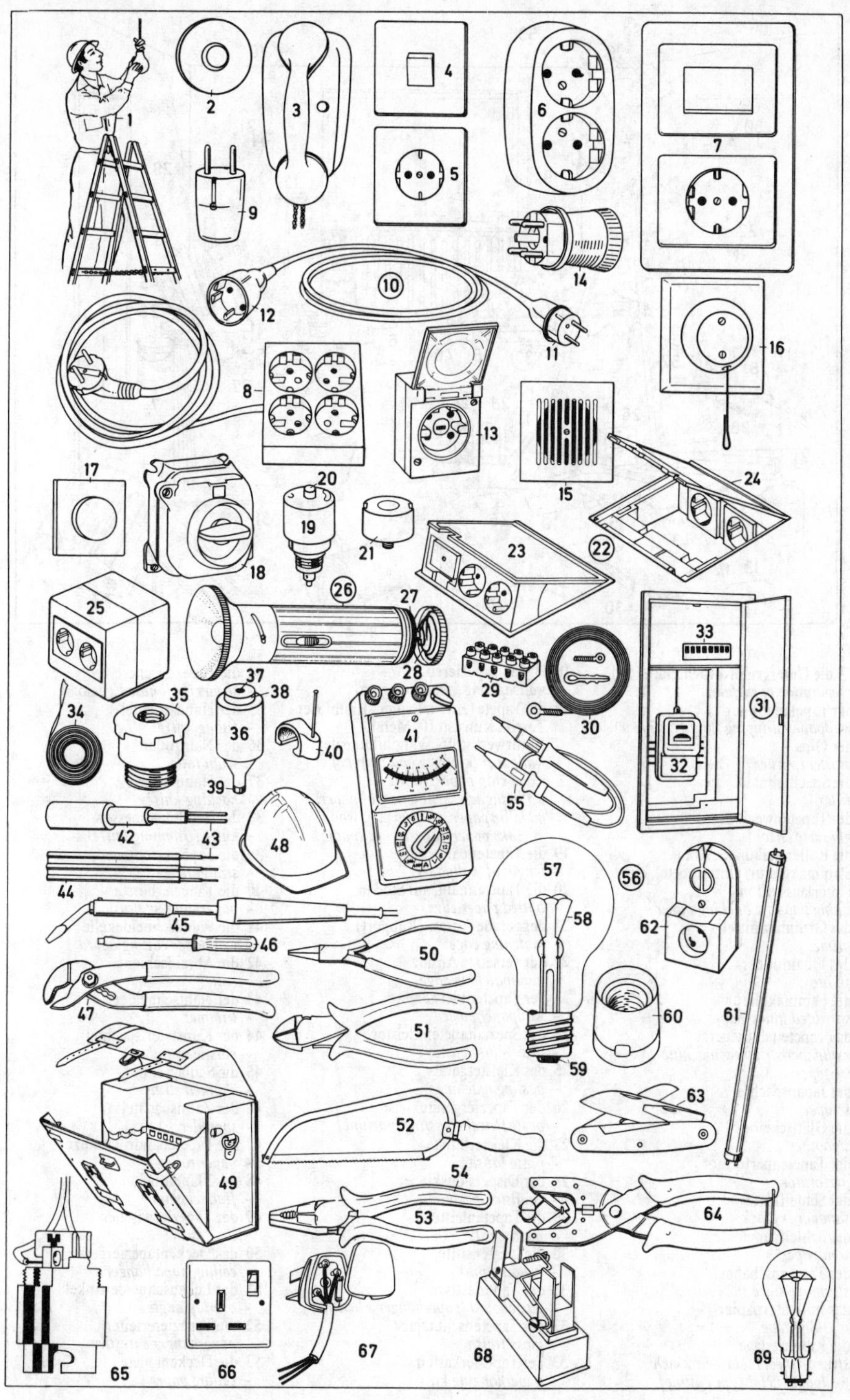
1
2
3
4
5
6
7
8
9
10
11
12
13
14
15
16
17
18
19
20
21
22
23
24
25
26
27
28
29
30
31
32
33
34
35
36
37
38
39
40
41
42
43
44
45
46
47
48
49
50
51
52
53
54
55
56
57
58
59
60
61
62
63
64
65
66
67
68
69

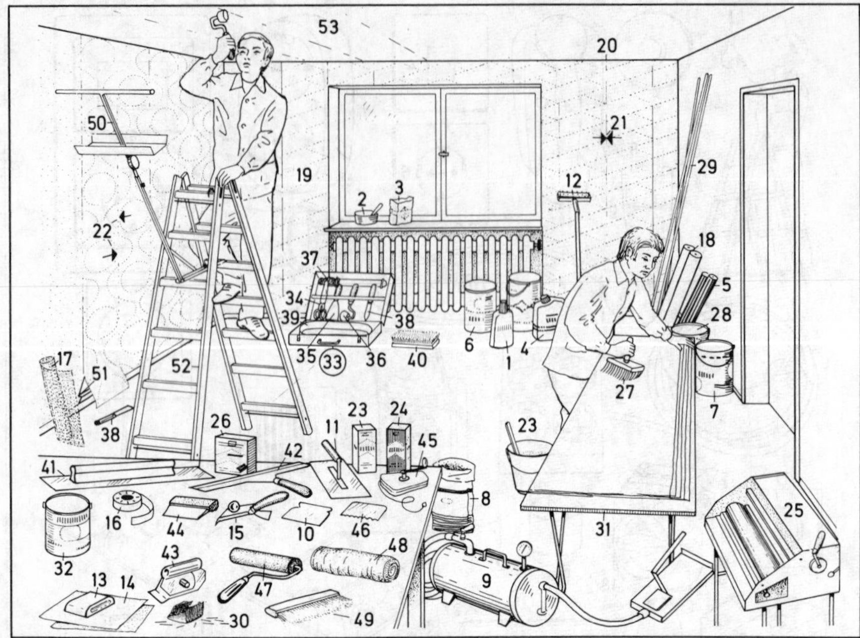

1-17 die Untergrundvorbehandlung
- ***preparation of surfaces***

1 der Tapetenablöser
- *wallpaper-stripping liquid (stripper)*

2 der Gips
- *plaster (plaster of Paris)*

3 die Spachtelmasse
- *filler*

4 der Tapetenwechselgrund
- *glue size (size)*

5 die Rollenmakulatur (*ähnl.:* Stripmakulatur, Untertapete), ein Unterlagsstoff *m*
- *lining paper, a backing paper*

6 das Grundiermittel
- *primer*

7 das Fluatmittel
- *fluate*

8 die Feinmakulatur
- *shredded lining paper*

9 das Tapetenablösegerät
- *wallpaper-stripping machine (stripper)*

10 der Japanspachtel
- *scraper*

11 die Glättscheibe
- *smoother*

12 der Tapetenperforator
- *perforator*

13 der Schleifklotz
- *sandpaper block*

14 das Schleifpapier
- *sandpaper*

15 der Tapetenschaber
- *stripping knife*

16 das Indikatorpapier
- *masking tape*

17 die Rißunterlage
- *strip of sheet metal [on which wallpaper is laid for cutting]*

18-53 das Tapezieren
- ***wallpapering*** *(paper hanging)*

18 die Tapete (*Arten:* Papier-, Rauhfaser-, Textil-, Kunststoff-, Metall-, Naturwerkstoff-, Wandbildtapete)
- *wallpaper (*kinds: *wood pulp paper, wood chip paper, fabric wallhangings, synthetic wallpaper, metallic paper, natural* (e.g. *wood or cork) paper, tapestry wallpaper)*

19 die Tapetenbahn
- *length of wallpaper*

20 die Tapetennaht, auf Stoß *m*
- *butted paper edges*

21 der gerade Ansatz (Rapport)
- *matching edge*

22 der versetzte Ansatz
- *non-matching edge*

23 der Tapetenkleister
- *wallpaper paste*

24 der Spezialtapetenkleister
- *heavy-duty paste*

25 das Kleistergerät
- *pasting machine*

26 der Tapeziergerätekleister
- *paste [for the pasting machine]*

27 die Kleisterbürste
- *paste brush*

28 der Dispersionskleber
- *emulsion paste*

29 die Tapetenleiste
- *picture rail*

30 die Leistenstifte
- *beading pins*

31 der Tapeziertisch
- *pasteboard (paperhanger's bench)*

32 der Tapetenschutzlack
- *gloss finish*

33 der Tapezierkasten
- *paperhanging kit*

34 die Tapezierschere
- *shears (bull-nosed scissors)*

35 der Handspachtel
- *filling knife*

36 der Nahtroller
- *seam roller*

37 das Haumesser
- *hacking knife*

38 das Beschneidmesser
- *knife (trimming knife)*

39 die Tapezierschiene
- *straightedge*

40 die Tapezierbürste
- *paperhanging brush*

41 die Wandschneidekelle
- *wallpaper-cutting board*

42 die Abreißschiene
- *cutter*

43 der Nahtschneider
- *trimmer*

44 der Kunststoffspachtel
- *plastic spatula*

45 die Schlagschnur
- *chalked string*

46 der Zahnspachtel
- *spreader*

47 die Tapetenandrückwalze
- *paper roller*

48 das Flanelltuch
- *flannel cloth*

49 der Tapezierwischer
- *dry brush*

50 das Deckentapeziergerät
- *ceiling paperhanger*

51 der Eckenschneidewinkel
- *overlap angle*

52 die Tapeziererleiter
- *paperhanger's trestles*

53 die Deckentapete
- *ceiling paper*

1 **das Malen** (Anstreichen)
- ***painting***
2 der Maler (Lackierer)
- *painter*
3 die Streichbürste
- *paintbrush*
4 die Dispersionsfarbe
- *emulsion paint (emulsion)*
5 die Stehleiter (Doppelleiter)
- *stepladder*
6 die Farbendose
- *can (tin) of paint*
7-8 die Farbenkannen *f*
- *cans (tins) of paint*
7 die Kanne mit Handgriff *m*
- *can (tin) with fixed handle*
8 die Kanne mit Traghenkel *m*
- *paint kettle*
9 der Farbenhobbock
- *drum of paint*
10 der Farbeimer
- *paint bucket*
11 der Farbroller (die Farbrolle)
- *paint roller*
12 das Abstreifgitter
- *grill [for removing excess paint from the roller]*
13 die Musterwalze
- *stippling roller*
14 **das Lackieren**
- ***varnishing***
15 der Ölsockel
- *oil-painted dado*
16 die Lösungsmittelkanne
- *canister for thinner*
17 der Flächenstreicher
- *flat brush for larger surfaces (flat wall brush)*
18 die Stupfbürste
- *stippler*
19 der Ringpinsel
- *fitch*
20 der Kluppenpinsel
- *cutting-in brush*
21 der Heizkörperpinsel
- *radiator brush (flay brush)*
22 der Malspachtel
- *paint scraper*
23 der Japanspachtel
- *scraper*
24 das Kittmesser
- *putty knife*
25 das Schleifpapier
- *sandpaper*
26 der Schleifklotz
- *sandpaper block*
27 der Fußbodenstreicher
- *floor brush*
28 **das Schleifen und Spritzen** *n*
- ***sanding and spraying***
29 die Schleifmaschine
- *grinder*
30 der Rutscher
- *sander*
31 der Spritzkessel
- *pressure pot*
32 die Spritzpistole
- *spray gun*
33 der Kompressor
- *compressor (air compressor)*
34 das Flutgerät zum Fluten *n* von Heizkörpern *m* u.ä.
- *flow coating machine for flow coating radiators, etc.*
35 die Handspritzpistole
- *hand spray*
36 die Anlage für das luftlose Spritzen
- *airless spray unit*
37 die luftlose Spritzpistole
- *airless spray gun*
38 der Auslaufbecher zur Viskositätsmessung
- *efflux viscometer*
39 der Sekundenmesser
- *seconds timer*
40 **das Beschriften und Vergolden** *n*
- ***lettering and gilding***
41 der Schriftpinsel
- *lettering brush (signwriting brush, pencil)*
42 das Pausrädchen
- *tracing wheel*
43 das Schablonenmesser
- *stencil knife*
44 das Anlegeöl
- *oil gold size*
45 das Blattgold
- *gold leaf*
46 das Konturieren
- *outline drawing*
47 der Malstock
- *mahlstick*
48 das Aufpausen der Zeichnung
- *pouncing*
49 der Pausebeutel
- *pounce bag*
50 das Vergolderkissen
- *gilder's cushion*
51 das Vergoldermesser
- *gilder's knife*
52 das Anschießen des Blattgoldes *n*
- *sizing gold leaf*
53 das Ausfüllen der Buchstaben *m* mit Stupffarbe *f*
- *filling in the letters with stipple paint*
54 der Stupfpinsel
- *gilder's mop*

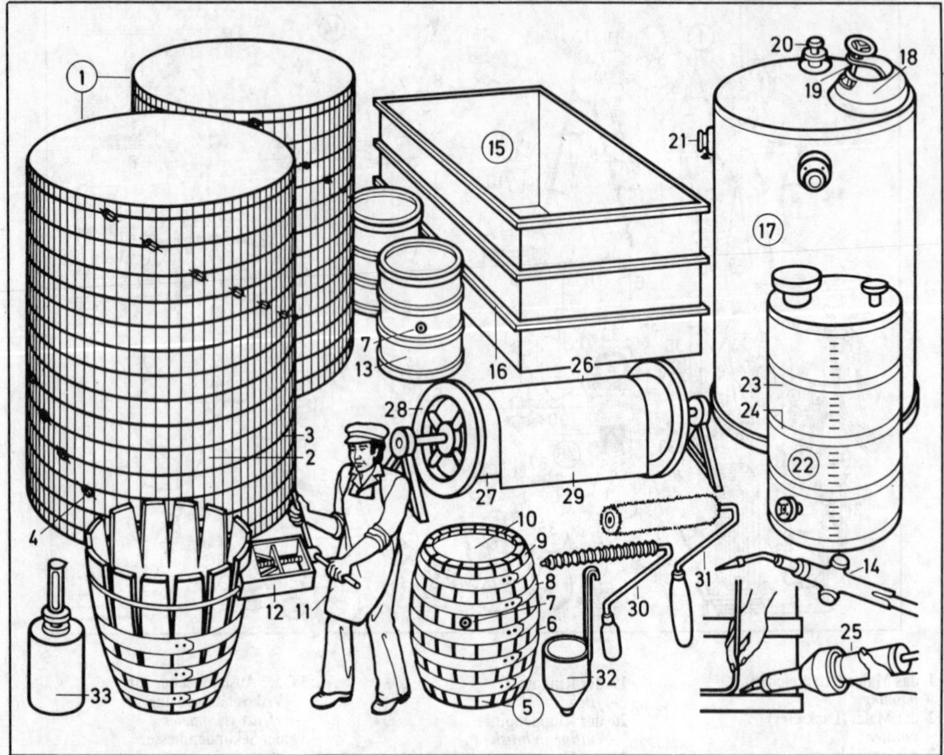

1-33 die Böttcherei und Behälterbauerei
- ***cooper's and tank construction engineer's workshops***

1 der Bottich
- *tank*

2 der Mantel aus Umhölzern *n*, Stäben *m*
- *circumference made of staves (staved circumference)*

3 der Rundeisenreifen
- *iron rod*

4 das Spannschloß
- *turnbuckle*

5 das Faß
- *barrel (cask)*

6 der Faßrumpf
- *body of barrel (of cask)*

7 das Spundloch
- *bunghole*

8 der Faßreifen (das Faßband)
- *band (hoop) of barrel*

9 die Faßdaube
- *barrel stave*

10 der Faßboden
- *barrelhead (heading)*

11 der Böttcher
- *cooper*

12 der Faßzieher
- *trusser*

13 das eiserne Rollringfaß
- *drum*

14 der Autogenschweißbrenner
- *gas welding torch*

15 der Beizbottich, aus Thermoplasten *m*
- *staining vat, made of thermoplastics*

16 der Verstärkungsreifen aus Profileisen
- *iron reinforcing band*

17 der Lagerbehälter, aus glasfaserverstärktem Polyesterharz (GFP) *n*
- *storage container, made of glass fibre (Am. glass fiber) reinforced polyester resin*

18 das Mannloch
- *manhole*

19 der Mannlochdeckel, mit Spindel *f*
- *manhole cover with handwheel*

20 der Flanschstutzen
- *flange mount*

21 der Blockflansch
- *flange-type stopcock*

22 der Meßbehälter
- *measuring tank*

23 der Mantel
- *shell (circumference)*

24 der Schrumpfring
- *shrink ring*

25 die Heißluftpistole
- *hot-air gun*

26 das Rohrstück, aus glasfaserverstärktem Kunstharz (GFK) *n*
- *roller made of glass fibre (Am. glass fiber) reinforced synthetic resin*

27 das Rohr
- *cylinder*

28 der Flansch
- *flange*

29 die Glasmatte, das Glasgewebe
- *glass cloth*

30 die Rillenwalze
- *grooved roller*

31 die Lammfellrolle
- *lambskin roller*

32 der Viskosebecher
- *ladle for testing viscosity*

33 das Härterdosiergerät
- *measuring vessel for hardener*

1-25 die Kürschnerwerkstatt
– furrier's workroom
1 der Kürschner
– furrier
2 die Dampfspritzpistole
– steam spray gun
3 das Dampfbügeleisen
– steam iron
4 die Klopfmaschine
– beating machine
5 die Schneidemaschine zum Auslassen *n* der Felle *n*
– cutting machine for letting out furskins
6 das unzerschnittene Fell
– uncut furskin
7 die Auslaßstreifen *m*
– let-out strips (let-out sections)
8 die Pelzwerkerin (Pelznäherin)
– fur worker
9 die Pelznähmaschine
– fur-sewing machine
10 das Gebläse für die Auslaßtechnik
– blower for letting out
11-21 Felle *n*
– furskins
11 das Nerzfell
– mink skin
12 die Haarseite
– fur side
13 die Lederseite
– leather side
14 das geschnittene Fell
– cut furskin
15 das Luchsfell vor dem Auslassen *n*
– lynx skin before letting out
16 das ausgelassene Luchsfell
– let-out lynx skin
17 die Haarseite
– fur side
18 die Lederseite
– leather side
19 das ausgelassene Nerzfell
– let-out mink skin
20 das zusammengesetzte Luchsfell
– lynx fur, sewn together (sewn)
21 das Breitschwanzfell
– broadtail
22 der Pelzstift
– fur marker
23 die Pelzwerkerin (Pelzschneiderin)
– fur worker
24 der Nerzmantel
– mink coat
25 der Ozelotmantel
– ocelot coat

1-73 die Tischlerwerkstatt (Tischlerei; Schreinerei)
- ***joiner's workshop***

1-28 das Tischlerwerkzeug
- ***joiner's tools***

1 die Holzraspel
- *wood rasp*

2 die Holzfeile
- *wood file*

3 die Stichsäge (Lochsäge)
- *compass saw (keyhole saw)*

4 der Fuchsschwanzgriff
- *saw handle*

5 der Vierkantholzhammer (Klüpfel, Klöpfel)
- *[square-headed] mallet*

6 der Tischlerwinkel
- *try square*

7-11 Beitel *m*
- ***chisels***

7 der Stechbeitel (das Stemmeisen)
- *bevelled-edge chisel (chisel)*

8 der Lochbeitel (das Locheisen)
- *mortise (mortice) chisel*

9 der Hohlbeitel (das Hohleisen)
- *gouge*

10 das Heft
- *handle*

11 der Kantbeitel
- *framing chisel (cant chisel)*

12 der Leimkessel mit Wasserbad *n*
- *glue pot in water bath*

13 der Leimtopf, ein Einsatz *m* für Tischlerleim *m*
- *glue pot (glue well), an insert for joiner's glue*

14 die Schraubzwinge
- *handscrew*

15-28 Hobel *m* (Handhobel)
- ***planes***

15 der Schlichthobel
- *smoothing plane*

16 der Schrupphobel (Doppelhobel)
- *jack plane*

17 der Zahnhobel
- *toothing plane*

18 die Nase
- *handle (toat)*

19 der Keil
- *wedge*

20 das Hobeleisen (Hobelmesser)
- *plane iron (cutter)*

21 das Keilloch
- *mouth*

22 die Sohle
- *sole*

23 die Wange (Backe)
- *side*

24 der Kasten (Hobelkasten)
- *stock (body)*

25 der Simshobel
- *rebate (rabbet) plane*

26 der Grundhobel
- *router plane (old woman's tooth)*

27 der Schabhobel
- *spokeshave*

28 der Schiffshobel
- *compass plane*

29-37 die Hobelbank
- ***woodworker's bench***

29 der Fuß
- *foot*

30 die Vorderzange
- *front vice (Am. vise)*

31 der Spannstock
- *vice (Am. vise) handle*

32 die Druckspindel
- *vice (Am. vise) screw*

33 das Zangenbrett
- *jaw*

34 die Bankplatte
- *bench top*

35 die Beilade
- *well*

36 der Bankhaken (das Bankeisen)
- *bench stop (bench holdfast)*

37 die Hinterzange
- *tail vice (Am. vise)*

38 der Tischler (Schreiner)
- *cabinet maker (joiner)*

39 die Rauhbank (der Langhobel)
- *trying plane*

40 die Hobelspäne
- *shavings*

41 die Holzschraube
- *wood screw*

42 das Schränkeisen (der Sägensetzer)
- *saw set*

43 die Gehrungslade
- *mitre (Am. miter) box*

44 der gerade Fuchsschwanz
- *tenon saw*

45 die Dickenhobelmaschine
- *thicknesser (thicknessing machine)*

46 der Dickentisch, mit Tischwalzen *f*
- *thicknessing table with rollers*

47 der Rückschlagschutz
- *kick-back guard*

48 der Späneauswurf
- *chip-extractor opening*

49 die Kettenfräsmaschine
- *chain mortising machine (chain mortiser)*

50 die endlose Fräskette
- *endless mortising chain*

51 die Holzeinspannvorrichtung
- *clamp (work clamp)*

52 die Astlochfräsmaschine
- *knot hole moulding (Am. molding) machine*

53 der Astlochfräser
- *knot hole cutter*

54 das Schnellspannfutter
- *quick-action chuck*

55 der Handhebel
- *hand lever*

56 der Wechselhebel
- *change-gear handle*

57 die Format- und Besäumkreissäge
- *sizing and edging machine*

58 der Hauptschalter
- *main switch*

59 das Kreissägeblatt
- *circular saw (buzz saw) blade*

60 das Handrad zur Höheneinstellung
- *height (rise and fall) adjustment wheel*

61 die Prismaschiene
- *V-way*

62 der Rahmentisch
- *framing table*

63 der Ausleger
- *extension arm (arm)*

64 der Besäumtisch
- *trimming table*

65 der Linealwinkel
- *fence*

66 das Linealhandrädchen
- *fence adjustment handle*

67 der Klemmhebel
- *clamp lever*

68 die Plattenkreissäge
- *board-sawing machine*

69 der Schwenkmotor
- *swivel motor*

70 die Plattenhalterung
- *board support*

71 der Sägeschlitten
- *saw carriage*

72 das Pedal zur Anhebung der Transportrollen *f*
- *pedal for raising the transport rollers*

73 die Tischlerplatte
- *block board*

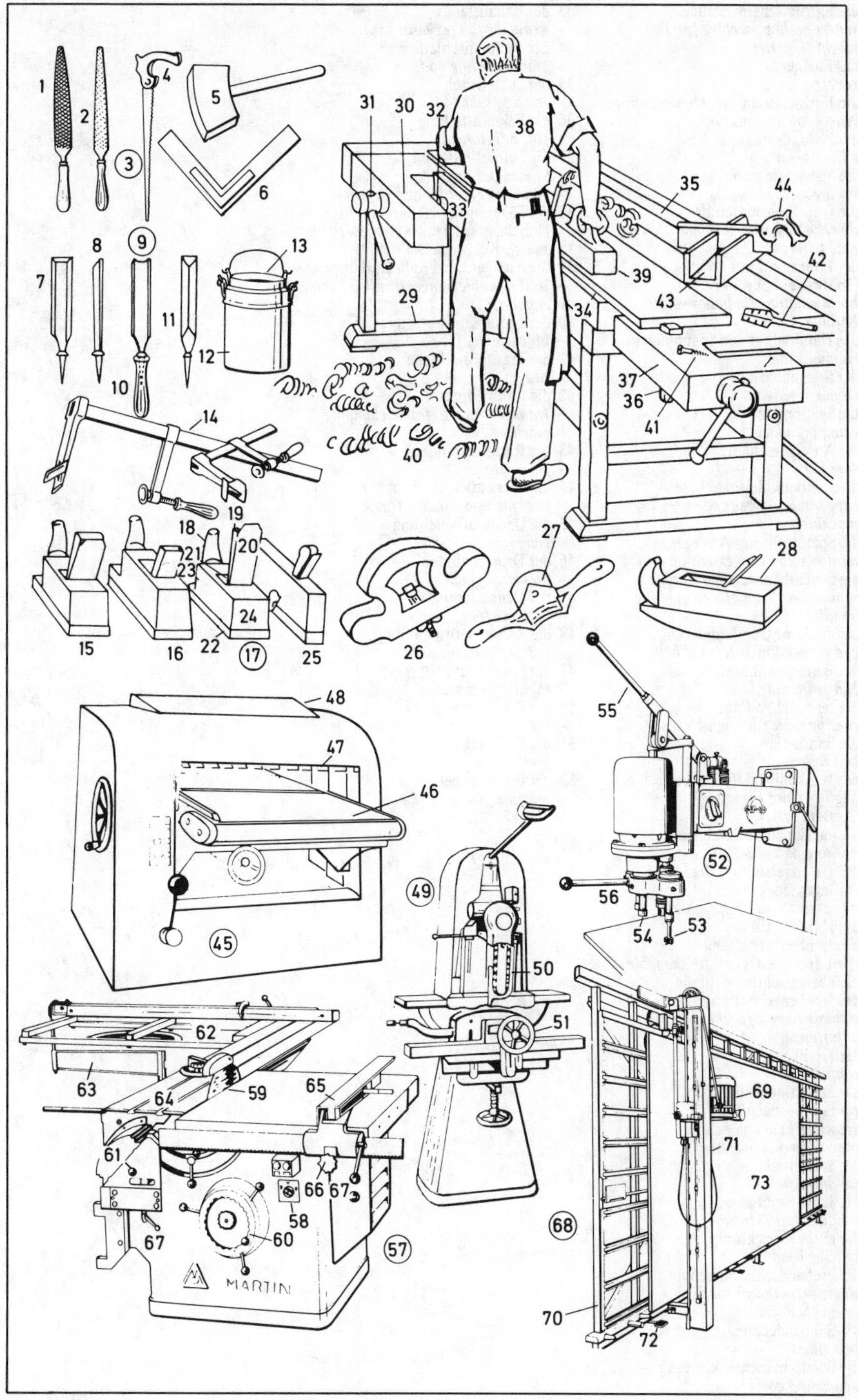
1
2
3
4
5
6
7
8
9
10
11
12
13
14
15
16
17
18
19
20
21
22
23
24
25
26
27
28
29
30
31
32
33
34
35
36
37
38
39
40
41
42
43
44
45
46
47
48
49
50
51
52
53
54
55
56
57
58
59
60
61
62
63
64
65
66
67
68
69
70
71
72
73
MARTIN

1 die Furnierschälmaschine
- *veneer-peeling machine (peeling machine, peeler)*
2 das Furnier
- *veneer*
3 die Furnierzusammenklebemaschine
- *veneer-splicing machine*
4 der Nylonfadenkops
- *nylon-thread cop*
5 die Nähvorrichtung
- *sewing mechanism*
6 die Dübelbohrmaschine
- *dowel hole boring machine (dowel hole borer)*
7 der Bohrmotor mit Hohlwellenbohrer *m*
- *boring motor with hollow-shaft boring bit*
8 das Handrad für den Spannbügel
- *clamp handle*
9 der Spannbügel
- *clamp*
10 die Spannpratze
- *clamping shoe*
11 die Anschlagschiene
- *stop bar*
12 die Kantenschleifmaschine
- *edge sander (edge-sanding machine)*
13 die Spannrolle mit Ausleger *m*
- *tension roller with extension arm*
14 die Schleifbandregulierschraube
- *sanding belt regulator (regulating handle)*
15 das endlose Schleifband
- *endless sanding belt (sand belt)*
16 der Bandspannhebel
- *belt-tensioning lever*
17 der neigbare Auflagetisch
- *canting table (tilting table)*
18 die Bandwalze
- *belt roller*
19 das Winkellineal für Gehrungen *f*
- *angling fence for mitres (Am. miters)*
20 die aufklappbare Staubhaube
- *opening dust hood*
21 die Tiefenverstellung des Auflagetisches *m*
- *rise adjustment of the table*
22 das Handrad für die Tischhöhenverstellung
- *rise adjustment wheel for the table*
23 die Klemmschraube für die Tischhöhenverstellung
- *clamping screw for the table rise adjustment*
24 die Tischkonsole
- *console*
25 der Maschinenfuß
- *foot of the machine*
26 die Kantenklebemaschine
- *edge-veneering machine*
27 das Schleifrad
- *sanding wheel*
28 die Schleifstaubabsaugung
- *sanding dust extractor*
29 die Klebevorrichtung
- *splicing head*
30 die Einbandschleifmaschine
- *single-belt sanding machine (single-belt sander)*
31 die Bandabdeckung
- *belt guard*
32 die Bandscheibenverkleidung
- *bandwheel cover*
33 der Exhauster
- *extractor fan (exhaust fan)*
34 der Rahmenschleifschuh
- *frame-sanding pad*
35 der Schleiftisch
- *sanding table*
36 die Feineinstellung
- *fine adjustment*
37 die Feinschnitt- und Fügemaschine
- *fine cutter and jointer*
38 der Sägewagen (das Säge- und Hobelaggregat) mit Kettenantrieb *m*
- *saw carriage with chain drive*
39 die nachgeführte Kabelaufhängung
- *trailing cable hanger (trailing cable support)*
40 der Luftabsaugstutzen
- *air extractor pipe*
41 die Transportschiene
- *rail*
42 die Rahmenpresse
- *frame-cramping (frame-clamping) machine*
43 der Rahmenständer
- *frame stand*
44 das Werkstück, ein Fensterrahmen *m*
- *workpiece, a window frame*
45 die Druckluftzuleitung
- *compressed-air line*
46 der Druckzylinder
- *pressure cylinder*
47 der Druckstempel
- *pressure foot*
48 die Rahmeneinspannung
- *frame-mounting device*
49 die Furnierschnellpresse
- *rapid-veneer press*
50 der Preßboden
- *bed*
51 der Preßdeckel
- *press*
52 der Preßstempel
- *pressure piston*

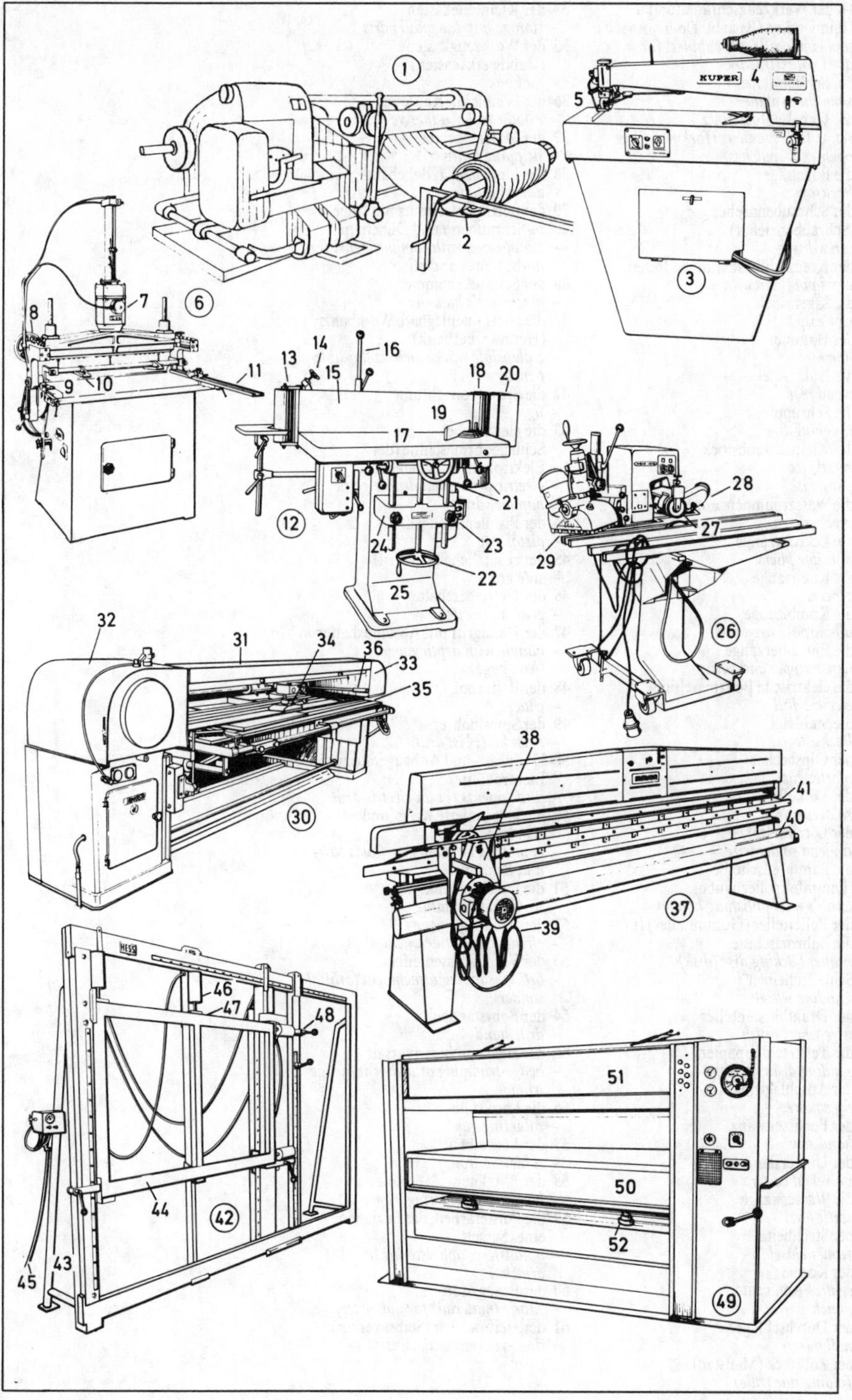
1
2
3
4
5
KUPER
6
7
8
9
10
11
12
13
14
15
16
17
18
19
20
21
22
23
24
25
26
27
28
29
30
31
32
33
34
35
36
37
38
39
40
41
42
HESS
43
44
45
46
47
48
49
50
51
52

1-34 der Werkzeugschrank für das Heimwerken (Basteln, Do-it-yourself)
- *tool cupboard (tool cabinet) for do-it-yourself work*
1 der Schlichthobel
- *smoothing plane*
2 der Gabelschlüsselsatz
- *set of fork spanners (fork wrenches, open-end wrenches)*
3 die Bügelsäge
- *hacksaw*
4 der Schraubendreher (Schraubenzieher)
- *screwdriver*
5 der Kreuzschlitzschraubendreher
- *cross-point screwdriver*
6 die Sägeraspel
- *saw rasp*
7 der Hammer
- *hammer*
8 die Holzraspel
- *wood rasp*
9 die Schruppfeile
- *roughing file*
10 der Kleinschraubstock
- *small vice (Am. vise)*
11 die Wasserpumpenzange
- *pipe wrench*
12 die Eckrohrzange
- *multiple pliers*
13 die Kneifzange
- *pincers*
14 die Kombizange
- *all-purpose wrench*
15 die Entisolierzange
- *wire stripper and cutter*
16 die elektrische Bohrmaschine
- *electric drill*
17 die Stahlsäge
- *hacksaw*
18 der Gipsbecher
- *plaster cup*
19 der Lötkolben
- *soldering iron*
20 der Lötzinndraht
- *tin-lead solder wire*
21 die Lammfellscheibe (Lammfellpolierhaube)
- *lamb's wool polishing bonnet*
22 der Polierteller (Gummiteller) für die Bohrmaschine
- *rubber backing disc (disk)*
23 Schleifscheiben *f*
- *grinding wheel*
24 der Drahtbürstenteller
- *wire wheel brush*
25 das Tellerschleifpapier
- *sanding discs (disks)*
26 der Anschlagwinkel
- *try square*
27 der Fuchsschwanz
- *hand saw*
28 der Universalschneider
- *universal cutter*
29 die Wasserwaage
- *spirit level*
30 der Stechbeitel
- *firmer chisel*
31 der Körner
- *centre (Am. center) punch*
32 der Durchschläger
- *nail punch*
33 der Zollstock (Maßstab)
- *folding rule (rule)*
34 der Kleinteilekasten
- *storage box for small parts*
35 der Werkzeugkasten (Handwerkskasten)
- *tool box*
36 der Weißleim (Kaltleim)
- *woodworking adhesive*
37 der Malerspachtel
- *stripping knife*
38 das Lassoband (Klebeband)
- *adhesive tape*
39 der Sortimentseinsatz mit Nägeln *m*, Schrauben *f* und Dübeln *m*
- *storage box with compartments for nails, screws and plugs*
40 der Schlosserhammer
- *machinist's hammer*
41 die zusammenlegbare Werkbank (Heimwerkerbank)
- *collapsible workbench (collapsible bench)*
42 die Spannvorrichtung
- *jig*
43 die elektrische Schlagbohrmaschine (der Elektrobohrer, Schlagbohrer)
- *electric percussion drill (electric hammer drill)*
44 der Pistolenhandgriff
- *pistol grip*
45 der zusätzliche Handgriff
- *side grip*
46 der Getriebeschalter
- *gearshift switch*
47 der Handgriff mit Abstandshalter *m*
- *handle with depth gauge (Am. gage)*
48 der Bohrkopf
- *chuck*
49 der Spiralbohrer
- *twist bit (twist drill)*
50-55 Zusatz- und Anbaugeräte zum Elektrobohrer
- *attachments for an electric drill*
50 die kombinierte Kreis- und Bandsäge
- *combined circular saw (buzz saw) and bandsaw*
51 die Drechselbank
- *wood-turning lathe*
52 der Kreissägevorsatz
- *circular saw attachment*
53 der Vibrationsschleifer
- *orbital sanding attachment (orbital sander)*
54 der Bohrständer
- *drill stand*
55 der Heckenscherenvorsatz
- *hedge-trimming attachment (hedge trimmer)*
56 die Lötpistole
- *soldering gun*
57 der Lötkolben
- *soldering iron*
58 der Blitzlöter
- *high-speed soldering iron*
59 die Polsterarbeit, das Beziehen eines Sessels
- *upholstery, upholstering an armchair*
60 der Bezugsstoff
- *fabric (material) for upholstery*
61 der Heimwerker (Selbstwerker)
- *do-it-yourself enthusiast*

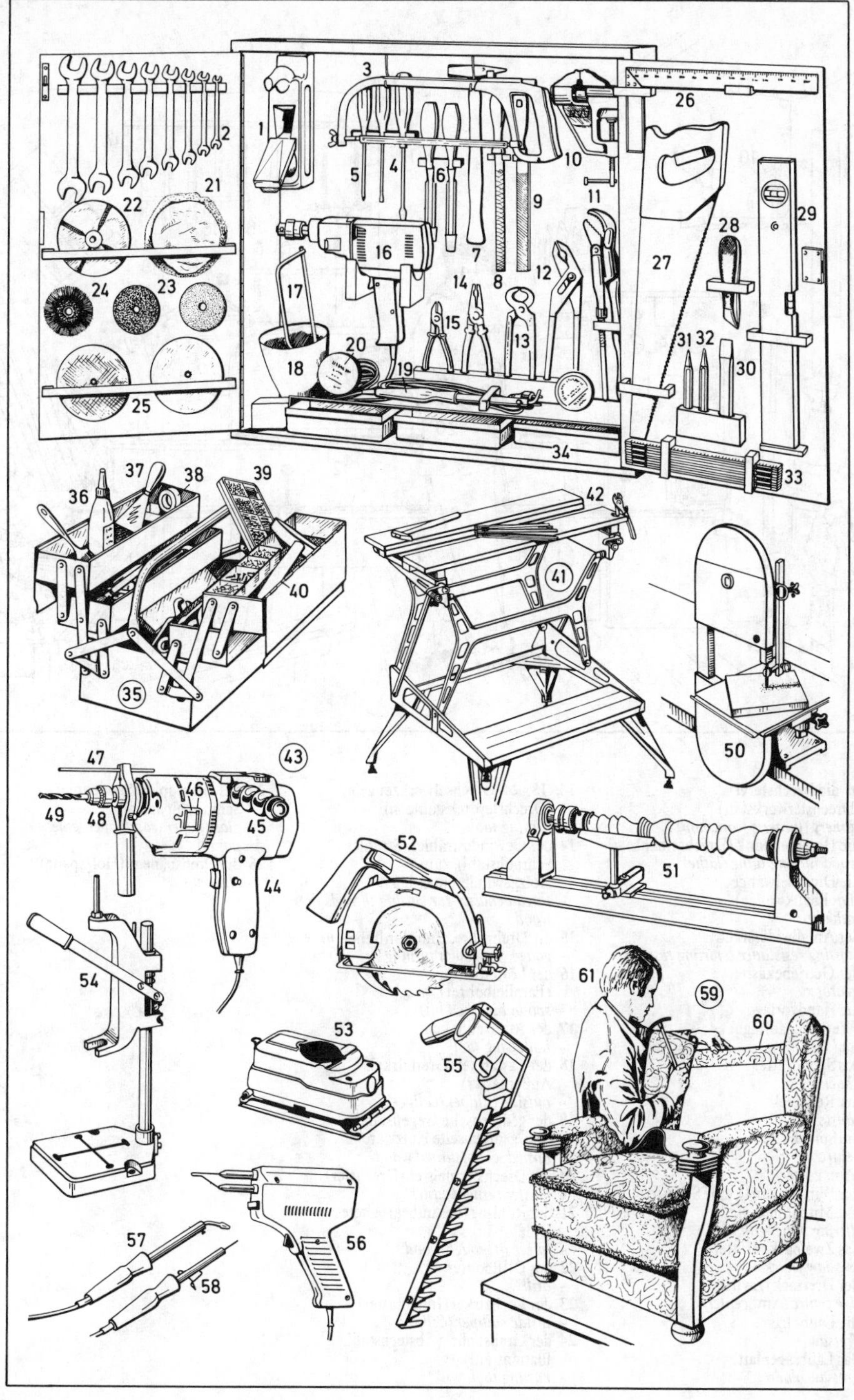
1
2
3
4
5
6
7
8
9
10
11
12
13
14
15
16
17
18
19
20
21
22
23
24
25
26
27
28
29
30
31
32
33
34
35
36
37
38
39
40
41
42
43
44
45
46
47
48
49
50
51
52
53
54
55
56
57
58
59
60
61

1-26 die Drechslerei (Drechslerwerkstatt)
- ***turnery*** *(turner's workshop)*

1 die Holzdrehbank (Drechselbank)
- *wood-turning lathe (lathe)*

2 die Drechselwange (Drehbankwange)
- *lathe bed*

3 der Anlaßwiderstand
- *starting resistance (starting resistor)*

4 der Getriebekasten
- *gearbox*

5 die Handvorlage (Werkzeugauflage)
- *tool rest*

6 das Spundfutter
- *chuck*

7 der Reitstock
- *tailstock*

8 die Spitzdocke
- *centre* *(Am. center)*

9 der Wirtel (Quirl), eine Schnurrolle mit Mitnehmer *m*
- *driving plate with pin*

10 das Zweibackenfutter
- *two-jaw chuck*

11 der Dreizack (Zwirl)
- *live centre (*Am. *center)*

12 die Laubsäge
- *fretsaw*

13 das Laubsägeblatt
- *fretsaw blade*

14, 15, 24 Drechselwerkzeuge *n* (Drechslerdrehstähle *m*)
- *turning tools*

14 der Gewindesträhler (Strähler, Schraubstahl), zum Holzgewindeschneiden *n*
- *thread chaser, for cutting threads in wood*

15 die Drehröhre, zum Vordrehen *n*
- *gouge, for rough turning*

16 der Löffelbohrer (Parallelbohrer)
- *spoon bit (shell bit)*

17 der Ausdrehhaken
- *hollowing tool*

18 der Tastzirkel (Greifzirkel, Außentaster)
- *outside calliper (caliper)*

19 der gedrechselte Gegenstand (die gedrechselte Holzware)
- *turned work (turned wood)*

20 der Drechslermeister (Drechsler)
- *master turner (turner)*

21 der Rohling (das unbearbeitete Holz)
- *[piece of] rough wood*

22 der Drillbohrer
- *drill*

23 der Lochzirkel (Innentaster)
- *inside calliper (caliper)*

24 der Grabstichel (Abstechstahl, Plattenstahl)
- *parting tool*

25 das Glaspapier (Sandpapier, Schmirgelpapier)
- *glass paper (sandpaper, emery paper)*

26 die Drehspäne *m* (Holzspäne)
- *shavings*

1-40 die Korbmacherei (Korbflechterei)
- ***basket making*** *(basketry, basketwork)*

1-4 Flechtarten *f*
- ***weaves*** *(strokes)*

1 das Drehergeflecht
- *randing*

2 das Köpergeflecht
- *rib randing*

3 das Schichtgeflecht
- *oblique randing*

4 das einfache Geflecht, ein Flechtwerk *n*
- *randing, a piece of wickerwork (screen work)*

5 der Einschlag
- *weaver*

6 die Stake
- *stake*

7 das Werkbrett
- *workboard;* also: *lapboard*

8 die Querleiste
- *screw block*

9 das Einsteckloch
- *hole for holding the block*

10 der Bock
- *stand*

11 der Spankorb
- *chip basket (spale basket)*

12 der Span
- *chip (spale)*

13 der Einweichbottich
- *soaking tub*

14 die Weidenruten *f* (Ruten)
- *willow stakes (osier stakes)*

15 die Weidenstöcke *m* (Stöcke)
- *willow rods (osier rods)*

16 der Korb, eine Flechtarbeit
- *basket, a piece of wickerwork (basketwork)*

17 der Zuschlag (Abschluß)
- *border*

18 das Seitengeflecht
- *woven side*

19 der Bodenstern
- *round base*

20 das Bodengeflecht
- *woven base*

21 das Bodenkreuz
- *slath*

22-24 die Gestellarbeit
- ***covering a frame***

22 das Gestell
- *frame*

23 der Splitt
- *end*

24 die Schiene
- *rib*

25 das Gerüst
- *upsett*

26 das Gras; *Arten:* Espartogras, Alfagras (Halfagras)
- *grass;* kinds: *esparto grass, alfalfa grass*

27 das Schilf (Rohrkolbenschilf)
- *rush (bulrush, reed mace)*

28 die Binse (Chinabinsenschnur)
- *reed (China reed, string)*

29 das Raffiabast (Bast)
- *raffia (bast)*

30 das Stroh
- *straw*

31 das Bambusrohr
- *bamboo cane*

32 das Peddigrohr (span. Rohr, der Rotang)
- *rattan (ratan) chair cane*

33 der Korbmacher (Korbflechter)
- *basket maker*

34 das Biegeeisen
- *bending tool*

35 der Reißer
- *cutting point (bodkin)*

36 das Klopfeisen
- *rapping iron*

37 die Beißzange
- *pincers*

38 das Putzmesser (der Ausstecher)
- *picking knife*

39 der Schienenhobel
- *shave*

40 die Bogensäge
- *hacksaw*

1-8 die Esse mit dem Schmiedefeuer *n*
- ***hearth (forge) with blacksmith's fire***

1 die Esse
- *hearth (forge)*

2 die Feuerschaufel
- *shovel (slice)*

3 der Löschwedel
- *swab*

4 die Feuerkratze
- *rake*

5 der Schlackenhaken
- *poker*

6 die Luftzuführung
- *blast pipe (tue iron)*

7 der Rauchfang
- *chimney (cowl, hood)*

8 der Löschtrog
- *water trough (quenching trough, bosh)*

9 der Schmiedelufthammer
- *power hammer*

10 der Hammerbär
- *ram (tup)*

11-16 der Amboß
- ***anvil***

11 der Amboß
- *anvil*

12 das Vierkanthorn
- *flat beak (beck, bick)*

13 das Rundhorn
- *round beak (beck, bick)*

14 der Voramboß
- *auxiliary table*

15 der Backen
- *foot*

16 der Stauchklotz
- *upsetting block*

17 die Lochplatte
- *swage block*

18 der Werkzeugschleifbock
- *tool-grinding machine (tool grinder)*

19 die Schleifscheibe
- *grinding wheel*

20 der Flaschenzug
- *block and tackle*

21 die Werkbank
- *workbench (bench)*

22-39 Schmiedewerkzeuge *n*
- ***blacksmith's tools***

22 der Vorschlaghammer
- *sledge hammer*

23 der Schmiedehandhammer
- *blacksmith's hand hammer*

24 die Flachzange
- *flat tongs*

25 die Rundzange
- *round tongs*

26 die Teile des Hammers *m*
- *parts of the hammer*

27 die Pinne
- *peen (pane, pein)*

28 die Bahn
- *face*

29 das Auge
- *eye*

30 der Stiel
- *haft*

31 der Keil
- *cotter punch*

32 der Abschroter
- *hardy (hardie)*

33 der Flachhammer
- *set hammer*

34 der Kehlhammer
- *sett (set, sate)*

35 der Schlichthammer
- *flat-face hammer (flatter)*

36 der Rundlochhammer
- *round punch*

37 die Winkelzange
- *angle tongs*

38 der Schrotmeißel
- *blacksmith's chisel (scaling hammer, chipping hammer)*

39 das Dreheisen
- *moving iron (bending iron)*

138 Schmied II (Landfahrzeugtechnik)

Blacksmith (Smith) II (Farm Vehicle Engineering)

1 die Druckluftanlage
- *compressed-air system*

2 der Elektromotor
- *electric motor*

3 der Kompressor
- *compressor*

4 der Druckluftkessel
- *compressed-air tank*

5 die Druckluftleitung
- *compressed-air line*

6 der Druckluftschlagschrauber
- *percussion screwdriver*

7 das Schleifgerät (die Werkstattschleifmaschine)
- *pedestal grinding machine (floor grinding machine)*

8 die Schleifscheibe
- *grinding wheel*

9 die Schutzhaube
- *guard*

10 der Anhänger
- *trailer*

11 die Bremstrommel
- *brake drum*

12 die Bremsbacke
- *brake shoe*

13 der Bremsbelag
- *brake lining*

14 der Prüfkasten
- *testing kit*

15 das Druckluftmeßgerät
- *pressure gauge (Am. gage)*

16 der Bremsprüfstand, ein Rollenbremsprüfstand
- *brake-testing equipment, a rolling road*

17 die Bremsgrube
- *pit*

18 die Bremsrolle
- *braking roller*

19 das Registriergerät
- *meter (recording meter)*

20 die Bremstrommel-Feindrehmaschine
- *precision lathe for brake drums*

21 das Lkw-Rad
- *lorry wheel*

22 das Bohrwerk
- *boring mill*

23 die Schnellsäge, eine Bügelsäge
- *power saw, a hacksaw (power hacksaw)*

24 der Schraubstock
- *vice (Am. vise)*

25 der Sägebügel
- *saw frame*

26 die Kühlmittelzuführung
- *coolant supply pipe*

27 die Nietmaschine
- *riveting machine*

28 das Anhängerchassis im Rohbau *m*
- *trailer frame (chassis) under construction*

29 das Schutzgasschweißgerät
- *inert-gas welding equipment*

30 der Gleichrichter
- *rectifier*

31 das Steuergerät
- *control unit*

32 die CO_2-Flasche
- *CO_2 cylinder*

33 der Amboß
- *anvil*

34 die Esse mit dem Schmiedefeuer
- *hearth (forge) with blacksmith's fire*

35 der Autogenschweißwagen
- *trolley for gas cylinders*

36 das Reparaturfahrzeug, ein Traktor *m*
- *vehicle under repair, a tractor*

139 Freiform- und Gesenkschmiede (Warmmassivumformung)

1 der Rillenherd-Durchstoßofen zum Wärmen *n* von Rundmaterialien *n*
- *continuous furnace with grid hearth for annealing of round stock*

2 die Ausfallöffnung
- *discharge opening (discharge door)*

3 die Gasbrenner *m*
- *gas burners*

4 die Bedienungstür
- *charging door*

5 der Gegenschlaghammer
- *counterblow hammer*

6 der Oberbär
- *upper ram*

7 der Unterbär
- *lower ram*

8 die Bärführung
- *ram guide*

9 der hydraulische Antrieb
- *hydraulic drive*

10 der Ständer
- *column*

11 der Kurzhubgesenkhammer
- *short-stroke drop hammer*

12 der Hammerbär (Bär, Hammer)
- *ram (tup)*

13 der obere Schmiedesattel (das Obergesenk)
- *upper die block*

14 der untere Schmiedesattel (das Untergesenk)
- *lower die block*

15 der hydraulische Antrieb
- *hydraulic drive*

16 der Hammerständer
- *frame*

17 die Schabotte (der Amboß)
- *anvil*

18 die Gesenkschmiede- und Kalibrierpresse
- *forging and sizing press*

19 der Maschinenständer
- *standard*

20 die Tischplatte
- *table*

21 die Lamellenreibungskupplung
- *disc (disk) clutch*

22 die Preßluftzuleitung
- *compressed-air pipe*

23 das Magnetventil
- *solenoid valve*

24 der Lufthammer
- *air-lift gravity hammer (air-lift drop hammer)*

25 der Antriebsmotor
- *drive motor*

26 der Schlagbär
- *hammer (tup)*

27 der Fußsteuerhebel
- *foot control (foot pedal)*

28 das freiformgeschmiedete (vorgeschmiedete) Werkstück
- *preshaped (blocked) workpiece*

29 der Bärführungskopf
- *hammer guide*

30 der Bärzylinder
- *hammer cylinder*

31 die Schabotte
- *anvil*

32 der Schmiedemanipulator (Manipulator) zum Bewegen *n* des Werkstücks *n* beim Freiformschmieden *n*
- *mechanical manipulator to move the workpiece in hammer forging*

33 die Zange
- *dogs*

34 das Gegengewicht
- *counterweight*

35 die hydraulische Schmiedepresse
- *hydraulic forging press*

36 der Preßkopf
- *crown*

37 das Querhaupt
- *cross head*

38 der obere Schmiedesattel
- *upper die block*

39 der untere Schmiedesattel
- *lower die block*

40 die Schabotte (der Unteramboß)
- *anvil*

41 der Hydraulikkolben
- *hydraulic piston*

42 die Säulenführung
- *pillar guide*

43 die Wendevorrichtung
- *rollover device*

44 die Krankette
- *burden chain (chain sling)*

45 der Kranhaken
- *crane hook*

46 das Werkstück
- *workpiece*

47 der gasbeheizte Schmiedeofen
- *gas furnace (gas-fired furnace)*

48 der Gasbrenner
- *gas burner*

49 die Arbeitsöffnung
- *charging opening*

50 der Kettenschleier
- *chain curtain*

51 die Aufzugstür
- *vertical-lift door*

52 die Heißluftleitung
- *hot-air duct*

53 der Luftvorwärmer
- *air preheater*

54 die Gaszufuhr
- *gas pipe*

55 die Türaufzugsvorrichtung
- *electric door-lifting mechanism*

56 der Luftschleier
- *air blast*

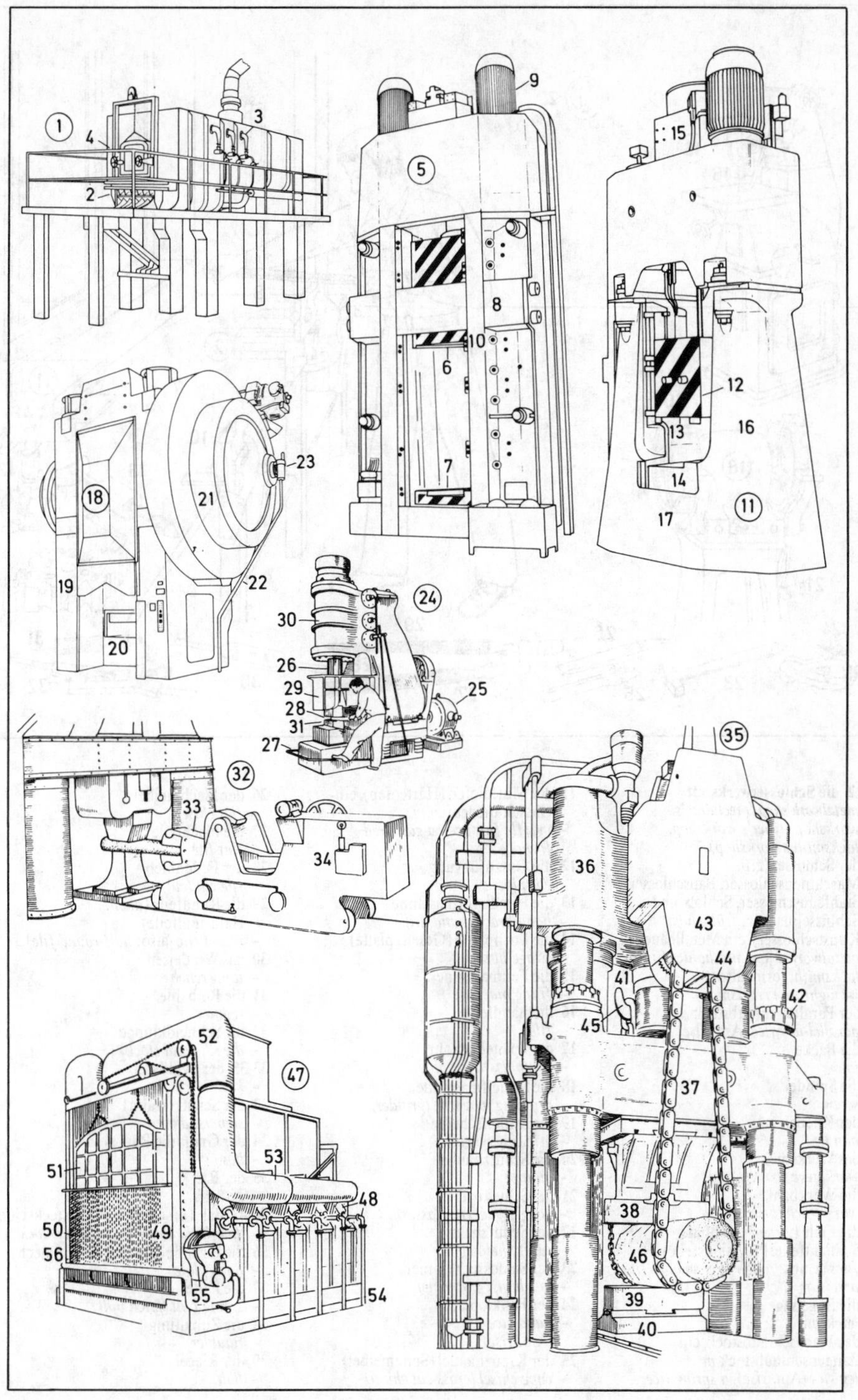
1
2
3
4
5
6
7
8
9
10
11
12
13
14
15
16
17
18
19
20
21
22
23
24
25
26
27
28
29
30
31
32
33
34
35
36
37
38
39
40
41
42
43
44
45
46
47
48
49
50
51
52
53
54
55
56

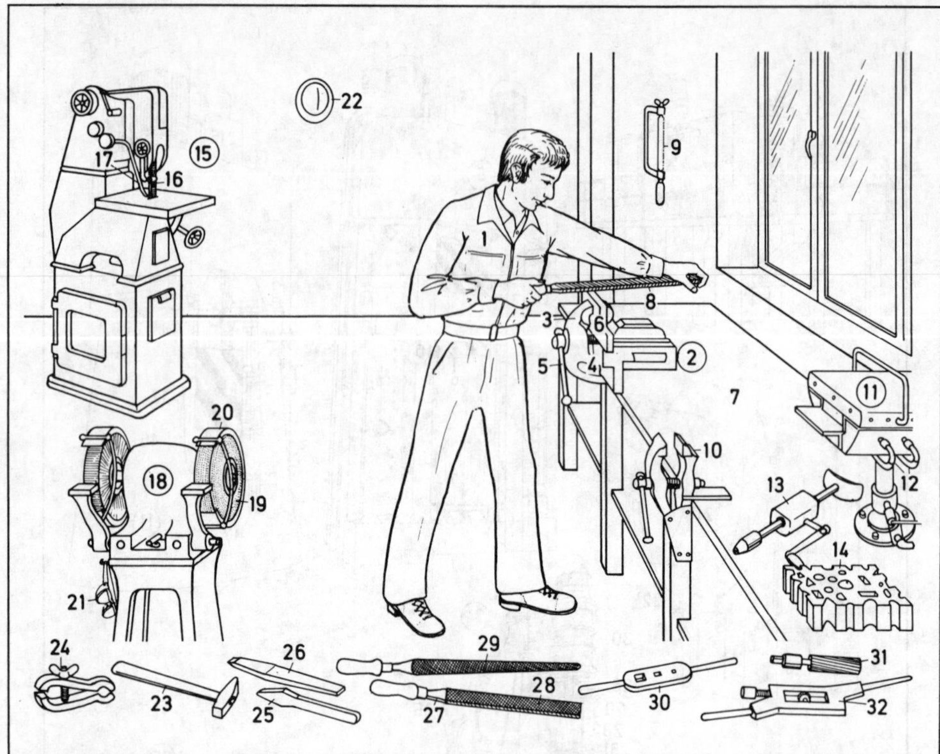

1-22 die Schlosserwerkstatt
- ***metalwork shop*** *(mechanic's workshop, fitter's workshop, locksmith's workshop)*

1 der Schlosser (*z.B.* Maschinenschlosser, Bauschlosser, Stahlbauschlosser, Schloß- und Schlüsselmacher; *früh. auch:* Kunstschlosser), ein Metallbauer *m*
- *metalworker (*e.g. *mechanic, fitter, locksmith;* form. also: *wrought-iron craftsman)*

2 der Parallelschraubstock
- *parallel-jaw vice (*Am. *vise)*

3 die Backe
- *jaw*

4 die Spindel
- *screw*

5 der Knebel
- *handle*

6 das Werkstück
- *workpiece*

7 die Werkbank
- *workbench (bench)*

8 die Feile (*Arten:* Grobfeile, Schlichtfeile, Präzisionsfeile)
- *files (*kinds: *rough file, smooth file, precision file)*

9 die Bügelsäge
- *hacksaw*

10 der Flachschraubstock, ein Zangenschraubstock *m*
- *leg vice (*Am. *vise), a spring vice*

11 der Muffelofen (Härteofen), ein Gasschmiedeofen *m*
- *muffle furnace, a gas-fired furnace*

12 die Gaszuführung
- *gas pipe*

13 die Handbohrmaschine
- *hand brace (hand drill)*

14 die Lochplatte (Gesenkplatte)
- *swage block*

15 die Feilmaschine
- *filing machine*

16 die Bandfeile
- *file*

17 das Späneblasrohr
- *compressed-air pipe*

18 die Schleifmaschine
- *grinding machine (grinder)*

19 die Schleifscheibe
- *grinding wheel*

20 die Schutzhaube
- *guard*

21 die Schutzbrille
- *goggles (safety glasses)*

22 der Schutzhelm
- *safety helmet*

23 der Schlosserhammer
- *machinist's hammer*

24 der Feilkloben
- *hand vice (*Am. *vise)*

25 der Kreuzmeißel (Spitzmeißel)
- *cape chisel (cross-cut chisel)*

26 der Flachmeißel
- *flat chisel*

27 die Flachfeile
- *flat file*

28 der Feilenhieb
- *file cut (cut)*

29 die Rundfeile (*auch:* Halbrundfeile)
- *round file (*also: *half-round file)*

30 das Windeisen
- *tap wrench*

31 die Reibahle
- *reamer*

32 die Schneidkluppe
- *die (die and stock)*

33-35 der Schlüssel
- ***key***

33 der Schaft (Halm)
- *stem (shank)*

34 der Griff (die Räute)
- *bow*

35 der Bart
- *bit*

36-43 das Türschloß, ein Einsteckschloß *n*
- ***door lock, a mortise (mortice) lock***

36 die Grundplatte (das Schloßblech)
- *back plate*

37 die Falle
- *spring bolt (latch bolt)*

38 die Zuhaltung
- *tumbler*

39 der Riegel
- *bolt*

40 das Schlüsselloch
- *keyhole*

41 der Führungszapfen
- *bolt guide pin*

42 die Zuhaltungsfeder
- *tumbler spring*

43 die Nuß, mit Vierkantloch *n*
- *follower, with square hole*

44 das Zylinderschloß (Sicherheitsschloß)
- *cylinder lock (safety lock)*

45 der Zylinder
- *cylinder (plug)*

46 die Feder
- *spring*

47 der Arretierstift
- *pin*

48 der Sicherheitsschlüssel, ein Flachschlüssel *m*
- *safety key, a flat key*

49 das Scharnierband
- *lift-off hinge*

50 das Winkelband
- *hook-and-ride band*

51 das Langband
- *strap hinge*

52 der Meßschieber (die Schieblehre)
- *vernier calliper (caliper) gauge* (Am. *gage)*

53 die Fünlerlehre
- *feeler gauge* (Am. *gage)*

54 der Tiefenmeßschieber (die Tiefenlehre)
- *vernier depth gauge* (Am. *gage)*

55 der Nonius
- *vernier*

56 das Haarlineal
- *straightedge*

57 der Meßwinkel
- *square*

58 die Brustleier
- *breast drill*

59 der Spiralbohrer
- *twist bit (twist drill)*

60 der Gewindebohrer (das Gewindeeisen)
- *screw tap (tap)*

61 die Gewindebacken *m*
- *halves of a screw die*

62 der Schraubendreher (Schraubenzieher)
- *screwdriver*

63 der Schaber (*auch:* Dreikantschaber)
- *scraper (*also: *pointed triangle scraper)*

64 der Körner
- *centre (*Am. *center) punch*

65 der Durchschlag
- *round punch*

66 die Flachzange
- *flat-nose pliers*

67 der Hebelvorschneider
- *detachable-jaw cut nippers*

68 die Rohrzange
- *gas pliers*

69 die Kneifzange
- *pincers*

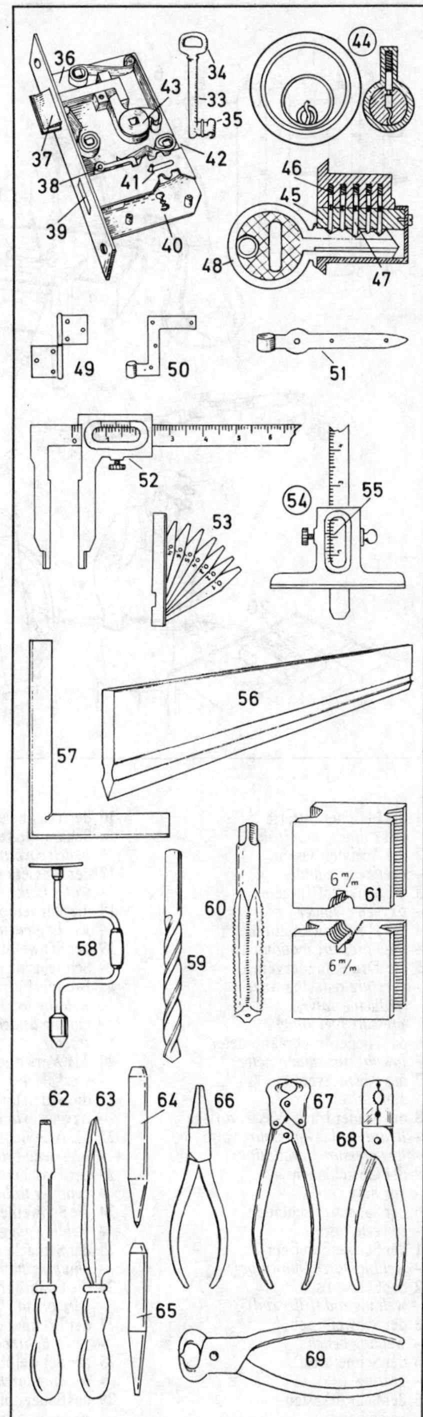

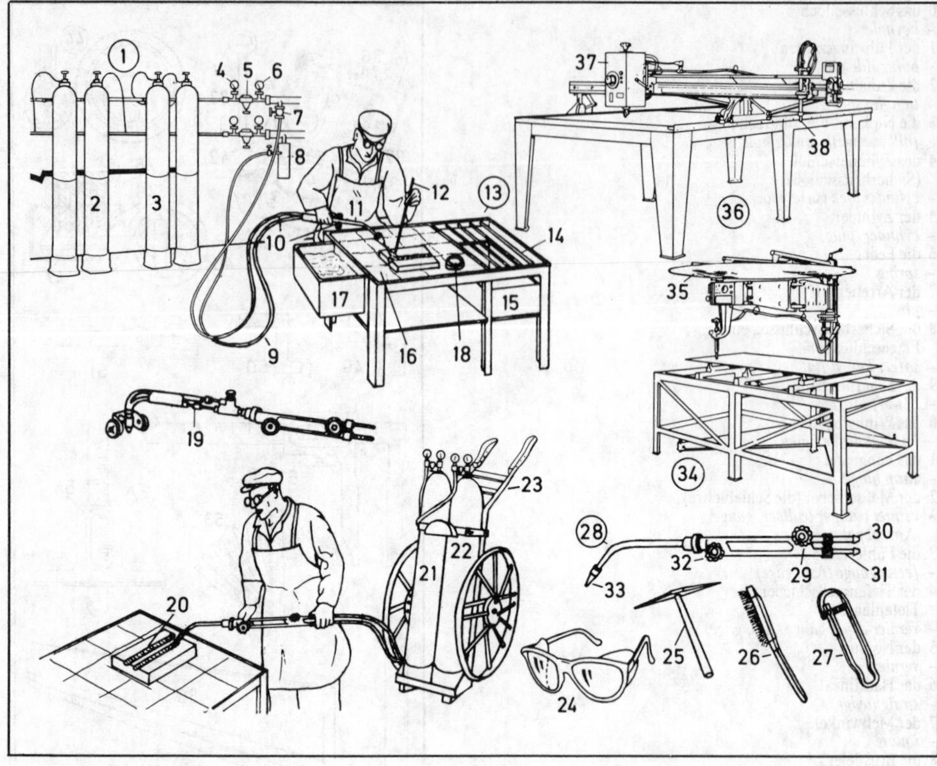

1 die Flaschenbatterie
- *gas cylinder manifold*

2 die Acetylenflasche
- *acetylene cylinder*

3 die Sauerstoffflasche
- *oxygen cylinder*

4 das Hochdruckmanometer
- *high-pressure manometer*

5 das Druckminderventil
- *pressure-reducing valve (reducing valve, pressure regulator)*

6 das Niederdruckmanometer
- *low-pressure manometer*

7 das Absperrventil
- *stop valve*

8 die Niederdruck-Wasservorlage
- *hydraulic back-pressure valve for low-pressure installations*

9 der Gasschlauch
- *gas hose*

10 der Sauerstoffschlauch
- *oxygen hose*

11 der Schweißbrenner
- *welding torch (blowpipe)*

12 der Schweißstab
- *welding rod (filler rod)*

13 der Schweißtisch
- *welding bench*

14 der Schneidrost
- *grating*

15 der Schrottkasten
- *scrap box*

16 der Tischbelag, aus Schamottesteinen *m*
- *bench covering of chamotte slabs*

17 der Wasserkasten
- *water tank*

18 die Schweißpaste
- *welding paste (flux)*

19 der Schweißbrenner, mit Schneidsatz *m* und Brennerführungswagen *m*
- *welding torch (blowpipe) with cutting attachment and guide tractor*

20 das Werkstück
- *workpiece*

21 die Sauerstoffflasche
- *oxygen cylinder*

22 die Acetylenflasche
- *acetylene cylinder*

23 der Flaschenwagen
- *cylinder trolley*

24 die Schweißerbrille
- *welding goggles*

25 der Schlackenhammer
- *chipping hammer*

26 die Drahtbürste
- *wire brush*

27 der Brenneranzünder
- *torch lighter (blowpipe lighter)*

28 der Schweißbrenner
- *welding torch (blowpipe)*

29 das Sauerstoffventil
- *oxygen control*

30 der Sauerstoffanschluß
- *oxygen connection*

31 der Brenngasanschluß
- *gas connection (acetylene connection)*

32 das Brenngasventil
- *gas control (acetylene control)*

33 das Schweißmundstück
- *welding nozzle*

34 die Brennschneidemaschine
- *cutting machine*

35 die Kreisführung
- *circular template*

36 die Universalbrennschneidemaschine
- *universal cutting machine*

37 der Steuerkopf
- *tracing head*

38 die Brennerdüse
- *cutting nozzle*

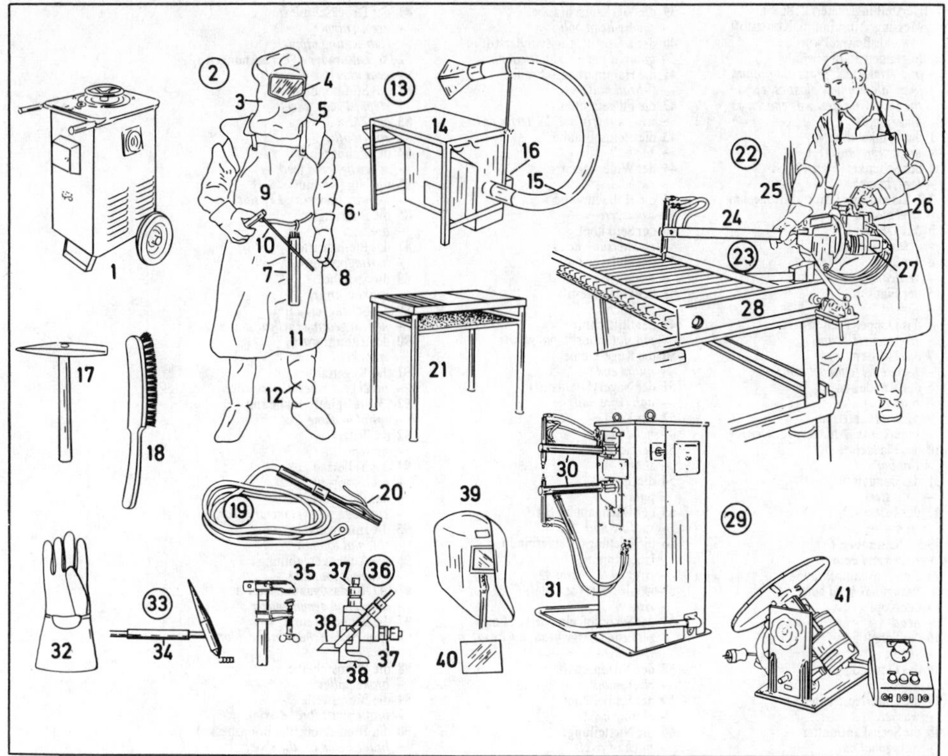

1 der Schweißtransformator (Schweißtrafo)
- *welding transformer*

2 der Elektroschweißer
- *arc welder*

3 die Schweißerschutzhaube
- *arc welding helmet*

4 das hochklappbare Schutzglas
- *flip-up window*

5 der Schulterschutz
- *shoulder guard*

6 der Ärmelschutz
- *protective sleeve*

7 der Elektrodenköcher
- *electrode case*

8 der dreifingrige Schweißerhandschuh
- *three-fingered welding glove*

9 der Elektrodenhalter
- *electrode holder*

10 die Elektrode
- *electrode*

11 die Lederschürze
- *leather apron*

12 der Schienbeinschutz
- *shin guard*

13 der Absaugeschweißtisch
- *welding table with fume extraction equipment*

14 die Absaugetischfläche
- *table top*

15 der Absaugeschwenkrüssel
- *movable extractor duct*

16 der Abluftstutzen
- *extractor support*

17 der Schlackenhammer
- *chipping hammer*

18 die Stahldrahtbürste
- *wire brush*

19 das Schweißkabel
- *welding lead*

20 der Elektrodenhalter
- *electrode holder*

21 der Schweißtisch
- *welding bench*

22 die Punktschweißung
- *spot welding*

23 die Punktschweißzange
- *spot welding electrode holder*

24 der Elektrodenarm
- *electrode arm*

25 die Stromzuführung (das Anschlußkabel)
- *power supply (lead)*

26 der Elektrodenkraftzylinder
- *electrode-pressure cylinder*

27 der Schweißtransformator
- *welding transformer*

28 das Werkstück
- *workpiece*

29 die fußbetätigte Punktschweißmaschine
- *foot-operated spot welder*

30 die Schweißarme *m*
- *welder electrode arms*

31 der Fußbügel für den Elektrodenkraftaufbau
- *foot pedal for welding pressure adjustment*

32 der fünffingrige Schweißerhandschuh
- *five-fingered welding glove*

33 der Schutzgasschweißbrenner für die Schutzgasschweißung (Inertgasschweißung)
- *inert-gas torch for inert-gas welding (gas-shielded arc welding)*

34 die Schutzgaszuführung
- *inert-gas (shielding-gas) supply*

35 die Polzwinge (Werkstückklemme, Erdklemme, der Gegenkontakt)
- *work clamp (earthing clamp)*

36 die Kehlnahtmeßlehre
- *fillet gauge (Am. gage) (weld gauge) [for measuring throat thickness]*

37 die Feinmeßschraube (Mikrometerschraube)
- *micrometer*

38 der Meßschenkel
- *measuring arm*

39 das Schutzschild (Schweißschutzschild)
- *arc welding helmet*

40 das Schweißhaubenglas
- *filter lens*

41 der Kleindrehtisch
- *small turntable*

143 Profile, Schrauben und Maschinenteile

[Herstellungsmaterial: Stahl, Messing, Aluminium, Kunststoff usw.; als Beispiel wurde im folgenden Stahl gewählt]
- *[material: steel, brass, aluminium* (Am. *aluminum), plastics, etc; in the following, steel was chosen as an example]*

1 das Winkeleisen
- *angle iron (angle)*

2 der Schenkel (Flansch)
- *leg (flange)*

3-7 Eisenträger (Baustahlträger) *m*
- ***steel girders***

3 das T-Eisen
- *T-iron (tee-iron)*

4 der Steg
- *vertical leg*

5 der Flansch
- *flange*

6 das Doppel-T-Eisen
- *H-girder (H-beam)*

7 das U-Eisen
- *E-channel (channel iron)*

8 das Rundeisen
- *round bar*

9 das Vierkanteisen
- *square iron* (Am. *square stock)*

10 das Flacheisen
- *flat bar*

11 das Bandeisen
- *strip steel*

12 der Eisendraht
- *iron wire*

13-50 Schrauben *f*
- ***screws and bolts***

13 die Sechskantschraube
- *hexagonal-head bolt*

14 der Kopf
- *head*

15 der Schaft
- *shank*

16 das Gewinde
- *thread*

17 die Unterlegscheibe
- *washer*

18 die Sechskantmutter
- *hexagonal nut*

19 der Splint
- *split pin*

20 die Rundkuppe
- *rounded end*

21 die Schlüsselweite
- *width of head (of flats)*

22 die Stiftschraube
- *stud*

23 die Spitze
- *point (end)*

24 die Kronenmutter
- *castle nut (castellated nut)*

25 das Splintloch
- *hole for the split pin*

26 die Kreuzschlitzschraube, eine Blechschraube
- *cross-head screw, a sheet-metal screw (self-tapping screw)*

27 die Innensechskantschraube
- *hexagonal socket head screw*

28 die Senkschraube
- *countersunk-head bolt*

29 die Nase
- *catch*

30 die Gegenmutter (Kontermutter)
- *locknut (locking nut)*

31 der Zapfen
- *bolt (pin)*

32 die Bundschraube
- *collar-head bolt*

33 der Schraubenbund
- *set collar (integral collar)*

34 der Sprengring (Federring)
- *spring washer (washer)*

35 die Lochrundmutter, eine Stellmutter
- *round nut, an adjusting nut*

36 die Zylinderkopfschraube, eine Schlitzschraube
- *cheese-head screw, a slotted screw*

37 der Kegelstift
- *tapered pin*

38 der Schraubenschlitz
- *screw slot (screw slit, screw groove)*

39 die Vierkantschraube
- *square-head bolt*

40 der Kerbstift, ein Zylinderstift *m*
- *grooved pin, a cylindrical pin*

41 die Hammerkopfschraube
- *T-head bolt*

42 die Flügelmutter
- *wing nut (fly nut, butterfly nut)*

43 die Steinschraube
- *rag bolt*

44 der Widerhaken
- *barb*

45 die Holzschraube
- *wood screw*

46 der Senkkopf
- *countersunk head*

47 das Holzgewinde
- *wood screw thread*

48 der Gewindestift
- *grub screw*

49 der Stiftschlitz
- *pin slot (pin slit, pin groove)*

50 die Kugelkuppe
- *round end*

51 der Nagel (Drahtstift)
- *nail (wire nail)*

52 der Kopf
- *head*

53 der Schaft
- *shank*

54 die Spitze
- *point*

55 der Dachpappenstift
- *roofing nail*

56 die Nietung (Nietverbindung, Überlappung)
- *riveting (lap riveting)*

57-60 die Niete (der Niet)
- ***rivet***

57 der Setzkopf, ein Nietkopf *m*
- *set head (swage head, die head), a rivet head*

58 der Nietenschaft
- *rivet shank*

59 der Schließkopf
- *closing head*

60 die Nietteilung
- *pitch of rivets*

61 die Welle
- *shaft*

62 die Fase
- *chamfer (bevel)*

63 der Zapfen
- *journal*

64 der Hals
- *neck*

65 der Sitz
- *seat*

66 die Keilnut
- *keyway*

67 der Kegelsitz (Konus)
- *conical seat (cone)*

68 das Gewinde
- *thread*

69 das Kugellager, ein Wälzlager *n*
- *ball bearing, an antifriction bearing*

70 die Stahlkugel
- *steel ball (ball)*

71 der Außenring
- *outer race*

72 der Innenring
- *inner race*

73-74 die Nutkeile *m*
- ***keys***

73 der Einlegekeil (Federkeil, die Feder)
- *sunk key (feather)*

74 der Nasenkeil
- *gib (gib-headed key)*

75-76 das Nadellager
- ***needle roller bearing***

75 der Nadelkäfig
- *needle cage*

76 die Nadel
- *needle*

77 die Kronenmutter
- *castle nut (castellated nut)*

78 der Splint
- *split pin*

79 das Gehäuse
- *casing*

80 der Gehäusedeckel
- *casing cover*

81 der Druckschmiernippel
- *grease nipple (lubricating nipple)*

82-96 Zahnräder *n* **(Verzahnungen** *f***)**
- ***gear wheels, cog wheels***

82 das Stufenrad
- *stepped gear wheel*

83 der Zahn
- *cog (tooth)*

84 der Zahngrund
- *space between teeth*

85 die Nut (Keilnut)
- *keyway (key seat, key slot)*

86 die Bohrung
- *bore*

87 das Pfeilstirnrad
- *herringbone gear wheel*

88 die Speiche
- *spokes (arms)*

89 die Schrägverzahnung
- *helical gearing (helical spur wheel)*

90 der Zahnkranz
- *sprocket*

91 das Kegelrad
- *bevel gear wheel (bevel wheel)*

92-93 die Spiralverzahnung
- ***spiral toothing***

92 das Ritzel
- *pinion*

93 das Tellerrad
- *crown wheel*

94 das Planetengetriebe
- *epicyclic gear (planetary gear)*

95 die Innenverzahnung
- *internal toothing*

96 die Außenverzahnung
- *external toothing*

97-107 Bremsdynamometer *n*
- ***absorption dynamometer***

97 die Backenbremse
- *shoe brake (check brake, block brake)*

98 die Bremsscheibe
- *brake pulley*

99 die Bremswelle
- *brake shaft (brake axle)*

100 der Bremsklotz (die Bremsbacke)
- *brake block (brake shoe)*

101 die Zugstange
- *pull rod*

102 der Bremslüftmagnet
- *brake magnet*

103 das Bremsgewicht
- *brake weight*

104 die Bandbremse
- *band brake*

105 das Bremsband
- *brake band*

106 der Bremsbelag
- *brake lining*

107 die Stellschraube, zur gleichmäßigen Lüftung
- *adjusting screw, for even application of the brake*

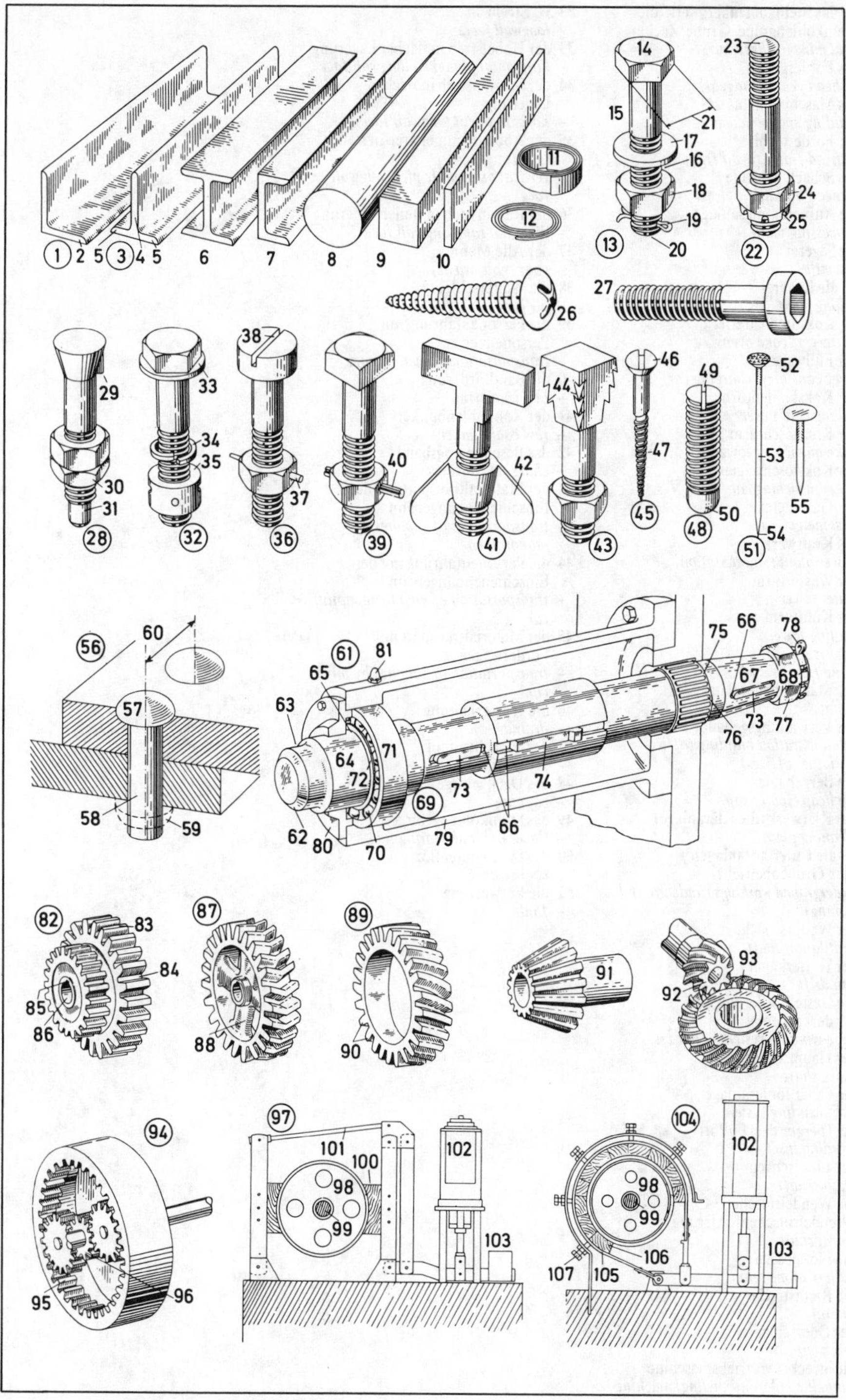
1
2
5
3
4
5
6
7
8
9
10
11
12
13
14
15
16
17
18
19
20
21
22
23
24
25
26
27
28
29
30
31
32
33
34
35
36
37
38
39
40
41
42
43
44
45
46
47
48
49
50
51
52
53
54
55
56
57
58
59
60
61
62
63
64
65
66
67
68
69
70
71
72
73
74
75
76
77
78
79
80
81
82
83
84
85
86
87
88
89
90
91
92
93
94
95
96
97
98
99
100
101
102
103
104
105
106
107

1-51 das Steinkohlenbergwerk (die Steinkohlengrube, Grube, Zeche)
- ***coal mine*** *(colliery, pit)*

1 das Fördergerüst
- *pithead gear (headgear)*

2 das Maschinenhaus
- *winding engine house*

3 der Förderturm
- *pithead frame (head frame)*

4 das Schachtgebäude
- *pithead building*

5 die Aufbereitungsanlage
- *processing plant*

6 die Sägerei
- *sawmill*

7-11 die Kokerei
- ***coking plant***

7 die Koksofenbatterie
- *battery of coke ovens*

8 der Füllwagen
- *larry car (larry, charging car)*

9 der Kokskohlenturm
- *coking coal tower*

10 der Kokslöschturm
- *coke-quenching tower*

11 der Kokslöschwagen
- *coke-quenching car*

12 der Gasometer
- *gasometer*

13 das Kraftwerk
- *power plant (power station)*

14 der Wasserturm
- *water tower*

15 der Kühlturm
- *cooling tower*

16 der Grubenlüfter
- *mine fan*

17 der Materiallagerplatz
- *depot*

18 das Verwaltungsgebäude
- *administration building (office building, offices)*

19 die Bergehalde
- *tip heap (spoil heap)*

20 das Klärwerk (die Kläranlage)
- *cleaning plant*

21-51 die Untertageanlagen *f* (der Grubenbetrieb)
- ***underground workings*** *(underground mining)*

21 der Wetterschacht
- *ventilation shaft*

22 der Wetterkanal
- *fan drift*

23 die Gestellförderung mit Förderkörben *m*
- *cage-winding system with cages*

24 der Hauptschacht
- *main shaft*

25 die Gefäßförderanlage
- *skip-winding system*

26 der (*bergm.* das) Füllort
- *winding inset*

27 der Blindschacht
- *staple shaft*

28 die Wendelrutsche (Wendelrutschenförderung)
- *spiral chute*

29 die Flözstrecke
- *gallery along seam*

30 die Richtstrecke
- *lateral*

31 der Querschlag
- *cross-cut*

32 die Streckenvortriebsmaschine
- *tunnelling (Am. tunneling) machine*

33-37 Strebe *m*
- ***longwall faces***

33 der Hobelstreb in flacher Lagerung
- *horizontal ploughed longwall face*

34 der Schrämstreb in flacher Lagerung
- *horizontal cut longwall face*

35 der Abbauhammerstreb in steiler Lagerung
- *vertical pneumatic pick longwall face*

36 der Rammstreb in steiler Lagerung
- *diagonal ram longwall face*

37 der Alte Mann
- *goaf (gob, waste)*

38 die Wetterschleuse
- *air lock*

39 die Personenfahrung mit Personenzug *m*
- *transportation of men by cars*

40 die Bandförderung
- *belt conveying*

41 der Rohkohlenbunker
- *raw coal bunker*

42 das Beschickungsband
- *charging conveyor*

43 der Materialtransport mit der Einschienenhängebahn
- *transportation of supplies by monorail car*

44 die Personenfahrung mit der Einschienenhängebahn
- *transportation of men by monorail car*

45 der Materialtransport mit Förderwagen *m*
- *transportation of supplies by mine car*

46 die Wasserhaltung
- *drainage*

47 der Schachtsumpf
- *sump (sink)*

48 das Deckgebirge
- *capping*

49 das Steinkohlengebirge
- *[layer of] coal-bearing rock*

50 das Steinkohlenflöz
- *coal seam*

51 die Verwerfung
- *fault*

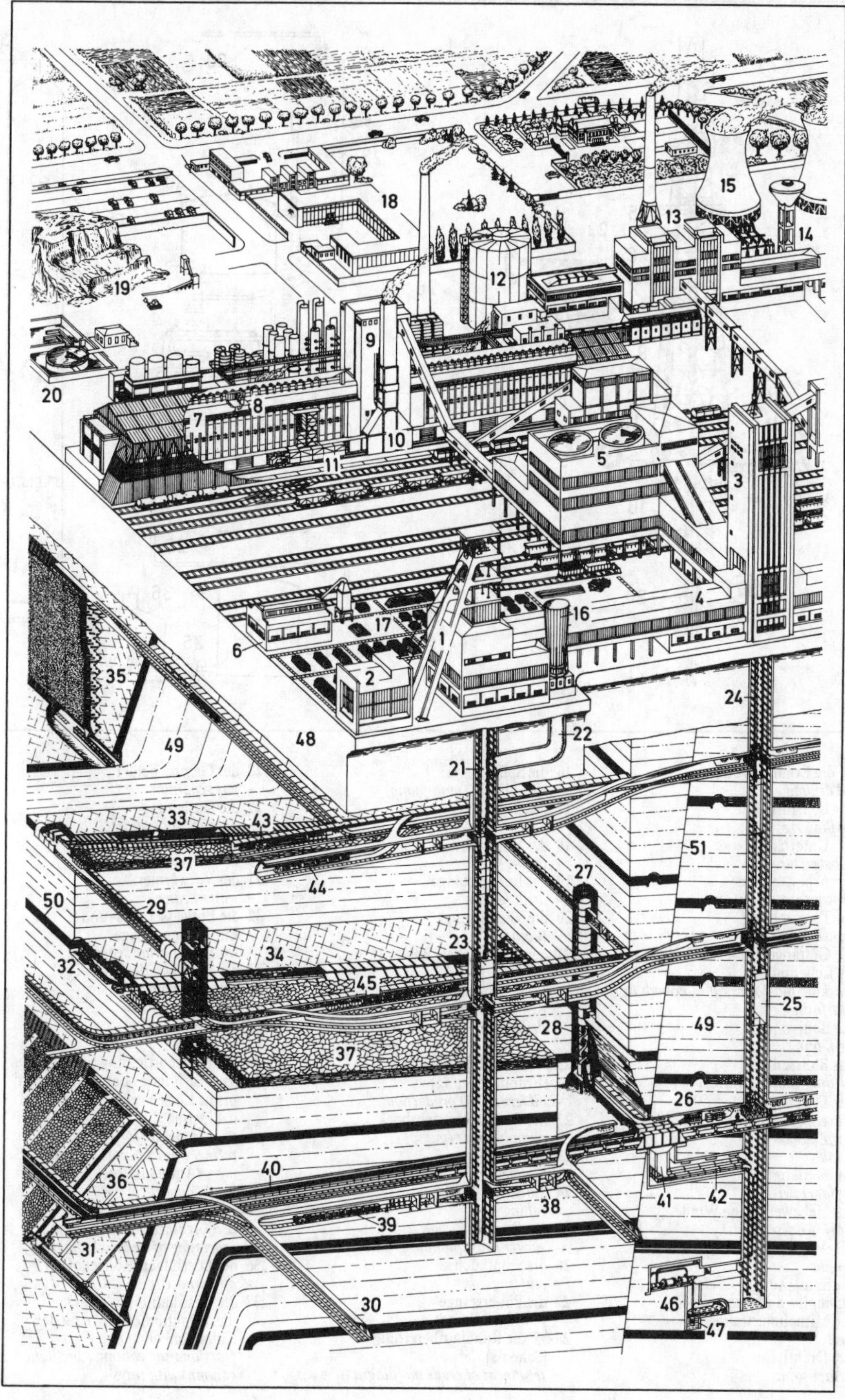
18
15
13
14
12
19
9
20
8
7
10
5
11
3
4
16
17
1
6
2
35
24
48
22
49
21
33
43
51
37
27
44
50
29
23
34
32
45
25
28
49
37
26
40
36
38
41
42
39
31
46
30
47

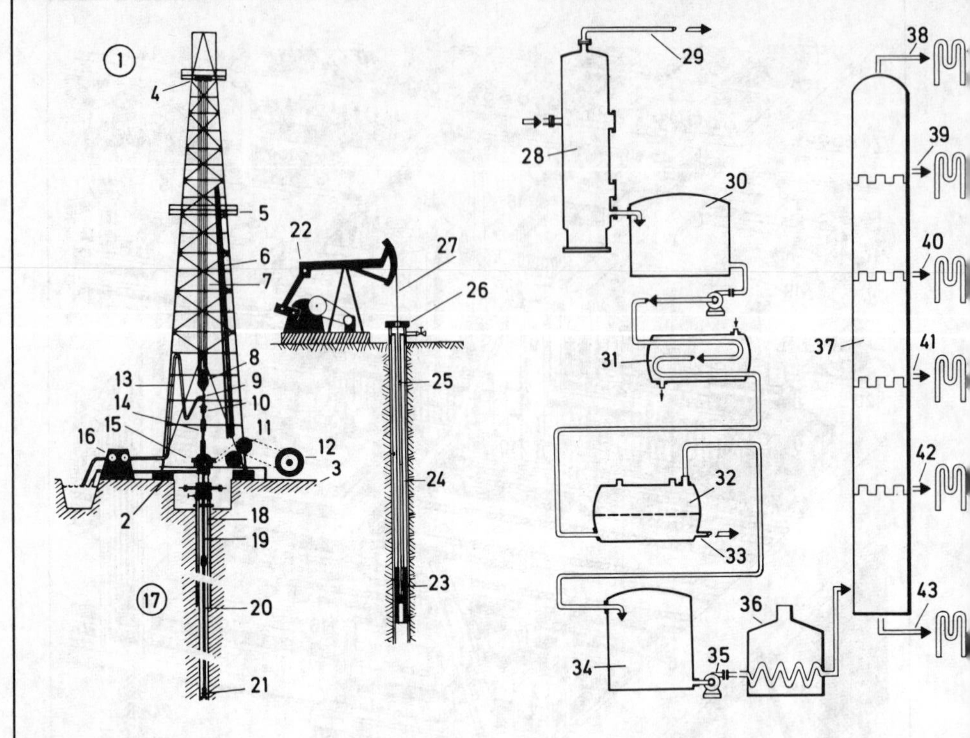

1-21 die Erdölbohrung
- *oil drilling*
1 der Bohrturm
- *drilling rig*
2 der Unterbau
- *substructure*
3 die Arbeitsbühne
- *crown safety platform*
4 die Turmrollen *f*
- *crown blocks*
5 die Gestängebühne, eine Zwischenbühne
- *working platform, an intermediate platform*
6 die Bohrrohre *n*
- *drill pipes*
7 das Bohrseil
- *drilling cable (drilling line)*
8 der Flaschenzug
- *travelling* (Am. *traveling*) *block*
9 der Zughaken
- *hook*
10 der Spülkopf
- *[rotary] swivel*
11 das Hebewerk, eine Winde
- *draw works, a hoist*
12 die Antriebsmaschine
- *engine*
13 die Spülleitung
- *standpipe and rotary hose*
14 die Mitnehmerstange
- *kelly*
15 der Drehtisch
- *rotary table*
16 die Spülpumpe
- *slush pump (mud pump)*
17 das Bohrloch
- *well*
18 das Standrohr
- *casing*
19 das Bohrgestänge
- *drilling pipe*
20 die Verrohrung
- *tubing*
21 der Bohrmeißel (Bohrer); *Arten:* Fischschwanzbohrer *m*, Rollenbohrer, Kernbohrgerät *n*
- *drilling bit;* kinds: *fishtail (blade) bit, rock* (Am. *roller*) *bit, core bit*

22-27 die Erdölgewinnung (Erdölförderung)
- *oil (crude oil) production*
22 der Pumpenantriebsbock
- *pumping unit (pump)*
23 die Tiefpumpe
- *plunger*
24 die Steigrohre *n*
- *tubing*
25 das Pumpgestänge
- *sucker rods (pumping rods)*
26 die Stopfbüchse
- *stuffing box*
27 die Polierstange
- *polish (polished) rod*

28-35 die Rohölaufbereitung [Schema]
- *treatment of crude oil* *[diagram]*
28 der Gasabscheider
- *gas separator*
29 die Gasleitung
- *gas pipe (gas outlet)*
30 der Naßöltank
- *wet oil tank (wash tank)*
31 der Vorwärmer
- *water heater*
32 die Entwässerungs- und Entsalzungsanlage
- *water and brine separator*
33 die Salzwasserleitung
- *salt water pipe (salt water outlet)*
34 der Reinöltank
- *oil tank*
35 die Transportleitung für Reinöl *n* [zur Raffinerie oder zum Versand *m* mit Kesselwagen *m*, Tankschiff *n*, Pipeline *f*]
- *trunk pipeline for oil [to the refinery or transport by tanker lorry* (Am. *tank truck*)*, oil tanker, or pipeline]*

36-64 die Rohölverarbeitung (Erdölverarbeitung) [Schema]
- *processing of crude oil* *[diagram]*
36 der Ölerhitzer (Röhrenofen)
- *oil furnace (pipe still)*
37 die Destillationskolonne (der Fraktionierturm) mit den Kolonnenböden *m*
- *fractionating column (distillation column) with trays*

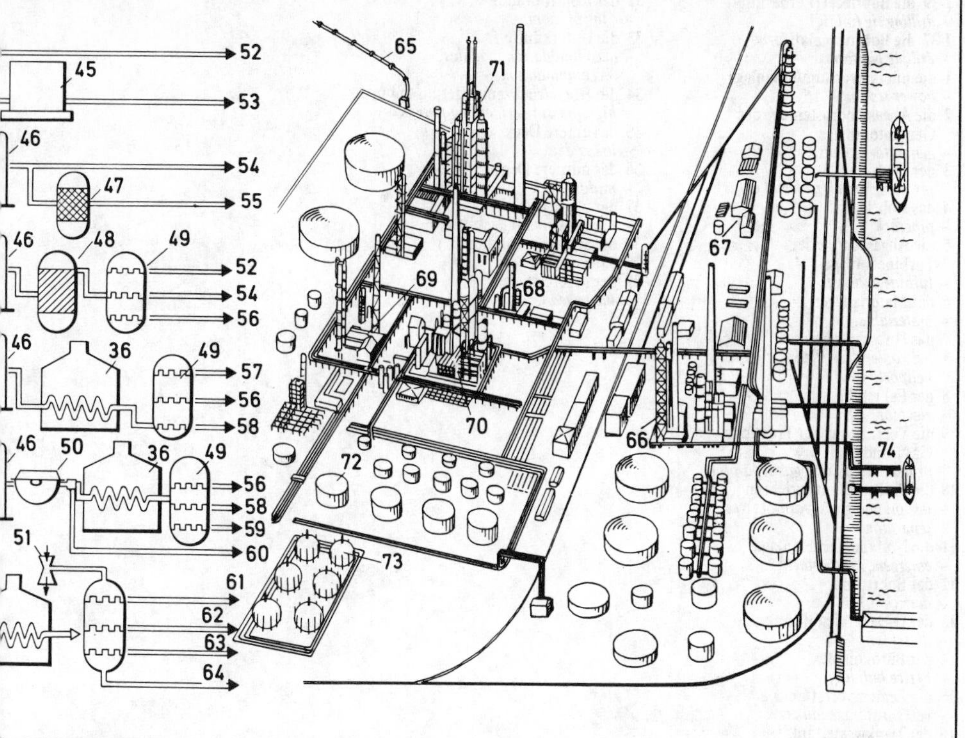

38 die Topgase *n*
- *top gases (tops)*
39 die Leichtbenzinfraktion
- *light distillation products*
40 die Schwerbenzinfraktion
- *heavy distillation products*
41 das Petroleum
- *petroleum*
42 die Gasölfraktion
- *gas oil component*
43 der Rückstand
- *residue*
44 der Kühler
- *condenser (cooler)*
45 der Verdichter (Kompressor)
- *compressor*
46 die Entschwefelungsanlage
- *desulphurizing (desulphurization, Am. desulfurizing, desulfurization) plant*
47 die Reformieranlage
- *reformer (hydroformer, platformer)*
48 die katalytische Krackanlage
- *catalytic cracker (cat cracker)*
49 die Destillationskolonne
- *distillation column*
50 die Entparaffinierung
- *de-waxing (wax separation)*
51 der Vakuumanschluß
- *vacuum equipment*
52-64 **Erdölerzeugnisse** *n* (Erdölprodukte)
- ***oil products***
52 das Heizgas
- *fuel gas*
53 das Flüssiggas
- *liquefied petroleum gas (liquid gas)*
54 das Normalbenzin (Fahrbenzin)
- *regular grade petrol (Am. gasoline)*
55 das Superbenzin
- *super grade petrol (Am. gasoline)*
56 der Dieseltreibstoff
- *diesel oil*
57 das Flugbenzin
- *aviation fuel*
58 das leichte Heizöl
- *light fuel oil*
59 das schwere Heizöl
- *heavy fuel oil*
60 das Paraffin (Tankbodenwachs)
- *paraffin (paraffin oil, kerosene)*
61 das Spindelöl
- *spindle oil*
62 das Schmieröl
- *lubricating oil*
63 das Zylinderöl
- *cylinder oil*
64 das Bitumen
- *bitumen*
65-74 **die Erdölraffinerie** (Ölraffinerie)
- ***oil refinery***
65 die Pipeline (Erdölleitung)
- *pipeline (oil pipeline)*
66 die Destillationsanlagen *f*
- *distillation plants*
67 die Schmierölraffinerie
- *lubricating oil refinery*
68 die Entschwefelungsanlage
- *desulphurizing (desulphurization, Am. desulfurizing, desulfurization) plant*
69 die Gastrennanlage
- *gas-separating plant*
70 die katalytische Krackanlage
- *catalytic cracking plant*
71 die katalytische Reformieranlage
- *catalytic reformer*
72 der Lagertank
- *storage tank*
73 der Kugeltank
- *spherical tank*
74 der Ölhafen
- *tanker terminal*

1-39 die Bohrinsel (Förderinsel)
- ***drilling rig*** *(oil rig)*

1-37 die Bohrturmplattform
- ***drilling platform***

1 die Energieversorgungsanlage
- *power station*

2 die Abgasschornsteine *m* der Generatoranlage
- *generator exhausts*

3 der Drehkran
- *revolving crane (pedestal crane)*

4 das Rohrlager
- *piperack*

5 die Abgasrohre *n* der Turbinenanlage
- *turbine exhausts*

6 das Materiallager
- *materials store*

7 das Hubschrauberdeck
- *helicopter deck (heliport deck, heliport)*

8 der Fahrstuhl
- *elevator*

9 die Vorrichtung zur Trennung von Gas *n* und Öl *n*
- *production oil and gas separator*

10 die Probentrennvorrichtung
- *test oil and gas separators (test separators)*

11 die Notfallabfackelanlage
- *emergency flare stack*

12 der Bohrturm
- *derrick*

13 der Dieselkraftstofftank
- *diesel tank*

14 der Bürokomplex
- *office building*

15 die Zementvorrattanks *m*
- *cement storage tanks*

16 der Trinkwassertank
- *drinking water tank*

17 der Vorratstank für Salzwasser *n*
- *salt water tank*

18 die Tanks *m* für Hubschrauberkraftstoff *m*
- *jet fuel tanks*

19 die Rettungsboote *n*
- *lifeboats*

20 der Fahrstuhlschacht
- *elevator shaft*

21 der Druckluftbehälter
- *compressed-air reservoir*

22 die Pumpanlage
- *pumping station*

23 der Luftkompressor
- *air compressor*

24 die Klimaanlage
- *air lock*

25 die Meerwasserentsalzungsanlage
- *seawater desalination plant*

26 die Filteranlage für Dieselkraftstoff *m*
- *inlet filters for diesel fuel*

27 das Gaskühlaggregat
- *gas cooler*

28 das Steuerpult für die Trennvorrichtungen *f*
- *control panel for the separators*

29 die Toiletten *f*
- *toilets (lavatories)*

30 die Werkstatt
- *workshop*

31 die Molchschleuse [der „Molch" dient zur Reinigung der Hauptölleitung]
- *pig trap [the 'pig' is used to clean the oil pipeline]*

32 der Kontrollraum
- *control room*

33 die Unterkünfte *f*
- *accommodation modules (accommodation)*

34 die Hochdruckzementierungspumpen *f*
- *high-pressure cementing pumps*

35 das untere Deck
- *lower deck*

36 das mittlere Deck
- *middle deck*

37 das obere Deck
- *top deck (main deck)*

38 die Stützkonstruktion
- *substructure*

39 der Meeresspiegel
- *mean sea level*

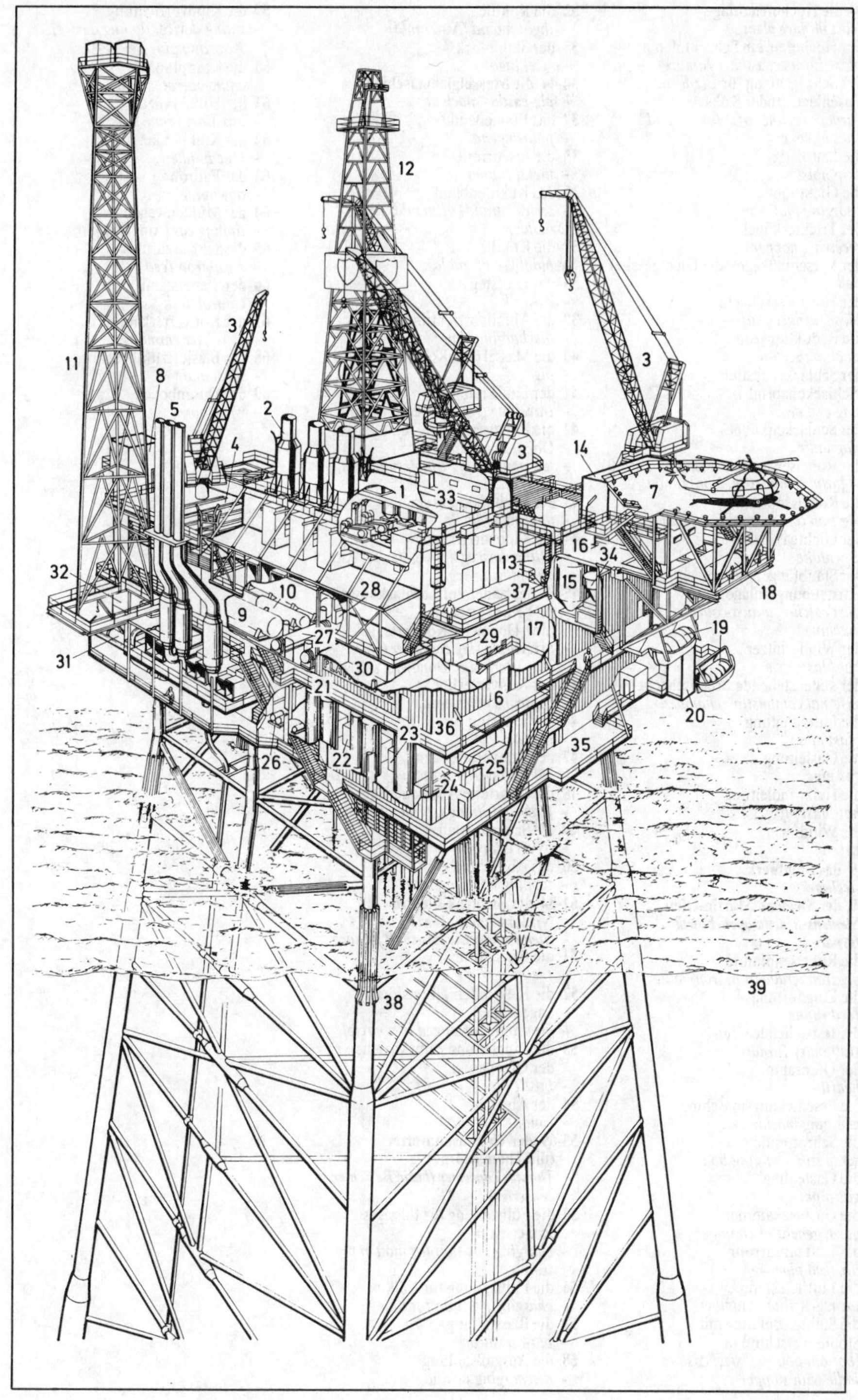
12
11
8
5
3
2
4
3
3
14
7
1
33
16
34
13
32
10
28
37
15
18
9
27
29
17
19
31
30
21
6
20
36
23
35
26
22
25
24
38
39

1-20 die Hochofenanlage
- ***blast furnace plant***
1 der Hochofen, ein Schachtofen *m*
- *blast furnace, a shaft furnace*
2 der Schrägaufzug für Erz *n* und Zuschläge *m* oder Koks *m*
- *furnace incline (lift) for ore and flux or coke*
3 die Laufkatze
- *skip hoist*
4 die Gichtbühne
- *charging platform*
5 der Trichterkübel
- *receiving hopper*
6 der Verschlußkegel (die Gichtglocke)
- *bell*
7 der Hochofenschacht
- *blast furnace shaft*
8 die Reduktionszone
- *smelting section*
9 der Schlackenabstich (Schlackenabfluß)
- *slag escape*
10 der Schlackenkübel
- *slag ladle*
11 der Roheisenabstich (Roheisenabfluß)
- *pig iron (crude iron, iron) runout*
12 die Roheisenpfanne
- *pig iron (crude iron, iron) ladle*
13 der Gichtgasabzug
- *downtake*
14 der Staubfänger (Staubsack), eine Entstaubungsanlage
- *dust catcher, a dust-collecting machine*
15 der Winderhitzer
- *hot-blast stove*
16 der außenstehende Brennschacht
- *external combustion chamber*
17 die Luftzuleitung
- *blast main*
18 die Gasleitung
- *gas pipe*
19 die Heizwindleitung
- *hot-blast pipe*
20 die Windform
- *tuyère*

21-69 das Stahlwerk
- ***steelworks***

21-30 der Siemens-Martin-Ofen
- ***Siemens-Martin open-hearth furnace***
21 die Roheisenpfanne
- *pig iron (crude iron, iron) ladle*
22 die Eingußrinne
- *feed runner*
23 der feststehende Ofen
- *stationary furnace*
24 der Ofenraum
- *hearth*
25 die Beschickungsmaschine
- *charging machine*
26 die Schrottmulde
- *scrap iron charging box*
27 die Gasleitung
- *gas pipe*
28 die Gasheizkammer
- *gas regenerator chamber*
29 das Luftzufuhrrohr
- *air feed pipe*
30 die Luftheizkammer
- *air regenerator chamber*
31 die Stahlgießpfanne mit Stopfenverschluß *m*
- *[bottom-pouring] steel-casting ladle with stopper*
32 die Kokille
- *ingot mould* (Am. *mold)*
33 der Stahlblock
- *steel ingot*

34-44 die Masselgießmaschine
- ***pig-casting machine***
34 das Eingießende
- *pouring end*
35 die Eisenrinne
- *metal runner*
36 das Kokillenband
- *series (strand) of moulds* (Am. *molds)*
37 die Kokille
- *mould* (Am. *mold)*
38 der Laufsteg
- *catwalk*
39 die Abfallvorrichtung
- *discharging chute*
40 die Massel (das Roheisen)
- *pig*
41 der Laufkran
- *travelling* (Am. *traveling) crane*
42 die Roheisenpfanne mit Obenentleerung *f*
- *top-pouring pig iron (crude iron, iron) ladle*
43 der Gießpfannenschnabel
- *pouring ladle lip*
44 die Kippvorrichtung
- *tilting device (tipping device,* Am. *dumping device)*

45-50 der Sauerstoffaufblaskonverter (LD-Konverter, Linz-Donawitz-Konverter)
- ***oxygen-blowing converter*** *(L-D converter, Linz-Donawitz converter)*
45 der Konverterhut
- *conical converter top*
46 der Tragring
- *mantle*
47 der Konverterboden
- *solid converter bottom*
48 die feuerfeste Ausmauerung
- *fireproof lining (refractory lining)*
49 die Sauerstofflanze
- *oxygen lance*
50 das Abstichloch
- *tapping hole (tap hole)*

51-54 der Siemens-Elektro-Niederschachtofen
- ***Siemens electric low-shaft furnace***
51 die Begichtung
- *feed*
52 die Elektroden *f* [kreisförmig angeordnet]
- *electrodes [arranged in a circle]*
53 die Ringleitung zum Abziehen *n* der Ofengase *n*
- *bustle pipe*
54 der Abstich
- *runout*

55-69 der Thomaskonverter (die Thomasbirne)
- ***Thomas converter (basic Bessemer converter)***
55 die Füllstellung für flüssiges Roheisen *n*
- *charging position for molten pig iron*
56 die Füllstellung für Kalk *m*
- *charging position for lime*
57 die Blasstellung
- *blow position*
58 die Ausgußstellung
- *discharging position*
59 die Kippvorrichtung
- *tilting device (tipping device,* Am. *dumping device)*
60 die Kranpfanne
- *crane-operated ladle*
61 der Hilfskranzug
- *auxiliary crane hoist*
62 der Kalkbunker
- *lime bunker*
63 das Fallrohr
- *downpipe*
64 der Muldenwagen
- *tipping car* (Am. *dump truck)*
65 die Schrottzufuhr
- *scrap iron feed*
66 der Steuerstand
- *control desk*
67 der Konverterkamin
- *converter chimney*
68 das Blasluftzufuhrrohr
- *blast main*
69 der Düsenboden
- *wind box*

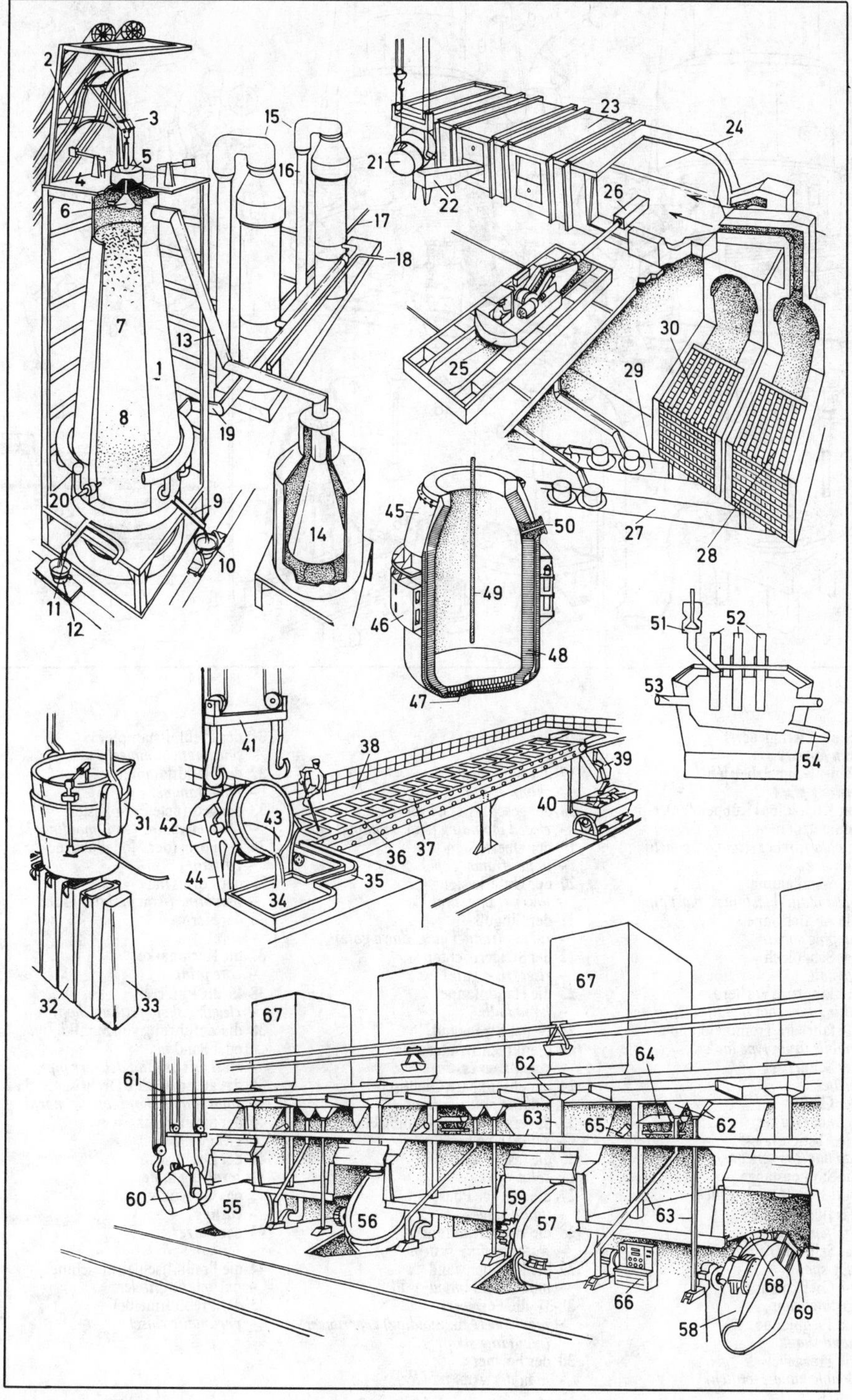
1
2
3
4
5
6
7
8
9
10
11
12
13
14
15
16
17
18
19
20
21
22
23
24
25
26
27
28
29
30
31
32
33
34
35
36
37
38
39
40
41
42
43
44
45
46
47
48
49
50
51
52
53
54
55
56
57
58
59
60
61
62
63
64
65
66
67
68
69

1-45 die Eisengießerei
- ***iron foundry***

1-12 der Schmelzbetrieb
- ***melting plant***

1 der Kupolofen (Kuppelofen), ein Schmelzofen *m*
- *cupola furnace (cupola), a melting furnace*

2 die Windleitung
- *blast main (blast inlet, blast pipe)*

3 die Abstichrinne
- *tapping spout*

4 das Schauloch
- *spyhole*

5 der kippbare Vorherd
- *tilting-type [hot-metal] receiver*

6 die fahrbare Trommelpfanne
- *mobile drum-type ladle*

7 der Schmelzer
- *melter*

8 der Gießer
- *founder (caster)*

9 die Abstichstange
- *tap bar (tapping bar)*

10 die Stopfenstange
- *bott stick* (Am. *bot stick)*

11 das flüssige Eisen
- *molten iron*

12 die Schlackenrinne
- *slag spout*

13 die Gießkolonne
- *casting team*

14 die Tragpfanne
- *hand shank*

15 die Traggabel
- *double handle (crutch)*

16 der Tragstiel
- *carrying bar*

17 der Krammstock
- *skimmer rod*

18 der geschlossene Formkasten
- *closed moulding* (Am. *molding) box*

19 der Oberkasten
- *upper frame (cope)*

20 der Unterkasten
- *lower frame (drag)*

21 der Einguß
- *runner (runner gate, down-gate)*

22 der Steigertrichter
- *riser (riser gate)*

23 die Handpfanne
- *hand ladle*

24-29 der Strangguß (Senkrechtstrangguß)
- ***continuous casting***

24 der absenkbare Gießtisch
- *sinking pouring floor*

25 der erstarrende Metallblock
- *solidifying pig*

26 die feste Phase
- *solid stage*

27 die flüssige Phase
- *liquid stage*

28 die Wasserkühlung
- *water-cooling system*

29 die Kokillenwand
- *mould* (Am. *mold) wall*

30-37 die Formerei
- ***moulding*** (Am. *molding)* ***department*** *(moulding shop)*

30 der Former
- *moulder* (Am. *molder)*

31 der Preßluftstampfer
- *pneumatic rammer*

32 der Handstampfer
- *hand rammer*

33 der geöffnete Formkasten
- *open moulding* (Am. *molding) box*

34 die Form (der Modellabdruck)
- *pattern*

35 der Formsand
- *moulding* (Am. *molding) sand*

36 der Kern
- *core*

37 die Kernmarke
- *core print*

38-45 die Putzerei
- ***cleaning shop*** *(fettling shop)*

38 die Zuführung von Stahlkies *m* oder Sand *m*
- *steel grit or sand delivery pipe*

39 das automatische Drehtischgebläse
- *rotary-table shot-blasting machine*

40 der Streuschutz
- *grit guard*

41 der Drehtisch
- *revolving table*

42 das Gußstück
- *casting*

43 der Putzer
- *fettler*

44 die Preßluftschleifmaschine
- *pneumatic grinder*

45 der Preßluftmeißel
- *pneumatic chisel*

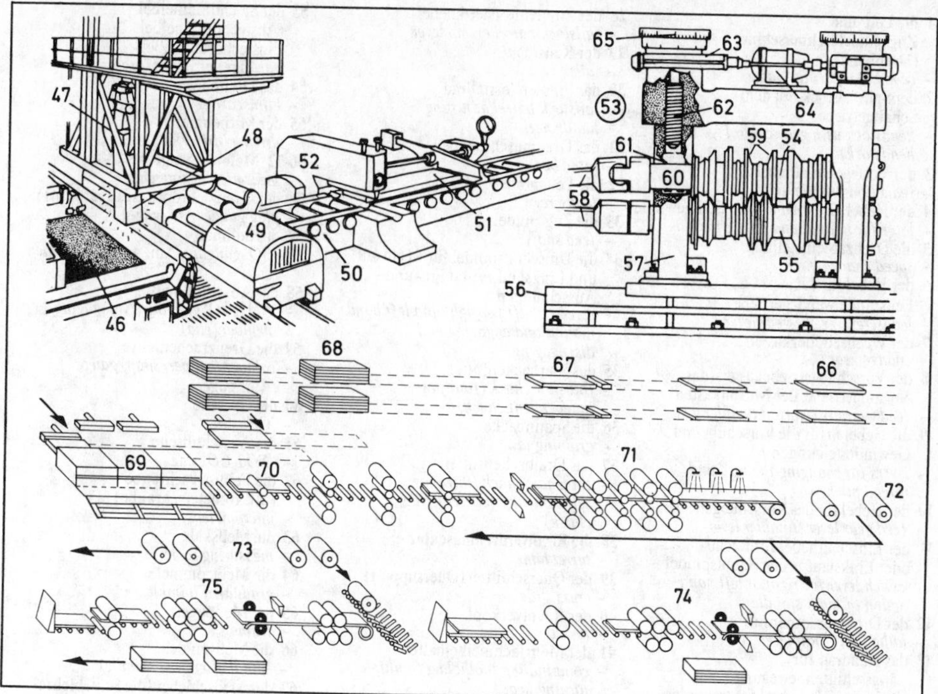

46-75 das Walzwerk
- ***rolling mill***

46 der Tiefofen
- *soaking pit*

47 der Tiefofenkran, ein Zangenkran *m* (Stripperkran)
- *soaking pit crane*

48 die Rohbramme (der gegossene Rohstahlblock)
- *ingot*

49 der Blockkippwagen
- *ingot tipper*

50 die Blockstraße (der Rollgang)
- *blooming train (roller path)*

51 das Walzgut (Walzstück)
- *workpiece*

52 die Blockschere
- *bloom shears*

53 das Zweiwalzen-(Duo-)Gerüst
- *two-high mill*

54-55 der Walzensatz
- ***set of rolls** (set of rollers)*

54 die Oberwalze
- *upper roll (upper roller)*

55 die Unterwalze
- *lower roll (lower roller)*

56-60 das Walzgerüst
- ***roll stand***

56 die Grundplatte
- *base plate*

57 der Walzenständer
- *housing (frame)*

58 die Kuppelspindel
- *coupling spindle*

59 das Kaliber
- *groove*

60 das Walzenlager
- *roll bearing*

61-65 die Anstellvorrichtung
- ***adjusting equipment***

61 das Einbaustück
- *chock*

62 die Druckschraube
- *main screw*

63 das Getriebe
- *gear*

64 der Motor
- *motor*

65 die Anzeigevorrichtung mit Grob- und Feineinstellung *f*
- *indicator for rough and fine adjustment*

66-75 die Walzenstraße zur Herstellung von Bandstahl *m* [schematisch]
- ***continuous rolling mill train for the manufacture of strip*** *[diagram]*

66-68 die Halbzeugzurichtung
- *processing of semi-finished product*

66 das Halbzeug
- *semi-finished product*

67 die Autogenschneideanlage
- *gas cutting installation*

68 der Fertigstapel
- *stack of finished steel sheets*

69 die Stoßöfen *m*
- *continuous reheating furnaces*

70 die Vorstraße
- *blooming train*

71 die Fertigstraße
- *finishing train*

72 die Haspel
- *coiler*

73 das Bundlager für den Verkauf
- *collar bearing for marketing*

74 die 5-mm-Scherenstraße
- *5 mm shearing train*

75 die 10-mm-Scherenstraße
- *10 mm shearing train*

1 **die Leit- und Zugspindeldrehmaschine** (Drehbank)
- ***centre*** *(Am. center)* ***lathe***

2 der Spindelstock mit dem Schaltgetriebe
- *headstock with gear control (geared headstock)*

3 der Vorlegeschalthebel
- *reduction drive lever*

4 der Hebel für Normal- und Steilgewinde
- *lever for normal and coarse threads*

5 die Drehzahleinstellung
- *speed change lever*

6 der Hebel für das Leitspindelwendegetriebe
- *leadscrew reverse-gear lever*

7 der Wechselräderkasten
- *change-gear box*

8 der Vorschubgetriebekasten (das Nortongetriebe, der Nortonkasten)
- *feed gearbox (Norton tumbler gear)*

9 die Hebel *m* für die Vorschub- und Gewindesteigungen *f*
- *levers for changing the feed and thread pitch*

10 der Hebel für das Vorschubgetriebe
- *feed gear lever (tumbler lever)*

11 der Einschalthebel für Rechts- oder Linkslauf *m* der Hauptspindel
- *switch lever for right or left hand action of main spindle*

12 der Drehmaschinenfuß
- *lathe foot (footpiece)*

13 das Handrad zur Längsschlittenbewegung
- *leadscrew handwheel for traversing of saddle (longitudinal movement of saddle)*

14 der Hebel für das Wendegetriebe der Vorschubeinrichtung
- *tumbler reverse lever*

15 die Vorschubspindel
- *feed screw*

16 die Schloßplatte
- *apron (saddle apron, carriage apron)*

17 der Längs- und Plangangshebel
- *lever for longitudinal and transverse motion*

18 die Fallschnecke zum Einschalten *n* der Vorschübe *m*
- *drop (dropping) worm (feed trip, feed tripping device) for engaging feed mechanisms*

19 der Hebel für das Mutterschloß der Leitspindel
- *lever for engaging half nut of leadscrew (lever for clasp nut engagement)*

20 die Drehspindel (Arbeitspindel)
- *lathe spindle*

21 der Stahlhalter
- *tool post*

22 der Oberschlitten (Längssupport)
- *top slide (tool slide, tool rest)*

23 der Querschlitten (Quersupport)
- *cross slide*

24 der Bettschlitten (Unterschlitten)
- *bed slide*

25 die Kühlmittelzuführung
- *coolant supply pipe*

26 die Reitstockspitze
- *tailstock centre (Am. center)*

27 die Pinole
- *barrel (tailstock barrel)*

28 der Pinolenfeststellknebel
- *tailstock barrel clamp lever*

29 der Reitstock
- *tailstock*

30 das Pinolenverstellrad
- *tailstock barrel adjusting handwheel*

31 das Drehmaschinenbett
- *lathe bed*

32 die Leitspindel
- *leadscrew*

33 die Zugspindel
- *feed shaft*

34 die Umschaltspindel für Rechts- und Linkslauf *m* und Ein- und Ausschalten *n*
- *reverse shaft for right and left hand motion and engaging and disengaging*

35 das Vierbackenfutter
- *four-jaw chuck (four-jaw independent chuck)*

36 die Spannbacke
- *gripping jaw*

37 das Dreibackenfutter
- *three-jaw chuck (three-jaw self-centring, self-centering, chuck)*

38 **die Revolverdrehmaschine**
- ***turret lathe***

39 der Querschlitten (Quersupport)
- *cross slide*

40 der Revolverkopf
- *turret*

41 der Mehrfachmeißelhalter
- *combination toolholder (multiple turning head)*

42 der Längsschlitten (Längssupport)
- *top slide*

43 das Handkreuz (Drehkreuz)
- *star wheel*

44 die Fangschale für Späne *m* und Kühlschmierstoffe *m*
- *coolant tray for collecting coolant and swarf*

45-53 **Drehmeißel** *m* (Drehstähle)
- ***lathe tools***

45 der Meißel (Klemmhalter) für Wendeschneidplatten *f*
- *tool bit holder (clamp tip tool) for adjustable cutting tips*

46 die Wendeschneidplatte (Klemmplatte) aus Hartmetall *n* oder Oxidkeramik *f*
- *adjustable cutting tip (clamp tip) of cemented carbide or oxide ceramic*

47 Formen *f* der oxidkeramischen Wendeplatten *f*
- *shapes of adjustable oxide ceramic tips*

48 der Drehmeißel mit Hartmetallschneide *f*
- *lathe tool with cemented carbide cutting edge*

49 der Meißelschaft
- *tool shank*

50 die aufgelötete Hartmetallplatte (Hartmetallschneide)
- *brazed cemented carbide cutting tip (cutting edge)*

51 der Inneneckmeißel
- *internal facing tool (boring tool) for corner work*

52 der gebogene Drehmeißel
- *general-purpose lathe tool*

53 der Stechdrehmeißel (Abstechdrehmeißel, Einstechdrehmeißel)
- *parting (parting-off) tool*

54 das Drehherz
- *lathe carrier*

55 der Mitnehmer
- *driving (driver) plate*

56-72 **Meßwerkzeuge** *n*
- ***measuring instruments***

56 der Grenzlehrdorn (Kaliberdorn)
- *plug gauge (Am. gage)*

57 das Sollmaß
- *'GO' gauging (Am. gaging) member (end)*

58 das Ausschußmaß
- *'NOT GO' gauging (Am. gaging) member (end)*

59 die Grenzrachenlehre
- *calliper (caliper, snap) gauge (Am. gage)*

60 die Gutseite
- *'GO' side*

61 die Ausschußseite
- *'NOT GO' side*

62 die Feinmeßschraube (Mikrometerschraube)
- *micrometer*

63 die Meßskala
- *measuring scale*

64 die Meßtrommel
- *graduated thimble*

65 der Meßbügel
- *frame*

66 die Meßspindel
- *spindle (screwed spindle)*

67 der Meßschieber (die Schieblehre)
- *vernier calliper (caliper) gauge (Am. gage)*

68 der Tiefenmeßfühler
- *depth gauge (Am. gage) attachment rule*

69 die Noniusskala
- *vernier scale*

70 die Außenmeßfühler
- *outside jaws*

71 die Innenmeßfühler
- *inside jaws*

72 der Tiefenmeßschieber (die Tiefenlehre)
- *vernier depth gauge (Am. gage)*

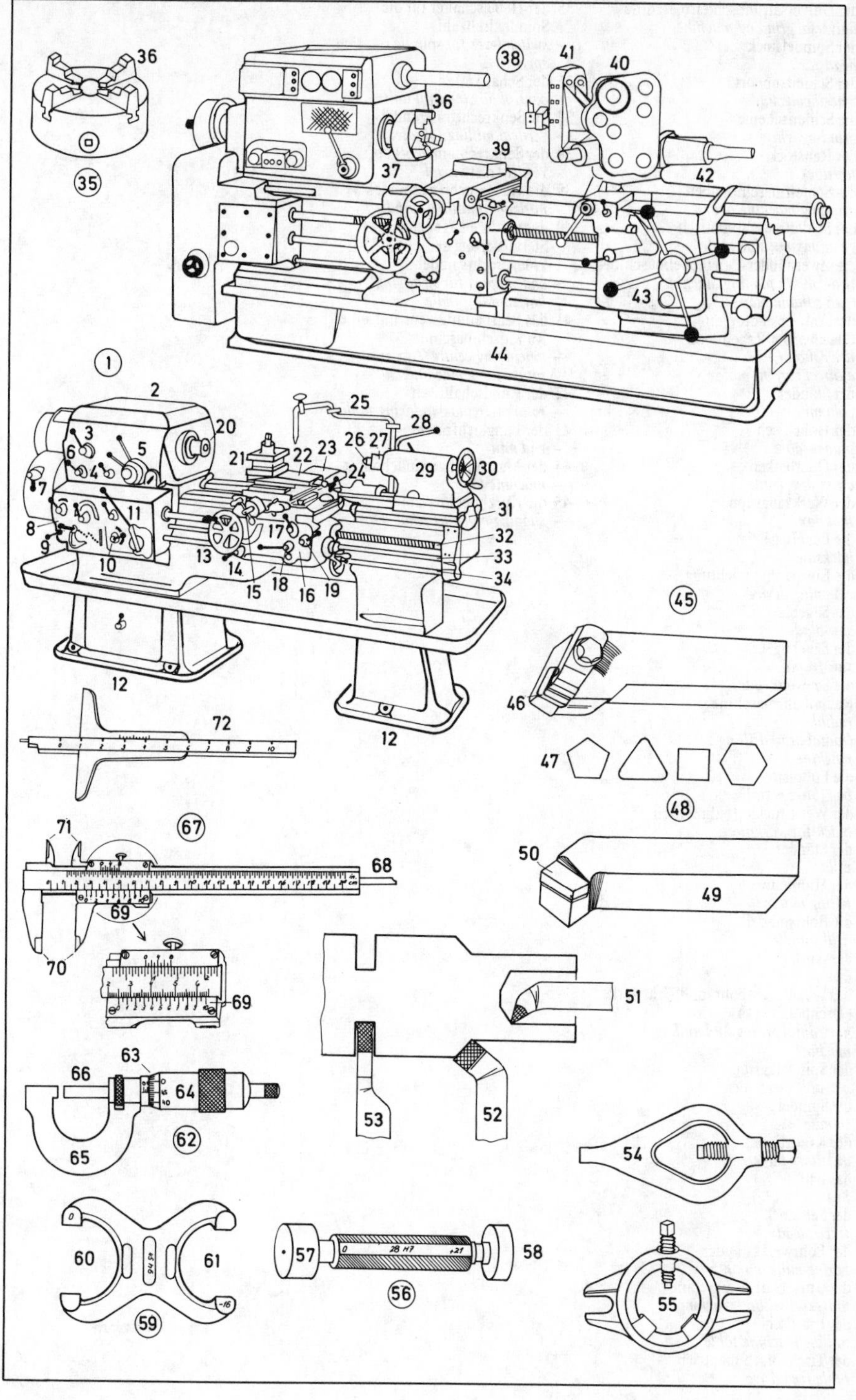
36
38
41
40
36
35
37
39
42
43
44
1
2
3
5
20
6
4
7
25
28
26
27
21
22
23
24
29
30
11
8
9
10
13
14
15
18
17
16
19
31
32
33
34
12
12
45
46
47
48
72
67
71
68
69
70
69
50
49
51
63
66
64
62
65
53
52
54
60
61
59
57
28 H7
+21
58
56
55

1 die Universalrundschleifmaschine
- *universal grinding machine*
2 der Spindelstock
- *headstock*
3 der Schleifsupport
- *wheelhead slide*
4 die Schleifscheibe
- *grinding wheel*
5 der Reitstock
- *tailstock*
6 das Schleifmaschinenbett
- *grinding machine bed*
7 der Schleifmaschinentisch
- *grinding machine table*
8 die Zweiständer-Langhobelmaschine
- *two-column planing machine (two-column planer)*
9 der Antriebsmotor, ein Gleichstrom-Regelmotor *m*
- *drive motor, a direct current motor*
10 der Ständer
- *column*
11 der Hobeltisch
- *planer table*
12 der Querbalken
- *cross slide (rail)*
13 der Werkzeugsupport
- *tool box*
14 die Bügelsäge
- *hacksaw*
15 die Einspannvorrichtung
- *clamping device*
16 das Sägeblatt
- *saw blade*
17 der Sägebügel
- *saw frame*
18 die Schwenk- oder Radialbohrmaschine
- *radial (radial-arm) drilling machine*
19 die Fußplatte
- *bed (base plate)*
20 der Werkstückaufnahmetisch
- *block for workpiece*
21 der Ständer
- *pillar*
22 der Hubmotor
- *lifting motor*
23 die Bohrspindel
- *drill spindle*
24 der Ausleger
- *arm*
25 das Waagerechtbohr- und -fräswerk (Tischbohrwerk)
- *horizontal boring and milling machine*
26 der Spindelkasten
- *movable headstock*
27 die Spindel
- *spindle*
28 der Kreuztisch
- *auxiliary table*
29 das Bett
- *bed*
30 der Setzstock
- *fixed steady*
31 der Bohrwerksständer
- *boring mill column*
32 die Universalfräsmaschine
- *universal milling machine*
33 der Frästisch
- *milling machine table*
34 der Tischvorschubantrieb
- *table feed drive*
35 der Hebelschalter für die Spindeldrehzahl
- *switch lever for spindle rotation speed*
36 der Schaltkasten
- *control box (control unit)*
37 die Senkrechtfrässpindel
- *vertical milling spindle*
38 der Senkrechtantriebskopf
- *vertical drive head*
39 die Waagerechtfrässpindel
- *horizontal milling spindle*
40 das vordere Lager zur Stabilisierung der Waagerechtspindel
- *end support for steadying horizontal spindle*
41 das Bearbeitungszentrum, eine Rundtischmaschine
- *machining centre (*Am. *center), a rotary-table machine*
42 der Rundschalttisch
- *rotary (circular) indexing table*
43 der Langlochfräser
- *end mill*
44 der Maschinengewindebohrer
- *machine tap*
45 die Kurzhobelmaschine
- *shaping machine (shaper)*

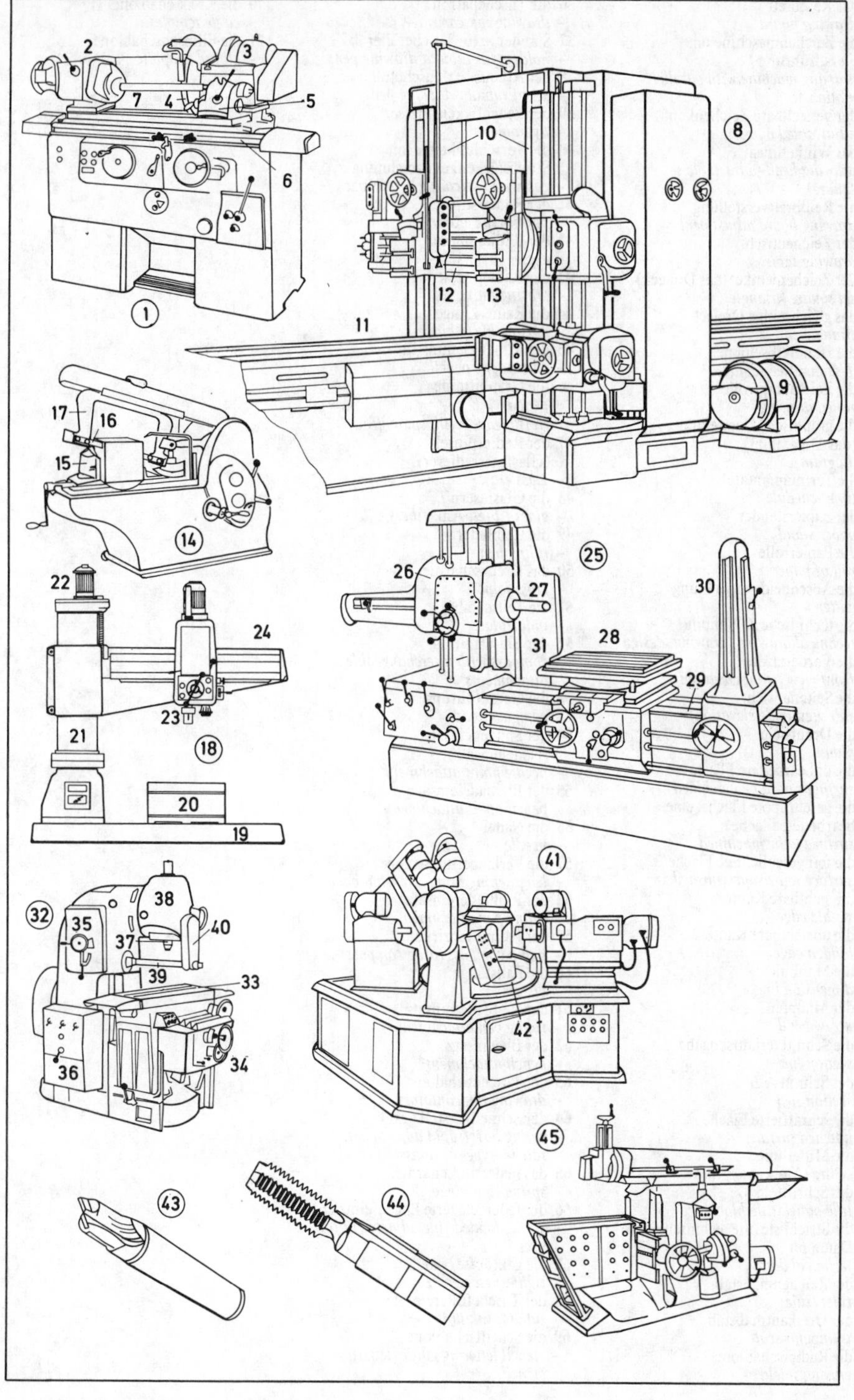
1
2
3
4
5
6
7
8
9
10
11
12
13
14
15
16
17
18
19
20
21
22
23
24
25
26
27
28
29
30
31
32
33
34
35
36
37
38
39
40
41
42
43
44
45

1 das Reißbrett
- *drawing board*

2 die Zeichenmaschine mit Geradführung *f*
- *drafting machine with parallel motion*

3 der verstellbare Zeichenkopf
- *adjustable knob*

4 das Winkellineal
- *drawing head (adjustable set square)*

5 die Reißbrettverstellung
- *drawing board adjustment*

6 der Zeichentisch
- *drawing table*

7 der Zeichenwinkel (das Dreieck)
- *set square (triangle)*

8 das gleichseitige Dreieck
- *triangle*

9 die Handreißschiene
- *T-square (tee-square)*

10 die Zeichnungsrolle
- *rolled drawing*

11 die graphische Darstellung (das Diagramm)
- *diagram*

12 die Terminplantafel
- *time schedule*

13 der Papierständer
- *paper stand*

14 die Papierrolle
- *roll of paper*

15 die Abschneidevorrichtung
- *cutter*

16 die technische Zeichnung
- *technical drawing (drawing, design)*

17 die Vorderansicht
- *front view (front elevation)*

18 die Seitenansicht
- *side view (side elevation)*

19 die Draufsicht
- *plan*

20 die unbearbeitete Fläche
- *surface not to be machined*

21 die geschruppte Fläche, eine bearbeitete Fläche
- *surface to be machined*

22 die feingeschlichtete Fläche
- *surface to be superfinished*

23 die sichtbare Kante
- *visible edge*

24 die unsichtbare Kante
- *hidden edge*

25 die Maßlinie
- *dimension line*

26 der Maßpfeil
- *arrow head*

27 die Schnittverlaufsangabe
- *section line*

28 der Schnitt A-B
- *section A-B*

29 die schraffierte Fläche
- *hatched surface*

30 die Mittellinie
- *centre* (Am. *center*) *line*

31 das Schriftfeld
- *title panel (title block)*

32 die Strichliste (die technischen Daten *pl*)
- *technical data*

33 der Zeichenmaßstab
- *ruler (rule)*

34 der Dreikantmaßstab
- *triangular scale*

35 die Radierschablone
- *erasing shield*

36 die Tuschepatrone
- *drawing ink cartridge*

37 Ständer *m* für Tuschefüller *m*
- *holders for tubular drawing pens*

38 der Arbeitssatz Tuschefüller *m*
- *set of tubular drawing pens*

39 der Feuchtigkeitsmesser
- *hygrometer*

40 die Verschlußkappe mit Strichstärkenkennzeichnung
- *cap with indication of nib size*

41 der Radierstift
- *pencil-type eraser*

42 der Radiergummi
- *eraser*

43 das Radiermesser
- *erasing knife*

44 die Radierklinge
- *erasing knife blade*

45 der Minenklemmstift
- *clutch-type pencil*

46 die Graphitmine
- *pencil lead (refill lead, refill, spare lead)*

47 der Radierpinsel (Glasfaserradierer)
- *glass eraser*

48 die Glasfasern *f*
- *glass fibres* (Am. *fibers)*

49 die Reißfeder
- *ruling pen*

50 das Kreuzscharnier
- *cross joint*

51 die Teilscheibe
- *index plate*

52 der Einsatzzirkel
- *compass with interchangeable attachments*

53 die Geradführung
- *compass head*

54 der Spitzeneinsatz (Nadeleinsatz)
- *needle point attachment*

55 der Bleinadeleinsatz
- *pencil point attachment*

56 die Nadel
- *needle*

57 die Verlängerungsstange
- *lengthening arm (extension bar)*

58 der Reißfedereinsatz
- *ruling pen attachment*

59 der Fallnullenzirkel
- *pump compass (drop compass)*

60 die Fallstange
- *piston*

61 der Reißfedereinsatz
- *ruling pen attachment*

62 der Bleieinsatz
- *pencil attachment*

63 der Tuschebehälter
- *drawing ink container*

64 der Schnellverstellzirkel
- *spring bow (rapid adjustment, ratchet-type) compass*

65 das Federringscharnier
- *spring ring hinge*

66 der federgelagerte Bogenfeintrieb
- *spring-loaded fine adjustment for arcs*

67 die gekröpfte Nadel
- *right-angle needle*

68 der Tuschefüllereinsatz
- *tubular ink unit*

69 die Schriftschablone
- *stencil lettering guide (lettering stencil)*

70 die Kreisschablone
- *circle template*

71 die Ellipsenschablone
- *ellipse template*

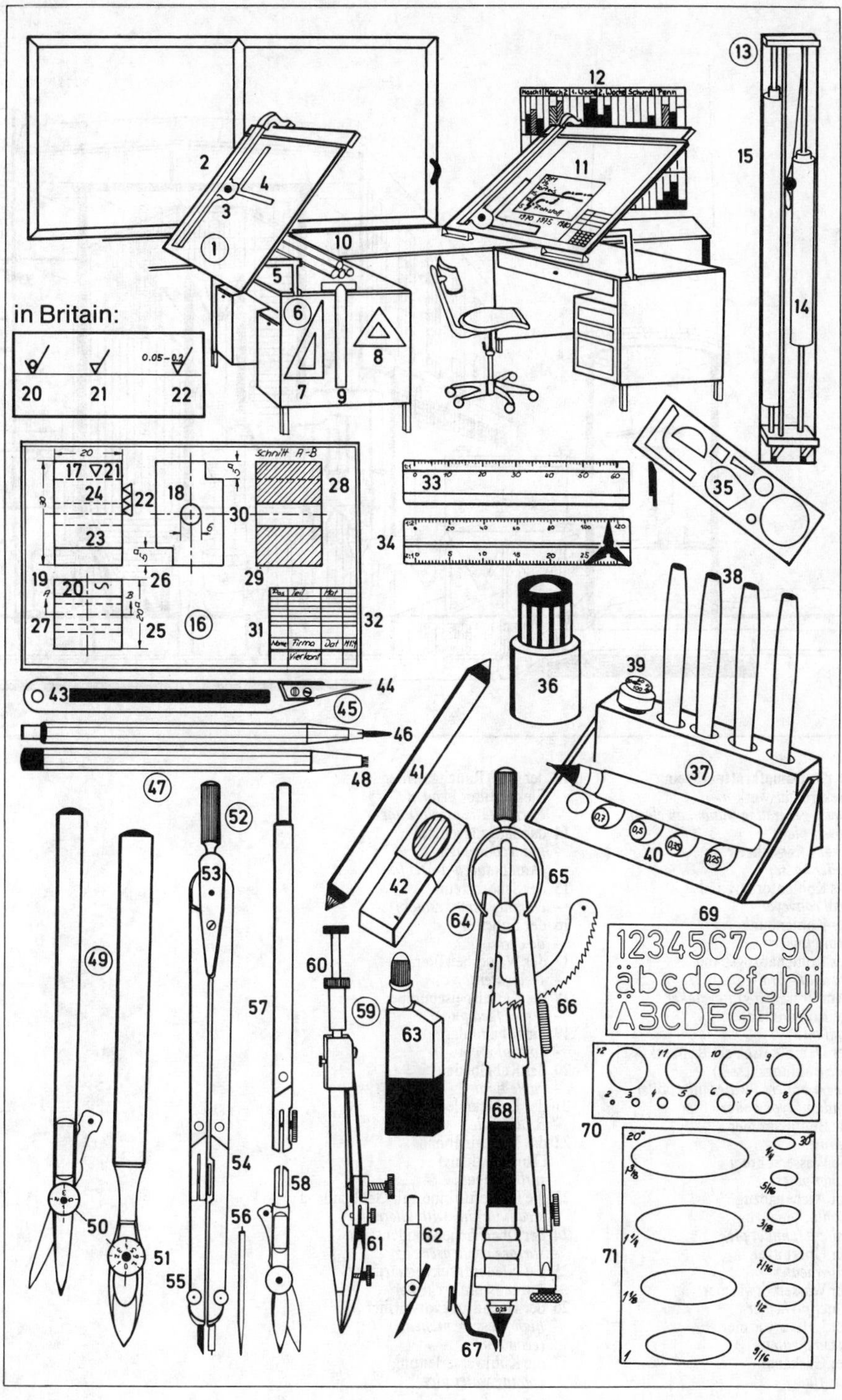
in Britain:
0.05–0.2
Schnitt A–B
1234567°90
abcdeefghij
ABCDEGHJK

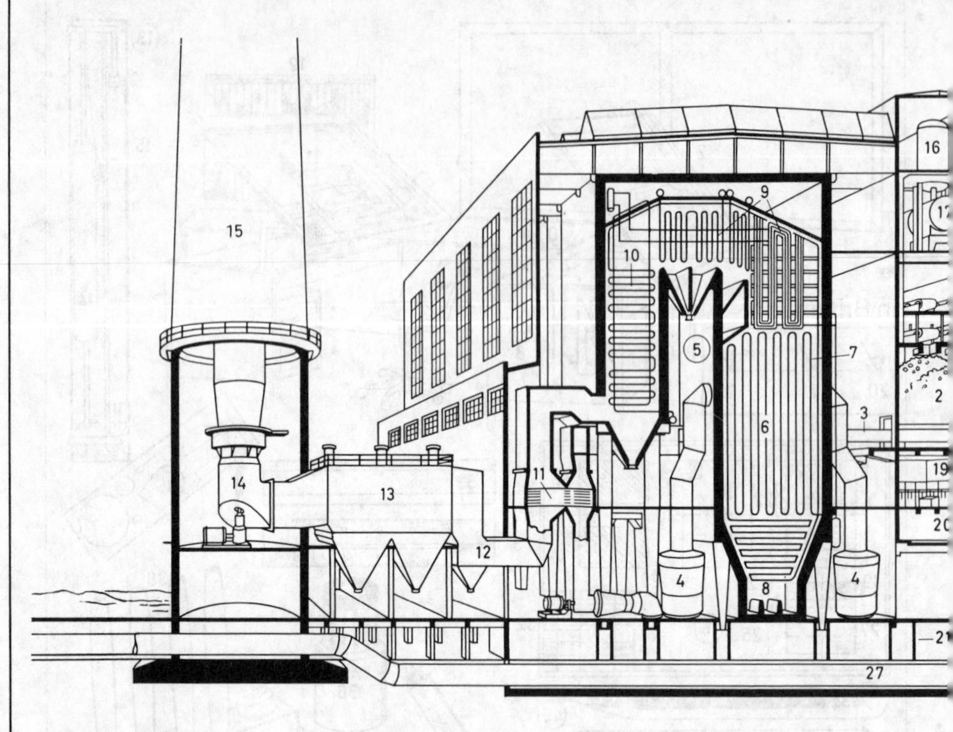

1-28 das Dampfkraftwerk, ein Elektrizitätswerk *n*
- ***steam-generating station****, an electric power plant*

1-21 das Kesselhaus
- ***boiler house***

1 das Kohlenförderband
- *coal conveyor*

2 der Kohlenbunker
- *coal bunker*

3 das Kohlenabzugsband
- *travelling-grate (Am. traveling-grate) stoker*

4 die Kohlenmühle
- *coal mill*

5 der Dampfkessel, ein Röhrenkessel *m* (Strahlungskessel)
- *steam boiler, a water-tube boiler (radiant-type boiler)*

6 die Brennkammer
- *burners*

7 die Wasserrohre *n*
- *water pipes*

8 der Aschenabzug (Schlackenabzug)
- *ash pit (clinker pit)*

9 der Überhitzer
- *superheater*

10 der Wasservorwärmer
- *water preheater*

11 der Luftvorwärmer
- *air preheater*

12 der Gaskanal
- *gas flue*

13 der (das) Rauchgasfilter, ein Elektrofilter *m od. n*
- *electrostatic precipitator*

14 das Saugzuggebläse
- *induced-draught (Am. induced-draft) fan*

15 der Schornstein
- *chimney (smokestack)*

16 der Entgaser
- *de-aerator*

17 der Wasserbehälter
- *feedwater tank*

18 die Kesselspeisepumpe
- *boiler feed pump*

19 die Schaltanlage
- *control room*

20 der Kabelboden
- *cable tunnel*

21 der Kabelkeller
- *cable vault*

22 das Maschinenhaus (Turbinenhaus)
- *turbine house*

23 die Dampfturbine, mit Generator *m*
- *steam turbine with alternator*

24 der Oberflächenkondensator
- *surface condenser*

25 der Niederdruckvorwärmer
- *low-pressure preheater*

26 der Hochdruckvorwärmer
- *high-pressure preheater (economizer)*

27 die Kühlwasserleitung
- *cooling water pipe*

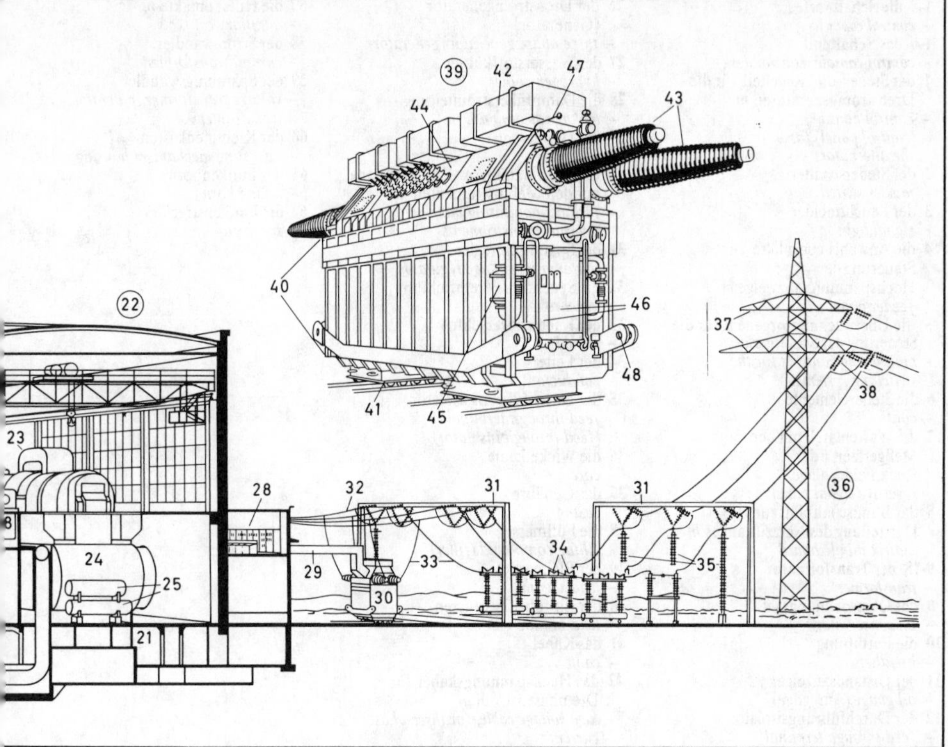

28 die Schaltwarte
- *control room*

29-35 **die Freiluftschaltanlage,** eine Hochspannungsverteilungsanlage
- ***outdoor substation,*** *a substation*

29 die Stromschienen *f*
- *busbars*

30 der Leistungstransformator, ein Wandertransformator *m*
- *power transformer, a mobile (transportable) transformer*

31 das Abspannungsgerüst
- *stay poles (guy poles)*

32 das Hochspannungsleitungsseil
- *high-voltage transmission line*

33 das Hochspannungsseil
- *high-voltage conductor*

34 der Druckluftschnellschalter (Leistungsschalter)
- *air-blast circuit breaker (circuit breaker)*

35 der Überspannungsableiter
- *surge diverter* (Am. *lightning arrester, arrester)*

36 der Freileitungsmast (Abspannungsmast), ein Gittermast *m*
- *overhead line support, a lattice steel tower*

37 der Querträger (die Traverse)
- *cross arm (traverse)*

38 der Abspannisolator (die Abspannkette)
- *strain insulator*

39 **der Wandertransformator** (Leistungstransformator, Transformator, Trafo, Umspanner)
- ***mobile (transportable) transformer*** *(power transformer, transformer)*

40 der Transformator[en]kessel
- *transformer tank*

41 das Fahrgestell
- *bogie* (Am. *truck)*

42 das Ölausdehnungsgefäß
- *oil conservator*

43 die Oberspannungsdurchführung
- *primary voltage terminal (primary voltage bushing)*

44 die Unterspannungsdurchführungen *f*
- *low-voltage terminals (low-voltage bushings)*

45 die Ölumlaufpumpe
- *oil-circulating pump*

46 der Öl-Wasser-Kühler
- *oil cooler*

47 das Funkenhorn
- *arcing horn*

48 die Transportöse
- *transport lug*

1-8 die Schaltwarte
- ***control room***
1-6 das Schaltpult
- ***control console*** *(control desk)*
1 der Steuer- und Regelteil, für die Drehstromgeneratoren *m*
- *control board (control panel) for the alternators*
2 der Steuerschalter
- *master switch*
3 der Leuchtmelder
- *signal light*
4 die Anwahlsteuerplatte, zur Steuerung der Hochspannungsabzweige *m*
- *feeder panel*
5 die Überwachungsorgane *n*, für die Steuerung der Schaltgeräte *n*
- *monitoring controls for the switching systems*
6 die Steuerelemente *n*
- *controls*
7 die Wartentafel, mit den Meßgeräten *n* der Rückmeldeanlage
- *revertive signal panel*
8 das Blindschaltbild, zur Darstellung des Netzzustandes *m*
- *matrix mimic board*
9-18 der Transformator
- ***transformer***
9 das Ölausdehnungsgefäß
- *oil conservator*
10 die Entlüftung
- *breather*
11 der Ölstandsanzeiger
- *oil gauge (*Am. *gage)*
12 der Durchführungsisolator
- *feed-through terminal (feed-through insulator)*
13 der Umschalter, für Oberspannungsanzapfungen *f*
- *on-load tap changer*
14 das Joch
- *yoke*
15 die Primärwicklung (Oberspannungswicklung)
- *primary winding (primary)*
16 die Sekundärwicklung (Unterspannungswicklung)
- *secondary winding (secondary, low-voltage winding)*
17 der Kern (Schenkel)
- *core*
18 die Anzapfungsverbindung
- *tap (tapping)*
19 die Transformatorenschaltung
- ***transformer connection***
20 die Sternschaltung
- *star connection (star network, Y-connection)*
21 die Dreieckschaltung (Deltaschaltung)
- *delta connection (mesh connection)*
22 der Sternpunkt (Nullpunkt)
- *neutral point*
23-30 die Dampfturbine, eine Dampfturbogruppe
- ***steam turbine,*** *a turbogenerator unit*
23 der Hochdruckzylinder
- *high-pressure cylinder*
24 der Mitteldruckzylinder
- *medium-pressure cylinder*
25 der Niederdruckzylinder
- *low-pressure cylinder*
26 der Drehstromgenerator (Generator)
- *three-phase generator (generator)*
27 der Wasserstoffkühler
- *hydrogen cooler*
28 die Dampfüberströmleitung
- *leakage steam path*
29 das Düsenventil
- *jet nozzle*
30 der Turbinenüberwachungsschrank mit den Meßinstrumenten *n*
- *turbine monitoring panel with measuring instruments*
31 der Spannungsregler
- *[automatic] voltage regulator*
32 die Synchronisiereinrichtung
- *synchro*
33 der Kabelendverschluß
- ***cable box***
34 der Leiter
- *conductor*
35 der Durchführungsisolator
- *feed-through terminal (feed-through insulator)*
36 die Wickelkeule
- *core*
37 das Gehäuse
- *casing*
38 die Füllmasse
- *filling compound (filler)*
39 der Bleimantel
- *lead sheath*
40 der Einführungsstutzen
- *lead-in tube*
41 das Kabel
- *cable*
42 das Hochspannungskabel, für Dreiphasenstrom *m*
- ***high voltage cable,*** *for three-phase current*
43 der Stromleiter
- *conductor*
44 das Metallpapier
- *metallic paper (metallized paper)*
45 der Beilauf
- *tracer (tracer element)*
46 das Nesselband
- *varnished-cambric tape*
47 der Bleimantel
- *lead sheath*
48 das Asphaltpapier
- *asphalted paper*
49 die Juteumhüllung
- *jute serving*
50 die Stahlband- oder Stahldrahtarmierung
- *steel tape or steel wire armour (*Am. *armor)*
51-62 der Druckluftschnellschalter, ein Leistungsschalter *m*
- ***air-blast circuit breaker,*** *a circuit breaker*
51 der Druckluftbehälter
- *compressed-air tank*
52 das Steuerventil
- *control valve (main operating valve)*
53 der Druckluftanschluß
- *compressed-air inlet*
54 der Hohlstützisolator, ein Kappenisolator *m*
- *support insulator, a hollow porcelain supporting insulator*
55 die Schaltkammer (Löschkammer)
- *interrupter*
56 der Widerstand
- *resistor*
57 die Hilfskontakte *m*
- *auxiliary contacts*
58 der Stromwandler
- *current transformer*
59 der Spannungswandler
- *voltage transformer (potential transformer)*
60 der Klemmenkasten
- *operating mechanism housing*
61 das Funkenhorn
- *arcing horn*
62 die Funkenstrecke
- *spark gap*

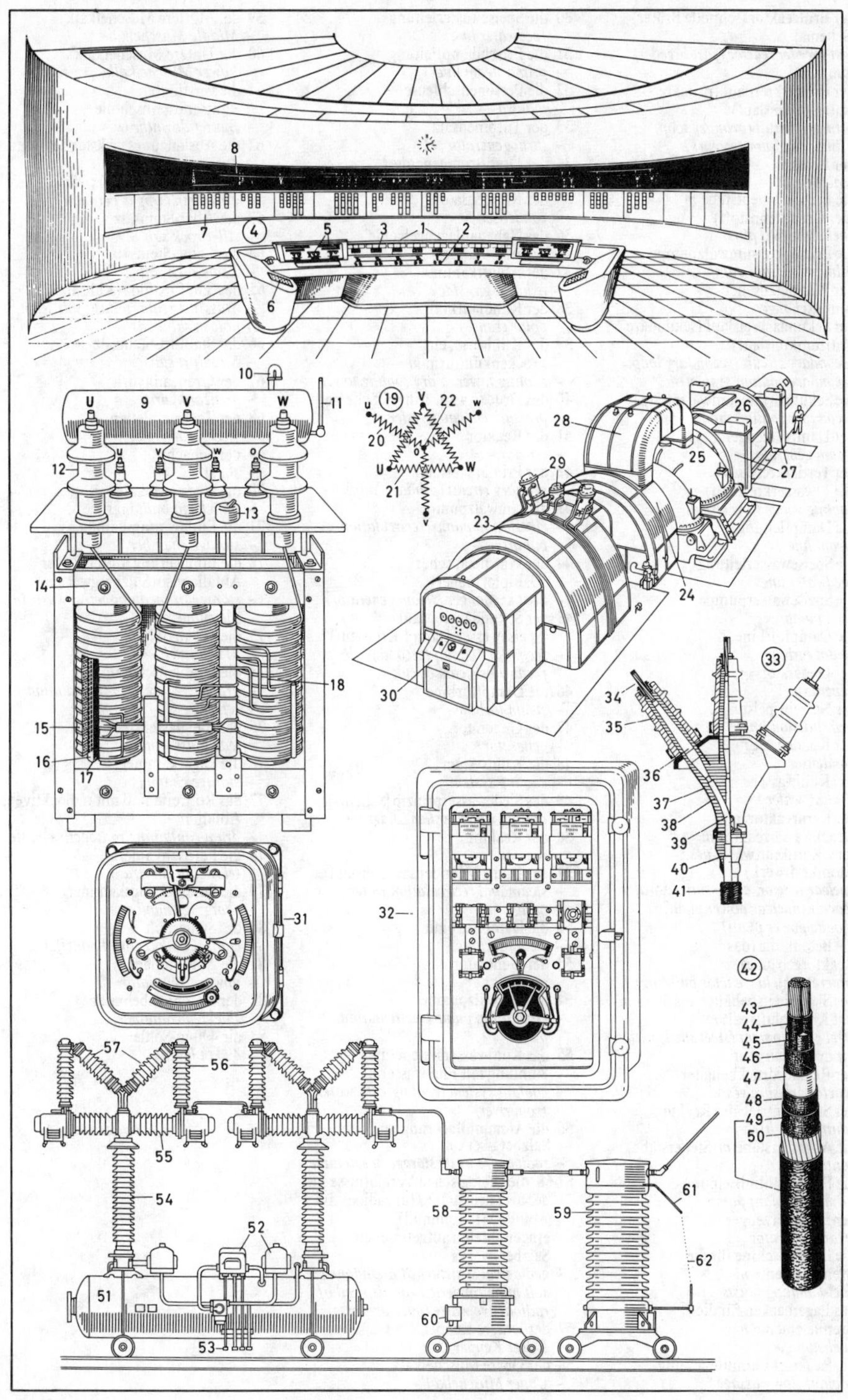
8
7
4
5
3
1
2
6
10
U
9
V
W
11
u
v
w
o
12
13
19
u
V
22
w
20
o
U
W
21
v
14
18
15
16
17
28
26
29
25
27
23
24
30
33
34
35
36
37
38
39
40
41
31
32
42
43
44
45
46
47
48
49
50
57
56
55
54
52
51
53
58
59
61
62
60

1 **der Brutreaktor** (schnelle Brüter) [Schema]
- ***fast-breeder reactor*** *(fast breeder) [diagram]*
2 der Primärkreislauf (primäre Natriumkreislauf)
- *primary circuit (primary loop, primary sodium system)*
3 der Reaktor
- *reactor*
4 die Brennelementstäbe *m* (der Kernbrennstoff)
- *fuel rods (fuel pins)*
5 die Primärkreisumwälzpumpe
- *primary sodium pump*
6 der Wärmetauscher
- *heat exchanger*
7 der Sekundärkreislauf (sekundäre Natriumkreislauf)
- *secondary circuit (secondary loop, secondary sodium system)*
8 die Sekundärkreisumwälzpumpe
- *secondary sodium pump*
9 der Dampferzeuger
- *steam generator*
10 der Tertiärkreislauf (Kühlwasserkreislauf)
- *cooling water flow circuit*
11 die Dampfleitung
- *steam line*
12 die Speisewasserleitung
- *feedwater line*
13 die Speisewasserpumpe
- *feed pump*
14 die Dampfturbine
- *steam turbine*
15 der Generator
- *generator*
16 die Netzeinspeisung
- *transmission line*
17 der Kondensator
- *condenser*
18 das Kühlwasser
- *cooling water*
19 **der Kernreaktor,** ein Druckwasserreaktor *m* (das Kernkraftwerk, *ugs.* Atomkraftwerk)
- ***nuclear reactor,*** *a pressurized-water reactor (nuclear power plant, atomic power plant)*
20 die Betonhülle (das Reaktorgebäude)
- *concrete shield (reactor building)*
21 der Sicherheitsbehälter aus Stahl *m* mit Absaugluftspalt *m*
- *steel containment (steel shell) with air extraction vent*
22 der Reaktordruckbehälter
- *reactor pressure vessel*
23 der Steuerantrieb des Reaktors
- *control rod drive*
24 die Absorberstäbe *m* (Steuerstäbe)
- *control rods*
25 die Hauptkühlmittelpumpe
- *primary coolant pump*
26 der Dampferzeuger
- *steam generator*
27 die Lademaschine für die Brennelemente *n*
- *fuel-handling hoists*
28 das Lagerbecken für die Brennelemente *n*
- *fuel storage*
29 die Reaktorkühlmittelleitung
- *coolant flow passage*
30 die Speisewasserleitung
- *feedwater line*
31 die Frischdampfleitung
- *prime steam line*
32 die Personenschleuse
- *manway*
33 der Turbinensatz
- *turbogenerator set*
34 der Drehstromgenerator
- *turbogenerator*
35 der Kondensator
- *condenser*
36 das Nebenanlagengebäude
- *service building*
37 der Abluftkamin
- *exhaust gas stack*
38 der Rundlaufkran
- *polar crane*
39 der Kühlturm, ein Trockenkühlturm *m*
- *cooling tower, a dry cooling tower*
40 das Druckwasserprinzip [Schema]
- *pressurized-water system*
41 der Reaktor
- *reactor*
42 der Primärkreislauf
- *primary circuit (primary loop)*
43 die Umwälzpumpe
- *circulation pump (recirculation pump)*
44 der Wärmetauscher (Dampferzeuger)
- *heat exchanger (steam generator)*
45 der Sekundärkreislauf (Speisewasser-Dampf-Kreislauf)
- *secondary circuit (secondary loop, feedwater steam circuit)*
46 die Dampfturbine
- *steam turbine*
47 der Generator
- *generator*
48 das Kühlsystem
- *cooling system*
49 das Siedewasserprinzip [Schema]
- *boiling water system [diagram]*
50 der Reaktor
- *reactor*
51 der Dampf-Kondensat-Kreislauf
- *steam and recirculation water flow paths*
52 die Dampfturbine
- *steam turbine*
53 der Generator
- *generator*
54 die Umwälzpumpe
- *circulation pump (recirculation pump)*
55 das Kühlwassersystem (die Kühlung mit Flußwasser *n*)
- *coolant system (cooling with water from river)*
56 **die Atommüllagerung** im Salzbergwerk *n*
- ***radioactive waste storage in salt mine***
57-68 die geologischen Verhältnisse *pl* des als Lagerstätte *f* für radioaktive Abfälle *m* (Atommüll) eingerichteten aufgelassenen Salzbergwerks
- *geological structure of abandoned salt mine converted for disposal of radioactive waste (nuclear waste)*
57 der Untere Keuper
- *Lower Keuper*
58 der Obere Muschelkalk
- *Upper Muschelkalk*
59 der Mittlere Muschelkalk
- *Middle Muschelkalk*
60 der Untere Muschelkalk
- *Lower Muschelkalk*
61 die verstürzte Buntsandsteinscholle
- *Bunter downthrow*
62 die Auslaugungsrückstände *m* des Zechsteins *m*
- *residue of leached (lixiviated) Zechstein (Upper Permian)*
63 das Aller-Steinsalz
- *Aller rock salt*
64 das Leine-Steinsalz
- *Leine rock salt*
65 das Staßfurt-Flöz (Kalisalzflöz)
- *Stassfurt seam (potash salt seam, potash salt bed)*
66 das Staßfurt-Steinsalz
- *Stassfurt salt*
67 der Grenzanhydrit
- *grenzanhydrite*
68 der Zechsteinletten
- *Zechstein shale*
69 der Schacht
- *shaft*
70 die Übertagebauten *m*
- *minehead buildings*
71 die Einlagerungskammer
- *storage chamber*
72 die Einlagerung mittelaktiver Abfälle *m* im Salzbergwerk *n*
- *storage of medium-active waste in salt mine*
73 die 511-m-Sohle
- *511 m level*
74 die Strahlenschutzmauer
- *protective screen (anti-radiation screen)*
75 das Bleiglasfenster
- *lead glass window*
76 die Lagerkammer
- *storage chamber*
77 das Rollreifenfaß mit radioaktivem Abfall *m*
- *drum containing radioactive waste*
78 die Fernsehkamera
- *television camera*
79 die Beschickungskammer
- *charging chamber*
80 das Steuerpult
- *control desk (control panel)*
81 die Abluftanlage
- *upward ventilator*
82 der Abschirmbehälter
- *shielded container*
83 die 490-m-Sohle
- *490 m level*

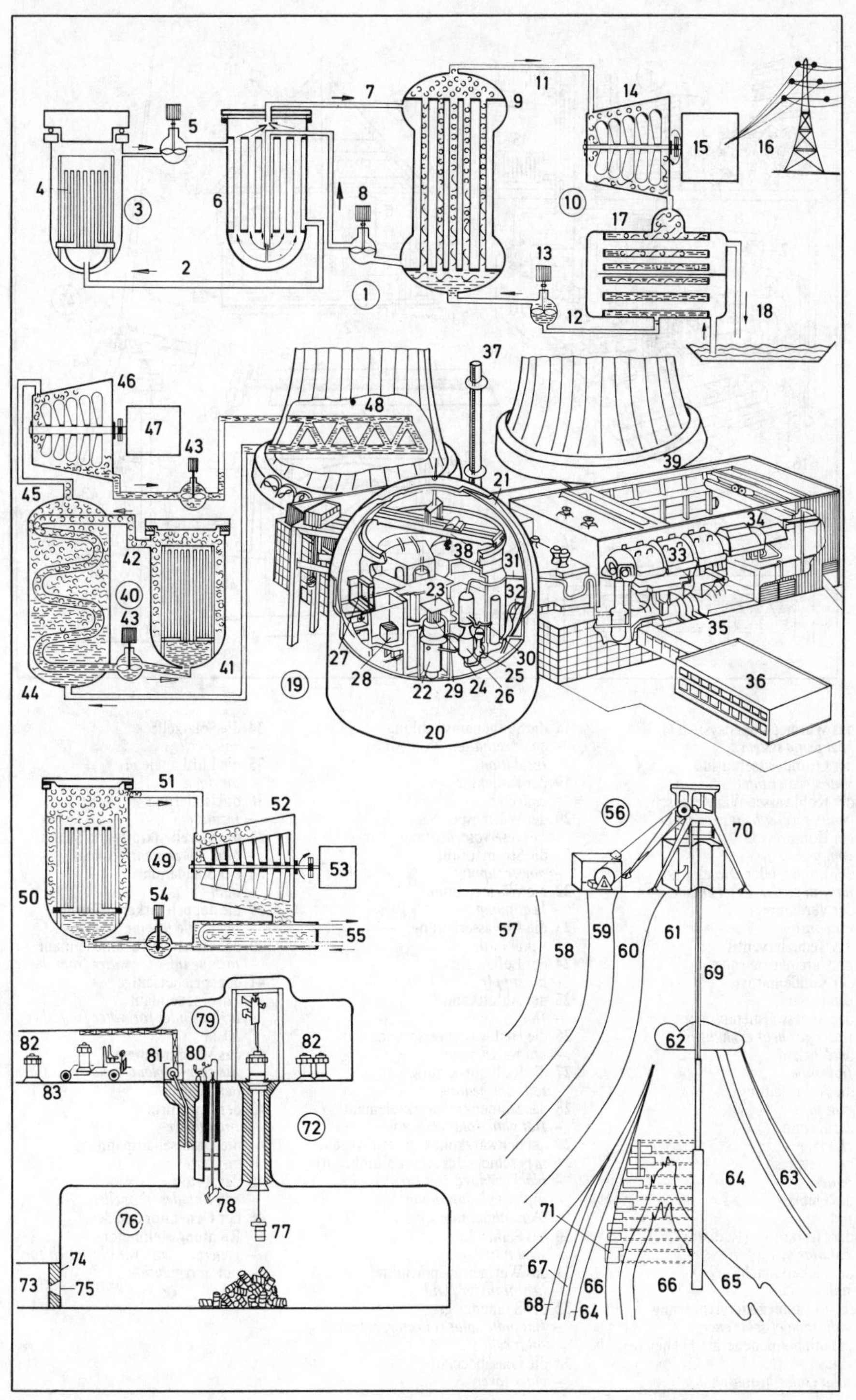
1
2
3
4
5
6
7
8
9
10
11
12
13
14
15
16
17
18
19
20
21
22
23
24
25
26
27
28
29
30
31
32
33
34
35
36
37
38
39
40
41
42
43
44
45
46
47
48
49
50
51
52
53
54
55
56
57
58
59
60
61
62
63
64
65
66
67
68
69
70
71
72
73
74
75
76
77
78
79
80
81
82
83

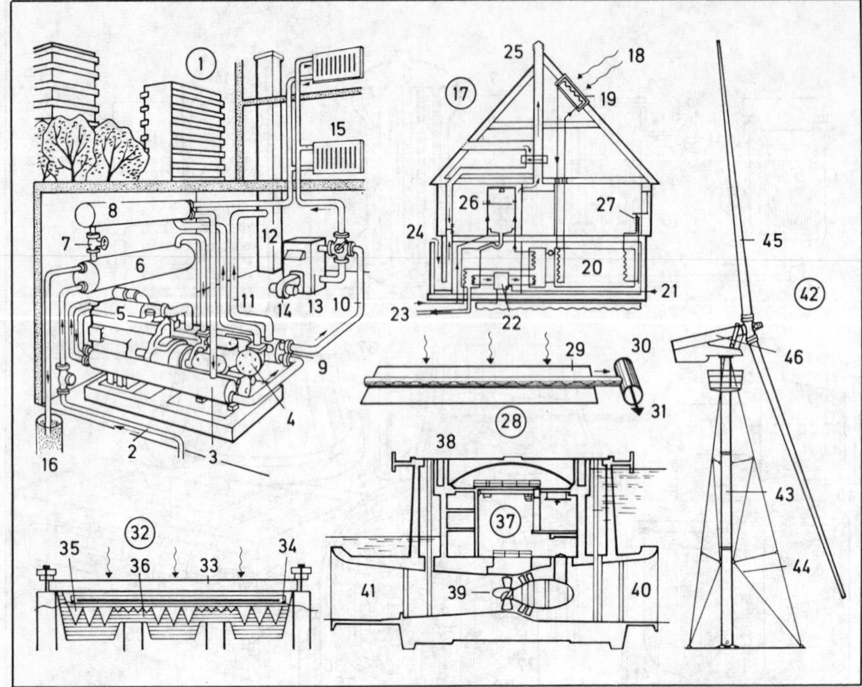

1 das Wärmepumpensystem
- ***heat pump system***

2 der Grundwasserzufluß
- *source water inlet*

3 der Kühlwasser-Wärmetauscher
- *cooling water heat exchanger*

4 der Kompressor
- *compressor*

5 der Erdgas- oder Dieselmotor
- *natural-gas or diesel engine*

6 der Verdampfer
- *evaporator*

7 das Reduzierventil
- *pressure release valve*

8 der Kondensator
- *condenser*

9 der Abgaswärmetauscher
- *waste-gas heat exchanger*

10 der Vorlauf
- *flow pipe*

11 die Abluftleitung
- *vent pipe*

12 der Kamin
- *chimney*

13 der Heizkessel
- *boiler*

14 das Gebläse
- *fan*

15 der Heizkörper (Radiator)
- *radiator*

16 der Sickerschacht
- *sink*

17-36 die Sonnenenergienutzung
- ***utilization of solar energy***

17 das mit Sonnenenergie *f* beheizte Haus
- *solar (solar-heated) house*

18 die Sonneneinstrahlung
- *solar radiation (sunlight, insolation)*

19 der Kollektor
- *collector*

20 der Wärmespeicher
- *hot reservoir (heat reservoir)*

21 die Stromzufuhr
- *power supply*

22 die Wärmepumpe
- *heat pump*

23 die Abwasserleitung
- *water outlet*

24 der Luftzutritt
- *air supply*

25 der Abluftkamin
- *flue*

26 die Heißwasserversorgung
- *hot water supply*

27 die Radiatorheizung
- *radiator heating*

28 das Sonnenkraftwerkselement
- *flat plate solar collector*

29 der Schwarzkollektor (mit Asphalt *m* beschichtetes Aluminiumblech)
- *blackened receiver surface with asphalted aluminium (Am. aluminum) foil*

30 das Stahlrohr
- *steel tube*

31 das Wärmetransportmittel
- *heat transfer fluid*

32 der Sonnenziegel
- *flat plate solar collector, containing solar cell*

33 die Glasabdeckung
- *glass cover*

34 die Solarzelle
- *solar cell*

35 die Luftkanäle *m*
- *air ducts*

36 die Isolierung
- *insulation*

37 das Gezeitenkraftwerk [Schnitt]
- ***tidal power plant*** *[section]*

38 der Staudamm
- *dam*

39 die doppeltwirkende Turbine
- *reversible turbine*

40 der seeseitige Turbineneinlauf
- *turbine inlet for water from the sea*

41 der speicherseitige Turbineneinlauf
- *turbine inlet for water from the basin*

42 das Windkraftwerk
- ***wind power plant*** *(wind generator, aerogenerator)*

43 der Rohrturm
- *truss tower*

44 die Drahtseilabspannung
- *guy wire*

45 der Rotor
- *rotor blades (propeller)*

46 der Generator und der Richtungsstellmotor
- *generator with variable pitch for power regulation*

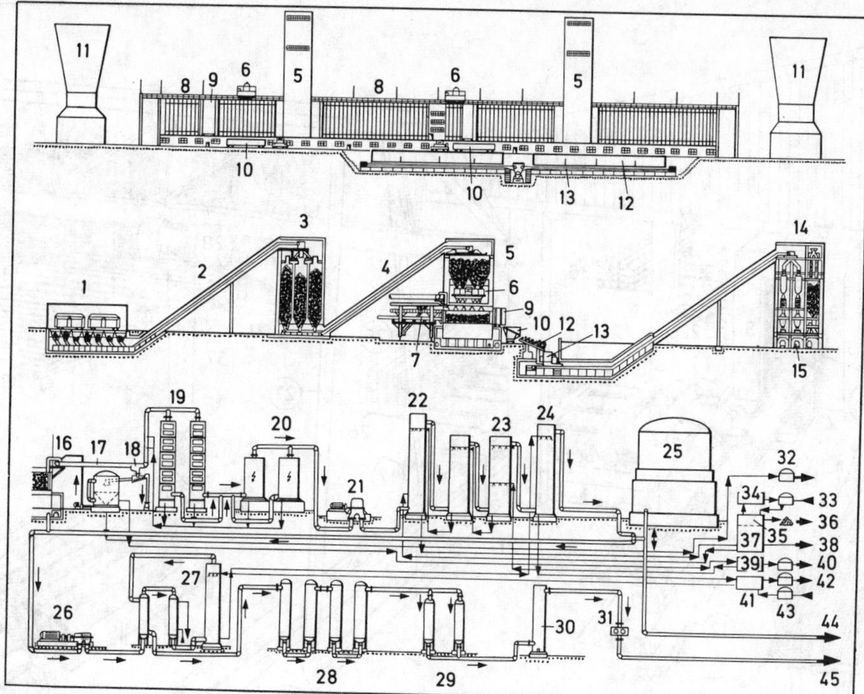

1-15 die Kokerei
- ***coking plant***
1 die Kokskohlenentladung
- *dumping of coking coal*
2 der Gurtförderer
- *belt conveyor*
3 der Kokskohlenkomponentenbunker
- *service bunker*
4 der Kohlenturmgurtförderer
- *coal tower conveyor*
5 der Kohlenturm
- *coal tower*
6 der Füllwagen
- *larry car (larry, charging car)*
7 die Koksausdrückmaschine
- *pusher ram*
8 die Koksofenbatterie
- *battery of coke ovens*
9 der Kokskuchenführungswagen
- *coke guide*
10 der Löschwagen, mit Löschlok *f*
- *quenching car, with engine*
11 der Löschturm
- *quenching tower*
12 die Koksrampe
- *coke loading bay (coke wharf)*
13 das Koksrampenband
- *coke side bench*
14 die Grob- und Feinkokssieberei
- *screening of lump coal and culm*
15 die Koksverladung
- *coke loading*

16-45 die Kokereigasbehandlung
- ***coke-oven gas processing***
16 der Gasaustritt aus den Koksöfen *m*
- *discharge (release) of gas from the coke ovens*
17 die Gassammelleitung (Vorlage)
- *gas-collecting main*
18 die Dickteerabscheidung
- *coal tar extraction*
19 der Gaskühler
- *gas cooler*
20 der (das) Elektrofilter
- *electrostatic precipitator*
21 der Gassauger
- *gas extractor*
22 der Schwefelwasserstoffwascher
- *hydrogen sulphide (Am. hydrogen sulfide) scrubber (hydrogen sulphide wet collector)*
23 der Ammoniakwascher
- *ammonia scrubber (ammonia wet collector)*
24 der Benzolwascher
- *benzene (benzol) scrubber*
25 der Gassammelbehälter
- *gas holder*
26 der Gaskompressor
- *gas compressor*
27 die Entbenzolung mit Kühler *m* und Wärmetauscher *m*
- *debenzoling by cooler and heat exchanger*
28 die Druckgasentschwefelung
- *desulphurization (Am. desulfurization) of pressure gas*
29 die Gaskühlung
- *gas cooling*
30 die Gastrocknung
- *gas drying*
31 der Gaszähler
- *gas meter*
32 der Rohteerbehälter
- *crude tar tank*
33 die Schwefelsäurezufuhr
- *sulphuric acid (Am. sulfuric acid) supply*
34 die Schwefelsäureerzeugung
- *production of sulphuric acid (Am. sulfuric acid)*
35 die Ammoniumsulfatherstellung
- *production of ammonium sulphate (Am. ammonium sulfate)*
36 das Ammoniumsulfat
- *ammonium sulphate (Am. ammonium sulfate)*
37 die Regenerieranlage zum Regenerieren *n* der Waschmedien *n*
- *recovery plant for recovering the scrubbing agents*
38 die Abwasserabfuhr
- *waste water discharge*
39 die Entphenolung des Gaswassers *n*
- *phenol extraction from the gas water*
40 der Rohphenolbehälter
- *crude phenol tank*
41 die Rohbenzolerzeugung
- *production of crude benzol (crude benzene)*
42 der Rohbenzoltank
- *crude benzol (crude benzene) tank*
43 der Waschöltank
- *scrubbing oil tank*
44 die Niederdruckgasleitung
- *low-pressure gas main*
45 die Hochdruckgasleitung
- *high-pressure gas main*

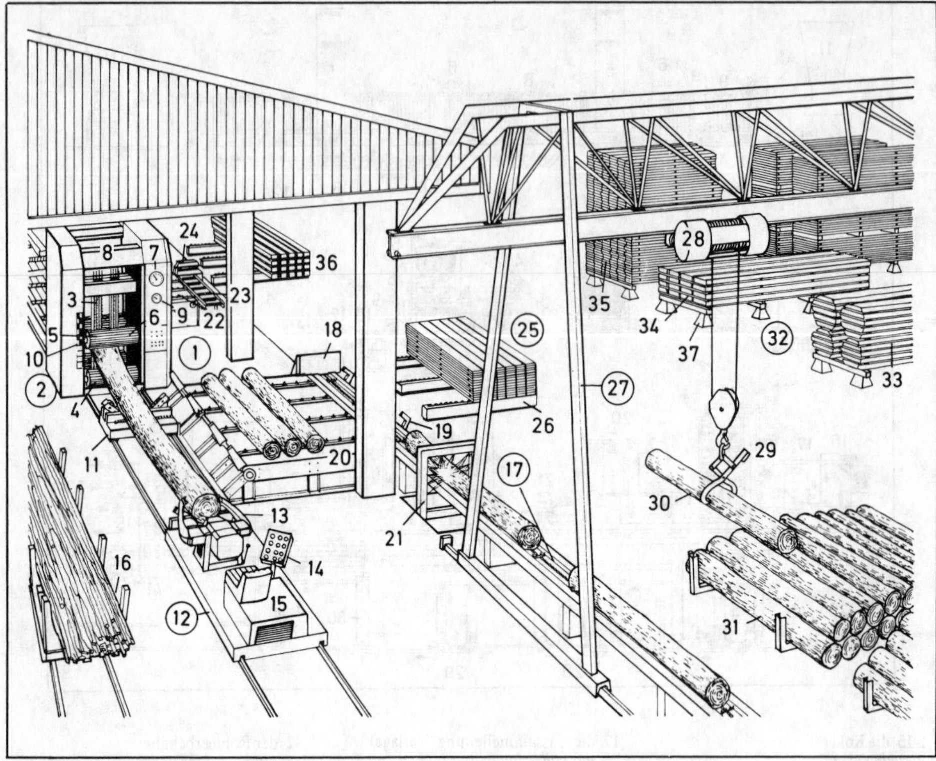

1 das Sägewerk (die Sägehalle)
- *sawmill*
2 das Vollgatter
- *vertical frame saw (Am. gang mill)*
3 die Sägeblätter *m*
- *saw blades*
4 die Einzugswalze
- *feed roller*
5 die Kletterwalze
- *guide roller*
6 die Riffelung
- *fluting (grooving, grooves)*
7 das Öldruckmanometer
- *oil pressure gauge (Am. gage)*
8 der Gatterrahmen
- *saw frame*
9 der Vorschubanzeiger
- *feed indicator*
10 die Skala für die Durchlaßhöhe
- *log capacity scale*
11 der Hilfswagen
- *auxiliary carriage*
12 der Spannwagen
- *carriage*
13 die Spannzange
- *log grips*
14 die Fernbedienung
- *remote control panel*
15 der Antrieb für den Spannwagen
- *carriage motor*
16 der Wagen für die Spreißel *m*
- *truck for splinters (splints)*
17 der Blockzug (Spitzenblockzug)
- *endless log chain (Am. jack chain)*
18 die Anschlagplatte
- *stop plate*
19 die Blockauswerfer *m*
- *log-kicker arms*
20 der Querförderer
- *cross conveyor*
21 die Waschanlage
- *washer (washing machine)*
22 der Kettenquerförderer für Schnittware *f*
- *cross chain conveyor for sawn timber*
23 der Rollentisch
- *roller table*
24 die Untertischkappsäge
- *undercut swing saw*
25 die Vorstapelung
- *piling*
26 die Rollenböcke *m*
- *roller trestles*
27 der Portalkran
- *gantry crane*
28 der Kranmotor
- *crane motor*
29 der Schwedengreifer
- *pivoted log grips*
30 das Rundholz
- *roundwood (round timber)*
31 das Rundholzpolter (Sortierpolter)
- *log dump*
32 der Schnittholzplatz
- *squared timber store*
33 die Blockware
- *sawn logs*
34 die Dielen *f*
- *planks*
35 die Bretter *n*
- *boards (planks)*
36 die Kanthölzer *n*
- *squared timber*
37 der Stapelstein
- *stack bearer*

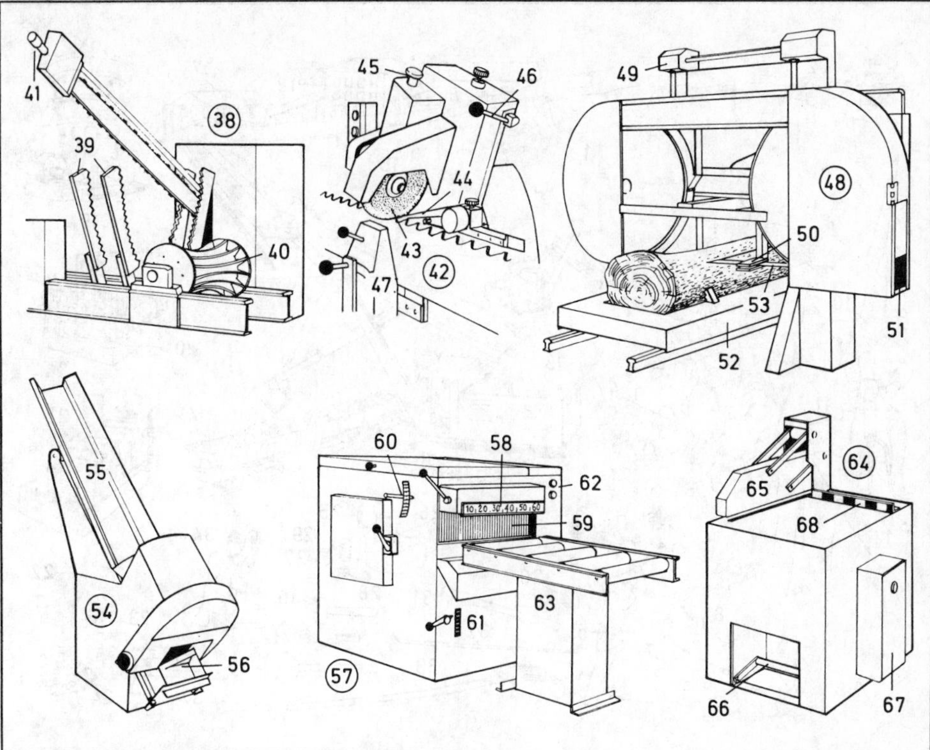

38 die automatische Kettenablängsäge
- *automatic cross-cut chain saw*

39 die Stammholzhalter *m*
- *log grips*

40 die Vorschubwalze
- *feed roller*

41 die Kettenspannvorrichtung
- *chain-tensioning device*

42 die automatische Sägenschärfmaschine
- *saw-sharpening machine*

43 die Schleifscheibe
- *grinding wheel (teeth grinder)*

44 die Vorschubklinke
- *feed pawl*

45 die Tiefeneinstellung für die Schärfscheibe
- *depth adjustment for the teeth grinder*

46 der Ausheber für den Schärfkopf
- *lifter (lever) for the grinder chuck*

47 die Haltevorrichtung für das Sägeblatt
- *holding device for the saw blade*

48 die horizontale Blockbandsäge
- *horizontal bandsaw for sawing logs*

49 die Höheneinstellung
- *height adjustment*

50 der Spanabstreifer
- *chip remover*

51 die Späneabsaugung
- *chip extractor*

52 der Transportschlitten
- *carriage*

53 das Bandsägeblatt
- *bandsaw blade*

54 die automatische Brennholzsäge
- *automatic blocking saw*

55 der Einwurfschacht
- *feed channel*

56 die Auswurföffnung
- *discharge opening*

57 die Doppelbesäumsäge
- *twin edger (double edger)*

58 die Breitenskala
- *breadth scale (width scale)*

59 die Rückschlagsicherung (Lamellen *f*)
- *kick-back guard (plates)*

60 die Höhenskala
- *height scale*

61 die Vorschubskala
- *in-feed scale*

62 die Kontrollampen *f*
- *indicator lamps*

63 der Aufgabetisch
- *feed table*

64 die Untertischkappsäge
- *undercut swing saw*

65 der automatische Niederhalter (mit Schutzhaube *f*)
- *automatic hold-down with protective hood*

66 der Fußschalter
- *foot switch*

67 die Schaltanlage
- *distribution board (panelboard)*

68 der Längenanschlag
- *length stop*

1 der Steinbruch, ein Tagebau *m* (Abraumbau)
- ***quarry,*** *an open-cast working*

2 der Abraum
- *overburden*

3 das anstehende Gestein
- *working face*

4 das Haufwerk (gelöste Gestein)
- *loose rock pile (blasted rock)*

5 der Brecher, ein Steinbrucharbeiter *m*
- *quarryman (quarrier), a quarry worker*

6 der Keilhammer
- *sledge hammer*

7 der Keil
- *wedge*

8 der Felsblock
- *block of stone*

9 der Bohrer
- *driller*

10 der Schutzhelm
- *safety helmet*

11 der Bohrhammer (Gesteinsbohrer)
- *hammer drill (hard-rock drill)*

12 das Bohrloch
- *borehole*

13 der Universalbagger
- *universal excavator*

14 die Großraumlore
- *large-capacity truck*

15 die Felswand
- *rock face*

16 der Schrägaufzug
- *inclined hoist*

17 der Vorbrecher
- *primary crusher*

18 das Schotterwerk
- *stone-crushing plant*

19 der Grobkreiselbrecher; *ähnl.:* Feinkreiselbrecher (Kreiselbrecher)
- *coarse rotary (gyratory) crusher;* sim.: *fine rotary (gyratory) crusher (rotary or gyratory crusher)*

20 der Backenbrecher
- *hammer crusher (impact crusher)*

21 das Vibrationssieb
- *vibrating screen*

22 das Steinmehl
- *screenings (fine dust)*

23 der Splitt
- *stone chippings*

24 der Schotter
- *crushed stone*

25 der Sprengmeister (Schießmeister)
- *shot firer*

26 der Meßstab
- *measuring rod*

27 die Sprengpatrone
- *blasting cartridge*

28 die Zündschnur
- *fuse (blasting fuse)*

29 der Füllsandeimer
- *plugging sand (stemming sand) bucket*

30 der Quaderstein
- *dressed stone*

31 die Spitzhacke
- *pick*

32 die Brechstange
- *crowbar (pinch bar)*

33 die Steingabel
- *fork*

34 der Steinmetz
- *stonemason*

35-38 Steinmetzwerkzeug *n*
- ***stonemason's tools***

35 der Fäustel
- *stonemason's hammer*

36 der Klöpfel
- *mallet*

37 das Scharriereisen (Breiteisen)
- *drove chisel (drove, boaster, broad chisel)*

38 das schwere Flächeneisen
- *dressing axe (Am. ax)*

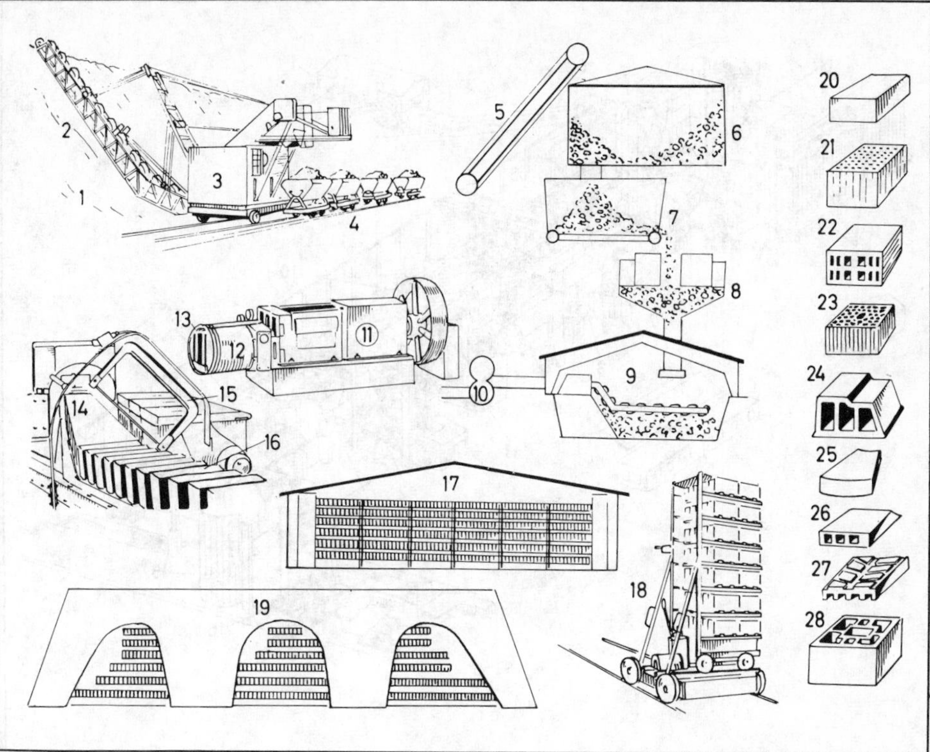

1 die Lehmgrube
- *clay pit*

2 der Lehm, ein unreiner Ton *m* (Rohton)
- *loam, an impure clay (raw clay)*

3 der Abraumbagger, ein Großraumbagger *m*
- *overburden excavator, a large-scale excavator*

4 die Feldbahn, eine Schmalspurbahn
- *narrow-gauge (Am.* narrow-gage*) track system*

5 der Schrägaufzug
- *inclined hoist*

6 das Maukhaus
- *souring chambers*

7 der Kastenbeschicker (Beschicker)
- *box feeder (feeder)*

8 der Kollergang (Mahlgang)
- *edge runner mill (edge mill, pan grinding mill)*

9 das Walzwerk
- *rolling plant*

10 der Doppelwellenmischer (Mischer)
- *double-shaft trough mixer (mixer)*

11 die Strangpresse (Ziegelpresse)
- *extrusion press (brick-pressing machine)*

12 die Vakuumkammer
- *vacuum chamber*

13 das Mundstück
- *die*

14 der Tonstrang
- *clay column*

15 der Abschneider (Ziegelschneider)
- *cutter (brick cutter)*

16 der ungebrannte Ziegel (Rohling)
- *unfired brick (green brick)*

17 die Trockenkammer
- *drying shed*

18 der Hubstapler (Absetzwagen)
- *mechanical finger car (stacker truck)*

19 der Ringofen (Ziegelofen)
- *circular kiln (brick kiln)*

20 der Vollziegel (Ziegelstein, Backstein, Mauerstein)
- *solid brick (building brick)*

21-22 die Lochziegel *m*
- *perforated bricks and hollow blocks*

21 der Hochlochziegel
- *perforated brick with vertical perforations*

22 der Langlochziegel
- *hollow clay block with horizontal perforations*

23 der Gitterziegel
- *hollow clay block with vertical perforations*

24 der Deckenziegel
- *floor brick*

25 der Schornsteinziegel (Radialziegel)
- *compass brick (radial brick, radiating brick)*

26 die Tonhohlplatte (der Hourdi, Hourdis, Hourdistein)
- *hollow flooring block*

27 die Stallvollplatte
- *paving brick*

28 der Kaminformstein
- *cellular brick [for fireplaces] (chimney brick)*

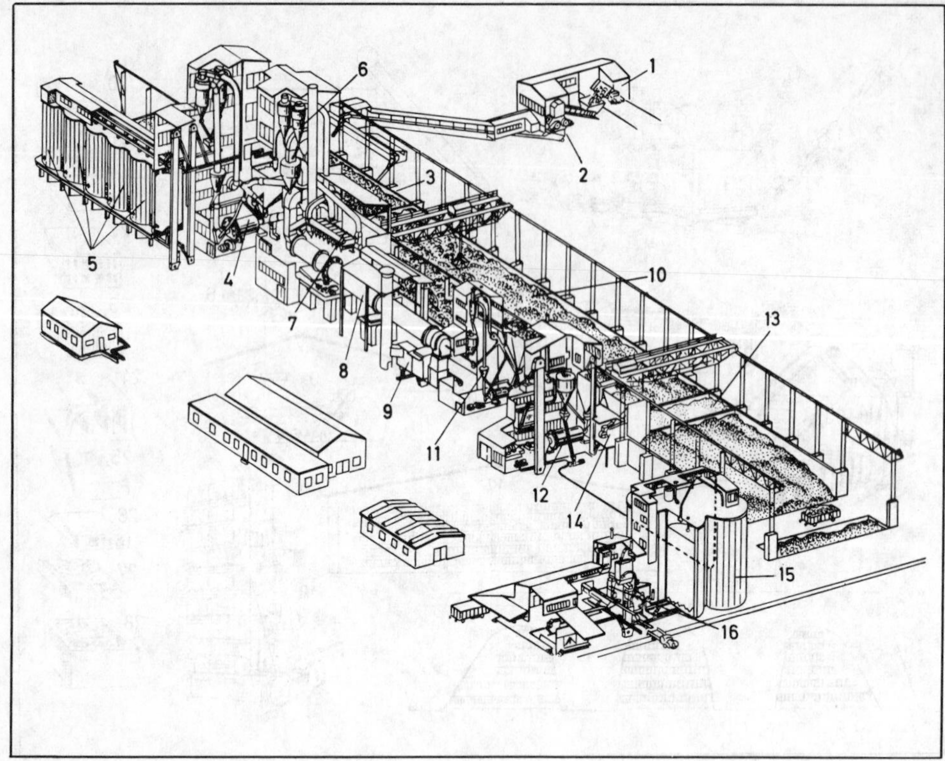

1 die Rohstoffe *m* (Kalkstein *m*, Ton *m* u. Kalksteinmergel *m*)
- *raw materials (limestone, clay and marl)*

2 der Hammerbrecher
- *hammer crusher (hammer mill)*

3 das Rohmateriallager
- *raw material store*

4 die Rohmühle zur Mahlung und gleichzeitigen Trocknung der Rohstoffe *m* unter Verwendung *f* der Wärmetauscherabgase *n*
- *raw mill for simultaneously grinding and drying the raw materials with exhaust gas from the heat exchanger*

5 die Rohmehlsilos *m od. n* (Homogenisiersilos)
- *raw meal silos*

6 die Wärmetauscheranlage (der Zyklonwärmetauscher)
- *heat exchanger (cyclone heat exchanger)*

7 die Entstaubungsanlage (ein Elektrofilter *m od. n*) für die Wärmetauscherabgase *n* aus der Rohmühle
- *dust collector (an electrostatic precipitator) for the heat exchanger exhaust from the raw mill*

8 der Drehrohrofen
- *rotary kiln*

9 der Klinkerkühler
- *clinker cooler*

10 das Klinkerlager
- *clinker store*

11 das Primärluftgebläse
- *primary air blower*

12 die Zementmahlanlage
- *cement-grinding mill*

13 das Gipslager
- *gypsum store*

14 die Gipszerkleinerungsmaschine
- *gypsum crusher*

15 der (das) Zementsilo
- *cement silo*

16 die Zementpackmaschinen *f* für Papierventilsäcke *m*
- *cement-packing plant for paper sacks*

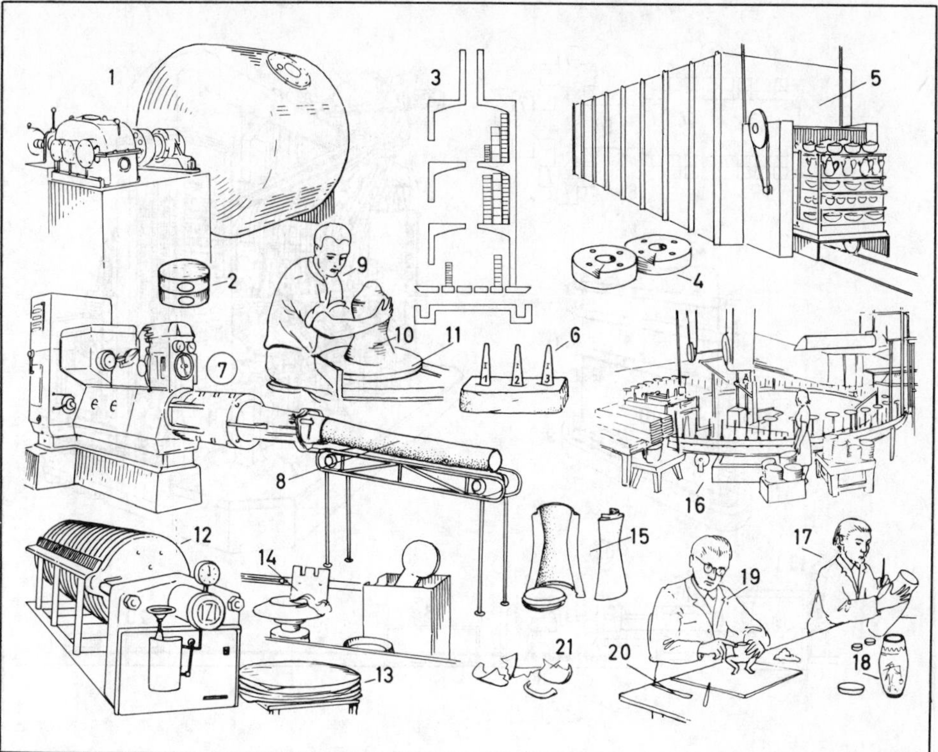

1 die Trommelmühle (Massemühle, Kugelmühle), zur Naßaufbereitung des Rohstoffgemenges *n*
- *grinding cylinder (ball mill) for the preparation of the raw material in water*

2 die Probekapsel, mit Öffnung *f* zur Beobachtung des Brennvorgangs *m*
- *sample sagger (saggar, seggar), with aperture for observing the firing process*

3 der Rundofen [Schema]
- *bottle kiln (beehive kiln) [diagram]*

4 die Brennform
- *firing mould* (Am. *mold)*

5 der Tunnelofen
- *tunnel kiln*

6 der Segerkegel, zum Messen *n* hoher Hitzegrade *m*
- *Seger cone (pyrometric cone,* Am. *Orton cone) for measuring high temperatures*

7 die Vakuumpresse, eine Strangpresse
- *de-airing pug mill (de-airing pug press), an extrusion press*

8 der Massestrang
- *clay column*

9 der Dreher, beim Drehen *n* eines Formlings *m*
- *thrower throwing a ball (bat) of clay*

10 der Hubel
- *slug of clay*

11 die Drehscheibe; *ähnl.:* die Töpferscheibe
- *turntable;* sim.: *potter's wheel*

12 die Filterpresse
- *filter press*

13 der Massekuchen
- *filter cake*

14 das Drehen, mit der Drehschablone
- *jiggering, with a profiling tool;* sim.: *jollying*

15 die Gießform, zum Schlickerguß *m*
- *plaster mould* (Am. *mold) for slip casting*

16 die Rundtischglasiermaschine
- *turntable glazing machine*

17 der Porzellanmaler
- *porcelain painter (china painter)*

18 die handgemalte Vase
- *hand-painted vase*

19 der Bossierer (Retuscheur)
- *repairer*

20 das Bossierholz (Modellierholz, der Bossiergriffel)
- *pallet (modelling,* Am. *modeling, tool)*

21 die Porzellanscherben *f* (Scherben)
- *shards (sherds, potsherds)*

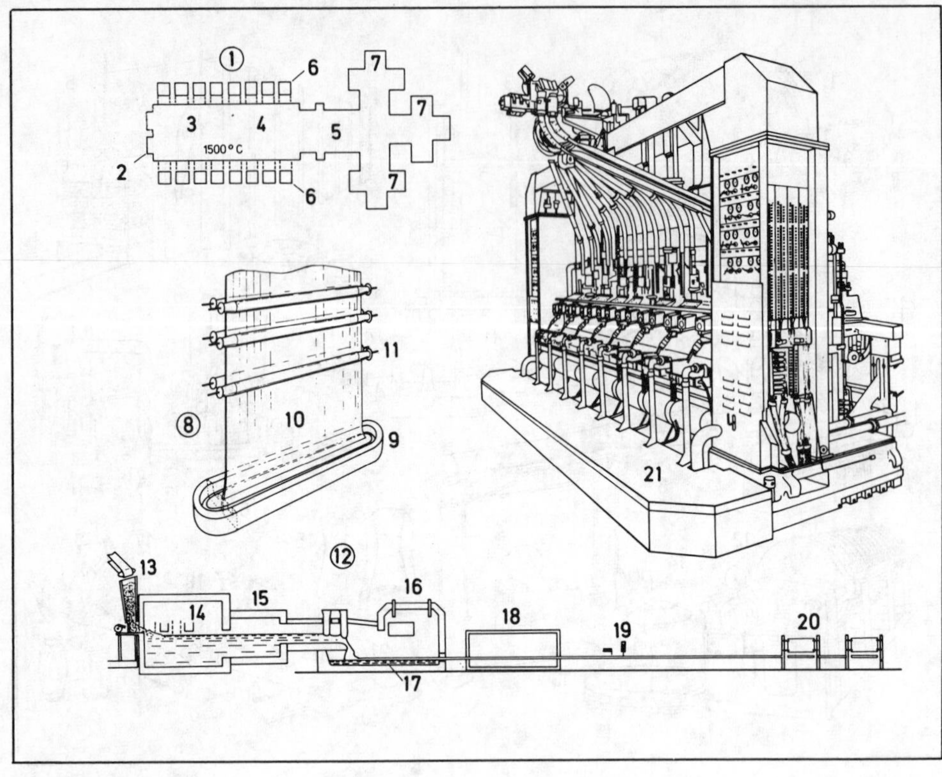

1-20 die Tafelglasherstellung (Flachglasherstellung)
- ***sheet glass production*** *(flat glass production)*

1 die Glasschmelzwanne für das Fourcault-Verfahren [Schema]
- *glass furnace (tank furnace) for the Fourcault process [diagram]*

2 die Einlegevorbauten *m*, für die Gemengeeingabe
- *filling end, for feeding in the batch (frit)*

3 die Schmelzwanne
- *melting bath*

4 die Läuterwanne
- *refining bath (fining bath)*

5 die Arbeitswannen *f*
- *working baths (working area)*

6 die Brenner
- *burners*

7 die Ziehmaschinen *f*
- *drawing machines*

8 die Fourcault-Glasziehmaschine
- *Fourcault glass-drawing machine*

9 die Ziehdüse
- *slot*

10 das aufsteigende Glasband
- *glass ribbon (ribbon of glass, sheet of glass) being drawn upwards*

11 die Transportwalzen *f*
- *rollers (drawing rolls)*

12 der Floatglasprozeß [Schema]
- *float glass process*

13 der Gemengetrichter
- *batch (frit) feeder (funnel)*

14 die Schmelzwanne
- *melting bath*

15 die Abstehwanne
- *cooling tank*

16 das Floatbad unter Schutzgas *n*
- *float bath in a protective inert-gas atmosphere*

17 das geschmolzene Zinn
- *molten tin*

18 der Rollenkühlofen
- *annealing lehr*

19 die Schneidevorrichtung
- *automatic cutter*

20 die Stapler *m*
- *stacking machines*

21 die IS-(Individual-section-)Maschine, eine Flaschenblasmaschine
- *IS (individual-section) machine, a bottle-making machine*

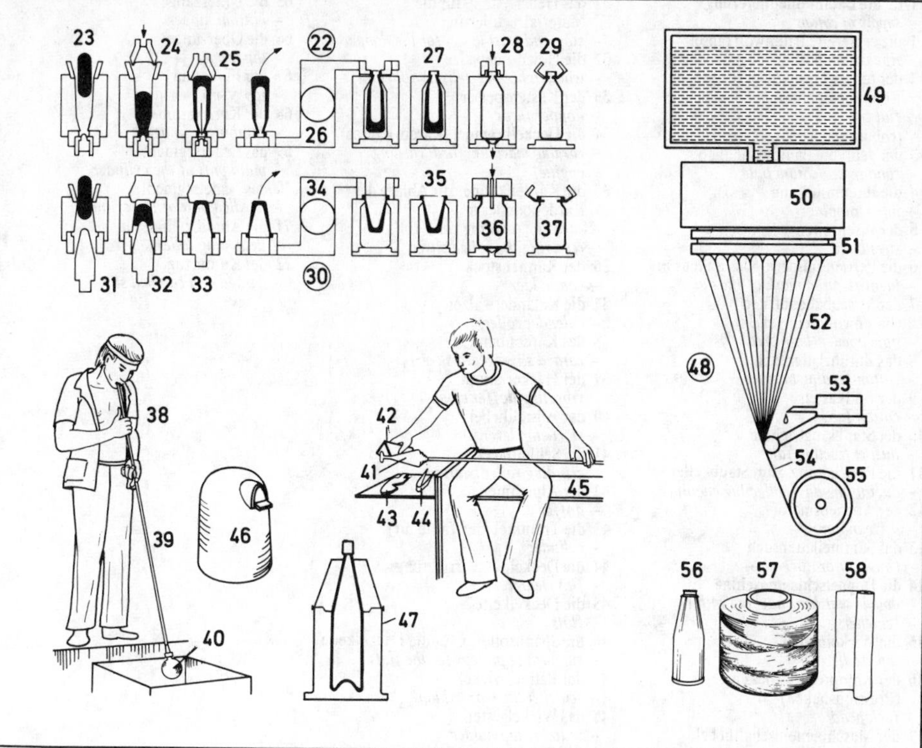

22-37 die Blasschemata *n*
- ***blowing processes***

22 der doppelte Blasprozeß
- *blow-and-blow process*

23 die Schmelzgutaufgabe
- *introduction of the gob of molten glass*

24 das Vorblasen
- *first blowing*

25 das Gegenblasen
- *suction*

26 die Überführung von der Preßform in die Blasform
- *transfer from the parison mould (*Am.* mold) to the blow mould (*Am.* mold)*

27 die Wiedererhitzung
- *reheating*

28 das Blasen (die Vakuumformung)
- *blowing (suction, final shaping)*

29 der Fertiggutausstoß
- *delivery of the completed vessel*

30 das Preß- und Blasverfahren
- *press-and-blow process*

31 die Schmelzgutaufgabe
- *introduction of the gob of molten glass*

32 der Preßstempel
- *plunger*

33 das Pressen
- *pressing*

34 die Überführung von der Preßform in die Blasform
- *transfer from the press mould (*Am.* mold) to the blow mould (*Am.* mold)*

35 das Wiedererhitzen
- *reheating*

36 das Blasen (die Vakuumformung)
- *blowing (suction, final shaping)*

37 der Fertiggutausstoß
- *delivery of the completed vessel*

38-47 das Glasmachen (Mundblasen, die Formarbeit)
- ***glassmaking** (glassblowing, glassblowing by hand, glass forming)*

38 der Glasmacher (Glasbläser)
- *glassmaker (glassblower)*

39 die Glasmacherpfeife
- *blowing iron*

40 das Külbel (Kölbchen)
- *gob*

41 das mundgeblasene Kelchglas
- *hand-blown goblet*

42 die Pitsche, zum Formen *n* des Kelchglasfußes *m*
- *clappers for shaping the base (foot) of the goblet*

43 die Fassonlehre
- *trimming tool*

44 das Zwackeisen
- *tongs*

45 der Glasmacherstuhl
- *glassmaker's chair (gaffer's chair)*

46 der verdeckte Glashafen
- *covered glasshouse pot*

47 die Form, zum Einblasen *n* des vorgeformten Külbels *n*
- *mould (*Am.* mold), into which the parison is blown*

48-55 die Herstellung von Textilglas *n*
- ***production of glass fibre** (*Am.* glass fiber)*

48 das Düsenziehverfahren
- *continuous filament process*

49 der Glasschmelzofen
- *glass furnace*

50 die Wanne mit Glasschmelze *f*
- *bushing containing molten glass*

51 die Lochnippel *m*
- *bushing tips*

52 die Textilglas-Elementarfäden *m*
- *glass filaments*

53 die Schlichtung
- *sizing*

54 der Spinnfaden
- *strand (thread)*

55 der Spulenkopf
- *spool*

56-58 Textilglasprodukte *n*
- ***glass fibre** (Am. **glass fiber) products***

56 das Textilglasgarn
- *glass yarn (glass thread)*

57 das gefachte Textilglasgarn
- *sleeved glass yarn (glass thread)*

58 die Textilglasmatte
- *glass wool*

1-13 die Baumwollanlieferung
- ***supply of cotton***

1 die erntereife Baumwollkapsel
- *ripe cotton boll*

2 der fertige Garnkötzer (Cops, Kops, die Bobine)
- *full cop (cop wound with weft yarn)*

3 der gepreßte Baumwollballen
- *compressed cotton bale*

4 die Juteumhüllung
- *jute wrapping*

5 der Eisenreifen
- *steel band*

6 die Partienummern *f* des Ballens *m*
- *identification mark of the bale*

7 der Mischballenöffner (Baumwollereiniger)
- *bale opener (bale breaker)*

8 das Zuführlattentuch
- *cotton-feeding brattice*

9 der Füllkasten
- *cotton feed*

10 der Staubsaugtrichter
- *dust extraction fan*

11 die Rohrleitung, zum Staubkeller *m*
- *duct to the dust-collecting chamber*

12 der Antriebsmotor
- *drive motor*

13 das Sammellattentuch
- *conveyor brattice*

14 die Doppelschlagmaschine
- ***double scutcher*** *(machine with two scutchers)*

15 die Wickelmulde
- *lap cradle*

16 der Kompressionshaken (Pressionshaken)
- *rack head*

17 der Maschineneinschalthebel
- *starting handle*

18 das Handrad, zum Heben *n* und Senken *n* der Pressionshaken *m*
- *handwheel, for raising and lowering the rack head*

19 das bewegliche Wickelumschlagbrett
- *movable lap-turner*

20 die Preßwalzen *f*
- *calender rollers*

21 die Haube, für das Siebtrommelpaar
- *cover for the perforated cylinders*

22 der Staubkanal
- *dust escape flue (dust discharge flue)*

23 die Antriebsmotoren *m*
- *drive motors (beater drive motors)*

24 die Welle, zum Antrieb *m* der Schlagflügel *m*
- *beater driving shaft*

25 der dreiflüglige Schläger
- *three-blade beater (Kirschner beater)*

26 der Stabrost
- *grid [for impurities to drop]*

27 der Speisezylinder
- *pedal roller (pedal cylinder)*

28 der Mengenregulierhebel, ein Pedalhebel *m*
- *control lever for the pedal roller, a pedal lever*

29 das stufenlose Getriebe
- *variable change-speed gear*

30 der Konuskasten
- *cone drum box*

31 das Hebelsystem, für die Materialregulierung
- *stop and start levers for the hopper*

32 die Holzdruckwalze
- *wooden hopper delivery roller*

33 der Kastenspeiser
- *hopper feeder*

34 die Deckelkrempel (Karde, Kratze)
- ***carding machine*** *(card, carding engine)*

35 die Kardenkanne, zur Ablage des Kardenbandes *n*
- *card can (carding can), for receiving the coiled sliver*

36 der Kannenstock
- *can holder*

37 die Kalanderwalzen *f*
- *calender rollers*

38 das Kardenband
- *carded sliver (card sliver)*

39 der Hackerkamm
- *vibrating doffer comb*

40 der Abstellhebel
- *start-stop lever*

41 die Schleiflager *n*
- *grinding-roller bearing*

42 der Abnehmer
- *doffer*

43 die Trommel (der Tambour)
- *cylinder*

44 die Deckelputzvorrichtung
- *flat clearer*

45 die Deckelkette
- *flats*

46 die Spannrollen *f*, für die Deckelkette
- *supporting pulleys for the flats*

47 der Batteurwickel
- *scutcher lap (carded lap)*

48 das Wickelgestell
- *scutcher lap holder*

49 der Antriebsmotor, mit Flachriemen *m*
- *drive motor with flat belt*

50 die Hauptantriebsscheibe
- *main drive pulley (fast-and-loose drive pulley)*

51 das Arbeitsprinzip der Karde
- *principle of the card (of the carding engine)*

52 der Speisezylinder
- *fluted feed roller*

53 der Vorreißer (Briseur)
- *licker-in (taker-in, licker-in roller)*

54 der Vorreißerrost
- *licker-in undercasing*

55 der Tambourrost
- *cylinder undercasing*

56 die Kämmaschine
- ***combing machine*** *(comber)*

57 der Getriebekasten
- *drive gearbox (driving gear)*

58 der Kehrstreckenwickel
- *laps ready for combing*

59 die Bandverdichtung
- *calender rollers*

60 das Streckwerk
- *comber draw box*

61 die Zähluhr
- *counter*

62 die Kammzugablage
- *coiler top*

63 das Arbeitsprinzip der Kämmaschine
- *principle of the comber*

64 das Krempelband
- *lap*

65 die Unterzange
- *bottom nipper*

66 die Oberzange
- *top nipper*

67 der Fixkamm
- *top comb*

68 der Kreiskamm
- *combing cylinder*

69 das Ledersegment
- *plain part of the cylinder*

70 das Nadelsegment
- *needled part of the cylinder*

71 die Abreißzylinder *m*
- *detaching rollers*

72 der Kammzug
- *carded and combed sliver*

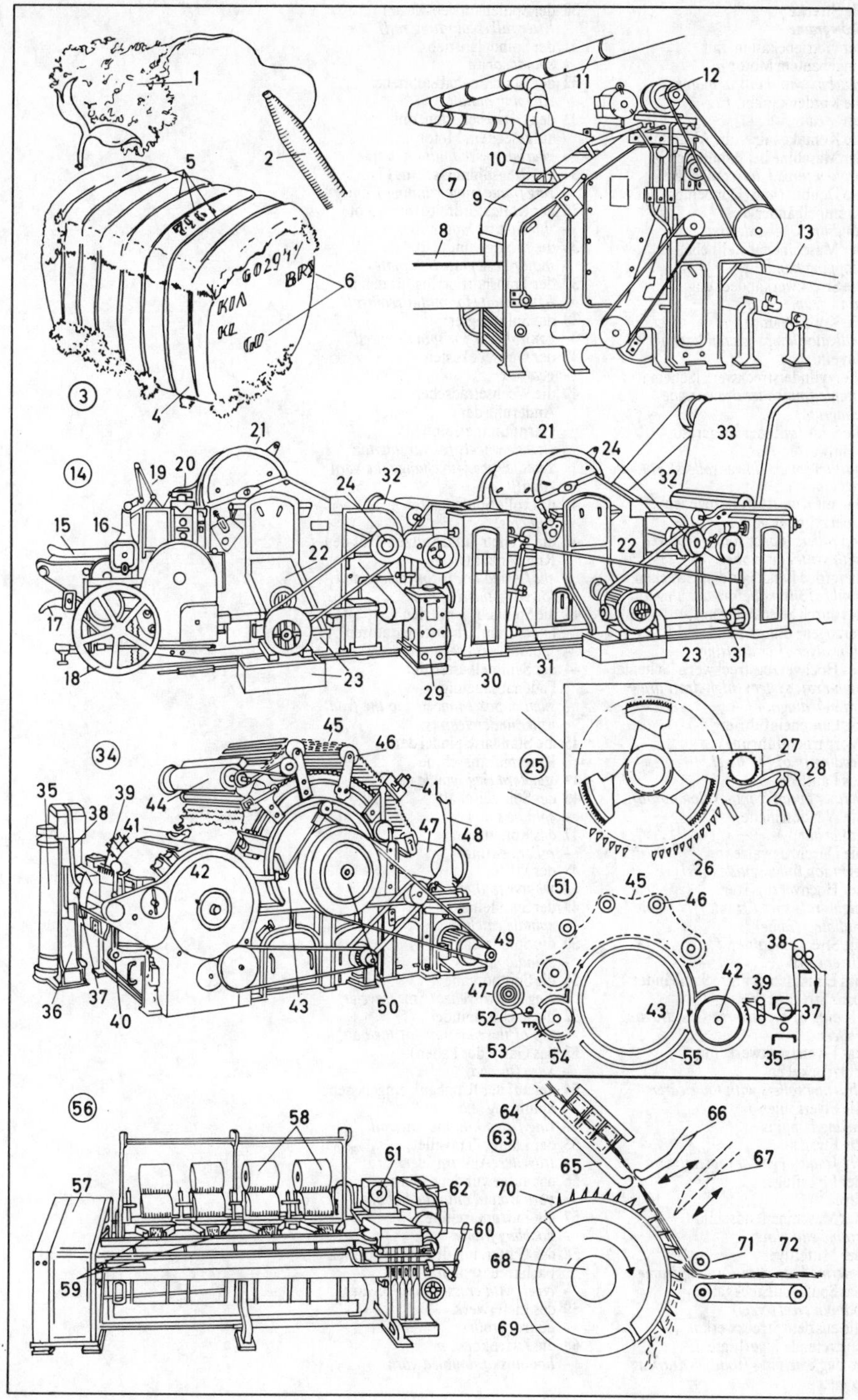
1
2
3
4
5
6
7
8
9
10
11
12
13
14
15
16
17
18
19
20
21
22
23
24
25
26
27
28
29
30
31
32
33
34
35
36
37
38
39
40
41
42
43
44
45
46
47
48
49
50
51
52
53
54
55
56
57
58
59
60
61
62
63
64
65
66
67
68
69
70
71
72

1 **die Strecke**
- ***draw frame***

2 der Getriebekasten, mit eingebautem Motor *m*
- *gearbox with built-in motor*

3 die Kardenkannen *f*
- *sliver cans*

4 die Kontaktwalze, zur Abstellung der Maschine bei Bandbruch *m*
- *broken thread detector roller*

5 die Doublierung (Doppelung) der Krempelbänder *n*
- *doubling of the slivers*

6 der Maschinenabstellhebel
- *stopping handle*

7 die Streckwerkabdeckung
- *draw frame cover*

8 die Kontrollampen *f*
- *indicator lamps (signal lights)*

9 das einfache Vierzylinderstreckwerk [Schema]
- *simple four-roller draw frame [diagram]*

10 die Unterzylinder *m* (gerillte Stahlwalzen *f*)
- *bottom rollers (lower rollers), fluted steel rollers*

11 die mit Kunststoff bezogenen Oberzylinder *m*
- *top rollers (upper rollers) covered with synthetic rubber*

12 das grobe Band, vor dem Strecken *n*
- *doubled slivers before drafting*

13 das durch Streckwalzen *f* verzogene dünne Band
- *thin sliver after drafting*

14 das Hochverzugstreckwerk [Schema]
- *high-draft system (high-draft draw frame) [diagram]*

15 die Lunteneinführung (Vorgarneinführung)
- *feeding-in of the sliver*

16 das Laufleder
- *leather apron (composition apron)*

17 die Wendeschiene
- *guide bar*

18 die Durchzugwalze
- *light top roller (guide roller)*

19 der Hochverzugflyer
- *high-draft speed frame (fly frame, slubbing frame)*

20 die Streckenkannen *f*
- *sliver cans*

21 das Einlaufen der Streckenbänder *n* ins Streckwerk *n*
- *feeding of the slivers to the drafting rollers*

22 das Flyerstreckwerk, mit Putzdeckel *m*
- *drafting rollers with top clearers*

23 die Flyerspulen *f*
- *roving bobbins*

24 die Flyerin
- *fly frame operator (operative)*

25 der Flyerflügel
- *flyer*

26 das Maschinenendschild
- *frame end plate*

27 der Mittelflyer
- *intermediate yarn-forming frame*

28 das Spulenaufsteckgatter
- *bobbin creel (creel)*

29 die aus dem Streckwerk *n* austretende Flyerlunte
- *roving emerging from the drafting rollers*

30 der Spulenantriebswagen
- *lifter rail (separating rail)*

31 der Spindelantrieb
- *spindle drive*

32 der Maschinenabstellhebel
- *stopping handle*

33 der Getriebekasten, mit aufgesetztem Motor *m*
- *gearbox, with built-on motor*

34 **die Ringspinnmaschine** (Trossel)
- ***ring frame*** *(ring spinning frame)*

35 der Kollektordrehstrommotor
- *three-phase motor*

36 die Motorgrundplatte
- *motor base plate (bedplate)*

37 der Transportierring für den Motor
- *lifting bolt [for motor removal]*

38 der Spinnregler
- *control gear for spindle speed*

39 der Getriebekasten
- *gearbox*

40 die Wechselradschere zur Änderung der Garnnummerfeinheit
- *change wheels for varying the spindle speed [to change the yarn count]*

41 das volle Spulengatter
- *full creel*

42 die Wellen *f* und Stützen *f* für den Ringbankantrieb
- *shafts and levers for raising and lowering the ring rail*

43 die Spindeln *f*, mit den Fadentrennern *m* (Separatoren)
- *spindles with separators*

44 der Sammelkasten der Fadenabsaugung
- *suction box connected to the front roller underclearers*

45 **die Standardspindel** der Ringspinnmaschine
- ***standard ring spindle***

46 der Spindelschaft
- *spindle shaft*

47 das Rollenlager
- *roller bearing*

48 der Wirtel
- *wharve (pulley)*

49 der Spindelhaken
- *spindle catch*

50 die Spindelbank
- *spindle rail*

51 die Spinnorgane *n*
- *ring and traveller* (Am. *traveler)*

52 die nackte Spindel
- *top of the ring tube (of the bobbin)*

53 das Garn (der Faden)
- *yarn (thread)*

54 der auf der Ringbank eingelassene Spinnring
- *ring fitted into the ring rail*

55 der Läufer (Traveller)
- *traveller* (Am. *traveler)*

56 das aufgewundene Garn
- *yarn wound onto the bobbin*

57 **die Zwirnmaschine**
- ***doubling frame***

58 das Gatter, mit den aufgesteckten Fachkreuzspulen *f*
- *creel, with cross-wound cheeses*

59 das Lieferwerk
- *delivery rollers*

60 die Zwirnkopse *m*
- *bobbins of doubled yarn*

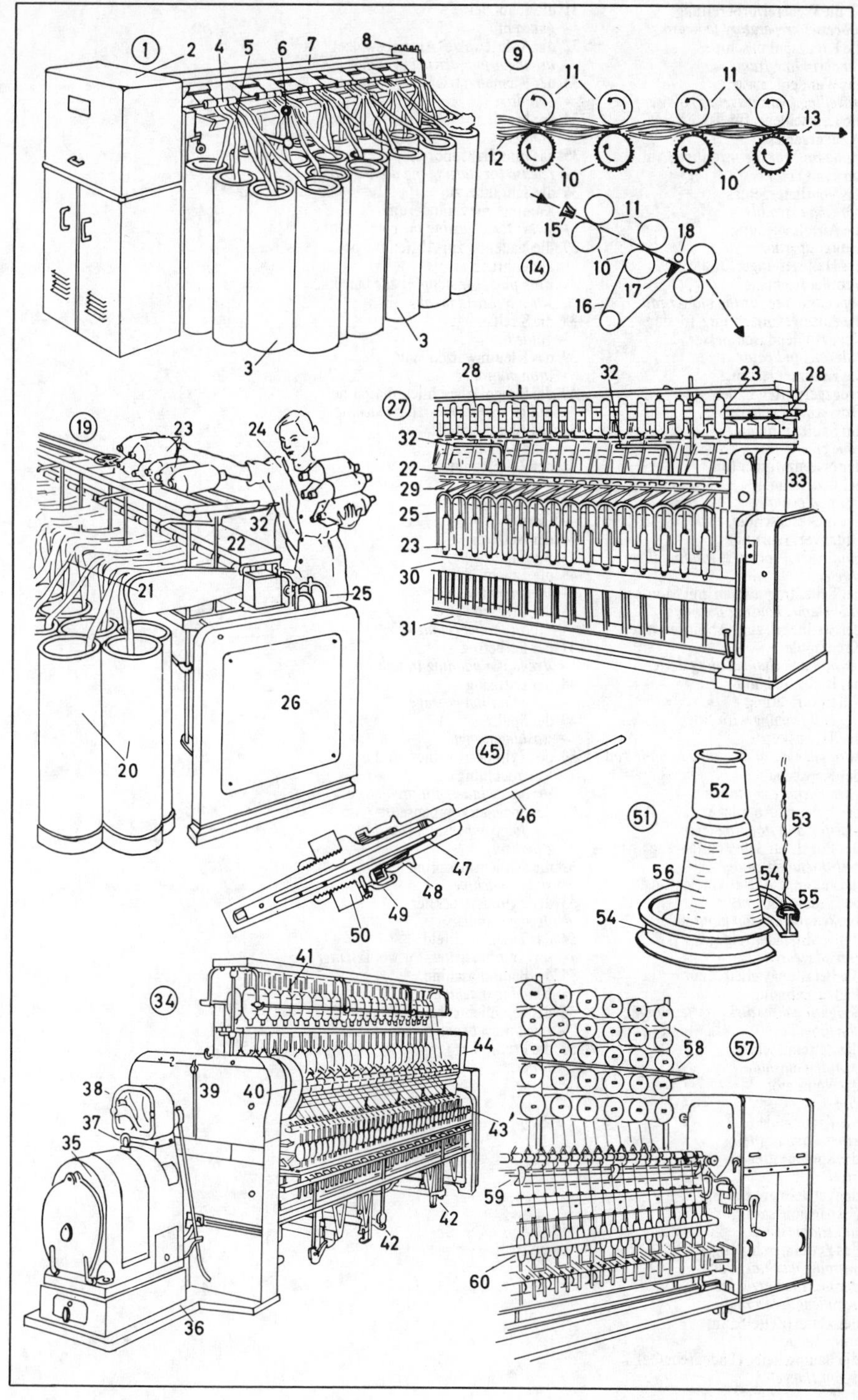
1
2
3
4
5
6
7
8
9
10
11
12
13
14
15
16
17
18
19
20
21
22
23
24
25
26
27
28
29
30
31
32
33
34
35
36
37
38
39
40
41
42
43
44
45
46
47
48
49
50
51
52
53
54
55
56
57
58
59
60

1-57 die Webereivorbereitung
- ***processes preparatory to weaving***

1 die Kreuzspulmaschine
- *cone-winding frame*

2 das Wandergebläse
- *travelling (*Am. *traveling) blower*

3 die Laufschiene, für das Wandergebläse
- *guide rail, for the travelling (*Am. *traveling) blower*

4 das Ventilatorgebläse
- *blowing assembly*

5 die Ausblasöffnung
- *blower aperture*

6 das Haltegestänge, für die Ventilatorschiene
- *superstructure for the blower rail*

7 die Anzeigevorrichtung, für den Kreuzspulendurchmesser
- *full-cone indicator*

8 die Kreuzspule, mit kreuzgeführten Fäden *m*
- *cross-wound cone*

9 der Spulenrahmen
- *cone creel*

10 der Nutenzylinder (die Schlitztrommel)
- *grooved cylinder*

11 der Zickzackschlitz, zur Fadenverkreuzung
- *guiding slot for cross-winding the threads*

12 der Seitentragrahmen, mit Motor *m*
- *side frame, housing the motor*

13 der Stellhebel, zum Abrücken *n* der Kreuzspule
- *tension and slub-catching device*

14 das Endgestell, mit Filtereinrichtung *f*
- *off-end framing with filter*

15 der Trosselkops
- *yarn package, a ring tube or mule cop*

16 der Kopsbehälter
- *yarn package container*

17 der Ein- und Ausrücker
- *starting and stopping lever*

18 der Bügel, zur Selbsteinfädlung
- *self-threading guide*

19 die automat. Abstellvorrichtung, bei Fadenbruch *m*
- *broken thread stop motion*

20 der Schlitzfadenreiniger
- *thread clearer*

21 die Belastungsscheibe, zur Fadenspannung
- *weighting disc (disk) for tensioning the thread*

22 die Zettelmaschine
- *warping machine*

23 der Ventilator
- *fan*

24 die Kreuzspule
- *cross-wound cone*

25 das Spulengatter
- *creel*

26 der verstellbare Kamm (Expansionskamm)
- *adjustable comb*

27 das Zettelmaschinengestell
- *warping machine frame*

28 der Garnmeterzähler
- *yarn length recorder*

29 der Zettel (Zettelbaum)
- *warp beam*

30 die Baumscheibe (Fadenscheibe)
- *beam flange*

31 die Schutzleiste
- *guard rail*

32 die Anlegewalze (Antriebswalze)
- *driving drum (driving cylinder)*

33 der Riemenantrieb
- *belt drive*

34 der Motor
- *motor*

35 das Einschaltfußbrett
- *release for starting the driving drum*

36 die Schraube, zur Kammbreiteveränderung
- *screw for adjusting the comb setting*

37 die Nadeln *f*, zur Abstellung bei Fadenbruch *m*
- *drop pins, for stopping the machine when a thread breaks*

38 die Streifstange
- *guide bar*

39 das Klemmwalzenpaar
- *drop pin rollers*

40 die Indigofärbeschlichtmaschine
- *indigo dying and sizing machine*

41 das Ablaufgestell
- *take-off stand*

42 der Zettelbaum
- *warp beam*

43 die Zettelkette
- *warp*

44 der Netztrog
- *wetting trough*

45 die Tauchwalze
- *immersion roller*

46 die Quetschwalze
- *squeeze roller (mangle)*

47 der Färbetrog
- *dye liquor padding trough*

48 der Luftgang
- *air oxidation passage*

49 der Spültrog
- *washing trough*

50 der Zylindertrockner für die Vortrocknung
- *drying cylinders for pre-drying*

51 der Speicherkompensator
- *tension compensator (tension equalizer)*

52 die Schlichtmaschine
- *sizing machine*

53 der Zylindertrockner
- *drying cylinders*

54 das Trockenteilfeld
- for cotton: *stenter;* for wool: *tenter*

55 die Bäummaschine
- *beaming machine*

56 der geschlichtete Kettbaum
- *sized warp beam*

57 die Preßrollen *f*
- *rollers*

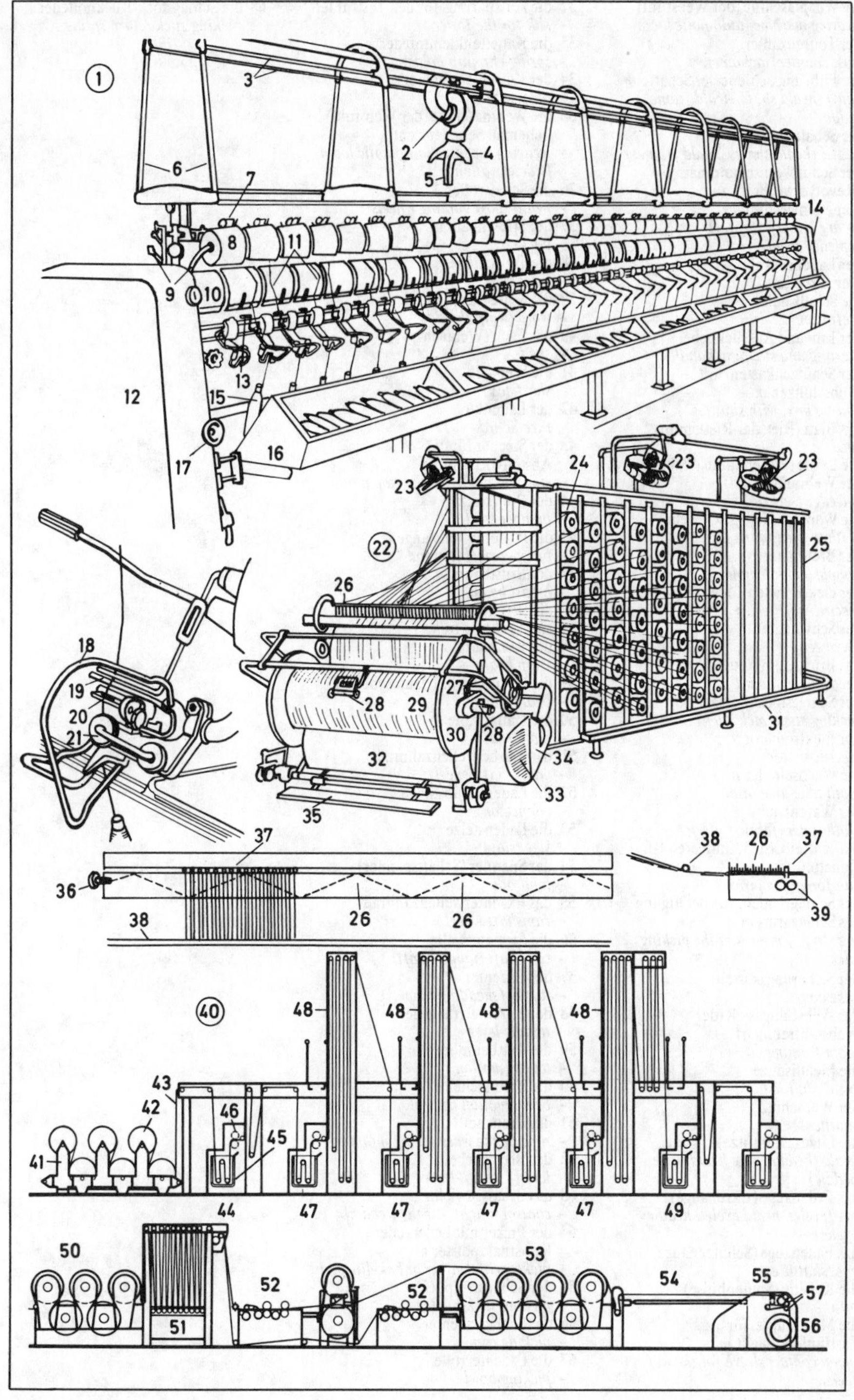

1
2
3
4
5
6
7
8
9
10
11
12
13
14
15
16
17
18
19
20
21
22
23
24
25
26
27
28
29
30
31
32
33
34
35
36
37
38
39
40
41
42
43
44
45
46
47
48
49
50
51
52
53
54
55
56
57

1 **die Webmaschine** (der Webstuhl)
- ***weaving machine*** *(automatic loom)*
2 der Tourenzähler
- *pick counter (tachometer)*
3 die Führungsschiene der Schäfte *m*
- *shaft (heald shaft, heald frame) guide*
4 die Schäfte *m*
- *shafts (heald shafts, heald frames)*
5 der Schußwechselautomat (Revolverwechsel), zum Kanettenwechsel *m*
- *rotary battery for weft replenishment*
6 der Ladendeckel
- *sley (slay) cap*
7 die Schußspule
- *weft pirn*
8 der Ein- und Ausrückhebel
- *starting and stopping handle*
9 der Schützenkasten, mit Webschützen *m*
- *shuttle box, with shuttles*
10 das Blatt (Riet, der Rietkamm)
- *reed*
11 die Leiste (Warenkante, Webkante, der Webrand, Rand)
- *selvedge (selvage)*
12 die Ware (das fertige Gewebe)
- *cloth (woven fabric)*
13 der Breithalter
- *temple (cloth temple)*
14 der elektr. Fadenfühler
- *electric weft feeler*
15 das Schwungrad
- *flywheel*
16 das Brustbaumbrett
- *breast beam board*
17 der Schlagstock (Schlagarm)
- *picking stick (pick stick)*
18 der Elektromotor
- *electric motor*
19 die Wechselräder *n*
- *cloth take-up motion*
20 der Warenbaum
- *cloth roller (fabric roller)*
21 der Hülsenkasten, für leere Kanetten *f*
- *can for empty pirns*
22 der Schlagriemen, zur Betätigung des Schlagarms *m*
- *lug strap, for moving the picking stick*
23 der Sicherungskasten
- *fuse box*
24 das Webstuhlgestell (der Webstuhlrahmen)
- *loom framing*
25 die Metallspitze
- *metal shuttle tip*
26 der Webschütz
- *shuttle*
27 die Litze (Drahtlitze)
- *heald (heddle, wire heald, wire heddle)*
28 das Fadenauge (Litzenauge)
- *eye (eyelet, heald eyelet, heddle eyelet)*
29 das Fadenauge (Schützenauge)
- *eye (shuttle eye)*
30 die Kanette (Spulenhülse)
- *pirn*
31 die Metallhülse, für Tastfühlerkontakt *m*
- *metal contact sleeve for the weft feeler*
32 die Aussparung, für den Tastfühler
- *slot for the feeler*
33 die Kanettenklemmfeder
- *spring-clip pirn holder*
34 der Kettfadenwächter
- *drop wire*
35 die Webmaschine (der Webstuhl) [schemat. Seitenansicht]
- *weaving machine (automatic loom) [side elevation]*
36 die Schaftrollen *f*
- *heald shaft guiding wheels*
37 der Streichbaum
- *backrest*
38 die Teilschiene
- *lease rods*
39 die Kette (der Kettfaden)
- *warp (warp thread)*
40 das Fach (Webfach)
- *shed*
41 die Weblade
- *sley (slay)*
42 der Ladenklotz
- *race board*
43 der Stecher für die Abstellvorrichtung
- *stop rod blade for the stop motion*
44 der Prellklotz
- *bumper steel*
45 die Pufferabstellstange
- *bumper steel stop rod*
46 der Brustbaum
- *breast beam*
47 die Riffelwalze
- *cloth take-up roller*
48 der Kettbaum
- *warp beam*
49 die Garnscheibe (Baumscheibe)
- *beam flange*
50 die Hauptwelle
- *crankshaft*
51 das Kurbelwellenzahnrad
- *crankshaft wheel*
52 die Ladenschubstange
- *connector*
53 die Ladenstelze
- *sley (slay)*
54 der Spanner (Schaftspanner)
- *lam rods*
55 das Exzenterwellenzahnrad
- *camshaft wheel*
56 die Exzenterwelle
- *camshaft (tappet shaft)*
57 der Exzenter
- *tappet (shedding tappet)*
58 der Exzentertritthebel
- *treadle lever*
59 die Kettbaumbremse
- *let-off motion*
60 die Bremsscheibe
- *beam motion control*
61 das Bremsseil
- *rope of the warp let-off motion*
62 der Bremshebel
- *let-off weight lever*
63 das Bremsgewicht
- *control weight [for the treadle]*
64 der Picker mit Leder- oder Kunstharzpolster *n*
- *picker with leather or bakelite pad*
65 der Schlagarmpuffer
- *picking stick buffer*
66 der Schlagexzenter
- *picking cam*
67 die Exzenterrolle
- *picking bowl*
68 die Schlagstock-Rückholfeder
- *picking stick return spring*

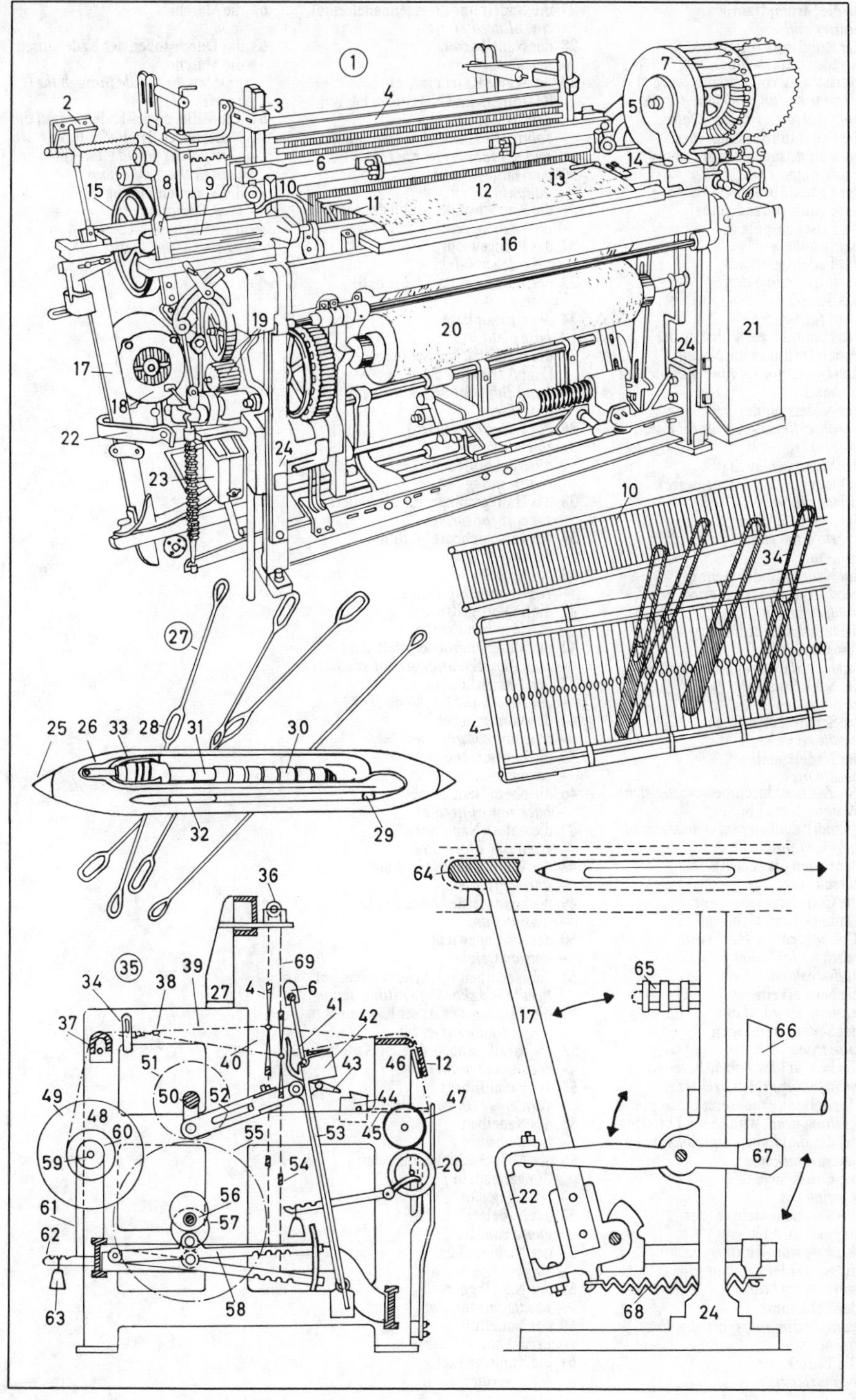
1
2
3
4
5
6
7
8
9
10
11
12
13
14
15
16
17
18
19
20
21
22
23
24
10
34
4
27
25
26
33
28
31
30
32
29
64
36
35
69
34
38
39
27
4
6
37
41
42
40
51
43
46
12
49
50
52
44
47
48
60
45
55
53
59
20
54
56
57
61
62
58
63
65
17
66
67
22
68
24

1-66 die Strumpffabrik
- ***hosiery mill***

1 der Rundstuhl (die Rundstrickmaschine), zur Herstellung von Schlauchware *f*
- *circular knitting machine for the manufacture of tubular fabric*

2 die Fadenführerhaltestange
- *yarn guide support post (thread guide support post)*

3 der Fadenführer
- *yarn guide (thread guide)*

4 die Flaschenspule
- *bottle bobbin*

5 der Fadenspanner
- *yarn-tensioning device*

6 das Schloß
- *yarn feeder*

7 das Handrad, zur Führung des Fadens *m* hinter die Nadeln *f*
- *handwheel for rotating the machine by hand*

8 der Nadelzylinder
- *needle cylinder (cylindrical needle holder)*

9 der Warenschlauch (die Schlauchware, Maschenware)
- *tubular fabric*

10 der Warenbehälter
- *fabric drum (fabric box, fabric container)*

11 der Nadelzylinder [Schnitt]
- *needle cylinder (cylindrical needle holder) [section]*

12 die radial angeordneten Zungennadeln *f*
- *latch needles arranged in a circle*

13 der Schloßmantel
- *cam housing*

14 die Schloßteile *n od. m*
- *needle cams*

15 der Nadelkanal
- *needle trick*

16 der Zylinderdurchmesser; *zugleich:* Warenschlauchbreite *f*
- *cylinder diameter (also diameter of tubular fabric)*

17 der Faden (das Garn)
- *thread (yarn)*

18 die Cottonmaschine, zur Damenstrumpffabrikation
- *Cotton's patent flat knitting machine for ladies' fully-fashioned hose*

19 die Musterkette
- *pattern control chain*

20 der Seitentragrahmen
- *side frame*

21 die Fontur (der Arbeitsbereich); *mehrfonturig:* gleichzeitige Herstellung *f* mehrerer Strümpfe *m*
- *knitting head;* with several knitting heads: *simultaneous production of several stockings*

22 die Griffstange
- *starting rod*

23 die Raschelmaschine (der Fangkettstuhl)
- *Raschel warp-knitting machine*

24 die Kette (der Kettbaum)
- *warp (warp beam)*

25 der Teilbaum
- *yarn-distributing (yarn-dividing) beam*

26 die Teilscheibe
- *beam flange*

27 die Nadelreihe (Zungennadelreihe)
- *row of needles*

28 der Nadelbarren
- *needle bar*

29 die Ware (Raschelware) [Gardinen- und Netzstoffe *m*],, auf dem Warenbaum *m*
- *fabric (Raschel fabric) [curtain lace and net fabrics] on the fabric roll*

30 das Handtriebrad
- *handwheel*

31 die Antriebsräder *n* und der Motor
- *motor drive gear*

32 das Preßgewicht
- *take-down weight*

33 der Rahmen (das Traggestell)
- *frame*

34 die Grundplatte
- *base plate*

35 die Flachstrickmaschine (Handstrickmaschine)
- *hand flat (flat-bed) knitting machine*

36 der Faden (das Garn)
- *thread (yarn)*

37 die Rückholfeder
- *return spring*

38 das Haltegestänge, für die Federn
- *support for springs*

39 der verschiebbare Schlitten
- *carriage*

40 das Schloß
- *feeder-selecting device*

41 die Schiebegriffe *m*
- *carriage handles*

42 die Maschengrößeeinstellskala
- *scale for regulating size of stitches*

43 der Tourenzähler
- *course counter (tachometer)*

44 der Vorsetzhebel
- *machine control lever*

45 die Laufschiene
- *carriage rail*

46 die obere Nadelreihe
- *back row of needles*

47 die untere Nadelreihe
- *front row of needles*

48 der Warenabzug (die Ware)
- *knitted fabric*

49 die Spannleiste (Abzugleiste)
- *tension bar*

50 das Spanngewicht
- *tension weight*

51 das Nadelbett mit Strickvorgang *m*
- *needle bed showing knitting action*

52 die Zähne *m* des Abschlagkamms *m*
- *teeth of knock-over bit*

53 die parallel angeordneten Nadeln *f*
- *needles in parallel rows*

54 der Fadenführer
- *yarn guide (thread guide)*

55 das Nadelbett
- *needle bed*

56 die Abdeckschiene, über den Zungennadeln *f*
- *retaining plate for latch needles*

57 das Nadelschloß
- *guard cam*

58 der Nadelsenker
- *sinker*

59 der Nadelheber
- *needle-raising cam*

60 der Nadelfuß
- *needle butt*

61 die Zungennadel
- *latch needle*

62 die Masche
- *loop*

63 das Durchstoßen der Nadel durch die Masche
- *pushing the needle through the fabric*

64 das Auflegen des Fadens *m* auf die Nadel durch den Fadenführer
- *yarn guide (thread guide) placing yarn in the needle hook*

65 die Maschenbildung
- *loop formation*

66 das Maschenabschlagen
- *casting off of loop*

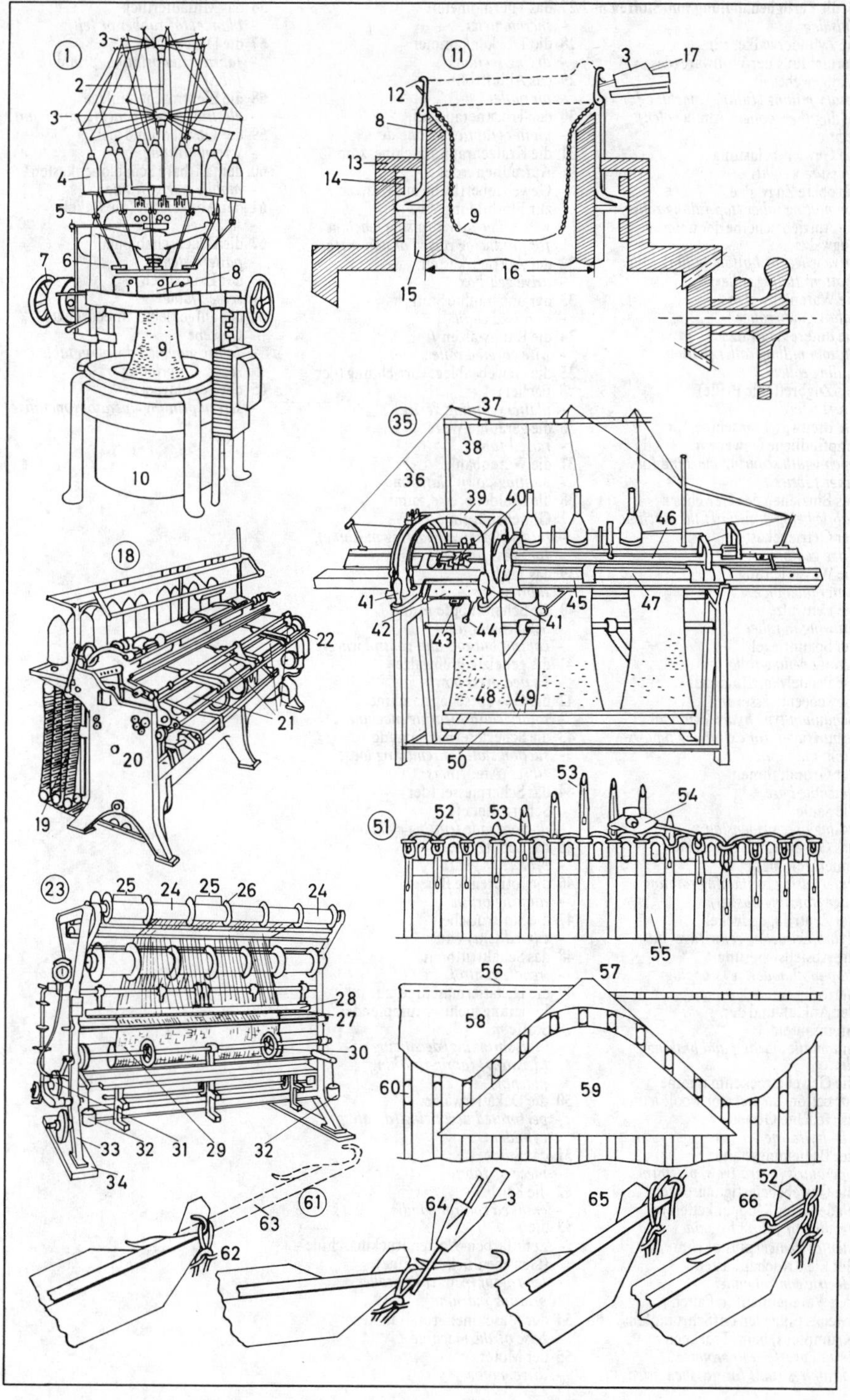
1
2
3
4
5
6
7
8
9
10
11
12
13
14
15
16
17
18
19
20
21
22
23
24
25
26
27
28
29
30
31
32
33
34
35
36
37
38
39
40
41
42
43
44
45
46
47
48
49
50
51
52
53
54
55
56
57
58
59
60
61
62
63
64
65
66

1-65 die Fertigbehandlung von Stoffen *m*
- ***finishing***

1 die Zylinderwalke, zur Verdichtung der Wollware (des Wollgewebes *n*)
- *rotary milling (fulling) machine for felting the woollen (*Am.* woolen) fabric*

2 die Gewichtbelastung
- *pressure weights*

3 die obere Zugwalze
- *top milling roller (top fulling roller)*

4 die Antriebsscheibe der unteren Zugwalze
- *drive wheel of bottom milling roller (bottom fulling roller)*

5 die Warenleitwalze
- *fabric guide roller*

6 die untere Zugwalze
- *bottom milling roller (bottom fulling roller)*

7 das Zugbrett (die Brille)
- *draft board*

8 die Breitwaschmaschine, für empfindliche Gewebe *n*
- *open-width scouring machine for finer fabrics*

9 das Einziehen des Gewebes *n*
- *fabric being drawn off the machine*

10 der Getriebekasten
- *drive gearbox*

11 die Wasserleitung
- *water inlet pipe*

12 die Leitwalze
- *drawing-in roller*

13 der Spannriegel
- *scroll-opening roller*

14 die Pendelzentrifuge, zur Gewebeentwässerung
- *pendulum-type hydro-extractor (centrifuge), for extracting liquors from the fabric*

15 der Grundrahmen
- *machine base*

16 die Säule
- *casing over suspension*

17 das Gehäuse, mit rotierender Innentrommel *f*
- *outer casing containing rotating cage (rotating basket)*

18 der Zentrifugendeckel
- *hydro-extractor (centrifuge) lid*

19 die Abstellsicherung
- *stop-motion device (stopping device)*

20 der Anlauf- und der Bremsautomat
- *automatic starting and braking device*

21 die Gewebetrockenmaschine
- for cotton: *stenter;* for wool: *tenter*

22 das feuchte Gewebe
- *air-dry fabric*

23 der Bedienungsstand
- *operator's (operative's) platform*

24 die Gewebebefestigung, durch Nadel- oder Kluppenketten *f*
- *feeding of fabric by guides onto stenter (tenter) pins or clips*

25 der Elektroschaltkasten
- *electric control panel*

26 der Wareneinlauf in Falten *f*, zwecks Eingehens *n* (Schrumpfens, Krumpfens) beim Trocknen *n*
- *initial overfeed to produce shrink-resistant fabric when dried*

27 das Thermometer
- *thermometer*

28 die Trockenkammer
- *drying section*

29 das Abluftrohr
- *air outlet*

30 der Trocknerauslauf
- *plaiter (fabric-plaiting device)*

31 die Kratzenrauhmaschine, zum Aufrauhen *n* der Gewebeoberfläche mit Kratzen *f* zur Florbildung
- *wire-roller fabric-raising machine for producing raised or nap surface*

32 der Antriebskasten
- *drive gearbox*

33 der ungerauhte Stoff
- *unraised cloth*

34 die Rauhwalzen *f*
- *wire-covered rollers*

35 die Gewebeablegevorrichtung (der Facher)
- *plaiter (cuttling device)*

36 die gerauhte Ware
- *raised fabric*

37 die Warenbank
- *plaiting-down platform*

38 die Muldenpresse, zum Gewebebügeln *n*
- *rotary press (calendering machine), for press finishing*

39 das Tuch
- *fabric*

40 die Schaltknöpfe *m* und Schalträder *n*
- *control buttons and control wheels*

41 die geheizte Preßwalze
- *heated press bowl*

42 die Gewebeschermaschine
- *rotary cloth-shearing machine*

43 die Scherfasernabsaugung
- *suction slot, for removing loose fibres (*Am.* fibers)*

44 das Schermesser (der Scherzylinder)
- *doctor blade (cutting cylinder)*

45 das Schutzgitter
- *protective guard*

46 die rotierende Bürste
- *rotating brush*

47 die Stoffrutsche
- *curved scray entry*

48 das Schalttrittbrett
- *treadle control*

49 die Dekatiermaschine, zur Erzielung nichtschrumpfender Stoffe *m*
- *[non-shrinking] decatizing (decating) fabric-finishing machine*

50 die Dekatierwalze
- *perforated decatizing (decating) cylinder*

51 das Stück
- *piece of fabric*

52 die Kurbel
- *cranked control handle*

53 die Zehnfarben-Walzendruckmaschine (Gewebedruckmaschine)
- *ten-colour (*Am.* color) roller printing machine*

54 der Maschinengrundrahmen
- *base of the machine*

55 der Motor
- *drive motor*

56 das Mitläufertuch
- *blanket [of rubber or felt]*

57 die Druckware
- *fabric after printing (printed fabric)*

58 die Elektroschaltanlage
- *electric control panel (control unit)*

59 der Gewebefilmdruck
- *screen printing*

60 der fahrbare Schablonenkasten
- *mobile screen frame*

61 der Abstreicher (die Rakel)
- *squeegee*

62 die Druckschablone
- *pattern stencil*

63 der Drucktisch
- *screen table*

64 das aufgeklebte, unbedruckte Gewebe
- *fabric gummed down on table ready for printing*

65 der Textildrucker
- *screen printing operator (operative)*

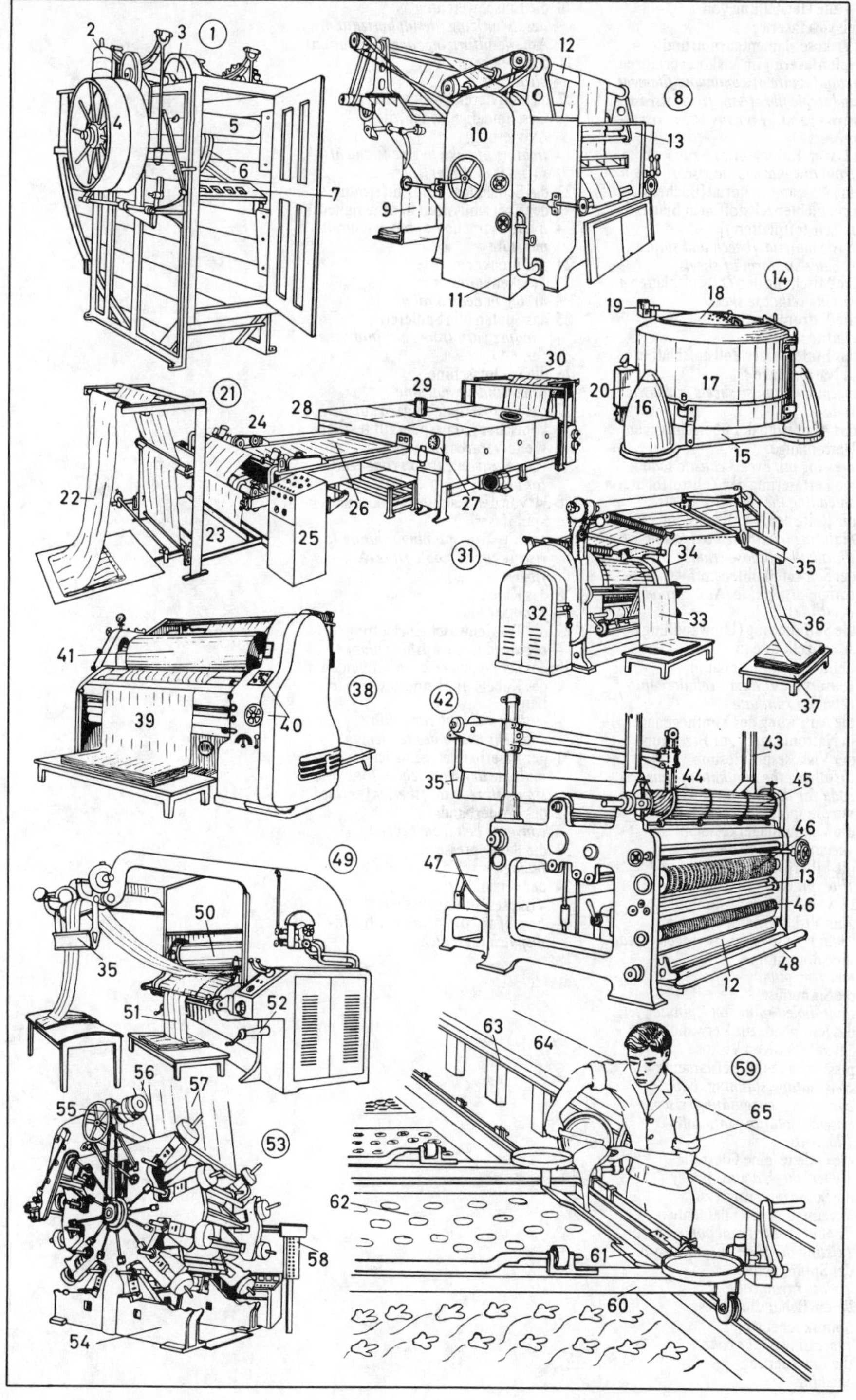
1
2
3
4
5
6
7
8
9
10
11
12
13
14
15
16
17
18
19
20
21
22
23
24
25
26
27
28
29
30
31
32
33
34
35
36
37
38
39
40
41
42
43
44
45
46
47
48
49
50
51
52
53
54
55
56
57
58
59
60
61
62
63
64
65

1-34 die Herstellung von **Viskosefasern** *f* (Viskosefilamentgarn *n*) und **Spinnfasern** *f* im Viskoseverfahren *n*
- *manufacture of* ***continuous filament and staple fibre*** (Am. *fiber)* ***viscose rayon yarns*** *by means of the viscose process*

1-12 vom Rohmaterial *n* zur Viskose
- *from raw material to viscose rayon*

1 das Ausgangsmaterial [Buchen- und Fichtenzellstoff *m* in Blättern *n*, Zellstoffplatten *f*]
- *basic material [beech and spruce cellulose in form of sheets]*

2 die Mischung der Zellstoffblätter *n*
- *mixing cellulose sheets*

3 die Natronlauge
- *caustic soda*

4 das Einlegen der Zellstoffblätter *n* in Natronlauge *f*
- *steeping cellulose sheets in caustic soda*

5 das Abpressen der überschüssigen Natronlauge
- *pressing out excess caustic soda*

6 die Zerfaserung der Zellstoffblätter *n*
- *shredding the cellulose sheets*

7 die Reife der Alkalizellulose
- *maturing (controlled oxidation) of the alkali-cellulose crumbs*

8 der Schwefelkohlenstoff
- *carbon disulphide (*Am. *carbon disulfide)*

9 die Sulfidierung (Umwandlung der Alkalizellulose in Zellulosexanthogenat *n*)
- *conversion of alkali-cellulose into cellulose xanthate*

10 die Auflösung des Xanthogenats *n* in Natronlauge *f*, zur Erzeugung der Viskosespinnlösung
- *dissolving the xanthate in caustic soda for the preparation of the viscose spinning solution*

11 die Vakuumlagerkessel *m*
- *vacuum ripening tanks*

12 die Filterpressen *f*
- *filter presses*

13-27 von der Viskosespinnmasse zum Viskosefilamentgarn *n*
- *from viscose to viscose rayon thread*

13 die Spinnpumpe
- *metering pump*

14 die Spinndüse
- *multi-holed spinneret (spinning jet)*

15 das Spinnbad, zur Verwandlung der zähflüssigen Viskose *f* in plastische Zellulosefilamente *n*
- *coagulating (spinning) bath for converting (coagulating) viscose (viscous solution) into solid filaments*

16 die Galette, eine Glasrolle
- *Godet wheel, a glass pulley*

17 die Spinnzentrifuge, zur Vereinigung der Filamente *n*
- *Topham centrifugal pot (box) for twisting the filaments into yarn*

18 der Spinnkuchen
- *viscose rayon cake*

19-27 die Behandlung des Spinnkuchens *m*
- *processing of the cake*

19 die Entsäuerung
- *washing*

20 die Entschwefelung
- *desulphurizing (desulphurization,* Am. *desulfurizing, desulfurization)*

21 das Bleichen
- *bleaching*

22 das Avivieren (Weich- und Geschmeidigmachen, die Avivierung)
- *treating of cake to give filaments softness and suppleness*

23 das Schleudern, zur Entfernung der überschüssigen Badflüssigkeit
- *hydro-extraction to remove surplus moisture*

24 das Trocknen, in der Trockenkammer
- *drying in heated room*

25 das Spulen (die Spulerei)
- *winding yarn from cake into cone form*

26 die Spulmaschine
- *cone-winding machine*

27 das Viskosefilamentgarn auf konischer Kreuzspule zur textilen Weiterverarbeitung
- *viscose rayon yarn on cone ready for use*

28-34 von der Viskosespinnlösung zur Spinnfaser
- *from viscose spinning solution to viscose rayon staple fibre (*Am. *fiber)*

28 das Kabel
- *filament tow*

29 die Traufenwascheinrichtung
- *overhead spray washing plant*

30 das Schneidwerk, zum Schneiden *n* des Kabels *n* auf eine bestimmte Länge
- *cutting machine for cutting filament tow to desired length*

31 der Faserbandetagentrockner
- *multiple drying machine for cut-up staple fibre (*Am. *fiber) layer (lap)*

32 das Förderband
- *conveyor belt (conveyor)*

33 die Ballenpresse
- *baling press*

34 der versandfertige Viskosespinnfaserballen
- *bale of viscose rayon ready for dispatch (despatch)*

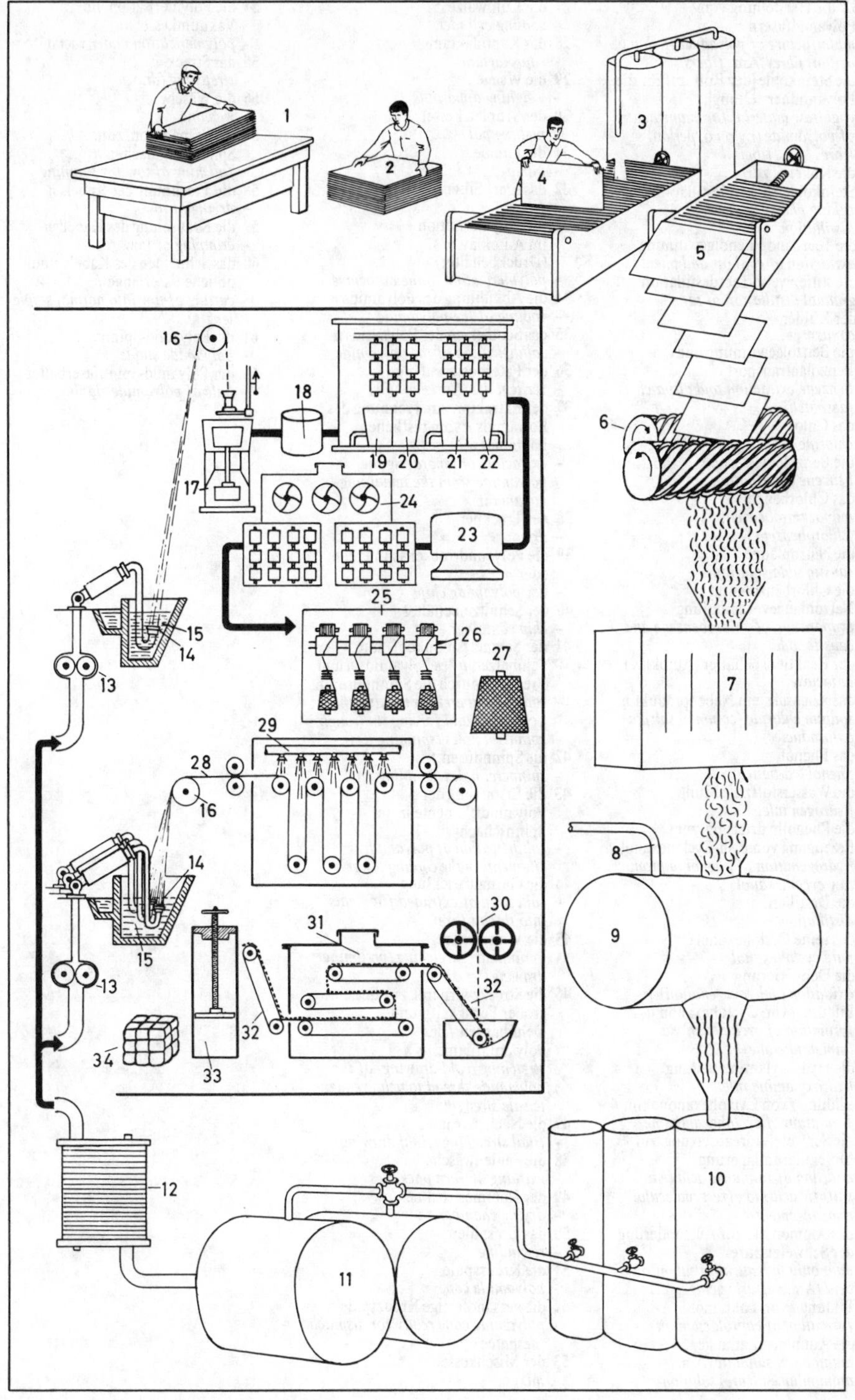
1
2
3
4
5
6
7
8
9
10
11
12
13
14
15
16
17
18
19
20
21
22
23
24
25
26
27
28
29
30
31
32
33
34

1-62 die Herstellung von **Polyamidfasern**
- *manufacture of* ***polyamide*** *(nylon 6, perlon)* ***fibres*** (Am. *fibers)*

1 die Steinkohle [der Rohstoff für die Polyamidherstellung]
- *coal [raw material for manufacture of polyamide (nylon 6, perlon) fibres* (Am. *fibers)]*

2 die Kokerei, zur Steinkohletrockendestillation
- *coking plant for dry coal distillation*

3 die Teer- und Phenolgewinnung
- *extraction of coal tar and phenol*

4 die stufenweise Teerdestillation
- *gradual distillation of tar*

5 der Kühler
- *condenser*

6 die Benzolgewinnung und der Benzolabtransport
- *benzene extraction and dispatch (despatch)*

7 das Chlor
- *chlorine*

8 die Benzolchlorierung
- *benzene chlorination*

9 das Chlorbenzol
- *monochlorobenzene (chlorobenzene)*

10 die Natronlauge
- *caustic soda solution*

11 die Chlorbenzol- und Natronlaugeverdampfung
- *evaporation of chlorobenzene and caustic soda*

12 der Reaktionsbehälter (Autoklav)
- *autoclave*

13 das Kochsalz, ein Nebenprodukt *n*
- *sodium chloride (common salt), a by-product*

14 das Phenol
- *phenol (carbolic acid)*

15 die Wasserstoffzuführung
- *hydrogen inlet*

16 die Phenolhydrierung, zur Erzeugung von Roh-Cyclohexanol *n*
- *hydrogenation of phenol to produce raw cyclohexanol*

17 die Destillation
- *distillation*

18 das reine Cyclohexanol
- *pure cyclohexanol*

19 die Dehydrierung
- *oxidation (dehydrogenation)*

20 Bildung *f* von Cyclohexanon *n*
- *formation of cyclohexanone (pimehinketone)*

21 die Hydroxylaminzuleitung
- *hydroxylamine inlet*

22 Bildung *f* von Cyclohexanonoxim *n*
- *formation of cyclohexanoxime*

23 die Schwefelsäurezusetzung, zur Molekularumlagerung
- *addition of sulphuric acid* (Am. *sulfuric acid) to effect molecular rearrangement*

24 das Ammoniak, zur Aussonderung der Schwefelsäure
- *ammonia to neutralize sulphuric acid* (Am. *sulfuric acid)*

25 Bildung *f* von Laktamöl *n*
- *formation of caprolactam oil*

26 die Ammonsulfatlauge
- *ammonium sulphate* (Am. *ammonium sulfate) solution*

27 die Kühlwalze
- *cooling cylinder*

28 das Kaprolaktam
- *caprolactam*

29 die Waage
- *weighing apparatus*

30 der Schmelzkessel
- *melting pot*

31 die Pumpe
- *pump*

32 das (der) Filter
- *filter*

33 die Polymerisation im Autoklav *m* (Druckbehälter)
- *polymerization in the autoclave*

34 die Abkühlung des Polyamids *n*
- *cooling of the polyamide*

35 das Schmelzen des Polyamids *n*
- *solidification of the polyamide*

36 der Paternosteraufzug
- *vertical lift* (Am. *elevator)*

37 der Extraktor, zur Trennung des Polyamids *n* vom restlichen Laktamöl *n*
- *extractor for separating the polyamide from the remaining lactam oil*

38 der Trockner
- *drier*

39 die Polyamidtrockenschnitzel *n* oder *m*
- *dry polyamide chips*

40 der Schnitzelbehälter
- *chip container*

41 der Schmelzspinnkopf, zum Schmelzen *n* des Polyamids *n* und Pressen *n* durch die Spinndüsen *f*
- *top of spinneret for melting the polyamide and forcing it through spinneret holes (spinning jets)*

42 die Spinndüsen *f*
- *spinneret holes (spinning jets)*

43 die Erstarrung der Polyamidfilamente *m*, im Spinnschacht *m*
- *solidification of polyamide filaments in the cooling tower*

44 die Garnaufwicklung
- *collection of extruded filaments into thread form*

45 die Vorzwirnerei
- *preliminary stretching (preliminary drawing)*

46 die Streckzwirnerei, zur Erzielung großer Festigkeit *f* und Dehnbarkeit *f* des Polyamidfilaments *n*
- *stretching (cold-drawing) of the polyamide thread to achieve high tensile strength*

47 die Nachzwirnerei
- *final stretching (final drawing)*

48 die Spulenwäsche
- *washing of yarn packages*

49 der Kammertrockner
- *drying chamber*

50 das Umspulen
- *rewinding*

51 die Kreuzspule
- *polyamide cone*

52 die versandfertige Kreuzspule
- *polyamide cone ready for dispatch (despatch)*

53 der Mischkessel
- *mixer*

54 die Polymerisation, im Vakuumkessel *m*
- *polymerization under vacua*

55 das Strecken
- *stretching (drawing)*

56 die Wäscherei
- *washing*

57 die Präparation, zum Spinnfähigmachen *n*
- *finishing of tow for spinning*

58 die Trocknung des Kabels *n*
- *drying of tow*

59 die Kräuselung des Kabels *n*
- *crimping of tow*

60 das Schneiden des Kabels *n* auf übliche Faserlänge *f*
- *cutting of tow into normal staple lengths*

61 die Polyamid-Spinnfaser
- *polyamide staple*

62 der Polyamid-Spinnfaserballen
- *bale of polyamide staple*

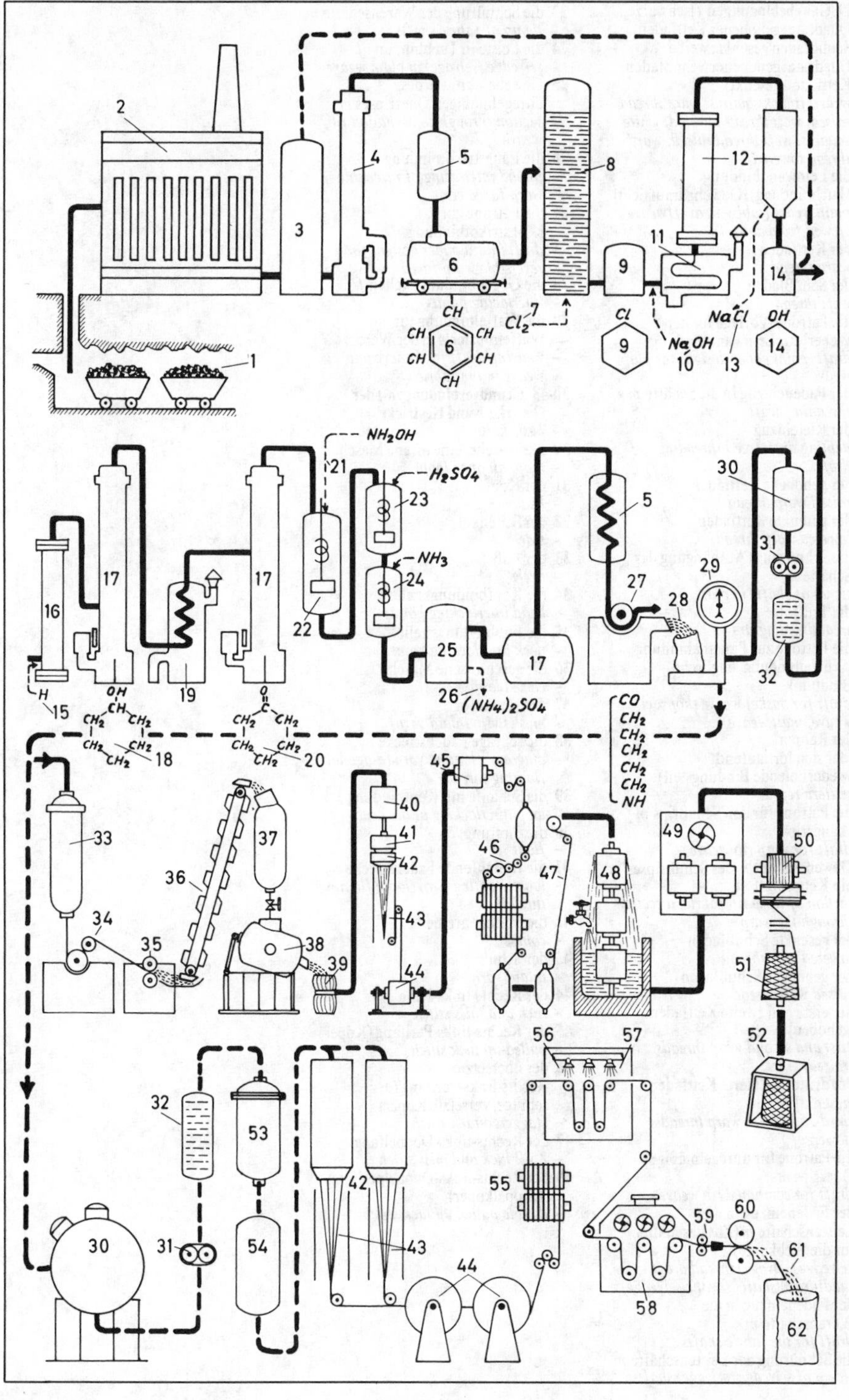
CH
CH CH
CH CH
CH
Cl2
Cl
NaOH
NaCl
OH
NH2OH
H2SO4
NH3
(NH4)2SO4
H
OH
CH
CH2 CH2
CH2 CH2
CH2
O
C
CH2 CH2
CH2 CH2
CH2
CO
CH2
CH2
CH2
CH2
CH2
NH

1-29 Gewebebindungen *f* [schwarze Quadrate: gehobener Kettfaden, Schußfaden gesenkt; weiße Quadrate: gehobener Schußfaden, Kettfaden gesenkt]
- ***weaves** [black squares: warp thread raised, weft thread lowered; white squares: weft thread raised, warp thread lowered]*

1 die Leinwandbindung (Tuchbindung) [Gewebedraufsicht]
- *plain weave (tabby weave) [weave viewed from above]*

2 der Kettfaden
- *warp thread*

3 der Schußfaden
- *weft thread*

4 die Patrone [Vorlage für den Weber] zur Leinwandbindung
- *draft (point paper design) for plain weave*

5 der Fadeneinzug in die Schäfte *m*
- *threading draft*

6 der Rieteinzug
- *denting draft (reed-threading draft)*

7 der gehobene Kettfaden
- *raised warp thread*

8 der gesenkte Kettfaden
- *lowered warp thread*

9 die Schnürung (Aufhängung der Schäfte *m*)
- *tie-up of shafts in pairs*

10 die Trittfolge
- *treadling diagram*

11 die Patrone zur Panamabindung (Würfelbindung, englische Bindung)
- *draft for basket weave (hopsack weave, matt weave)*

12 der Rapport (der sich fortlaufend wiederholende Bindungsteil)
- *pattern repeat*

13 die Patrone für den Schußrips *m* (Längsrips)
- *draft for warp rib weave*

14 Gewebeschnitt *m* des Schußripses *m*, ein Kettschnitt *m*
- *section of warp rib fabric, a section through the warp*

15 der gesenkte Schußfaden
- *lowered weft thread*

16 der gehobene Schußfaden
- *raised weft thread*

17 der erste und zweite Kettfaden [gehoben]
- *first and second warp threads [raised]*

18 der dritte und vierte Kettfaden [gesenkt]
- *third and fourth warp threads [lowered]*

19 die Patrone für unregelmäßigen Querrips *m*
- *draft for combined rib weave*

20 der Fadeneinzug in die Leistenschäfte *m* (Zusatzschäfte für die Webkante)
- *selvedge (selvage) thread draft (additional shafts for the selvedge)*

21 der Fadeneinzug in die Warenschäfte *m*
- *draft for the fabric shafts*

22 die Schnürung der Leistenschäfte *m*
- *tie-up of selvedge (selvage) shafts*

23 die Schnürung der Warenschäfte *m*
- *tie-up of fabric shafts*

24 die Leiste in Tuchbindung *f*
- *selvedge (selvage) in plain weave*

25 Gewebeschnitt *m* des unregelmäßigen Querripses *m*
- *section through combination rib weave*

26 die Längstrikotbindung
- *thread interlacing of reversible warp-faced cord*

27 die Patrone zur Längstrikotbindung
- *draft (point paper design) for reversible warp-faced cord*

28 die Gegenbindungsstellen *f*
- *interlacing points*

29 die Waffelbindung für Waffelmuster *n* in der Ware
- *weaving draft for honeycomb weave in the fabric*

30-48 Grundverbindungen *f* **der Gewirke** *n* **und Gestricke** *n*
- ***basic knits***

30 die Masche, eine offene Masche
- *loop, an open loop*

31 der Kopf
- *head*

32 der Schenkel
- *side*

33 der Fuß
- *neck*

34 die Kopfbindungsstelle
- *head interlocking point*

35 die Fußbindungsstelle
- *neck interlocking point*

36 die geschlossene Masche
- *closed loop*

37 der Henkel
- *mesh [with inlaid yarn]*

38 die schräge Fadenstrecke
- *diagonal floating yarn (diagonal floating thread)*

39 die Schleife mit Kopfbindung *f*
- *loop interlocking at the head*

40 die Flottung
- *float*

41 die freilaufende Fadenstrecke
- *loose floating yarn (loose floating thread)*

42 die Maschenreihe
- *course*

43 der Schuß
- *inlaid yarn*

44 der Rechts-links-Fang
- *tuck and miss stitch*

45 der Rechts-links-Perlfang (Köper)
- *pulled-up tuck stitch*

46 der übersetzte Rechts-links-Perlfang (der schräge, versetzte Köper)
- *staggered tuck stitch*

47 der Rechts-links-Doppelfang
- *2 x 2 tuck and miss stitch*

48 der Rechts-links-Doppelperlfang (Doppelköper)
- *double pulled-up tuck stitch*

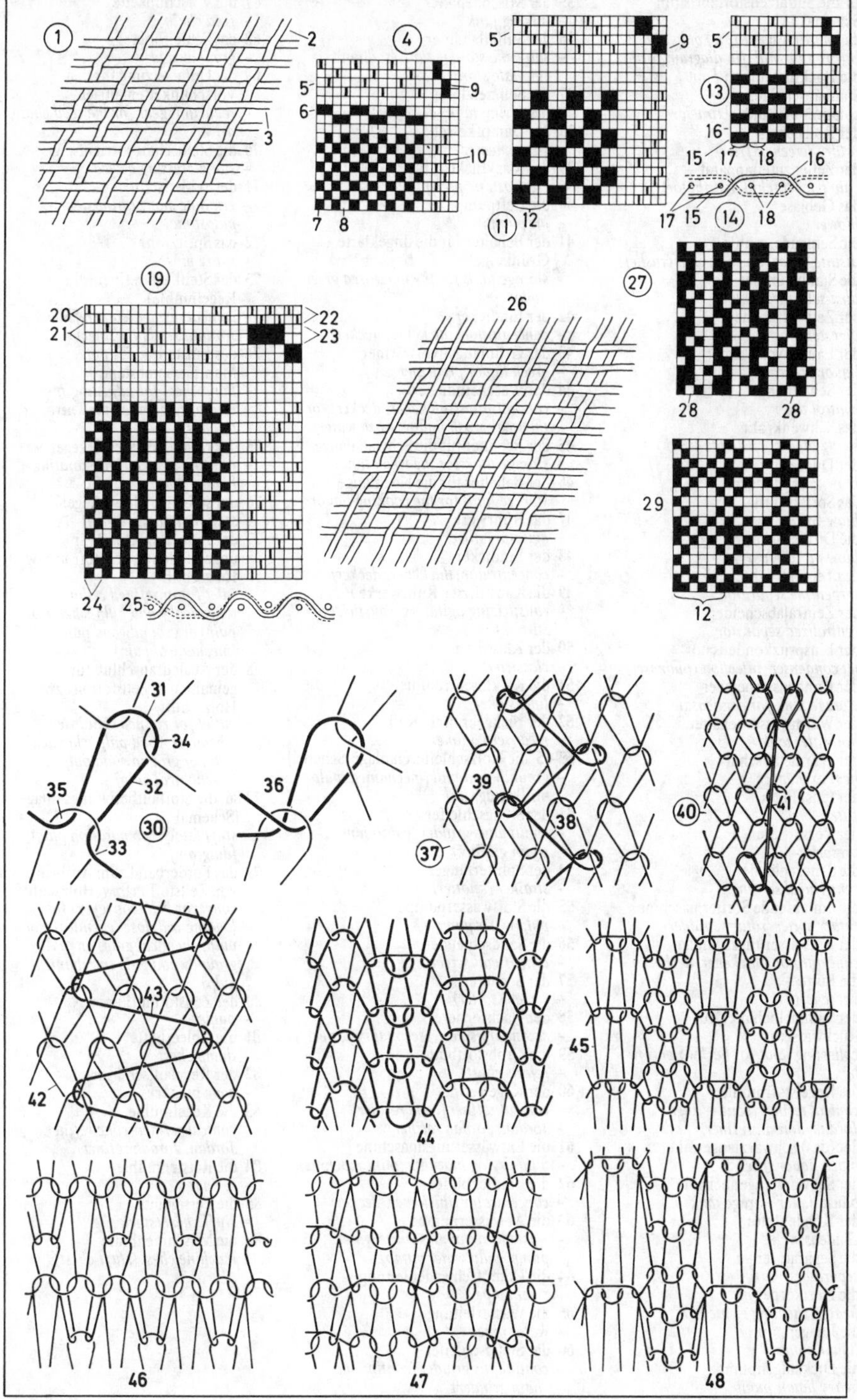
1
2
3
4
5
6
7
8
9
10
11
12
13
14
15
16
17
18
19
20
21
22
23
24
25
26
27
28
29
30
31
32
33
34
35
36
37
38
39
40
41
42
43
44
45
46
47
48

1-52 die Sulfatzellstoffabrik [im Schema]
- *sulphate* (Am. *sulfate) pulp mill (kraft pulp mill) [in diagram form]*

1 die Hackmaschinen *f* mit Staubabscheider *m*
- *chippers with dust extractor*

2 der Rollsichter
- *rotary screen (riffler)*

3 der Zellenzuteilapparat
- *chip packer (chip distributor)*

4 das Gebläse
- *blower*

5 die Schleudermühle
- *disintegrator (crusher, chip crusher)*

6 die Staubkammer
- *dust-settling chamber*

7 der Zellstoffkocher
- *digester*

8 der Laugenvorwärmer
- *liquor preheater*

9 der Schalthahn
- *control tap*

10 das Schwenkrohr
- *swing pipe*

11 der Diffuseur
- *blow tank (diffuser)*

12 das Spritzventil
- *blow valve*

13 die Diffuseurbütte
- *blow pit (diffuser)*

14 der Terpentinabscheider
- *turpentine separator*

15 der Zentralabscheider
- *centralized separator*

16 der Einspritzkondensator
- *jet condenser (injection condenser)*

17 der Kondensatspeicher
- *storage tank for condensate*

18 der Warmwasserbehälter
- *hot water tank*

19 der Wärmetauscher
- *heat exchanger*

20 der (das) Filter
- *filter*

21 der Vorsortierer
- *presorter*

22 die Sandschleuder
- *centrifugal screen*

23 die umlaufende Sortiermaschine
- *rotary sorter (rotary strainer)*

24 der Entwässerungszylinder
- *concentrator (thickener, decker)*

25 die Bütte
- *vat (chest)*

26 der Sammelbehälter, für Rückwasser *n*
- *collecting tank for backwater (low box)*

27 die Kegelstoffmühle
- *conical refiner (cone refiner, Jordan, Jordan refiner)*

28 der (das) Schwarzlaugenfilter
- *black liquor filter*

29 der Schwarzlaugenbehälter
- *black liquor storage tank*

30 der Kondensator
- *condenser*

31 die Separatoren *m*
- *separators*

32 die Heizkörper *m*
- *heaters (heating elements)*

33 die Laugenpumpe
- *liquor pump*

34 die Dicklaugenpumpe
- *heavy liquor pump*

35 der Mischbehälter
- *mixing tank*

36 der Sulfatbehälter
- *salt cake storage tank (sodium sulphate storage tank)*

37 der Schmelzlöser
- *dissolving tank (dissolver)*

38 der Dampfkessel
- *steam heater*

39 der (das) Elektrofilter
- *electrostatic precipitator*

40 die Luftpumpe
- *air pump*

41 der Behälter für die ungeklärte Grünlauge
- *storage tank for the uncleared green liquor*

42 der Eindicker
- *concentrator (thickener, decker)*

43 der Grünlaugenvorwärmer
- *green liquor preheater*

44 der Wascheindicker
- *concentrator (thickener, decker) for the weak wash liquor (wash water)*

45 der Behälter für die Schwachlauge
- *storage tank for the weak liquor*

46 der Behälter für die Kochlauge
- *storage tank for the cooking liquor*

47 das Rührwerk
- *agitator (stirrer)*

48 der Eindicker
- *concentrator (thickener, decker)*

49 die Kaustifizier-Rührwerke *n*
- *causticizing agitators (causticizing stirrers)*

50 der Klassierer
- *classifier*

51 die Kalklöschtrommel
- *lime slaker*

52 der rückgebrannte Kalk
- *reconverted lime*

53-65 die Holzschleifereianlage [Schema]
- *groundwood mill (mechanical pulp mill) [diagram]*

53 der Stetigschleifer
- *continuous grinder (continuous chain grinder)*

54 der Splitterfänger
- *strainer (knotter)*

55 die Stoffwasserpumpe
- *pulp water pump*

56 die Sandschleuder
- *centrifugal screen*

57 der Sortierer
- *screen (sorter)*

58 der Nachsortierer
- *secondary screen (secondary sorter)*

59 die Grobstoffbütte
- *rejects chest*

60 der Kegelrefiner
- *conical refiner (cone refiner, Jordan, Jordan refiner)*

61 die Entwässerungsmaschine
- *pulp-drying machine (pulp machine)*

62 die Eindickbütte
- *concentrator (thickener, decker)*

63 die Abwasserpumpe
- *waste water pump (white water pump, pulp water pump)*

64 die Dampfschwadenleitung
- *steam pipe*

65 die Wasserleitung
- *water pipe*

66 der Stetigschleifer
- *continuous grinder (continuous chain grinder)*

67 die Vorschubkette
- *feed chain*

68 das Schleifholz
- *groundwood*

69 die Untersetzung für den Vorschubkettenantrieb
- *reduction gear for the feed chain drive*

70 die Steinschärfvorrichtung
- *stone-dressing device*

71 der Schleifstein
- *grinding stone (grindstone, pulpstone)*

72 das Spritzrohr
- *spray pipe*

73 der Steilkegelrefiner (die Kegelmühle)
- *conical refiner (cone refiner, Jordan, Jordan refiner)*

74 das Einstellrad für den Mahlmesserabstand
- *handwheel for adjusting the clearance between the knives (blades)*

75 der rotierende Messerkegel
- *rotating bladed cone (rotating bladed plug)*

76 der stehende Messerkegel
- *stationary bladed shell*

77 der Einlaufanschluß für ungemahlenen Zellstoff *m* bzw. Holzschliff
- *inlet for unrefined cellulose (chemical wood pulp, chemical pulp) or groundwood pulp (mechanical pulp)*

78 der Auslaufanschluß für gemahlenen Zellstoff *m* bzw. Holzschliff
- *outlet for refined cellulose (chemical wood pulp, chemical pulp) or groundwood pulp (mechanical pulp)*

79-86 die Stoffaufbereitungsanlage [Schema]
- *stuff (stock) preparation plant [diagram]*

79 das Förderband zum Aufbringen *n* von Zellstoff *m* bzw. Holzschliff
- *conveyor belt (conveyor) for loading cellulose (chemical wood pulp, chemical pulp) or groundwood pulp (mechanical pulp)*

80 der Zellstoffauflöser
- *pulper*

81 die Ableerbütte
- *dump chest*

82 der Kegelaufschläger
- *cone breaker*

83 die Kegelmühle
- *conical refiner (cone refiner, Jordan, Jordan refiner)*

84 die Reistenmühle
- *refiner*

85 die Fertigbütte
- *stuff chest (stock chest)*

86 die Maschinenbütte
- *machine chest (stuff chest)*

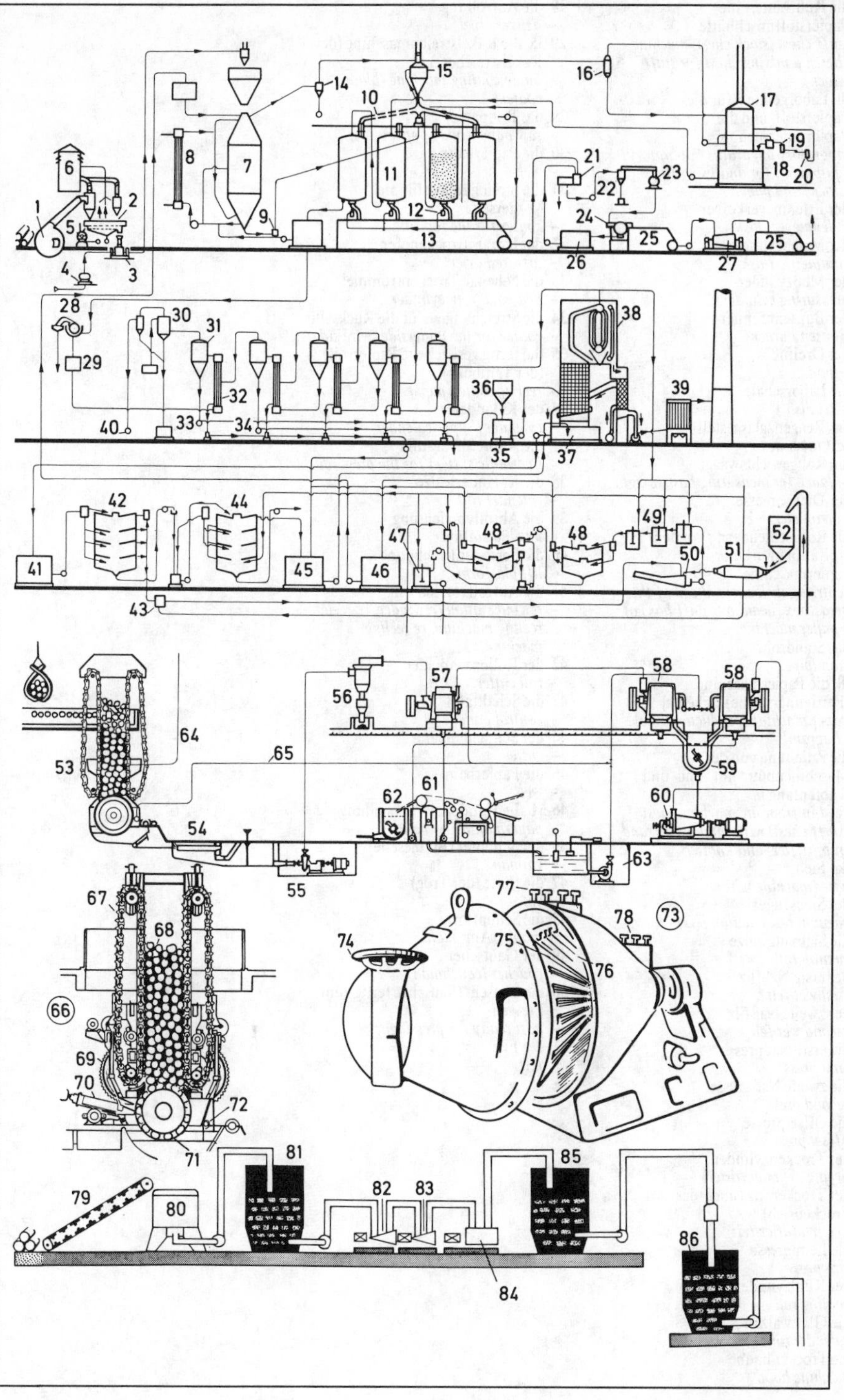
1
2
3
4
5
6
7
8
9
10
11
12
13
14
15
16
17
18
19
20
21
22
23
24
25
26
27
28
29
30
31
32
33
34
35
36
37
38
39
40
41
42
43
44
45
46
47
48
49
50
51
52
53
54
55
56
57
58
59
60
61
62
63
64
65
66
67
68
69
70
71
72
73
74
75
76
77
78
79
80
81
82
83
84
85
86

1 die Rührbütte, eine Papierstoffmischbütte
- *stuff chest (stock chest, machine chest), a mixing chest for stuff (stock)*
2-10 Laborgeräte *n* für die Papierstoff- und die Papieruntersuchung
- *laboratory apparatus (laboratory equipment) for analysing stuff (stock) and paper*
2 der Erlenmeyerkolben
- *Erlenmeyer flask*
3 der Mischzylinder
- *volumetric flask*
4 der Meßzylinder
- *measuring cylinder*
5 der Bunsenbrenner
- *Bunsen burner*
6 der Dreifuß
- *tripod*
7 die Laborschale
- *petri dish*
8 das Reagenzglasgestell
- *test tube rack*
9 die Rohgewichtswaage
- *balance for measuring basis weight*
10 der Dickenmesser
- *micrometer*
11 die Rohrschleudern *f* vor dem Stoffauflauf *m* einer Papiermaschine
- *centrifugal cleaners ahead of the breastbox (headbox, stuff box) of a paper machine*
12 das Standrohr
- *standpipe*
13-28 die Papiermaschine (Fertigungsstraße) [Schema]
- *paper machine (production line) [diagram]*
13 die Zuleitung von der Maschinenbütte mit Sand- und Knotenfang *m*
- *feed-in from the machine chest (stuff chest) with sand table (sand trap, riffler) and knotter*
14 das Sieb
- *wire (machine wire)*
15 der Siebsauger
- *vacuum box (suction box)*
16 die Siebsaugwalze
- *suction roll*
17 der erste Naßfilz
- *first wet felt*
18 der zweite Naßfilz
- *second wet felt*
19 die erste Naßpresse
- *first press*
20 die zweite Naßpresse
- *second press*
21 die Offsetpresse
- *offset press*
22 der Trockenzylinder
- *drying cylinder (drier)*
23 der Trockenfilz (*auch:* das Trockensieb)
- *dry felt (drier felt)*
24 die Leimpresse
- *size press*
25 der Kühlzylinder
- *cooling roll*
26 die Glättwalzen *f*
- *calender rolls*
27 die Trockenhaube
- *machine hood*
28 die Aufrollung
- *delivery reel*
29-35 die Rakelstreichmaschine (der Rakelstreicher)
- *blade coating machine (blade coater)*
29 das Rohpapier
- *raw paper (body paper)*
30 die Papierbahn
- *web*
31 die Streichanlage für die Vorderseite
- *coater for the top side*
32 der Infrarottrockenofen
- *infrared drier*
33 die beheizte Trockentrommel
- *heated drying cylinder*
34 die Streichanlage für die Rückseite
- *coater for the underside (wire side)*
35 die fertig gestrichene Papierrolle (der Tambour)
- *reel of coated paper*
36 der Kalander
- *calender (Super-calender)*
37 die Anpreßhydraulik
- *hydraulic system for the press rolls*
38 die Kalanderwalze
- *calender roll*
39 die Abrollvorrichtung
- *unwind station*
40 die Personenhebebühne
- *lift platform*
41 die Aufrollvorrichtung
- *rewind station (rewinder, re-reeler, reeling machine, re-reeling machine)*
42 der Rollenschneider
- *roll cutter*
43 die Schalttafel
- *control panel*
44 der Schneidapparat
- *cutter*
45 die Papierbahn
- *web*
46-51 die Handpapierherstellung
- *papermaking by hand*
46 der Schöpfer (Büttgeselle)
- *vatman*
47 die Bütte (der Trog)
- *vat*
48 die Schöpfform
- *mould (Am. mold)*
49 der Gautscher
- *coucher (couchman)*
50 die Bauscht (Pauscht), fertig zum Pressen
- *post ready for pressing*
51 der Filz
- *felt*

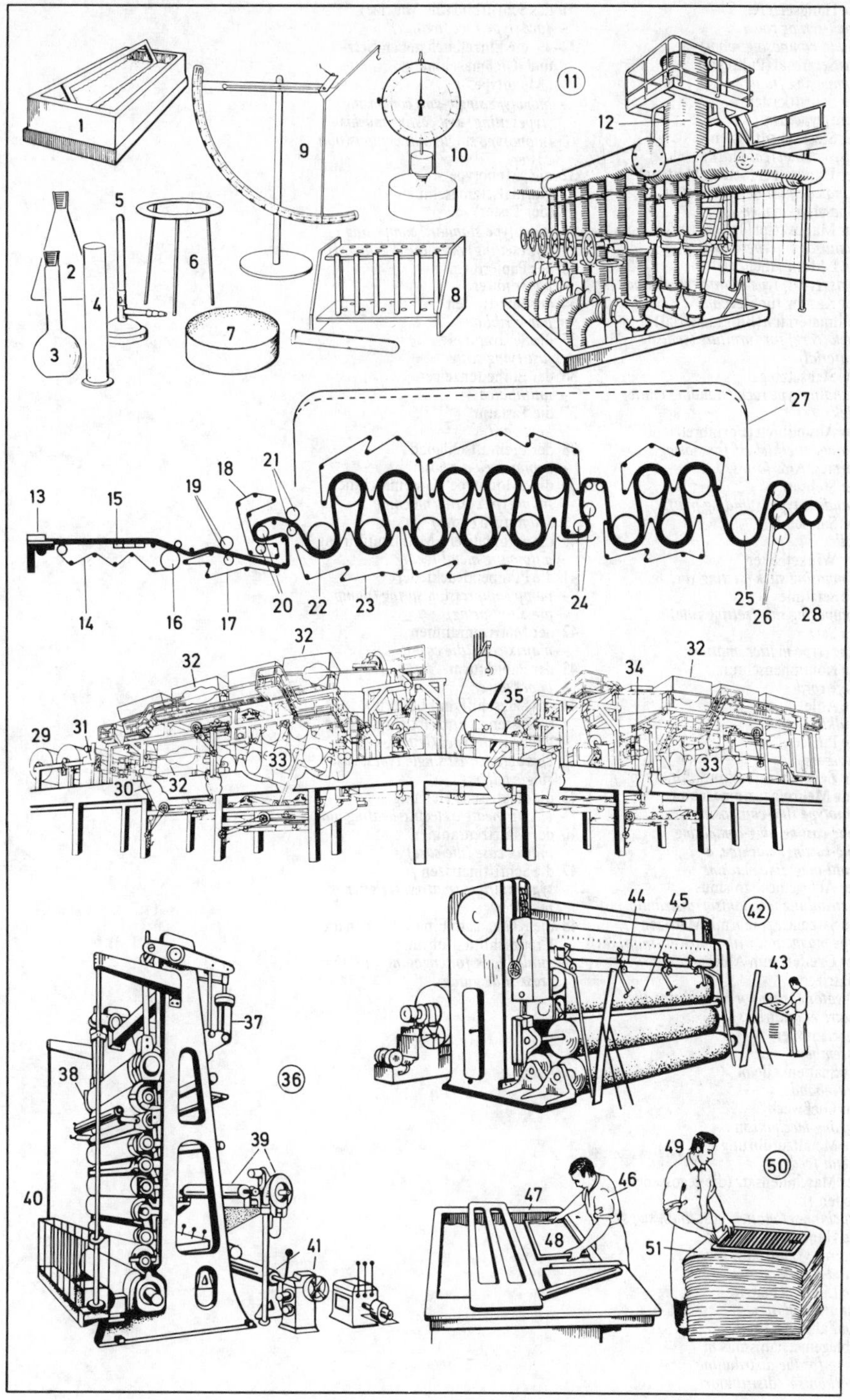
1
2
3
4
5
6
7
8
9
10
11
12
13
14
15
16
17
18
19
20
21
22
23
24
25
26
27
28
29
30
31
32
33
34
35
36
37
38
39
40
41
42
43
44
45
46
47
48
49
50
51

1 **die Handsetzerei**
- ***hand-setting room*** *(hand-composing room)*

2 das Setzregal (Pultregal)
- *composing frame*

3 der Schriftkasten
- *case (typecase)*

4 der Steckschriftkasten
- *case cabinet (case rack)*

5 der Handsetzer (Setzer, Metteur)
- *hand compositor (compositor, typesetter, maker-up)*

6 das Manuskript (Typoskript)
- *manuscript (typescript)*

7 die Lettern *f* (Schrift)
- *sorts (types, type characters, characters)*

8 der Kasten, für Stege *m*, Füllmaterial *n* (Blindmaterial)
- *rack (case) for furniture (spacing material)*

9 das Stehsatzregal
- *standing type rack (standing matter rack)*

10 das Abstellbrett (Formbrett)
- *storage shelf (shelf for storing formes,* Am. *forms)*

11 der Stehsatz
- *standing type (standing matter)*

12 das Satzschiff
- *galley*

13 der Winkelhaken
- *composing stick (setting stick)*

14 die Setzlinie
- *composing rule (setting rule)*

15 der Satz
- *type (type matter, matter)*

16 die Kolumnenschnur
- *page cord*

17 die Ahle
- *bodkin*

18 die Pinzette
- *tweezers*

19 **die Zeilensetzmaschine „Linotype“** *f*, **eine Mehrmagazinmaschine**
- ***Linotype line-composing (line-casting, slug-composing, slug-casting) machine, a multi-magazine machine***

20 der Ablegemechanismus
- *distributing mechanism (distributor)*

21 die Satzmagazine *n* mit Matrizen *f*
- *type magazines with matrices (matrixes)*

22 der Greifer, zum Ablegen *n* der Matrizen *f*
- *elevator carrier for distributing the matrices (matrixes)*

23 der Sammler
- *assembler*

24 die Spatienkeile *m*
- *spacebands*

25 das Gießwerk
- *casting mechanism*

26 die Metallzuführung
- *metal feeder*

27 der Maschinensatz (die gegossenen Zeilen *f*)
- *machine-set matter (cast lines, slugs)*

28 die Handmatrizen *f*
- *matrices (matrixes) for hand-setting (sorts)*

29 die Linotypematrize
- *Linotype matrix*

30 die Zahnung, für den Ablegemechanismus *m*
- *teeth for the distributing mechanism (distributor)*

31 das Schriftbild (die Matrize)
- *face (type face, matrix)*

32–45 **die Einzelbuchstaben-Setz- und -Gießmaschine „Monotype“** *f*
- ***monotype single-unit composing*** *(typesetting)* ***and casting machine*** *(monotype single-unit composition caster)*

32 die „Monotype“-Normalsetzmaschine (der Taster)
- *monotype standard composing (typesetting) machine (keyboard)*

33 der Papierturm
- *paper tower*

34 der Satzstreifen
- *paper ribbon*

35 die Settrommel
- *justifying scale*

36 der Einheitenzeiger
- *unit indicator*

37 die Tastatur
- *keyboard*

38 der Preßluftschlauch
- *compressed-air hose*

39 die „Monotype“-Gießmaschine
- *monotype casting machine (monotype caster)*

40 die automatische Metallzuführung
- *automatic metal feeder*

41 die Pumpendruckfeder
- *pump compression spring (pump pressure spring)*

42 der Matrizenrahmen
- *matrix case (die case)*

43 der Papierturm
- *paper tower*

44 das Satzschiff, mit Lettern *f* (gegossenen Einzelbuchstaben *m*)
- *galley with types (letters, characters, cast single types, cast single letters)*

45 die elektrische Heizung
- *electric heater (electric heating unit)*

46 der Matrizenrahmen
- *matrix case (die case)*

47 die Schriftmatrizen *f*
- *type matrices (matrixes) (letter matrices)*

48 die Klaue, zum Eingreifen *n* in die Kreuzschlittenführung
- *guide block for engaging with the cross-slide guide*

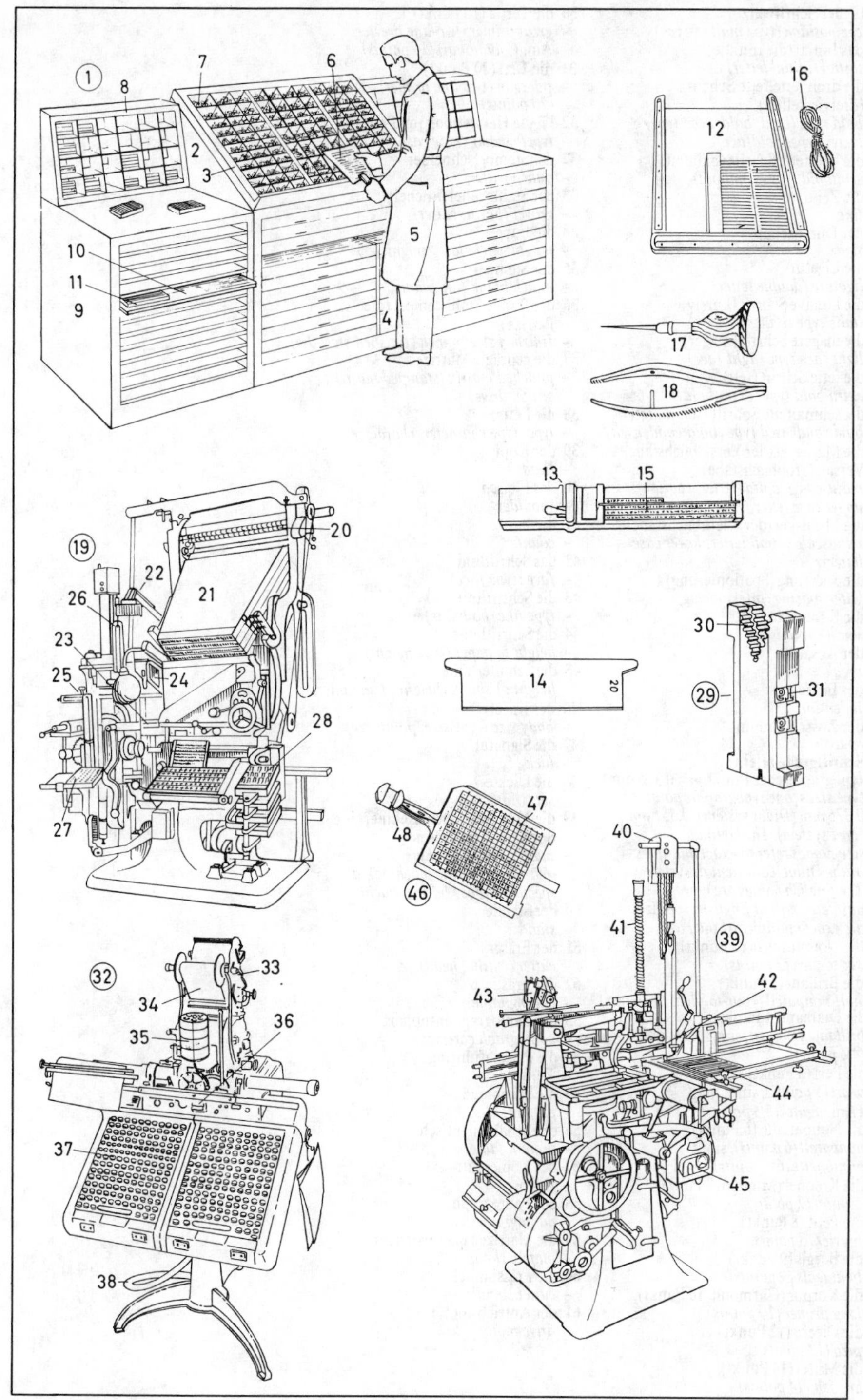
1
2
3
4
5
6
7
8
9
10
11
12
13
14
15
16
17
18
19
20
21
22
23
24
25
26
27
28
29
30
31
32
33
34
35
36
37
38
39
40
41
42
43
44
45
46
47
48

1-17 der Schriftsatz
- ***composition*** *(type matter, type)*

1 das Initial (die Initiale)
- *initial (initial letter)*

2 die dreiviertelfette Schrift (dreiviertelfett)
- *bold type (bold, boldfaced type, heavy type, boldface)*

3 die halbfette Schrift (halbfett)
- *semibold type (semibold)*

4 die Zeile
- *line*

5 der Durchschuß
- *space*

6 die Ligatur
- *ligature (double letter)*

7 die kursive Schrift (kursiv)
- *italic type (italics)*

8 die magere Schrift (mager)
- *light face type (light face)*

9 die fette Schrift (fett)
- *extra bold type (extra bold)*

10 die schmalfette Schrift (schmalfett)
- *bold condensed type (bold condensed)*

11 die Majuskel (der Versalbuchstabe, Versal, Großbuchstabe)
- *majuscule (capital letter, capital, upper case letter)*

12 die Minuskel (der Kleinbuchstabe)
- *minuscule (small letter, lower case letter)*

13 die Sperrung (Spationierung)
- *letter spacing (interspacing)*

14 die Kapitälchen *n*
- *small capitals*

15 der Absatz
- *break*

16 der Einzug
- *indention*

17 der Zwischenraum
- *space*

18 Schriftgrade *m* [ein typographischer Punkt *m* = 0,376 mm]
- ***type sizes*** *[one typographic point = 0.376 mm (Didot system), 0.351 mm (Pica system). The German size-names refer to exact multiples of the Didot (Continental) system. The English names are now obsolete: current English type-sizes are exact multiples of the Pica]*

19 die Nonplusultra (2 Punkt)
- *six-to-pica (2 points)*

20 die Brillant (3 Punkt)
- *half nonpareil (four-to-pica) (3 points)*

21 die Diamant (4 Punkt)
- *brillant (4 points);* sim.: *diamond (4½ points)*

22 die Perl (5 Punkt)
- *pearl (5 points);* sim.: *ruby* (Am. *agate) (5½ points)*

23 die Nonpareille (6 Punkt)
- *nonpareil (6 points);* sim.: *minionette (6½ points)*

die Kolonel (Mignon, 7 Punkt)
- *minion (7 points)*

25 die Petit (8 Punkt)
- *brevier (8 points)*

26 die Borgis (9 Punkt)
- *bourgeois (9 points)*

27 die Korpus (Garmond, 10 Punkt)
- *long primer (10 points)*

28 die Cicero (12 Punkt)
- *pica (12 points)*

29 die Mittel (14 Punkt)
- *English (14 points)*

30 die Tertia (16 Punkt)
- *great primer (two-line brevier,* Am. *Columbian) (16 points)*

31 die Text (20 Punkt)
- *paragon (two-line primer) (20 points)*

32-37 die Herstellung von Lettern *f*
- ***typefounding*** *(type casting)*

32 der Stempelschneider
- *punch cutter*

33 der Stahlstichel (Stichel)
- *graver (burin, cutter)*

34 die Lupe
- *magnifying glass (magnifier)*

35 der Stempel
- *punch blank (die blank)*

36 der fertige Stahlstempel (die Patrize)
- *finished steel punch (finished steel die)*

37 die geprägte Matrize
- *punched matrix (stamped matrix, strike, drive)*

38 die Letter
- ***type*** *(type character, character)*

39 der Kopf
- *head*

40 das Fleisch
- *shoulder*

41 die Punze
- *counter*

42 das Schriftbild
- *face (type face)*

43 die Schriftlinie
- *type line (bodyline)*

44 die Schrifthöhe
- *height to paper (type height)*

45 die Schulterhöhe
- *height of shank (height of shoulder)*

46 der Kegel
- *body size (type size, point size)*

47 die Signatur
- *nick*

48 die Dickte
- *set (width)*

49 die Matrizenbohrmaschine, eine Spezialbohrmaschine
- ***matrix-boring machine*** *(matrix-engraving machine), a special-purpose boring machine*

50 der Ständer
- *stand*

51 der Fräser
- *cutter (cutting head)*

52 der Frästisch
- *cutting table*

53 der Pantographensupport
- *pantograph carriage*

54 die Prismaführung
- *V-way*

55 die Schablone
- *pattern*

56 der Schablonentisch
- *pattern table*

57 der Kopierstift
- *follower*

58 der Pantograph
- *pantograph*

59 die Matrizenspannvorrichtung
- *matrix clamp*

60 die Frässpindel
- *cutter spindle*

61 der Antriebsmotor
- *drive motor*

1 2 3

Meyer, **Joseph,** Verlagsbuchhändler, Schriftstel- 4
ler und Industrieller, *9. 5. 1796 Gotha, †27. 6. 1856 5
Hildburghausen, erwies sich nach mißglückten Börsen- 6
(1816-20 in London) und industriellen Unterneh-
mungen (1820-23 in Thüringen) als origineller Shake-
speare- und Scott-Übersetzer und fand mit seinem
„Korrespondenzblatt für Kaufleute" 1825 Anklang.
1826 gründete er den Verlag *„Bibliographisches In-* 7
stitut" in Gotha (1828 nach Hildburghausen verlegt), 8
den er durch die Vielseitigkeit seiner eigenen Werke
(„Universum", „Das Große Konversations- 9
lexikon für die gebildeten Stände", „Meyers 10
Universal-Atlas" 1830-37) sowie durch die Wohlfeil- 11
heit und die gediegene Ausstattung seiner volkstüm-
lichen Verlagswerke („Klassikerausgaben", „Meyers 12
Familien- und Groschenbibliothek", „Volksbibliothek
für Naturkunde", „Geschichtsbibliothek", „Meyers
Pfennig-Atlas" u. a.) sowie durch die Entwicklung
neuer Absatzwege (lieferungsweises Erscheinen auf
S u b s k r i p t i o n und Vertrieb durch R e i s e b u c h- 13
h a n d e l) zum Welthaus machte. Besonders durch
das **„Universum",** ein historisch-geographisches
Bilderwerk, das in 80000 AUFLAGE und in 12 SPRACHEN 14
erschien, wirkte er auf breiteste Kreise. 15 17

16 Seit Ende der 1830er Jahre trat er unter
großen Opfern für ein einheitliches deutsches Eisen-
bahnnetz ein, doch scheiterten seine Pläne und seine

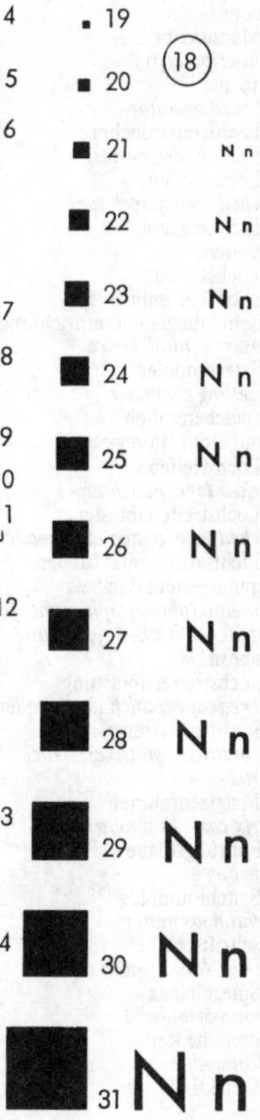
18
19
20
21 Nn
22 Nn
23 Nn
24 Nn
25 Nn
26 Nn
27 Nn
28 Nn
29 Nn
30 Nn
31 Nn

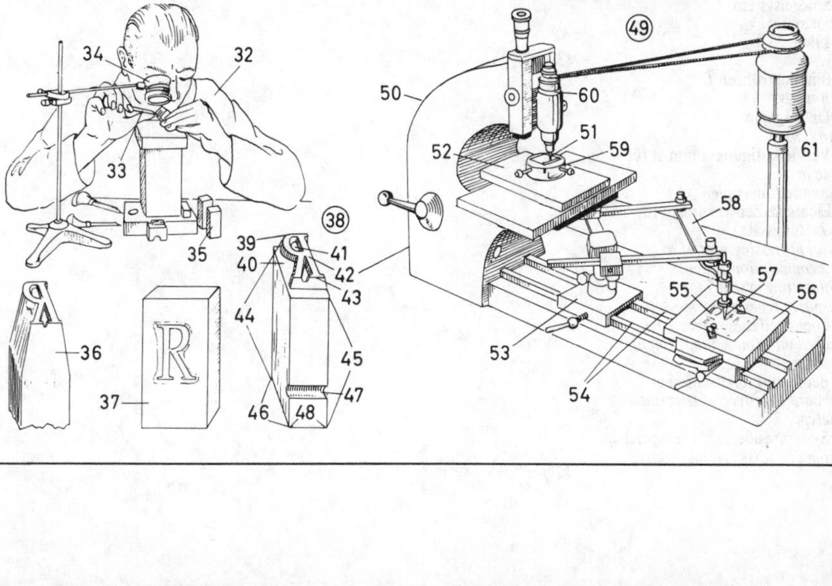
32
33
34
35
36
37
38
39
40
41
42
43
44
45
46
47
48
49
50
51
52
53
54
55
56
57
58
59
60
61

1 das Tastergerät für den Lichtsatz
- *keyboard console (keyboard unit) for phototypesetting*

2 die Tastatur
- *keyboard*

3 das Manuskript
- *manuscript (copy)*

4 der Taster
- *keyboard operator*

5 der Lochstreifenlocher
- *tape punch (perforator)*

6 der Lochstreifen
- *punched tape (punch tape)*

7 das Lichtsetzgerät
- *filmsetter*

8 der Lochstreifen
- *punched tape (punch tape)*

9 die Belichtungssteuereinrichtung
- *exposure control device*

10 der Setzcomputer
- *typesetting computer*

11 die Speichereinheit
- *memory unit (storage unit)*

12 der Lochstreifen
- *punched tape (punch tape)*

13 der Lochstreifenabtaster
- *punched tape (punch tape) reader*

14 der Lichtsatzautomat für den computergesteuerten Satz
- *photo-unit (photographic unit) for computer-controlled typesetting (composition)*

15 die Lochstreifenabtastung
- *punched tape (punch tape) reader*

16 die Schriftmatrizen *f*
- *type matrices (matrixes) (letter matrices)*

17 der Matrizenrahmen
- *matrix case (film matrix case)*

18 die Führungsklaue
- *guide block*

19 der Synchronmotor
- *synchronous motor*

20 die Schriftscheibe
- *type disc (disk) (matrix disc)*

21 der Spiegelblock
- *mirror assembly*

22 der optische Keil
- *optical wedge*

23 das Objektiv
- *lens*

24 das Spiegelsystem
- *mirror system*

25 der Film
- *film*

26 die Blitzlichtröhren *f*
- *flash tubes*

27 das Diamagazin
- *matrix drum*

28 der Vervielfältigungsautomat für Filme *m*
- *automatic film copier*

29 die Lichtsatz-Zentraleinheit für den Zeitungssatz
- *central processing unit of a photocomposition system (photosetting system) for newspaper typesetting*

30 das Lochstreifeneingabeelement
- *punched tape (punch tape) input (input unit)*

31 der Bedienungsblattschreiber
- *keyboard send-receive teleprinter (Teletype)*

32 der Systemresidenz-Plattenspeicher
- *on-line disc (disk) storage unit*

33 der Textplattenspeicher
- *alphanumeric (alphameric) disc (disk) store (alphanumeric disc file)*

34 der Plattenstapel
- *disc (disk) stack (disc pack)*

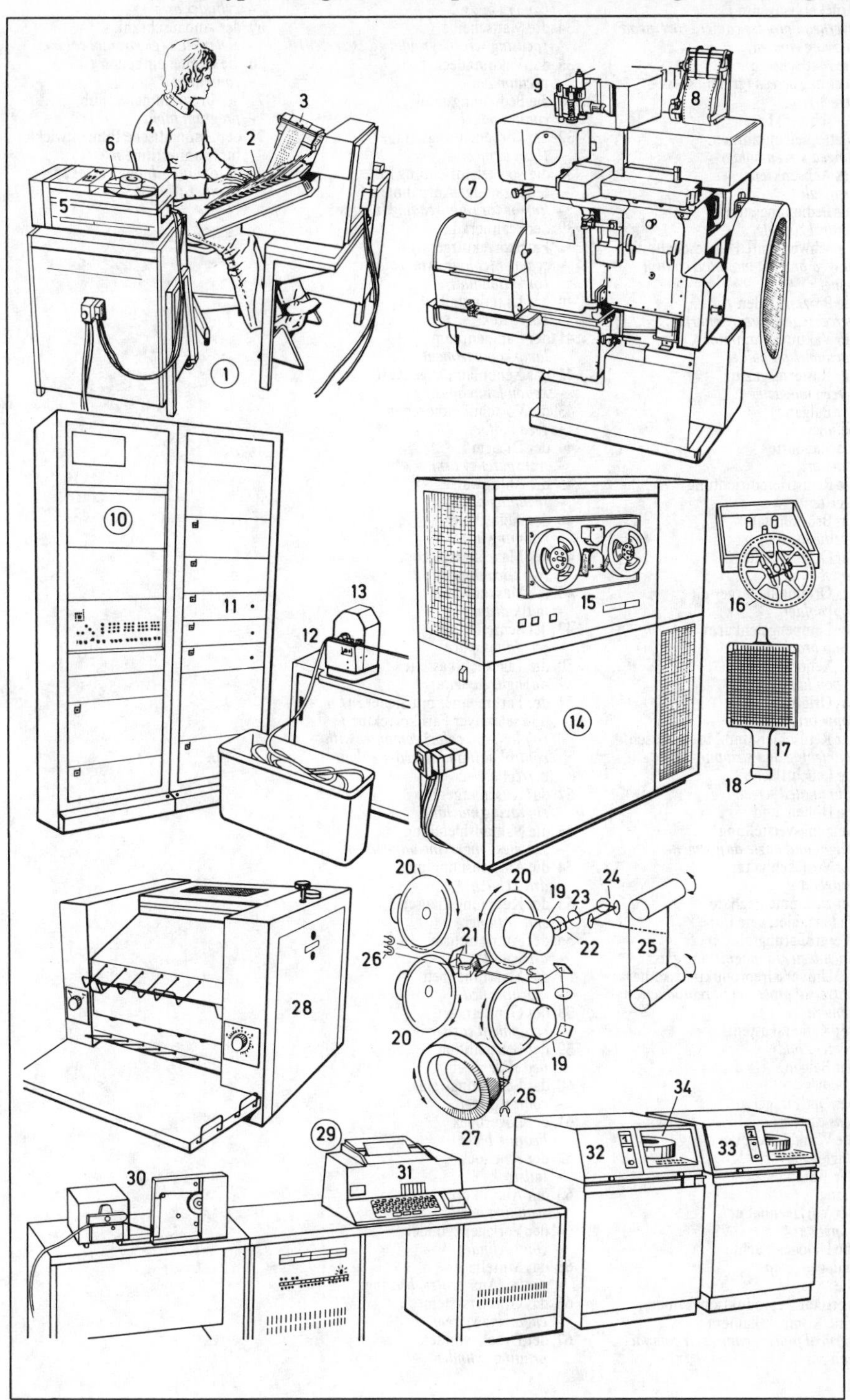
1
2
3
4
5
6
7
8
9
10
11
12
13
14
15
16
17
18
19
20
21
22
23
24
25
26
27
28
29
30
31
32
33
34

1 die Reproduktionskamera in Brückenbauweise *f*
- *overhead process camera (overhead copying camera)*

2 die Mattscheibe
- *focusing screen (ground glass screen)*

3 der schwenkbare Mattscheibenrahmen
- *hinged screen holder*

4 das Achsenkreuz
- *graticule*

5 der Bedienungsstand
- *control console*

6 das schwenkbare Hängeschaltpult
- *hinged bracket-mounted control panel*

7 die Prozentskalen *f*
- *percentage focusing charts*

8 der Vakuumfilmhalter
- *vacuum film holder*

9 das Rastermagazin
- *screen magazine*

10 der Balgen
- *bellows*

11 die Standarte
- *standard*

12 die Registriereinrichtung
- *register device*

13 das Brückenstativ
- *overhead gantry*

14 der Originalhalter
- *copyboard*

15 das Originalhaltergestell
- *copyholder*

16 der Lampengelenkarm
- *lamp bracket*

17 die Xenonlampe
- *xenon lamp*

18 das Original
- *copy (original)*

19 der Retuschier- und Montagetisch
- *retouching and stripping desk*

20 die Leuchtfläche
- *illuminated screen*

21 die Höhen- und Neigungsverstellung
- *height and angle adjustment*

22 der Vorlagenhalter
- *copyboard*

23 der zusammenlegbare Fadenzähler, eine Lupe (Vergrößerungsglas *n*)
- *linen tester, a magnifying glass*

24 die Universalreproduktionskamera
- *universal process and reproduction camera*

25 der Kamerakasten
- *camera body*

26 der Balgen
- *bellows*

27 der Optikträger
- *lens carrier*

28 die Winkelspiegel *m*
- *angled mirrors*

29 der T-Ständer
- *stand*

30 der Vorlagenhalter
- *copyboard*

31 die Halogenleuchte
- *halogen lamp*

32 die Vertikal-Reproduktionskamera, eine Kompaktkamera
- *vertical process camera, a compact camera*

33 der Kamerakasten
- *camera body*

34 die Mattscheibe
- *focusing screen (ground glass screen)*

35 der Vakuumdeckel
- *vacuum back*

36 die Bedienungstafel
- *control panel*

37 die Vorbelichtungslampe
- *flash lamp*

38 die Spiegeleinrichtung für seitenrichtige Aufnahmen *f*
- *mirror for right-reading images*

39 der Scanner (das Farbkorrekturgerät)
- *scanner (colour,* Am. *color, correction unit)*

40 das Untergestell
- *base frame*

41 der Lampenraum
- *lamp compartment*

42 das Xenonlampengehäuse
- *xenon lamp housing*

43 die Vorschubmotoren *m*
- *feed motors*

44 der Diaarm
- *transparency arm*

45 die Abtastwalze
- *scanning drum*

46 der Abtastkopf
- *scanning head*

47 der Maskenabtastkopf
- *mask-scanning head*

48 die Maskenwalze
- *mask drum*

49 der Schreibraum
- *recording space*

50 die Tageslichtkassette
- *daylight cassette*

51 der Farbrechner mit Steuersatz *m* und selektiver Farbkorrektur *f*
- *colour (*Am. *color) computer with control unit and selective colour correction*

52 das Klischiergerät
- *engraving machine*

53 die Nahtausblendung
- *seamless engraving adjustment*

54 die Antriebskupplung
- *drive clutch*

55 der Kupplungsflansch
- *clutch flange*

56 der Antriebsturm
- *drive unit*

57 das Maschinenbett
- *machine bed*

58 der Geräteträger
- *equipment carrier*

59 der Bettschlitten
- *bed slide*

60 das Bedienungsfeld
- *control panel*

61 der Lagerbock
- *bearing block*

62 der Reitstock
- *tailstock*

63 der Abtastkopf
- *scanning head*

64 der Vorlagenzylinder
- *copy cylinder*

65 das Mittellager
- *centre (*Am. *center) bearing*

66 das Graviersystem
- *engraving system*

67 der Druckzylinder
- *printing cylinder*

68 der Zylinderausleger
- *cylinder arm*

69 der Anbauschrank
- *electronics (electronic) cabinet*

70 die Recheneinheiten *f*
- *computers*

71 der Programmeinschub
- *program input*

72 der automatische Filmentwickler für Scannerfilme *m*
- *automatic film processor for scanner films*

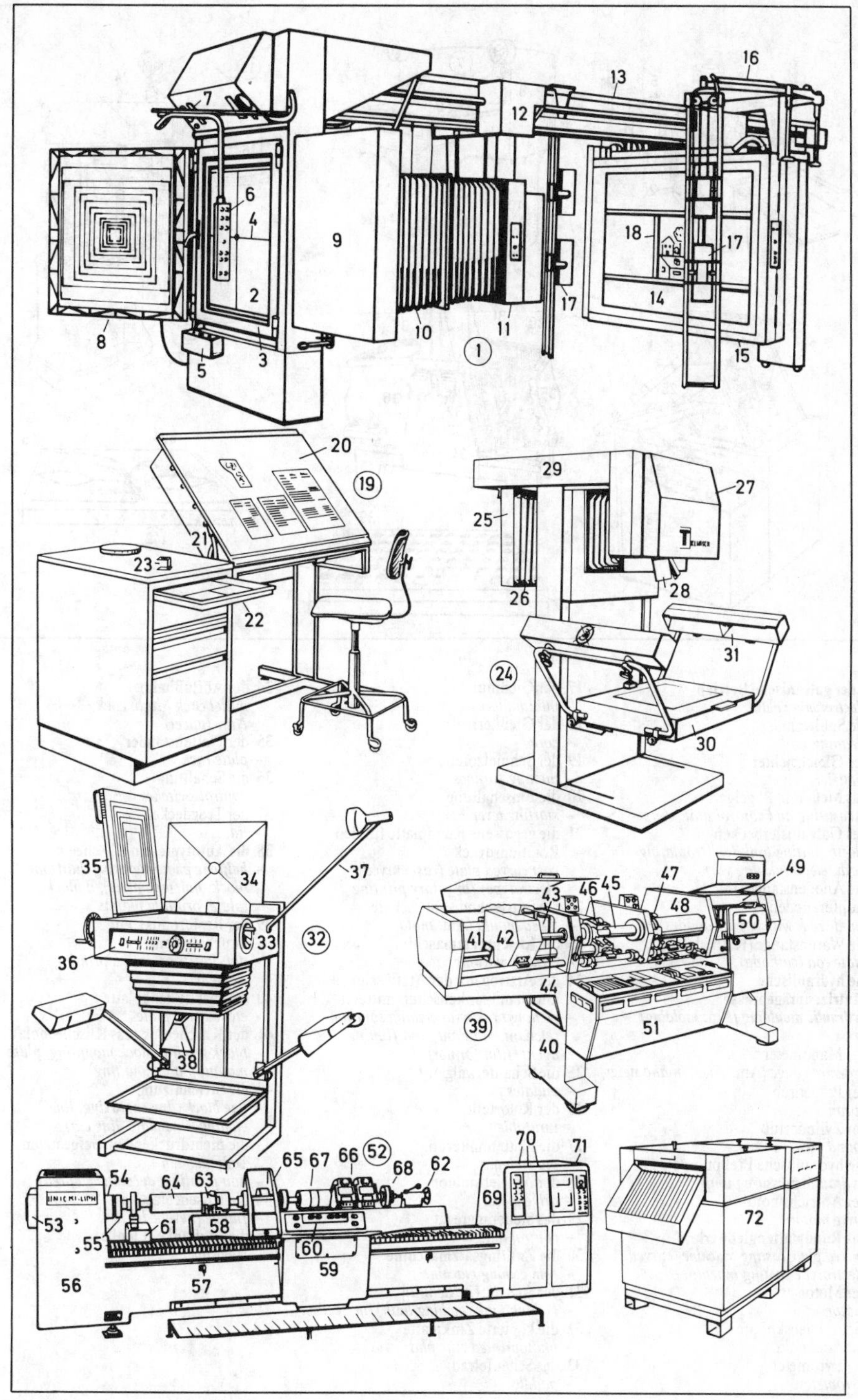
1
2
3
4
5
6
7
8
9
10
11
12
13
14
15
16
17
17
18
19
20
21
22
23
24
25
26
27
28
29
30
31
32
33
34
35
36
37
38
39
40
41
42
43
44
45
46
47
48
49
50
51
52
53
54
55
56
57
58
59
60
61
62
63
64
65
66
67
68
69
70
71
72

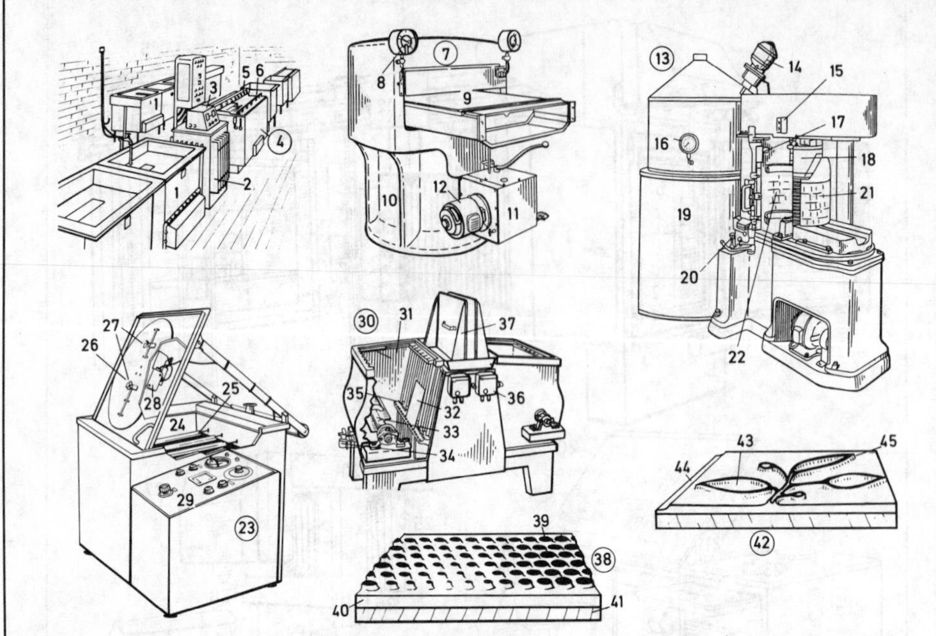

1-6 der galvanische Betrieb
- ***electrotyping plant***

1 die Spülwanne
- *cleaning tank*

2 der Gleichrichter
- *rectifier*

3 das Meß- und Regelgerät
- *measuring and control unit*

4 das Galvanisierbecken
- *electroplating tank (electroplating bath, electroplating vat)*

5 die Anodenstange (mit Kupferanoden *f*)
- *anode rod (with copper anodes)*

6 die Warenstange (Kathode)
- *plate rod (cathode)*

7 **die hydraulische Matrizenprägepresse**
- ***hydraulic moulding (***Am. ***molding) press***

8 das Manometer
- *pressure gauge (*Am. *gage) (manometer)*

9 der Prägetisch
- *apron*

10 der Zylinderfuß
- *round base*

11 die hydraulische Preßpumpe
- *hydraulic pressure pump*

12 der Antriebsmotor
- *drive motor*

13 **das Rundplattengießwerk**
- ***curved plate casting machine*** *(curved electrotype casting machine)*

14 der Motor
- *motor*

15 die Antriebsknöpfe
- *control knobs*

16 das Pyrometer
- *pyrometer*

17 der Gießmund
- *mouth piece*

18 der Gießkern
- *core*

19 der Schmelzofen
- *melting furnace*

20 die Einschaltung
- *starting lever*

21 die gegossene Rundplatte für den Rotationsdruck
- *cast curved plate (cast curved electrotype) for rotary printing*

22 die feststehende Gießschale
- *fixed mould (*Am. *mold)*

23 **die Klischeeätzmaschine**
- ***etching machine***

24 der Ätztrog mit der Ätzflüssigkeit und dem Flankenschutzmittel *n*
- *etching tank with etching solution (etchant, mordant) and filming agent (film former)*

25 die Schaufelwalzen *f*
- *paddles*

26 der Rotorteller
- *turntable*

27 die Plattenhalterung
- *plate clamp*

28 der Antriebsmotor
- *drive motor*

29 das Steueraggregat
- *control unit*

30 **die Zwillingsätzmaschine**
- ***twin etching machine***

31 der Ätztrog [*im Schnitt*]
- *etching tank (etching bath) [in section]*

32 die kopierte Zinkplatte
- *photoprinted zinc plate*

33 das Schaufelrad
- *paddle*

34 der Abflußhahn
- *outlet cock (drain cock,* Am. *faucet)*

35 der Plattenständer
- *plate rack*

36 die Schaltung
- *control switches*

37 der Trogdeckel
- *lid*

38 **die Autotypie,** ein Klischee *n*
- ***halftone photoengraving*** *(halftone block, halftone plate), a block (plate, printing plate)*

39 der Rasterpunkt, ein Druckelement
- *dot (halftone dot), a printing element*

40 die geätzte Zinkplatte
- *etched zinc plate*

41 der Klischeefuß (das Klischeeholz)
- *block mount (block mounting, plate mount, plate mounting)*

42 **die Strichätzung**
- ***line block*** *(line engraving, line etching, line plate, line cut)*

43 die nichtdruckenden, tiefgeätzten Teile *m od. n*
- *non-printing, deep-etched areas*

44 die Klischeefacette
- *flange (bevel edge)*

45 die Ätzflanke (Flanke)
- *sidewall*

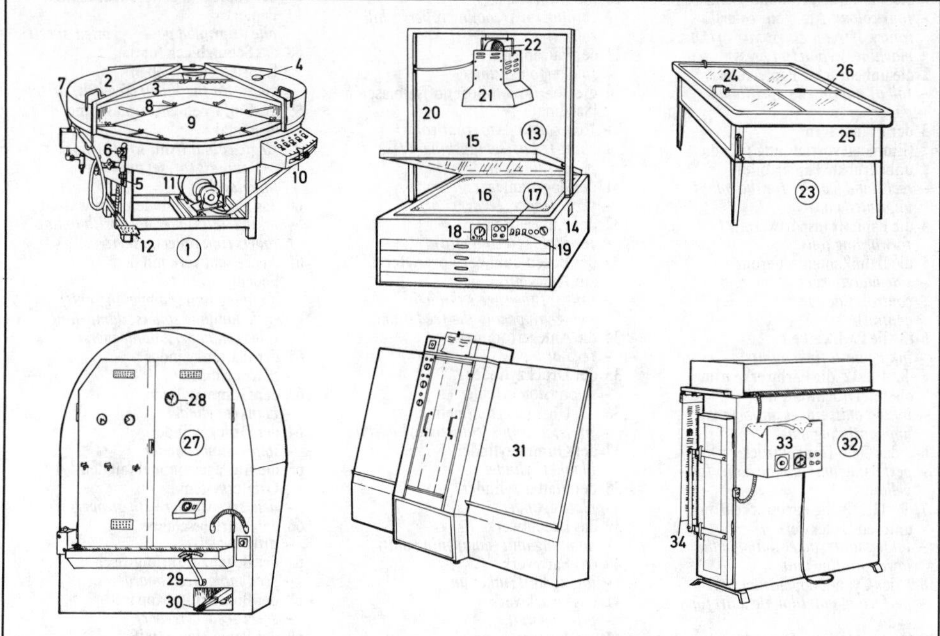

1 die Plattenschleuder (Plattenzentrifuge) zum Beschichten *n* der Offsetplatten *f*
- *plate whirler (whirler, plate-coating machine) for coating offset plates*

2 der Schiebedeckel
- *sliding lid*

3 die Elektroheizung
- *electric heater*

4 das Rundthermometer
- *temperature gauge (Am. gage)*

5 der Wasserspülanschluß
- *water connection for the spray unit*

6 die Umlaufspülung
- *spray unit*

7 die Handbrause
- *hand spray*

8 die Plattenhaltestangen *f*
- *plate clamps*

9 die Zinkplatte (*auch:* Magnesium-, Kupferplatte)
- *zinc plate (*also: *magnesium plate, copper plate)*

10 das Schaltpult
- *control panel*

11 der Antriebsmotor
- *drive motor*

12 der Bremsfußhebel
- *brake pedal*

13 der pneumatische Kopierrahmen
- *vacuum printing frame (vacuum frame, printing-down frame)*

14 das Kopierrahmenuntergestell
- *base of the vacuum printing frame (vacuum frame, printing-down frame)*

15 das Rahmenoberteil mit der Spiegelglasscheibe
- *plate glass frame*

16 die beschichtete Offsetplatte
- *coated offset plate*

17 die Schalttafel
- *control panel*

18 die Belichtungszeiteinstellung
- *exposure timer*

19 die Schalter *m* für die Vakuumherstellung
- *vacuum pump switches*

20 das Gestänge
- *support*

21 die Punktlichtkopierlampe, eine Metallhalogenlampe
- *point light exposure lamp, a quartz-halogen lamp*

22 das Lampengebläse
- *fan blower*

23 der Montagetisch, für die Filmmontage
- *stripping table (make-up table) for stripping films*

24 die Kristallglasscheibe
- *crystal glass screen*

25 der Beleuchtungskasten
- *light box*

26 die Linealeinrichtung
- *straightedge rules*

27 die Vertikaltrockenschleuder
- *vertical plate-drying cabinet*

28 der Feuchtigkeitsmesser
- *hygrometer*

29 die Geschwindigkeitsregulierung
- *speed control*

30 der Bremsfußhebel
- *brake pedal*

31 die Entwicklungsmaschine für vorbeschichtete Platten *f*
- *processing machine for presensitized plates*

32 der Brennofen (Einbrennofen) für Heißemail- (Diazo-)platten *f*
- *burning-in oven for glue-enamel plates (diazo plates)*

33 der Schaltkasten
- *control box (control unit)*

34 die Diazoplatte
- *diazo plate*

1 die Vierfarben-Rollenoffsetmaschine
- *four-colour* (Am. *four-color*) *rotary offset press (rotary offset machine, web-offset press)*

2 die unbedruckte Papierrolle
- *roll of unprinted paper (blank paper)*

3 der Rollenstern (Einhängevorrichtung *f* für die unbedruckte Papierrolle)
- *reel stand (carrier for the roll of unprinted paper)*

4 die Papiertransportwalzen *f*
- *forwarding rolls*

5 die Bahnkantensteuerung
- *side margin control (margin control, side control, side lay control)*

6-13 die Farbwerke *n*
- *inking units (inker units)*

6, 8, 10, 12 die Farbwerke *n* im oberen Druckwerk *n*
- *inking units (inker units) in the upper printing unit*

6-7 das Gelb-Doppeldruckwerk
- *perfecting unit (double unit) for yellow*

7, 9, 11, 13 die Farbwerke *n* im unteren Druckwerk *n*
- *inking units (inker units) in the lower printing unit*

8-9 das Cyan-Doppeldruckwerk
- *perfecting unit (double unit) for cyan*

10-11 das Magenta-Doppeldruckwerk
- *perfecting unit (double unit) for magenta*

12-13 das Schwarz-Doppeldruckwerk
- *perfecting unit (double unit) for black*

14 der Trockenofen
- *drier*

15 der Falzapparat
- *folder (folder unit)*

16 das Schaltpult
- *control desk*

17 der Druckbogen
- *sheet*

18 die Vierfarben-Rollenoffsetmaschine [Schema]
- *four-colour* (Am. *four-color*) *rotary offset press (rotary offset machine, web-offset press) [diagram]*

19 der Rollenstern
- *reel stand*

20 die Bahnkantensteuerung
- *side margin control (margin control, side control, side lay control)*

21 die Farbwalzen *f*
- *inking rollers (ink rollers, inkers)*

22 der Farbkasten
- *ink duct (ink fountain)*

23 die Feuchtwalzen *f*
- *damping rollers (dampening rollers, dampers, dampeners)*

24 der Gummizylinder
- *blanket cylinder*

25 der Plattenzylinder (Druckträger)
- *plate cylinder*

26 die Papierlaufbahn
- *route of the paper (of the web)*

27 der Trockenofen
- *drier*

28 die Kühlwalzen *f*
- *chilling rolls (cooling rollers, chill rollers)*

29 der Falzapparat
- *folder (folder unit)*

30 die Vierfarben-Bogenoffsetmaschine [Schema]
- *four-colour* (Am. *four-color*) *sheet-fed offset machine (offset press) [diagram]*

31 der Bogenanleger
- *sheet feeder (feeder)*

32 der Anlagetisch
- *feed table (feed board)*

33 der Bogenlauf über Vorgreifer *m* zur Anlegetrommel
- *route of the sheets through swing-grippers to the feed drum*

34 die Anlegetrommel
- *feed drum*

35 der Druckzylinder
- *impression cylinder*

36 die Übergabetrommeln *f*
- *transfer drums (transfer cylinders)*

37 der Gummizylinder
- *blanket cylinder*

38 der Plattenzylinder
- *plate cylinder*

39 das Feuchtwerk
- *damping unit (dampening unit)*

40 das Farbwerk
- *inking unit (inker unit)*

41 das Druckwerk
- *printing unit*

42 die Auslegetrommel
- *delivery cylinder*

43 die Kettenauslage
- *chain delivery*

44 die Bogenablage
- *delivery pile*

45 der Bogenausleger
- *delivery unit (delivery mechanism)*

46 die Einfarben-Offsetmaschine (Offsetmaschine)
- *single-colour* (Am. *single-color*) *offset press (offset machine)*

47 der Papierstapel (das Druckpapier)
- *pile of paper (sheets, printing paper)*

48 der Bogenanleger, ein automatischer Stapelanleger *m*
- *sheet feeder (feeder), an automatic pile feeder*

49 der Anlagetisch
- *feed table (feed board)*

50 die Farbwalzen *f*
- *inking rollers (ink rollers, inkers)*

51 das Farbwerk
- *inking unit (inker unit)*

52 die Feuchtwalzen *f*
- *damping rollers (dampening rollers, dampers, dampeners)*

53 der Plattenzylinder (Druckträger), eine Zinkplatte
- *plate cylinder, a zinc plate*

54 der Gummizylinder, ein Stahlzylinder *m* mit Gummidrucktuch *n*
- *blanket cylinder, a steel cylinder with rubber blanket*

55 der Stapelausleger für die bedruckten Bogen *m*
- *pile delivery unit for the printed sheets*

56 der Greiferwagen, ein Kettengreifer *m*
- *gripper bar, a chain gripper*

57 der Papierstapel (mit bedrucktem Papier)
- *pile of printed paper (printed sheets)*

58 das Schutzblech für den Keilriemenantrieb *m*
- *guard for the V-belt (vee-belt) drive*

59 die Einfarben-Offsetmaschine [Schema]
- *single-colour* (Am. *single-color*) *offset press (offset machine) [diagram]*

60 das Farbwerk mit den Farbwalzen *f*
- *inking unit (inker unit) with inking rollers (ink rollers, inkers)*

61 das Feuchtwerk mit den Feuchtwalzen *f*
- *damping unit (dampening unit) with damping rollers (dampening rollers, dampers, dampeners)*

62 der Plattenzylinder
- *plate cylinder*

63 der Gummizylinder
- *blanket cylinder*

64 der Druckzylinder
- *impression cylinder*

65 die Auslagetrommel mit dem Greifersystem *n*
- *delivery cylinder with grippers*

66 die Antriebsscheibe
- *drive wheel*

67 der Bogenzuführungstisch
- *feed table (feed board)*

68 der Bogenanlegeapparat
- *sheet feeder (feeder)*

69 der Papierstapel (mit unbedrucktem Papier)
- *pile of unprinted paper (blank paper, unprinted sheets, blank sheets)*

70 der Kleinoffset-Stapeldrucker
- *small sheet-fed offset press*

71 das Farbwerk
- *inking unit (inker unit)*

72 der Sauganleger
- *suction feeder*

73 die Stapelanlage
- *pile feeder*

74 das Armaturenbrett (Schaltbrett) mit Zähler *m*, Manometer *n*, Luftregler *m* und Schalter *m* für die Papierzuführung
- *instrument panel (control panel) with counter, pressure gauge* (Am. *gage*), *air regulator, and control switch for the sheet feeder (feeder)*

75 die Flachoffsetmaschine (Mailänder Andruckpresse)
- *flat-bed offset press (offset machine) ('Mailänder' proofing press, proof press)*

76 das Farbwerk
- *inking unit (inker unit)*

77 die Farbwalzen *f*
- *inking rollers (ink rollers, inkers)*

78 das Druckfundament
- *bed (press bed, type bed, forme bed,* Am. *form bed)*

79 der Zylinder mit Gummidrucktuch *n*
- *cylinder with rubber blanket*

80 der Hebel, für das An- und Abstellen des Druckwerkes *n*
- *starting and stopping lever for the printing unit*

81 die Druckeinstellung
- *impression-setting wheel (impression-adjusting wheel)*

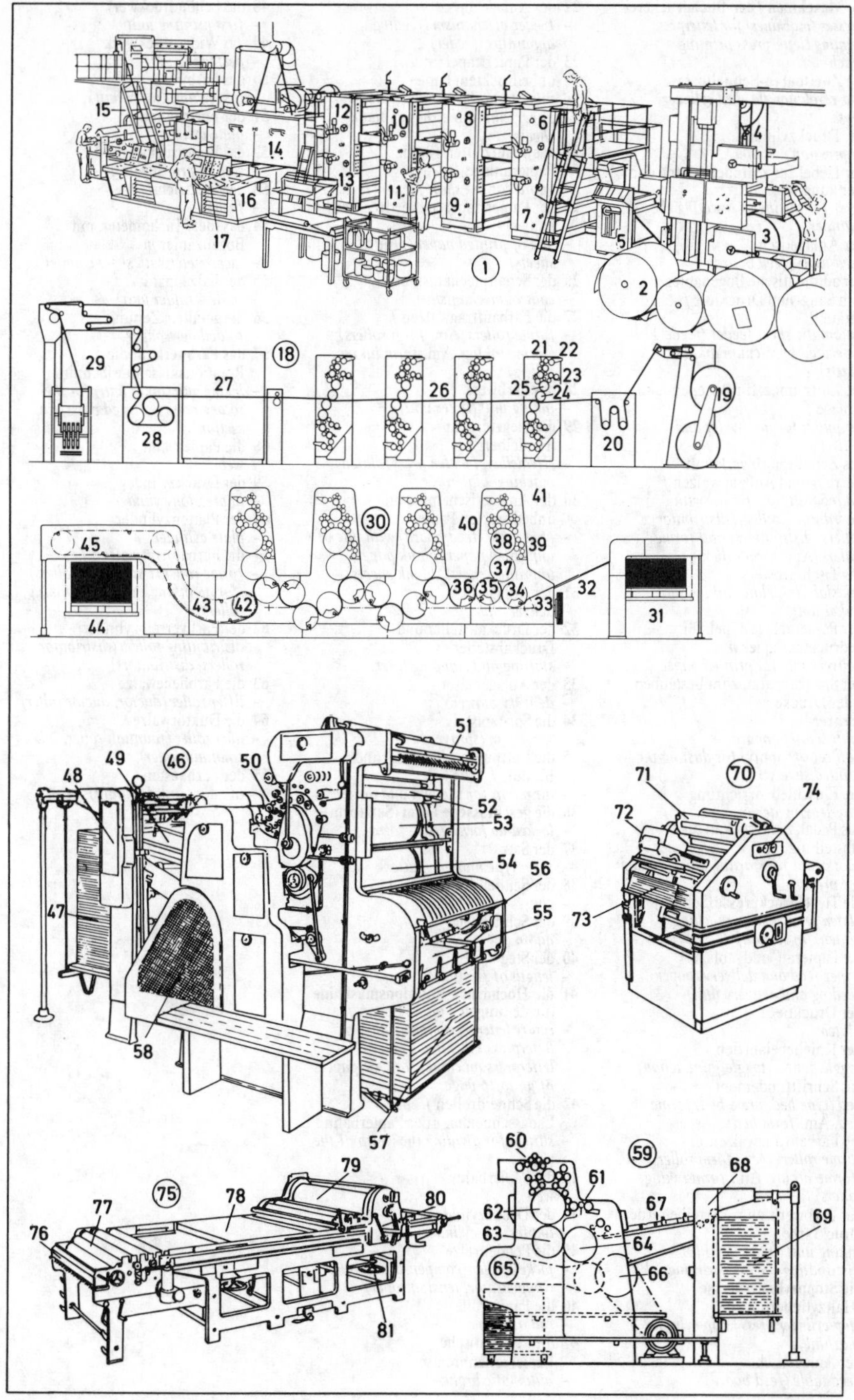
1
2
3
4
5
6
7
8
9
10
11
12
13
14
15
16
17
18
19
20
21
22
23
24
25
26
27
28
29
30
31
32
33
34
35
36
37
38
39
40
41
42
43
44
45
46
47
48
49
50
51
52
53
54
55
56
57
58
59
60
61
62
63
64
65
66
67
68
69
70
71
72
73
74
75
76
77
78
79
80
81

1-65 Maschinen *f* **der Buchdruckerei**
- ***presses (machines) for letterpress printing*** *(letterpress printing machines)*

1 die Zweitouren-Schnellpresse
- ***two-revolution flat-bed cylinder press***

2 der Druckzylinder
- *impression cylinder*

3 der Hebel zur Zylinderhebung und -senkung
- *lever for raising or lowering the cylinder*

4 der Anlagetisch
- *feed table (feed board)*

5 der automatische Bogenanleger [mit Saug- und Druckluft *f* betätigt]
- *automatic sheet feeder (feeder) [operated by vacuum and air blasts]*

6 die Luftpumpe, für Bogenan- und -ablage *f*
- *air pump for the feeder and delivery*

7 das Zylinderfarbwerk, mit Verreib- und Auftragwalzen *f*
- *inking unit (inker unit) with distributing rollers (distributor rollers, distributors) and forme rollers (Am. form rollers)*

8 das Tischfarbwerk
- *ink slab (ink plate) inking unit (inker unit)*

9 der Papierablagestapel, für bedrucktes Papier *n*
- *delivery pile for printed paper*

10 der Spritzapparat, zum Bestäuben *n* der Drucke *m*
- *sprayer (anti set-off apparatus, anti set-off spray) for dusting the printed sheets*

11 die Einschießvorrichtung
- *interleaving device*

12 das Pedal, zur Druckan- und -abstellung
- *foot pedal for starting and stopping the press*

13 die Tiegeldruckpresse [Schnitt]
- ***platen press*** *(platen machine, platen) [in section]*

14 die Papieran- und -ablage
- *paper feed and delivery (paper feeding and delivery unit)*

15 der Drucktiegel
- *platen*

16 der Kniehebelantrieb
- *toggle action (toggle-joint action)*

17 das Schriftfundament
- *bed (type bed, press bed, forme bed, Am. form bed)*

18 die Farbauftragwalzen *f*
- *forme rollers (Am. form rollers) (forme-inking, Am. form-inking, rollers)*

19 das Farbwerk, zum Verreiben *n* der Druckfarbe
- *inking unit (inker unit) for distributing the ink (printing ink)*

20 die Stoppzylinderpresse (Haltzylinderpresse)
- ***stop-cylinder press*** *(stop-cylinder machine)*

21 der Anlagetisch
- *feed table (feed board)*

22 der Anlageapparat
- *feeder mechanism (feeding apparatus, feeder)*

23 der Papierstapel (mit unbedrucktem Papier)
- *pile of unprinted paper (blank paper, unprinted sheets, blank sheets)*

24 das Schutzgitter, für die Papieranlage
- *guard for the sheet feeder (feeder)*

25 der Papierstapel (mit bedrucktem Papier)
- *pile of printed paper (printed sheets)*

26 der Schaltmechanismus
- *control mechanism*

27 die Farbauftragwalzen *f*
- *forme rollers (Am. form rollers) (forme-inking, Am. form-inking, rollers)*

28 das Farbwerk
- *inking unit (inker unit)*

29 die Tiegeldruckpresse [Heidelberger]
- ***[Heidelberg] platen press*** *(platen machine, platen)*

30 der Anlagetisch, mit dem unbedruckten Papier *n*
- *feed table (feed board) with pile of unprinted paper (blank paper, unprinted sheets, blank sheets)*

31 der Ablagetisch
- *delivery table*

32 der Druckansteller und Druckabsteller
- *starting and stopping lever*

33 der Ablagebläser
- *delivery blower*

34 die Spritzpistole
- *spray gun (sprayer)*

35 die Luftpumpe, für Saug- und Blasluft *f*
- *air pump for vacuum and air blasts*

36 die geschlossene Form (Satzform)
- ***locked-up forme*** *(Am. form)*

37 der Satz
- *type (type matter, matter)*

38 der Schließrahmen
- *chase*

39 das Schließzeug
- *quoin*

40 der Steg
- *length of furniture*

41 die Hochdruck-Rotationsmaschine für Zeitungen *f* bis 16 Seiten *f*
- ***rotary letterpress press*** *(rotary letterpress machine, web-fed letterpress machine) for newspapers of up to 16 pages*

42 die Schneidrollen *f*, zum Längsschneiden *n* der Papierbahn
- *slitters for dividing the width of the web*

43 die Papierbahn
- *web*

44 der Druckzylinder
- *impression cylinder*

45 die Pendelwalze
- *jockey roller (compensating roller, compensator, tension roller)*

46 die Papierrolle
- *roll of paper*

47 die automatische Papierrollenbremse
- *automatic brake*

48 das Schöndruckwerk
- *first printing unit*

49 das Widerdruckwerk
- *perfecting unit*

50 das Farbwerk
- *inking unit (inker unit)*

51 der Formzylinder
- *plate cylinder*

52 das Buntdruckwerk
- *second printing unit*

53 der Falztrichter
- *former*

54 das (der) Tachometer, mit Bogenzähler *m*
- *tachometer with sheet counter*

55 der Falzapparat
- *folder (folder unit)*

56 die gefaltete Zeitung
- *folded newspaper*

57 das Farbwerk für die Rotationsmaschine [Schnitt]
- ***inking unit*** *(inker unit) for the rotary press (web-fed press) [in section]*

58 die Papierbahn
- *web*

59 der Druckzylinder
- *impression cylinder*

60 der Plattenzylinder
- *plate cylinder*

61 die Farbauftragwalzen *f*
- *forme rollers (Am. form rollers) (forme-inking, Am. form-inking, rollers)*

62 der Farbverreibzylinder
- *distributing rollers (distributor rollers, distributors)*

63 die Farbhebewalze
- *lifter roller (ductor, ductor roller)*

64 die Duktorwalze
- *duct roller (fountain roller, ink fountain roller)*

65 der Farbkasten
- *ink duct (ink fountain)*

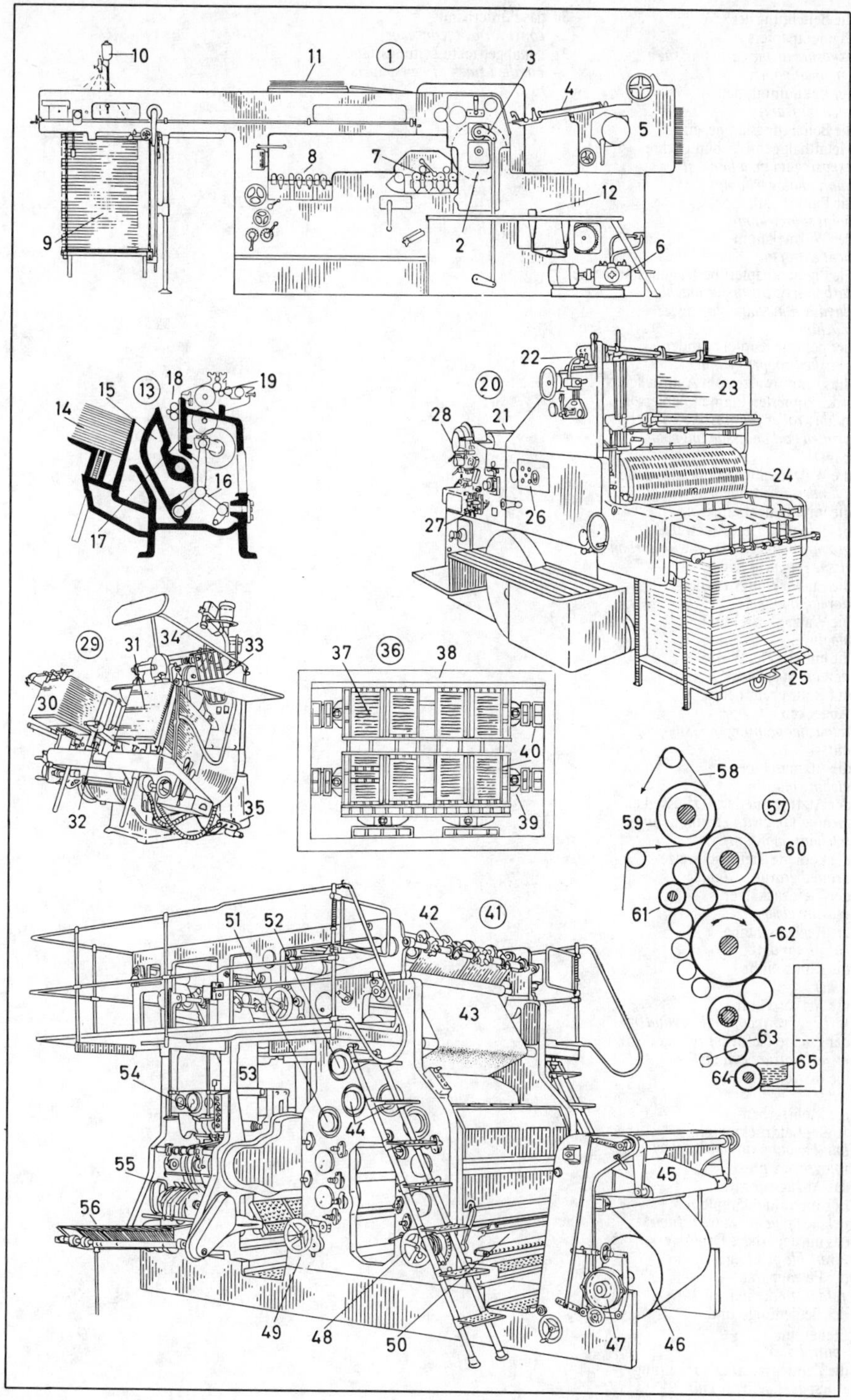
1
2
3
4
5
6
7
8
9
10
11
12
13
14
15
16
17
18
19
20
21
22
23
24
25
26
27
28
29
30
31
32
33
34
35
36
37
38
39
40
41
42
43
44
45
46
47
48
49
50
51
52
53
54
55
56
57
58
59
60
61
62
63
64
65

1 die Belichtung des Pigmentpapiers *n*
- *exposure of the carbon tissue (pigment paper)*

2 der Vakuumrahmen
- *vacuum frame*

3 die Belichtungslampe, eine Metallhalogen-Flächenleuchte
- *exposing lamp, a bank of quartz-halogen lamps*

4 die Punktlichtlampe
- *point source lamp*

5 der Wärmekamin
- *heat extractor*

6 die Pigmentpapierübertragungsmaschine
- *carbon tissue transfer machine (laydown machine, laying machine)*

7 der polierte Kupferzylinder
- *polished copper cylinder*

8 die Gummiwalze zum Andrücken *n* des kopierten Pigmentpapiers *n*
- *rubber roller for pressing on the printed carbon tissue (pigment paper)*

9 die Walzenentwicklungsmaschine
- *cylinder-processing machine*

10 die mit Pigmentpapier *n* beschichtete Tiefdruckwalze
- *gravure cylinder coated with carbon tissue (pigment paper)*

11 die Entwicklungswanne
- *developing tank*

12 die Walzenkorrektur
- *staging*

13 die entwickelte Walze
- *developed cylinder*

14 der Retuscheur beim Abdecken *n*
- *retoucher painting out (stopping out)*

15 die Ätzmaschine
- *etching machine*

16 der Ätztrog mit der Ätzflüssigkeit
- *etching tank with etching solution (etchant, mordant)*

17 die kopierte Tiefdruckwalze
- *printed gravure cylinder*

18 der Tiefdruckätzer
- *gravure etcher*

19 die Rechenscheibe
- *calculator dial*

20 die Kontrolluhr
- *timer*

21 die Ätzkorrektur
- *revising (correcting) the cylinder*

22 der geätzte Tiefdruckzylinder
- *etched gravure cylinder*

23 die Korrekturleiste
- *ledge*

24 die Mehrfarben-Rollentiefdruckmaschine
- *multicolour* (Am. *multicolor*) *rotogravure press*

25 das Abzugsrohr für Lösungsmitteldämpfe *m*
- *exhaust pipe for solvent fumes*

26 das umsteuerbare Druckwerk
- *reversible printing unit*

27 der Falzapparat
- *folder (folder unit)*

28 das Bedienungs- und Steuerpult
- *control desk*

29 die Zeitungsaustragvorrichtung
- *newspaper delivery unit*

30 das Förderband
- *conveyor belt (conveyor)*

31 der abgepackte Zeitungsstapel
- *bundled stack of newspapers*

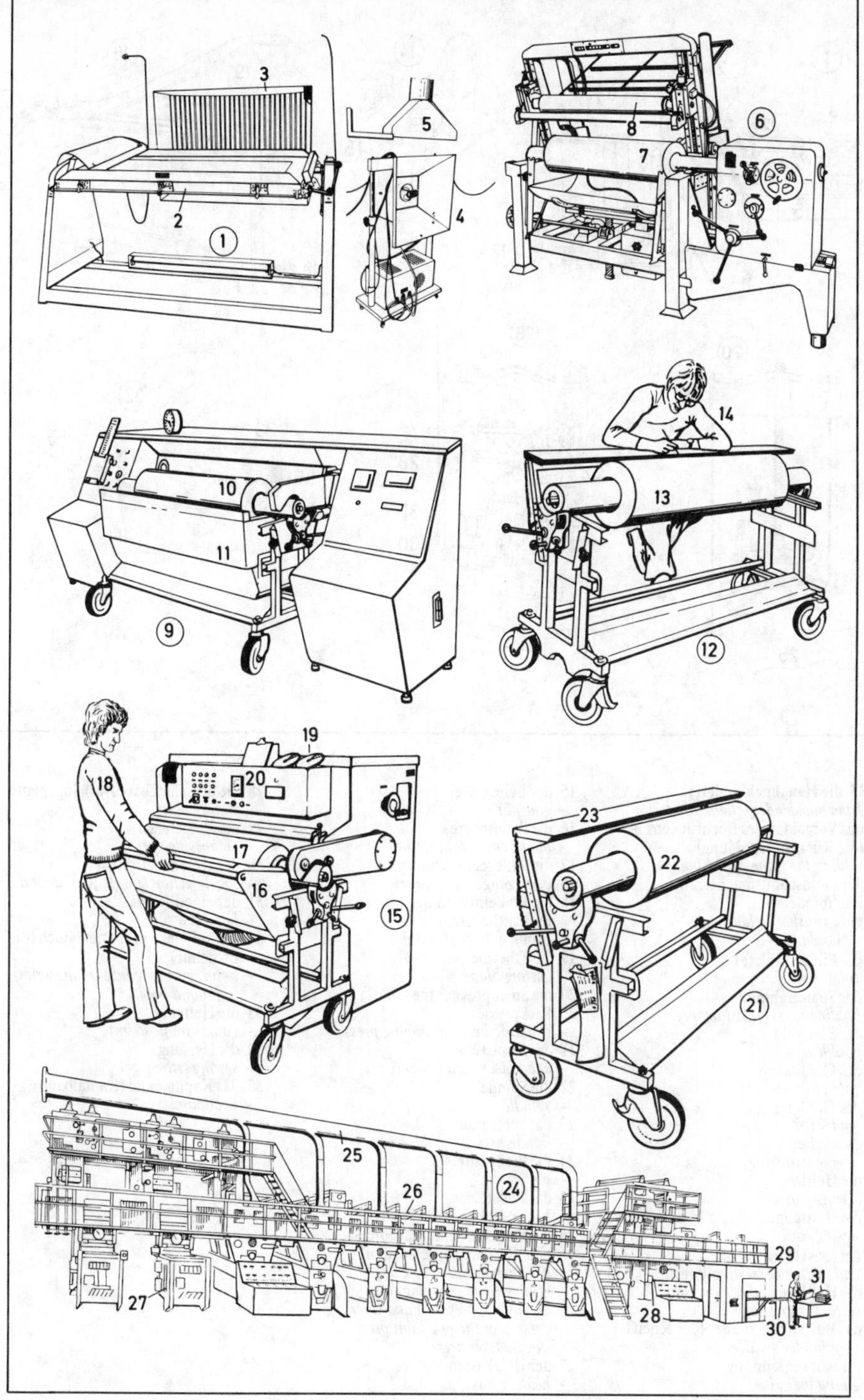
1
2
3
4
5
6
7
8
9
10
11
12
13
14
15
16
17
18
19
20
21
22
23
24
25
26
27
28
29
30
31

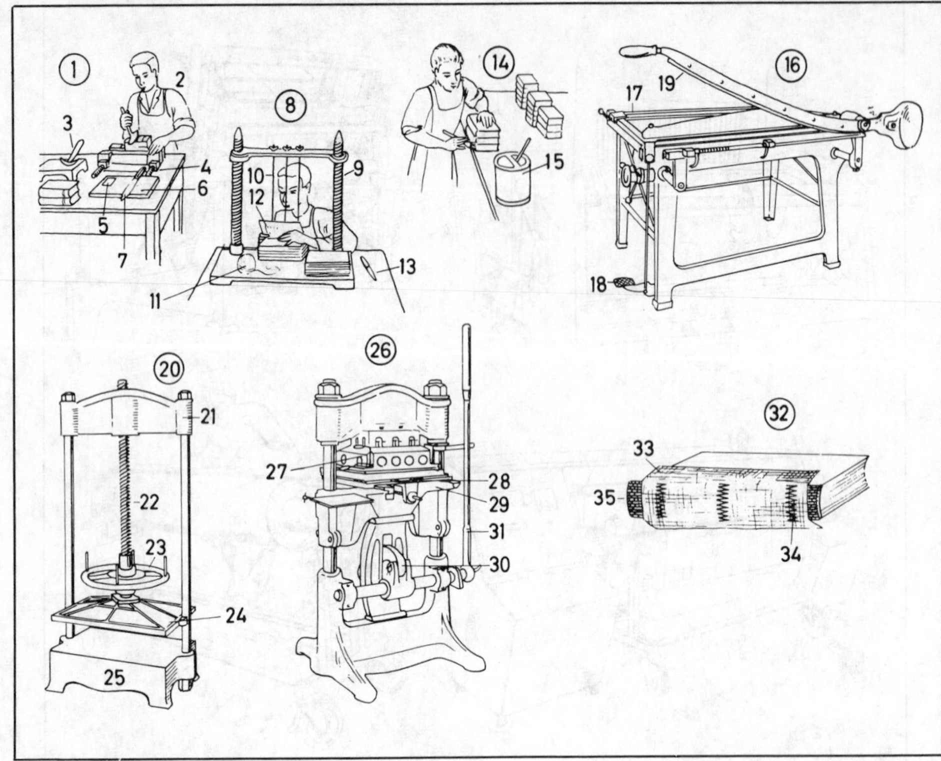

1-35 die Handbuchbinderei
- ***hand bookbindery*** *(hand bindery)*

1 das Vergolden des Buchrückens *m* (die Rückenvergoldung)
- *gilding the spine of the book*

2 der Goldschnittmacher, ein Buchbinder *m*
- *gold finisher (gilder), a bookbinder*

3 die Filete (Philete)
- *fillet*

4 der Spannrahmen
- *holding press (finishing press)*

5 das Blattgold
- *gold leaf*

6 das Goldkissen
- *gold cushion*

7 das Goldmesser
- *gold knife*

8 das Heften
- *sewing (stitching)*

9 die Heftlade
- *sewing frame*

10 die Heftschnur
- *sewing cord*

11 der (das) Garnknäuel
- *ball of thread (sewing thread)*

12 die Heftlage
- *section (signature)*

13 das Buchbindermesser (der Kneif)
- *bookbinder's knife*

14 die Rückenleimung
- *gluing the spine*

15 der Leimkessel
- *glue pot*

16 die Pappschere
- *board cutter (guillotine)*

17 die Anlegeeinrichtung
- *back gauge* (Am. *gage)*

18 die Preßeinrichtung, mit Fußtritthebel *m*
- *clamp with foot pedal*

19 das Obermesser
- *cutting blade*

20 die Stockpresse, eine Glätt- u. Packpresse
- *standing press, a nipping press*

21 das Kopfstück
- *head piece (head beam)*

22 die Spindel
- *spindle*

23 das Schlagrad
- *handwheel*

24 die Preßplatte
- *platen*

25 das Fußstück
- *bed (base)*

26 die Vergolde- und Prägepresse, eine Handhebelpresse; *ähnl.:* Kniehebelpresse
- *gilding (gold blocking) and embossing press, a hand-lever press;* sim.: *toggle-joint press (toggle-lever press)*

27 der Heizkasten
- *heating box*

28 die ausschiebbare Aushängeplatte
- *sliding plate*

29 der Prägetiegel
- *embossing platen*

30 das Kniehebelsystem
- *toggle action (toggle-joint action)*

31 der Handhebel
- *hand lever*

32 das auf Gaze *f* geheftete Buch (die Broschur)
- *book sewn on gauze (mull, scrim) (unbound book)*

33 die Heftgaze
- *gauze (mull, scrim)*

34 die Heftung
- *sewing (stitching)*

35 das Kapitalband (Kaptalband)
- *headband*

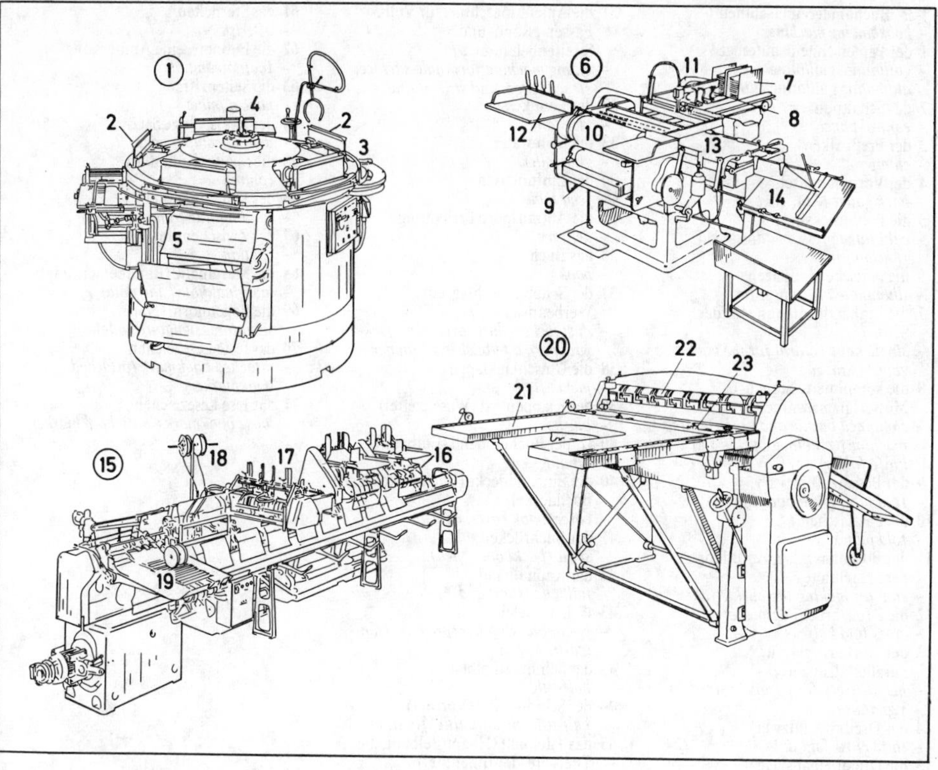

1-23 Buchbindereimaschinen *f*
- ***bookbinding machines***

1 der Klebebinder (die Klebemaschine) für Kleinauflagen *f*
- ***adhesive binder*** *(perfect binder) for short runs*

2 die Handeinlegestation
- *manual feed station*

3 die Fräs- und Aufrauhstation
- *cutoff knife and roughing station*

4 das Leimwerk
- *gluing mechanism*

5 die Kastenauslage
- *delivery (book delivery)*

6 die Buchdeckenmaschine
- ***case maker*** *(case-making machine)*

7 die Magazine *n* für Pappdeckel *m*
- *board feed hopper*

8 die Pappenzieher *m*
- *pickup suckers*

9 der Leimkasten
- *glue tank*

10 der Nutzenzylinder
- *gluing cylinder (glue cylinder, glue roller)*

11 der Saugarm
- *picker head*

12 der Stapelplatz für Überzugnutzen *n* [Leinen *n*, Papier *n*, Leder *n*]
- *feed table for covering materials [linen, paper, leather]*

13 die Preßeinrichtung
- *pressing mechanism*

14 der Ablegetisch
- *delivery table*

15 der Sammelhefter (die Sammeldrahtheftmaschine)
- ***gang stitcher*** *(gathering and wire-stitching machine, gatherer and wire stitcher)*

16 der Bogenanleger
- *sheet feeder (sheet-feeding station)*

17 der Falzanleger
- *folder-feeding station*

18 die Heftdrahtabspulvorrichtung
- *stitching wire feed mechanism*

19 der Auslegetisch
- *delivery table*

20 die Kreispappschere
- ***rotary board cutter*** *(rotary board-cutting machine)*

21 der Anlegetisch, mit Aussparung *f*
- *feed table with cut-out section*

22 das Kreismesser
- *rotary cutter*

23 das Einführlineal
- *feed guide*

1-35 Buchbindereimaschinen *f*
- ***bookbinding machines***

1 der Papierschneideautomat
- *guillotine (guillotine cutter, automatic guillotine cutter)*

2 das Schaltpult
- *control panel*

3 der Preßbalken
- *clamp*

4 der Vorschubsattel
- *back gauge* (Am. *gage)*

5 die Preßdruckskala
- *calibrated pressure adjustment [to clamp]*

6 die optische Maßanzeige
- *illuminated cutting scale*

7 die Einhandbedienung für den Sattel
- *single-hand control for the back gauge* (Am. *gage)*

8 die kombinierte Stauch- u. Messerfalzmaschine
- *combined buckle and knife folding machine (combined buckle and knife folder)*

9 der Bogenzuführtisch
- *feed table (feed board)*

10 die Falztaschen *f*
- *fold plates*

11 der Bogenanschlag, zur Bildung der Stauchfalte
- *stop for making the buckle fold*

12 die Kreuzbruchfalzmesser *n*
- *cross fold knives*

13 der Gurtausleger, für Parallelfalzungen *f*
- *belt delivery for parallel-folded signatures*

14 das Dreibruchfalzwerk
- *third cross fold unit*

15 die Dreibruchauslage
- *delivery tray for cross-folded signatures*

16 die Fadenheftmaschine
- *sewing machine (book-sewing machine)*

17 der Spulenhalter
- *spool holder*

18 der Fadenkops (die Fadenspule)
- *thread cop (thread spool)*

19 der Gazerollenhalter
- *gauze roll holder (mull roll holder, scrim roll holder)*

20 die Gaze (Heftgaze)
- *gauze (mull, scrim)*

21 die Körper *m* mit den Heftnadeln *f*
- *needle cylinders with sewing needles*

22 der geheftete Buchblock
- *sewn book*

23 die Auslage
- *delivery*

24 der schwingende Heftsattel
- *reciprocating saddle*

25 der Anleger (Bogenanleger)
- *sheet feeder (feeder)*

26 das Anlegermagazin
- *feed hopper*

27 die Bucheinhängemaschine
- *casing-in machine*

28 der Falzleimapparat
- *joint and side pasting attachment*

29 das Schwert
- *blade*

30 die Vorwärmheizung
- *preheater unit*

31 die Anleimmaschine, für Voll-, Fasson-, Rand- und Streifenbeleimung *f*
- *gluing machine for whole-surface, stencil, edge, and strip gluing*

32 der Leimkessel
- *glue tank*

33 die Leimwalze
- *glue roller*

34 der Einfuhrtisch
- *feed table*

35 die Abtransportvorrichtung
- *delivery*

36 das Buch
- ***book***

37 der Schutzumschlag, ein Werbeumschlag *m*
- *dust jacket (dust cover, bookjacket, wrapper), a publisher's wrapper*

38 die Umschlagklappe
- *jacket flap*

39 der Klappentext (Waschzettel)
- *blurb*

40-42 der Bucheinband (Einband)
- *binding*

40 die Einbanddecke (Buchdecke, der Buchdeckel)
- *cover (book cover, case)*

41 der Buchrücken
- *spine (backbone, back)*

42 das Kapitalband
- *tailband (footband)*

43-47 die Titelei
- *preliminary matter (prelims, front matter)*

43 das Schmutztitelblatt
- *half-title*

44 der Schmutztitel (Vortitel)
- *half-title (bastard title, fly title)*

45 das Titelblatt (Haupttitelblatt, die Titelseite, der Innentitel)
- *title page*

46 der Haupttitel
- *full title (main title)*

47 der Untertitel
- *subtitle*

48 das Verlagssignet (Signet, Verlagszeichen, Verlegerzeichen)
- *publisher's imprint (imprint)*

49 das Vorsatzpapier (der *od.* das Vorsatz)
- *fly leaf (endpaper, endleaf)*

50 die handschriftliche Widmung
- *handwritten dedication*

51 das Exlibris (Bucheignerzeichen)
- *bookplate (ex libris)*

52 das aufgeschlagene Buch
- *open book*

53 die Buchseite (Seite)
- *page*

54 der Falz
- *fold*

55-58 der Papierrand
- *margin*

55 der Bundsteg
- *back margin (inside margin, gutter)*

56 der Kopfsteg
- *head margin (upper margin)*

57 der Außensteg
- *fore edge margin (outside margin, fore edge)*

58 der Fußsteg
- *tail margin (foot margin, tail, foot)*

59 der Satzspiegel
- *type area*

60 die Kapitelüberschrift
- *chapter heading*

61 das Sternchen
- *asterisk*

62 die Fußnote, eine Anmerkung
- *footnote, a note*

63 die Seitenziffer
- *page number*

64 der zweispaltige Satz
- *double-column page*

65 die Spalte (Kolumne)
- *column*

66 der Kolumnentitel
- *running title (running head)*

67 der Zwischentitel
- *caption*

68 die Marginalie (Randbemerkung)
- *marginal note (side note)*

69 die Bogennorm (Norm)
- *signature (signature code)*

70 das feste Lesezeichen
- *attached bookmark (attached bookmarker)*

71 das lose Lesezeichen
- *loose bookmark (loose bookmarker)*

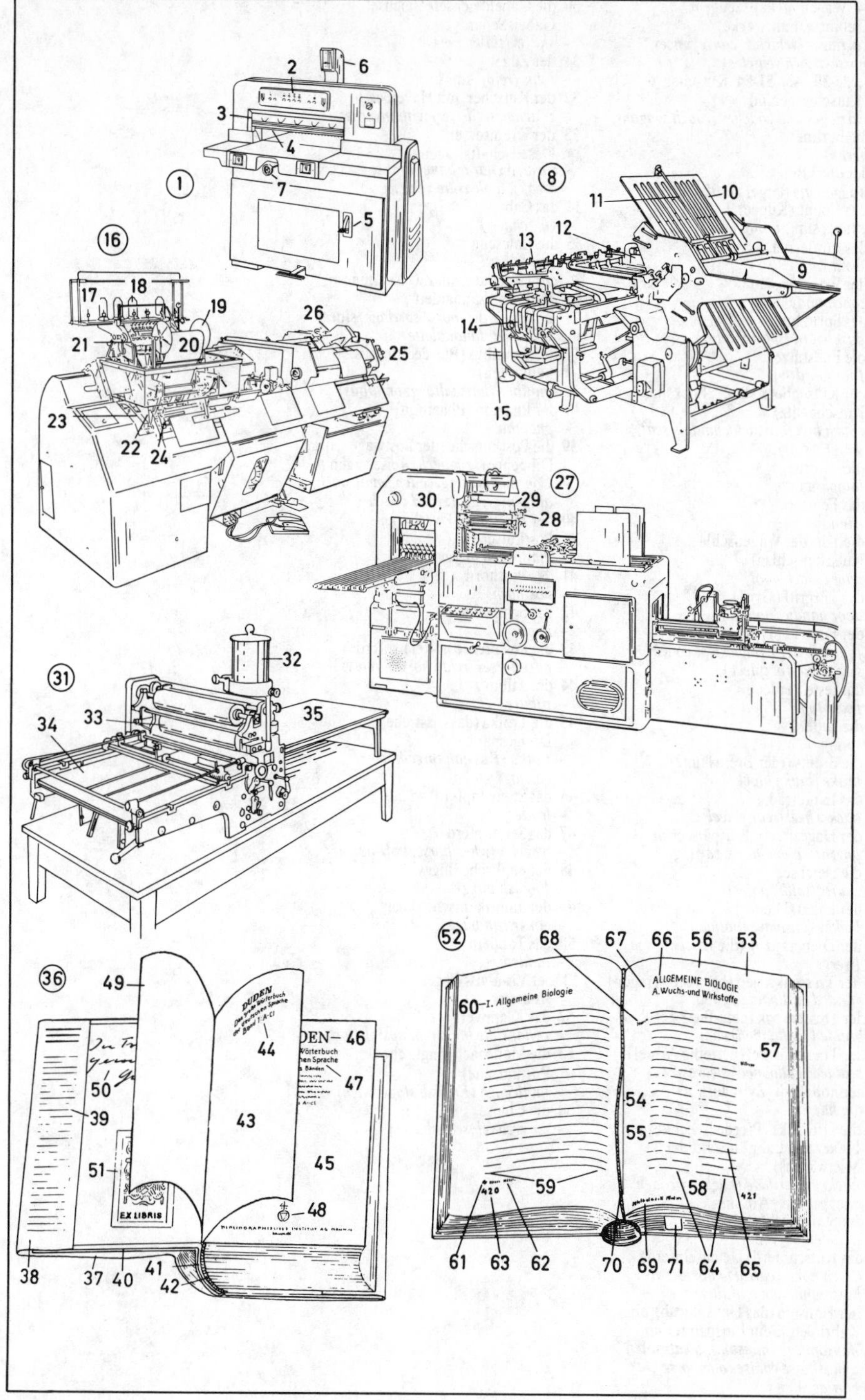
1
2
3
4
5
6
7
8
9
10
11
12
13
14
15
16
17
18
19
20
21
22
23
24
25
26
27
28
29
30
31
32
33
34
35
36
37
38
39
40
41
42
43
44
45
46
47
48
49
50
51
52
53
54
55
56
57
58
59
60
61
62
63
64
65
66
67
68
69
70
71
EX LIBRIS
I. Allgemeine Biologie
ALLGEMEINE BIOLOGIE
A. Wuchs-und Wirkstoffe
420
421

1-54 Wagen *m* (Fahrzeuge *n*, Gefährte, Fuhrwerke)
- *carriages (vehicles, conveyances, horse-drawn vehicles)*

1-3, 26-39, 45, 51-54 Kutschen *f* (Kutschwagen *m*)
- *carriages and coaches (coach wagons)*

1 die Berline
- *berlin*

2 der (das) Break
- *waggonette (*larger: *brake, break)*

3 das Coupé (Kupee)
- *coupé;* sim.: *brougham*

4 das Vorderrad
- *front wheel*

5 der Wagenkasten
- *coach body*

6 das Spritzbrett
- *dashboard (splashboard)*

7 die Fußstütze
- *footboard*

8 der Kutschbock (Bock, Bocksitz, Kutschersitz)
- *coach box (box, coachman's seat, driver's seat)*

9 die Laterne
- *lamp (lantern)*

10 das Fenster
- *window*

11 die Tür (der Wagenschlag, Kutschenschlag)
- *door (coach door)*

12 der Türgriff (Griff)
- *door handle (handle)*

13 der Fußtritt (Tritt)
- *footboard (carriage step, coach step, step, footpiece)*

14 das feste Verdeck
- *fixed top*

15 die Feder
- *spring*

16 die Bremse (der Bremsklotz)
- *brake (brake block)*

17 das Hinterrad
- *back wheel (rear wheel)*

18 der Dogcart, ein Einspänner *m*
- *dogcart, a one-horse carriage*

19 die Deichsel
- *shafts (thills, poles)*

20 der Lakai (Diener)
- *lackey (lacquey, footman)*

21 der Dieneranzug (die Livree)
- *livery*

22 der Tressenkragen (betreßte Kragen)
- *braided (gallooned) collar*

23 der Tressenrock (betreßte Rock)
- *braided (gallooned) coat*

24 der Tressenärmel (betreßte Ärmel)
- *braided (gallooned) sleeve*

25 der hohe Hut (Zylinderhut)
- *top hat*

26 die Droschke (Pferdedroschke, der Fiaker, die Lohnkutsche, der Mietwagen)
- *hackney carriage (hackney coach, cab, growler,* Am. *hack)*

27 der Stallknecht (Groom)
- *stableman (groom)*

28 das Kutschpferd (Deichselpferd)
- *coach horse (carriage horse, cab horse, thill horse, thiller)*

29 der Hansom (das Hansomcab), ein Kabriolett *n*, ein Einspänner *m*
- *hansom cab (hansom), a cabriolet, a one-horse chaise (one-horse carriage)*

30 die Gabeldeichsel (Deichsel, Gabel, Schere)
- *shafts (thills, poles)*

31 der Zügel
- *reins (rein,* Am. *line)*

32 der Kutscher, mit Havelock *m*
- *coachman (driver) with inverness*

33 der Kremser, ein Gesellschaftswagen *m*
- *covered char-a-banc (brake, break), a pleasure vehicle*

34 das Cab
- *gig (chaise)*

35 die Kalesche
- *barouche*

36 der Landauer, ein Zweispänner *m*; *ähnl.:* das Landaulett
- *landau, a two-horse carriage;* sim.: *landaulet, landaulette*

37 der Omnibus (Pferdeomnibus, Stellwagen)
- *omnibus (horse-drawn omnibus)*

38 der Phaeton (Phaethon)
- *phaeton*

39 die Postkutsche (der Postwagen, die Diligence); *zugleich:* Reisewagen *m*
- *Continental stagecoach (mailcoach, diligence);* also: *road coach*

40 der Postillion (Postillon, Postkutscher)
- *mailcoach driver*

41 das Posthorn
- *posthorn*

42 das Schutzdach
- *hood*

43 die Postpferde *n* (Relaispferde)
- *post horses (relay horses, relays)*

44 der Tilbury
- *tilbury*

45 die Troika (das russische Dreigespann)
- *troika (Russian three-horse carriage)*

46 das Stangenpferd
- *leader*

47 das Seitenpferd
- *wheeler (wheelhorse, pole horse)*

48 der englische Buggy
- *English buggy*

49 der amerikanische Buggy
- *American buggy*

50 das Tandem
- *tandem*

51 der Vis-à-vis-Wagen
- *vis-à-vis*

52 das Klappverdeck
- *collapsible hood (collapsible top)*

53 die Mailcoach (englische Postkutsche)
- *mailcoach (English stagecoach)*

54 die Chaise
- *covered (closed) chaise*

1
2
3
4
5
6
7
8
9
10
11
12
13
14
15
16
17
18
19
20
21
22
23
24
25
26
27
28
29
30
31
32
33
34
35
36
37
38
39
40
41
42
43
44
45
46
47
48
49
50
51
52
53
54

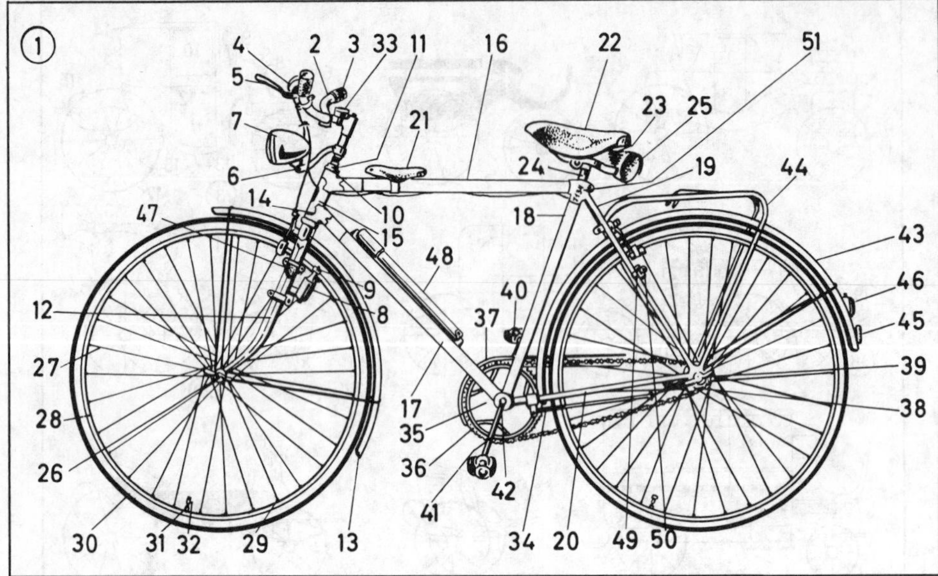

1 das Fahrrad (Rad, Zweirad, *schweiz.* Velo, Veloziped), ein Herrenfahrrad *n*, ein Tourenrad *n*
- *bicycle (cycle,* coll. *bike,* Am. *wheel), a gent's bicycle, a touring bicycle (touring cycle, roadster)*

2 der Lenker (die Lenkstange), ein Tourenlenker *m*
- *handlebar (handlebars), a touring cycle handlebar*

3 der Handgriff (Griff)
- *handlebar grip (handgrip, grip)*

4 die Fahrradglocke (Fahrradklingel)
- *bicycle bell*

5 die Handbremse (Vorderradbremse, eine Felgenbremse)
- *hand brake (front brake), a rim brake*

6 der Scheinwerferhalter
- *lamp bracket*

7 der Scheinwerfer (die Fahrradlampe)
- *headlamp (bicycle lamp)*

8 der Dynamo (die Lichtmaschine)
- *dynamo*

9 das Laufrädchen
- *pulley*

10-12 die Vorderradgabel
- *front forks*

10 der Gabelschaft (Lenkstangenschaft, das Gabelschaftrohr)
- *handlebar stem*

11 der Gabelkopf
- *steering head*

12 die Gabelscheiden *f*
- *fork blades (fork ends)*

13 das vordere Schutzblech
- *front mudguard (*Am. *front fender)*

14-20 der Fahrradrahmen (das Fahrradgestell)
- *bicycle frame*

14 das Steuerrohr (Steuerkopfrohr)
- *steering tube (fork column)*

15 das Markenschild
- *head badge*

16 das obere Rahmenrohr (Oberrohr, Scheitelrohr)
- *crossbar (top tube)*

17 das untere Rahmenrohr (Unterrohr)
- *down tube*

18 das Sattelstützrohr (Sitzrohr)
- *seat tube*

19 die oberen Hinterradstreben *f*
- *seat stays*

20 die unteren Hinterradstreben *f* (die Hinterradgabel)
- *chain stays*

21 der Kindersitz
- *child's seat (child carrier seat)*

22 der Fahrradsattel (Elastiksattel)
- *bicycle saddle*

23 die Sattelfedern *f*
- *saddle springs*

24 die Sattelstütze
- *seat pillar*

25 die Satteltasche (Werkzeugtasche)
- *saddle bag (tool bag)*

26-32 das Rad (Vorderrad)
- *wheel (front wheel)*

26 die Nabe
- *hub*

27 die Speiche
- *spoke*

28 die Felge
- *rim (wheel rim)*

29 der Speichennippel
- *spoke nipple (spoke flange, spoke end)*

30 die Bereifung (der Reifen, Luftreifen, die Pneumatik, der Hochdruckreifen, Preßluftreifen); *innen:* der Schlauch (Luftschlauch), *außen:* der Mantel (Laufmantel, die Decke)
- *tyres (*Am. *tires) (tyre, pneumatic tyre, high-pressure tyre);* inside: *tube (inner tube),* outside: *tyre (outer case, cover)*

31 das Ventil, ein Schlauchventil *n*, mit Ventilschlauch *m* oder ein Patentventil *n* mit Kugel *f*
- *valve, a tube valve with valve tube or a patent valve with ball*

32 die Ventilklappe
- *valve sealing cap*

33 das Fahrradtachometer, mit Kilometerzähler *m*
- *bicycle speedometer with milometer*

34 der Fahrradkippständer
- *kick stand (prop stand)*

35-42 der Fahrradantrieb (Kettenantrieb)
- *bicycle drive (chain drive)*

35-39 der Kettentrieb
- *chain transmission*

35 das Kettenrad (das vordere Zahnrad)
- *chain wheel*

36 die Kette, eine Rollenkette
- *chain, a roller chain*

37 der Kettenschutz (das Kettenschutzblech)
- *chain guard*

38 das hintere Kettenzahnrad (der Kettenzahnkranz, Zahnkranz)
- *sprocket wheel (sprocket)*

39 die Flügelmutter
- *wing nut (fly nut, butterfly nut)*

40 das Pedal
- *pedal*

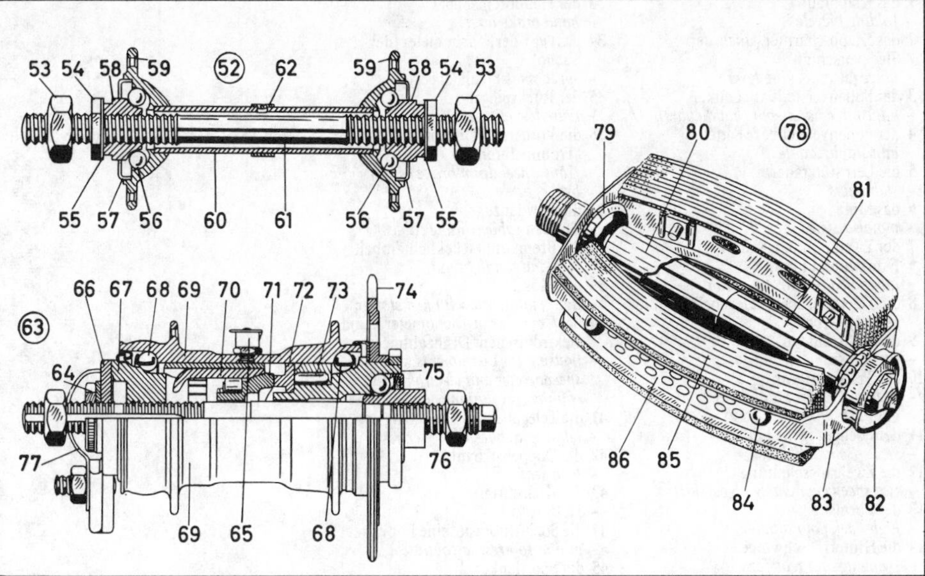

41 die Tretkurbel
- *crank*
42 das Tretkurbellager (Tretlager)
- *bottom bracket bearing*
43 das hintere Schutzblech (der Kotschützer)
- *rear mudguard (Am. rear fender)*
44 der Gepäckträger
- *luggage carrier (carrier)*
45 der Rückstrahler (*ugs.* das Katzenauge)
- *reflector*
46 das elektr. Rücklicht
- *rear light (rear lamp)*
47 die Fußraste
- *footrest*
48 die Fahrradpumpe (Luftpumpe)
- *bicycle pump*
49 das Fahrradschloß, ein Speichenschloß *n*
- *bicycle lock, a wheel lock*
50 der Patentschlüssel
- *patent key*
51 die Fahrradnummer (Fabriknummer, Rahmennummer)
- *cycle serial number (factory number, frame number)*
52 die Vorderradnabe
- *front hub (front hub assembly)*
53 die Mutter
- *wheel nut*
54 die Kontermutter, mit Sternprägung *f*
- *locknut (locking nut)*
55 die Nasenscheibe
- *washer (slotted cone adjusting washer)*
56 die Kugel
- *ball bearing*
57 die Staubkappe
- *dust cap*
58 der Konus
- *cone (adjusting cone)*
59 die Tülle
- *centre (Am. center) hub*
60 das Rohr
- *spindle*
61 die Achse
- *axle*
62 der Ölerklipp
- *clip covering lubrication hole (lubricator)*
63 die Freilaufnabe, mit Rücktrittbremse *f*
- *free-wheel hub with back-pedal brake (with coaster brake)*
64 die Sicherungsmutter
- *safety nut*
65 der Helmöler (Öler)
- *lubricator*
66 der Bremshebel
- *brake arm*
67 der Hebelkonus
- *brake arm cone*
68 der Kugelring, mit Kugeln *f* im Kugellager *n*
- *bearing cup with ball bearings in ball race*
69 die Nabenhülse
- *hub shell (hub body, hub barrel)*
70 der Bremsmantel
- *brake casing*
71 der Bremskonus
- *brake cone*
72 der Walzenführungsring
- *driver*
73 die Antriebswalze
- *driving barrel*
74 der Zahnkranz
- *sprocket*
75 der Gewindekopf
- *thread head*
76 die Achse
- *axle*
77 die Bandage
- *bracket*
78 das Fahrradpedal (Pedal, Rückstrahlpedal, Leuchtpedal, Reflektorpedal)
- *bicycle pedal (pedal, reflector pedal)*
79 die Tülle
- *cup*
80 das Pedalrohr
- *spindle*
81 die Pedalachse
- *axle*
82 die Staubkappe
- *dust cap*
83 der Pedalrahmen
- *pedal frame*
84 der Gummistift
- *rubber stud*
85 der Gummiblock
- *rubber block (rubber tread)*
86 das Rückstrahlglas
- *glass reflector*

1 das Klapprad
- *folding bicycle*

2 das Klappscharnier (*auch:* der Steckverschluß)
- *hinge* (also: *locking lever)*

3 der höhenverstellbare Lenker
- *adjustable handlebar (handlebars)*

4 der höhenverstellbare Sattel
- *adjustable saddle*

5 die Lernstützräder *n*
- *stabilizers*

6 das Mofa
- *motor-assisted bicycle*

7 der Zweitaktmotor mit Fahrtwindkühlung *f*
- *air-cooled two-stroke engine*

8 die Teleskopgabel (Telegabel)
- *telescopic forks*

9 der Rohrrahmen
- *tubular frame*

10 der Treibstofftank
- *fuel tank (petrol tank,* Am. *gasoline tank)*

11 der hochgezogene Lenker
- *semi-rise handlebars*

12 die Zweigangschaltung
- *two-speed gear-change (gearshift)*

13 der Formsitz
- *high-back polo saddle*

14 die Hinterradschwinge
- *swinging-arm rear fork*

15 der hochgezogene Auspuff
- *upswept exhaust*

16 der Wärmeschutz
- *heat shield*

17 die Antriebskette
- *drive chain*

18 der Sturzbügel
- *crash bar (roll bar)*

19 das (der) Tachometer (der Tacho)
- *speedometer* (coll. *speedo)*

20 das City-Bike (Akku-Bike, ein Elektrofahrzeug *n*)
- *battery-powered moped, an electrically-powered vehicle*

21 der Schwingsattel
- *swivel saddle*

22 der Akkubehälter
- *battery compartment*

23 der Drahtkorb
- *wire basket*

24 das Tourenmoped (Moped)
- *touring moped (moped)*

25 die Tretkurbel (der Tretantrieb, das Startpedal)
- *pedal crank (pedal drive, starter pedal)*

26 der Zweitakt-Einzylindermotor
- *single-cylinder two-stroke engine*

27 der Kerzenstecker
- *spark-plug cap*

28 der Treibstofftank (Gemischtank)
- *fuel tank (petrol tank,* Am. *gasoline tank)*

29 die Mopedleuchte
- *moped headlamp (front lamp)*

30-35 die Lenkerarmaturen
- *handlebar fittings*

30 der Drehgasgriff (Gasgriff)
- *twist grip throttle control (throttle twist grip)*

31 der Schaltdrehgriff (die Gangschaltung)
- *twist grip (gear-change, gearshift)*

32 der Kupplungshebel
- *clutch lever*

33 der Handbremshebel
- *hand brake lever*

34 das (*ugs.* der) Tachometer (der Tacho)
- *speedometer* (coll. *speedo)*

35 der Rückspiegel
- *rear-view mirror (mirror)*

36 die Vorderrad-Trommelbremse (Trommelbremse)
- *front wheel drum brake (drum brake)*

37 die Bowdenzüge *m*
- *Bowden cables (brake cables)*

38 die Brems- und Rücklichteinheit
- *stop and tail light unit*

39 das Mokick
- *light motorcycle with kickstarter*

40 das Cockpit mit Tachometer *n* und elektronischem Drehzahlmesser *m*
- *housing for instruments with speedometer and electronic rev counter (revolution counter)*

41 die Telegabel mit Faltenbalg *m*
- *telescopic shock absorber*

42 die Doppelsitzbank
- *twin seat*

43 der Kickstarter
- *kickstarter*

44 die Soziusfußraste, eine Fußraste
- *pillion footrest, a footrest*

45 der Sportlenker
- *handlebar (handlebars)*

46 der geschlossene Kettenkasten
- *chain guard*

47 der Motorroller
- *motor scooter (scooter)*

48 die abnehmbare Seitenschale
- *removable side panel*

49 der Rohrrahmen
- *tubular frame*

50 die Blechverkleidung
- *metal fairings*

51 die Raststütze
- *prop stand (stand)*

52 die Fußbremse
- *foot brake*

53 das Signalhorn
- *horn (hooter)*

54 der Haken für Handtasche *f* oder Mappe *f*
- *hook for handbag or briefcase*

55 die Fußschaltung
- *foot gear-change control (foot gearshift control)*

56 der High-riser
- *high-riser;* sim.: *Chopper*

57 der zweigeteilte Lenker
- *high-rise handlebar (handlebars)*

58 die imitierte Motorradgabel
- *imitation motorcycle fork*

59 der Banksattel (Bananensattel)
- *banana saddle*

60 der Chrombügel
- *chrome bracket*

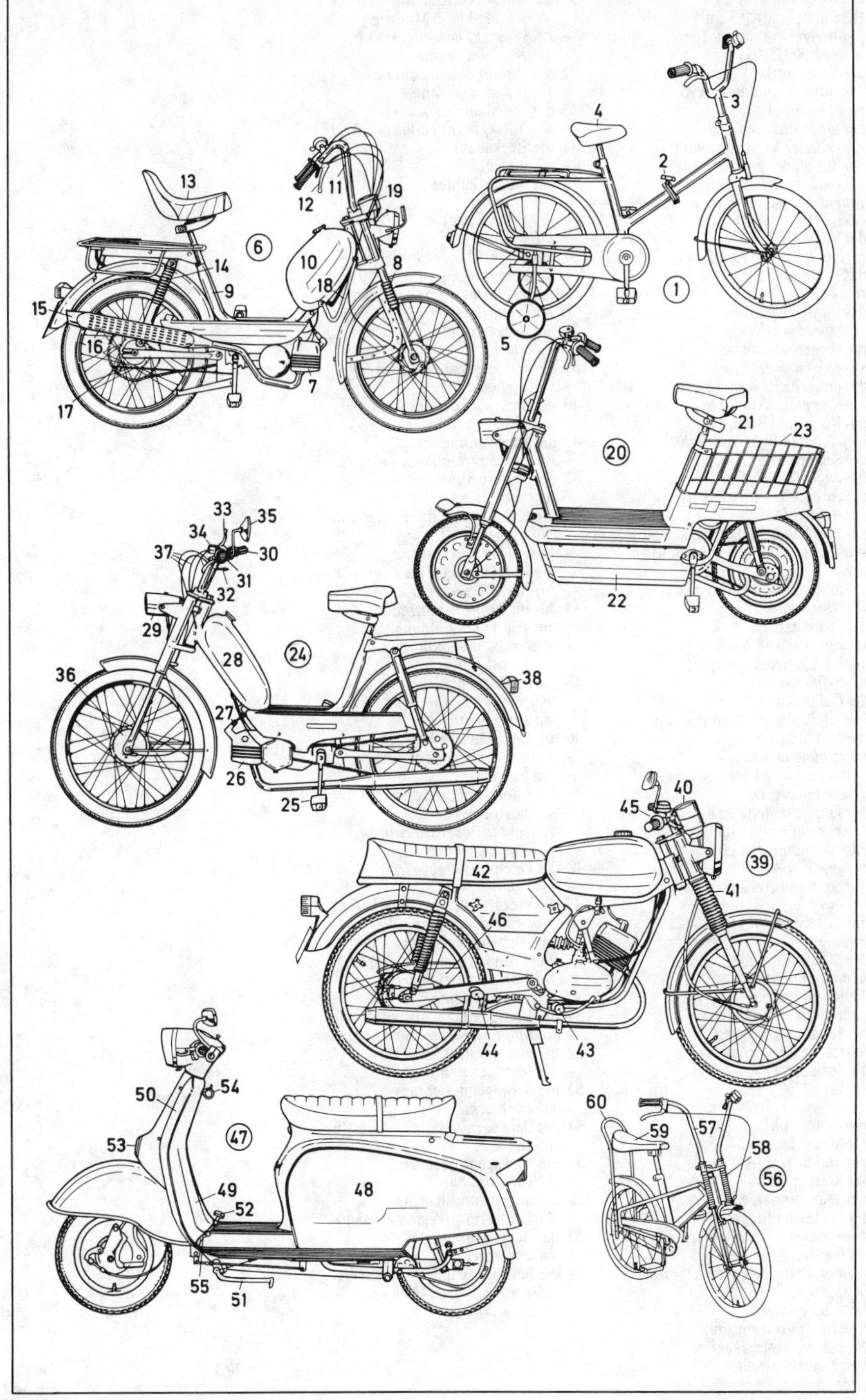
1
2
3
4
5
6
7
8
9
10
11
12
13
14
15
16
17
18
19
20
21
22
23
24
25
26
27
28
29
30
31
32
33
34
35
36
37
38
39
40
41
42
43
44
45
46
47
48
49
50
51
52
53
54
55
56
57
58
59
60

1 das Kleinmotorrad (Kleinkraftrad) [50 cm³]
- *lightweight motorcycle (light motorcycle) [50 cc]*
2 der Kraftstofftank
- *fuel tank (petrol tank,* Am. *gasoline tank)*
3 der fahrtwindgekühlte Einzylinder-Viertaktmotor (mit obenliegender Nockenwelle)
- *air-cooled single-cylinder four-stroke engine (with overhead camshaft)*
4 der Vergaser
- *carburettor (*Am. *carburetor)*
5 das Ansaugrohr
- *intake pipe*
6 das Fünfganggetriebe
- *five-speed gearbox*
7 die Hinterradschwinge
- *swinging-arm rear fork*
8 das polizeiliche Kennzeichen
- *number plate (*Am. *license plate)*
9 das Rück- und Bremslicht
- *stop and tail light (rear light)*
10 der Scheinwerfer
- *headlight (headlamp)*
11 die vordere Trommelbremse
- *front drum brake*
12 das Bremsseil, ein Bowdenzug *m*
- *brake cable (brake line), a Bowden cable*
13 die hintere Trommelbremse
- *rear drum brake*
14 die Sportsitzbank
- *racing-style twin seat*
15 der hochgezogene Auspuff
- *upswept exhaust*
16 die Geländemaschine [125 cm³] (das Geländesportmotorrad, ein leichtes Motorrad)
- *scrambling motorcycle (cross-country motorcycle) [125 cc], a light motorcycle*
17 der Doppelschleifenrahmen
- *lightweight cradle frame*
18 das Startnummernschild
- *number disc (disk)*
19 die Einmannsitzbank
- *solo seat*
20 die Kühlrippen *f*
- *cooling ribs*
21 der Motorradständer
- *motorcycle stand*
22 die Motorradkette
- *motorcycle chain*
23 die Teleskopfedergabel
- *telescopic shock absorber*
24 die Speichen *f*
- *spokes*
25 die Felge
- *rim (wheel rim)*
26 der Motorradreifen
- *motorcycle tyre (*Am. *tire)*
27 das Reifenprofil
- *tyre (*Am. *tire) tread*
28 der Gangschaltungshebel
- *gear-change lever (gearshift lever)*
29 der Gasdrehgriff
- *twist grip throttle control (throttle twist grip)*
30 der Rückspiegel
- *rear-view mirror (mirror)*
31-58 schwere Motorräder *n*
- *heavy (heavyweight, large-capacity) motorcycles*
31 das Schwerkraftrad mit wassergekühltem Motor *m*
- *heavyweight motorcycle with water-cooled engine*
32 die vordere Scheibenbremse
- *front disc (disk) brake*
33 der Scheibenbremssattel
- *disc (disk) brake calliper (caliper)*
34 die Steckachse
- *floating axle*
35 der Wasserkühler
- *water cooler*
36 der Frischöltank
- *oil tank*
37 das Blinklicht (der Richtungsanzeiger)
- *indicator (indicator light, turn indicator light)*
38 der Kickstarter
- *kickstarter*
39 der wassergekühlte Motor
- *water-cooled engine*
40 der (das) Tachometer
- *speedometer*
41 der Drehzahlmesser
- *rev counter (revolution counter)*
42 das hintere Blinklicht
- *rear indicator (indicator light)*
43 die verkleidete schwere Maschine [1000 cm³]
- *heavy (heavyweight, high-performance) machine with fairing [1000 cc]*
44 das Integral-Cockpit, eine integrierte Verkleidung
- *integrated streamlining, an integrated fairing*
45 die Blinkleuchte
- *indicator (indicator light, turn indicator light)*
46 die Klarsichtscheibe
- *anti-mist windscreen (*Am. *windshield)*
47 der Zweizylinderboxermotor mit Kardanantrieb *m*
- *horizontally-opposed twin engine with cardan transmission*
48 das Leichtmetallgußrad
- *light alloy wheel*
49 die Vierzylindermaschine [400 cm³]
- *four-cylinder machine [400 cc]*
50 der fahrtwindgekühlte Vierzylinder-Viertaktmotor
- *air-cooled four-cylinder four-stroke engine*
51 das Vier-in-einem-Auspuffrohr
- *four-pipe megaphone exhaust pipe*
52 der elektrische Anlasser
- *electric starter button*
53 die Beiwagenmaschine
- *sidecar machine*
54 das Beiwagenschiff
- *sidecar body*
55 die Beiwagenstoßstange
- *sidecar crash bar*
56 die Begrenzungsleuchte
- *sidelight (*Am. *sidemarker lamp)*
57 das Beiwagenrad
- *sidecar wheel*
58 die Beiwagenwindschutzscheibe
- *sidecar windscreen (*Am. *windshield)*

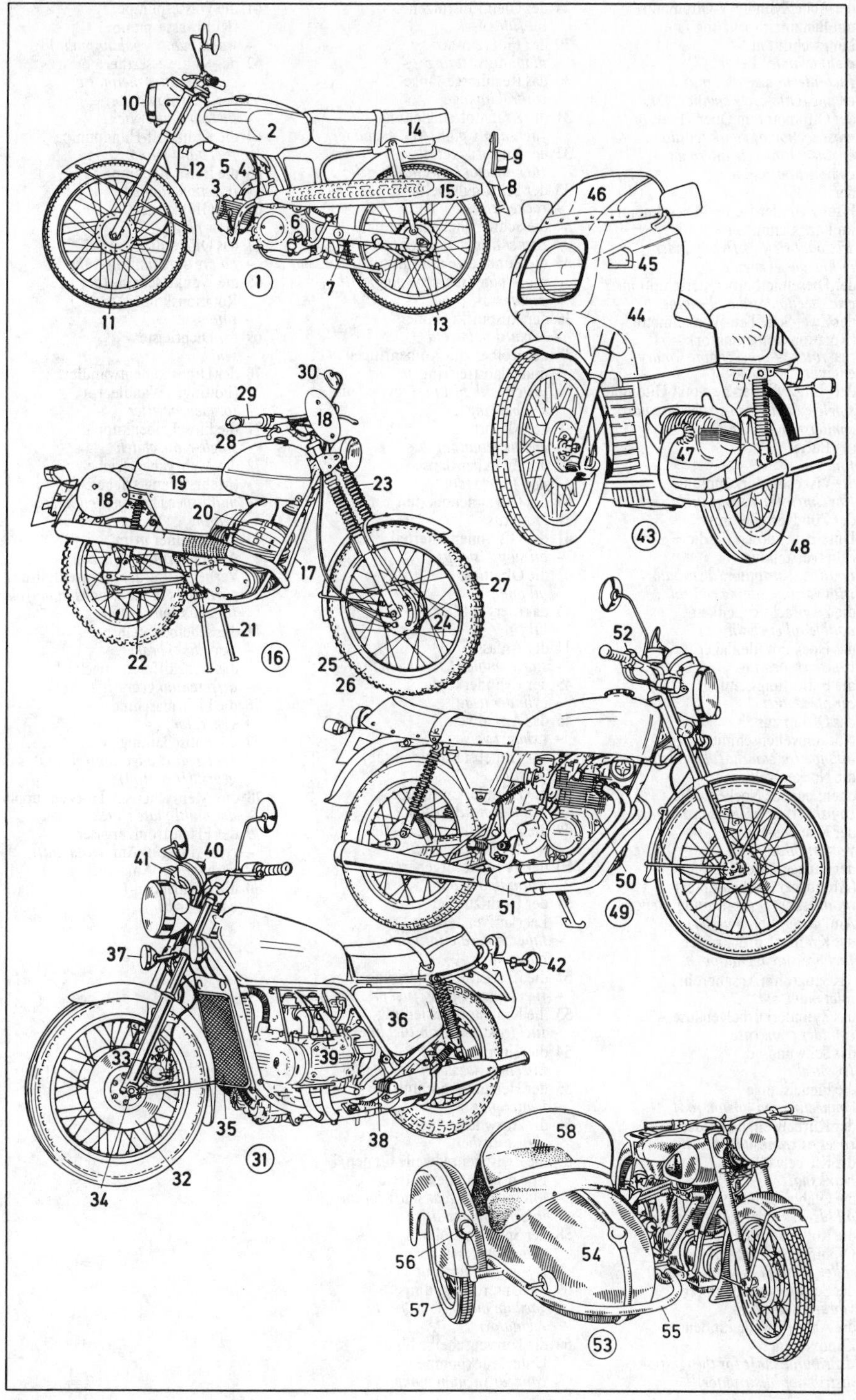
1
2
3
4
5
6
7
8
9
10
11
12
13
14
15
16
17
18
19
20
21
22
23
24
25
26
27
28
29
30
31
32
33
34
35
36
37
38
39
40
41
42
43
44
45
46
47
48
49
50
51
52
53
54
55
56
57
58

1 der Acht-Zylinder-V-Ottomotor mit Benzineinspritzung *f* im Längsschnitt *m*
- *eight-cylinder V (vee) fuel-injection spark-ignition engine (Otto-cycle engine)*

2 der Ottomotor im Querschnitt *m*
- *cross-section of spark-ignition engine (Otto-cycle internal combustion engine)*

3 der Fünf-Zylinder-Reihen-Dieselmotor im Längsschnitt *m*
- *sectional view of five-cylinder in-line diesel engine*

4 der Dieselmotor im Querschnitt *m*
- *cross-section of diesel engine*

5 der Zwei-Scheiben-Wankelmotor (Rotationskolbenmotor)
- *two-rotor Wankel engine (rotary engine)*

6 der Ein-Zylinder-Zweitakt-Ottomotor
- *single-cylinder two-stroke internal combustion engine*

7 der Lüfter
- *fan*

8 die Viskoselüfterkupplung
- *fan clutch for viscous drive*

9 der Zündverteiler mit Unterdruckdose *f* für die Zündverstellung
- *ignition distributor (distributor) with vacuum timing control*

10 die Zweifach-Rollenkette
- *double roller chain*

11 das Nockenwellenlager
- *camshaft bearing*

12 die Entlüftungsleitung
- *air-bleed duct*

13 das Ölrohr zur Nockenwellenschmierung *f*
- *oil pipe for camshaft lubrication*

14 die Nockenwelle, eine obenliegende Nockenwelle
- *camshaft, an overhead camshaft*

15 der Klappenstutzen
- *venturi throat*

16 der Sauggeräuschdämpfer (Ansauggeräuschdämpfer)
- *intake silencer (absorption silencer,* Am. *absorption muffler)*

17 der Kraftstoffdruckregler
- *fuel pressure regulator*

18 das Saugrohr (Ansaugrohr)
- *inlet manifold*

19 das Zylinderkurbelgehäuse
- *cylinder crankcase*

20 das Schwungrad
- *flywheel*

21 die Pleuelstange
- *connecting rod (piston rod)*

22 der Kurbelwellenlagerdeckel
- *cover of crankshaft bearing*

23 die Kurbelwelle
- *crankshaft*

24 die Ölablaßschraube
- *oil bleeder screw (oil drain plug)*

25 die Rollenkette des Ölpumpenantriebs *m*
- *roller chain of oil pump drive*

26 der Schwingungsdämpfer
- *vibration damper*

27 die Antriebswelle für den Zündverteiler
- *distributor shaft for the ignition distributor (distributor)*

28 der Öleinfüllstutzen
- *oil filler neck*

29 der Filtereinsatz
- *diaphragm spring*

30 das Reguliergestänge
- *control linkage*

31 die Kraftstoffringleitung
- *fuel supply pipe (*Am. *fuel line)*

32 das Einspritzventil
- *fuel injector (injection nozzle)*

33 der Schwinghebel
- *rocker arm*

34 die Schwinghebellagerung
- *rocker arm mounting*

35 die Zündkerze mit Entstörstecker *m*
- *spark plug (sparking plug) with suppressor*

36 der Auspuffkrümmer
- *exhaust manifold*

37 der Kolben mit Kolbenringen *m* und Ölabstreifring *m*
- *piston with piston rings and oil scraper ring*

38 der Motorträger
- *engine mounting*

39 der Zwischenflansch
- *dog flange (dog)*

40 das Ölwannenoberteil
- *crankcase*

41 das Ölwannenunterteil
- *oil sump (sump)*

42 die Ölpumpe
- *oil pump*

43 das (der) Ölfilter
- *oil filter*

44 der Anlasser
- *starter motor (starting motor)*

45 der Zylinderkopf
- *cylinder head*

46 das Auslaßventil
- *exhaust valve*

47 der Ölmeßstab (Ölpeilstab)
- *dipstick*

48 die Zylinderkopfhaube
- *cylinder head gasket*

49 die Zweifach-Hülsenkette
- *double bushing chain*

50 der Temperaturgeber
- *warm-up regulator*

51 der Drahtzug der Leerlaufverstellung
- *tapered needle for idling adjustment*

52 die Kraftstoffdruckleitung
- *fuel pressure pipe (fuel pressure line)*

53 die Kraftstoffleckleitung
- *fuel leak line (drip fuel line)*

54 die Einspritzdüse
- *injection nozzle (spray nozzle)*

55 der Heizungsanschluß
- *heater plug*

56 die Auswuchtscheibe
- *thrust washer*

57 die Zwischenradwelle für den Einspritzpumpenantrieb
- *intermediate gear shaft for the injection pump drive*

58 der Spritzversteller (Einspritzversteller)
- *injection timer unit*

59 die Unterdruckpumpe
- *vacuum pump (low-pressure regulator)*

60 die Kurvenscheibe für die Unterdruckpumpe
- *cam for vacuum pump*

61 die Wasserpumpe (Kühlwasserpumpe)
- *water pump (coolant pump)*

62 der Kühlwasserthermostat
- *cooling water thermostat*

63 der Thermoschalter
- *thermo time switch*

64 die Kraftstoff-Handpumpe
- *fuel hand pump*

65 die Einspritzpumpe
- *injection pump*

66 die Glühkerze
- *glow plug*

67 das Ölüberdruckventil
- *oil pressure limiting valve*

68 die Wankelscheibe (der Rotationskolben)
- *rotor*

69 die Dichtleiste
- *seal*

70 der Drehmomentwandler (Föttinger-Wandler)
- *torque converter*

71 die Einscheibenkupplung
- *single-plate clutch*

72 das Mehrganggetriebe (Mehrstufengetriebe)
- *multi-speed gearing (multi-step gearing)*

73 die Portliner *m* im Auspuffkrümmer *m* zur Verbesserung der Abgasentgiftung
- *port liners in the exhaust manifold for emission control*

74 die Scheibenbremse
- *disc (disk) brake*

75 das Achsdifferentialgetriebe
- *differential gear (differential)*

76 die Lichtmaschine
- *generator*

77 die Fußschaltung
- *foot gear-change control (foot gearshift control)*

78 die Mehrscheiben-Trockenkupplung
- *dry multi-plate clutch*

79 der Flachstromvergaser
- *cross-draught (*Am. *cross-draft) carburettor (*Am. *carburetor)*

80 die Kühlrippen *f*
- *cooling ribs*

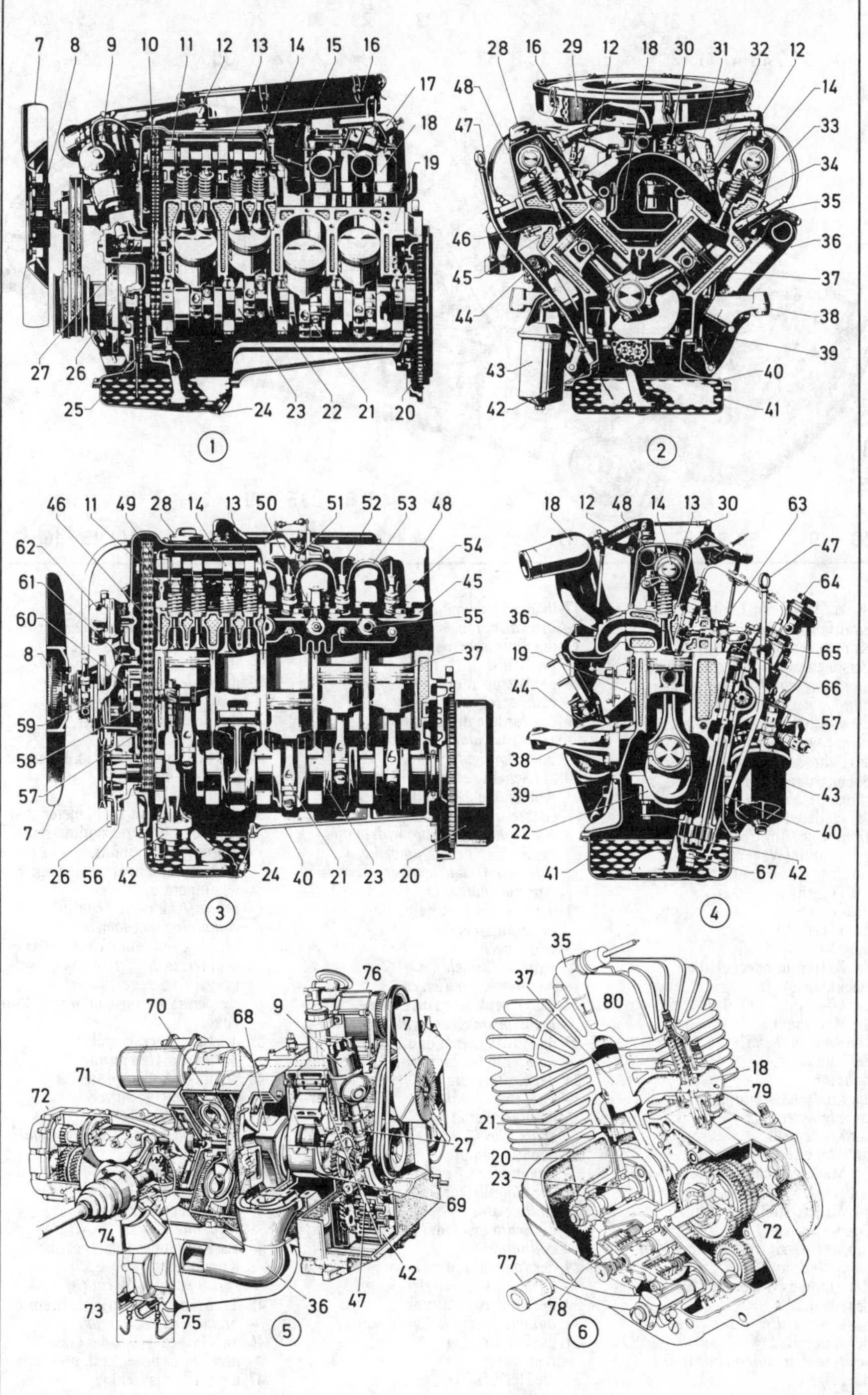
7
8
9
10
11
12
13
14
15
16
17
18
19
20
21
22
23
24
25
26
27
①
28
29
30
31
32
33
34
35
36
37
38
39
40
41
42
43
44
45
46
47
48
②
49
50
51
52
53
54
55
56
57
58
59
60
61
62
③
63
64
65
66
67
④
68
69
70
71
72
73
74
75
76
⑤
77
78
79
80
⑥

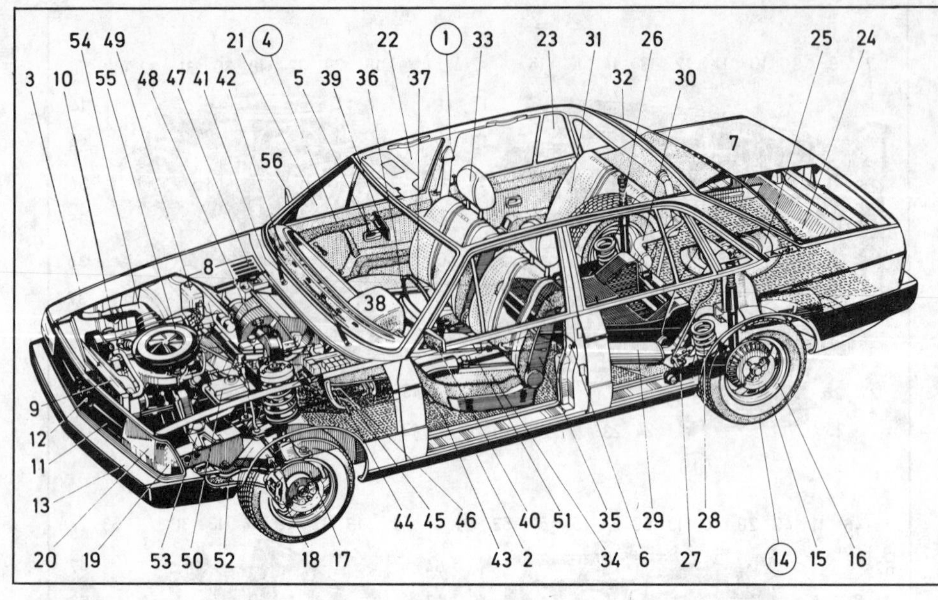

1-56 das Automobil (Auto, Kraftfahrzeug, Kfz, der Kraftwagen, Wagen), ein Personenwagen (Personenfahrzeug *n*)
- *motor car (car,* Am. *automobile, auto), a passenger vehicle*

1 die selbsttragende Karosserie
- *monocoque body (unitary body)*

2 das Fahrgestell (Chassis), die Bodengruppe der Karosserie
- *chassis, the understructure of the body*

3 der vordere Kotflügel
- *front wing (*Am. *front fender)*

4 die Autotür (Wagentür)
- *car door*

5 der Türgriff
- *door handle*

6 das Türschloß
- *door lock*

7 der Kofferraumdeckel (die Heckklappe)
- *boot lid (*Am. *trunk lid)*

8 die Motorhaube
- *bonnet (*Am. *hood)*

9 der Kühler
- *radiator*

10 die Kühlwasserleitung
- *cooling water pipe*

11 der Kühlergrill
- *radiator grill*

12 das Markenzeichen (die Automarke)
- *badging*

13 die vordere Stoßstange, mit Gummiauflage *f*
- *rubber-covered front bumper (*Am. *front fender)*

14 das Autorad (Wagenrad), ein Scheibenrad *n*
- *car wheel, a disc (disk) wheel*

15 der Autoreifen
- *car tyre (*Am. *automobile tire)*

16 die Felge
- *rim (wheel rim)*

17-18 die Scheibenbremse
- *disc (disk) brake*

17 die Bremsscheibe
- *brake disc (disk) (braking disc)*

18 der Bremssattel
- *calliper (caliper)*

19 der vordere Blinker
- *front indicator light (front turn indicator light)*

20 der Scheinwerfer mit Fernlicht *n*, Abblendlicht, Standlicht (Begrenzungsleuchte *f*)
- *headlight (headlamp) with main beam (high beam), dipped beam (low beam), sidelight (side lamp,* Am. *sidemarker lamp)*

21 die Windschutzscheibe, eine Panoramascheibe
- *windscreen (*Am. *windshield), a panoramic windscreen*

22 das versenkbare Türfenster
- *crank-operated car window*

23 das ausstellbare Fondfenster
- *quarter light (quarter vent)*

24 der Kofferraum
- *boot (*Am. *trunk)*

25 das Reserverad
- *spare wheel*

26 der Stoßdämpfer
- *damper (shock absorber)*

27 der Längslenker
- *trailing arm*

28 die Schraubenfeder
- *coil spring*

29 der Auspufftopf
- *silencer (*Am. *muffler)*

30 die Zwangsentlüftung
- *automatic ventilation system*

31 die Fondsitze *m*
- *rear seats*

32 die Heckscheibe
- *rear window*

33 die verstellbare Kopfstütze
- *adjustable headrest (head restraint)*

34 der Fahrersitz, ein Liegesitz *m*
- *driver's seat, a reclining seat*

35 die umlegbare Rückenlehne
- *reclining backrest*

36 der Beifahrersitz
- *passenger seat*

37 das Lenkrad (Steuerrad, Volant *m [schweiz. meist s]*)
- *steering wheel*

38 das Cockpit mit Tachometer *n od. m* (Tacho *m*), Drehzahlmesser *m*, Zeituhr *f*, Benzinuhr, Kühlmitteltemperaturanzeige, Öltemperaturanzeige
- *centre (*Am. *center) console containing speedometer (*coll. *speedo), revolution counter (rev counter, tachometer), clock, fuel gauge (*Am. *gage), water temperature gauge, oil temperature gauge*

39 der Innenrückspiegel
- *inside rear-view mirror*

40 der linke Außenspiegel
- *left-hand wing mirror*

41 der Scheibenwischer
- *windscreen wiper (*Am. *windshield wiper)*

42 die Defrosterdüsen *f*
- *defroster vents*

43 der Bodenteppich
- *carpeting*

44 das Kupplungspedal (*ugs.* die Kupplung)
- *clutch pedal (*coll. *clutch)*

45 das Bremspedal (*ugs.* die Bremse)
- *brake pedal (*coll. *brake)*

46 das Gaspedal (*ugs.* das Gas)
- *accelerator pedal (*coll. *accelerator)*

47 der Lufteinlaßschlitz
- *inlet vent*

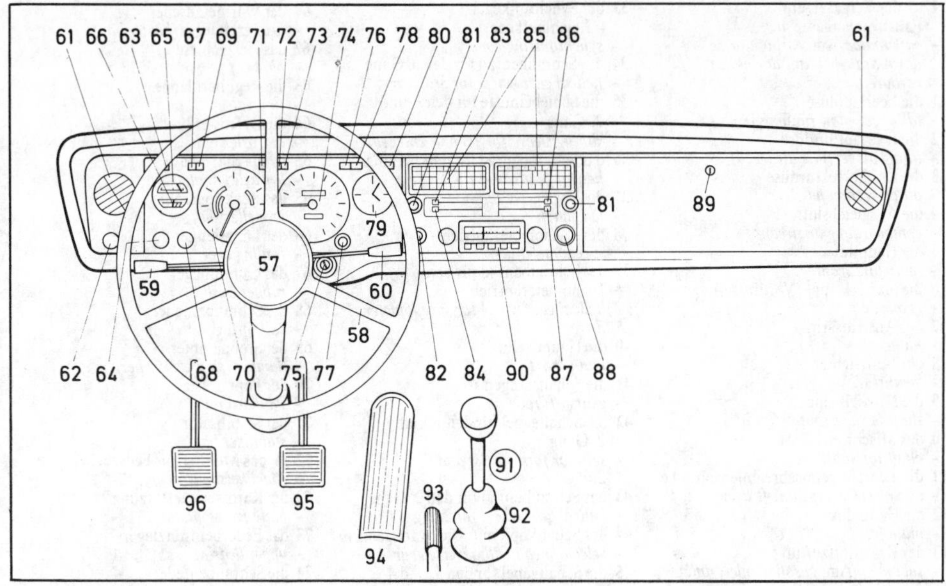

48 das Luftgebläse für die Belüftung
- *blower fan*

49 der Bremsflüssigkeitsbehälter
- *brake fluid reservoir*

50 die Batterie
- *battery*

51 die Auspuffleitung
- *exhaust pipe*

52 das Vorderradfahrwerk, mit Vorderradantrieb *m*
- *front running gear with front wheel drive*

53 der Motorträger
- *engine mounting*

54 der Ansauggeräuschdämpfer
- *intake silencer* (Am. *intake muffler)*

55 der (das) Luftfilter
- *air filter (air cleaner)*

56 der rechte Außenspiegel
- *right-hand wing mirror*

57-90 das Armaturenbrett
- *dashboard (fascia panel)*

57 die Lenkradnabe, als Pralltopf *m* (Aufprallschutz) ausgebildet
- *controlled-collapse steering column*

58 die Lenkradspeiche
- *steering wheel spoke*

59 der Blink- und Abblendschalter
- *indicator and dimming switch*

60 der Wisch-Wasch- und Hupschalter
- *wiper/washer switch and horn*

61 die Mischdüse für das Seitenfenster
- *side window blower*

62 der Standlicht-, Scheinwerfer- und Parkleuchtenschalter
- *sidelight, headlight and parking light switch*

63 die Nebellichtkontrolle
- *fog lamp warning light*

64 der Schalter für die Nebelscheinwerfer *m* und das Nebelschlußlicht
- *fog headlamp and rear lamp switch*

65 die Kraftstoffanzeige (Benzinuhr)
- *fuel gauge (Am. gage)*

66 die Kühlmitteltemperaturanzeige
- *water temperature gauge (Am. gage)*

67 die Kontrolle für die Nebelschlußleuchte
- *warning light for rear fog lamp*

68 der Warnlichtschalter
- *hazard flasher switch*

69 die Fernlichtkontrolle
- *main beam warning light*

70 der elektrische Drehzahlmesser
- *electric rev counter (revolution counter)*

71 die Kraftstoffkontrollampe
- *fuel warning light*

72 die Kontrolleuchte für die Handbremse und die Zweikreisbremsanlage
- *warning light for the hand brake and dual-circuit brake system*

73 die Öldruckkontrolleuchte
- *oil pressure warning light*

74 das (der) Tachometer mit Tageskilometerzähler *m*
- *speedometer* (coll. *speedo) with trip mileage recorder*

75 das Zünd- und Lenkradschloß
- *starter and steering lock*

76 die Blinker- und Warnlichtkontrolle
- *warning lights for turn indicators and hazard flashers*

77 der Regler für die Innenbeleuchtung und Rücksteller *m* für den Tageskilometerzähler
- *switch for the courtesy light and reset button for the trip mileage recorder*

78 die Ladestromkontrolle
- *ammeter*

79 die elektrische Zeituhr
- *electric clock*

80 die Kontrolleuchte für die Heckscheibenheizung
- *warning light for heated rear window*

81 der Schalter für die Fußraumbelüftung
- *switch for the leg space ventilation*

82 der Schalter für die heizbare Heckscheibe
- *rear window heating switch*

83 der Hebel für die Gebläseeinstellung
- *ventilation switch*

84 der Hebel für die Temperaturdosierung
- *temperature regulator*

85 der umstellbare Frischluftausströmer
- *fresh-air inlet and control*

86 der Hebel für die Frischluftregulierung
- *fresh-air regulator*

87 der Hebel für die Warmluftverteilung
- *warm-air regulator*

88 der Zigarrenanzünder
- *cigar lighter*

89 das Handschuhkastenschloß
- *glove compartment (glove box) lock*

90 das Autoradio
- *car radio*

91 der Schalthebel (Schaltknüppel, die Knüppelschaltung)
- *gear lever (gearshift lever, floor-type gear-change)*

92 die Ledermanschette
- *leather gaiter*

93 der Handbremshebel
- *hand brake lever*

94 der Gashebel (das Gaspedal)
- *accelerator pedal*

95 das Bremspedal
- *brake pedal*

96 das Kupplungspedal
- *clutch pedal*

1-15 der Vergaser, ein Fallstromvergaser *m*
- ***carburettor*** (Am. *carburetor), a down-draught* (Am. *down-draft) carburettor*

1 die Leerlaufdüse
- *idling jet (slow-running jet)*

2 die Leerlaufluftdüse
- *idling air jet (idle air bleed)*

3 die Luftkorrekturdüse
- *air correction jet*

4 die Ausgleichsluft
- *compensating airstream*

5 die Hauptluft
- *main airstream*

6 die Starterklappe (Vordrossel)
- *choke flap*

7 der Austrittsarm
- *plunger*

8 der Lufttrichter
- *venturi*

9 die Drosselklappe
- *throttle valve (butterfly valve)*

10 das Mischrohr
- *emulsion tube*

11 die Leerlaufgemischregulierschraube
- *idle mixture adjustment screw*

12 die Hauptdüse
- *main jet*

13 der Kraftstoffzufluß
- *fuel inlet* (Am. *gasoline inlet) (inlet manifold)*

14 die Schwimmerkammer
- *float chamber*

15 der Schwimmer
- *float*

16-27 die Druckumlaufschmierung
- ***pressure-feed lubricating system***

16 die Ölpumpe
- *oil pump*

17 der Ölvorrat (Ölsumpf)
- *oil sump*

18 das (der) Ölgrobfilter
- *sump filter*

19 der Ölkühler
- *oil cooler*

20 das (der) Feinfilter
- *oil filter*

21 die Hauptölbohrung
- *main oil gallery (drilled gallery)*

22 die Stichleitung
- *crankshaft drilling (crankshaft tributary, crankshaft bleed)*

23 das Kurbelwellenlager
- *crankshaft bearing (main bearing)*

24 das Nockenwellenlager
- *camshaft bearing*

25 das Pleuellager
- *connecting-rod bearing*

26 die Kurbelzapfenbohrung
- *gudgeon pin (piston pin)*

27 die Nebenleitung
- *bleed*

28-47 das Viergang-Synchrongetriebe
- ***four-speed synchromesh gearbox***

28 der Kupplungsfußhebel
- *clutch pedal*

29 die Kurbelwelle
- *crankshaft*

30 die Antriebswelle
- *drive shaft (propeller shaft)*

31 der Anlaßzahnkranz
- *starting gear ring*

32 die Schiebemuffe für den 3. und 4. Gang
- *sliding sleeve for 3rd and 4th gear*

33 der Synchronkegel (Gleichlaufkegel)
- *synchronizing cone*

34 das Schraubenrad für den 3. Gang
- *helical gear wheel for 3rd gear*

35 die Schiebemuffe für den 1. und 2. Gang
- *sliding sleeve for 1st and 2nd gear*

36 das Schraubenrad für den 1. Gang
- *helical gear wheel for 1st gear*

37 die Vorlegewelle
- *lay shaft*

38 der Tachometerantrieb
- *speedometer drive*

39 das Schraubenrad für den Tachometerantrieb
- *helical gear wheel for speedometer drive*

40 die Hauptwelle
- *main shaft*

41 die Schaltstangen *f*
- *gearshift rods*

42 die Schaltgabel für den 1. und 2. Gang
- *selector fork for 1st and 2nd gear*

43 das Schraubenrad für den 2. Gang
- *helical gear wheel for 2nd gear*

44 der Schaltkopf, mit Rückwärtsgang *m*
- *selector head with reverse gear*

45 die Schaltgabel für den 3. und 4. Gang
- *selector fork for 3rd and 4th gear*

46 der Schalthebel (Schaltknüppel)
- *gear lever (gearshift lever)*

47 das Schaltschema
- *gear-change pattern (gearshift pattern, shift pattern)*

48-55 die Scheibenbremse
- ***disc (disk) brake*** *[assembly]*

48 die Bremsscheibe
- *brake disc (disk) (braking disc)*

49 der Bremssattel, ein Festsattel *m*, mit den Bremsklötzen *m*
- *calliper (caliper), a fixed calliper with friction pads*

50 die Servobremstrommel (Handbremstrommel)
- *servo cylinder (servo unit)*

51 der Bremsbacken
- *brake shoes*

52 der Bremsbelag
- *brake lining*

53 der Bremsleitungsanschluß
- *outlet to brake line*

54 der Radzylinder
- *wheel cylinder*

55 die Rückholfeder
- *return spring*

56-59 das Lenkgetriebe (die Schneckenlenkung)
- ***steering gear*** *(worm-and-nut steering gear)*

56 die Lenksäule
- *steering column*

57 das Schneckenradsegment
- *worm gear sector*

58 der Lenkstockhebel
- *steering drop arm*

59 das Schneckengewinde
- *worm*

60-64 die wasserseitig regulierte Heizanlage (Wagenheizung)
- ***water-controlled heater***

60 der Frischlufteintritt
- *air intake*

61 der Wärmetauscher
- *heat exchanger (heater box)*

62 das Heizgebläse
- *blower fan*

63 die Regulierklappe
- *flap valve*

64 die Defrosterdüse
- *defroster vent*

65-71 die Starrachse
- ***live axle*** *(rigid axle)*

65 das Reaktionsrohr
- *propeller shaft*

66 der Längslenker
- *trailing arm*

67 das Gummilager
- *rubber bush*

68 die Schraubenfeder
- *coil spring*

69 der Stoßdämpfer
- *damper (shock absorber)*

70 der Panhardstab
- *Panhard rod*

71 der Stabilisator
- *stabilizer bar*

72-84 das McPherson-Federbein
- ***MacPherson strut unit***

72 die Karosserieabstützung
- *body-fixing plate*

73 das Federbeinstützlager
- *upper bearing*

74 die Schraubenfeder
- *suspension spring*

75 die Kolbenstange
- *piston rod*

76 der Federbeinstoßdämpfer
- *suspension damper*

77 die Felge
- *rim (wheel rim)*

78 der Achszapfen
- *stub axle*

79 der Spurstangenhebel
- *steering arm*

80 das Führungsgelenk
- *track-rod ball-joint*

81 die Zugstrebe
- *trailing link arm*

82 das Gummilager
- *bump rubber (rubber bonding)*

83 das Achslager
- *lower bearing*

84 der Vorderachsträger
- *lower suspension arm*

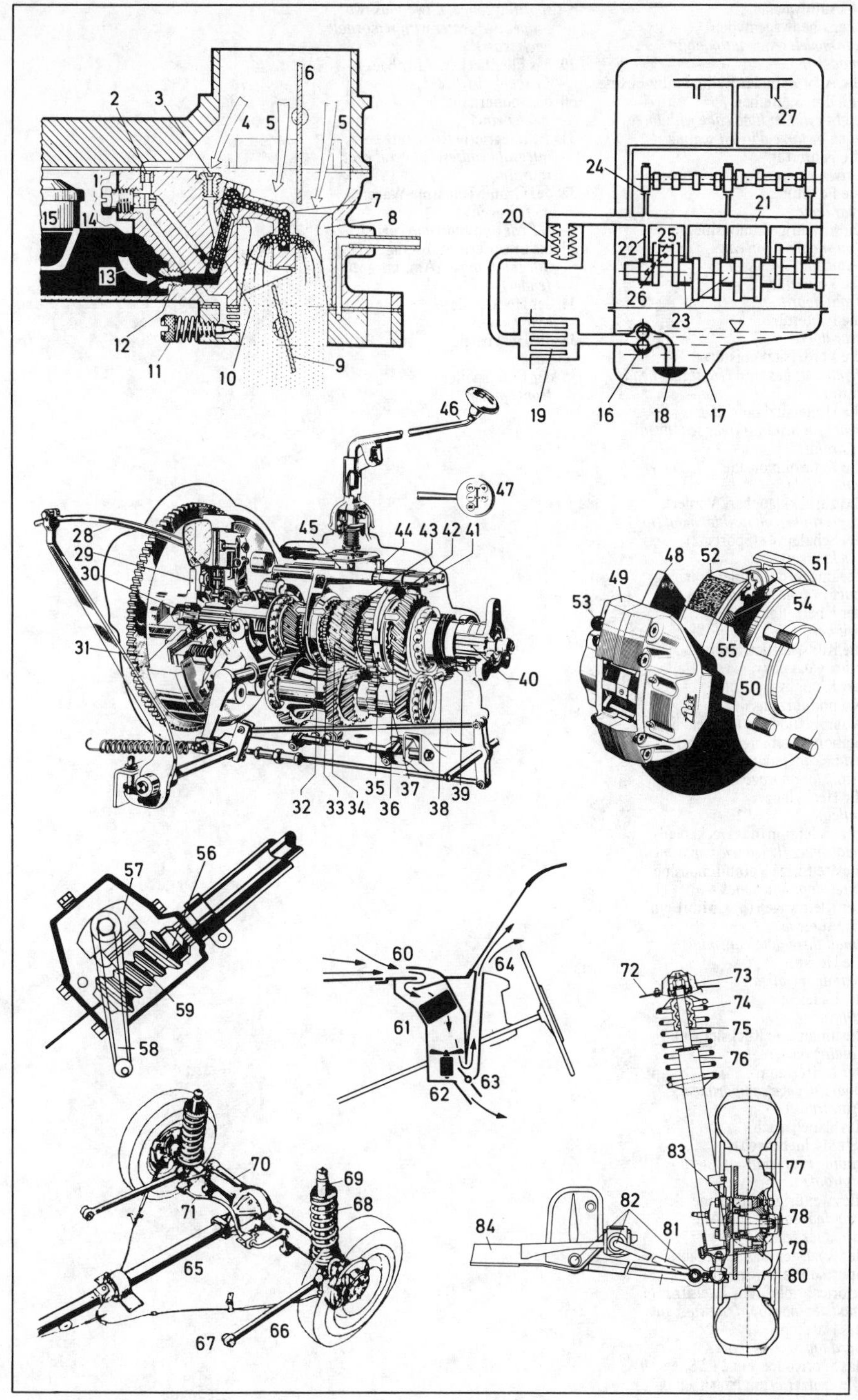
1
2
3
4
5
5
6
7
8
9
10
11
12
13
14
15
16
17
18
19
20
21
22
23
24
25
26
27
28
29
30
31
32
33
34
35
36
37
38
39
40
41
42
43
44
45
46
47
48
49
50
51
52
53
54
55
56
57
58
59
60
61
62
63
64
65
66
67
68
69
70
71
72
73
74
75
76
77
78
79
80
81
82
83
84

1-36 Autotypen *m* (Personenwagentypen)
- ***car models*** (Am. *automobile models)*

1 die Acht-Zylinder-Pullmannlimousine mit drei Sitzreihen *f*
- *eight-cylinder limousine with three rows of three-abreast seating*

2 die Fahrertür
- *driver's door*

3 die Fondtür
- *rear door*

4 die viertürige Limousine
- *four-door saloon car* (Am. *four-door sedan)*

5 die Vordertür
- *front door*

6 die Hintertür
- *rear door*

7 die Vordersitzkopfstütze
- *front seat headrest (front seat head restraint)*

8 die Hintersitzkopfstütze
- *rear seat headrest (rear seat head restraint)*

9 die Kabriolimousine
- *convertible*

10 das zurückklappbare Verdeck
- *convertible (collapsible) hood (top)*

11 der Schalensitz (Sportsitz)
- *bucket seat*

12 der Buggy (das Dünenfahrzeug)
- *buggy (dune buggy)*

13 der Überrollbügel
- *roll bar*

14 die Kunststoffkarosserie
- *fibre glass body*

15 der Kombiwagen (das Kombifahrzeug, der Kombinationskraftwagen, Break, Station wagon, *ugs.* Kombi)
- *estate car (shooting brake, estate,* Am. *station wagon)*

16 die Heckklappe
- *tailgate*

17 der Laderaum (das Heckabteil)
- *boot space (luggage compartment)*

18 die dreitürige Kombilimousine
- *three-door hatchback*

19 der Kleinwagen (*ugs.* Mini), ein Dreitürer *m*
- *small three-door car (mini)*

20 die Hecktür
- *rear door (tailgate)*

21 die Ladekante
- *sill*

22 die umlegbare Rücksitzbank
- *folding back seat*

23 der Kofferraum
- *boot (luggage compartment,* Am. *trunk)*

24 das Schiebedach (Stahlschiebedach)
- *sliding roof (sunroof, steel sunroof)*

25 die zweitürige Limousine
- *two-door saloon car* (Am. *two-door sedan)*

26 der Roadster (das Sportkabrio, Sportkabriolett, Sportcabrio, Sportcabriolet), ein Zweisitzer *m*
- *roadster (hard-top), a two-seater*

27 das Hardtop
- *hard top*

28 das Sportcoupé, ein 2+2-Sitzer *m* (Zweisitzer *m* mit Notsitzen *m*)
- *sporting coupé, a two-plus-two coupé (two-seater with removable back seats)*

29 das Fließheck (der Liftback)
- *fastback (liftback)*

30 die Spoilerkante
- *spoiler rim*

31 die integrierte Kopfstütze
- *integral headrest (integral head restraint)*

32 der Grand-Tourisme-Wagen (GT-Wagen)
- *GT car (gran turismo car)*

33 die integrierte Stoßstange
- *integral bumper* (Am. *integral fender)*

34 der Heckspoiler
- *rear spoiler*

35 die Heckpartie
- *back*

36 der Frontspoiler
- *front spoiler*

1
2
3
4
5
6
7
8
9
10
11
12
13
14
15
16
17
18
19
20
21
22
23
24
25
26
27
28
29
30
31
32
33
34
35
36

1 der geländegängige Kleinlaster mit Allradantrieb *m* (Vierradantrieb)
- *light cross-country lorry (light truck, pickup truck) with all-wheel drive (four-wheel drive)*
2 das Fahrerhaus
- *cab (driver's cab)*
3 die Ladepritsche
- *loading platform (body)*
4 der Ersatzreifen (Reservereifen), ein Geländereifen *m*
- *spare tyre* (Am. *spare tire), a cross-country tyre*
5 der Kleinlasttransporter
- *light lorry (light truck, pickup truck)*
6 die Pritschenausführung (der Pritschenwagen)
- *platform truck*
7 die Kastenausführung (der Kastenwagen)
- *medium van*
8 die seitliche Schiebetür (Ladetür)
- *sliding side door [for loading and unloading]*
9 der Kleinbus
- *minibus*
10 das Faltschiebedach
- *folding top (sliding roof)*
11 die Hecktür
- *rear door*
12 die seitliche Klapptür
- *hinged side door*
13 der Gepäckraum
- *luggage compartment*
14 der Fahrgastsitz
- *passenger seat*
15 die Fahrerkabine
- *cab (driver's cab)*
16 der Luftschlitz
- *air inlet*
17 der Reiseomnibus (Autobus, Bus, *schweiz.* Autocar)
- *motor coach (coach, bus)*
18 das Gepäckfach
- *luggage locker*
19 das Handgepäck (der Koffer)
- *hand luggage (suitcase, case)*
20 der Schwerlastzug
- *heavy lorry (heavy truck, heavy motor truck)*
21 das Zugfahrzeug
- *tractive unit (tractor, towing vehicle)*
22 der Anhänger
- *trailer (drawbar trailer)*
23 die Wechselpritsche
- *swop platform (body)*
24 der Dreiseitenkipper
- *three-way tipper (three-way dump truck)*
25 die Kipppritsche
- *tipping body (dump body)*
26 der Hydraulikzylinder
- *hydraulic cylinder*
27 die aufgeständerte Containerplatte
- *supported container platform*
28 der Sattelschlepper, ein Tankzug *m*
- *articulated vehicle, a vehicle tanker*
29 die Sattelzugmaschine
- *tractive unit (tractor, towing vehicle)*
30-33 der Tankauflieger
- *semi-trailer (skeletal)*
30 der Tank
- *tank*
31 das Drehgelenk
- *turntable*
32 das Hilfsfahrwerk
- *undercarriage*
33 das Reserverad
- *spare wheel*
34 der kleine Reise- und Linienbus in Cityversion *f*
- *midi bus [for short-route town operations]*
35 die Außenschwingtür
- *outward-opening doors*
36 der Doppeldeckbus (Doppeldeckomnibus, Oberdeckomnibus)
- *double-deck bus (double-decker bus)*
37 das Unterdeck
- *lower deck (lower saloon)*
38 das Oberdeck
- *upper deck (upper saloon)*
39 der Aufstieg
- *boarding platform*
40 der Oberleitungsbus (Trolleybus, Obus, Oberleitungsomnibus)
- *trolley bus*
41 der Stromabnehmer (Kontaktarm)
- *current collector*
42 die Kontaktrolle (der Trolley)
- *trolley (trolley shoe)*
43 die Zweidrahtoberleitung (Doppeloberleitung)
- *overhead wires*
44 der Trolleybusanhänger
- *trolley bus trailer*
45 der Gummiwulstübergang
- *pneumatically sprung rubber connection*

1
2
3
4
5
6
7
8
9
10
11
12
13
14
15
16
17
18
19
20
21
22
23
24
25
26
27
28
29
30
31
32
33
34
35
36
37
38
39
40
41
42
43
44
45

1-55 die Spezialwerkstatt (Vertragswerkstatt)
- ***agent's garage*** *(distributor's garage,* Am. *specialty shop)*

1-23 der Diagnosestand
- *diagnostic test bay*

1 das Diagnosegerät
- *computer*

2 der Diagnosestecker (Zentralstecker)
- *main computer plug*

3 das Diagnosekabel
- *computer harness (computer cable)*

4 der Umschalter für automatischen oder manuellen Meßbetrieb
- *switch from automatic to manual*

5 der Programmkarteneinschub
- *slot for program cards*

6 der Drucker
- *print-out machine (printer)*

7 das Diagnoseberichtformular
- *condition report (data print-out)*

8 das Handsteuergerät
- *master selector (hand control)*

9 die Bewertungslampen *f* [grün: in Ordnung; rot: nicht in Ordnung]
- *light readout [green: OK; red: not OK]*

10 der Aufbewahrungskasten für die Programmkarten *f*
- *rack for program cards*

11 die Netztaste
- *mains button*

12 die Schnellprogrammtaste
- *switch for fast readout*

13 der Zündwinkeleinschub
- *firing sequence insert*

14 das Ablagefach
- *shelf for used cards*

15 der Kabelgalgen
- *cable boom*

16 das Öltemperaturmeßkabel
- *oil temperature sensor*

17 das Prüfgerät für die Spur- und Sturzmessung rechts
- *test equipment for wheel and steering alignment*

18 die Optikplatte rechts
- *right-hand optic plate*

19 die Auslösetransistoren *m*
- *actuating transistors*

20 der Projektorschalter
- *projector switch*

21 die Photoleiste für die Sturzmessung
- *check light for wheel alignment*

22 die Photoleiste für die Spurmessung
- *check light for steering alignment*

23 der elektrische Schraubendreher
- *power screwdriver*

24 das Prüfgerät für die Scheinwerfereinstellung
- *beam setter*

25 die hydraulische Hebebühne
- *hydraulic lift*

26 der verstellbare Hebebühnenarm
- *adjustable arm of hydraulic lift*

27 der Hebebühnenstempel
- *hydraulic lift pad*

28 die Radmulde
- *excavation*

29 der Druckluftmesser
- *pressure gauge* (Am. *gage)*

30 die Abschmierpresse
- *grease gun*

31 der Kleinteilekasten
- *odds-and-ends box*

32 die Ersatzteilliste
- *wall chart [of spare parts]*

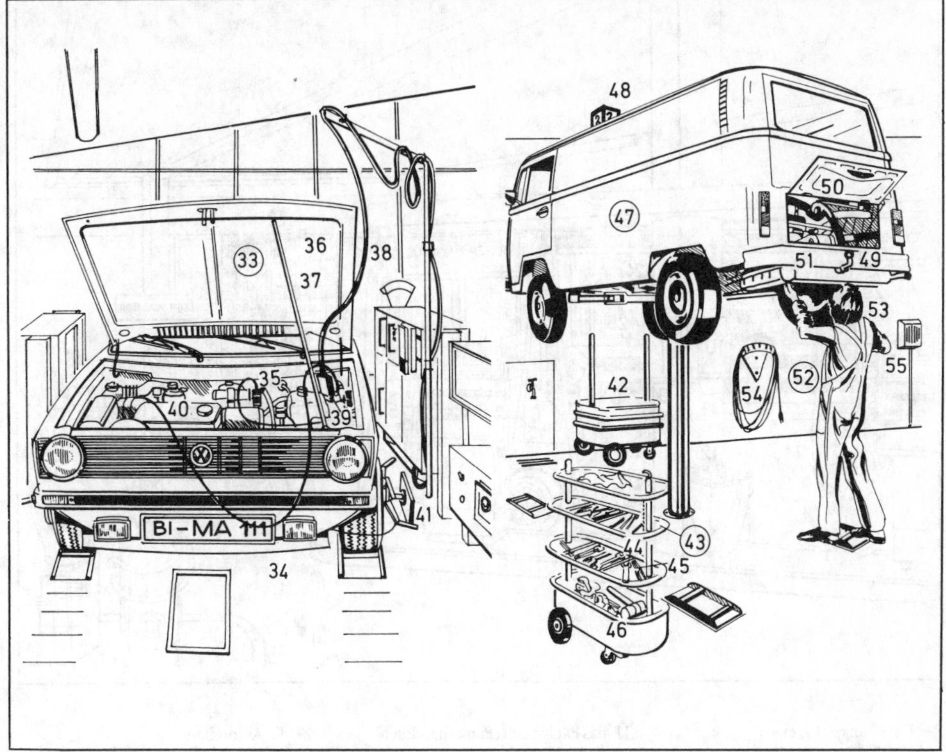

33 die automatische Diagnose
- *automatic computer test*

34 das Kraftfahrzeug (Auto), ein Personenwagen *m*
- *motor car (car,* Am. *automobile, auto), a passenger vehicle*

35 der Motorraum
- *engine compartment*

36 die Motorhaube
- *bonnet (*Am. *hood)*

37 die Motorhaubenstange
- *bonnet support (*Am. *hood support)*

38 das Diagnosekabel
- *computer harness (computer cable)*

39 die Diagnosesteckbuchse (Zentralsteckbuchse)
- *main computer socket*

40 das Öltemperaturfühlerkabel
- *oil temperature sensor*

41 der Radspiegel für die optische Spur- und Sturzmessung
- *wheel mirror for visual wheel and steering alignment*

42 der Werkzeugwagen
- *tool trolley*

43 das Werkzeug
- *tools*

44 der Schraubenschlüssel
- *impact wrench*

45 der Drehmomentschlüssel
- *torque wrench*

46 der Ausbeulhammer
- *body hammer (roughing-out hammer)*

47 das Reparaturfahrzeug, ein Kleinbus *m*
- *vehicle under repair, a minibus*

48 die Reparaturnummer
- *car location number*

49 der Heckmotor
- *rear engine*

50 die Heckmotorklappe
- *tailgate*

51 das Auspuffsystem
- *exhaust system*

52 die Auspuffreparatur
- *exhaust repair*

53 der Kfz-Schlosser (Kraftfahrzeugschlosser, Kraftfahrzeugmechaniker)
- *motor car mechanic (motor vehicle mechanic,* Am. *automotive mechanic)*

54 der Druckluftschlauch
- *air hose*

55 das Durchsagegerät
- *intercom*

1-29 die Tankstelle, eine Selbstbedienungstankstelle (Selfservice-Station)
- *service station (petrol station, filling station,* Am. *gasoline station, gas station), a self-service station*

1 die Zapfsäule (Tanksäule, *veraltet:* Benzinpumpe, Rechenkopfsäule) für Super- und Normalbenzin *n* (*ähnl.:* für Dieselkraftstoff *m*)
- *petrol* (Am. *gasoline) pump (blending pump) for regular and premium grade petrol* (Am. *gasoline)* (sim.: *for derv)*

2 der Zapfschlauch
- *hose (petrol pump,* Am. *gasoline pump, hose)*

3 der Zapfhahn (die Zapfpistole)
- *nozzle*

4 der angezeigte Geldbetrag
- *cash readout*

5 die Füllmengenanzeige
- *volume readout*

6 die Preisangabe
- *price display*

7 das Leuchtzeichen
- *indicator light*

8 der Autofahrer bei der Selbstbedienung
- *driver using self-service petrol pump* (Am. *gasoline pump)*

9 der Feuerlöscher
- *fire extinguisher*

10 der Papiertuchspender
- *paper-towel dispenser*

11 das Papiertuch (Papierhandtuch)
- *paper towel*

12 der Abfallbehälter
- *litter receptacle*

13 der Zweitaktgemischbehälter
- *two-stroke blending pump*

14 das Meßglas
- *meter*

15 das Motoröl
- *engine oil*

16 die Motorölkanne
- *oil can*

17 der Reifendruckprüfer
- *tyre pressure gauge* (Am. *tire pressure gage)*

18 die Druckluftleitung
- *air hose*

19 der Luftbehälter
- *static air tank*

20 das Manometer (der Reifenfüllmesser)
- *pressure gauge* (Am. *gage) (manometer)*

21 der Luftfüllstutzen
- *air filler neck*

22 die Autobox (Reparaturbox)
- *repair bay (repair shop)*

23 der Waschschlauch, ein Wasserschlauch *m*
- *car-wash hose, a hose (hosepipe)*

24 der Autoshop
- *accessory shop*

25 der Benzinkanister
- *petrol can* (Am. *gasoline can)*

26 der Regenumhang
- *rain cape*

27 die Autoreifen *m*
- *car tyres* (Am. *automobile tires)*

28 das Autozubehör
- *car accessories*

29 die Kasse
- *cash desk (console)*

197 Straßenbahn, elektrische Überlandbahn

Tram (Am. Streetcar, Trolley), Interurban Electric Train

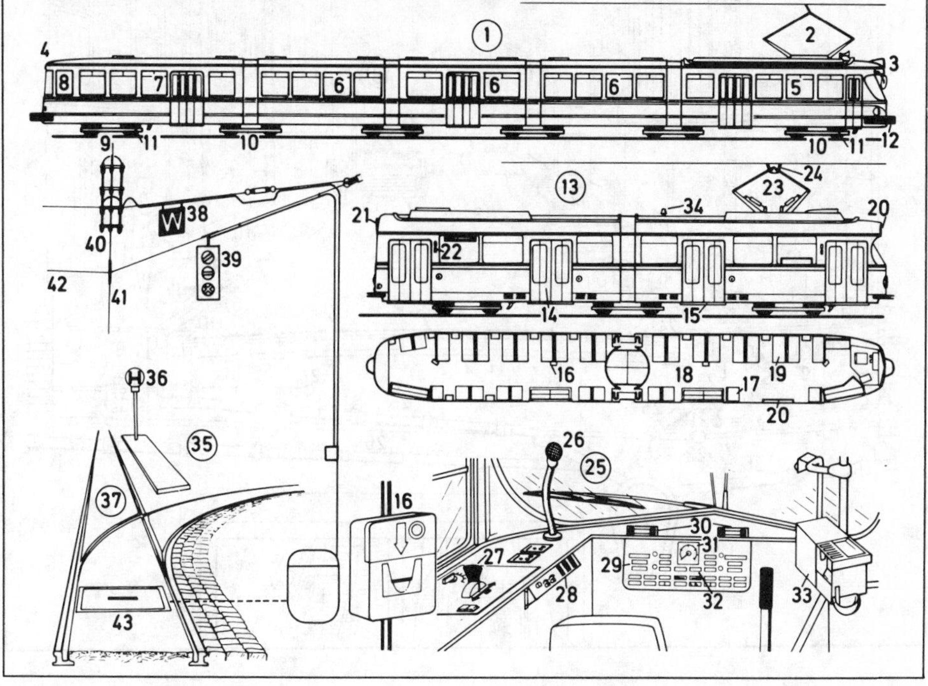

1 der zwölfachsige Gelenktriebwagen für den Überlandbetrieb
- *twelve-axle articulated railcar for interurban rail service*

2 der Stromabnehmer
- *current collector*

3 der Wagenbug
- *head of the railcar*

4 das Wagenheck
- *rear of the railcar*

5 das A-Wagenteil mit Fahrmotor *m*
- *carriage A containing the motor*

6 das B-Wagenteil (*auch:* C-, D-Wagenteil)
- *carriage B* (also: *carriages C and D)*

7 das E-Wagenteil mit Fahrmotor *m*
- *carriage E containing the motor*

8 der Heckfahrschalter
- *rear controller*

9 das Triebdrehgestell
- *bogie*

10 das Laufdrehgestell
- *carrying bogie*

11 der Radschutz (Bahnräumer)
- *wheel guard*

12 die Rammbohle
- *bumper* (Am. *fender)*

13 der sechsachsige Gelenktriebwagen *Typ „Mannheim"* für Straßenbahn- und Stadtbahnbetrieb *m*
- *six-axle articulated railcar ('Mannheim' type) for tram* (Am. *streetcar, trolley) and urban rail services*

14 die Ein- und Ausstiegtür, eine Doppelfalttür
- *entrance and exit door, a double folding door*

15 die Trittstufe
- *step*

16 der Fahrscheinentwerter
- *ticket-cancelling machine*

17 der Einzelsitzplatz
- *single seat*

18 der Stehplatzraum
- *standing room portion*

19 der Doppelsitzplatz
- *double seat*

20 das Linien- und Zielschild
- *route (number) and destination sign*

21 das Linienschild
- *route sign (number sign)*

22 der Fahrtrichtungsanzeiger (Blinker)
- *indicator (indicator light)*

23 der Scherenstromabnehmer
- *pantograph (current collector)*

24 die Schleifstücke, aus Kohle *f* oder Aluminiumlegierung *f*
- *carbon or aluminium* (Am. *aluminum) alloy trolley shoes*

25 der Fahrerstand
- *driver's position*

26 das Mikrophon
- *microphone*

27 der Sollwertgeber (Fahrschalter)
- *controller*

28 das Funkgerät
- *radio equipment (radio communication set)*

29 die Armaturentafel
- *dashboard*

30 die Armaturentafelbeleuchtung
- *dashboard lighting*

31 der Geschwindigkeitsanzeiger
- *speedometer*

32 die Taster für Türenöffnen *n*, Scheibenwischer *m*, Innen- und Außenbeleuchtung *f*
- *buttons controlling doors, windscreen wipers, internal and external lighting*

33 der Zahltisch mit Geldwechsler *m*
- *ticket counter with change machine*

34 die Funkantenne
- *radio antenna*

35 die Haltestelleninsel
- *tram stop* (Am. *streetcar stop, trolley stop)*

36 das Haltestellenschild
- *tram stop sign* (Am. *streetcar stop sign, trolley stop sign)*

37 die elektrische Weichenanlage
- *electric change points*

38 das Weichenschaltsignal
- *points signal (switch signal)*

39 der Weichensignalgeber (die Richtungsanzeige)
- *points change indicator*

40 der Fahrleitungskontakt
- *trolley wire contact point*

41 der Fahrdraht
- *trolley wire (overhead contact wire)*

42 die Fahrleitungsquerverspannung
- *overhead cross wire*

43 der elektromagnetische (*auch:* elektrohydraulische, elektromotorische) Weichenantrieb
- *electric* (also: *electrohydraulic, electromechanical) points mechanism*

1-5 die Fahrbahnschichten *f*
- ***road layers***

1 die Frostschutzschicht
- *anti-frost layer*

2 die bituminöse Tragschicht
- *bituminous sub-base course*

3 die untere Binderschicht
- *base course*

4 die obere Binderschicht
- *binder course*

5 die bituminöse Deckschicht (Fahrbahndecke)
- *bituminous surface*

6 die Bordsteinkante
- *kerb (curb)*

7 der Hochbordstein
- *kerbstone (curbstone)*

8 das Gehwegpflaster
- *paving (pavement)*

9 der Bürgersteig (Gehsteig, Gehweg)
- *pavement (*Am. *sidewalk, walkway)*

10 der Rinnstein
- *gutter*

11 der Fußgängerüberweg (Zebrastreifen)
- *pedestrian crossing (zebra crossing,* Am. *crosswalk)*

12 die Straßenecke
- *street corner*

13 der Fahrdamm
- *street*

14 die Stromversorgungskabel
- *electricity cables*

15 die Postkabel (Telefonkabel)
- *telephone cables*

16 die Postkabeldurchgangsleitung
- *telephone cable pipeline*

17 der Kabelschacht mit Abdeckung
- *cable manhole with cover (with manhole cover)*

18 der Lichtmast mit der Leuchte
- *lamp post with lamp*

19 das Stromkabel für technische Anlagen *f*
- *electricity cables for technical installations*

20 die Telefonhausanschlußleitung
- *subscribers' (*Am. *customers') telephone lines*

21 die Gasleitung
- *gas main*

22 die Trinkwasserleitung
- *water main*

23 der Sinkkasten
- *drain*

24 der Ablaufrost
- *drain cover*

25 die Sinkkastenanschlußleitung
- *drain pipe*

26 die Schmutzwasser-Hausanschlußleitung
- *waste pipe*

27 der Mischwasserkanal
- *combined sewer*

28 die Fernheizleitung
- *district heating main*

29 der U-Bahntunnel
- *underground tunnel*

199 Müllbeseitigung, Straßenreinigung

Refuse Disposal (Am. Garbage Disposition), Street Cleaning

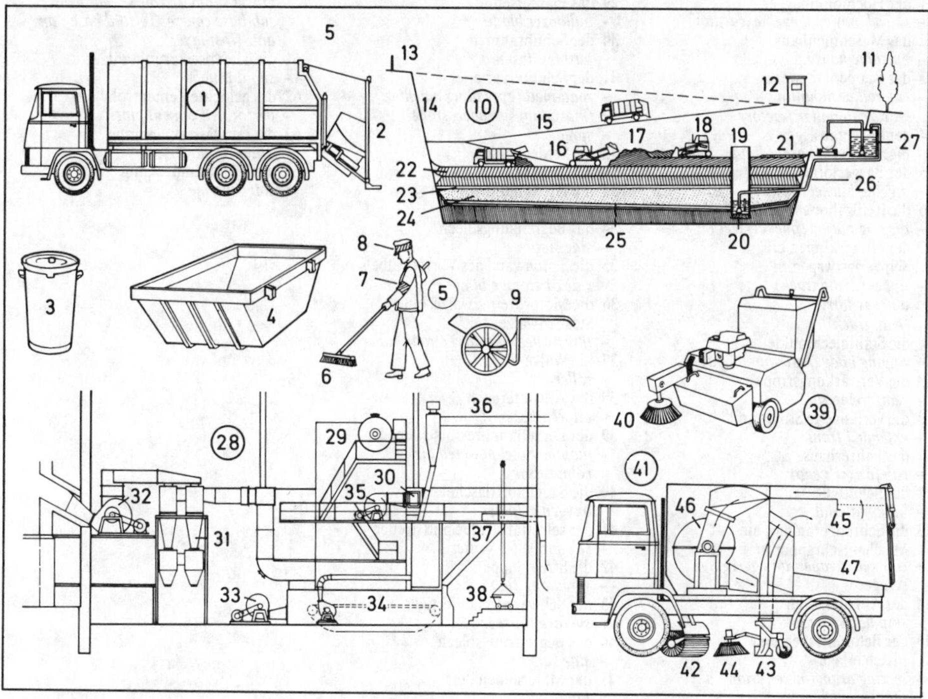

1 der Müllwagen (Müllabfuhrwagen, das Müllauto, *ugs.* die Müllabfuhr, *schweiz.* der Kehrichtabfuhrwagen), ein Preßmüllfahrzeug *n*
- *refuse collection vehicle (Am. garbage truck)*

2 die Mülltonnenkippvorrichtung, ein staubfreies Umleersystem
- *dustbin-tipping device (Am. garbage can dumping device), a dust-free emptying system*

3 die Mülltonne (Abfalltonne)
- *dustbin (Am. garbage can, trash can)*

4 der Müllcontainer
- *refuse container (Am. garbage container)*

5 der Straßenkehrer
- *road sweeper (Am. street sweeper)*

6 der Straßenbesen
- *broom*

7 die Verkehrsschutzarmbinde
- *fluorescent armband*

8 die Mütze mit Verkehrsschutzmarkierung *f*
- *cap with fluorescent band*

9 der Straßenkehrwagen
- *road sweeper's (Am. street sweeper's) barrow*

10 die geordnete Deponie (Mülldeponie)
- *controlled tip (Am. sanitary landfill, sanitary fill)*

11 der Sichtschutz
- *screen*

12 die Eingangskontrolle
- *weigh office*

13 der Wildzaun
- *fence*

14 die Grubenwand
- *embankment*

15 die Zufahrtsrampe
- *access ramp*

16 die Planierraupe
- *bulldozer*

17 der frische Müll (*schweiz.* Kehricht)
- *refuse (Am. garbage)*

18 der Deponieverdichter
- *bulldozer for dumping and compacting*

19 der Pumpenschacht
- *pump shaft*

20 die Abwasserpumpe
- *waste water pump*

21 die poröse Abdeckung
- *porous cover*

22 der verdichtete und verrottete Müll
- *compacted and decomposed refuse*

23 die Kiesfilterschicht
- *gravel filter layer*

24 die Moränenfilterschicht
- *morainic filter layer*

25 die Drainschicht
- *drainage layer*

26 die Abwasserleitung
- *drain pipe*

27 der Abwassersammeltank
- *water tank*

28 die Müllverbrennungsanlage
- *refuse (Am. garbage) incineration unit*

29 der Kessel
- *furnace*

30 die Ölfeuerung
- *oil-firing system*

31 der Staubabscheider
- *separation plant*

32 der Saugzugventilator
- *extraction fan*

33 der Unterwindventilator für den Rost
- *low-pressure fan for the grate*

34 der Wanderrost
- *continuous feed grate*

35 das Ölfeuerungsgebläse
- *fan for the oil-firing system*

36 Transporteinrichtung für Spezialverbrennungsgüter *n*
- *conveyor for separately incinerated material*

37 die Kohlenbeschickungsanlage
- *coal feed conveyor*

38 der Transportwagen für Bleicherde *f*
- *truck for carrying fuller's earth*

39 die Straßenkehrmaschine
- *mechanical sweeper*

40 die Tellerbürste
- *circular broom*

41 das Kehrfahrzeug
- *road-sweeping lorry (street-cleaning lorry, street cleaner)*

42 die Kehrwalze
- *cylinder broom*

43 der Saugmund
- *suction port*

44 der Zubringerbesen
- *feeder broom*

45 die Luftführung
- *air flow*

46 der Ventilator
- *fan*

47 der Schmutzbehälter
- *dust collector*

1-54 Straßenbaumaschinen *f*
- ***road-building machinery***

1 der Hochlöffelbagger
- *shovel (power shovel, excavator)*

2 das Maschinenhaus
- *machine housing*

3 das Raupenfahrwerk
- *caterpillar mounting (Am. caterpillar tractor)*

4 der Baggerausleger
- *digging bucket arm (dipper stick)*

5 der Baggerlöffel
- *digging bucket (bucket)*

6 die Reißzähne *m* (Grabzähne)
- *digging bucket (bucket) teeth*

7 der Hinterkipper, ein Schwerlastwagen *m*
- *tipper (dump truck), a heavy lorry (Am. truck)*

8 die Stahlblechmulde
- *tipping body (Am. dump body)*

9 die Verstärkungsrippe
- *reinforcing rib*

10 die verlängerte Stirnwand
- *extended front*

11 das Fahrerhaus
- *cab (driver's cab)*

12 das Schüttgut
- *bulk material*

13 die Schrapperanlage, ein Mischgutschrapper *m*
- *concrete scraper, an aggregate scraper*

14 der Aufzugkasten
- *skip hoist*

15 der Betonmischer, eine Mischanlage
- *mixing drum (mixer drum), a mixing machine*

16 die Schürfkübelraupe
- *caterpillar hauling scraper*

17 der Schürfkübel
- *scraper blade*

18 das Planierschild
- *levelling (Am. leveling) blade (smoothing blade)*

19 der Straßenhobel; *auch:* Erdhobel
- *grader (motor grader)*

20 der Straßenaufreißer (Aufreißer)
- *scarifier (ripper, road ripper, rooter)*

21 die Hobelschar
- *grader levelling (Am. leveling) blade (grader ploughshare, Am. plowshare)*

22 der Schardrehkranz
- *blade-slewing gear (slew turntable)*

23 die Feldbahn
- *light railway (narrow-gauge, Am. narrow-gage, railway)*

24 die Feldbahndiesellokomotive, eine Schmalspurlokomotive
- *light railway (narrow-gauge, Am. narrow-gage) diesel locomotive*

25 die Anhängerlore (Lore)
- *trailer wagon (wagon truck, skip)*

26 die Explosionsramme, ein Bodenstampfer *m*; *schwerer:* der Benzinfrosch (Explosionsstampfer)
- *tamper (rammer) [with internal combustion engine];* heavier: *frog (frog-type jumping rammer)*

27 das Führungsgestänge
- *guide rods*

28 die Planierraupe
- *bulldozer*

29 das Planierschild
- *bulldozer blade*

30 der Schubrahmen
- *pushing frame*

31 der Schotterverteiler
- *road-metal spreading machine (macadam spreader, stone spreader)*

32 die Schlagbohle
- *tamping beam*

33 die Gleitschuhe *m*
- *sole-plate*

34 das Begrenzungsblech
- *side stop*

35 die Seitenwand des Vorratskübels *m*
- *side of storage bin*

36 die Motordreiradwalze, eine Straßenwalze
- *three-wheeled roller, a road roller*

37 die Walze
- *roller*

38 das Allwetterdach
- *all-weather roof*

39 der Dieselkompressorschlepper
- *mobile diesel-powered air compressor*

40 die Sauerstoffflasche
- *oxygen cylinder*

41 der selbstfahrende Splittstreuer
- *self-propelled gritter*

42 die Streuklappe
- *spreading flap*

43 der Schwarzdeckenfertiger
- *surface finisher*

44 das Begrenzungsblech
- *side stop*

45 der Materialbehälter
- *bin*

46 die Teerspritzmaschine, mit Teer- und Bitumenkocher *m*
- *tar-spraying machine (bituminous distributor) with tar and bitumen heater*

47 der Teerkessel
- *tar storage tank*

48 die vollautomatische Walzasphalt-Trocken-und-Misch-Anlage
- *fully automatic asphalt drying and mixing plant*

49 das Aufnahmebecherwerk
- *bucket elevator (elevating conveyor)*

50 die Asphaltmischtrommel
- *asphalt-mixing drum (asphalt mixer drum)*

51 der Fülleraufzug
- *filler hoist*

52 die Füllerzugabe
- *filler opening*

53 die Bindemitteleinspritzung
- *binder injector*

54 der Mischasphaltauslauf
- *mixed asphalt outlet*

55 der Regelquerschnitt einer Straße
- *typical cross-section of a bituminous road*

56 das Rasenbankett
- *grass verge*

57 die Querneigung
- *crossfall*

58 die Asphaltdecke
- *asphalt surface (bituminous layer, bituminous coating)*

59 der Unterbau
- *base (base course)*

60 die Packlage *od.* Kiesbettung, eine Frostschutzschicht
- *gravel sub-base course (hardcore sub-base course, Telford base), an anti-frost layer*

61 die Tiefensickerungsanlage
- *sub-drainage*

62 das gelochte Zementrohr
- *perforated cement pipe*

63 die Entwässerungsrinne
- *drainage ditch*

64 die Humusandeckung
- *soil covering*

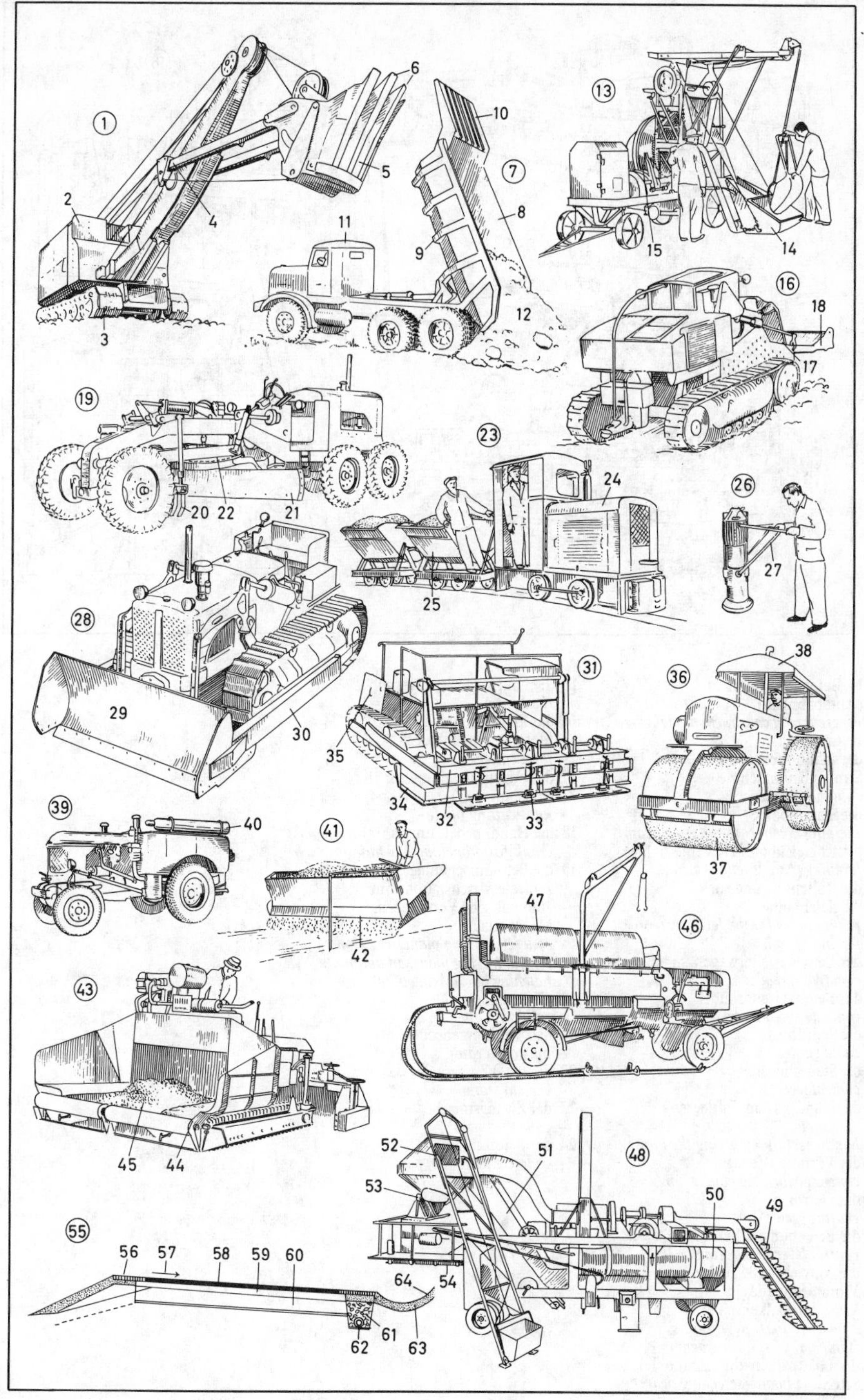
1
2
3
4
5
6
7
8
9
10
11
12
13
14
15
16
17
18
19
20
21
22
23
24
25
26
27
28
29
30
31
32
33
34
35
36
37
38
39
40
41
42
43
44
45
46
47
48
49
50
51
52
53
54
55
56
57
58
59
60
61
62
63
64

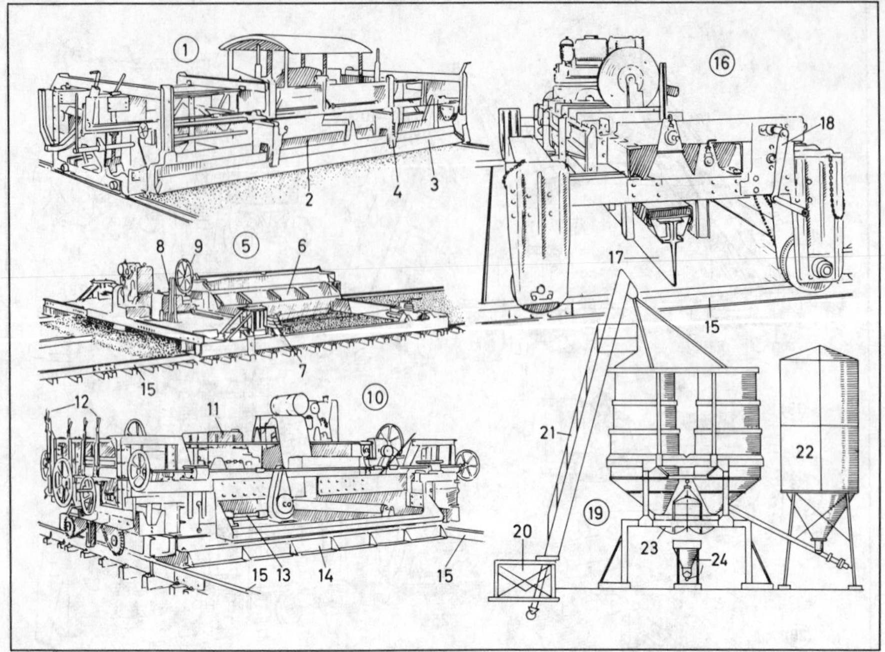

1-24 Betonstraßenbau *m* (Autobahnbau)
- ***concrete road construction*** *(highway construction)*

1 der Planumfertiger, eine Straßenbaumaschine
- *subgrade grader*

2 die Stampfbohle
- *tamping beam (consolidating beam)*

3 die Abgleichbohle (Nivellierbohle)
- *levelling* (Am. *leveling) beam*

4 die Rollenführung zur Abgleichbohle
- *roller guides for the levelling* (Am. *leveling) beam*

5 der Betonverteilerwagen
- *concrete spreader*

6 der Betonverteilerkübel
- *concrete spreader box*

7 die Seilführung
- *cable guides*

8 die Steuerhebel *m*
- *control levers*

9 das Handrad zum Entleeren *n* der Kübel *m*
- *handwheel for emptying the boxes*

10 der Vibrationsfertiger
- *concrete-vibrating compactor*

11 das Getriebe
- *gearing (gears)*

12 die Bedienungshebel *m*
- *control levers (operating levers)*

13 die Antriebswelle zu den Vibratoren *m* des Vibrationsbalkens *m*
- *axle drive shaft to vibrators (tampers) of vibrating beam*

14 der Glättbalken (die Glättbohle)
- *screeding board (screeding beam)*

15 die Laufschienenträger *m*
- *road form*

16 das Fugenschneidgerät (der Fugenschneider)
- *joint cutter*

17 das Fugenschneidmesser (Fugenmesser)
- *joint-cutting blade*

18 die Handkurbel zum Fahrantrieb *m*
- *crank for propelling machine*

19 die Betonmischanlage, eine zentrale Mischstation, eine automatische Verwiege- u. Mischanlage
- *concrete-mixing plant, a stationary central mixing plant, an automatic batching and mixing plant*

20 die Sammelmulde
- *collecting bin*

21 das Aufnahmebecherwerk
- *bucket elevator*

22 der (das) Zementsilo
- *cement store*

23 der Zwangsmischer
- *concrete mixer*

24 der Betonkübel
- *concrete pump hopper*

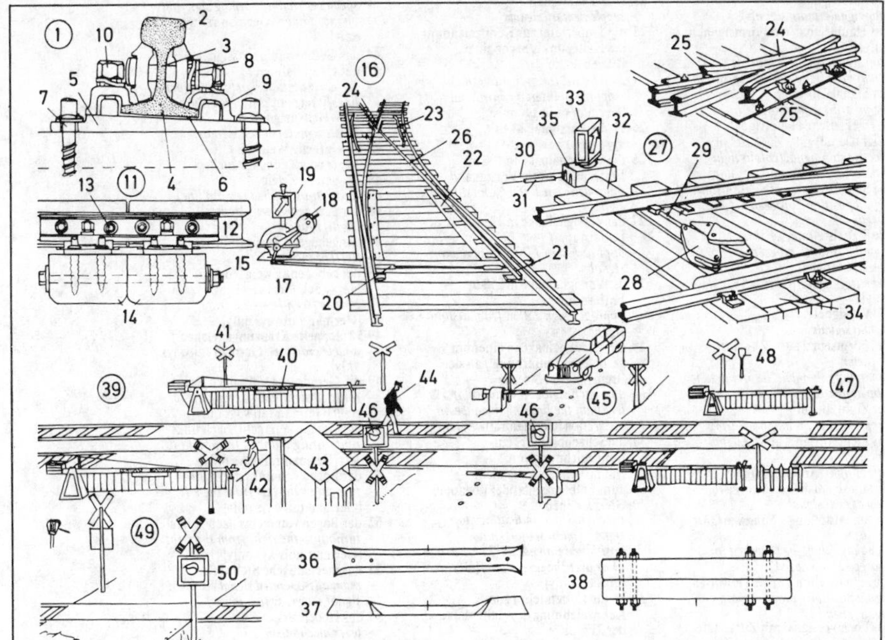

1-38 das Gleis
- ***line*** *(track)*

1 die Schiene (Eisenbahnschiene)
- *rail*

2 der Schienenkopf
- *rail head*

3 der Schienensteg
- *web (rail web)*

4 der Schienenfuß
- *rail foot (rail bottom)*

5 die Unterlagsplatte
- *sole-plate (base plate)*

6 die Zwischenlage
- *cushion*

7 die Schwellenschraube
- *coach screw (coach bolt)*

8 die Federringe *m*
- *lock washers (spring washers)*

9 die Klemmplatte
- *rail clip (clip)*

10 die Hakenschraube
- *T-head bolt*

11 der Schienenstoß
- *rail joint (joint)*

12 die Schienenlasche
- *fishplate*

13 der Laschenbolzen
- *fishbolt*

14 die Kuppelschwelle
- *coupled sleeper* (Am. *coupled tie, coupled crosstie)*

15 die Kuppelschraube
- *coupling bolt*

16 die Handweiche
- *manually-operated points (switch)*

17 der Handstellbock
- *switch stand*

18 das Stellgewicht
- *weight*

19 das Weichensignal (die Weichenlaterne)
- *points signal (switch signal, points signal lamp, switch signal lamp)*

20 die Stellstange
- *pull rod*

21 die Weichenzunge
- *switch blade (switch tongue)*

22 der Gleitstuhl
- *slide chair*

23 der Radlenker
- *check rail (guard rail)*

24 das Herzstück
- *frog*

25 die Flügelschiene
- *wing rail*

26 die Zwischenschiene
- *closure rail*

27 die fernbediente Weiche
- *remote-controlled points (switch)*

28 der Weichenspitzenverschluß
- *point lock (switch lock)*

29 der Abstützstempel
- *stretcher bar*

30 der Drahtzug
- *point wire*

31 das Spannschloß
- *turnbuckle*

32 der Kanal
- *channel*

33 das elektrisch beleuchtete Weichensignal
- *electrically illuminated points signal (switch signal)*

34 der Weichentrog
- *trough*

35 der Weichenantrieb mit Schutzkasten *m*
- *points motor with protective casing*

36 die Eisenschwelle
- *steel sleeper* (Am. *steel tie, steel crosstie)*

37 die Betonschwelle
- *concrete sleeper* (Am. *concrete tie, concrete crosstie)*

38 die Kuppelschwelle
- *coupled sleeper* (Am. *coupled tie, coupled crosstie)*

39-50 Bahnübergänge
- ***level crossings*** (Am. *grade crossings)*

39 der schienengleiche gesicherte Bahnübergang
- *protected level crossing* (Am. *protected grade crossing)*

40 die Bahnschranke
- *barrier (gate)*

41 das Warnkreuz (Andreaskreuz)
- *warning cross* (Am. *crossbuck)*

42 der Schrankenwärter
- *crossing keeper* (Am. *gateman)*

43 der Schrankenposten
- *crossing keeper's box* (Am. *gateman's box)*

44 der Streckenwärter
- *linesman* (Am. *trackwalker)*

45 die Halbschrankenanlage
- *half-barrier crossing*

46 das Blinklicht
- *warning light*

47 die Anrufschranke
- *intercom-controlled crossing;* sim.: *telephone-controlled crossing*

48 die Wechselsprechanlage
- *intercom system;* sim.: *telephone*

49 der technisch nicht gesicherte Bahnübergang (unbeschrankte Bahnübergang)
- *unprotected level crossing* (Am. *unprotected grade crossing)*

50 das Blinklicht
- *warning light*

203 Eisenbahnstrecke II (Signalanlagen)

1-6 Hauptsignale *n*
- ***stop signals*** *(main signals)*

1 das Hauptsignal, ein Formsignal *n* auf „*Zughalt*" *m*
- *stop signal (main signal), a semaphore signal in 'stop' position*

2 der Signalarm
- *signal arm (semaphore arm)*

3 das elektrische Hauptsignal (Lichtsignal) auf „*Zughalt*" *m*
- *electric stop signal (colour light, Am. color light, signal) at 'stop'*

4 die Signalstellung „*Langsamfahrt*" *f*
- *signal position: 'proceed at low speed'*

5 die Signalstellung „*Fahrt*" *f*
- *signal position: 'proceed'*

6 das Ersatzsignal
- *substitute signal* [German railways only]

7-24 Vorsignale *n*
- ***distant signals***

7 das Formsignal auf „*Zughalt erwarten*"
- *semaphore signal at 'be prepared to stop at next signal'*

8 der Zusatzflügel
- *supplementary semaphore arm*

9 das Lichtvorsignal auf „*Zughalt erwarten*"
- *colour light (Am. color light) distant signal at 'be prepared to stop at next signal'*

10 die Signalstellung „*Langsamfahrt erwarten*"
- *signal position: 'be prepared to proceed at low speed'*

11 die Signalstellung „*Fahrt erwarten*"
- *signal position: 'proceed main signal ahead'*

12 das Formvorsignal mit Zusatztafel *f* für Bremswegverkürzung *f* um mehr als 5%
- *semaphore signal with indicator plate showing a reduction in braking distance of more than 5%* [German railways only]

13 die Dreiecktafel
- *triangle (triangle sign)* [German railways only]

14 das Lichtvorsignal mit Zusatzlicht *n* für Bremswegverkürzung *f*
- *colour light (Am. color light) distant signal with indicator light for showing reduced braking distance* [German railways only]

15 das weiße Zusatzlicht
- *supplementary white light*

16 die Vorsignalanzeige „*Halt erwarten*" (Notgelb *n*)
- *distant signal indicating 'be prepared to stop at next signal' (yellow light)*

17 der Vorsignalwiederholer (das Vorsignal mit Zusatzlicht *n*, ohne Tafel *f*)
- *second distant signal (distant signal with supplementary light, without indicator plate)*

18 das Vorsignal mit Geschwindigkeitsanzeige *f*
- *distant signal with speed indicator*

19 der Geschwindigkeitsvoranzeiger
- *distant speed indicator*

20 das Vorsignal mit Richtungsvoranzeige *f*
- *distant signal with route indicator*

21 der Richtungsvoranzeiger
- *route indicator*

22 das Vorsignal ohne Zusatzflügel *m* in Stellung *f* „*Zughalt erwarten*"
- *distant signal without supplementary arm in position: 'be prepared to stop at next signal'*

23 das Vorsignal ohne Zusatzflügel *m* in Stellung *f* „*Fahrt erwarten*"
- *distant signal without supplementary arm in 'be prepared to proceed' position*

24 die Vorsignaltafel
- *distant signal identification plate*

25-44 Zusatzsignale *n*
- ***supplementary signals***

25 die Trapeztafel zur Kennzeichnung des Haltepunkts *m* vor einer Betriebsstelle
- *stop board for indicating the stopping point at a control point* [German railways only]

26-29 die Vorsignalbaken *f*
- ***approach signs***

26 die Vorsignalbake in 100 m Entfernung *f* vom Vorsignal *n*
- *approach sign 100 m from distant signal*

27 die Vorsignalbake in 175 m Entfernung *f*
- *approach sign 175 m from distant signal*

28 die Vorsignalbake in 250 m Entfernung *f*
- *approach sign 250 m from distant signal*

29 die Vorsignalbake in einer um 5% geringeren Entfernung *f* als der Bremsweg der Strecke
- *approach sign at a distance of 5% less than the braking distance on the section* [German railways only]

30 die Schachbrettafel zur Kennzeichnung von Hauptsignalen *n*, die nicht unmittelbar rechts oder über dem Gleis *n* stehen
- *chequered sign indicating stop signals (main signals) not positioned immediately to the right of or over the line (track)* [German railways only]

31-32 die Haltetafeln *f* zur Kennzeichnung des Halteplatzes *m* der Zugspitze
- *stop boards to indicate the stopping point of the front of the train*

33 die Haltepunkttafel (ein Haltepunkt *m* ist zu erwarten)
- *stop board (be prepared to stop)*

34-35 die Schneepflugtafeln *f*
- *snow plough (Am. snowplow) signs* [German railways only]

34 die Tafel „*Pflugschar heben*"
- *'raise snow plough (Am. snowplow)' sign* [German railways only]

35 die Tafel „*Pflugschar senken*"
- *'lower snow plough (Am. snowplow)' sign* [German railways only]

36-44 Langsamfahrsignale *n*
- ***speed restriction signs***

36-38 die Langsamfahrscheibe [Höchstgeschwindigkeit *f* 3 × 10 = 30 km/h]
- ***speed restriction sign*** *[maximum speed 3 × 10 = 30 kph]*

36 das Tageszeichen
- *sign for day running*

37 die Geschwindigkeitskennziffer
- *speed code number* [German railways only]

38 das Nachtzeichen
- *illuminated sign for night running*

39 der Anfang der vorübergehenden Langsamfahrstelle
- *commencement of temporary speed restriction*

40 das Ende der vorübergehenden Langsamfahrstelle
- *termination of temporary speed restriction*

41 die Geschwindigkeit für eine ständige Langsamfahrstelle [Höchstgeschwindigkeit *f* 5 × 10 = 50 km/h]
- *speed restriction sign for a section with a permanent speed restriction [maximum speed 5 × 10 = 50 kph]*

42 der Anfang der ständigen Langsamfahrstelle
- *commencement of permanent speed restriction*

43 die Geschwindigkeitsankündetafel [nur auf Hauptbahnen *f*]
- *speed restriction warning sign [only on main lines]* [German railways only]

44 das Geschwindigkeitssignal [nur auf Hauptbahnen *f*]
- *speed restriction sign [only on main lines]* [German railways only]

45-52 Weichensignale *n*
- ***points signals*** *(switch signals)*

45-48 einfache Weichen *f*
- ***single points*** *(single switches)*

45 der gerade Zweig
- *route straight ahead (main line)*

46 der gebogene Zweig [rechts]
- *[right] branch*

47 der gebogene Zweig [links]
- *[left] branch*

48 der gebogene Zweig [vom Herzstück *n* aus gesehen]
- *branch [seen from the frog]* [German railways only]

49-52 doppelte Kreuzungsweichen *f*
- ***double crossover*** [German railways only]

49 die Gerade von links nach rechts
- *route straight ahead from left to right* [German railways only]

50 die Gerade von rechts nach links
- *route straight ahead from right to left* [German railways only]

51 der Bogen von links nach links
- *turnout to the left from the left* [German railways only]

52 der Bogen von rechts nach rechts
- *turnout to the right from the right* [German railways only]

53 das mechanische Stellwerk
- ***manually-operated signal box*** *(*Am. *signal tower, switch tower)*

54 das Hebelwerk
- *lever mechanism*

55 der Weichenhebel [blau], ein Riegelhebel *m*
- *points lever (switch lever) [blue], a lock lever*

56 der Signalhebel [rot]
- *signal lever [red]*

57 die Handfalle
- *catch*

58 der Fahrstraßenhebel
- *route lever*

59 der Streckenblock
- *block instruments*

60 das Blockfeld
- *block section panel*

61 das elektrische Stellwerk
- ***electrically-operated signal box*** *(Am. signal tower, switch tower)*

62 die Weichen- und Signalhebel *m*
- *points (switch) and signal knobs*

63 das Verschlußregister
- *lock indicator panel*

64 das Überwachungsfeld
- *track and signal indicator*

65 das Gleisbildstellwerk
- ***track diagram control layout***

66 der Gleisbildstelltisch
- *track diagram control panel (domino panel)*

67 die Drucktasten *f*
- *push buttons*

68 die Fahrstraßen *f*
- *routes*

69 die Wechselsprechanlage
- *intercom system*

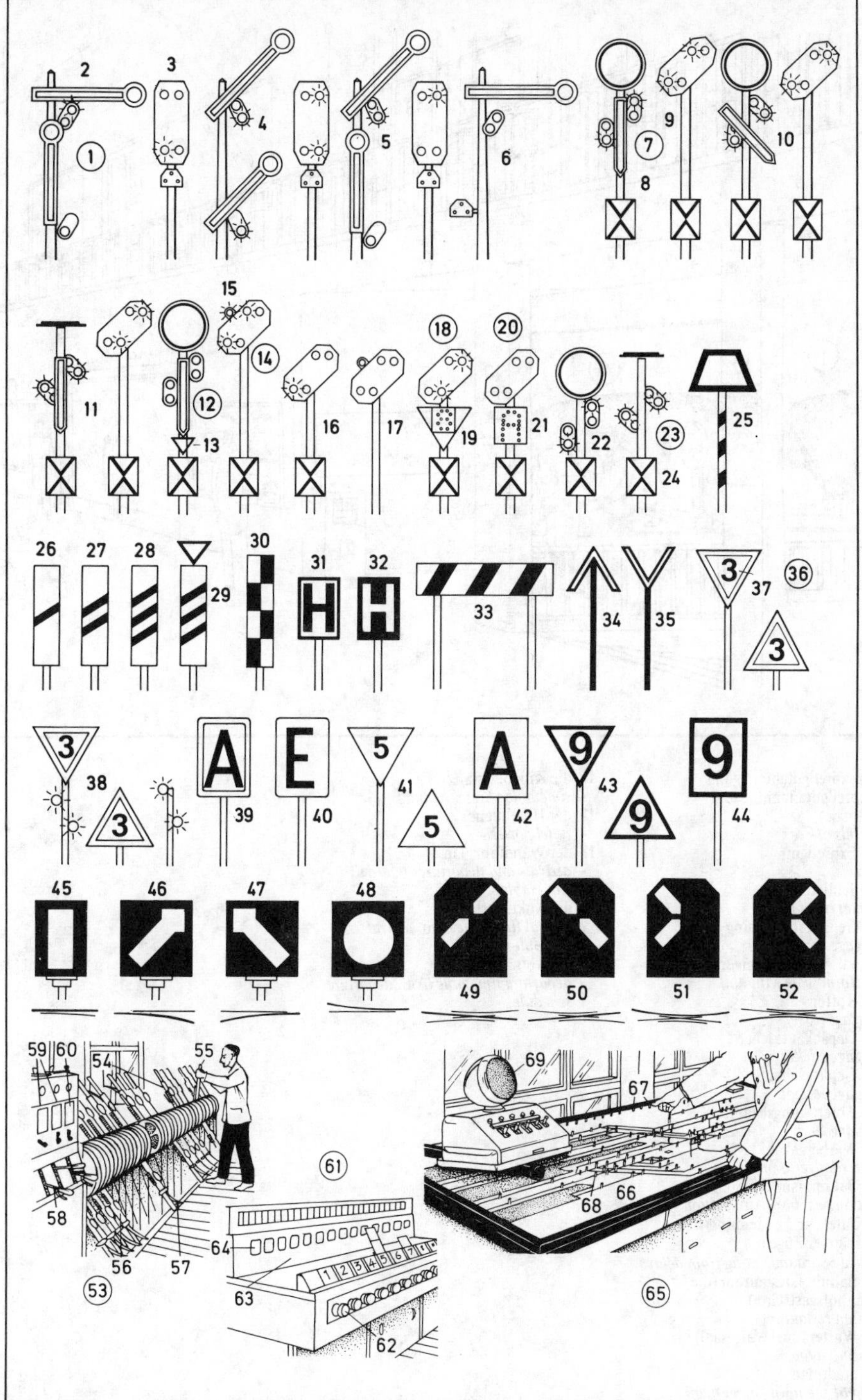
1
2
3
4
5
6
7
8
9
10
11
12
13
14
15
16
17
18
19
20
21
22
23
24
25
26
27
28
29
30
31
32
33
34
35
36
37
38
39
40
41
42
43
44
45
46
47
48
49
50
51
52
53
54
55
56
57
58
59
60
61
62
63
64
65
66
67
68
69

1 die Expreßgutabfertigung (Expreßgutannahme und -ausgabe)
- *parcels office*

2 das Expreßgut
- *parcels*

3 der Schließkorb
- *basket [with lock]*

4 die Gepäckabfertigung
- *luggage counter*

5 die automatische Zeigerwaage
- *platform scale with dial*

6 der Koffer
- *suitcase (case)*

7 der Gepäckaufkleber
- *luggage sticker*

8 der Gepäckschein
- *luggage receipt*

9 der Abfertigungsbeamte
- *luggage clerk*

10 das Werbeplakat
- *poster (advertisement)*

11 der Bahnhofsbriefkasten
- *station post box* (Am. *station mailbox)*

12 die Tafel für die Meldung *f* verspäteter Züge *m*
- *notice board indicating train delays*

13 das Bahnhofsrestaurant (die Bahnhofsgaststätte)
- *station restaurant*

14 der Warteraum (Wartesaal)
- *waiting room*

15 der Stadtplan
- *map of the town (street map)*

16 die Kursbuchtafeln *f*
- *timetable* (Am. *schedule)*

17 der Hoteldiener
- *hotel porter*

18 der Wandfahrplan
- *arrivals and departures board (timetable)*

19 die Ankunftstafel
- *arrival timetable* (Am. *arrival schedule)*

20 die Abfahrtstafel
- *departure timetable* (Am. *departure schedule)*

21 die Gepäckschließfächer *n*
- *left luggage lockers*

22 der Geldwechselautomat (Geldwechsler)
- *change machine*

23 der Bahnsteigtunnel
- *tunnel to the platforms*

24 die Reisenden *m u. f*
- *passengers*

25 der Bahnsteigaufgang
- *steps to the platforms*

26 die Bahnhofsbuchhandlung
- *station bookstall (*Am.* station bookstand)*

27 die Handgepäckaufbewahrung
- *left luggage office (left luggage)*

28 das Reisebüro; *auch:* der Hotel- und Zimmernachweis
- *travel centre (*Am.* center);* also: *accommodation bureau*

29 die Auskunft
- *information office (*Am.* information bureau)*

30 die Bahnhofsuhr
- *station clock*

31 die Bankfiliale, mit Wechselstelle *f*
- *bank branch with foreign exchange counter*

32 die Geldkurstabelle (Währungstabelle)
- *indicator board showing exchange rates*

33 der Streckennetzplan
- *railway map (*Am.* railroad map)*

34 die Fahrkartenausgabe
- *ticket office*

35 der Fahrkartenschalter
- *ticket counter*

36 die Fahrkarte
- *ticket (railway ticket,* Am. *railroad ticket)*

37 der Drehteller
- *revolving tray*

38 die Sprechmembran
- *grill*

39 der Schalterbeamte (Fahrkartenverkäufer)
- *ticket clerk (*Am.* ticket agent)*

40 der Fahrkartendrucker
- *ticket-printing machine (ticket-stamping machine)*

41 der Handdrucker
- *hand-operated ticket printer*

42 der Taschenfahrplan
- *pocket timetable (*Am.* pocket train schedule)*

43 die Gepäckbank
- *luggage rest*

44 die Sanitätswache
- *first aid station*

45 die Bahnhofsmission
- *Travellers' (*Am.* Travelers') Aid*

46 die öffentliche Fernsprechzelle (Telefonzelle)
- *telephone box (telephone booth, telephone kiosk, call box)*

47 der Tabakwarenkiosk
- *cigarettes and tobacco kiosk*

48 der Blumenkiosk
- *flower stand*

49 der Auskunftsbeamte
- *railway information clerk*

50 das amtliche Kursbuch
- *official timetable (official railway guide,* Am. *train schedule)*

1 der Bahnsteig
- *platform*
2 die Bahnsteigtreppe
- *steps to the platform*
3 die Bahnsteigüberführung
- *bridge to the platforms*
4 die Bahnsteignummer
- *platform number*
5 die Bahnsteigüberdachung
- *platform roofing*
6 die Reisenden *m u. f*
- *passengers*

7-12 das Reisegepäck
- ***luggage***

7 der Handkoffer
- *suitcase (case)*
8 der Kofferanhänger
- *luggage label*
9 der Hotelaufkleber *m*
- *hotel sticker*
10 die Reisetasche
- *travelling* (Am. *traveling) bag*
11 die Hutschachtel
- *hat box*
12 der Schirm (Regenschirm), ein Stockschirm *m*
- *umbrella, a walking-stick umbrella*
13 das Empfangsgebäude (Dienstgebäude)
- *office*
14 der Hausbahnsteig
- *platform*
15 der Gleisüberweg
- *crossing*
16 der fahrbare Zeitungsständer
- *news trolley*
17 der Zeitungsverkäufer
- *news vendor* (Am. *news dealer)*
18 die Reiselektüre
- *reading matter for the journey*
19 die Bahnsteigkante
- *edge of the platform*
20 der Bahnpolizist
- *railway policeman* (Am. *railroad policeman)*
21 der Fahrtrichtungsanzeiger
- *destination board*
22 das Feld für den Zielbahnhof
- *destination indicator*
23 das Feld für die planmäßige Abfahrtszeit
- *departure time indicator*
24 das Feld für die Zugverspätung
- *delay indicator*
25 der S-Bahnzug, ein Triebwagenzug *m*
- *suburban train, a railcar*
26 das Sonderabteil
- *special compartment*
27 der Bahnsteiglautsprecher
- *platform loudspeaker*
28 das Stationsschild
- *station sign*
29 der Elektrokarren
- *electric trolley (electric truck)*
30 der Ladeschaffner
- *loading foreman*
31 der Gepäckträger
- *porter* (Am. *redcap)*
32 der Gepäckschiebekarren
- *barrow*
33 der Trinkbrunnen
- *drinking fountain*
34 der elektrische TEE-Zug (Trans-Europe-Express), *auch:* IC-Zug (Intercity-Zug)
- *electric Trans-Europe Express;* also: *Intercity train*
35 die E-Lok, eine elektrische Schnellzugslokomotive
- *electric locomotive, an express locomotive*
36 der Stromabnehmerbügel
- *collector bow (sliding bow)*
37 das Zugsekretariat
- *secretarial compartment*
38 das Richtungsschild
- *destination board*
39 der Wagenmeister
- *wheel tapper*
40 der Radprüfhammer
- *wheel-tapping hammer*
41 der Aufsichtsbeamte
- *station foreman*
42 der Befehlsstab
- *signal*
43 die rote Mütze
- *red cap*
44 der Auskunftsbeamte
- *inspector*
45 der Taschenfahrplan
- *pocket timetable* (Am. *pocket train schedule)*

46 die Bahnsteiguhr
- *platform clock*

47 das Abfahrtssignal
- *starting signal*

48 die Bahnsteigbeleuchtung
- *platform lighting*

49 der Bahnsteigkiosk für Erfrischungen *f* und Reiseverpflegung *f*
- *refreshment kiosk*

50 die Bierflasche
- *beer bottle*

51 die Zeitung
- *newspaper*

52 der Abschiedskuß
- *parting kiss*

53 die Umarmung
- *embrace*

54 die Wartebank
- *platform seat*

55 der Abfallkorb
- *litter bin* (Am. *litter basket)*

56 der Bahnsteigbriefkasten
- *platform post box* (Am. *platform mailbox)*

57 das Bahnsteigtelefon (der Bahnsteigfernsprecher)
- *platform telephone*

58 der Fahrdraht
- *trolley wire (overhead contact wire)*

59-61 das Gleis
- *track*

59 die Schiene
- *rail*

60 die Schwelle
- *sleeper* (Am. *tie, crosstie)*

61 der Schotter (das Schotterbett)
- *ballast (bed)*

1 die Auffahrtsrampe (Fahrzeugrampe); *ähnl.:* die Viehrampe
- *ramp (vehicle ramp);* sim.: *livestock ramp*

2 der Elektroschlepper
- *electric truck*

3 der Förderwagen
- *trailer*

4 die Stückgüter *n* (Einzelgüter, Kolli); im Sammelverkehr: Sammelgut *n* in Sammelladungen *f*
- *part loads* (Am. *package freight, less-than-carload freight);* in general traffic: *general goods in general consignments (in mixed consignments)*

5 die Lattenkiste
- *crate*

6 der Stückgutwagen
- *goods van* (Am. *freight car)*

7 die Güterhalle (der Güterschuppen)
- *goods shed* (Am. *freight house)*

8 die Ladestraße
- *loading strip*

9 die Hallenrampe (Laderampe)
- *loading dock*

10 der Torfballen
- *bale of peat*

11 der Leinwandballen
- *bale of linen (of linen cloth)*

12 die Verschnürung
- *fastening (cord)*

13 die Korbflasche
- *wicker bottle (wickered bottle, demijohn)*

14 der Sack- oder Stechkarren
- *trolley*

15 der Stückgut-Lkw
- *goods lorry* (Am. *freight truck)*

16 der Gabelstapler
- *forklift truck (fork truck, forklift)*

17 das Ladegleis
- *loading siding*

18 das Sperrgut
- *bulky goods*

19 der bahneigene Kleinbehälter (Kleincontainer)
- *small railway-owned* (Am. *railroad-owned) container*

20 der Schaustellerwagen (*ähnl.:* Zirkuswagen)
- *showman's caravan* (sim.: *circus caravan)*

21 der Flachwagen
- *flat wagon* (Am. *flat freight car)*

22 das Lademaß
- *loading gauge* (Am. *gage)*

23 der Strohballen
- *bale of straw*

24 der Rungenwagen
- *flat wagon* (Am. *flatcar) with side stakes*

25 der Wagenpark
- *fleet of lorries* (Am. *trucks)*

26-39 der Güterboden
- ***goods shed*** (Am. *freight house)*

26 die Frachtgutannahme (Güterabfertigung)
- *goods office (forwarding office,* Am. *freight office)*

27 das Stückgut
- *part-load goods* (Am. *package freight)*

28 der Stückgutunternehmer
- *forwarding agent* (Am. *freight agent, shipper)*

29 der Lademeister
- *loading foreman*

30 der Frachtbrief
- *consignment note (waybill)*

31 die Stückgutwaage
- *weighing machine*

32 die Palette
- *pallet*

33 der Güterbodenarbeiter
- *porter*

34 der Elektrowagen
- *electric cart (electric truck)*

35 der Förderwagen
- *trailer*

36 der Abfertigungsbeamte (die Ladeaufsicht)
- *loading supervisor*

37 das Hallentor
- *goods shed door* (Am. *freight house door)*

38 die Laufschiene
- *rail (slide rail)*

39 die Laufrolle
- *roller*

40 das Wiegehäuschen
- *weighbridge office*

41 die Gleiswaage
- *weighbridge*

42 der Rangierbahnhof
- *marshalling yard* (Am. *classification yard, switch yard)*

43 die Rangierlok
- *shunting engine (shunting locomotive, shunter,* Am. *switch engine, switcher)*

44 das Rangierstellwerk
- *marshalling yard signal box* (Am. *classification yard switch tower)*

45 der Rangiermeister
- *yardmaster*

46 der Ablaufberg
- *hump*

47 das Rangiergleis
- *sorting siding (classification siding, classification track)*

48 die Gleisbremse
- *rail brake (retarder)*

49 der Gleishemmschuh
- *slipper brake (slipper)*

50 das Abstellgleis
- *storage siding (siding)*

51 der Prellbock
- *buffer (buffers,* Am. *bumper)*

52 die Wagenladung
- *wagon load* (Am. *carload)*

53 das Lagerhaus
- *warehouse*

54 der Containerbahnhof
- *container station*

55 der Portalkran
- *gantry crane*

56 das Hubwerk
- *lifting gear (hoisting gear)*

57 der Container
- *container*

58 der Containertragwagen
- *container wagon* (Am. *container car)*

59 der Sattelanhänger
- *semi-trailer*

1-21 der Schnellzugwagen (D-Zug-Wagen), ein Reisezugwagen
- ***express train coach*** *(express train carriage, express train car, corridor compartment coach), a passenger coach*

1 die Seitenansicht
- *side elevation (side view)*

2 der Wagenkasten
- *coach body*

3 das Untergestell
- *underframe (frame)*

4 das Drehgestell mit Stahlgummifederung *f* und Stoßdämpfern *m*
- *bogie (truck) with steel and rubber suspension and shock absorbers*

5 die Batteriebehälter *m*
- *battery containers (battery boxes)*

6 der Dampf- und Elektrowärmetauscher für die Heizung
- *steam and electric heat exchanger for the heating system*

7 das Übersetzfenster
- *sliding window*

8 die Gummiwulstdichtung
- *rubber connecting seal*

9 der statische Entlüfter
- *ventilator*

10-21 der Grundriß
- ***plan***

10 der Zweite-Klasse-Teil
- *second-class section*

11 der Seitengang
- *corridor*

12 der Klappsitz
- *folding seat (tip-up seat)*

13 das Fahrgastabteil (Abteil)
- *passenger compartment (compartment)*

14 die Abteiltür
- *compartment door*

15 der Waschraum
- *washroom*

16 der Abortraum
- *toilet (lavatory, WC)*

17 der Erste-Klasse-Teil
- *first-class section*

18 die Pendeltür
- *swing door*

19 die Stirnwandschiebetür
- *sliding connecting door*

20 die Einstiegstür
- *door*

21 der Vorraum
- *vestibule*

22-32 der Speisewagen
- ***dining car*** *(restaurant car, diner)*

22-25 die Seitenansicht
- ***side elevation*** *(side view)*

22 die Einstiegstür
- *door*

23 die Ladetür
- *loading door*

24 der Stromabnehmer für die Energieversorgung bei Stillstand *m*
- *current collector for supplying power during stops*

25 die Batterietröge *m*
- *battery boxes (battery containers)*

26-32 der Grundriß
- ***plan***

26 der Personalwaschraum
- *staff washroom*

27 der Abstellraum
- *storage cupboard*

28 der Spülraum
- *washing-up area*

29 die Küche
- *kitchen*

30 der Acht-Platten-Elektroherd
- *electric oven with eight hotplates*

31 das Büfett
- *counter*

32 der Speiseraum
- *dining compartment*

33 die Speisewagenküche
- *dining car kitchen*

34 der Küchenmeister (Zugkoch)
- *chef (head cook)*

35 die Anrichte
- *kitchen cabinet*

36 der Schlafwagen
- *sleeping car (sleeper)*

37 die Seitenansicht
- *side elevation (side view)*

38-42 der Grundriß
- ***plan***

38 das Zwei-Platz-zwei-Bett-Abteil
- *two-seat twin-berth compartment (two-seat two-berth compartment,* Am. *bedroom)*

39 die Drehfalttür
- *folding doors*

40 der Waschtisch
- *washstand*

41 der Dienstraum
- *office*

42 der Abortraum
- *toilet (lavatory, WC)*

43 das Schnellzugabteil
- *express train compartment*

44 der Ausziehpolstersitz
- *upholstered reclining seat*

45 die Armlehne
- *armrest*

46 der Armlehnenascher
- *ashtray in the armrest*

47 das verstellbare Kopfpolster
- *adjustable headrest*

48 der Leinenbezug
- *antimacassar*

49 der Spiegel
- *mirror*

50 der Kleiderhaken (Mantelhaken)
- *coat hook*

51 die Gepäckablage
- *luggage rack*

52 das Abteilfenster
- *compartment window*

53 das Klapptischchen
- *fold-away table (pull-down table)*

54 die Heizungsregulierung
- *heating regulator*

55 der Abfallbehälter
- *litter receptacle*

56 der Schleudervorhang
- *curtain*

57 die Fußstütze
- *footrest*

58 der Eckplatz
- *corner seat*

59 der Großraumwagen
- *open car*

60 die Seitenansicht
- *side elevation (side view)*

61-72 der Grundriß
- ***plan***

61 das Großraumabteil
- *open carriage*

62 die Einzelsitzreihe
- *row of single seats*

63 die Doppelsitzreihe
- *row of double seats*

64 der Drehliegesitz
- *reclining seat*

65 das Sitzpolster
- *seat upholstery*

66 die Rückenlehne
- *backrest*

67 der (das) Kopfteil
- *headrest*

68 das Daunenkissen mit Nylonbezug *m*
- *down-filled headrest cushion with nylon cover*

69 die Armlehne, mit Ascher *m*
- *armrest with ashtray*

70 der Garderobenraum
- *cloakroom*

71 der Kofferraum
- *luggage compartment*

72 der WC-Raum
- *toilet (lavatory, WC)*

73 der Quick-Pick-Wagen, ein Selbstbedienungsspeisewagen *m*
- *buffet car (quick-service buffet car), a self-service restaurant car*

74 die Seitenansicht
- *side elevation (side view)*

75 der Stromabnehmer für die Standversorgung
- *current collector for supplying power*

76 der Grundriß
- *plan*

77 der Speiseraum
- *dining compartment*

78-79 der Angebotsraum
- ***buffet*** *(buffet compartment)*

78 die Gastseite
- *customer area*

79 die Bedienerseite
- *serving area*

80 die Küche
- *kitchen*

81 der Personalraum
- *staff compartment*

82 das Personal-WC
- *staff toilet (staff lavatory, staff WC)*

83 die Speisengefache *n*
- *food compartments*

84 die Teller *m*
- *plates*

85 das Besteck
- *cutlery*

86 die Kasse
- *till (cash register)*

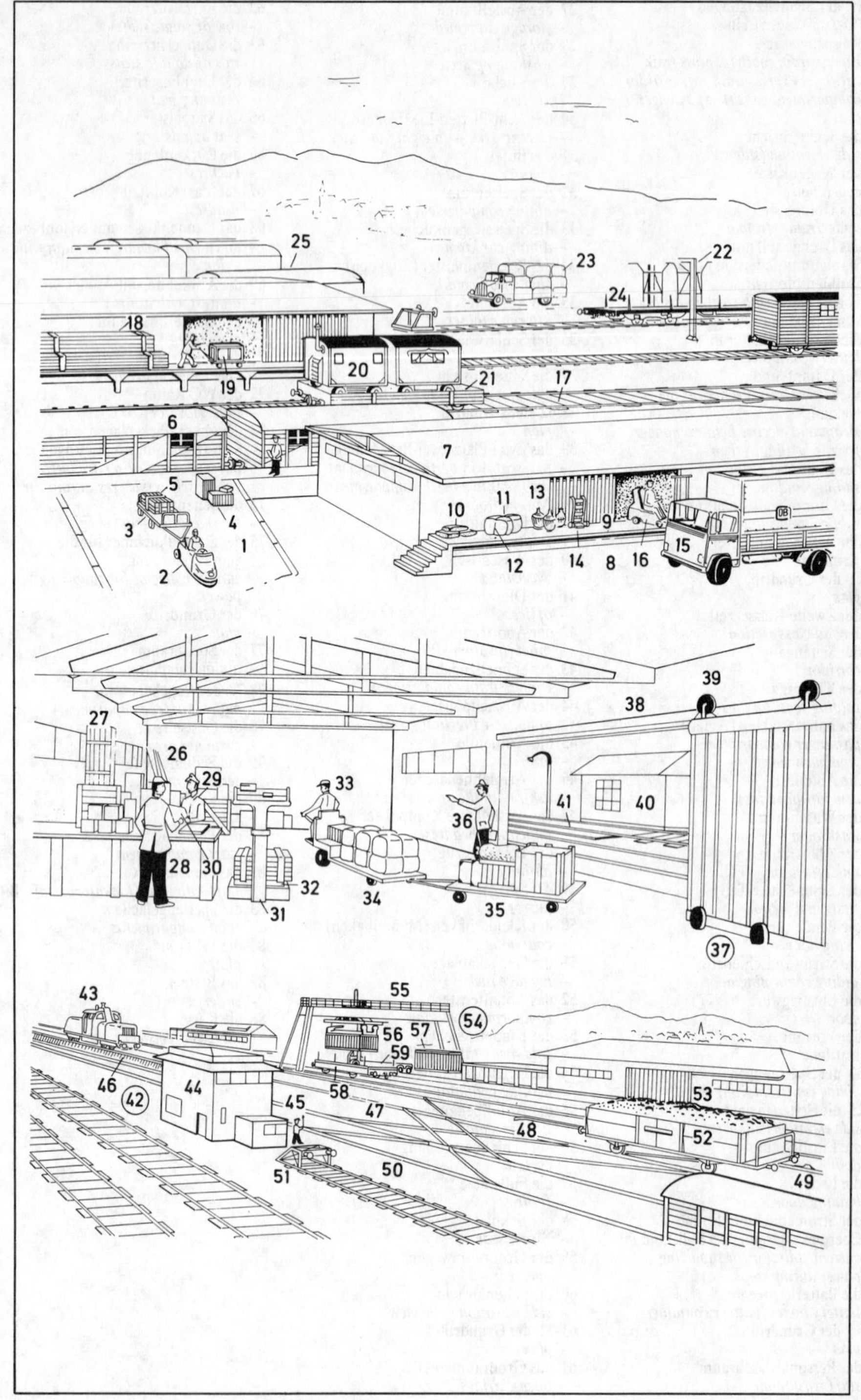
1
2
3
4
5
6
7
8
9
10
11
12
13
14
15
16
17
18
19
20
21
22
23
24
25
26
27
28
29
30
31
32
33
34
35
36
37
38
39
40
41
42
43
44
45
46
47
48
49
50
51
52
53
54
55
56
57
58
59

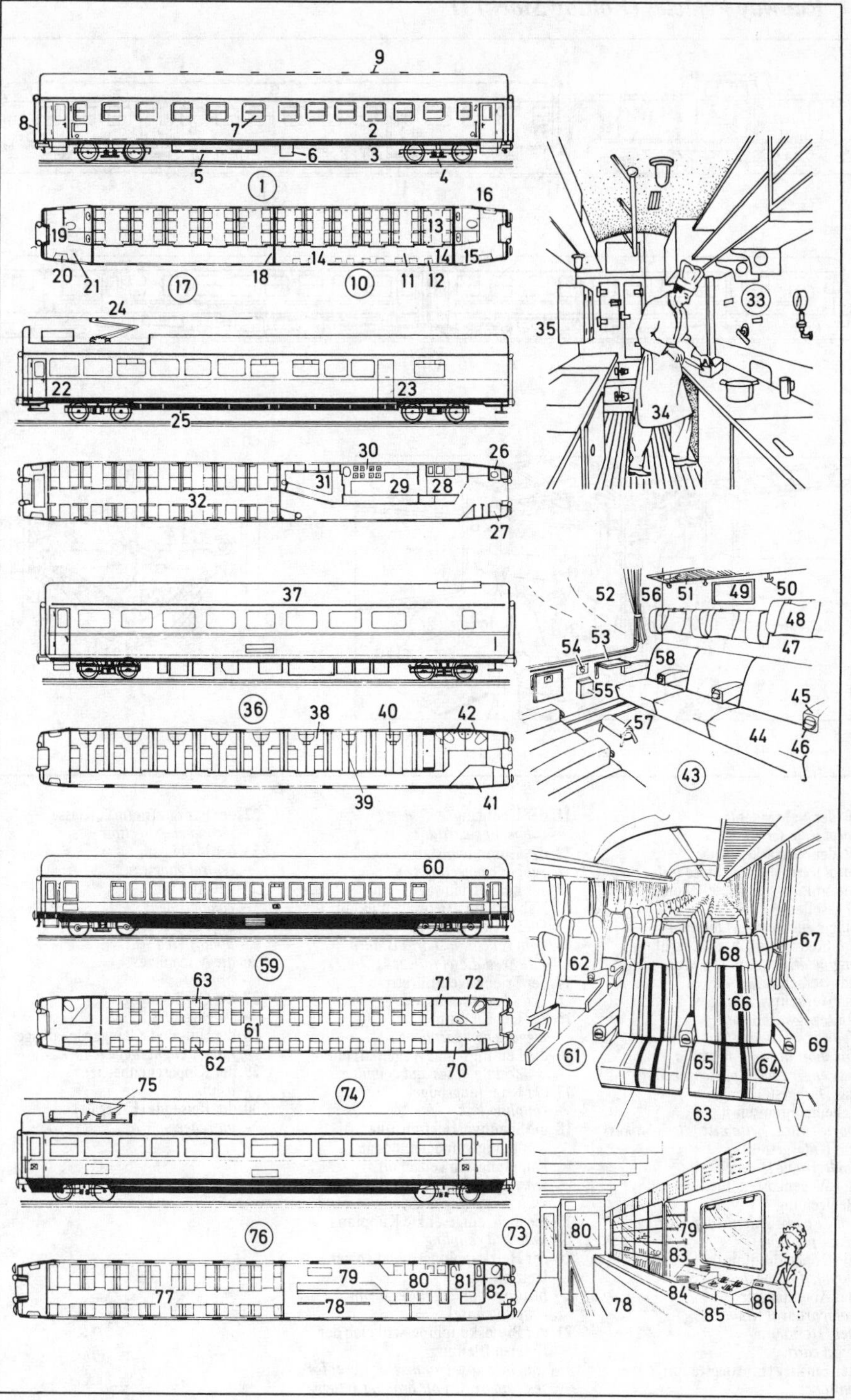

1 2 3 4 5 6 7 8 9
10 11 12 13 14 15 16 17 18 19 20 21
22 23 24 25
26 27 28 29 30 31 32
33 34 35
36 37 38 39 40 41 42
43 44 45 46 47 48 49 50 51 52 53 54 55 56 57 58
59 60 61 62 63 64 65 66 67 68 69 70 71 72
73 74 75 76 77 78 79 80 81 82 83 84 85 86

208 Eisenbahnfahrzeuge (Schienenfahrzeuge) II
Railway Vehicles (Rolling Stock) II

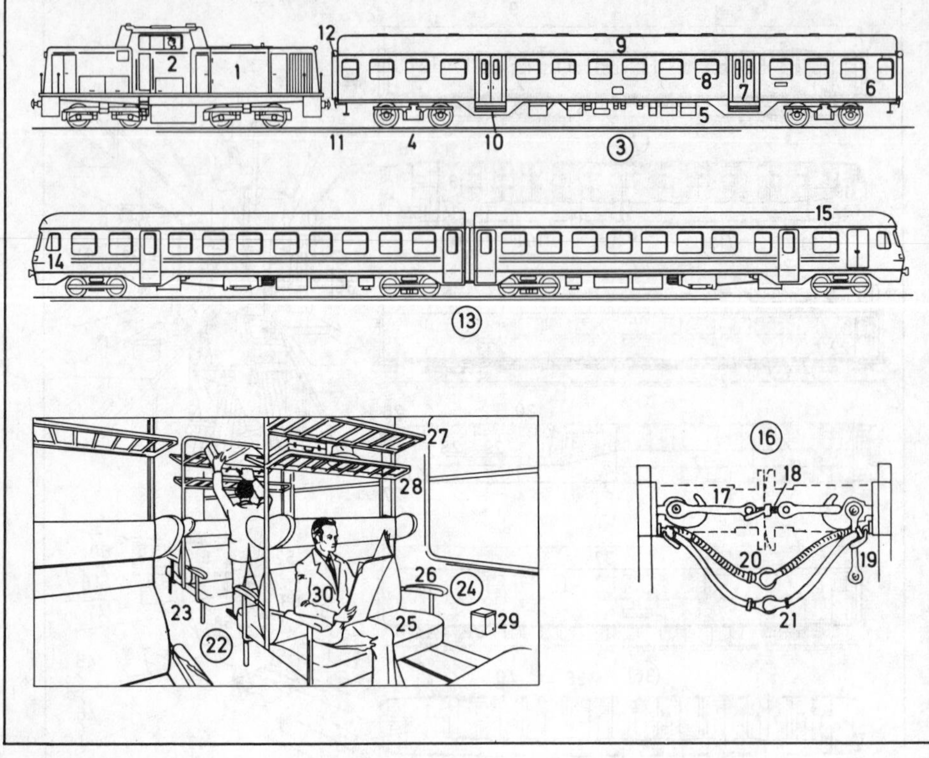

1-30 der Nahverkeh.
- ***local train service***

1-12 der Nahverkehrszug
- ***local train*** *(short-distance train)*

1 die einmotorige Diesellokomotive (Diesellok)
- *single-engine diesel locomotive*

2 der Lokomotivführer (Lokführer)
- *engine driver (*Am.* engineer)*

3 der vierachsige Nahverkehrswagen, ein Reisezugwagen *m*
- *four-axled coach (four-axled car) for short-distance routes, a passenger coach (passenger car)*

4 das Drehgestell [mit Scheibenbremsen *f*]
- *bogie (truck) [with disc (disk) brakes]*

5 das Untergestell
- *underframe (frame)*

6 der Wagenkasten mit der Beblechung
- *coach body with metal panelling (*Am.* paneling)*

7 die Doppeldrehfalttür
- *double folding doors*

8 das Abteilfenster
- *compartment window*

9 der Großraum
- *open carriage*

10 der Einstieg (Einstiegsraum)
- *entrance*

11 der Übergang
- *connecting corridor*

12 die Gummiwulstabdichtung
- *rubber connecting seal*

13 der Leichttriebwagen, ein Nahverkehrstriebwagen *m*, ein Dieseltriebwagen *m*
- *light railcar, a short-distance railcar, a diesel railcar*

14 der Triebwagenführerstand
- *cab (driver's cab,* Am. *engineer's cab)*

15 der Gepäckraum
- *luggage compartment*

16 die Leitungs- und Wagenkupplung
- *connecting hoses and coupling*

17 der Kupplungsbügel
- *coupling link*

18 die Spannvorrichtung (die Kupplungsspindel mit dem Kupplungsschwengel *m*)
- *tensioning device (coupling screw with tensioning lever)*

19 die nicht eingesenkte Kupplung
- *unlinked coupling*

20 der Heizkupplungsschlauch der Heizleitung
- *heating coupling hose (steam coupling hose)*

21 der Bremskupplungsschlauch der Bremsluftleitung
- *coupling hose (connecting hose) for the compressed-air braking system*

22 der Fahrgastraum 2. Klasse *f*
- *second-class section*

23 der Mittelgang
- *central gangway*

24 das Abteil
- *compartment*

25 die Polsterbank
- *upholstered seat*

26 die Armstütze
- *armrest*

27 die Gepäckablage
- *luggage rack*

28 die Hut- und Kleingepäckablage
- *hat and light luggage rack*

29 der Kippaschenbecher
- *ashtray*

30 der Reisende (Fahrgast)
- *passenger*

209 Eisenbahnfahrzeuge (Schienenfahrzeuge) III
Railway Vehicles (Rolling Stock) III

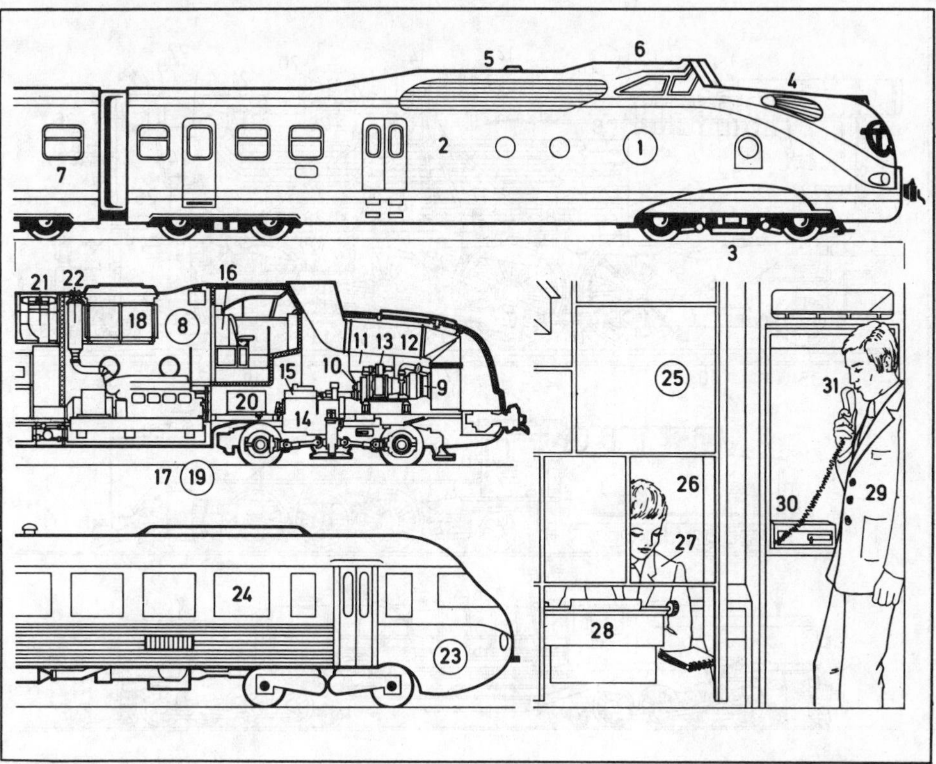

1-22 der TEE-(IC-)Zug (Trans-Europe-Express-Intercity-Zug)
- ***Trans-Europe Express** (Intercity train)*

1 der Triebzug (Triebwagenzug) der Deutschen Bundesbahn (DB), ein Dieseltriebzug *m* oder Gasturbinentriebzug *m*
- *German Federal Railway trainset, a diesel trainset or gas turbine trainset*

2 der Triebkopf (Triebwagen)
- *driving unit*

3 der Triebradsatz
- *drive wheel unit*

4 die Vortriebsmaschinenanlage (der Fahrdieselmotor)
- *main engine*

5 die Dieselgeneratoranlage
- *diesel generator unit*

6 der Führerstand
- *cab (driver's cab,* Am. *engineer's cab)*

7 der Mittelwagen
- *second coach*

8 der Gasturbinentriebkopf [im Schnitt]
- *gas turbine driving unit [diagram]*

9 die Gasturbine
- *gas turbine*

10 das Turbinengetriebe
- *turbine transmission*

11 der Luftansaugkanal
- *air intake*

12 die Abgasleitung mit Schalldämpfer *m*
- *exhaust with silencers (*Am. *mufflers)*

13 die elektrische Startanlage
- *dynastarter*

14 das Voith-Getriebe
- *Voith transmission*

15 der Wärmetauscher für das Getriebeöl
- *heat exchanger for the transmission oil*

16 der Gasturbinensteuerschrank
- *gas turbine controller*

17 der Kraftstoffbehälter für die Gasturbine
- *gas turbine fuel tank*

18 die Öl-Luft-Kühlanlage für Getriebe *n* und Turbine *f*
- *oil-to-air cooling unit for transmission and turbine*

19 der Hilfsdieselmotor (Hilfsdiesel)
- *auxiliary diesel engine*

20 der Kraftstoffbehälter
- *fuel tank*

21 die Kühlanlage
- *cooling unit*

22 die Auspuffleitung, mit Schalldämpfer *m*
- *exhaust with silencers (*Am. *mufflers)*

23 der Versuchstriebwagenzug der Société Nationale des Chemin de Fer Français (SNCF), mit Sechszylinder-Unterflurdieselmotor *m* und Zweiwellen-Gasturbine *f*
- ***experimental trainset** of the Société Nationale des Chemins de Fer Français (SNCF) with six-cylinder underfloor diesel engine and twin-shaft gas turbine*

24 die geräuschgedämpfte Turbinenanlage
- *turbine unit with silencers (*Am. *mufflers)*

25 das Zugsekretariat
- *secretarial compartment*

26 das Schreibabteil
- *typing compartment*

27 die Zugsekretärin
- *secretary*

28 die Schreibmaschine
- *typewriter*

29 der Geschäftsreisende (reisende Geschäftsmann)
- *travelling (*Am. *traveling) salesman (businessman on business trip)*

30 das Diktiergerät
- *dictating machine*

31 das Mikrophon
- *microphone*

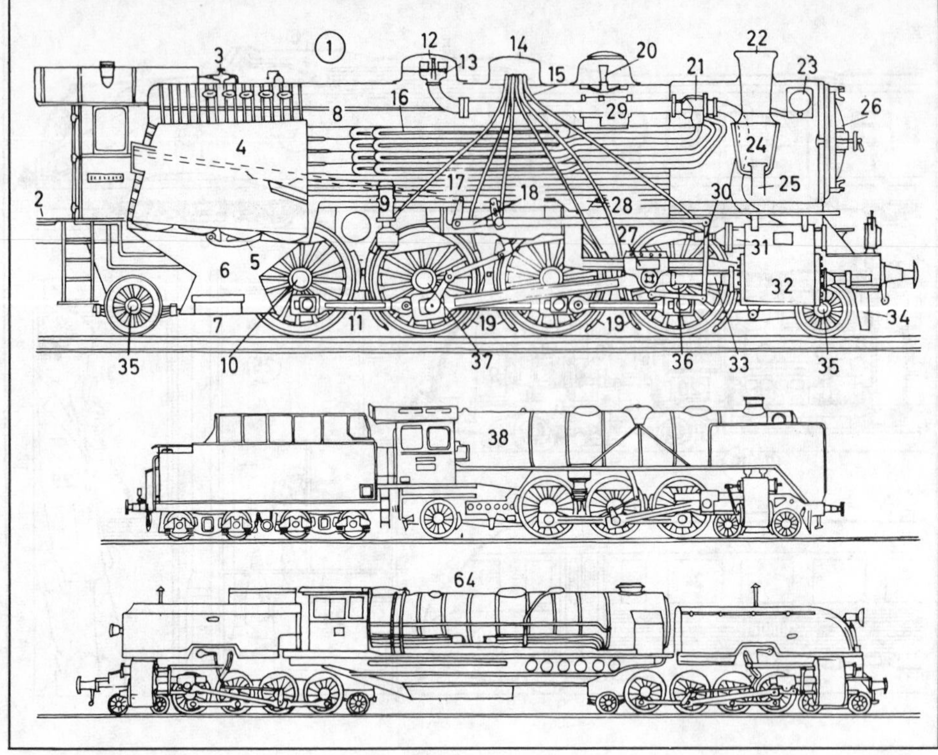

1-69 Dampflokomotiven *f* (Dampfloks)
- ***steam locomotives***

2-37 der Lokomotivkessel und das Loktriebwerk
- ***locomotive boiler and driving gear***

2 die Tenderbrücke, mit Kupplung *f*
- *tender platform with coupling*

3 das Sicherheitsventil, für Dampfüberdruck *m*
- *safety valve for excess boiler pressure*

4 die Feuerbüchse
- *firebox*

5 der Kipprost
- *drop grate*

6 der Aschkasten, mit Luftklappen *f*
- *ashpan with damper doors*

7 die Aschkastenbodenklappe
- *bottom door of the ashpan*

8 die Rauchrohre *n*
- *smoke tubes (flue tubes)*

9 die Speisewasserpumpe
- *feed pump*

10 das Achslager
- *axle bearing*

11 die Kuppelstange
- *connecting rod*

12 der Dampfdom
- *steam dome*

13 das Reglerventil
- *regulator valve (regulator main valve)*

14 der Sanddom
- *sand dome*

15 die Sandabfallrohre *n*
- *sand pipes (sand tubes)*

16 der Langkessel
- *boiler (boiler barrel)*

17 die Heiz- oder Siederohre *n*
- *fire tubes or steam tubes*

18 die Steuerung
- *reversing gear (steam reversing gear)*

19 die Sandstreuerrohre *n*
- *sand pipes*

20 das Speiseventil
- *feed valve*

21 der Dampfsammelkasten
- *steam collector*

22 der Schornstein (Rauchaustritt und Abdampfauspuff)
- *chimney (smokestack, smoke outlet and waste steam exhaust)*

23 der Speisewasservorwärmer (Oberflächenvorwärmer)
- *feedwater preheater (feedwater heater, economizer)*

24 der Funkenfänger
- *spark arrester*

25 das Blasrohr
- *blast pipe*

26 die Rauchkammertür
- *smokebox door*

27 der Kreuzkopf
- *cross head*

28 der Schlammsammler
- *mud drum*

29 das Rieselblech
- *top feedwater tray*

30 die Schieberstange
- *combination lever*

31 der Schieberkasten
- *steam chest*

32 der Dampfzylinder
- *cylinder*

33 die Kolbenstange mit Stopfbuchse *f*
- *piston rod with stuffing box (packing box)*

34 der Bahnräumer (Gleisräumer, Schienenräumer)
- *guard iron (rail guard,* Am. *pilot, cowcatcher)*

35 die Laufachse
- *carrying axle (running axle, dead axle)*

36 die Kuppelachse
- *coupled axle*

37 die Treibachse
- *driving axle*

38 die Schlepptender-Schnellzuglokomotive
- *express locomotive with tender*

210 Eisenbahnfahrzeuge (Schienenfahrzeuge) IV

Railway Vehicles (Rolling Stock) IV

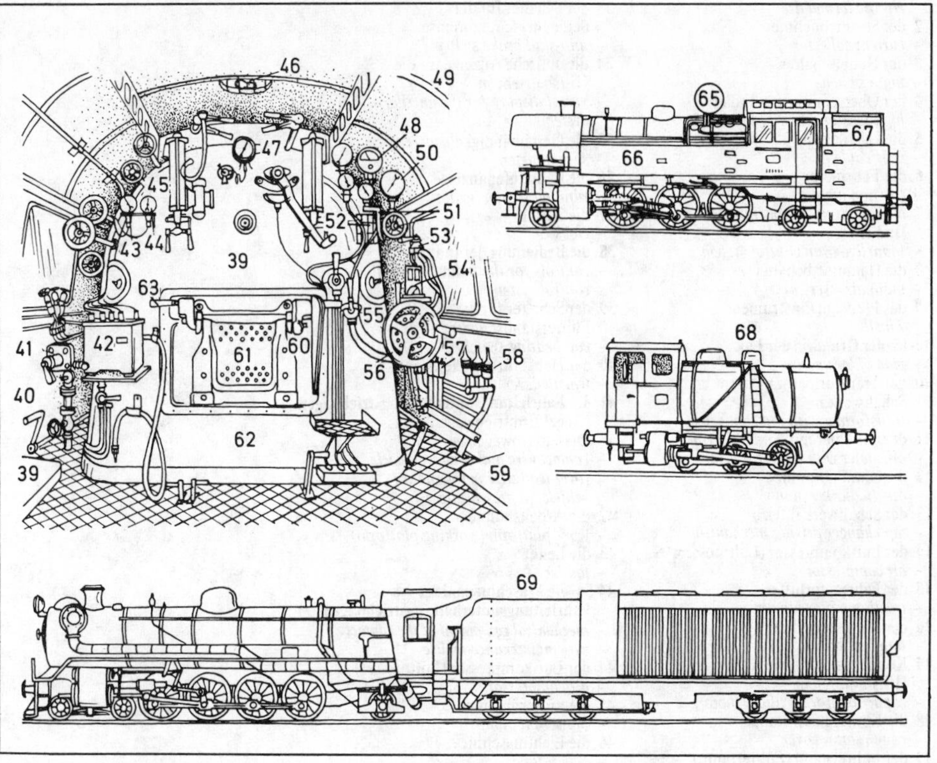

39-63 der Dampflokführerstand
- ***cab*** *(driver's cab,* Am. *engineer's cab)*

39 der Heizersitz
- *fireman's seat*

40 die Kipprostkurbel
- *drop grate lever*

41 die Strahlpumpe
- *line steam injector*

42 die automatische Schmierpumpe
- *automatic lubricant pump (automatic lubricator)*

43 der Vorwärmerdruckmesser
- *preheater pressure gauge (*Am. *gage)*

44 der Heizdruckmesser
- *carriage heating pressure gauge (*Am. *gage)*

45 der Wasserstandsanzeiger
- *water gauge (*Am. *gage)*

46 die Beleuchtung
- *light*

47 der Kesseldruckmesser
- *boiler pressure gauge (*Am. *gage)*

48 das Fernthermometer
- *distant-reading temperature gauge (*Am. *gage)*

49 das Lokführerhaus
- *cab (driver's cab,* Am. *engineer's cab)*

50 der Bremsdruckmesser
- *brake pressure gauge (*Am. *gage)*

51 der Hebel der Dampfpfeife
- *whistle valve handle*

52 der Buchfahrplan
- *driver's timetable (*Am. *engineer's schedule)*

53 das Führerbremsventil
- *driver's brake valve (*Am. *engineer's brake valve)*

54 der Geschwindigkeitsschreiber (Tachograph)
- *speed recorder (tachograph)*

55 der Hahn zum Sandstreuer *m*
- *sanding valve*

56 das Steuerrad
- *reversing wheel*

57 das Notbremsventil
- *emergency brake valve*

58 das Auslöseventil
- *release valve*

59 der Lokführersitz
- *driver's seat (*Am. *engineer's seat)*

60 der Blendschutz
- *firehole shield*

61 die Feuertür
- *firehole door*

62 der Stehkessel
- *vertical boiler*

63 der Handgriff des Feuertüröffners *m*
- *firedoor handle handgrip*

64 die Gelenklokomotive (Garratlokomotive)
- *articulated locomotive (Garratt locomotive)*

65 die Tenderlok
- *tank locomotive*

66 der Wasserkasten
- *water tank*

67 der Brennstofftender
- *fuel tender*

68 die Dampfspeicherlokomotive (feuerlose Lokomotive)
- *steam storage locomotive (fireless locomotive)*

69 die Kondensationslokomotive
- *condensing locomotive (locomotive with condensing tender)*

211 Eisenbahnfahrzeuge (Schienenfahrzeuge) V

1 **die elektrische Lokomotive** (E-Lok, Ellok)
- ***electric locomotive***

2 der Stromabnehmer
- *current collector*

3 der Hauptschalter
- *main switch*

4 der Oberspannungswandler
- *high-tension transformer*

5 die Dachleitung
- *roof cable*

6 der Fahrmotor
- *traction motor*

7 die induktive Zugbeeinflussung (Indusi)
- *inductive train control system*

8 die Hauptluftbehälter *m*
- *main air reservoir*

9 das Pfeifsignalinstrument
- *whistle*

10-18 der Grundriß der Lok
- ***plan of locomotive***

10 der Transformator mit dem Schaltwerk *n*
- *transformer with tap changer*

11 der Ölkühler mit dem Lüfter *m*
- *oil cooler with blower*

12 die Ölumlaufpumpe
- *oil-circulating pump*

13 der Schaltwerkantrieb
- *tap changer driving mechanism*

14 der Luftkompressor (Luftpresser)
- *air compressor*

15 der Fahrmotorlüfter
- *traction motor blower*

16 der Klemmenschrank
- *terminal box*

17 Kondensatoren *m* für Hilfsmotoren *m*
- *capacitors for auxiliary motors*

18 die Kommutatorklappe
- *commutator cover*

19 der Führerstand (Führerraum)
- *cab (driver's cab,* Am. *engineer's cab)*

20 das Fahrschalterhandrad
- *controller handwheel*

21 der Sicherheitsfahrschalter (Sifa)
- *dead man's handle*

22 das Führerbremsventil
- *driver's brake valve (*Am. *engineer's brake valve)*

23 das Zusatzbremsventil
- *ancillary brake valve (auxiliary brake valve)*

24 die Luftdruckanzeige
- *pressure gauge (*Am. *gage)*

25 der Überbrückungsschalter der Sifa
- *bypass switch for the dead man's handle*

26 die Zugkraftanzeige
- *tractive effort indicator*

27 die Heizspannungsanzeige
- *train heating voltage indicator*

28 die Fahrdrahtspannungsanzeige
- *contact wire voltage indicator (overhead wire voltage indicator)*

29 die Oberstromspannungsanzeige
- *high-tension voltage indicator*

30 der Auf-und-ab-Schalter für den Stromabnehmer
- *on/off switch for the current collector*

31 der Hauptschalter
- *main switch*

32 der Sandschalter
- *sander switch (sander control)*

33 der Schalter für die Schleuderschutzbremse
- *anti-skid brake switch*

34 die optische Anzeige für die Hilfsbetriebe *m*
- *visual display for the ancillary systems*

35 die Geschwindigkeitsanzeige
- *speedometer*

36 die Fahrstufenanzeige
- *running step indicator*

37 die Zeituhr
- *clock*

38 die Bedienung der Indusi
- *controls for the inductive train control system*

39 der Schalter für die Führerstandsheizung
- *cab heating switch*

40 der Hebel für das Pfeifsignal
- *whistle lever*

41 **der Fahrleitungsunterhaltungstriebwagen** (Regelturmtriebwagen), ein Dieseltriebwagen *m*
- ***contact wire maintenance vehicle*** *(overhead wire maintenance vehicle), a diesel railcar*

42 die Arbeitsbühne
- *work platform (working platform)*

43 die Leiter
- *ladder*

44-54 die Maschinenanlage des Fahrleitungsunterhaltungstriebwagens *m*
- ***mechanical equipment of the contact wire maintenance vehicle***

44 der Luftkompressor (Luftpresser)
- *air compressor*

45 die Lüfterölpumpe
- *blower oil pump*

46 die Lichtmaschine
- *generator*

47 der Dieselmotor
- *diesel engine*

48 die Einspritzpumpe
- *injection pump*

49 der Schalldämpfer
- *silencer (*Am. *muffler)*

50 das Schaltgetriebe
- *change-speed gear*

51 die Gelenkwelle
- *cardan shaft*

52 die Spurkranzschmierung
- *wheel flange lubricator*

53 das Achswendegetriebe
- *reversing gear*

54 die Drehmomentenstütze
- *torque converter bearing*

55 **der Akkumulatortriebwagen**
- ***accumulator railcar*** *(battery railcar)*

56 der Batterieraum (Batterietrog)
- *battery box (battery container)*

57 der Führerstand
- *cab (driver's cab,* Am. *engineer's cab)*

58 die Sitzanordnung der zweiten Klasse
- *second-class seating arrangement*

59 die Toilette
- *toilet (lavatory, WC)*

60 **der elektrische Schnelltriebzug**
- ***fast electric multiple-unit train***

61 der Endtriebwagen
- *front railcar*

62 der Mitteltriebwagen
- *driving trailer car*

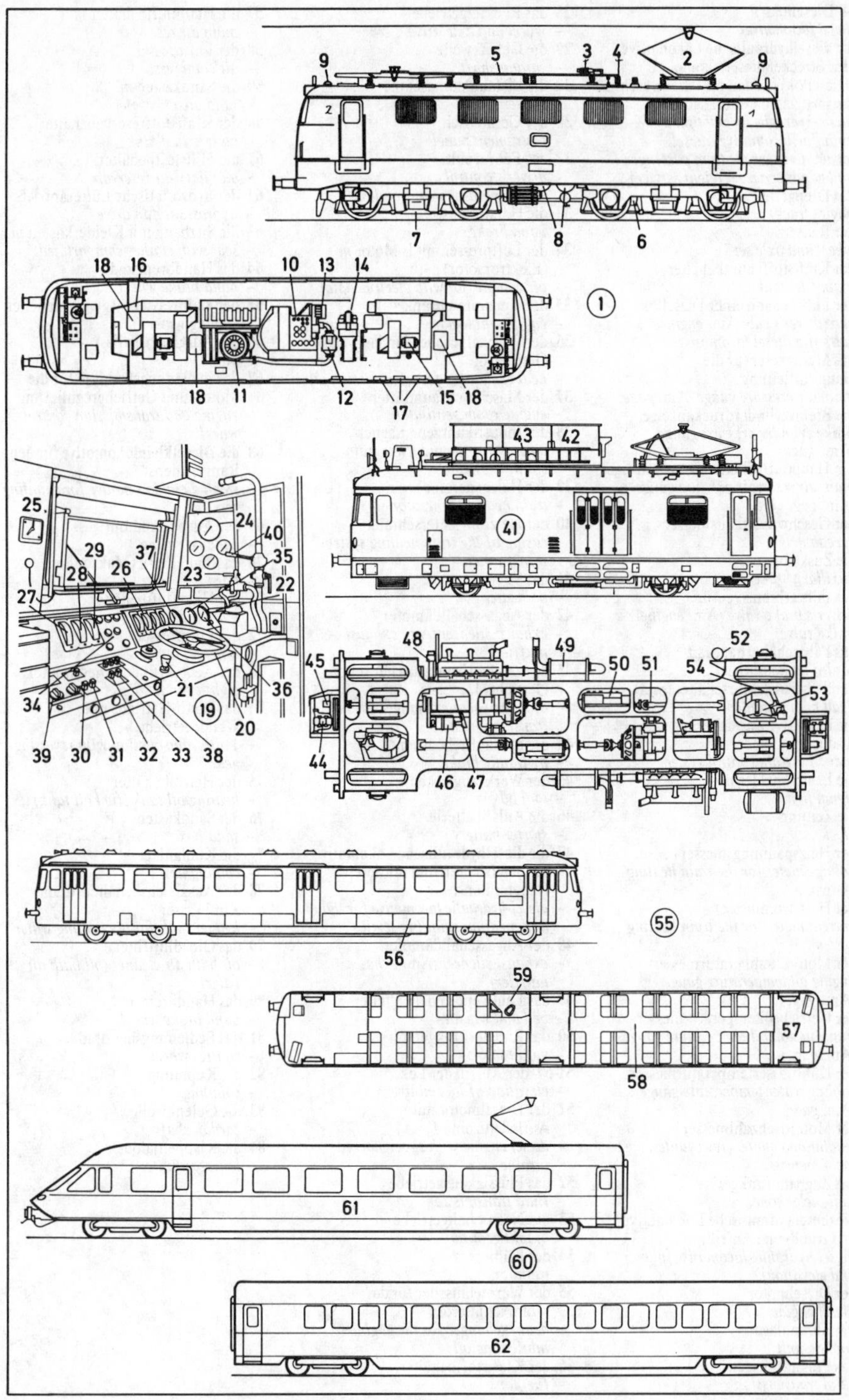
1
2
3
4
5
6
7
8
9
10
11
12
13
14
15
16
17
18
19
20
21
22
23
24
25
26
27
28
29
30
31
32
33
34
35
36
37
38
39
40
41
42
43
44
45
46
47
48
49
50
51
52
53
54
55
56
57
58
59
60
61
62

212 Eisenbahnfahrzeuge (Schienenfahrzeuge) VI

1-84 Diesselloks *f*
- ***diesel locomotives***

1 die dieselhydraulische Lokomotive, eine Streckendiesellokomotive (Diesellok) für den mittelschweren Reisezug- und Güterzugdienst
- ***diesel-hydraulic locomotive,*** *a mainline locomotive (diesel locomotive) for medium passenger and goods service (freight service)*

2 das Drehgestell
- *bogie (truck)*

3 der Radsatz
- *wheel and axle set*

4 der Kraftstoffhauptbehälter
- *main fuel tank*

5 der Führerstand einer Diesellok
- *cab (driver's cab,* Am. *engineer's cab) of a diesel locomotive*

6 das Manometer für die Hauptluftleitung
- *main air pressure gauge (*Am. *gage)*

7 die Bremszylinderdruckanzeige
- *brake cylinder pressure gauge (*Am. *gage)*

8 die Hauptluftbehälter-Druckanzeige
- *main air reservoir pressure gauge (*Am. *gage)*

9 der Geschwindigkeitsmesser
- *speedometer*

10 die Zusatzbremse
- *auxiliary brake*

11 das Führerbremsventil
- *driver's brake valve (*Am. *engineer's brake valve)*

12 das Fahrschalterhandrad
- *controller handwheel*

13 der Sicherheitsfahrschalter (Sifa)
- *dead man's handle*

14 die induktive Zugsicherung (Indusi)
- *inductive train control system*

15 die Leuchtmelder *m*
- *signal lights*

16 die Zeituhr
- *clock*

17 der Heizspannungsmesser
- *voltage meter for the train heating system*

18 der Heizstrommesser
- *current meter for the train heating system*

19 der Motoröltemperaturmesser
- *engine oil temperature gauge (*Am. *gage)*

20 der Getriebeöltemperaturmesser
- *transmission oil temperature gauge (*Am. *gage)*

21 der Kühlwassertemperaturmesser
- *cooling water temperature gauge (*Am. *gage)*

22 der Motordrehzahlmesser
- *revolution counter (rev counter, tachometer)*

23 das Zugbahnfunkgerät
- *radio telephone*

24 die dieselhydraulische Lokomotive [in Grund- und Aufriß]
- *diesel-hydraulic locomotive [plan and elevation]*

25 der Dieselmotor
- *diesel engine*

26 die Kühlanlage
- *cooling unit*

27 das Flüssigkeitsgetriebe
- *fluid transmission*

28 das Radsatzgetriebe
- *wheel and axle drive*

29 die Gelenkwelle
- *cardan shaft*

30 die Lichtanlaßmaschine
- *starter motor*

31 der Gerätetisch
- *instrument panel*

32 das Führerpult
- *driver's control desk (*Am. *engineer's control desk)*

33 die Handbremse
- *hand brake*

34 der Luftpresser mit E-Motor *m* (Elektromotor)
- *air compressor with electric motor*

35 der Apparateschrank
- *equipment locker*

36 der Wärmetauscher für das Getriebeöl
- *heat exchanger for transmission oil*

37 der Maschinenraumlüfter
- *engine room ventilator*

38 der Indusi-Fahrzeugmagnet
- *magnet for the inductive train control system*

39 der Heizgenerator
- *train heating generator*

40 der Heizumrichterschrank
- *casing of the train heating system transformer*

41 das Vorwärmgerät
- *preheater*

42 der Abgasschalldämpfer
- *exhaust silencer (*Am. *exhaust muffler)*

43 der Zusatzwärmetauscher für das Getriebeöl
- *auxiliary heat exchanger for the transmission oil*

44 die hydraulische Bremse
- *hydraulic brake*

45 der Werkzeugkasten
- *tool box*

46 die Anlaßbatterie
- *starter battery*

47 die dieselhydraulische Lokomotive für den leichten und mittleren Rangierdienst
- ***diesel-hydraulic locomotive*** *for light and medium shunting service*

48 der Abgasschalldämpfer
- *exhaust silencer (*Am. *exhaust muffler)*

49 das Läutwerk und die Pfeife
- *bell and whistle*

50 das Rangierfunkgerät
- *yard radio*

51-67 der Aufriß der Lok
- *elevation of locomotive*

51 der Dieselmotor mit Aufladeturbine *f*
- *diesel engine with supercharged turbine*

52 das Flüssigkeitsgetriebe
- *fluid transmission*

53 das Nachschaltgetriebe
- *output gear box*

54 der Kühler
- *radiator*

55 der Wärmetauscher für das Motorschmieröl
- *heat exchanger for the engine lubricating oil*

56 der Kraftstoffbehälter
- *fuel tank*

57 die Hauptluftbehälter *m*
- *main air reservoir*

58 der Luftpresser
- *air compressor*

59 die Sandkästen *m*
- *sand boxes*

60 der Kraftstoffreservebehälter
- *reserve fuel tank*

61 der Hilfsluftbehälter
- *auxiliary air reservoir*

62 der hydrostatische Lüfterantrieb
- *hydrostatic fan drive*

63 die Sitzbank mit Kleiderkasten *m*
- *seat with clothes compartment*

64 das Handbremsrad
- *hand brake wheel*

65 der Kühlwasserausgleichsbehälter
- *cooling water*

66 der Ausgleichsballast
- *ballast*

67 das Bedienungshandrad für die Motor- und Getrieberegulierung
- *engine and transmission control wheel*

68 die Dieselkleinlokomotive für den Rangierdienst
- ***small diesel locomotive*** *for shunting service*

69 der Auspuffendtopf
- *exhaust casing*

70 das Signalhorn (Makrophon)
- *horn*

71 der Hauptluftbehälter
- *main air reservoir*

72 der Luftpresser
- *air compressor*

73 der Acht-Zylinder-Dieselmotor
- *eight-cylinder diesel engine*

74 das Voith-Getriebe mit Wendegetriebe *n*
- *Voith transmission with reversing gear*

75 der Heizölbehälter
- *heating oil tank (fuel oil tank)*

76 der Sandkasten
- *sand box*

77 die Kühlanlage
- *cooling unit*

78 der Ausgleichsbehälter für das Kühlwasser
- *header tank for the cooling water*

79 das Ölbadluftfilter
- *oil bath air cleaner (oil bath air filter)*

80 das Handbremsrad
- *hand brake wheel*

81 das Bedienungshandrad
- *control wheel*

82 die Kupplung
- *coupling*

83 die Gelenkwelle
- *cardan shaft*

84 die Klappenjalousie
- *louvred shutter*

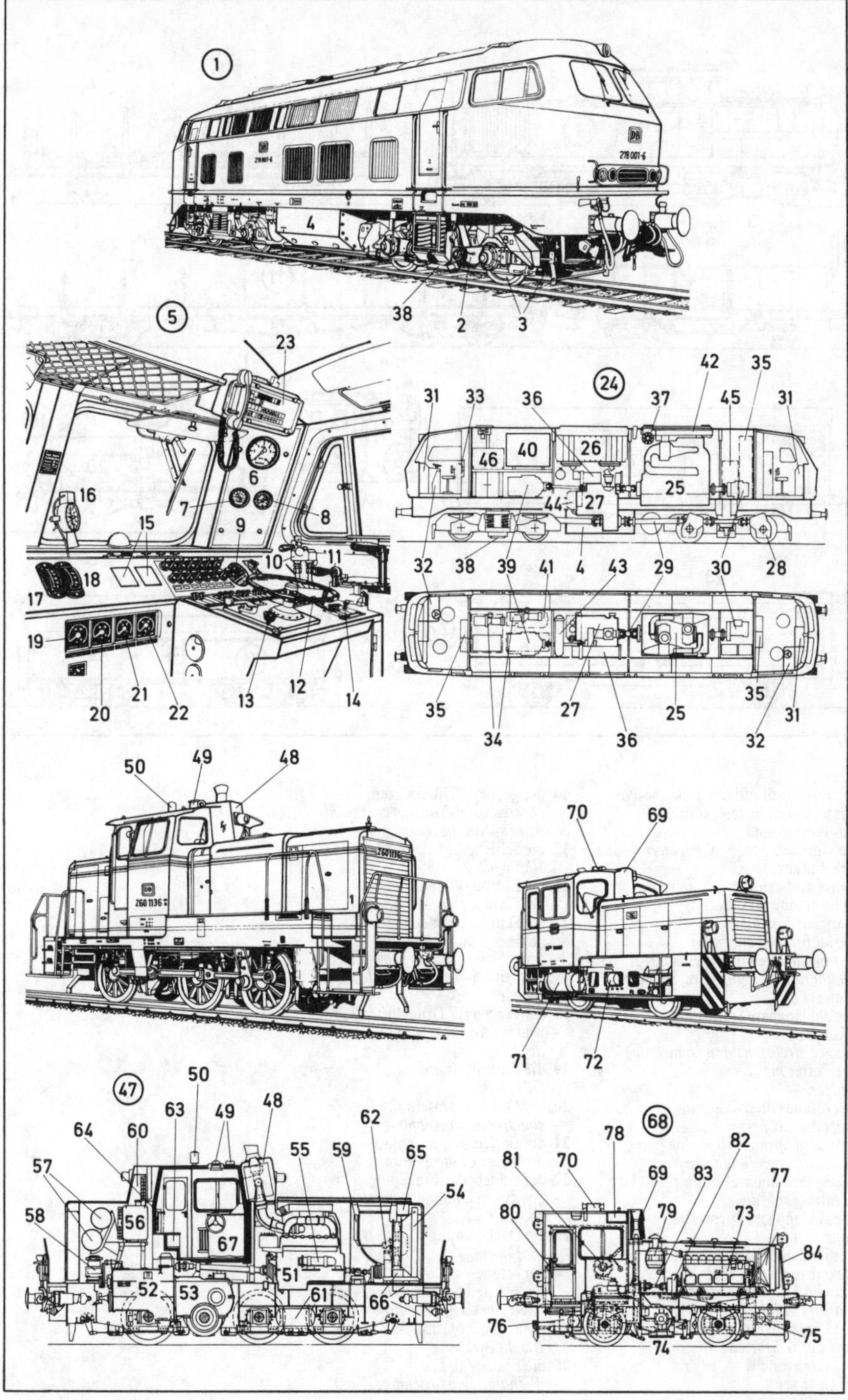
1
DB
218 001-6
4
38
2
3
5
23
6
7
8
9
10
11
15
16
17
18
19
20
21
22
12
13
14
24
42
35
31
33
36
37
45
31
46
40
26
25
44
27
32
38
39
41
4
43
29
30
28
35
34
27
36
25
35
31
32
50
49
48
DB
260 1136
70
69
71
72
47
50
63
49
48
64
60
62
55
59
65
57
54
56
58
67
51
52
53
61
66
68
78
82
81
70
69
83
77
80
79
73
84
76
74
75

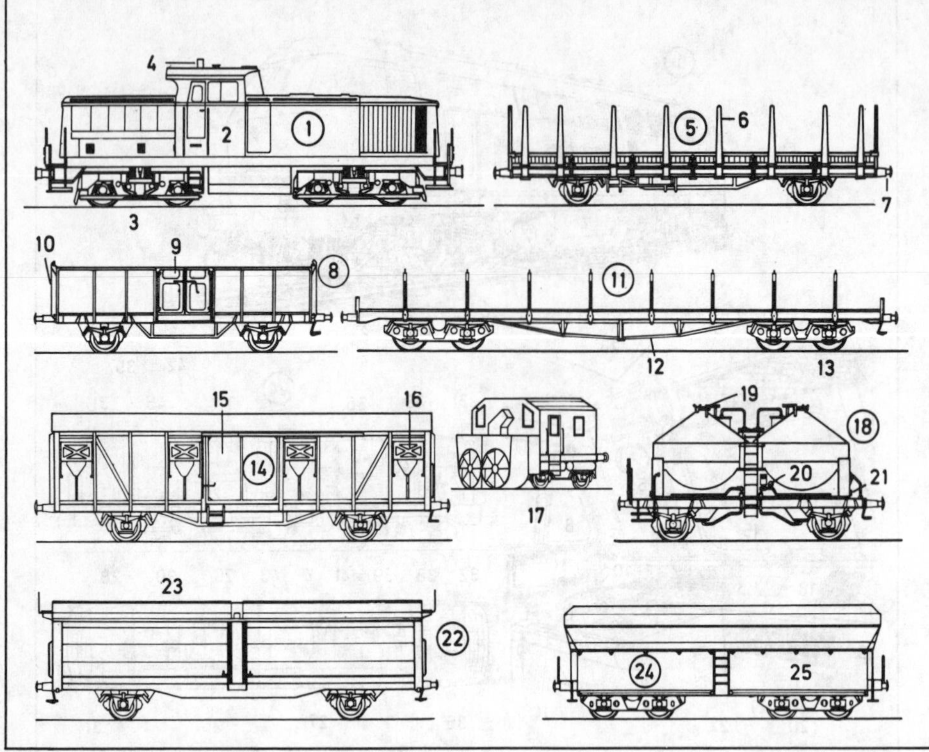

1 die dieselhydraulische Lokomotive
- *diesel-hydraulic locomotive*

2 der Führerstand
- *cab (driver's cab,* Am. *engineer's cab)*

3 der Radsatz
- *wheel and axle set*

4 die Antenne für die Rangierfunkanlage
- *aerial for the yard radio*

5 der Flachwagen in Regelbauart *f*
- *standard flat wagon (*Am. *standard flatcar)*

6 die abklappbare Stahlrunge (Runge)
- *hinged steel stanchion (stanchion)*

7 die Puffer *m*
- *buffers*

8 der offene Güterwagen in Regelbauart *f*
- *standard open goods wagon (*Am. *standard open freight car)*

9 die Seitenwanddrehtüren *f*
- *revolving side doors*

10 die abklappbare Stirnwand
- *hinged front*

11 der Drehgestellflachwagen in Regelbauart *f*
- *standard flat wagon (*Am. *standard flatcar) with bogies*

12 die Längsträgerverstärkung
- *sole bar reinforcement*

13 das Drehgestell
- *bogie (truck)*

14 der gedeckte Güterwagen
- *covered goods van (covered goods wagon,* Am. *boxcar)*

15 die Schiebetür
- *sliding door*

16 die Lüftungsklappe
- *ventilation flap*

17 die Schneeschleuder, eine Schienenräummaschine
- *snow blower (rotary snow plough,* Am. *snowplow), a track-clearing vehicle*

18 der Wagen für Druckluftentladung *f*
- *wagon (*Am. *car) with pneumatic discharge*

19 die Einfüllöffnung
- *filler hole*

20 der Druckluftanschluß
- *compressed-air supply*

21 der Entleerungsanschluß
- *discharge connection valve*

22 der Schiebedachwagen
- *goods van (*Am. *boxcar) with sliding roof*

23 die Dachöffnung
- *roof opening*

24 der offene Drehgestell-Selbstentladewagen
- *bogie open self-discharge wagon (*Am. *bogie open self-discharge freight car)*

25 die Entladeklappe
- *discharge flap (discharge door)*

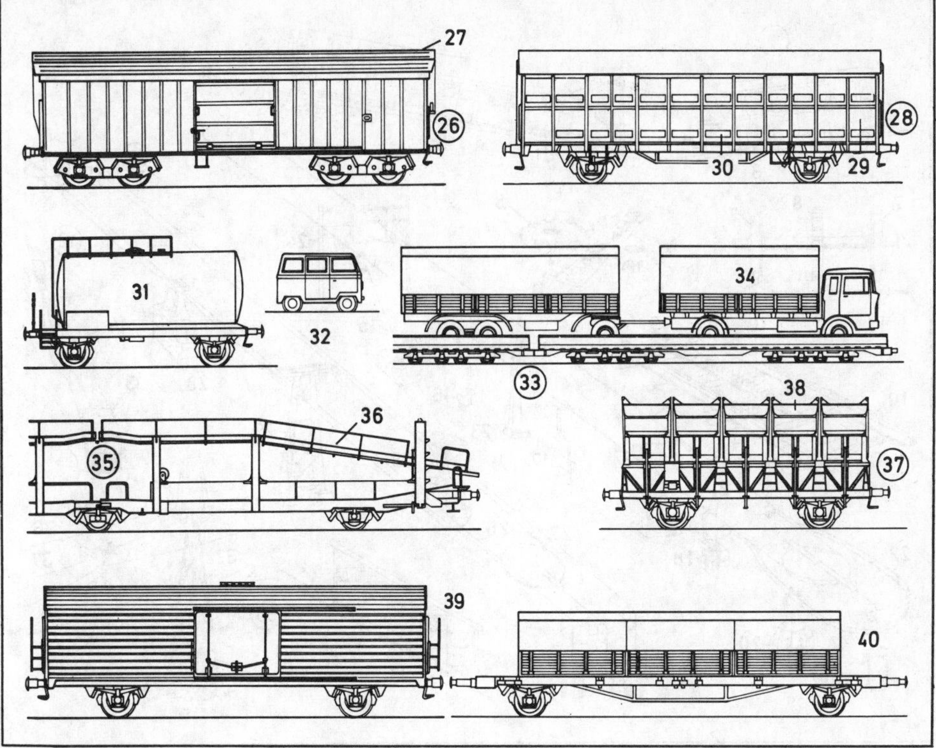

26 der Drehgestell-Schwenkdachwagen
- *bogie wagon with swivelling (Am. swiveling) roof*

27 das Schwenkdach
- *swivelling (Am. swiveling) roof*

28 der großräumige Verschlagwagen für die Beförderung von Kleinvieh *n*
- *large-capacity wagon (Am. large-capacity car) for small livestock*

29 die luftdurchlässige Seitenwand (Lattenwand)
- *sidewall with ventilation flaps (slatted wall)*

30 die Lüftungsklappe
- *ventilation flap*

31 der Kesselwagen
- *tank wagon (Am. tank car)*

32 der Gleiskraftwagen
- *track inspection railcar*

33 die Spezialflachwagen *m*
- *open special wagons (Am. open special freight cars)*

34 der Lastzug
- *lorry (Am. truck) with trailer*

35 der Doppelstockwagen, für den Autotransport
- *two-tier car carrier (double-deck car carrier)*

36 die Auffahrmulde
- *hinged upper deck*

37 der Muldenkippwagen
- *tipper wagon (Am. dump car) with skips*

38 die Kippmulde
- *skip*

39 der Universalkühlwagen
- *general-purpose refrigerator wagon (refrigerator van, Am. refrigerator car)*

40 die Wechselaufbauten *m* für Flachwagen *m*
- *interchangeable bodies for flat wagons (Am. flatcars)*

214 Bergbahnen

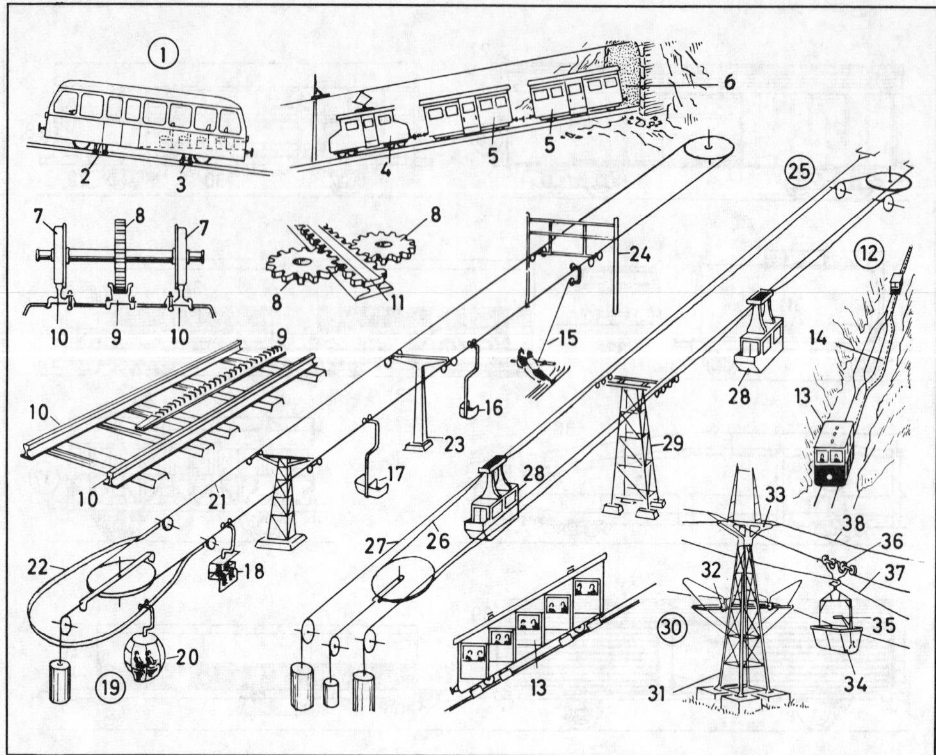

1-14 Schienenbergbahnen *f*
- ***mountain railways*** (Am. *mountain railroads)*

1 der Triebwagen, mit forcierter Adhäsion
- *adhesion railcar*

2 der Antrieb
- *drive*

3 die Notbremse
- *emergency brake*

4-5 die Zahnradbergbahn
- *rack mountain railway (rack-and-pinion railway, cog railway,* Am. *cog railroad, rack railroad)*

4 die elektrische Zahradlokomotive
- *electric rack railway locomotive (*Am. *electric rack railroad locomotive)*

5 der Zahnradbahnanhänger
- *rack railway coach (rack railway trailer,* Am. *rack railroad car)*

6 der Tunnel
- *tunnel*

7-11 Zahnstangenbahnen *f* [Systeme]
- *rack railways (rack-and-pinion railways,* Am. *rack railroads) [systems]*

7 das Laufrad
- *running wheel (carrying wheel)*

8 das Triebzahnrad
- *driving pinion*

9 die Sprossenzahnstange
- *rack [with teeth machined on top edge]*

10 die Schiene
- *rail*

11 die Doppelleiterzahnstange
- *rack [with teeth on both outer edges]*

12 die Standseilbahn
- *funicular railway (funicular, cable railway)*

13 der Standseilbahnwagen
- *funicular railway car*

14 das Zugseil
- *haulage cable*

15-38 Seilschwebebahnen *f* (Schwebebahnen, Drahtseilbahnen, Seilbahnen)
- ***cableways*** *(ropeways, cable suspension lines)*

15-24 Einseilbahnen *f*, Umlaufbahn *f*
- *single-cable ropeways (single-cable suspension lines), endless ropeways*

15 der Skischlepplift
- *drag lift*

16-18 der Sessellift
- *chair lift*

16 der Liftsessel, ein Einmannsessel *m*
- *lift chair, a single chair*

17 der Doppelliftsessel, ein Zweimannsessel *m*
- *double lift chair, a two-seater chair*

18 der kuppelbare Doppelsessel
- *double chair (two-seater chair) with coupling*

19 die Kleinkabinenbahn, eine Umlaufbahn
- *gondola cableway, an endless cableway*

20 die Kleinkabine (Umlaufkabine)
- *gondola (cabin)*

21 das Umlaufseil, ein Trag- und Zugseil *n*
- *endless cable, a suspension (supporting) and haulage cable*

22 die Umführungsschiene
- *U-rail*

23 die Einmaststütze
- *single-pylon support*

24 die Torstütze
- *gantry support*

25 die Zweiseilbahn, eine Pendelbahn
- *double-cable ropeway (double-cable suspension line), a suspension line with balancing cabins*

26 das Zugseil
- *haulage cable*

27 das Tragseil
- *suspension cable (supporting cable)*

28 die Fahrgastkabine
- *cabin*

29 die Zwischenstütze
- *intermediate support*

30 die Seilschwebbahn, eine Zweiseilbahn
- *cableway (ropeway, suspension line), a double-cable ropeway (double-cable suspension line)*

31 die Gitterstütze
- *pylon*

32 die Zugseilrolle
- *haulage cable roller*

33 der Seilschuh (das Tragseilauflager)
- *cable guide rail (suspension cable bearing)*

34 der Wagenkasten, ein Kippkasten *m*
- *skip, a tipping bucket (Am. dumping bucket)*

35 der Kippanschlag
- *stop*

36 das Laufwerk
- *pulley cradle*

37 das Zugseil
- *haulage cable*

38 das Tragseil
- *suspension cable (supporting cable)*

39 **die Talstation**
- ***valley station*** *(lower station)*

40 der Spanngewichtschacht (Spannschacht)
- *tension weight shaft*

41 das Tragseilspanngewicht
- *tension weight for the suspension cable (supporting cable)*

42 das Zugseilspanngewicht
- *tension weight for the haulage cable*

43 die Spannseilscheibe
- *tension cable pulley*

44 das Tragseil
- *suspension cable (supporting cable)*

45 das Zugseil
- *haulage cable*

46 das Gegenseil (Unterseil)
- *balance cable (lower cable)*

47 das Hilfsseil
- *auxiliary cable (emergency cable)*

48 die Hilfsseilspannvorrichtung
- *auxiliary-cable tensioning mechanism (emergency-cable tensioning mechanism)*

49 die Zugseiltragrollen *f*
- *haulage cable rollers*

50 die Anfahrfederung (der Federpuffer)
- *spring buffer (Am. spring bumper)*

51 der Talstationsbahnsteig
- *valley station platform (lower station platform)*

52 die Fahrgastkabine (Seilbahngondel), eine Großkabine (Großraumkabine)
- *cabin (cableway gondola, ropeway gondola, suspension line gondola), a large-capacity cabin*

53 das Laufwerk
- *pulley cradle*

54 das Gehänge
- *suspension gear*

55 der Schwingungsdämpfer
- *stabilizer*

56 der Abweiser (Abweisbalken)
- *guide rail*

57 **die Bergstation**
- ***top station*** *(upper station)*

58 der Tragseilschuh
- *suspension cable guide (supporting cable guide)*

59 der Tragseilverankerungspoller
- *suspension cable anchorage (supporting cable anchorage)*

60 die Zugseilrollenbatterie
- *haulage cable rollers*

61 die Zugseilumlenkscheibe
- *haulage cable guide wheel*

62 die Zugseilantriebsscheibe
- *haulage cable driving pulley*

63 der Hauptantrieb
- *main drive*

64 der Reserveantrieb
- *standby drive*

65 der Führerstand
- *control room*

66 **das Kabinenlaufwerk**
- ***cabin pulley cradle***

67 der Laufwerkhauptträger
- *main pulley cradle*

68 die Doppelwiege
- *double cradle*

69 die Zweiradwiege
- *two-wheel cradle*

70 die Laufwerkrollen *f*
- *running wheels*

71 die Tragseilbremse, eine Notbremse bei Zugseilbruch *m*
- *suspension cable brake (supporting cable brake), an emergency brake in case of haulage cable failure*

72 der Gehängebolzen
- *suspension gear bolt*

73 die Zugseilmuffe
- *haulage cable sleeve*

74 die Gegenseilmuffe
- *balance cable sleeve (lower cable sleeve)*

75 der Entgleisungsschutz
- *derailment guard*

76 **Seilbahnstützen** *f* (Zwischenstützen)
- ***cable supports*** *(ropeway supports, suspension line supports, intermediate supports)*

77 der Stahlgittermast, eine Fachwerkstütze
- *pylon, a framework support*

78 der Stahlrohrmast, eine Stahlrohrstütze
- *tubular steel pylon, a tubular steel support*

79 der Tragseilschuh (Stützenschuh)
- *suspension cable guide rail (supporting cable guide rail, support guide rail)*

80 der Stützengalgen, ein Montagegerät *n* für Seilarbeiten *f*
- *support truss, a frame for work on the cable*

81 das Stützenfundament
- *base of the support*

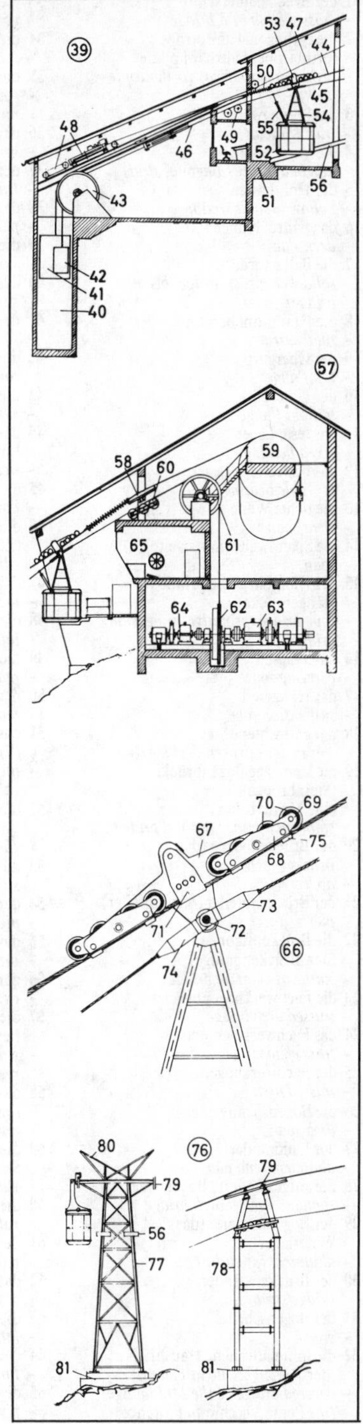

1 der Brückenquerschnitt
- *cross-section of a bridge*
2 die orthogonal anisotrope (orthotrope) Fahrbahnplatte
- *orthotropic roadway (orthotropic deck)*
3 das Sprengwerk
- *truss (bracing)*
4 die Verstrebung
- *diagonal brace (diagonal strut)*
5 der Hohlkasten
- *hollow tubular section*
6 das Fahrbahnblech
- *deck slab*
7 die Balkenbrücke
- *solid-web girder bridge (beam bridge)*
8 die Fahrbahnoberkante
- *road surface*
9 der Obergurt
- *top flange*
10 der Untergurt
- *bottom flange*
11 das feste Lager
- *fixed bearing*
12 das bewegliche Lager
- *movable bearing*
13 die lichte Weite
- *clear span*
14 die Spannweite (Stützweite)
- *span*
15 der Hängesteg (die primitive Hängebrücke)
- *rope bridge (primitive suspension bridge)*
16 das Tragseil
- *carrying rope*
17 das Hängeseil
- *suspension rope*
18 der geflochtene Steg
- *woven deck (woven decking)*
19 die steinerne Bogenbrücke (Steinbrücke), eine Massivbrücke
- *stone arch bridge, a solid bridge*
20 der Brückenbogen (das Brückenjoch)
- *arch*
21 der Brückenpfeiler (Strompfeiler)
- *pier*
22 die Brückenfigur (der Brückenheilige)
- *statue of saint on bridge*
23 die Fachwerkbogenbrücke
- *trussed arch bridge*
24 das Fachwerkelement
- *truss element*
25 der Fachwerkbogen
- *trussed arch*
26 die Bogenspannweite
- *arch span*
27 der Landpfeiler
- *abutment (end pier)*
28 die aufgeständerte Bogenbrücke
- *spandrel-braced arch bridge*
29 der Bogenkämpfer (das Widerlager)
- *abutment (abutment pier)*
30 der Brückenständer
- *bridge strut*
31 der Bogenscheitel
- *crown*
32 die mittelalterliche Hausbrücke (der *Ponte Vecchio* in *Florenz*)
- *covered bridge of the Middle Ages (the* Ponte Vecchio *in* Florence*)*
33 die Goldschmiedeläden *m*
- *goldsmiths' shops*
34 die Stahlgitterbrücke
- *steel lattice bridge*
35 die Diagonale (Brückenstrebe)
- *counterbrace (crossbrace, diagonal member)*
36 der Brückenpfosten (die Vertikale)
- *vertical member*
37 der Fachwerkknoten
- *truss joint*
38 das Endportal (Windportal)
- *portal frame*
39 die Hängebrücke
- *suspension bridge*
40 das Tragkabel
- *suspension cable*
41 der Hänger
- *suspender (hanger)*
42 der Pylon (das Brückenportal)
- *tower*
43 die Tragkabelverankerung
- *suspension cable anchorage*
44 das Zugband [mit der Fahrbahn]
- *tied beam [with roadway]*
45 das Brückenwiderlager
- *abutment*
46 die Schrägseilbrücke (Zügelgurtbrücke)
- *cable-stayed bridge*
47 das Abspannseil (Schrägseil)
- *inclined tension cable*
48 die Schrägseilverankerung
- *inclined cable anchorage*
49 die Stahlbetonbrücke
- *reinforced concrete bridge*
50 der Stahlbetonbogen
- *reinforced concrete arch*
51 das Schrägseilsystem (Vielseilsystem)
- *inclined cable system (multiple cable system)*
52 die Flachbrücke, eine Vollwandbrücke
- *flat bridge, a plate girder bridge*
53 die Queraussteifung
- *stiffener*
54 der Strompfeiler
- *pier*
55 das Auflager (Brückenlager)
- *bridge bearing*
56 der Eisbrecher
- *cutwater*
57 die Sundbrücke, eine Brücke aus Fertigbauteilen *m od. n*
- *straits bridge, a bridge built of precast elements*
58 das Fertigbauteil (Fertigbauelement)
- *precast construction unit*
59 die Hochstraße (aufgeständerte Straße)
- *viaduct*
60 die Talsohle
- *valley bottom*
61 der Stahlbetonständer
- *reinforced concrete pier*
62 das Vorbaugerüst
- *scaffolding*
63 die Gitterdrehbrücke
- *lattice swing bridge*
64 der Drehkranz
- *turntable*
65 der Drehpfeiler
- *pivot pier*
66 die drehbare Brückenhälfte (Halbbrücke)
- *pivoting half (pivoting section, pivoting span, movable half) of bridge*
67 die Flachdrehbrücke
- *flat swing bridge*
68 das Mittelteil
- *middle section*
69 der Drehzapfen
- *pivot*
70 das Brückengeländer
- *parapet (handrailing)*

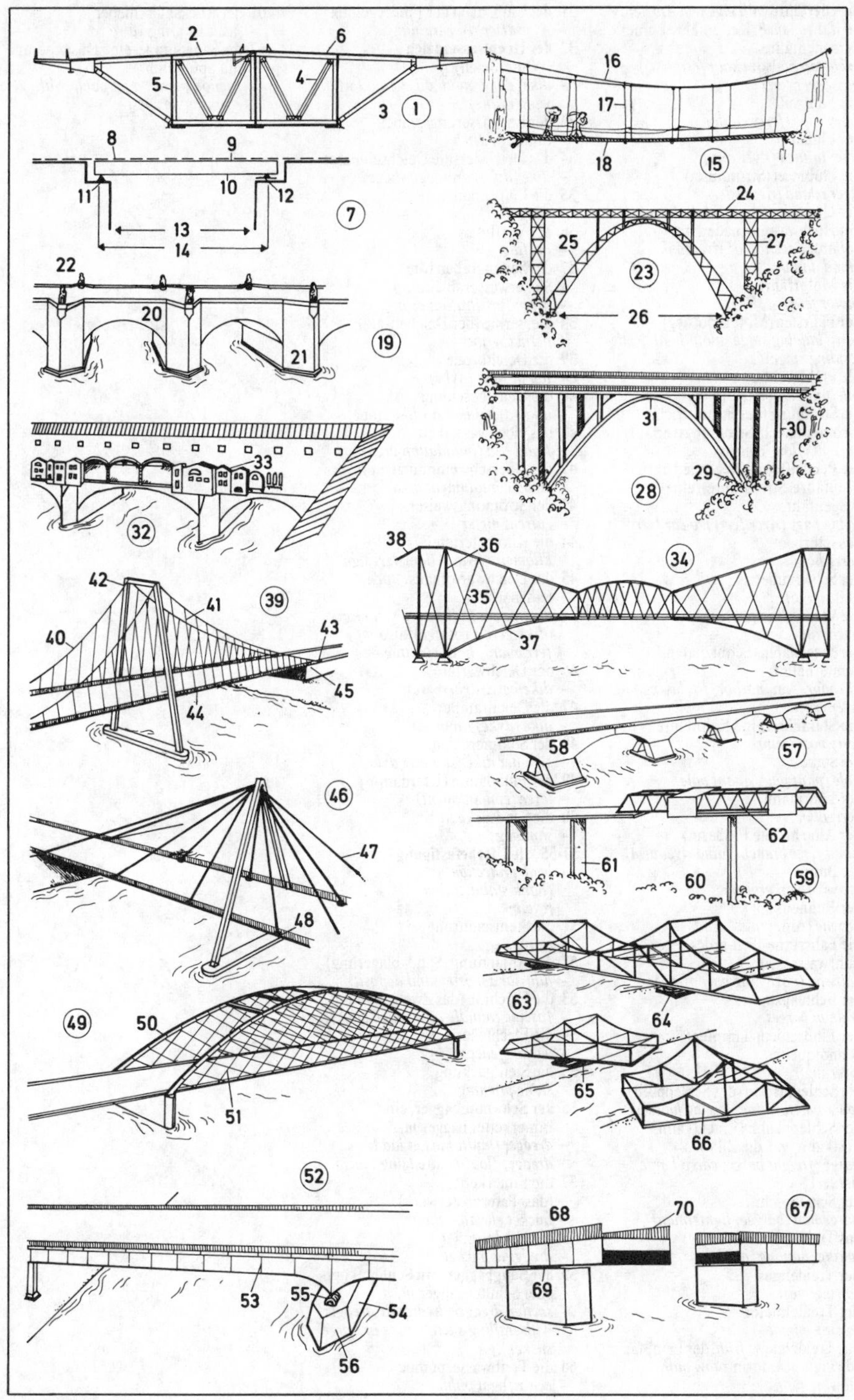
1
2
3
4
5
6
7
8
9
10
11
12
13
14
15
16
17
18
19
20
21
22
23
24
25
26
27
28
29
30
31
32
33
34
35
36
37
38
39
40
41
42
43
44
45
46
47
48
49
50
51
52
53
54
55
56
57
58
59
60
61
62
63
64
65
66
67
68
69
70

1 **die Gierfähre** (*mit eigenem Antrieb:* Seilfähre; *auch:* Kettenfähre), eine Personenfähre
- ***cable ferry*** *(*also: *chain ferry), a passenger ferry*

2 das Fährseil
- *ferry rope (ferry cable)*

3 der Flußarm
- *river branch (river arm)*

4 die Flußinsel (Strominsel)
- *river island (river islet)*

5 der Uferabbruch am Flußufer *n*, ein Hochwasserschaden *m*
- *collapsed section of riverbank, flood damage*

6 **die Motorfähre**
- ***motor ferry***

7 der Fährsteg (Motorbootsteg)
- *ferry landing stage (motorboat landing stage)*

8 die Pfahlgründung
- *pile foundations*

9 die Strömung (der Stromstrich, Stromschlauch, Strömungsverlauf)
- *current (flow, course)*

10 **die Pendelfähre** (fliegende Fähre, Flußfähre, Stromfähre), eine Wagenfähre
- ***flying ferry*** *(river ferry), a car ferry*

11 das Fährboot
- *ferry boat*

12 der Schwimmer
- *buoy (float)*

13 die Verankerung
- *anchorage*

14 der Liegehafen (Schutzhafen, Winterhafen)
- *harbour (*Am. *harbor) for laying up river craft*

15 **die Stakfähre,** eine Kahnfähre
- ***ferry boat*** *(punt)*

16 die Stake
- *pole (punt pole, quant pole)*

17 der Fährmann
- *ferryman*

18 der Altarm (tote Flußarm)
- *blind river branch (blind river arm)*

19 die Buhne
- *groyne (*Am. *groin)*

20 der Buhnenkopf
- *groyne (*Am. *groin) head*

21 die Fahrrinne (Teil *m* des Fahrwassers *n*)
- *fairway (navigable part of river)*

22 **der Schleppzug**
- ***train of barges***

23 der Flußschleppdampfer (*österr.* Remorqueur)
- *river tug*

24 die Schlepptrosse (das Schleppseil)
- *tow rope (tow line, towing hawser)*

25 der Schleppkahn (Frachtkahn, Lastkahn, *md.* die Zille)
- *barge (freight barge, cargo barge, lighter)*

26 der Schleppschiffer
- *bargeman (bargee, lighterman)*

27 **das Treideln** (der Leinzug)
- ***towing*** *(hauling, haulage)*

28 der Treidelmast
- *towing mast*

29 der Treidelmotor
- *towing engine*

30 das Treidelgleis; *früh.* der Leinpfad
- *towing track;* form.: *tow path (towing path)*

31 der Fluß, nach der Flußregelung
- *river after river training*

32 **der Hochwasserdeich** (Winterdeich)
- ***dike*** *(dyke, main dike, flood wall, winter dike)*

33 der Entwässerungsgraben
- *drainage ditch*

34 das Deichsiel (die Deichschleuse)
- *dike (dyke) drainage sluice*

35 die Flügelmauer
- *wing wall*

36 der Vorfluter
- *outfall*

37 der Seitengraben (die Sickerwasserableitung)
- *drain (infiltration drain)*

38 die Berme (der Deichabsatz)
- *berm (berme)*

39 die Deichkrone
- *top of dike (dyke)*

40 die Deichböschung
- *dike (dyke) batter (dike slope)*

41 das Hochwasserbett
- *flood bed (inundation area)*

42 der Überschwemmungsraum
- *flood containment area*

43 der Strömungsweiser
- *current meter*

44 die Kilometertafel
- *kilometre (*Am. *kilometer) sign*

45 das Deichwärterhaus; *auch:* Fährhaus
- *dikereeve's (dykereeve's) house (dikereeve's cottage);* also: *ferryman's house (cottage)*

46 der Deichwärter
- *dikereeve (dykereeve)*

47 die Deichrampe
- *dike (dyke) ramp*

48 der Sommerdeich
- *summer dike (summer dyke)*

49 der Flußdamm (Uferdamm)
- *levee (embankment)*

50 die Sandsäcke *m*
- *sandbags*

51-55 **die Uferbefestigung**
- ***bank protection*** *(bank stabilization, revetment)*

51 die Steinschüttung
- *riprap*

52 die Anlandung (Sandablagerung)
- *alluvial deposit (sand deposit)*

53 die Faschine (das Zweigebündel)
- *fascine (bundle of wooden sticks)*

54 die Flechtzäune *m*
- *wicker fences*

55 die Steinpackung
- *stone pitching*

56 **der Schwimmbagger,** ein Eimerkettenbagger *m*
- ***dredger*** *(multi-bucket ladder dredge, floating dredging machine)*

57 die Eimerkette (das Paternosterwerk)
- *bucket elevator chain*

58 der Fördereimer
- *dredging bucket*

59 **der Saugbagger,** mit Schleppkopf- oder Schutensauger *m*
- ***suction dredger*** *(hydraulic dredger) with trailing suction pipe or barge sucker*

60 die Treibwasserpumpe
- *centrifugal pump*

61 der Rückspülschieber
- *back scouring valve*

62 die Saugpumpe, eine Düsenpumpe mit Spüldüsen *f*
- *suction pump, a jet pump with scouring nozzles*

1
2
3
4
5
6
7
8
9
10
11
12
13
14
15
16
17
18
19
20
21
22
23
24
25
26
27
28
29
30
31
32
33
34
35
36
37
38
39
40
41
42
43
44
44
45
46
47
48
49
50
51
52
53
54
55
56
57
58
59
60
61
62

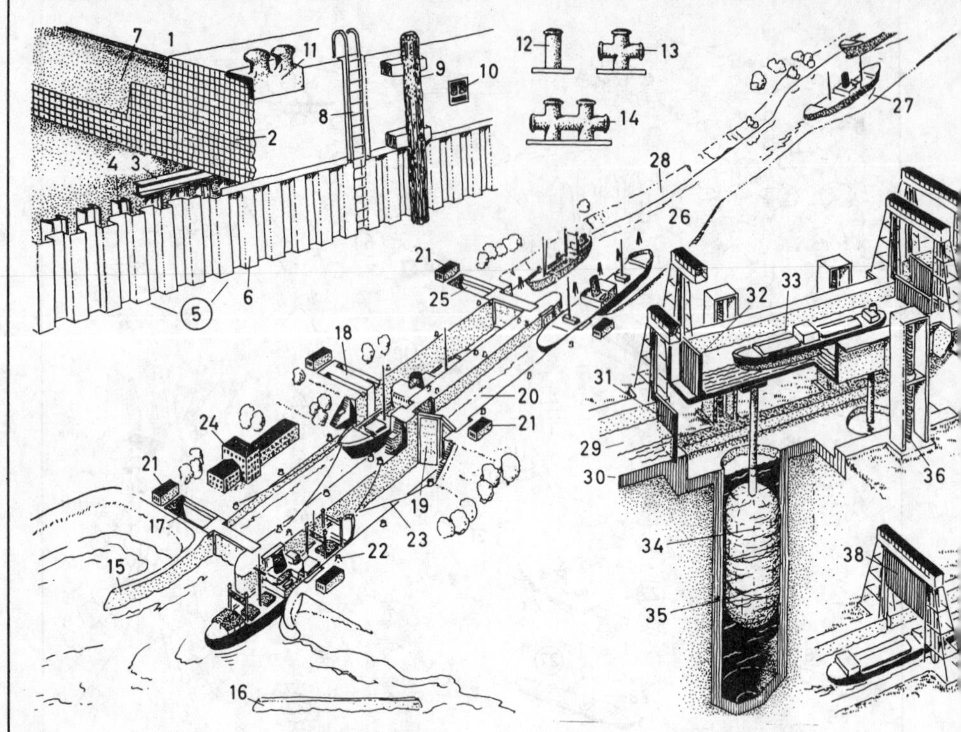

1-14 die Kaimauer
- ***quay wall***
1 die Straßendecke
- *road surface*
2 der Mauerkörper
- *body of wall*
3 die Stahlschwelle
- *steel sleeper*
4 der Stahlpfahl
- *steel pile*
5 die Spundwand
- *sheet pile wall (sheet pile bulkhead, sheet piling)*
6 die Spundbohle
- *box pile*
7 die Hinterfüllung
- *backfilling (filling)*
8 die Steigeleiter
- *ladder*
9 der Fender
- *fender (fender pile)*
10 der Nischenpoller
- *recessed bollard*
11 der Doppelpoller
- *double bollard*
12 der Poller
- *bollard*
13 der Kreuzpoller
- *cross-shaped bollard (cross-shaped mooring bitt)*
14 der Doppelkreuzpoller
- *double cross-shaped bollard (double cross-shaped mooring bitt)*

15-28 der Kanal
- ***canal***
15-16 die Kanaleinfahrt (Einfahrt)
- *canal entrance*
15 die Mole
- *mole*
16 der Wellenbrecher
- *breakwater*
17-25 die Koppelschleuse
- *staircase of locks*
17 das Unterhaupt
- *lower level*
18 das Schleusentor, ein Schiebetor *n*
- *lock gate, a sliding gate*
19 das Stemmtor
- *mitre (Am. miter) gate*
20 die Schleuse (Schleusenkammer)
- *lock (lock chamber)*
21 das Maschinenhaus
- *power house*
22 das Verholspill, ein Spill *n*
- *warping capstan (hauling capstan), a capstan*
23 die Verholtrosse, eine Trosse
- *warp*
24 die Behörde (z.B. die Kanalverwaltung, die Wasserschutzpolizei, das Zollamt)
- *offices (e.g. canal administration, river police, customs)*
25 das Oberhaupt
- *upper level (head)*
26 der Schleusenvorhafen
- *lock approach*
27 die Kanalweiche (Weiche, Ausweichstelle)
- *lay-by*
28 die Uferböschung
- *bank slope*

29-38 das Schiffshebewerk
- ***boat lift*** *(Am. boat elevator)*
29 die untere Kanalhaltung
- *lower pound (lower reach)*
30 die Kanalsohle
- *canal bed*
31 das Haltungstor, ein Hubtor *n*
- *pound lock gate, a vertical gate*
32 das Trogtor
- *lock gate*
33 der Schiffstrog
- *boat tank (caisson)*
34 der Schwimmer, ein Auftriebskörper *m*
- *float*
35 der Schwimmerschacht
- *float shaft*
36 die Hubspindel
- *lifting spindle*
37 die obere Kanalhaltung
- *upper pound (upper reach)*
38 das Hubtor
- *vertical gate*

39-46 das Pumpspeicherwerk
- ***pumping plant and reservoir***
39 das Staubecken
- *forebay*
40 das Entnahmebauwerk
- *surge tank*

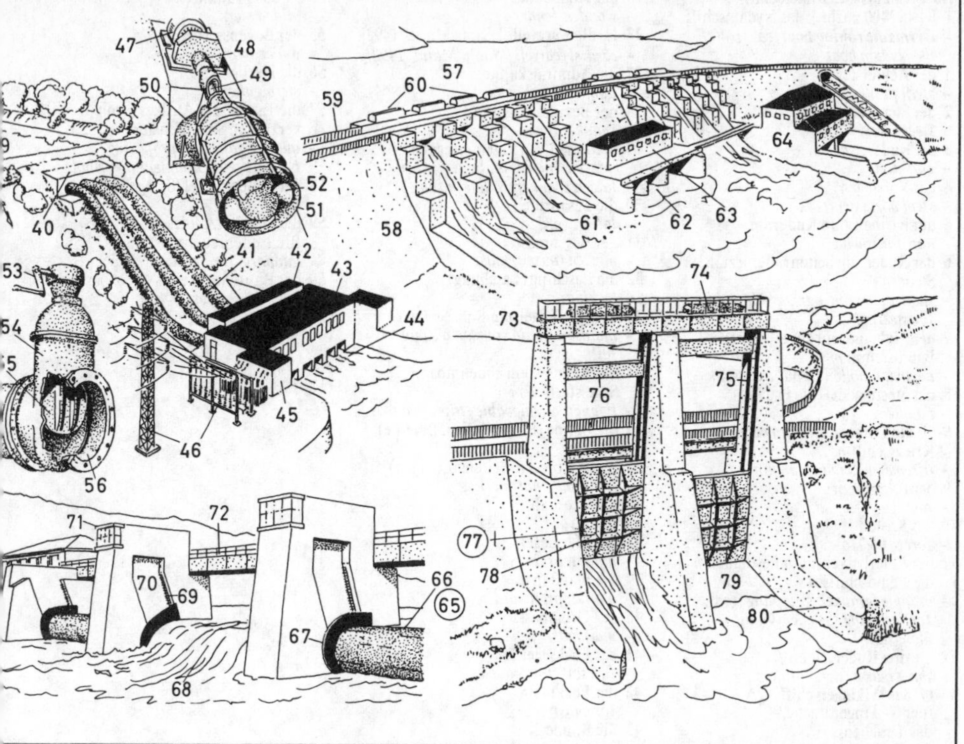

41 die Druckrohrleitung
- *pressure pipeline*

42 das Schieberhaus
- *valve house (valve control house)*

43 das Turbinenhaus (Pumpenhaus)
- *turbine house (pumping station)*

44 das Auslaufbauwerk
- *discharge structure (outlet structure)*

45 das Schalthaus
- *control station*

46 die Umspannanlage
- *transformer station*

47-52 die Flügelradpumpe (Propellerpumpe)
- ***axial-flow pump*** *(propeller pump)*

47 der Antriebsmotor
- *drive motor*

48 das Getriebe
- *gear*

49 die Antriebswelle
- *drive shaft*

50 das Druckrohr
- *pressure pipe*

51 der Ansaugtrichter
- *suction head*

52 das Flügelrad
- *impeller wheel*

53-56 der Schieber (Absperrschieber)
- ***sluice valve*** *(sluice gate)*

53 der Kurbelantrieb
- *crank drive*

54 das Schiebergehäuse
- *valve housing*

55 der Schieber
- *sliding valve (sliding gate)*

56 die Durchflußöffnung
- *discharge opening*

57-64 die Talsperre
- ***dam*** *(barrage)*

57 der Stausee
- *reservoir (storage reservoir, impounding reservoir, impounded reservoir)*

58 die Staumauer
- *masonry dam*

59 die Mauerkrone
- *crest of dam*

60 der Überfall (die Hochwasserentlastungsanlage)
- *spillway (overflow spillway)*

61 das Tosbecken
- *stilling basin (stilling box, stilling pool)*

62 der Grundablaß
- *scouring tunnel (outlet tunnel, waste water outlet)*

63 das Schieberhaus
- *valve house (valve control house)*

64 das Krafthaus
- *power station*

65-72 das Walzenwehr (Wehr), eine Staustufe; *anderes System:* Klappwehr
- ***rolling dam*** *(weir), a barrage;* other system: *shutter weir*

65 die Walze, ein Staukörper *m*
- *roller, a barrier*

66 die Walzenkrone
- *roller top*

67 der Seitenschild
- *flange*

68 die Versenkwalze
- *submersible roller*

69 die Zahnstange
- *rack track*

70 die Nische
- *recess*

71 das Windwerkshaus
- *hoisting gear cabin*

72 der Bedienungssteg
- *service bridge (walkway)*

73-80 das Schützenwehr
- ***sluice dam***

73 die Windwerksbrücke
- *hoisting gear bridge*

74 das Windwerk
- *hoisting gear (winding gear)*

75 die Führungsnut
- *guide groove*

76 das Gegengewicht
- *counterweight (counterpoise)*

77 das Schütz (die Falle)
- *sluice gate (floodgate)*

78 die Verstärkungsrippe
- *reinforcing rib*

79 die Wehrsohle
- *dam sill (weir sill)*

80 die Wangenmauer
- *wing wall*

1-6 germanisches Ruderschiff [etwa 400 n.Chr.]; das Nydamschiff
- ***Germanic rowing boat*** *[ca. AD 400], the Nydam boat*

1 der Achtersteven
- *stern post*

2 der Steuermann
- *steersman*

3 die Ruderer *m*
- *oarsman*

4 der Vorsteven
- *stem post (stem)*

5 der Riemen zum Rudern *n*
- *oar, for rowing*

6 das Ruder, ein Seitenruder *n* zum Steuern *n*
- *rudder (steering oar), a side rudder, for steering*

7 **der Einbaum,** ein ausgehöhlter Baumstamm *m*
- ***dugout****, a hollowed-out tree trunk*

8 das Stechpaddel (die Pagaie)
- *paddle*

9-12 die Trireme, ein römisches Kriegsschiff *n*
- ***trireme****, a Roman warship*

9 der Rammsporn
- *ram*

10 das Kastell
- *forecastle (fo'c'sle)*

11 der Enterbalken, zum Festhalten *n* des Feindschiffs *n*
- *grapple (grapnel, grappling iron), for fastening the enemy ship alongside*

12 die drei Ruderreihen *f*
- *three banks (tiers) of oars*

13-17 das Wikingerschiff (der Wikingerdrache, das Drachenschiff, der Seedrache, das Wogenroß) [altnordisch]
- ***Viking ship*** *(longship, dragon ship) [Norse]*

13 der Helm (Helmstock)
- *helm (tiller)*

14 die Zeltschere, mit geschnitzten Pferdeköpfen *m*
- *awning crutch with carved horses' heads*

15 das Zelt
- *awning*

16 der Drachenkopf
- *dragon figurehead*

17 der Schutzschild (Schild)
- *shield*

18-26 die Kogge (Hansekogge)
- ***cog*** *(Hansa cog, Hansa ship)*

18 das Ankerkabel (Ankertau)
- *anchor cable (anchor rope, anchor hawser)*

19 das Vorderkastell
- *forecastle (fo'c'sle)*

20 der Bugspriet
- *bowsprit*

21 das aufgegeite Rahsegel
- *furled (brailed-up) square sail*

22 das Städtebanner
- *town banner (city banner)*

23 das Achterkastell
- *aftercastle (sterncastle)*

24 das Ruder, ein Stevenruder *n*
- *rudder, a stem rudder*

25 das Rundgattheck
- *rounded prow (rounded bow, bluff prow, bluff bow)*

26 der Holzfender
- *wooden fender*

27-43 die Karavelle [„Santa Maria" 1492]
- ***caravel*** *(carvel) ['Santa Maria' 1492]*

27 die Admiralskajüte
- *admiral's cabin*

28 der Besanausleger
- *spanker boom*

29 der Besan, ein Lateinersegel *n*
- *mizzen (mizen, mutton spanker, lateen spanker), a lateen sail*

30 die Besanrute
- *lateen yard*

31 der Besanmast
- *mizzen (mizen) mast*

32 die Lasching (Laschung)
- *lashing*

33 das Großsegel, ein Rahsegel *n*
- *mainsail (main course), a square sail*

34 das Bonnett, ein abnehmbarer Segelstreifen *m*
- *bonnet, a removable strip of canvas*

35 die Buline (Bulin, Bulien, Buleine)
- *bowline*

36 die Martnets *n* (Seitengordings *f*)
- *bunt line (martinet)*

37 die Großrah
- *main yard*

38 das Marssegel
- *main topsail*

39 die Marsrah
- *main topsail yard*

40 der Großmast
- *mainmast*

41 das Focksegel
- *foresail (fore course)*

42 der Fockmast
- *foremast*

43 die Blinde
- *spritsail*

44-50 die Galeere [15.-18.Jh.], eine Sklavengaleere
- ***galley*** *[15th to 18th century], a slave galley*

44 die Laterne
- *lantern*

45 die Kajüte
- *cabin*

46 der Mittelgang
- *central gangway*

47 der Sklavenaufseher, mit Peitsche *f*
- *slave driver with whip*

48 die Galeerensklaven *m* (Rudersklaven, Galeerensträflinge)
- *galley slaves*

49 die Rambate, eine gedeckte Plattform auf dem Vorschiff *n*
- *covered platform in the forepart of the ship*

50 das Geschütz
- *gun*

51-60 das Linienschiff [18./19.Jh.], ein Dreidecker *m*
- ***ship of the line*** *(line-of-battle ship) [18th to 19th century], a three-decker*

51 der Klüverbaum
- *jib boom*

52 das Vorbramsegel
- *fore topgallant sail*

53 das Großbramsegel
- *main topgallant sail*

54 das Kreuzbramsegel
- *mizzen (mizen) topgallant sail*

55-57 das Prunkheck
- *gilded stern*

55 der Bovenspiegel
- *upper stern*

56 die Heckgalerie
- *stern gallery*

57 die Tasche, ein Ausbau *m* mit verzierten Seitenfenstern *n*
- *quarter gallery, a projecting balcony with ornamental portholes*

58 der Unterspiegel (Spiegel)
- *lower stern*

59 die Geschützpforten *f*, für Breitseitenfeuer *n*
- *gunports for broadside fire*

60 der Pfortendeckel
- *gunport shutter*

1
2
3
4
5
6
7
8
9
10
11
12
13
14
15
16
17
18
19
20
21
22
23
24
25
26
27
28
29
30
31
32
33
34
35
36
37
38
39
40
41
42
43
44
45
46
47
48
49
50
51
52
53
54
55
56
57
58
59
60

1-72 die Takelung und Besegelung einer Bark
- ***rigging (rig, tackle) and sails of a bark (barque)***

1-9 die Masten *m*
- ***masts***

1 das Bugspriet mit dem Klüverbaum *m*
- *bowsprit with jib boom*

2-4 der Fockmast
- *foremast*

2 der Fockuntermast
- *lower foremast*

3 die Vorstenge (Vormarsstenge)
- *fore topmast*

4 die Vorbramstenge
- *fore topgallant mast*

5-7 der Großmast
- *mainmast*

5 der Großuntermast
- *lower mainmast*

6 die Großstenge (Großmarsstenge)
- *main topmast*

7 die Großbramstenge
- *main topgallant mast*

8-9 der Besanmast
- *mizzen (mizen) mast*

8 der Besanuntermast
- *lower mizzen (lower mizen)*

9 die Besanstenge
- *mizzen (mizen) topmast*

10-19 das stehende Gut
- ***standing rigging***

10 das Stag
- *forestay, mizzen (mizen) stay, mainstay*

11 das Stengestag
- *fore topmast stay, main topmast stay, mizzen (mizen) topmast stay*

12 das Bramstengestag (Bramstag)
- *fore topgallant stay, mizzen (mizen) topgallant stay, main topgallant stay*

13 das Royalstengestag (Royalstag)
- *fore royal stay (main royal stay)*

14 der Klüverleiter
- *jib stay*

15 das Wasserstag
- *bobstay*

16 die Wanten *f*
- *shrouds*

17 die Stengewanten *f*
- *fore topmast rigging (main topmast rigging, mizzen (mizen) topmast rigging)*

18 die Bramstengewanten *f*
- *fore topgallant rigging (main topgallant rigging)*

19 die Pardunen *f*
- *backstays*

20-31 die Schratsegel
- ***fore-and-aft sails***

20 das Vor-Stengestagsegel
- *fore topmast staysail*

21 der Binnenklüver
- *inner jib*

22 der Klüver
- *outer jib*

23 der Außenklüver
- *flying jib*

24 das Groß-Stengestagsegel
- *main topmast staysail*

25 das Groß-Bramstagsegel (Bramstengestagsegel)
- *main topgallant staysail*

26 das Groß-Royalstagsegel (Royalstengestagsegel)
- *main royal staysail*

27 das Besanstagsegel
- *mizzen (mizen) staysail*

28 das Besan-Stengestagsegel
- *mizzen (mizen) topmast staysail*

29 das Besan-Bramstagsegel (Bramstengestagsegel)
- *mizzen (mizen) topgallant staysail*

30 das Besansegel (der Besan)
- *mizzen (mizen, spanker, driver)*

31 das Gaffeltoppsegel
- *gaff topsail*

32-45 die Rundhölzer *n*
- ***spars***

32 die Fockrah
- *foreyard*

33 die Vor-Untermarsrah
- *lower fore topsail yard*

34 die Vor-Obermarsrah
- *upper fore topsail yard*

35 die Vor-Unterbramrah
- *lower fore topgallant yard*

36 die Vor-Oberbramrah
- *upper fore topgallant yard*

37 die Vor-Royalrah
- *fore royal yard*

38 die Großrah
- *main yard*

39 die Groß-Untermarsrah
- *lower main topsail yard*

40 die Groß-Obermarsrah
- *upper main topsail yard*

41 die Groß-Unterbramrah
- *lower main topgallant yard*

42 die Groß-Oberbramrah
- *upper main topgallant yard*

43 die Groß-Royalrah
- *main royal yard*

44 der Besanbaum (Großbaum)
- *spanker boom*

45 die Gaffel
- *spanker gaff*

46 das Fußpferd (Peerd; *pl:* die Peerden)
- *footrope*

47 die Toppnanten *f*
- *lifts*

48 die Dirk (Besandirk)
- *spanker boom topping lift*

49 der Gaffelstander (Pickstander)
- *spanker peak halyard*

50 die Vor-Marssaling
- *foretop*

51 die Vor-Bramsaling
- *fore topmast crosstrees*

52 die Groß-Marssaling
- *maintop*

53 die Groß-Bramsaling
- *main topmast crosstrees*

54 die Besansaling
- *mizzen (mizen) top*

55-66 die Rahsegel *n*
- ***square sails***

55 das Focksegel
- *foresail (fore course)*

56 das Vor-Untermarssegel
- *lower fore topsail*

57 das Vor-Obermarssegel
- *upper fore topsail*

58 das Vor-Unterbramsegel
- *lower fore topgallant sail*

59 das Vor-Oberbramsegel
- *upper fore topgallant sail*

60 das Vor-Royalsegel
- *fore royal*

61 das Großsegel
- *mainsail (main course)*

62 das Groß-Untermarssegel
- *lower main topsail*

63 das Groß-Obermarssegel
- *upper main topsail*

64 das Groß-Unterbramsegel
- *lower main topgallant sail*

65 das Groß-Oberbramsegel
- *upper main topgallant sail*

66 das Groß-Royalsegel
- *main royal sail*

67-71 das laufende Gut
- ***running rigging***

67 die Brassen [*sg:* die Braß]
- *braces*

68 die Schoten [*sg:* die Schot]
- *sheets*

69 die Besanschot
- *spanker sheet*

70 die Gaffelgeer [*pl:* die Gaffelgeerden]
- *spanker vangs*

71 die Gordings *f*
- *bunt line*

72 das Reff
- *reef*

1
2
3
4
5
6
7
8
9
10
11
12
13
14
15
16
17
18
19
20
21
22
23
24
25
26
27
28
29
30
31
32
33
34
35
36
37
38
39
40
41
42
43
44
45
46
47
48
49
50
51
52
53
54
55
56
57
58
59
60
61
62
63
64
65
66
67
68
69
70
71
72

1-5 Segelformen *f*
- ***sail shapes***
1 das Gaffelsegel
- *gaffsail* (small: *trysail, spencer)*
2 das Stagsegel
- *jib*
3 das Lateinersegel
- *lateen sail*
4 das Luggersegel
- *lugsail*
5 das Sprietsegel
- *spritsail*
6-8 Einmaster *m*
- ***single-masted sailing boats*** *(*Am. *sailboats)*
6 die Tjalk
- *tjalk*
7 das Schwert (Seitenschwert)
- *leeboard*
8 der Kutter
- *cutter*
9-10 Eineinhalbmaster *m* (Anderthalbmaster)
- ***mizzen (mizen) masted sailing boats*** **(**Am. ***sailboats)***
9 der Ewer (Ever)
- *ketch-rigged sailing barge*
10 der kurische Reisekahn
- *yawl*
11-17 Zweimaster *m*
- ***two-masted sailing boats*** *(*Am. *sailboats)*
11-13 der Toppsegelschoner
- *topsail schooner*
11 das Großsegel
- *mainsail*
12 das Schonersegel
- *boom foresail*
13 die Breitfock
- *square foresail*
14 die Schonerbrigg
- *brigantine*
15 der Schonermast mit Schratsegeln *n*
- *half-rigged mast with fore-and-aft sails*
16 der voll getakelte Mast mit Rahsegeln *n*
- *full-rigged mast with square sails*
17 die Brigg
- *brig*
18-27 Dreimaster *m*
- ***three-masted sailing vessels*** *(three-masters)*
18 der Dreimast-Gaffelschoner
- *three-masted schooner*
19 der Dreimast-Toppsegelschoner
- *three-masted topsail schooner*
20 der Dreimast-Marssegelschoner
- *bark (barque) schooner*
21-23 die Bark [vgl. Takel- und Segelriß Tafel 219]
- *bark (barque) [cf. illustration of rigging and sails in plate 219]*
21 der Fockmast
- *foremast*
22 der Großmast
- *mainmast*
23 der Besanmast
- *mizzen (mizen) mast*
24-27 das Vollschiff (Schiff)
- *full-rigged ship*
24 der Kreuzmast
- *mizzen (mizen) mast*
25 die Bagienrah (Begienrah)
- *crossjack yard (crojack yard)*
26 das Bagiensegel (Kreuzsegel)
- *crossjack (crojack)*
27 das Portenband (Pfortenband)
- *ports*
28-31 Viermaster *m*
- ***four-masted sailing ships*** *(four-masters)*
28 der Viermast-Gaffelschoner
- *four-masted schooner*
29 die Viermastbark
- *four-masted bark (barque)*
30 der Kreuzmast
- *mizzen (mizen) mast*
31 das Viermastvollschiff
- *four-masted full-rigged ship*
32-34 die Fünfmastbark
- ***five-masted bark*** *(five-masted barque)*
32 das Skysegel (Skeisel, Skeusel)
- *skysail*
33 der Mittelmast
- *middle mast*
34 der Achtermast
- *mizzen (mizen) mast*
35-37 Entwicklung des Segelschiffes *n* in 400 Jahren
- ***development of sailing ships*** *over 400 years*
35 das Fünfmastvollschiff „Preußen", 1902-1910
- *five-masted full-rigged ship 'Preussen' 1902-10*
36 der engl. Klipper „Spindrift", 1867
- *English clipper ship 'Spindrift' 1867*
37 die Karavelle „Santa Maria", 1492
- *caravel (carvel) 'Santa Maria' 1492*

1
2
3
4
5
6
7
8
9
10
11
12
13
14
15
16
17
18
19
20
21
22
23
24
25
26
27
28
29
30
31
32
32
32
33
34
35
36
37

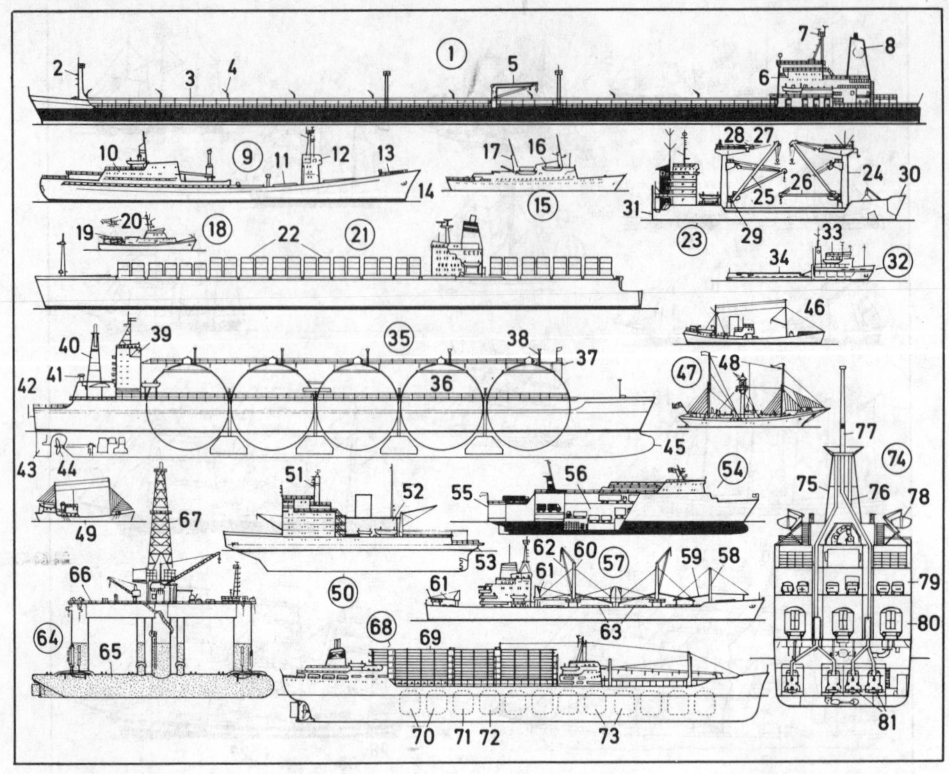

1 der Mammuttanker (ULCC, Ultra large crudeoil carrier) vom „All-aft-Typ" *m*
- ***ULCC** (ultra large crude carrier) of the 'all-aft' type*

2 der vordere Mast
- *foremast*

3 der Laufsteg mit den Rohrleitungen *f*
- *catwalk with the pipes*

4 die Feuerlöschkanone (der Feuerlöschmotor)
- *fire gun (fire nozzle)*

5 der Deckskran
- *deck crane*

6 das Deckshaus mit der Brücke
- *deckhouse with the bridge*

7 der achtere Signal- und Radarmast
- *aft signal (signalling) and radar mast*

8 der Schornstein
- *funnel*

9 das Kernenergieforschungsschiff *„Otto Hahn"*, ein Bulkfrachter *m*
- ***nuclear research ship** 'Otto Hahn', a bulk carrier*

10 der achtere Aufbau (das Maschinenhaus)
- *aft superstructure (engine room)*

11 die Ladeluke für Schüttgut *n*
- *cargo hatchway for bulk goods (bulk cargoes)*

12 die Brücke
- *bridge*

13 die Back
- *forecastle (fo'c'sle)*

14 der Steven
- *stem*

15 das Seebäderschiff
- ***seaside pleasure boat***

16 der blinde Schornstein
- *dummy funnel*

17 der Abgasmast (Abgaspfosten)
- *exhaust mast*

18 der Seenotrettungskreuzer
- ***rescue cruiser***

19 die Hubschrauberplattform (das Arbeitsdeck)
- *helicopter platform (working deck)*

20 der Rettungshubschrauber
- *rescue helicopter*

21 das Vollcontainerschiff
- ***all-container ship***

22 die Containerdecksladung
- *containers stowed on deck*

23 der Schwerstgutfrachter
- ***cargo ship***

24-29 das Ladegeschirr
- *cargo gear (cargo-handling gear)*

24 der Schwergutpfosten
- *bipod mast*

25 der Schwergutbaum
- *jumbo derrick boom (heavy-lift derrick boom)*

26 der Ladebaum
- *derrick boom (cargo boom)*

27 die Talje (der Flaschenzug)
- *tackle*

28 der Block
- *block*

29 das Widerlager
- *thrust bearing*

30 das Bugtor
- *bow doors*

31 die Heckladeklappe
- *stern loading door*

32 der Offshore (Bohrinselversorger)
- ***offshore drilling rig supply vessel***

33 der Kompaktaufbau
- *compact superstructure*

34 das Ladedeck (Arbeitsdeck)
- *loading deck (working deck)*

35 der Flüssiggastanker
- ***liquefied-gas tanker***

36 der Kugeltank
- *spherical tank*

37 der Navigationsfernsehmast
- *navigational television receiver mast*

38 der Abblasemast
- *vent mast*

39 das Deckshaus
- *deckhouse*

40 der Schornstein
- *funnel*

41 der Lüfter
- *ventilator*

42 das Spiegelheck (der Heckspiegel)
- *transom stern (transom)*

43 das Ruderblatt
- *rudder blade (rudder)*

44 die Schiffsschraube
- *ship's propeller (ship's screw)*

45 der Bugwulst (Bulbsteven)
- *bulbous bow*

46 der Fischdampfer (Seitentrawler)
- *steam trawler*

47 das Feuerschiff
- ***lightship** (light vessel)*

48 die Laterne
- *lantern (characteristic light)*

49 der Motorfischkutter
- *smack*

50 der Eisbrecher
- ***ice breaker***

51 der Turmmast
- *steaming light mast*

52 der Hubschrauberhangar
- *helicopter hangar*

53 die Heckführungsrinne zum Aufnehmen *n* des Bugs *m* geleitete Schiffe *n*
- *stern towing point, for gripping th bow of ships in tow*

54 die Ro-ro-Trailerfähre (der Roll-on-roll-off-Trailer, Roro-Trailer)
- ***roll-on roll-off (ro-ro) trailer ferry***

55 die Heckpforte mit Auffahrramp
- *stern port (stern opening) with ran*

56 die Lkw-Fahrstühle
- *heavy vehicle lifts* (Am. *heavy vehicle elevators)*

57 der Mehrzweckfrachter
- ***multi-purpose freighter***

58 der Lade- und Lüfterpfosten
- *ventilator-type samson (sampson) post (ventilator-type king post)*

59 der Ladebaum (das Ladegeschirr)
- *derrick boom (cargo boom, cargo gear, cargo-handling gear)*

60 der Lademast
- *derrick mast*

61 der Deckskran
- *deck crane*

62 der Schwergutbaum
- *jumbo derrick boom (heavy-lift derrick boom)*

63 die Ladeluke
- *cargo hatchway*

64 die halbtauchende Bohrinsel
- ***semisubmersible drilling vessel***

65 der Schwimmer mit der Maschinenanlage
- *floating vessel with machinery*

66 die Arbeitsplattform
- *drilling platform*

67 der Bohrturm
- *derrick*

68 der Viehtransporter (Livestock-Carrier)
- ***cattleship*** *(cattle vessel)*

69 der Aufbau für den Tiertransport
- *superstructure for transporting livestock*

70 die Frischwassertanks *m*
- *fresh water tanks*

71 der Treiböltank
- *fuel tank*

72 der Dungtank
- *dung tank*

73 die Futtertanks *m*
- *fodder tanks*

74 die Eisenbahnfähre (das Trajekt [im Querschnitt])
- ***train ferry*** *[cross section]*

75 der Schornstein
- *funnel*

76 die Rauchzüge *m* (Abgasleitungen *f*)
- *exhaust pipes*

77 der Mast
- *mast*

78 das Rettungsboot im Patentdavit *m*
- *ship's lifeboat hanging at the davit*

79 das Autodeck
- *car deck*

80 das Eisenbahndeck
- *main deck (train deck)*

81 die Hauptmotoren *m*
- *main engines*

82 der Passagierdampfer (Liner, Ocean Liner)
- ***passenger liner*** *(liner, ocean liner)*

83 der Atlantiksteven
- *stem*

84 der Gittermantelschornstein
- *funnel with lattice casing*

85 die Flaggengala (der Flaggenschmuck; über die Toppen *m* geflaggt, z.B. auf der Jungfernfahrt)
- *flag dressing (rainbow dressing, string of flags extending over mastheads, e.g., on the maiden voyage)*

86 der Hecktrawler, ein Fischfang- und Verarbeitungsschiff *n*
- ***trawler,*** *a factory ship*

87 der Heckgalgen
- *gallows*

88 die Heckaufschleppe
- *stern ramp*

89 das Containerschiff
- ***container ship***

90 die Verladebrücke
- *loading bridge (loading platform)*

91 das Seefallreep (die Jakobsleiter, Strickleiter)
- *sea ladder (jacob's ladder, rope ladder)*

92 der Schubverband, zwei Binnenwasserfahrzeuge *n*
- *barge and push tug assembly*

93 der Schubschlepper (Schubtrecker)
- *push tug*

94 der Schubleichter (Schubkahn), ein Gastankleichter *m*
- *tug-pushed dumb barge (tug-pushed lighter)*

95 das Lotsenboot
- *pilot boat*

96 das kombinierte Fracht-Fahrgast-Schiff in Linienfahrt *f* (Kombischiff, der Linienfrachter)
- ***combined cargo and passenger liner***

97 das Ausbooten der Passagiere *m*
- *passengers disembarking by boat*

98 das Fallreep
- *accommodation ladder*

99 das Küstenmotorschiff (Kümo)
- *coaster (coasting vessel)*

100 der Zoll- *oder* Polizeikreuzer
- *customs* or *police launch*

101-128 der Ausflugsdampfer (das Bäderschiff)
- ***excursion steamer*** *(pleasure steamer)*

101-106 die Rettungsbootaufhängung
- *lifeboat launching gear*

101 der Davit
- *davit*

102 der Mittelstander
- *wire rope span*

103 das Manntau
- *lifeline*

104 die Talje
- *tackle*

105 der Block
- *block*

106 der Taljenläufer
- *fall*

107 das Rettungsboot (die Pinasse) mit der Persenning
- *ship's lifeboat (ship's boat) covered with tarpaulin*

108 der Steven
- *stem*

109 der Passagier (Fahrgast)
- *passenger*

110 der Stewart
- *steward*

111 der Deckstuhl (Liegestuhl)
- *deck-chair*

112 der Schiffsjunge (*seem.* Moses)
- *deck hand*

113 der Eimer (*seem.* die Pütz)
- *deck bucket*

114 der Bootsmann
- *boatswain (bo's'n, bo'sun, bosun)*

115 die Litewka
- *tunic*

116 das Sonnensegel
- *awning*

117 die Sonnensegelstütze
- *stanchion*

118 die Sonnensegellatte
- *ridge rope (jackstay)*

119 das Bändsel
- *lashing*

120 das Schanzkleid
- *bulwark*

121 die Reling
- *guard rail*

122 der Handläufer
- *handrail (top rail)*

123 der Niedergang
- *companion ladder (companionway)*

124 der Rettungsring (die Rettungsboje)
- *lifebelt (lifebuoy)*

125 das Nachtrettungslicht (Wasserlicht)
- *lifebuoy light (lifebelt light, signal light)*

126 der wachhabende Offizier (Wachhabende)
- *officer of the watch (watchkeeper)*

127 das Bordjackett
- *reefer (Am. pea jacket)*

128 das Fernglas
- *binoculars*

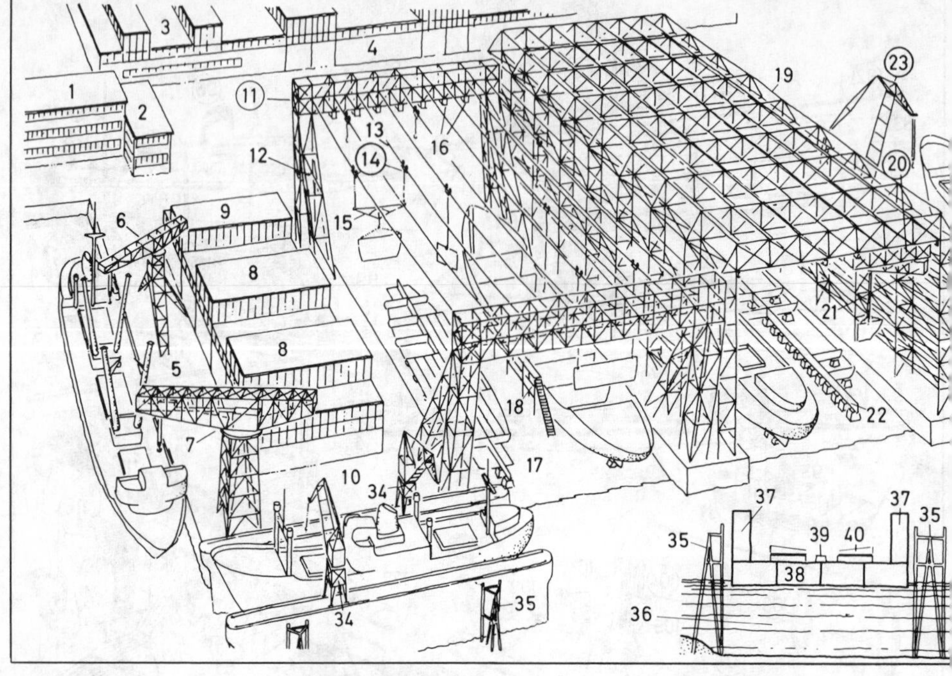

1-43 die Schiffswerft (Werft)
- ***shipyard*** *(shipbuilding yard, dockyard,* Am. *navy yard)*

1 das Verwaltungsgebäude
- *administrative offices*

2 das Konstruktionsbüro
- *ship-drawing office*

3-4 die Schiffbauhalle
- *shipbuilding sheds*

3 der Schnürboden
- *mould* (Am. *mold) loft*

4 die Werkhalle
- *erection shop*

5-9 der Ausrüstungskai
- *fitting-out quay*

5 der Kai
- *quay*

6 der Dreibeinkran
- *tripod crane*

7 der Hammerkran
- *hammer-headed crane*

8 die Maschinenbauhalle
- *engineering workshop*

9 die Kesselschmiede
- *boiler shop*

10 der Reparaturkai
- *repair quay*

11-26 die Hellinganlagen *f* (Hellingen *f*, Helgen *m*)
- *slipways (slips, building berths, building slips, stocks)*

11-18 die Kabelkranhelling (Portalhelling), eine Helling (ein Helgen *m*)
- *cable crane berth, a slipway (building berth)*

11 das Hellingportal (Portal)
- *slipway portal*

12 die Portalstütze
- *bridge support*

13 das Krankabel
- *crane cable*

14 die Laufkatze
- *crab (jenny)*

15 die Traverse
- *cross piece*

16 das Kranführerhaus
- *crane driver's cabin (crane driver's cage)*

17 die Hellingsohle
- *slipway floor*

18 die Stelling, ein Baugerüst *n*
- *staging, a scaffold*

19-21 die Gerüsthelling
- *frame slipway*

19 das Hellinggerüst
- *slipway frame*

20 der Deckenkran
- *overhead travelling* (Am. *traveling) crane (gantry crane)*

21 die Drehlaufkatze
- *slewing crab*

22 der gestreckte Kiel
- *keel in position*

23 der Drehwippkran, ein Hellingkran *m*
- *luffing jib crane, a slipway crane*

24 die Kranbahn
- *crane rails (crane track)*

25 der Portalkran
- *gantry crane*

26 die Kranbrücke
- *gantry (bridge)*

27 der Brückenträger
- *trestles (supports)*

28 die Laufkatze (der Laufkran)
- *crab (jenny)*

29 das Schiff in Spanten *n*
- *hull frames in position*

30 der Schiffsneubau
- *ship under construction*

31-33 das Trockendock
- *dry dock*

31 die Docksohle
- *dock floor (dock bottom)*

32 das Docktor (der Dockponton, Verschlußponton)
- *dock gates (caisson)*

33 das Pumpenhaus (Maschinenhaus)
- *pumping station (power house)*

34-43 das Schwimmdock
- *floating dock (pontoon dock)*

34 der Dockkran, ein Torkran *m*
- *dock crane (dockside crane), a jib crane*

35 die Streichdalben *m* (Leitdalben)
- *fender pile*

36-43 der Dockbetrieb
- *working of docks*

36 die Dockgrube
- *dock basin*

37-38 der Dockkörper
- *dock structure*

37 der Seitentank
- *side tank (side wall)*

38 der Bodentank
- *bottom tank (bottom pontoon)*

39 der Kielpallen (Kielstapel), ein Dockstapel *m*
- *keel block*

40 der Kimmpallen (Kimmstapel)
- *bilge block (bilge shore, side support)*

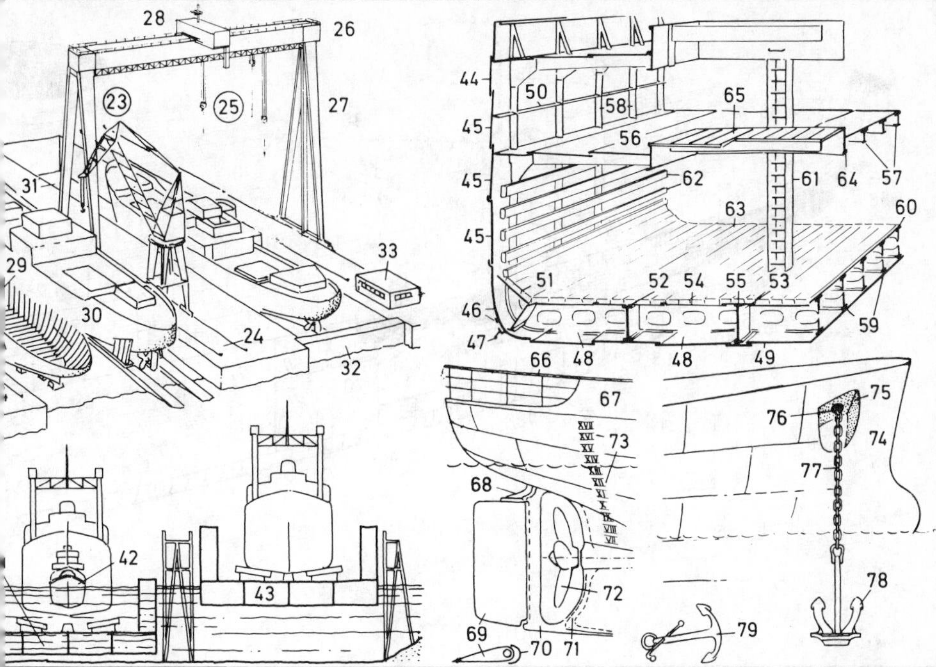

41-43 das Eindocken (Docken) eines Schiffes *n*
- *docking a ship*

41 das geflutete (gefüllte) Schwimmdock
- *flooded floating dock*

42 der Schlepper beim Bugsieren *n* (Schleppen)
- *tug towing the ship*

43 das gelenzte (leergepumpte) Dock
- *emptied (pumped-out) dock*

44-61 die Konstruktionselemente *n*
- ***structural parts of the ship***

44-56 der Längsverband
- *longitudinal structure*

44-49 die Außenhaut
- *shell (shell plating, skin)*

44 der Schergang
- *sheer strake*

45 der Seitengang
- *side strake*

46 der Kimmgang
- *bilge strake*

47 der Schlingerkiel (Kimmkiel)
- *bilge keel*

48 der Bodengang
- *bottom plating*

49 der Flachkiel
- *flat plate keel (keel plate)*

50 der Stringer
- *stringer (side stringer)*

51 die Tankrandplatte (Randplatte)
- *tank margin plate*

52 der Seitenträger
- *longitudinal side girder*

53 der Mittelträger
- *centre (Am. center) plate girder (centre girder, kelson, keelson, vertical keel)*

54 die Tankdecke
- *tank top plating (tank top, inner bottom plating)*

55 die Mitteldecke
- *centre (Am. center) strake*

56 die Deckplatte
- *deck plating*

57 der Deckbalken
- *deck beam*

58 das Spant
- *frame (rib)*

59 die Bodenwrange
- *floor plate*

60 der Doppelboden
- *cellular double bottom*

61 die Raumstütze
- *hold pillar (pillar)*

62 u.63 die Garnierung
- *dunnage*

62 die Seitenwegerung
- *side battens (side ceiling, spar ceiling)*

63 die Bodenwegerung
- *ceiling (floor ceiling)*

64-65 die Luke
- *hatchway*

64 das Lukensüll
- *hatch coaming*

65 der Lukendeckel
- *hatch cover (hatchboard)*

66-72 das Heck
- *stern*

66 die offene Reling
- *guard rail*

67 das Schanzkleid
- *bulwark*

68 der Ruderschaft
- *rudder stock*

69-70 das Oertz-Ruder
- *Oertz rudder*

69 das Ruderblatt
- *rudder blade (rudder)*

70-71 der Achtersteven (Hintersteven)
- *stern frame*

70 der Rudersteven (Leitsteven)
- *rudder post*

71 der Schraubensteven
- *propeller post (screw post)*

72 die Schiffsschraube
- *ship's propeller (ship's screw)*

73 die Ahming (Tiefgangsmarke)
- *draught (draft) marks*

74-79 der Bug
- *bow*

74 der Vorsteven, ein Wulststeven *m* (Wulstbug)
- *stem, a bulbous stem (bulbous bow)*

75 die Ankertasche (Ankernische)
- *hawse*

76 die Ankerklüse
- *hawse pipe*

77 die Ankerkette
- *anchor cable (chain cable)*

78 der Patentanker
- *stockless anchor (patent anchor)*

79 der Stockanker
- *stocked anchor*

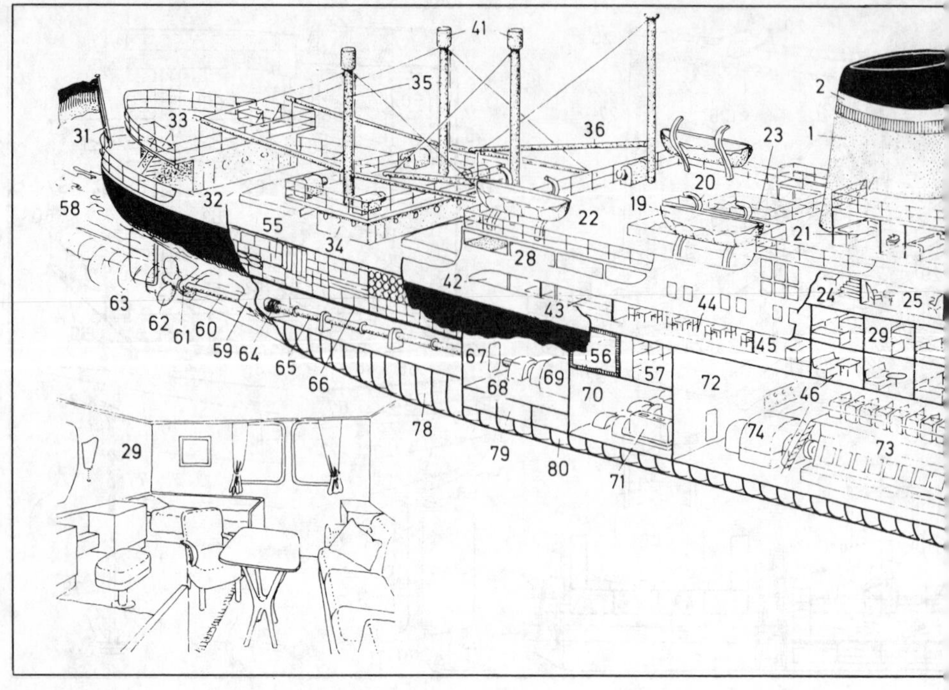

1-71 das kombinierte Fracht-Fahrgast-Schiff [älteren Typs]
- ***combined cargo and passenger ship*** *[of the older type]*

1 der Schornstein
- *funnel*

2 die Schornsteinmarke (Schornsteinfarben *pl*)
- *funnel marking*

3 die Sirene (das Typhon)
- *siren (fog horn)*

4-11 das Peildeck
- ***compass platform*** *(compass bridge, compass flat, monkey bridge)*

4 die Antennenniederführung
- *antenna lead-in (antenna down-lead)*

5 die Funkpeilerrahmenantenne (Peilantenne)
- *radio direction finder (RDF) antenna (direction finder antenna, rotatable loop antenna, aural null loop antenna)*

6 der Magnetkompaß
- *magnetic compass (mariner's compass)*

7 die Morselampe
- *morse lamp (signalling,* Am. *signaling, lamp)*

8 die Radarantenne
- *radar antenna (radar scanner)*

9 das Flaggensignal
- *code flag signal*

10 die Signalleine
- *code flag halyards*

11 das Signalstag
- *triatic stay (signal stay)*

12-18 das Brückendeck (die Kommandobrücke, Brücke)
- ***bridge deck*** *(bridge)*

12 der Funkraum
- *radio room*

13 die Kapitänskajüte
- *captain's cabin*

14 der Navigationsraum
- *navigating bridge*

15 die Steuerbord-Seitenlampe [grün; die Backbord-Seitenlampe rot]
- *starboard sidelight [green; port sidelight red]*

16 die Brückennock (Nock)
- *wing of bridge*

17 das Schanzkleid (der Windschutz)
- *shelter (weather cloth, dodger)*

18 das Steuerhaus
- *wheelhouse*

19-21 das Bootsdeck
- ***boat deck***

19 das Rettungsboot
- *ship's lifeboat*

20 der Davit (Bootskran)
- *davit*

21 die Offizierskajüte (Offizierskammer)
- *officer's cabin*

22-27 das Promenadendeck
- ***promenade deck***

22 das Sonnendeck (Lidodeck)
- *sun deck (lido deck)*

23 das Schwimmbad
- *swimming pool*

24 der Aufgang (Niedergang)
- *companion ladder (companionway)*

25 die Bibliothek
- *library (ship's library)*

26 der Gesellschaftsraum (Salon)
- *lounge*

27 die Promenade
- *promenade*

28-30 das A-Deck
- ***A-deck***

28 das halboffene Deck
- *semi-enclosed deck space*

29 die Zweibettkabine, eine Kabine
- *double-berth cabin, a cabin*

30 die Luxuskabine
- *de luxe cabin*

31 der Heckflaggenstock
- *ensign staff*

32-42 das B-Deck (Hauptdeck)
- ***B-deck*** *(main deck)*

32 das Achterdeck
- *after deck*

33 die Hütte
- *poop*

34 das Deckshaus
- *deckhouse*

35 der Ladepfosten
- *samson (sampson) post (king post)*

36 der Ladebaum
- *derrick boom (cargo boom)*

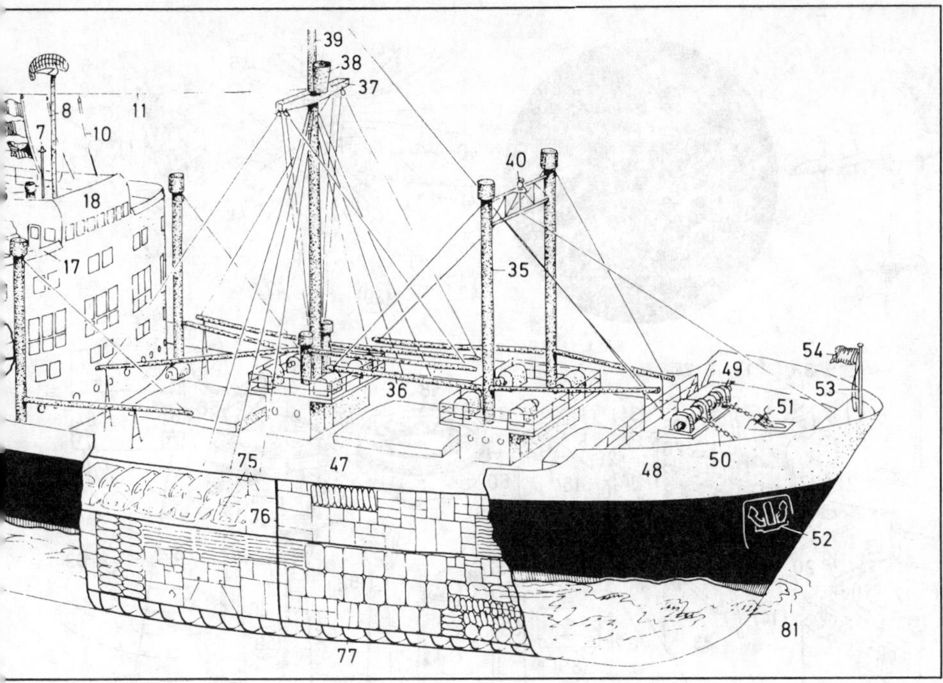

37 die Saling
- *crosstrees (spreader)*

38 der Mastkorb (die Ausgucktonne)
- *crow's nest*

39 die Stenge
- *topmast*

40 das vordere Dampferlicht
- *forward steaming light*

41 der Lüfterkopf
- *ventilator lead*

42 die Kombüse (Schiffsküche)
- *galley (caboose, cookroom, ship's kitchen)*

43 die Pantry (Anrichte)
- *ship's pantry*

44 der Speisesaal
- *dining room*

45 das Zahlmeisterbüro
- *purser's office*

46 die Einbettkabine
- *single-berth cabin*

47 das Vordeck
- *foredeck*

48 die Back
- *forecastle (fo'c'sle)*

49-51 das Ankergeschirr
- ***ground tackle***

49 die Ankerwinde
- *windlass*

50 die Ankerkette
- *anchor cable (chain cable)*

51 der Kettenstopper
- *compressor (chain compressor)*

52 der Anker
- *anchor*

53 der Göschstock
- *jackstaff*

54 die Gösch
- *jack*

55 die hinteren (achteren) Laderäume *m*
- *after holds*

56 der Kühlraum
- *cold storage room (insulated hold)*

57 der Proviantraum
- *store room*

58 das Schraubenwasser (Kielwasser)
- *wake*

59 die Wellenhose
- *shell bossing (shaft bossing)*

60 die Schwanzwelle
- *tail shaft (tail end shaft)*

61 der Wellenbock
- *shaft strut (strut, spectacle frame, propeller strut, propeller bracket)*

62 die dreiflügelige Schiffsschraube
- *three-blade ship's propeller (ship's screw)*

63 das Ruderblatt
- *rudder blade (rudder)*

64 die Stopfbüchse
- *stuffing box*

65 die Schraubenwelle
- *propeller shaft*

66 der Wellentunnel
- *shaft alley (shaft tunnel)*

67 das Drucklager
- *thrust block*

68-74 der dieselelektrische Antrieb
- ***diesel-electric drive***

68 der E-Maschinenraum
- *electric engine room*

69 der E-Motor
- *electric motor*

70 der Hilfsmaschinenraum
- *auxiliary engine room*

71 die Hilfsmaschinen *f*
- *auxiliary engines*

72 der Hauptmaschinenraum
- *main engine room*

73 die Hauptmaschine, ein Dieselmotor *m*
- *main engine, a diesel engine*

74 der Generator
- *generator*

75 die vorderen Laderäume *m*
- *forward holds*

76 das Zwischendeck
- *tween deck*

77 die Ladung
- *cargo*

78 der Ballasttank, für den Wasserballast
- *ballast tank (deep tank) for water ballast*

79 der Frischwassertank
- *fresh water tank*

80 der Treiböltank
- *fuel tank*

81 die Bugwelle
- *bow wave*

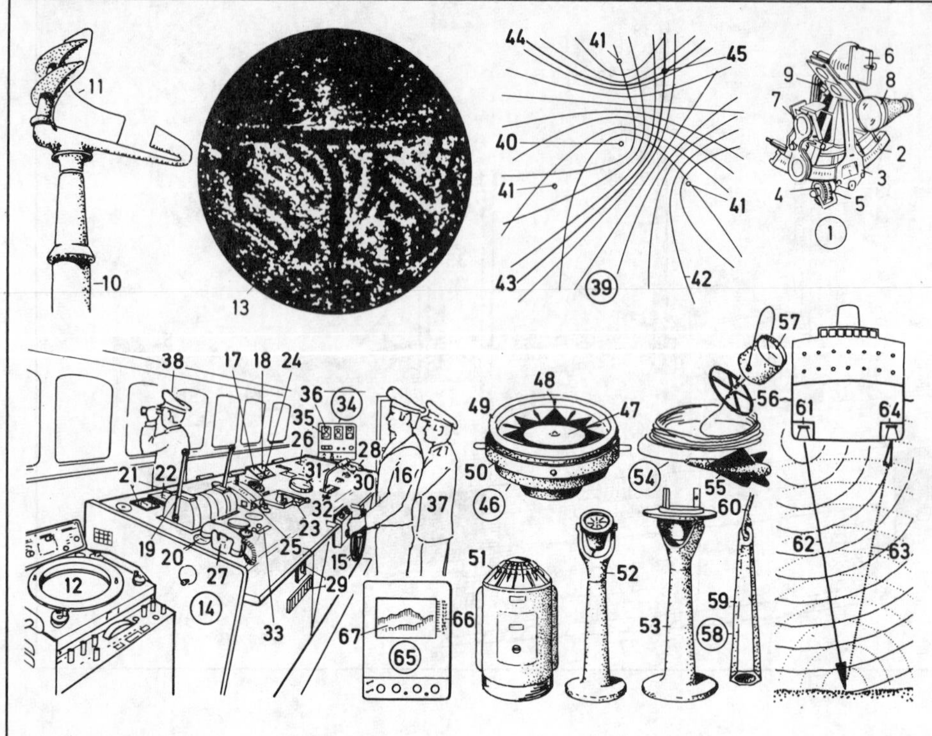

1 **der Sextant**
- ***sextant***
2 der Gradbogen
- *graduated arc*
3 die Alhidade
- *index bar (index arm)*
4 die Meßtrommel
- *decimal micrometer*
5 der Nonius
- *vernier*
6 der große Spiegel
- *index mirror*
7 der kleine Spiegel
- *horizon glass (horizon mirror)*
8 das Fernrohr
- *telescope*
9 der Handgriff
- *grip (handgrip)*
10-13 **das Radargerät** (Radar *m od. n*)
- ***radar equipment*** *(radar apparatus)*
10 der Radarmast
- *radar pedestal*
11 die drehbare Reflektorantenne
- *revolving radar reflector*
12 das Radarsichtgerät
- *radar display unit (radar screen)*
13 das Radarbild
- *radar image (radar picture)*
14-38 **das Steuerhaus** (Ruderhaus)
- ***wheelhouse***
14 der Fahr- und Kommandostand
- *steering and control position*
15 das Steuerrad für die Ruderanlage
- *ship's wheel for controlling the rudder mechanism*
16 der Rudergänger
- *helmsman (Am. wheelsman)*
17 der Ruderlagenanzeiger
- *rudder angle indicator*
18 der Sollkurseinsteller
- *automatic pilot (autopilot)*
19 der Betätigungshebel für die Verstellpropeller *m*
- *control lever for the variable-pitch propeller (reversible propeller, feathering propeller, feathering screw)*
20 das Anzeigegerät für die Propellersteigung
- *propeller pitch indicator*
21 die Umdrehungsanzeige der Hauptmotoren *m*
- *main engine revolution indicator*
22 die Anzeige der Schiffsgeschwindigkeit
- *ship's speedometer (log)*
23 der Steuerschalter für das Bugstrahlruder
- *control switch for bow thruster (bow-manoeuvring, Am. maneuvering, propeller)*
24 das Echolotanzeigegerät (der Echograph)
- *echo recorder (depth recorder, echograph)*
25 der Doppelmaschinentelegraph
- *engine telegraph (engine order telegraph)*
26 die Steuer- und Kontrollgeräte *n* für die Schlingerdämpfungsanlage
- *controls for the anti-rolling system (for the stabilizers)*
27 das OB-Telefon (Ortsbatterietelefon)
- *local-battery telephone*
28 das Telefon der Schiffsverkehrs-Fernsprechanlage
- *shipping traffic radio telephone*
29 das Positionslampentableau
- *navigation light indicator panel (running light indicator panel)*
30 die Sprechstelle für die Ruf- und Kommandoanlage
- *microphone for ship's address system*
31 der Kreiselkompaß, ein Tochterkompaß
- *gyro compass (gyroscopic compass), a compass repeater*
32 der Betätigungsknopf für die Schiffssirene
- *control button for the ship's siren (ship's fog horn)*
33 die Überlastkontrolle der Hauptmotoren *m*
- *main engine overload indicator*
34 das Decca-Gerät zur Positionsbestimmung (der Decca-Navigator)
- *detector indicator unit for fixing the ship's position*
35 die Abstimmgrobanzeige
- *rough focusing indicator*
36 die Abstimmfeinanzeige
- *fine focusing indicator*
37 der Navigationsoffizier
- *navigating officer*
38 der Kapitän
- *captain*
39 **das Decca-Navigator-System**
- ***Decca navigation system***
40 die Hauptstation
- *master station*
41 die Nebenstation
- *slave station*
42 die Nullhyperbel
- *null hyperbola*
43 die Hyperbelstandlinie 1
- *hyperbolic position line 1*
44 die Hyperbelstandlinie 2
- *hyperbolic position line 2*
45 der Standort
- *position (fix, ship fix)*
46-53 **Kompasse**
- ***compasses***
46 der Fluidkompaß, ein Magnetkompaß
- *liquid compass (fluid compass, spirit compass, wet compass), a magnetic compass*
47 die Kompaßrose
- *compass card*
48 der Steuerstrich
- *lubber's line (lubber's mark, lubber*
49 der Kompaßkessel
- *compass bowl*
50 die kardanische Aufhängung
- *gimbal ring*
51-53 der Kreiselkompaß (die Kreiselkompaßanlage)
- *gyro compass (gyroscopic compass, gyro compass unit)*
51 der Mutterkompaß
- *master compass (master gyro comp*
52 der Tochterkompaß
- *compass repeater (gyro repeater)*
53 der Tochterkompaß mit Peilaufsatz
- *compass repeater with pelorus*
54 **das Patentlog**, ein Log *n* (eine Logg
- ***patent log*** *(screw log, mechanical log, towing log, taffrail log, speedometer), a log*
55 der Logpropeller
- *rotator*
56 der Schwungradregulator
- *governor*
57 das Zählwerk (die Loguhr)
- *log clock*

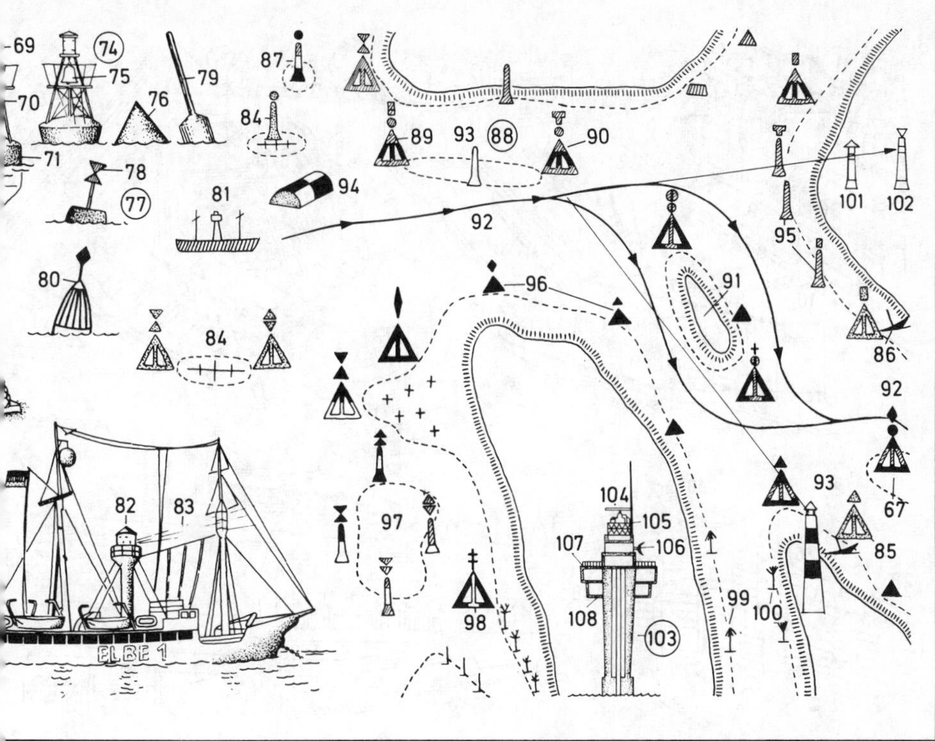

58-67 Lote *n*
- ***leads***

58 das Handlot
- *hand lead*

59 der Lotkörper
- *lead (lead sinker)*

60 die Lotleine
- *leadline*

61-67 das Echolot
- *echo sounder (echo sounding machine)*

61 der Schallsender
- *sound transmitter*

62 der Schallwellenimpuls
- *sound wave (sound impulse)*

63 das Echo
- *echo (sound echo, echo signal)*

64 der Echoempfänger
- *echo receiver (hydrophone)*

65 der Echograph (der Echoschreiber)
- *echograph (echo sounding machine recorder)*

66 die Tiefenskala
- *depth scale*

67 das Echobild
- *echogram (depth recording, depth reading)*

68-108 Seezeichen *n*, **zur Betonnung und Befeuerung**
- ***sea marks*** *(floating navigational marks)* ***for buoyage and lighting systems***

68-83 Fahrwasserzeichen *n*
- *fairway marks (channel marks)*

68 die Leuchtheultonne
- *light and whistle buoy*

69 die Laterne
- *light (warning light)*

70 der Heulapparat
- *whistle*

71 der Schwimmkörper
- *buoy*

72 die Ankerkette
- *mooring chain*

73 der Tonnenstein (Tonnenanker)
- *sinker (mooring sinker)*

74 die Leuchtglockentonne
- *light and bell buoy*

75 die Glocke
- *bell*

76 die Spitztonne
- *conical buoy*

77 die Stumpftonne
- *can buoy*

78 das Toppzeichen (das Stundenglaszeichen)
- *topmark*

79 die Spierentonne
- *spar buoy*

80 die Bakentonne
- *topmark buoy*

81 das Feuerschiff
- *lightship (light vessel)*

82 der Feuerturm (Laternenträger)
- *lantern mast (lantern tower)*

83 das Leuchtfeuer
- *beam of light*

84-102 die Fahrwasserbezeichnung
- *fairway markings (channel markings) [German type]*

84 Wrack *n* [grüne Betonnung]
- *wreck [green buoys]*

85 Wrack *n* an Steuerbord *n* des Fahrwassers *n*
- *wreck to starboard*

86 Wrack *n* an Backbord *n* des Fahrwassers *n*
- *wreck to port*

87 Untiefe *f*
- *shoals (shallows, shallow water, Am. flats)*

88 Mittelgrund *m* an Backbord *n* des Hauptfahrwassers *n*
- *middle ground to port*

89 Spaltung *f* [der Beginn des Mittelgrundes *m*; Toppzeichen *n*: roter Zylinder *m* über rotem Ball *m*]
- *division (bifurcation) [beginning of the middle ground; topmark: red cylinder above red ball]*

90 Vereinigung *f* [das Ende des Mittelgrundes *m*; Toppzeichen *n*: rotes Antoniuskreuz über rotem Ball *m*]
- *convergence (confluence) [end of the middle ground; topmark: red St. Antony's cross above red ball]*

91 Mittelgrund *m*
- *middle ground*

92 das Hauptfahrwasser
- *main fairway (main navigable channel)*

93 das Nebenfahrwasser
- *secondary fairway (secondary navigable channel)*

94 die Faßtonne
- *can buoy*

95 Backbordtonnen [rot] *f*
- *port hand buoys (port hand marks) [red]*

96 Steuerbordtonnen [schwarz] *f*
- *starboard hand buoys (starboard hand marks) [black]*

97 Untiefe *f* außerhalb des Fahrwassers *n*
- *shoals (shallows, shallow water, Am. flats) outside the fairway*

98 Fahrwassermitte *f* [Toppzeichen *n*: Doppelkreuz]
- *middle of the fairway (mid-channel)*

99 Steuerbordstangen *f* [Besen *m* abwärts]
- *starboard markers [inverted broom]*

100 Backbordstangen *f* [Besen *m* aufwärts]
- *port markers [upward-pointing broom]*

101-102 Richtfeuer *n* (Leitfeuer)
- *range lights (leading lights)*

101 das Unterfeuer
- *lower range light (lower leading light)*

102 das Oberfeuer
- *higher range light (higher leading light)*

103 der Leuchtturm
- *lighthouse*

104 die Radarantenne
- *radar antenna (radar scanner)*

105 die Laterne
- *lantern (characteristic light)*

106 die Richtfunkantenne
- *radio direction finder (RDF) antenna*

107 das Maschinen- und Aufenthaltsdeck
- *machinery and observation platform (machinery and observation deck)*

108 die Wohnräume *m*
- *living quarters*

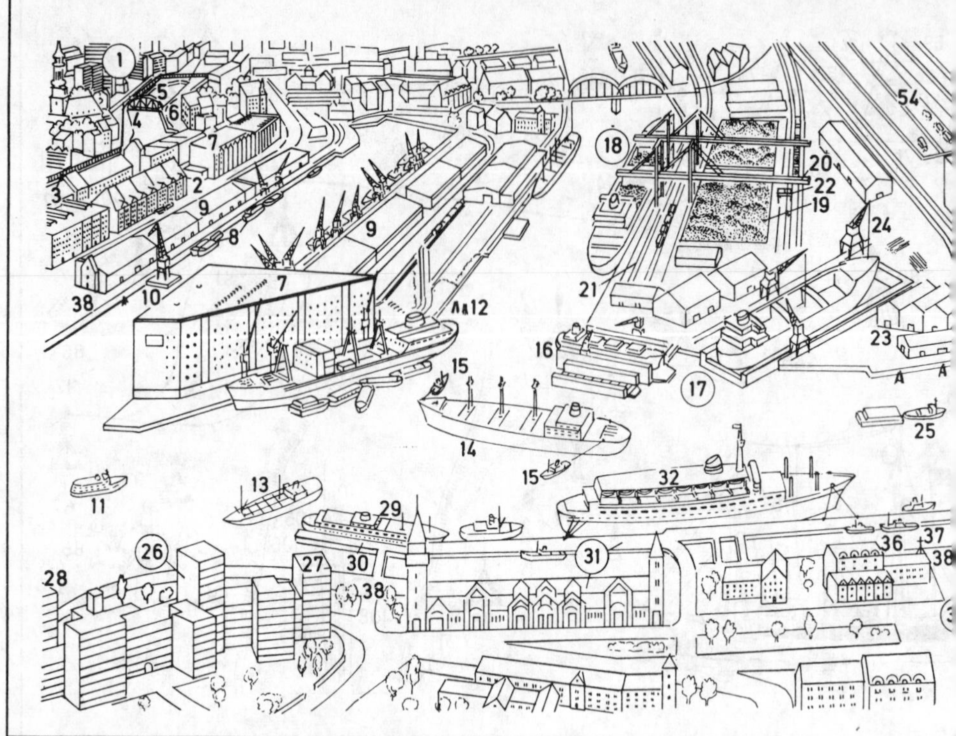

1 das Hafenviertel
- *dock area*
2 der Freihafen
- *free port (foreign trade zone)*
3 die Freihafengrenze (das Zollgitter)
- *free zone frontier (free zone enclosure)*
4 die Zollschranke
- *customs barrier*
5 der Zolldurchlaß
- *customs entrance*
6 das Zollhaus (Hafenzollamt)
- *port custom house*
7 der Speicher
- *entrepôt*
8 die Schute
- *barge (dumb barge, lighter)*
9 der Stückgutschuppen
- *break-bulk cargo transit shed (general cargo transit shed, package cargo transit shed)*
10 der Schwimmkran
- *floating crane*
11 die Hafenfähre (das Fährboot)
- *harbour (Am. harbor) ferry (ferryboat)*
12 die Dalbe (der Dalben, Duckdalben)
- *fender (dolphin)*
13 das Bunkerboot
- *bunkering boat*
14 der Stückgutfrachter
- *break-bulk carrier (general cargo ship)*
15 der Bugsierschlepper
- *tug*
16 das Schwimmdock
- *floating dock (pontoon dock)*
17 das Trockendock
- *dry dock*
18 der Kohlenhafen
- *coal wharf*
19 das Kohlenlager
- *coal bunker*
20 die Verladebrücke
- *transporter loading bridge*
21 die Hafenbahn
- *quayside railway*
22 der Wiegebunker
- *weighing bunker*
23 der Werftschuppen
- *warehouse*
24 der Werftkran
- *quayside crane*
25 die Barkasse mit Leichter *m*
- *launch and lighter*
26 das Hafenkrankenhaus
- *port hospital*
27 die Quarantänestation
- *quarantine wing*
28 das Tropeninstitut (Institut für Tropenmedizin *f*)
- *Institute of Tropical Medicine*
29 der Ausflugsdampfer
- *excursion steamer (pleasure steamer)*
30 die Landungsbrücke
- *jetty*
31 die Fahrgastanlage
- *passenger terminal*
32 das Linienschiff (der Passagierdampfer, Liner, Ocean Liner)
- *liner (passenger liner, ocean liner)*
33 das Meteorologische Amt, eine Wetterwarte
- *meteorological office, a weather station*
34 der Signalmast
- *signal mast (signalling mast)*
35 der Sturmball
- *storm signal*
36 das Hafenamt
- *port administration offices*
37 der Wasserstandsanzeiger
- *tide level indicator*
38 die Kaistraße
- *quayside road (quayside roadway)*
39 der Roll-on-roll-off-Verkehr (Ro-ro-Verkehr, Ro-ro, Roro)
- *roll-on roll-off (ro-ro) system (roll-on roll-off operation)*
40 der Brückenlift
- *gantry*
41 der Truck-to-truck-Verkehr
- *truck-to-truck system (truck-to-truck operation)*
42 die folienverpackten Stapel *m*
- *foil-wrapped unit loads*
43 die Paletten *f*
- *pallets*
44 der Hubstapler
- *forklift truck (fork truck, forklift)*

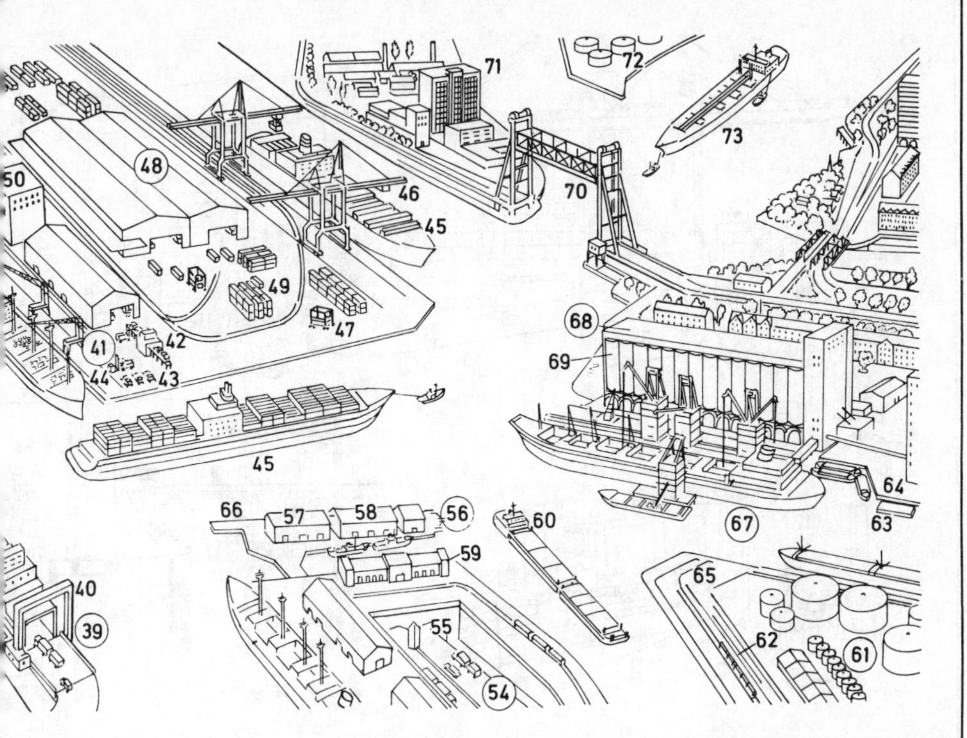

45 das Containerschiff
- *container ship*

46 die Containerbrücke
- *transporter container-loading bridge*

47 der Containerstapler
- *container carrier truck*

48 der (das) Containerterminal
- *container terminal (container berth)*

49 der Containerstapel
- *unit load*

50 das Kühlhaus
- *cold store*

51 das Förderband
- *conveyor belt (conveyor)*

52 der Fruchtschuppen
- *fruit storage shed (fruit warehouse)*

53 das Bürohaus
- *office building*

54 die Stadtautobahn
- *urban motorway* (Am. *freeway)*

55 die Hafenuntertunnelung
- *harbour* (Am. *harbor) tunnels*

56 der Fischereihafen
- *fish dock*

57 die Fischhalle
- *fish market*

58 die Versteigerungshalle (Auktionshalle)
- *auction room*

59 die Fischkonservenfabrik
- *fish-canning factory*

60 der Schubschiffverband
- *push tow*

61 das Tanklager
- *tank farm*

62 die Gleisanlage
- *railway siding*

63 der Anlegeponton (Vorleger)
- *landing pontoon (landing stage)*

64 der Kai (die Kaje)
- *quay*

65 das Höft, eine Landspitze
- *breakwater (mole)*

66 die (der) Pier, eine Kaizunge
- *pier (jetty), a quay extension*

67 der Bulkfrachter (Bulkcarrier)
- *bulk carrier*

68 der (das) Silo
- *silo*

69 die Silozelle
- *silo cylinder*

70 die Hubbrücke
- *lift bridge*

71 die Hafenindustrieanlage
- *industrial plant*

72 das Flüssiglager
- *storage tanks*

73 der Tanker
- *tanker*

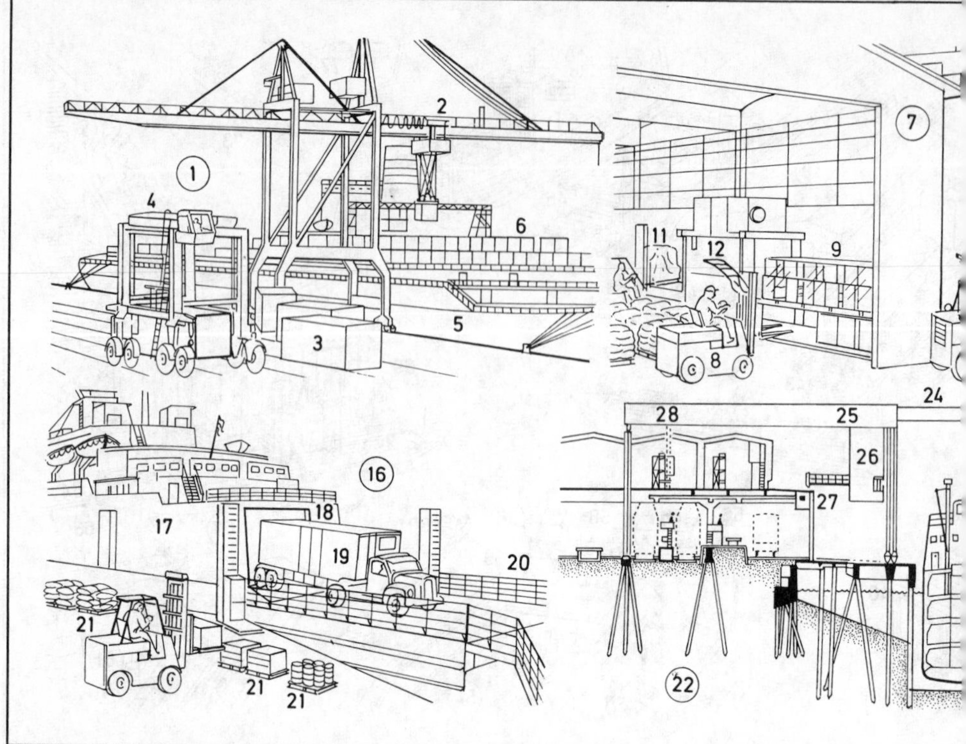

1 das (das) Containerterminal, eine moderne Güterumschlaganlage
- *container terminal (container berth), a modern cargo-handling berth*

2 die Containerbrücke (Ladebrücke), *ähnl.:* der Transtainerkran
- *transporter container-loading bridge (loading bridge);* sim.: *transtainer crane (transtainer)*

3 der Container
- *container*

4 der Portalstapler
- *truck (carrier)*

5 das Vollcontainerschiff
- *all-container ship*

6 die Containerdecksladung
- *containers stowed on deck*

7 das Truck-to-truck-handling (der horizontale rampenlose Güterumschlag mit Paletten *f*)
- *truck-to-truck handling (horizontal cargo handling with pallets)*

8 der Hubstapler (Truck)
- *forklift truck (fork truck, forklift)*

9 die unitisierte folienverpackte Ladung (das Unitload)
- *unitized foil-wrapped load (unit load)*

10 die Flachpalette, eine Normpalette
- *flat pallet, a standard pallet*

11 das unitisierte Stückgut
- *unitized break-bulk cargo*

12 der Folienschrumpfofen
- *heat sealing machine*

13 der Stückgutfrachter
- *break-bulk carrier (general cargo ship)*

14 die Ladeluke
- *cargo hatchway*

15 der übernehmende Schiffsstapler
- *receiving truck on board ship*

16 der (das) Allroundterminal
- *multi-purpose terminal*

17 das Roll-on-roll-off-Schiff (Ro-ro-Schiff, Roro-Schiff)
- *roll-on roll-off ship (ro-ro-ship)*

18 die Heckpforte
- *stern port (stern opening)*

19 die selbstfahrende Ladung, ein Lastkraftwagen *m*
- *driven load, a lorry* (Am. *truck)*

20 die Ro-ro-Abfertigungsanlage (Ro-ro-Spezialanlage, Roro-Anlage)
- *ro-ro depot*

21 das unitisierte Packstück
- *unitized load (unitized package)*

22 die Bananenumschlaganlage [Schnitt]
- *banana-handling terminal [section]*

23 der wasserseitige Turas
- *seaward tumbler*

24 der Ausleger
- *jib*

25 die Elevatorbrücke
- *elevator bridge*

26 das Kettengehänge
- *chain sling*

27 die Leuchtwarte
- *lighting station*

28 der landseitige Turas [für Bahn- und Lkw-Beladung *f*]
- *shore-side tumbler for loading trains and lorries* (Am. *trucks)*

29 der Schütt- und Sauggutumschlag (Massengutumschlag)
- *bulk cargo handling*

30 der Bulkfrachter (Bulkcarrier, Schüttgutfrachter)
- *bulk carrier*

31 der Schwimmheber
- *floating bulk-cargo elevator*

32 die Saugrohrleitungen *f*
- *suction pipes*

33 der Rezipient
- *receiver*

34 das Verladerohr
- *delivery pipe*

35 die Massengutschute
- *bulk transporter barge*

36 die Ramme
- *floating pile driver*

37 das Rammgerüst
- *pile driver frame*

38 der Bär (Rammbär, das Rammgewicht)
- *pile hammer*

39 die Gleitschiene
- *driving guide rail*

40 das Kipplager
- *pile*

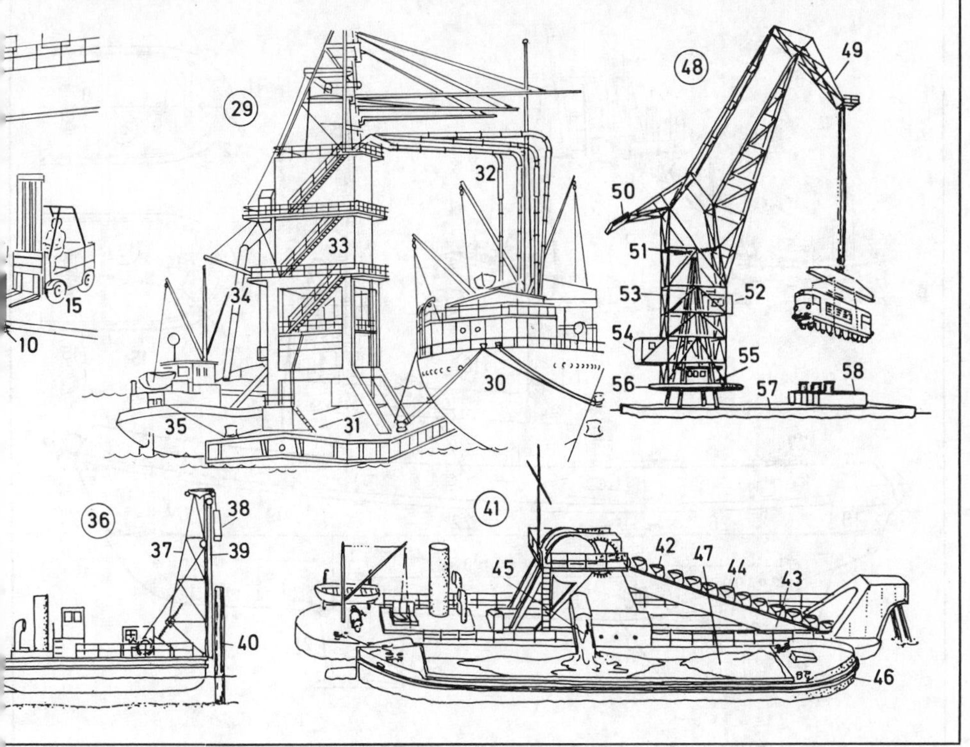

41 der Eimerbagger, ein Bagger *m*
- *bucket dredger, a dredger*

42 die Eimerkette
- *bucket chain*

43 die Eimerleiter
- *bucket ladder*

44 der Baggereimer
- *dredger bucket*

45 die Schütte (Rutsche)
- *chute*

46 die Baggerschute
- *hopper barge*

47 das Baggergut
- *spoil*

48 der Schwimmkran
- *floating crane*

49 der Ausleger
- *jib (boom)*

50 das Gegengewicht
- *counterweight (counterpoise)*

51 die Verstellspindel
- *adjusting spindle*

52 der Führerstand (das Kranführerhaus)
- *crane driver's cabin (crane driver's cage)*

53 das Krangestell
- *crane framework*

54 das Windenhaus
- *winch house*

55 die Kommandobrücke
- *control platform*

56 die Drehscheibe
- *turntable*

57 der Ponton, ein Prahm *m*
- *pontoon, a pram*

58 der Motorenaufbau
- *engine superstructure (engine mounting)*

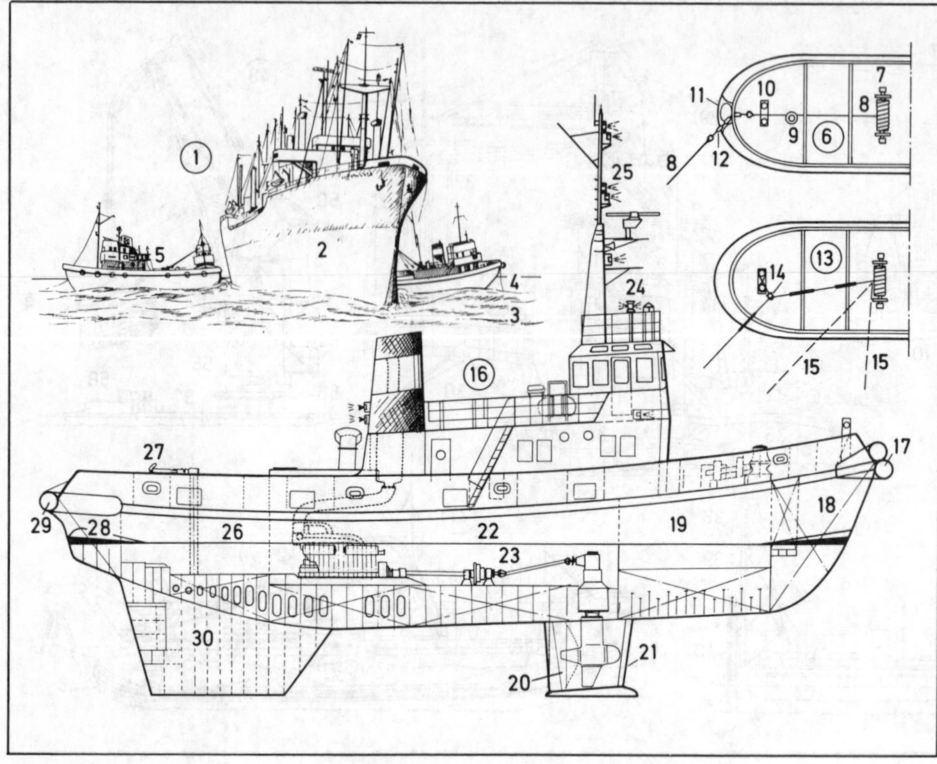

1 die Bergung eines aufgelaufenen Schiffes *n*
- *salvaging (salving) of a ship run aground*

2 das aufgelaufene Schiff (der Havarist)
- *ship run aground (damaged vessel)*

3 die Schlickbank; *auch:* der Mahlsand
- *sandbank;* also: *quicksand*

4 das offene Wasser
- *open sea*

5 der Schlepper
- *tug (salvage tug)*

6-15 Schleppgeschirre *n*
- *towing gear*

6 das Schleppgeschirr für die Seeverschleppung
- *towing gear for towing at sea*

7 die Schleppwinde
- *towing winch (towing machine, towing engine)*

8 die Schlepptrosse (Trosse)
- *tow rope (tow line, towing hawser)*

9 das Schleppkäpsel
- *tow rope guide*

10 der Kreuzpoller
- *cross-shaped bollard*

11 die Schleppklüse
- *hawse hole*

12 die Ankerkette
- *anchor cable (chain cable)*

13 das Schleppgeschirr für den Hafenbetrieb
- *towing gear for work in harbours* (Am. *harbors)*

14 der Beistopper
- *guest rope*

15 die Trossenrichtung bei Bruch *m* des Beistoppers *m*
- *position of the tow rope (tow line, towing hawser)*

16 der Schlepper (Bugsierschlepper) [Aufriß]
- *tug (salvage tug) [vertical elevation]*

17 der Bugfender
- *bow fender (pudding fender)*

18 die Vorpiek
- *forepeak*

19 die Wohnräume *m*
- *living quarters*

20 der Schottel-Propeller
- *Schottel propeller*

21 die Kort-Düse
- *Kort vent*

22 der Maschinen- und Propellerraum
- *engine and propeller room*

23 die Schaltkupplung
- *clutch coupling*

24 das Peildeck
- *compass platform (compass bridge, compass flat, monkey bridge)*

25 die Feuerlöscheinrichtung
- *fire-fighting equipment*

26 der Stauraum
- *stowage*

27 der Schlepphaken
- *tow hook*

28 die Achterpiek
- *afterpeak*

29 der Heckfender (die „Maus")
- *stern fender*

30 der Manövrierkiel
- *main manoeuvring* (Am. *maneuvering) keel*

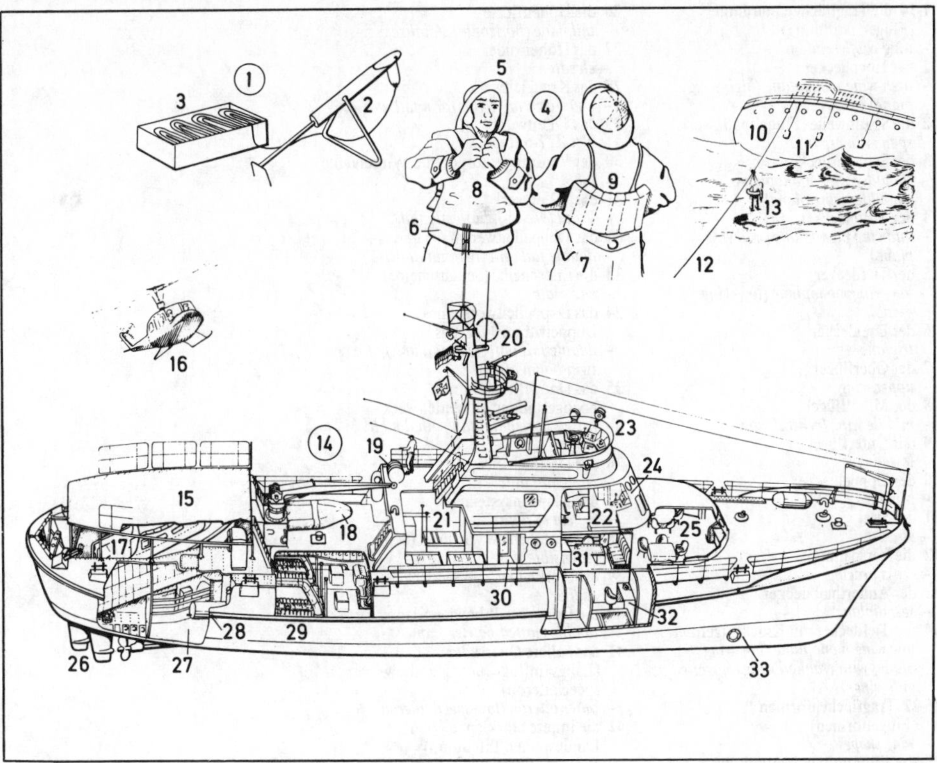

1 der Raketenapparat
- *rocket apparatus (rocket gun, line-throwing gun)*

2 die Rakete
- *life rocket (rocket)*

3 die Rettungsleine (Schießleine)
- *rocket line (whip line)*

4 das Ölzeug
- *oilskins*

5 der Südwester
- *sou'wester (southwester)*

6 die Öljacke
- *oilskin jacket*

7 der Ölmantel
- *oilskin coat*

8 die aufblasbare Schwimmweste
- *inflatable life jacket*

9 die Korkschwimmweste
- *cork life jacket (cork life preserver)*

10 das gestrandete Schiff (der Havarist)
- *stranded ship (damaged vessel)*

11 der Ölbeutel, zum Aufträufeln *n* von Öl *n* auf die Wasseroberfläche
- *oil bag, for trickling oil on the water surface*

12 das Rettungstau
- *lifeline*

13 die Hosenboje
- *breeches buoy*

14 der Seenotkreuzer
- *rescue cruiser*

15 das Hubschrauberarbeitsdeck
- *helicopter landing deck*

16 der Rettungshubschrauber
- *rescue helicopter*

17 das Tochterboot
- *daughter boat*

18 das Schlauchboot
- *inflatable boat (inflatable dinghy)*

19 die Rettungsinsel
- *life raft*

20 die Feuerlöschanlage zur Bekämpfung von Schiffsbränden *m*
- *fire-fighting equipment for fires at sea*

21 das Hospital mit Operationskoje *f* und Unterkühlungsbadewanne *f*
- *hospital unit with operating cabin and exposure bath*

22 der Navigationsraum
- *navigating bridge*

23 der obere Fahrstand
- *upper tier of navigating bridge*

24 der untere Fahrstand
- *lower tier of navigating bridge*

25 die Messe
- *messroom*

26 die Ruder- und Propelleranlage
- *rudders and propeller (screw)*

27 der Stauraum
- *stowage*

28 der Feuerlöschschaumtank
- *foam can*

29 die Seitenmotoren *m*
- *side engines*

30 die Dusche
- *shower*

31 die Vormannkabine
- *coxswain's cabin*

32 die Mannschaftseinzelkabine
- *crew member's single-berth cabin*

33 die Bugschraube
- *bow propeller*

1-14 die Tragflächenanordnung (Flügelanordnung)
- ***wing configurations***
1 der Hochdecker
- *high-wing monoplane (high-wing plane)*
2 die Spannweite (Flügelspannweite)
- *span (wing span)*
3 der Schulterdecker
- *shoulder-wing monoplane (shoulder-wing plane)*
4 der Mitteldecker
- *midwing monoplane (midwing plane)*
5 der Tiefdecker
- *low-wing monoplane (low-wing plane)*
6 der Dreidecker
- *triplane*
7 der Oberflügel
- *upper wing*
8 der Mittelflügel
- *middle wing (central wing)*
9 der Unterflügel
- *lower wing*
10 der Doppeldecker
- *biplane*
11 der Stiel
- *strut*
12 die Verspannung
- *cross bracing wires*
13 der Anderthalbdecker
- *sesquiplane*
14 der Tiefdecker mit Knickflügeln *m*
- *low-wing monoplane (low-wing plane) with cranked wings (inverted gull wings)*
15-22 Tragflächenformen *f* (Flügelformen)
- ***wing shapes***
15 der Ellipsenflügel (elliptische Flügel)
- *elliptical wing*
16 der Rechteckflügel
- *rectangular wing*
17 der Trapezflügel
- *tapered wing*
18 der Sichelflügel
- *crescent wing*
19 der Deltaflügel
- *delta wing*
20 der Pfeilflügel mit schwacher positiver Pfeilung
- *swept-back wing with semi-positive sweepback*
21 der Pfeilflügel mit starker positiver Pfeilung
- *swept-back wing with positive sweepback*
22 der Ogivalflügel (Ogeeflügel)
- *ogival wing (ogee wing)*
23-36 die Leitwerksformen *f*
- ***tail shapes*** *(tail unit shapes, empennage shapes)*
23 das Normalleitwerk
- *normal tail (normal tail unit)*
24-25 das Seitenleitwerk
- *vertical tail (vertical stabilizer and rudder)*
24 die Seitenflosse
- *vertical stabilizer (vertical fin, tail fin)*
25 das Seitenruder
- *rudder*
26-27 das Höhenleitwerk
- *horizontal tail*
26 die Höhenflosse
- *tailplane (horizontal stabilizer)*
27 das Höhenruder
- *elevator*
28 das Kreuzleitwerk
- *cruciform tail (cruciform tail unit)*
29 das T-Leitwerk
- *T-tail (T-tail unit)*
30 der Verdrängerkörper (die Wirbelkeule)
- *lobe*
31 das V-Leitwerk
- *V-tail (vee-tail, butterfly tail)*
32 das Doppelleitwerk
- *double tail unit (twin tail unit)*
33 die Endscheibe (Seitenscheibe)
- *end plate*
34 das Doppelleitwerk eines Doppelrumpfflugzeugs
- *double tail unit (twin tail unit) of a twin-boom aircraft*
35 das Doppelleitwerk mit hochgestelltem Höhenleitwerk
- *raised horizontal tail with double booms*
36 das Dreifachleitwerk
- *triple tail unit*
37 das Klappensystem
- ***system of flaps***
38 der ausfahrbare Vorflügel (Slat)
- *extensible slat*
39 die Störklappe (der Spoiler)
- *spoiler*
40 die Doppelspalt-Fowler-Klappe
- *double-slotted Fowler flap*
41 das äußere Querruder (Langsamflug-Querruder, Low speed aileron)
- *outer aileron (low-speed aileron)*
42 die innere Störklappe *f* (der Landespoiler, Lift dump)
- *inner spoiler (landing flap, lift dump)*
43 das innere Querruder (Allgeschwindigkeits-Querruder, All speed aileron)
- *inner aileron (all-speed aileron)*
44 die Bremsklappe (Luftbremse, Air brakes)
- *brake flap (air brake)*
45 das Grundprofil
- *basic profile*
46-48 die Wölbungsklappen *f*
- *plain flaps (simple flaps)*
46 die Normalklappe
- *normal flap*
47 die Spaltklappe
- *slotted flap*
48 die Doppelspaltklappe
- *double-slotted flap*
49-50 die Spreizklappen
- *split flaps*
49 die einfache Spreizklappe
- *plain split flap (simple split flap)*
50 die Zap-Klappe
- *zap flap*
51 der Doppelflügel
- *extending flap*
52 die Fowler-Klappe
- *Fowler flap*
53 der Vorflügel
- *slat*
54 die profilierte Nasenklappe
- *profiled leading-edge flap (droop flap)*
55 die Krüger-Klappe
- *Krüger flap*

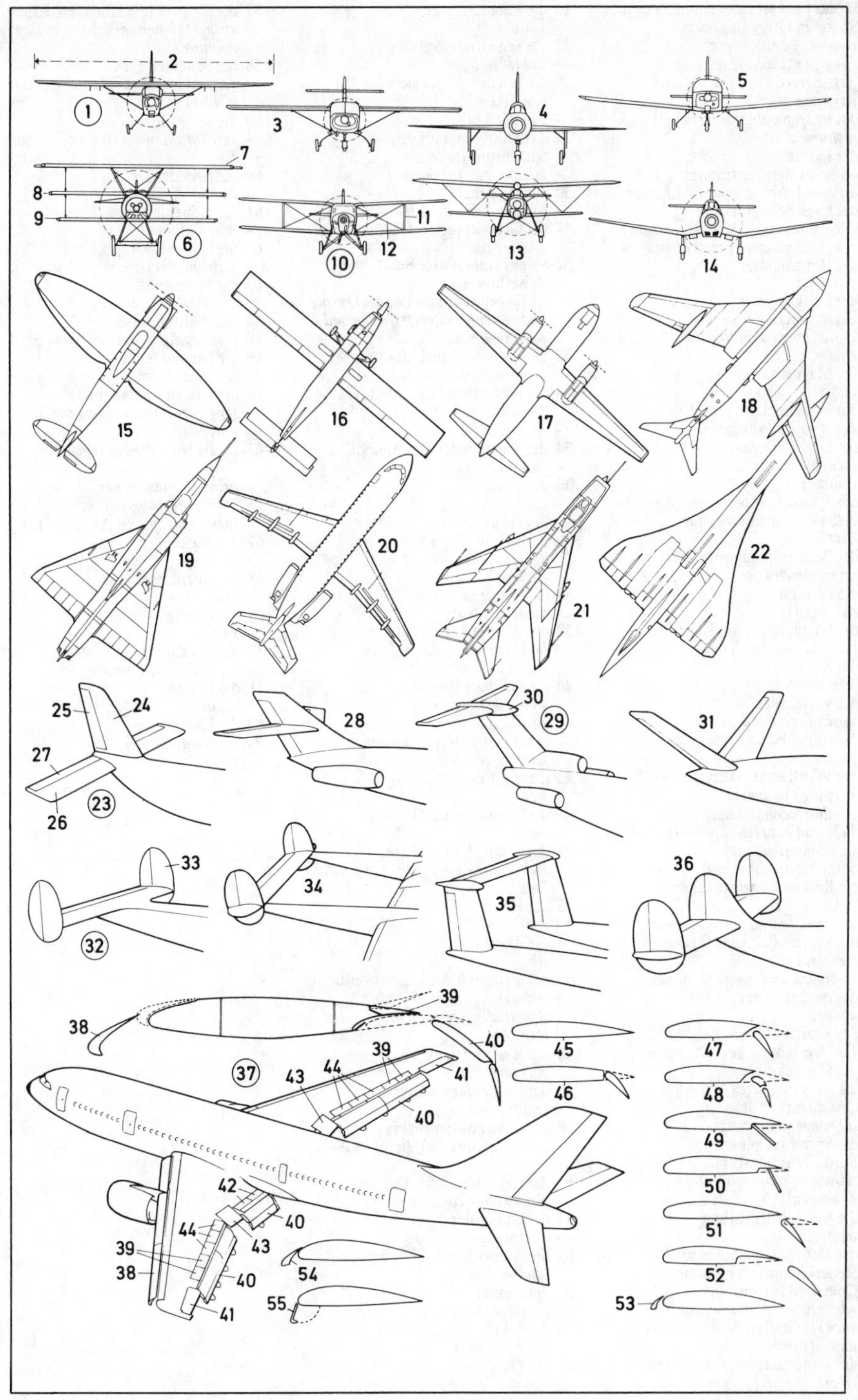
1
2
3
4
5
6
7
8
9
10
11
12
13
14
15
16
17
18
19
20
21
22
23
24
25
26
27
28
29
30
31
32
33
34
35
36
37
38
39
40
41
42
43
44
45
46
47
48
49
50
51
52
53
54
55

1-31 **das Cockpit** eines einmotorigen Sport- und Reiseflugzeugs *n*
- ***cockpit*** *of a single-engine (single-engined) racing and passenger aircraft (racing and passenger plane)*

1 das Instrumentenbrett (Panel)
- *instrument panel*

2 der Fahrtmesser (Geschwindigkeitsmesser)
- *air-speed* (Am. *airspeed) indicator*

3 der künstliche Horizont (Horizontkreisel, Kreiselhorizont)
- *artificial horizon (gyro horizon)*

4 der Höhenmesser
- *altimeter*

5 der Funkkompaß (das automatische Peilgerät)
- *radio compass (automatic direction finder)*

6 der Magnetkompaß
- *magnetic compass*

7 der Ladedruckmesser
- *boost gauge* (Am. *gage)*

8 der Drehzahlmesser
- *tachometer (rev counter, revolution counter)*

9 die Zylindertemperaturanzeige
- *cylinder temperature gauge* (Am. *gage)*

10 der Beschleunigungsmesser
- *accelerometer*

11 die Borduhr
- *chronometer*

12 der Wendezeiger mit Kugellibelle *f*
- *turn indicator with ball*

13 der Kurskreisel
- *directional gyro*

14 das Variometer
- *vertical speed indicator (rate-of-climb indicator, variometer)*

15 der VOR-Leitkursanzeiger *[VOR: Very high frequency omnidirectional range]*
- *VOR radio direction finder* [VOR: very high frequency omnidirectional range]

16 die Kraftstoffanzeige für den linken Tank
- *left tank fuel gauge* (Am. *gage)*

17 die Kraftstoffanzeige für den rechten Tank
- *right tank fuel gauge* (Am. *gage)*

18 das Amperemeter
- *ammeter*

19 der Kraftstoffdruckmesser
- *fuel pressure gauge* (Am. *gage)*

20 der Öldruckmesser
- *oil pressure gauge* (Am. *gage)*

21 die Öltemperaturanzeige
- *oil temperature gauge* (Am. *gage)*

22 das Sprechfunk- und Funknavigationsgerät
- *radio and radio navigation equipment*

23 die Kartenbeleuchtung
- *map light*

24 das Handrad (der Steuergriff, Steuerknüppel) zur Betätigung der Quer- und Höhenruder *n*
- *wheel (control column, control stick) for operating the ailerons and elevators*

25 das Handrad für den Kopiloten
- *co-pilot's wheel*

26 die Schaltarmaturen *f*
- *switches*

27 die Seitenruderpedale *n*
- *rudder pedals*

28 die Seitenruderpedale *n* für den Kopiloten
- *co-pilot's rudder pedals*

29 das Mikrophon für den Sprechfunkverkehr
- *microphone for the radio*

30 der Gashebel
- *throttle lever (throttle control)*

31 der Gemischregler (Gemischhebel)
- *mixture control*

32-66 **das einmotorige Sport- und Reiseflugzeug**
- ***single-engine (single-engined) racing and passenger aircraft (racing and passenger plane)***

32 der Propeller (die Luftschraube)
- *propeller (airscrew)*

33 die Propellernabenhaube (der Spinner)
- *spinner*

34 der Vierzylinder-Boxermotor
- *flat four engine*

35 das Cockpit
- *cockpit*

36 der Pilotensitz
- *pilot's seat*

37 der Kopilotensitz
- *co-pilot's seat*

38 die Passagiersitze *m*
- *passenger seats*

39 die Haube (Kanzelhaube)
- *hood (canopy, cockpit hood, cockpit canopy)*

40 das lenkbare Bugrad
- *steerable nose wheel*

41 das Hauptfahrwerk
- *main undercarriage unit (main landing gear unit)*

42 die Einstiegstufe
- *step*

43 die Tragfläche (der Flügel)
- *wing*

44 das rechte Positionslicht
- *right navigation light (right position light)*

45 der Holm
- *spar*

46 die Rippe
- *rib*

47 der Stringer (die Längsversteifung)
- *stringer (longitudinal reinforcing member)*

48 der Kraftstofftank
- *fuel tank*

49 der Landescheinwerfer
- *landing light*

50 das linke Positionslicht
- *left navigation light (left position light)*

51 der elektrostatische Ableiter
- *electrostatic conductor*

52 das Querruder
- *aileron*

53 die Landeklappe
- *landing flap*

54 der Rumpf
- *fuselage (body)*

55 der Spant
- *frame (former)*

56 der Gurt
- *chord*

57 der Stringer (die Längsversteifung)
- *stringer (longitudinal reinforcing member)*

58 das Seitenleitwerk
- *vertical tail (vertical stabilizer and rudder)*

59 die Seitenflosse
- *vertical stabilizer (vertical fin, tail fin)*

60 das Seitenruder
- *rudder*

61 das Höhenleitwerk
- *horizontal tail*

62 die Höhenflosse
- *tailplane (horizontal stabilizer)*

63 das Höhenruder
- *elevator*

64 das Warnblinklicht
- *warning light (anticollision light)*

65 die Dipolantenne
- *dipole antenna*

66 die Langdrahtantenne
- *long-wire antenna (long-conductor antenna)*

67-72 **die Hauptbewegungen** *f* des Flugzeugs *n*
- ***principal manoeuvres*** (Am. *maneuvers) of the aircraft (aeroplane, plane,* Am. *airplane)*

67 das Nicken
- *pitching*

68 die Querachse
- *lateral axis*

69 das Gieren
- *yawing*

70 die Hochachse
- *vertical axis (normal axis)*

71 das Rollen
- *rolling*

72 die Längsachse
- *longitudinal axis*

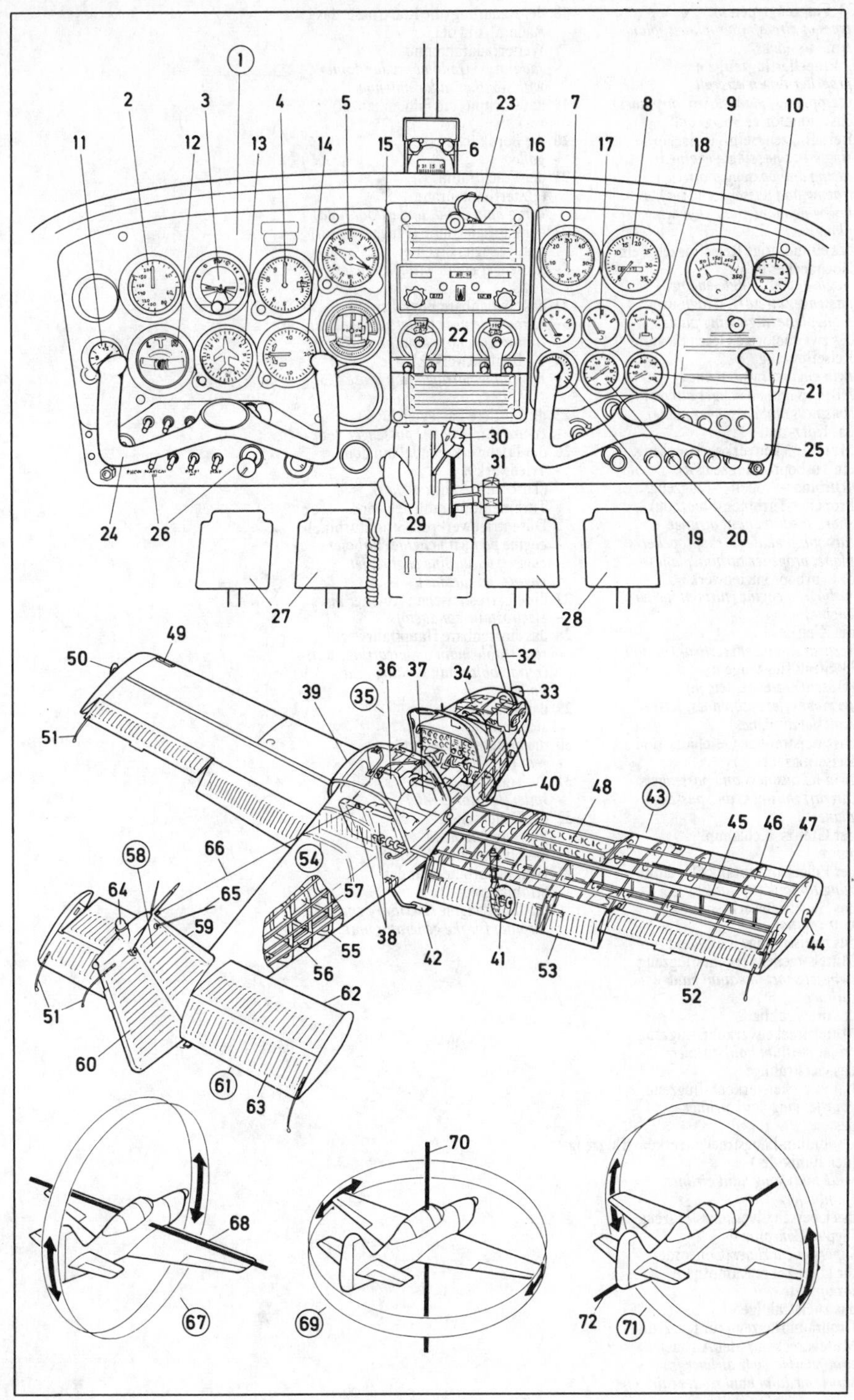
1
2
3
4
5
6
7
8
9
10
11
12
13
14
15
16
17
18
19
20
21
22
23
24
25
26
27
28
29
30
31
32
33
34
35
36
37
38
39
40
41
42
43
44
45
46
47
48
49
50
51
52
53
54
55
56
57
58
59
60
61
62
63
64
65
66
67
68
69
70
71
72

1-33 Flugzeugtypen *m*
- ***types of aircraft*** *(aeroplanes, planes,* Am. *airplanes)*

1-6 Propellerflugzeuge *n*
- ***propeller-driven aircraft*** *(aeroplanes, planes,* Am. *airplanes)*

1 das einmotorige Sport- und Reiseflugzeug, ein Tiefdecker *m*
- *single-engine (single-engined) racing and passenger aircraft (racing and passenger plane), a low-wing monoplane (low-wing plane)*

2 das einmotorige Reiseflugzeug, ein Hochdecker *m*
- *single-engine (single-engined) passenger aircraft, a high-wing monoplane (high-wing plane)*

3 das zweimotorige Geschäfts- und Reiseflugzeug
- *twin-engine (twin-engined) business and passenger aircraft (business and passenger plane)*

4 das Kurz- und Mittelstreckenverkehrsflugzeug, ein Turbopropflugzeug *n* (Turbinen-Propeller-Flugzeug, Propeller-Turbinen-Flugzeug)
- *short/medium haul airliner, a turboprop plane (turbopropeller plane, propeller-turbine plane)*

5 das Turboproptriebwerk
- *turboprop engine (turbopropeller engine)*

6 die Kielflosse
- *vertical stabilizer (vertical fin, tail fin)*

7-33 Strahlflugzeuge *n* (Düsenflugzeuge, Jets *m*)
- ***jet planes*** *(jet aeroplanes, jets,* Am. *jet airplanes)*

7 das zweistrahlige Geschäfts- und Reiseflugzeug
- *twin-jet business and passenger aircraft (business and passenger plane)*

8 der Grenzschichtzaun
- *fence*

9 der Flügelspitzentank (Tiptank)
- *wing-tip tank (tip tank)*

10 das Hecktriebwerk
- *rear engine*

11 das zweistrahlige Kurz- und Mittelstreckenverkehrsflugzeug
- *twin-jet short/medium haul airliner*

12 das dreistrahlige Mittelstreckenverkehrsflugzeug
- *tri-jet medium haul airliner*

13 das vierstrahlige Langstreckenverkehrsflugzeug
- *four-jet long haul airliner*

14 das Großraum-Langstreckenverkehrsflugzeug (der Jumbo-Jet)
- *wide-body long haul airliner (jumbo jet)*

15 das Überschallverkehrsflugzeug [Typ *m Concorde f*]
- *supersonic airliner* [Concorde]

16 die absenkbare Rumpfnase
- *droop nose*

17 **das zweistrahlige Großraumflugzeug** für Kurz- und Mittelstrecken *f* (der Airbus)
- ***twin-jet wide-body airliner*** *for short/medium haul routes (airbus)*

18 der Radarbug (die Radarnase, das Radom), mit der Wetterradarantenne
- *radar nose (radome, radar dome) with weather radar antenna*

19 das Cockpit (die Pilotenkanzel)
- *cockpit*

20 die Bordküche
- *galley*

21 der Frachtraum (Unterflurstauraum)
- *cargo hold (hold, underfloor hold)*

22 der Passagierraum (Fluggastraum) mit Passagiersitzen *m*
- *passenger cabin with passenger seats*

23 das einziehbare Bugfahrwerk
- *retractable nose undercarriage unit (retractable nose landing gear unit)*

24 die Bugfahrwerksklappe
- *nose undercarriage flap (nose gear flap)*

25 die mittlere Passagiertür
- *centre (*Am. *center) passenger door*

26 die Triebwerksgondel mit dem Triebwerk *n* (Turboluftstrahltriebwerk, Turbinenluftstrahltriebwerk, Düsentriebwerk, die Strahlturbine)
- *engine pod with engine (turbojet engine, jet turbine engine, jet engine, jet turbine)*

27 die elektrostatischen Ableiter *m*
- *electrostatic conductors*

28 das einziehbare Hauptfahrwerk
- *retractable main undercarriage unit (retractable main landing gear unit)*

29 das Seitenfenster
- *side window*

30 die hintere Passagiertür
- *rear passenger door*

31 die Toilette
- *toilet (lavatory, WC)*

32 das Druckschott
- *pressure bulkhead*

33 das Hilfstriebwerk (die Hilfsgasturbine), für das Stromaggregat
- *auxiliary engine (auxiliary gas turbine) for the generator unit*

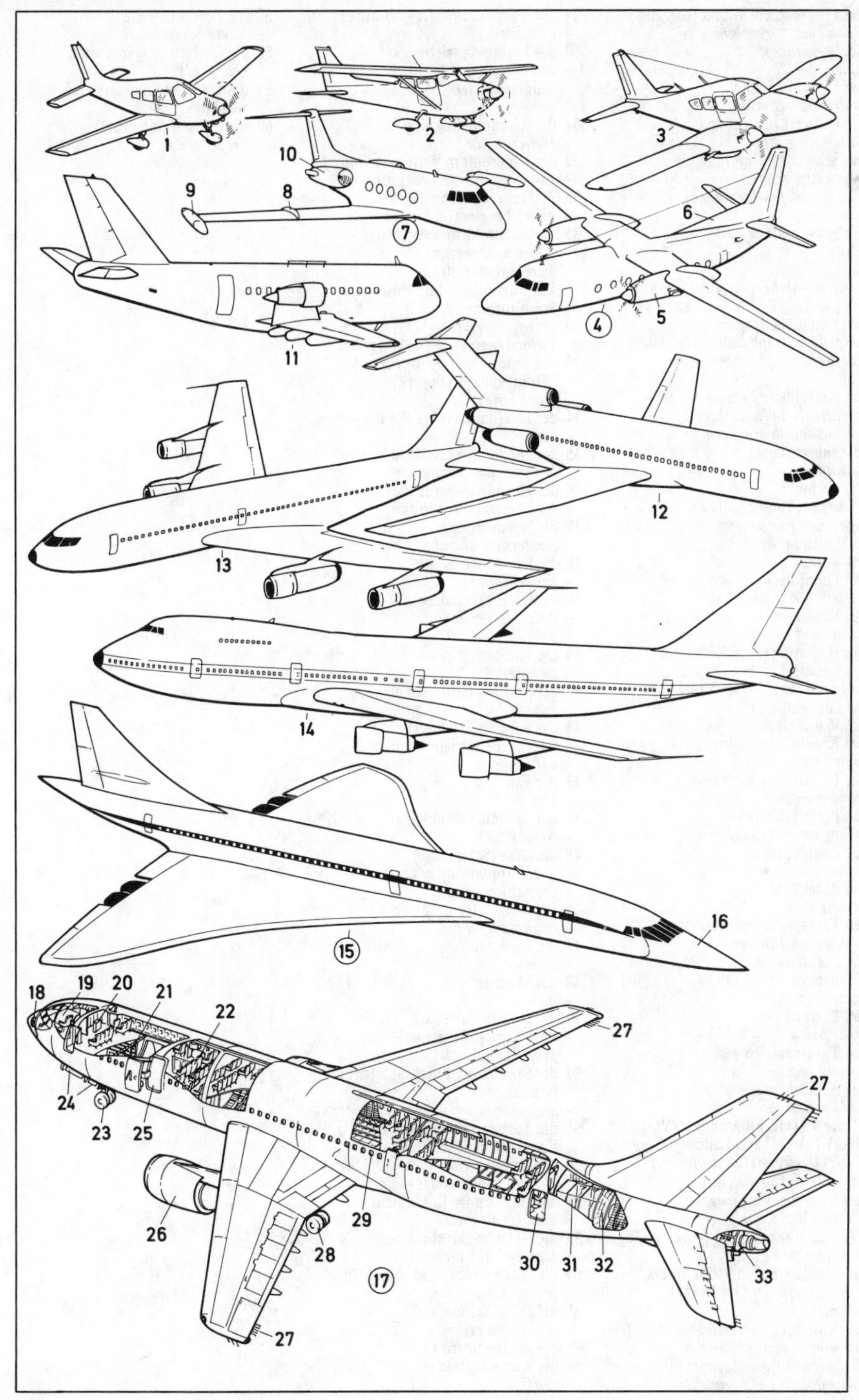
1
2
3
4
5
6
7
8
9
10
11
12
13
14
15
16
17
18
19
20
21
22
23
24
25
26
27
28
29
30
31
32
33

1 das Flugboot, ein Wasserflugzeug *n*
- ***flying boat,*** *a seaplane*
2 der Bootsrumpf
- *hull*
3 der Flossenstummel
- *stub wing (sea wing)*
4 die Leitwerkverstrebung
- *tail bracing wires*
5 das Schwimmerflugzeug, ein Wasserflugzeug *n*
- *floatplane (float seaplane), a seaplane*
6 der Schwimmer
- *float*
7 die Kielflosse
- *vertical stabilizer (vertical fin, tail fin)*
8 das Amphibienflugzeug
- ***amphibian*** *(amphibian flying boat)*
9 der Bootsrumpf
- *hull*
10 das einziehbare Fahrwerk
- *retractable undercarriage (retractable landing gear)*
11-25 Hubschrauber *m*
- ***helicopters***
11 der leichte Mehrzweckhubschrauber
- *light multirole helicopter*
12-13 der Hauptrotor
- *main rotor*
12 der Drehflügel
- *rotary wing (rotor blade)*
13 der Rotorkopf
- *rotor head*
14 der Heckrotor (Ausgleichsrotor, die Steuerschraube)
- *tail rotor (anti-torque rotor)*
15 die Landekufen *f*
- *landing skids*
16 der Kranhubschrauber
- *flying crane*
17 die Turbinentriebwerke *n*
- *turbine engines*
18 das Portalfahrwerk
- *lifting undercarriage*
19 die Lastplattform
- *lifting platform*
20 der Zusatztank
- *reserve tank*
21 der Transporthubschrauber
- *transport helicopter*
22 die Rotoren *m* in Tandemanordnung *f*
- *rotors in tandem*
23 der Rotorträger
- *rotor pylon*
24 das Turbinentriebwerk
- *turbine engine*
25 die Heckladepforte
- *tail loading gate*
26-32 die VSTOL-Flugzeuge *n* (Vertical/ Short-Take-off-and-Landing-Flugzeuge)
- ***V/STOL aircraft*** *(vertical/short take-off and landing aircraft)*
26 das Kippflügelflugzeug, ein VTOL-Flugzeug *n* (Vertical-Take-off-and-Landing-Flugzeug, Senkrechtstarter *m*)
- *tilt-wing aircraft, a VTOL aircraft (vertical take-off and landing aircraft)*
27 der Kippflügel in Vertikalstellung *f*
- *tilt wing in vertical position*
28 die gegenläufigen Heckpropeller *m*
- *contrarotating tail propellers*
29 der Kombinationsflugschrauber
- *gyrodyne*
30 das Turboproptriebwerk
- *turboprop engine (turbopropeller engine)*
31 das Kipprotorflugzeug
- *convertiplane*
32 der Kipprotor in Vertikalstellung *f*
- *tilting rotor in vertical position*
33-60 Flugzeugtriebwerke *n*
- ***aircraft engines*** *(aero engines)*
33-50 Luftstrahltriebwerke *n* (Düsentriebwerke, Turboluftstrahltriebwerke, Turbinenluftstrahltriebwerke, Strahlturbinen *f*)
- *jet engines (turbojet engines, jet turbine engines, jet turbines)*
33 das Front-Fan-Triebwerk (Frontgebläsetriebwerk)
- *front fan-jet*
34 der Fan (das Gebläse, der Bläser)
- *fan*
35 der Niederdruckverdichter
- *low-pressure compressor*
36 der Hochdruckverdichter
- *high-pressure compressor*
37 die Brennkammer
- *combustion chamber*
38 die Fan-Antriebsturbine
- *fan-jet turbine*
39 die Düse (Schubdüse)
- *nozzle (propelling nozzle, propulsion nozzle)*
40 die Turbinen *f*
- *turbines*
41 der Sekundärstromkanal
- *bypass duct*
42 das Aft-Fan-Triebwerk (Heckgebläsetriebwerk)
- *aft fan-jet*
43 der Fan
- *fan*
44 der Sekundärstromkanal
- *bypass duct*
45 die Düse (Schubdüse)
- *nozzle (propelling nozzle, propulsion nozzle)*
46 das Mantelstromtriebwerk
- *bypass engine*
47 die Turbinen *f*
- *turbines*
48 der Mischer
- *mixer*
49 die Düse (Schubdüse)
- *nozzle (propelling nozzle, propulsion nozzle)*
50 der Sekundärstrom (Mantelstrom, Nebenstrom)
- *secondary air flow (bypass air flow)*
51 das Turboproptriebwerk, ein Zweiwellentriebwerk *n*
- *turboprop engine (turbopropeller engine), a twin-shaft engine*
52 der ringförmige Lufteinlauf
- *annular air intake*
53 die Hochdruckturbine
- *high-pressure turbine*
54 die Niederdruck- und Nutzturbine
- *low-pressure turbine*
55 die Düse (Schubdüse)
- *nozzle (propelling nozzle, propulsion nozzle)*
56 die Kupplungswelle
- *shaft*
57 die Zwischenwelle
- *intermediate shaft*
58 die Getriebeeingangswelle
- *gear shaft*
59 das Untersetzungsgetriebe
- *reduction gear*
60 die Luftschraubenwelle
- *propeller shaft*

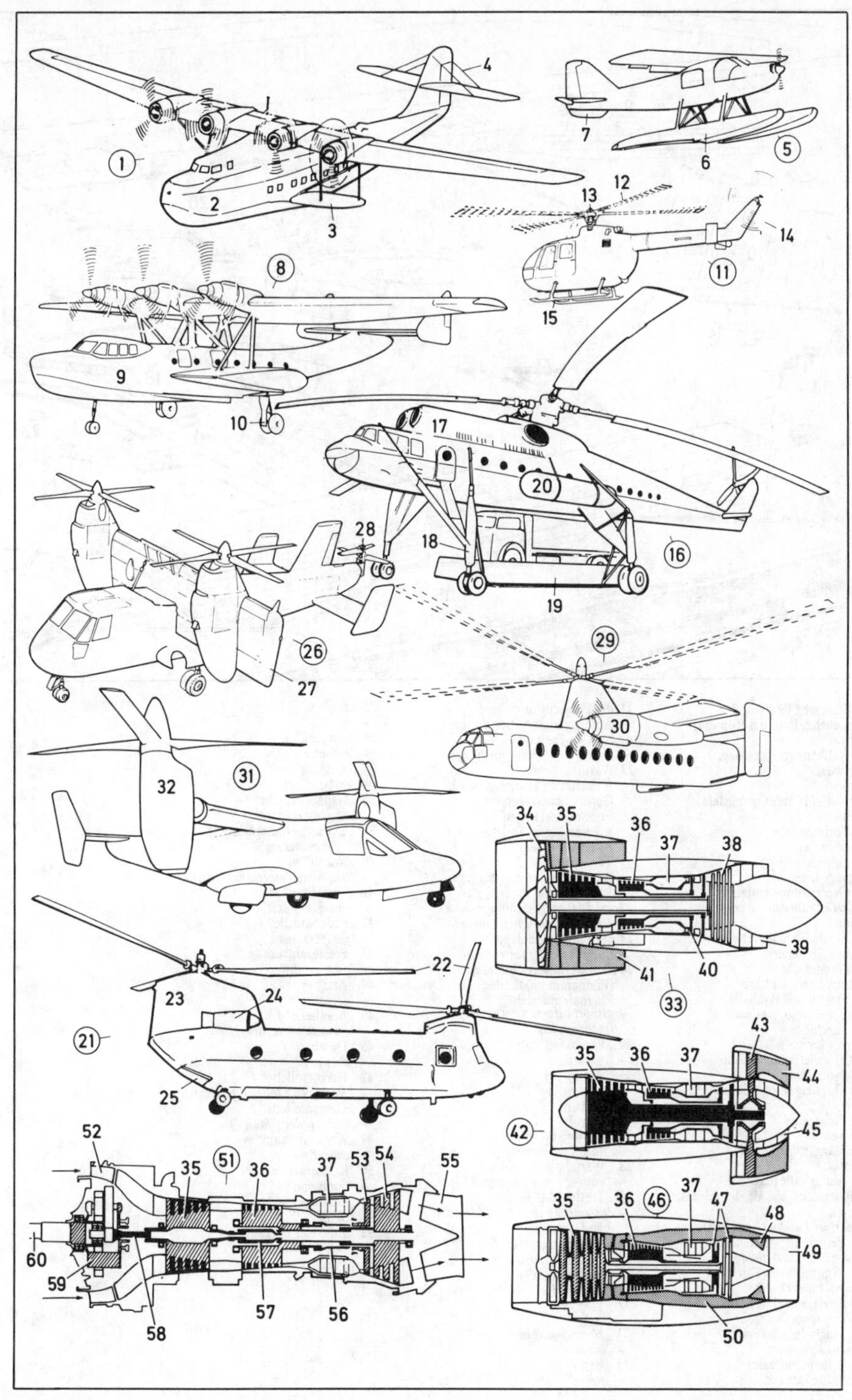
1
2
3
4
5
6
7
8
9
10
11
12
13
14
15
16
17
18
19
20
21
22
23
24
25
26
27
28
29
30
31
32
33
34
35
36
37
38
39
40
41
42
43
44
45
46
47
48
49
50
51
52
53
54
55
56
57
58
59
60

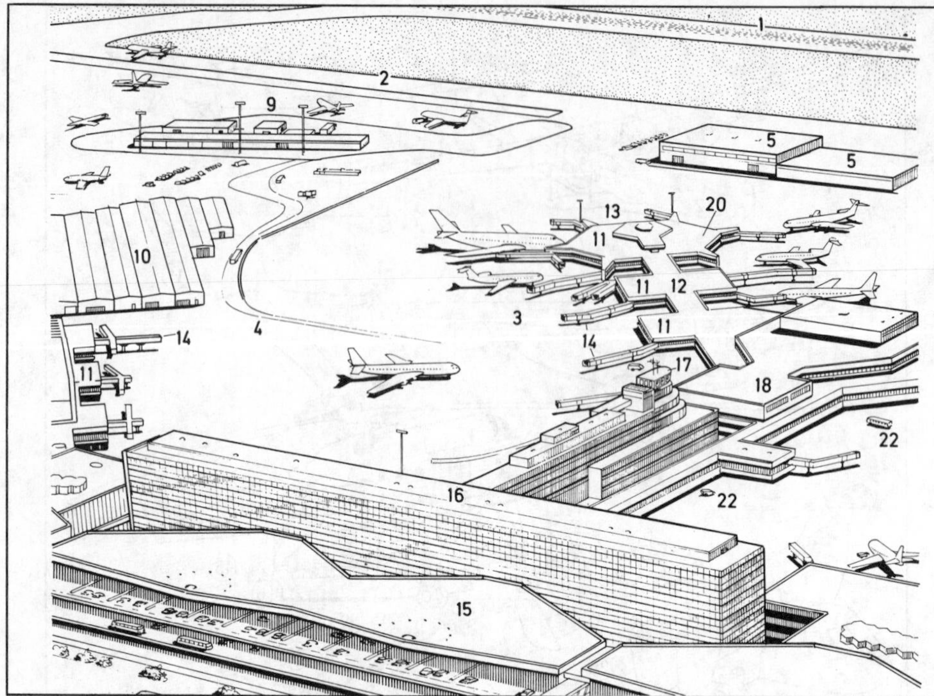

1 die Startbahn (Start- und Landebahn, Piste, der Runway)
- *runway*

2 die Rollbahn (der Rollweg, Taxiway)
- *taxiway*

3 das Vorfeld (Abfertigungsfeld)
- *apron*

4 die Vorfeldstraße
- *apron taxiway*

5 die Gepäckhalle
- *baggage terminal*

6 die Gepäcktunneleinfahrt
- *tunnel entrance to the baggage terminal*

7 die Flughafenfeuerwehr
- *airport fire service*

8 die Gerätehalle
- *fire appliance building*

9 die Fracht- und Posthalle
- *mail and cargo terminal*

10 der Frachthof
- *cargo warehouse*

11 der Flugplatzsammelraum
- *assembly point*

12 der Flugsteig (Fingerflugsteig)
- *pier*

13 der Fingerkopf
- *pierhead*

14 die Fluggastbrücke
- *airbridge*

15 die Abflughalle (das Abfertigungsgebäude, der *od.* das Terminal)
- *departure building (terminal)*

16 das Verwaltungsgebäude
- *administration building*

17 der Kontrollturm (Tower)
- *control tower (tower)*

18 die Wartehalle (Lounge)
- *waiting room (lounge)*

19 das Flughafenrestaurant
- *airport restaurant*

20 die Besucherterrasse
- *spectators' terrace*

21 das Flugzeug in Abfertigungsposition *f*, einer Nose-in-Position
- *aircraft in loading position (nosed in)*

22 Wartungs- und Abfertigungsfahrzeuge *n*, z.B. Gepäckbandwagen *m*, Frischwasserwagen, Küchenwagen, Toilettenwagen, Bodenstromgerät *n*, Tankwagen *m*
- *service vehicles, e.g. baggage loaders, water tankers, galley loaders, toilet-cleaning vehicles, ground power units, tankers*

23 der Flugzeugschlepper
- *aircraft tractor (aircraft tug)*

24-53 die Hinweisschilder *n* (Piktogramme) für den Flughafenbetrieb
- *airport information symbols (pictographs)*

24 „Flughafen" *m*
- *'airport'*

25 „Abflug" *m*
- *'departures'*

26 „Ankunft" *f*
- *'arrivals'*

27 „Umsteiger" *m*
- *'transit passengers'*

28 „Wartehalle" *f*
- *'waiting room' ('lounge')*

29 „Treffpunkt" *m*
- *'assembly point' ('meeting point', 'rendezvous point')*

30 „Besucherterrasse" *f*
- *'spectators' terrace'*

31 „Information" *f*
- *'information'*

32 „Taxi" *n*
- *'taxis'*

33 „Mietwagen" *m*
- *'car hire'*

34 „Bahn" *f*
- *'trains'*

35 „Bus" *m*
- *'buses'*

36 „Eingang" *m*
- *'entrance'*

37 „Ausgang" *m*
- *'exit'*

38 „Gepäckausgabe" *f*
- *'baggage retrieval'*

39 „Gepäckaufbewahrung" *f*
- *'luggage lockers'*

40 „Notruf" *m*
- *'telephone – emergency calls only'*

41 „Fluchtweg" *m*
- *'emergency exit'*

42 „Paßkontrolle" *f*
- *'passport check'*

43 „Pressezentrum" *n*
- *'press facilities'*

44 „Arzt" *m*
- *'doctor'*

45 „Apotheke" *f*
- *'chemist'* (Am. *'druggist'*)

46 „Duschen" *f*
- *'showers'*

47 „Herrentoilette" *f*
- *'gentlemen's toilet' ('gentlemen')*

48 „Damentoilette" *f*
- *'ladies toilet' ('ladies')*

49 „Andachtsraum" *m*
- *'chapel'*

50 „Restaurant" *n*
- *'restaurant'*

51 „Geldwechsel" *m*
- *'change'*

52 „zollfreier Einkauf"
- *'duty free shop'*

53 „Friseur" *m*
- *'hairdresser'*

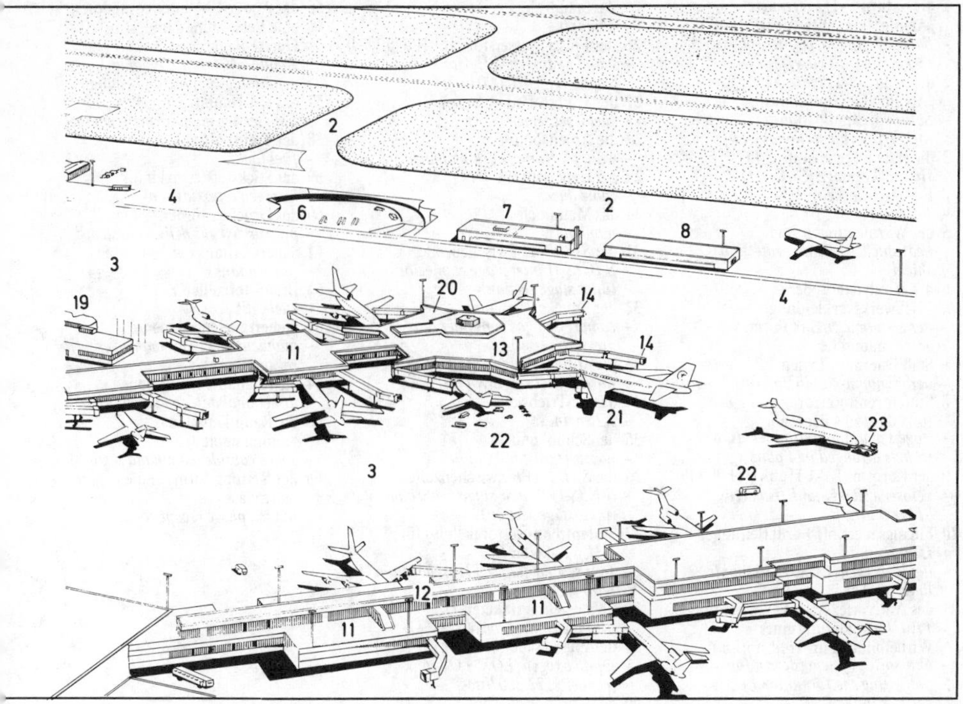
2
4
6
2
7
8
3
4
19
20
14
11
13
14
21
22
23
3
22
12
11
11

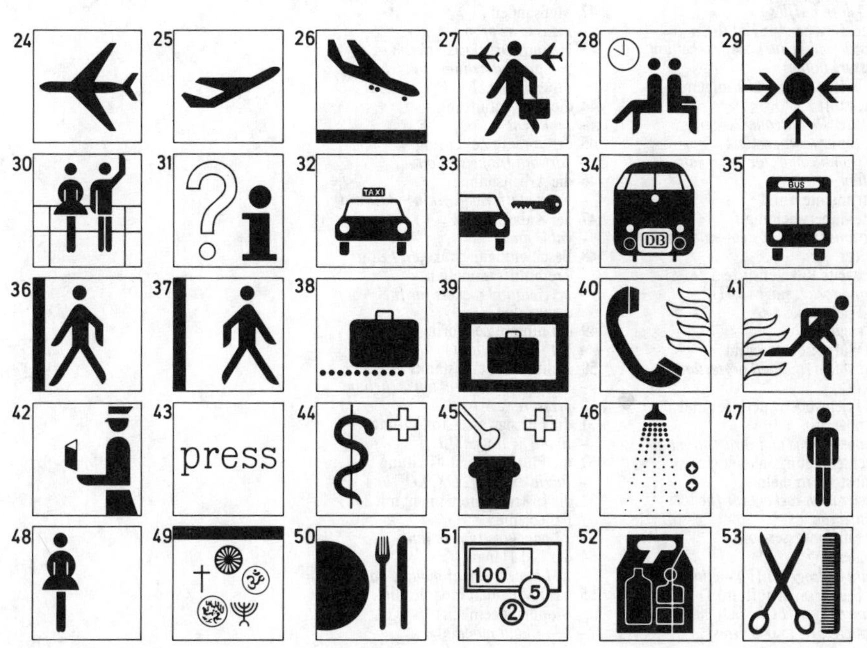

24
25
26
27
28
29
30
31
32
TAXI
33
34
DB
35
BUS
36
37
38
39
40
41
42
43
press
44
45
46
47
48
49
50
51
100
5
2
52
53

1 **die Saturn-V-Trägerrakete „Apollo"** [Gesamtansicht]
- ***Saturn V 'Apollo' booster*** *(booster rocket) [overall view]*
2 die Saturn-V-Trägerrakete „Apollo" [Gesamtschnitt]
- *Saturn V 'Apollo' booster (booster rocket) [overall sectional view]*
3 die erste Raketenstufe *S-I C*
- *first rocket stage (S-IC)*
4 F-1-Triebwerke *n*
- *F-1 engines*
5 der Wärmeschutzschild
- *heat shield (thermal protection shield)*
6 die aerodynamische Triebwerksverkleidung
- *aerodynamic engine fairings*
7 aerodynamische Stabilisierungsflossen *f*
- *aerodynamic stabilizing fins*
8 Stufentrenn-Retroraketen *f*, 8 Raketen *f* zu 4 Paaren *n*
- *stage separation retro-rockets, 8 rockets arranged in 4 pairs*
9 der Kerosin-(RP-1-)Tank [811 000 l]
- *kerosene (RP-1) tank [capacity: 811,000 litres]*
10 Flüssigsauerstoff-Förderleitungen *f, insgesamt 5*
- *liquid oxygen (LOX, LO_2) supply lines,* total of 5
11 das Antivortexsystem (Vorrichtung *f* zur Verhinderung einer Wirbelbildung im Treibstoff *m*)
- *anti-vortex system (device for preventing the formation of vortices in the fuel)*
12 der Flüssigsauerstofftank [1 315 000 l]
- *liquid oxygen (LOX, LO_2) tank [capacity: 1,315,000 litres]*
13 die Schwappdämpfung
- *anti-slosh baffles*
14 Druckflaschen für Helium *n*
- *compressed-helium bottles (helium pressure bottles)*
15 der Diffusor für gasförmigen Sauerstoff
- *diffuser for gaseous oxygen*
16 das Tankzwischenstück
- *inter-tank connector (inter-tank section)*
17 Instrumente *n* und Systemüberwachung *f*
- *instruments and system-monitoring devices*
18 die zweite Raketenstufe *S-II*
- *second rocket stage (S-II)*
19 J-2-Triebwerke *n*
- *J-2 engines*
20 der Wärmeschutzschild
- *heat shield (thermal protection shield)*
21 das Triebwerkswiderlager und Schubgerüst
- *engine mounts and thrust structure*
22 Beschleunigungsraketen *f* zum Treibstoffsammeln *n*
- *acceleration rockets for fuel acquisition*
23 die Flüssigwasserstoff-Saugleitung
- *liquid hydrogen (LH_2) suction line*
24 der Flüssigsauerstofftank [1 315000 l]
- *liquid oxygen (LOX, LO_2) tank [capacity: 1,315,000 litres]*
25 das Standrohr
- *standpipe*
26 der Flüssigwasserstofftank [1 020 000 l]
- *liquid hydrogen (LH_2) tank [capacity; 1,020,000 litres]*
27 der Treibstoffstandsensor
- *fuel level sensor*
28 die Arbeitsbühne
- *work platform (working platform)*
29 der Kabelschacht
- *cable duct*
30 das Mannloch
- *manhole*
31 die *S-IC/S-II*-Zwischenzelle
- *S-IC/S-II inter-stage connector (inter-stage section)*
32 der Druckgasbehälter
- *compressed-gas container (gas pressure vessel)*
33 die dritte Raketenstufe *S-IV B*
- *third rocket stage (S-IVB)*
34 das J-2-Triebwerk
- *J-2 engine*
35 der Schubkonus
- *nozzle (thrust nozzle)*
36 die *S-II/S-IVB*-Zwischenzelle
- *S-II/S-IVB inter-stage connector (inter-stage section)*
37 Stufentrenn-Retroraketen *f* für *S-II*, 4 Raketen *f*
- *four second-stage (S-II) separation retro-rockets*
38 Lageregelungsraketen *f*
- *attitude control rockets*
39 der Flüssigsauerstofftank [77 200 l]
- *liquid oxygen (LOX, LO_2) tank [capacity: 77,200 litres]*
40 der Leitungsschacht
- *fuel line duct*
41 der Flüssigwasserstofftank [253 000 l]
- *liquid hydrogen (LH_2) tank [capacity: 253,000 litres]*
42 Meßsonden *f*
- *measuring probes*
43 Helium-Druckgastanks *m*
- *compressed-helium tanks (helium pressure vessels)*
44 die Tankentlüftung
- *tank vent*
45 der vordere Zellenring
- *forward frame section*
46 die Arbeitsbühne
- *work platform (working platform)*
47 der Kabelschacht
- *cable duct*
48 Beschleunigungsraketen *f* zum Treibstoffsammeln *n*
- *acceleration rockets for fuel acquisition*
49 der hintere Zellenring
- *aft frame section*
50 Helium-Druckgastanks *m*
- *compressed-helium tanks (helium pressure vessels)*
51 die Flüssigwasserstoffleitung
- *liquid hydrogen (LH_2) line*
52 die Flüssigsauerstoffleitung
- *liquid oxygen (LOX, LO_2) line*
53 die Instrumenteneinheit mit 24 Paneelen *n*
- *24-panel instrument unit*
54 der LM-Hangar
- *LM hangar (lunar module hangar)*
55 das LM (Lunar module, die Mondlandeeinheit)
- *LM (lunar module)*
56 das Apollo-SM (Service module), eine Versorgungs- und Geräte-Baugruppe
- *Apollo SM (service module), containing supplies and equipment*
57 das SM-Haupttriebwerk
- *SM (service module) main engine*
58 der Treibstofftank
- *fuel tank*
59 der Stickstofftetroxidtank
- *nitrogen tetroxide tank*
60 das Druckgasfördersystem
- *pressurized gas delivery system*
61 Sauerstofftanks *m*
- *oxygen tanks*
62 Brennstoffzellen *f*
- *fuel cells*
63 Steuerraketengruppen *f*
- *manoeuvring* (Am. *maneuvering) rocket assembly*
64 die Richtantennengruppe
- *directional antenna assembly*
65 die Raumkapsel (das Kommandoteil)
- *space capsule (command section)*
66 der Rettungsturm für die Startphase
- *launch phase escape tower*

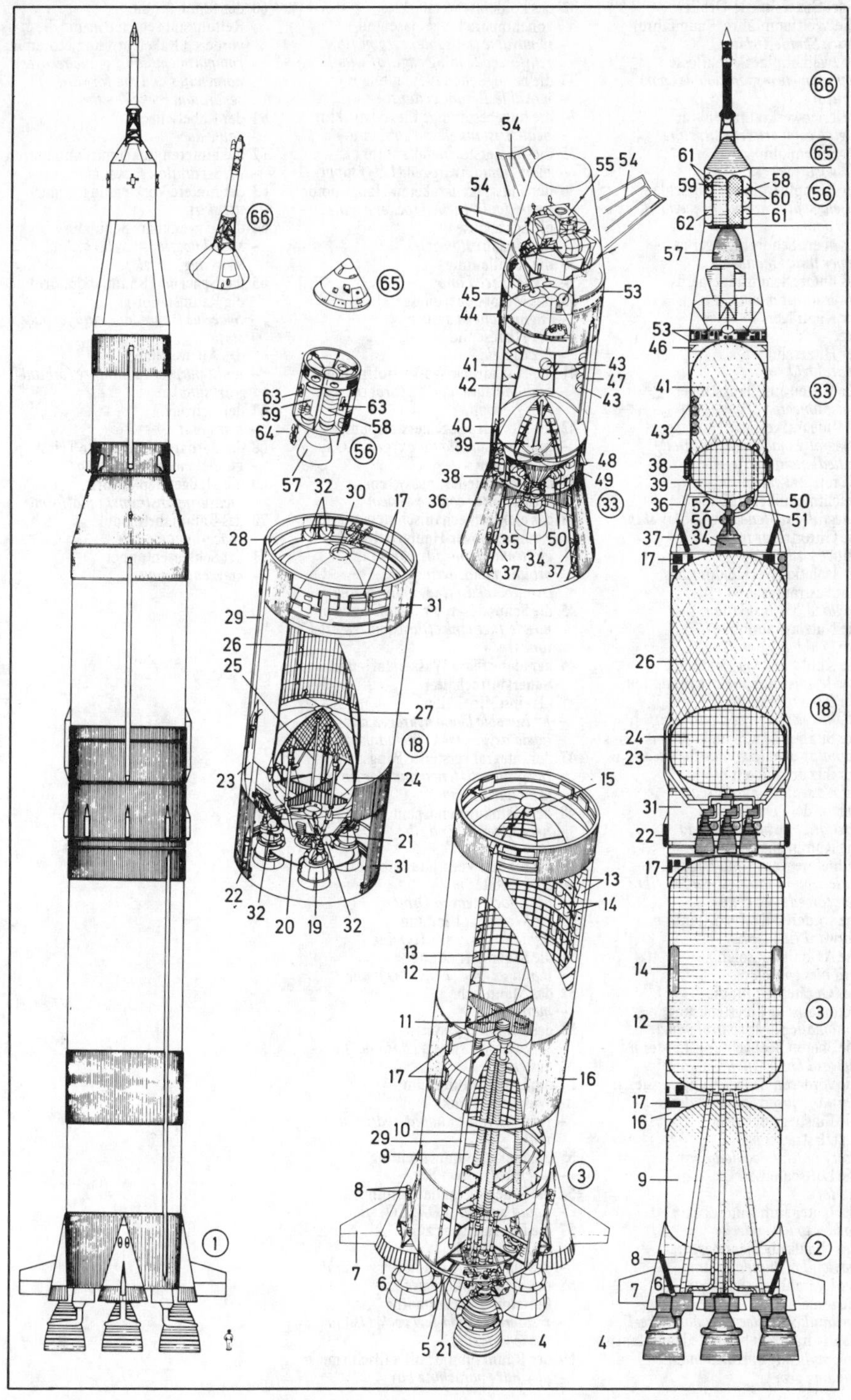
66
65
56
54
55
54
54
45
44
53
41
42
43
47
43
40
39
38
48
49
33
36
35
34
50
37
37
63
59
63
64
58
57
32
30
17
28
29
31
26
25
27
18
23
24
21
31
22
32
20
19
32
15
13
14
13
12
11
17
16
10
29
9
3
8
7
6
5
21
4
1
61
65
59
58
60
56
62
61
57
53
46
41
33
43
38
39
36
52
50
50
51
37
34
17
26
18
24
23
31
22
17
14
12
3
17
16
9
2
8
7
6
4

1-45 der Spaceshuttle-Orbiter (die Weltraumfähre, Raumfähre)
- ***Space Shuttle-Orbiter***

1 die zweiholmige Seitenflosse
- *twin-spar (two-spar, double-spar) vertical fin*

2 die Triebwerkraumstruktur
- *engine compartment structure*

3 der Seitenholm
- *fin post*

4 der Rumpfverbindungsbeschlag
- *fuselage attachment [of payload bay doors]*

5 das obere Schubträgergerüst
- *upper thrust mount*

6 das untere Schubträgergerüst
- *lower thrust mount*

7 der Kielträger
- *keel*

8 der Hitzeschild
- *heat shield*

9 der Mittelrumpflängsträger
- *waist longeron*

10 der integral gefräste Hauptspant
- *integrally machined (integrally milled) main rib*

11 die integral versteifte Leichtmetallbeplankung
- *integrally stiffened light alloy skin*

12 die Gitterträger *m*
- *lattice girder*

13 die Isolationsverkleidung des Nutzlastraums *m*
- *payload bay insulation*

14 die Nutzlastraumluke
- *payload bay door*

15 die Kühlschutzverkleidung
- *low-temperature surface insulation*

16 der Besatzungsraum
- *flight deck (crew compartment)*

17 der Sitz des Kommandanten *m*
- *captain's seat (commander's seat)*

18 der Sitz des Piloten *m*
- *pilot's seat (co-pilot's seat)*

19 der vordere Druckspant
- *forward pressure bulkhead*

20 die Rumpfspitze, eine kohlefaserverstärkte Bugklappe
- *nose-section fairings, carbon fibre reinforced nose cone*

21 die vorderen Kraftstofftanks *m*
- *forward fuel tanks*

22 die Avionikkonsolen *f*
- *avionics consoles*

23 das Gerätebrett für die automatische Flugsteuerung
- *automatic flight control panel*

24 die oberen Beobachtungsfenster *n*
- *upward observation windows*

25 die vorderen Beobachtungsfenster *n*
- *forward observation windows*

26 die Einstiegsluke zum Nutzlastraum *m*
- *entry hatch to payload bay*

27 die Luftschleuse
- *air lock*

28 die Leiter zum Unterdeck *n*
- *ladder to lower deck*

29 das Nutzlastbedienungsgerät
- *payload manipulator arm*

30 die hydraulisch steuerbare Bugradeinheit
- *hydraulically steerable nose wheel*

31 das hydraulisch betätigte Hauptfahrwerk
- *hydraulically operated main landing gear*

32 das kohlefaserverstärkte, abnehmbare Flügelnasenteil
- *removable (reusable) carbon fibre reinforced leading edge [of wing]*

33 die beweglichen Elevonteile *n*
- *movable elevon sections*

34 die hitzebeständige Elevonstruktur
- *heat-resistant elevon structure*

35 die Wasserstoffhauptzufuhr
- *main liquid hydrogen (LH_2) supply*

36 der Flüssigkeitsraketen-Hauptmotor
- *main liquid-fuelled rocket engine*

37 die Schubdüse
- *nozzle (thrust nozzle)*

38 die Kühlleitung
- *coolant feed line*

39 das Motorsteuerungsgerät
- *engine control system*

40 der Hitzeschild
- *heat shield*

41 die Hochdruck-Wasserstoffpumpe
- *high-pressure liquid hydrogen (LH_2) pump*

42 die Hochdruck-Sauerstoffpumpe
- *high-pressure liquid oxygen (LOX, LO_2) pump*

43 das Schubsteuerungssystem
- *thrust vector control system*

44 das elektromechanisch steuerbare Raummanöver-Haupttriebwerk
- *electromechanically controlled orbital manoeuvring* (Am. *maneuvering) main engine*

45 die Schubdüsen-Kraftstofftanks *m*
- *nozzle fuel tanks (thrust nozzle fuel tanks)*

46 der abwerfbare Wasserstoff- und Sauerstoffbehälter (Treibstoffbehälter)
- ***jettisonable liquid hydrogen and liquid oxygen tank*** *(fuel tank)*

47 der integral versteifte Ringspant
- *integrally stiffened annular rib (annular frame)*

48 der Halbkugelendspant
- *hemispherical end rib (end frame)*

49 die hintere Verbindungsbrücke zum Orbiter *m*
- *aft attachment to Orbiter*

50 die Wasserstoffleitung
- *liquid hydrogen (LH_2) line*

51 die Sauerstoffleitung
- *liquid oxygen (LOX, LO_2) line*

52 das Mannloch
- *manhole*

53 das Dämpfungssystem
- *surge baffle system (slosh baffle system)*

54 die Druckleitung zum Wasserstofftank
- *pressure line to liquid hydrogen tank*

55 die Elektriksammelleitung
- *electrical system bus*

56 die Sauerstoffumlaufleitung
- *liquid oxygen (LOX, LO_2) line*

57 die Druckleitung zum Sauerstofftank
- *pressure line to liquid oxygen tank*

58 der wiedergewinnbare Feststoff-Raketenmotor
- ***recoverable solid-fuel rocket*** *(solid rocket booster)*

59 der Raum für die Hilfsfallschirme *m*
- *auxiliary parachute bay*

60 der Raum für die Rettungsfallschirme *m* und die vorderen Raketentrennmotoren *m*
- *compartment housing the recovery parachutes and the forward separation rocket motors*

61 der Kabelschacht
- *cable duct*

62 die hinteren Raketentrennmotoren *m*
- *aft separation rocket motors*

63 der hintere Verkleidungskonus
- *aft skirt*

64 die schwenkbare Schubdüse
- *swivel nozzle (swivelling,* Am. *swiveling, nozzle)*

65 das Spacelab (Raumlaboratorium, die Raumstation)
- ***Spacelab*** *(space laboratory, space station)*

66 das Allzwecklabor
- *multi-purpose laboratory (orbital workshop)*

67 der Astronaut
- *astronaut*

68 das kardanisch gelagerte Teleskop
- *gimbal-mounted telescope*

69 die Meßgeräteplattform
- *measuring instrument platform*

70 das Raumfahrtmodul
- *spaceflight module*

71 der Schleusentunnel
- *crew entry tunnel*

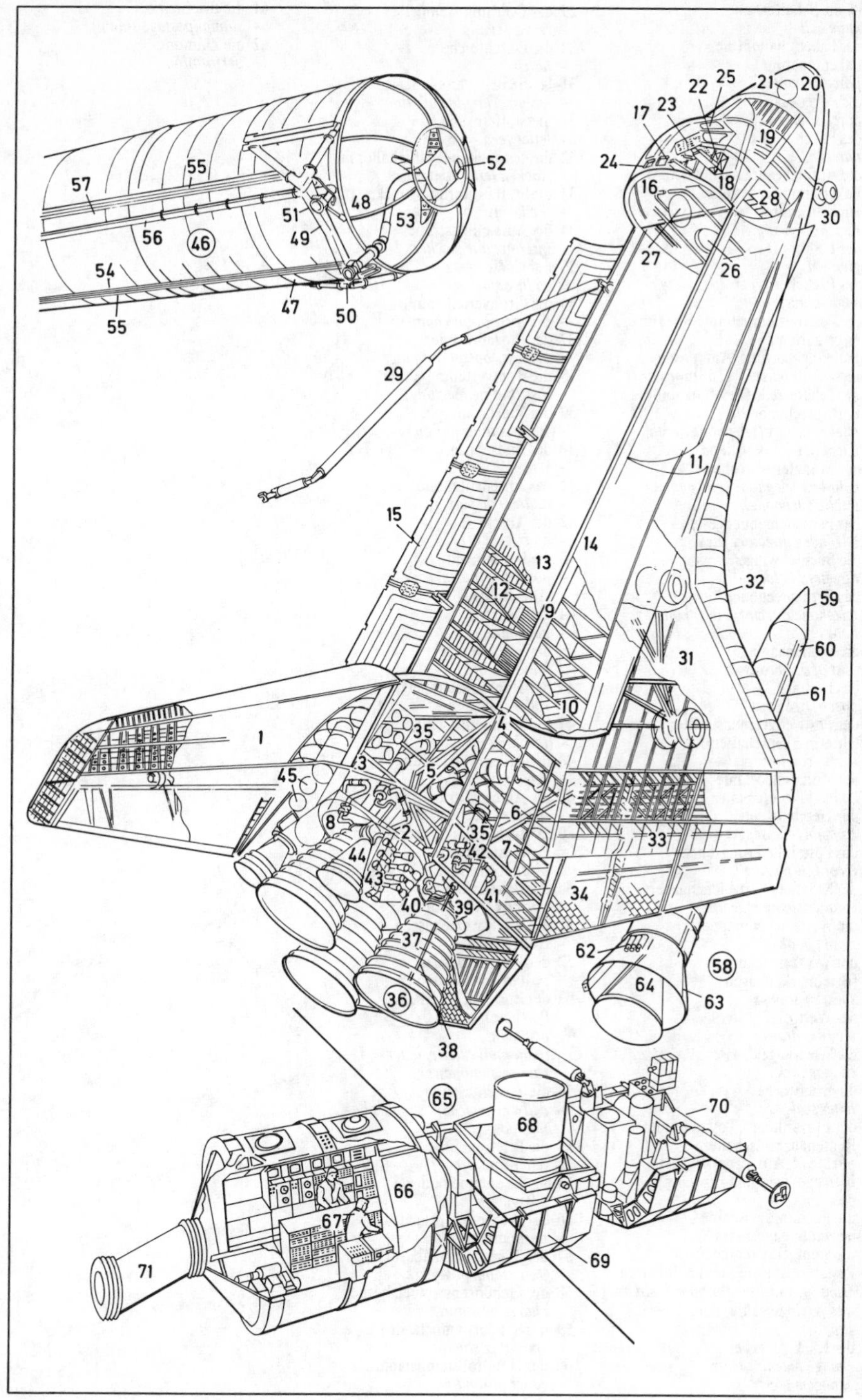
1
2
3
4
5
6
7
8
9
10
11
12
13
14
15
16
17
18
19
20
21
22
23
24
25
26
27
28
29
30
31
32
33
34
35
36
37
38
39
40
41
42
43
44
45
46
47
48
49
50
51
52
53
54
55
56
57
58
59
60
61
62
63
64
65
66
67
68
69
70
71

1-30 die Schalterhalle
- ***main hall***

1 der Paketschalter (die Paketannahme)
- *parcels counter*

2 die Paketwaage
- *parcels scales*

3 das Paket
- *parcel*

4 die Aufklebeadresse, mit dem Paketnummernzettel *m*
- *stick-on address label with parcel registration slip*

5 der Leimtopf
- *glue pot*

6 das Päckchen
- *small parcel*

7 die Postfreistempelmaschine für Paketkarten *f*
- *franking machine (*Am. *postage meter) for parcel registration cards*

8 die Telefonzelle (Telefonkabine, Fernsprechkabine)
- *telephone box (telephone booth, telephone kiosk, call box)*

9 der Münzfernsprecher
- *coin-box telephone (pay phone, public telephone)*

10 das Fernsprechbuchgestell
- *telephone directory rack*

11 die Buchschwinge
- *directory holder*

12 das Fernsprechbuch
- *telephone directory (telephone book)*

13 die Postfachanlage
- *post office boxes*

14 das Postfach
- *post office box*

15 der Postwertzeichenschalter (Briefmarkenschalter)
- *stamp counter*

16 der Annahmebeamte
- *counter clerk (counter officer)*

17 der Geschäftsbote
- *company messenger*

18 das Posteinlieferungsbuch
- *record of posting book*

19 der Schalter-Wertzeichengeber
- *counter stamp machine*

20 die Wertzeichenmappe
- *stamp book*

21 der Wertzeichenbogen (Briefmarkenbogen)
- *sheet of stamps*

22 das Wertgelaß
- *security drawer*

23 die Wechselgeldkasse
- *change rack*

24 die Briefwaage
- *letter scales*

25 der Einzahlungs-, Postspar- und Rentenauszahlschalter
- *paying-in (*Am. *deposit), post office savings, and pensions counter*

26 die Buchungsmaschine
- *accounting machine*

27 die Stempelmaschine für Postanweisungen *f* und Zahlkarten *f*
- *franking machine for money orders and paying-in slips (*Am. *deposit slips)*

28 der Rückgeldgeber
- *change machine (*Am. *changemaker)*

29 der Quittungsstempel
- *receipt stamp*

30 die Durchreiche
- *hatch*

31-44 die Briefverteilanlage
- *letter-sorting installation*

31 die Stoffeingabe
- *letter feed*

32 die gestapelten Briefbehälter *m*
- *stacked letter containers*

33 die Stoffzuführungsstrecke
- *feed conveyor*

34 die Aufstellmaschine
- *intermediate stacker*

35 der Codierplatz
- *coding station*

36 die Grobverteilrinne
- *pre-distributor channel*

37 der Prozeßrechner
- *process control computer*

38 die Briefverteilmaschine
- *distributing machine*

39 der Videocodierplatz
- *video coding station*

40 der Bildschirm
- *screen*

41 das Anschriftenbild
- *address display*

42 die Anschrift
- *address*

43 die Postleitzahl
- *post code (postal code,* Am. *zip code)*

44 die Tastatur
- *keyboard*

45 der Fauststempel
- *handstamp*

46 der Handrollstempel
- *roller stamp*

47 die Stempelmaschine
- *franking machine*

48 die Anlegevorrichtung
- *feed mechanism*

49 die Ablegevorrichtung
- *delivery mechanism*

50-55 die Briefkastenleerung und Postzustellung *f*
- *postal collection and and delivery*

50 der Briefkasten
- *postbox (*Am. *mailbox)*

51 die Briefsammeltasche
- *collection bag*

52 der Postkraftwagen
- *post office van (mail van)*

53 der Zusteller (Briefträger, Postbote)
- *postman (*Am. *mail carrier, letter carrier, mailman)*

54 die Zustelltasche
- *delivery pouch (postman's bag, mailbag)*

55 die Briefsendung
- *letter-rate item*

56-60 die Stempelbilder *n*
- *postmarks*

56 der Werbestempelabdruck
- *postmark advertisement*

57 der Tagesstempelabdruck
- *date stamp postmark*

58 der Gebührenstempelabdruck
- *charge postmark*

59 der Sonderstempelabdruck
- *special postmark*

60 der Handrollstempelabdruck
- *roller postmark*

61 die Briefmarke
- *stamp (postage stamp)*

62 die Zähnung
- *perforations*

G720 Speyer
BERLIN ist eine Reise wert
Come and see BERLIN
METTMANN 1
ma
10.12.69-16
4020
DEUTSCHE BUNDESPOST
020
50e ANNIVERSAIRE
ROTARY
INTERNATIONAL
LUXEMBOURG
BITTE AUCH IN DER
ABSENDERANGABE
VERGISS
MEIN
NICHT:
DIE POSTLEITZAHL
GUMMERSBACH 31
me
25.2.76-16
5270
DEUTSCHE BUNDESPOST

237 Post II (Telefon und Telegrafie)

1 **die Telefonzelle** (das Telefonhäuschen, Fernsprechhäuschen), eine öffentliche Sprechstelle
- ***telephone box*** *(telephone booth, telephone kiosk, call box), a public telephone*

2 der Telefonbenutzer (*mit eigenem Anschluß:* Fernsprechteilnehmer *m*, Telefonteilnehmer)
- *telephone user (*with own telephone: *telephone subscriber, telephone customer)*

3 der Münzfernsprecher für Orts- und Ferngespräche *n* (Fernwahlmünzfernsprecher *m*)
- *coin-box telephone (pay phone, public telephone) for local and long-distance calls (trunk calls)*

4 der Notrufmelder
- *emergency telephone*

5 das Fernsprechbuch (Telefonbuch)
- *telephone directory (telephone book)*

6-26 Fernsprecher *m* (Telefonapparate)
- ***telephone instruments*** *(telephones)*

6 der Fernsprech-Tischapparat in Regelausführung *f*
- *standard table telephone*

7 der Telefonhörer (Handapparat)
- *telephone receiver (handset)*

8 die Hörmuschel
- *earpiece*

9 die Sprechmuschel
- *mouthpiece (microphone)*

10 die Wählscheibe (der Nummernschalter)
- *dial (push-button keyboard)*

11 der Lochkranz (die Fingerlochscheibe)
- *finger plate (dial finger plate, dial wind-up plate)*

12 der Anschlag
- *finger stop (dial finger stop)*

13 die Gabel (der Gabelumschalter)
- *cradle (handset cradle, cradle switch)*

14 die Hörerleitung (Handapparatschnur)
- *receiver cord (handset cord)*

15 das Telefongehäuse
- *telephone casing (telephone cover)*

16 der Gebührenanzeiger
- *subscriber's (customer's) private meter*

17 der Hauptanschlußapparat (die Hauptstelle) für eine Nebenstellen-Reihenanlage
- *switchboard (exchange) for a system of extensions*

18 die Drucktaste für die Hauptanschlußleitungen *f*
- *push button for connecting main exchange lines*

19 die Drucktasten zum Anwählen *n* der Nebenstellen *f*
- *push buttons for calling extensions*

20 das Drucktastentelefon
- *push-button telephone*

21 die Erdtaste für Nebenstellenanlagen *f*
- *earthing button for the extensions*

22-26 die Nebenstellen-Wählanlage
- *switchboard with extensions*

22 die Hauptstelle
- *exchange*

23 der Abfrageapparat
- *switchboard operator's set*

24 der Hauptanschluß
- *main exchange line*

25 der Schalterschrank (die selbsttätige Vermittlungseinrichtung, Zentrale)
- *switching box (automatic switching system, automatic connecting system, switching centre,* Am. *center)*

26 die Nebenstelle
- *extension*

27-41 das Fernmeldeamt
- ***telephone exchange***

27 der Funkstörungsmeßdienst
- *radio interference service*

28 der Entstörungstechniker
- *interference technician (maintenance technician)*

29 der Prüfplatz
- *testing board (testing desk)*

30 die Telegrafie
- *telegraphy*

31 der Telegrafenapparat (Telegraf, die Fernschreibmaschine)
- *teleprinter (teletypewriter)*

32 der Papierstreifen
- *paper tape*

33 die Fernsprechauskunft
- *directory enquiries*

34 der Auskunftsplatz
- *information position (operator's position)*

35 das „Fräulein vom Amt"
- *operator*

36 das Mikrofilmlesegerät
- *microfilm reader*

37 die Mikrofilmkartei
- *microfilm file*

38 die Filmkarte mit den Rufnummern *f* auf dem Projektionsschirm *m*
- *microfilm card with telephone numbers*

39 die Datumsanzeige
- *date indicator display*

40 die Prüf- und Meßstelle
- *testing and control station*

41 die Vermittlungen *f* für den Fernsprech-, Fernschreib- und Datendienst
- *switching centre (*Am. *center) for telephone, telex and data transmission services*

42 **der Wähler** (Edelmetall-Motor-Drehwähler, EMD-Wähler, *zukünftig:* die elektronische Wähleinrichtung)
- ***selector*** *(motor uniselector made of noble metals;* in the future: *electronic selector)*

43 der Kontaktring
- *contact arc (bank)*

44 der Kontaktarm
- *contact arm (wiper)*

45 das Kontaktfeld
- *contact field*

46 das Kontaktglied
- *contact arm tag*

47 der Elektromagnet
- *electromagnet*

48 der Wählermotor
- *selector motor*

49 das Einstellglied
- *restoring spring (resetting spring)*

50 Nachrichtenverbindungen *f*
- ***communication links***

51-52 der Satellitenfunk
- *satellite radio link*

51 die Erdfunkstelle mit Richtfunkantenne *f*
- *earth station with directional antenna*

52 der Fernmeldesatellit mit Richtfunkantenne *f*
- *communications satellite with directional antenna*

53 die Küstenfunkstelle
- *coastal station*

54-55 der Überseefunk
- *intercontinental radio link*

54 die Kurzwellenstation
- *short-wave station*

55 die Ionosphäre
- *ionosphere*

56 das Tiefseekabel
- *submarine cable (deep-sea cable)*

57 der Unterwasserverstärker
- *underwater amplifier*

58 **die Datenfernverarbeitung** (die Datendienste)
- ***data transmission*** *(data services)*

59 das Ein-/Ausgabegerät für Datenträger *m*
- *input/output device for data carriers*

60 die Datenverarbeitungsanlage
- *data processor*

61 der Datendrucker
- *teleprinter*

62-64 Datenträger *m*
- *data carriers*

62 der Lochstreifen
- *punched tape (punch tape)*

63 das Magnetband
- *magnetic tape*

64 die Lochkarte
- *punched card (punch card)*

65 der Telexanschluß
- *telex link*

66 die Fernschreibmaschine (der Blattschreiber)
- *teleprinter (page printer)*

67 das Fernschaltgerät
- *dialling (*Am. *dialing) unit*

68 der Fernschreiblochstreifen zur Übermittlung des Textes *m* mit Höchstgeschwindigkeit *f*
- *telex tape (punched tape, punch tape) for transmitting the text at maximum speed*

69 das Fernschreiben
- *telex message*

70 das Tastenfeld
- *keyboard*

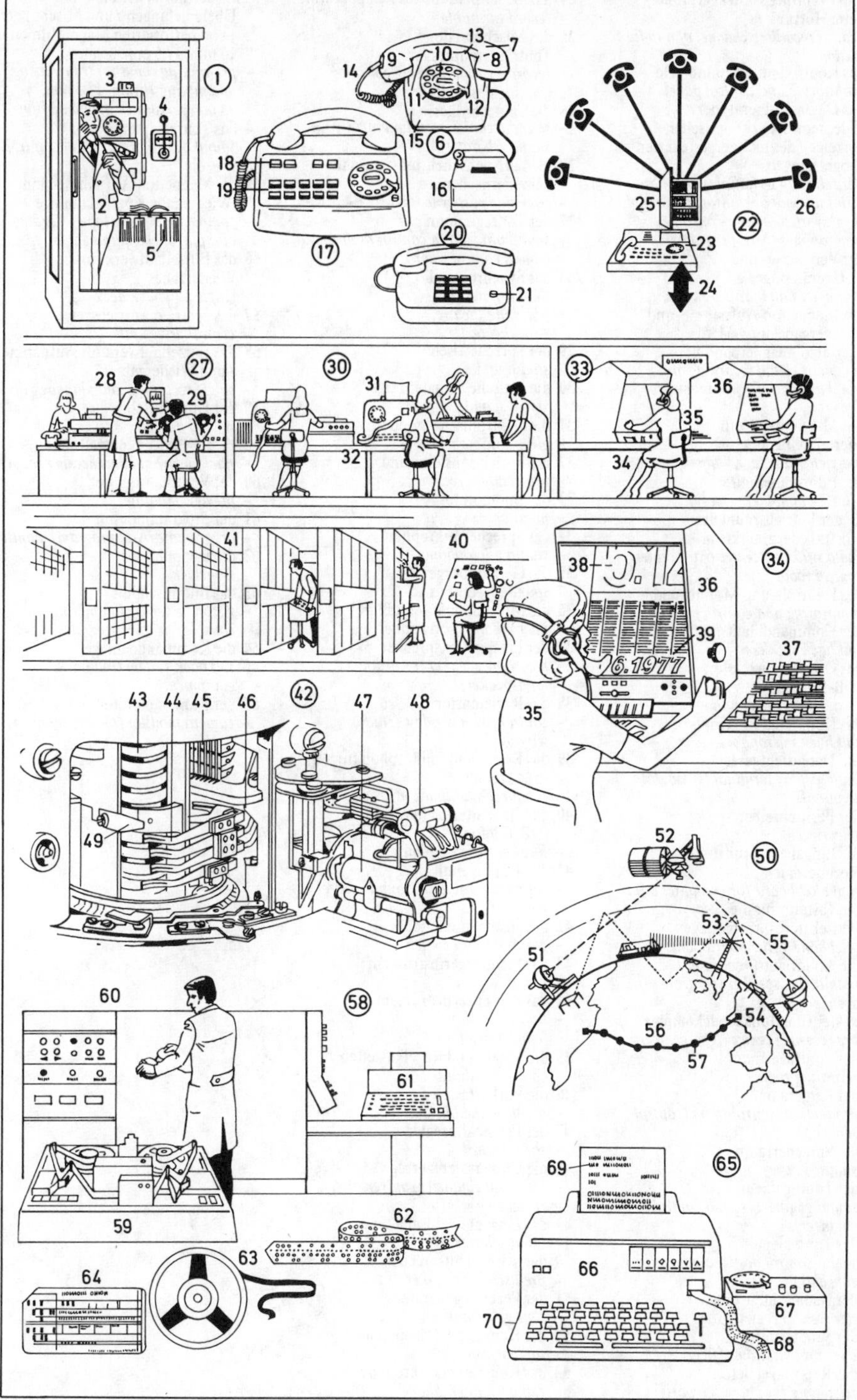
1
2
3
4
5
6
7
8
9
10
11
12
13
14
15
16
17
18
19
20
21
22
23
24
25
26
27
28
29
30
31
32
33
34
35
36
37
38
39
40
41
42
43
44
45
46
47
48
49
50
51
52
53
54
55
56
57
58
59
60
61
62
63
64
65
66
67
68
69
70
6.1977

1-6 der zentrale Tonträgerraum beim Hörfunk *m*
- ***central recording channel of a radio station***

1 das Kontroll- und Monitorfeld
- *monitoring and control panel*

2 das Datensichtgerät (der Videomonitor) zur optischen Anzeige *f* des rechnergesteuerten Programms *n*
- *data display terminal (video data terminal, video monitor) for visual display of computer-controlled programmes* (Am. *programs)*

3 der Verstärker- und Netzgeräteträger
- *amplifier and mains power unit*

4 das Magnetton-Aufnahme- und -Wiedergabelaufwerk für Viertelzollmagnetband *n*
- *magnetic sound recording and playback deck for ¼" magnetic tape*

5 das Magnetband, ein Viertelzollband *n*
- *magnetic tape, a ¼" tape*

6 der Filmspulenhalter
- *film spool holder*

7-15 der Betriebsraum des Hörfunksternpunkts *m*
- ***radio switching centre*** (Am. ***center) control room***

7 das Kontroll- und Monitorfeld
- *monitoring and control panel*

8 der Kommandolautsprecher
- *talkback speaker*

9 das Ortsbatterietelefon (OB-Telefon)
- *local-battery telephone*

10 das Kommandomikrophon
- *talkback microphone*

11 das Datensichtgerät
- *data display terminal (video data terminal)*

12 der Fernschreiber
- *teleprinter*

13 die Eingabetastatur für Rechnerdaten *pl*
- *input keyboard for computer data*

14 die Tastatur für die Betriebsfernsprechanlage
- *telephone switchboard panel*

15 die Abhörlautsprecher *m*
- *monitoring speaker (control speaker)*

16-26 der Rundfunksendekomplex
- ***broadcasting centre*** (Am. *center)*

16 der Tonträgerraum
- *recording room*

17 der Regieraum
- *production control room (control room)*

18 der Sprecherraum
- *studio*

19 der Toningenieur
- *sound engineer (sound control engineer)*

20 das Tonregiepult
- *sound control desk (sound control console)*

21 der Nachrichtensprecher
- *newsreader (newscaster)*

22 der Sendeleiter
- *duty presentation officer*

23 das Reportagetelefon
- *telephone for phoned reports*

24 die Schallplatten-Abspielapparatur
- *record turntable*

25 das Mischpult des Tonträgerraumes *m*
- *recording room mixing console (mixing desk, mixer)*

26 die Tontechnikerin
- *sound technician (sound mixer, sound recordist)*

27-53 das Nachsynchronisierstudio beim Fernsehen *n*
- ***television post-sync studio***

27 der Tonregieraum
- *sound production control room (sound control room)*

28 das Synchronstudio
- *dubbing studio (dubbing theatre,* Am. *theater)*

29 der Sprechertisch
- *studio table*

30 die optische Signalanzeige
- *visual signal*

31 die elektronische Stoppuhr
- *electronic stopclock*

32 die Projektionsleinwand
- *projection screen*

33 der Bildmonitor
- *monitor*

34 das Sprechermikrophon
- *studio microphone*

35 die Geräuschorgel
- *sound effects box*

36 die Mikrophonanschlußtafel
- *microphone socket panel*

37 der Einspiellautsprecher
- *recording speaker (recording loudspeaker)*

38 das Regiefenster
- *control room window (studio window)*

39 das Kommandomikrophon für den Produzenten
- *producer's talkback microphone*

40 das Ortsbatterietelefon (OB-Telefon)
- *local-battery telephone*

41 das Tonregiepult
- *sound control desk (sound control console)*

42 die Gruppenschalter *m*
- *group selector switch*

43 das Lichtzeigerinstrument
- *visual display*

44 das Begrenzerinstrument
- *limiter display (clipper display)*

45 die Schalt- und Regelkassetten *f*
- *control modules*

46 die Vorhörtasten *f*
- *pre-listening buttons*

47 der Flachbahnregler
- *slide control*

48 die Universalentzerrer *m*
- *universal equalizer (universal corrector)*

49 die Eingangswahlschalter *m*
- *input selector switch*

50 der Vorhörlautsprecher
- *pre-listening speaker*

51 der Pegeltongenerator
- *tone generator*

52 der Kommandolautsprecher
- *talkback speaker*

53 das Kommandomikrophon
- *talkback microphone*

54-59 der Vormischraum für Überspielungen *f* und Mischungen *f* von perforierten Magnetfilmen *m* 16 mm, 17,5 mm, 35 mm
- ***pre-mixing room*** *for transferring and mixing 16 mm, 17.5 mm, 35 mm perforated magnetic film*

54 das Tonregiepult
- *sound control desk (sound control console)*

55 die Magnetton-Aufnahme- und -Wiedergabe-Kompaktanlage
- *compact magnetic tape recording and playback equipment*

56 das Einzellaufwerk für die Wiedergabe
- *single playback deck*

57 das zentrale Antriebsgerät
- *central drive unit*

58 das Einzellaufwerk für Aufnahme *f* und Wiedergabe *f*
- *single recording and playback deck*

59 der Umrolltisch
- *rewind bench*

60-65 der Bildendkontrollraum
- ***final picture quality checking room***

60 der Vorschaumonitor
- *preview monitor*

61 der Programmonitor
- *programme* (Am. *program) monitor*

62 die Stoppuhr
- *stopclock*

63 das Bildmischpult
- *vision mixer (vision-mixing console, vision-mixing desk)*

64 die Kommandoanlage
- *talkback system (talkback equipment)*

65 der Kameramonitor
- *camera monitor (picture monitor)*

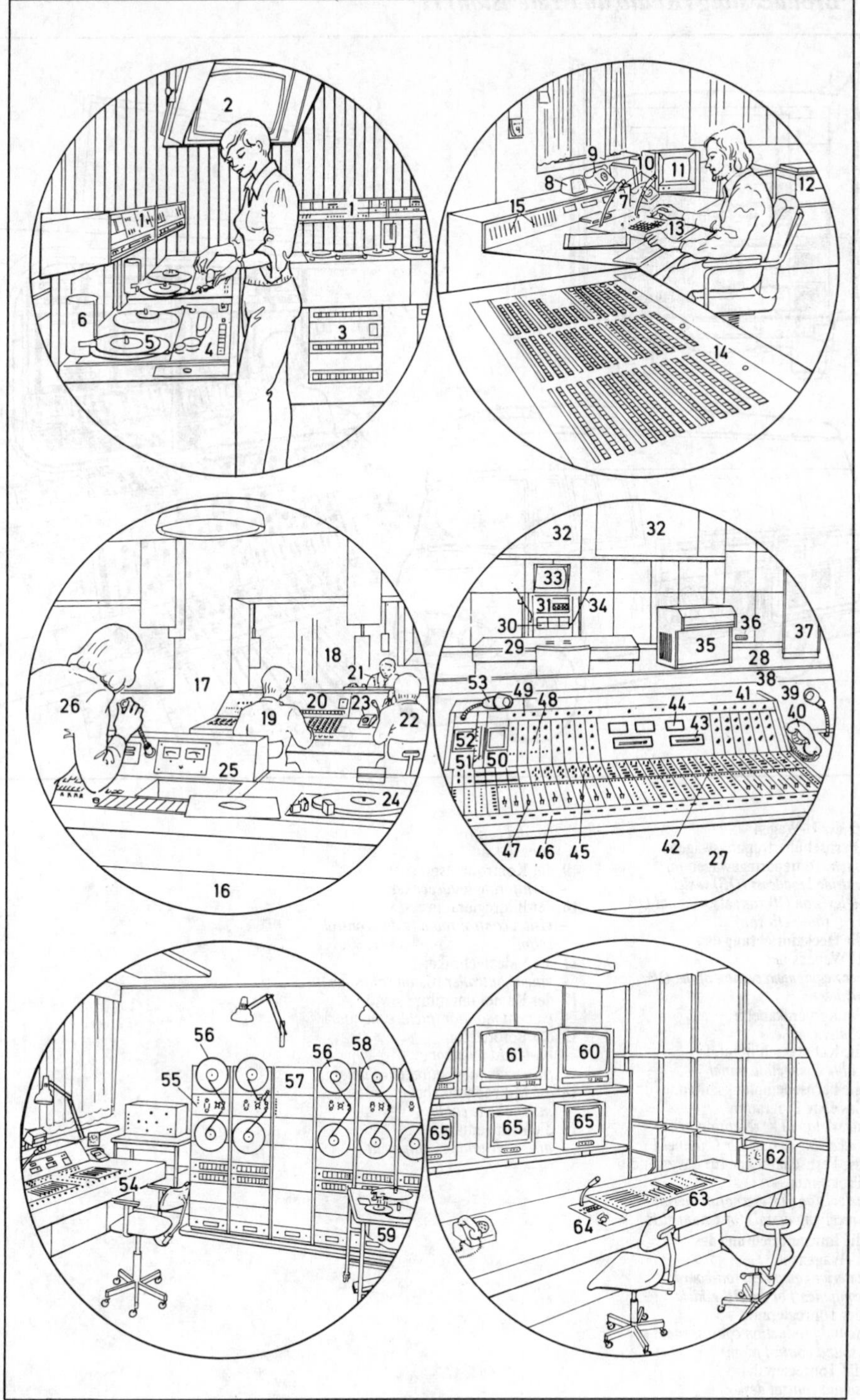
2
1
1
6
5
4
3
9
10
11
12
8
7
15
13
14
18
17
21
26
20
23
19
22
25
24
16
32
32
33
31
34
30
29
36
35
37
28
53
49
48
38
41
39
44
43
40
52
51
50
47
46
45
42
27
56
56
58
55
57
54
59
61
60
65
65
65
62
63
64

239 Rundfunk (Hör- und Fernsehfunk) II

Broadcasting (Radio and Television) II

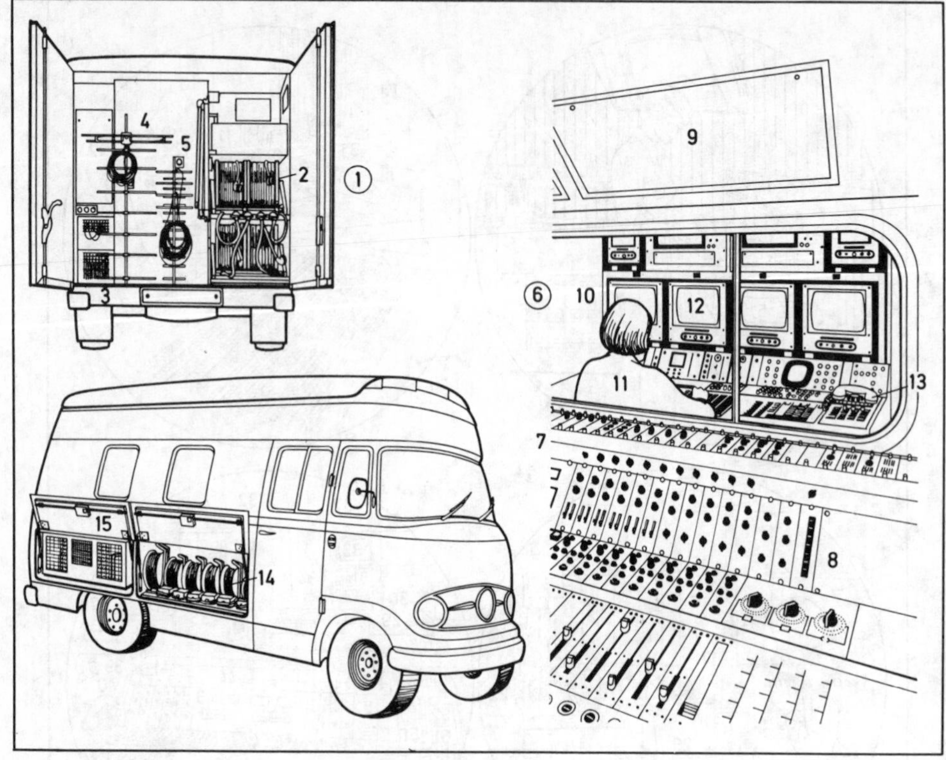

1-15 der Ü-Wagen (Fernsehübertragungswagen; *auch:* Tonreportagewagen *m*)
- ***outside broadcast (OB) vehicle*** *(television OB van;* also: *sound OB van, radio OB van)*

1 die Heckeinrichtung des Ü-Wagens *m*
- ***rear equipment section of the OB vehicle***

2 die Kamerakabel *n*
- *camera cable*

3 die Kabelanschlußtafel
- *cable connection panel*

4 die Fernsehempfangsantenne für das erste Programm
- *television (TV) reception aerial (receiving aerial) for Channel I*

5 die Fernsehantenne für das zweite Programm
- *television (TV) reception aerial (receiving aerial) for Channel II*

6 die Inneneinrichtung des Ü-Wagens *m*
- ***interior equipment (on-board equipment) of the OB vehicle***

7 der Tonregieraum
- *sound production control room (sound control room)*

8 das Tonregiepult
- *sound control desk (sound control console)*

9 der Kontrollautsprecher
- *monitoring loudspeaker*

10 der Bildregieraum
- *vision control room (video control room)*

11 die Videotechnikerin
- *video controller (vision controller)*

12 der Kameramonitor
- *camera monitor (picture monitor)*

13 das Bordtelefon
- *on-board telephone (intercommunication telephone)*

14 die Mikrophonkabel *n*
- *microphone cable*

15 die Klimaanlage
- *air-conditioning equipment*

240 Rundfunk III (Fernsehtechnik)
Broadcasting III (Television Engineering)

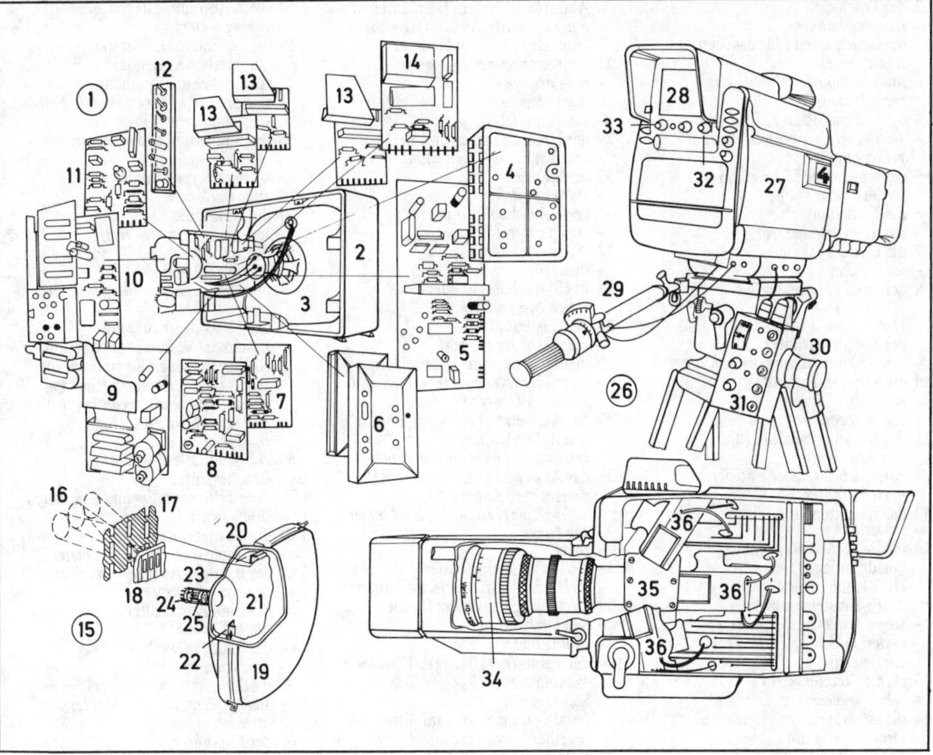

1 der Farbfernsehempfänger (Farbfernseher, das Farbfernsehgerät) in Modulbauweise *f*
- ***colour** (Am. **color**) **television (TV) receiver** (colour television set) of modular design*

2 das Fernsehergehäuse
- *television cabinet*

3 die Fernsehröhre
- *television tube (picture tube)*

4 der ZF-Verstärkermodul
- *IF (intermediate frequency) amplifier module*

5 der Farbdecodermodul
- *colour (Am. color) decoder module*

6 die VHF- und UHF-Tuner *m*
- *VHF and UHF tuner*

7 der Horizontalsynchronmodul
- *horizontal synchronizing module*

8 der Vertikalablenkmodul
- *vertical deflection module*

9 der Ost-West-Modul
- *horizontal linearity control module*

10 der Horizontalablenkmodul
- *horizontal deflection module*

11 der Regelmodul
- *control module*

12 der Konvergenzmodul
- *convergence module*

13 der Farbendstufenmodul
- *colour (Am. color) output stage module*

14 der Tonmodul
- *sound module*

15 der Farbbildschirm
- *colour (Am. color) picture tube*

16 die Elektronenstrahlen *m*
- *electron beams*

17 die Maske mit Langlöchern *n*
- *shadow mask with elongated holes*

18 die Leuchtstoffstreifen *m*
- *strip of fluorescent (luminescent, phosphorescent) material*

19 die Leuchtstoffschicht
- *coating (film) of fluorescent material*

20 die innere magnetische Abschirmung
- *inner magnetic screen (screening)*

21 das Vakuum
- *vacuum*

22 die temperaturkompensierte Maskenaufhängung
- *temperature-compensated shadow mask mount*

23 der Zentrierring für die Ablenkeinheit
- *centring (centering) ring for the deflection system*

24 die Elektronenstrahlsysteme *n*
- *electron gun assembly*

25 die Schnellheizkathode
- *rapid heat-up cathode*

26 die Fernsehkamera
- ***television (TV) camera***

27 der Kamerakopf
- *camera head*

28 der Kameramonitor
- *camera monitor*

29 der Führungshebel
- *control arm (control lever)*

30 die Scharfeinstellung
- *focusing adjustment*

31 die Bedienungstafel
- *control panel*

32 die Kontrastregelung
- *contrast control*

33 die Helligkeitsregelung
- *brightness control*

34 das Zoomobjektiv
- *zoom lens*

35 das Strahlenteilungsprisma (der Strahlenteiler)
- *beam-splitting prism (beam splitter)*

36 die Aufnahmeeinheit (Farbröhre)
- *pickup unit (colour,* Am. *color, pickup tube)*

1 **der Radiorecorder**
- ***radio cassette recorder***
2 der Tragbügel
- *carrying handle*
3 die Drucktasten *f* für das (den) Kassettenteil
- *push buttons for the cassette recorder unit*
4 die Stationstasten *f*
- *station selector buttons (station preset buttons)*
5 das eingebaute Mikrophon
- *built-in microphone*
6 das Kassettenfach
- *cassette compartment*
7 die Frequenzskala
- *tuning dial*
8 der Flachbahnregler
- *slide control [for volume or tone]*
9 der Frequenzwähler
- *tuning knob (tuning control, tuner)*
10 **die Kompaktkassette** (Compact-Cassette)
- ***compact cassette***
11 der Kassettenbehälter (die Kassettenbox)
- *cassette box (cassette holder, cassette cabinet)*
12 das Kassettenband
- *cassette tape*
13-48 **die Stereoanlage** (*auch:* Quadroanlage *f*) aus HiFi-Komponenten *f* (HiFi-Bausteinen *m*)
- ***stereo system*** (also: *quadraphonic system) made up of Hi-Fi components*
13-14 **die Stereoboxen** *f*
- ***stereo speakers***
14 die Lautsprecherbox, eine Dreiwegebox mit Frequenzweichen *f*
- *speaker (loudspeaker), a three-way speaker with crossover (crossover network)*
15 der Hochtonlautsprecher (Hochtöner, ein Kalottenhochtöner *m*)
- *tweeter*
16 der Mitteltonlautsprecher
- *mid-range speaker*
17 der Baßlautsprecher (Baß, Tieftöner)
- *woofer*
18 **der Plattenspieler** (die Phonokomponente, der Phonobaustein)
- ***record player*** *(automatic record changer, auto changer)*
19 das Plattenspielerchassis
- *record player housing (record player base)*
20 der Plattenteller
- *turntable*
21 der Tonarm
- *tone arm*
22 das Balancegewicht
- *counterbalance (counterweight)*
23 die kardanische Aufhängung
- *gimbal suspension*
24 die Auflagekraftverstellung
- *stylus pressure control (stylus force control)*
25 die Antiskatingeinstellung
- *anti-skate control*
26 das magnetische Tonabnehmersystem mit der (konischen oder biradialen) Abtastnadel, einem Diamanten *m*
- *magnetic cartridge with (conical or elliptical) stylus, a diamond*
27 die Tonarmarretierung
- *tone arm lock*
28 der Tonarmlift
- *tone arm lift*
29 der Umdrehungszahlwähler
- *speed selector (speed changer)*
30 der Starter
- *starter switch*
31 der Tonhöhenabstimmer
- *treble control*
32 die Abdeckhaube
- *dust cover*
33 **das Stereokassettendeck**
- ***stereo cassette deck***
34 das Kassettenfach
- *cassette compartment*
35-36 die Aussteuerungsanzeigen *f*
- *recording level meters (volume unit meters, VU meters)*
35 das Aussteuerungsinstrument für den linken Kanal
- *left-channel recording level meter*
36 das Aussteuerungsinstrument für den rechten Kanal
- *right-channel recording level meter*
37 **der Tuner**
- ***tuner***
38 die UKW-Stationstasten *f*
- *VHF (FM) station selector buttons*
39 das Leuchtinstrument für die Senderabstimmung
- *tuning meter*
40 **der Verstärker;** *Tuner u. Verstärker kombiniert:* der Receiver (das Steuergerät)
- ***amplifier;*** tuner and amplifier together: *receiver (control unit)*
41 der Lautstärkeregler
- *volume control*
42 die Vierkanal-Balanceregler *m* (Pegelregler *m*)
- *four-channel balance control (level control)*
43 die Höhen- und Tiefenabstimmung
- *treble and bass tuning*
44 der Eingangswähler
- *input selector*
45 **der Vierkanaldemodulator** für CD4-Schallplatten *f*
- ***four-channel demodulator*** *for CD4 records*
46 der Quadro-/Stereo-Umschalter
- *quadra/stereo converter*
47 die Kassettenbox
- *cassette box (cassette holder, cassette cabinet)*
48 die Schallplattenfächer *n*
- *record storage slots (record storage compartments)*
49 **das Mikrophon**
- ***microphone***
50 die Einsprechöffnungen *f*
- *microphone screen*
51 der Mikrophonfuß
- *microphone base (microphone stand)*
52 **die Dreifach-Kompaktanlage** (das Phono-Kassetten-Steuergerät)
- ***three-in-one stereo component system*** *(automatic record changer, cassette deck, and stereo receiver)*
53 die Tonarmwaage
- *tone arm balance*
54 die Abstimmungsregler *m*
- *tuning meters*
55 die Leuchtanzeige für die automatische Eisenoxid-/Chromdioxid-Umschaltung
- *indicator light for automatic FeO/CrO_2 tape switch-over*
56 **das Spulentonbandgerät,** ein Zwei- oder Vierspurgerät *n*
- ***open-reel-type recorder****, a two or four-track unit*
57 die Bandspule
- *tape reel (open tape reel)*
58 das Spulentonband (Tonband, ein Viertelzollband *n*)
- *open-reel tape (recording tape, ¼" tape)*
59 das Tonkopfgehäuse mit Löschkopf *m*, Sprechkopf *m* und Hörkopf *m* (*oder:* Kombikopf *m*)
- *sound head housing with erasing head (erase head), recording head, and reproducing head* (or: *combined head)*
60 der Bandumlenker und Endabschalter
- *tape deflector roller and end switch (limit switch)*
61 die Aussteuerungskontrolle
- *recording level meter (VU meter)*
62 der Bandgeschwindigkeitsschalter
- *tape speed selector*
63 der Ein-/Ausschalter
- *on/off switch*
64 das Bandzählwerk
- *tape counter*
65 die Stereomikrophoneingänge *m*
- *stereo microphone sockets (stereo microphone jacks)*
66 **der Kopfhörer**
- ***headphones*** *(headset)*
67 der gepolsterte Kopfhörerbügel
- *padded headband (padded headpiece)*
68 die Membran
- *membrane*
69 die Ohrmuschel
- *earcups (earphones)*
70 der Kopfhörerstecker, ein Normstecker *m* (*anders:* der Klinkenstecker)
- *headphone cable plug, a standard multi-pin plug (not the same as a phono plug)*
71 die Anschlußleitung
- *headphone cable (headphone cord)*

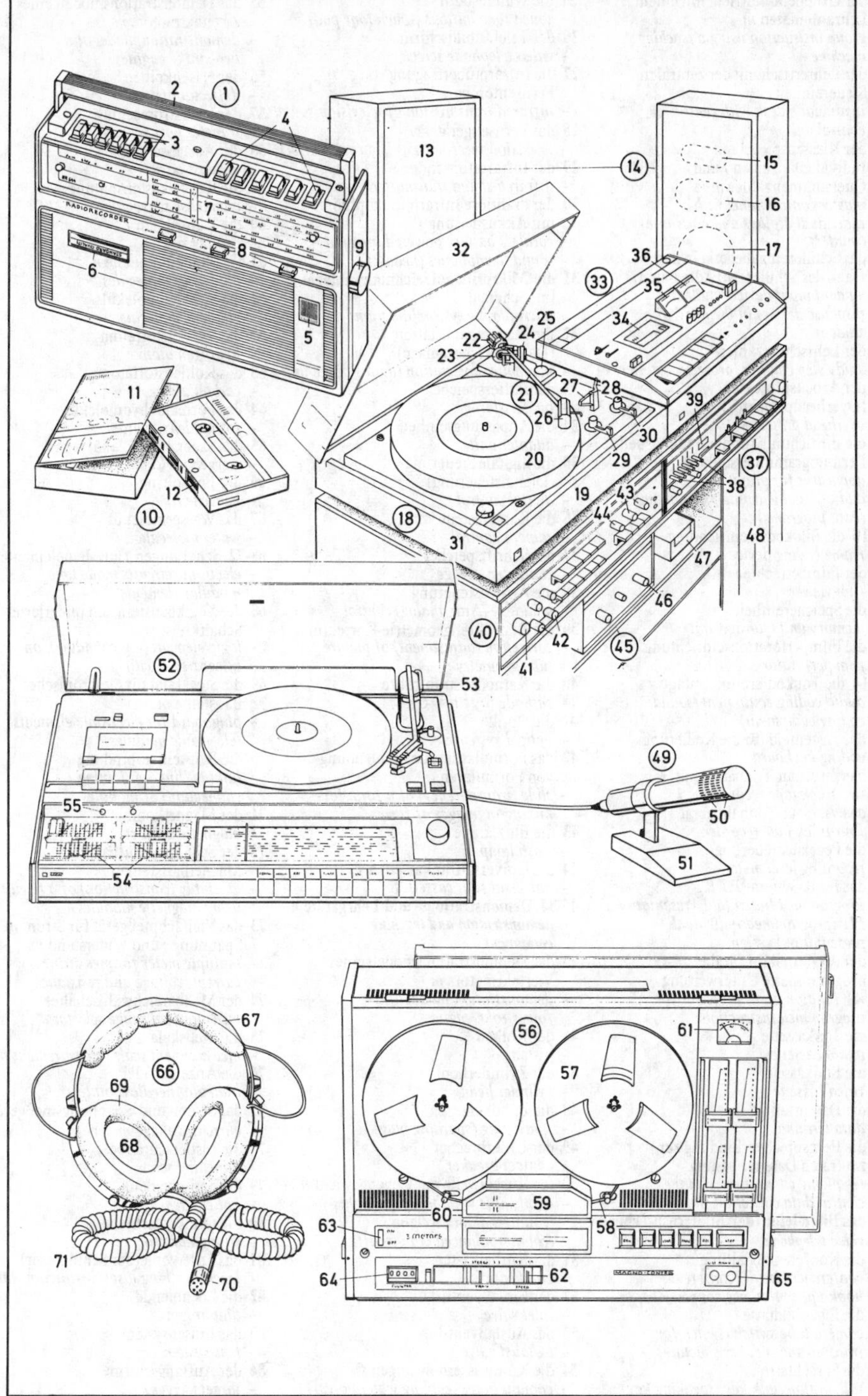
RADIORECORDER

242 Unterrichts- und Informationstechnik

1 der Gruppenunterricht mit einem **Lehrautomaten** *m*
- *group instruction using a* ***teaching machine***

2 der Lehrertisch mit der zentralen Steuereinheit
- *instructor's desk with central control unit*

3 der Klassenspiegel mit Individualanzeigen *f* und Quersummenzähler *m*
- *master control panel with individual diplays and cross total counters*

4 das Schülereingabegerät in der Hand des Schülers *m* (Adressaten)
- *student input device (student response device) in the hand of a student*

5 der Lehrschrittzähler
- *study step counter (progress counter)*

6 der Arbeitsprojektor (Overheadprojektor)
- *overhead projector*

7 die Einrichtung für die audiovisuelle Lernprogrammherstellung
- *apparatus for producing audio-visual learning programmes (Am. programs)*

8-10 die Bildkodiereinrichtung
- *frame coding device*

8 der Filmbetrachter
- *film viewer*

9 die Speichereinheit
- *memory unit (storage unit)*

10 die Filmperforationseinrichtung
- *film perforator*

11-14 die Tonkodiereinrichtung
- *audio coding equipment (sound coding equipment)*

11 das Tastenfeld für die Kodierung
- *coding keyboard*

12 das Zweispur-Tonbandgerät
- *two-track tape recorder*

13 das Vierspur-Tonbandgerät
- *four-track tape recorder*

14 die Pegelaussteuerung
- *recording level meter*

15 das P.I.P.-System *[P.I.P.: Programmed Individual Presentation f]*
- *PIP (programmed individual presentation) system*

16 der AV-Projektor für die programmierte Unterweisung
- *AV (audio-visual) projector for programmed instruction*

17 die Tonkassette
- *audio cassette*

18 die Bildkassette
- *video cassette*

19 die Datenstation
- *data terminal*

20 die Fernsprechverbindung zur zentralen Datenerfassung
- *telephone connection with the central data collection station*

21 **das Bildtelefon** (der Bildfernsprecher)
- ***video telephone***

22 die Konferenzschaltung
- *conference circuit (conference hook-up, conference connection)*

23 die Eigenbildtaste
- *camera tube switch (switch for transmitting speaker's picture)*

24 die Sprechtaste
- *talk button (talk key, speaking key)*

25 die Wähltastatur
- *touch-tone buttons (touch-tone pad)*

26 der Telefonbildschirm
- *video telephone screen*

27 die Infrarotübertragung von Fernsehton *m*
- *infrared transmission of television sound*

28 das Fernsehgerät
- *television receiver (television set, TV set)*

29 der Infrarottonsender
- *infrared sound transmitter*

30 der drahtlose Infrarottonkopfhörer mit Akkuspeisung *f*
- *cordless battery-powered infrared sound headphones (headset)*

31 **die Mikrofilmaufzeichnungsanlage** [im Schema]
- ***microfilming system*** *[diagram]*

32 die Magnetbandstation (Datenspeicheranlage)
- *magnetic tape station (data storage unit)*

33 der Pufferspeicher
- *buffer storage*

34 die Anpassungseinheit
- *adapter unit*

35 die digitale Steuerung (Digitalsteuerung)
- *digital control*

36 die Kamerasteuerung
- *camera control*

37 der Schriftspeicher
- *character storage*

38 die Analogsteuerung
- *analogue (Am. analog) control*

39 die Bildröhrengeometrie-Korrektur
- *correction (adjustment) of picture tube geometry*

40 die Kathodenstrahlröhre
- *cathode ray tube (CRT)*

41 die Optik
- *optical system*

42 das Formulardia zur Einblendung von Formularen
- *slide (transparency) of a form for mixing-in images of forms*

43 die Blitzlampe
- *flash lamp*

44 die Universalfilmkassetten *f*
- *universal film cassettes*

45-84 **Demonstrations- und Lehrgeräte** *n*
- ***demonstration and teaching equipment***

45 das Demonstrationsmodell eines Viertaktmotors *m*
- *demonstration model of a four-stroke engine*

46 der Kolben
- *piston*

47 der Zylinderkopf
- *cylinder head*

48 die Zündkerze
- *spark plug (sparking plug)*

49 der Unterbrecher
- *contact breaker*

50 die Kurbelwelle mit Gegengewicht *n*
- *crankshaft with balance weights (counterbalance weights) (counterbalanced crankshaft)*

51 der Kurbelkasten
- *crankcase*

52 das Einlaßventil
- *inlet valve*

53 das Auslaßventil
- *exhaust valve*

54 die Kühlwasserbohrungen *f*
- *coolant bores (cooling water bores)*

55 das Demonstrationsmodell eines Zweitaktmotors *m*
- *demonstration model of a two-stroke engine*

56 der Nasenkolben
- *deflector piston*

57 der Überströmschlitz
- *transfer port*

58 der Auslaßschlitz
- *exhaust port*

59 die Kurbelkastenspülung
- *crankcase scavenging*

60 die Kühlrippen *f*
- *cooling ribs*

61-67 Molekülmodelle *n*
- *models of molecules*

61 das Äthylenmolekül
- *ethylene molecule*

62 das Wasserstoffatom
- *hydrogen atom*

63 das Kohlenstoffatom
- *carbon atom*

64 das Formaldehydmolekül
- *formaldehyde atom*

65 das Sauerstoffmolekül
- *oxygen molecule*

66 der Benzolring
- *benzene ring*

67 das Wassermolekül
- *water molecule*

68-72 Schaltungen *f* aus Bauelementen *n*
- *electronic circuits made up of modular elements*

68 der Logikbaustein, ein integrierter Schaltkreis
- *logic element (logic module), an integrated circuit*

69 die Stecktafel für elektronische Bausteine *m*
- *plugboard for electronic elements (electronic modules)*

70 die Bausteinverbindung
- *linking (link-up, joining, connection) of modules*

71 der Magnetkontakt
- *magnetic contact*

72 der Schaltungsaufbau mit Magnethaftsteinen *m*
- *assembly (construction) of a circuit, using magnetic modules*

73 das Vielfachmeßgerät für Strom *m*, Spannung *f* und Widerstand *m*
- *multiple meter for measuring current, voltage and resistance*

74 der Meßbereichwählschalter
- *measurement range selector*

75 die Meßskala
- *measurement scale (measurement dial)*

76 die Anzeigenadel
- *indicator needle (pointer)*

77 das Strom- und Spannungsmeßgerät
- *current/voltage meter*

78 die Justierschraube
- *adjusting screw*

79 die optische Bank
- *optical bench*

80 die Dreikantschiene
- *triangular rail*

81 das Lasergerät (der Schul-Laser)
- *laser (teaching laser, instruction laser)*

82 die Lochblende
- *diaphragm*

83 das Linsensystem
- *lens system*

84 der Auffangschirm
- *target (screen)*

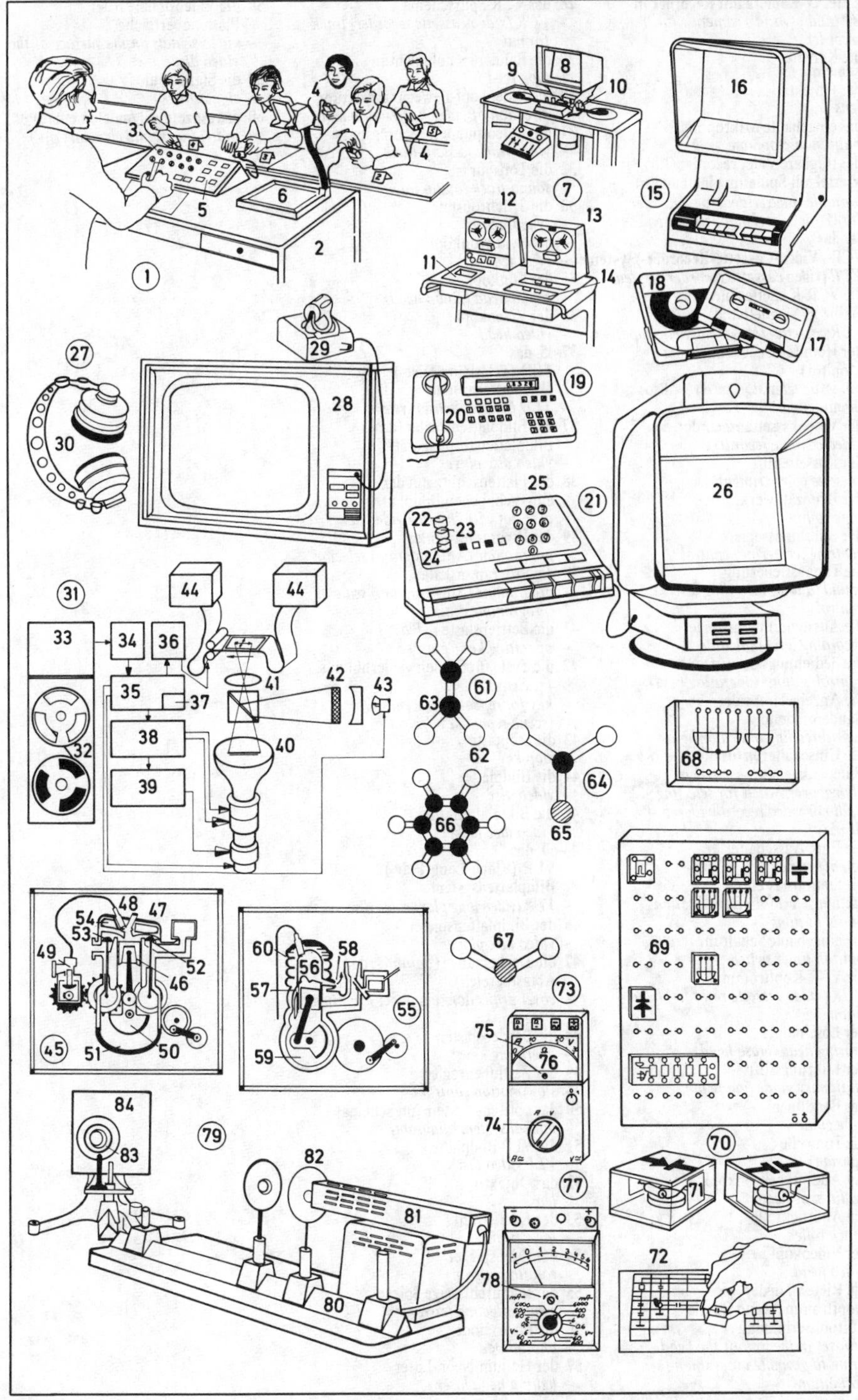
1
2
3
4
5
6
7
8
9
10
11
12
13
14
15
16
17
18
19
20
21
22
23
24
25
26
27
28
29
30
31
32
33
34
35
36
37
38
39
40
41
42
43
44
45
46
47
48
49
50
51
52
53
54
55
56
57
58
59
60
61
62
63
64
65
66
67
68
69
70
71
72
73
74
75
76
77
78
79
80
81
82
83
84

1-4 die AV-Kamera mit Recorder *m*
- *AV (audio-visual) camera with recorder*

1 die Kamera
- *camera*

2 das Objektiv
- *lens*

3 das eingebaute Mikrophon
- *built-in microphone*

4 der tragbare Videorecorder (für Viertelzoll-Spulenmagnetband *n*)
- *portable video (videotape) recorder for ¼″ open-reel magnetic tape*

5-36 das VCR-/Video-Cassette-Recorder-)System
- ***VCR (video cassette recorder) system***

5 die VCR-Kassette (für Halbzoll-Magnetband)
- *VCR cassette (for ½″ magnetic tape)*

6 der Heimfernseher (*auch:* der Monitor)
- *domestic television receiver (*also: *monitor)*

7 der Videokassettenrecorder
- *video cassette recorder*

8 der Kassettenlift
- *cassette compartment*

9 das Bandzählwerk
- *tape counter*

10 der Bildstandsregler
- *centring (centering) control*

11 die Tonaussteuerung
- *sound (audio) recording level control*

12 die Aussteuerungsanzeige
- *recording level indicator*

13 die Bedienungstasten *f*
- *control buttons (operating keys)*

14 die Anzeigelampe der Bandeinfädelung
- *tape threading indicator light*

15 die Umschalter *m* für die Audio-/Videoaussteuerungsanzeige
- *changeover switch for selecting audio or video recording level display*

16 die Ein-/Ausschalter *m*
- *on/off switch*

17 die Stationstasten *f*
- *station selector buttons (station preset buttons)*

18 die eingebaute Schaltuhr
- *built-in timer switch*

19 die VCR-Kopftrommel
- *VCR (video cassette recorder) head drum*

20 der Löschkopf
- *erasing head (erase head)*

21 der Führungsstift
- *stationary guide (guide pin)*

22 das Bandlineal
- *tape guide*

23 die Tonwelle
- *capstan*

24 der Audiosynchronkopf
- *audio sync head*

25 die Andruckrolle
- *pinch roller*

26 der Videokopf
- *video head*

27 die Riefen *f* in der Kopftrommelwand für die Luftpolsterbildung
- *grooves in the wall of the head drum to promote air cushion formation*

28 das VCR-Spurschema
- *VCR (video cassette recorder) track format*

29 die Bandvorschubsrichtung
- *tape feed*

30 die Videokopf-Bewegungsrichtung
- *direction of video head movement*

31 die Videospur, eine Schrägspur
- *video track, a slant track*

32 die Tonspur
- *sound track (audio track)*

33 die Synchronspur
- *sync track*

34 der Synchronkopf
- *sync head*

35 der Tonkopf
- *sound head (audio head)*

36 der Videokopf
- *video head*

37-45 das TED-(Television-Disc-) Bildplattensystem
- ***TED (television disc) system***

37 der Bildplattenspieler (das Bildplattenabspielgerät)
- *video disc player*

38 der Plattenschlitz mit der eingeschobenen Bildplatte
- *disc slot with inserted video disc*

39 der Programmwähler
- *programme (*Am.* program) selector*

40 die Programmskala
- *programme (*Am.* program) scale (programme dial)*

41 die Betriebstaste („Play")
- *operating key ('play')*

42 die Taste für Szenenwiederholung *f* („Select")
- *key for repeating a scene (scene-repeat key, 'select')*

43 die Stoptaste
- *stop key*

44 die Bildplatte
- *video disc*

45 die Bildplattenhülle
- *video disc jacket*

46-60 das VLP-(Video-Long-Play-) Bildplattensystem
- ***VLP (video long play) video disc system***

46 der Bildplattenspieler
- *video disc player*

47 die Deckelzunge (*darunter:* der Abtastbereich)
- *cover projection (*below it: *scanning zone)*

48 die Betriebstasten *f*
- *operating keys*

49 der Zeitlupenregler
- *slow motion control*

50 das optische System [im Schema]
- *optical system [diagram]*

51 die VLP-Bildplatte
- *VLP video disc*

52 das Objektiv
- *lens*

53 der Laserstrahl
- *laser beam*

54 der Drehspiegel
- *rotating mirror*

55 der teildurchlässige Spiegel
- *semi-reflecting mirror*

56 die Photodiode
- *photodiode*

57 der Helium-Neon-Laser
- *helium-neon laser*

58 die Videosignale *n* der Plattenoberfläche
- *video signals on the surface of the video disc*

59 die Signalspur
- *signal track*

60 das einzelne Signalelement („Pit")
- *individual signal element ('pit')*

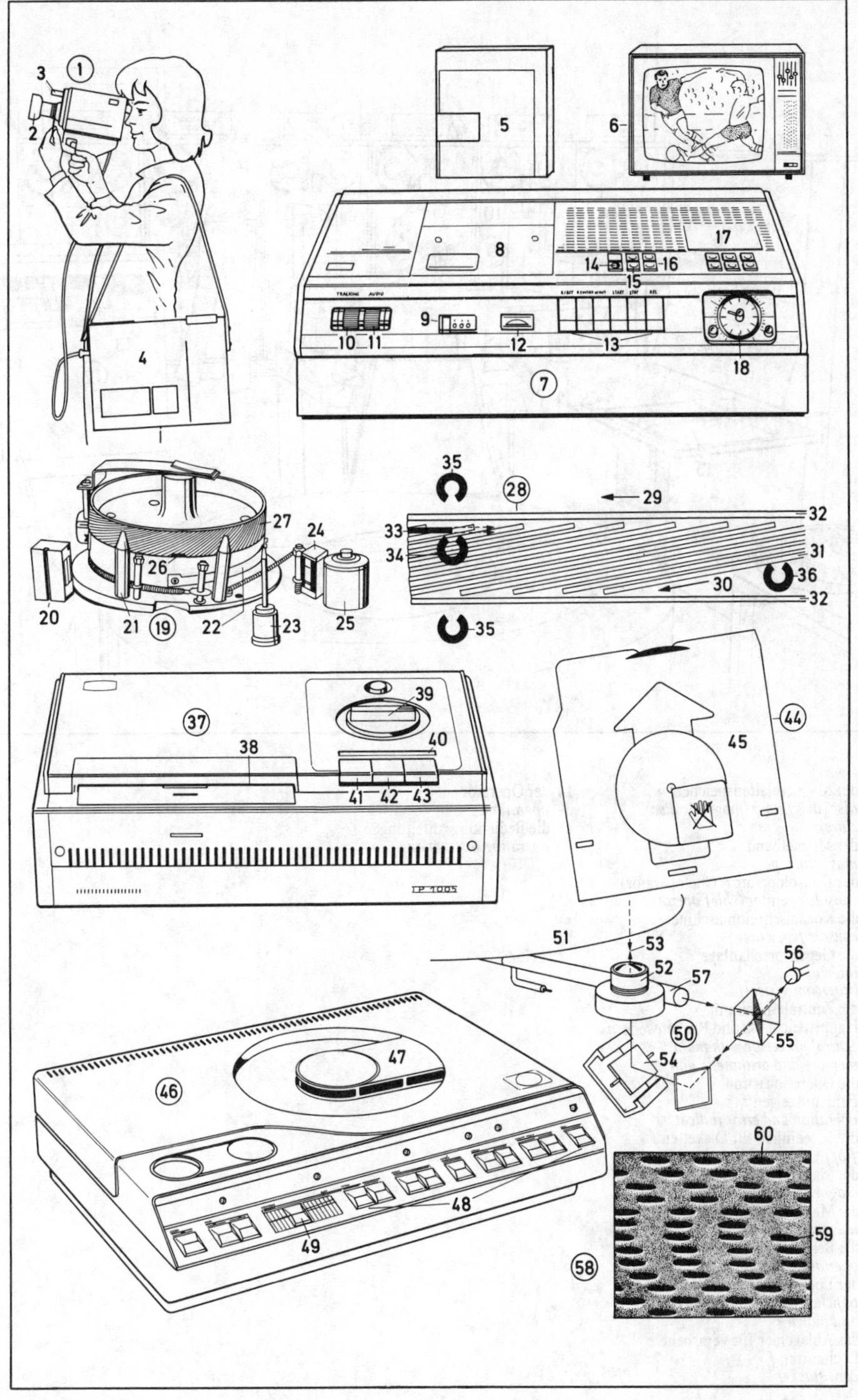
TRACKING
AUDIO
START
STOP
REC

1 der Magnetplattenspeicher
- *disc (disk) store (magnetic disc store)*
2 das Magnetband
- *magnetic tape*
3 der Konsoloperator (Chefoperator)
- *console operator (chief operator)*
4 die Konsolschreibmaschine
- *console typewriter*
5 die Gegensprechanlage
- *intercom (intercom system)*
6 die Zentraleinheit mit Hauptspeicher *m* und Rechenwerk *n*
- *central processor with main memory and arithmetic unit*
7 die Operations- und Fehleranzeigen *f*
- *operation and error indicators*
8 die Leseeinheit für Disketten *f*
- *floppy disc (disk) reader*
9 die Magnetbandeinheit
- *magnetic tape unit*
10 die Magnetbandspule
- *magnetic tape reel*
11 die Betriebsanzeigen *f*
- *operating indicators*
12 der Lochkartenleser und -stanzer
- *punched card (punch card) reader and punch*
13 das Ablagefach für verarbeitete Lochkarten *f*
- *card stacker*
14 der Operator
- *operator*
15 die Bedienungsanleitungen *f*
- *operating instructions*

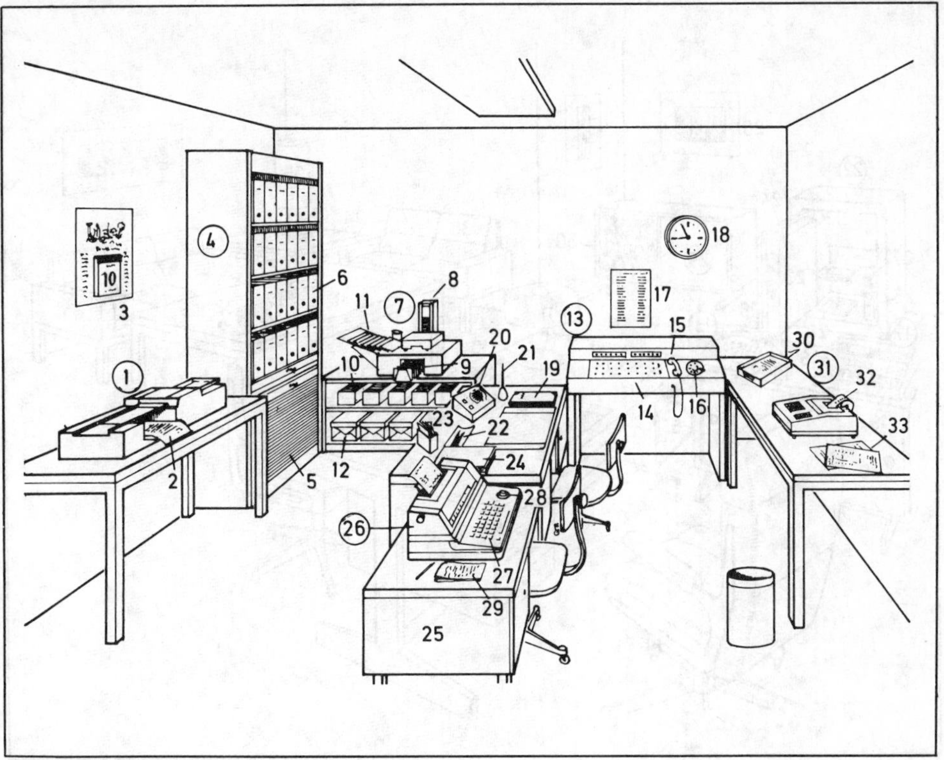

1-33 das Vorzimmer (Sekretärinnenzimmer)
- ***receptionist's office*** *(secretary's office)*

1 das Telekopiersystem (der Faksimiletransceiver)
- *facsimile telegraph*

2 die Telekopie (Empfangskopie)
- *transmitted copy (received copy)*

3 der Wandkalender
- *wall calendar*

4 der Aktenschrank
- *filing cabinet*

5 die Rolltür
- *tambour door (roll-up door)*

6 der Aktenordner
- *file (document file)*

7 die Umdruck-Adressiermaschine
- *transfer-type addressing machine*

8 der Schablonenaufnahmeschacht
- *vertical stencil magazine*

9 die Schablonenablage
- *stencil ejection*

10 die Schablonenaufbewahrungslade
- *stencil storage drawer*

11 die Papierzuführung
- *paper feed*

12 der Briefpapiervorrat
- *stock of notepaper*

13 die Hauszentrale (Telefonzentrale)
- *switchboard (internal telephone exchange)*

14 das Drucktastenfeld für die Hausanschlüsse *m*
- *push-button keyboard for internal connections*

15 der Hörer
- *handset*

16 die Wählscheibe
- *dial*

17 das Hausanschlußverzeichnis
internal telephone list

18 die Normaluhr
- *master clock (main clock)*

19 die Unterschriftenmappe
- *folder containing documents, correspondence, etc. for signing (to be signed)*

20 die Sprechanlage
- *intercom (office intercom)*

21 der Schreibstift
- *pen*

22 die Schreibschale
- *pen and pencil tray*

23 der Zettelkasten
- *card index*

24 der Formularstoß
- *stack (set) of forms*

25 der Schreibmaschinentisch
- *typing desk*

26 die Speicherschreibmaschine
- *memory typewriter*

27 das Schreibtastenfeld (Typenfeld)
- *keyboard*

28 der Drehschalter für den Arbeitsspeicher und die Magnetbandschleife
- *rotary switch for the main memory and the magnetic tape loop*

29 der Stenoblock (Stenogrammblock)
- *shorthand pad (Am. steno pad)*

30 das Ablagekörbchen
- *letter tray*

31 der Bürorechner
- *office calculator*

32 das Druckwerk
- *printer*

33 der Geschäftsbrief
- *business letter*

1-36 das Chefzimmer
- ***executive's office***

1 der Schreibtischsessel
- *swivel chair*

2 der Schreibtisch
- *desk*

3 die Schreibplatte
- *writing surface (desk top)*

4 die Schreibtischschublade
- *desk drawer*

5 das Klappengefach
- *cupboard (storage area) with door*

6 die Schreibunterlage
- *desk mat (blotter)*

7 der Geschäftsbrief
- *business letter*

8 der Terminkalender
- *appointments diary*

9 die Schreibschale
- *desk set*

10 das Wechselsprechgerät
- *intercom (office intercom)*

11 die Schreibtischlampe
- *desk lamp*

12 der Taschenrechner (Elektronikrechner)
- *pocket calculator (electronic calculator)*

13 das Telefon, eine Chef-Sekretär-Anlage
- *telephone, an executive-secretary system*

14 die Wählscheibe, *auch:* das Drucktastenfeld
- *dial;* ..also: *push-button keyboard*

15 die Schnellruftasten *f*
- *call buttons*

16 der Hörer (Telefonhörer)
- *receiver (telephone receiver)*

17 das Diktiergerät
- *dictating machine*

18 die Diktatlängenanzeige
- *position indicator*

19 die Bedienungstasten *f*
- *control buttons (operating keys)*

20 der Truhenschrank
- *cabinet*

21 der Besuchersessel
- *visitor's chair*

22 der Geldschrank (Panzerschrank, Tresor)
- *safe*

23 die Zuhaltung
- *bolts (locking mechanism)*

24 die Panzerung (Panzerwand)
- *armour* (Am. *armor) plating*

25 die vertraulichen Unterlagen *f*
- *confidential documents*

26 die Patentschrift
- *patent*

27 das Bargeld
- *petty cash*

28 das Wandbild
- *picture*

29 der Barschrank
- *bar (drinks cabinet)*

30 das (der) Barset
- *bar set*

31-36 die Besprechungsgruppe (Konferenzgruppe)
- *conference grouping*

31 der Konferenztisch (Besprechungstisch)
- *conference table*

32 das Taschendiktiergerät (Kleindiktiergerät)
- *pocket-sized dictating machine (micro cassette recorder)*

33 der Aschenbecher
- *ashtray*

34 der Ecktisch
- *corner table*

35 die Tischleuchte (Tischlampe)
- *table lamp*

36 der Konferenzsessel
- *two-seater sofa [part of the conference grouping]*

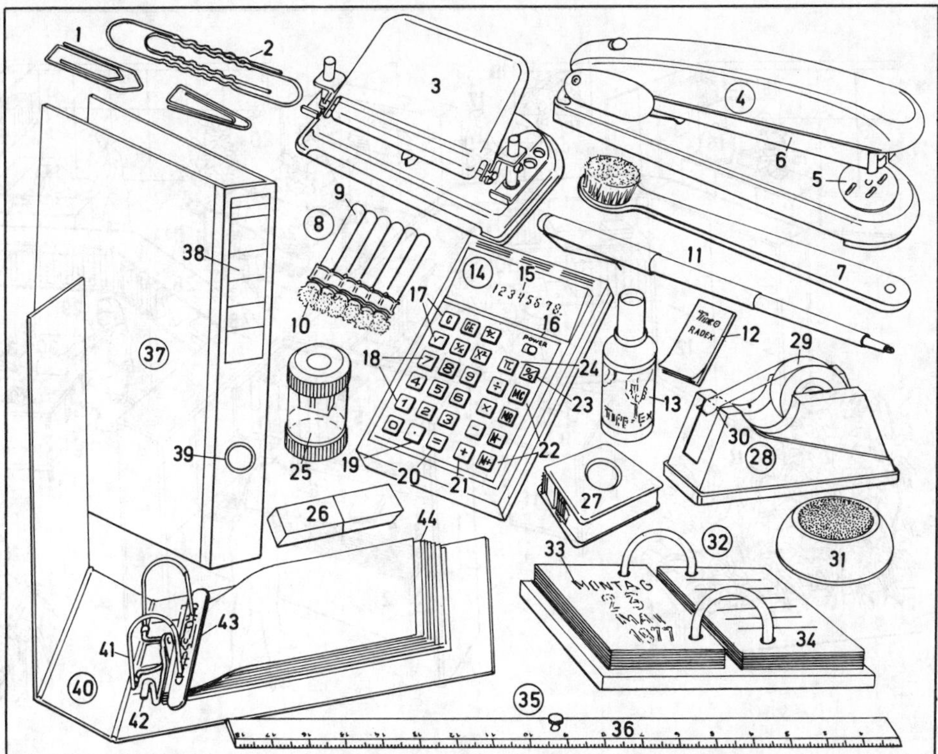

1-44 Büromaterial *n*
- ***office equipment*** *(office supplies, office materials)*

1 die Büroklammer (Briefklammer)
- *[small] paper clip*

2 die Aktenklammer
- *[large] paper clip*

3 der Locher
- *punch*

4 der Hefter (die Büroheftmaschine)
- *stapler (stapling machine)*

5 die Matrize
- *anvil*

6 der Ladeschieber
- *spring-loaded magazine*

7 die Reinigungsbürste für Schreibmaschinentypen *f*
- *type-cleaning brush for typewriters*

8 die Typenreiniger *m*
- *type cleaner (type-cleaning kit)*

9 der Flüssigkeitsbehälter
- *fluid container (fluid reservoir)*

10 die Reinigungsbürste
- *cleaning brush*

11 der Filzschreiber (Filzstift)
- *felt tip pen*

12 das Tippfehlerkorrekturblatt
- *correcting paper [for typing errors]*

13 die Tippfehlerkorrekturflüssigkeit
- *correcting fluid [for typing errors]*

14 der elektronische Taschenrechner
- *electronic pocket calculator*

15 die achtstellige Leuchtanzeige
- *eight-digit fluorescent display*

16 der Ein-/Ausschalter
- *on/off switch*

17 die Funktionstasten *f*
- *function keys*

18 die Zifferntasten
- *number keys*

19 die Kommataste
- *decimal key*

20 die Ist-gleich-Taste
- *'equals' key*

21 die Vorschriftstasten *f* (Rechenbefehlstasten)
- *instruction keys (command keys)*

22 die Speichertasten *f*
- *memory keys*

23 die Prozentrechnungstaste
- *percent key (percentage key)*

24 die π-Taste für Kreisberechnungen *f*
- *π-key (pi-key) for mensuration of circles*

25 der Bleistiftspitzer
- *pencil sharpener*

26 das Schreibmaschinenradiergummi (Maschinengummi)
- *typewriter rubber*

27 der Klebestreifenspender
- *adhesive tape dispenser*

28 der Klebestreifenhalter
- *adhesive tape holder (roller-type adhesive tape dispenser)*

29 die Klebestreifenrolle
- *roll of adhesive tape*

30 die Abreißkante
- *tear-off edge*

31 der Anfeuchter
- *moistener*

32 der Tischkalender
- *desk diary*

33 das Datumsblatt (Kalenderblatt)
- *date sheet (calendar sheet)*

34 das Notizblatt (Vormerkblatt)
- *memo sheet*

35 das Lineal
- *ruler*

36 die Zentimeter- und Millimeterteilung
- *centimetre and millimetre (Am. centimeter and millimeter) graduations*

37 der Aktenordner
- *file (document file)*

38 das Rückenschild
- *spine label (spine tag)*

39 das Griffloch
- *finger hole*

40 der Belegordner
- *arch board file*

41 die Ordnermechanik
- *arch unit*

42 der Griffhebel
- *release lever (locking lever, release/lock lever)*

43 der Klemmbügel
- *compressor*

44 der Kontoauszug
- *bank statement (statement of account)*

1-48 das Großraumbüro
- ***open plan office***

1 die Trennwand
- *partition wall (partition screen)*

2 die Registraturtheke mit der Hängetrogregistratur
- *filing drawer with suspension file system*

3 die Behältertasche (der Hängeordner)
- *suspension file*

4 der Kartenreiter
- *file tab*

5 der Aktenordner
- *file (document file)*

6 die Archivkraft
- *filing clerk*

7 die Sachbearbeiterin
- *clerical assistant*

8 die Aktennotiz
- *note for the files*

9 das Telefon
- *telephone*

10 das Aktenregal
- *filing shelves*

11 der Sachbearbeitertisch
- *clerical assistant's desk*

12 der Büroschrank
- *office cupboard*

13 die Pflanzengondel
- *plant stand (planter)*

14 die Zimmerpflanzen *f*
- *indoor plants (houseplants)*

15 die Programmiererin
- *programmer*

16 das Datensichtgerät
- *data display terminal (visual display unit)*

17 der Kundendienstsachbearbeiter
- *customer service representative*

18 der Kunde
- *customer*

19 die Computergraphik
- *computer-generated design (computer-generated art)*

20 die Schallschlucktrennwand
- *sound-absorbing partition*

21 die Schreibkraft
- *typist*

22 die Schreibmaschine
- *typewriter*

23 die Karteiwanne
- *filing drawer*

24 die Kundenkartei
- *customer card index*

25 der Bürostuhl, ein Drehstuhl *m*
- *office chair, a swivel chair*

26 der Maschinentisch
- *typing desk*

27 der Karteikasten
- *card index box*

28 das Vielzweckregal
- *multi-purpose shelving*

29 der Chef
- *proprietor*

30 der Geschäftsbrief
- *business letter*

31 die Chefsekretärin
- *proprietor's secretary*

32 der Stenogrammblock
- *shorthand pad (*Am. *steno pad)*

33 die Phonotypistin
- *audio typist*

34 das Diktiergerät
- *dictating machine*

35 der Ohrhörer [in der Ohrmuschel]
- *earphone [worn in ear]*

36 das statistische Schaubild (die Statistik)
- *statistics chart*

37 der Schreibtischunterschrank
- *pedestal containing a cupboard or drawers*

38 der Schiebetürenschrank
- *sliding-door cupboard*

39 die Büroelemente *n* in Winkelbauweise *f*
- *office furniture arranged in an angular configuration*

40 das Hängeregal
- *wall-mounted shelf*

41 der Ablagekorb
- *letter tray*

42 der Wandkalender
- *wall calendar*

43 die Datenzentrale
- *data centre (*Am. *center)*

44 der Informationsabruf vom Datensichtgerät *n*
- *calling up information on the data display terminal (visual display unit)*

45 der Papierkorb
- *waste paper basket*

46 die Umsatzstatistik
- *sales statistics*

47 das EDV-Blatt (die ausgedruckten Daten *pl*), ein Leporello *m*
- *EDP print-out, a continuous fan-fold sheet*

48 das Verbindungselement
- *connecting element*

1 **die elektrische Schreibmaschine,** eine Kugelkopfschreibmaschine
- ***electric typewriter***, *a golf ball typewriter*

2-6 das Blocktastenfeld (die Tastatur)
- *keyboard*

2 die Leertaste
- *space bar*

3 die Umschalttaste für die Großbuchstaben *m*
- *shift key*

4 der Zeilenschalter
- *line space and carrier return key*

5 der Umschaltfeststeller
- *shift lock*

6 die Randlösetaste
- *margin release key*

7 die Tabulatortaste
- *tabulator key*

8 die Tabulatorlöschtaste
- *tabulator clear key*

9 der Ein-/Ausschalter
- *on/off switch*

10 der Anschlagstärkeeinsteller
- *striking force control (impression control)*

11 der Farbbandwähler
- *ribbon selector*

12 die Randeinstellung
- *margin scale*

13 der vordere (linke) Randsteller
- *left margin stop*

14 der hintere (rechte) Randsteller
- *right margin stop*

15 der Kugelkopf (Schreibkopf) mit den Typen *f*
- *golf ball (spherical typing element) bearing the types*

16 die Farbbandkassette
- *ribbon cassette*

17 der Papierhalter mit den Führungsrollen *f*
- *paper bail with rollers*

18 die Schreibwalze
- *platen*

19 das Schreibfenster
- *typing opening (typing window)*

20 der Papiereinwerfer
- *paper release lever*

21 die Schreibwerkrückführung (Schlittenrückführung)
- *carrier return lever*

22 der Walzendrehknopf
- *platen knob*

23 der Zeileneinsteller
- *line space adjuster*

24 der Walzenlöser
- *variable platen action lever*

25 der Walzenstechknopf
- *push-in platen variable*

26 die Radierauflage
- *erasing table*

27 die transparente Gehäuseabdeckung
- *transparent cover*

28 der Austauschkugelkopf
- *exchange golf ball (exchange typing element)*

29 die Type
- *type*

30 der Schreibkopfdeckel
- *golf ball cap (cap of typing element)*

31 die Zahnsegmente *n*
- *teeth*

32 **der Rollenkopierautomat**
- ***web-fed automatic copier***

33 das Rollenmagazin
- *magazine for paper roll*

34 die Formateinstellung
- *paper size selection (format selection)*

35 die Kopienvorwahl
- *print quantity selection*

36 der Kontrastregler
- *contrast control*

37 der Hauptschalter
- *main switch (on/off switch)*

38 der Bedienungsschalter
- *start print button*

39 das Vorlagenfenster
- *document glass*

40 das Übertragungstuch
- *transfer blanket*

41 die Tonerwalze
- *toner roll*

42 das Belichtungssystem
- *exposure system*

43 der Kopienausstoß
- *print delivery (copy delivery)*

44 **die Brieffaltmaschine**
- ***letter-folding machine***

45 die Papiereingabe
- *paper feed*

46 die Falteinrichtung
- *folding mechanism*

47 der Auffangtisch
- *receiving tray*

48 **der Kleinoffsetdrucker**
- ***small offset press***

49 die Papieranlage
- *paper feed*

50 der Hebel für die Druckplatteneinfärbung
- *lever for inking the plate cylinder*

51-52 das Farbwerk
- *inking unit (inker unit)*

51 der Verreiber
- *distributing roller (distributor)*

52 die Auftragswalze
- *ink roller (inking roller, fountain roller)*

53 die Druckhöhenverstellung
- *pressure adjustment*

54 die Papierablage
- *sheet delivery (receiving table)*

55 die Druckgeschwindigkeitseinstellung
- *printing speed adjustment*

56 der Rüttler zum Glattstoßen *n* der Papierstapel *m*
- *jogger for aligning the piles of sheets*

57 der Papierstapel
- *pile of paper (pile of sheets)*

58 die Falzmaschine
- *folding machine*

59 die Bogenzusammentragemaschine für Kleinauflagen *f*
- *gathering machine (collating machine, assembling machine) for short runs*

60 die Zusammentragestation
- *gathering station (collating station, assembling station)*

61 der Klebebinder für die Thermobindung
- *adhesive binder (perfect binder) for hot adhesives*

62 **das Magnetband-Diktiergerät**
- ***magnetic tape dictating machine***

63 der Kopfhörer (Ohrhörer)
- *headphones (headset, earphones)*

64 der Ein-/Ausschalter
- *on/off switch*

65 der Mikrophonbügel
- *microphone cradle*

66 die Fußschalterbuchse
- *foot control socket*

67 die Telefonbuchse
- *telephone adapter socket*

68 die Kopfhörerbuchse
- *headphone socket (earphone socket, headset socket)*

69 die Mikrophonbuchse
- *microphone socket*

70 der eingebaute Lautsprecher
- *built-in loudspeaker*

71 die Kontrollampe
- *indicator lamp (indicator light)*

72 das Kassettenfach
- *cassette compartment*

73 die Vorlauf-, Rücklauf- und Stopptasten *f*
- *forward wind, rewind and stop buttons*

74 die Zeitskala mit Indexstreifen *m*
- *time scale with indexing marks*

75 der Zeitskalastopp
- *time scale stop*

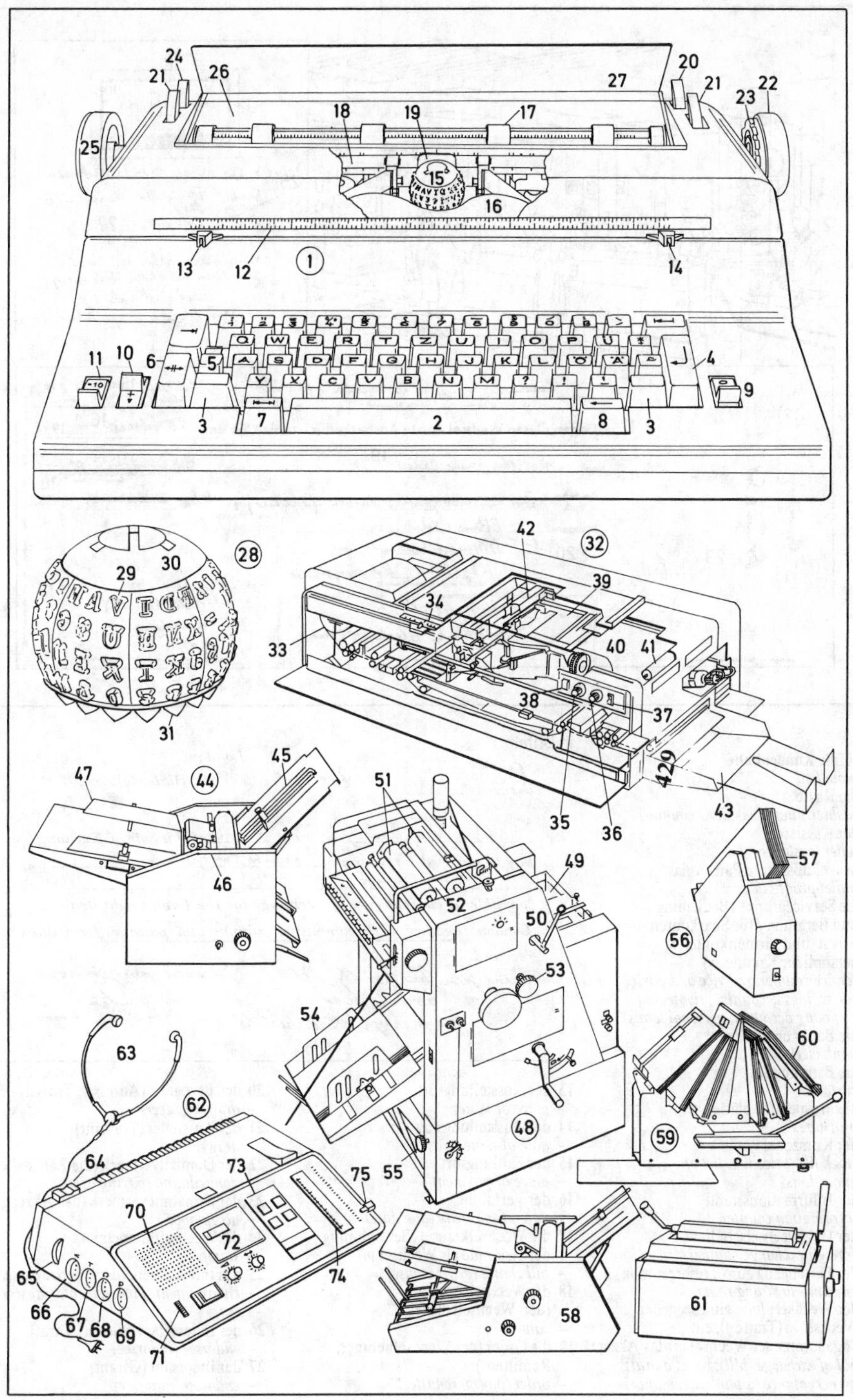
1
2
3
4
5
6
7
8
9
10
11
12
13
14
15
16
17
18
19
20
21
22
23
24
25
26
27
28
29
30
31
32
33
34
35
36
37
38
39
40
41
42
43
44
45
46
47
48
49
50
51
52
53
54
55
56
57
58
59
60
61
62
63
64
65
66
67
68
69
70
71
72
73
74
75

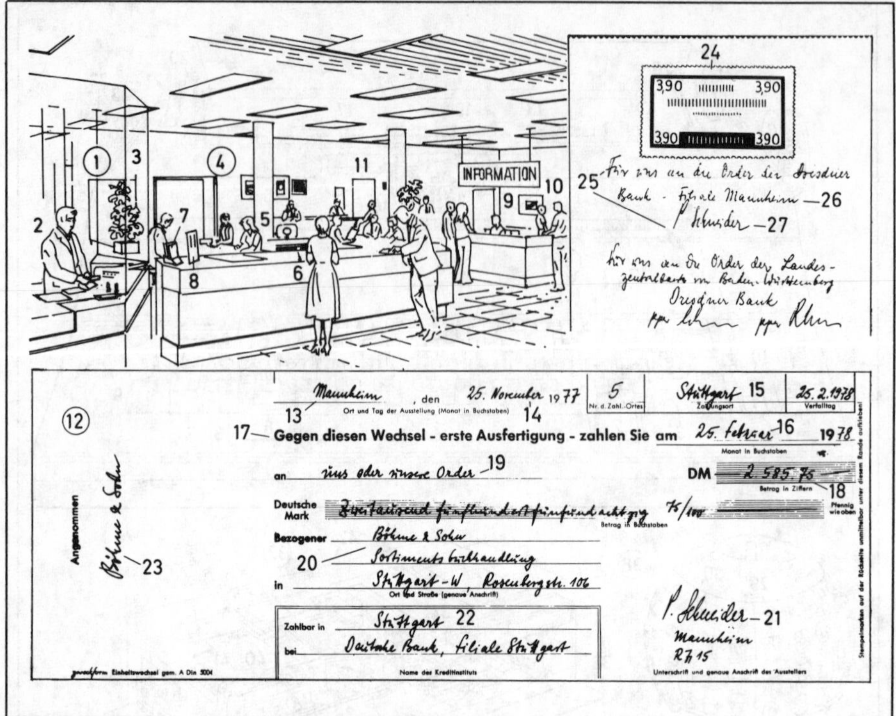

in Britain:

£ 75.– ⑫ London, 182, High Holborn, W.C.1.

Thirty days after sight of this Sole of Exchange pay to our Order the sum of Seventy Five pounds

(payable at current rate of exchange for the Bank's sight drafts on London together with commission stamps and postage) for value received.

p.p. GEORGE G. HARRAP & COMPANY LTD.

Accountant.

1-11 die Kundenhalle
- ***main hall***

1 die Kasse
- *cashier's desk (cashier's counter)*

2 der Kassierer
- *teller (cashier)*

3 das schußsichere Panzerglas
- *bullet-proof glass*

4 die Servicegruppe (Bedienung *f* und Beratung *f* für Sparkonten *n*, Privat- und Firmenkonten *n*, persönliche Kredite *m*)
- *service counters (service and advice for savings accounts, private and company accounts, personal loans)*

5 die Bankangestellte
- *bank clerk*

6 die Bankkundin
- *customer*

7 die Prospektfaltblätter *m*
- *brochures*

8 der Kurszettel
- *stock list (price list, list of quotations)*

9 der Informationsstand
- *information counter*

10 der Geldwechselschalter
- *foreign exchange counter*

11 der Durchgang zum Tresorraum *m*
- *entrance to strong room*

12 der Wechsel; *hier:* ein gezogener Wechsel *m* (Tratte *f*), ein angenommener Wechsel *m* (das Akzept)
- ***bill of exchange*** *(bill);* here: *a draft, an acceptance (a bank acceptance)*

13 der Ausstellungsort
- *place of issue*

14 der Ausstellungstag
- *date of issue*

15 der Zahlungsort
- *place of payment*

16 der Verfalltag
- *date of maturity (due date)*

17 die Wechselklausel (Bezeichnung der Urkunde als Wechsel *m*)
- *bill clause (draft clause)*

18 die Wechselsumme (der Wechselbetrag)
- *value*

19 die Order (der Wechselnehmer, Remittent)
- *order (payee, remitter)*

20 der Bezogene (Adressat, Trassat)
- *drawee (payer)*

21 der Aussteller (Trassant)
- *drawer*

22 der Domizilvermerk (die Zahlstelle)
- *domicilation (paying agent)*

23 der Annahmevermerk (das Akzept)
- *acceptance*

24 die Wechselstempelmarke
- *stamp*

25 das Indossament (der Übertragungsverme
- *endorsement (indorsement, transfer entry)*

26 der Indossatar (Indossat, Girat)
- *endorsee (indorsee)*

27 der Indossant (Girant)
- *endorser (indorser)*

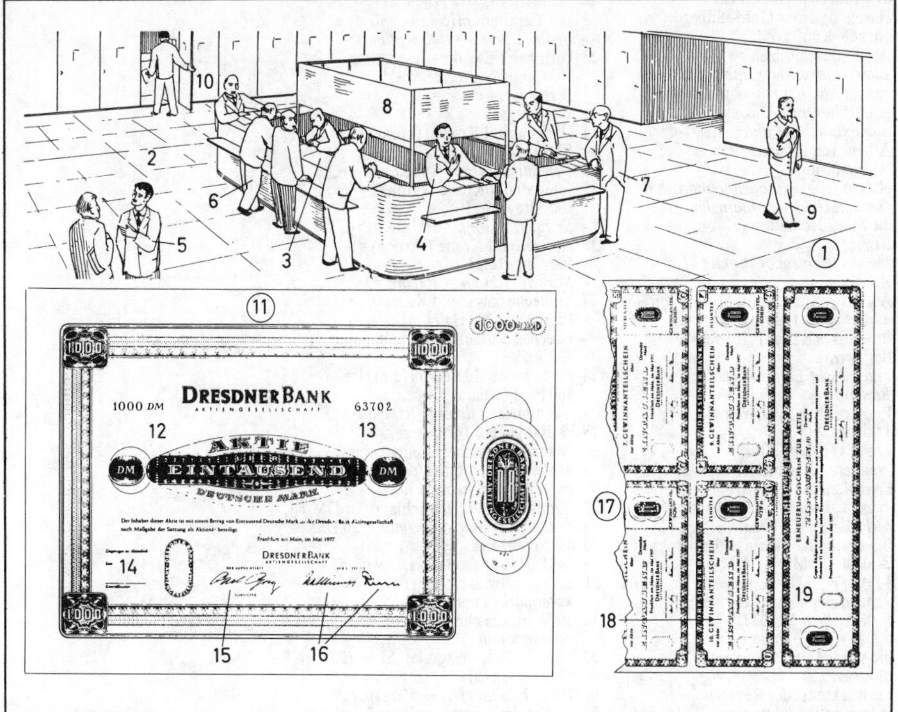

1-10 die Börse (Effekten-, Wertpapier- oder Fondsbörse)
- ***stock exchange*** *(exchange for the sale of securities, stocks, and bonds)*

1 der Börsensaal
- *exchange hall (exchange floor)*

2 der Markt für Wertpapiere *n*
- *market for securities*

3 die Maklerschranke (der Ring)
- *broker's post*

4 der vereidigte Kursmakler (Börsenmakler, Effektenmakler, Sensal), ein Handelsmakler *m*
- *sworn stockbroker (exchange broker, stockbroker,* Am. *specialist), an inside broker*

5 der freie Kursmakler (Agent), für Freiverkehr *m*
- *kerbstone broker (kerbstoner, curbstone broker, curbstoner, outside broker), a commercial broker dealing in unlisted securities*

6 das Börsenmitglied, ein zum Börsenhandel *m* zugelassener Privater *m*
- *member of the stock exchange (stockjobber,* Am. *floor trader, room trader)*

7 der Börsenvertreter (Effektenhändler), ein Bankangestellter *m*
- *stock exchange agent (boardman), a bank employee*

8 die Kursmaklertafel (Kurstafel, Maklertafel, der Kursanzeiger)
- *quotation board*

9 der Börsendiener
- *stock exchange attendant (waiter)*

10 die Telefonzelle (Fernsprechkabine)
- *telephone box (telephone booth, telephone kiosk, call box)*

11-19 Wertpapiere *n* (Effekten *pl*): *Arten:* Aktie *f*, festverzinsliches Wertpapier, Rente *f*, Anleihe *f*, Pfandbrief *m*, Kommunalobligation *f*, Industrieobligation *f*, Wandelschuldverschreibung *f*
- ***securities;*** kinds: *share (*Am. *stock), fixed-income security, annuity, bond, debenture bond, municipal bond (corporation stock), industrial bond, convertible bond*

11 die Aktienurkunde (der Mantel); *hier:* die Inhaberaktie
- *share certificate (*Am. *stock certificate);* here: *bearer share (share warrant)*

12 der Nennwert der Aktie
- *par (par value, nominal par, face par) of the share*

13 die laufende Nummer
- *serial number*

14 die Seitennummer der Eintragung im Aktienbuch *n* der Bank
- *page number of entry in bank's share register (bank's stock ledger)*

15 die Unterschrift des Aufsichtsratsvorsitzers *m*
- *signature of the chairman of the board of governors*

16 die Unterschrift des Vorstandsvorsitzers *m*
- *signature of the chairman of the board of directors*

17 der Bogen (Kuponbogen)
- *sheet of coupons (coupon sheet, dividend coupon sheet)*

18 der Dividendenschein (Gewinnanteilschein)
- *dividend warrant (dividend coupon)*

19 der Erneuerungsschein (Talon)
- *talon*

1-28 Münzen *f* (Geldstücke *n*, Hartgeld; *Arten:* Gold-, Silber-, Nickel-, Kupfer- od. Aluminiummünzen *f*)
- ***coins*** *(coin, coinage, metal money, specie,* Am. *hard money;* kinds: *gold, silver, nickel, copper, or aluminium,* Am. *aluminum, coins)*

1 Athen: Tetradrachme *f* in Nuggetform *f*
- *Athens: nugget-shaped tetradrachm (tetradrachmon, tetradrachma)*

2 die Eule (der Stadtvogel von Athen)
- *the owl (emblem of the city of Athens)*

3 Aureus *m* Konstantins des Großen
- *aureus of Constantine the Great*

4 Brakteat *m* Kaiser Friedrichs I. Barbarossa
- *bracteate of Emperor Frederick I Barbarossa*

5 Frankreich: Louisdor *m* Ludwigs XIV.
- *Louis XIV louis-d'or*

6 Preußen: 1 Reichstaler *m* Friedrichs des Großen
- *Prussia: 1 reichstaler (speciestaler) of Frederick the Great*

7 Bundesrepublik Deutschland: 5 Deutsche Mark *f* (DM); 1 DM *f* = 100 Pfennige *m*
- *Federal Republic of Germany: 5 Deutschmarks (DM); 1 DM = 100 pfennigs*

8 die Vorderseite (der Avers)
- *obverse*

9 die Rückseite (der Revers)
- *reverse (subordinate side)*

10 das Münzzeichen (der Münzbuchstabe)
- *mint mark (mintage, exergue)*

11 die Randinschrift
- *legend (inscription on the edge of a coin)*

12 das Münzbild, ein Landeswappen *n*
- *device (type), a provincial coat of arms*

13 Österreich: 25 Schilling *m*; 1 Sch. *m* = 100 Groschen *m*
- *Austria: 25 schillings; 1 sch = 100 groschen*

14 die Länderwappen *n*
- *provincial coats of arms*

15 Schweiz: 5 Franken *m*; 1 Franken *m* (franc, franco) = 100 Rappen *m* (Centimes, centimes)
- *Switzerland: 5 francs; 1 franc = 100 centimes*

16 Frankreich: 1 Franc *m* (franc) = 100 Centimes *m* (centimes)
- *France: 1 franc = 100 centimes*

17 Belgien: 100 Francs *m* (francs)
- *Belgium: 100 francs*

18 Luxemburg: 1 Franc *m* (franc)
- *Luxembourg (Luxemburg): 1 franc*

19 Niederlande: 2½ Gulden *m*; 1 Gulden *m* (florin) = 100 Cents *m* (cents)
- *Netherlands: 2½ guilders; 1 guilder (florin, gulden) = 100 cents*

20 Italien 10 Lire *f* (lire, *sg.* Lira)
- *Italy: 10 lire (sg. lira)*

21 Vatikanstaat: 10 Lire *f* (lire, *sg* Lira)
- *Vatican City: 10 lire (sg. lira)*

22 Spanien: 1 Peseta *f* (peseta) = 100 Céntimos *m* (céntimos)
- *Spain: 1 peseta = 100 céntimos*

23 Portugal: 1 Escudo *m* (escudo) = 100 Centavos *m* (centavos)
- *Portugal: 1 escudo = 100 centavos*

24 Dänemark: 1 Krone *f* (krone) = 100 Öre *n* (øre)
- *Denmark: 1 krone = 100 öre*

25 Schweden: 1 Krone *f* (krona) = 100 Öre *n* (öre)
- *Sweden: 1 krona = 100 öre*

26 Norwegen: 1 Krone *f* (krone) = 100 Öre *n* (øre)
- *Norway: 1 krone = 100 öre*

27 Tschechoslowakei: 1 Krone *f* (koruna) = 100 Halèř *m* (halèřu)
- *Czechoslovakia: 1 koruna = 100 heller*

28 Jugoslawien: 1 Dinar *m* (dinar) = 100 Para *m* (para)
- *Yugoslavia: 1 dinar = 100 paras*

29-39 Banknoten *f* (Papiergeld *n*, Noten *f*, Geldscheine *m*, Scheine)
- ***banknotes*** (Am. *bills) (paper money, notes, treasury notes)*

29 Bundesrepublik Deutschland: 20 DM *f*
- *Federal Republic of Germany: 20 DM*

30 die Notenbank
- *bank of issue (bank of circulation)*

31 das Porträtwasserzeichen
- *watermark [a portrait]*

32 die Wertbezeichnung
- *denomination*

33 USA: 1 Dollar *m* (dollar. $) = 100 Cents *m* (cents)
- *USA: 1 dollar ($ 1) = 100 cents*

34 die Faksimileunterschriften *f*
- *facsimile signatures*

35 der Kontrollstempel
- *impressed stamp*

36 die Reihenbezeichnung
- *serial number*

37 Vereinigtes Königreich Großbritannien und Nordirland: 1 Pfund Sterling *m* (£)=100 New Pence *m* (new pence, p; *sg* New Penny)
- *United Kingdom of Great Britain and Northern Ireland: 1 pound sterling (£ 1) = 100 new pence (100p.)* (sg. *new penny, new p*)

38 das Guillochenwerk
- *guilloched pattern*

39 Griechenland: 1 000 Drachmen *f* (drachmai); 1 Drachme *f* = 100 Lepta *n* (lepta; *sg* Lepton)
- *Greece: 1,000 drachmas (drachmae); 1 drachma = 100 lepta (sg. lepton)*

40-44 die Münzprägung
- ***striking of coins*** *(coinage, mintage)*

40-41 die Prägestempel *m*
- *coining dies (minting dies)*

40 der Oberstempel
- *upper die*

41 der Unterstempel
- *lower die*

42 der Prägering
- *collar*

43 das Münzplättchen (Blankett, Rondell)
- *coin disc (disk) (flan, planchet, blank)*

44 der Prägetisch
- *coining press (minting press)*

1
2
3
4
5
6
7
8
9
10
11
12
13
14
15
16
17
18
19
20
21
22
23
24
25
26
27
28
29
30
31
32
33
34
35
36
37
38
39
40
41
42
43
44

1-3 die Flagge der Vereinten Nationen *f*
- *flag of the United Nations*

1 der Flaggenstock (Flaggenmast) mit dem Flaggenknopf *m*
- *flagpole (flagstaff) with truck*

2 die Flaggenleine (Flaggleine)
- *halyard (halliard, haulyard)*

3 das Flaggentuch
- *bunting*

4 die Flagge des Europarates *m* (Europaflagge)
- *flag of the Council of Europe*

5 die Olympiaflagge
- *Olympic flag*

6 die Flagge halbstock[s] (halbmast) [zur Trauer]
- *flag at half-mast* (Am. *at half-staff*) *[as a token of mourning]*

7-11 die Fahne
- *flag*

7 der Fahnenschaft
- *flagpole (flagstaff)*

8 der Fahnennagel
- *ornamental stud*

9 das Fahnenband
- *streamer*

10 die Fahnenspitze
- *pointed tip of the flagpole*

11 das Fahnentuch
- *bunting*

12 das Banner
- *banner (gonfalon)*

13 die Reiterstandarte (das Feldzeichen der Kavallerie)
- *cavalry standard (flag of the cavalry)*

14 die Standarte des dt. Bundespräsidenten [das Abzeichen eines Staatsoberhaupts *n*]
- *standard of the German Federal President [ensign of head of state]*

15-21 Nationalflaggen *f*
- *national flags*

15 der Union Jack (Großbritannien)
- *the Union Jack (Great Britain)*

16 die Trikolore (Frankreich)
- *the Tricolour* (Am. *Tricolor*) *(France)*

17 der Danebrog (Dänemark)
- *the Danebrog (Dannebrog) (Denmark)*

18 das Sternenbanner (USA)
- *the Stars and Stripes (Star-Spangled Banner) (USA)*

19 der Halbmond (Türkei)
- *the Crescent (Turkey)*

20 das Sonnenbanner (Japan)
- *the Rising Sun (Japan)*

21 Hammer und Sichel (UdSSR)
- *the Hammer and Sickle (USSR)*

22-34 Signalflaggen *f*, ein Stell *n* Flaggen *f*
- *signal flags, a hoist*

22-28 Buchstabenflaggen *f*
- *letter flags*

22 Buchstabe A, ein gezackter Stander
- *letter A, a burgee (swallow-tailed flag)*

23 G, das Lotsenrufsignal
- *G, pilot flag*

24 H („Lotse ist an Bord")
- *H ('pilot on board')*

25 L („Stop, wichtige Mitteilung")
- *L ('you should stop, I have something important to communicate')*

26 P, der Blaue Peter, ein Abfahrtssignal *n*
- *P, the Blue Peter ('about to set sail')*

27 W („benötige ärztliche Hilfe")
- *W ('I require medical assistance')*

28 Z, ein rechteckiger Stander
- *Z, an oblong pennant (oblong pendant)*

29 der Signalbuchwimpel, ein Wimpel *m* des internat. Signalbuchs *n*
- *code pennant (code pendant), used in the International Signals Code*

30-32 Hilfsstander *m*, dreieckige Stander
- *substitute flags (repeaters), triangular flags (pennants, pendants)*

33-34 Zahlenwimpel *m*
- *numeral pennants (numeral pendants)*

33 die Zahl 1
- *number 1*

34 die Zahl 0
- *number 0*

35-38 Zollflaggen *f*
- *customs flags*

35 der Zollstander von Zollbooten *n*
- *customs boat pennant (customs boat pendant)*

36 „Schiff zollamtlich abgefertigt"
- *'ship cleared through customs'*

37 das Zollrufsignal
- *customs signal flag*

38 die Pulverflagge [„feuergefährliche Ladung"]
- *powder flag ['inflammable (flammable) cargo']*

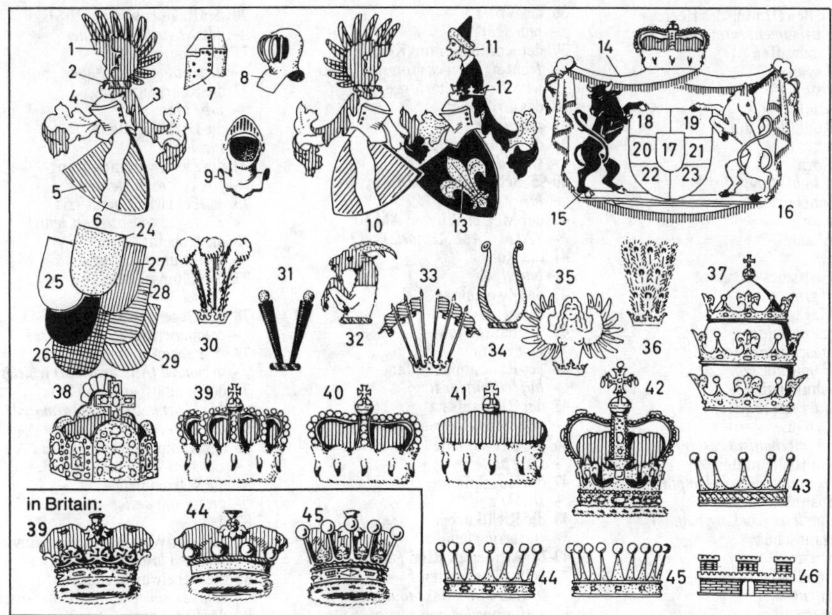

1-36 Heraldik *f* (Wappenkunde)
- *heraldry (blazonry)*

1, 11, 30-36 Helmzier *f* (Helmzeichen *n*, Helmkleinod, Zimier)
- *crests*

1-6 das Wappen
- *coat-of-arms (achievement of arms, hatchment, achievement)*

1 die Helmzier
- *crest*

2 der Wulst
- *wreath of the colours* (Am. *colors)*

3 die Decke (Helmdecke)
- *mantle (mantling)*

4, 7-9 Helme *m*
- *helmets (helms)*

4 der Stechhelm
- *tilting helmet (jousting helmet)*

5 der Wappenschild
- *shield*

6 der schräglinke Wellenbalken
- *bend sinister wavy*

7 der Kübelhelm
- *pot-helmet (pot-helm, heaume)*

8 der Spangenhelm
- *barred helmet (grilled helmet)*

9 der offene Helm
- *helmet affronty with visor open*

10-13 das Ehewappen (Allianzwappen, Doppelwappen)
- *marital achievement (marshalled,* Am. *marshaled, coat-of-arms)*

10 das Wappen des Mannes *m*
- *arms of the baron (of the husband)*

11-13 das Wappen der Frau
- *arms of the family of the femme (of the wife)*

11 der Menschenrumpf
- *demi-man;* also: *demi-woman*

12 die Laubkrone (Helmkrone)
- *crest coronet*

13 die Lilie
- *fleur-de-lis*

14 das Wappenzelt (der Wappenmantel)
- *heraldic tent (mantling)*

15-16 Schildhalter *m*, Wappentiere *n*
- *supporters (heraldic beasts)*

15 der Stier
- *bull*

16 das Einhorn
- *unicorn*

17-23 die Wappenbeschreibung (Blasonierung, Wappenfeldordnung)
- *blazon*

17 das Herzschild
- *inescutcheon (heart-shield)*

18-23 erstes bis sechstes Feld (Wappenfeld)
- *quarterings one to six*

18, 20, 22 vorn, rechts
- *dexter, right*

18-19 oben
- *chief*

19, 21, 23 hinten, links
- *sinister, left*

22-23 unten
- *base*

24-29 die Tinkturen *f*
- *tinctures*

24-25 Metalle *n*
- *metals*

24 Gold *n* [gelb]
- *or (gold) [yellow]*

25 Silber *n* [weiß]
- *argent (silver) [white]*

26 schwarz
- *sable*

27 rot
- *gules*

28 blau
- *azure*

29 grün
- *vert*

30 die Straußenfedern *f*
- *ostrich feathers (treble plume)*

31 der Kürißprügel
- *truncheon*

32 der wachsende Bock
- *demi-goat*

33 die Turnierfähnchen *n*
- *tournament pennons*

34 die Büffelhörner *pl*
- *buffalo horns*

35 die Harpyie
- *harpy*

36 der Pfauenbusch
- *plume of peacock's feathers*

37, 38, 42-46 Kronen *f*
- *crowns and coronets [continental type]*

37 die Tiara
- *tiara (papal tiara)*

38 die Kaiserkrone [dt. bis 1806]
- *Imperial Crown [German, until 1806]*

39 der Herzogshut
- *ducal coronet (duke's coronet)*

40 der Fürstenhut
- *prince's coronet*

41 der Kurfürstenhut (Kurhut)
- *elector's coronet*

42 die engl. Königskrone
- *English Royal Crown*

43-45 Rangkronen *f*
- *coronets of rank*

43 die Adelskrone
- *baronet's coronet*

44 die Freiherrnkrone
- *baron's coronet (baronial coronet)*

45 die Grafenkrone
- *count's coronet*

46 die Mauerkrone eines Stadtwappens *n*
- *mauerkrone (mural crown) of a city crest*

1-98 die Bewaffnung des Heeres *n*
- *army armament (army weaponry)*
1-39 Handwaffen *f*
- ***hand weapons***
1 die Pistole P1
- *P1 pistol*
2 das Rohr (der Lauf)
- *barrel*
3 das Korn
- *front sight (foresight)*
4 der Schlaghebel
- *hammer*
5 der Abzug
- *trigger*
6 das Griffstück
- *pistol grip*
7 der Magazinhalter
- *magazine holder*
8 die Maschinenpistole MP2
- *MP 2 machine gun*
9 die Schulterstütze
- *shoulder rest (butt)*
10 das Gehäuse
- *casing (mechanism casing)*
11 die Rohrhaltemutter
- *barrel clamp (barrel-clamping nut)*
12 der Spannschieber
- *cocking lever (cocking handle)*
13 der Handschutz
- *palm rest*
14 die Handballensicherung
- *safety catch*
15 das Magazin
- *magazine*
16 das Gewehr G3-A3
- *G3-A3 self-loading rifle*
17 das Rohr (der Lauf)
- *barrel*
18 der Mündungsfeuerdämpfer
- *flash hider (flash eliminator)*
19 der Handschutz
- *palm rest*
20 die Abzugsvorrichtung
- *trigger mechanism*
21 das Magazin
- *magazine*
22 die Kimme (das Visier)
- *notch (sighting notch, rearsight)*
23 der Kornhalter mit Korn *n*
- *front sight block (foresight block) with front sight (foresight)*
24 der Gewehrkolben (Kolben)
- *rifle butt (butt)*
25 die Panzerfaust 44
- *44 mm anti-tank rocket launcher*
26 die Granate
- *rocket (projectile)*
27 das Rückstoßrohr
- *buffer*
28 das Zielfernrohr
- *telescopic sight (telescope sight)*
29 die Abfeuerungseinrichtung
- *firing mechanism*
30 der Wangenschutz
- *cheek rest*
31 die Schulterstütze
- *shoulder rest (butt)*
32 das Maschinengewehr MG3
- *MG3 machine gun (Spandau)*
33 das Gehäuse
- *barrel casing*
34 der Rückstoßverstärker
- *gas regulator*
35 die Rohrwechselklappe
- *belt-changing flap*
36 das Visier
- *rearsight*
37 der Kornhalter mit Korn *n*
- *front sight block (foresight block) with front sight (foresight)*
38 das Griffstück
- *pistol grip*
39 die Schulterstütze
- *shoulder rest (butt)*
40-95 Schwere Waffen *f*
- ***heavy weapons***
40 der Mörser 120 mm AM 50
- *120 mm AM 50 mortar*
41 das Rohr
- *barrel*
42 das Zweibein
- *bipod*
43 das Fahrgestell
- *gun carriage*
44 der Rückstoßdämpfer
- *buffer (buffer ring)*
45 der Richtaufsatz
- *sight (sighting mechanism)*
46 die Grundplatte
- *base plate*
47 die Kugelpfanne
- *striker pad*
48 die Richtkurbel
- *traversing handle*
49-74 Artilleriewaffen *f* auf Selbstfahrlafetten *f*
- *artillery weapons mounted on self-propelled gun carriages*
49 die Kanone 175 mm SF M 107
- *175 mm SFM 107 cannon*
50 das Antriebsrad
- *drive wheel*
51 der Hubzylinder
- *elevating piston*
52 die Rohrbremse
- *buffer (buffer recuperator)*
53 die Hydraulikanlage
- *hydraulic system*
54 das Bodenstück
- *breech ring*
55 der Schaufelsporn
- *spade*
56 der Schaufelzylinder
- *spade piston*
57 die Panzerhaubitze 155 mm M 109 G
- *155 mm M 109 G self-propelled gun*
58 die Mündungsbremse
- *muzzle*
59 der Rauchabsauger
- *fume extractor*
60 die Rohrwiege
- *barrel cradle*
61 der Rohrvorholer
- *barrel recuperator*
62 die Rohrstütze
- *barrel clamp*
63 das Fla-Maschinengewehr
- *light anti-aircraft (AA) machine gun*
64 der Raketenwerfer *Honest John* M 386
- *Honest John M 386 rocket launcher*
65 die Rakete, mit Sprengkopf *m*
- *rocket with warhead*
66 die Startrampe
- *launching ramp*
67 die Höhenrichteinrichtung
- *elevating gear*
68 die Fahrzeugstütze
- *jack*
69 die Seilwinde
- *cable winch*
70 der Raketenwerfer 110 SF
- *110 SF rocket launcher*
71 das Rohrpaket
- *disposable rocket tubes*
72 die Rohrpanzerung
- *tube bins*
73 die Drehringlafette
- *turntable*
74 die Zielzeigereinrichtung
- *fire control system*
75 das Feldarbeitsgerät 2,5 t
- *2.5 tonne construction vehicle*
76 die Hubeinrichtung
- *lifting arms (lifting device)*
77 die Räumschaufel
- *shovel*
78 das Gegengewicht
- *counterweight (counterpoise)*
79-95 Panzer
- ***armoured*** **(Am. *armored*) *vehicles***
79 der Sanitätspanzer M 113
- *M113 armoured* (Am. *armored*) *ambulance*
80 der Kampfpanzer *Leopard* 1 A 3
- *Leopard 1 A 3 tank*
81 die Walzenblende
- *protection device*
82 der Infrarot-Weißlicht-Zielscheinwerfer
- *infrared laser rangefinder*
83 die Nebelwurfbecher *m*
- *smoke canisters (smoke dispensers)*
84 der Panzerturm
- *armoured* (Am. *armored*) *turret*
85 die Kettenblende
- *skirt*
86 die Laufrolle
- *road wheel*
87 die Kette
- *track*
88 der Kanonenjagdpanzer
- *anti-tank tank*
89 der Rauchabsauger
- *fume extractor*
90 die Rohrblende
- *protection device*
91 der Schützenpanzer *Marder*
- Marder *armoured* (Am. *armored*) *personnel carrier*
92 die Maschinenkanone
- *cannon*
93 der Bergepanzer *Standard*
- Standard *armoured* (Am. *armored*) *recovery vehicle*
94 die Räum- und Stützschaufel
- *levelling* (Am. *leveling*) *and support shovel*
95 der Kranausleger
- *jib*
96 der Mehrzweck-Lkw 0,25 t
- *.25 tonne all-purpose vehicle*
97 die abklappbare Windschutzscheibe
- *drop windscreen* (Am. *drop windshield*)
98 das Planenverdeck
- *canvas cover*

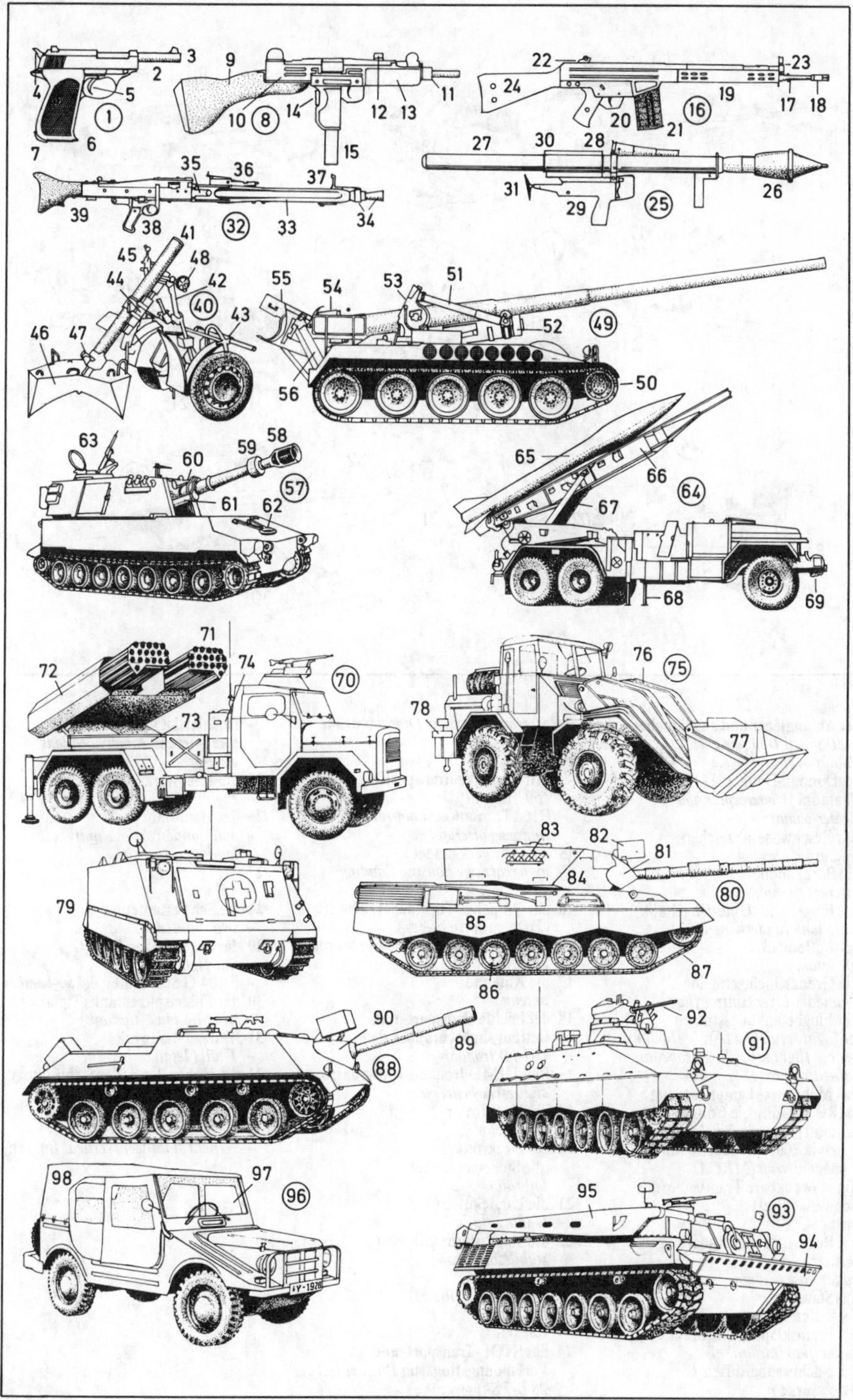
1
2
3
4
5
6
7
8
9
10
11
12
13
14
15
16
17
18
19
20
21
22
23
24
25
26
27
28
29
30
31
32
33
34
35
36
37
38
39
40
41
42
43
44
45
46
47
48
49
50
51
52
53
54
55
56
57
58
59
60
61
62
63
64
65
66
67
68
69
70
71
72
73
74
75
76
77
78
79
80
81
82
83
84
85
86
87
88
89
90
91
92
93
94
95
96
97
98

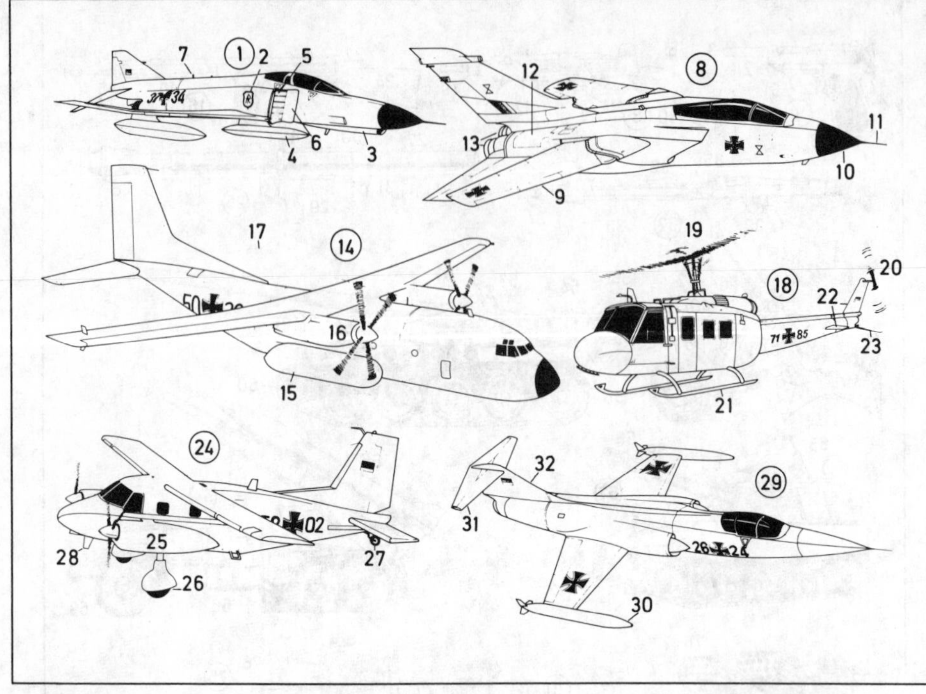

1 der Abfangjäger und Jagdbomber *McDonnell-Douglas F-4F Phantom II*
- McDonnell-Douglas F-4F Phantom II ***interceptor and fighter-bomber***

2 das Geschwaderabzeichen
- *squadron marking*

3 die Bordkanone
- *aircraft cannon*

4 der Flügeltank (Unterflügeltank)
- *wing tank (underwing tank)*

5 der Lufteinlaß
- *air intake*

6 die Grenzschichtschneide
- *boundary layer control flap*

7 der Flugbetankungsstutzen
- *in-flight refuelling* (Am. *refueling*) *probe (flight refuelling probe, air refuelling probe)*

8 das Mehrzweckkampfflugzeug (MRCA, Multirole Combat Aircraft) *Panavia 200 Tornado*
- Panavia 2000 Tornado ***multirole combat aircraft*** *(MRCA)*

9 die schwenkbare Tragfläche (der Schwenkflügel)
- *swing wing*

10 die Radarnase (der Radarbug, das Radom)
- *radar nose (radome, radar dome)*

11 das Staurohr
- *pitot-static tube (pitot tube)*

12 die Bremsklappe (Luftbremse)
- *brake flap (air brake)*

13 die Nachbrennerdüsen *f* der Triebwerke *n*
- *afterburner exhaust nozzles of the engines*

14 das Mittelstreckentransportflugzeug *C 160 Transall*
- C160 Transall ***medium-range transport aircraft***

15 die Fahrwerkgondel
- *undercarriage housing (landing gear housing)*

16 das Propeller-Turbinen-Triebwerk (Turboproptriebwerk)
- *propeller-turbine engine (turboprop engine)*

17 die Antenne
- *antenna*

18 der leichte Transport- und Rettungshubschrauber *Bell UH-1D Iroquois*
- Bell UH-ID Iroquois ***light transport and rescue helicopter***

19 der Hauptrotor
- *main rotor*

20 der Heckrotor (die Steuerschraube)
- *tail rotor*

21 die Landekufen
- *landing skids*

22 die Stabilisierungsflossen *f*
- *stabilizing fins (stabilizing surfaces, stabilizers)*

23 der Sporn
- *tail skid*

24 das STOL-Transport- und Verbindungsflugzeug *Dornier DO 28 D-2 Skyservant*
- Dornier DO 28 D-2 Skyservant ***transport and communications aircraft***

25 die Triebwerksgondel
- *engine pod*

26 das Hauptfahrwerk
- *main undercarriage unit (main landing gear unit)*

27 das Spornrad
- *tail wheel*

28 die Schwertantenne
- *sword antenna*

29 der Jagdbomber *F-104 G Starfighter*
- F-104 G Starfighter ***fighter-bomber***

30 der Flügelspitzentank (Tiptank)
- *wing-tip tank (tip tank)*

31-32 das T-Leitwerk
- *T-tail (T-tail unit)*

31 die Höhenflosse (der Stabilisator)
- *tailplane (horizontal stabilizer, stabilizer)*

32 die Seitenflosse
- *vertical stabilizer (vertical fin, tail fin)*

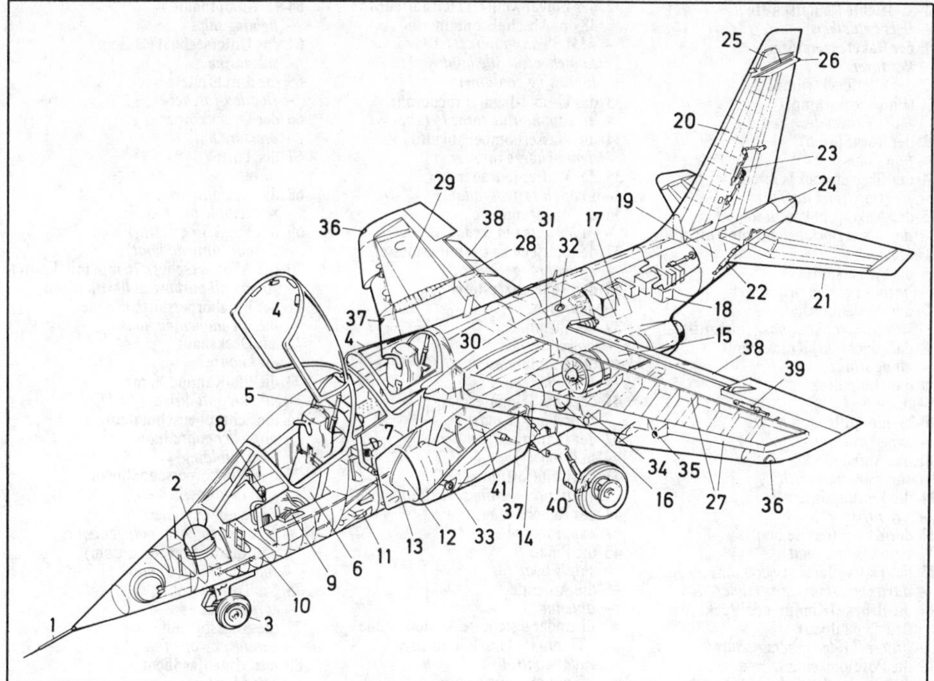

1-41 der deutsch-französische Strahltrainer *Dornier-Dassault-Breguet Alpha Jet*
- Dornier-Dassault-Breguet Alpha Jet *Franco-German jet trainer*

1 das Staurohr
- *pitot-static tube (pitot tube)*

2 der Sauerstoffbehälter
- *oxygen tank*

3 das vorwärts einfahrende Bugrad
- *forward-retracting nose wheel*

4 die Kabinenhaube
- *cockpit canopy (cockpit hood)*

5 der Haubenzylinder
- *canopy jack*

6 der Flugzeugführersitz (Schülersitz), ein Schleudersitz *m*
- *pilot's seat (student pilot's seat), an ejector seat (ejection seat)*

7 der Kampfbeobachtersitz (Lehrersitz), ein Schleudersitz *m*
- *observer's seat (instructor's seat), an ejector seat (ejection seat)*

8 der Steuerknüppel
- *control column (control stick)*

9 die Leistungshebel *m*
- *thrust lever*

10 die Seitenruderpedale *n* mit Bremsen *f*
- *rudder pedals with brakes*

11 der Frontavionikraum
- *front avionics bay*

12 der Triebwerkslufteinlauf
- *air intake to the engine*

13 die Grenzschicht-Trennzunge
- *boundary layer control flap*

14 der Lufteinlaufkanal
- *air intake duct*

15 das Turbinentriebwerk
- *turbine engine*

16 der Hydraulikspeicher
- *reservoir for the hydraulic system*

17 der Batterieraum
- *battery housing*

18 der Heckavionikraum
- *rear avionics bay*

19 der Gepäckraum
- *baggage compartment*

20 der dreiholmige Leitwerkaufbau
- *triple-spar tail construction*

21 das Höhenleitwerk
- *horizontal tail*

22 die Höhenleitwerk-Rudermaschine
- *servo-actuating mechanism for the elevator*

23 die Seitenrudermaschine
- *servo-actuating mechanism for the rudder*

24 der Bremsschirmkasten
- *brake chute housing (drag chute housing)*

25 die VHF-Antenne (UKW-Antenne) *[VHF: Very high frequency]*
- *VHF (very high frequency) antenna (UHF antenna)*

26 die VOR-Antenne *[VOR: Very high frequency omnidirectional range]*
- *VOR (very high frequency omnidirectional range) antenna*

27 der zweiholmige Tragflächenaufbau
- *twin-spar wing construction*

28 die holmintegrierte Beplankung
- *former with integral spars*

29 die Integralflächentanks *m*
- *integral wing tanks*

30 der Rumpfzentraltank
- *centre-section (Am. center-section) fuel tank*

31 die Rumpftanks *m*
- *fuselage tanks*

32 der Schwerkraftfüllstutzen
- *gravity fuelling (Am. fueling) point*

33 der Druckbetankungsanschluß
- *pressure fuelling (Am. fueling) point*

34 die innere Flügelaufhängung
- *inner wing suspension*

35 die äußere Flügelaufhängung
- *outer wing suspension*

36 die Positionsleuchten *f*
- *navigation lights (position lights)*

37 die Landescheinwerfer *m*
- *landing lights*

38 die Landeklappe
- *landing flap*

39 die Querruderbetätigung
- *aileron actuator*

40 das vorwärts einfahrende Hauptfahrwerk
- *forward-retracting main undercarriage unit (main landing gear unit)*

41 der Fahrwerk-Ausfahrzylinder
- *undercarriage hydraulic cylinder (landing gear hydraulic cylinder)*

1-63 leichte Kampfschiffe *n*
- ***light battleships***
1 der Raketenzerstörer
- ***destroyer***
2 der Glattdecksrumpf (Flushdecksrumpf)
- *hull of flush-deck vessel*
3 der Bug (Steven)
- *bow (stem)*
4 der Flaggenstock (Göschstock)
- *flagstaff (jackstaff)*
5 der Anker, ein Patentanker *m*
- *anchor, a stockless anchor (patent anchor)*
6 das Ankerspill
- *anchor capstan (windlass)*
7 der Wellenbrecher
- *breakwater (Am. manger board)*
8 das (*auch:* der) Knickspant
- *chine strake*
9 das Hauptdeck
- *main deck*
10-28 die Aufbauten *pl*
- *superstructures*
10 das Aufbaudeck
- *superstructure deck*
11 die Rettungsinseln *f*
- *life rafts*
12 der Kutter (das Beiboot)
- *cutter (ship's boat)*
13 der Davit (Bootsaussetzkran)
- *davit (boat-launching crane)*
14 die Brücke (Kommandobrücke, der Brückenaufbau)
- *bridge (bridge superstructure)*
15 die Positionsseitenlampe
- *side navigation light (side running light)*
16 die Antenne
- *antenna*
17 der Funkpeilrahmen
- *radio direction finder (RDF) frame*
18 der Gittermast
- *lattice mast*
19 der vordere Schornstein
- *forward funnel*
20 der achtere (hintere) Schornstein
- *aft funnel*
21 die Schornsteinkappe
- *cowl*
22 der achtere (hintere) Aufbau (die Hütte)
- *aft superstructure (poop)*
23 das Spill
- *capstan*
24 der Niedergang (das Luk)
- *companion ladder (companionway, companion hatch)*
25 der Heckflaggenstock
- *ensign staff*
26 das Heck, ein Spiegelheck *n*
- *stern, a transom stern*
27 die Wasserlinie
- *waterline*
28 der Scheinwerfer
- *searchlight*
29-37 die Bewaffnung
- *armament*
29 der Geschützturm (Turm) 100 mm
- *100 mm gun turret*
30 der U-Boot-Abwehr-Raketenwerfer, ein Vierling *m*
- *four-barrel anti-submarine rocket launcher (missile launcher)*
31 die Zwillingsflak 40 mm
- *40 mm twin anti-aircraft (AA) gun*
32 der Flugabwehrraketenstarter MM 38, im Abschußcontainer *m*
- *MM 38 anti-aircraft (AA) rocket launcher (missile launcher) in launching container*
33 das U-Boot-Jagd-Torpedorohr
- *anti-submarine torpedo tube*
34 die Wasserbombenablaufbühne
- *depth-charge thrower*
35 der Waffenleitradar
- *weapon system radar*
36 die Radarantenne
- *radar antenna (radar scanner)*
37 der optische Entfernungsmesser
- *optical rangefinder*
38 der Raketenzerstörer
- ***destroyer***
39 der Buganker
- *bower anchor*
40 der Schraubenschutz
- *propeller guard*
41 der Dreibeingittermast
- *tripod lattice mast*
42 der Pfahlmast
- *pole mast*
43 die Lüfteröffnungen *f*
- *ventilator openings (ventilator grill)*
44 das Rauchabzugsrohr
- *exhaust pipe*
45 die Pinaß
- *ship's boat*
46 die Antenne
- *antenna*
47 die radargesteuerte Allzielkanone 127 mm im Geschützturm *m*
- *radar-controlled 127 mm all-purpose gun in turret*
48 das Allzielgeschütz 127 mm
- *127 mm all-purpose gun*
49 der Raketenstarter für Tartar-Flugkörper *m*
- *launcher for Tartar missiles*
50 der Asroc-Starter (U-Boot-Abwehr-Raketenwerfer)
- *anti-submarine rocket (ASROC) launcher (missile launcher)*
51 die Feuerleitradar-Antennen *f*
- *fire control radar antennas*
52 das Radom (der Radardom)
- *radome (radar dome)*
53 die Fregatte
- ***frigate***
54 die Ankerklüse
- *hawse pipe*
55 die Dampferlaterne (das Dampferlicht)
- *steaming light*
56 die Positionslampe (das Positionslicht)
- *navigation light (running light)*
57 der Luftansaugschacht
- *air extractor duct*
58 der Schornstein
- *funnel*
59 der Rauchabweiser (die Schornsteinkappe)
- *cowl*
60 die Peitschenantenne
- *whip antenna (fishpole antenna)*
61 der Kutter
- *cutter*
62 die Hecklaterne
- *stern light*
63 der Schraubenschutzwulst
- *propeller guard boss*

64-91 Kampfboote *n*
- ***fighting ships***
64 das Unterseeboot (U-Boot)
- ***submarine***
65 die durchflutete Back
- *flooded foredeck*
66 der Druckkörper
- *pressure hull*
67 der Turm
- *turret*
68 die Ausfahrgeräte *n*
- *retractable instruments*
69 das Flugkörperschnellboot
- *E-boat (torpedo boat)*
70 das Allzielgeschütz 76 mm mit Turm *m*
- *76 mm all-purpose gun with turret*
71 der Flugkörperstartcontainer
- *missile-launching housing*
72 das Deckshaus
- *deckhouse*
73 die Fla-Kanone 40 mm
- *40 mm anti-aircraft (AA) gun*
74 die Schraubenschutzleiste
- *propeller guard moulding (Am. molding)*
75 das Flugkörperschnellboot
E-boat (torpedo boat)
76 der Wellenbrecher
- *breakwater (Am. manger board)*
77 das Radom (der Radardom)
- *radome (radar dome)*
78 das Torpedorohr
- *torpedo tube*
79 die Abgasöffnung
- *exhaust escape flue*
80 das Minenjagdboot
- ***mine hunter***
81 die Scheuerleiste, mit Verstärkungen *f*
- *reinforced rubbing strake*
82 das Schlauchboot
- *inflatable boat (inflatable dinghy)*
83 der Bootsdavit
- *davit*
84 das Schnelle Minensuchboot
- ***minesweeper***
85 die Kabeltrommelwinde
- *cable winch*
86 die Schleppwinde (Winsch)
- *towing winch (towing machine, towing engine)*
87 das Minenräumgerät (die Ottern *m*, Schwimmer)
- *mine-sweeping gear (paravanes)*
88 der Kran
- *crane (davit)*
89 das Landungsboot
- ***landing craft***
90 die Bugrampe
- *bow ramp*
91 die Heckrampe
- *stern ramp*
92-97 Hilfsschiffe *n*
- ***auxiliaries***
92 der Tender
- *tender*
93 der Versorger
- *servicing craft*
94 der Minentransporter
- *minelayer*
95 das Schulschiff
- *training ship*
96 der Hochseebergungsschlepper
- *deep-sea salvage tug*
97 der Betriebsstofftanker
- *fuel tanker (replenishing ship)*

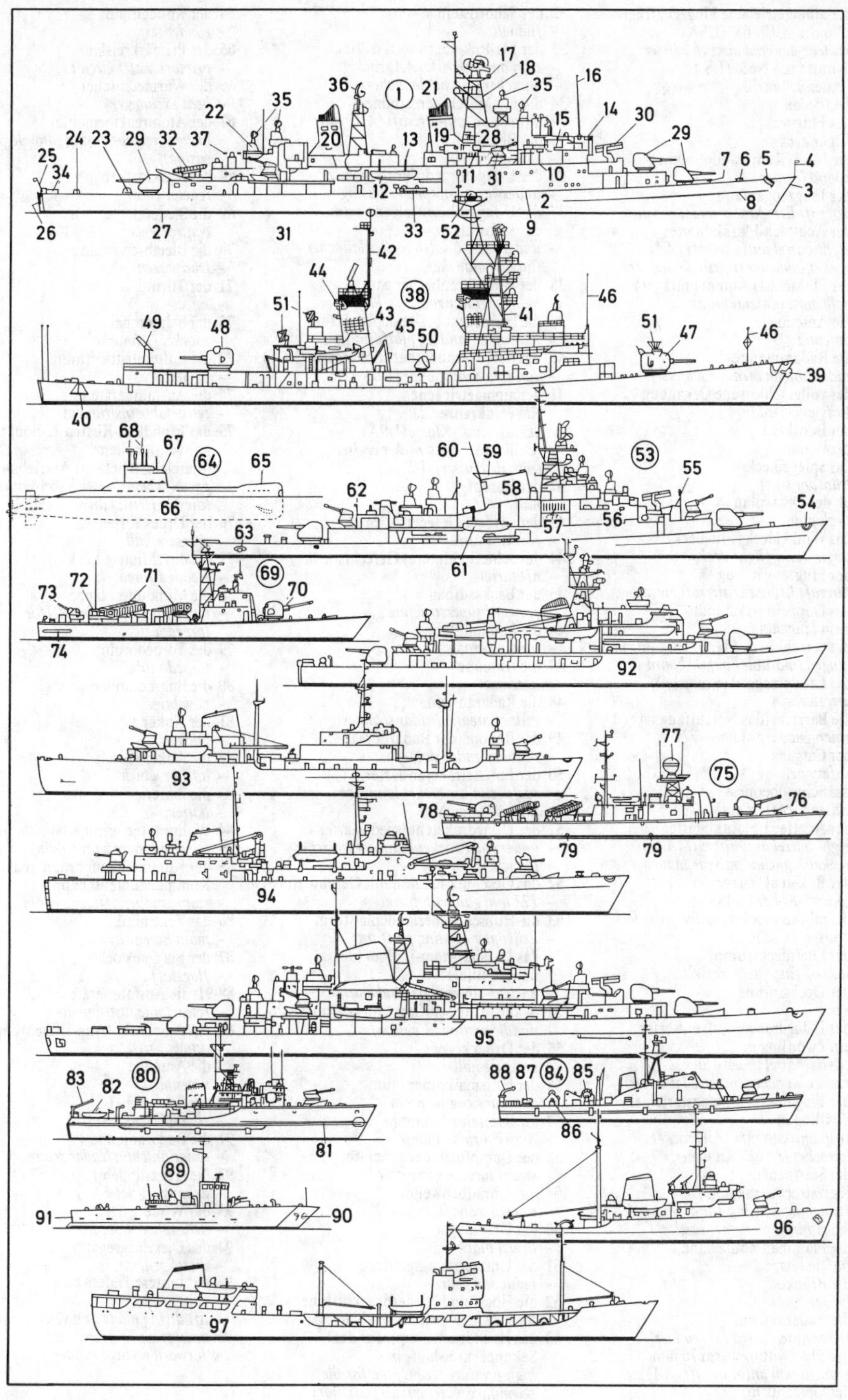
1
2
3
4
5
6
7
8
9
10
11
12
13
14
15
16
17
18
19
20
21
22
23
24
25
26
27
28
29
30
31
32
33
34
35
36
37
38
39
40
41
42
43
44
45
46
47
48
49
50
51
52
53
54
55
56
57
58
59
60
61
62
63
64
65
66
67
68
69
70
71
72
73
74
75
76
77
78
79
80
81
82
83
84
85
86
87
88
89
90
91
92
93
94
95
96
97

259 Kriegsschiffe II (moderne Kampfschiffe)

1 **der atomgetriebene Flugzeugträger** *„Nimitz ICVN 68"* (USA)
- ***nuclear-powered aircraft carrier*** 'Nimitz ICVN68' *(USA)*

2-11 der Seitenriß
- *body plan*

2 das Flugdeck
- *flight deck*

3 die Insel (Kommandobrücke)
- *island (bridge)*

4 der Flugzeugaufzug
- *aircraft lift* (Am. *aircraft elevator)*

5 der Achtfach-Flarak-Starter
- *eight-barrel anti-aircraft (AA) rocket launcher (missile launcher)*

6 der Pfahlmast (Antennenträger)
- *pole mast (antenna mast)*

7 die Antenne
- *antenna*

8 die Radarantenne
- *radar antenna (radar scanner)*

9 der vollgeschlossene Orkanbug
- *fully enclosed bow*

10 der Bordkran
- *deck crane*

11 das Spiegelheck
- *transom stern*

12-20 der Decksplan
- *deck plan*

12 das Winkeldeck (Flugdeck)
- *angle deck (flight deck)*

13 der Flugzeugaufzug
- *aircraft lift* (Am. *aircraft elevator)*

14 das Doppelstartkatapult
- *twin launching catapult*

15 die versenkbare Flammenschutzwand
- *hinged (movable) baffle board*

16 das Landefangseil (Bremsseil)
- *arrester wire*

17 die Barriere (das Notauffangnetz)
- *emergency crash barrier*

18 der Catgang
- *safety net*

19 das Schwalbennest
- *caisson (cofferdam)*

20 der Achtfach-Flarak-Starter
- *eight-barrel anti-aircraft (AA) rocket launcher (missile launcher)*

21 **der Raketenkreuzer** *der „Kara"-Klasse* (UdSSR)
- 'Kara' class ***rocket cruiser*** *(missile cruiser) (USSR)*

22 der Glattdecksrumpf
- *hull of flush-deck vessel*

23 der Deckssprung
- *sheer*

24 der U-Jagdraketensalvenwerfer, ein Zwölfling *m*
- *twelve-barrel underwater salvo rocket launcher (missile launcher)*

25 der Flugabwehrraketenstarter, ein Zwilling *m*
- *twin anti-aircraft (AA) rocket launcher (missile launcher)*

26 der Startbehälter für 4 Kurzstreckenraketen *f*
- *launching housing for 4 short-range rockets (missiles)*

27 die Flammenschutzwand
- *baffle board*

28 die Brücke
- *bridge*

29 die Radarantenne
- *radar antenna (radar scanner)*

30 der Fla-Zwillingsturm 76 mm
- *twin 76 mm anti-aircraft (AA) gun turret*

31 der Gefechtsturm
- *turret*

32 der Schornstein
- *funnel*

33 der Fla-Raketenstarterzwilling
- *twin anti-aircraft (AA) rocket launcher (missile launcher)*

34 die Fla-Maschinenkanone
- *automatic anti-aircraft (AA) gun*

35 das Beiboot
- *ship's boat*

36 der U-Jagdtorpedofünflingssatz
- *underwater 5-torpedo housing*

37 der U-Jagdraketensalvenwerfer, ein Sechsling *m*
- *underwater 6-salvo rocket launcher (missile launcher)*

38 der Hubschrauberhangar
- *helicopter hangar*

39 die Hubschrauberlandeplattform
- *helicopter landing platform*

40 das tiefenveränderbare Sonargerät (VDS)
- *variable depth sonar (VDS)*

41 **der atomgetriebene Raketenkreuzer** *der „California"-Klasse* (USA)
- 'California' class ***rocket cruiser*** *(missile cruiser) (USA)*

42 der Rumpf
- *hull*

43 der vordere Gefechtsturm
- *forward turret*

44 der achtere (hintere) Gefechtsturm
- *aft turret*

45 der Backsaufbau
- *forward superstructure*

46 die Landungsboote
- *landing craft*

47 die Antenne
- *antenna*

48 die Radarantenne
- *radar antenna (radar scanner)*

49 das Radom (der Radardom)
- *radome (radar dome)*

50 der Luftzielraketenstarter
- *surface-to-air rocket launcher (missile launcher)*

51 der U-Jagdraketentorpedostarter
- *underwater rocket launcher (missile launcher)*

52 das Geschütz 127 mm mit Geschützturm *m*
- *127 mm gun with turret*

53 die Hubschrauberlandeplattform
- *helicopter landing platform*

54 **das U-Jagd-Atom-U-Boot** (der Subsubkiller)
- ***nuclear-powered fleet submarine***

55-74 die Mittelschiffsektion [schematisch]
- *middle section [diagram]*

55 der Druckkörper
- *pressure hull*

56 der Hilfsmaschinenraum
- *auxiliary engine room*

57 die Kreiselturbopumpe
- *rotary turbine pump*

58 der Dampfturbinengenerator
- *steam turbine generator*

59 die Schraubenwelle
- *propeller shaft*

60 das Drucklager
- *thrust block*

61 das Untersetzungsgetriebe
- *reduction gear*

62 die Hoch- und Niederdruckturbine
- *high and low pressure turbine*

63 das Hochdruckdampfrohr des Sekundärkreislaufs *m*
- *high-pressure steam pipe for the secondary water circuit (auxiliary water circuit)*

64 der Kondensator
- *condenser*

65 der Primärkreislauf
- *primary water circuit*

66 der Wärmetauscher
- *heat exchanger*

67 der Atomreaktormantel
- *nuclear reactor casing (atomic pile casing)*

68 der Reaktorkern
- *reactor core*

69 die Steuerelemente *n*
- *control rods*

70 die Bleiabschirmung
- *lead screen*

71 der Turm
- *turret*

72 der Schnorchel
- *snorkel (schnorkel)*

73 die Lufteintrittsöffnung
- *air inlet*

74 die Ausfahrgeräte *n*
- *retractable instruments*

75 **das Einhüllen-Küsten-U-Boot** mit konventionellem (dieselelektrischem) Antrieb *m*
- ***patrol submarine*** *with conventional (diesel-electric) drive*

76 der Druckkörper
- *pressure hull*

77 die durchflutete Back
- *flooded foredeck*

78 die Mündungsklappe
- *outer flap (outer doors) [for torpedoes]*

79 das Torpedorohr
- *torpedo tube*

80 die Bugraumbilge
- *bow bilge*

81 der Anker
- *anchor*

82 die Ankerwinsch
- *anchor winch*

83 die Batterie
- *battery*

84 Wohnräume *m* mit Klappkojen *f*
- *living quarters with folding bunks*

85 der Kommandantenraum (das Kommandantenschapp)
- *commanding officer's cabin*

86 das Zentralluk
- *main hatchway*

87 der Flaggenstock
- *flagstaff*

88-91 die Ausfahrgeräte *n*
- *retractable instruments*

88 das A-Sehrohr (Angriffssehrohr)
- *attack periscope*

89 die Antenne
- *antenna*

90 der Schnorchel
- *snorkel (schnorkel)*

91 die Radarantenne
- *radar antenna (radar scanner)*

92 die Abgaslippen *f*
- *exhaust outlet*

93 der Wintergarten
- *heat space (hot-pipe space)*

94 das Dieselaggregat
- *diesel generators*

95 das hintere Tiefen- und Seitenruder
- *aft diving plane and vertical rudder*

96 das vordere Tiefenruder
- *forward vertical rudder*

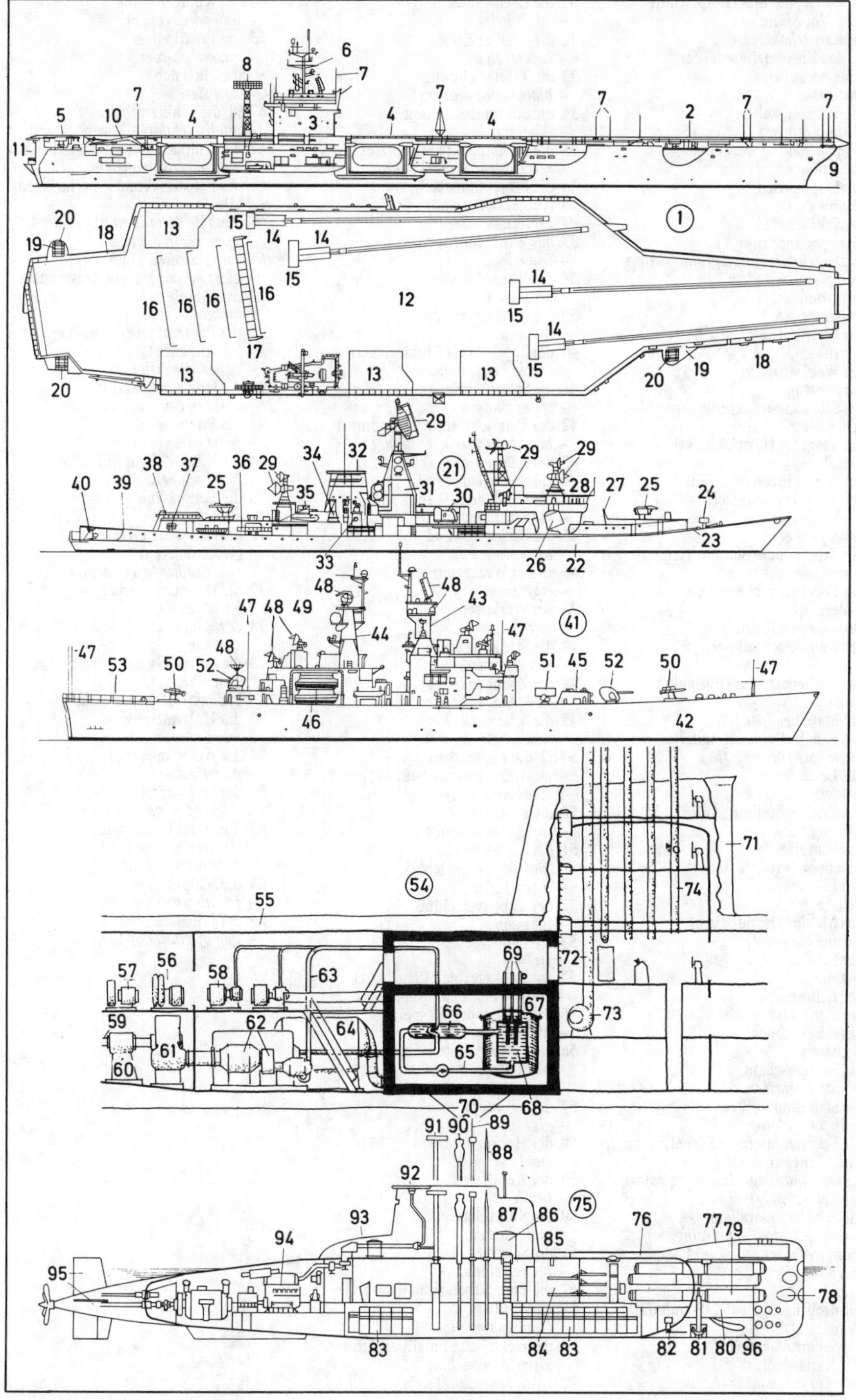
1
2
3
4
5
6
7
8
9
10
11
12
13
14
15
16
17
18
19
20
21
22
23
24
25
26
27
28
29
30
31
32
33
34
35
36
37
38
39
40
41
42
43
44
45
46
47
48
49
50
51
52
53
54
55
56
57
58
59
60
61
62
63
64
65
66
67
68
69
70
71
72
73
74
75
76
77
78
79
80
81
82
83
84
85
86
87
88
89
90
91
92
93
94
95
96

1-85 die Grund- und Hauptschule (*ugs.* Volksschule)
- ***primary school***

1-45 das Klassenzimmer (der Klassenraum)
- ***classroom***

1 die Tischaufstellung in Hufeisenform *f*
- *arrangement of desks in a horseshoe*

2 der Doppeltisch
- *double desk*

3 die Schüler *m* in Gruppenanordnung *f*
- *pupils (children) in a group (sitting in a group)*

4 das Übungsheft
- *exercise book*

5 der Bleistift (Zeichenstift)
- *pencil*

6 der Wachsmalstift
- *wax crayon*

7 die Schultasche (Schulmappe)
- *school bag*

8 der Traggriff (Griff, Henkel)
- *handle*

9 der Schulranzen (Ranzen)
- *school satchel (satchel)*

10 das Vorfach
- *front pocket*

11 der Tragriemen (Schulterriemen)
- *strap (shoulder strap)*

12 das Federmäppchen (die Federmappe)
- *pen and pencil case*

13 der Reißverschluß
- *zip*

14 der Füllfederhalter (Füllhalter, Füller)
- *fountain pen (pen)*

15 das Ringbuch (der Ringhefter)
- *loose-leaf file (ring file)*

16 das Lesebuch
- *reader*

17 das Rechtschreibungsbuch
- *spelling book*

18 das Schreibheft
- *notebook (exercise book)*

19 der Filzstift
- *felt tip pen*

20 das Melden (Handheben)
- *raising the hand*

21 der Lehrer
- *teacher*

22 der Lehrertisch
- *teacher's desk*

23 das Klassenbuch
- *register*

24 die Schreibschale
- *pen and pencil tray*

25 die Schreibunterlage
- *desk mat (blotter)*

26 die Fenstermalerei in Fingerfarben *f* (die Fingermalerei *f*)
- *window painting with finger paints (finger painting)*

27 die Schüleraquarelle *n*
- *pupils' (children's) paintings (watercolours)*

28 das Kreuz
- *cross*

29 die dreiflügelige Tafel (Schultafel, Wandtafel)
- *three-part blackboard*

30 der Kartenhalter
- *bracket for holding charts*

31 die Kreideablage
- *chalk ledge*

32 die (weiße) Kreide
- *(white) chalk*

33 die Tafelzeichnung
- *blackboard drawing*

34 die Schemazeichnung
- *diagram*

35 die umklappbare Seitentafel
- *reversible side blackboard*

36 die Projektionsfläche (Projektionswand)
- *projection screen*

37 das Winkellineal
- *triangle*

38 der Winkelmesser
- *protractor*

39 die Gradeinteilung
- *divisions*

40 der Tafelzirkel (Kreidezirkel)
- *blackboard compass*

41 die Schwammschale
- *sponge tray*

42 der Tafelschwamm (Schwamm)
- *blackboard sponge (sponge)*

43 der Klassenschrank
- *classroom cupboard*

44 die Landkarte (Wandkarte)
- *map (wall map)*

45 die Backsteinwand
- *brick wall*

46-85 der Werkraum
- ***craft room***

46 der Werktisch
- *workbench*

47 die Schraubzwinge
- *vice (Am. vise)*

48 der Zwingenknebel
- *vice (Am. vise) bar*

49 die Schere
- *scissors*

50-52 die Klebearbeit
- *working with glue (sticking paper, cardboard, etc.)*

50 die Klebefläche
- *surface to be glued*

51 die Klebstofftube (*ugs.* der Alleskleber)
- *tube of glue*

52 der Tubenverschluß
- *tube cap*

53 die Laubsäge
- *fretsaw*

54 das Laubsägeblatt (Sägeblatt)
- *fretsaw blade (saw blade)*

55 die Holzraspel (Raspel)
- *wood rasp (rasp)*

56 das eingespannte Holzstück
- *piece of wood held in the vice (Am. vise)*

57 der Leimtopf
- *glue pot*

58 der Hocker
- *stool*

59 der Kehrbesen
- *brush*

60 die Kehrschaufel
- *pan (dust pan)*

61 die Scherben *f*
- *broken china*

62 die Emailarbeit (Emaillearbeit)
- *enamelling (Am. enameling)*

63 der elektrische Emaillierofen
- *electric enamelling (Am. enameling) stove*

64 der Kupferrohling
- *unworked copper*

65 das Emailpulver
- *enamel powder*

66 das Haarsieb
- *hair sieve*

67-80 die Schülerarbeiten *f*
- *pupils' (childrens') work*

67 die Tonplastiken *f* (Formarbeiten)
- *clay models (models)*

68 der Fensterschmuck aus farbigem Glas *n*
- *window decoration of coloured (Am. colored) glass*

69 das Glasmosaikbild
- *glass mosaic picture (glass mosaic)*

70 das Mobile
- *mobile*

71 der Papierdrachen (Drachen, Flugdrachen)
- *paper kite (kite)*

72 die Holzkonstruktion
- *wooden construction*

73 der Polyeder
- *polyhedron*

74 die Kasperlefiguren *f*
- *hand puppets*

75 die Tonmasken *f*
- *clay masks*

76 die gegossenen Kerzen *f* (Wachskerzen)
- *cast candles (wax candles)*

77 die Holzschnitzerei
- *wood carving*

78 der Tonkrug
- *clay jug*

79 die geometrischen Formen *f* aus Ton *m*
- *geometrical shapes made of clay*

80 das Holzspielzeug
- *wooden toys*

81 das Arbeitsmaterial
- *materials*

82 der Holzvorrat
- *stock of wood*

83 die Druckfarben *f*, für Holzschnitte *m*
- *inks for wood cuts*

84 die Malpinsel *m*
- *paintbrushes*

85 der Gipssack
- *bag of plaster of Paris*

Wasserkreislauf und Kondensation
Glas
Wasser-tropfen
Wasser-dampf
Wasser
LESE BUCH
DUDEN
LEIM

1-45 das Gymnasium, *auch:* der Gymnasialzweig einer Gesamtschule
- ***grammar school;*** also: *upper band of a comprehensive school* (Am. *alternative school)*

1-13 der Chemieunterricht
- ***chemistry***

1 der Chemiesaal mit ansteigenden Sitzreihen *f*
- *chemistry lab (chemistry laboratory) with tiered rows of seats*

2 der Chemielehrer
- *chemistry teacher*

3 der Experimentiertisch
- *demonstration bench (teacher's bench)*

4 der Wasseranschluß
- *water pipe*

5 die gekachelte Arbeitsfläche
- *tiled working surface*

6 das Ausgußbecken
- *sink*

7 der Videomonitor, ein Bildschirm *m* für Lehrprogramme *n*
- *television monitor, a screen for educational programmes* (Am. *programs)*

8 der Overheadprojektor (Arbeitsprojektor)
- *overhead projector*

9 die Auflagefläche für die Transparente *n*
- *projector top for skins*

10 die Projektionsoptik, mit Winkelspiegel *m*
- *projection lens with right-angle mirror*

11 der Schülertisch mit Experimentiereinrichtung *f*
- *pupils'* (Am. *students') bench with experimental apparatus*

12 der Stromanschluß (die Steckdose)
- *electrical point (socket)*

13 der Projektionstisch
- *projection table*

14-34 der Vorbereitungsraum für den Biologieunterricht
- ***biology preparation room*** *(biology prep room)*

14 das Skelett (Gerippe)
- *skeleton*

15 die Schädelsammlung, Nachbildungen *f* (Abgüsse *m*) von Schädeln *m*
- *collection of skulls, models (casts) of skulls*

16 die Kalotte (das Schädeldach) des Pithecanthropus erectus *m*
- *calvarium of Pithecanthropus erectus*

17 der Schädel des Homo steinheimensis *m*
- *skull of Steinheim man*

18 die Kalotte (das Schädeldach) des Sinanthropus *m*
- *calvarium of Peking man (of Sinanthropus)*

19 der Neanderthalerschädel, ein Altmenschenschädel *m*
- *skull of Neanderthal man, a skull of primitive man*

20 der Australopithecusschädel
- *australopithecine skull (skull of Australopithecus)*

21 der Schädel des Jetztmenschen *m*
- *skull of present-day man*

22 der Präpariertisch
- *dissecting bench*

23 die Chemikalienflaschen *f*
- *chemical bottles*

24 der Gasanschluß
- *gas tap*

25 die Petrischale
- *petri dish*

26 der Meßzylinder
- *measuring cylinder*

27 die Arbeitsbogen *m* (das Lehrmaterial)
- *work folder (teaching material)*

28 das Lehrbuch
- *textbook*

29 die bakteriologischen Kulturen
- *bacteriological cultures*

30 der Brutschrank
- *incubator*

31 der Probierglastrockner
- *test tube rack*

32 die Gaswaschflasche
- *washing bottle*

33 die Wasserschale
- *water tank*

34 der Ausguß
- *sink*

35 das Sprachlabor
- ***language laboratory***

36 die Wandtafel
- *blackboard*

37 die Lehrereinheit (das zentrale Schaltpult)
- *console*

38 der Kopfhörer
- *headphones (headset)*

39 das Mikrophon
- *microphone*

40 die Ohrmuschel
- *earcups*

41 der gepolsterte Kopfhörerbügel
- *padded headband (padded headpiece)*

42 der Programmrecorder, ein Kassettenrecorder *m*
- *programme* (Am. *program) recorder, a cassette recorder*

43 der Lautstärkeregler für die Schülerstimme
- *pupil's* (Am. *student's) volume control*

44 der Programmlautstärkeregler
- *master volume control*

45 die Bedienungstasten *f*
- *control buttons (operating keys)*

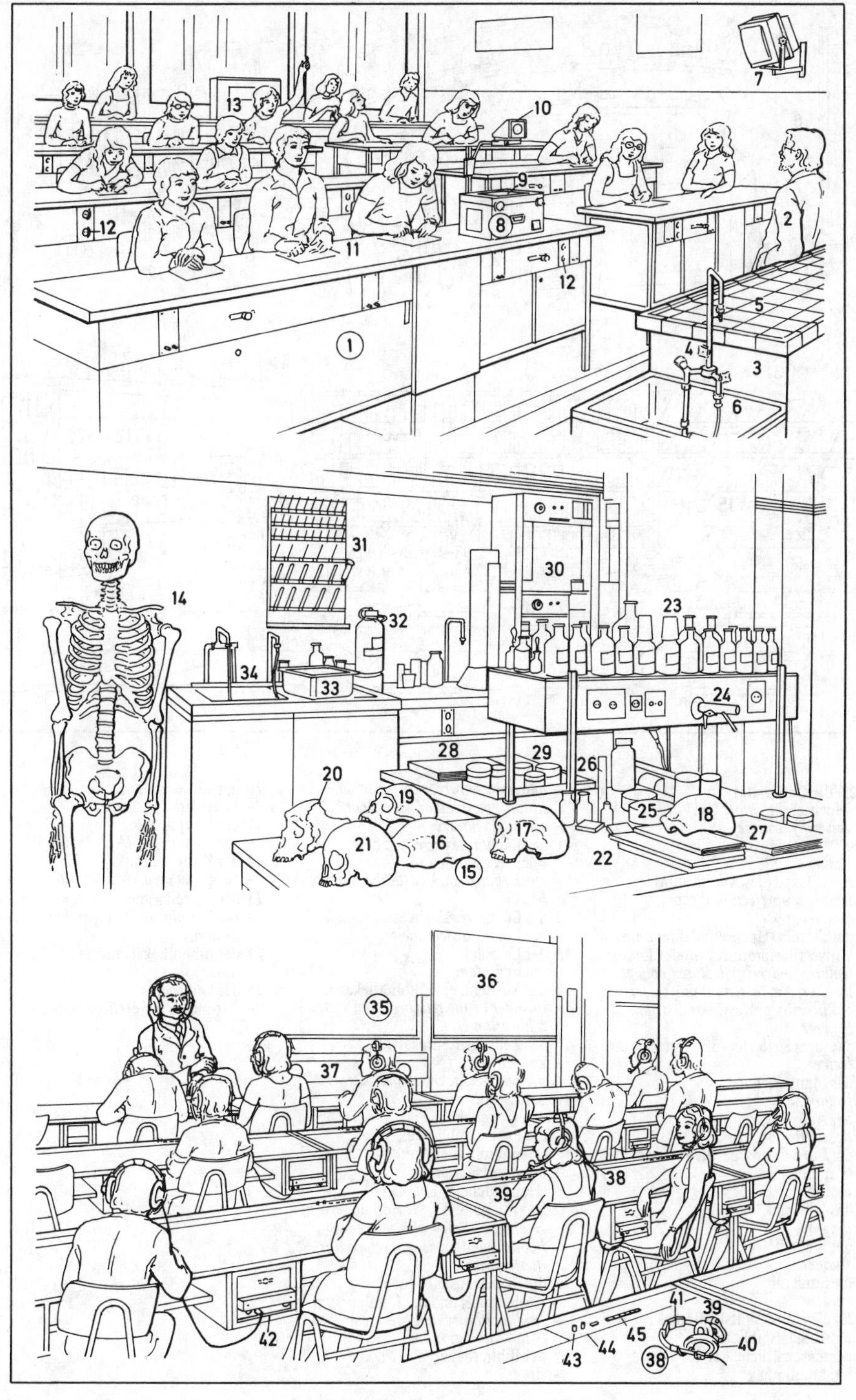
1
2
3
4
5
6
7
8
9
10
11
12
12
13
14
15
16
17
18
19
20
21
22
23
24
25
26
27
28
29
30
31
32
33
34
35
36
37
38
39
38
39
40
41
42
43
44
45

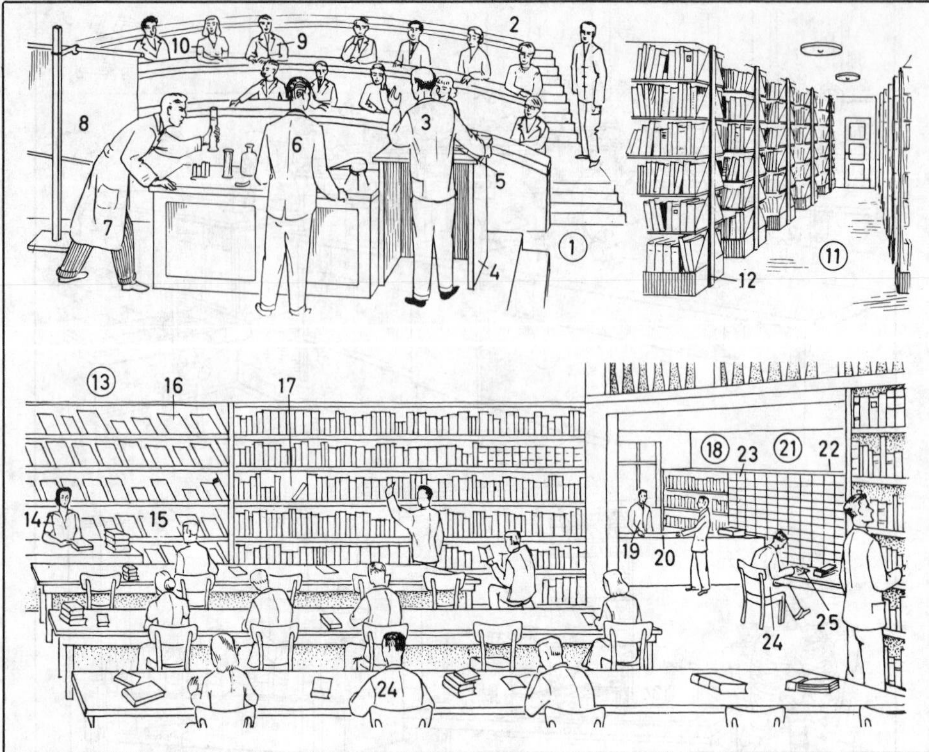

1-25 die Universität (Hochschule; *stud.* Uni)
- ***university** (college)*

1 die Vorlesung (das Kolleg)
- *lecture*

2 der Hörsaal (das Auditorium)
- *lecture room (lecture theatre,* Am. *theater)*

3 der Dozent (Hochschullehrer), ein Universitätsprofessor *m* oder Lektor
- *lecturer (university lecturer, college lecturer,* Am. *assistant professor), a university professor or assistant lecturer*

4 das (der) Katheder (das Vortragspult)
- *lectern*

5 das Manuskript
- *lecture notes*

6 der Assistent
- *demonstrator*

7 der hilfswissenschaftliche Assistent (Famulus)
- *assistant*

8 das Lehrbild
- *diagram*

9 der Student
- *student*

10 die Studentin
- *student*

11-25 die Universitätsbibliothek; *ähnl.:* Staatsbibliothek, wissenschaftliche Landes- oder Stadtbibliothek
- ***university library;*** sim.: *national library, regional or municipal scientific library*

11 das Büchermagazin, mit den Bücherbeständen *pl*
- *stack (book stack) with the stock of books*

12 das Bücherregal, ein Stahlregal *n*
- *bookshelf, a steel shelf*

13 der Lesesaal
- *reading room*

14 die Aufsicht, eine Bibliothekarin
- *member of the reading room staff, a librarian*

15 das Zeitschriftenregal, mit Zeitschriften *f*
- *periodicals rack with periodicals*

16 das Zeitungsregal
- *newspaper shelf*

17 die Präsenzbibliothek (Handbibliothek), mit Nachschlagewerken *n* (Handbüchern, Lexika, Enzyklopädien *f*, Wörterbüchern *n*)
- *reference library with reference books (handbooks, encyclopedias, dictionaries)*

18 die Bücherausleihe (der Ausleihsaal) und der Katalograum
- *lending library and catalogue* (Am. *catalog) room*

19 der Bibliothekar
- *librarian*

20 das Ausleihpult
- *issue desk*

21 der Hauptkatalog
- *main catalogue* (Am. *catalog)*

22 der Karteischrank
- *card catalogue* (Am. *catalog)*

23 der Karteikasten
- *card catalogue* (Am. *catalog) drawer*

24 der Bibliotheksbenutzer
- *library user*

25 der Leihschein
- *borrower's ticket (library ticket)*

1-15 die Wahlversammlung (Wählerversammlung), eine Massenversammlung
- *election meeting, a public meeting*

1-2 der Vorstand
- *committee*

1 der Versammlungsleiter
- *chairman*

2 der Beisitzer
- *committee member*

3 der Vorstandstisch
- *committee table*

4 die Glocke
- *bell*

5 der Wahlredner
- *election speaker (speaker)*

6 das Rednerpult
- *rostrum*

7 das Mikrophon
- *microphone*

8 die Versammlung (Volksmenge)
- *meeting (audience)*

9 der Flugblattverteiler
- *man distributing leaflets*

10 der Saalschutz (ein Ordner *m*)
- *stewards*

11 die Armbinde
- *armband (armlet)*

12 das Spruchband
- *banner*

13 das Wahlschild
- *placard*

14 der Aufruf
- *proclamation*

15 der Zwischenrufer
- *heckler*

16-30 die Wahl
- *election*

16 das Wahllokal (der Wahlraum)
- *polling station (polling place)*

17 der Wahlhelfer
- *election officer*

18 die Wählerkartei (Wahlkartei)
- *electoral register*

19 die Wählerkarte, mit der Wahlnummer
- *polling card with registration number (polling number)*

20 der Stimmzettel, mit den Namen *m* der Parteien *f* und Parteikandidaten *m*
- *ballot paper with the names of the parties and candidates*

21 der Abstimmungsumschlag
- *ballot envelope*

22 die Wählerin
- *voter*

23 die Wahlzelle (Wahlkabine)
- *polling booth*

24 der Wähler mit Stimmrecht *n* (Wahlberechtigte *m*, Stimmberechtigte *m*)
- *elector (qualified voter)*

25 die Wahlordnung
- *election regulations*

26 der Schriftführer
- *clerk*

27 der Führer der Gegenliste
- *clerk with the duplicate list*

28 der Wahlvorsteher (Abstimmungsleiter)
- *election supervisor*

29 die Wahlurne
- *ballot box*

30 der Urnenschlitz
- *slot*

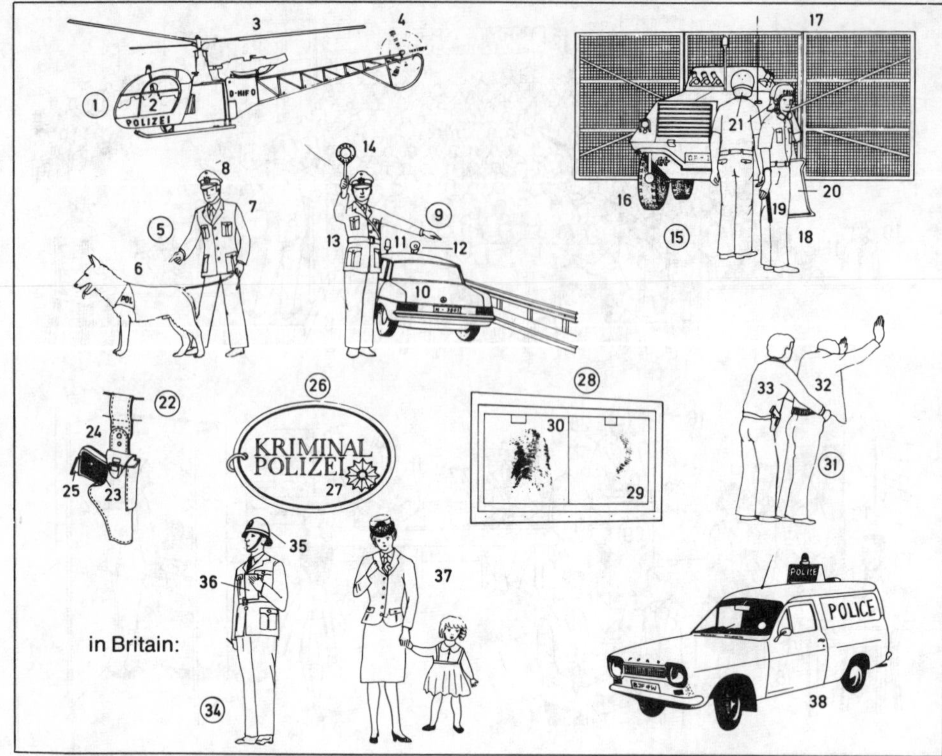

1-33 der Polizeivollzugsdienst
- ***police duties***
1 **der Polizeihubschrauber** (Verkehrshubschrauber), zur Verkehrsüberwachung aus der Luft
- ***police helicopter*** *(traffic helicopter) for controlling* (Am. *controling) traffic from the air*
2 die Pilotenkanzel
- *cockpit*
3 der Rotor (Hauptrotor)
- *rotor (main rotor)*
4 der Heckrotor
- *tail rotor*
5 **der Polizeihundeeinsatz**
- ***use of police dogs***
6 der Polizeihund
- *police dog*
7 die Uniform (Dienstkleidung)
- *uniform*
8 die Dienstmütze, eine Schirmmütze mit Kokarde *f*
- *uniform cap, a peaked cap with cockade*
9 **die Verkehrskontrolle** einer motorisierten Verkehrsstreife
- ***traffic control by a mobile traffic patrol***
10 der Streifenwagen
- *patrol car*
11 das Blaulicht
- *blue light*
12 der Lautsprecher
- *loud hailer (loudspeaker)*
13 der Streifenbeamte
- *patrolman (police patrolman)*
14 die Polizeikelle
- *police signalling* (Am. *signaling) disc (disk)*
15 **der Demonstrationseinsatz**
- ***riot duty***
16 der Sonderwagen
- *special armoured* (Am. *armored) car*
17 das Räumgitter
- *barricade*
18 der Polizeibeamte in Schutzkleidung *f*
- *policeman (police officer) in riot gear*
19 die Hiebwaffe (*ugs.* der Gummiknüppel)
- *truncheon (baton)*
20 der Schutzschild
- *riot shield*
21 der Schutzhelm
- *protective helmet (helmet)*
22 **die Dienstpistole**
- ***service pistol***
23 der Pistolengriff
- *pistol grip*
24 das Schnellziehholster (die Pistolentasche)
- *quick-draw holster*
25 das Pistolenmagazin
- *magazine*
26 **die Dienstmarke** der Kriminalpolizei *f*
- ***police identification disc (disk)***
27 der Polizeistern
- *police badge*
28 **der Fingerabdruckvergleich** (die Daktyloskopie)
- ***fingerprint identification*** *(dactyloscopy)*
29 der Fingerabdruck
- *fingerprint*
30 die Leuchttafel
- *illuminated screen*
31 **die körperliche Durchsuchung** (Leibesvisitation)
- ***search***
32 der Verdächtige
- *suspect*
33 der Kriminalbeamte in Zivilkleidung *f*
- *detective (plainclothes policeman)*
34 der englische Bobby
- *English policeman*
35 der Helm
- *helmet*
36 das Notizbuch
- *pocket book*
37 die Polizistin
- *policewoman*
38 der Polizeiwagen
- *police van*

1-26 das Café (Kaffee, Kaffeehaus) mit Konditorei *f*; *ähnl.:* das Espresso, die Teestube
- ***café**, serving cakes and pastries;* sim.: *espresso bar, tea room*

1 das Büfett (Kuchenbüfett, Konditoreibüfett, *österr.* Büffet)
- *counter (cake counter)*

2 die Großkaffeemaschine
- *coffee urn*

3 der Zahlteller
- *tray for the money*

4 die Torte
- *gateau*

5 das Baiser (*obd.* und *österr.* die Meringe, *schweiz.* Meringue), ein Zuckerschaumgebäck *n* mit Schlagsahne *f* (Schlagrahm *m*, *bayr.-österr.* Schlagobers *n*, Obers)
- *meringue with whipped cream*

6 der Auszubildende (Azubi); *früh.:* Konditoreilehrling
- *trainee pastry cook*

7 das Büfettfräulein (die Büfettdame, *österr.* Büffetdame)
- *girl (lady) at the counter*

8 der Zeitungsschrank (das Zeitungsregal)
- *newspaper shelves (newspaper rack)*

9 die Wandleuchte
- *wall lamp*

10 die Eckbank, eine Polsterbank
- *corner seat, an upholstered seat*

11 der Kaffeehaustisch
- *café table*

12 die Marmorplatte
- *marble top*

13 die Serviererin
- *waitress*

14 das Tablett (Auftragetablett, Serviertablett, Servierbrett)
- *tray*

15 die Limonadenflasche
- *bottle of lemonade*

16 das Limonadenglas
- *lemonade glass*

17 die Schachspieler *m* bei der Schachpartie (Partie Schach *n*)
- *chess players playing a game of chess*

18 das Kaffeegedeck
- *coffee set*

19 die Tasse Kaffee *m*
- *cup of coffee*

20 das Zuckerschälchen
- *small sugar bowl*

21 das Sahnekännchen (der Sahnegießer)
- *cream jug* (Am. *creamer)*

22-24 Cafégäste *m* (Kaffeehausgäste, Kaffeehausbesucher)
- *café customers*

22 der Herr
- *gentleman*

23 die Dame
- *lady*

24 der Zeitungsleser
- *man reading a newspaper*

25 die Zeitung
- *newspaper*

26 der Zeitungshalter
- *newspaper holder*

1-29 das Restaurant (*veraltet:* die Restauration; *weniger anspruchsvoll:* die Wirtschaft, Trinkstube)
- ***restaurant***

1-11 der Ausschank (die Theke, das Büfett, *österr.* Büffet)
- *bar (counter)*

1 der Bierdruckapparat (Selbstschenker)
- *beer pump (beerpull)*

2 die Tropfplatte
- *drip tray*

3 der Bierbecher, ein Becherglas *n*
- *beer glass, a tumbler*

4 der Bierschaum (die Blume)
- *froth (head)*

5 die Aschenkugel für Tabakasche *f*
- *spherical ashtray for cigarette and cigar ash*

6 das Bierglas
- *beer glass (beer mug)*

7 der Bierwärmer
- *beer warmer*

8 der Büfettier (*österr.* Büffetier)
- *bartender (barman,* Am. *barkeeper, barkeep)*

9 das Gläserregal
- *shelf for glasses*

10 das Flaschenregal
- *shelf for bottles*

11 der Tellerstapel (Geschirrstapel)
- *stack of plates*

12 der Kleiderständer (Garderobenständer)
- *coat stand*

13 der Huthaken
- *hat peg*

14 der Kleiderhaken
- *coat hook*

15 der Wandventilator (Wandlüfter)
- *wall ventilator*

16 die Flasche
- *bottle*

17 das Tellergericht
- *complete meal*

18 die Bedienung (Kellnerin, Serviererin, *schweiz.* Saaltochter)
- *waitress*

19 das Tablett
- *tray*

20 der Losverkäufer
- *lottery ticket seller*

21 die Speisekarte (Tageskarte, Menükarte, *schweiz.* Menukarte)
- *menu (menu card)*

22 die Menage
- *cruet stand*

23 der Zahnstocherbehälter
- *toothpick holder*

24 der Streichholzständer (Zündholzständer)
- *matchbox holder*

25 der Gast
- *customer*

26 der Bieruntersetzer (Bierdeckel)
- *beer mat*

27 das Gedeck
- *meal of the day*

28 die Blumenverkäuferin (das Blumenmädchen)
- *flower seller (flower girl)*

29 der Blumenkorb
- *flower basket*

30-44 die Weinstube (das Weinlokal, Weinrestaurant)
- ***wine restaurant*** *(wine bar)*

30 der Weinkellner, ein Oberkellner *m* (*ugs.* Ober)
- *wine waiter, a head waiter*

31 die Weinkarte
- *wine list*

32 die Weinkaraffe
- *wine carafe*

33 das Weinglas
- *wineglass*

34 der Kachelofen
- *tiled stove*

35 die Ofenkachel
- *stove tile*

36 die Ofenbank
- *stove bench*

37 das Holzpaneel (Paneel)
- *wooden panelling (*Am. *paneling)*

38 die Eckbank
- *corner seat*

39 der Stammtisch
- *table reserved for regular customers*

40 der Stammgast
- *regular customer*

41 die Besteckkommode (Kommode)
- *cutlery chest*

42 der Weinkühler
- *wine cooler*

43 die Weinflasche
- *bottle of wine*

44 die Eisstückchen *n*
- *ice cubes (ice, lumps of ice)*

45-78 das Selbstbedienungsrestaurant (SB-Restaurant, die Selbstbedienungsgaststätte, SB-Gaststätte)
- ***self-service restaurant***

45 der Tablettstapel
- *stack of trays*

46 die Trinkhalme *m*
- *drinking straws (straws)*

47 die Servietten *f*
- *serviettes (napkins)*

48 die Besteckentnahmefächer *n*
- *cutlery holders*

49 der Kühltresen für kalte Gerichte *n*
- *cool shelf*

50 das Honigmelonenstück
- *slice of honeydew melon*

51 der Salatteller
- *plate of salad*

52 der Käseteller
- *plate of cheeses*

53 das Fischgericht
- *fish dish*

54 das belegte Brötchen
- *roll [with topping]*

55 das Fleischgericht mit Beilagen *f*
- *meat dish with trimmings*

56 das halbe Hähnchen
- *half chicken*

57 der Früchtekorb
- *basket of fruit*

58 der Fruchtsaft
- *fruit juice*

59 das Getränkefach
- *drinks shelf*

60 die Milchflasche
- *bottle of milk*

61 die Mineralwasserflasche
- *bottle of mineral water*

62 das Rohkostmenü (Diätmenü)
- *vegetarian meal (diet meal)*

63 das Tablett
- *tray*

64 die Tablettablage
- *tray counter*

65 die Speisenübersicht
- *food price list*

66 die Küchendurchreiche
- *serving hatch*

67 das warme Gericht
- *hot meal*

68 der Bierzapfapparat
- *beer pump (beerpull)*

69 die Kasse
- *cash desk*

70 die Kassiererin
- *cashier*

71 der Besitzer (Chef)
- *proprietor*

72 die Barriere
- *rail*

73 der Speiseraum
- *dining area*

74 der Eßtisch
- *table*

75 das Käsebrot
- *bread and cheese*

76 der Eisbecher
- *ice-cream sundae*

77 die Salz- und Pfefferstreuer *m*
- *salt cellar and pepper pot*

78 der Tischschmuck (Blumenschmuck)
- *table decoration (flower arrangement)*

1-26 das Vestibül
(der Empfangsraum, Anmelderaum)
- ***vestibule***
(foyer, reception hall)

1 der Portier
- *doorman (commissionaire)*

2 die Postablage, mit den Postfächern *n*
- *letter rack with pigeon holes*

3 das Schlüsselbrett
- *key rack*

4 die Kugelleuchte, eine Mattglaskugel
- *globe lamp, a frosted glass globe*

5 der Nummernkasten (Klappenkasten)
- *indicator board (drop board)*

6 das Lichtrufsignal
- *indicator light*

7 der Empfangschef (Geschäftsführer)
- *chief receptionist*

8 das Fremdenbuch
- *register (hotel register)*

9 der Zimmerschlüssel
- *room key*

10 das Nummernschild, mit der Zimmernummer
- *number tag (number tab) showing room number*

11 die Hotelrechnung
- *hotel bill*

12 der Anmeldeblock, mit Meldezetteln *m* (Anmeldeformularen *n*)
- *block of registration forms*

13 der Reisepaß
- *passport*

14 der Hotelgast
- *hotel guest*

15 der Luftkoffer, ein Leichtkoffer *m* für Flugreisen *f*
- *lightweight suitcase, a light suitcase for air travel*

16 das Wandschreibpult (Wandpult)
- *wall desk*

17 der Hausdiener (Hausknecht)
- *porter (*Am.* baggage man)*

18-26 die Halle (Hotelhalle)
- *lobby (hotel lobby)*

18 der Hotelboy (Hotelpage, Boy, Page)
- *page (pageboy,* Am. *bell boy)*

19 der Hoteldirektor
- *hotel manager*

20 der Speisesaal (das Hotelrestaurant)
- *dining room (hotel restaurant)*

21 der Kronleuchter, eine mehrflammige Leuchte
- *chandelier*

22 die Kaminecke
- *fireside*

23 der Kamin
- *fireplace*

24 der (das) Kaminsims
- *mantelpiece (mantelshelf)*

25 das offene Feuer
- *fire (open fire)*

26 der Klubsessel
- *armchair*

27-38 das Hotelzimmer, ein Doppelzimmer *n* mit Bad *n*
- ***hotel room****, a double room with bath*

27 die Doppeltür
- *double door*

28 die Klingeltafel
- *service bell panel*

29 der Schrankkoffer
- *wardrobe trunk*

30 das Kleiderabteil
- *clothes compartment*

31 das Wäscheabteil
- *linen compartment*

32 das Doppelwaschbecken
- *double washbasin*

33 der Zimmerkellner
- *room waiter*

34 das Zimmertelefon
- *room telephone*

35 der Velourssteppich
- *velour (velours) carpet*

36 der Blumenschemel
- *flower stand*

37 das Blumenarrangement
- *flower arrangement*

38 das Doppelbett
- *double bed*

39 der Gesellschaftssaal (Festsaal)
- ***banquet room***

40-43 die Tischgesellschaft (geschlossene Gesellschaft) beim Festessen *n* (Mahl, Bankett)
- *party (private party) at table (at a banquet)*

40 der Festredner, beim Trinkspruch *m* (Toast)
- *speaker proposing a toast*

41 der Tischnachbar von 42
- *42's neighbour* (Am. *neighbor)*

42 der Tischherr von 43
- *43's partner*

43 die Tischdame von 42
- *42's partner*

44-46 der Fünfuhrtee (Five o'clock tea), im Hotelfoyer *n*
- ***thé dansant** (tea dance) in the foyer*

44 das Bartrio (die Barband)
- *bar trio*

45 der Stehgeiger
- *violinist*

46 das Paar beim Tanzen *n* (Tanzpaar)
- *couple dancing (dancing couple)*

47 der Ober (Kellner)
- *waiter*

48 das Serviertuch
- *napkin*

49 der Zigarren-und-Zigaretten-Boy
- *cigar and cigarette boy*

50 der Tragladen (Bauchladen)
- *cigarette tray*

51 die Hotelbar
- ***hotel bar***

52 die Fußleiste
- *foot rail*

53 der Barhocker
- *bar stool*

54 die Bartheke (Theke)
- *bar*

55 der Bargast
- *bar customer*

56 das Cocktailglas
- *cocktail glass* (Am. *highball glass)*

57 das Whiskyglas
- *whisky (whiskey) glass*

58 der Sektkork
- *champagne cork*

59 der Sektkübel (Sektkühler)
- *champagne bucket (champagne cooler)*

60 das Meßglas
- *measuring beaker (measure)*

61 der Cocktailshaker (Mixbecher)
- *cocktail shaker*

62 der Mixer (Barmixer)
- *bartender (barman,* Am. *barkeeper, barkeep)*

63 die Bardame
- *barmaid*

64 das Flaschenbord
- *shelf for bottles*

65 das Gläserregal
- *shelf for glasses*

66 die Spiegelverkleidung
- *mirrored panel*

67 der Eisbehälter
- *ice bucket*

1 die Parkuhr (das Parkometer)
- *parking meter*

2 der Stadtplan
- *map of the town (street map)*

3 die beleuchtete Schautafel
- *illuminated board*

4 die Legende
- *key*

5 der Abfallkorb (Abfallbehälter, Papierkorb)
- *litter bin (Am. litter basket)*

6 die Straßenlaterne (Straßenleuchte, Straßenlampe)
- *street lamp (street light)*

7 das Straßenschild mit dem Straßennamen *m*
- *street sign showing the name of the street*

8 der Gully
- *drain*

9 das Textilgeschäft (der Modesalon)
- *clothes shop (fashion house)*

10 das Schaufenster
- *shop window*

11 die Schaufensterauslage
- *window display (shop window display)*

12 die Schaufensterdekoration
- *window decoration (shop window decoration)*

13 der Eingang
- *entrance*

14 das Fenster
- *window*

15 der Blumenkasten
- *window box*

16 die Leuchtreklame
- *neon sign*

17 die Schneiderwerkstatt
- *tailor's workroom*

18 der Passant
- *pedestrian*

19 die Einkaufstasche
- *shopping bag*

20 der Straßenkehrer
- *road sweeper (*Am. *street sweeper)*

21 der Straßenbesen (Kehrbesen)
- *broom*

22 der Abfall (Straßenschmutz, Kehricht)
- *rubbish (litter)*

23 die Straßenbahnschienen
- *tramlines (Am. streetcar tracks)*

24 der Fußgängerüberweg (*ugs.* der Zebrastreifen)
- *pedestrian crossing (zebra crossing,* Am. *crosswalk)*

25 die Straßenbahnhaltestelle
- *tram stop (*Am. *streetcar stop, trolley stop)*

26 das Haltestellenschild
- *tram stop sign (*Am. *streetcar stop sign, trolley stop sign)*

27 der Straßenbahnfahrplan
- *tram timetable (*Am. *streetcar schedule)*

28 der Fahrscheinautomat
- *ticket machine*

29 das Hinweiszeichen „Fußgängerüberweg" *m*
- *'pedestrian crossing' sign*

30 der Verkehrspolizist bei der Verkehrsregelung
- *traffic policeman on traffic duty (point duty)*

31 der weiße Ärmel
- *traffic control cuff*

32 die weiße Mütze
- *white cap*

33 das Handzeichen
- *hand signal*

34 der Motorradfahrer
- *motorcyclist*

35 das Motorrad
- *motorcycle*

36 die Beifahrerin (Sozia)
- *pillion passenger (pillion rider)*

37 die Buchhandlung
- *bookshop*

38 das Hutgeschäft
- *hat shop (hatter's shop);* for ladies' hats: *milliner's shop*

39 das Ladenschild
- *shop sign*

40 das Versicherungsbüro
- *insurance company office*

41 das Kaufhaus (Warenhaus, Magazin)
- *department store*

42 die Schaufensterfront
- *shop front*

43 die Reklametafel
- *advertisement*

44 die Beflaggung
- *flags*

45 die Dachreklame aus Leuchtbuchstaben *m*
- *illuminated letters*

46 der Straßenbahnzug
- *tram* (Am. *streetcar, trolley)*

47 der Möbelwagen
- *furniture lorry* (Am. *furniture truck)*

48 die Straßenüberführung
- *flyover*

49 die Straßenbeleuchtung, eine Mittenleuchte
- *suspended street lamp*

50 die Haltlinie
- *stop line*

51 die Fußgängerwegmarkierung
- *pedestrian crossing* (Am. *crosswalk)*

52 die Verkehrsampel
- *traffic lights*

53 der Ampelmast
- *traffic light post*

54 die Lichtzeichenanlage
- *set of lights*

55 die Fußgängerlichtzeichen *n*
- *pedestrian lights*

56 die Telefonzelle
- *telephone box (telephone booth, telephone kiosk, call box)*

57 das Kinoplakat
- *cinema advertisement (film poster)*

58 die Fußgängerzone
- *pedestrian precinct (paved zone)*

59 das Straßencafé
- *street café*

60 die Sitzgruppe
- *group seated (sitting) at a table*

61 der Sonnenschirm
- *sunshade*

62 der Niedergang zu den Toiletten *f*
- *steps to the public lavatories (public conveniences)*

63 der Taxistand (Taxenstand)
- *taxi rank (taxi stand)*

64 das Taxi (die Taxe, *schweiz.* der Taxi)
- *taxi (taxicab, cab)*

65 das Taxischild
- *taxi sign*

66 das Verkehrszeichen „Taxenstand" *m*
- *traffic sign showing 'taxi rank' ('taxi stand')*

67 das Taxentelefon
- *taxi telephone*

68 das Postamt
- *post office*

69 der Zigarettenautomat
- *cigarette machine*

70 die Litfaßsäule
- *advertising pillar*

71 das Werbeplakat
- *poster (advertisement)*

72 die Fahrbahnbegrenzung
- *white line*

73 der Einordnungspfeil „links abbiegen"
- *lane arrow for turning left*

74 der Einordnungspfeil „geradeaus"
- *lane arrow for going straight ahead*

75 der Zeitungsverkäufer
- *news vendor* (Am. *news dealer)*

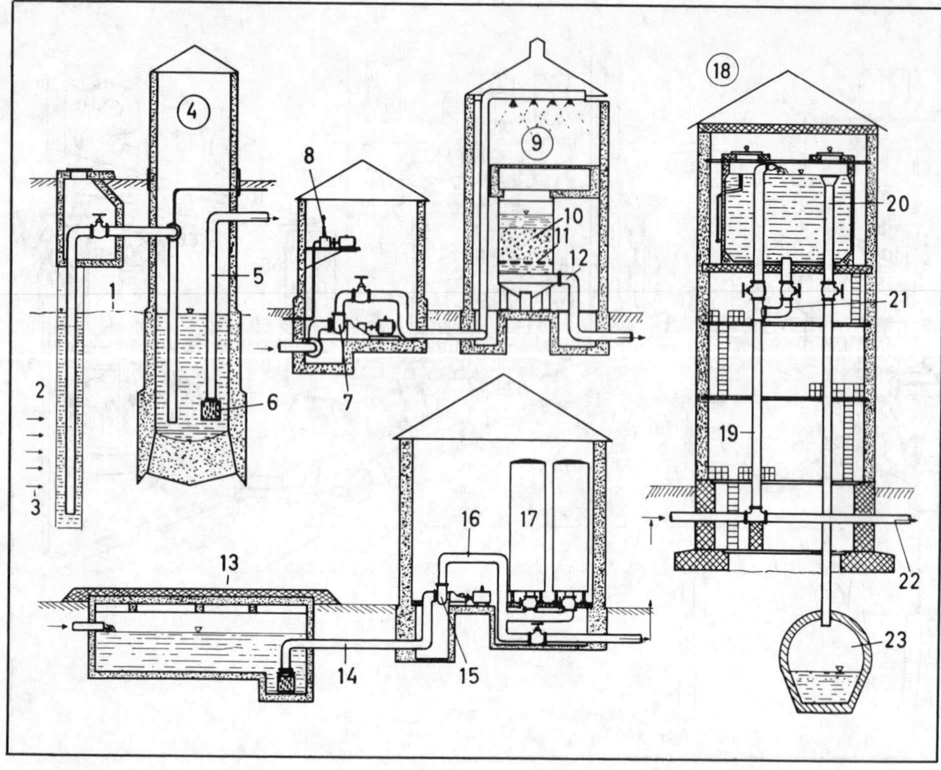

1-66 die Trinkwasserversorgung
- ***drinking water supply***

1 der Grundwasserspiegel
- *water table (groundwater level)*

2 die wasserführende Schicht
- *water-bearing stratum (aquifer, aquafer)*

3 der Grundwasserstrom
- *groundwater stream (underground stream)*

4 der Sammelbrunnen für das Rohwasser
- *collector well for raw water*

5 die Saugleitung
- *suction pipe*

6 der Saugkorb mit Fußventil *n*
- *pump strainer with foot valve*

7 die Schöpfpumpe mit Motor *m*
- *bucket pump with motor*

8 die Vakuumpumpe mit Motor *m*
- *vacuum pump with motor*

9 die Schnellfilteranlage
- *rapid-filter plant*

10 der Filterkies
- *filter gravel (filter bed)*

11 der Filterboden, ein Rost *m*
- *filter bottom, a grid*

12 die Ablaufleitung für filtriertes Wasser *n*
- *filtered water outlet*

13 der Reinwasserbehälter
- *purified water tank*

14 die Saugleitung mit Saugkorb *m* und Fußventil *n*
- *suction pipe with pump strainer and foot valve*

15 die Hauptpumpe mit Motor *m*
- *main pump with motor*

16 die Druckleitung
- *delivery pipe*

17 der Windkessel
- *compressed-air vessel (air vessel, air receiver)*

18 der Wasserturm (Wasserhochbehälter, das Wasserhochreservoir)
- *water tower*

19 die Steigleitung
- *riser pipe (riser)*

20 die Überlaufleitung
- *overflow pipe*

21 die Falleitung
- *outlet*

22 die Leitung in das Verteilungsnetz
- *distribution main*

23 der Abwasserkanal
- *excess water conduit*

24-39 die Fassung einer Quelle
- *tapping a spring*

24 die Quellstube
- *chamber*

25 der Sandfang
- *chamber wall*

26 der Einsteigschacht
- *manhole*

27 der Entlüfter
- *ventilator*

28 die Steigeisen *n*
- *step irons*

29 die Ausschüttung
- *filling (backing)*

30 das Absperrventil
- *outlet control valve*

31 der Entleerungsschieber
- *outlet valve*

32 der Seiher
- *strainer*

33 der Überlauf
- *overflow pipe (overflow)*

34 der Grundablaß
- *bottom outlet*

35 die Tonrohre *n*
- *earthenware pipes*

36 die wasserundurchlässige Schicht
- *impervious stratum (impermeable stratum)*

37 vorgelagerte Feldsteine *m*
- *rough rubble*

38 die wasserführende Schicht
- *water-bearing stratum (aquifer, aquafer)*

39 die Stampflehmpackung
- *loam seal (clay seal)*

40-52 die Einzelwasserversorgung
- *individual water supply*

40 der Brunnen
- *well*

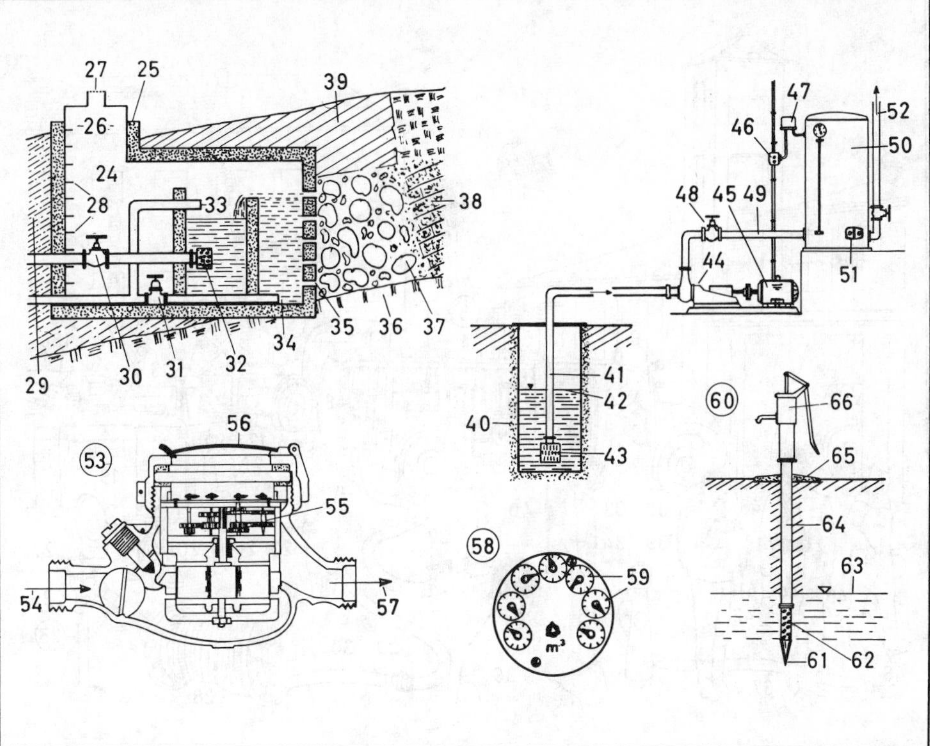

41 die Saugleitung
- *suction pipe*

42 der Grundwasserspiegel
- *water table (groundwater level)*

43 der Saugkorb mit Fußventil *n*
- *pump strainer with foot valve*

44 die Kreiselpumpe
- *centrifugal pump*

45 der Motor
- *motor*

46 der Motorschaltschutz
- *motor safety switch*

47 der Druckwächter, ein Schaltgerät *n*
- *manostat, a switching device*

48 der Absperrschieber
- *stop valve*

49 die Druckleitung
- *delivery pipe*

50 der Windkessel
- *compressed-air vessel (air vessel, air receiver)*

51 das Mannloch
- *manhole*

52 die Leitung zum Verbraucher *m*
- *delivery pipe*

53 die Wasseruhr (der Wasserzähler, Wassermesser), ein Flügelradwasserzähler *m*
- *water meter, a rotary meter*

54 der Wasserzufluß
- *water inlet*

55 das Zählwerk
- *counter gear assembly*

56 die Haube mit Glasdeckel *m*
- *cover with glass lid*

57 der Wasserabfluß
- *water outlet*

58 das Zifferblatt des Wasserzählers *m*
- *water-meter dial*

59 das Zählwerk
- *counters*

60 der Rammbrunnen
- *driven well (tube well, drive well)*

61 die Rammspitze
- *pile shoe*

62 das (der) Filter
- *filter*

63 der Grundwasserspiegel
- *water table (groundwater level)*

64 das Brunnenrohr (Mantelrohr)
- *well casing*

65 die Brunnenumrandung
- *well head*

66 die Handpumpe
- *hand pump*

1-46 die Feuerwehrübung (Lösch-, Steig-, Leiter-, Rettungsübung)
- ***fire service drill*** *(extinguishing, climbing, ladder, and rescue work)*

1-3 die Feuerwache
- *fire station*

1 die Fahrzeughalle und das Gerätehaus
- *engine and appliance room*

2 die Mannschaftsunterkunft (Unterkunft)
- *firemen's quarters*

3 der Übungsturm
- *drill tower*

4 die Feuersirene (Alarmsirene)
- *fire alarm (fire alarm siren, fire siren)*

5 das Löschfahrzeug (die Kraftspritze, Motorspritze)
- *fire engine*

6 das Blaulicht (Warnlicht), ein Blinklicht *n*
- *blue light (warning light), a flashing light* (Am. *flashlight)*

7 das Signalhorn
- *horn (hooter)*

8 die Motorpumpe, eine Kreiselpumpe
- *motor pump, a centrifugal pump*

9 die Kraftfahrdrehleiter
- *motor turntable ladder* (Am. *aerial ladder)*

10 der Leiterpark, eine Stahlleiter (mechanische Leiter)
- *ladder, a steel ladder (automatic extending ladder)*

11 das Leitergetriebe
- *ladder mechanism*

12 die Abstützspindel
- *jack*

13 der Maschinist
- *ladder operator*

14 die Schiebeleiter
- *extension ladder*

15 der Einreißhaken
- *ceiling hook* (Am. *preventer)*

16 die Hakenleiter
- *hook ladder* (Am. *pompier ladder)*

17 die Haltemannschaft
- *holding squad*

18 das Sprungtuch
- *jumping sheet (sheet)*

19 der Rettungswagen (Unfallwagen), ein Krankenkraftwagen *m* (*ugs.* das Sanitätsauto, Krankenauto, die Ambulanz)
- *ambulance car (ambulance)*

20 das Wiederbelebungsgerät, ein Sauerstoffgerät
- *resuscitator (resuscitation equipment), oxygen apparatus*

21 der Sanitäter
- *ambulance attendant (ambulance man)*

22 die Armbinde
- *armband (armlet, brassard)*

23 die Tragbahre (Krankenbahre)
- *stretcher*

24 der Bewußtlose
- *unconscious man*

25 der Unterflurhydrant
- *pit hydrant*

26 das Standrohr
- *standpipe (riser, vertical pipe)*

27 der Hydrantenschlüssel
- *hydrant key*

28 die fahrbare Schlauchhaspel
- *hose reel* (Am. *hose cart, hose wagon, hose truck, hose carriage)*

29 die Schlauchkupplung
- *hose coupling*

30 die Saugleitung, eine Schlauchleitung
- *soft suction hose*

31 die Druckleitung
- *delivery hose*

32 das Verteilungsstück
- *dividing breeching*

33 das Strahlrohr
- *branch*

34 der Löschtrupp
- *branchmen*

35 der Überflurhydrant
- *surface hydrant (fire plug)*

36 der Brandmeister
- *officer in charge*

37 der Feuerwehrmann
- *fireman* (Am. *firefighter)*

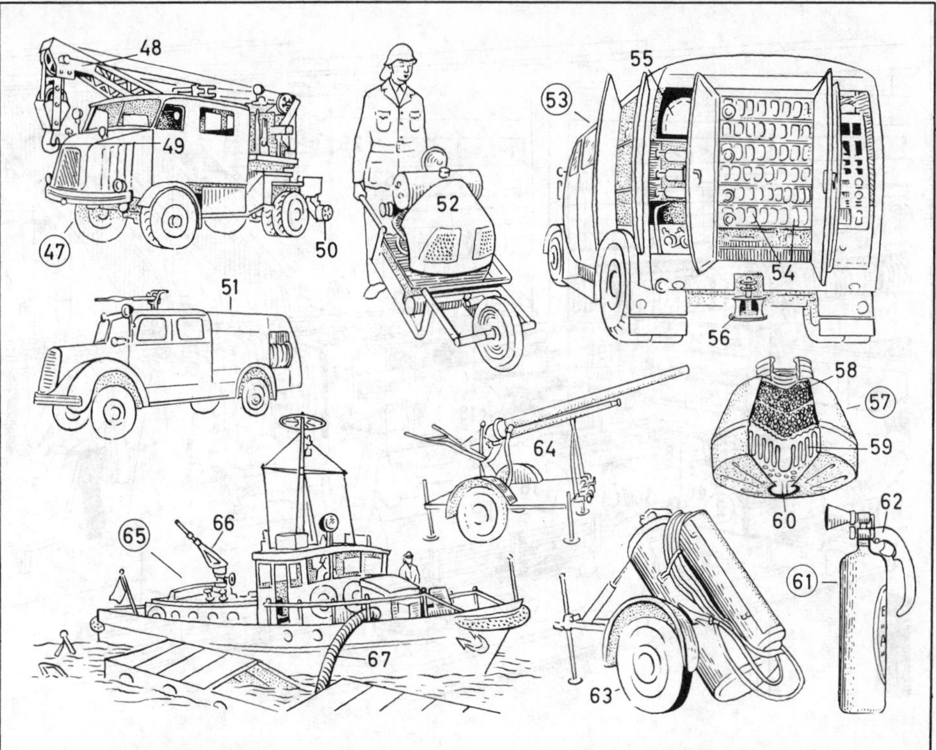

38 der Feuerschutzhelm, mit dem Nackenschutz *m*
- *helmet (fireman's helmet,* Am. *fire hat) with neck guard (neck flap)*

39 das Atemschutzgerät
- *breathing apparatus*

40 die Gasmaske
- *face mask*

41 das tragbare Funksprechgerät
- *walkie-talkie set*

42 der Handscheinwerfer
- *hand lamp*

43 das Feuerwehrbeil
- *small axe (*Am. *ax, pompier hatchet)*

44 der Hakengurt
- *hook belt*

45 die Fangleine (Rettungsleine)
- *beltline*

46 die Schutzkleidung (Wärmeschutzkleidung) aus Asbest *m* (Asbestanzug) oder Metallstoff *m*
- *protective clothing of asbestos (asbestos suit) or of metallic fabric*

47 der Kranwagen
- *breakdown lorry (*Am. *crane truck, wrecking crane)*

48 der Bergungskran
- *lifting crane*

49 der Zughaken
- *load hook (draw hook,* Am. *drag hook)*

50 die Stützrolle
- *support roll*

51 das Tanklöschfahrzeug (der Tanklöschwagen)
- *water tender*

52 die Tragkraftspritze
- *portable pump*

53 der Schlauch- und Gerätewagen
- *hose layer*

54 die Rollschläuche *m*
- *flaked lengths of hose*

55 die Kabeltrommel
- *cable drum*

56 das Spill
- *winch*

57 der (das) Gasmaskenfilter
- *face mask filter*

58 die Aktivkohle
- *active carbon (activated carbon, activated charcoal)*

59 der (das) Staubfilter
- *dust filter*

60 die Lufteintrittsöffnung
- *air inlet*

61 der Handfeuerlöscher
- *portable fire extinguisher*

62 das Pistolenventil
- *trigger valve*

63 das fahrbare Löschgerät
- *large mobile extinguisher (wheeled fire extinguisher)*

64 der Luftschaum- und Wasserwerfer
- *foam-making branch (*Am. *foam gun)*

65 das Feuerlöschboot
- *fireboat*

66 die Wasserkanone
- *monitor (water cannon)*

67 der Saugschlauch
- *suction hose*

1 die Kassiererin
- *cashier*

2 die elektrische Registrierkasse (Ladenkasse, Tageskasse)
- *electric cash register (till)*

3 die Zifferntasten *f*
- *number keys*

4 der Auslöschknopf
- *cancellation button*

5 der Geldschub (Geldkasten)
- *cash drawer (till)*

6 die Geldfächer *n*, für Hartgeld *n* und Banknoten *f*
- *compartments (money compartments) for coins and notes (*Am.* bills)*

7 der quittierte Kassenzettel (Kassenbon, Bon)
- *receipt (sales check)*

8 die Zahlung (registrierte Summe)
- *amount [to be paid]*

9 das Zählwerk
- *adding mechanism*

10 die Ware
- *goods*

11 der Lichthof
- *glass-roofed well*

12 die Herrenartikelabteilung
- *men's wear department*

13 die Schauvitrine (Innenauslage)
- *showcase (display case, indoor display window)*

14 die Warenausgabe
- *wrapping counter*

15 das Warenkörbchen
- *tray for purchases*

16 die Kundin (Käuferin)
- *customer*

17 die Strumpfwarenabteilung
- *hosiery department*

18 die Verkäuferin
- *shop assistant (*Am.* salesgirl, saleslady)*

19 das Preisschild
- *price card*

20 der Handschuhständer
- *glove stand*

21 der Dufflecoat, ein dreiviertellanger Mantel
- *duffle coat, a three-quarter length coat*

22 die Rolltreppe
- *escalator*

23 die Leuchtstoffröhre (Leuchtstofflampe)
- *fluorescent light (fluorescent lamp)*

24 das Büro (z.B. Kreditbüro, Reisebüro, Direktionsbüro)
- *office (e.g. customer accounts office, travel agency, manager's office)*

25 das Werbeplakat
- *poster (advertisement)*

26 die Theater- und Konzertkartenverkaufsstelle (Kartenvorverkaufsstelle)
- *theatre (*Am.* theater) and concert booking office (advance booking office)*

27 das Regal
- *[set of] shelves*

28 die Damenkonfektionsabteilung (Abteilung für Damenkleidung)
- *ladies' wear department*

29 das Konfektionskleid (*ugs.* Kleid von der Stange)
- *ready-made dress (ready-to-wear dress,* coll. *off-the-peg dress)*

30 der Staubschutz
- *dust cover*

31 die Kleiderstange
- *clothes rack*

32 die Ankleidekabine (Ankleidezelle, der Anproberaum)
- *changing booth (fitting booth)*

33 der Empfangschef
- *shop walker (*Am.* floorwalker, floor manager)*

34 die Modepuppe
- *dummy*

35 der Sessel
- *seat (chair)*

36 das Modejournal (die Modezeitschrift)
- *fashion journal (fashion magazine)*

37 der Schneider, beim Abstecken *n*
- *tailor marking a hemline*

38 das Metermaß (Bandmaß)
- *measuring tape (tape measure)*

39 die Schneiderkreide
- *tailor's chalk (French chalk)*

40 der Rocklängenmesser (Rockrunder)
- *hemline marker*

41 der lose Mantel
- *loose-fitting coat*

42 das Verkaufskarree
- *sales counter*

43 der Warmluftvorhang
- *warm-air curtain*

44 der Portier (Pförtner)
- *doorman (commissionaire)*

45 der Personenaufzug (Lift)
- *lift (*Am. *elevator)*

46 der Fahrstuhl (die Fahrkabine)
- *lift cage (lift car,* Am. *elevator car)*

47 der Fahrstuhlführer (Aufzugführer, Liftboy)
- *lift operator (*Am. *elevator operator)*

48 die Steuerung
- *controls (lift controls,* Am. *elevator controls)*

49 der Stockwerkanzeiger
- *floor indicator*

50 die Schiebetür
- *sliding door*

51 der Aufzugschacht
- *lift shaft (*Am. *elevator shaft)*

52 das Tragseil
- *bearer cable*

53 das Steuerseil
- *control cable*

54 die Führungsschiene
- *guide rail*

55 der Kunde (Käufer)
- *customer*

56 die Wirkwaren *pl*
- *hosiery*

57 die Weißwaren *pl* (Tischwäsche *f* und Bettwäsche *f*)
- *linen goods (table linen and bed linen)*

58 das Stofflager (die Stoffabteilung)
- *fabric department*

59 der Stoffballen (Tuchballen)
- *roll of fabric (roll of material, roll of cloth)*

60 der Abteilungsleiter (Rayonchef)
- *head of department (department manager)*

61 die Verkaufstheke
- *sales counter*

62 die Bijouteriewarenabteilung (Galanteriewarenabteilung)
- *jewellery (*Am. *jewelry) department*

63 die Neuheitenverkäuferin
- *assistant (*Am. *salesgirl, saleslady), selling new lines (new products)*

64 der Sondertisch
- *special counter (extra counter)*

65 das Plakat mit dem Sonderangebot *n*
- *placard advertising special offers*

66 die Gardinenabteilung
- *curtain department*

67 die Rampendekoration
- *display on top of the shelves*

1-40 der französische Park (Barockpark), ein Schloßpark *m*
- ***formal garden** (French Baroque garden), palace gardens*

1 die Grotte
- *grotto (cavern)*

2 die Steinfigur, eine Quellnymphe
- *stone statue, a river nymph*

3 die Orangerie
- *orangery (orangerie)*

4 das Boskett
- *boscage (boskage)*

5 der Irrgarten (das Labyrinth aus Heckengängen *m*)
- *maze (labyrinth of paths and hedges)*

6 das Naturtheater
- *open-air theatre* (Am. *theater)*

7 das Barockschloß
- *Baroque palace*

8 die Wasserspiele *n* (Wasserkünste *f*)
- *fountains*

9 die Kaskade (der stufenförmige künstliche Wasserfall)
- *cascade (broken artificial waterfall, artificial falls)*

10 das Standbild (die Statue), ein Denkmal *n*
- *statue, a monument*

11 der Denkmalsockel
- *pedestal (base of statue)*

12 der Kugelbaum
- *globe-shaped tree*

13 der Kegelbaum
- *conical tree*

14 der Zierstrauch
- *ornamental shrub*

15 der Wandbrunnen
- *wall fountain*

16 die Parkbank
- *park bench*

17 die Pergola (der Laubengang)
- *pergola (bower, arbour,* Am. *arbor)*

18 der Kiesweg
- *gravel path (gravel walk)*

19 der Pyramidenbaum
- *pyramid tree (pyramidal tree)*

20 die Amorette
- *cupid (cherub, amoretto, amorino)*

21 der Springbrunnen
- *fountain*

22 die Fontäne (der Wasserstrahl)
- *fountain (jet of water)*

23 das Überlaufbecken
- *overflow basin*

24 das Bassin
- *basin*

25 der Brunnenrand (die Ummauerung)
- *kerb (curb)*

26 der Spaziergänger
- *man out for a walk*

27 die Fremdenführerin (Hostess)
- *tourist guide*

28 die Touristengruppe
- *group of tourists*

29 die Parkordnung
- *park by-laws (bye-laws)*

30 der Parkwächter
- *park keeper*

31 das Parktor (Gittertor), ein schmiedeeisernes Tor *n*
- *garden gates, wrought iron gates*

32 der Parkeingang
- *park entrance*

33 das Parkgitter
- *park railings*

34 der Gitterstab
- *railing (bar)*

35 die Steinvase
- *stone vase*

36 die Rasenfläche (Grünfläche, der Rasen)
- *lawn*

37 die Wegeinfassung, eine beschnittene Hecke
- *border, a trimmed (clipped) hedge*

38 der Parkweg
- *park path*

39 die Parterreanlage
- *parterre*

40 die Birke
- *birch (birch tree)*

41-72 der englische Park (englische Garten, Landschaftspark)
- ***landscaped park*** *(jardin anglais)*

41 die Blumenrabatte
- *flower bed*

42 die Gartenbank
- *park bench (garden seat)*

43 der Abfallkorb
- *litter bin* (Am. *litter basket)*

44 die Spielwiese
- *play area*

45 der Wasserlauf
- *stream*

46 der Steg
- *jetty*

47 die Brücke
- *bridge*

48 der bewegliche Parkstuhl
- *park chair*

49 das Wildgehege (Tiergehege)
- *animal enclosure*

50 der Teich
- *pond*

51-54 das Wassergeflügel
- *waterfowl*

51 die Wildente mit Jungen *n*
- *wild duck with young*

52 die Gans
- *goose*

53 der Flamingo
- *flamingo*

54 der Schwan
- *swan*

55 die Insel
- *island*

56 die Seerose
- *water lily*

57 das Terrassencafé
- *open-air café*

58 der Sonnenschirm
- *sunshade*

59 der Parkbaum
- *park tree (tree)*

60 die Baumkrone
- *treetop (crown)*

61 die Baumgruppe
- *group of trees*

62 die Wasserfontäne
- *fountain*

63 die Trauerweide
- *weeping willow*

64 die moderne Plastik
- *modern sculpture*

65 das Tropengewächshaus (Pflanzenschauhaus)
- *hothouse*

66 der Parkgärtner
- *park gardener*

67 der Laubbesen
- *broom*

68 die Minigolfanlage
- *minigolf course*

69 der Minigolfspieler
- *minigolf player*

70 die Minigolfbahn
- *minigolf hole*

71 die Mutter mit Kinderwagen *m*
- *mother with pram (baby carriage)*

72 das Liebespaar (Pärchen)
- *courting couple (young couple)*

1 das Tischtennisspiel
- *table tennis game*
2 der Tisch
- *table*
3 das Tischtennisnetz
- *table tennis net*
4 der Tischtennisschläger
- *table tennis racket (raquet) (table tennis bat)*
5 der Tischtennisball
- *table tennis ball*
6 das Federballspiel
- *badminton game (shuttlecock game)*
7 der Federball
- *shuttlecock*
8 der Rundlaufpilz
- *maypole swing*
9 das Kinderfahrrad
- *child's bicycle*
10 das Fußballspiel
- *football game (soccer game)*
11 das Fußballtor
- *goal (goalposts)*
12 der Fußball
- *football*
13 der Torschütze
- *goal scorer*
14 der Torwart
- *goalkeeper*
15 das Seilhüpfen (Seilspringen)
- *skipping (Am. jumping rope)*
16 das Hüpfseil (Springseil)
- *skipping rope (Am. skip rope, jump rope, jumping rope)*
17 der Kletterturm
- *climbing tower*
18 die Reifenschaukel
- *rubber tyre (Am. tire) swing*
19 der Lkw-Reifen
- *lorry tyre (Am. truck tire)*
20 der Hüpfball
- *bouncing ball*
21 der Abenteuerspielplatz
- *adventure playground*
22 die Rundholzleiter
- *log ladder*
23 der Ausguck
- *lookout platform*
24 die Rutschbahn
- *slide*
25 der Abfallkorb
- *litter bin (Am. litter basket)*
26 der Teddybär
- *teddy bear*
27 die Holzeisenbahn
- *wooden train set*
28 das Planschbecken
- *paddling pool*
29 das Segelboot
- *sailing boat (yacht, Am. sailboat)*
30 die Spielzeugente
- *toy duck*
31 der Kinderwagen
- *pram (baby carriage)*
32 das Reck
- *high bar (bar)*
33 das Go-Kart (die Seifenkiste)
- *go-cart (soap box)*
34 die Starterflagge
- *starter's flag*
35 die Wippe
- *seesaw*
36 der Roboter
- *robot*

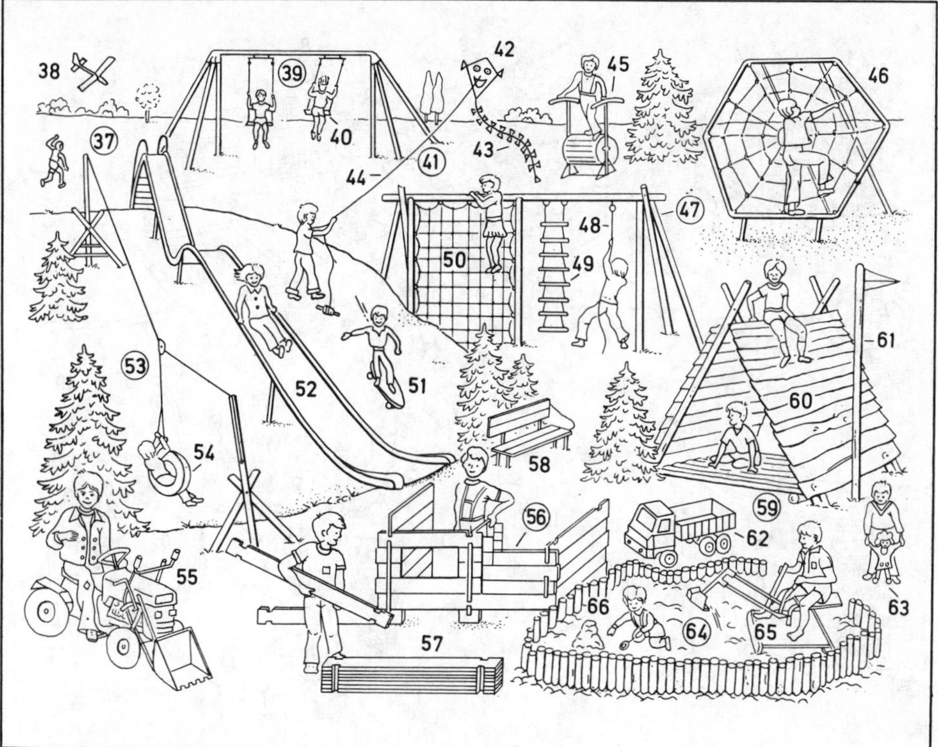

37 der Modellflug
- *flying model aeroplanes (Am. airplanes)*

38 das Modellflugzeug
- *model aeroplane (Am. airplane)*

39 die Doppelschaukel
- *double swing*

40 der Schaukelsitz (das Schaukelbrett)
- *swing seat*

41 das Drachensteigenlassen
- *flying kites*

42 der Drachen
- *kite*

43 der Drachenschwanz
- *tail of the kite*

44 die Drachenschnur
- *kite string*

45 die Lauftrommel
- *revolving drum*

46 das Spinnennetz
- *spider's web*

47 das Klettergerüst
- *climbing frame*

48 das Kletterseil
- *climbing rope*

49 die Strickleiter
- *rope ladder*

50 das Kletternetz
- *climbing net*

51 das Rollbrett (Skateboard)
- *skateboard*

52 die Berg-und-Tal-Rutschbahn
- *up-and-down slide*

53 die Reifendrahtseilbahn
- *rubber tyre* (Am. *tire) cable car*

54 der Sitzreifen
- *rubber tyre* (Am. *tire)*

55 der Traktor, ein Tretauto *n*
- *tractor, a pedal car*

56 das Aufbauhäuschen
- *den*

57 die Steckbretter *n*
- *presawn boards*

58 die Bank
- *seat (bench)*

59 die Winnetouhütte
- *Indian hut*

60 das Kletterdach
- *climbing roof*

61 die Fahnenstange
- *flagpole (flagstaff)*

62 das Spielzeugauto
- *toy lorry* (Am. *toy truck)*

63 die Laufpuppe
- *walking doll*

64 der Sandkasten
- *sandpit* (Am. *sandbox)*

65 der Spielzeugbagger
- *toy excavator (toy digger)*

66 der Sandberg
- *sandhill*

1-21 der Kurpark
- *spa gardens*

1-7 die Saline
- *salina (salt works)*

1 das Gradierwerk (Rieselwerk)
- *thorn house (graduation house)*

2 das Dornreisig
- *thorns (brushwood)*

3 die Verteilungsrinne für die Sole
- *brine channels*

4 die Solezuleitung vom Pumpwerk
- *brine pipe from the pumping station*

5 der Gradierwärter
- *salt works attendant*

6-7 die Inhalationskur
- *inhalational therapy*

6 das Freiinhalatorium
- *open-air inhalatorium (outdoor inhalatorium)*

7 der Kranke, beim Inhalieren *n* (bei der Inhalation)
- *patient inhaling (taking an inhalation)*

8 das Kurhaus, mit dem Kursaal *m* (Kasino *n*)
- *hydropathic (pump room) with kursaal (casino)*

9 die Wandelhalle (der Säulengang, die Kolonnade)
- *colonnade*

10 die Kurpromenade
- *spa promenade*

11 die Brunnenallee
- *avenue leading to the mineral spring*

12-14 die Liegekur
- *rest cure*

12 die Liegewiese
- *sunbathing area (lawn)*

13 der Liegestuhl
- *deck-chair*

14 das Sonnendach
- *sun canopy*

15 der Brunnenpavillon (das Brunnenhaus, der Quellpavillon)
- *pump room*

16 der Gläserstand
- *rack for glasses*

17 die Zapfstelle
- *tap*

18 der Kurgast (Badegast), bei der Trinkkur
- *patient taking the waters*

19 der Konzertpavillon
- *bandstand*

20 die Kurkapelle, beim Kurkonzert *n*
- *spa orchestra giving a concert*

21 der Kapellmeister (Dirigent)
- *conductor*

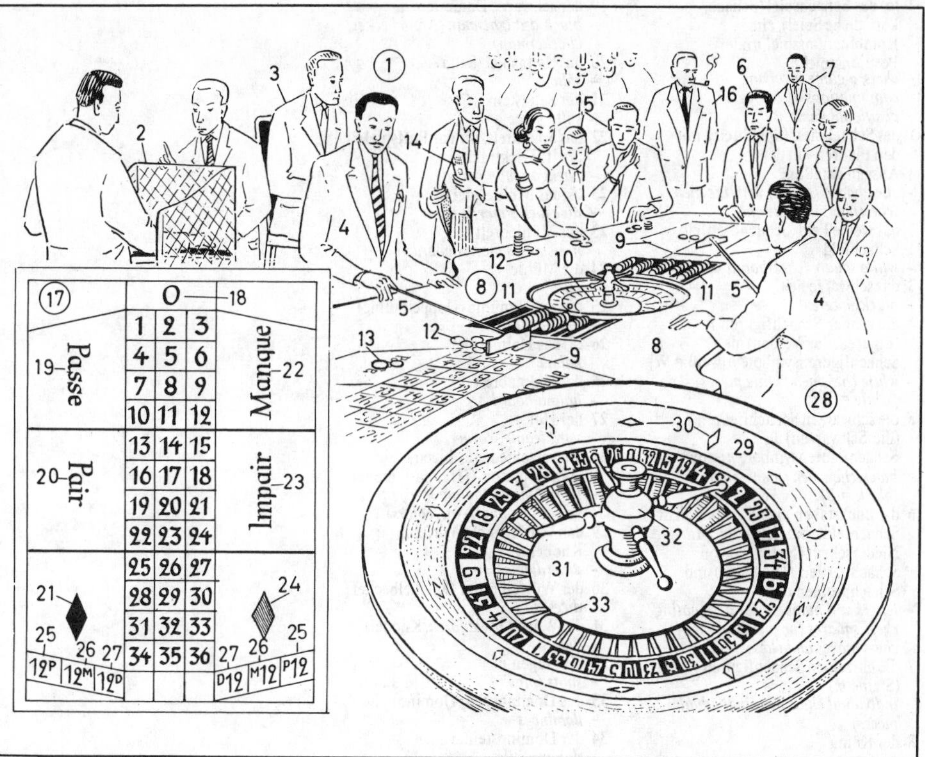

1-33 das Roulett (Roulette), ein Glücksspiel *n* (Hasardspiel)
- ***roulette**, a game of chance (gambling game)*

1 der Roulettspielsaal (Spielsaal), in der Spielbank (im Spielkasino *n*)
- *gaming room in the casino (in the gambling casino)*

2 die Kasse
- *cash desk*

3 der Spielleiter (Chef de partie)
- *tourneur (dealer)*

4 der Handcroupier (Croupier)
- *croupier*

5 das Rateau (die Geldharke)
- *rake*

6 der Kopfcroupier
- *head croupier*

7 der Saalchef
- *hall manager*

8 der Roulettspieltisch
- *roulette table (gaming table, gambling table)*

9 das Tableau (der Spielplan)
- *roulette layout*

10 die Roulettmaschine
- *roulette wheel*

11 die Tischkasse (Bank)
- *bank*

12 der Jeton (die Plaque, Spielmarke, das Stück)
- *chip (check, plaque)*

13 der Einsatz
- *stake*

14 der Kasinoausweis
- *membership card*

15 der Roulettspieler
- *roulette player*

16 der Privatdetektiv (Hausdetektiv)
- *private detective (house detective)*

17 der Roulettspielplan
- *roulette layout*

18 die (das) Zero (Null *f*, 0)
- *zero (nought, O)*

19 das Passe (Groß) [Zahlen von 19-36]
- *passe (high) [numbers 19 to 36]*

20 das Pair [gerade Zahlen]
- *pair (even numbers)*

21 das Noir (Schwarz)
- *noir (black)*

22 das Manque (Klein) [Zahlen von 1-18]
- *manque (low) [numbers 1 to 18]*

23 das Impair [ungerade Zahlen]
- *impair [odd numbers]*

24 das Rouge (Rot)
- *rouge (red)*

25 das Douze premier (erstes Dutzend) [Zahlen von 1 bis 12]
- *douze premier (first dozen) [numbers 1 to 12]*

26 das Douze milieu (mittleres Dutzend) [Zahlen von 13 bis 24]
- *douze milieu (second dozen) [numbers 13 to 24]*

27 das Douze dernier (letztes Dutzend) [Zahlen von 25 bis 36]
- *douze dernier (third dozen) [numbers 25 to 36]*

28 die Roulettmaschine (das Roulett)
- *roulette wheel (roulette)*

29 der Roulettkessel
- *roulette bowl*

30 das Hindernis
- *fret (separator)*

31 die Drehscheibe, mit den Nummern *f* 0 bis 36
- *revolving disc (disk) showing numbers 0 to 36*

32 das Drehkreuz
- *spin*

33 die Roulettkugel
- *roulette ball*

1-16 das Schachspiel (Schach, königliche Spiel), ein Kombinationsspiel *n* oder Positionsspiel *n*
- ***chess,*** *a game involving combinations of moves, a positional game*

1 das Schachbrett (Spielbrett), mit den Figuren *f* in der Ausgangsstellung
- *chessboard (board) with the men (chessmen) in position*

2 das weiße Feld (Schachbrettfeld, Schachfeld)
- *white square (chessboard square)*

3 das schwarze Feld
- *black square*

4 die weißen Schachfiguren *f* (Figuren, die Weißen) als Schachfigurensymbole *n* [weiß = W]
- *white chessmen (white pieces) [white = W]*

5 die schwarzen Schachfiguren *f* (die Schwarzen) als Schachfigurensymbole *n* [schwarz = S]
- *black chessmen (black pieces) [black = B]*

6 die Buchstaben *m* und Zahlen *f* zur Schachfelderbezeichnung, zur Niederschrift (Notation) von Schachpartien *f* (Zügen *m*) und Schachproblemen *n*
- *letters and numbers for designating chess squares for the notation of chess moves and chess problems*

7 die einzelnen Schachfiguren *f* (Steine *m*)
- *individual chessmen (individual pieces)*

8 der König
- *king*

9 die Dame (Königin)
- *queen*

10 der Läufer
- *bishop*

11 der Springer
- *knight*

12 der Turm
- *rook (castle)*

13 der Bauer
- *pawn*

14 die Gangarten *f* (Züge) der einzelnen Figuren *f*
- *moves of the individual pieces*

15 das Matt (Schachmatt), ein Springermatt *n* [S f 3 ‡]
- *mate (checkmate), a mate by knight [kt f 3 ‡]*

16 die Schachuhr, eine Doppeluhr für Schachturniere *n* (Schachmeisterschaften *f*)
- *chess clock, a double clock for chess matches (chess championships)*

17-19 das Damespiel (Damspiel)
- ***draughts*** *(*Am. *checkers)*

17 das Damebrett
- *draughtboard (*Am. *checkerboard)*

18 der weiße Damestein; *auch:* Spielstein *m* für Puff- und Mühlespiel *n*
- *white draughtsman (*Am. *checker, checkerman);* also: *piece for backgammon and nine men's morris*

19 der schwarze Damestein
- *black draughtsman (*Am. *checker, checkerman)*

20 das Saltaspiel (Salta)
- ***salta***

21 der Saltastein
- *salta piece*

22 das Spielbrett, für das **Puffspiel** (Puff, Tricktrack)
- *backgammon board*

23-25 das Mühlespiel
- ***nine men's morris***

23 das Mühlebrett
- *nine men's morris board*

24 die Mühle
- *mill*

25 die Zwickmühle (Doppelmühle)
- *double mill*

26-28 das Halmaspiel
- ***halma***

26 das Halmabrett
- *halma board*

27 der Hof
- *yard (camp, corner)*

28 die verschiedenfarbigen Halmafiguren *f* (Halmasteine *m*)
- *halma pieces (halma men) of various colours (*Am. *colors)*

29 das Würfelspiel (Würfeln, Knobeln)
- ***dice*** *(dicing)*

30 der Würfelbecher (Knobelbecher)
- *dice cup*

31 die Würfel *m* (*landsch.* Knobel)
- *dice*

32 die Augen *n*
- *spots (pips)*

33 das Dominospiel (Domino)
- ***dominoes***

34 der Dominostein
- *domino (tile)*

35 der Pasch
- *double*

36 Spielkarten *f*
- ***playing cards***

37 die französische Spielkarte (das Kartenblatt)
- *French playing card (card)*

38-45 die Farben *f* (Serienzeichen *n*)
- *suits*

38 Kreuz *n* (Treff)
- *clubs*

39 Pik *n* (Pique, Schippen)
- *spades*

40 Herz *n* (Cœur)
- *hearts*

41 Karo *n* (Eckstein *m*)
- *diamonds*

42-45 die deutschen Farben *f*
- *German suits*

42 Eichel *f* (Ecker)
- *acorns*

43 Grün *n* (Blatt, Gras, Grasen)
- *leaves*

44 Rot *n* (Herz)
- *hearts*

45 Schellen *n*
- *bells (hawkbells)*

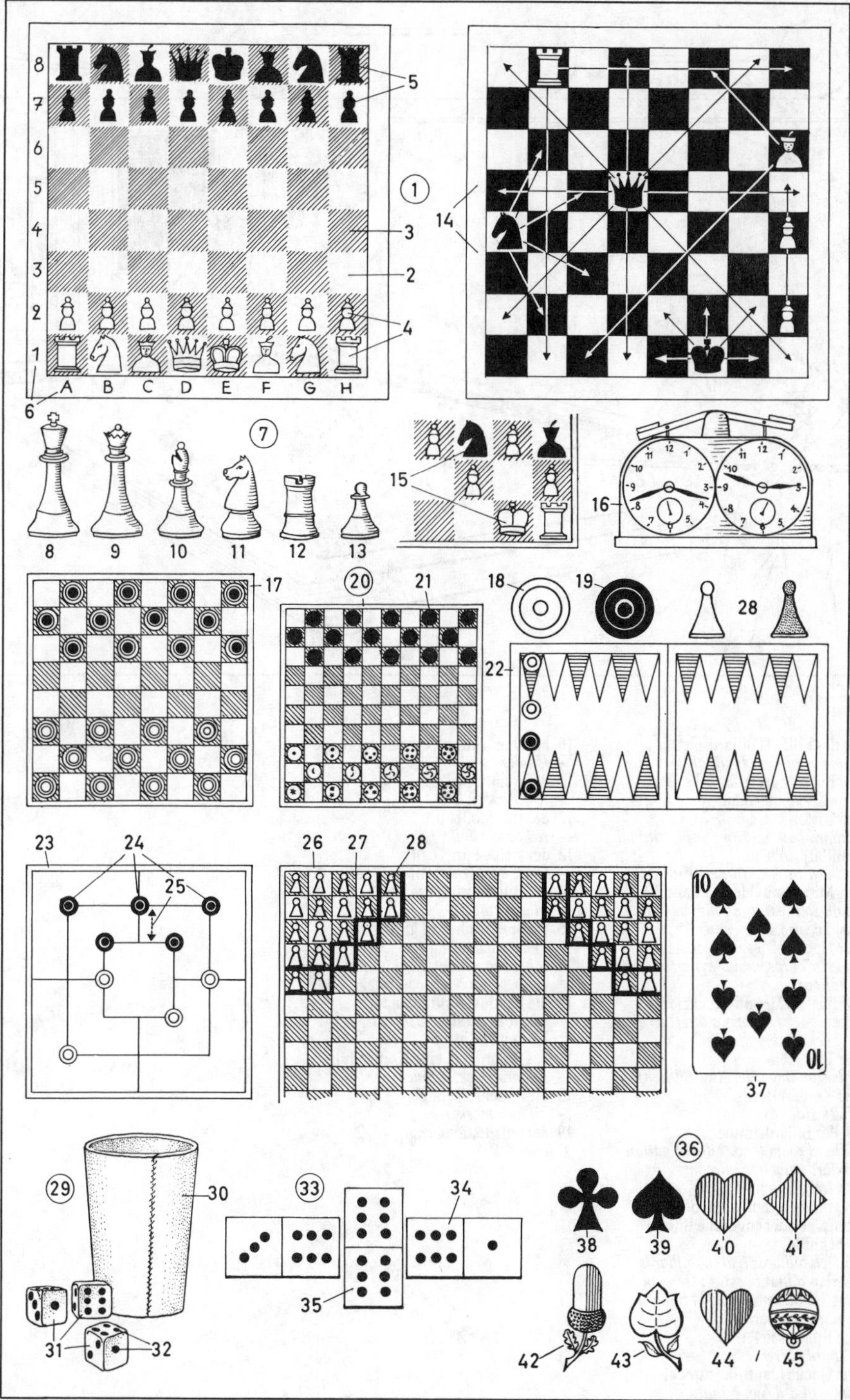
8
7
6
5
4
3
2
1
A B C D E F G H
1
2
3
4
5
6
7
8 9 10 11 12 13
14
15
16
17
18
19
20
21
22
23
24
25
26
27
28
29
30
31
32
33
34
35
36
37
38 39 40 41
42 43 44 45
10
01

1-19 das Billard (Billardspiel)
- *game of billiards (billiards)*

1 die Billardkugel (der Billardball), eine Elfenbein- oder Kunststoffkugel
- *billiard ball, an ivory or plastic ball*

2-6 Billardstöße *m*
- *billiard strokes (forms of striking)*

2 der Mittelstoß (Horizontalstoß)
- *plain stroke (hitting the cue ball dead centre,* Am. *center)*

3 der Hochstoß [ergibt Nachläufer *m*]
- *top stroke [promotes extra forward rotation]*

4 der Tiefstoß [ergibt Rückzieher *m*]
- *screw-back [imparts a direct recoil or backward motion]*

5 der Effetstoß
- *side (running side,* Am. *English)*

6 der Kontereffetstoß
- *check side*

7-19 das Billardzimmer
- *billiard room (*Am. *billiard parlor, billiard saloon, poolroom)*

7 das französische Billard (Karambolagebillard); *ähnl.:* das deutsche oder englische Billard (Lochbillard)
- *French billiards (carom billiards, carrom billiards);* sim.: *German or English billiards (pocket billiards,* Am. *poolbilliards)*

8 der Billardspieler
- *billiard player*

9 das Queue (der Billardstock)
- *cue (billiard cue, billiard stick)*

10 die Queuekuppe, eine Lederkuppe
- *leather cue tip*

11 der weiße Spielball
- *white cue ball*

12 der rote Stoßball
- *red object ball*

13 der weiße Punktball
- *white spot ball (white dot ball)*

14 der Billardtisch (das Brett)
- *billiard table*

15 die Spielfläche mit grüner Tuchbespannung *f*
- *table bed with green cloth (billiard cloth, green baize covering)*

16 die Bande (Gummibande)
- *cushions (rubber cushions, cushioned ledge)*

17 das Billardtaxi, eine Kontrolluhr
- *billiard clock, a timer*

18 die Anschreibetafel
- *billiard marker*

19 der Queueständer
- *cue rack*

1-59 der Campingplatz
- ***camp site*** *(camping site,* Am. *campground)*

1 die Rezeption (Anmeldung, das Büro)
- *reception (office)*

2 der Campingplatzwart
- *camp site attendant*

3 der Klappwohnwagen (Klappanhänger, Klappcaravan, Faltwohnwagen, Faltcaravan)
- *folding trailer (collapsible caravan, collapsible trailer)*

4 die Hängematte
- *hammock*

5-6 der Sanitärtrakt (die Sanitäranlagen *pl*)
- *washing and toilet facilities*

5 die Toiletten *f* und Waschräume *m*
- *toilets and washrooms* (Am. *lavatories)*

6 die Wasch- und Spülbecken *n*
- *washbasins and sinks*

7 der Bungalow (*schweiz.* das Chalet)
- *bungalow (chalet)*

8-11 das Pfadfinderlager (Pfadfindertreffen, Jamboree)
- ***scout camp***

8 das Rundzelt
- *bell tent*

9 der Fahrtenwimpel
- *pennon*

10 das Lagerfeuer
- *camp fire*

11 der Pfadfinder (Boy-Scout)
- *boy scout (scout)*

12 das Segelboot (die Segeljolle, Jolle)
- *sailing boat (yacht,* Am. *sailboat)*

13 der Landungssteg (Landesteg)
- *landing stage (jetty)*

14 das Sportschlauchboot, ein Schlauchboot *n*
- *inflatable boat (inflatable dinghy)*

15 der Außenbordmotor (Außenborder)
- *outboard motor (outboard)*

16 der Trimaran (das Dreirumpfboot)
- *trimaran*

17 die Ducht (das Sitzbrett)
- *thwart (oarsman's bench)*

18 die Dolle
- *rowlock (oarlock)*

19 der Riemen (das Ruder)
- *oar*

20 der Bootsanhänger (Bootswagen, Boottransporter, Trailer)
- *boat trailer (boat carriage)*

21 das Hauszelt
- ***ridge tent***

22 das Überdach
- *flysheet*

23 die Zeltspannleine (Zeltleine)
- *guy line (guy)*

24 der Zeltpflock (Hering, Zelthering)
- *tent peg (peg)*

25 der Zeltpflockhammer (Heringshammer)
- *mallet*

26 der Zeltspannring
- *groundsheet ring*

27 die Apsis (Zeltapsis, Gepäckapsis)
- *bell end*

28 das ausgestellte Vordach
- *erected awning*

29 die Zeltlampe, eine Petroleumlampe
- *storm lantern, a paraffin lamp*

30 der Schlafsack
- *sleeping bag*

31 die Luftmatratze (aufblasbare Liegematratze)
- *air mattress (inflatable air-bed)*

32 der Wassersack (Trinkwassersack)
- *water carrier (drinking water carrier)*

33 der zweiflammige Gaskocher für Propangas *n* oder Butangas *n*
- *double-burner gas cooker for propane gas or butane gas*

34 die Propan-(Butan-)gasflasche
- *propane or butane gas bottle*

35 der Dampfkochtopf
- *pressure cooker*

36 das Bungalowzelt (Steilwandzelt)
- ***frame tent***

37 das Vordach
- *awning*

38 die Zeltstange
- *tent pole*

39 der Rundbogeneingang
- *wheelarch doorway*

40 das Lüftungsfenster
- *mesh ventilator*

41 das Klarsichtfenster
- *transparent window*

42 die Platznummer
- *pitch number*

43 der Campingstuhl, ein Klappstuhl *m*
- *folding camp chair*

44 der Campingtisch, ein Klapptisch *m*
- *folding camp table*

45 das Campinggeschirr
- *camping eating utensils*

46 der Camper
- *camper*

47 der Holzkohlengrill
- *charcoal grill (barbecue)*

48 die Holzkohle
- *charcoal*

49 der Blasebalg
- *bellows*

50 der Dachgepäckträger
- *roof rack*

51 die Gepäckspinne
- *roof lashing*

52 der Wohnwagen (Wohnanhänger, Caravan)
- ***caravan*** (Am. *trailer)*

53 der Gasflaschenkasten (Deichselkasten)
- *box for gas bottle*

54 das Buglaufrad
- *jockey wheel*

55 die Anhängekupplung
- *drawbar coupling*

56 der Dachlüfter
- *roof ventilator*

57 das Wohnwagenvorzelt
- *caravan awning*

58 das aufblasbare Igluzelt
- *inflatable igloo tent*

59 die Campingliege
- *camp bed* (Am. *camp cot)*

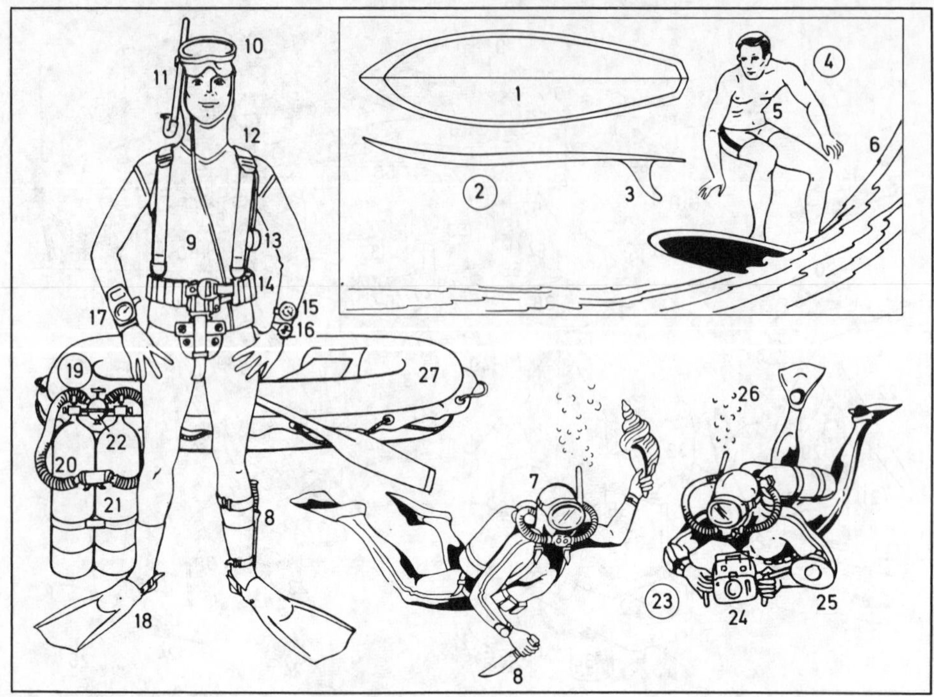

1-6 das Surfing (Wellenreiten, Brandungsreiten)
- *surf riding (surfing)*

1 das Surfbrett (Surfboard) in der Draufsicht
- *plan view of surfboard*

2 das Surfbrett (Surfboard) im Schnitt *m*
- *section of surfboard*

3 das Schwert
- *skeg (stabilizing fin)*

4 das Big-wave-riding (Reiten in der Superbrandung)
- *big wave riding*

5 der Surfer
- *surfboarder (surfer)*

6 die Brandungswelle
- *breaker*

7-27 das Tauchen
- *skin diving (underwater swimming)*

7 der Taucher
- *skin diver (underwater swimmer)*

8-22 die Taucherausrüstung
- *underwater swimming set*

8 das Tauchermesser
- *knife*

9 der Neopren-Tauchanzug, ein Kälteschutzanzug *m*
- *neoprene wetsuit*

10 die Tauchmaske (Tauchermaske, Maske), eine Druckausgleichsmaske
- *diving mask (face mask, mask), a pressure-equalizing mask*

11 der Schnorchel
- *snorkel (schnorkel)*

12 die Bebänderung des Preßlufttauchgeräts *n*
- *harness of diving apparatus*

13 der Druckmesser für den Flascheninhalt
- *compressed-air pressure gauge (Am. gage)*

14 der Bleigürtel
- *weight belt*

15 der Tiefenmesser
- *depth gauge (Am. gage)*

16 die Taucheruhr zur Tauchzeitüberwachung
- *waterproof watch for checking duration of dive*

17 das Dekometer zur Anzeige der Auftauchstufen *f* (Dekompressionsstufen)
- *decometer for measuring stages of ascent*

18 die Schwimmflosse
- *fin (flipper)*

19 das Tauchgerät (*auch:* die Aqualunge), ein Zweiflaschengerät
- *diving apparatus (*also: *aqualung, scuba), with two cylinders (bottles)*

20 der Zweischlauch-Lungenautomat
- *two-tube demand regulator*

21 die Preßluftflasche
- *compressed-air cylinder (compressed-air bottle)*

22 das Flaschenventil
- *on/off valve*

23 die Unterwasserfotografie
- *underwater photography*

24 das Unterwassergehäuse für die Kamera (*ähnl.:* die Unterwasserkamera)
- *underwater camera housing (underwater camera case);* sim.: *underwater camera*

25 das Unterwasserblitzgerät
- *underwater flashlight*

26 die Ausatmungsluft
- *exhaust bubbles*

27 das Schlauchboot
- *inflatable boat (inflatable dinghy)*

1 der Badewärter
- *lifesaver (lifeguard)*

2 das Rettungsseil
- *lifeline*

3 der Rettungsring
- *lifebelt (lifebuoy)*

4 der Sturmball
- *storm signal*

5 der Zeitball
- *time ball*

6 die Warnungstafel
- *warning sign*

7 die Gezeitentafel, eine Anzeigetafel für Ebbe *f* und Flut *f*
- *tide table, a notice board showing times of low tide and high tide*

8 die Tafel, mit Wasser- und Lufttemperaturangabe *f*
- *board showing water and air temperature*

9 der Badesteg
- *bathing platform*

10 der Wimpelmast
- *pennon staff*

11 der Wimpel
- *pennon*

12 das Wasservelo (Wassertretrad, Wasserfahrrad, Pedalo)
- *paddle boat (peddle boat)*

13 das Surfbrettfahren, hinter dem Motorboot *n*
- *surf riding (surfing) behind motorboat*

14 der Surfer
- *surfboarder (surfer)*

15 das Surfbrett
- *surfboard*

16 der Wasserski
- *water ski*

17 die Schwimmatratze
- *inflatable beach mattress*

18 der Wasserball
- *beach ball*

19-23 Strandkleidung *f*
- *beachwear*

19 der Strandanzug
- *beach suit*

20 der Strandhut
- *beach hat*

21 die Strandjacke
- *beach jacket*

22 die Strandhose
- *beach trousers*

23 der Strandschuh (Badeschuh)
- *beach shoe (bathing shoe)*

24 die Strandtasche (Badetasche)
- *beach bag*

25 der Bademantel
- *bathing gown (bathing wrap)*

26 der Bikini (zweiteilige Damenbadeanzug)
- *bikini (ladies' two-piece bathing suit)*

27 das Badehöschen
- *bikini bottom*

28 der Büstenhalter
- *bikini top*

29 die Badehaube (Bademütze, Schwimmkappe)
- *bathing cap (swimming cap)*

30 der Badegast
- *bather*

31 das Ringtennis
- *deck tennis (quoits)*

32 der Gummiring
- *rubber ring (quoit)*

33 das Schwimmtier, ein Aufblasartikel *m*
- *rubber animal, an inflatable animal*

34 der Strandwärter
- *beach attendant*

35 die Sandburg (Strandburg)
- *sand den [built as a wind-break]*

36 der Strandkorb
- *roofed wicker beach chair*

37 der Unterwasserjäger
- *underwater swimmer*

38 die Tauchbrille
- *diving goggles*

39 der Schnorchel
- *snorkel (schnorkel)*

40 die Handharpune (der Fischspeer)
- *hand harpoon (fish spear, fish lance)*

41 die Tauchflosse (Schwimmflosse), zum Sporttauchen *n*
- *fin (flipper) for diving (for underwater swimming)*

42 der Badeanzug (Schwimmanzug)
- *bathing suit (swimsuit)*

43 die Badehose (Schwimmhose)
- *bathing trunks (swimming trunks)*

44 die Badekappe (Schwimmkappe)
- *bathing cap (swimming cap)*

45 das Strandzelt, ein Hauszelt *n*
- *beach tent, a ridge tent*

46 die Rettungsstation
- *lifeguard station*

281 Schwimmbad (Freizeitzentrum)

1-9 das Brandungsbad (Wellenbad), ein Hallenbad *n*
- *swimming pool with artificial waves, an indoor pool*

1 die künstliche Brandung
- *artificial waves*

2 die Strandzone
- *beach area*

3 der Beckenrand
- *edge of the pool*

4 der Bademeister
- *swimming pool attendant (pool attendant, swimming bath attendant)*

5 der Liegesessel
- *sun bed*

6 der Schwimmring
- *lifebelt*

7 die Schwimmanschetten *f*
- *water wings*

8 die Badehaube
- *bathing cap*

9 die Schleuse zum Sprudelbad *n* im Freien *n*
- *channel to outdoor mineral bath*

10 das Solarium (künstliche Sonnenbad)
- *solarium*

11 die Liegefläche
- *sunbathing area*

12 die Sonnenbadende
- *sun bather*

13 die künstliche Sonne
- *sun ray lamp*

14 das Badetuch
- *bathing towel*

15 das Freikörperkulturgelände (FKK-Gelände, Nudistengelände, *ugs.* „Abessinien")
- *nudist sunbathing area*

16 der Nudist (Freund textilfreier Lebensart)
- *nudist (naturist)*

17 der Sichtschutzraum
- *screen (fence)*

18 die Sauna (finnische Sauna, das finnische Heißluftbad), eine Gemeinschaftssauna
- *sauna (mixed sauna)*

19 die Holzauskleidung
- *wood panelling (Am. paneling)*

20 die Sitz- und Liegestufen *f*
- *tiered benches*

21 der Saunaofen
- *sauna stove*

22 die Feldsteine *m*
- *stones*

23 das Hygrometer (der Feuchtigkeitsmesser)
- *hygrometer*

24 das Thermometer
- *thermometer*

25 das Sitztuch
- *towel*

26 der Bottich für die Befeuchtung der Ofensteine *m*
- *water tub for moistening the stones in the stove*

27 die Birkenruten *f* zum Schlagen *n* der Haut
- *birch rods (birches) for beating the skin*

28 der Abkühlungsraum, zur Abkühlung nach der Sauna
- *cooling room for cooling off (cooling down) after the sauna*

29 die temperierte Dusche
- *lukewarm shower*

30 das Kaltwasserbecken
- *cold bath*

31 der Hot-Whirl-Pool (das Unterwassermassagebad)
- *hot whirlpool (underwater massage bath)*

32 die Einstiegstufe
- *step into the bath*

33 das Massagebad
- *massage bath*

34 das Jetgebläse
- *jet blower*

35 der Hot-Whirl-Pool [Schema]
- *hot whirlpool [diagram]*

36 der Beckenquerschnitt
- *section of the bath*

37 der Einstieg
- *step*

38 die umlaufende Sitzbank
- *circular seat*

39 die Wasserabsaugung
- *water extractor*

40 der Wasserdüsenkanal
- *water jet pipe*

41 der Luftdüsenkanal
- *air jet pipe*

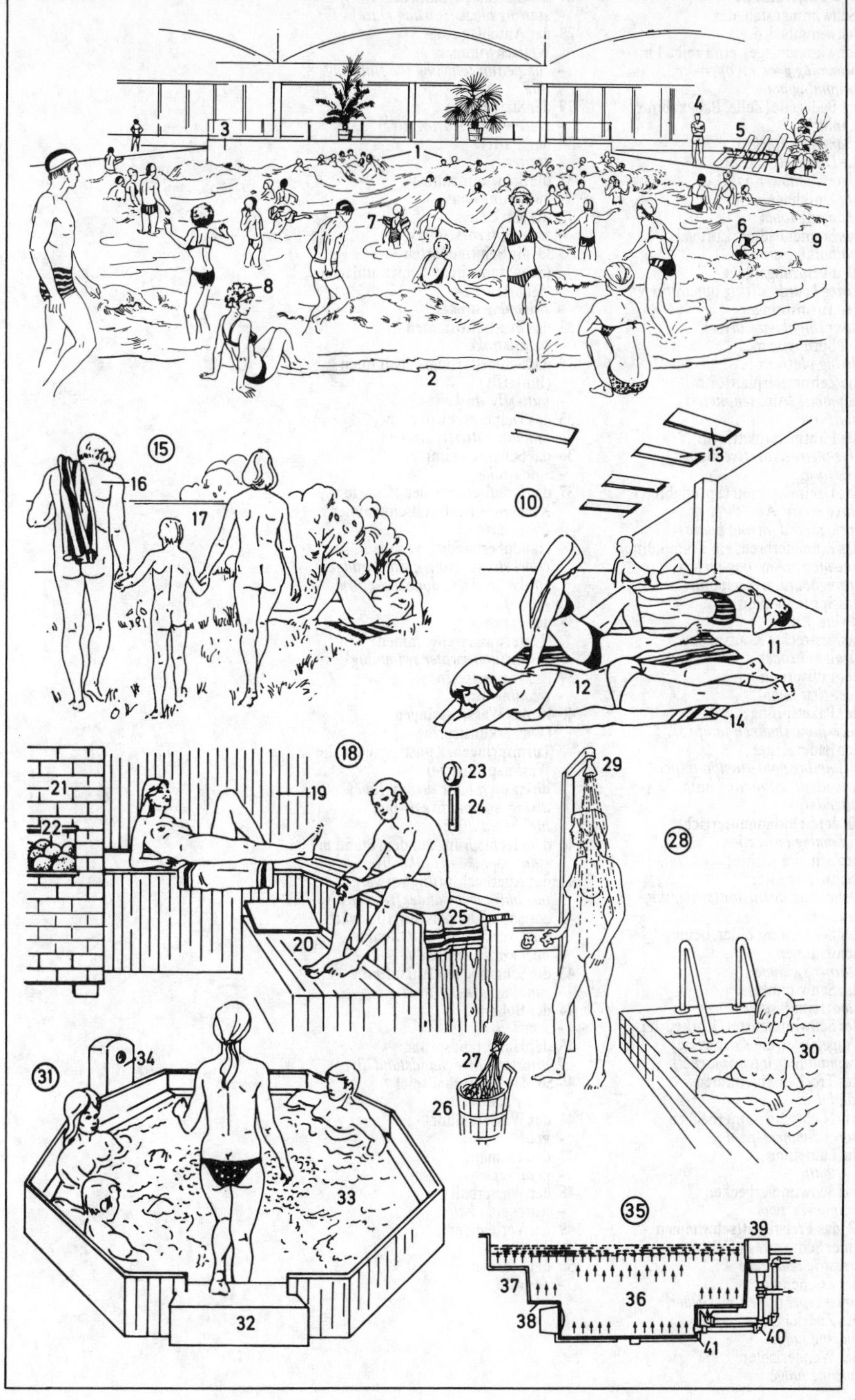
1
2
3
4
5
6
7
8
9
10
11
12
13
14
15
16
17
18
19
20
21
22
23
24
25
26
27
28
29
30
31
32
33
34
35
36
37
38
39
40
41

1-32 die Badeanstalt (Schwimmanstalt, das Schwimmbad, die Schwimmanlage), ein Freibad *n*
- ***swimming pool**, an open-air swimming pool*

1 die Badezelle (Zelle, Badekabine, Kabine)
- *changing cubicle*

2 die Dusche (Brause)
- *shower (shower bath)*

3 der Umkleideraum
- *changing room*

4 das Sonnenbad *od.* Luftbad
- *sunbathing area*

5-10 die Sprunganlage
- ***diving boards** (diving apparatus)*

5 der Turmspringer
- *diver (highboard diver)*

6 der Sprungturm
- *diving platform*

7 die Zehnmeterplattform
- *ten-metre (*Am.* ten-meter) platform*

8 die Fünfmeterplattform
- *five-metre (*Am.* five-meter) platform*

9 das Dreimeterbrett (Sprungbrett)
- *three-metre (*Am.* three-meter) springboard (diving board)*

10 das Einmeterbrett, ein Trampolin *n*
- *one-metre (*Am.* one-meter) springboard, a trampoline*

11 das Sprungbecken
- *diving pool*

12 der gestreckte Kopfsprung
- *straight header*

13 der Fußsprung
- *feet-first jump*

14 der Paketsprung
- *tuck jump (haunch jump)*

15 der Bademeister
- *swimming pool attendant (pool attendant, swimming bath attendant)*

16-20 der Schwimmunterricht
- ***swimming instruction***

16 der Schwimmlehrer (Schwimmeister)
- *swimming instructor (swimming teacher)*

17 der Schwimmschüler, beim Schwimmen *n*
- *learner-swimmer*

18 das Schwimmkissen
- *float;* sim.: *water wings*

19 der Schwimmgürtel (Korkgürtel, Tragegürtel, die Korkweste)
- *swimming belt (cork jacket)*

20 das Trockenschwimmen
- *land drill*

21 das Nichtschwimmerbecken
- *non-swimmers' pool*

22 die Laufrinne
- *footbath*

23 das Schwimmerbecken
- *swimmers' pool*

24-32 das Freistilwettschwimmen einer Schwimmstaffel
- ***freestyle relay race***

24 der Zeitnehmer
- *timekeeper (lane timekeeper)*

25 der Zielrichter
- *placing judge*

26 der Wenderichter
- *turning judge*

27 der Startblock (Startsockel)
- *starting block (starting place)*

28 der Anschlag eines Wettschwimmers *m*
- *competitor touching the finishing line*

29 der Startsprung
- *starting dive (racing dive)*

30 der Starter
- *starter*

31 die Schwimmbahn
- *swimming lane*

32 die Korkleine
- *rope with cork floats*

33-39 die Schwimmarten *f* (Schwimmstile *m*, Schwimmlagen *f*, Stilarten *f*)
- ***swimming strokes***

33 das Brustschwimmen
- *breaststroke*

34 das Schmetterlingsschwimmen (Butterfly)
- *butterfly stroke*

35 das Delphinschwimmen
- *dolphin butterfly stroke*

36 das Seitenschwimmen
- *side stroke*

37 das Kraulschwimmen (Crawlen, Kraulen, Kriechstoßschwimmen); *ähnl.:* das Handüberhandschwimmen
- *crawl stroke (crawl);* sim.: *trudgen stroke (trudgen, double overarm stroke)*

38 das Tauchen (Unterwasserschwimmen)
- *diving (underwater swimming)*

39 das Wassertreten
- *treading water*

40-45 das Wasserspringen (Wasserkunstspringen, Turmspringen, Kunstspringen, die Wassersprünge *m*)
- ***diving** (acrobatic diving, fancy diving, competitive diving, highboard diving)*

40 der Hechtsprung aus dem Stand *m*
- *standing take-off pike dive*

41 der Auerbachsprung vorwärts
- *one-half twist isander (reverse dive)*

42 der Salto (Doppelsalto) rückwärts
- *backward somersault (double backward somersault)*

43 die Schraube mit Anlauf *m*
- *running take-off twist dive*

44 der Bohrer
- *screw dive*

45 der Handstandsprung
- *armstand dive (handstand dive)*

46-50 das Wasserballspiel
- ***water polo***

46 das Wasserballtor
- *goal*

47 der Tormann
- *goalkeeper*

48 der Wasserball
- *water polo ball*

49 der Verteidiger
- *back*

50 der Stürmer
- *forward*

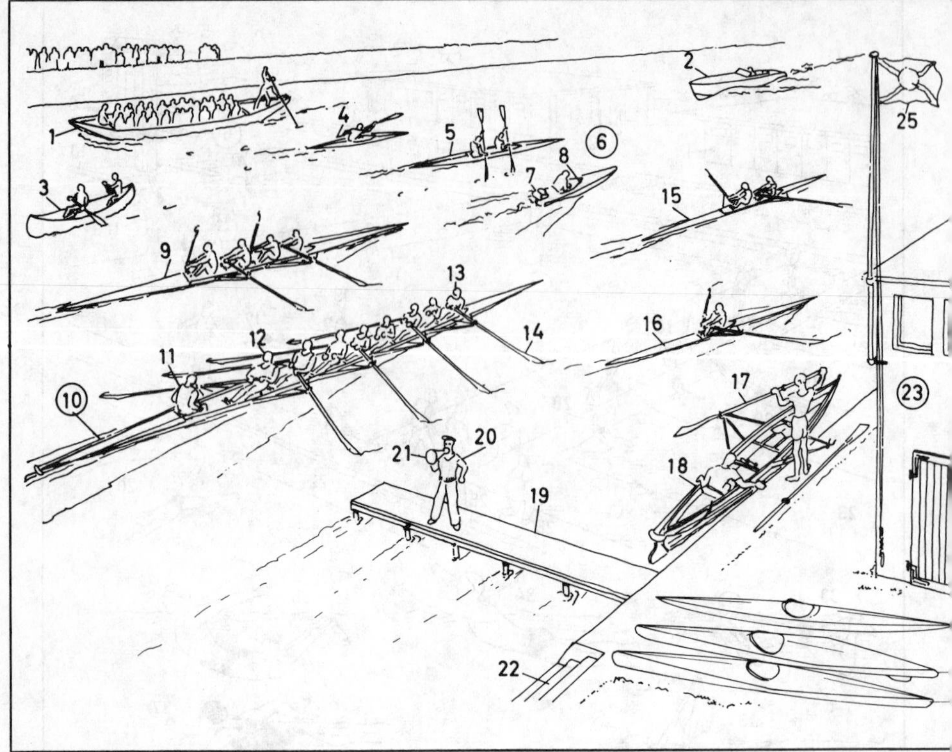

1-18 die Auffahrt zur Regatta (Ruderregatta, zum Wettrudern *n*)
- *taking up positions for the regatta*

1 der Stechkahn, ein Vergnügungsboot *n*
- *punt, a pleasure boat*

2 das Motorboot
- *motorboat*

3 der Kanadier, ein Kanu *n*
- *Canadian canoe*

4 der (das) Kajak (der Grönländer), ein Paddelboot *n*
- *kayak (Alaskan canoe, slalom canoe), a canoe*

5 der (das) Doppelkajak
- *tandem kayak*

6 das Außenbordmotorboot
- *outboard motorboat (outboard speedboat, outboard)*

7 der Außenbordmotor
- *outboard motor (outboard)*

8 die Plicht (das Kockpit, Cockpit, der Sitzraum)
- *cockpit*

9-16 Rennboote *n* (Sportboote, Auslegerboote)
- *racing boats (sportsboats, outriggers)*

9-15 Riemenboote *n*
- *shells (rowing boats,* Am. *rowboats)*

9 der Vierer ohne Steuermann *m* (Vierer ohne), ein Kraweelboot *n*
- *coxless four, a carvel-built boat*

10 der Achter (Rennachter)
- *eight (eight-oared racing shell)*

11 der Steuermann
- *cox*

12 der Schlagmann, ein Ruderer *m*
- *stroke, an oarsman*

13 der Bugmann (die „Nummer Eins")
- *bow ('number one')*

14 der Riemen
- *oar*

15 der Zweier (Riemenzweier)
- *coxless pair*

16 der Einer (Renneiner *das Skiff*)
- *single sculler (single skuller, racing sculler, racing skuller, skiff)*

17 das Skull
- *scull (skull)*

18 der Einer mit Steuermann *m*, ein Klinkereiner *m*
- *coxed single, a clinker-built single*

19 der Steg (Bootssteg, Landungssteg, Anlegesteg)
- *jetty (landing stage, mooring)*

20 der Rudertrainer
- *rowing coach*

21 das Megaphon (Sprachrohr, *scherzh.:* die Flüstertüte)
- *megaphone*

22 die Bootstreppe
- *quayside steps*

23 das Bootshaus (Klubhaus)
- *clubhouse (club)*

24 der Bootsschuppen
- *boathouse*

25 die Klubflagge (der Klubstander)
- *club's flag*

26-33 der Gigvierer, ein Gigboot *n* (Dollenboot, Tourenboot)
- *four-oared gig, a touring boat*

26 das Ruder
- *oar*

27 der Steuersitz
- *cox's seat*

28 die Ducht (Ruderbank)
- *thwart (seat)*

29 die Dolle (Riemenauflage)
- *rowlock (oarlock)*

30 der Dollbord
- *gunwale (gunnel)*

31 der Duchtweger
- *rising*

32 der Kiel (Außenkiel)
- *keel*

33 die Außenhaut [geklinkert]
- *skin (shell, outer skin) [clinker-built]*

34 das einfache Paddel (Stechpaddel, die Pagaie)
- *single-bladed paddle (paddle)*

35-38 der Riemen (das Skull)
- *oar (scull, skull)*

35 der Holm (Riemenholm)
- *grip*

36 die Belederung
- *leather sheath*

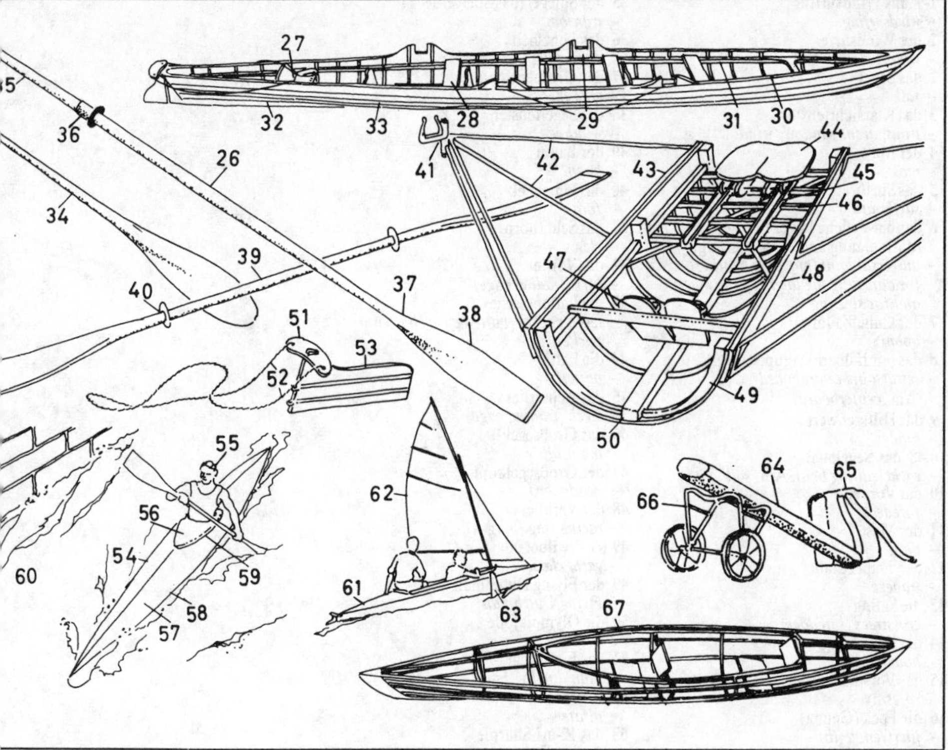

37 der Riemenhals
- *shaft (neck)*

38 das Blatt (Riemenblatt)
- *blade*

39 das Doppelpaddel
- *double-bladed paddle (double-ended paddle)*

40 der Tropfring
- *drip ring*

41-50 der Rollsitz (Rudersitz)
- *sliding seat*

41 die Dolle (Drehdolle)
- *rowlock (oarlock)*

42 der Ausleger
- *outrigger*

43 das Spülbord
- *saxboard*

44 der Rollsitz
- *sliding seat*

45 die Rollschiene (Rollbahn)
- *runner*

46 die Versteifung
- *strut*

47 das Stemmbrett
- *stretcher*

48 die Außenhaut
- *skin (shell, outer skin)*

49 der (das) Spant
- *frame (rib)*

50 der Kiel (Innenkiel)
- *kelson (keelson)*

51-53 das Ruder (Steuer)
- *rudder (steering rudder)*

51 das Ruderjoch (Steuerjoch)
- *yoke*

52 die Steuerleine
- *lines (steering lines)*

53 das Blatt (Ruderblatt, Steuerblatt)
- *blade (rudder blade, rudder)*

54-66 Faltboote *n*
- *folding boats (foldboats, canoes)*

54 der Faltbooteiner, ein Sporteiner *m*
- *one-man kayak*

55 der Faltbootfahrer
- *canoeist*

56 die Spritzdecke
- *spraydeck*

57 das Verdeck
- *deck*

58 die Gummihaut (Außenhaut, Bootshaut)
- *rubber-covered canvas hull*

59 der Süllrand
- *cockpit coaming (coaming)*

60 die Floßgasse am Wehr *n*
- *channel for rafts alongside weir*

61 der Faltbootzweier, ein Tourenzweier *m* (Wanderzweier)
- *two-seater folding kayak, a touring kayak*

62 das Faltbootsegel
- *sail of folding kayak*

63 das Seitenschwert
- *leeboard*

64 die Stabtasche
- *bag for the rods*

65 der Bootsrucksack
- *rucksack*

66 der Bootswagen
- *boat trailer (boat carriage)*

67 das Faltbootgerüst
- *frame of folding kayak*

68-70 Kajaks *m od. n*
- *kayaks*

68 der (das) Eskimokajak
- *Eskimo kayak*

69 der (das) Wildwasserrennkajak
- *wild-water racing kayak*

70 der (das) Wanderkajak
- *touring kayak*

1-9 das Windsurfing
- ***windsurfing***
1 der Windsurfer
- *windsurfer*
2 das Segel
- *sail*
3 das Klarsichtfenster
- *transparent window (window)*
4 der Mast
- *mast*
5 das Surfbrett
- *surfboard*
6 das bewegliche Lager für die Mastneigung und die Steuerung
- *universal joint (movable bearing) for adjusting the angle of the mast and for steering*
7 der Gabelbaum
- *boom*
8 das (einholbare) Hauptschwert
- *retractable centreboard* (Am. *centerboard)*
9 das Hilfsschwert
- *rudder*

10-48 das Segelboot
- ***yacht*** *(sailing boat,* Am. *sailboat)*
10 das Vordeck
- *foredeck*
11 der Mast
- *mast*
12 der Trapezdraht
- *trapeze*
13 die Saling
- *crosstrees (spreader)*
14 der Wanthänger
- *hound*
15 das Vorstag
- *forestay*
16 die Fock (Genua)
- *jib (Genoa jib)*
17 der Fockniederholer
- *jib downhaul*
18 die Want
- *side stay (shroud)*
19 der Wantenspanner
- *lanyard (bottlescrew)*
20 der Mastfuß
- *foot of the mast*
21 der Baumniederholer
- *kicking strap (vang)*
22 die Fockschotklemme
- *jam cleat*
23 die Fockschot
- *foresheet (jib sheet)*
24 der Schwertkasten
- *centreboard* (Am. *centerboard) case*
25 der Knarrpoller
- *bitt*
26 das Schwert
- *centreboard* (Am. *centerboard)*
27 der Traveller
- *traveller* (Am. *traveler)*
28 die Großschot
- *mainsheet*
29 die Fockschotleitschiene
- *fairlead*
30 die Ausreitgurte *m*
- *toestraps (hiking straps)*
31 der Pinnenausleger
- *tiller extension (hiking stick)*
32 die Pinne
- *tiller*
33 der Ruderkopf
- *rudderhead (rudder stock)*
34 das Ruderblatt
- *rudder blade (rudder)*
35 der Spiegel (das Spiegelheck)
- *transom*
36 das Lenzloch
- *drain plug*
37 der Großsegelhals
- *gooseneck*
38 das Segelfenster
- *window*
39 der Baum
- *boom*
40 das Unterliek
- *foot*
41 das Schothorn
- *clew*
42 das Vorliek
- *luff (leading edge)*
43 die Lattentasche
- *leech pocket (batten cleat, batten pocket)*
44 die Latte
- *batten*
45 das Achterliek
- *leech (trailing edge)*
46 das Großsegel
- *mainsail*
47 der Großsegelkopf
- *headboard*
48 der Verklicker
- *racing flag (burgee)*

49-65 die Bootsklassen *f*
- ***yacht classes***
49 der Flying Dutchman
- *Flying Dutchman*
50 die Olympiajolle
- *O-Joller*
51 das Finndingi
- *Finn dinghy (Finn)*
52 der Pirat
- *pirate*
53 das 12-m²-Sharpie
- *12.00 m² sharpie*
54 das Tempest
- *tempest*
55 der Star
- *star*
56 das (der) Soling
- *soling*
57 der Drachen
- *dragon*
58 die 5,5-m-Klasse
- *5.5-metre* (Am. *5.5-meter) class*
59 die 6-m-R-Klasse
- *6-metre* (Am. *6-meter) R-class*
60 der 30-m²-Schärenkreuzer
- *30.00 m² cruising yacht (coastal cruiser)*
61 der 30-m²-Jollenkreuzer
- *30.00 m² dinghy cruiser*
62 die 25-m²-Einheitskieljacht
- *25.00 m² one-design keelboat*
63 die KR-Klasse
- *KR-class*
64 der Katamaran
- *catamaran*
65 der Doppelrumpf
- *twin hull*

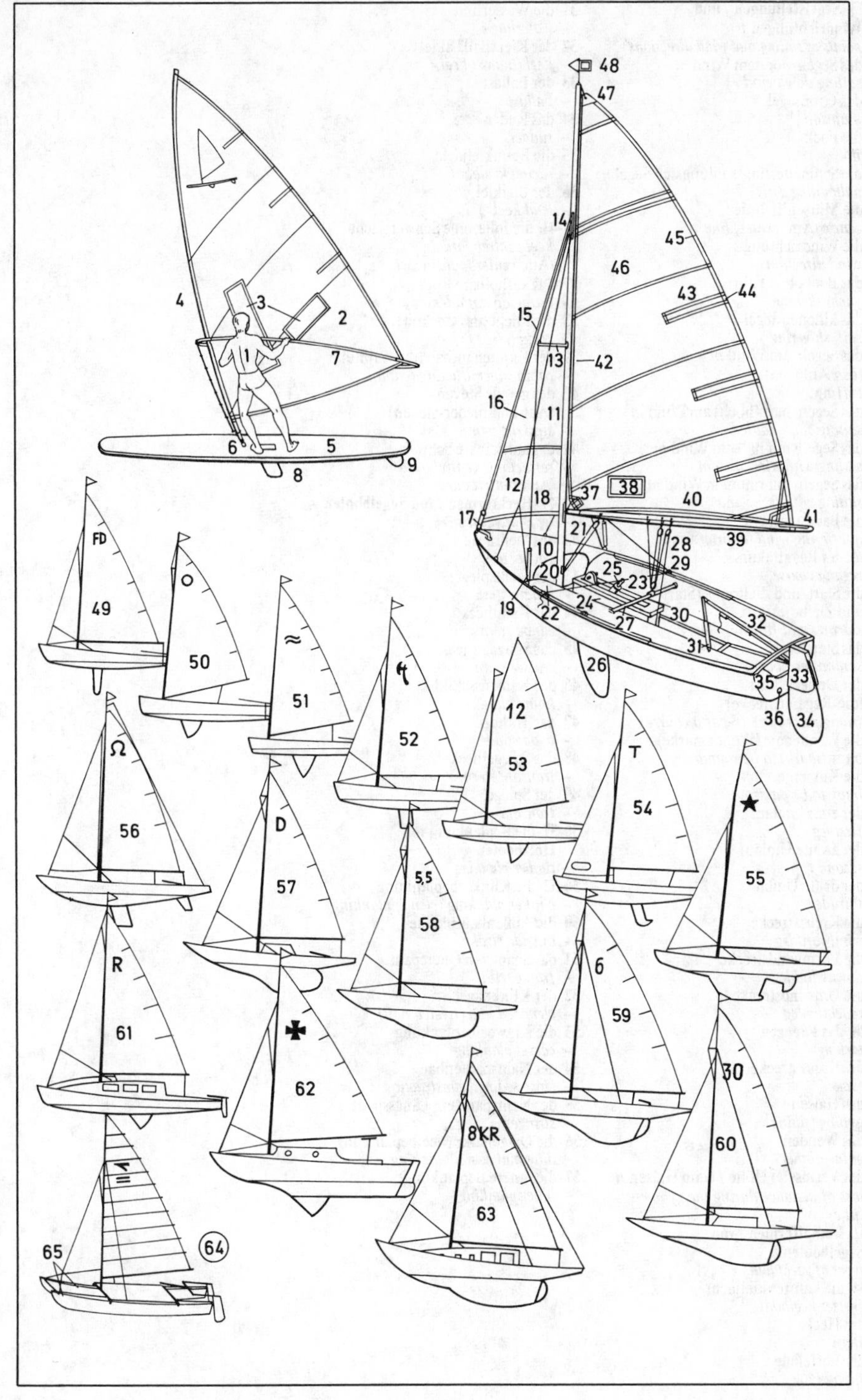
48
47
4
3
2
1
7
6
5
9
8
14
15
13
42
16
11
12
18
17
37
38
40
41
39
45
46
43
44
21
10
20
19
22
25
23
24
27
28
29
30
31
32
26
35
33
36
34
FD
49
O
50
≈
51
52
12
53
T
54
55
Ω
56
D
57
5.5
58
R
61
62
6
59
30
60
8KR
63
65
64

1-13 Segelstellungen *f* **und Windrichtungen** *f*
- ***points of sailing and wind directions***
1 das Segeln vor dem Wind *m*
- *sailing downwind*
2 das Großsegel
- *mainsail*
3 die Fock
- *jib*
4 die Schmetterlingsstellung der Segel *n*
- *ballooning sails*
5 die Mittschiffslinie
- *centre* (Am. *center) line*
6 die Windrichtung
- *wind direction*
7 das Boot ohne Fahrt *f*
- *yacht tacking*
8 das killende Segel
- *sail, shivering*
9 das Segeln am Wind *m* (das Anluven)
- *luffing*
10 das Segeln hart (hoch) am Wind *m*
- *sailing close-hauled*
11 das Segeln mit halbem Wind *m*
- *sailing with wind abeam*
12 das Segeln mit raumem Wind *m*
- *sailing with free wind*
13 die Backstagsbrise
- *quartering wind (quarter wind)*
14-24 der Regattakurs
- ***regatta course***
14 die Start- und Zieltonne (Start- und Zielboje)
- *starting and finishing buoy*
15 das Startschiff
- *committee boat*
16 der Dreieckskurs (die Regattastrecke)
- *triangular course (regatta course)*
17 die Wendeboje (Wendemarke)
- *buoy (mark) to be rounded*
18 die Kursboje
- *buoy to be passed*
19 der erste Umlauf
- *first leg*
20 der zweite Umlauf
- *second leg*
21 der dritte Umlauf
- *third leg*
22 die Kreuzstrecke
- *windward leg*
23 die Vormwindstrecke
- *downwind leg*
24 die Umwindstrecke
- *reaching leg*
25-28 das Kreuzen
- ***tacking***
25 die Kreuzstrecke
- *tack*
26 das Halsen
- *gybing (jibing)*
27 das Wenden
- *going about*
28 der Verlust an Höhe *f* beim Halsen *n*
- *loss of distance during the gybe (jibe)*
29-41 Rumpfformen *f* **von Segelbooten** *n*
- ***types of yacht hull***
29-34 die Fahrtenkieljacht
- *cruiser keelboat*
29 das Heck
- *stern*
30 der Löffelbug
- *spoon bow*
31 die Wasserlinie
- *waterline*
32 der Kiel (Ballastkiel)
- *keel (ballast keel)*
33 der Ballast
- *ballast*
34 das Ruder
- *rudder*
35 die Rennkieljacht
- *racing keelboat*
36 der Bleikiel
- *lead keel*
37-41 die Jolle, eine Schwertjacht
- *keel-centreboard* (Am. *centerboard) yawl*
37 das aufholbare Ruder
- *retractable rudder*
38 die Plicht (das Cockpit)
- *cockpit*
39 der Kajütenaufbau (die Kajüte)
- *cabin superstructure (cabin)*
40 der gerade Steven (Auf-und-nieder-Steven)
- *straight stem*
41 das aufholbare Schwert
- *retractable centreboard* (Am. *centerboard)*
42-49 Heckformen *f* **von Segelbooten** *n*
- ***types of yacht stern***
42 das Jachtheck
- *yacht stern*
43 der Jachtspiegel
- *square stern*
44 das Kanuheck
- *canoe stern*
45 das Spitzgattheck
- *cruiser stern*
46 das Namensschild
- *name plate*
47 das Totholz
- *deadwood*
48 das Spiegelheck
- *transom stern*
49 der Spiegel
- *transom*
50-57 die Beplankung von Holzbooten *n*
- ***timber planking***
50-52 die Klinkerbeplankung
- *clinker planking (clench planking)*
50 die Außenhautplanke
- *outside strake*
51 das Spant, ein Querspant *n*
- *frame (rib)*
52 der Klinknagel
- *clenched nail (riveted nail)*
53 die Kraweelbeplankung
- *carvel planking*
54 der Nahtspantenbau
- *close-seamed construction*
55 der Nahtspant, ein Längsspant *n*
- *stringer*
56 die Diagonalkraweelbeplankung
- *diagonal carvel planking*
57 die innere Beplankung
- *inner planking*

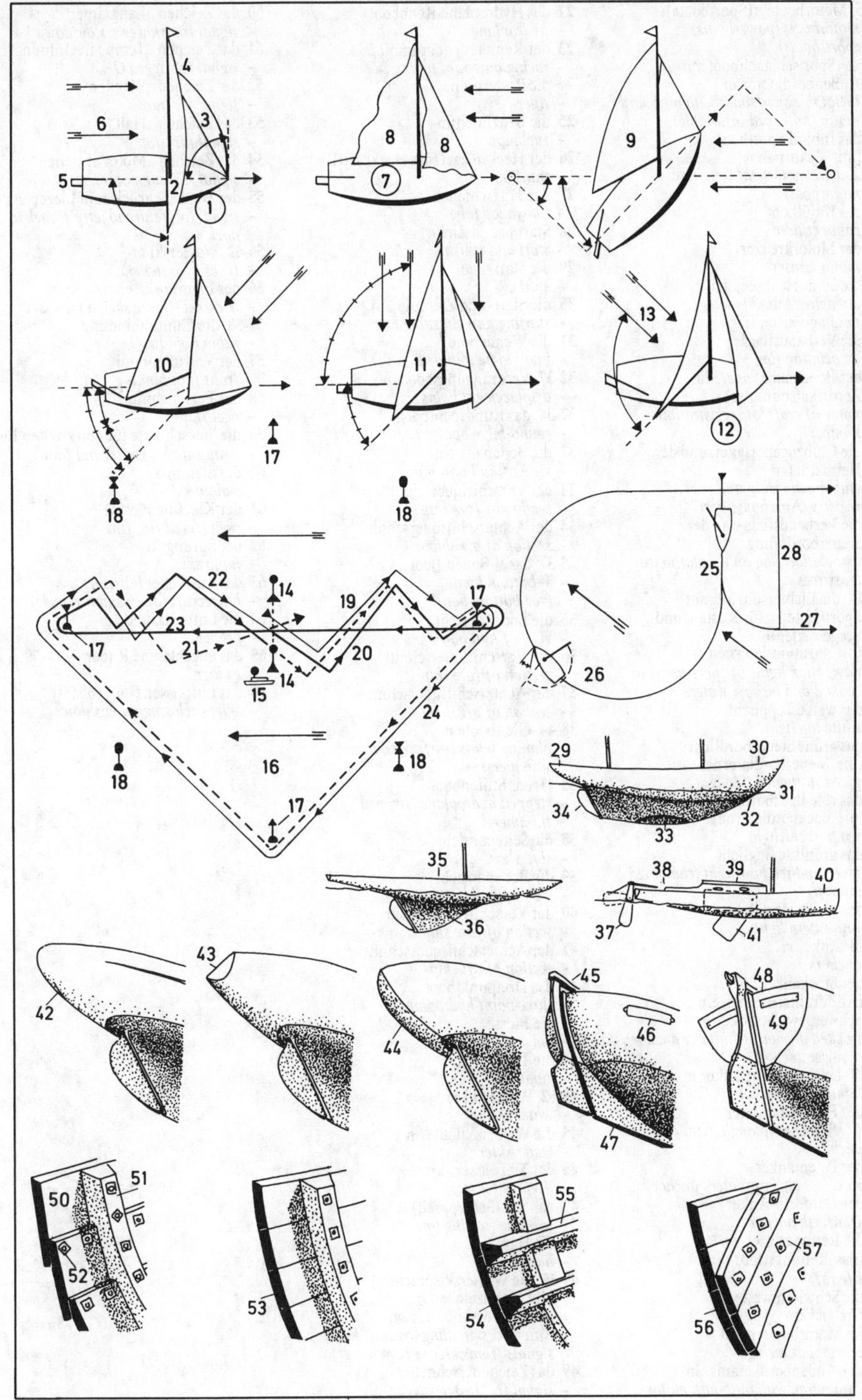
1
2
3
4
5
6
7
8
8
9
10
11
12
13
14
14
15
16
17
17
17
17
17
18
18
18
18
19
20
21
22
23
24
25
26
27
28
29
30
31
32
33
34
35
36
37
38
39
40
41
42
43
44
45
46
47
48
49
50
51
52
53
54
55
56
57

1-5 Motorboote *n* (Sportboote)
- *motorboats (powerboats, sportsboats)*

1 das Sportschlauchboot mit Außenbordmotor *m*
- *inflatable sportsboat with outboard motor (outboard inflatable)*

2 das Inbord-Sportboot [mit Z-Antrieb *m*]
- *Z-drive motorboat (outdrive motorboat)*

3 das Kajütboot
- *cabin cruiser*

4 der Motorkreuzer
- *motor cruiser*

5 die 30-m-Hochseejacht
- *30-metre (*Am.* 30-meter) ocean-going cruiser*

6 die Verbandsflagge
- *association flag*

7 der Bootsname (*oder:* die Zertifikatsnummer)
- *name of craft (*or: *registration number)*

8 die Clubzugehörigkeit und der Heimathafen
- *club membership and port of registry (*Am.* home port)*

9 die Verbandsflagge an der Steuerbordsaling
- *association flag on the starboard crosstrees*

10-14 die Lichterführung auf Sportbooten *n* für Küsten- und Seegewässer *n* (die Positionslaternen *f*)
- *navigation lights of sportsboats in coastal and inshore waters*

10 das weiße Topplicht
- *white top light*

11 das grüne Steuerbordlicht (die Steuerbordlaterne)
- *green starboard sidelight*

12 das rote Backbordlicht (die Backbordlaterne)
- *red port sidelight*

13 das grünrote Buglicht
- *green and red bow light (combined lantern)*

14 das weiße Hecklicht
- *white stern light*

15-18 Anker *m*
- *anchors*

15 der Stockanker (Admiralitätsanker), ein Schwergewichtsanker *m*
- *stocked anchor (Admiralty anchor), a bower anchor*

16-18 Leichtgewichtsanker *m*
- *lightweight anchor*

16 der Pflugscharanker
- *CQR anchor (plough,* Am. *plow, anchor)*

17 der Patentanker
- *stockless anchor (patent anchor)*

18 der Danforth-Anker
- *Danforth anchor*

19 die Rettungsinsel (das Rettungsfloß)
- *life raft*

20 die Schwimmweste
- *life jacket*

21-44 Motorbootrennen *n*
- *powerboat racing*

21 der Außenbordkatamaran
- *catamaran with outboard motor*

22 das Hydroplane-Rennboot
- *hydroplane*

23 der Rennaußenbordmotor
- *racing outboard motor*

24 die Ruderpinne
- *tiller*

25 die Benzinleitung
- *fuel pipe*

26 der Heckspiegel (das Heckbrett)
- *transom*

27 der Tragschlauch
- *buoyancy tube*

28 Start *m* und Ziel *n*
- *start and finish*

29 die Startzone
- *start*

30 die Start- und Ziellinie
- *starting and finishing line*

31 die Wendeboje
- *buoy to be rounded*

32-37 Verdrängungsboote *n*
- *displacement boats*

32-34 das Rundspantboot
- *round-bilge boat*

32 die Bodenansicht
- *view of hull bottom*

33 der Vorschiffquerschnitt
- *section of fore ship*

34 der Achterschiffquerschnitt
- *section of aft ship*

35-37 das V-Boden-Boot
- *V-bottom boat (vee-bottom boat)*

35 die Bodenansicht
- *view of hull bottom*

36 der Vorschiffquerschnitt
- *section of fore ship*

37 der Achterschiffquerschnitt
- *section of aft ship*

38-44 Gleitboote *n*
- *planing boats (surface skimmers, skimmers)*

38-41 das Stufenboot
- *stepped hydroplane (stepped skimmer)*

38 die Seitenansicht
- *side view*

39 die Bodenansicht
- *view of hull bottom*

40 der Vorschiffquerschnitt
- *section of fore ship*

41 der Achterschiffquerschnitt
- *section of aft ship*

42 das Dreipunktboot
- *three-point hydroplane*

43 die Flosse
- *fin*

44 die Tatze
- *float*

45-62 Wasserski *m*
- *water skiing*

45 die Wasserskiläuferin
- *water skier*

46 der Tiefwasserstart
- *deep-water start*

47 das Seil (Schleppseil)
- *tow line (towing line)*

48 die Hantel
- *handle*

49-55 die Wasserskisprache (die Handzeichen *n* des Wasserskiläufers *m*)
- *water-ski signalling (code of hand signals from skier to boat driver)*

49 das Zeichen „Schneller"
- *signal for 'faster'*

50 das Zeichen „Langsamer"
- *signal for 'slower' ('slow down')*

51 das Zeichen „Tempo in Ordnung"
- *signal for 'speed OK'*

52 das Zeichen „Wenden"
- *signal for 'turn'*

53 das Zeichen „Halt"
- *signal for 'stop'*

54 das Zeichen „Motor abstellen"
- *signal for 'cut motor'*

55 der Wink „Zurück zum Liegeplatz"
- *signal for 'return to jetty' ('back to dock')*

56-62 Wasserski *m*
- *types of water ski*

56 der Figurenski, ein Monoski
- *trick ski (figure ski), a monoski*

57-58 die Gummibindung
- *rubber binding*

57 der Vorfußgummi
- *front foot binding*

58 der Fersengummi
- *heel flap*

59 die Stegschlaufe für den zweiten Fuß
- *strap support for second foot*

60 der Slalomski
- *slalom ski*

61 der Kiel (die Flosse)
- *skeg (fixed fin, fin)*

62 der Sprungski
- *jump ski*

63 das Luftkissenfahrzeug
- *hovercraft (air-cushion vehicle)*

64 die Luftschraube
- *propeller*

65 das angeblasene Ruder
- *rudder*

66 das Luftkissen (Luftpolster)
- *skirt enclosing air cushion*

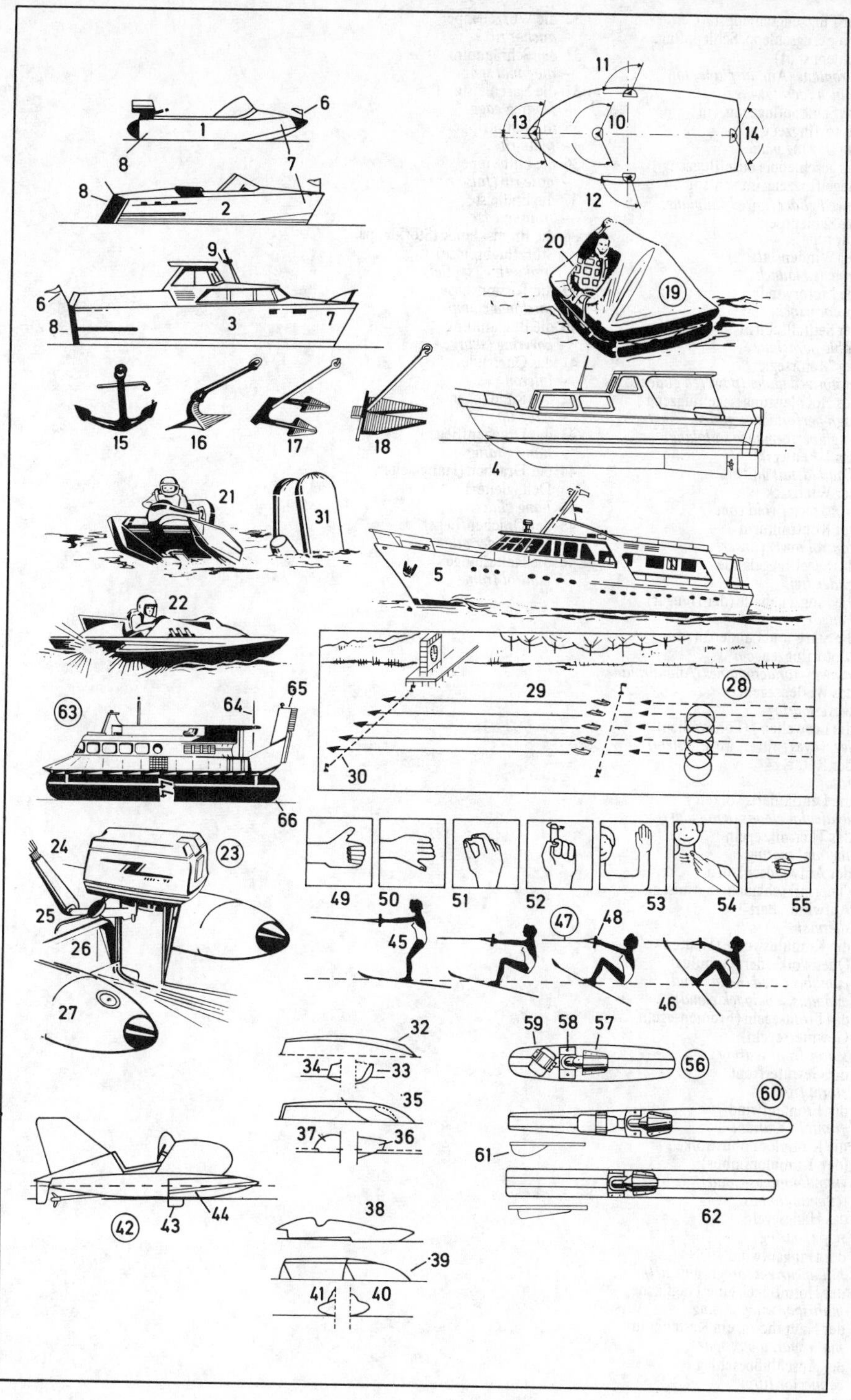
1
2
3
4
5
6
7
8
9
10
11
12
13
14
15
16
17
18
19
20
21
22
23
24
25
26
27
28
29
30
31
32
33
34
35
36
37
38
39
40
41
42
43
44
45
46
47
48
49
50
51
52
53
54
55
56
57
58
59
60
61
62
63
64
65
66

1 der Flugzeugschleppstart (Flugzeugschlepp, Schleppflug, Schleppstart)
- *aeroplane (*Am. *airplane) tow launch (aerotowing)*

2 das Schleppflugzeug, ein Motorflugzeug *n*
- *tug (towing plane)*

3 das geschleppte Segelflugzeug (Segelflugzeug im Schlepp *m*)
- *towed glider (towed sailplane)*

4 das Schleppseil
- *tow rope*

5 der Windenstart
- *winched launch*

6 die Motorwinde
- *motor winch*

7 der Seilfallschirm
- *cable parachute*

8 der Motorsegler
- *motorized glider (powered glider)*

9 das Hochleistungssegelflugzeug
- *high-performance glider (high-performance sailplane)*

10 das T-Leitwerk
- *T-tail (T-tail unit)*

11 der Windsack
- *wind sock (wind cone)*

12 der Kontrollturm
- *control tower (tower)*

13 das Segelfluggelände
- *glider field*

14 die Flugzeughalle (der Hangar)
- *hangar*

15 die Start- und Landebahn für Motorflugzeuge *n*
- *runway for aeroplanes (*Am. *airplanes)*

16 das Wellensegeln
- *wave soaring*

17 die Leewellen *f* (Föhnwellen)
- *lee waves (waves, wave system)*

18 der Rotor
- *rotor*

19 die Lentikulariswolken *f*
- *lenticular clouds (lenticulars)*

20 das Thermiksegeln
- *thermal soaring*

21 der Aufwindschlauch (Thermikschlauch, thermische Aufwind, „Bart")
- *thermal*

22 die Kumuluswolke (Haufenwolke, Quellwolke, der Kumulus)
- *cumulus cloud (heap cloud, cumulus, woolpack cloud)*

23 das Frontsegeln (Frontensegeln, Gewittersegeln)
- *storm-front soaring*

24 die Gewitterfront
- *storm front*

25 der Frontaufwind
- *frontal upcurrent*

26 die Kumulonimbuswolke (der Kumulonimbus)
- *cumulonimbus cloud (cumulonimbus)*

27 das Hangsegeln
- *slope soaring*

28 der Hangaufwind
- *hill upcurrent (orographic lift)*

29 der Holmflügel, eine Tragfläche
- *multispar wing, a wing*

30 der Hauptholm, ein Kastenholm
- *main spar, a box spar*

31 der Anschlußbeschlag
- *connector fitting*

32 die Wurzelrippe
- *anchor rib*

33 der Schrägholm
- *diagonal spar*

34 die Nasenleiste
- *leading edge*

35 die Hauptrippe
- *main rib*

36 die Hilfsrippe
- *nose rib (false rib)*

37 die Endleiste
- *trailing edge*

38 die Bremsklappe (Störklappe, Sturzflugbremse)
- *brake flap (spoiler)*

39 die Torsionsnase
- *torsional clamp*

40 die Bespannung
- *covering (skin)*

41 das Querruder
- *aileron*

42 der Randbogen
- *wing tip*

43 das Drachenfliegen
- *hang gliding*

44 der Drachen (Hanggleiter, Deltagleiter)
- *hang glider*

45 der Drachenflieger
- *hang glider pilot*

46 die Haltestange
- *control frame*

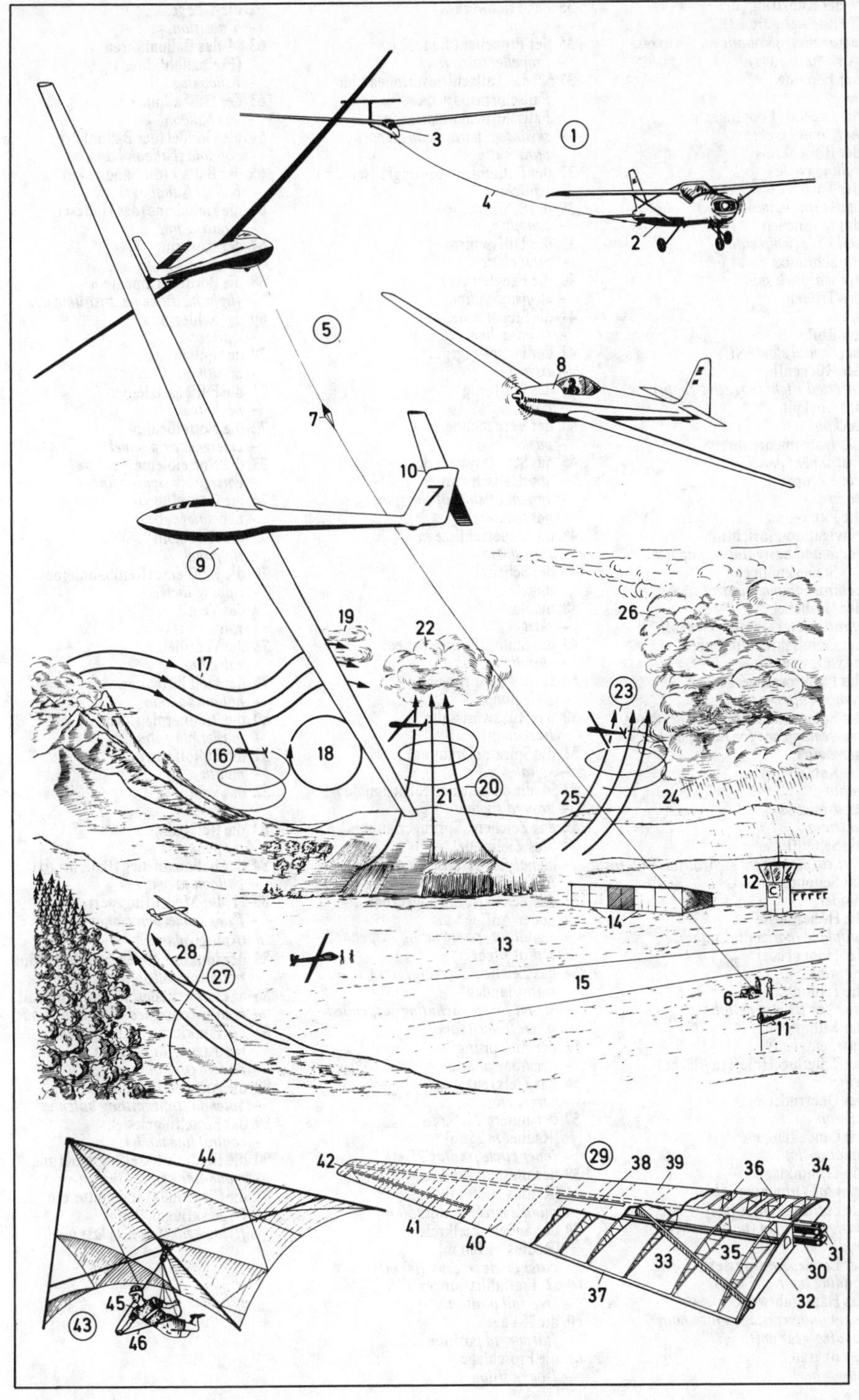
1
2
3
4
5
6
7
8
9
10
11
12
13
14
15
16
17
18
19
20
21
22
23
24
25
26
27
28
29
30
31
32
33
34
35
36
37
38
39
40
41
42
43
44
45
46

1-9 der Kunstflug (die Kunstflugfiguren *f*)
- ***aerobatics*** *(aerobatic manoeuvres,* Am. *maneuvers)*

1 der Looping
- *loop*

2 die liegende Loopingacht
- *horizontal eight*

3 der Rollenkreis
- *rolling circle*

4 der Turn
- *stall turn (hammer head)*

5 das Männchen
- *tail slide (whip stall)*

6 die Schraube
- *vertical flick spin*

7 das Trudeln
- *spin*

8 die Rolle
- *horizontal slow roll*

9 der Rückenflug
- *inverted flight (negative flight)*

10 das Cockpit
- ***cockpit***

11 das Instrumentenbrett
- *instrument panel*

12 der Kompaß
- *compass*

13 die Funk- und Navigationseinrichtung
- *radio and navigation equipment*

14 der Steuerknüppel
- *control column (control stick)*

15 der Gashebel
- *throttle lever (throttle control)*

16 der Gemischregulierhebel
- *mixture control*

17 das Funksprechgerät
- *radio equipment*

18 der Sport- und Kunstflugzweisitzer
- ***two-seater plane for racing and aerobatics***

19 die Kabine
- *cabin*

20 die Antenne
- *antenna*

21 die Seitenflosse
- *vertical stabilizer (vertical fin, tail fin)*

22 das Seitenruder
- *rudder*

23 die Höhenflosse
- *tailplane (horizontal stabilizer)*

24 das Höhenruder
- *elevator*

25 die Trimmklappe
- *trim tab (trimming tab)*

26 der Rumpf
- *fuselage (body)*

27 der Tragflügel (die Tragfläche)
- *wing*

28 das Querruder
- *aileron*

29 die Landeklappe
- *landing flap*

30 die Trimmklappe
- *trim tab (trimming tab)*

31 die Positionslampe [rot]
- *navigation light (position light) [red]*

32 der Landescheinwerfer
- *landing light*

33 das Hauptfahrwerk
- *main undercarriage unit (main landing gear unit)*

34 das Bugrad
- *nose wheel*

35 das Triebwerk
- *engine*

36 der Propeller (die Luftschraube)
- *propeller (airscrew)*

37-62 das Fallschirmspringen (der Fallschirmsport, das Fallschirmsportspringen)
- ***skydiving*** *(parachuting, sport parachuting)*

37 der Fallschirm (Sprungfallschirm)
- *parachute*

38 die Schirmkappe
- *canopy*

39 der Hilfsschirm
- *pilot chute*

40 die Fangleinen *f*
- *suspension lines*

41 die Steuerleine
- *steering line*

42 der Haupttragegurt
- *riser*

43 das Gurtzeug
- *harness*

44 der Verpackungssack
- *pack*

45 das Schlitzsystem des Sportfallschirms *m*
- *system of slots of the sports parachute*

46 die Steuerschlitze *m*
- *turn slots*

47 der Scheitel
- *apex*

48 die Basis
- *skirt*

49 das Stabilisierungspaneel
- *stabilizing panel*

50-51 das Stilspringen
- *style jump*

50 das Rückwärtssalto
- *back loop*

51 die Spirale (Drehung)
- *spiral*

52-54 die ausgelegten Sichtsignale *n*
- *ground signals*

52 das Zeichen „Sprungerlaubnis" *f* (das Zielkreuz)
- *signal for 'permission to jump' ('conditions are safe') (target cross)*

53 das Zeichen „Sprungverbot *n* – neuer Anflug" *m*
- *signal for 'parachuting suspended – repeat flight'*

54 das Zeichen „Sprungverbot *n* – sofort landen"
- *signal for 'parachuting suspended – aircraft must land'*

55 der Zielsprung
- *accuracy jump*

56 das Zielkreuz
- *target cross*

57 der innere Zielkreis [Radius *m* 25 m]
- *inner circle [radius 25 m]*

58 der mittlere Zielkreis [Radius *m* 50 m]
- *middle circle [radius 50 m]*

59 der äußere Zielkreis [Radius *m* 100 m]
- *outer circle [radius 100 m]*

60-62 Freifallhaltungen *f*
- *free-fall positions*

60 die X-Lage
- *full spread position*

61 die Froschlage
- *frog position*

62 die T-Lage
- *T position*

63-84 das Ballonfahren (Freiballonfahren)
- ***ballooning***

63 der Gasballon
- *gas balloon*

64 die Gondel (der Ballonkorb)
- *gondola (balloon basket)*

65 der Ballast (die Sandsäcke)
- *ballast (sandbags)*

66 die Halteleine (das Halteseil)
- *mooring line*

67 der Korbring
- *hoop*

68 die Bordinstrumente *n*
- *flight instruments (instruments)*

69 das Schlepptau
- *trail rope*

70 der Füllansatz
- *mouth (neck)*

71 die Füllansatzleinen *f*
- *neck line*

72 die Notreißbahn
- *emergency rip panel*

73 die Notreißleine
- *emergency ripping line*

74 die Gänsefüße *m*
- *network (net)*

75 die Reißbahn
- *rip panel*

76 die Reißleine (Reißbahnleine)
- *ripping line*

77 das Ventil
- *valve*

78 die Ventilleine
- *valve line*

79 der Heißluftballon
- *hot-air balloon*

80 die Brennerplattform
- *burner platform*

81 die Füllöffnung
- *mouth*

82 das Ventil
- *vent*

83 die Reißbahn
- *rip panel*

84 der Ballonaufstieg (Ballonstart)
- *balloon take-off*

85-91 der Modellflugsport
- ***flying model aeroplanes*** *(Am. airplanes)*

85 der funkferngesteuerte Modellflug
- *radio-controlled model flight*

86 das ferngesteuerte Freiflugmodell
- *remote-controlled free flight model*

87 die Funkfernsteuerung (das Fernsteuerfunkgerät)
- *remote control radio*

88 die Antenne (Sendeantenne)
- *antenna (transmitting antenna)*

89 das Fesselflugmodell
- *control line model*

90 die Eindrahtfesselflugsteuerung
- *mono-line control system*

91 die fliegende Hundehütte, ein Groteskflugmodell *n*
- *flying kennel, a K9-class model*

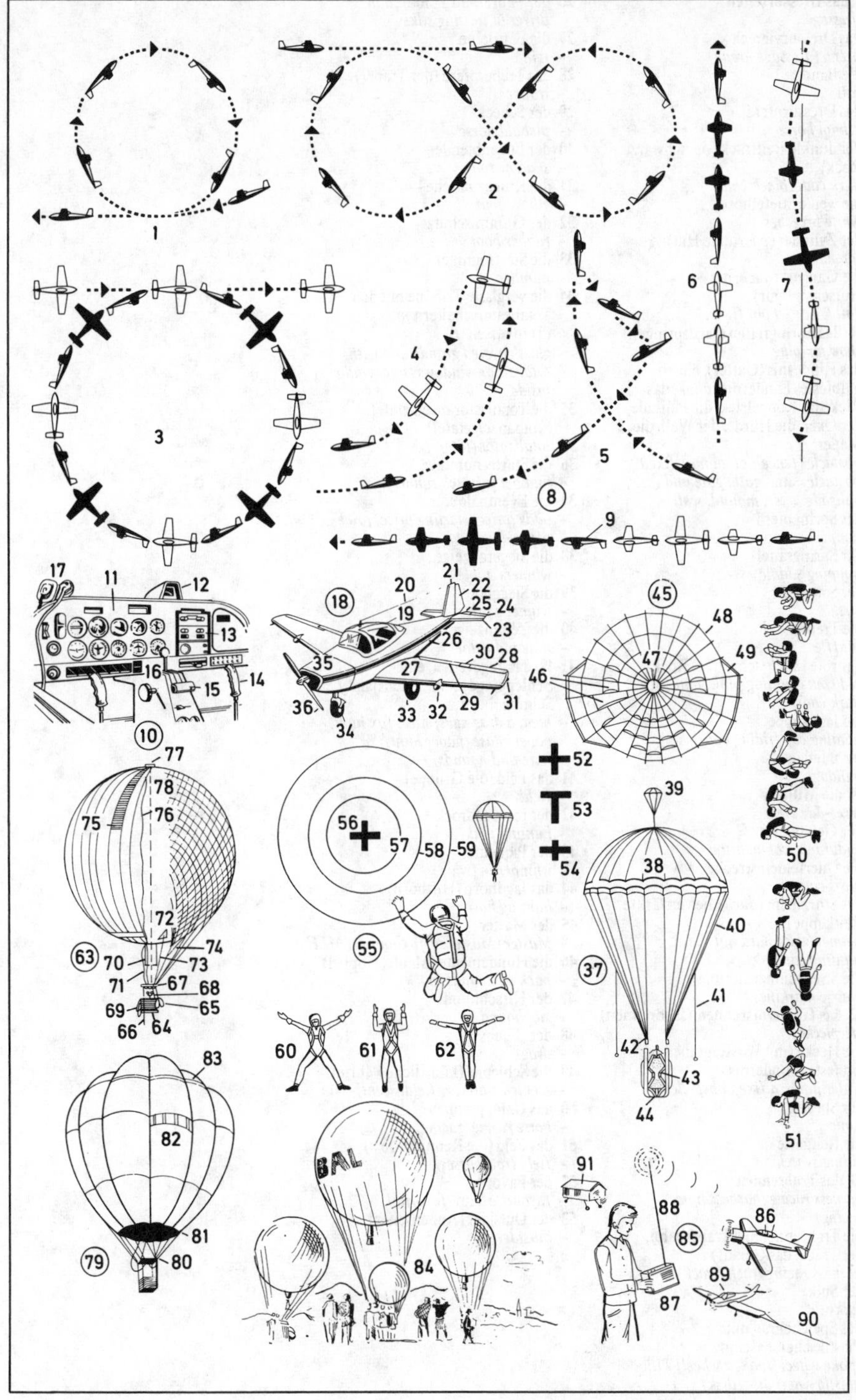
BAL

1-7 das Dressurreiten
- ***dressage***
1 das Dressurviereck
- *arena (dressage arena)*
2 die Bande
- *rail*
3 das Dressurpferd
- *school horse*
4 der dunkle Reitfrack (*od.* schwarze Rock)
- *dark coat (black coat)*
5 die weiße Stiefelhose
- *white breeches*
6 der Zylinder (*od.* runde Hut)
- *top hat*
7 die Gangart (*auch:* die Hufschlagfigur)
- *gait (*also: *school figure)*
8-14 das Springreiten (Jagdspringen)
- ***show jumping***
8 das Hindernis (Gatter), ein halbfestes Hindernis; *ähnl.:* das Rick, das Koppelrick, die Palisade, der Oxer, die Hürde, der Wall, die Mauer
- *obstacle (fence), an almost-fixed obstacle;* sim.: *gate, gate and rails, palisade, oxer, mound, wall*
9 das Springpferd
- *jumper*
10 der Springsattel
- *jumping saddle*
11 der Sattelgurt
- *girth*
12 die Trense
- *snaffle*
13 der rote (*auch:* schwarze) Rock
- *red coat (hunting pink, pink;* also: *dark coat)*
14 die Jagdkappe
- *hunting cap (riding cap)*
15 die Bandage
- *bandage*
16-19 die Military
- ***three-day event***
16 der Geländeritt
- *endurance competition*
17 die Querfeldeinstrecke
- *cross-country*
18 der Sturzhelm (*auch:* die verstärkte Reitkappe)
- *helmet (*also: *hard hat, hard hunting cap)*
19 die Streckenmarkierung
- *course markings*
20-22 das Hindernisrennen (Jagdrennen)
- ***steeplechase***
20 die Hecke (mit Wassergraben *m*), ein festes Hindernis
- *water jump, a fixed obstacle*
21 der Sprung
- *jump*
22 die Reitgerte
- *riding switch*
23-40 das Trabrennen
- ***harness racing*** *(harness horse racing)*
23 die Trabrennbahn (Traberbahn, der Track, das Geläuf)
- *harness racing track (track)*
24 der Sulky
- *sulky*
25 das Speichenrad mit Plastikscheibenschutz *m*
- *spoke wheel (spoked wheel) with plastic wheel disc (disk)*
26 der Fahrer, im Trabdreß *m*
- *driver in trotting silks*
27 die Fahrleine
- *rein*
28 das Traberpferd (der Traber)
- *trotter*
29 der Scheck
- *piebald horse*
30 der Bodenblender
- *shadow roll*
31 die Kniegamasche
- *elbow boot*
32 der Gummischutz
- *rubber boot*
33 die Startnummer
- *number*
34 die verglaste Tribüne mit den Totalisatorschaltern *m* (Totokassen *f*)
- *glass-covered grandstand with totalizator windows (tote windows) inside*
35 die Totalisatoranzeigetafel (Totoanzeigetafel)
- *totalizator (tote)*
36 die Starternummer
- *number [of each runner]*
37 die Eventualquote
- *odds (price, starting price, price offered)*
38 die Siegeranzeige
- *winners' table*
39 die Siegquote
- *winner's price*
40 die Zeitanzeige
- *time indicator*
41-49 das Jagdreiten, eine Schleppjagd; *ähnl.:* Fuchsjagd *f*, Schnitzeljagd
- ***hunt, a drag hunt;*** sim.: *fox hunt, paper chase (paper hunt, hare-and-hounds)*
41 das Feld (die Gruppe)
- *field*
42 der rote Jagdrock
- *hunting pink*
43 der Piqueur
- *whipper-in (whip)*
44 das Jagdhorn (Hifthorn)
- *hunting horn*
45 der Master
- *Master (Master of foxhounds, MFH)*
46 die Hundemeute (Meute, Koppel)
- *pack of hounds (pack)*
47 der Hirschhund
- *staghound*
48 der „Fuchs"
- *drag*
49 die Schleppe (künstliche Fährte)
- *scented trail (artificial scent)*
50 das Galopprennen
- ***horse racing*** *(racing)*
51 das Feld (die Rennpferde *n*)
- *field (racehorses)*
52 der Favorit
- *favourite (*Am. *favorite)*
53 der Outsider (Außenseiter)
- *outsider*

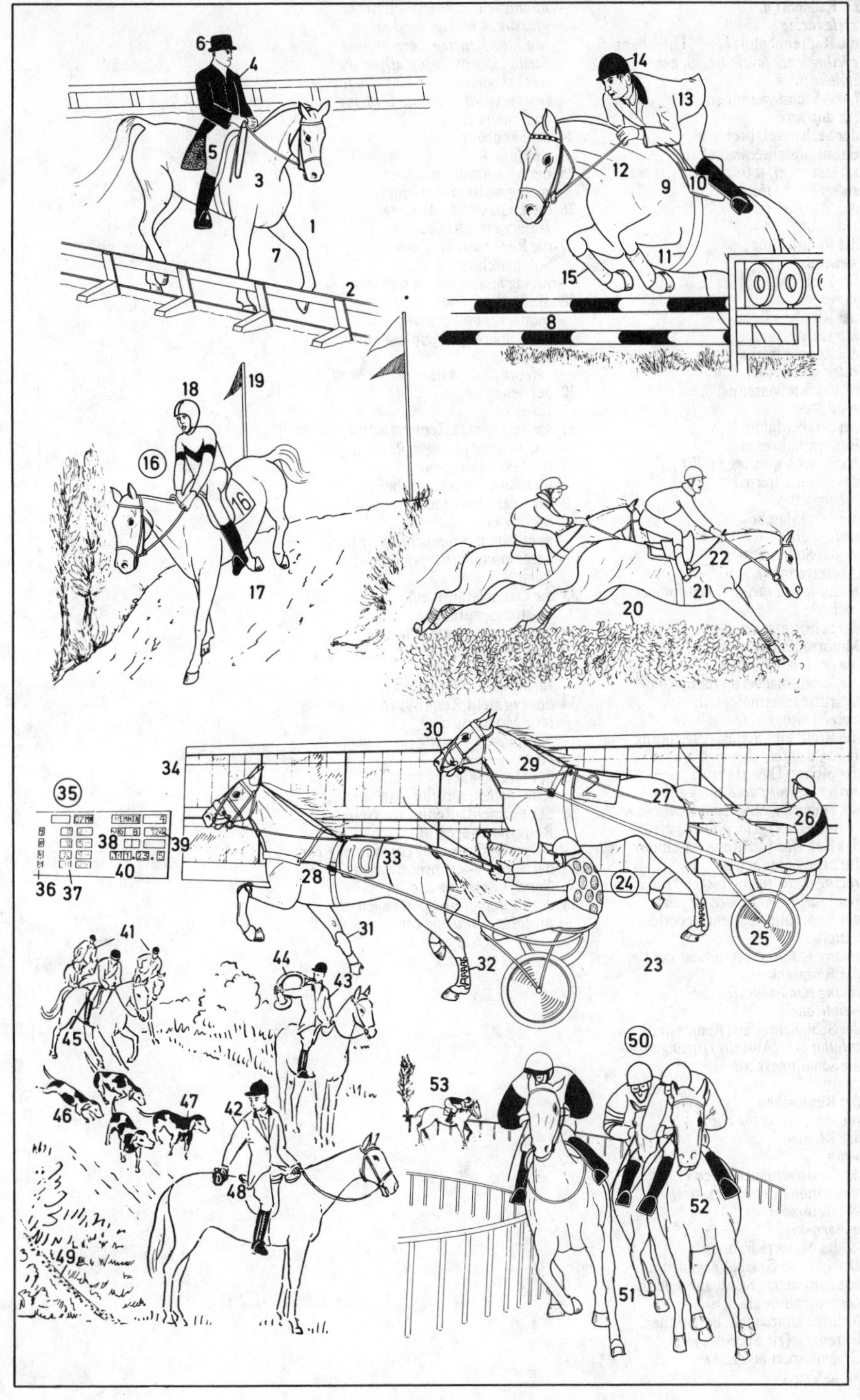
6
4
5
3
1
7
2
14
13
12
10
9
11
15
8
18
19
16
17
22
21
20
30
29
34
35
27
26
38
39
33
28
40
24
36
37
31
25
41
44
43
32
23
45
50
53
46
47
42
48
52
49
51

1-23 Radsport *m*
- ***cycle racing***

1 die Radrennbahn; *hier:* Hallenbahn *f*
- *cycling track (cycle track);* here: *indoor track*

2-7 das Sechstagerennen
- *six-day race*

2 der Sechstagefahrer, ein Bahnrennfahrer *m* im Feld *n*
- *six-day racer, a track racer (track rider) on the track*

3 der Sturzhelm
- *crash hat*

4 die Rennleitung
- *stewards*

5 der Zielrichter
- *judge*

6 der Rundenzähler
- *lap scorer*

7 die Rennfahrerkabine
- *rider's box (racer's box)*

8-10 das Straßenrennen
- *road race*

8 der Straßenfahrer, ein Radrennfahrer *m*
- *road racer, a racing cyclist*

9 das Rennfahrertrikot
- *racing jersey*

10 die Trinkflasche
- *water bottle*

11-15 das Steherrennen (Dauerrennen)
- *motor-paced racing (long-distance racing)*

11 der Schrittmacher, ein Motorradfahrer *m*
- *pacer, a motorcyclist*

12 die Schrittmachermaschine (das Schrittmachermotorrad)
- *pacer's motorcycle*

13 die Rolle, eine Schutzvorrichtung
- *roller, a safety device*

14 der Steher (Dauerfahrer)
- *stayer (motor-paced track rider)*

15 die Stehermaschine, ein Rennrad *n*
- *motor-paced cycle, a racing cycle*

16 das Rennrad (die Rennmaschine) für Straßenrennen *n*
- *racing cycle (racing bicycle) for road racing (road race bicycle)*

17 der Rennsattel, ein ungefederter Sattel
- *racing saddle, an unsprung saddle*

18 der Rennlenker
- *racing handlebars (racing handlebar)*

19 der Schlauchreifen (Rennreifen)
- *tubular tyre* (Am. *tire) (racing tyre)*

20 die Schaltungskette
- *chain*

21 der Rennhaken
- *toe clip (racing toe clip)*

22 der Riemen
- *strap*

23 der Ersatzschlauchreifen
- *spare tubular tyre* (Am. *tire)*

24-38 Motorsport *m*
- ***motorsports***

24-28 das Motorradrennen; *Disziplinen:* Grasbahnrennen *n*, Straßenrennen, Sandbahnrennen, Zementbahnrennen, Aschenbahnrennen, Bergrennen, Eisrennen (ein Speedway *n*), Geländesport *m*, Trial *n*, Moto-Cross
- *motorcycle racing;* disciplines: *grasstrack racing, road racing, sand track racing, cement track racing, speedway [on ash or shale tracks], mountain racing, ice racing (ice speedway), scramble racing, trial, moto cross*

24 die Sandbahn
- *sand track*

25 der Motorradrennfahrer
- *racing motorcyclist (rider)*

26 die Lederschutzkleidung
- *leather overalls (leathers)*

27 die Rennmaschine, eine Solomaschine
- *racing motorcycle, a solo machine*

28 die Startnummer
- *number (number plate)*

29 das Seitenwagengespann, in der Kurve
- *sidecar combination on the bend*

30 der Seitenwagen
- *sidecar*

31 die verkleidete Rennmaschine [500 cm^3]
- *streamlined racing motorcycle [500 cc.]*

32 das Gymkhana, ein Geschicklichkeitswettbewerb *m*; *hier:* der Motorradfahrer beim Sprung *m*
- *gymkhana, a competition of skill;* here: *motorcyclist performing a jump*

33 die Geländefahrt, eine Leistungsprüfung
- *cross-country race, a test in performance*

34-38 Rennwagen *m*
- *racing cars*

34 der Formel-I-Rennwagen (ein Monoposto *m*)
- *Formula One racing car (a mono posto)*

35 der Heckspoiler
- *rear spoiler (aerofoil,* Am. *airfoil)*

36 der Formel-II-Rennwagen (ein Rennsportwagen *m*)
- *Formula Two racing car (a racing car)*

37 der Super-V-Rennsportwagen
- *Super-Vee racing car*

38 der Prototyp, ein Sportwagen *m*
- *prototype, a racing car*

1
2
3
7
4
5
6
11
14
12
13
15
17
18
23
19
16
9
8
10
20
21
22
26
25
24
27
28
31
21
29
26
30
32
33
35
2
34
36
9
37
38

291 Ballspiele I (Fußball)

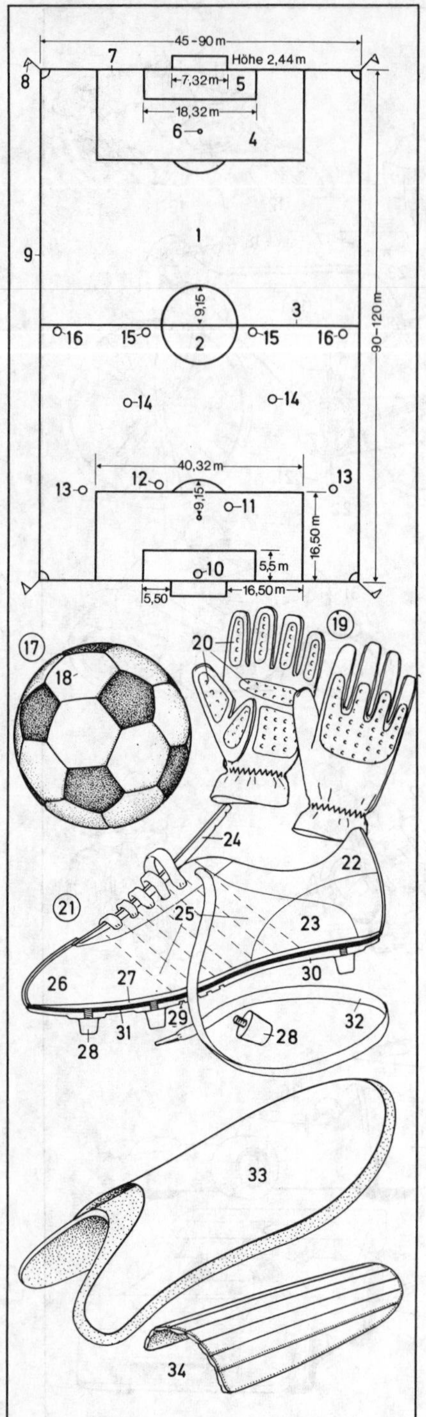

1-16 der Fußballplatz
- *football pitch*

1 das Spielfeld
- *field (park)*

2 der Mittelkreis
- *centre* (Am. *center*) *circle*

3 die Mittellinie
- *half-way line*

4 der Strafraum (Sechzehnmeterraum)
- *penalty area*

5 der Torraum
- *goal area*

6 der Elfmeterpunkt (die Strafstoßmarke)
- *penalty spot*

7 die Torlinie
- *goal line (by-line)*

8 die Eckfahne
- *corner flag*

9 die Seitenlinie
- *touch line*

10 der Tormann (Torwart)
- *goalkeeper*

11 der Libero
- *spare man*

12 der Vorstopper
- *inside defender*

13 der Außenverteidiger
- *outside defender*

14 die Mittelfeldspieler *m*
- *midfield players*

15 der Innenstürmer
- *inside forward (striker)*

16 der Außenstürmer
- *outside forward (winger)*

17 der Fußball
- *football*

18 das Ventil
- *valve*

19 die Torwarthandschuhe *m*
- *goalkeeper's gloves*

20 die Schaumstoffauflage
- *foam rubber padding*

21 der Fußballschuh
- *football boot*

22 das Lederfutter
- *leather lining*

23 die Hinterkappe
- *counter*

24 die Schaumstoffzunge
- *foam rubber tongue*

25 die Gelenkzugriemen *m*
- *bands*

26 der Oberlederschaft
- *shaft*

27 die Einlegesohle
- *insole*

28 der Schraubstollen
- *screw-in stud*

29 die Gelenkrille
- *groove*

30 die Nylonsohle
- *nylon sole*

31 die Brandsohle
- *inner sole*

32 der Schnürsenkel
- *lace (bootlace)*

33 die Beinschiene mit Knöchelschutz *m*
- *football pad with ankle guard*

34 der Schienbeinschutz
- *shin guard*

35 das Tor
- *goal*

36 die Querlatte (Latte)
- *crossbar*

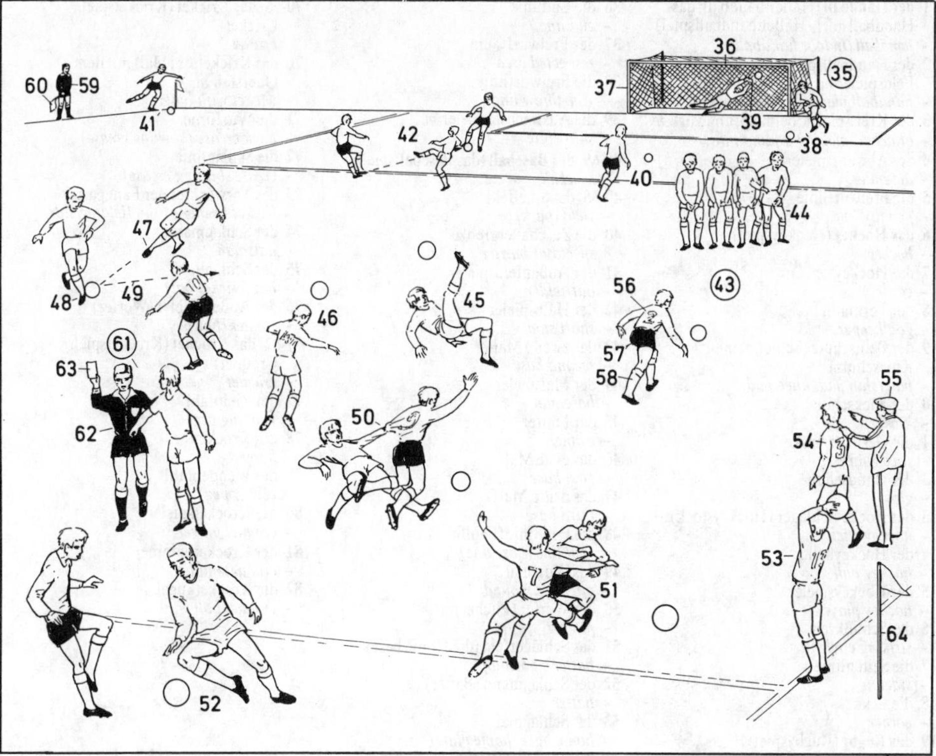

37 der Pfosten (Torpfosten)
- *post (goalpost)*
38 der Abstoß
- *goal kick*
39 die Faustabwehr
- *save with the fists*
40 der Strafstoß (*ugs.* Elfmeter)
- *penalty (penalty kick)*
41 der Eckstoß (Eckball)
- *corner (corner kick)*
42 das Abseits
- *offside*
43 der Freistoß
- *free kick*
44 die Mauer
- *wall*
45 der Fallrückzieher
- *bicycle kick (overhead bicycle kick)*
46 der Kopfball (Kopfstoß)
- *header*
47 die Ballabgabe
- *pass (passing the ball)*
48 die Ballannahme
- *receiving the ball (taking a pass)*
49 der Kurzpaß (Doppelpaß)
- *short pass (one-two)*
50 das Foul (die Regelwidrigkeit)
- *foul (infringement)*
51 das Sperren
- *obstruction*
52 das Dribbling (der Durchbruch)
- *dribble*
53 der Einwurf
- *throw-in*
54 der Ersatzspieler
- *substitute*
55 der Trainer
- *coach*
56 das Trikot
- *shirt (jersey)*
57 die Sporthose
- *shorts*
58 der Sportstrumpf
- *sock (football sock)*
59 der Linienrichter
- *linesman*
60 die Handflagge
- *linesman's flag*
61 der Platzverweis
- *sending-off*
62 der Schiedsrichter (Unparteiische)
- *referee*
63 die Verweiskarte (rote Karte; zur Verwarnung *auch:* die gelbe Karte)
- *red card; as a caution* also: *yellow card*
64 die Mittelfahne
- *centre (Am. center) flag*

1 **der Handball** (Hallenhandball, das Handballspiel, Hallenhandballspiel)
- ***handball*** *(indoor handball)*
2 der Handballspieler, ein Feldspieler *m*
- *handball player, a field player*
3 der Kreisspieler, beim Sprungwurf *m*
- *attacker, making a jump throw*
4 der Abwehrspieler
- *defender*
5 die Freiwurflinie
- *penalty line*
6 **das Hockey** (Hockeyspiel)
- ***hockey***
7 das Hockeytor
- *goal*
8 der Tormann
- *goalkeeper*
9 der Beinschutz (Schienbein-, Knieschutz)
- *pad (shin pad, knee pad)*
10 der Kickschuh
- *kicker*
11 die Gesichtsmaske
- *face guard*
12 der Handschuh
- *glove*
13 der Hockeyschläger (Hockeystock)
- *hockey stick*
14 der Hockeyball
- *hockey ball*
15 der Hockeyspieler
- *hockey player*
16 der Schußkreis
- *striking circle*
17 die Seitenlinie
- *sideline*
18 die Ecke
- *corner*
19 **das Rugby** (Rugbyspiel)
- ***rugby*** *(rugby football)*
20 das Gedränge
- *scrum (scrummage)*
21 der Rugbyball
- *rugby ball*
22 **der Football** (das Footballspiel)
- ***American football*** *(Am. football)*
23 der Ballträger, ein Footballspieler *m*
- *player carrying the ball, a football player*
24 der Helm
- *helmet*
25 der Gesichtsschutz
- *face guard*
26 die gepolsterte Jacke
- *padded jersey*
27 der Ball
- *ball (pigskin)*
28 **der Basketball** (Korbball, das Basketballspiel, Korbballspiel)
- ***basketball***
29 der Basketball
- *basketball*
30 das Korbbrett (Spielbrett)
- *backboard*
31 der Korbständer
- *basket posts*
32 der Korb
- *basket*
33 der Korbring
- *basket ring*
34 die Zielmarkierung
- *target rectangle*
35 der Korbleger, ein Basketballspieler *m*
- *basketball player shooting*
36 die Endlinie
- *end line*
37 der Freiwurfraum
- *restricted area*
38 die Freiwurflinie
- *free-throw line*
39 die Auswechselspieler *m*
- *substitute*
40-69 **der Baseball** (das Baseballspiel)
- ***baseball***
40-58 das Spielfeld
- *field (park)*
40 die Zuschauergrenze
- *spectator barrier*
41 der Außenfeldspieler
- *outfielder*
42 der Halbspieler
- *short stop*
43 das zweite Mal
- *second base*
44 der Malspieler
- *baseman*
45 der Läufer
- *runner*
46 das erste Mal
- *first base*
47 das dritte Mal
- *third base*
48 die Foullinie (Fehllinie)
- *foul line (base line)*
49 das Wurfmal
- *pitcher's mound*
50 der Werfer (Pitcher)
- *pitcher*
51 das Schlägerfeld (die Home base)
- *batter's position*
52 der Schlagmann (Batter)
- *batter*
53 das Schlagmal
- *home base (home plate)*
54 der Fänger (Catcher)
- *catcher*
55 der Chefschiedsrichter
- *umpire*
56 die Coach-box
- *coach's box*
57 der Coach (Mannschaftsbetreuer, Trainer)
- *coach*
58 die nachfolgenden Schlagmänner
- *batting order*
59-60 Baseballhandschuhe *m*
- *baseball gloves (baseball mitts)*
59 der Handschuh des Feldspielers *m*
- *fielder's glove (fielder's mitt)*
60 der Handschuh des Fängers *m*
- *catcher's glove (catcher's mitt)*
61 der Baseball
- *baseball*
62 die Schlagkeule
- *bat*
63 der Schlagmann beim Schlagversuch *m*
- *batter at bat*
64 der Fänger
- *catcher*
65 der Schiedsrichter
- *umpire*
66 der Läufer
- *runner*
67 das Malkissen
- *base plate*
68 der Werfer
- *pitcher*
69 die Werferplatte
- *pitcher's mound*
70-76 **das Kricket** (Kricketspiel, Cricket)
- ***cricket***
70 das Krickettor (Mal) mit dem Querstab *m*
- *wicket with bails*
71 die Wurflinie
- *back crease (bowling crease)*
72 die Schlaglinie
- *crease (batting crease)*
73 der Torwächter der Fangpartei
- *wicket keeper of the fielding side*
74 der Schlagmann
- *batsman*
75 das Schlagholz
- *bat (cricket bat)*
76 der Außenspieler (Werfer)
- *fielder (bowler)*
77-82 **das Krocket** (Krocketspiel, Croquet)
- ***croquet***
77 der Zielpfahl
- *winning peg*
78 das Krockettor
- *hoop*
79 der Wendepfahl
- *corner peg*
80 der Krocketspieler
- *croquet player*
81 der Krockethammer
- *croquet mallet*
82 die Krocketkugel
- *croquet ball*

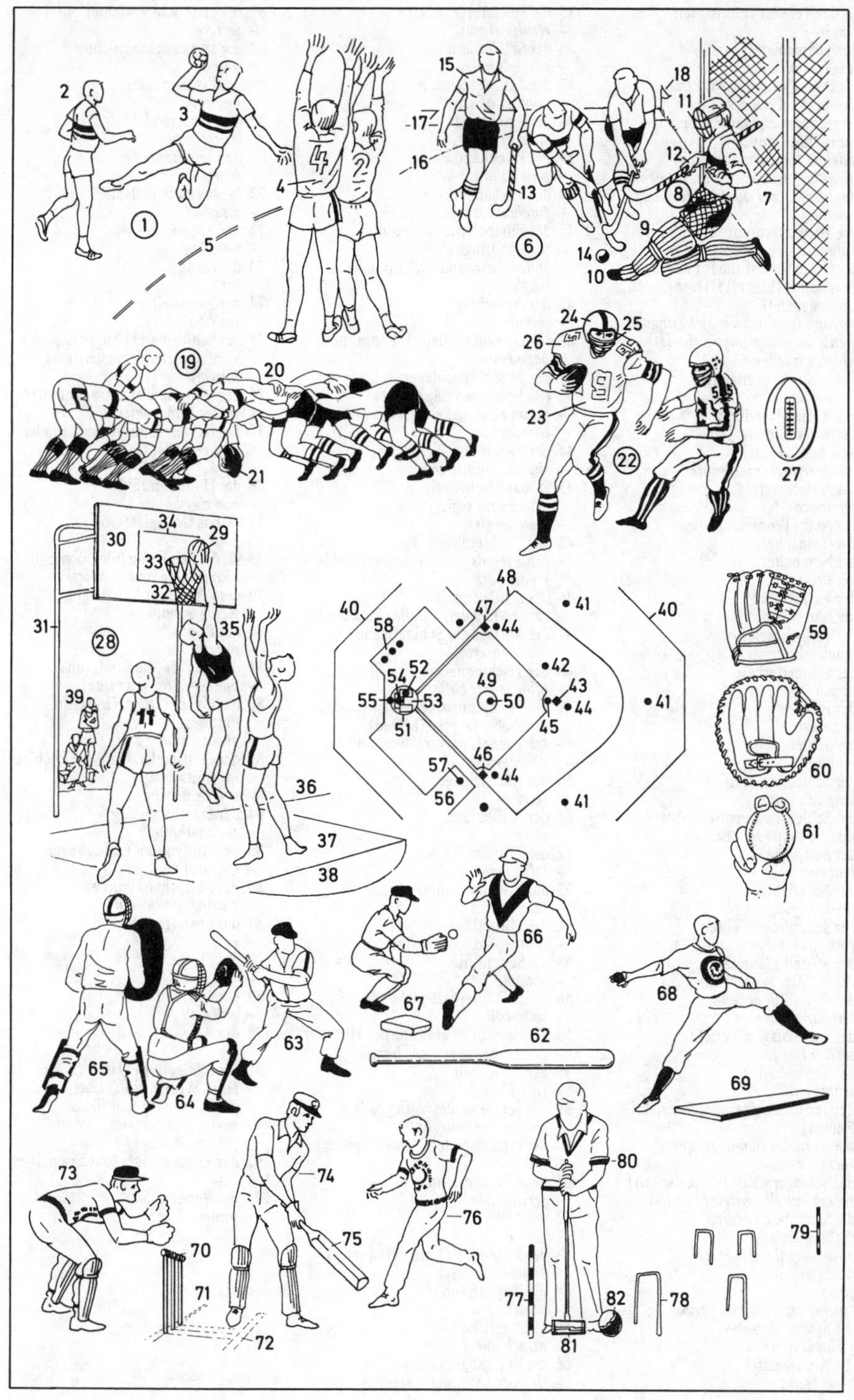
2
3
1
4
5
15
17
16
13
18
11
12
8
7
9
6
14
10
19
20
21
24
25
26
23
22
27
34
29
30
33
32
31
28
35
39
36
37
38
48
40
47
41
44
58
52
49
54
55
53
50
42
43
45
51
46
57
56
59
60
61
62
66
67
63
65
64
68
69
73
74
70
71
72
75
76
80
79
77
82
78
81

1-42 das Tennis (Tennisspiel)
- ***tennis***
1 der Tennisplatz
- *tennis court*
2 *bis* **3** die Seitenlinie für das Doppelspiel (Doppel; Herrendoppel, Damendoppel, gemischte Doppel)
- *sideline for doubles match (doubles; men's doubles, women's doubles, mixed doubles) (doubles sideline)*
3 *bis* **10** die Grundlinie
- *base line*
4 *bis* **5** die Seitenlinie für das Einzelspiel (Einzel; Herreneinzel, Dameneinzel)
- *sideline for singles match (singles; men's singles, women's singles) (singles sideline)*
6 *bis* **7** die Aufschlaglinie
- *service line*
8 *bis* **9** die Mittellinie
- *centre (*Am. *center) line*
11 das Mittelzeichen
- *centre (*Am. *center) mark*
12 das Aufschlagfeld
- *service court*
13 das Netz (Tennisnetz)
- *net (tennis net)*
14 der Netzhalter
- *net strap*
15 der Netzpfosten
- *net post*
16 der Tennisspieler
- *tennis player*
17 der Schmetterball
- *smash*
18 der Partner
- *opponent*
19 der Schiedsrichter
- *umpire*
20 der Schiedsrichterstuhl
- *umpire's chair*
21 das Schiedsrichtermikrophon
- *umpire's microphone*
22 der Balljunge
- *ball boy*
23 der Netzrichter
- *net-cord judge*
24 der Seitenlinienrichter
- *foot-fault judge*
25 der Mittellinienrichter
- *centre (*Am. *center) line judge*
26 der Grundlinienrichter
- *base line judge*
27 der Aufschlaglinienrichter
- *service line judge*
28 der Tennisball
- *tennis ball*
29 der Tennisschläger (Schläger, das Racket)
- *tennis racket (tennis racquet, racket, racquet)*
30 der Schlägerschaft (Racketschaft)
- *racket handle (racquet handle)*
31 die Saitenbespannung (Schlagfläche)
- *strings (striking surface)*
32 der Spanner
- *press (racket press, racquet press)*
33 die Spannschraube
- *tightening screw*
34 die Anzeigetafel
- *scoreboard*
35 die Spielerergebnisse *n*
- *results of sets*
36 der Spielername
- *player's name*
37 die Zahl der Sätze *m*
- *number of sets*
38 der Spielstand
- *state of play*
39 der Rückhandschlag
- *backhand stroke*
40 der Vorhandschlag
- *forehand stroke*
41 der Flugball (normalhohe Vorhandflugball)
- *volley (forehand volley at normal height)*
42 der Aufschlag
- *service*

43-44 das Federballspiel (Badminton)
- ***badminton***
43 der Federballschläger (Badmintonschläger)
- *badminton racket (badminton racquet)*
44 der Federball
- *shuttle (shuttlecock)*

45-55 das Tischtennis (Tischtennisspiel)
- ***table tennis***
45 der Tischtennisschläger
- *table tennis racket (racquet) (table tennis bat)*
46 der Schlägergriff
- *racket (racquet) handle (bat handle)*
47 die Auflage der Schlagfläche
- *blade covering*
48 der Tischtennisball
- *table tennis ball*
49 die Tischtennisspieler *m*; *hier:* das gemischte Doppel (Mixed)
- *table tennis players;* here: *mixed doubles*
50 der Rückschläger
- *receiver*
51 der Aufschläger
- *server*
52 der Tischtennistisch
- *table tennis table*
53 das Tischtennisnetz
- *table tennis net*
54 die Mittellinie
- *centre (*Am. *center) line*
55 die Seitenlinie
- *sideline*

56-71 das Volleyballspiel
- ***volleyball***
56-57 die richtige Haltung der Hände *f*
- *correct placing of the hands*
58 der Volleyball
- *volleyball*
59 das Servieren des Volleyballs *m*
- *serving the volleyball*
60 der Grundspieler (Abwehrspieler)
- *blocker*
61 der Aufgaberaum
- *service area*
62 der Aufgeber
- *server*
63 der Netzspieler (Angriffsspieler)
- *front-line player*
64 die Angriffszone
- *attack area*
65 die Angriffslinie
- *attack line*
66 die Verteidigungszone
- *defence (*Am. *defense) area*
67 der erste Schiedsrichter
- *referee*
68 der zweite Schiedsrichter
- *umpire*
69 der Linienrichter
- *linesman*
70 die Anzeigetafel
- *scoreboard*
71 der Anschreiber
- *scorer*

72-78 das Faustballspiel
- ***faustball***
72 die Angabelinie
- *base line*
73 die Leine
- *tape*
74 der Faustball
- *faustball*
75 der Schlagmann (Angriffsspieler, Vorderspieler, Überschläger)
- *forward*
76 der Mittelspieler (Mittelmann)
- *centre (*Am. *center)*
77 der Hintermann (Abwehrspieler, Hinterspieler)
- *back*
78 der Hammerschlag
- *hammer blow*

79-93 das Golfspiel (Golf)
- ***golf***
79-82 die Spielbahn (die Löcher *n*)
- *course (golf course, holes)*
79 der Abschlag (Abschlagplatz)
- *teeing ground*
80 das Rough
- *rough*
81 der Bunker (die Sandgrube)
- *bunker (*Am. *sand trap)*
82 das Grün (Green, Golfgrün, Puttergrün)
- *green (putting green)*
83 der Golfspieler, beim Treibschlag *m* (Weitschlag)
- *golfer, driving*
84 der Durchschwung
- *follow-through*
85 der Golfwagen (Caddywagen)
- *golf trolley*
86 das Einlochen (Putten)
- *putting (holing out)*
87 das Loch (Hole)
- *hole*
88 die Flagge
- *flagstick*
89 der Golfball
- *golf ball*
90 der Aufsatz
- *tee*
91 der (bleigefüllte) Holzschläger (das Holz, Wood), ein Treiber *m* (Driver); *ähnl.:* der Brassie
- *wood, a driver;* sim.: *brassie (brassy, brassey)*
92 der Eisenschläger (das Eisen, Iron)
- *iron*
93 der Putter
- *putter*

SATZE
SETS
SPIEL
BORG
ASHE

1-33 das Sportfechten
- ***fencing*** *(modern fencing)*
1-18 das Florettfechten
- *foil*
1 der Fechtmeister
- *fencing master (fencing instructor)*
2 die Fechtbahn (Kampfbahn, Piste, Planche)
- *piste*
3 die Startlinie
- *on guard line*
4 die Mittellinie
- *centre* (Am. *center) line*
5-6 die Fechter *m* (Florettfechter) beim Freigefecht *n* (Assaut *m od. n*)
- *fencers (foil fencers, foilsmen, foilists) in a bout*
5 der Angreifer in der Ausfallstellung (im Ausfall *m*)
- *attacker (attacking fencer) in lunging position (lunging)*
6 der Angegriffene in der Parade (Abwehr, Deckung)
- *defender (defending fencer), parrying*
7 der gerade Stoß (Coup droit, die Botta dritta), eine Fechtaktion
- *straight thrust, a fencing movement*
8 die Terz- bzw. Sixtdeckung (Terz-, Sixtparade)
- *parry of the tierce*
9 die Gefechtslinie
- *line of fencing*
10 die drei Fechtabstände *m* zum Gegner *m* (weiter, mittlerer, naher Abstand)
- *three fencing measures (short, medium and long measure)*
11 das Florett, eine Stoßwaffe
- *foil, a thrust weapon*
12 der Fechthandschuh
- *fencing glove*
13 die Fechtmaske
- *fencing mask (foil mask)*
14 der Halsschutz an der Fechtmaske
- *neck flap (neck guard) on the fencing mask*
15 die Metallweste
- *metallic jacket*
16 die Fechtjacke
- *fencing jacket*
17 die absatzlosen Fechtschuhe *m*
- *heelless fencing shoes*
18 die Grundstellung zum Fechtergruß *m* und zur Fechtstellung
- *first position for fencer's salute (initial position, on guard position)*
19-24 das Säbelfechten
- *sabre* (Am. *saber) fencing*
19 der Säbelfechter
- *sabreurs (sabre fencers,* Am. *saber fencers)*
20 der (leichte) Säbel
- *(light) sabre* (Am. *saber)*
21 der Säbelhandschuh
- *sabre* (Am. *saber) glove (sabre gauntlet)*
22 die Säbelmaske
- *sabre* (Am. *saber) mask*
23 der Kopfhieb
- *cut at head*
24 die Quintparade
- *parry of the fifth (quinte)*
25-33 das Degenfechten mit elektrischer Trefferanzeige
- *épée, with electrical scoring equipment*
25 der Degenfechter
- *épéeist*
26 der Elektrodegen; *auch:* das Elektroflorett
- *electric épée;* also: *electric foil*
27 die Degenspitze
- *épée point*
28 die optische Trefferanzeige
- *scoring lights*
29 die Laufrolle (Kabelrolle)
- *spring-loaded wire spool*
30 die Anzeigelampe
- *indicator light*
31 das Rollenkabel
- *wire*
32 das Anzeigegerät (der Meldeapparat)
- *electronic scoring equipment*
33 die Auslage
- *on guard position*
34-45 die Fechtwaffen *f*
- ***fencing weapons***
34 der leichte Säbel (Sportsäbel), eine Hieb- und Stoßwaffe
- *light sabre* (Am. *saber), a cut and thrust weapon*
35 die Glocke
- *guard*
36 der Degen, eine Stoßwaffe
- *épée, a thrust weapon*
37 das französische Florett, eine Stoßwaffe
- *French foil, a thrust weapon*
38 die Glocke
- *guard (coquille)*
39 das italienische Florett
- *Italian foil*
40 der Florettknauf
- *foil pommel*
41 der Griff
- *handle*
42 die Parierstange
- *cross piece (quillons)*
43 die Glocke
- *guard (coquille)*
44 die Klinge
- *blade*
45 die Spitze
- *button*
46 die Klingenbindungen *f*
- *engagements*
47 die Quartbindung
- *quarte (carte) engagement*
48 die Terzbindung (*auch:* Sixtbindung)
- *tierce engagement (*also: *sixte engagement)*
49 die Cerclebindung
- *circling engagement*
50 die Sekondbindung (*auch:* Oktavbindung)
- *seconde engagement (*also: *octave engagement)*
51-53 die gültigen Trefflächen *f*
- *target areas*
51 der gesamte Körper beim Degenfechten *n* (Herren *m*)
- *the whole body in épée fencing (men)*
52 Kopf *m* und Oberkörper *m* bis zu den Leistenfurchen *f* beim Säbelfechten *n* (Herren *m*)
- *head and upper body down to the groin in sabre* (Am. *saber) fencing (men)*
53 der Rumpf vom Hals *m* bis zu den Leistenfurchen *f* beim Florettfechten *n* (Damen *f* u. Herren *m*)
- *trunk from the neck to the groin in foil fencing (ladies and men)*

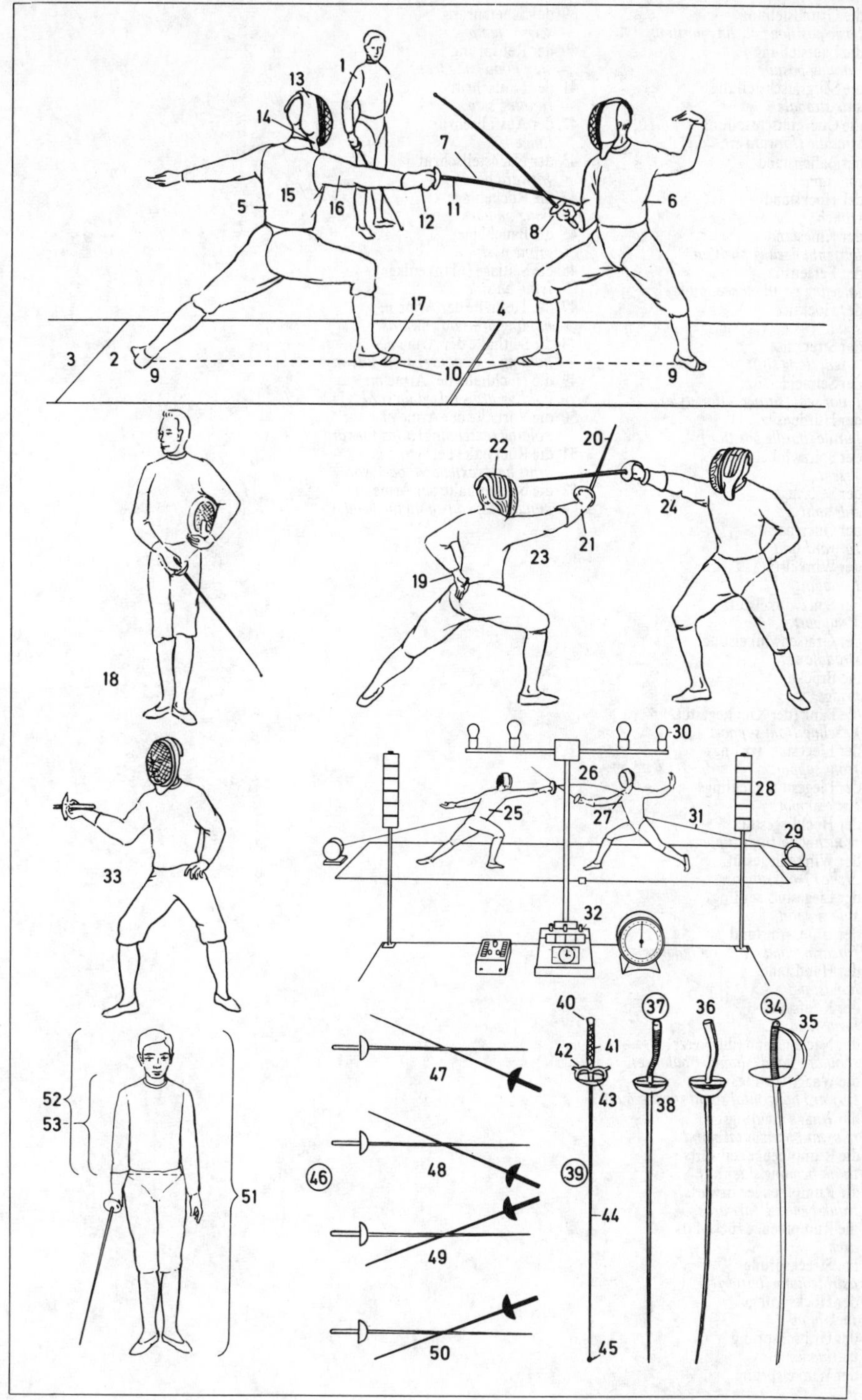
1
2
3
4
5
6
7
8
9
10
11
12
13
14
15
16
17
18
19
20
21
22
23
24
25
26
27
28
29
30
31
32
33
34
35
36
37
38
39
40
41
42
43
44
45
46
47
48
49
50
51
52
53

1 die Grundstellung
- *basic position (starting position)*
2 die Laufstellung
- *running posture*
3 die Seitgrätschstellung
- *side straddle*
4 die Quergrätschstellung
- *straddle (forward straddle)*
5 der Ballenstand
- *toe stand*
6 der Hockstand
- *crouch*
7 der Kniestand
- *upright kneeling position*
8 der Fersensitz
- *kneeling position, seat on heels*
9 der Hocksitz
- *squat*
10 der Strecksitz
- *L-seat (long sitting)*
11 der Schneidersitz
- *tailor seat (sitting tailor-style)*
12 der Hürdensitz
- *hurdle (hurdle position)*
13 der Spitzwinkelsitz
- *V-seat*
14 der Seitspagat
- *side split*
15 der Querspagat
- *forward split*
16 der Winkelstütz
- *L-support*
17 der Spitzwinkelstütz
- *V-support*
18 der Grätschwinkelstütz
- *straddle seat*
19 die Brücke
- *bridge*
20 die Bank (der Knieliegestütz)
- *kneeling front support*
21 der Liegestütz vorlings
- *front support*
22 der Liegestütz rücklings
- *back support*
23 der Hockliegestütz
- *crouch with front support*
24 der Winkelliegestütz
- *arched front support*
25 der Liegestütz seitlings
- *side support*
26 der Unterarmstand
- *forearm stand (forearm balance)*
27 der Handstand
- *handstand*
28 der Kopfstand
- *headstand*
29 der Nackenstand (die Kerze)
- *shoulder stand (shoulder balance)*
30 die Waage vorlings
- *forward horizontal stand (arabesque)*
31 die Waage rücklings
- *rearward horizontal stand*
32 die Rumpfbeuge seitwärts
- *trunk-bending sideways*
33 die Rumpfbeuge vorwärts
- *trunk-bending forwards*
34 die Rumpfbeuge rückwärts
- *arch*
35 der Strecksprung
- *astride jump (butterfly)*
36 der Hocksprung
- *tuck jump*
37 der Grätschsprung
- *astride jump*
38 der Winkelsprung
- *pike*
39 der Schersprung
- *scissor jump*
40 der Rehsprung
- *stag jump (stag leap)*
41 der Laufschritt
- *running step*
42 der Ausfallschritt
- *lunge*
43 der Nachstellschritt
- *forward pace*
44 die Rückenlage
- *lying on back*
45 die Bauchlage
- *prone position*
46 die Seitlage (Flankenlage)
- *lying on side*
47 die Tiefhalte der Arme *m*
- *holding arms downwards*
48 die Seithalte der Arme *m*
- *holding (extending) arms sideways*
49 die Hochhalte der Arme *m*
- *holding arms raised upward*
50 die Vorhalte der Arme *m*
- *holding (extending) arms forward*
51 die Rückhalte der Arme *m*
- *arms held (extended) backward*
52 die Nackenhalte der Arme *m*
- *hands clasped behind the head*

47
48
49
50
51
1
2
3
4
5
6
7
8
9
52
10
11
12
13
20
21
22
14
15
23
24
16
17
18
19
25
26
27
28
29
30
31
32
33
34
35
36
37
38
41
42
39
40
43
44
45
46

1-11 die Turngeräte *n* **im olympischen Turnen** *n* **der Männer** *m*
- ***gymnastics apparatus in men's Olympic gymnastics***

1 das Langpferd ohne Pauschen *f* (das Sprungpferd)
- *long horse (horse, vaulting horse)*

2 der Barren
- *parallel bars*

3 der Barrenholm
- *bar*

4 die Ringe
- *rings (stationary rings)*

5 das Seitpferd mit Pauschen *f* (das Pauschenpferd)
- *pommel horse (side horse)*

6 die Pausche
- *pommel*

7 das Reck (Spannreck)
- *horizontal bar (high bar)*

8 die Reckstange
- *bar*

9 die Recksäule
- *upright*

10 die Verspannung
- *stay wires*

11 der Boden (die 12x12-m-Bodenfläche)
- *floor (12 m x 12 m floor area)*

12-21 Hilfsgeräte *n* **und Geräte** *n* **des Schul- und Vereinsturnens** *n*
- ***auxiliary apparatus and apparatus for school and club gymnastics***

12 das Sprungbrett (Reutherbrett)
- *springboard (Reuther board)*

13 die Niedersprungmatte
- *landing mat*

14 die Bank
- *bench*

15 der Sprungkasten
- *box*

16 der kleine Sprungkasten
- *small box*

17 der Bock
- *buck*

18 die Weichbodenmatte
- *mattress*

19 das Klettertau
- *climbing rope (rope)*

20 die Sprossenwand
- *wall bars*

21 die Gitterleiter
- *window ladder*

22-39 das Verhalten zum Gerät *n* (die Haltungen *f*, Positionen)
- ***positions in relation to the apparatus***

22 der Seitstand vorlings
- *side, facing*

23 der Seitstand rücklings
- *side, facing away*

24 der Querstand vorlings
- *end, facing*

25 der Querstand rücklings
- *end, facing away*

26 der Außenseitstand vorlings
- *outside, facing*

27 der Innenquerstand
- *inside, facing*

28 der Stütz vorlings
- *front support*

29 der Stütz rücklings
- *back support*

30 der Grätschsitz
- *straddle position*

31 der Außenseitsitz
- *seated position outside*

32 der Außenquersitz
- *riding seat outside*

33 der Streckhang vorlings
- *hang*

34 der Streckhang rücklings
- *reverse hang*

35 der Beugehang
- *hang with elbows bent*

36 der Sturzhang
- *piked reverse hang*

37 der Sturzhang gestreckt
- *straight inverted hang*

38 der Streckstütz
- *straight hang*

39 der Beugestütz
- *bent hang*

40-46 die Griffarten *f*
- ***grasps*** *(kinds of grasp)*

40 der Ristgriff am Reck *n*
- *overgrasp on the horizontal bar*

41 der Kammgriff am Reck *n*
- *undergrasp on the horizontal bar*

42 der Zwiegriff am Reck *n*
- *combined grasp on the horizontal bar*

43 der Kreuzgriff am Reck *n*
- *cross grasp on the horizontal bar*

44 der Ellgriff am Reck *n*
- *rotated grasp on the horizontal bar*

45 der Speichgriff am Barren *m*
- *outside grip on the parallel bars*

46 der Ellgriff am Barren *m*
- *rotated grasp on the parallel bars*

47 der lederne Reckriemen
- *leather handstrap*

48-60 Übungen *f* **an den Geräten** *n*
- ***exercises***

48 der Hechtsprung am Sprungpferd *n*
- *long-fly on the horse*

49 das Übergrätschen am Barren *m*
- *rise to straddle on the parallel bars*

50 der Seitspannhang (Kreuzhang) an den Ringen *m*
- *crucifix on the rings*

51 die Schere am Pauschenpferd *n*
- *scissors (scissors movement) on the pommel horse*

52 das Heben in den Handstand am Boden *m*
- *legs raising into a handstand on the floor*

53 die Hocke am Sprungpferd *n*
- *squat vault on the horse*

54 die Kreisflanke am Pauschenpferd *n*
- *double leg circle on the pommel horse*

55 das Schleudern (der Überschlag rückwärts) an den Ringen *m*
- *hip circle backwards on the rings*

56 die Hangwaage vorlings an den Ringen *m*
- *lever hang on the rings*

57 die Schwungstemme rückwärts am Barren *m*
- *rearward swing on the parallel bars*

58 die Oberarmkippe am Barren *m*
- *forward kip into upper arm hang on the parallel bars*

59 der Unterschwung vorlings rückwärts am Reck *n*
- *backward underswing on the horizontal bar*

60 die Riesenfelge vorlings rückwärts am Reck *n*
- *backward grand circle on the horizontal bar*

61-63 die Turnkleidung
- ***gymnastics kit***

61 das Turnhemd
- *singlet (vest,* Am. *undershirt)*

62 die Turnhose
- *gym trousers*

63 die Turnschuhe *m* (Gymnastikschuhe)
- *gym shoes*

64 die Bandage
- *wristband*

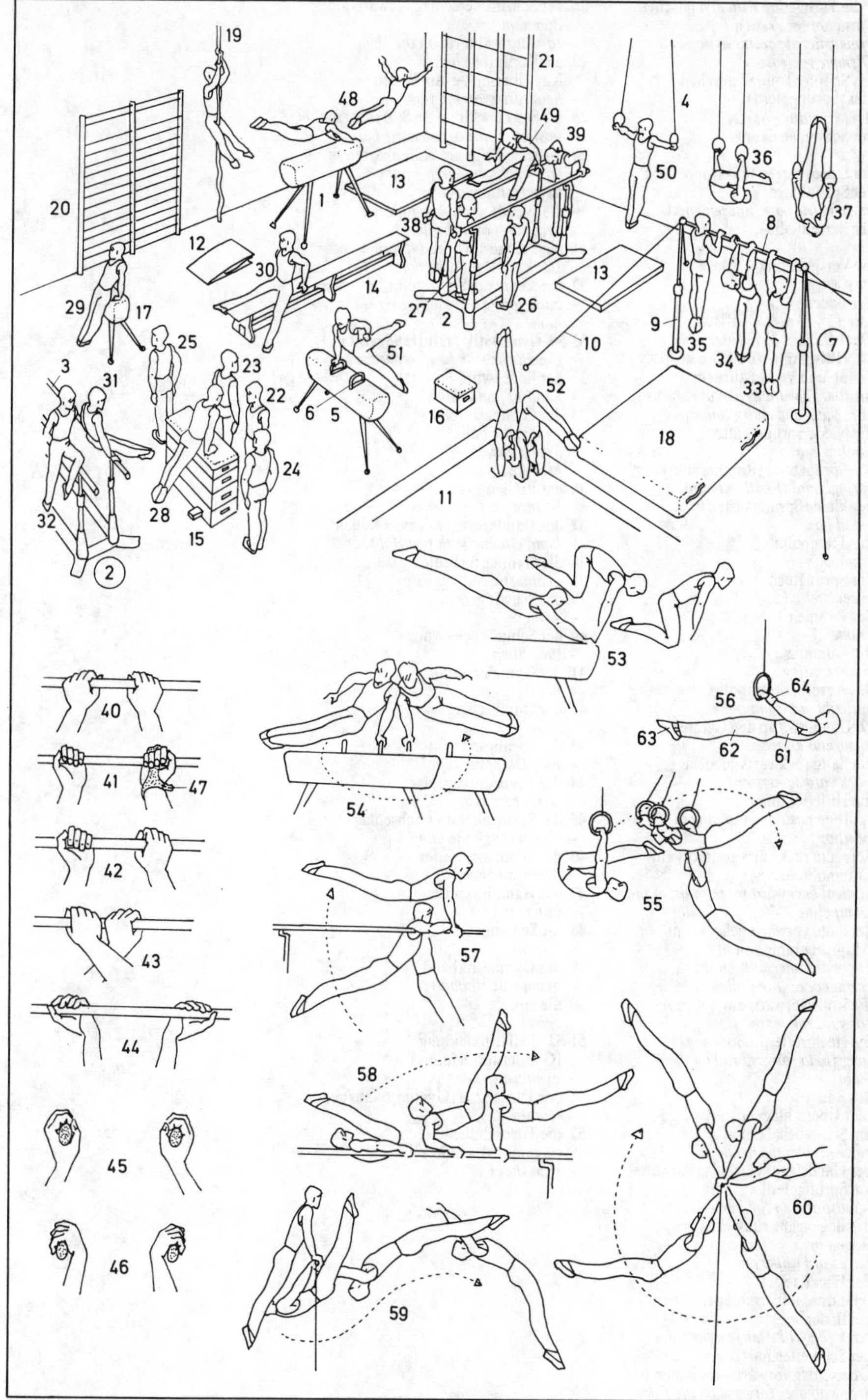
19
21
48
4
49
39
36
50
13
1
20
37
8
38
12
30
13
14
29
17
27
2
26
9
25
10
35
7
51
34
3
31
23
52
22
33
6
5
16
18
28
24
11
32
15
2
53
64
40
56
63
62
61
41
47
54
42
55
43
57
44
58
45
60
46
59

1-6 die Turngeräte *n* **im olympischen Turnen** *n* **der Frauen** *f*
- ***gymnastics apparatus in women's Olympic gymnastics***

1 das Seitpferd ohne Pauschen *f* (das Sprungpferd)
- *horse (vaulting horse)*

2 der Schwebebalken
- *beam*

3 der Stufenbarren (das Doppelreck, der Spannbarren)
- *asymmetric bars (uneven bars)*

4 der Barrenholm
- *bar*

5 die Verspannung
- *stay wires*

6 der Boden (die 12×12-m-Bodenfläche)
- *floor (12 m × 12 m floor area)*

7-14 Hilfsgeräte *n* und Geräte *n* des Schul- und Vereinsturnens
- ***auxiliary apparatus*** *and apparatus for school and club gymnasties*

7 die Niedersprungmatte
- *landing mat*

8 das Sprungbrett (Reutherbrett)
- *springboard (Reuther board)*

9 der kleine Sprungkasten
- *small box*

10 das Trampolin
- *trampoline*

11 das Sprungtuch
- *sheet (web)*

12 der Rahmen
- *frame*

13 die Gummizüge
- *rubber springs*

14 das Absprungtrampolin
- *springboard trampoline*

15-32 Übungen *f* **an den Geräten** *n*
- ***apparatus exercises***

15 der Salto rückwärts gehockt
- *backward somersault*

16 die Hilfestellung
- *spotting position (standing-in position)*

17 der Salto rückwärts gestreckt am Trampolin *n*
- *vertical backward somersault on the trampoline*

18 der Salto vorwärts gehockt am Absprungtrampolin *n*
- *forward somersault on the springboard trampoline*

19 die Rolle vorwärts am Boden *m*
- *forward roll on the floor*

20 die Hechtrolle am Boden *m*
- *long-fly to forward roll on the floor*

21 das Rad (der Überschlag seitwärts) am Schwebebalken *m*
- *cartwheel on the beam*

22 der Handstandüberschlag vorwärts am Sprungpferd *n*
- *handspring on the horse*

23 der Bogengang rückwärts am Boden *m*
- *backward walkover*

24 der Flickflack (Handstandüberschlag rückwärts) am Boden *m*
- *back flip (flik-flak) on the floor*

25 der Schmetterling (freie Überschlag vorwärts) am Boden *m*
- *free walkover forward on the floor*

26 der Schrittüberschlag vorwärts am Boden *m*
- *forward walkover on the floor*

27 die Kopfkippe (der Kopfüberschlag) am Boden *m*
- *headspring on the floor*

28 die Schwebekippe am Stufenbarren *m*
- *upstart on the asymmetric bars*

29 die freie Felge am Stufenbarren *m*
- *free backward circle on the asymmetric bars*

30 die Wende am Sprungpferd *n*
- *face vault over the horse*

31 die Flanke am Sprungpferd *n*
- *flank vault over the horse*

32 die Kehre am Sprungpferd *n*
- *back vault (rear vault) over the horse*

33-50 Gymnastik *f* **mit Handgerät** *n*
- ***gymnastics with hand apparatus***

33 der Bogenwurf
- *hand-to-hand throw*

34 der Gymnastikball
- *gymnastic ball*

35 der Hochwurf
- *high toss*

36 das Prellen
- *bounce*

37 das Handkreisen mit zwei Keulen *f*
- *hand circling with two clubs*

38 die Gymnastikkeule
- *gymnastic club*

39 das Schwingen
- *swing*

40 der Schlußhocksprung
- *tuck jump*

41 der Gymnastikstab
- *bar*

42 der Durchschlag
- *skip*

43 das Sprungseil
- *rope (skipping rope)*

44 der Kreuzdurchschlag
- *criss-cross skip*

45 das Springen mit Durchschlag
- *skip through the hoop*

46 der Gymnastikreifen
- *gymnastic hoop*

47 das Handumkreisen
- *hand circle*

48 die Schlange
- *serpent*

49 das Gymnastikband
- *gymnastic ribbon*

50 die Spirale
- *spiral*

51-52 die Turnkleidung (Gymnastikkleidung)
- *gymnastics kit*

51 der Turnanzug (Gymnastikanzug)
- *leotard*

52 die Turnschuhe *m* (Gymnastikschuhe)
- *gym shoes*

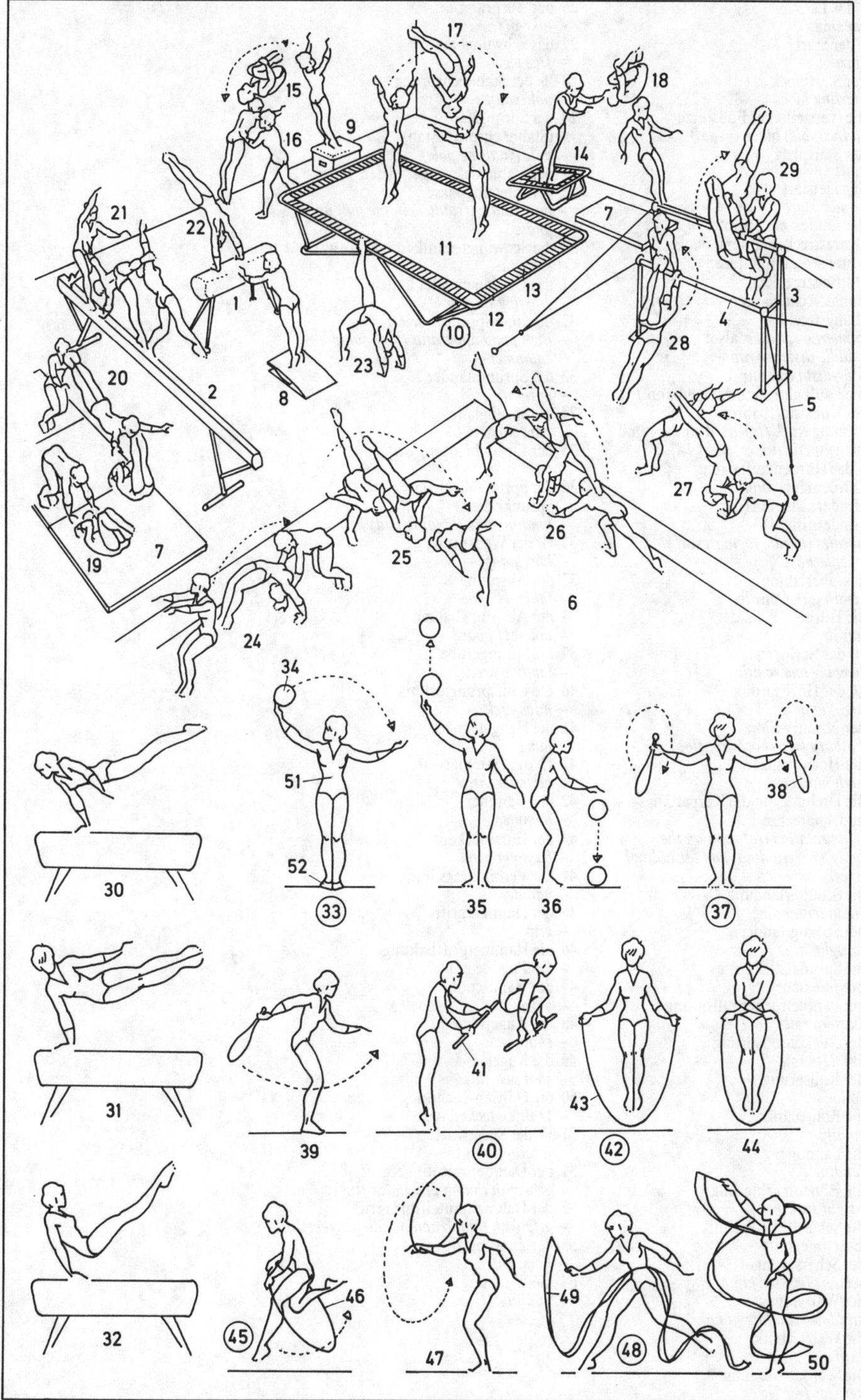
1
2
3
4
5
6
7
8
9
10
11
12
13
14
15
16
17
18
19
20
21
22
23
24
25
26
27
28
29
30
31
32
33
34
35
36
37
38
39
40
41
42
43
44
45
46
47
48
49
50
51
52

1-8 das Laufen
- ***running***
1-6 der Start
- *start*
1 der Startblock
- *starting block*
2 die (verstellbare) Fußstütze
- *(adjustable) block (pedal)*
3 der Startplatz
- *start*
4 der Tiefstart
- *crouch start*
5 der Läufer, ein Sprinter *m* (Kurzstreckenläufer); *auch:* Mittelstreckenläufer *m* (Mittelstreckler), Langstreckenläufer (Langstreckler)
- *runner, a sprinter;* also: *middle-distance runner, long-distance runner*
6 die Laufbahn, eine Aschenbahn *f* od. Kunststoffbahn *f*
- *running track (track), a cinder track or synthetic track*
7-8 das Hürdenlaufen (der Hürdenlauf); *ähnl.:* das Hindernislaufen (der Hindernislauf)
- *hurdles (hurdle racing);* sim.: *steeplechase*
7 das Überlaufen
- *clearing the hurdle*
8 die Hürde
- *hurdle*
9-41 das Springen
- ***jumping and vaulting***
9-27 der Hochsprung
- *high jump*
9 der Fosbury-Flop
- *Fosbury flop (Fosbury, flop)*
10 der Hochspringer
- *high jumper*
11 die Drehung um die Körperlängs- und -querachse
- *body rotation (rotation on the body's longitudinal and latitudinal axes)*
12 die Schulterlandung
- *shoulder landing*
13 der Sprungständer
- *upright*
14 die Sprunglatte (Latte)
- *bar (crossbar)*
15 der Parallelrückenrollsprung
- *Eastern roll*
16 der Rückenrollsprung
- *Western roll*
17 der Rollsprung
- *roll*
18 die Rolltechnik
- *rotation*
19 die Landung
- *landing*
20 die Höhenmarkierung
- *height scale*
21 die Scher-Kehr-Technik
- *Eastern cut-off*
22 der Schersprung
- *scissors (scissor jump)*
23 der Wälzsprung
- *straddle (straddle jump)*
24 die Wälztechnik
- *turn*
25 die Sechsuhrstellung
- *vertical free leg*
26 der Absprung
- *take-off*
27 das Schwungbein
- *free leg*
28-36 der Stabhochsprung
- *pole vault*
28 der Sprungstab (Stabhochsprungstab)
- *pole (vaulting pole)*
29 der Stabhochspringer in der Aufschwungphase
- *pole vaulter (vaulter) in the pull-up phase*
30 die Schwungtechnik (das Flyaway)
- *swing*
31 das Überqueren der Latte
- *crossing the bar*
32 die Hochsprunganlage
- *high jump apparatus (high jump equipment)*
33 der Sprungständer
- *upright*
34 die Sprunglatte
- *bar (crossbar)*
35 der Einstichkasten
- *box*
36 der Sprunghügel (das Sprungkissen)
- *landing area (landing pad)*
37-41 der Weitsprung
- *long jump*
37 der Absprung
- *take-off*
38 der Absprungbalken
- *take-off board*
39 die Sprunggrube
- *landing area*
40 die Laufsprungtechnik
- *hitch-kick*
41 die Hangtechnik
- *hang*
42-47 der Hammerwurf
- *hammer throw*
42 der Hammer
- *hammer*
43 der Hammerkopf
- *hammer head*
44 der Verbindungsdraht
- *handle*
45 der Hammergriff
- *grip*
46 die Hammergriffhaltung
- *holding the grip*
47 der Handschuh
- *glove*
48 das Kugelstoßen
- *shot put*
49 die Kugel
- *shot (weight)*
50 die O'Brien-Technik
- *O'Brien technique*
51-53 der Speerwurf
- *javelin throw*
51 der Daumenzeigefingergriff
- *grip with thumb and index finger*
52 der Daumenmittelfingergriff
- *grip with thumb and middle finger*
53 der Zangengriff
- *horseshoe grip*
54 die Wicklung
- *binding*

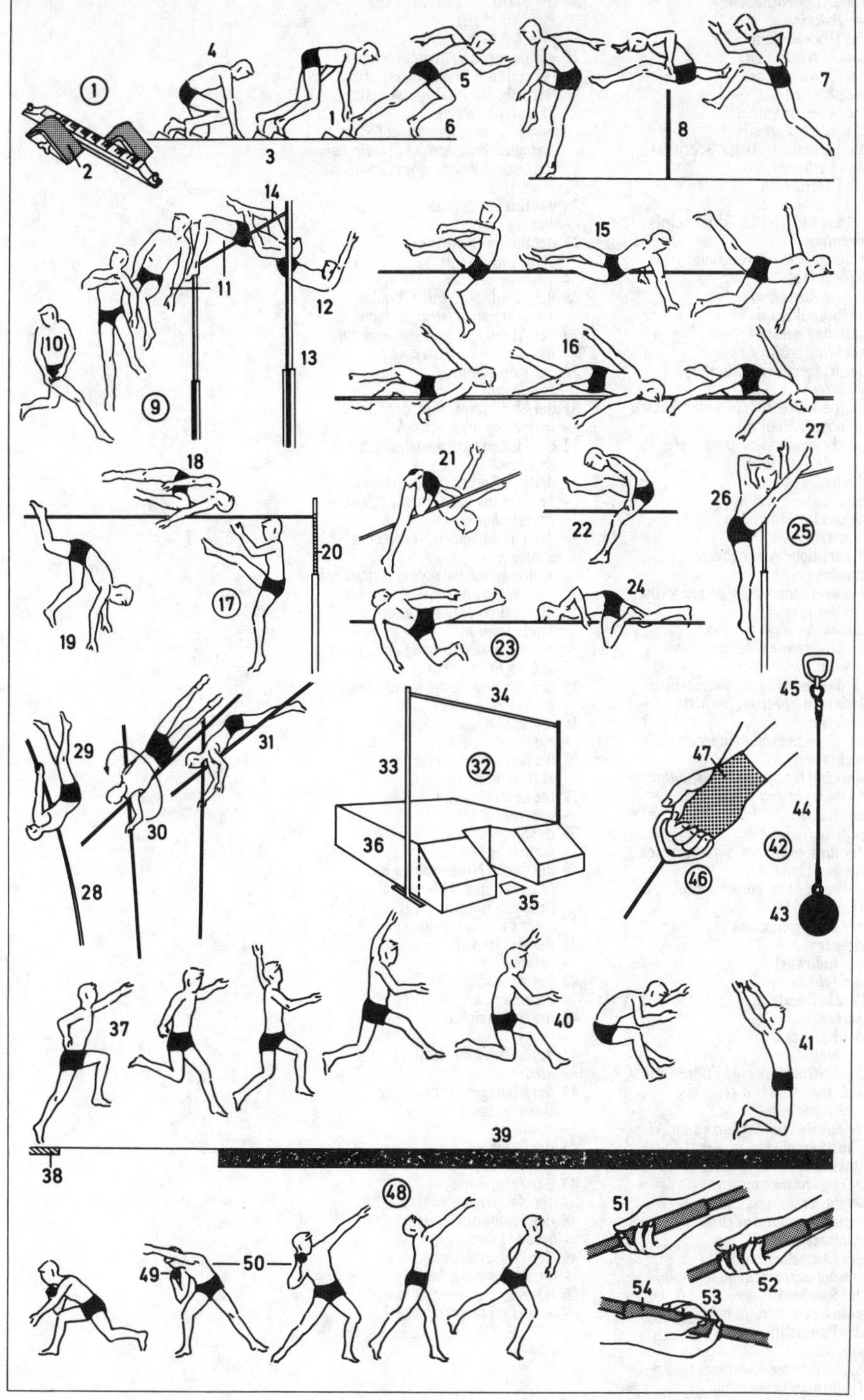
1
2
3
4
5
1
6
7
8
9
10
11
12
13
14
15
16
17
18
19
20
21
22
23
24
25
26
27
28
29
30
31
32
33
34
35
36
37
38
39
40
41
42
43
44
45
46
47
48
49
50
51
52
53
54

1-5 das Gewichtheben
- ***weightlifting***
1 das Hockereißen
- *squat-style snatch*
2 der Gewichtheber
- *weightlifter*
3 die Scheibenhantel
- *disc (disk) barbell*
4 das Stoßen mit Ausfallschritt *m*
- *jerk with split*
5 die fixierte Last
- *maintained lift*
6-12 das Ringen (der Ringkampf)
- ***wrestling***
6-9 der griechisch-römische Ringkampf
- *Greco-Roman wrestling*
6 der Standkampf
- *standing wrestling (wrestling in standing position)*
7 der Ringer (Ringkämpfer)
- *wrestler*
8 der Bodenkampf (*hier:* der Ansatz zum Aufreißen *n*)
- *on-the-ground wrestling (*here: *the referee's position)*
9 die Brücke
- *bridge*
10-12 das Freistilringen
- *freestyle wrestling*
10 der seitliche Armhebel mit Einsteigen *n*
- *bar arm (arm bar) with grapevine*
11 der Beinsteller
- *double leg lock*
12 die Ringmatte (Matte)
- *wrestling mat (mat)*
13-17 das Judo (*ähnl.:* das Jiu-Jitsu)
- ***judo*** *(*sim.: *ju-jitsu, jiu jitsu, ju-jutsu)*
13 das Gleichgewichtsbrechen nach rechts vorn
- *drawing the opponent off balance to the right and forward*
14 der Judoka
- *judoka (judoist)*
15 der farbige Gürtel, als Abzeichen *n* für den Dan-Grad
- *coloured (*Am. *colored) belt, as a symbol of Dan grade*
16 der Unparteiische
- *referee*
17 der Judowurf
- *judo throw*
18-19 das Karate
- ***karate***
18 der Karateka
- *karateka*
19 der Seitfußstoß, eine Fußtechnik
- *side thrust kick, a kicking technique*
20-50 das Boxen (der Boxkampf, Faustkampf, das *od.* der Boxmatch)
- ***boxing*** *(boxing match)*
20-24 die Trainingsgeräte *n*
- *training apparatus (training equipment)*
20 der Doppelendball
- *[spring-supported] punch ball*
21 der Sandsack
- *punch bag (*Am. *punching bag)*
22 der Punktball
- *speed ball*
23 die Maisbirne (Boxbirne)
- *[suspended] punch ball*
24 der Plattformball (Birnball, Punchingball)
- *punch ball*
25 der Boxer, ein Amateurboxer *m* (kämpft mit Trikot *n*), od. ein Berufsboxer *m* (Professional; kämpft ohne Trikot *n*)
- *boxer, an amateur boxer (boxes in a singlet, vest,* Am. *undershirt) or a professional boxer (boxes without singlet)*
26 der Boxhandschuh
- *boxing glove*
27 der Sparringspartner (Trainingspartner)
- *sparring partner*
28 der gerade Stoß (die Gerade)
- *straight punch (straight blow)*
29 das Abducken und Seitneigen *n*
- *ducking and sidestepping*
30 der Kopfschutz
- *headguard*
31 der Nahkampf; *hier:* der Clinch
- *infighting;* here: *clinch*
32 der Haken (Aufwärtshaken)
- *uppercut*
33 der Kopfhaken (Seitwärtshaken)
- *hook to the head (hook, left hook or right hook)*
34 der Tiefschlag, ein verbotener Schlag *m*
- *punch below the belt, a foul punch (illegal punch, foul)*
35-50 die Boxveranstaltung, ein Titelkampf *m*
- *boxing match (boxing contest), a title fight (title bout)*
35 der Boxring (Ring, Kampfring)
- *boxing ring (ring)*
36 die Seile *n*
- *ropes*
37 die Seilverspannung
- *stay wire (stay rope)*
38 die neutrale Ecke
- *neutral corner*
39 der Sieger
- *winner*
40 der durch Niederschlag *m* (Knockout, k.o.) Besiegte (k.o.-geschlagene Gegner)
- *loser by a knockout*
41 der Ringrichter
- *referee*
42 das Auszählen
- *counting out*
43 der Punktrichter
- *judge*
44 der Sekundant (Helfer)
- *second*
45 der Manager (Veranstalter, Boxmanager)
- *manager*
46 der Gong
- *gong*
47 der Zeitnehmer
- *timekeeper*
48 der Protokollführer
- *record keeper*
49 der Pressefotograf
- *press photographer*
50 der Sportreporter (Reporter)
- *sports reporter (reporter)*

1
2
3
4
5
6
7
8
9
10
11
12
13
14
15
16
17
18
19
20
21
22
23
24
25
26
27
28
29
30
31
32
33
34
35
36
37
38
39
40
41
42
43
44
45
46
47
48
49
50

1-57 das Bergsteigen (Bergwandern, der Hochtourismus)
- ***mountaineering*** *(mountain climbing, Alpinism)*

1 das Unterkunftshaus (die Alpenvereinshütte, Schutzhütte, Berghütte, der Stützpunkt)
- *hut (Alpine Club hut, mountain hut, base)*

2-13 das Klettern (Felsgehen, Klettern im Fels *m*) [Felstechnik *f*, Klettertechnik]
- ***climbing*** *(rock climbing) [rock climbing technique]*

2 die Wand (Felswand, Steilstufe)
- *rock face (rock wall)*

3 der Riß (Längs-, Quer- od. Diagonalriß)
- *fissure (vertical, horizontal or diagonal fissure)*

4 das Band (Fels-, Gras-, Geröll-, Schnee- od. Eisband)
- *ledge (rock ledge, grass ledge, scree ledge, snow ledge, ice ledge)*

5 der Bergsteiger (Kletterer, Felsgeher, Alpinist, Hochtourist)
- *mountaineer (climber, mountain climber, Alpinist)*

6 der Anorak (Hochtourenanorak, das Schneehemd, die Daunenjacke)
- *anorak (high-altitude anorak, snowshirt, padded jacket)*

7 die Bundhose (Kletterhose)
- *breeches (climbing breeches)*

8 der Kamin
- *chimney*

9 der Felskopf
- *belay (spike, rock spike)*

10 die Selbstsicherung
- *belay*

11 die Seilschlinge (Schlinge)
- *rope sling (sling)*

12 das Bergseil (Seil)
- *rope*

13 die Leiste
- *spur*

14-21 das Eisgehen (Klettern im Eis *n*) [Eistechnik *f*]
- ***snow and ice climbing*** *[snow and ice climbing technique]*

14 die Eiswand (der Firnhang)
- *ice slope (firn slope)*

15 der Eisgeher
- *snow and ice climber*

16 der Pickel
- *ice axe (*Am. *ax)*

17 die Stufe (der Tritt im Eis *n*)
- *step (ice step)*

18 die Gletscherbrille (Schneebrille)
- *snow goggles*

19 die Kapuze (Anorakkapuze)
- *hood (anorak hood)*

20 die Wächte (Schneewächte, Firnwächte)
- *cornice (snow cornice)*

21 der Grat (Eisgrat, Firngrat)
- *ridge (ice ridge)*

22-27 die Seilschaft [das Gehen am Seil *n*]
- ***rope*** *(roped party) [roped trek]*

22 der Gletscher
- *glacier*

23 die Gletscherspalte
- *crevasse*

24 die Schneebrücke (Firnbrücke)
- *snow bridge*

25 der Seilerste
- *leader*

26 der Seilzweite
- *second man (belayer)*

27 der Seildritte (Schlußmann)
- *third man (non-belayer)*

28-30 das Abseilen
- ***roping down*** *(abseiling, rapelling)*

28 die Abseilschlinge
- *abseil sling*

29 der Karabinersitz
- *sling seat*

30 der Dülfersitz
- *Dülfer seat*

31-57 die Bergsteigerausrüstung (alpine Ausrüstung, hochalpine Ausrüstung, Kletterausrüstung, Eistourenausrüstung)
- ***mountaineering equipment*** *(climbing equipment, snow and ice climbing equipment)*

31 der Pickel
- *ice axe (*Am. *ax)*

32 der Handriemen
- *wrist sling*

33 die Haue
- *pick*

34 die Schaufel
- *adze (*Am. *adz)*

35 das Karabinerloch
- *karabiner hole*

36 das Eisbeil
- *short-shafted ice axe (*Am. *ax)*

37 der Eishammer (der Kombihammer für Eis *n* und Fels *m*, Hammer)
- *hammer axe (*Am. *ax)*

38 der Universalkletterhaken
- *general-purpose piton*

39 der Abseilhaken (Ringhaken)
- *abseil piton (ringed piton)*

40 die Eisschraube (Halbrohreisschraube)
- *ice piton (semi-tubular screw ice piton, corkscrew piton)*

41 die Eisspirale
- *drive-in ice piton*

42 der Bergschuh
- *mountaineering boot*

43 die Profilsohle
- *corrugated sole*

44 der Kletterschuh
- *climbing boot*

45 die aufgerauhte Hartgummikante
- *roughened stiff rubber upper*

46 der Karabiner
- *karabiner*

47 die Schraubsicherung
- *screwgate*

48 die Steigeisen *n* (Leichtsteigeisen, Zwölfzacker, Zehnzacker)
- *crampons (lightweight crampons, twelve-point crampons, ten-point crampons)*

49 die Frontalzacken
- *front points*

50 der Zackenschutz
- *point guards*

51 die Steigeisenriemen
- *crampon strap*

52 die Steigeisenkabelbindung
- *crampon cable fastener*

53 der Steinschlaghelm
- *safety helmet (protective helmet)*

54 die Stirnlampe
- *helmet lamp*

55 die Schneegamaschen *f*
- *snow gaiters*

56 der Klettergürtel
- *climbing harness*

57 der Sitzgurt
- *sit harness*

1
2
3
4
5
6
7
8
9
10
11
12
13
14
15
16
17
18
19
20
21
22
23
24
25
26
27
28
29
30
31
32
33
34
35
36
37
38
39
40
41
42
43
44
45
46
47
48
49
50
51
52
53
54
55
56
57

1-72 der Skisport (Skilauf, das Skilaufen, Skifahren)
- ***skiing***
1 der Kompaktski
- *compact ski*
2 die Sicherheitsskibindung
- *safety binding (release binding)*
3 der Fangriemen
- *strap*
4 die Stahlkante
- *steel edge*
5 der Skistock
- *ski stick (ski pole)*
6 der Stockgriff
- *grip*
7 die Handschlaufe
- *loop*
8 der Stockteller
- *basket*
9 der einteilige Damenskianzug
- *ladies' one-piece ski suit*
10 die Skimütze
- *skiing cap (ski cap)*
11 die Skibrille
- *skiing goggles*
12 der Schalenskistiefel
- *cemented sole skiing boot*
13 der Skihelm
- *crash helmet*
14-20 die Langlaufausrüstung
- *cross-country equipment*
14 der Langlaufski
- *cross-country ski*
15 die Langlauf-Rattenfallbindung
- *cross-country rat trap binding*
16 der Langlaufschuh
- *cross-country boot*
17 der Langlaufanzug
- *cross-country gear*
18 die Schirmmütze
- *peaked cap*
19 die Sonnenbrille
- *sunglasses*
20 die Langlaufstöcke *m*, aus Tonkinrohr *n*
- *cross-country poles made of bamboo*
21-24 Skiwachsutensilien *pl*
- *ski-waxing equipment*
21 das Skiwachs
- *ski wax*
22 der Wachsbügler (die Lötlampe)
- *waxing iron (blowlamp, blowtorch)*
23 der Wachskorken
- *waxing cork*
24 das Wachskratzeisen
- *wax scraper*
25 der Rennstock
- *downhill racing pole*
26 der Grätenschritt, zur Ersteigung eines Hanges *m*
- *herringbone, for climbing a slope*
27 der Treppenschritt, zur Ersteigung eines Hanges *m*
- *sidestep, for climbing a slope*
28 die Hüfttasche
- *ski bag*
29 der Torlauf
- *slalom*
30 die Torstange
- *gate pole*
31 der Rennanzug
- *racing suit*
32 der Abfahrtslauf
- *downhill racing*
33 das „Ei", die Idealabfahrtshaltung
- *'egg' position, the ideal downhill racing position*
34 der Abfahrtsski
- *downhill ski*
35 der Sprunglauf
- *ski jumping*
36 der „Fisch", die Flughaltung
- *lean forward*
37 die Startnummer
- *number*
38 der Sprungski
- *ski jumping ski*
39 die Führungsrillen *f* (3 bis 5 Rillen *f*)
- *grooves (3 to 5 grooves)*
40 die Kabelbindung
- *cable binding*
41 der Sprungstiefel
- *ski jumping boots*
42 der Langlauf
- *cross-country*
43 der Rennoverall
- *cross-country stretch-suit*
44 die Loipe
- *course*
45 das Markierungsfähnchen (die Loipenmarkierung)
- *course-marking flag*
46 die Schichten *f* (Lamellen) eines modernen Skis *m*
- *layers of a modern ski*
47 der Spezialkern
- *special core*
48 die Laminate *n*
- *laminates*
49 die Dämpfungsschicht
- *stabilizing layer (stabilizer)*
50 die Stahlkante
- *steel edge*
51 die Aluoberkante (Aluminiumoberkante)
- *aluminium* (Am. *aluminum) upper edge*
52 die Kunststofflauffläche
- *synthetic bottom (artificial bottom)*
53 der Sicherheitsbügel
- *safety jet*
54-56 die Bindungselemente *n*
- *parts of the binding*
54 die Fersenautomatik
- *automatic heel unit*
55 der Backen
- *toe unit*
56 der Skistopper
- *ski stop*
57-63 der Skilift
- *ski lift*
57 der Doppelsessellift
- *double chair lift*
58 der Sicherheitsbügel, mit Fußstütze *f*
- *safety bar with footrest*
59 der Schlepplift
- *ski lift*
60 die Schleppspur
- *track*
61 der Schleppbügel
- *hook*
62 der Seilrollautomat
- *automatic cable pulley*
63 das Schleppseil
- *haulage cable*
64 der Slalomlauf
- *slalom*
65 das offene Tor
- *open gate*
66 das blinde vertikale Tor
- *closed vertical gate*
67 das offene vertikale Tor
- *open vertical gate*
68 das schräge Doppeltor
- *transversal chicane*
69 die Haarnadel
- *hairpin*
70 das versetzte vertikale Doppeltor
- *elbow*
71 der Korridor
- *corridor*
72 die Allais-Schikane (Chicane Allais)
- *Allais chicane*

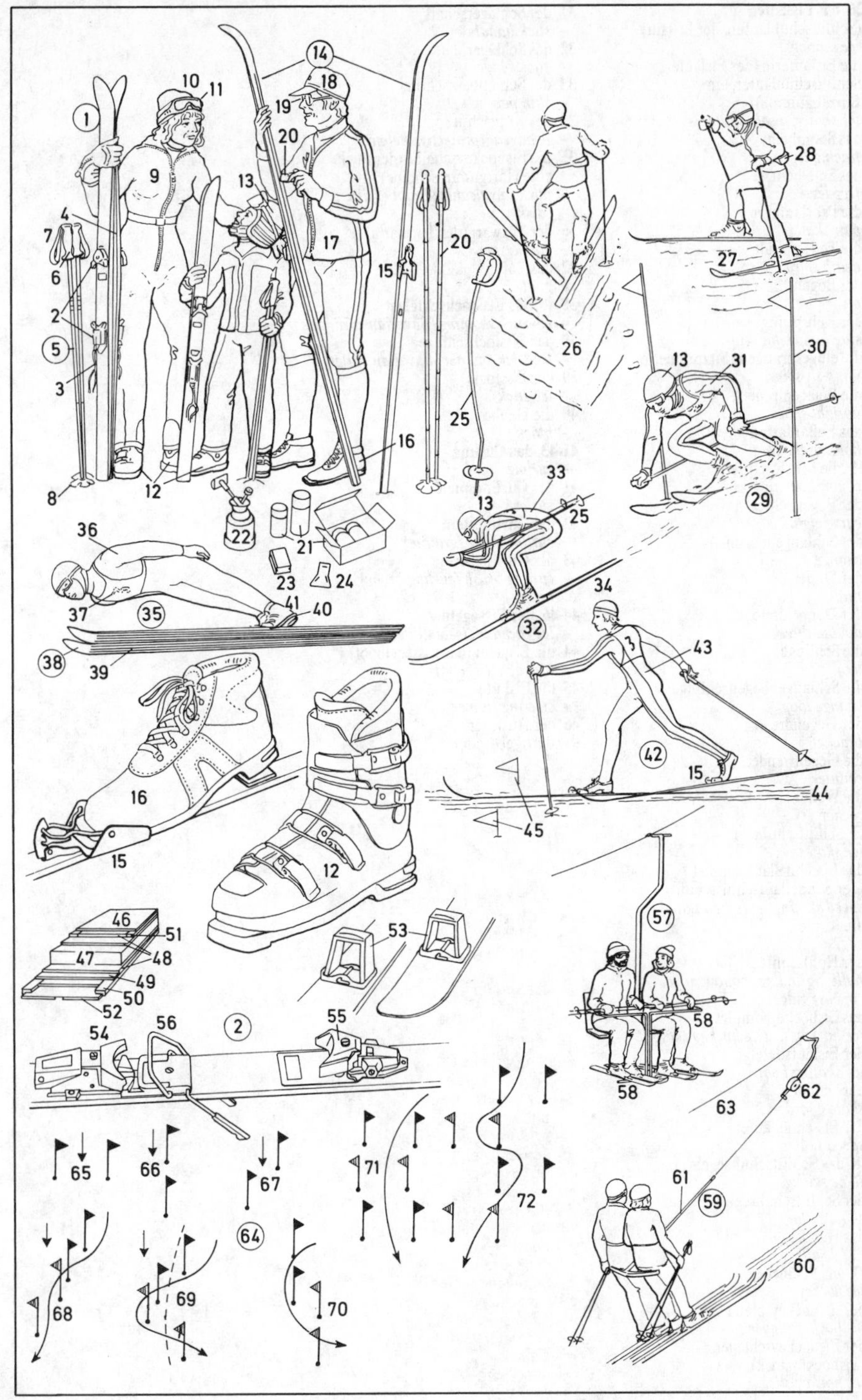
1
2
3
4
5
6
7
8
9
10
11
12
13
14
15
16
17
18
19
20
21
22
23
24
25
26
27
28
29
30
31
32
33
34
35
36
37
38
39
40
41
42
43
44
45
46
47
48
49
50
51
52
53
54
55
56
57
58
59
60
61
62
63
64
65
66
67
68
69
70
71
72

1-26 das Eislaufen (Schlittschuhlaufen, der Eislauf)
- ***ice skating***

1 die Eisläuferin (der Eisläufer, Schlittschuhläufer, ein Einzelläufer *m*)
- *ice skater, a solo skater*

2 das Standbein
- *tracing leg*

3 das Spielbein
- *free leg*

4 die Paarläufer *m*
- *pair skaters*

5 die Todesspirale
- *death spiral*

6 der Bogen
- *pivot*

7 der Rehsprung
- *stag jump (stag leap)*

8 die eingesprungene Sitzpirouette
- *jump-sit-spin*

9 die Waagepirouette
- *upright spin*

10 das Fußanfassen
- *holding the foot*

11-19 die Pflichtfiguren *f*
- *compulsory figures*

11 der Bogenachter
- *curve eight*

12 der Schlangenbogen
- *change*

13 der Dreier
- *three*

14 der Doppeldreier
- *double-three*

15 die Schlinge
- *loop*

16 die Schlangenbogenschlinge
- *change-loop*

17 der Gegendreier
- *bracket*

18 die Gegenwende
- *counter*

19 die Wende
- *rocker*

20-25 Schlittschuhe *m*
- *ice skates*

20 das Eisschnellaufcomplet (der Schnellaufschlittschuh)
- *speed skating set (speed skate)*

21 die Kante
- *edge*

22 der Hohlschliff
- *hollow grinding (hollow ridge, concave ridge)*

23 das Eishockeycomplet
- *ice hockey set (ice hockey skate)*

24 der Eislaufstiefel
- *ice skating boot*

25 der Schoner
- *skate guard*

26 der Eisschnelläufer
- *speed skater*

27-28 das Schlittschuhsegeln
- ***skate sailing***

27 der Schlittschuhsegler
- *skate sailor*

28 das Handsegel
- *hand sail*

29-37 das Eishockey
- ***ice hockey***

29 der Eishockeyspieler
- *ice hockey player*

30 der Eishockeyschläger (Eishockeystock)
- *ice hockey stick*

31 der Schlägerschaft
- *stick handle*

32 das Schlägerblatt
- *stick blade*

33 der Schienbeinschutz
- *shin pad*

34 der Kopfschutz
- *headgear (protective helmet)*

35 die Eishockeyscheibe (der Puck, eine Hartgummischeibe)
- *puck, a vulcanized rubber disc (disk)*

36 der Torwart (der Tormann)
- *goalkeeper*

37 das Tor
- *goal*

38-40 das Eisstockschießen
- ***ice-stick shooting*** *(Bavarian curling)*

38 der Eisstockschütze
- *ice-stick shooter (Bavarian curler)*

39 der Eisstock
- *ice stick*

40 die Daube
- *block*

41-43 das Curling
- ***curling***

41 der Curlingspieler
- *curler*

42 der Curlingstein
- *curling stone (granite)*

43 der Curlingbesen
- *curling brush (curling broom, besom)*

44-46 das Eissegeln
- ***ice yachting*** *(iceboating, ice sailing)*

44 die Eisjacht (das Eissegelboot)
- *ice yacht (iceboat)*

45 die Eiskufe
- *steering runner*

46 der Ausleger
- *outrigged runner*

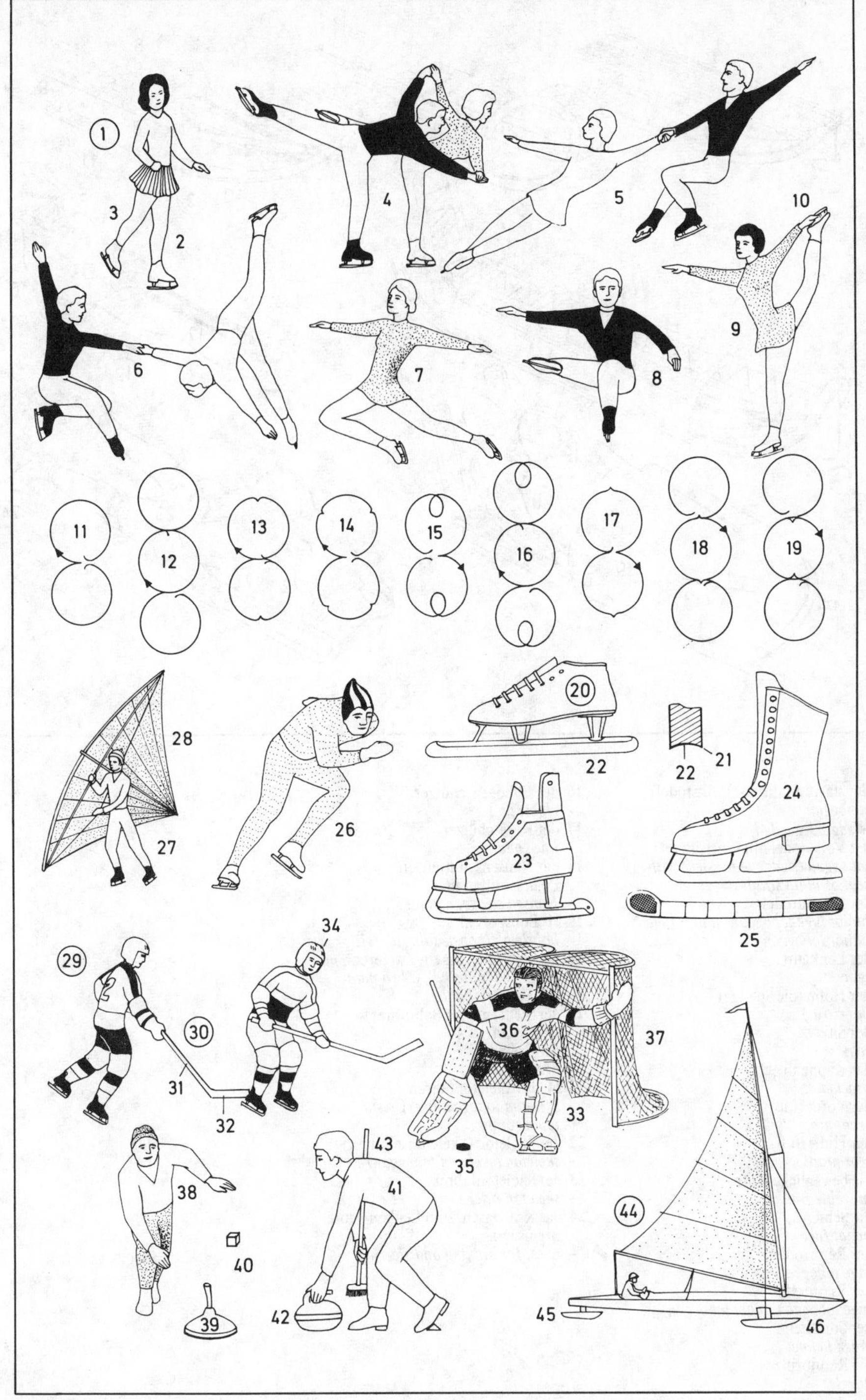
1
2
3
4
5
6
7
8
9
10
11
12
13
14
15
16
17
18
19
20
21
22
22
23
24
25
26
27
28
29
30
31
32
33
34
35
36
37
38
39
40
41
42
43
44
45
46

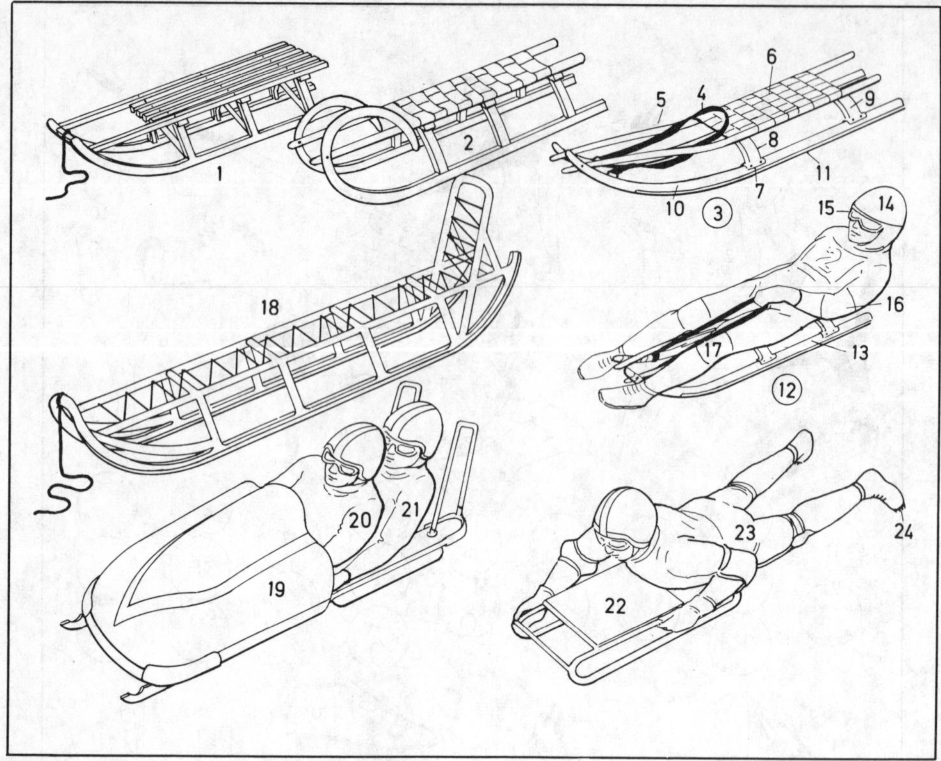

1 der starre Schlitten (Volksrodel)
- *toboggan (sledge,* Am. *sled)*

2 der Volksrodel mit Gurtsitz *m*
- *toboggan (sledge,* Am. *sled) with seat of plaid straps*

3 der Jugendrodel
- *junior luge toboggan (junior luge, junior toboggan)*

4 der Lenkgurt
- *rein*

5 der Holm (die Spange)
- *bar (strut)*

6 der Sitz
- *seat*

7 das Kappenblech
- *bracket*

8 der Vorderfuß
- *front prop*

9 der Hinterfuß
- *rear prop*

10 die bewegliche Kufe
- *movable runner*

11 die Schiene
- *metal face*

12 der Rennrodler
- *luge tobogganer*

13 der Rennrodel
- *luge toboggan (luge, toboggan)*

14 der Sturzhelm
- *crash helmet*

15 die Rennbrille
- *goggles*

16 der Ellbogenschützer
- *elbow pad*

17 der Knieschützer
- *knee pad*

18 der Nansenschlitten, ein Polarschlitten *m*
- *Nansen sledge, a polar sledge*

19-21 Bobsport *m*
- *bobsleigh (bobsledding)*

19 der Bobschlitten, ein Zweierbob *m*
- *bobsleigh (bobsled), a two-man bobsleigh (a boblet)*

20 der Steuermann (Bobführer)
- *steersman*

21 der Bremser
- *brakeman*

22-24 das Skeletonfahren
- *skeleton tobogganing (Cresta tobogganing)*

22 der Skeleton (Skeletonschlitten)
- *skeleton (skeleton toboggan)*

23 der Skeletonfahrer
- *skeleton rider*

24 das Kratzeisen, zum Lenken *n* und Bremsen *n*
- *rake, for braking and steering*

1 die Schneelawine (Lawine); *Arten:* Staublawine *f*, Grundlawine
- *avalanche (snow avalanche,* Am. *snowslide);* kinds: *wind avalanche, ground avalanche*

2 der Lawinenbrecher, eine Ablenkmauer; *ähnl.:* der Lawinenkeil
- *avalanche wall, a deflecting wall (diverting wall);* sim.: *avalanche wedge*

3 die Lawinengalerie
- *avalanche gallery*

4 das Schneetreiben
- *snowfall*

5 die Schneeverwehung (Schneewehe)
- *snowdrift*

6 der Schneezaun
- *snow fence*

7 der Bannwald
- *avalanche forest [planted as protection against avalanches]*

8 der Straßenreinigungswagen
- *street-cleaning lorry (street cleaner)*

9 der Vorbauschneepflug (Schneepflug)
- *snow plough (Am. snowplow) attachment*

10 die Schneekette (Gleitschutzkette)
- *snow chain (skid chain, tyre chain,* Am. *tire chain)*

11 die Kühlerhaube
- *radiator bonnet (Am. radiator hood)*

12 das Kühlerhaubenfenster und die Fensterklappe (Jalousie)
- *radiator shutter and shutter opening (louvre shutter)*

13 der Schneemann
- *snowman*

14 die Schneeballschlacht
- *snowball fight*

15 der Schneeball
- *snowball*

16 der Skibob
- *ski bob*

17 die Schlitterbahn (Schleife, *bayr.* Ranschel)
- *slide*

18 der Junge, beim Schlittern *n* (Schleifen, *bayr.* Ranscheln)
- *boy, sliding*

19 das Glatteis
- *icy surface (icy ground)*

20 die Schneedecke, auf dem Dach *n*
- *covering of snow, on the roof*

21 der Eiszapfen
- *icicle*

22 der Schneeschipper (Schneeschaufler), beim Schippen *n* (Schneeschippen, Schneeschaufeln)
- *man clearing snow*

23 die Schneeschippe (Schneeschaufel)
- *snow push (snow shovel)*

24 der Schneehaufen
- *heap of snow*

25 der Pferdeschlitten
- *horse-drawn sleigh (horse sleigh)*

26 die Schlittenschellen *f* (Schellen, das Schellengeläut)
- *sleigh bells (bells, set of bells)*

27 der Fußsack
- *foot muff (Am. foot bag)*

28 die Ohrenklappe (der Ohrenschützer)
- *earmuff*

29 der Stuhlschlitten (Stehschlitten, Tretschlitten); *ähnl.:* der Stoßschlitten (Schubschlitten)
- *handsledge (tread sledge);* sim.: *push sledge*

30 der Schneematsch (geschmolzene Schnee, Matschschnee)
- *slush*

1-13 das Sportkegeln
- ***skittles***
1-11 die Kegelaufstellung (der Kegelstand)
- *skittle frame*
1 der Vordereckkegel (Erste)
- *front pin (front)*
2 der linke Vordergassenkegel, eine Dame
- *left front second pin (left front second)*
3 die linke Vordergasse
- *running three [left]*
4 der rechte Vordergassenkegel, eine Dame
- *right front second pin (right front second)*
5 die rechte Vordergasse
- *running three [right]*
6 der linke Eckkegel, ein Bauer *m*
- *left corner pin (left corner), a corner (copper)*
7 der König
- *landlord*
8 der rechte Eckkegel, ein Bauer *m*
- *right corner pin (right corner), a corner (copper)*
9 der linke Hintergassenkegel, eine Dame
- *back left second pin (back left second)*
10 der rechte Hintergassenkegel, eine Dame
- *back right second pin (back right second)*
11 der Hintereckkegel (Letzte)
- *back pin (back)*
12 der Kegel
- *pin*
13 der Kegelkönig (König)
- *landlord*
14-20 das Bowling
- ***tenpin bowling***
14 die Bowlingaufstellung (der Bowlingstand)
- *frame*
15 die Bowlingkugel (Lochkugel)
- *bowling ball (ball with finger holes)*
16 das Griffloch
- *finger hole*
17-20 die Wurfarten *f*
- *deliveries*
17 der Straight-Ball (Straight)
- *straight ball*
18 der Hook-Ball (Hook, Hakenwurf)
- *hook ball (hook)*
19 der Curve-Ball (Bogenwurf)
- *curve*
20 der Back-up-Ball (Rückhandbogenwurf)
- *back-up ball (back-up)*
21 **das Boulespiel** (Cochonnet); *ähnl.:* das ital. Bocciaspiel (das *od.* die Boccia), das engl. Bowlspiel
- ***boules;*** sim.: *Italian game of boccie, green bowls (bowls)*
22 der Boulespieler
- *boules player*
23 die Malkugel (Zielkugel, der Pallino, Lecco)
- *jack (target jack)*
24 die gerillte Wurfkugel
- *grooved boule*
25 die Spielergruppe
- *group of players*
26 das Gewehrschießen
- ***rifle shooting***
27-29 Anschlagsarten *f*
- *shooting positions*
27 der stehende Anschlag
- *standing position*
28 der knieende Anschlag
- *kneeling position*
29 der liegende Anschlag
- *prone position*

30-33 Schießscheiben *f* (Zielscheiben, Ringscheiben)
- *targets*
30 die Gewehrscheibe für 50m Schußweite *f*
- *target for 50 m events (50 m target)*
31 der Ring
- *circle*
32 die Gewehrscheibe für 100m Schußweite *f*
- *target for 100 m events (100 m target)*
33 die laufende Scheibe (der Keiler)
- *bobbing target (turning target, running-boar target)*
34-39 die Sportmunition
- *ammunition*
34 das Diabologeschoß für Luftgewehr *n*
- *air rifle cartridge*
35 die Randzünderpatrone für Zimmerstutzen *m*
- *rimfire cartridge for zimmerstutzen (indoor target rifle), a smallbore German single-shot rifle*
36 die Patronenhülse
- *case head*
37 die Randkugel
- *caseless round*
38 die Patrone Kaliber *n* 22 *long rifle*
- *22 long rifle cartridge*
39 die Patrone Kaliber *n* 222 *Remington*
- *.222 Remington cartridge*
40-49 Sportgewehre *n*
- *sporting rifles*
40 das Luftgewehr
- *air rifle*
41 der Diopter
- *optical sight*
42 das Korn
- *front sight (foresight)*
43 das Kleinkaliberstandardgewehr
- *smallbore standard rifle*
44 die internationale freie Kleinkaliberwaffe
- *international smallbore free rifle*
45 die Handstütze für den stehenden Anschlag
- *palm rest for standing position*
46 die Kolbenkappe mit Haken *m*
- *butt plate with hook*
47 der Lochschaft
- *butt with thumb hole*
48 das Kleinkalibergewehr für die laufende Scheibe
- *smallbore rifle for bobbing target (turning target)*
49 das Zielfernrohr
- *telescopic sight (riflescope, telescope sight)*
50 die Diopterv isierung mit Ringkorn *n*
- *optical ring sight*
51 die Dioptervisierung mit Balkenkorn *n*
- *optical ring and bead sight*
52-66 das Bogenschießen
- ***archery*** *(target archery)*
52 der Abschuß
- *shot*
53 der Bogenschütze
- *archer*
54 der Turnierbogen
- *competition bow*
55 der Wurfarm
- *riser*
56 das Visier
- *point-of-aim mark*
57 der Handgriff
- *grip (handle)*
58 der Stabilisator
- *stabilizer*

59 die Bogensehne (Sehne)
- *bow string (string)*
60 der Pfeil
- *arrow*
61 die Pfeilspitze
- *pile (point) of the arrow*
62 die Steuerfedern *f* (Truthahnfedern, die Befiederung)
- *fletching*
63 die Nocke
- *nock*
64 der Schaft
- *shaft*
65 das Schützenzeichen
- *cresting*
66 die Scheibe
- *target*
67 das bask. **Pelotaspiel** (die Jai alai)
- *Basque game of pelota (jai alai)*
68 der Pelotaspieler
- *pelota player*
69 der Schläger (die Cesta)
- *wicker basket (cesta)*
70-78 das Skeet (Skeetschießen), ein Wurftaubenschießen *n* (Tontaubenschie
- ***skeet*** *(skeet shooting), a kind of clay pigeon shooting*
70 die Skeet-Bockdoppelflinte
- *skeet over-and-under shotgun*
71 die Laufmündung mit Skeetbohrung *f*
- *muzzle with skeet choke*
72 der Gewehranschlag bei Abruf *m* (die Jagdstellung)
- *ready position on call*
73 der fertige Anschlag
- *firing position*
74 die Skeetanlage (Taubenwurfanlage)
- *shooting range*
75 das Hochhaus
- *high house*
76 das Niederhaus
- *low house*
77 die Wurfrichtung
- *target's path*
78 der Schützenstand
- *shooting station (shooting box)*
79 das Rhönrad
- ***aero wheel***
80 der Griff
- *handle*
81 das Fußbrett
- *footrest*
82 das Go-Karting
- ***go-karting*** *(karting)*
83 das Go-Kart
- *go-kart (kart)*
84 die Startnummer
- *number plate (number)*
85 die Pedale *n*
- *pedals*
86 der profillose Reifen (Slick)
- *pneumatic tyre* (Am. *tire)*
87 der Benzintank
- *petrol tank* (Am. *gasoline tank)*
88 der Rahmen
- *frame*
89 das Lenkrad
- *steering wheel*
90 der Schalensitz
- *bucket seat*
91 die Feuerschutzwand
- *protective bulkhead*
92 der Zweitaktmotor
- *two-stroke engine*
93 der Schalldämpfer
- *silencer* (Am. *muffler)*

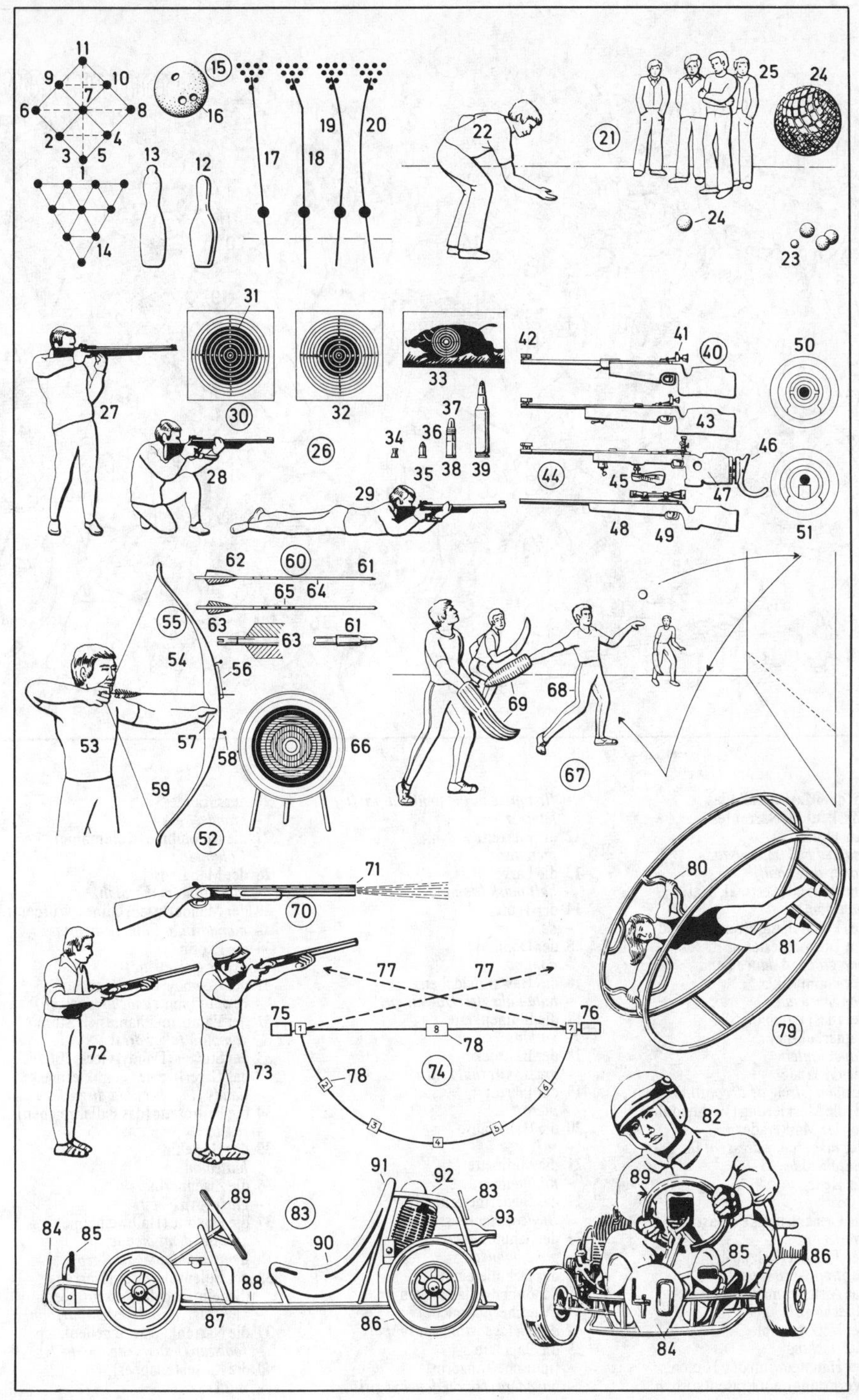

11
9
10
7
6
8
2
4
3
5
1
14
15
16
13
12
17
18
19
20
22
21
25
24
24
23
31
27
30
32
33
42
41
40
50
37
36
34
35
38
39
26
28
44
46
45
47
29
48
49
51
62
60
61
65
64
55
63
63
61
54
56
53
57
58
66
69
68
59
52
67
71
70
80
81
77
77
75
76
78
72
73
74
78
79
82
91
92
83
93
89
84
85
83
90
88
87
86
85
86
84

1-48 der Maskenball (das Maskenfest, Narrenfest, Kostümfest)
- ***masked ball*** *(masquerade, fancy-dress ball)*

1 der Ballsaal (Festsaal, Saal)
- *ballroom*

2 das Poporchester (die Popband), ein Tanzorchester *n*
- *pop group, a dance band*

3 der Popmusiker
- *pop musician*

4 der (das) Lampion (die Papierlaterne)
- *paper lantern*

5 die Girlande
- *festoon (string of decorations)*

6-48 die Maskierung (Verkleidung) bei der Maskerade
- *disguise (fancy dress) at the masquerade*

6 die Hexe
- *witch*

7 die Gesichtsmaske (Maske)
- *mask*

8 der Trapper (Pelzjäger)
- *fur trapper (trapper)*

9 das Apachenmädchen
- *Apache girl*

10 der Netzstrumpf
- *net stocking*

11 der Hauptgewinn der Tombola (Verlosung), ein Präsentkorb *m*
- *first prize in the tombola (raffle), a hamper*

12 die Pierrette
- *pierette*

13 die Larve
- *half mask (domino)*

14 der Teufel
- *devil*

15 der Domino
- *domino*

16 das Hawaiimädchen
- *hula-hula girl (Hawaii girl)*

17 die Blumenkette
- *garland*

18 der Bastrock
- *grass skirt (hula skirt)*

19 der Pierrot
- *pierrot*

20 die Halskrause
- *ruff*

21 die Midinette
- *midinette*

22 das Biedermeierkleid
- *Biedermeier dress*

23 der Schutenhut
- *poke bonnet*

24 das Dekolleté mit Schönheitspflästerchen *n* (Musche *f*, Mouche)
- *décolletage with beauty spot*

25 die Bajadere (indische Tänzerin)
- *bayadère (Hindu dancing girl)*

26 der Grande
- *grandee*

27 die Kolombine (Kolumbine)
- *Columbine*

28 der Maharadscha
- *maharaja (maharajah)*

29 der Mandarin, ein chines. Würdenträger
- *mandarin, a Chinese dignitary*

30 die Exotin
- *exotic girl (exotic)*

31 der Cowboy; *ähnl.:* Gaucho
- *cowboy;* sim.: *gaucho (vaquero)*

32 der Vamp, im Phantasiekostüm *n*
- *vamp, in fancy dress*

33 der Stutzer (Dandy, Geck, *österr.* das Gigerl), eine Charaktermaske
- *dandy (fop, beau), a disguise*

34 die Ballrosette (das Ballabzeichen)
- *rosette*

35 der Harlekin
- *harlequin*

36 die Zigeunerin
- *gipsy (gypsy) girl*

37 die Kokotte (Halbweltdame)
- *cocotte (demi-monde, demi-mondaine, demi-rep)*

38 der Eulenspiegel, ein Narr *m* (Schelm, Schalk, Possenreißer)
- *owl-glass, a fool (jester, buffoon)*

39 die Narrenkappe (Schellenkappe)
- *foolscap (jester's cap and bells)*

40 die Rassel (Klapper)
- *rattle*

41 die Odaliske (Orientalin), eine orientalische Haremssklavin
- *odalisque, Eastern female slave in Sultan's seraglio*

42 die Pluderhose
- *chalwar (pantaloons)*

43 der Seeräuber (Pirat)
- *pirate (buccaneer)*

44 die Tätowierung
- *tattoo*

45 die Papiermütze
- *paper hat*

46 die Pappnase
- *false nose*

47 die Knarre (Ratsche, Rätsche)
- *clapper (rattle)*

48 die Pritsche (Narrenpritsche)
- *slapstick*

49-54 Feuerwerkskörper *m*
- ***fireworks***

49 das Zündblättchen (Knallblättchen)
- *percussion cap*

50 das (der) Knallbonbon
- *cracker*

51 die Knallerbse
- *banger*

52 der Knallfrosch
- *jumping jack*

53 der Kanonenschlag
- *cannon cracker (maroon, marroon)*

54 die Rakete
- *rocket*

55 die Papierkugel
- *paper ball*

56 der Schachterlteufel (Jack-in-the-box, ein Scherzartikel *m*)
- *jack-in-the-box, a joke*

57-70 der Karnevalszug (Faschingszug)
- ***carnival procession***

57 der Karnevalswagen (Faschingswagen)
- *carnival float (carnival truck)*

58 der Karnevalsprinz (Prinz Karneval, Faschingsprinz)
- *King Carnival*

59 das Narrenzepter
- *bauble (fool's sceptre,* Am. *scepter)*

60 der Narrenorden (Karnevalsorden)
- *fool's badge*

61 die Karnevalsprinzessin (Faschingsprinzessin)
- *Queen Carnival*

62 das Konfetti
- *confetti*

63 die Riesenfigur, eine Spottgestalt
- *giant figure, a satirical figure*

64 die Schönheitskönigin
- *beauty queen*

65 die Märchenfigur
- *fairy-tale figure*

66 die Papierschlange
- *paper streamer*

67 das Funkenmariechen
- *majorette*

68 die Prinzengarde
- *king's guard*

69 der Hanswurst, ein Spaßmacher *m*
- *buffoon, a clown*

70 die Landsknechttrommel
- *lansquenet's drum*

1-63 der Wanderzirkus
- *travelling (Am. traveling) circus*

1 das Zirkuszelt (Spielzelt, Chapiteau), ein Viermastzelt *n*
- *circus tent (big top), a four-pole tent*

2 der Zeltmast
- *tent pole*

3 der Scheinwerfer
- *spotlight*

4 der Beleuchter
- *lighting technician*

5 der Artistenstand
- *platform [for the trapeze artists]*

6 das Trapez (Schaukelreck)
- *trapeze*

7 der Luftakrobat (Trapezkünstler, „fliegende Mensch")
- *trapeze artist*

8 die Strickleiter
- *rope ladder*

9 die Musikertribüne (Orchestertribüne)
- *bandstand*

10 die Zirkuskapelle
- *circus band*

11 der Maneneingang
- *ring entrance (arena entrance)*

12 der Sattelplatz (Aufsitzplatz)
- *wings*

13 die Stützstange (Zeltstütze)
- *tent prop (prop)*

14 das Sprungnetz, ein Sicherheitsnetz *n*
- *safety net*

15 der Zuschauerraum
- *seats for the spectators*

16 die Zirkusloge
- *circus box*

17 der Zirkusdirektor
- *circus manager*

18 der Artistenvermittler (Agent)
- *artiste agent (agent)*

19 der Eingang und Ausgang
- *entrance and exit*

20 der Aufgang
- *steps*

21 die Manege (Reitbahn)
- *ring (arena)*

22 die Bande (Piste)
- *ring fence*

23 der Musikclown
- *musical clown (clown)*

24 der Clown (Spaßmacher)
- *clown*

25 die „komische Nummer", eine Zirkusnummer
- *comic turn (clown act), a circus act*

26 die Kunstreiter *m*
- *circus riders (bareback riders)*

27 der Manegendiener, ein Zirkusdiener *m*
- *ring attendant, a circus attendant*

28 die Pyramide
- *pyramid*

29 der Untermann
- *support*

30-31 die Freiheitsdressur
- *performance by liberty horses*

30 das Zirkuspferd in Levade *f*
- *circus horse, performing the levade (pesade)*

31 der Dresseur, ein Stallmeister *m*
- *ringmaster, a trainer*

32 der Voltigereiter (Voltigeur)
- *vaulter*

33 der Notausgang
- *emergency exit*

34 der Wohnwagen (Zirkuswagen)
- *caravan (circus caravan, Am. trailer)*

35 der Schleuderakrobat
- *springboard acrobat (springboard artist)*

36 das Schleuderbrett
- *springboard*

37 der Messerwerfer
- *knife thrower*

38 der Kunstschütze
- *circus marksman*

39 die Assistentin
- *assistant*

40 die Seiltänzerin
- *tightrope dancer*

41 das Drahtseil
- *tightrope*

42 die Balancierstange (Gleichgewichtsstange)
- *balancing pole*

43 die Wurfnummer (Schleudernummer)
- *throwing act*

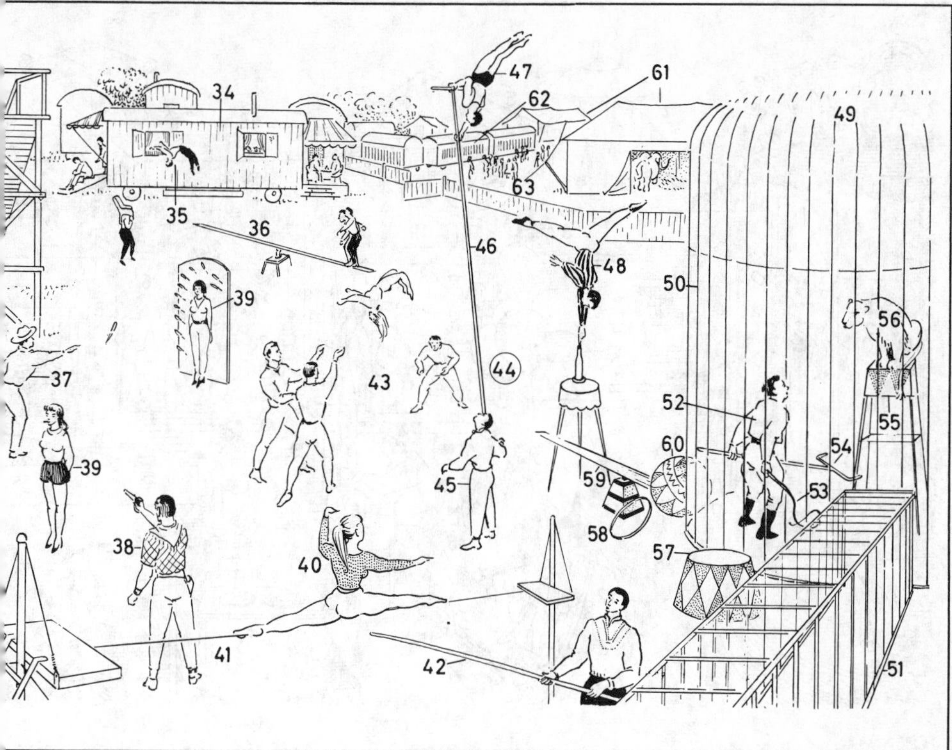

44 der Balanceakt
- *balancing act*

45 der Untermann
- *support*

46 die Perche (Bambusstange)
- *pole (bamboo pole)*

47 der Akrobat
- *acrobat*

48 der Äquilibrist
- *equilibrist (balancer)*

49 der Raubtierkäfig, ein Rundkäfig *m*
- *wild animal cage, a round cage*

50 das Raubtiergitter
- *bars of the cage*

51 der Laufgang (Gittergang, Raubtiergang)
- *passage (barred passage, passage for the wild animals)*

52 der Dompteur (Tierbändiger, Tierlehrer)
- *tamer (wild animal tamer)*

53 die Bogenpeitsche (Peitsche)
- *whip*

54 die Schutzgabel
- *fork (protective fork)*

55 das Piedestal
- *pedestal*

56 das Raubtier (der Tiger, der Löwe)
- *wild animal (tiger, lion)*

57 das Setzstück
- *stand*

58 der Springreifen
- *hoop (jumping hoop)*

59 die Wippe
- *seesaw*

60 die Laufkugel
- *ball*

61 die Zeltstadt
- *camp*

62 der Käfigwagen
- *cage caravan*

63 die Tierschau
- *menagerie*

1-69 der Jahrmarkt (die Kirchweih, *nd.* Kirmes, *südwestdt.* die Messe, Kerwe, *bayr.* die Dult)
- *fair (annual fair)*

1 der Festplatz (die Festwiese, Wiese)
- *fairground*

2 das Kinderkarussell, ein Karussell *n* (*österr.* ein Ringelspiel *n, md./schweiz.* eine Reitschule)
- *children's merry-go-round, (whirligig), a roundabout (*Am.* carousel)*

3 die Erfrischungsbude (Getränkebude, der Getränkeausschank)
- *refreshment stall (drinks stall)*

4 das Kettenkarussell (der Kettenflieger)
- *chairoplane*

5 die Berg-und-Tal-Bahn, eine Geisterbahn
- *up-and-down roundabout, a ghost train*

6 die Schaubude
- *show booth (booth)*

7 die Kasse
- *box (box office)*

8 der Ausrufer (Ausschreier)
- *barker*

9 das Medium
- *medium*

10 der Schausteller
- *showman*

11 der Stärkemesser (Kraftmesser, „Lukas")
- *try-your-strength machine*

12 der ambulante Händler
- *hawker*

13 der Luftballon
- *balloon*

14 die Luftschlange
- *paper serpent*

15 die Federmühle, ein Windrad *n*
- *windmill*

16 der Taschendieb (Dieb)
- *pickpocket (thief)*

17 der Verkäufer
- *vendor*

18 der türkische Honig
- *Turkish delight*

19 das Abnormitätenkabinett
- *freak show*

20 der Riese
- *giant*

21 die Riesendame
- *fat lady*

22 die Liliputaner *m* (Zwerge)
- *dwarfs (midgets)*

23 das Bierzelt
- *beer marquee*

24 die Schaustellerbude (das Schaustellerzelt)
- *sideshow*

25-28 Artisten *m* (fahrende Leute *pl,* Fahrende *m*)
- *travelling (*Am.* traveling) artistes (travelling show people)*

25 der Feuerschlucker
- *fire eater*

26 der Schwertschlucker
- *sword swallower*

27 der Kraftmensch
- *strong man*

28 der Entfesselungskünstler
- *escapologist*

29 die Zuschauer *m*
- *spectators*

30 der Eisverkäufer (*ugs.* Eismann)
- *ice-cream vendor (ice-cream man)*

31 die Eiswaffel (Eistüte), mit Eis *n* (Speiseeis)
- *ice-cream cornet, with ice cream*

32 der Bratwurststand (die Würstchenbude)
- *sausage stand*

33 der Bratrost (Rost)
- *grill (*Am.* broiler)*

34 die Rostbratwurst (Bratwurst)
- *bratwurst (grilled sausage,* Am. *broiled sausage)*

35 die Wurstzange
- *sausage tongs*

36 die Kartenlegerin, eine Wahrsagerin
- *fortune teller*

37 das Riesenrad
- *big wheel (Ferris wheel)*

38 die Kirmesorgel (automatische Orgel), ein Musikwerk *n* (Musikautomat *m*)
- *orchestrion (automatic organ), an automatic musical instrument*

39 die Achterbahn (Gebirgsbahn)
- *scenic railway (switchback)*

40 die Turmrutschbahn (Rutschbahn)
- *toboggan slide (chute)*

41 die Schiffsschaukel (Luftschaukel)
- *swing boats*

42 die Überschlagschaukel
- *swing boat, turning full circle*

43 der Überschlag
- *full circle*

44 die Spielbude
- *lottery booth (tombola booth)*

45 das Glücksrad
- *wheel of fortune*

46 die Teufelsscheibe (das Taifunrad)
- *devil's wheel (typhoon wheel)*

47 der Wurfring
- *throwing ring (quoit)*

48 die Gewinne *m*
- *prizes*

49 der Stelzenläufer
- *sandwich man on stilts*

50 das Reklameplakat
- *sandwich board (placard)*

51 der Zigarettenverkäufer, ein fliegender Händler
- *cigarette seller, an itinerant trader (a hawker)*

52 der Bauchladen
- *tray*

53 der Obststand
- *fruit stall*

54 der Todesfahrer (Steilwandfahrer)
- *wall-of-death rider*

55 das Lachkabinett (Spiegelkabinett)
- *hall of mirrors*

56 der Konkavspiegel
- *concave mirror*

57 der Konvexspiegel
- *convex mirror*

58 die Schießbude
- *shooting gallery*

59 der (das) Hippodrom
- *hippodrome*

60 der Trödelmarkt (Altwarenmarkt)
- *junk stalls (second-hand stalls)*

61 das Sanitätszelt (die Sanitätswache)
- *first aid tent (first aid post)*

62 die Skooterbahn (das Autodrom)
- *dodgems (bumper cars)*

63 der Skooter (Autoskooter)
- *dodgem car (bumper car)*

64-66 der Topfmarkt
- *pottery stand*

64 der Marktschreier
- *barker*

65 die Marktfrau
- *market woman*

66 die Töpferwaren *f*
- *pottery*

67 die Jahrmarktbummler *m*
- *visitors to the fair*

68 das Wachsfigurenkabinett (Panoptikum)
- *waxworks*

69 die Wachsfigur (Wachspuppe)
- *wax figure*

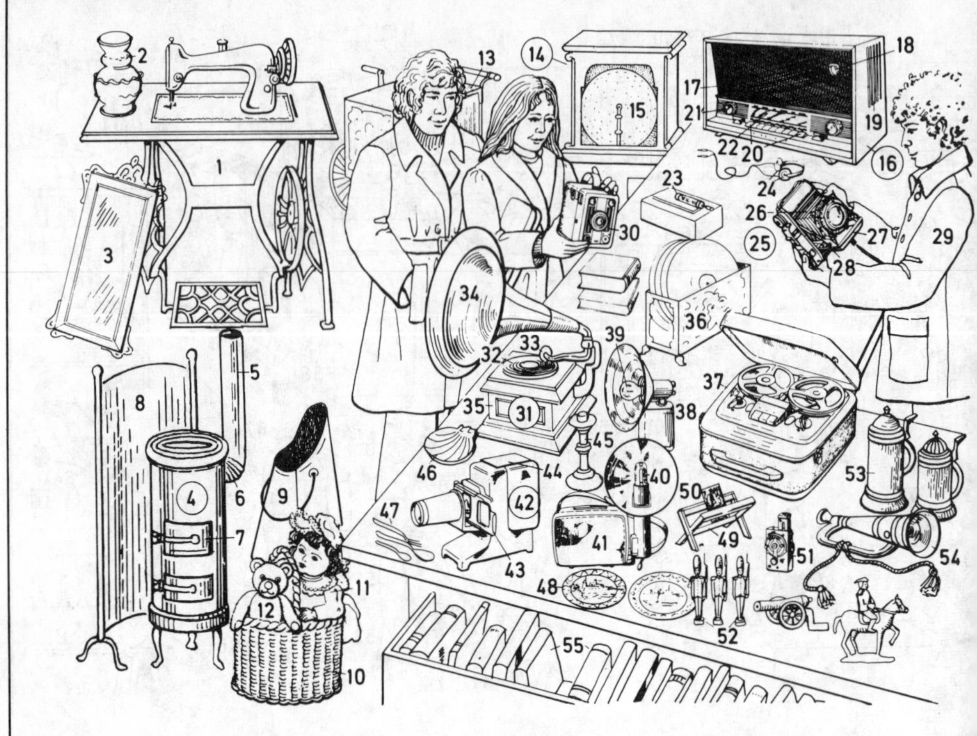

1 die Tretnähmaschine
- *treadle sewing machine*
2 die Blumenvase
- *flower vase*
3 der Wandspiegel
- *wall mirror*
4 der Kanonenofen
- *cylindrical stove*
5 das Ofenrohr
- *stovepipe*
6 der Ofenrohrkrümmer
- *stovepipe elbow*
7 die Ofentür
- *stove door*
8 der Ofenschirm
- *stove screen*
9 der Kohlenfüller
- *coal scuttle*
10 der Holzkorb
- *firewood basket*
11 die Puppe
- *doll*
12 der Teddybär
- *teddy bear*
13 die Drehorgel
- *barrel organ*
14 das Orchestrion (der Musikautomat)
- *orchestrion*
15 die Metallscheibe (das Notenblatt)
- *metal disc (disk)*
16 der Rundfunkempfänger (das Radio, Radiogerät, Rundfunkgerät, der Radioapparat, *scherzh.:* „Dampfradio"), ein Superheterodynempfänger *m* (Superhet)
- *radio (radio set,* joc.: *'steam radio'), a superheterodyne (superhet)*
17 die Schallwand
- *baffle board*
18 das „magische Auge", eine Abstimmanzeigeröhre
- *'magic eye', a tuning indicator valve*
19 die Schallöffnung
- *loudspeaker aperture*
20 die Stationstasten *f*
- *station selector buttons (station preset buttons)*
21 der Abstimmungsknopf
- *tuning knob*
22 die Frequenzeinstellskalen *f*
- *frequency bands*
23 die Detektoranlage (der Detektorempfänger)
- *crystal detector (crystal set)*
24 der Kopfhörer
- *headphones (headset)*
25 die Balgenkamera (Klappkamera)
- *folding camera*
26 der Balgen
- *bellows*
27 der Klappdeckel
- *hinged cover*
28 die Springspreizen *f*
- *spring extension*
29 der Verkäufer
- *salesman*
30 die Boxkamera (Box)
- *box camera*
31 das Grammophon (der Grammophonapparat)
- *gramophone*
32 die Schallplatte (Grammophonplatte)
- *record (gramophone record)*
33 die Schalldose mit der Grammophonnadel
- *needle head with gramophone needle*
34 der Schalltrichter
- *horn*
35 das Grammophongehäuse
- *gramophone box*
36 der Schallplattenständer
- *record rack*
37 das Tonbandgerät, ein Tonbandkoffer *m*
- *tape recorder, a portable tape recorder*
38 das Blitzlichtgerät (Blitzgerät)
- *flashgun*
39 das Blitzbirnchen (die Blitzbirne)
- *flash bulb*
40-41 das Elektronenblitzgerät (Röhrenblitzgerät)
- *electronic flash (electronic flashgun)*
40 der Lampenstab
- *flash head*
41 der (das) Akkuteil
- *accumulator*

42 der Diaprojektor (Diapositivprojektor)
- *slide projector*
43 der Diaschieber
- *slide holder*
44 das Lampengehäuse
- *lamphouse*
45 der Leuchter
- *candlestick*
46 die Jakobsmuschel (Pilgermuschel)
- *scallop shell*
47 das Besteck
- *cutlery*
48 der Souvenirteller
- *souvenir plate*
49 der Trockenständer für Fotoplatten *f*
- *drying rack for photographic plates*
50 die Fotoplatte
- *photographic plate*
51 der Selbstauslöser
- *delayed-action release*
52 die Zinnsoldaten *m* (*ähnl.*: Bleisoldaten *m*)
- *tin soldiers* (sim.: *lead soldiers*)
53 der Bierseidel
- *beer mug (stein)*
54 die Trompete
- *bugle*
55 die antiquarischen Bücher *n*
- *second-hand books*
56 die Standuhr
- *grandfather clock*
57 das Uhrengehäuse
- *clock case*
58 das Uhrenpendel (der *od.* das Perpendikel)
- *pendulum*
59 das Ganggewicht
- *time weight*
60 das Schlaggewicht
- *striking weight*
61 der Schaukelstuhl
- *rocking chair*
62 der Matrosenanzug
- *sailor suit*
63 die Matrosenmütze
- *sailor's hat*
64 das Waschservice
- *washing set*
65 die Waschschüssel
- *washing basin*
66 die Wasserkanne
- *water jug*
67 der Waschständer
- *washstand*
68 der Wäschestampfer
- *dolly*
69 die Waschwanne (Waschbütte)
- *washtub*
70 das Waschbrett
- *washboard*
71 der Brummkreisel
- *humming top*
72 die Schiefertafel
- *slate*
73 der Griffelkasten
- *pencil box*
74 die Addier- und Saldiermaschine
- *adding and subtracting machine*
75 die Papierrolle
- *paper roll*
76 die Zahlentasten *f*
- *number keys*
77 die Rechenmaschine
- *abacus*
78 das Tintenfaß, ein Klapptintenfaß *n*
- *inkwell, with lid*
79 die Schreibmaschine
- *typewriter*
80 die mechanische Rechenmaschine
- *[hand-operated] calculating machine (calculator)*
81 die Antriebskurbel
- *operating handle*
82 das Resultatwerk
- *result register (product register)*
83 das Umdrehungszählwerk
- *rotary counting mechanism (rotary counter)*
84 die Küchenwaage
- *kitchen scales*
85 der Pettycoat
- *waist slip (underskirt)*
86 der Leiterwagen
- *wooden handcart*
87 die Wanduhr
- *wall clock*
88 die Wärmflasche
- *bed warmer*
89 die Milchkanne
- *milk churn*

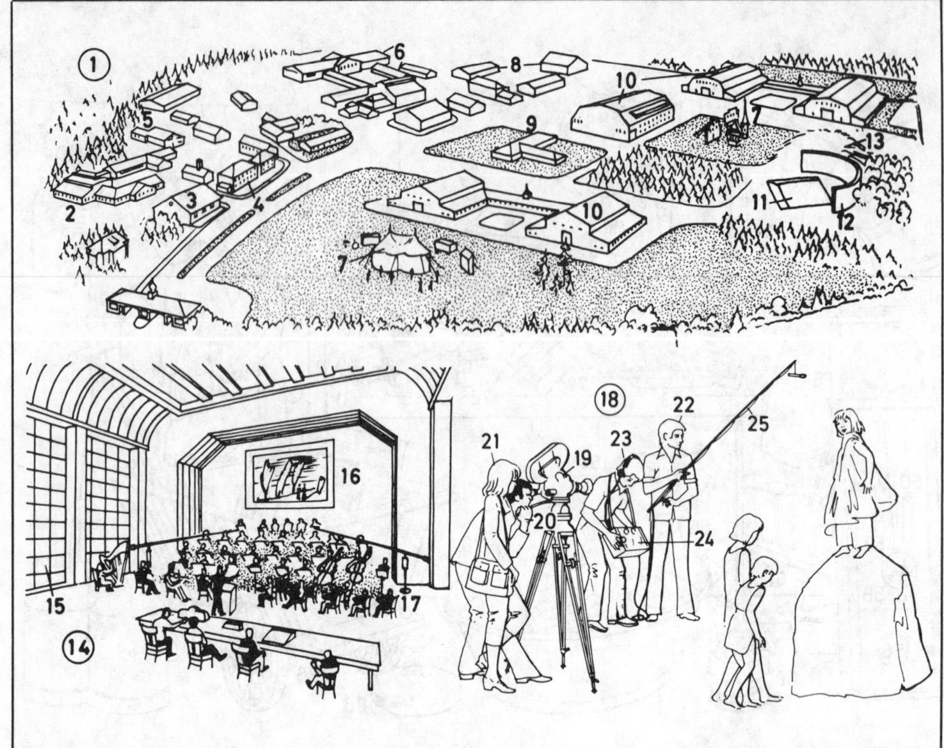

1-13 die Filmstadt
- ***film studios*** *(studio complex,* Am. *movie studios)*

1 das Freigelände (Außenbaugelände)
- *lot (studio lot)*

2 die Kopierwerke *n*
- *processing laboratories (film laboratories, motion picture laboratories)*

3 die Schneidehäuser *n*
- *cutting rooms*

4 das Verwaltungsgebäude
- *administration building (office building, offices)*

5 der Filmlagerbunker (das Filmarchiv)
- *film (motion picture) storage vault (film library, motion picture library)*

6 die Werkstätten *f*
- *workshop*

7 die Filmbauten *m*
- *film set (*Am. *movie set)*

8 die Kraftstation
- *power house*

9 die technischen und Forschungslaboratorien *n*
- *technical and research laboratories*

10 die Filmateliergruppen *f*
- *groups of stages*

11 das Betonbassin für Wasseraufnahmen *f*
- *concrete tank for marine sequences*

12 der Rundhorizont
- *cyclorama*

13 der Horizonthügel
- *hill*

14-60 Filmaufnahmen *f*
- ***shooting*** *(filming)*

14 das Musikatelier
- *music recording studio (music recording theatre,* Am. *theater)*

15 die „akustische" Wandbekleidung
- *'acoustic' wall lining*

16 die Bildwand
- *screen (projection screen)*

17 das Filmorchester
- *film orchestra*

18 die Außenaufnahme (Freilichtaufnahme)
- *exterior shooting (outdoor shooting, exterior filming, outdoor filming)*

19 die quarzgesteuerte Synchronkamera
- *camera with crystal-controlled drive*

20 der Kameramann
- *cameraman*

21 die Regieassistentin
- *assistant director*

22 der Mikrophonassistent (Mikromann)
- *boom operator (boom swinger)*

23 der Tonmeister
- *recording engineer (sound recordist)*

24 das tragbare quarzgesteuerte Tonaufnahmegerät
- *portable sound recorder with crystal-controlled drive*

25 der Mikrophongalgen
- *microphone boom*

26-60 die Atelieraufnahme im Tonfilmatelier *n* (Spielfilmatelier *n*, in der Aufnahmehalle)
- *shooting (filming) in the studio (on the sound stage, on the stage, in the filming hall)*

26 der Produktionsleiter
- *production manager*

27 die Hauptdarstellerin (Filmschauspielerin, der Filmstar, Filmstern, Star); *früh.:* die Diva (Filmdiva)
- *leading lady (film actress, film star, star)*

28 der Hauptdarsteller (Filmschauspieler, Filmheld, Held)
- *leading man (film actor, film star, star)*

29 der Filmkomparse (Filmstatist, Komparse, Statist)
- *film extra (extra)*

30 die Mikrophonanordnung für Stereo- und Effektaufnahme *f*
- *arrangement of microphones for stereo and sound effects*

31 das Ateliermikrophon
- *studio microphone*

32 das Mikrophonkabel
- *microphone cable*

33 die Filmkulisse und der Prospekt (die Hintergrundkulisse)
- *side flats and background*

34 der Klappenmann
- *clapper boy*

35 die Synchronklappe, mit Tafel *f* für Filmtitel *m*, Einstellungsnummer *f* und Nummer *f* der Wiederholung
- *clapper board (clapper) with slates (boards) for the film title, shot number (scene number) and take number*

36 der Maskenbildner (Filmfriseur)
- *make-up artist (hairstylist)*

37 der Beleuchter
- *lighting electrician (studio electrician, lighting man,* Am. *gaffer)*

38 die Streuscheibe
- *diffusing screen*

39 das Skriptgirl (Scriptgirl, die Ateliersekretärin)
- *continuity girl (script girl)*

40 der Filmregisseur (Regisseur)
- *film director (director)*

41 der Kameramann
- *cameraman (first cameraman)*

42 der Schwenker (Kameraschwenker, Kameraführer), ein Kameraassistent *m*
- *camera operator, an assistant cameraman (camera assistant)*

43 der Filmarchitekt
- *set designer (art director)*

44 der Aufnahmeleiter
- *director of photography*

45 das Filmdrehbuch (Drehbuch, Filmmanuskript, Manuskript, Skript, Script)
- *filmscript (script, shooting script,* Am. *movie script)*

46 der Regieassistent
- *assistant director*

47 die schalldichte Filmkamera (Bildaufnahmekamera), eine Breitbildkamera (Cinemascope-Kamera)
- *soundproof film camera (soundproof motion picture camera), a wide screen camera (cinemascope camera)*

48 der Schallschutzkasten (Blimp)
- *soundproof housing (soundproof cover, blimp)*

49 der Kamerakran (Dolly)
- *camera crane (dolly)*

50 das Pumpstativ
- *hydraulic stand*

51 die Abdeckblende, zum Abdecken *n* von Fehllicht *n* (der Neger)
- *mask (screen) for protection from spill light (gobo, nigger)*

52 der Stativscheinwerfer (Aufheller)
- *tripod spotlight (fill-in light, filler light, fill light, filler)*

53 die Scheinwerferbrücke
- *spotlight catwalk*

54 der Tonmeisterraum
- *recording room*

55 der Tonmeister
- *recording engineer (sound recordist)*

56 das Mischpult
- *mixing console (mixing desk)*

57 der Tonassistent
- *sound assistant (assistant sound engineer)*

58 das Magnettonaufzeichnungsgerät
- *magnetic sound recording equipment (magnetic sound recorder)*

59 die Verstärker- und Trickeinrichtung, z.B. für Nachhall *m* und Effektton *m*
- *amplifier and special effects equipment, e.g. for echo and sound effects*

60 die Tonkamera (Lichttonkamera)
- *sound recording camera (optical sound recorder)*

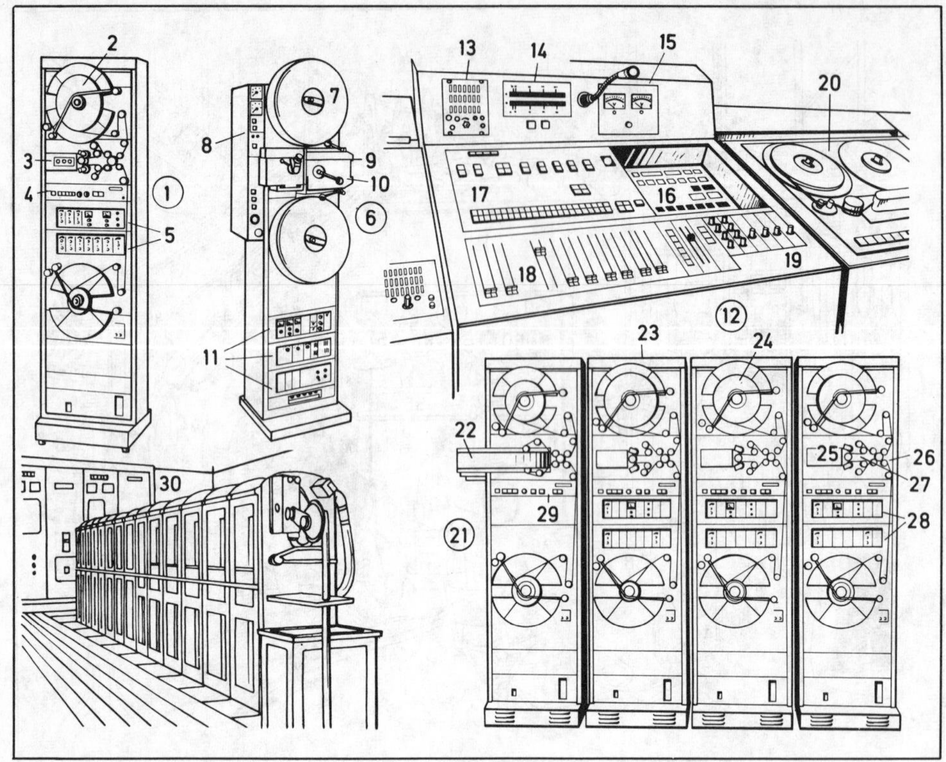

1-46 Tonaufzeichnung *f* und Kopie *f*
- ***sound recording and re-recording** (dubbing)*

1 das Magnettonaufzeichnungsgerät
- *magnetic sound recording equipment (magnetic sound recorder)*

2 die Magnetfilmspule
- *magnetic film spool*

3 der Magnetkopfträger
- *magnetic head support assembly*

4 das Schaltfeld
- *control panel*

5 der Magnetton-Aufnahme- und -Wiedergabeverstärker
- *magnetic sound recording and playback amplifier*

6 die Lichttonkamera (Tonkamera, das Lichttonaufnahmegerät)
- *optical sound recorder (sound recording camera, optical sound recording equipment)*

7 die Tageslichtfilmkassette
- *daylight film magazine*

8 das Steuer- und Kontrollfeld
- *control and monitoring panel*

9 das Okular zur optischen Kontrolle der Lichttonaufzeichnung
- *eyepiece for visual control of optical sound recording*

10 das Laufwerk
- *deck*

11 die Aufnahmeverstärker *m* und das (der) Netzteil
- *recording amplifier and mains power unit*

12 das Schalt- und Regelpult
control desk (control console)

13 der Abhörlautsprecher
- *monitoring loudspeaker (control loudspeaker)*

14 die Aussteuerinstrumente *n*
- *recording level indicators*

15 die Kontrollinstrumente *n*
- *monitoring instruments*

16 das Klinkenfeld
- *jack panel*

17 das Schaltfeld
- *control panel*

18 die Flachbahnregler *m*
- *sliding control*

19 die Entzerrer *m*
- *equalizer*

20 das Magnettonlaufwerk
- *magnetic sound deck*

21 die Mischanlage für Magnetfilm *m*
- *mixer for magnetic film*

22 der Filmprojektor
- *film projector*

23 das Aufnahme- und Wiedergabegerät
- *recording and playback equipment*

24 die Filmspule
- *film reel (film spool)*

25 der Kopfträger für den Aufnahme-, den Wiedergabe- und den Löschkopf
- *head support assembly for the recording head, playback head, and erasing head (erase head)*

26 der Filmantrieb
- *film transport mechanism*

27 der (das) Gleichlauffilter
- *synchronizing filter*

28 die Magnettonverstärker *m*
- *magnetic sound amplifier*

29 das Steuerfeld
- *control panel*

30 die Filmentwicklungsmaschinen *f* im Kopierwerk *n*
- *film-processing machines (film-developing machines) in the processing laboratory (film laboratory, motion picture laboratory)*

31 der Hallraum
- *echo chamber*

32 der Hallraumlautsprecher
- *echo chamber loudspeaker*

33 das Hallraummikrophon
- *echo chamber microphone*

34-36 die Tonmischung (Mischung mehrerer Tonstreifen *m*)
- *sound mixing (sound dubbing, mixing of several sound tracks)*

34 das Mischatelier
- *mixing room (dubbing room)*

35 das Mischpult, für Einkanalton *m* oder Stereoton *m*
- *mixing console (mixing desk) for mono or stereo sound*

36 die Mischtonmeister *m* (Tonmeister), bei der Mischarbeit
- *dubbing mixers (recording engineers, sound recordists) dubbing (mixing)*

37-41 die Synchronisation (Nachsynchronisierung)
- *synchronization (syncing, dubbing, post-synchronization, post-syncing)*

37 das Synchronisierungsatelier
- *dubbing studio (dubbing theatre,* Am. *theater)*

38 der Synchronregisseur
- *dubbing director*

39 die Synchronsprecherin
- *dubbing speaker (dubbing actress)*

40 das Galgenmikrophon
- *boom microphone*

41 das Tonkabel
- *microphone cable*

42-46 der Schnitt
- *cutting (editing)*

42 der Schneidetisch
- *cutting table (editing table, cutting bench)*

43 der Schnittmeister (Cutter)
- *film editor (cutter)*

44 die Filmteller *m* für die Bild- und Tonstreifen *m*
film turnables, for picture and sound tracks

45 die Bildprojektion
- *projection of the picture*

46 der Lautsprecher
- *loudspeaker*

1-23 die Filmwiedergabe
- ***film projection*** *(motion picture projection)*

1 das Lichtspielhaus (Lichtspieltheater, Filmtheater, Kino)
- *cinema (picture house,* Am. *movie theater, movie house)*

2 die Kinokasse
- *cinema box office (*Am. *movie theater box office)*

3 die Kinokarte
- *cinema ticket (*Am. *movie theater ticket)*

4 die Platzanweiserin
- *usherette*

5 die Kinobesucher *m* (das Filmpublikum)
- *cinemagoers (filmgoers, cinema audience,* Am. *moviegoers, movie audience)*

6 die Sicherheitsbeleuchtung (Notbeleuchtung)
- *safety lighting (emergency lighting)*

7 der Notausgang
- *emergency exit*

8 die Rampe (Bühne)
- *stage*

9 die Sitzreihen *f*
- *rows of seats (rows)*

10 der Bühnenvorhang (Bildwandvorhang)
- *stage curtain (screen curtain)*

11 die Bildwand (Projektionswand, „Leinwand")
- *screen (projection screen)*

12 der Bildwerferraum (Filmvorführraum, die Vorführkabine)
- *projection room (projection booth)*

13 die Linksmaschine
- *lefthand projector*

14 die Rechtsmaschine
- *righthand projector*

15 das Kabinenfenster, mit Projektions- und Schauöffnung *f*
- *projection room window with projection window and observation port*

16 die Filmtrommel
- *reel drum (spool box)*

17 der Saalverdunkler (Saalbeleuchtungsregler)
- *house light dimmers (auditorium lighting control)*

18 der Gleichrichter, ein Selen- oder Quecksilberdampfgleichrichter *m* für die Projektionslampen *f*
- *rectifier, a selenium or mercury vapour rectifier for the projection lamps*

19 der Verstärker
- *amplifier*

20 der Filmvorführer
- *projectionist*

21 der Umrolltisch, zur Filmumspulung
- *rewind bench for rewinding the film*

22 der Filmkitt
- *film cement (splicing cement)*

23 der Diaprojektor, für Werbediapositive *n*
- *slide projector for advertisements*

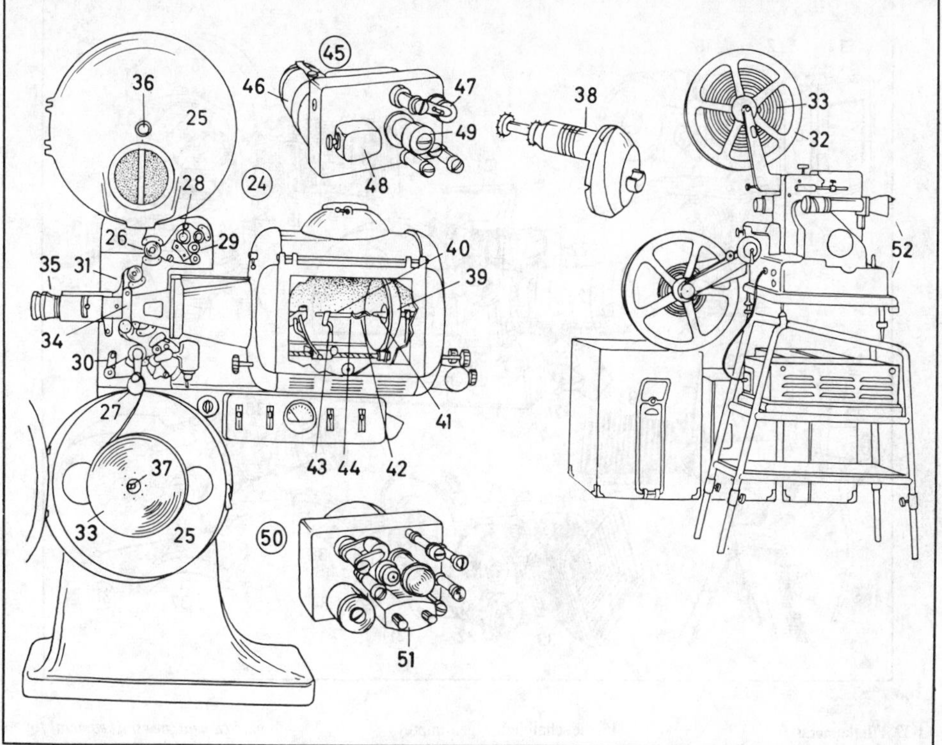

24-52 Filmprojektoren *m*
- ***film projectors***

24 der Tonfilmprojektor (Filmbildwerfer, Kinoprojektor, Filmvorführungsapparat, die Theatermaschine, Kinomaschine)
- *sound projector (film projector, cinema projector, theatre projector,* Am. *movie projector)*

25-38 das Filmlaufwerk
- *projector mechanism*

25 die Feuerschutztrommeln *f* (Filmtrommeln), mit Umlaufölkühlung *f*
- *fireproof reel drums (spool boxes) with circulating oil cooling system*

26 die Vorwickel-Filmzahntrommel
- *feed sprocket (supply sprocket)*

27 die Nachwickel-Filmzahntrommel
- *take-up sprocket*

28 das Magnettonabnehmersystem
- *magnetic head cluster*

29 die Umlenkrolle, mit Bildstrichverstellung *f*
- *guide roller (guiding roller) with framing control*

30 der Schleifenbildner, zur Filmvorberuhigung; *auch:* Filmrißkontakt *m*
- *loop former for smoothing out the intermittent movement;* also: *film break detector*

31 die Filmgleitbahn
- *film path*

32 die Filmspule
- *film reel (film spool)*

33 die Filmrolle
- *reel of film*

34 das Bildfenster (Filmfenster), mit Filmkühlgebläse *n*
- *film gate (picture gate, projector gate) with cooling fan*

35 das Projektionsobjektiv
- *projection lens (projector lens)*

36 die Abwickelachse
- *feed spindle*

37 die Aufwickelfriktionsachse
- *take-up spindle with friction drive*

38 das Malteserkreuzgetriebe
- *maltese cross mechanism (maltese cross movement, Geneva movement)*

39-44 das Lampenhaus
- *lamphouse*

39 die Spiegelbogenlampe, mit asphärischem Hohlspiegel *m* und Blasmagnet *m* zur Lichtbogenstabilisierung (*auch:* die Xenon-Höchstdrucklampe)
- *mirror arc lamp, with aspherical (non-spherical) concave mirror and blowout magnet for stabilizing the arc* (also: *high-pressure xenon arc lamp)*

40 die Positivkohle
- *positive carbon (positive carbon rod)*

41 die Negativkohle
- *negative carbon (negative carbon rod)*

42 der Lichtbogen
- *arc*

43 der Kohlenhalter
- *carbon rod holder*

44 der Krater (Kohlenkrater)
- *crater (carbon crater)*

45 das Lichttongerät [auch für Mehrkanal-Lichtton-Stereophonie *f* und für Gegentaktspur *f* vorgesehen]
- *optical sound unit [also designed for multi-channel optical stereophonic sound and for push-pull sound tracks]*

46 die Lichttonoptik
- *sound optics*

47 der Tonkopf
- *sound head*

48 die Tonlampe, im Gehäuse *n*
- *exciter lamp in housing*

49 die Photozelle (in der Hohlachse)
- *photocell in hollow drum*

50 das Vierkanal-Magnettonzusatzgerät (der Magnettonabtaster)
- *attachable four-track magnetic sound unit (penthouse head, magnetic sound head)*

51 der Vierfachmagnetkopf
- *four-track magnetic head*

52 die Schmalfilmtheatermaschine, für Wanderkino *n*
- *narrow-gauge* (Am. *narrow-gage) cinema projector for mobile cinema*

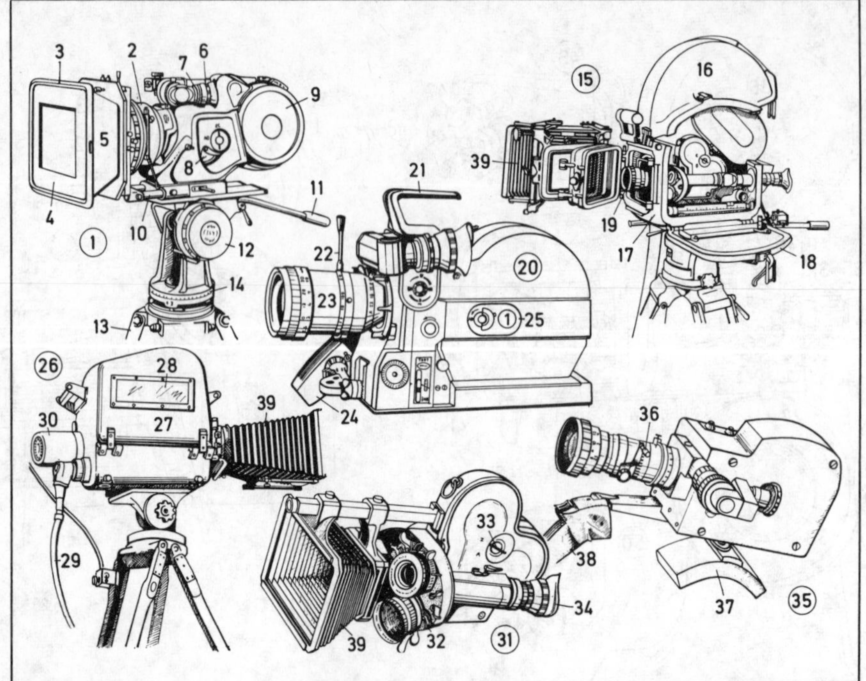

1-39 Filmkameras *f*
- ***motion picture cameras*** *(film cameras)*

1 die Normalfilmkamera (35-mm-Filmkamera)
- *standard-gauge (*Am. *standard-gage) motion picture camera (standard-gauge,* Am. *standard-gage, 35 mm camera)*

2 das Objektiv (die Aufnahmeoptik)
- *lens (object lens, taking lens)*

3 das Kompendium (die Sonnenblende), mit Filter- und Kaschbühne *f*
- *lens hood (sunshade) with matte box*

4 der Kasch
- *matte (mask)*

5 der Gegenlichttubus
- *lens hood barrel*

6 das Sucherokular
- *viewfinder eyepiece*

7 die Okulareinstellung
- *eyepiece control ring*

8 der Schließer für die Sektorenblende
- *opening control for the segment disc (disk) shutter*

9 das Filmkassettengehäuse
- *magazine housing*

10 die Kompendiumschiene
- *slide bar for the lens hood*

11 der Führungshebel
- *control arm (control lever)*

12 der Kinoneiger
- *pan and tilt head*

13 das Holzstativ
- *wooden tripod*

14 die Gradeinteilung
- *degree scale*

15 die schalldichte (geblimpte) Filmkamera
- *soundproof (blimped) motion picture camera (film camera)*

16-18 das Schallschutzgehäuse (der Blimp)
- *soundproof housing (blimp)*

16 das Schallschutzoberteil
- *upper section of the soundproof housing*

17 das Schallschutzunterteil
- *lower section of the soundproof housing*

18 die abgeklappte Schallschutzseitenwand
- *open sidewall of the soundproof housing*

19 das Kameraobjektiv
- *camera lens*

20 die leichte Bildkamera
- *lightweight professional motion picture camera*

21 der Handgriff
- *grip (handgrip)*

22 der Zoomverstellhebel
- *zooming lever*

23 das Zoomobjektiv (Varioobjektiv) mit stufenlos veränderlicher Brennweite
- *zoom lens (variable focus lens, varifocal lens) with infinitely variable focus*

24 der Auslösehandgriff
- *handgrip with shutter release*

25 die Kameratür
- *camera door*

26 die Bild-Ton-Kamera (Reportagekamera) für Bild- und Tonaufnahme *f*
- *sound camera (newsreel camera) for recording sound and picture*

27 das Schallschutzgehäuse (der Blimp)
- *soundproof housing (blimp)*

28 das Beobachtungsfenster für die Bildzähler *m* und Betriebsskalen *f*
- *window for the frame counters and indicator scales*

29 das Synchronkabel (Pilottonkabel)
- *pilot tone cable (sync pulse cable)*

30 der Pilottongeber
- *pilot tone generator (signal generator, pulse generator)*

31 die Schmalfilmkamera, eine 16-mm-Kamera
- *professional narrow-gauge (*Am. *narrow-gage) motion picture camera, a 16 mm camera*

32 der Objektivrevolver
- *lens turret (turret head)*

33 die Gehäuseverriegelung
- *housing lock*

34 die Okularmuschel
- *eyecup*

35 die Hochgeschwindigkeitskamera, eine Schmalfilmspezialkamera
- *high-speed camera, a special narrow-gauge (*Am. *narrow-gage) camera*

36 der Zoomhebel
- *zooming lever*

37 die Schulterstütze
- *rifle grip*

38 der Auslösehandgriff
- *handgrip with shutter release*

39 der Faltenbalg des Kompendiums *n*
- *lens hood bellows*

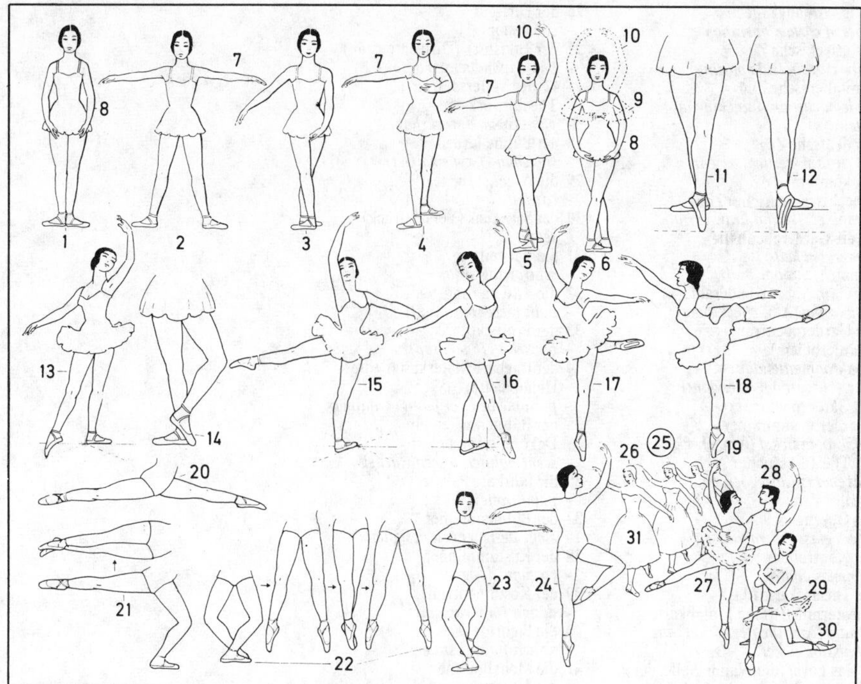

1-6 die fünf Positionen *f*
- *the five positions (ballet positions)*

1 die erste Position
- *first position*

2 die zweite Position
- *second position*

3 die dritte Position
- *third position*

4 die vierte Position [offen]
- *fourth position [open]*

5 die vierte Position [gekreuzt; weite fünfte Position]
- *fourth position [crossed; extended fifth position]*

6 die fünfte Position
- *fifth position*

7-10 die Ports de bras *n* (Armhaltungen *f*)
- *ports de bras (arm positions)*

7 das Port de bras à coté
- *port de bras à coté*

8 das Port de bras en bas
- *port de bras en bas*

9 das Port de bras en avant
- *port de bras en avant*

10 das Port de bras en haut
- *port de bras en haut*

11 das Degagé à la quatrième devant
- *dégagé à la quatrième devant*

12 das Degagé à la quatrième derrière
- *dégagé à la quatrième derrière*

13 das Effacé
- *effacé*

14 das Sur le cou-de-pied
- *sur le cou-de-pied*

15 das Ecarté
- *écarté*

16 das Croisé
- *croisé*

17 die Attitude
- *attitude*

18 die Arabeske
- *arabesque*

19 die ganze Spitze
- *à pointe (on full point)*

20 das (der) Spagat
- *splits*

21 die Kapriole
- *cabriole (capriole)*

22 das Entrechat (Entrechat quatre)
- *entrechat (entrechat quatre)*

23 die Préparation [z.B. zur Pirouette]
- *préparation [e.g. for a pirouette]*

24 die Pirouette
- *pirouette*

25 das Corps de ballet (die Balletttruppe)
- *corps de ballet*

26 die Ballettänzerin (Balletteuse)
- *ballet dancer (ballerina)*

27-28 der Pas de trois
- *pas de trois*

27 die Primaballerina
- *prima ballerina*

28 der erste Solotänzer (erste Solist)
- *principal male dancer (leading soloist)*

29 das Tutu
- *tutu*

30 der Spitzenschuh, ein Ballettschuh *m*
- *point shoe, a ballet shoe (ballet slipper)*

31 der Ballerinenrock
- *ballet skirt*

1-4 die Vorhangzüge *m*
*- **types of curtain operation***
1 der griechische Zug
- draw curtain (side parting)
2 der italienische Zug
- tableau curtain (bunching up sideways)
3 der deutsche Zug
- fly curtain (vertical ascent)
4 der kombinierte (griechisch-deutsche) Zug
- combined fly and draw curtain
5-11 die Garderobenhalle
*- **cloakroom hall** (Am. checkroom hall)*
5 die Garderobe (Kleiderablage)
- *cloakroom* (Am. *checkroom)*
6 die Garderobenfrau (Garderobiere)
- *cloakroom attendant* (Am. *checkroom attendant)*
7 die Garderobenmarke (Garderobennummer)
- *cloakroom ticket* (Am. *check)*
8 der Theaterbesucher
- *playgoer (theatregoer,* Am. *theatergoer)*
9 das Opernglas
- opera glass (opera glasses)
10 der Kontrolleur
- commissionaire
11 die Theaterkarte (das Theaterbillett), eine Einlaßkarte
- *theatre* (Am. *theater) ticket, an admission ticket*
12-13 das Foyer (die Wandelhalle, der Wandelgang)
*- **foyer** (lobby, crush room)*
12 der Platzanweiser; *früh.:* Logenschließer *m*
- *usher;* form.: *box attendant*
13 das Programmheft (Programm)
- *programme* (Am. *program)*
14-27 der Theaterraum
*- **auditorium and stage***
14 die Bühne
- stage
15 das Proszenium
- proscenium
16-20 der Zuschauerraum
*- **auditorium***
16 der dritte Rang (die Galerie)
- gallery (balcony)
17 der zweite Rang
- upper circle
18 der erste Rang
- *dress circle* (Am. *balcony, mezzanine)*
19 das Parkett
- front stalls
20 der Sitzplatz (Zuschauerplatz, Theaterplatz)
- *seat (theatre seat,* Am. *theater seat)*
21-27 die Probe (Theaterprobe)
*- **rehearsal** (stage rehearsal)*
21 der Theaterchor (Chor)
- chorus
22 der Sänger
- singer
23 die Sängerin
- singer
24 der Orchesterraum (die Orchesterversenkung)
- orchestra pit
25 das Orchester
- orchestra
26 der Dirigent
- conductor
27 der Taktstock (Dirigentenstab)
- baton (conductor's baton)
28-42 der Malersaal, eine Theaterwerkstatt
*- **paint room,** a workshop*
28 der Bühnenarbeiter
- stagehand (scene shifter)
29 die Arbeitsbrücke
- catwalk (bridge)
30 das Setzstück (Versatzstück)
- set piece
31 die Versteifung
- reinforcing struts
32 die Kaschierung
- built piece (built unit)
33 der Prospekt
- backcloth (backdrop)
34 der tragbare Malerkasten (die Handpalette)
- portable box for paint containers
35 der Bühnenmaler, ein Dekorationsmaler *m*
- scene painter, a scenic artist
36 die fahrbare Palette
- paint trolley
37 der Bühnenbildner
- stage designer (set designer)
38 der Kostümbildner
- costume designer
39 der Kostümentwurf
- design for a costume
40 die Figurine
- sketch for a costume
41 die Modellbühne
- model stage
42 das Bühnenbildmodell
- model of the set
43-52 die Schauspielergarderobe
*- **dressing room***
43 der Schminkspiegel
- dressing room mirror
44 das Schminktuch
- make-up gown
45 der Schminktisch
- make-up table
46 der Schminkstift
- greasepaint stick
47 der Chefmaskenbildner
- chief make-up artist (chief make-up man)
48 der Maskenbildner (Theaterfriseur)
- make-up artist (hairstylist)
49 die Perücke
- wig
50 die Requisiten *n*
- props (properties)
51 das Theaterkostüm
- theatrical costume
52 die Signallampe (der Inspizientenruf)
- call light

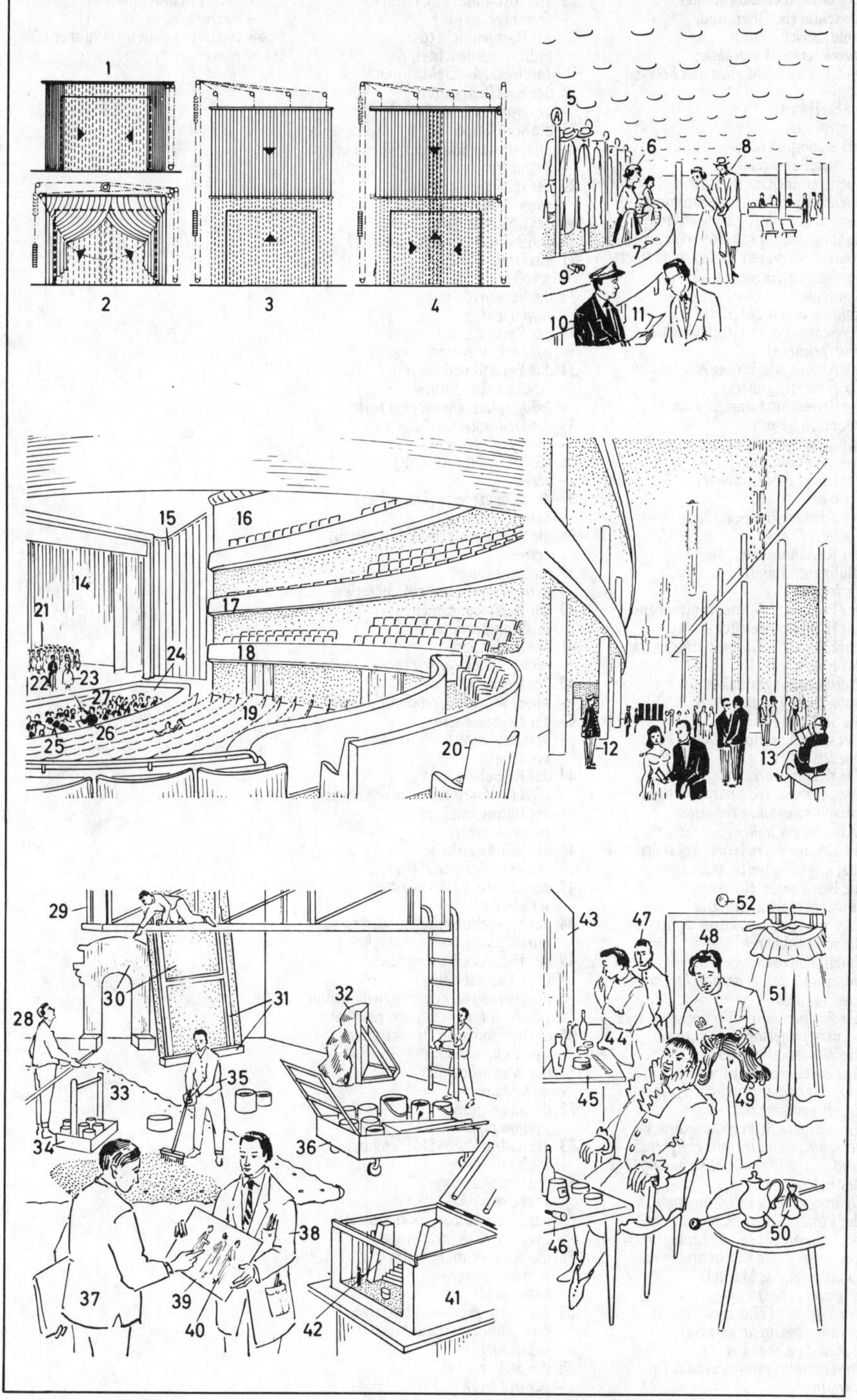
1
2
3
4
5
6
7
8
9
10
11
12
13
14
15
16
17
18
19
20
21
22
23
24
25
26
27
28
29
30
31
32
33
34
35
36
37
38
39
40
41
42
43
44
45
46
47
48
49
50
51
52

1-60 das Bühnenhaus mit der Maschinerie (Ober- und Untermaschinerie)
- ***stagehouse with machinery*** *(machinery in the flies and below stage)*

1 die Stellwarte
- *control room*

2 das Steuerpult (die Lichtstellanlage) mit Speichereinrichtung *f* zur Speicherung der Lichtstimmung
- *control console (lighting console, lighting control console) with preset control for presetting lighting effects*

3 der Stellwartenzettel (die Kontente)
- *lighting plot (light plot)*

4 der Schnürboden (Rollenboden)
- *grid (gridiron)*

5 die Arbeitsgalerie (der Arbeitssteg)
- *fly floor (fly gallery)*

6 die Berieselungsanlage, zum Feuerschutz *m*
- *sprinkler system for fire prevention (for fire protection)*

7 der Schnürbodenmeister
- *fly man*

8 die Züge *m* (Prospektzüge)
- *fly lines (lines)*

9 der Rundhorizont (Bühnenhimmel)
- *cyclorama*

10 der Prospekt (Bühnenhintergrund, das Hinterhängestück)
- *backcloth (backdrop, background)*

11 der Bogen, ein Zwischenhängestück *n*
- *arch, a drop cloth*

12 die Soffitte (das Deckendekorationsstück)
- *border*

13 das Kastenoberlicht
- *compartment (compartment-type, compartmentalized) batten* (Am. *border light)*

14 die szenischen Beleuchtungskörper *m*
- *stage lighting units (stage lights)*

15 die Horizontbeleuchtung (Prospektbeleuchtung)
- *horizon lights (backdrop lights)*

16 die schwenkbaren Spielflächenscheinwerfer *m*
- *adjustable acting area lights (acting area spotlights)*

17 die Bühnenbildprojektionsapparate *m*
- *scenery projectors (projectors)*

18 die Wasserkanone (eine Sicherheitseinrichtung)
- *monitor (water cannon) (a piece of safety equipment)*

19 die fahrbare Beleuchtungsbrücke
- *travelling* (Am. *traveling) lighting bridge (travelling lighting gallery)*

20 der Beleuchter
- *lighting operator (lighting man)*

21 der Portal-(Turm-)Scheinwerfer
- *portal spotlight (tower spotlight)*

22 der verstellbare Bühnenrahmen (das Portal, der Mantel)
- *adjustable proscenium*

23 der Vorhang (Theatervorhang)
- *curtain (theatrical curtain)*

24 der eiserne Vorhang
- *iron curtain (safety curtain, fire curtain)*

25 die Vorbühne (*ugs.* Rampe)
- *forestage (apron)*

26 das Rampenlicht (die Fußrampenleuchten *f*)
- *footlight (footlights, floats)*

27 der Souffleurkasten
- *prompt box*

28 die Souffleuse (*männl.:* der Souffleur, Vorsager)
- *prompter*

29 der Inspizientenstand
- *stage manager's desk*

30 der Spielwart (Inspizient)
- *stage director (stage manager)*

31 die Drehbühne
- *revolving stage*

32 die Versenköffnung
- *trap opening*

33 der Versenktisch
- *lift* (Am. *elevator)*

34 das Versenkpodium, ein Stockwerkpodium *n*
- *bridge* (Am. *elevator), a rostrum*

35 die Dekorationsstücke *n*
- *pieces of scenery*

36 die Szene (der Auftritt)
- *scene*

37 der Schauspieler (Darsteller)
- *actor*

38 die Schauspielerin (Darstellerin)
- *actress*

39 die Statisten *m*
- *extras (supers, supernumeraries)*

40 der Regisseur (Spielleiter)
- *director (producer)*

41 das Rollenheft
- *prompt book (prompt script)*

42 der Regietisch
- *director's table (producer's table)*

43 der Regieassistent
- *assistant director (assistant producer)*

44 das Regiebuch
- *director's script (producer's script)*

45 der Bühnenmeister
- *stage carpenter*

46 der Bühnenarbeiter
- *stagehand (scene shifter)*

47 das Setzstück (Versatzstück)
- *set piece*

48 der Spiegellinsenscheinwerfer
- *mirror spot (mirror spotlight)*

49 der Farbscheibenwechsler (mit Farbscheibe *f*)
- *automatic filter change (with colour filters, colour mediums, gelatines)*

50 die hydraulische Druckstation
- *hydraulic plant room*

51 der Wasserbehälter
- *water tank*

52 die Saugleitung
- *suction pipe*

53 die hydraulische Druckpumpe
- *hydraulic pump*

54 die Druckleitung
- *pressure pipe*

55 der Druckkessel (Akkumulator)
- *pressure tank (accumulator)*

56 das Kontaktmanometer
- *pressure gauge* (Am. *gage)*

57 der Flüssigkeitsstandanzeiger
- *level indicator (liquid level indicator)*

58 der Steuerhebel
- *control lever*

59 der Maschinenmeister
- *operator*

60 die Drucksäulen *f* (Plunger *m*)
- *rams*

4
8
6
5
3
2
1
7
9
10
11
12
13
15
16
17
18
13
20
19
14
24
8
17
21
22
23
17
36
39
37
35
30
29
25
31
27
28
26
38
33
34
32
44
43
47
40
41
47
42
50
55
33
51
45
56
58
46
60
57
52
17
53
59
54
48
49

1 die Bar
- *bar*

2 die Bardame
- *barmaid*

3 der Barhocker
- *bar stool*

4 das Flaschenregal
- *shelf for bottles*

5 das Gläserregal
- *shelf for glasses*

6 das Bierglas
- *beer glass*

7 Wein- und Likörgläser *n*
- *wine and liqueur glasses*

8 der Bierzapfhahn (Zapfhahn)
- *beer tap (tap)*

9 die Bartheke (Theke)
- *bar*

10 der Kühlschrank
- *refrigerator (fridge,* Am. *icebox)*

11 die Barlampen *f*
- *bar lamps*

12 die indirekte Beleuchtung
- *indirect lighting*

13 die Lichtorgel
- *colour* (Am. *color*) *organ (clavilux)*

14 die Tanzflächenbeleuchtung
- *dance floor lighting*

15 die Lautsprecherbox
- *speaker (loudspeaker)*

16 die Tanzfläche
- *dance floor*

17-18 das Tanzpaar
- *dancing couple*

17 die Tänzerin
- *dancer*

18 der Tänzer
- *dancer*

19 der Plattenspieler
- *record player*

20 das Mikrophon
- *microphone*

21 das Tonbandgerät
- *tape recorder*

22-23 die Stereoanlage
- *stereo system (stereo equipment)*

22 der Tuner
- *tuner*

23 der Verstärker
- *amplifier*

24 die Schallplatten
- *records (discs)*

25 der Diskjockey
- *disc jockey*

26 das Mischpult
- *mixing console (mixing desk, mixer)*

27 das Tamburin
- *tambourine*

28 die Spiegelwand
- *mirrored wall*

29 die Deckenverkleidung
- *ceiling tiles*

30 die Belüftungsanlagen
- *ventilators*

31 die Toiletten *f*
- *toilets (lavatories, WC)*

32 der Longdrink
- *long drink*

33 der Cocktail
- *cocktail* (Am. *highball*)

1-33 das Nachtlokal (der Nightclub, Nachtklub)
- ***nightclub*** *(night spot)*

1 die Garderobe
- *cloakroom (*Am. *checkroom)*

2 die Garderobenfrau
- *cloakroom attendant (*Am. *checkroom attendant)*

3 die Band (Combo)
- *band*

4 die Klarinette
- *clarinet*

5 der Klarinettist
- *clarinettist (*Am. *clarinetist)*

6 die Trompete
- *trumpet*

7 der Trompeter
- *trumpeter*

8 die Gitarre
- *guitar*

9 der Gitarrist (Gitarrenspieler)
- *guitarist (guitar player)*

10 das Schlagzeug
- *drums*

11 der Schlagzeuger
- *drummer*

12 die Lautsprecherbox (der Lautsprecher)
- *speaker (loudspeaker)*

13 die Bar
- *bar*

14 die Bardame (Bedienung)
- *barmaid*

15 die Bartheke
- *bar*

16 der Barhocker
- *bar stool*

17 das Tonbandgerät
- *tape recorder*

18 der Receiver
- *receiver*

19 die Spirituosen *pl*
- *spirits*

20 der Schmalfilmprojektor für Pornofilme *m* (Sexfilme)
- *cine projector for porno films (sex films, blue movies)*

21 der Leinwandkasten mit der Leinwand
- *box containing screen*

22 die Bühne
- *stage*

23 die Bühnenbeleuchtung
- *stage lighting*

24 der Bühnenscheinwerfer
- *spotlight*

25 die Sofittenbeleuchtung
- *festoon lighting*

26 die Sofittenlampe
- *festoon lamp (lamp, light bulb)*

27-32 der Striptease (die Entkleidungsnummer)
- *striptease act (striptease number)*

27 die Stripteasetänzerin (Stripperin, Stripteuse)
- *striptease artist (stripper)*

28 der Straps
- *suspender (*Am. *garter)*

29 der Büstenhalter
- *brassière (bra)*

30 die Pelzstola
- *fur stole*

31 die Handschuhe *m*
- *gloves*

32 der Strumpf
- *stocking*

33 die Animierdame
- *hostess*

1-33 **der Stierkampf** (die Corrida)
- ***bullfight** (corrida, corrida de toros)*
1 die Spielszene
- *mock bullfight*
2 der Nachwuchstorero (Novillero)
- *novice (aspirant matador, novillero)*
3 die Stierattrappe
- *mock bull (dummy bull)*
4 der Nachwuchsbanderillero
- *novice banderillero (apprentice banderillero)*
5 die Stierkampfarena (Plaza de toros) [Schema]
- *bullring (plaza de toros) [diagram]*
6 der Haupteingang
- *main entrance*
7 die Logen *f*
- *boxes*
8 die Sitzplätze *m*
- *stands*
9 die Arena (der Ruedo)
- *arena (ring)*
10 der Eingang der Stierkämpfer *m*
- *bullfighters' entrance*
11 der Einlaß der Stiere *m*
- *torril door*
12 die Abgangspforte für die getöteten Stiere *m*
- *exit gate for killed bulls*
13 die Schlachterei
- *slaughterhouse*
14 die Stierställe *m*
- *bull pens (corrals)*
15 der Pferdehof
- *paddock*
16 der Lanzenreiter (Picador)
- *lancer on horseback (picador)*
17 die Lanze
- *lance (pike pole, javelin)*
18 das gepanzerte Pferd
- *armoured (Am. armored) horse*
19 der stählerne Beinpanzer
- *leg armour (Am. armor)*
20 der runde Picadorhut
- *picador's round hat*
21 der Banderillero, ein Torero *m*
- *banderillero, a torero*
22 die Banderillas *f* (die Wurfpfeile *m*)
- *banderillas (barbed darts)*
23 die Leibbinde
- *shirtwaist*
24 der Stierkampf
- *bullfight*
25 der Matador, ein Torero *m*
- *matador (swordsman), a torero*
26 das Zöpfchen, ein Standesabzeichen *n* des Matadors *m*
- *queue, a distinguishing mark of the matador*
27 das rote Tuch (die Capa)
- *red cloak (capa)*
28 der Kampfstier („el toro")
- *fighting bull*
29 der Stierkämpferhut
- *montera [hat made of tiny black silk chenille balls]*
30 das Töten des Stiers *m* (die Estocada)
- *killing the bull (kill)*
31 der Matador bei Wohltätigkeitsveranstaltungen *f* [ohne Tracht *f*]
- *matador in charity performances [without professional uniform]*
32 der Degen (die Espada, Estoque)
- *estoque (sword)*
33 die Muleta
- *muleta*
34 **das Rodeo**
- ***rodeo***
35 der Jungstier
- *young bull*
36 der Cowboy
- *cowboy*
37 der Stetson (Stetsonhut)
- *stetson (stetson hat)*
38 das Halstuch
- *scarf (necktie)*
39 der Rodeoreiter
- *rodeo rider*
40 das Lasso
- *lasso*

1
2
3
4
5
6
7
8
9
10
11
12
13
14
15
16
17
18
19
20
21
22
23
24
25
26
27
28
29
30
31
32
33
34
35
36
37
38
39
40

1-2 mittelalterliche Noten *f*
- ***medieval (mediaeval) notes***

1 die Choralnotation (die Quadratnotation)
- *plainsong notation (neumes, neums, pneumes, square notation)*

2 die Mensuralnotation
- *mensural notation*

3-7 die Musiknote (Note)
- ***musical note*** *(note)*

3 der Notenkopf
- *note head*

4 der Notenhals
- *note stem (note tail)*

5 das Notenfähnchen
- *hook*

6 der Notenbalken
- *stroke*

7 der Verlängerungspunkt
- *dot indicating augmentation of note's value*

8-11 die Notenschlüssel *m*
- ***clefs***

8 der Violinschlüssel (G-Schlüssel)
- *treble clef (G-clef, violin clef)*

9 der Baßschlüssel (F-Schlüssel)
- *bass clef (F-clef)*

10 der Altschlüssel (C-Schlüssel)
- *alto clef (C-clef)*

11 der Tenorschlüssel (C-Schlüssel)
- *tenor clef*

12-19 die Notenwerte *m*
- ***note values***

12 die Doppelganze (*früh.:* Brevis)
- *breve (brevis,* Am. *double-whole note)*

13 die ganze Note (*früh.:* Semibrevis)
- *semibreve (*Am. *whole note)*

14 die halbe Note (*früh.:* Minima)
- *minim (*Am. *half note)*

15 die Viertelnote (*früh.:* Semiminima)
- *crotchet (*Am. *quarter note)*

16 die Achtelnote (*früh.:* Fusa)
- *quaver (*Am. *eighth note)*

17 die Sechzehntelnote (*früh.:* Semifusa)
- *semiquaver (*Am. *sixteenth note)*

18 die Zweiunddreißigstelnote
- *demisemiquaver (*Am. *thirty-second note)*

19 die Vierundsechzigstelnote
- *hemidemisemiquaver (*Am. *sixty-fourth note)*

20-27 die Pausenzeichen *n* (Pausen *f*)
- ***rests***

20 die Pause für die Doppelganze
- *breve rest*

21 die ganze Pause
- *semibreve rest (*Am. *whole rest)*

22 die halbe Pause
- *minim rest (*Am. *half rest)*

23 die Viertelpause
- *crotchet rest (*Am. *quarter rest)*

24 die Achtelpause
- *quaver rest (*Am. *eighth rest)*

25 die Sechzehntelpause
- *semiquaver rest (*Am. *sixteenth rest)*

26 die Zweiunddreißigstelpause
- *demisemiquaver rest (*Am. *thirty-second rest)*

27 die Vierundsechzigstelpause
- *hemidemisemiquaver rest (*Am. *sixty-fourth rest)*

28-42 der Takt (die Taktart)
- ***time*** *(time signatures, measure,* Am. *meter)*

28 der Zweiachteltakt
- *two-eight time*

29 der Zweivierteltakt
- *two-four time*

30 der Zweihalbetakt
- *two-two time*

31 der Vierachteltakt
- *four-eight time*

32 der Viervierteltakt
- *four-four time (common time)*

33 der Vierhalbetakt
- *four-two time*

34 der Sechsachteltakt
- *six-eight time*

35 der Sechsvierteltakt
- *six-four time*

36 der Dreiachteltakt
- *three-eight time*

37 der Dreivierteltakt
- *three-four time*

38 der Dreihalbetakt
- *three-two time*

39 der Neunachteltakt
- *nine-eight time*

40 der Neunvierteltakt
- *nine-four time*

41 der Fünfvierteltakt
- *five-four time*

42 der Taktstrich
- *bar (bar line, measure line)*

43-44 das Liniensystem
- ***staff*** *(stave)*

43 die Notenlinie
- *line of the staff*

44 der Zwischenraum
- *space*

45-49 die Tonleitern *f*
- ***scales***

45 die C-Dur-Tonleiter Stammtöne: c, d, e, f, g, a, h, c
- *C major scale naturals: c, d, e, f, g, a, b, c*

46 die a-Moll-Tonleiter [natürlich] Stammtöne: a, h, c, d, e, f, g, a
- *A minor scale [natural] naturals: a, b, c, d, e, f, g, a*

47 die a-Moll-Tonleiter [harmonisch]
- *A minor scale [harmonic]*

48 die a-Moll-Tonleiter [melodisch]
- *A minor scale [melodic]*

49 die chromatische Tonleiter
- *chromatic scale*

50-54 die Versetzungszeichen *n* (die Vorzeichen)
- ***accidentals*** *(inflections, key signatures)*

50-51 die Erhöhungszeichen *n*
- *signs indicating the raising of a note*

50 das Kreuz (die Halbtonerhöhung)
- *sharp (raising the note a semitone or half-step)*

51 das Doppelkreuz (die Erhöhung um 2 Halbtöne *m*)
- *double sharp (raising the note a tone or full-step)*

52-53 die Erniedrigungszeichen
- *signs indicating the lowering of a note*

52 das B (die Halbtonerniedrigung)
- *flat (lowering the note a semitone or half-step)*

53 das Doppel-B (die Erniedrigung um 2 Halbtöne *m*)
- *double flat (lowering the note a tone or full-step)*

54 das Auflösungszeichen
- *natural*

55-68 die Tonarten (Durtonarten und die ihnen parallelen Molltonarten, jeweils mit gleichem Vorzeichen *n*)
- ***keys*** *(major keys and the related minor keys having the same signature)*

55 C-Dur (a-Moll)
- *C major (A minor)*

56 G-Dur (e-Moll)
- *G major (E minor)*

57 D-Dur (h-Moll)
- *D major (B minor)*

58 A-Dur (fis-Moll)
- *A major (F sharp minor)*

59 E-Dur (cis-Moll)
- *E major (C sharp minor)*

60 H-Dur (gis-Moll)
- *B major (G sharp minor)*

61 Fis-Dur (dis-Moll)
- *F sharp major (D sharp minor)*

62 C-Dur (a-Moll)
- *C major (A minor)*

63 F-Dur (d-Moll)
- *F major (D minor)*

64 B-Dur (g-Moll)
- *B flat major (G minor)*

65 Es-Dur (c-Moll)
- *E flat major (C minor)*

66 As-Dur (f-Moll)
- *A flat major (F minor)*

67 Des-Dur (b-Moll)
- *D flat major (B flat minor)*

68 Ges-Dur (es-Moll)
- *G flat major (E flat minor)*

1
Magni - fí-cat
2
Nu kom der heidē Heiland,
4 5 6
3 7
8 9 10 11 12 13 14 15 16 17 18 19 20 21 22 23 24 25 26 27
28 29 30 31 32 33 34 35 36 37 38 39 40 41 42 43 44
45 46 47
48
49
50 51 52 53 54
55 56 57 58 59 60 61
62 63 64 65 66 67 68

1-5 der Akkord
- ***chord***

1-4 Dreiklänge *m*
- *triad*

1 der Durdreiklang
- *major triad*

2 der Molldreiklang
- *minor triad*

3 der verminderte Dreiklang
- *diminished triad*

4 der übermäßige Dreiklang
- *augmented triad*

5 der Vierklang, ein Septimenakkord *m*
- *chord of four notes, a chord of the seventh (seventh chord, dominant seventh chord)*

6-13 die Intervalle *n*
- ***intervals***

6 die Prime (der Einklang)
- *unison (unison interval)*

7 die große Sekunde
- *major second*

8 die große Terz
- *major third*

9 die Quarte
- *perfect fourth*

10 die Quinte
- *perfect fifth*

11 die große Sexte
- *major sixth*

12 die große Septime
- *major seventh*

13 die Oktave
- *perfect octave*

14-22 die Verzierungen *f*
- ***ornaments*** *(graces, grace notes)*

14 der lange Vorschlag
- *long appoggiatura*

15 der kurze Vorschlag
- *acciaccatura (short appoggiatura)*

16 der Schleifer
- *slide*

17 der Triller ohne Nachschlag *m*
- *trill (shake) without turn*

18 der Triller mit Nachschlag *m*
- *trill (shake) with turn*

19 der Pralltriller
- *upper mordent (inverted mordent, pralltriller)*

20 der Mordent
- *lower mordent (mordent)*

21 der Doppelschlag
- *turn*

22 das Arpeggio
- *arpeggio*

23-26 andere Notationszeichen *n*
- *other signs in musical notation*

23 die Triole; *entspr.*: Duole, Quartole, Quintole, Sextole, Septole (Septimole)
- *triplet;* corresponding groupings: *duplet (couplet), quadruplet, quintuplet, sextolet (sextuplet), septolet (septuplet, septimole)*

24 der Bindebogen
- *tie (bind)*

25 die Fermate, ein Halte- und Ruhezeichen *n*
- *pause (pause sign)*

26 das Wiederholungszeichen
- *repeat mark*

27-41 Vortragsbezeichnungen *f*
- ***expression marks*** *(signs of relative intensity)*

27 marcato (markiert, betont)
- *marcato (marcando, markiert, attack, strong accent)*

28 presto (schnell)
- *presto (quick, fast)*

29 portato (getragen)
- *portato (lourer, mezzo staccato, carried)*

30 tenuto (gehalten)
- *tenuto (held)*

31 crescendo (anschwellend)
- *crescendo (increasing gradually in power)*

32 decrescendo (abschwellend)
- *decrescendo (diminuendo, decreasing or diminishing gradually in power)*

33 legato (gebunden)
- *legato (bound)*

34 staccato (abgestoßen)
- *staccato (detached)*

35 piano (leise)
- *piano (soft)*

36 pianissimo (sehr leise)
- *pianissimo (very soft)*

37 pianissimo piano (so leise wie möglich)
- *pianissimo piano (as soft as possible)*

38 forte (stark)
- *forte (loud)*

39 fortissimo (sehr stark)
- *fortissimo (very loud)*

40 forte fortissimo (so stark wie möglich)
- *forte fortissimo (double fortissimo, as loud as possible)*

41 fortepiano (stark ansetzend, leise weiterklingend)
- *forte piano (loud and immediately soft again)*

42-50 die Einteilung des Tonraums *m*
- ***divisions of the compass***

42 die Subkontraoktave
- *subcontra octave (double contra octave)*

43 die Kontraoktave
- *contra octave*

44 die große Oktave
- *great octave*

45 die kleine Oktave
- *small octave*

46 die 1gestrichene Oktave
- *one-line octave*

47 die 2gestrichene Oktave
- *two-line octave*

48 die 3gestrichene Oktave
- *three-line octave*

49 die 4gestrichene Oktave
- *four-line octave*

50 die 5gestrichene Oktave
- *five-line octave*

1
2
3
4
5
6
7
8
9
10
11
12
13
14
15
16
17
18
19
20
21
22
23
27
24
25
26
28 Presto
29
30
ten.
33
cresc.
decresc.
31
32
34
35
36
37
38
39
40
41
p
pp
ppp
f
ff
fff
fp
8va sopra
42
43
44
45
46
47
48
49
50
8va bassa
$_2A$ $_2B$ $_2H$ $_1C$ usw
in Britain:
A_2 $B\flat_2$ B_2 C_1 etc.
$_1H$ C H c h c^1 h^1 c^2 h^2 c^3 h^3 c^4 h^4 c^5
B_1 C B c b c′ b′ c″ b″ c‴ b‴ c⁗ b⁗ c⁗′

1 die Lure, ein Bronzehorn *n*
- *lur, a bronze trumpet*
2 die Panflöte (Panpfeife, Syrinx)
- *panpipes (Pandean pipes, syrinx)*
3 der Diaulos, eine doppelte Schalmei
- *aulos, a double shawm*
4 der Aulos
- *aulos pipe*
5 die Phorbeia (Mundbinde)
- *phorbeia (peristomion, capistrum, mouth band)*
6 das Krummhorn
- *crumhorn (crummhorn, cromorne, krumbhorn, krummhorn)*
7 die Blockflöte
- *recorder (fipple flute)*
8 die Sackpfeife (der Dudelsack); *ähnl.:* die Musette
- *bagpipe;* sim.: *musette*
9 der Windsack
- *bag*
10 die Melodiepfeife
- *chanter (melody pipe)*
11 der Stimmer (Brummer, Bordun)
- *drone (drone pipe)*
12 der krumme Zink
- *curved cornett (zink)*
13 der Serpent
- *serpent*
14 die Schalmei; *größer:* der Bomhart (Pommer, die Bombarde)
- *shawm (schalmeyes);* larger: *bombard (bombarde, pommer)*
15 die Kithara; *ähnl. u. kleiner:* die Lyra (Leier)
- *cythara (cithara);* sim. and smaller: *lyre*
16 der Jocharm
- *arm*
17 der Steg
- *bridge*
18 der Schallkasten
- *sound box (resonating chamber, resonator)*
19 das Plektron (Plektrum), ein Schlagstäbchen *n*
- *plectrum, a plucking device*
20 die Pochette (Taschengeige, Sackgeige, Stockgeige)
- *kit (pochette), a miniature violin*
21 die Sister (Cister), ein Zupfinstrument *n*; *ähnl.:* die Pandora
- *cittern (cithern, cither, cister, citole), a plucked instrument;* sim.: *pandora (bandora, bandore)*
22 das Schalloch
- *sound hole*
23 die Viola, eine Gambe; *größer:* die Viola da Gamba, der (die) Violone
- *viol (descant viol, treble viol), a viola da gamba;* larger: *tenor viol, bass viol (viola da gamba, gamba), violone (double bass viol)*
24 der Violenbogen
- *viol bow*
25 die Drehleier (Radleier, Bauernleier, Bettlerleier, Vielle, das Organistrum)
- *hurdy-gurdy (vielle à roue, symphonia, armonie, organistrum)*
26 das Streichrad
- *friction wheel*
27 der Schutzdeckel
- *wheel cover (wheel guard)*
28 die Klaviatur
- *keyboard (keys)*
29 der Resonanzkörper
- *resonating body (resonator, sound box)*
30 die Melodiesaiten *f*
- *melody strings*
31 die Bordunsaiten *f*
- *drone strings (drones, bourdons)*
32 das Hackbrett (Cimbalom, die Zimbal, Cimbal, Cymbal, Zymbal, Zimbel)
- *dulcimer*
33 die Zarge
- *rib (resonator wall)*
34 der Schlegel zum Walliser Hackbrett *n*
- *beater for the Valasian dulcimer*
35 die Rute zum Appenzeller Hackbrett *n*
- *hammer (stick) for the Appenzell dulcimer*
36 das Klavichord (Clavichord); *Arten:* das gebundene oder das bundfreie Klavichord
- *clavichord;* kinds: *fretted or unfretted clavichord*
37 die Klavichordmechanik
- *clavichord mechanism*
38 der Tastenhebel
- *key (key lever)*
39 der Waagebalken
- *balance rail*
40 das Führungsplättchen
- *guiding blade*
41 der Führungsschlitz
- *guiding slot*
42 das Auflager
- *resting rail*
43 die Tangente
- *tangent*
44 die Saite
- *string*
45 das Clavicembalo (Cembalo, Klavizimbel), ein Kielflügel *m*; *ähnl.:* das Spinett (Virginal)
- *harpsichord (clavicembalo, cembalo), a wing-shaped stringed keyboard instrument;* sim.: *spinet (virginal)*
46 das obere Manual
- *upper keyboard (upper manual)*
47 das untere Manual
- *lower keyboard (lower manual)*
48 die Cembalomechanik
- *harpsichord mechanism*
49 der Tastenhebel
- *key (key lever)*
50 die Docke (der Springer)
- *jack*
51 der Springerrechen (Rechen)
- *slide (register)*
52 die Zunge
- *tongue*
53 der Federkiel (Kiel)
- *quill plectrum*
54 der Dämpfer
- *damper*
55 die Saite
- *string*
56 das Portativ, eine tragbare Orgel; *größer:* das Positiv
- *portative organ, a portable organ;* larger: *positive organ (positive)*
57 die Pfeife
- *pipe (flue pipe)*
58 der Balg
- *bellows*

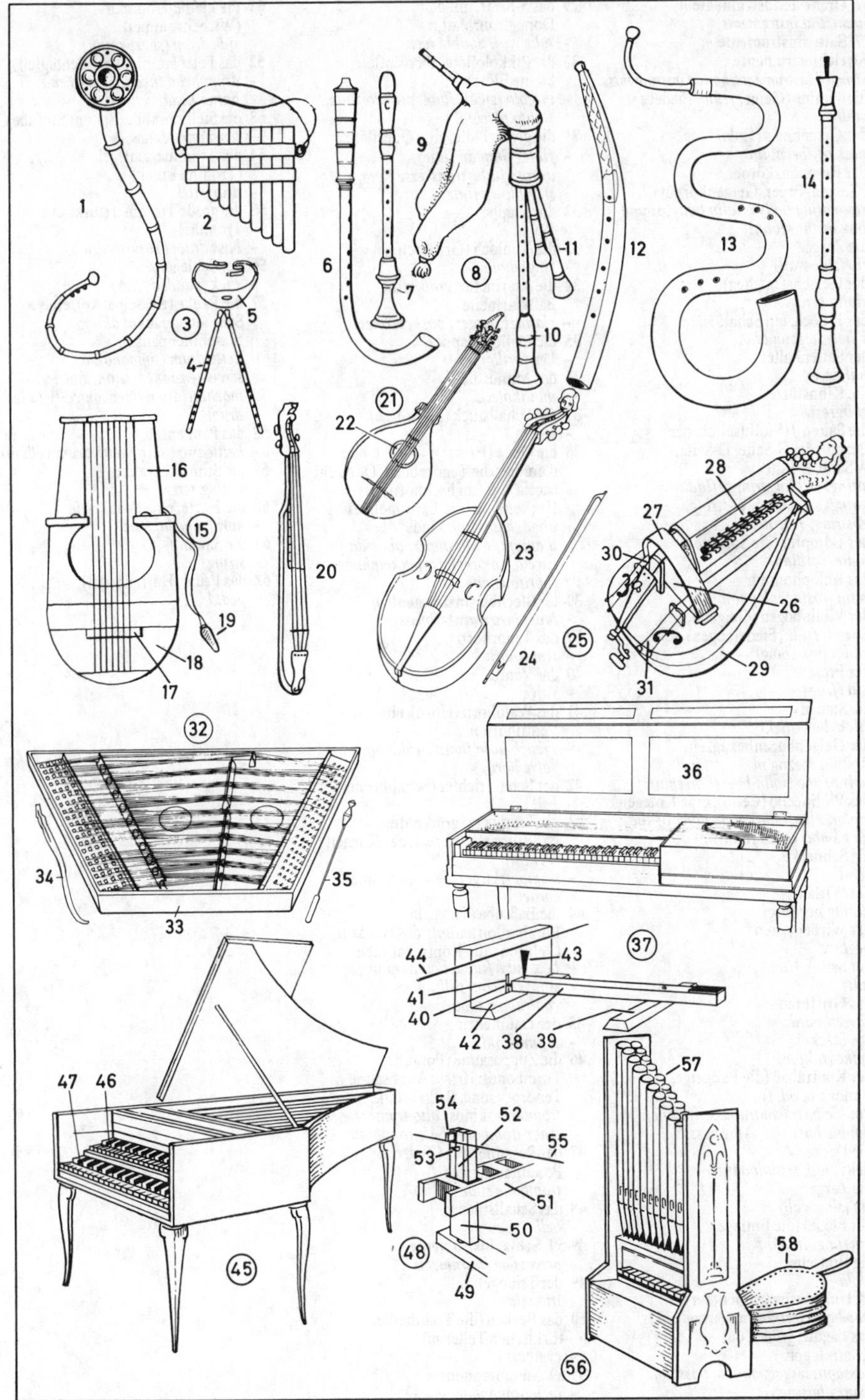
1
2
3
4
5
6
7
8
9
10
11
12
13
14
15
16
17
18
19
20
21
22
23
24
25
26
27
28
29
30
31
32
33
34
35
36
37
38
39
40
41
42
43
44
45
46
47
48
49
50
51
52
53
54
55
56
57
58

1-62 Orchesterinstrumente *n*
- ***orchestral instruments***
1-27 Saiteninstrumente *n*, **Streichinstrumente**
- ***stringed instruments, bowed instruments***
1 die Violine (Geige, *früh.:* Fiedel *f*)
- *violin*
2 der Geigenhals (Hals)
- *neck of the violin*
3 der Resonanzkörper (Geigenkörper, Geigenkorpus)
- *resonating body (violin body, sound box of the violin)*
4 die Zarge
- *rib (side wall)*
5 der Geigensteg (Steg)
- *violin bridge*
6 das F-Loch, ein Schalloch *n*
- *F-hole, a sound hole*
7 der Saitenhalter
- *tailpiece*
8 die Kinnstütze
- *chin rest*
9 die Saiten *f* (Violinsaiten, der Bezug): die G-Saite, D-Saite, A-Saite, E-Saite
- *strings (violin strings, fiddle strings): G-string, D-string, A-string, E-string*
10 der Dämpfer (die Sordine)
- *mute (sordino)*
11 das Kolophonium
- *resin (rosin, colophony)*
12 der Violinbogen (Geigenbogen, Bogen, *früh.:* Fiedelbogen)
- *violin bow (bow)*
13 der Frosch
- *nut (frog)*
14 die Stange
- *stick (bow stick)*
15 der Geigenbogenbezug, ein Roßhaarbezug *m*
- *hair of the violin bow (horsehair)*
16 das Violincello (Cello), eine Kniegeige
- *violoncello (cello), a member of the da gamba violin family*
17 die Schnecke
- *scroll*
18 der Wirbel
- *tuning peg (peg)*
19 der Wirbelkasten
- *pegbox*
20 der Sattel
- *nut*
21 das Griffbrett
- *fingerboard*
22 der Stachel
- *spike (tailpin)*
23 der Kontrabaß (die Baßgeige, Violone *m od. f*)
- *double bass (contrabass, violone, double bass viol,* Am. *bass)*
24 die Decke
- *belly (top, soundboard)*
25 die Zarge
- *rib (side wall)*
26 der Flödel (die Einlage)
- *purfling (inlay)*
27 die Bratsche
- *viola*
28-38 Holzblasinstrumente *n*
- ***woodwind instruments*** *(woodwinds)*
28 das Fagott; *größer:* das Kontrafagott
- *bassoon;* larger: *double bassoon (contrabassoon)*
29 das S-Rohr, mit dem Doppelrohrblatt *n*
- *tube with double reed*
30 die Pikkoloflöte (Piccoloflöte, kleine Flöte)
- *piccolo (small flute, piccolo flute, flauto piccolo)*
31 die große Flöte, eine Querflöte
- *flute (German flute), a cross flute (transverse flute, side-blown flute)*
32 die Klappe
- *key*
33 das Tonloch (Griffloch)
- *fingerhole*
34 die Klarinette; *größer:* die Baßklarinette
- *clarinet;* larger: *bass clarinet*
35 die Brille (Klappe)
- *key (brille)*
36 das Mundstück
- *mouthpiece*
37 das Schallstück (die Stürze)
- *bell*
38 die Oboe (Hoboe); *Arten:* Oboe d'amore; die Tenoroboen: Oboe da caccia, das Englischhorn; das Heckelphon (die Baritonoboe)
- *oboe (hautboy);* kinds: *oboe d'amore; tenor oboes: oboe da caccia, cor anglais; heckelphone (baritone oboe)*
39-48 Blechblasinstrumente *n*
- ***brass instruments*** *(brass)*
39 das Tenorhorn
- *tenor horn*
40 das Ventil
- *valve*
41 das Waldhorn (Horn), ein Ventilhorn *n*
- *French horn (horn, waldhorn), a valve horn*
42 der Schalltrichter (Schallbecher)
- *bell*
43 die Trompete; *größer:* die Baßtrompete; *kleiner:* das Kornett (Piston)
- *trumpet;* larger: *Bb cornet;* smaller: *cornet*
44 die Baßtuba (Tuba, das Bombardon); *ähnl.:* das Helikon (Pelitton), die Kontrabaßtuba
- *bass tuba (tuba, bombardon);* sim.: *helicon (pellitone), contrabass tuba*
45 der Daumenring
- *thumb hold*
46 die Zugposaune (Posaune, Trombone); *Arten:* Altposaune *f*, Tenorposaune, Baßposaune
- *trombone;* kinds: *alto trombone, tenor trombone, bass trombone*
47 der Posaunenzug (Zug, die Posaunenstangen *f*)
- *trombone slide (slide)*
48 das Schallstück
- *bell*
49-59 Schlaginstrumente *n*
- ***percussion instruments***
49 der Triangel
- *triangle*
50 das Becken (die Tschinellen *f*, türkischen Teller *m*)
- *cymbals*
51-59 Membraphone *n*
- *membranophones*
51 die kleine Trommel (Wirbeltrommel)
- *side drum (snare drum)*
52 das Fell (Trommelfell, Schlagfell)
- *drum head (head, upper head, batter head, vellum)*
53 die Stellschraube (Spannschraube)
- *tensioning screw*
54 der Trommelschlegel (Trommelstock)
- *drumstick*
55 die große Trommel (türkische Trommel)
- *bass drum (Turkish drum)*
56 der Schlegel
- *stick (padded stick)*
57 die Pauke (Kesselpauke), eine Schraubenpauke; *ähnl.:* Maschinenpauke *f*
- *kettledrum (timpano), a screw-tensioned drum;* sim.: *machine drum (mechanically tuned drum)*
58 das Paukenfell
- *kettledrum skin (kettledrum vellum)*
59 die Stimmschraube
- *tuning screw*
60 die Harfe, eine Pedalharfe
- *harp, a pedal harp*
61 die Saiten *f*
- *strings*
62 das Pedal (Harfenpedal)
- *pedal*

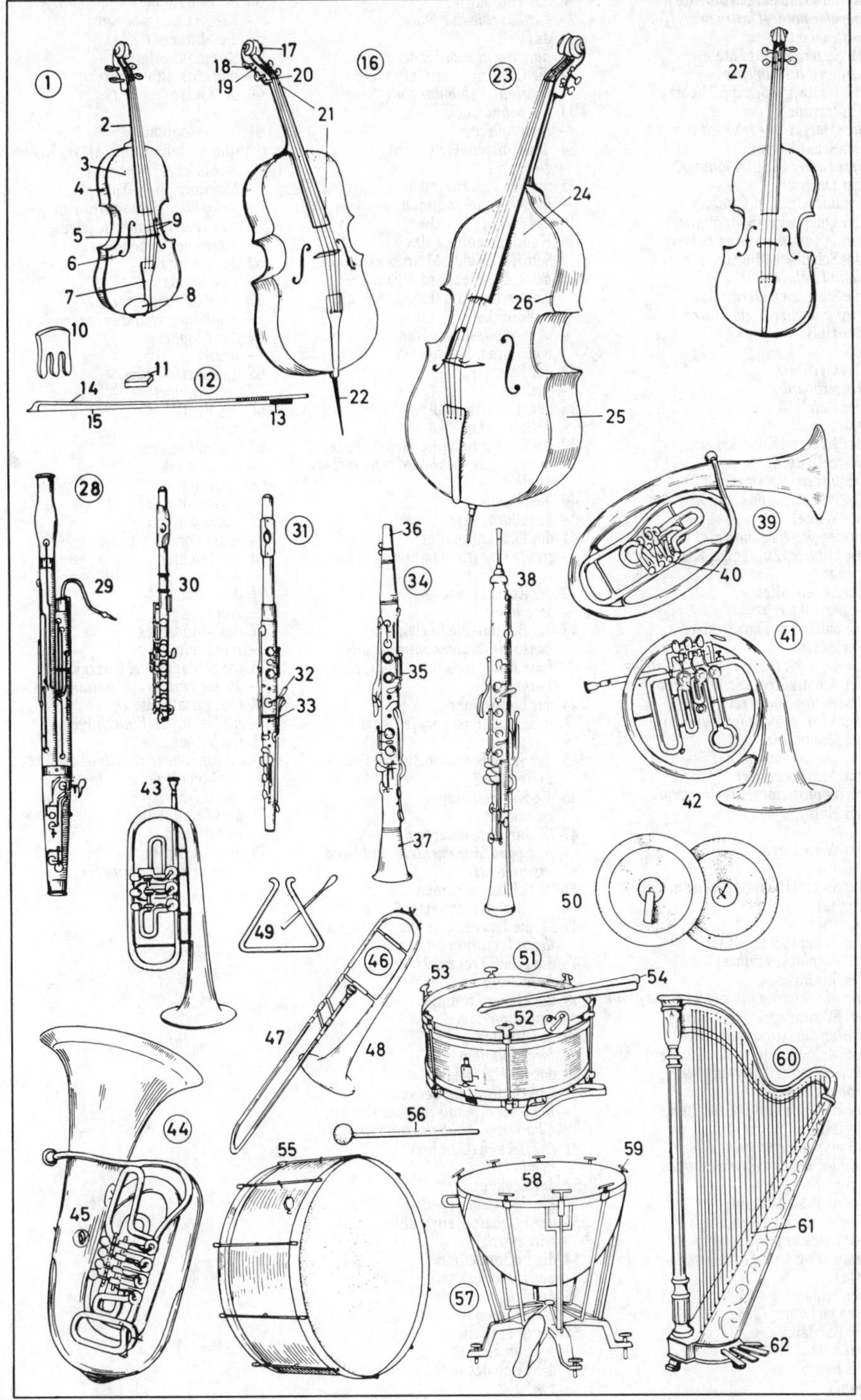
1
2
3
4
5
6
7
8
9
10
11
12
13
14
15
16
17
18
19
20
21
22
23
24
25
26
27
28
29
30
31
32
33
34
35
36
37
38
39
40
41
42
43
44
45
46
47
48
49
50
51
52
53
54
55
56
57
58
59
60
61
62

1-46 Volksmusikinstrumente *n*
- ***popular musical instruments*** *(folk instruments)*

1-31 Saiteninstrumente *n*
- *stringed instruments*

1 die Laute; *größer:* die Theorbe, Chitarrone
- *lute;* larger: *theorbo, chitarrone*

2 der Schallkörper
- *resonating body (resonator)*

3 das Dach
- *soundboard (belly, table)*

4 der Querriegel (Saitenhalter)
- *string fastener (string holder)*

5 das Schalloch (die Schallrose)
- *sound hole (rose)*

6 die Saite, eine Darmsaite
- *string, a gut (catgut) string*

7 der Hals
- *neck*

8 das Griffbrett
- *fingerboard*

9 der Bund
- *fret*

10 der Kragen (Knickkragen, Wirbelkasten)
- *head (bent-back pegbox, swan-head pegbox, pegbox)*

11 der Wirbel
- *tuning peg (peg, lute pin)*

12 die Gitarre (Zupfgeige, Klampfe)
- *guitar*

13 der Saitenhalter
- *string holder*

14 die Saite, eine Darm- oder Perlonsaite
- *string, a gut (catgut) or nylon string*

15 der Schallkörper (Schallkasten)
- *resonating body (resonating chamber, resonator, sound box)*

16 die Mandoline
- *mandolin (mandoline)*

17 der Ärmelschoner
- *sleeve protector (cuff protector)*

18 der Hals
- *neck*

19 das Wirbelbrett
- *pegdisc*

20 das Spielplättchen (Plektron, die Penna)
- *plectrum*

21 die Zither (Schlagzither)
- *zither (plucked zither)*

22 der Stimmstock
- *pin block (wrest pin block, wrest plank)*

23 der Stimmnagel
- *tuning pin (wrest pin)*

24 die Melodiesaiten *f* (Griffsaiten)
- *melody strings (fretted strings, stopped strings)*

25 die Begleitsaiten *f* (Baßsaiten, Freisaiten)
- *accompaniment strings (bass strings, unfretted strings, open strings)*

26 die Ausbuchtung des Resonanzkastens *m*
- *semicircular projection of the resonating sound box (resonating body)*

27 der Schlagring
- *ring plectrum*

28 die Balalaika
- *balalaika*

29 das Banjo
- *banjo*

30 das Tamburin
- *tambourine-like body*

31 das Fell
- *parchment membrane*

32 die Okarina, eine Gefäßflöte
- *ocarina, a globular flute*

33 das Mundstück
- *mouthpiece*

34 das Tonloch (Griffloch)
- *fingerhole*

35 die Mundharmonika
- *mouth organ (harmonica)*

36 das Akkordeon (die Handharmonika, das Schifferklavier, Matrosenklavier); *ähnl.:* die Ziehharmonika, Konzertina, das Bandoneon, die Bandonika
- *accordion;* sim.: *piano accordion, concertina, bandoneon*

37 der Balg
- *bellows*

38 der Balgverschluß
- *bellows strap*

39 der Diskantteil (die Melodieseite)
- *melody side (keyboard side, melody keys)*

40 die Klaviatur
- *keyboard (keys)*

41 das Diskantregister
- *treble stop (treble coupler, treble register)*

42 die Registertaste
- *stop lever*

43 der Baßteil (die Begleitseite)
- *bass side (accompaniment side, bass studs, bass press-studs, bass buttons)*

44 das Baßregister
- *bass stop (bass coupler, bass register)*

45 das Schellentamburin (Tamburin)
- *tambourine*

46 die Kastagnetten *f*
- *castanets*

47-78 Jazzinstrumente *n*
- ***jazz band instruments*** *(dance band instruments)*

47-58 Schlaginstrumente *n*
- *percussion instruments*

47-54 die Jazzbatterie (das Schlagzeug)
- *drum kit (drum set, drums)*

47 die große Trommel
- *bass drum*

48 die kleine Trommel
- *small tom-tom*

49 das Tomtom
- *large tom-tom*

50 das Hi-Hat (High-Hat, Charleston), ein Becken *n*
- *high-hat cymbals (choke cymbals, Charleston cymbals, cup cymbals)*

51 das Becken (Cymbel)
- *cymbal*

52 der Beckenhalter
- *cymbal stand (cymbal holder)*

53 der Jazzbesen, ein Stahlbesen *m*
- *wire brush*

54 die Fußmaschine
- *pedal mechanism*

55 die Conga (Tumba)
- *conga drum (conga)*

56 der Spannreifen
- *tension hoop*

57 die Timbales *m*
- *timbales*

58 die Bongos *m*
- *bongo drums (bongos)*

59 die Maracas *f*; *ähnl.:* Rumbakugeln *f*
- *maracas;* sim.: *shakers*

60 der Guiro
- *guiro*

61 das Xylophon (die Holzharmonika); *früh.:* die Strohfiedel; *ähnl.:* das Marimbaphon, Tubaphon
- *xylophone;* form.: *straw fiddle;* sim.: *marimbaphone (steel marimba), tubaphone*

62 der Holzstab
- *wooden slab*

63 der Resonanzkasten
- *resonating chamber (sound box)*

64 der Klöppel
- *beater*

65 die Jazztrompete
- *jazz trumpet*

66 das Ventil
- *valve*

67 der Haltehaken
- *finger hook*

68 der Dämpfer
- *mute (sordino)*

69 das Saxophon
- *saxophone*

70 der Trichter
- *bell*

71 das Ansatzrohr
- *crook*

72 das Mundstück
- *mouthpiece*

73 die Schlaggitarre (Jazzgitarre)
- *struck guitar (jazz guitar)*

74 die Aufsatzseite
- *hollow to facilitate fingering*

75 das Vibraphon
- *vibraphone (*Am. *vibraharp)*

76 der Metallrahmen
- *metal frame*

77 die Metallplatte
- *metal bar*

78 die Metallröhre
- *tubular metal resonator*

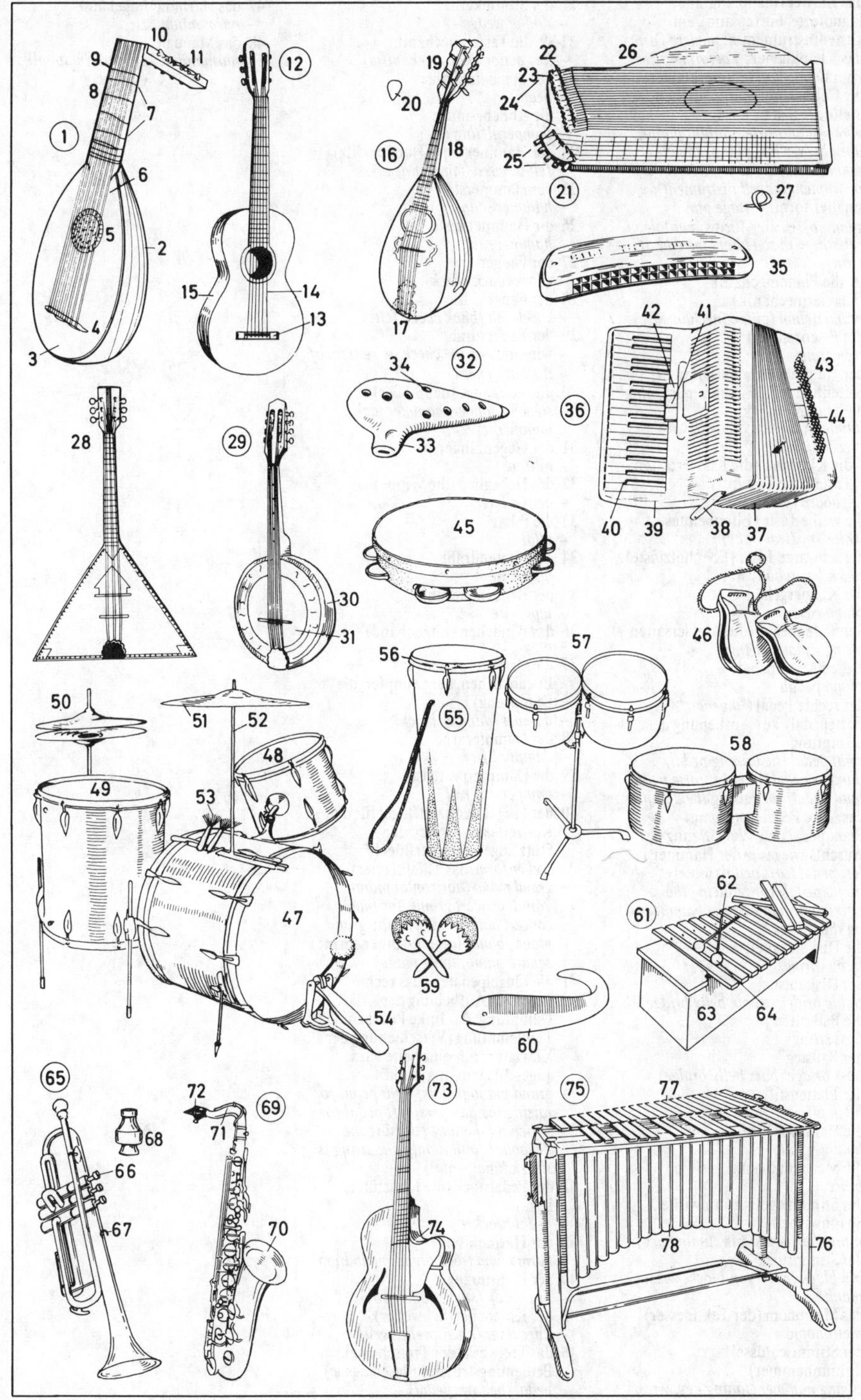
1
2
3
4
5
6
7
8
9
10
11
12
13
14
15
16
17
18
19
20
21
22
23
24
25
26
27
28
29
30
31
32
33
34
35
36
37
38
39
40
41
42
43
44
45
46
47
48
49
50
51
52
53
54
55
56
57
58
59
60
61
62
63
64
65
66
67
68
69
70
71
72
73
74
75
76
77
78

1 **das Klavier** (Piano, Pianino, Pianoforte, Fortepiano), ein Tasteninstrument *n*; *niedere Form:* das Kleinklavier; *Vorformen:* das Pantaleon, das Hammerklavier; die Celesta, mit Stahlplättchen *n* an Stelle der Saiten *f*
- ***piano*** *(pianoforte, upright piano, upright, vertical piano, spinet piano, console piano), a keyboard instrument (keyed instrument);* smaller form: *cottage piano (pianino);* earlier forms: *pantaleon; celesta, with steel bars instead of strings*

2-18 die Pianomechanik (Klaviermechanik)
- *piano action (piano mechanism)*

2 der Eisenrahmen
- *iron frame*

3 der Hammer (Klavierhammer, Saitenhammer, Filzhammer); *alle:* das Hammerwerk
- *hammer;* collectively: *striking mechanism*

4-5 die Klaviatur (die Klaviertasten *f*, Tasten, die Tastatur)
- *keyboard (piano keys)*

4 die weiße Taste (Elfenbeintaste)
- *white key (ivory key)*

5 die schwarze Taste (Ebenholztaste)
- *black key (ebony key)*

6 das Klaviergehäuse
- *piano case*

7 der Saitenbezug (die Klaviersaiten *f*)
- *strings (piano strings)*

8-9 die Klavierpedale *n*
- *piano pedals*

8 das rechte Pedal (*ungenau:* Fortepedal), zur Aufhebung der Dämpfung
- *right pedal (sustaining pedal, damper pedal;* loosely: *forte pedal, loud pedal) for raising the dampers*

9 das linke Pedal (*ungenau:* Pianopedal), zur Verkürzung des Anschlagweges *m* der Hämmer *m*
- *left pedal (soft pedal;* loosely: *piano pedal) for reducing the striking distance of the hammers on the strings*

10 die Diskantsaiten *f*
- *treble strings*

11 der Diskantsteg
- *treble bridge (treble belly bridge)*

12 die Baßsaiten *f*
- *bass strings*

13 der Baßsteg
- *bass bridge (bass belly bridge)*

14 der Plattenstift
- *hitch pin*

15 die Hammerleiste
- *hammer rail*

16 die Mechanikbacke
- *brace*

17 der Stimmnagel (Stimmwirbel, Spannwirbel)
- *tuning pin (wrest pin, tuning peg)*

18 der Stimmstock
- *pin block (wrest pin block, wrest plank)*

19 das Metronom (der Taktmesser)
- *metronome*

20 der Stimmschlüssel (Stimmhammer)
- *tuning hammer (tuning key, wrest)*

21 der Stimmkeil
- *tuning wedge*

22-39 die Tastenmechanik
- *key action (key mechanism)*

22 der Mechanikbalken
- *beam*

23 die Abhebestange
- *damper-lifting lever*

24 der Hammerkopf (Hammerfilz)
- *felt-covered hammer head*

25 der Hammerstiel
- *hammer shank*

26 die Hammerleiste
- *hammer rail*

27 der Fanger
- *check (back check)*

28 der Fangerfilz
- *check felt (back check felt)*

29 der Fangerdraht
- *wire stem of the check (wire stem of the back check)*

30 die Stoßzunge (der Stößer)
- *sticker (hopper, hammer jack, hammer lever)*

31 der Gegenfanger
- *button*

32 das Hebeglied (die Wippe)
- *action lever*

33 die Pilote
- *pilot*

34 der Pilotendraht
- *pilot wire*

35 der Bändchendraht
- *tape wire*

36 das Bändchen (Litzenband)
- *tape*

37 die Dämpferpuppe (das Filzdöckchen, der Dämpfer, die Dämpfung)
- *damper (damper block)*

38 der Dämpferarm
- *damper lifter*

39 die Dämpferpralleiste
- *damper rest rail*

40 **der Flügel** (Konzertflügel für den Konzertsaal; *kleiner:* der Stutzflügel, Zimmerflügel; *Nebenform:* das Tafelklavier)
- ***grand piano*** *(horizontal piano, grand, concert grand, for the concert hall;* smaller: *baby grand piano, boudoir piano;* other form: *square piano, table piano)*

41 die Flügelpedale *n*; das rechte Pedal zur Aufhebung der Dämpfung; das linke Pedal zur Tondämpfung (Verschiebung der Klaviatur; nur eine Saite wird angeschlagen „una corda")
- *grand piano pedals; right pedal for raising the dampers; left pedal for softening the tone (shifting the keyboard so that only one string is struck 'una corda')*

42 der Pedalstock (die Lyrastütze, Lyra)
- *pedal bracket*

43 **das Harmonium**
- ***harmonium*** *(reed organ, melodium)*

44 der Registerzug
- *draw stop (stop, stop knob)*

45 der Kniehebel (Schweller)
- *knee lever (knee swell, swell)*

46 das Tretwerk (der Tretschemel, Bedienungstritt des Blasebalgs *m*)
- *pedal (bellows pedal)*

47 das Harmoniumgehäuse
- *harmonium case*

48 das Manual
- *harmonium keyboard (manual)*

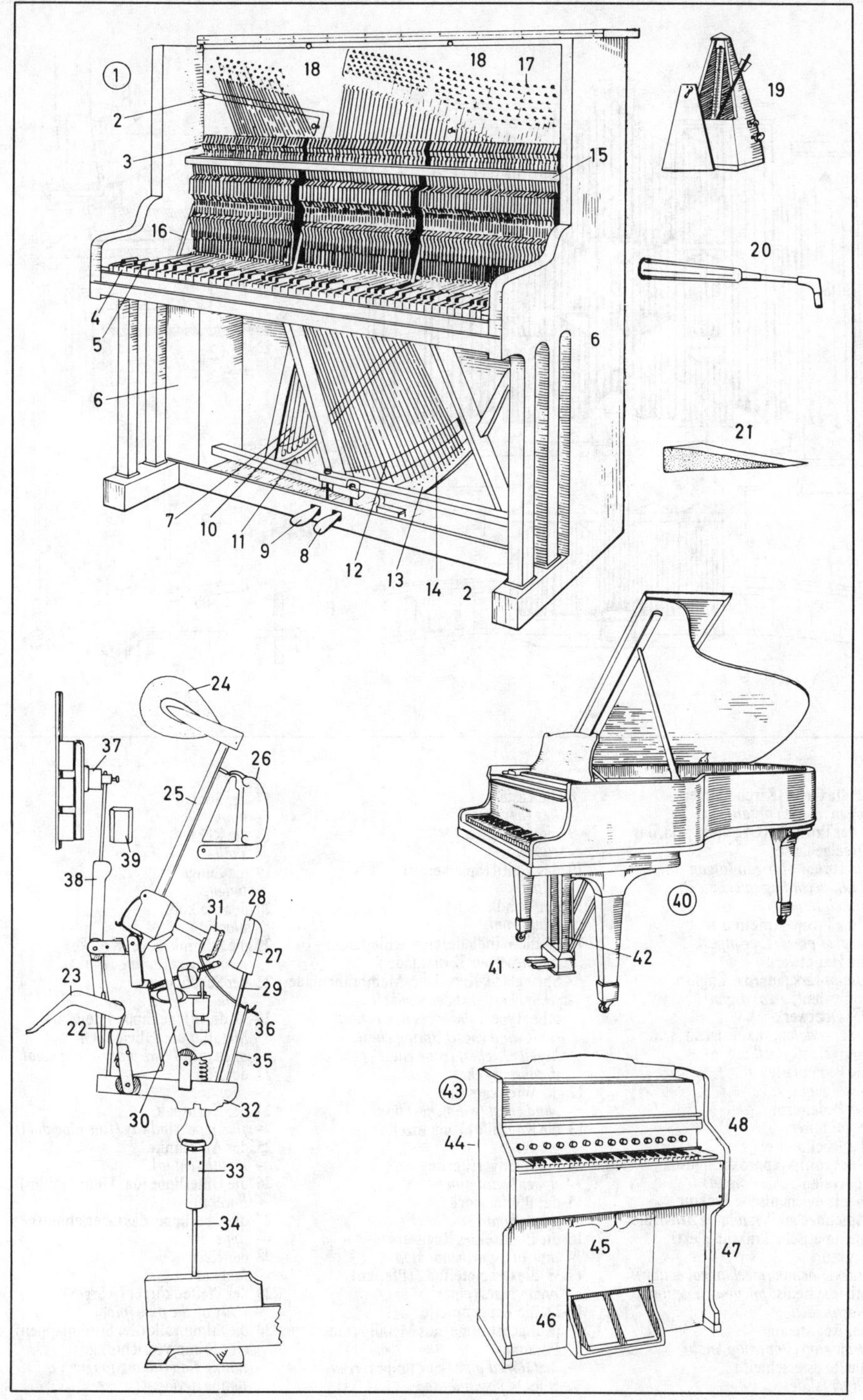
1
2
3
4
5
6
7
8
9
10
11
12
13
14
15
16
17
18
19
20
21
22
23
24
25
26
27
28
29
30
31
32
33
34
35
36
37
38
39
40
41
42
43
44
45
46
47
48

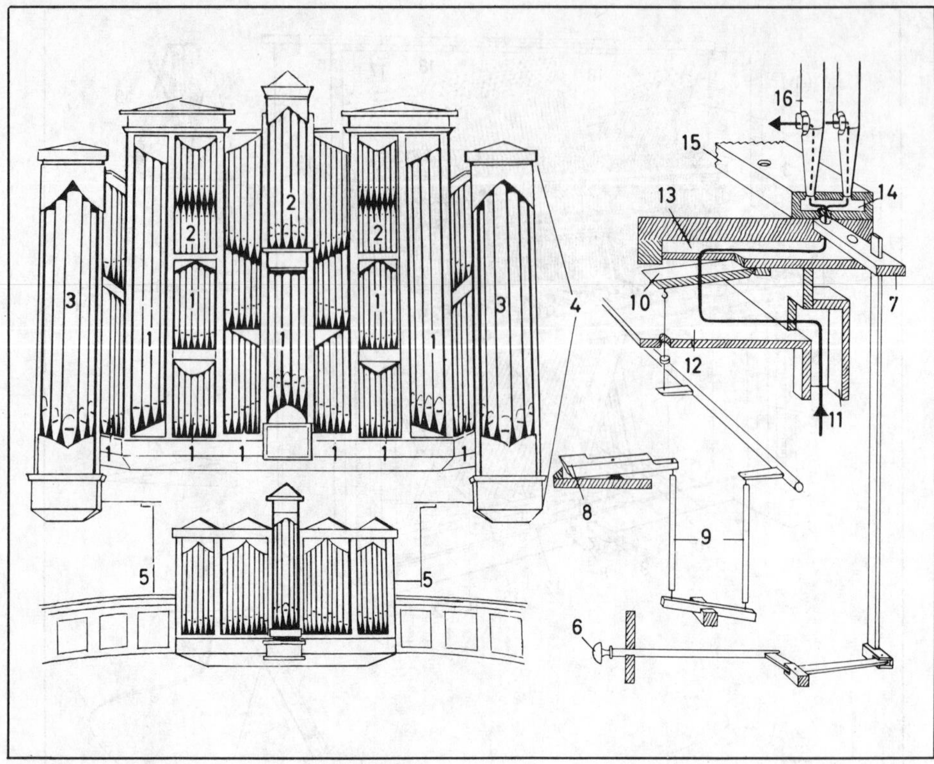

1-52 die Orgel (Kirchenorgel)
- ***organ*** *(church organ)*

1-5 der Prospekt (Orgelprospekt, das Orgelgehäuse)
- *front view of organ (organ case) [built according to classical principles]*

1-3 die Prospektpfeifen *f*
- *display pipes (face pipes)*

1 das Hauptwerk
- *Hauptwerk (*approx. English equivalent: *great organ)*

2 das Oberwerk
- *Oberwerk (*approx. English equivalent: *swell organ)*

3 die Pedalpfeifen *f*
- *pedal pipes*

4 der Pedalturm
- *pedal tower*

5 das Rückpositiv
- *Rückpositiv (*approx. English equivalent: *choir organ)*

6-16 die mechanische Traktur (Spielmechanik); *andere Arten:* die pneumatische Traktur, elektr. Traktur)
- *tracker action (mechanical action);* other systems: *pneumatic action, electric action*

6 der Registerzug
- *draw stop (stop, stop knob)*

7 die Registerschleife
- *slider (slide)*

8 die Taste
- *key (key lever)*

9 die Abstrakte
- *sticker*

10 das Ventil (Spielventil)
- *pallet*

11 der Windkanal
- *wind trunk*

12-14 die Windlade, eine Schleiflade; *andere Arten:* Kastenlade *f*, Springlade, Kegellade, Membranenlade
- *wind chest, a slider wind chest;* other types: *sliderless wind chest (unit wind chest), spring chest, kegellade chest (cone chest), diaphragm chest*

12 die Windkammer
- *wind chest (wind chest box)*

13 die Kanzelle (Tonkanzelle)
- *groove*

14 die Windverführung
- *upper board groove*

15 der Pfeifenstock
- *upper board*

16 die Pfeife eines Registers *n*
- *pipe of a particular stop*

17-35 die Orgelpfeifen *f* (Pfeifen)
- *organ pipes (pipes)*

17-22 die Zungenpfeife (Zungenstimme) aus Metall *n*, eine Posaune
- *metal reed pipe (*set of pipes: *reed stop), a posaune stop*

17 der Stiefel
- *boot*

18 die Kehle
- *shallot*

19 die Zunge
- *tongue*

20 der Bleikopf
- *block*

21 die Stimmkrücke (Krücke)
- *tuning wire (tuning crook)*

22 der Schallbecher
- *tube*

23-30 die offene Lippenpfeife aus Metall *n*, ein Salicional *n*
- *open metal flue pipe, a salicional*

23 der Fuß
- *foot*

24 der Kernspalt
- *flue pipe windway (flue pipe duct)*

25 der Aufschnitt
- *mouth (cutup)*

26 die Unterlippe (das Unterlabium)
- *lower lip*

27 die Oberlippe (das Oberlabium)
- *upper lip*

28 der Kern
- *languid*

29 der Pfeifenkörper (Körper)
- *body of the pipe (pipe)*

30 die Stimmrolle (der Stimmlappen), eine Stimmvorrichtung
- *tuning flap (tuning tongue), a tuning device*

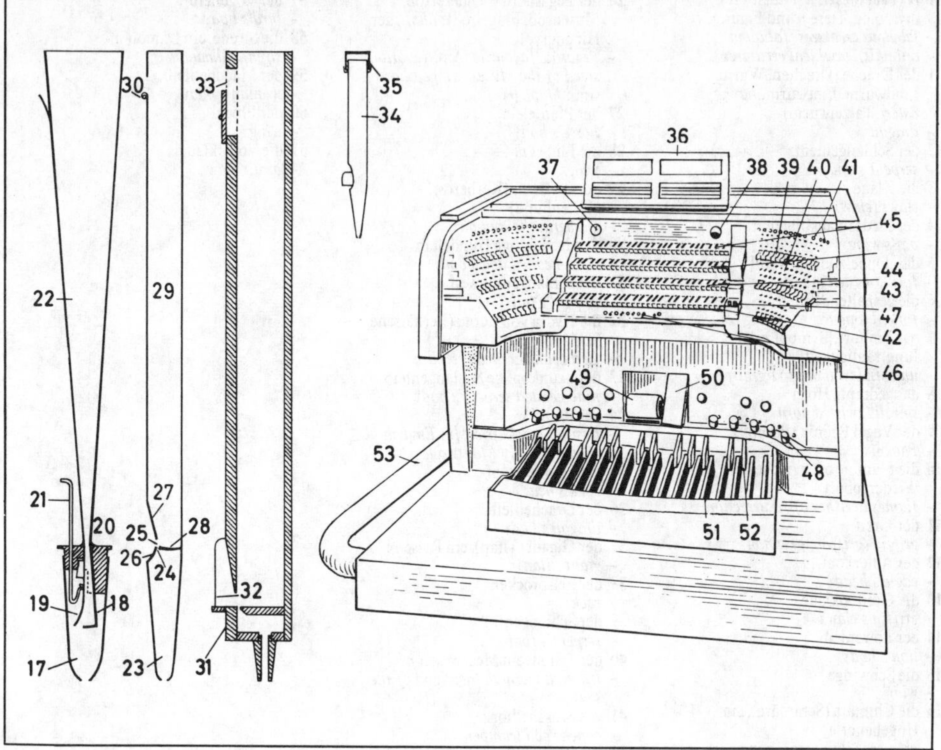

31-33 die offene Lippenpfeife aus Holz *n*, ein Prinzipal *n*
- *open wooden flue pipe (open wood), principal (diapason)*

31 der Vorschlag
- *cap*

32 der Bart
- *ear*

33 der Stimmschlitz, mit Schieber *m*
- *tuning hole (tuning slot), with slide*

34 die gedackte (gedeckte) Lippenpfeife
- *stopped flue pipe*

35 der Metallhut
- *stopper*

36-52 der Orgelspieltisch (Spieltisch) einer elektrisch gesteuerten Orgel
- *organ console (console) of an electric action organ*

36 das Notenpult
- *music rest (music stand)*

37 die Kontrolluhr für die Walzenstellung
- *crescendo roller indicator*

38 die Kontrolluhr für die Stromspannung
- *voltmeter*

39 die Registertaste
- *stop tab (rocker)*

40 die Taste für freie Kombination *f*
- *free combination stud (free combination knob)*

41 die Absteller *m* für Zunge *f*, Koppel *f* usw.
- *cancel buttons for reeds, couplers etc.*

42 das I. Manual, für das Rückpositiv
- *manual I, for the Rückpositiv (choir organ)*

43 das II. Manual, für das Hauptwerk
- *manual II, for the Hauptwerk (great organ)*

44 das III. Manual, für das Oberwerk
- *manual III, for the Oberwerk (swell organ)*

45 das IV. Manual, für das Schwellwerk
- *manual IV, for the Schwellwerk (solo organ)*

46 die Druckknöpfe *m* und Kombinationsknöpfe *m*, für die Handregistratur, freie, feste Kombinationen *f* und Setzerkombinationen *f*
- *thumb pistons controlling the manual stops (free or fixed combinations) and buttons for setting the combinations*

47 die Schalter *m*, für Wind *m* und Strom *m*
- *switches for current to blower and action*

48 der Fußtritt, für die Koppel
- *toe piston, for the coupler*

49 der Rollschweller (Registerschweller)
- *crescendo roller (general crescendo roller)*

50 der Jalousieschweller
- *balanced swell pedal*

51 die Pedaluntertaste (Pedaltaste)
- *pedal key [natural]*

52 die Pedalobertaste
- *pedal key [sharp or flat]*

53 das Kabel
- *cable (transmission cable)*

1-61 Fabelwesen *n* (Fabeltiere), mytholog. Tiere *n* und Figuren *f*
- ***fabulous creatures*** *(fabulous animals), mythical creatures*
1 der Drache (Drachen, Wurm, Lindwurm, Lintwurm, *bayr./österr.* Tatzelwurm)
- *dragon*
2 der Schlangenleib
- *serpent's body*
3 die Klaue
- *claws (claw)*
4 der Fledermausflügel
- *bat's wing*
5 das doppelzüngige Maul
- *fork-tongued mouth*
6 die gespaltene Zunge
- *forked tongue*
7 das Einhorn [Symbol *n* der Jungfräulichkeit]
- *unicorn [symbol of virginity]*
8 das gedrehte Horn
- *spirally twisted horn*
9 der Vogel Phönix (Phönix)
- *Phoenix*
10 die Flamme oder Asche der Wiedergeburt
- *flames or ashes of resurrection*
11 der Greif
- *griffin (griffon, gryphon)*
12 der Adlerkopf
- *eagle's head*
13 die Greifenklaue
- *griffin's claws*
14 der Löwenleib
- *lion's body*
15 die Schwinge
- *wing*
16 die Chimära (Schimäre), ein Ungeheuer *n*
- *chimera (chimaera), a monster*
17 der Löwenkopf
- *lion's head*
18 der Ziegenkopf
- *goat's head*
19 der Drachenleib
- *dragon's body*
20 die Sphinx, eine symbol. Gestalt
- *sphinx, a symbolic figure*
21 das Menschenhaupt
- *human head*
22 der Löwenrumpf
- *lion's body*
23 die Nixe (Wassernixe, das Meerweib, die Meerfrau, Meerjungfrau, Meerjungfer, Meerfee, Seejungfer, das Wasserweib, die Wasserfrau, Wasserjungfer, Wasserfee, Najade, Quellnymphe, Wassernymphe, Flußnixe); *ähnl.:* Nereide *f*, Ozeanide (Meergottheiten, Meergöttinnen); *männl.* der Nix (Nickel, Nickelmann, Wassermann)
- *mermaid (nix, nixie, water nixie, sea maid, sea maiden, naiad, water nymph, water elf, ocean nymph, sea nymph, river nymph);* sim.: *Nereids, Oceanids (sea divinities, sea deities, sea goddesses);* male: *nix (merman, seaman)*
24 der Mädchenleib
- *woman's trunk*
25 der Fischschwanz (Delphinschwanz)
- *fish's tail (dolphin's tail)*
26 der Pegasus (das Dichterroß, Musenroß, Flügelroß); *ähnl.:* der Hippogryph
- *Pegasus (favourite,* Am. *favorite, steed of the Muses, winged horse);* sim.: *hippogryph*
27 der Pferdeleib
- *horse's body*
28 die Flügel *m*
- *wings*
29 der Zerberus (Kerberos, Höllenhund)
- *Cerberus (hellhound)*
30 der dreiköpfige Hundeleib
- *three-headed dog's body*
31 der Schlangenschweif
- *serpent's tail*
32 die Hydra von Lerna (Lernäische Schlange)
- *Lernaean (Lernean) Hydra*
33 der neunköpfige Schlangenleib
- *nine-headed serpent's body*
34 der Basilisk
- *basilisk (cockatrice) [in English legend usually with two legs]*
35 der Hahnenkopf
- *cock's head*
36 der Drachenleib
- *dragon's body*
37 der Gigant (Titan), ein Riese *m*
- *giant (titan)*
38 der Felsbrocken
- *rock*
39 der Schlangenfuß
- *serpent's foot*
40 der Triton, ein Meerwesen *n*
- *triton, a merman (demigod of the sea)*
41 das Muschelhorn
- *conch shell trumpet*
42 der Pferdefuß
- *horse's hoof*
43 der Fischschwanz
- *fish's tail*
44 der Hippokamp (das Seepferd)
- *hippocampus*
45 der Pferderumpf
- *horse's trunk*
46 der Fischschwanz
- *fish's tail*
47 der Seestier, ein Seeungeheuer *n*
- *sea ox, a sea monster*
48 der Stierleib
- *monster's body*
49 der Fischschwanz
- *fish's tail*
50 der siebenköpfige Drache der Offenbarung (Apokalypse)
- *seven-headed dragon of St. John's Revelation (Revelations, Apocalypse)*
51 der Flügel
- *wing*
52 der Zentaur (Kentaur), ein Mischwesen *n*
- *centaur (hippocentaur), half man and half beast*
53 der Menschenleib mit Pfeil *m* und Bogen *m*
- *man's body with bow and arrow*
54 der Pferdekörper
- *horse's body*
55 die Harpyie, ein Windgeist *m*
- *harpy, a winged monster*
56 der Frauenkopf
- *woman's head*
57 der Vogelleib
- *bird's body*
58 die Sirene, ein Dämon *m*
- *siren, a daemon*
59 der Mädchenleib
- *woman's body*
60 der Flügel
- *wing*
61 die Vogelklaue
- *bird's claw*

1
2
3
4
5
6
7
8
9
10
11
12
13
14
15
16
17
18
19
20
21
22
23
24
25
26
27
28
29
30
31
32
33
34
35
36
37
38
39
40
41
42
43
44
45
46
47
48
49
50
51
52
53
54
55
56
57
58
59
60
61

1-40 vorgeschichtliche (prähistorische) Fundgegenstände *m* (Funde *m*)
- *prehistoric finds*

1-9 die Altsteinzeit (das Paläolithikum) und **die Mittelsteinzeit** (das Mesolithikum)
- ***Old Stone Age** (Palaeolithic, Paleolithic, period) and **Mesolithic period***

1 der Faustkeil, aus Stein *m*
- *hand axe* (Am. *ax) (fist hatchet), a stone tool*

2 die Geschoßspitze, aus Knochen *m*
- *head of throwing spear, made of bone*

3 die Harpune, aus Knochen *m*
- *bone harpoon*

4 die Spitze
- *head*

5 die Speerschleuder, aus der Geweihstange des Rentiers *n*
- *harpoon thrower, made of reindeer antler*

6 der bemalte Kieselstein
- *painted pebble*

7 der Kopf des Wildpferdes, eine Schnitzerei
- *head of a wild horse, a carving*

8 das Steinzeitidol, eine Elfenbeinstatuette
- *Stone Age idol (Venus), an ivory statuette*

9 der Wisent, ein Felsbild *n* (Höhlenbild) [Höhlenmalerei *f*]
- *bison, a cave painting (rock painting) [cave art, cave painting]*

10-20 die Jungsteinzeit (das Neolithikum)
- ***New Stone Age** (Neolithic period)*

10 die Amphore [Schnurkeramik *f*]
- *amphora [corded ware]*

11 der Kumpf [Hinkelsteingruppe *f*]
- *bowl [menhir group]*

12 die Kragenflasche [Trichterbecherkultur *f*]
- *collared flask [Funnel-Beaker culture]*

13 das spiralverzierte Gefäß [Bandkeramik *f*]
- *vessel with spiral pattern [spiral design pottery]*

14 der Glockenbecher [Glockenbecherkultur *f*]
- *bell beaker [beaker pottery]*

15 das Pfahlhaus, ein Pfahlbau *m*
- *pile dwelling (lake dwelling, lacustrine dwelling)*

16 der Dolmen, ein Megalithgrab *n* (*ugs.* Hünengrab); *andere Arten:* das Ganggrab, Galeriegrab; *mit Erde, Kies, Steinen überdeckt:* der Tumulus (das Hügelgrab)
- *dolmen (cromlech), a megalithic tomb* (coll.: *giant's tomb);* other kinds: *passage grave, gallery grave (long cist);* when covered with earth: *tumulus (barrow, mound)*

17 das Steinkistengrab mit Hockerbestattung *f* (ein Hockergrab *n*)
- *stone cist, a contracted burial*

18 der Menhir (*landsch.* Hinkelstein *m*, ein Monolith *m*)
- *menhir (standing stone), a monolith*

19 die Bootaxt, eine Streitaxt aus Stein *m*
- *boat axe* (Am. *ax), a stone battle axe*

20 die menschl. Figur aus gebranntem Ton *m* (ein Idol *n*)
- *clay figurine (an idol)*

21-40 die Bronzezeit und **die Eisenzeit**; *Epochen:* die Hallstattzeit, La-Tène-Zeit
- ***Bronze Age** and **Iron Age;*** epochs: *Hallstatt period, La Tène period*

21 die bronzene Lanzenspitze
- *bronze spear head*

22 der Bronzedolch mit Vollgriff *m*
- *hafted bronze dagger*

23 das Tüllenbeil, eine Bronzeaxt mit Ösenschäftung *f*
- *socketed axe* (Am. *ax), a bronze axe with haft fastened to rings*

24 die Gürtelscheibe
- *girdle clasp*

25 der Halskragen
- *necklace (lunula)*

26 der goldene Halsring
- *gold neck ring*

27 die Violinbogenfibel, eine Fibel (Bügelnadel)
- *violin-bow fibula (safety pin)*

28 die Schlangenfibel; *andere Arten:* die Kahnfibel, die Armbrustfibel
- *serpentine fibula;* other kinds: *boat fibula, arc fibula*

29 die Kugelkopfnadel, eine Bronzenadel
- *bulb-head pin, a bronze pin*

30 die zweiteilige Doppelspiralfibel; *ähnl.:* die Plattenfibel
- *two-piece spiral fibula;* sim.: *disc (disk) fibula*

31 das Bronzemesser mit Vollgriff *m*
- *hafted bronze knife*

32 der eiserne Schlüssel
- *iron key*

33 die Pflugschar
- *ploughshare* (Am. *plowshare)*

34 die Situla aus Bronzeblech *n*, eine Grabbeigabe *f*
- *sheet-bronze situla, a funerary vessel*

35 die Henkelkanne [Kerbschnittkeramik *f*]
- *pitcher [chip-carved pottery]*

36 der Miniaturkultwagen (Kultwagen)
- *miniature ritual cart (miniature ritual chariot)*

37 die keltische Silbermünze
- *Celtic silver coin*

38 die Gesichtsurne, eine Aschenurne; *andere Arten:* die Hausurne, die Buckelurne
- *face urn, a cinerary urn;* other kinds: *domestic urn, embossed urn*

39 das Urnengrab in Steinpackung *f*
- *urn grave in stone chamber*

40 die Zylinderhalsurne
- *urn with cylindrical neck*

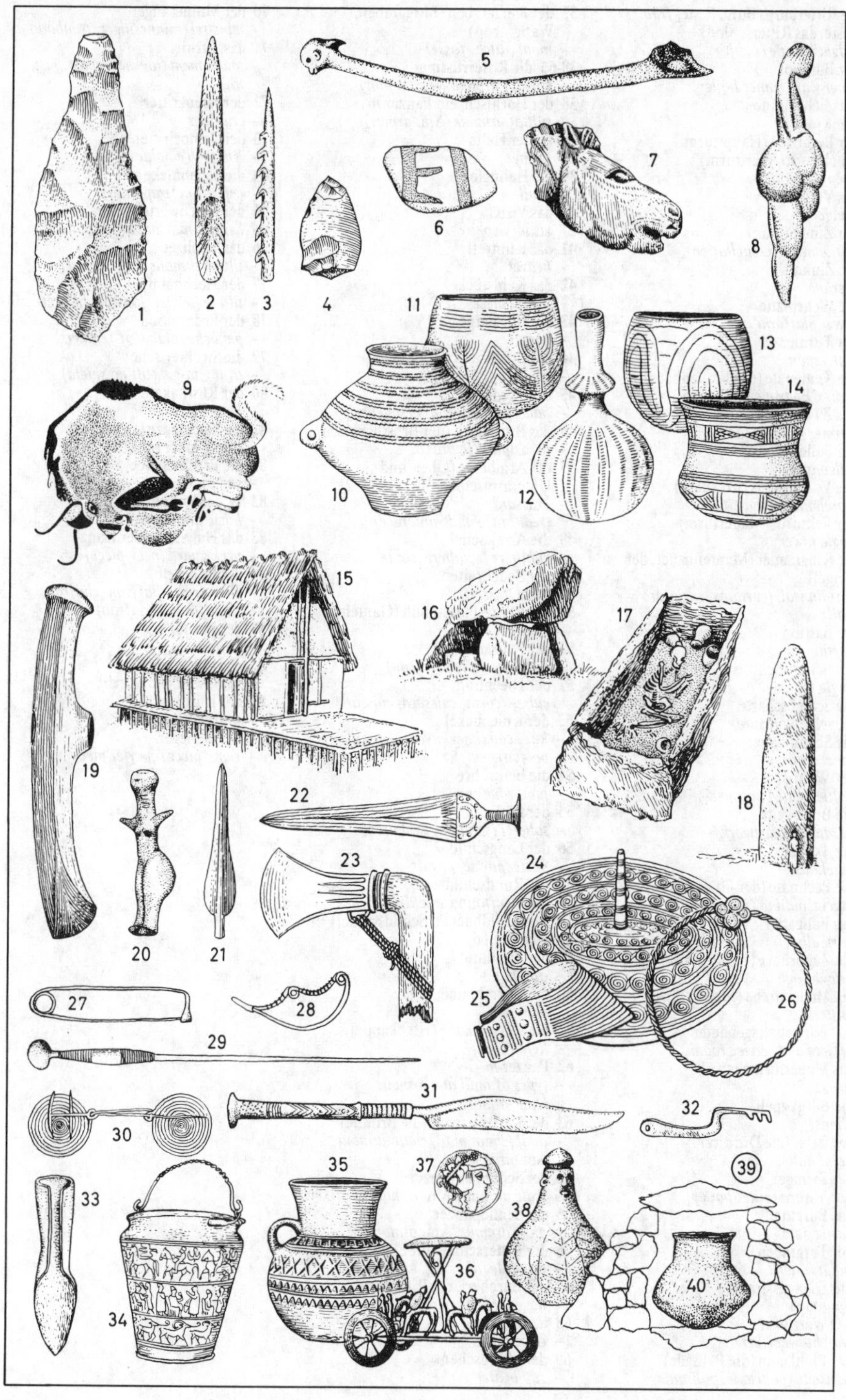
1
2
3
4
5
6
7
8
9
10
11
12
13
14
15
16
17
18
19
20
21
22
23
24
25
26
27
28
29
30
31
32
33
34
35
36
37
38
39
40

1 **die Ritterburg** (Burg, Feste, *früh.:* Veste, das Ritterschloß)
- ***knight's castle*** *(castle)*
2 der Burghof
- *inner ward (inner bailey)*
3 der Ziehbrunnen
- *draw well*
4 der Bergfried (Hauptturm, Wachtturm, Wartturm)
- *keep (donjon)*
5 das Verlies
- *dungeon*
6 der Zinnenkranz
- *battlements (crenellation)*
7 die Zinne
- *merlon*
8 die Wehrplatte
- *tower platform*
9 der Türmer
- *watchman*
10 die Kemenate (das Frauenhaus)
- *ladies' apartments (bowers)*
11 das Zwerchhaus
- *dormer window (dormer)*
12 der Söller
- *balcony*
13 das Vorratshaus (Mushaus)
- *storehouse (magazine)*
14 der Eckturm (Mauerturm)
- *angle tower*
15 die Ringmauer (Mantelmauer, der Zingel)
- *curtain wall (curtains, enclosure wall)*
16 die Bastion
- *bastion*
17 der Scharwachturm
- *angle tower*
18 die Schießscharte
- *crenel (embrasure)*
19 die Schildmauer
- *inner wall*
20 der Wehrgang
- *battlemented parapet*
21 die Brustwehr
- *parapet (breastwork)*
22 das Torhaus
- *gatehouse*
23 die Pechnase (der Gußerker)
- *machicolation (machicoulis)*
24 das Fallgatter
- *portcullis*
25 die Zugbrücke (Fallbrücke)
- *drawbridge*
26 die Mauerstrebe (Mauerstütze)
- *buttress*
27 das Wirtschaftsgebäude
- *offices and service rooms*
28 das Mauertürmchen
- *turret*
29 die Burgkapelle
- *chapel*
30 der Palas (die Dürnitz)
- *great hall*
31 der Zwinger
- *outer ward (outer bailey)*
32 das Burgtor
- *castle gate*
33 der Torgraben
- *moat (ditch)*
34 die Zugangsstraße
- *approach*
35 der Wartturm
- *watchtower (turret)*
36 der Pfahlzaun (die Palisade)
- *palisade (pallisade, palisading)*
37 der Ringgraben (Burggraben, Wallgraben)
- *moat (ditch, fosse)*
38-65 die Ritterrüstung
- ***knight's armour*** (Am. *armor)*
38 der Harnisch, ein Panzer *m*
- *suit of armour* (Am. *armor)*
39-42 der Helm
- *helmet*
39 die Helmglocke
- *skull*
40 das Visier
- *visor (vizor)*
41 das Kinnreff
- *beaver*
42 das Kehlstück
- *throat piece*
43 die Halsberge
- *gorget*
44 der Brechrand (Stoßkragen)
- *epaulière*
45 der Vorderflug
- *pallette (pauldron, besageur)*
46 das Bruststück (der Brustharnisch)
- *breastplate (cuirass)*
47 die Armberge (Ober- und Unterarmschiene)
- *brassard (rear brace and vambrace)*
48 die Armkachel
- *cubitière (coudière, couter)*
49 der Bauchreifen
- *tasse (tasset)*
50 der Panzerhandschuh (Gantelet)
- *gauntlet*
51 der Panzerschurz
- *habergeon (haubergeon)*
52 der Diechling
- *cuisse (cuish, cuissard, cuissart)*
53 der Kniebuckel
- *knee cap (knee piece, genouillère, poleyn)*
54 die Beinröhre
- *jambeau (greave)*
55 der Bärlatsch
- *solleret (sabaton, sabbaton)*
56 der Langschild
- *pavis (pavise, pavais)*
57 der Rundschild
- *buckler (round shield)*
58 der Schildbuckel (Schildstachel)
- *boss (umbo)*
59 der Eisenhut
- *iron hat*
60 die Sturmhaube
- *morion*
61 die Kesselhaube (Hirnkappe)
- *light casque*
62 Panzer *m*
- *types of mail and armour* (Am. *armor)*
63 der Kettenpanzer (die Brünne)
- *mail (chain mail, chain armour,* Am. *armor)*
64 der Schuppenpanzer
- *scale armour* (Am. *armor)*
65 der Schildpanzer
- *plate armour* (Am. *armor)*
66 **der Ritterschlag** (die Schwertleite)
- ***accolade*** *(dubbing, knighting)*
67 der Burgherr, ein Ritter *m*
- *liege lord, a knight*
68 der Knappe
- *esquire*
69 der Mundschenk
- *cup bearer*
70 der Minnesänger
- *minstrel (minnesinger, troubadour)*
71 **das Turnier**
- ***tournament*** *(tourney, joust, just, tilt)*
72 der Kreuzritter
- *crusader*
73 der Tempelritter
- *Knight Templar*
74 die Schabracke
- *caparison (trappings)*
75 der Grießwärtel
- *herald (marshal at tournament)*
76 das Stechzeug
- *tilting armour* (Am. *armor)*
77 der Stechhelm
- *tilting helmet (jousting helmet)*
78 der Federbusch
- *panache (plume of feathers)*
79 die Stechtartsche
- *tilting target (tilting shield)*
80 der Rüsthaken
- *lance rest*
81 die Stechlanze (Lanze)
- *tilting lance (lance)*
82 die Brechscheibe
- *vamplate*
83-88 der Roßharnisch
- *horse armour* (Am. *armor)*
83 das Halsstück (der Kanz)
- *neck guard (neck piece)*
84 der Roßkopf
- *chamfron (chaffron, chafron, chamfrain, chanfron)*
85 der Fürbug
- *poitrel*
86 das Flankenblech
- *flanchard (flancard)*
87 der Küritßsattel
- *tournament saddle*
88 das Gelieger
- *rump piece (quarter piece)*

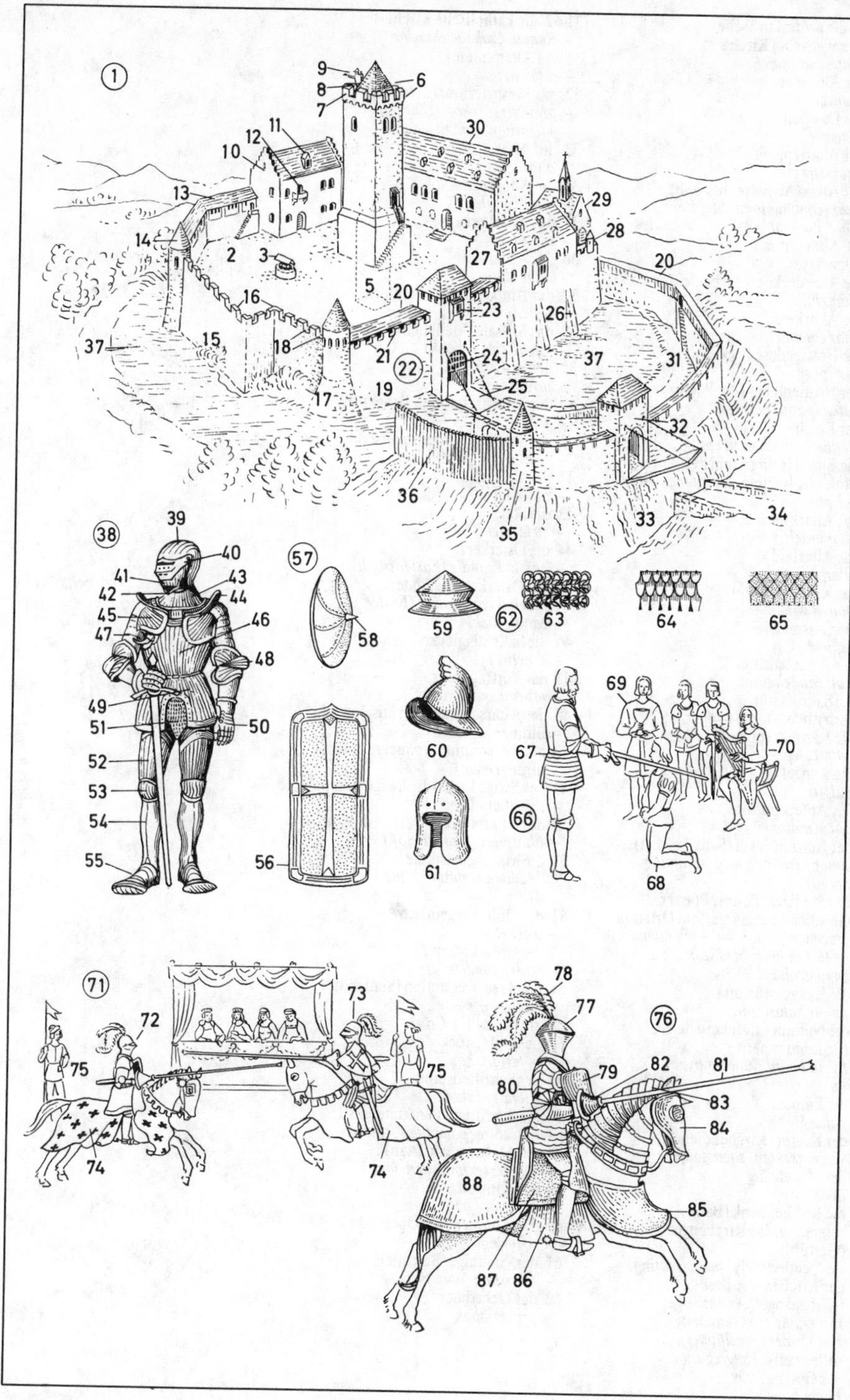
1
2
3
5
6
7
8
9
10
11
12
13
14
15
16
17
18
19
20
21
22
23
24
25
26
27
28
29
30
31
32
33
34
35
36
37
38
39
40
41
42
43
44
45
46
47
48
49
50
51
52
53
54
55
56
57
58
59
60
61
62
63
64
65
66
67
68
69
70
71
72
73
74
75
76
77
78
79
80
81
82
83
84
85
86
87
88

1-30 die protestantische (evangelische) Kirche
- ***Protestant church***

1 der Altarplatz
- *chancel*

2 das Lesepult
- *lectern*

3 der Altarteppich
- *altar carpet*

4 der Altar (Abendmahlstisch)
- *altar (communion table, Lord's table, holy table)*

5 die Altarstufen *f*
- *altar steps*

6 die Altardecke (Altarbekleidung)
- *altar cloth*

7 die Altarkerze
- *altar candle*

8 die Hostiendose (Pyxis)
- *pyx (pix)*

9 der Hostienteller (die Patene)
- *paten (patin, patine)*

10 der Kelch
- *chalice (communion cup)*

11 die Bibel (Heilige Schrift)
- *Bible (Holy Bible, Scriptures, Holy Scripture)*

12 das Altarkreuz
- *altar crucifix*

13 das Altarbild
- *altarpiece*

14 das Kirchenfenster
- *church window*

15 die Glasmalerei
- *stained glass*

16 der Wandleuchter
- *wall candelabrum*

17 die Sakristeitür
- *vestry door (sacristy door)*

18 die Kanzeltreppe
- *pulpit steps*

19 die Kanzel
- *pulpit*

20 das Antependium
- *antependium*

21 der Kanzeldeckel (Schalldeckel)
- *canopy (soundboard, sounding board)*

22 der Prediger (Pastor, Pfarrer, Geistliche, Seelsorger) im Ornat *m*
- *preacher (pastor, vicar, clergyman, rector) in his robes (vestments, canonicals)*

23 die Kanzelbrüstung
- *pulpit balustrade*

24 die Nummerntafel mit den Liedernummern *f*
- *hymn board showing hymn numbers*

25 die Empore
- *gallery*

26 der Küster (Kirchendiener)
- *verger (sexton, sacristan)*

27 der Mittelgang
- *aisle*

28 die Kirchenbank (Bank); *insgesamt:* das Kirchengestühl (Gestühl)
- *pew;* collectively: *pews (seating)*

29 der Kirchenbesucher (Kirchgänger, Andächtige); *insgesamt:* die Gemeinde
- *churchgoer (worshipper);* collectively: *congregation*

30 das Gesangbuch
- *hymn book*

31-62 die katholische Kirche
- ***Roman Catholic church***

31 die Altarstufen *f*
- *altar steps*

32 das Presbyterium (der Chor)
- *presbytery (choir, chancel, sacrarium, sanctuary)*

33 der Altar
- *altar*

34 die Altarkerzen *f*
- *altar candles*

35 das Altarkreuz
- *altar cross*

36 das Altartuch
- *altar cloth*

37 der Ambo (das Predigtpult)
- *lectern*

38 das Missale (Meßbuch)
- *missal (mass book)*

39 der Priester
- *priest*

40 der Ministrant (Meßdiener)
- *server*

41 die Sedilien *f* (Priestersitze *m*)
- *sedilia*

42 der Tabernakel
- *tabernacle*

43 die Stele
- *stele (stela)*

44 die Osterkerze
- *paschal candle (Easter candle)*

45 der Osterkerzenständer
- *paschal candlestick (Easter candlestick)*

46 die Sakristeiglocke
- *sanctus bell*

47 das Vortragkreuz
- *processional cross*

48 der Altarschmuck (Grünschmuck, Blumenschmuck)
- *altar decoration (foliage, flower arrangement)*

49 das Ewige Licht (die Ewige Lampe)
- *sanctuary lamp*

50 das Altarbild, ein Christusbild *n*
- *altarpiece, a picture of Christ*

51 die Madonnenstatue
- *Madonna, statue of the Virgin Mary*

52 der Opferkerzentisch
- *pricket*

53 die Opferkerzen *f*
- *votive candles*

54 die Kreuzwegstation (Station des Kreuzwegs *m*)
- *station of the Cross*

55 der Opferstock
- *offertory box*

56 der Schriftenstand
- *literature stand*

57 die Schriften *f* (Traktate *n*)
- *literature (pamphlets, tracts)*

58 der Mesner (Sakristan)
- *verger (sexton, sacristan)*

59 der Klingelbeutel
- *offertory bag*

60 das Almosen (die Opfergabe)
- *offering*

61 der Gläubige (Betende)
- *Christian (man praying)*

62 das Gebetbuch
- *prayer book*

123
1-4
26
1
2
3
4
5
6
7
8
9
10
11
12
13
14
15
16
17
18
19
20
21
22
23
24
25
26
27
28
29
30
31
32
33
34
35
36
37
38
39
40
41
42
43
44
45
46
47
48
49
50
51
52
53
54
55
56
57
58
59
60
61
62

1 die Kirche
- ***church***
2 der Kirchturm
- *steeple*
3 der Kirchturmhahn
- *weathercock*
4 die Wetterfahne (Windfahne)
- *weather vane (wind vane)*
5 der Turmknauf
- *spire ball*
6 die Kirchturmspitze
- *church spire (spire)*
7 die Kirchturmuhr
- *church clock (tower clock)*
8 das Schalloch
- *belfry window*
9 die elektrisch betriebene Glocke
- *electrically operated bell*
10 das Firstkreuz
- *ridge cross*
11 das Kirchendach
- *church roof*
12 die Gedenkkapelle (Gnadenkapelle)
- *memorial chapel*
13 die Sakristei, ein Anbau *m*
- *vestry (sacristy), an annexe (annex)*
14 die Gedenktafel (Gedenkplatte, der Gedenkstein, das Epitaph)
- *memorial tablet (memorial plate, wall memorial, wall stone)*
15 der Seiteneingang
- *side entrance*
16 das Kirchenportal (die Kirchentür)
- *church door (main door, portal)*
17 der Kirchgänger
- *churchgoer*
18 die Friedhofsmauer (Kirchhofmauer)
- *graveyard wall (churchyard wall)*
19 das Friedhofstor (Kirchhoftor)
- *graveyard gate (churchyard gate, lichgate, lychgate)*
20 das Pfarrhaus
- *vicarage (parsonage, rectory)*
21-41 **der Friedhof** (Kirchhof, Gottesacker)
- ***graveyard*** *(churchyard, God's acre,* Am. *burying ground)*
21 das Leichenhaus (die Leichenhalle, Totenhalle, Leichenkapelle, Parentationshalle)
- *mortuary*
22 der Totengräber
- *grave digger*
23 das Grab (die Grabstelle, Grabstätte, Begräbnisstätte)
- *grave (tomb)*
24 der Grabhügel
- *grave mound*
25 das Grabkreuz
- *cross*
26 der Grabstein (Gedenkstein, Leichenstein, das Grabmal)
- *gravestone (headstone, tombstone)*
27 das Familiengrab (Familienbegräbnis)
- *family grave (family tomb)*
28 die Friedhofskapelle
- *graveyard chapel*
29 das Kindergrab
- *child's grave*
30 das Urnengrab
- *urn grave*
31 die Urne
- *urn*
32 das Soldatengrab
- *soldier's grave*
33-41 die Beerdigung (Beisetzung, das Begräbnis, Leichenbegängnis)
- *funeral (burial)*
33 die Trauernden *m u. f* (Trauergäste *m*)
- *mourners*
34 die Grube
- *grave*
35 der Sarg
- *coffin (*Am. *casket)*
36 die Sandschaufel
- *spade*
37 der Geistliche
- *clergyman*
38 die Hinterbliebenen *m u. f*
- *the bereaved*
39 der Witwenschleier, ein Trauerschleier *m*
- *widow's veil, a mourning veil*
40 die Sargträger *m*
- *pallbearers*
41 die Totenbahre
- *bier*
42-50 die Prozession
- ***procession*** *(religious procession)*
42 das Prozessionskreuz, ein Tragkreuz *n*
- *processional crucifix*
43 der Kreuzträger
- *cross bearer (crucifer)*
44 die Prozessionsfahne, eine Kirchenfahne
- *processional banner, a church banner*
45 der Ministrant
- *acolyte*
46 der Baldachinträger
- *canopy bearer*
47 der Priester
- *priest*
48 die Monstranz, mit dem Allerheiligsten *n* (Sanktissimum)
- *monstrance with the Blessed Sacrament (consecrated Host)*
49 der Traghimmel (Baldachin)
- *canopy (baldachin, baldaquin)*
50 die Nonnen *f*
- *nuns*
51 die Prozessionsteilnehmer *m*
- *participants in the procession*
52-58 das Kloster
- ***monastery***
52 der Kreuzgang
- *cloister*
53 der Klosterhof (Klostergarten)
- *monastery garden*
54 der Mönch, ein Benediktiner *m*
- *monk, a Benedictine monk*
55 die Kutte
- *habit (monk's habit)*
56 die Kapuze
- *cowl (hood)*
57 die Tonsur
- *tonsure*
58 das Brevier
- *breviary*
59 **die Katakombe** (das Zömeterium), eine unterirdische, altchristliche Begräbnisstätte
- ***catacomb****, an early Christian underground burial place*
60 die Grabnische (das Arkosolium)
- *niche (tomb recess, arcosolium)*
61 die Steinplatte
- *stone slab*

1
2
3
4
5
6
7
8
9
10
11
12
13
14
15
16
17
18
19
20
21
22
23
24
25
26
27
28
29
30
31
32
33
34
35
36
37
38
39
40
41
42
43
44
45
46
47
48
49
50
51
52
53
54
55
56
57
58
59
60
61

1 die christliche Taufe
- *Christian baptism (christening)*
2 die Taufkapelle (das Baptisterium)
- *baptistery (baptistry)*
3 der protestantische (evangelische) Geistliche
- *Protestant clergyman*
4 der Talar (Ornat)
- *robes (vestments, canonicals)*
5 das Beffchen
- *bands*
6 der Halskragen
- *collar*
7 der Täufling
- *child to be baptized (christened)*
8 das Taufkleid
- *christening robe (christening dress)*
9 der Taufschleier
- *christening shawl*
10 der Taufstein
- *font*
11 das Taufbecken
- *font basin*
12 das Taufwasser
- *baptismal water*
13 die Paten *m*
- *godparents*
14 die kirchliche Trauung
- *church wedding (wedding ceremony, marriage ceremony)*
15-16 das Brautpaar
- *bridal couple*
15 die Braut
- *bride*
16 der Bräutigam
- *bridegroom (groom)*
17 der Ring (Trauring, Ehering)
- *ring (wedding ring)*
18 der Brautstrauß (das Brautbukett)
- *bride's bouquet (bridal bouquet)*
19 der Brautkranz
- *bridal wreath*
20 der Schleier (Brautschleier)
- *veil (bridal veil)*
21 das Myrtensträußchen
- *[myrtle] buttonhole*
22 der Geistliche
- *clergyman*
23 die Trauzeugen *m*
- *witnesses [to the marriage]*
24 die Brautjungfer
- *bridesmaid*
25 die Kniebank
- *kneeler*
26 das Abendmahl
- *Holy Communion*
27 die Kommunizierenden *m u. f*
- *communicants*
28 die Hostie (Oblate)
- *Host (wafer)*
29 der Abendmahlskelch
- *communion cup*
30 der Rosenkranz
- *rosary*
31 die Vater-unser-Perle
- *paternoster*
32 die Ave-Maria-Perle; *je 10:* ein Gesätz *n*
- *Ave Maria;* set of 10: *decade*
33 das Kruzifix
- *crucifix*
34-54 liturgische Geräte *n* (kirchliche Geräte)
- *liturgical vessels (ecclesiastical vessels)*
34 die Monstranz
- *monstrance*
35 die Hostie (große Hostie, das heilige Sakrament, Allerheiligste, Sanktissimum)
- *Host (consecrated Host, Blessed Sacrament)*
36 die Lunula
- *lunula (lunule)*
37 der Strahlenkranz
- *rays*
38 die Rauchfaßgarnitur (das Weihrauchfaß, Räucherfaß, Rauchfaß) für liturgische Räucherungen *f* (Inzensationen)
- *censer (thurible), for offering incense (for incensing)*
39 die Rauchfaßkette
- *thurible chain*
40 der Rauchfaßdeckel
- *thurible cover*
41 die Rauchfaßschale, ein Feuerbecken *n*
- *thurible bowl*
42 das Weihrauchschiffchen
- *incense boat*
43 der Weihrauchlöffel
- *incense spoon*
44 die Meßgarnitur
- *cruet set*
45 das Meßkännchen für Wasser *n*
- *water cruet*
46 das Meßkännchen für Wein *m*
- *wine cruet*
47 der Weihwasserkessel
- *holy water basin*
48 das Ciborium (der Speisekelch) mit den kleinen Hostien *f*
- *ciborium containing the sacred wafers*
49 der Kelch
- *chalice*
50 die Hostienschale
- *dish for communion wafers*
51 die Patene
- *paten (patin, patine)*
52 die Altarschelle (die Glocken *f*)
- *altar bells*
53 die Hostiendose (Pyxis)
- *pyx (pix)*
54 das Aspergill (der Weihwedel)
- *aspergillum*
55-72 christl. Kreuzformen *f*
- *forms of Christian crosses*
55 das lateinische Kreuz (Passionskreuz)
- *Latin cross (cross of the Passion)*
56 das griechische Kreuz
- *Greek cross*
57 das russische Kreuz
- *Russian cross*
58 das Petruskreuz
- *St. Peter's cross*
59 das Antoniuskreuz (Taukreuz, ägyptisches Kreuz)
- *St. Anthony's cross (tau cross)*
60 das Andreaskreuz (Schrägkreuz, der Schragen, das burgundische Kreuz)
- *St. Andrew's cross (saltire cross)*
61 das Schächerkreuz (Gabelkreuz, Deichselkreuz)
- *Y-cross*
62 das Lothringer Kreuz
- *cross of Lorraine*
63 das Henkelkreuz
- *ansate cross*
64 das Doppelkreuz (erzbischöfliches Kreuz)
- *patriarchal cross*
65 das Kardinalkreuz (Patriarchenkreuz)
- *cardinal's cross*
66 das päpstliche Kreuz (Papstkreuz)
- *Papal cross*
67 das konstantinische Kreuz, ein Christusmonogramm *n* (CHR)
- *Constantinian cross, a monogram of Christ (CHR)*
68 das Wiederkreuz
- *crosslet*
69 das Ankerkreuz
- *cross moline*
70 das Krückenkreuz
- *cross of Jerusalem*
71 das Kleeblattkreuz (Lazaruskreuz, Brabanter Kreuz)
- *cross botonnée (cross treflée)*
72 das Jerusalemer Kreuz
- *fivefold cross (quintuple cross)*

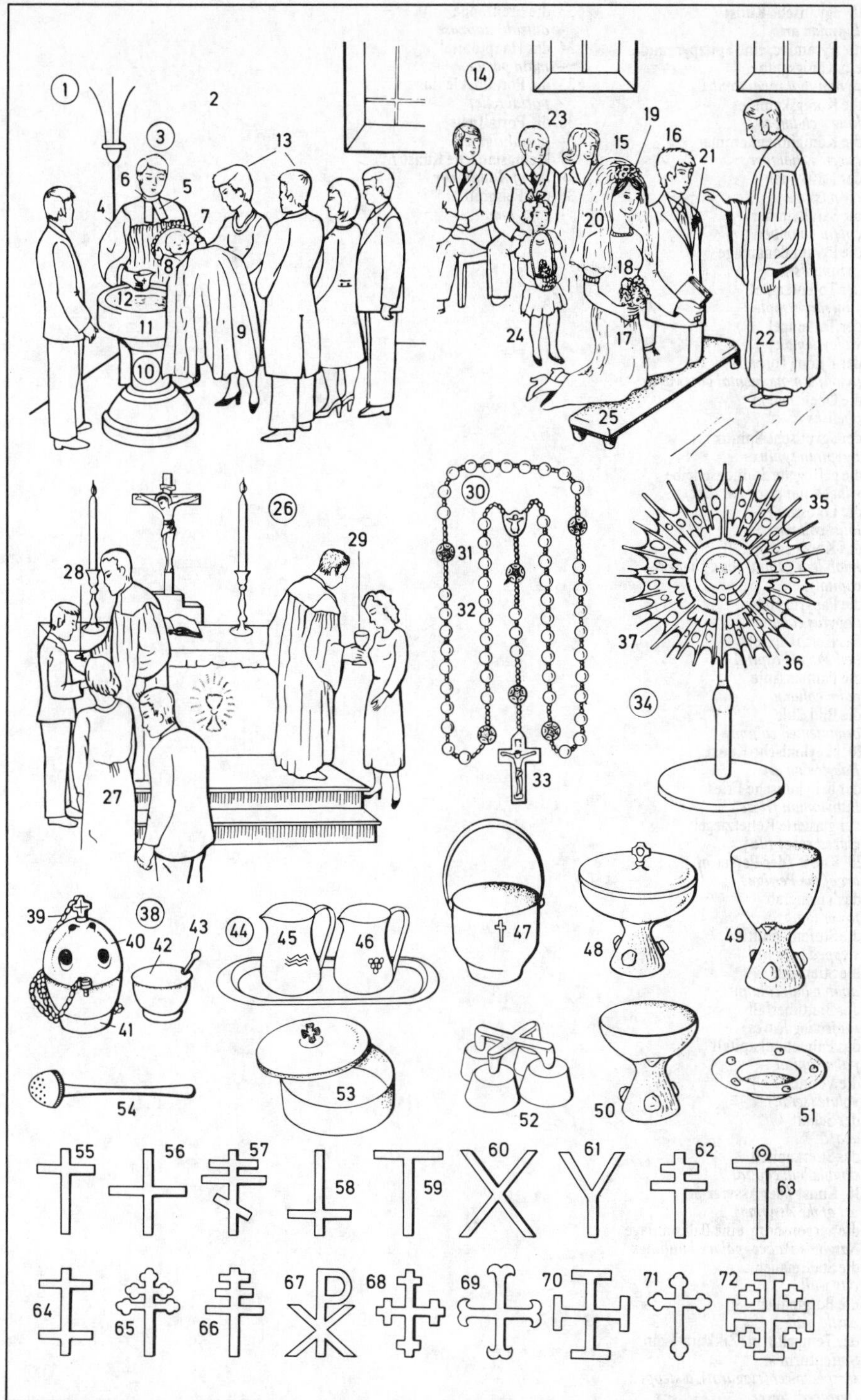
1
2
3
4
5
6
7
8
9
10
11
12
13
14
15
16
17
18
19
20
21
22
23
24
25
26
27
28
29
30
31
32
33
34
35
36
37
38
39
40
41
42
43
44
45
46
47
48
49
50
51
52
53
54
55
56
57
58
59
60
61
62
63
64
65
66
67
68
69
70
71
72

1-18 ägyptische Kunst *f*
- ***Egyptian art***
1 die Pyramide, eine Spitzpyramide, ein Königsgrab *n*
- *pyramid, a royal tomb*
2 die Königskammer
- *king's chamber*
3 die Königinnenkammer
- *queen's chamber*
4 der Luftkanal
- *air passage*
5 die Sargkammer
- *coffin chamber*
6 die Pyramidenanlage
- *pyramid site*
7 der Totentempel
- *funerary temple*
8 der Taltempel
- *valley temple*
9 der Pylon (Torbau)
- *pylon, a monumental gateway*
10 die Obelisken *m*
- *obelisks*
11 der ägyptische Sphinx
- *Egyptian sphinx*
12 die geflügelte Sonnenscheibe
- *winged sun disc (sun disk)*
13 die Lotossäule
- *lotus column*
14 das Knospenkapitell
- *knob-leaf capital (bud-shaped capital)*
15 die Papyrussäule
- *papyrus column*
16 das Kelchkapitell
- *bell-shaped capital*
17 die Palmensäule
- *palm column*
18 die Bildsäule
- *ornamented column*

19-20 babylonische Kunst *f*
- ***Babylonian art***
19 der babylonische Fries
- *Babylonian frieze*
20 der glasierte Reliefziegel
- *glazed relief tile*

21-28 Kunst *f* **der Perser** *m*
- ***art of the Persians***
21 das Turmgrab
- *tower tomb*
22 die Stufenpyramide
- *stepped pyramid*
23 die Stiersäule
- *double bull column*
24 der Blattüberfall
- *projecting leaves*
25 das Palmettenkapitell
- *palm capital*
26 die Volute
- *volute (scroll)*
27 der Schaft
- *shaft*
28 das Stierkapitell
- *double bull capital*

29-36 Kunst *f* **der Assyrer** *m*
- ***art of the Assyrians***
29 die Sargonsburg, eine Palastanlage
- *Sargon's Palace, palace buildings*
30 die Stadtmauer
- *city wall*
31 die Burgmauer
- *castle wall*
32 der Tempelturm (Zikkurat), ein Stufenturm *m*
- *temple tower (ziggurat), a stepped (terraced) tower*
33 die Freitreppe
- *outside staircase*
34 das Hauptportal
- *main portal*
35 die Portalbekleidung
- *portal relief*
36 die Portalfigur
- *portal figure*

37 kleinasiatische Kunst *f*
- ***art of Asia Minor***
38 das Felsgrab
- *rock tomb*

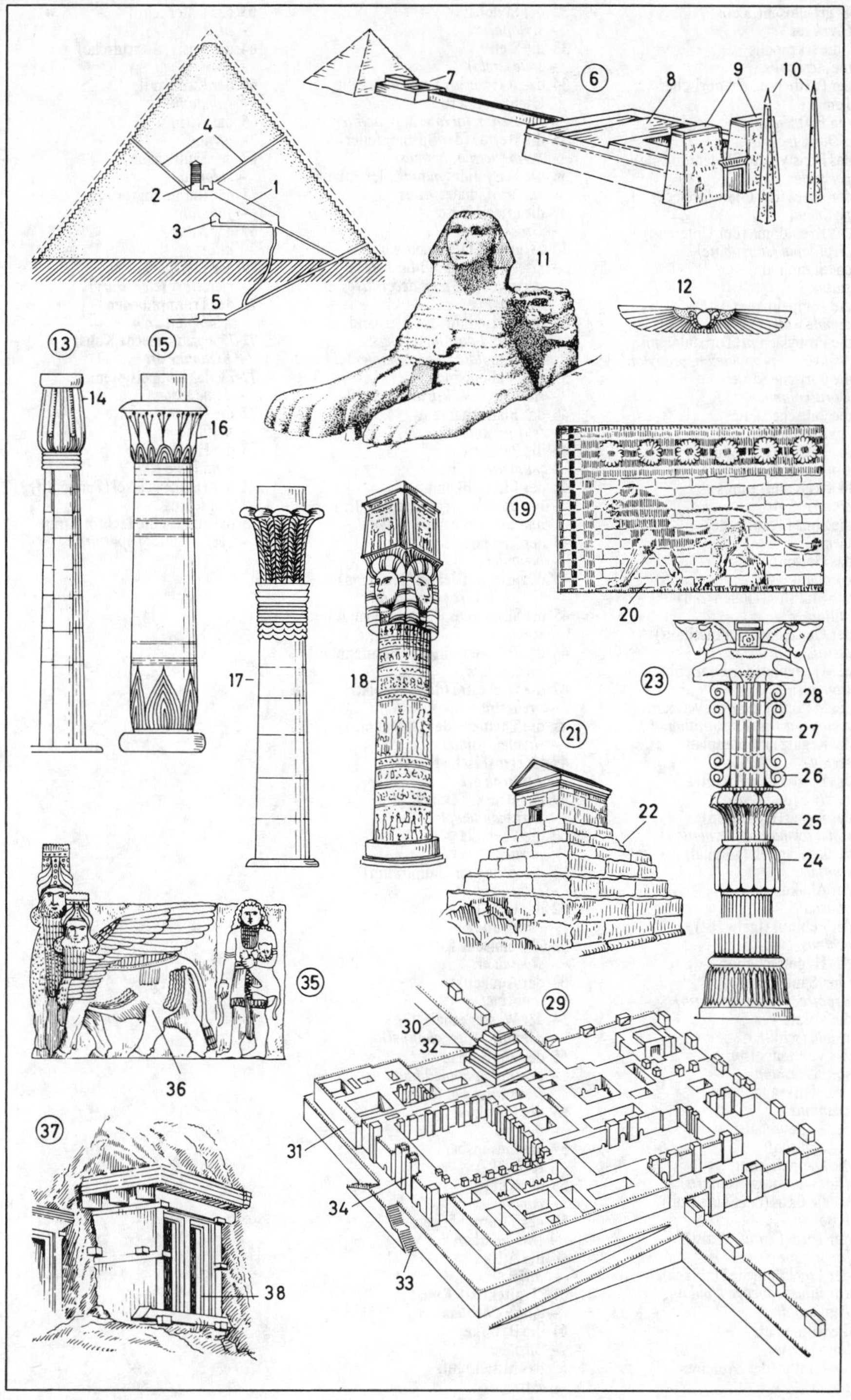

1
2
3
4
5
6
7
8
9
10
11
12
13
14
15
16
17
18
19
20
21
22
23
24
25
26
27
28
29
30
31
32
33
34
35
36
37
38

1-48 griechische Kunst *f*
- ***Greek art***
1-7 die Akropolis
- *the Acropolis*
1 der Parthenon, ein dorischer Tempel
- *the Parthenon, a Doric temple*
2 das Peristyl (der Säulenumgang)
- *peristyle*
3 der Aetos (das Giebeldreieck)
- *pediment*
4 das Krepidoma (der Unterbau)
- *crepidoma (stereobate)*
5 das Standbild
- *statue*
6 die Tempelmauer
- *temple wall*
7 die Propyläen *pl* (Torbauten *m*)
- *propylaea (propylaeum, propylon)*
8 die dorische Säule
- *Doric column*
9 die ionische Säule
- *Ionic column*
10 die korinthische Säule
- *Corinthian column*
11-14 das Kranzgesims
- *cornice*
11 die Sima (Traufleiste)
- *cyma*
12 das Geison
- *corona*
13 der Mutulus (Dielenkopf)
- *mutule*
14 der Geisipodes (Zahnschnitt)
- *dentils*
15 die Triglyphe (der Dreischlitz)
- *triglyph*
16 die Metope, eine Friesverzierung
- *metope, a frieze decoration*
17 die Regula (Tropfenplatte)
- *regula*
18 das Epistyl (der Architrav)
- *epistyle (architrave)*
19 das Kyma (Kymation)
- *cyma (cymatium, kymation)*
20-25 das Kapitell (Kapitäl)
- *capital*
20 der Abakus
- *abacus*
21 der Echinus (Igelwulst)
- *echinus*
22 das Hypotrachelion (der Säulenhals)
- *hypotrachelium (gorgerin)*
23 die Volute
- *volute (scroll)*
24 das Volutenpolster
- *volute cushion*
25 der Blattkranz
- *acanthus*
26 der Säulenschaft
- *column shaft*
27 die Kannelierung
- *flutes (grooves, channels)*
28-31 die Basis (der Säulenfuß)
- *base*
28 der Toros (Torus, Wulst)
- *[upper] torus*
29 der Trochilus (die Hohlkehle)
- *trochilus (concave moulding,* Am. *molding)*
30 die Rundplatte
- *[lower] torus*
31 die Plinthe (der Säulensockel)
- *plinth*
32 der Stylobat
- *stylobate*
33 die Stele
- *stele (stela)*
34 das Akroterion; *am Giebel:* die Giebelverzierung
- *acroterion (acroterium, acroter)*
35 die Herme (der Büstenpfeiler)
- *herm (herma, hermes)*
36 die Karyatide; *männl.:* der Atlant
- *caryatid;* male: *Atlas*
37 die griech. Vase
- *Greek vase*
38-43 griech. Ornamente *n*
- *Greek ornamentation (Greek decoration, Greek decorative designs)*
38 die Perlschnur, ein Zierband *n*
- *bead-and-dart moulding* (Am. *molding), an ornamental band*
39 das Wellenband
- *running dog (Vitruvian scroll)*
40 das Blattornament
- *leaf ornament*
41 die Palmette
- *palmette*
42 das Eierstabkyma
- *egg and dart (egg and tongue, egg and anchor) cyma*
43 der Mäander
- *meander*
44 das griech. Theater (Theatron)
- *Greek theatre (*Am. *theater)*
45 die Skene (das Bühnengebäude)
- *scene*
46 das Proskenium (der Bühnenplan)
- *proscenium*
47 die Orchestra (der Tanzplatz)
- *orchestra*
48 die Thymele (der Opferstein)
- *thymele (altar)*

49-52 etruskische Kunst *f*
- ***Etruscan art***
49 der etrusk. Tempel
- *Etruscan temple*
50 die Vorhalle
- *portico*
51 die Zella (der Hauptraum)
- *cella*
52 das Gebälk
- *entablature*

53-60 römische Kunst *f*
- ***Roman art***
53 der Aquädukt
- *aqueduct*
54 der Wasserkanal
- *conduit (water channel)*
55 der Zentralbau
- *centrally-planned building (centralized building)*
56 der Portikus
- *portico*
57 das Gesimsband
- *reglet*
58 die Kuppel
- *cupola*
59 der Triumphbogen
- *triumphal arch*
60 die Attika
- *attic*

61-71 altchristl. Kunst *f*
- ***Early Christian art***
61 die Basilika
- *basilica*
62 das Mittelschiff
- *nave*
63 das Seitenschiff
- *aisle*
64 die Apsis (Altarnische)
- *apse*
65 der Kampanile
- *campanile*
66 das Atrium
- *atrium*
67 der Säulengang
- *colonnade*
68 der Reinigungsbrunnen
- *fountain*
69 der Altar
- *altar*
70 der Lichtgaden
- *clerestory (clearstory)*
71 der Triumphbogen
- *triumphal arch*

72-75 byzantinische Kunst *f*
- ***Byzantine art***
72-73 das Kuppelsystem
- *dome system*
72 die Hauptkuppel
- *main dome*
73 die Halbkuppel
- *semidome*
74 der Hängezwickel (Pendentif)
- *pendentive*
75 das Auge, eine Lichtöffnung
- *eye, a lighting aperture*

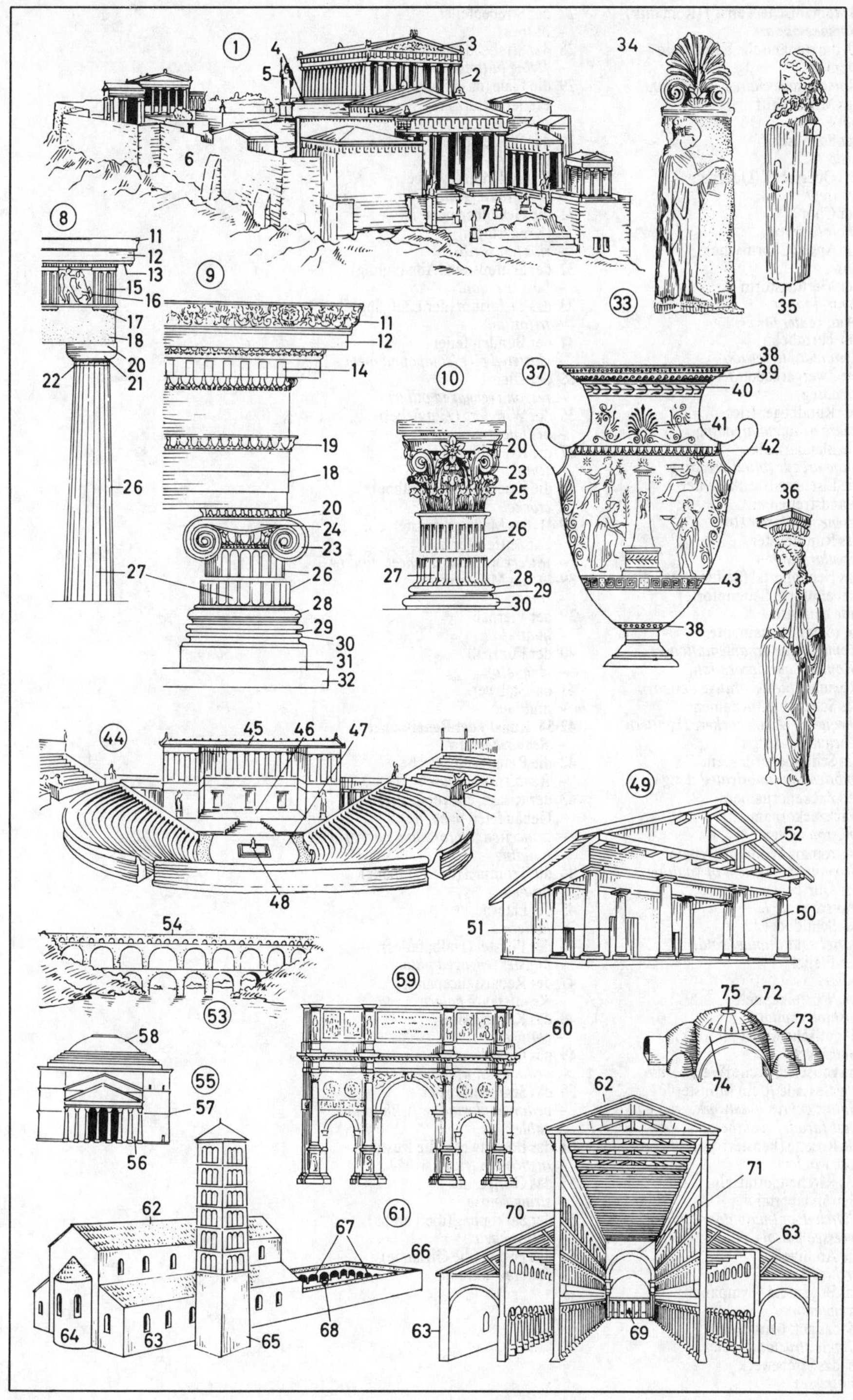
1
2
3
4
5
6
7
8
9
10
11
12
13
14
15
16
17
18
19
20
21
22
23
24
25
26
27
28
29
30
31
32
33
34
35
36
37
38
39
40
41
42
43
44
45
46
47
48
49
50
51
52
53
54
55
56
57
58
59
60
61
62
63
64
65
66
67
68
69
70
71
72
73
74
75

1-21 romanische Kunst *f* (Romanik)
- ***Romanesque art***
1-13 die romanische Kirche, ein Dom *m*
- *Romanesque church, a cathedral*
1 das Mittelschiff
- *nave*
2 das Seitenschiff
- *aisle*
3 das Querschiff (Querhaus)
- *transept*
4 der Chor
- *choir (chancel)*
5 die Apsis (Chornische)
- *apse*
6 der Vierungsturm
- *central tower (Am. center tower)*
7 der Turmhelm
- *pyramidal tower roof*
8 die Zwergarkaden *f*
- *arcading*
9 der Rundbogenfries
- *frieze of round arcading*
10 die Blendarkade
- *blind arcade (blind arcading)*
11 die Lisene, ein senkrechter Wandstreifen *m*
- *lesene, a pilaster strip*
12 das Rundfenster
- *circular window*
13 das Nebenportal (Seitenportal, die Nebenpforte, Seitenpforte)
- *side entrance*
14-16 roman. Ornamente *n*
- *Romanesque ornamentation (Romanesque decoration, Romanesque decorative designs)*
14 das Schachbrettornament
- *chequered (Am. checkered) pattern (chequered design)*
15 das Schuppenornament
- *imbrication (imbricated design)*
16 das Zackenornament (Zickzackornament)
- *chevron design*
17 das roman. Wölbungssystem
- *Romanesque system of vaulting*
18 der Gurtbogen
- *transverse arch*
19 der Schildbogen
- *barrel vault (tunnel vault)*
20 der Pfeiler
- *pillar*
21 das Würfelkapitell
- *cushion capital*

22-41 gotische Kunst *f* (Gotik)
- ***Gothic art***
22 die gotische Kirche [Westwerk *n*, Westfassade *f*], ein Münster *n*
- *Gothic church [westwork, west end, west façade], a cathedral*
23 die Rosette (Fensterrose)
- *rose window*
24 das Kirchenportal, ein Gewändeportal *n*
- *church door (main door, portal), a recessed portal*
25 die Archivolte
- *archivolt*
26 das Bogenfeld (Tympanon)
- *tympanum*
27-35 das got. Bausystem
- *Gothic structural system*
27-28 das Strebewerk
- *buttresses*
27 der Strebepfeiler
- *buttress*
28 der Strebebogen (Schwibbogen)
- *flying buttress*
29 die Fiale (das Pinakel), ein Pfeileraufsatz *m*
- *pinnacle*
30 der Wasserspeier
- *gargoyle*
31-32 das Kreuzgewölbe
- *cross vault (groin vault)*
31 die Gewölberippen *f* (Kreuzrippen)
- *ribs (cross ribs)*
32 der Schlußstein (Abhängling)
- *boss (pendant)*
33 das Triforium (der Laufgang)
- *triforium*
34 der Bündelpfeiler
- *clustered pier (compound pier)*
35 der Dienst
- *respond (engaged pillar)*
36 der Wimperg (Ziergiebel)
- *pediment*
37 die Kreuzblume
- *finial*
38 die Kriechblume (Krabbe)
- *crocket*
39-41 das Maßwerkfenster, ein Lanzettfenster *n*
- *tracery window, a lancet window*
39-40 das Maßwerk
- *tracery*
39 der Vierpaß
- *quatrefoil*
40 der Fünfpaß
- *cinquefoil*
41 das Stabwerk
- *mullions*

42-54 Kunst *f* **der Renaissance**
- ***Renaissance art***
42 die Renaissancekirche
- *Renaissance church*
43 der Risalit, ein vorspringender Gebäudeteil *m od. n*
- *projection, a projecting part of the building*
44 die Trommel (der Tambour)
- *drum*
45 die Laterne
- *lantern*
46 der Pilaster (Halbpfeiler)
- *pilaster (engaged pillar)*
47 der Renaissancepalast
- *Renaissance palace*
48 das Kranzgesims
- *cornice*
49 das Giebelfenster
- *pedimental window*
50 das Segmentfenster
- *pedimental window [with round gable]*
51 das Bossenwerk (die Rustika)
- *rustication (rustic work)*
52 das Gurtgesims
- *string course*
53 der Sarkophag (die Tumba)
- *sarcophagus*
54 das Feston (die Girlande)
- *festoon (garland)*

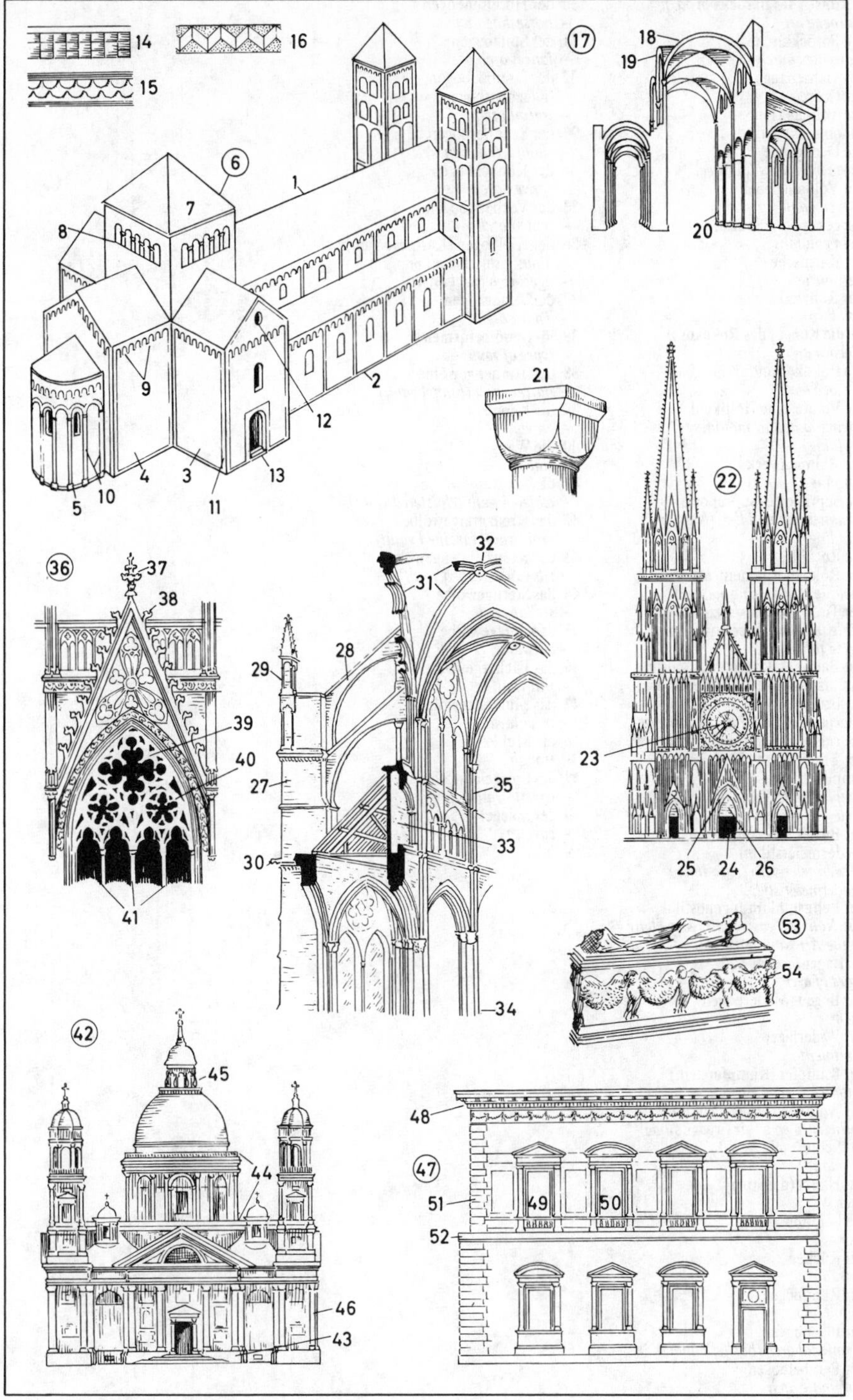
14
15
16
17
18
19
20
6
7
8
1
9
12
2
4
3
13
5
10
11
21
22
36
37
38
39
40
41
32
31
28
29
27
35
33
30
34
23
25
24
26
53
54
42
45
44
46
43
48
47
51
49
50
52

1-8 Kunst *f* des Barocks *m od. n*
- ***Baroque art***

1 die Barockkirche
- *Baroque church*

2 das Ochsenauge
- *bull's eye*

3 die welsche Haube
- *bulbous cupola*

4 die Dachgaube
- *dormer window (dormer)*

5 der Volutengiebel
- *curved gable*

6 die gekuppelte Säule
- *twin columns*

7 die Kartusche
- *cartouche*

8 das Rollwerk
- *scrollwork*

9-13 die Kunst *f* des Rokokos *n*
- ***Rococo art***

9 die Rokokowand
- *Rococo wall*

10 die Volute, eine Hohlkehle
- *coving, a hollow moulding (*Am. *molding)*

11 das Rahmenwerk
- *framing*

12 die Sopraporte (Supraporte)
- *ornamental moulding (*Am. *molding)*

13 die Rocaille, ein Rokokoornament *n*
- *rocaille, a Rococo ornament*

14 der Tisch im Louis-seize-Stil *m*
- *table in Louis Seize style (Louis Seize table)*

15 das Bauwerk des Klassizismus *m* (im klassizistischen Stil *m*), ein Torbau *m*
- *neoclassical building (building in neoclassical style), a gateway*

16 der Empiretisch (Tisch im Empirestil *m*)
- *Empire table (table in the Empire style)*

17 das Biedermeiersofa (Sofa im Biedermeierstil *m*)
- *Biedermeier sofa (sofa in the Biedermeier style)*

18 der Lehnstuhl im Jugendstil *m*
- *Art Nouveau easy chair (easy chair in the Art Nouveau style)*

19-37 Bogenformen *f*
- ***types of arch***

19 der Bogen (Mauerbogen)
- *arch*

20 das Widerlager
- *abutment*

21 der Kämpfer (Kämpferstein)
- *impost*

22 der Anfänger, ein Keilstein *m*
- *springer, a voussoir (wedge stone)*

23 der Schlußstein
- *keystone*

24 das Haupt (die Stirn)
- *face*

25 die Leibung
- *pier*

26 der Rücken
- *extrados*

27 der Rundbogen
- *round arch*

28 der Flachbogen
- *segmental arch (basket handle)*

29 der Parabelbogen
- *parabolic arch*

30 der Hufeisenbogen
- *horseshoe arch*

31 der Spitzbogen
- *lancet arch*

32 der Dreipaßbogen (Kleeblattbogen)
- *trefoil arch*

33 der Schulterbogen
- *shouldered arch*

34 der Konvexbogen
- *convex arch*

35 der Vorhangbogen
- *tented arch*

36 der Kielbogen (Karniesbogen); *ähnl.:* Eselsrücken *m*
- *ogee arch (keel arch)*

37 der Tudorbogen
- *Tudor arch*

38-50 Gewölbeformen *f*
- ***types of vault***

38 das Tonnengewölbe
- *barrel vault (tunnel vault)*

39 die Kappe
- *crown*

40 die Wange
- *side*

41 das Klostergewölbe
- *cloister vault (cloistered vault)*

42 das Kreuzgratgewölbe
- *groin vault (groined vault)*

43 das Kreuzrippengewölbe
- *rib vault (ribbed vault)*

44 das Sterngewölbe
- *stellar vault*

45 das Netzgewölbe
- *net vault*

46 das Fächergewölbe
- *fan vault*

47 das Muldengewölbe
- *trough vault*

48 die Mulde
- *trough*

49 das Spiegelgewölbe
- *cavetto vault*

50 der Spiegel
- *cavetto*

1
2
3
4
5
6
7
8
9
10
11
12
13
14
15
16
17
18
19
20
21
22
23
24
25
26
27
28
29
30
31
32
33
34
35
36
37
38
39
40
41
42
43
44
45
46
47
48
49
50

1-6 chinesische Kunst *f*
- ***Chinese art***

1 die Pagode (Stockwerkpagode), ein Tempelturm *m*
- *pagoda (multi-storey, multistory, pagoda), a temple tower*

2 das Stufendach
- *storey (story) roof (roof of storey)*

3 der Pailou, ein Ehrentor *n*
- *pailou (pailoo), a memorial archway*

4 der Durchgang
- *archway*

5 die Porzellanvase
- *porcelain vase*

6 die geschnittene Lackarbeit
- *incised lacquered work*

7-11 japanische Kunst *f*
- ***Japanese art***

7 der Tempel
- *temple*

8 der Glockenturm
- *bell tower*

9 das Traggebälk
- *supporting structure*

10 der Bodhisattwa, ein buddhistischer Heiliger
- *bodhisattva (boddhisattva), a Buddhist saint*

11 das Torii, ein Tor *n*
- *torii, a gateway*

12-18 islamische Kunst *f*
- ***Islamic art***

12 die Moschee
- *mosque*

13 das Minarett, ein Gebetsturm *m*
- *minaret, a prayer tower*

14 der Mikrab (die Betnische)
- *mihrab*

15 der Mimbar (Predigtstuhl)
- *minbar (mimbar, pulpit)*

16 das Mausoleum, eine Grabstätte
- *mausoleum, a tomb*

17 das Stalaktitengewölbe
- *stalactite vault (stalactitic vault)*

18 das arabische Kapitell
- *Arabian capital*

19-28 indische Kunst *f*
- ***Indian art***

19 der tanzende Schiwa, ein indischer Gott
- *dancing Siva (Shiva), an Indian god*

20 die Buddhastatue
- *statue of Buddha*

21 der Stupa (die indische Pagode), ein Kuppelbau *m*, ein buddhistischer Sakralbau
- *stupa (Indian pagoda), a mound (dome), a Buddhist shrine*

22 der Schirm
- *umbrella*

23 der Steinzaun
- *stone wall* (Am. *stone fence)*

24 das Eingangstor
- *gate*

25 die Tempelanlage
- *temple buildings*

26 der Schikhara (Tempelturm)
- *shikara (sikar, sikhara, temple tower)*

27 die Tschaitjahalle
- *chaitya hall*

28 die Tschaitja, ein kleiner Stupa
- *chaitya, a small stupa*

1
2
3
4
5
6
7
8
9
10
11
12
13
13
14
15
16
17
18
19
20
21
22
23
24
25
26
27
22
28

1-43 das Atelier (Studio)
- ***studio***
1 das Atelierfenster
- *studio skylight*
2 der Kunstmaler, ein Künstler *m*
- *painter, an artist*
3 die Atelierstaffelei
- *studio easel*
4 die Kreideskizze, mit dem Bildaufbau *m*
- *chalk sketch, with the composition (rough draft)*
5 der Kreidestift
- *crayon (piece of chalk)*
6-19 Malutensilien *n; meist pl* (Malgeräte *n*)
- *painting materials*
6 der Flachpinsel
- *flat brush*
7 der Haarpinsel
- *camel hair brush*
8 der Rundpinsel
- *round brush*
9 der Grundierpinsel
- *priming brush*
10 der Malkasten
- *box of paints (paintbox)*
11 die Farbtube mit Ölfarbe *f*
- *tube of oil paint*
12 der Firnis
- *varnish*
13 das Malmittel
- *thinner*
14 das Palettenmesser
- *palette knife*
15 der (die) Malspachtel
- *spatula*
16 der Kohlestift
- *charcoal pencil (charcoal, piece of charcoal)*
17 die Temperafarbe (Gouachefarbe)
- *tempera (gouache)*
18 die Aquarellfarbe (Wasserfarbe)
- *watercolour (*Am.* watercolor)*
19 der Pastellstift
- *pastel crayon*
20 der Keilrahmen (Blendrahmen)
- *wedged stretcher (canvas stretcher)*
21 die Leinwand (das Malleinen)
- *canvas*
22 die Malpappe, mit dem Malgrund *m*
- *piece of hardboard, with painting surface*
23 die Holzplatte
- *wooden board*
24 die Holzfaserplatte (Preßholzplatte)
- *fibreboard (*Am.* fiberboard)*
25 der Maltisch
- *painting table*
26 die Feldstaffelei
- *folding easel*
27 das Stilleben, ein Motiv *n*
- *still life group, a motif*
28 die Handpalette
- *palette*
29 der Palettenstecker
- *palette dipper*
30 das (der) Podest
- *platform*
31 die Gliederpuppe
- *lay figure (mannequin, manikin)*
32 das Aktmodell (Modell, der Akt)
- *nude model (model, nude)*
33 der Faltenwurf
- *drapery*
34 der Zeichenbock
- *drawing easel*
35 der Zeichenblock (Skizzenblock)
- *sketch pad*
36 die Ölstudie
- *study in oils*
37 das Mosaik
- *mosaic (tessellation)*
38 die Mosaikfigur
- *mosaic figure*
39 die Mosaiksteine *m*
- *tesserae*
40 das Fresko (Wandbild)
- *fresco (mural)*
41 das Sgraffito (die Kratzmalerei, der Kratzputz)
- *sgraffito*
42 der Putz
- *plaster*
43 der Entwurf
- *cartoon*

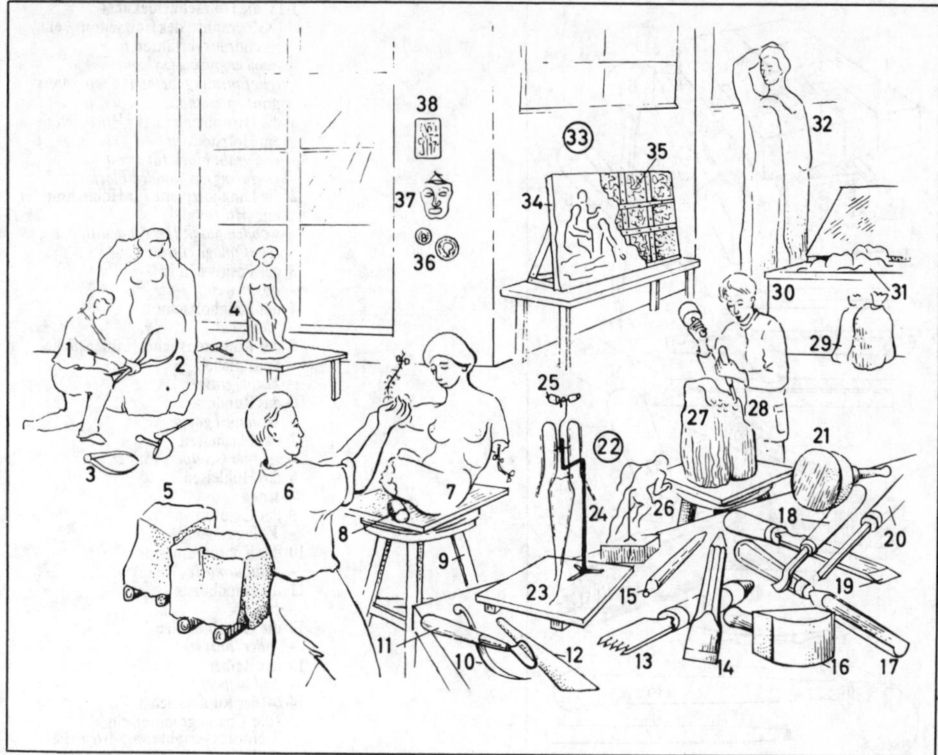

1-38 das Atelier
1 der Bildhauer
- *sculptor*
2 der Proportionszirkel
- *proportional dividers*
3 der Tastzirkel
- *calliper (caliper)*
4 das Gipsmodell, ein Gipsguß *m*
- *plaster model, a plaster cast*
5 der Steinblock (Rohstein)
- *block of stone (stone block)*
6 der Modelleur (Tonbildner)
- *modeller (Am. modeler)*
7 die Tonfigur, ein Torso *m*
- *clay figure, a torso*
8 die Tonrolle, eine Modelliermasse
- *roll of clay, a modelling (Am. modeling) substance*
9 der Modellierbock
- *modelling (Am. modeling) stand*
10 das Modellierholz
- *wooden modelling (Am. modeling) tool*
11 die Modellierschlinge
- *wire modelling (Am. modeling) tool*
12 das Schlagholz
- *beating wood*
13 das Zahneisen
- *claw chisel (toothed chisel, tooth chisel)*
14 das Schlageisen (der Kantenmeißel)
- *flat chisel*
15 das Punktiereisen
- *point (punch)*
16 der Eisenhammer (Handfäustel)
- *iron-headed hammer*
17 der Hohlbeitel
- *gouge (hollow chisel)*
18 das gekröpfte Eisen
- *spoon chisel*
19 der Kantbeitel, ein Stechbeitel *m*
- *wood chisel, a bevelled-edge chisel*
20 der Geißfuß
- *V-shaped gouge*
21 der Holzhammer (Schlegel)
- *mallet*
22 das Gerüst
- *framework*
23 die Fußplatte
- *baseboard*
24 das Gerüsteisen
- *armature support (metal rod)*
25 der Knebel (Reiter)
- *armature*
26 die Wachsplastik
- *wax model*
27 der Holzblock
- *block of wood*
28 der Holzbildhauer (Bildschnitzer)
- *wood carver (wood sculptor)*
29 der Sack mit Gipspulver *n* (Gips *m*)
- *sack of gypsum powder (gypsum)*
30 die Tonkiste
- *clay box*
31 der Modellierton (Ton)
- *modelling (Am. modeling) clay (clay)*
32 die Statue, eine Skulptur (Plastik)
- *statue, a sculpture*
33 das Flachrelief (Basrelief, Relief)
- *low relief (bas-relief)*
34 das Modellierbrett
- *modelling (Am. modeling) board*
35 das Drahtgerüst, ein Drahtgeflecht *n*
- *wire frame, wire netting*
36 das Rundmedaillon (Medaillon)
- *circular medallion (tondo)*
37 die Maske
- *mask*
38 die Plakette
- *plaque*

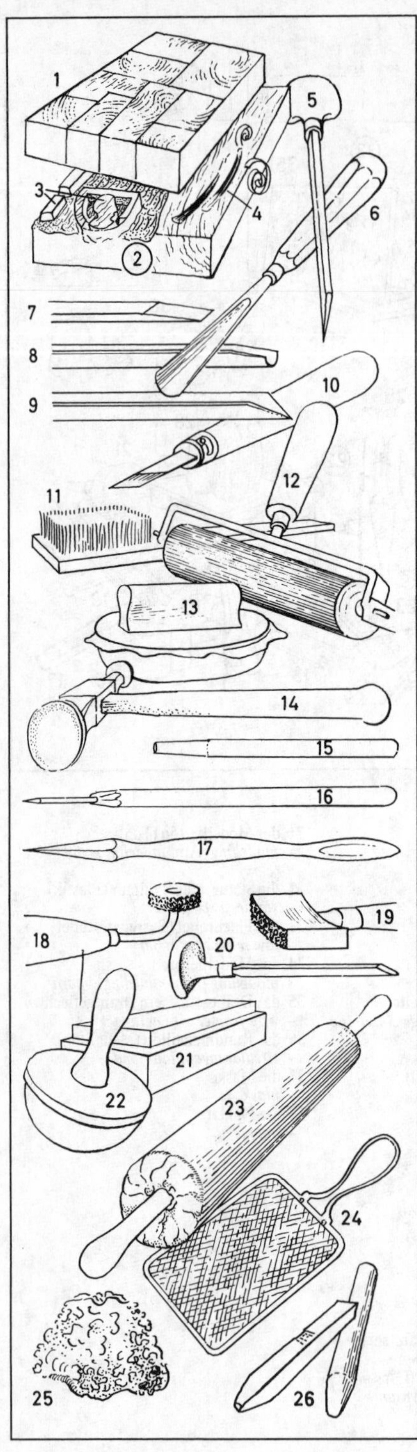

1-13 die Holzschneidekunst (Xylographie, der Holzschnitt), ein Hochdruckverfahren *n*
- ***wood engraving*** *(xylography), a relief printing method (a letterpress printing method)*

1 die Hirnholzplatte für Holzstich *m*, ein Holzstock *m*
- *end-grain block for wood engravings, a wooden block*

2 die Langholzplatte für Holzschnitt *m*, eine Holzmodel
- *wooden plank for woodcutting, a relief image carrier*

3 der Positivschnitt
- *positive cut*

4 der Langholzschnitt
- *plank cut*

5 der Konturenstichel (Linienstichel, Spitzstichel)
- *burin (graver)*

6 das Rundeisen
- *U-shaped gouge*

7 das Flacheisen
- *scorper (scauper, scalper)*

8 das Hohleisen
- *scoop*

9 der Geißfuß
- *V-shaped gouge*

10 das Konturenmesser
- *contour knife*

11 die Handbürste
- *brush*

12 die Gelatinewalze
- *roller (brayer)*

13 der Reiber
- *pad (wiper)*

14-24 der Kupferstich (die Chalkographie), ein Tiefdruckverfahren *n*; *Arten:* die Radierung, die Schabkunst (das Mezzotinto), die Aquatinta, die Kreidemanier (Krayonmanier)
- ***copperplate engraving*** *(chalcography), an intaglio process;* kinds: *etching, mezzotint, aquatint, crayon engraving*

14 der Punzenhammer
- *hammer*

15 die Punze
- *burin*

16 die Radiernadel (Graviernadel)
- *etching needle (engraver)*

17 der Polierstahl, mit dem Schaber *m*
- *scraper and burnisher*

18 das Kornroulett (Punktroulett, der Punktroller)
- *roulette*

19 das Wiegemesser (Wiegeeisen, die Wiege, der Granierstahl)
- *rocking tool (rocker)*

20 der Rundstichel (Boll-, Bolzstichel), ein Grabstichel *m*
- *round-headed graver, a graver (burin)*

21 der Ölstein
- *oilstone*

22 der Tampon (Einschwärzballen)
- *dabber (inking ball, ink ball)*

23 die Lederwalze
- *leather roller*

24 das Spritzsieb
- *sieve*

25-26 die Lithographie (der Steindruck), ein Flachdruckverfahren *n*
- ***lithography*** *(stone lithography), a planographic printing method*

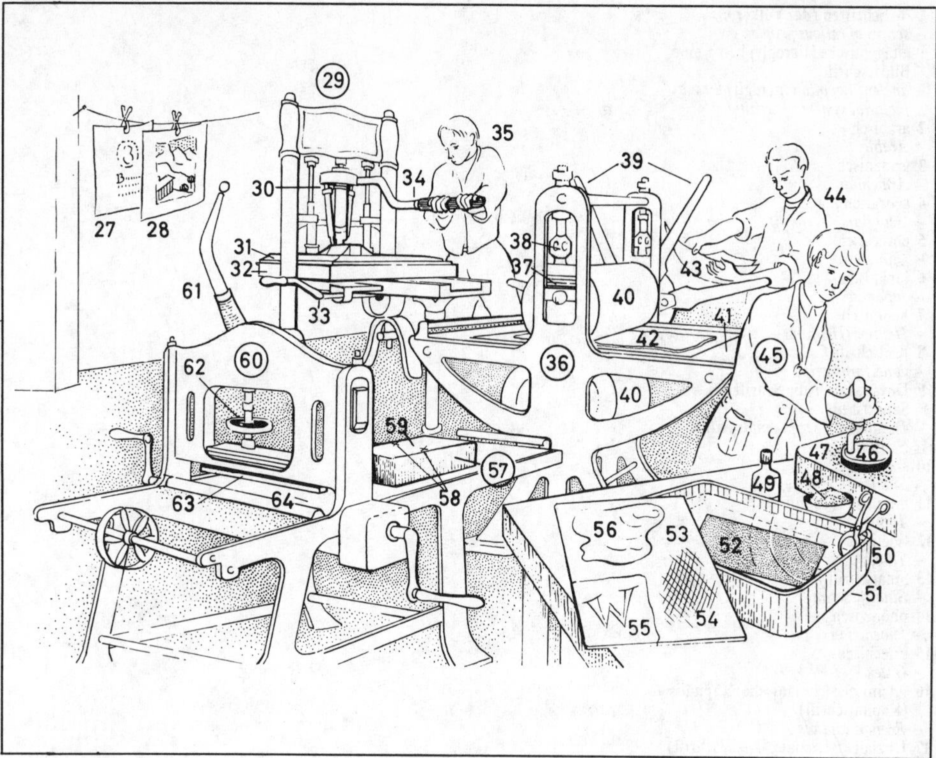

25 der Wasserschwamm (Schwamm), zum Anfeuchten *n* des Lithosteines *m*
- *sponge for moistening the lithographic stone*

26 die Lithokreide (Fettkreide), eine Kreide
- *lithographic crayons (greasy chalk)*

27-64 die graphische Werkstatt, eine Druckerei
- ***graphic art studio,** a printing office* (Am. *printery)*

27 der Einblattdruck
- *broadside (broadsheet, single sheet)*

28 der Mehrfarbendruck (Farbdruck, die Chromolithographie)
- *full-colour* (Am. *full-color) print (colour print, chromolithograph)*

29 die Tiegeldruckpresse, eine Handpresse
- *platen press, a hand press*

30 das Kniegelenk
- *toggle*

31 der Tiegel, eine Preßplatte
- *platen*

32 die Druckform
- *type forme* (Am. *form)*

33 die Durchziehkurbel
- *feed mechanism*

34 der Bengel
- *bar (devil's tail)*

35 der Drucker
- *pressman*

36 die Kupferdruckpresse
- *copperplate press*

37 die Pappzwischenlage
- *tympan*

38 der Druckregler
- *pressure regulator*

39 das Sternrad
- *star wheel*

40 die Walze
- *cylinder*

41 der Drucktisch
- *bed*

42 das Filztuch
- *felt cloth*

43 der Probeabzug (Probedruck, Andruck)
- *proof (pull)*

44 der Kupferstecher
- *copperplate engraver*

45 der Lithograph, beim Steinschliff *m*
- *lithographer (litho artist), grinding the stone*

46 die Schleifscheibe
- *grinding disc (disk)*

47 die Körnung
- *grain (granular texture)*

48 der Glassand
- *pulverized glass*

49 die Gummilösung
- *rubber solution*

50 die Greifzange
- *tongs*

51 das Ätzbad, zum Ätzen *n* der Radierung
- *etching bath for etching*

52 die Zinkplatte
- *zinc plate*

53 die polierte Kupferplatte
- *polished copperplate*

54 die Kreuzlage
- *cross hatch*

55 der Ätzgrund
- *etching ground*

56 der Deckgrund
- *non-printing area*

57 der Lithostein
- *lithographic stone*

58 die Paßzeichen *n* (Nadelzeichen)
- *register marks*

59 die Bildplatte
- *printing surface (printing image carrier)*

60 die Steindruckpresse
- *lithographic press*

61 der Druckhebel
- *lever*

62 die Reiberstellung
- *scraper adjustment*

63 der Reiber
- *scraper*

64 das Steinbett
- *bed*

1-20 Schriften *f* **der Völker** *n*
- ***scripts of various peoples***

1 altägyptische Hieroglyphen *f*, eine Bilderschrift
- *ancient Egyptian hieroglyphics, a pictorial system of writing*

2 arabisch
- *Arabic*

3 armenisch
- *Armenian*

4 georgisch
- *Georgian*

5 chinesisch
- *Chinese*

6 japanisch
- *Japanese*

7 hebräisch
- *Hebrew (Hebraic)*

8 Keilschrift *f*
- *cuneiform script*

9 Devanagari *n* (die Schrift des Sanskrit *n*)
- *Devanagari, script employed in Sanskrit*

10 siamesisch
- *Siamese*

11 tamulisch (Tamul *n*)
- *Tamil*

12 tibetisch
- *Tibetan*

13 Sinaischrift *f*
- *Sinaitic script*

14 phönizisch
- *Phoenician*

15 griechisch
- *Greek*

16 lateinische (romanische) Kapitalis *f* (Kapitalschrift)
- *Roman capitals*

17 Unzialis *f* (Unziale, Unzialschrift)
- *uncial (uncials, uncial script)*

18 karolingische Minuskel *f*
- *Carolingian (Carlovingian, Caroline) minuscule*

19 Runen *f*
- *runes*

20 russisch
- *Russian*

21-26 alte **Schreibgeräte** *n*
- *ancient writing implements*

21 indischer Stahlgriffel *m*, ein Ritzer *m* für Palmblattschrift *f*
- *Indian steel stylus for writing on palm leaves*

22 altägyptischer Schreibstempel *m*, eine Binsenrispe
- *ancient Egyptian reed pen*

23 Rohrfeder *f*
- *writing cane*

24 Schreibpinsel *m*
- *brush*

25 römische Metallfeder *f* (Stilus *m*)
- *Roman metal pen (stylus)*

26 Gänsefeder *f*
- *quill (quill pen)*

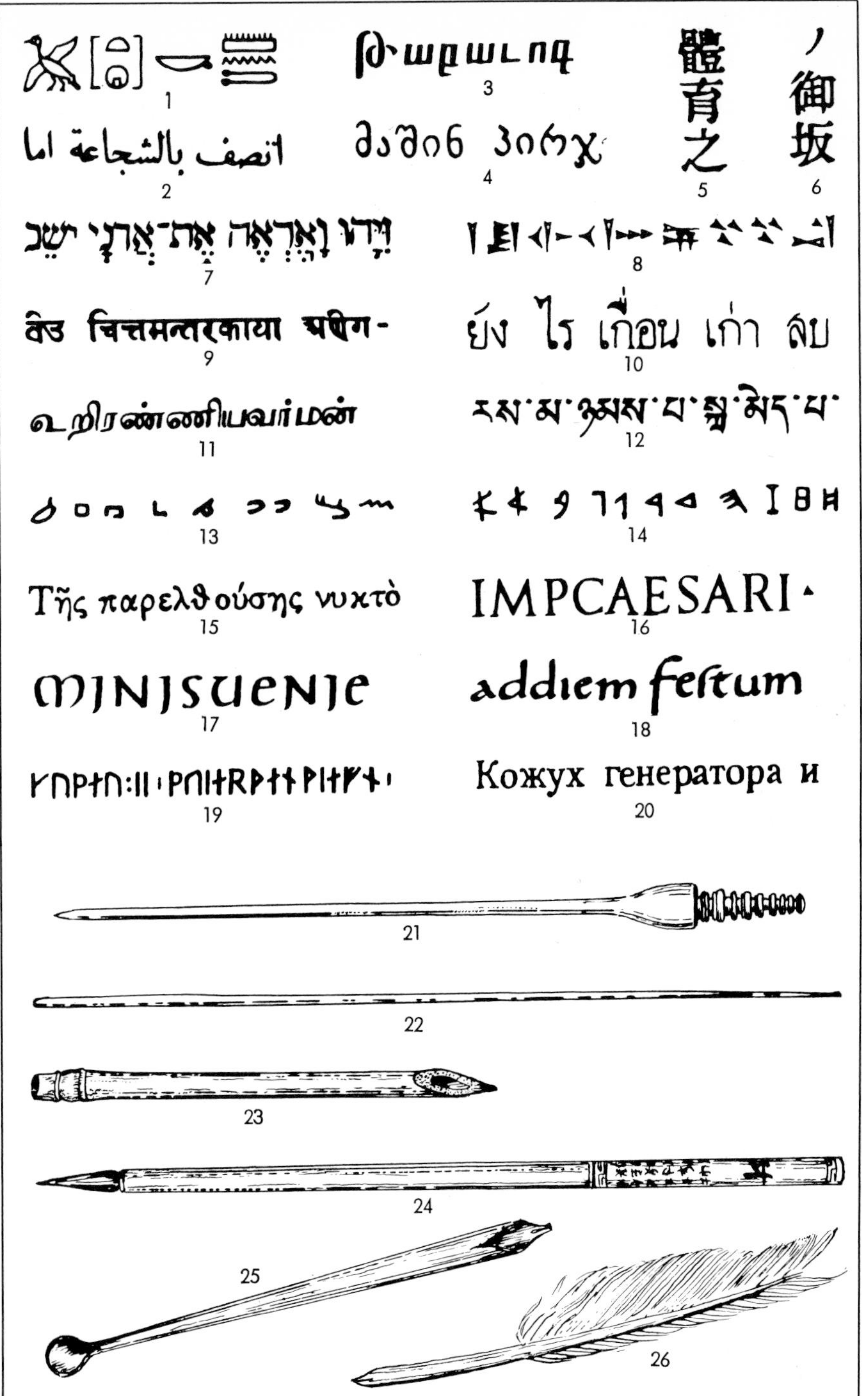
1
3
2
4
體育之
5
御坂
6
7
8
9
10
11
12
13
14
Τῆς παρελθούσης νυκτὸ
15
IMPCAESARI·
16
MINISUENIE
17
addiem festum
18
19
Кожух генератора и
20
21
22
23
24
25
26

1-15 Schriften *f*
- ***types*** *(type faces)*

1 die gotische Schrift
- *Gothic type (German black-letter type)*

2 die Schwabacher Schrift (Schwabacher)
- *Schwabacher type (German black-letter type)*

3 die Fraktur
- *Fraktur (German black-letter type)*

4 die Renaissanceantiqua (Mediaeval)
- *Humanist (Mediaeval)*

5 die vorklassizistische Antiqua (Barockantiqua)
- *Transitional*

6 die klassizistische Antiqua
- *Didone*

7 die Grotesk (Groteskschrift)
- *Sanserif (Sanserif type, Grotesque)*

8 die Egyptienne
- *Egyptian*

9 die Schreibmaschinenschrift
- *typescript (typewriting)*

10 die englische Schreibschrift
- *English hand (English handwriting, English writing)*

11 die deutsche Schreibschrift
- *German hand (German handwriting, German writing)*

12 die lateinische Schreibschrift
- *Latin script*

13 die Kurzschrift (Stenographie)
- *shorthand (shorthand writing, stenography)*

14 die Lautschrift (phonetische Umschrift)
- *phonetics (phonetic transcription)*

15 die Blindenschrift
- *Braille*

16-29 Satzzeichen *n*
- ***punctuation marks*** *(stops)*

16 der Punkt
- *full stop (period, full point)*

17 der Doppelpunkt (das Kolon)
- *colon*

18 das Komma
- *comma*

19 der Strichpunkt (das Semikolon)
- *semicolon*

20 das Fragezeichen
- *question mark (interrogation point, interrogation mark)*

21 das Ausrufezeichen
- *exclamation mark (*Am. *exclamation point)*

22 der Apostroph
- *apostrophe*

23 der Gedankenstrich
- *dash (em rule)*

24 die runden Klammern *f*
- *parentheses (round brackets)*

25 die eckigen Klammern *f*
- *square brackets*

26 das Anführungszeichen (die Anführungsstriche *m, ugs.* die Gänsefüßchen *n*)
- *quotation mark (double quotation marks, paired quotation marks, inverted commas)*

27 das französische Anführungszeichen
- *guillemet (French quotation mark)*

28 der Bindestrich
- *hyphen*

29 die Fortführungspunkte *m*
- *marks of omission (ellipsis)*

30-35 Akzente *m* **und Aussprachezeichen** *n*
- ***accents and diacritical marks*** *(diacritics)*

30 der Accent aigu (der Akut)
- *acute accent (acute)*

31 der Accent grave (der Gravis)
- *grave accent (grave)*

32 der Accent circonflexe (der Zirkumflex)
- *circumflex accent (circumflex)*

33 die Cedille [unter c]
- *cedilla [under c]*

34 das Trema [über e]
- *diaeresis (*Am. *dieresis) [over e]*

35 die Tilde [über n]
- *tilde [over n]*

36 das Paragraphenzeichen
- *section mark*

37-70 die Zeitung, eine überregionale Tageszeitung
- ***newspaper****, a national daily newspaper*

37 die Zeitungsseite
- *newspaper page*

38 die Frontseite
- *front page*

39 der Zeitungskopf
- *newspaper heading*

40 die Kopfleiste mit dem Impressum *n*
- *head rules and imprint*

41 der Untertitel
- *subheading*

42 das Ausgabedatum
- *date of publication*

43 die Postzeitungsnummer
- *Post Office registration number*

44 die Schlagzeile (Artikelüberschrift)
- *headline*

45 die Spalte
- *column*

46 die Spaltenüberschrift
- *column heading*

47 die Spaltenlinie
- *column rule*

48 der Leitartikel
- *leading article (leader, editorial)*

49 der Artikelhinweis
- *reference to related article*

50 die Kurznachricht
- *brief news item*

51 der politische Teil
- *political section*

52 die Seitenüberschrift
- *page heading*

53 die Karikatur
- *cartoon*

54 der Korrespondentenbericht
- *report by newspaper's own correspondent*

55 das Agentursignum
- *news agency's sign*

56 die Werbeanzeige (*ugs.* Reklame *f*)
- *advertisement (*coll. *ad)*

57 der Sportteil
- *sports section*

58 das Pressefoto
- *press photo*

59 die Bildunterschrift
- *caption*

60 der Sportbericht
- *sports report*

61 die Sportnachricht
- *sports news item*

62 der überregionale Teil
- *home and overseas news section*

63 die vermischten Nachrichten *f*
- *news in brief (miscellaneous news)*

64 das Fernsehprogramm (die Programmvorschau)
- *television programmes (*Am. *programs)*

65 der Wetterbericht
- *weather report*

66 die Wetterkarte
- *weather chart (weather map)*

67 der Feuilletonteil (das Feuilleton)
- *arts section (feuilleton)*

68 die Todesanzeige
- *death notice*

69 der Anzeigenteil (Annoncenteil)
- *advertisements (classified advertising)*

70 die Stellenanzeige, ein Stellenangebot *n*
- *job advertisement, a vacancy (a situation offered)*

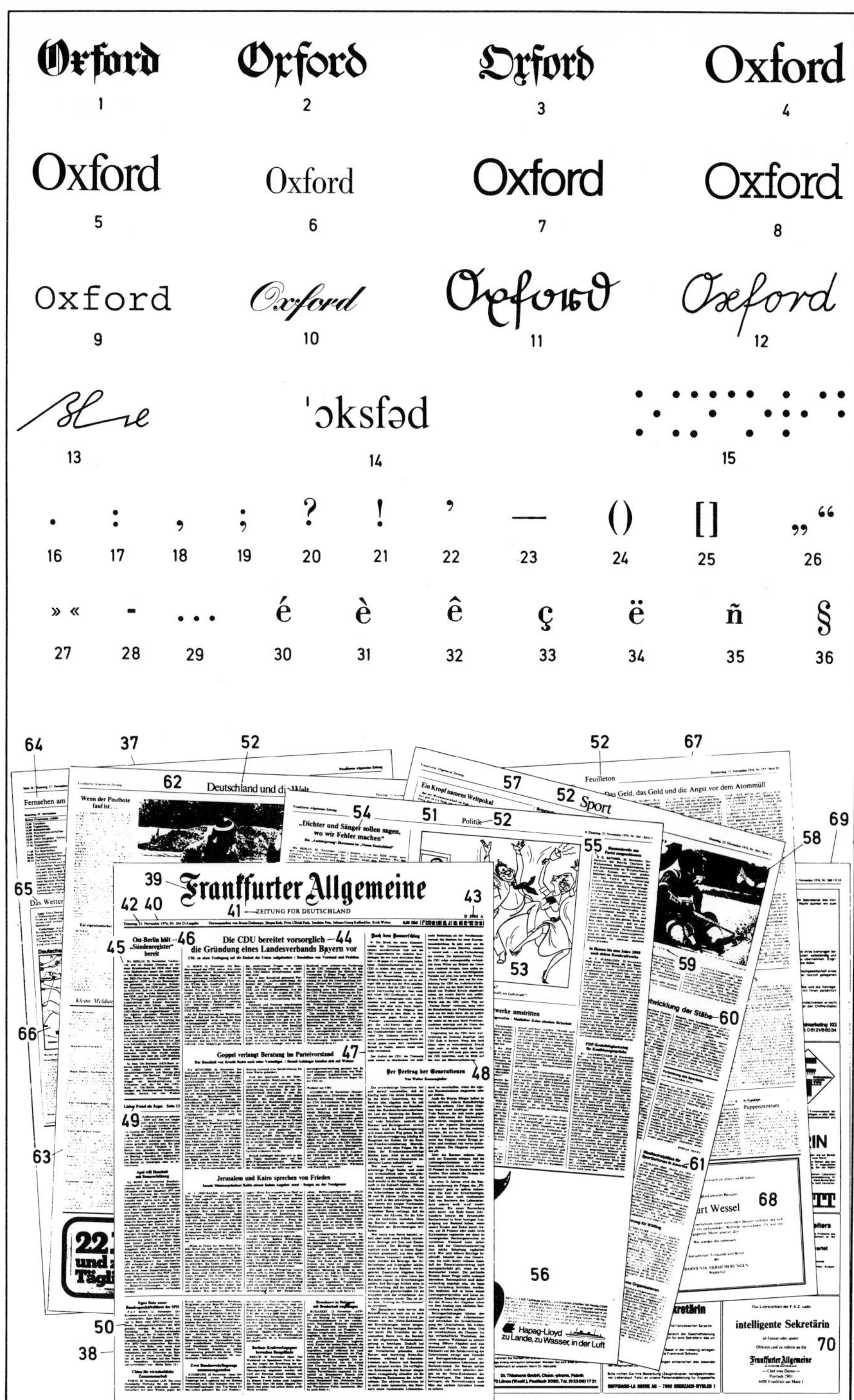

Oxford
1
Oxford
2
Oxford
3
Oxford
4
Oxford
5
Oxford
6
Oxford
7
Oxford
8
Oxford
9
Oxford
10
Oxford
11
Oxford
12
13
ˈɔksfəd
14
15
.
16
:
17
,
18
;
19
?
20
!
21
'
22
—
23
()
24
[]
25
„ "
26
» «
27
-
28
...
29
é
30
è
31
ê
32
ç
33
ë
34
ñ
35
§
36
Frankfurter Allgemeine
ZEITUNG FÜR DEUTSCHLAND
Die CDU bereitet vorsorglich die Gründung eines Landesverbands Bayern vor
Ost-Berlin hält „Sündenregister" bereit
Goppel verlangt Beratung im Parteivorstand
Jerusalem und Kairo sprechen von Frieden
Der Vertrag der Generationen
„Dichter und Sänger sollen sagen, wo wir Fehler machen"
Politik
Deutschland und die Welt
Wenn der Postbote faul ist ...
Fernsehen am
Das Wetter
Ein Kropf namens Weltpokal
Sport
Feuilleton
Das Geld, das Gold und die Angst vor dem Atommüll
Entwicklung der Stäbe
Puppenzentrum
art Wessel
intelligente Sekretärin
Frankfurter Allgemeine
Hapag-Lloyd
zu Lande, zu Wasser, in der Luft
37
38
39
40
41
42
43
44
45
46
47
48
49
50
51
52
53
54
55
56
57
58
59
60
61
62
63
64
65
66
67
68
69
70

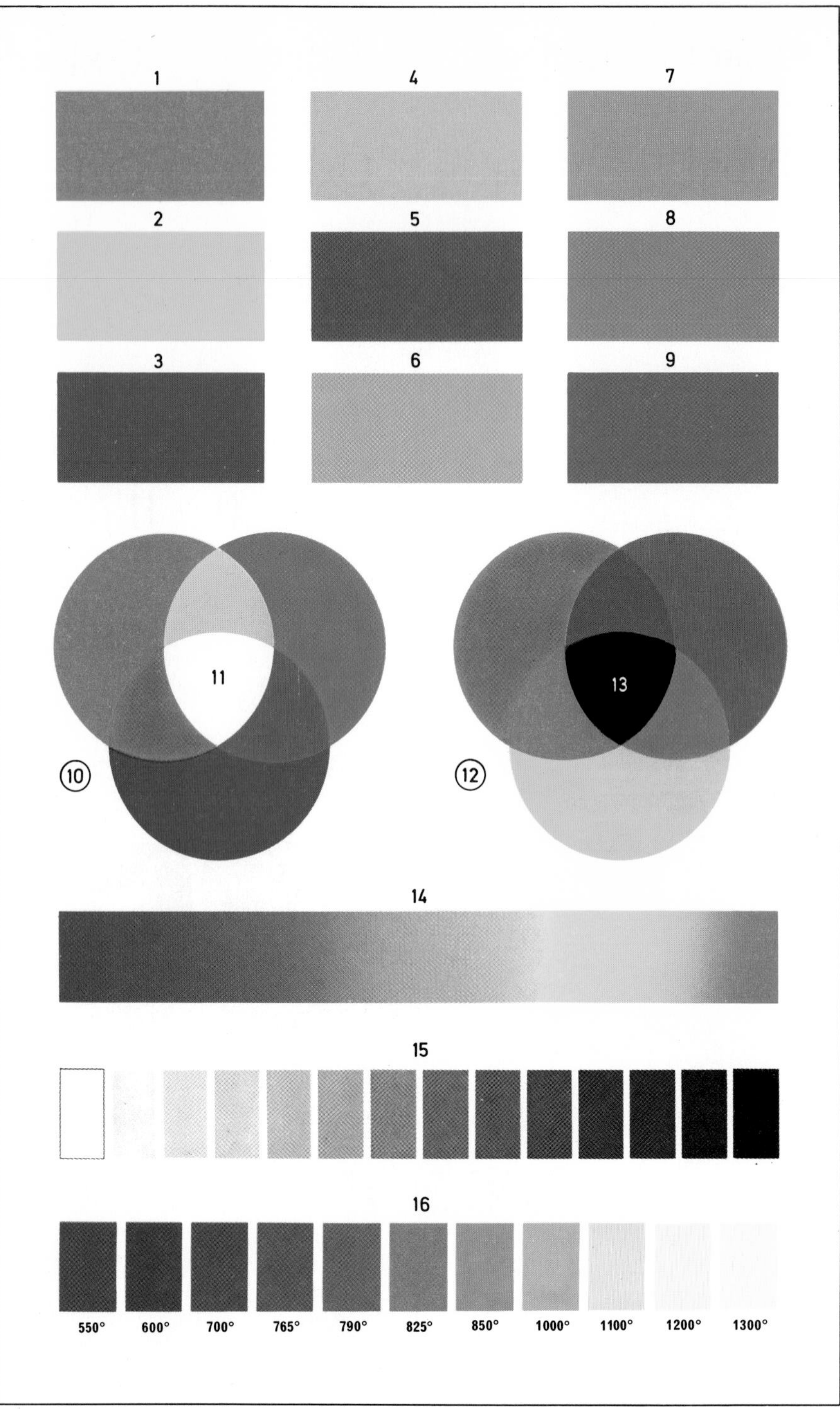
1
4
7
2
5
8
3
6
9
11
10
13
12
14
15
16
550°
600°
700°
765°
790°
825°
850°
1000°
1100°
1200°
1300°

1 rot
- *red*

2 gelb
- *yellow*

3 blau
- *blue*

4 rosa
- *pink*

5 braun
- *brown*

6 himmelblau
- *azure (sky blue)*

7 orange
- *orange*

8 grün
- *green*

9 violett
- *violet*

10 die additive Farbmischung
- *additive mixture of colours (Am. colors)*

11 weiß
- *white*

12 die subtraktive Farbmischung
- *subtractive mixture of colours (Am. colors)*

13 schwarz
- *black*

14 das Sonnenspektrum (die Regenbogenfarben *f*)
- *solar spectrum (colours,* Am. *colors, of the rainbow)*

15 die Grauleiter (der Stufengraukeil)
- *grey (*Am. *gray) scale*

16 die Glühfarben *f*
- *heat colours* (Am. *colors)*

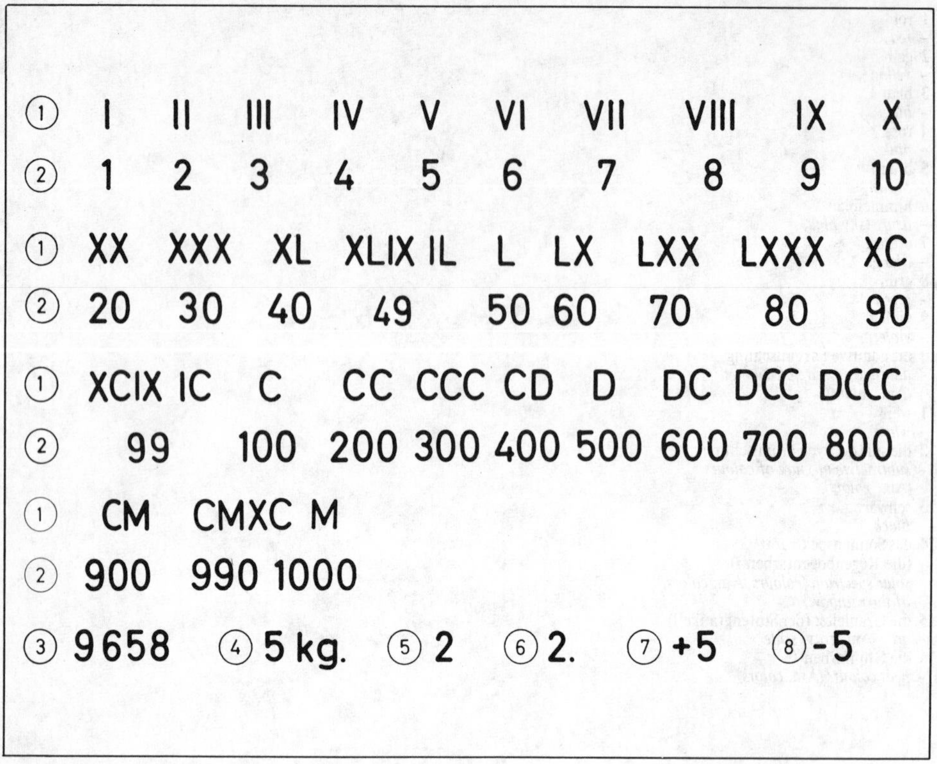

(1)	I	II	III	IV	V	VI	VII	VIII	IX	X
(2)	1	2	3	4	5	6	7	8	9	10
(1)	XX	XXX	XL	XLIX IL	L	LX	LXX	LXXX	XC	
(2)	20	30	40	49	50	60	70	80	90	
(1)	XCIX IC	C	CC	CCC	CD	D	DC	DCC	DCCC	
(2)	99	100	200	300	400	500	600	700	800	
(1)	CM	CMXC	M							
(2)	900	990	1000							

(3) 9658 (4) 5 kg. (5) 2 (6) 2. (7) +5 (8) -5

1-26 Arithmetik *f*
- ***arithmetic***

1-22 die Zahl
- ***numbers***

1 die römischen Ziffern *f* (Zahlzeichen *n*)
- *Roman numerals*

2 die arabischen Ziffern *f*
- *Arabic numerals*

3 die reine (unbenannte) Zahl, eine vierstellige Zahl [8: die Einerstelle, 5: die Zehnerstelle, 6: die Hunderterstelle, 9: die Tausenderstelle]
- *abstract number, a four-figure number [8: units; 5: tens; 6: hundreds; 9: thousands]*

4 die benannte Zahl
- *concrete number*

5 die Grundzahl (Kardinalzahl)
- *cardinal number (cardinal)*

6 die Ordnungszahl (Ordinalzahl)
- *ordinal number (ordinal)*

7 die positive Zahl [mit dem positiven Vorzeichen *n*]
- *positive number [with plus sign]*

8 die negative Zahl [mit dem negativen Vorzeichen *n*]
- *negative number [with minus sign]*

9 allgemeine Zahlen *f*
- *algebraic symbols*

10 die gemischte Zahl [3: die ganze Zahl, ⅓ der Bruch (die Bruchzahl, gebrochene Zahl, ein Zahlenbruch *m*)]
- *mixed number [3: whole number (integer); ⅓: fraction]*

11 gerade Zahlen *f*
- *even numbers*

12 ungerade Zahlen *f*
- *odd numbers*

13 Primzahlen *f*
- *prime numbers*

14 die komplexe Zahl [3: die reelle Zahl, $2\sqrt{-1}$: die imaginäre Zahl]
- *complex number [3: real part; $2\sqrt{-1}$: imaginary part)*

15-16 gemeine Brüche *m*
- *vulgar fractions*

15 der echte Bruch [2: der Zähler, der Bruchstrich, 3: der Nenner]
- *proper fraction [2: numerator, horizontal line; 3: denominator]*

16 der unechte Bruch, zugleich der Kehrwert (reziproke Wert) von 15
- *improper fraction, also the reciprocal of item 15*

17 der Doppelbruch
- *compound fraction (complex fraction)*

18 der uneigentliche Bruch [ergibt beim „Kürzen" *n* eine ganze Zahl]
- *improper fraction [when cancelled down produces a whole number]*

19 ungleichnamige Brüche *m* [35: der Hauptnenner (gemeinsame Nenner)]
- *fractions of different denominations [35: common denominator*

20 der endliche Dezimalbruch (Zehnerbruch) mit Komma *n* und Dezimalstellen *f* [3: die Zehntel *n*, 5: die Hundertstel, 7: die Tausendstel]
- *proper decimal fraction with decimal point [*in German: *comma] and decimal places [3: tenths; 5: hundredths; 7: thousandths]*

21 der unendliche periodische Dezimalbruch
- *recurring decimal*

22 die Periode
- *recurring decimal*

23-26 das Rechnen (die Grundrechnungsarten *f*)
- ***fundamental arithmetical operations***

23 das Zusammenzählen (Addieren, die Addition); [3 u. 2: die Summanden *m*, +: das Pluszeichen, =: das Gleichheitszeichen, 5: die Summe (das Ergebnis, Resultat)]
- *addition (adding) [3 and 2: the terms of the sum; +: plus sign; =: equals sign,: 5: the sum]*

(9) a, b, c … (10) $3\frac{1}{3}$ (11) 2, 4, 6, 8 (12) 1, 3, 5, 7

(13) 3, 5, 7, 11 (14) $3+2\sqrt{-1}$ (15) $\frac{2}{3}$ (16) $\frac{3}{2}$

(17) $\frac{\frac{5}{6}}{\frac{3}{4}}$ (18) $\frac{12}{4}$ (19) $\frac{4}{5}+\frac{2}{7}=\frac{38}{35}$ (20) 0,357

(21) $0{,}6666\ldots = 0{,}\overline{6}$ (22) (23) $3+2=5$

(24) $3-2=1$ (25) $3\cdot 2=6$ $3\times 2=6$ (26) $6:2=3$

in Britain:

(6) 2nd (20) 0·357 (21) 0·6666… = 0·$\overline{6}$ (22)

(26) $6\div 2=3$

24 das Abziehen (Subtrahieren, die Subtraktion); [3: der Minuend, −: das Minuszeichen, 2: der Subtrahend, 1: der Rest (die Differenz)]
- *subtraction (subtracting); [3: the minuend; — : minus sign; 2: the subtrahend; 1: the remainder (difference)]*

25 das Vervielfachen (Malnehmen, Multiplizieren, die Multiplikation); [3: der Multiplikand, · *od.* ×: das Malzeichen, 2: der Multiplikator, 2 u. 3: Faktoren *m*, 6: das Produkt]
- *multiplication (multiplying); [3: the multiplicand;* × (in German ·)*: multiplication sign; 2: the multiplier; 2 and 3: factors; 6: the product]*

26 das Teilen (Dividieren, die Division); [6: der Dividend (die Teilungszahl), : = das Divisionszeichen, 2: der Teiler (Divisor), 3: der Quotient (Teilwert)]
- *division (dividing); [6: the dividend:* ÷ (in German :)*: division sign; 2: the divisor; 3: the quotient*

① $3^2 = 9$

② $\sqrt[3]{8} = 2$

③ $\sqrt{4} = 2$

④ $3x + 2 = 12$

⑤ $4a + 6ab - 2ac = 2a(2 + 3b - c)$

⑥ $\log_{10} 3 = 0{,}4771$ oder $\lg 3 = 0{,}4771$

⑦ $\frac{k[1000\ DM] \cdot p[5\%] \cdot t[2\ Jahre]}{100} = z[100\ DM]$

in Britain:

⑥ $\log_{10} 3 = 0{\cdot}4771$

1-24 Arithmetik *f*
- ***arithmetic***

1-10 höhere Rechnungsarten *f*
- ***advanced arithmetical operations***

1 die Potenzrechnung (das Potenzieren); [3 hoch 2: die Potenz, 3: die Basis, 2: der Exponent (die Hochzahl), 9: der Potenzwert]
- *raising to a power [three squared (3^2): the power; 3: the base; 2: the exponent (index); 9: value of the power]*

2 die Wurzelrechnung (das Radizieren, das Wurzelziehen); [3.Wurzel *f* aus 8: die Kubikwurzel, 8: der Radikand (die Grundzahl), 3: der Wurzelexponent (Wurzelgrad), $\sqrt{\ }$: das Wurzelzeichen, 2: der Wurzelwert]
- *evolution (extracting a root); [cube root of 8: cube root; 8: the radical; 3: the index (degree) of the root; $\sqrt{\ }$: radical sign; 2: value of the root]*

3 die Quadratwurzel (Wurzel)
- *square root*

4-5 die Buchstabenrechnung (Algebra)
- *algebra*

4 die Bestimmungsgleichung [3, 2: die Koeffizienten *m*, x: die Unbekannte]
- *simple equation [3, 2: the coefficients; x: the unknown quantity]*

5 die identische Gleichung (Identität, Formel); [a, b, c: die allgemeinen Zahlen *f*]
- *identical equation; [a, b, c: algebraic symbols]*

6 die Logarithmenrechnung (das Logarithmieren); [log: das Zeichen für den Logarithmus, lg: das Zeichen für den Zehnerlogarithmus, 3: der Numerus, 10: die Grundzahl (Basis), 0: die Kennziffer, 4771: die Mantisse, 0,4771: der Logarithmus]
- *logarithmic calculation (taking the logarithm, log); [log: logarithm sign; 3: number whose logarithm is required; 10: the base; 0: the characteristic; 4771: the mantissa; 0.4771: the logarithm]*

7 die Zinsrechnung; [k: das Kapital (der Grundwert), p: der Zinsfuß (Prozentsatz, Hundertsatz), t: die Zeit, z: die Zinsen *pl* (Prozente *n*, der Zins, Gewinn), %: das Prozentzeichen]
- *simple interest formula; [P: the principal; R: rate of interest; T: time; I: interest (profit); %: percentage sign]*

8-10 die Schlußrechnung (Dreisatzrechnung, Regeldetri); [≙: entspricht]
- *rule of three (rule-of-three sum, simple proportion)*

8 der Ansatz mit der Unbekannten x
- *statement with the unknown quantity x*

9 die Gleichung (Bestimmungsgleichung)
- *equation (conditional equation)*

10 die Lösung
- *solution*

11-14 höhere Mathematik
- ***higher mathematics***

11 die arithmetische Reihe mit den Gliedern *n* 2, 4, 6, 8
- *arithmetical series with the elements 2, 4, 6, 8*

12 die geometrische Reihe
- *geometrical series*

13-14 die Infinitesimalrechnung
- ***infinitesimal calculus***

13 der Differentialquotient (die Ableitung); [dx, dy: die Differentiale *n*, d: das Differentialzeichen]
- *derivative [dx, dy: the differentials; d: differential sign]*

14 das Integral (die Integration); [x: die Veränderliche (der Integrand), C: die Integrationskonstante, $\int$ das Integralzeichen, dx: das Differential]
- *integral (integration); [x: the variable; C: constant of integration; $\int$: the integral sign; dx: the differential]*

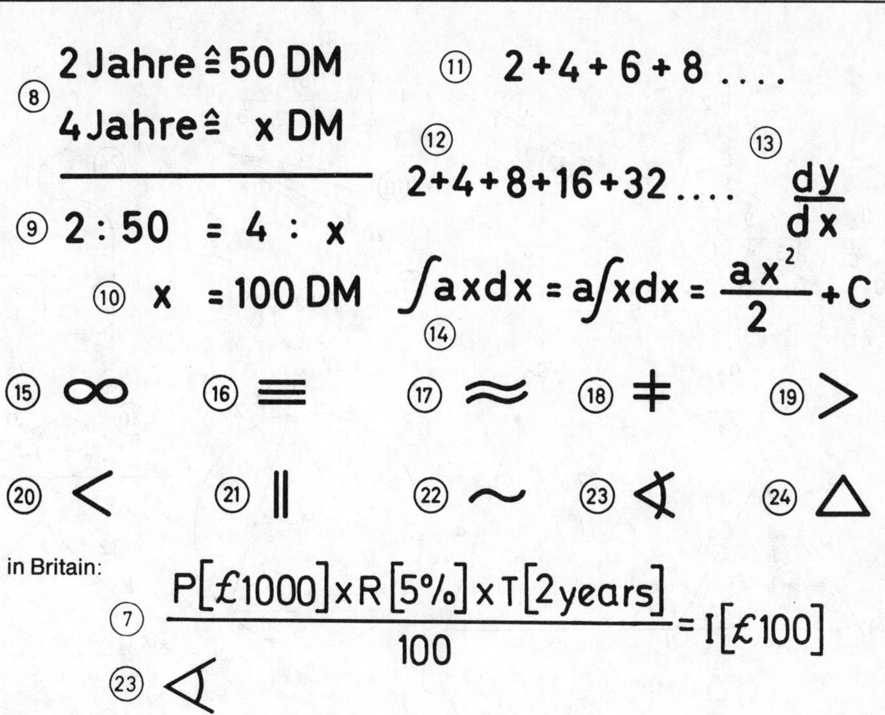

15-24 mathematische Zeichen *n*
- ***mathematical symbols***

15 unendlich
- *infinity*

16 identisch (das Identitätszeichen)
- *identically equal to (the sign of identity)*

17 annähernd gleich
- *approximately equal to*

18 ungleich (das Ungleichheitszeichen)
- *unequal to*

19 größer als
- *greater than*

20 kleiner als
- *less than*

21-24 geometrische Zeichen *n*
- ***geometrical symbols***

21 parallel (das Parallelitätszeichen)
- *parallel (sign of parallelism)*

22 ähnlich (das Ähnlichkeitszeichen)
- *similar to (sign of similarity)*

23 das Winkelzeichen
- *angle symbol*

24 das Dreieckszeichen
- *triangle symbol*

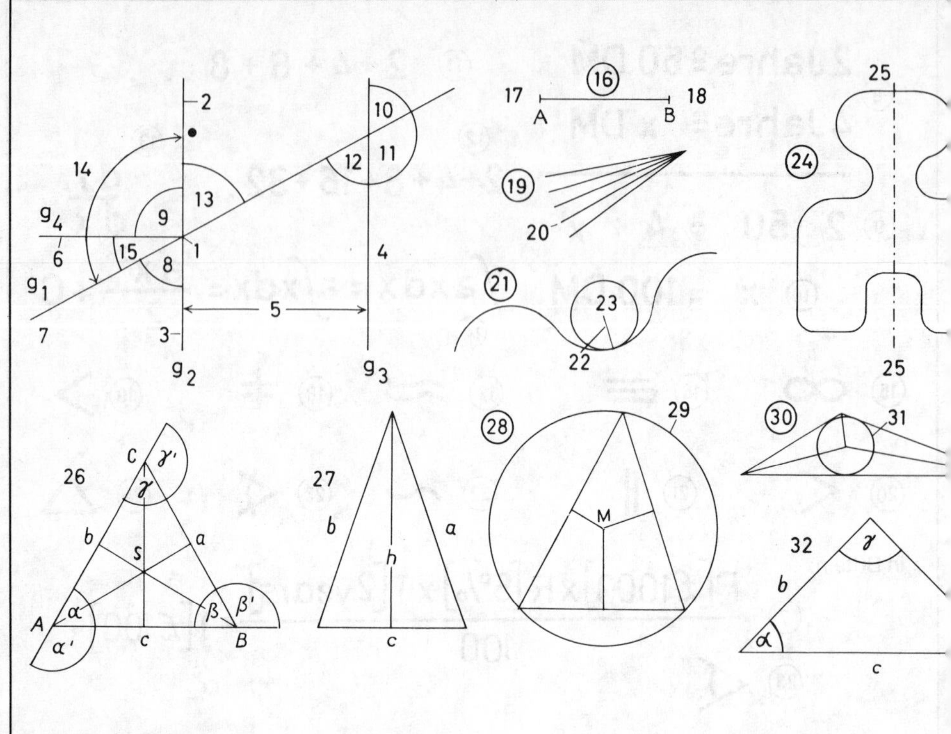

1-58 die Planimetrie (elementare, euklidische Geometrie)
- ***plane geometry*** *(elementary geometry, Euclidian geometry)*

1-23 Punkt *m*, **Linie** *f*, **Winkel** *m*
- ***point, line, angle***

1 der Punkt [Schnittpunkt von g_1 und g_2], der Scheitelpunkt von 8
- *point [point of intersection of g_1 and g_2], the angular point of 8*

2, 3 die Gerade g_2
- *straight line g_2*

4 die Parallele zu g_2
- *the parallel to g_2*

5 der Abstand der Geraden *f* g_2 und g_3
- *distance between the straight lines g_2 and g_3*

6 die Senkrechte (g_4) auf g_2
- *perpendicular (g_4) on g_2*

7, 3 die Schenkel *m* von 8
- *the arms of 8*

8, 13 Scheitelwinkel *m*
- *vertically opposite angles*

8 der Winkel
- *angle*

9 der rechte Winkel [90]
- *right angle [90°]*

10, 11, 12 der überstumpfe Winkel
- *reflex angle*

10 der spitze Winkel, zugl. Wechselwinkel zu 8
- *acute angle, also the alternate angle to 8*

11 der stumpfe Winkel
- *obtuse angle*

12 der Gegenwinkel zu 8
- *corresponding angle to 8*

13, 9, 15 der gestreckte Winkel [180°]
- *straight angle [180°]*

14 der Nebenwinkel; *hier:* Supplementwinkel *m* zu 13
- *adjacent angle;* here: *supplementary angle to 13*

15 der Komplementwinkel zu 8
- *complementary angle to 8*

16 die Strecke AB
- *straight line AB*

17 der Endpunkt A
- *end A*

18 der Endpunkt B
- *end B*

19 das Strahlenbündel
- *pencil of rays*

20 der Strahl
- *ray*

21 die krumme (gekrümmte) Linie
- *curved line*

22 ein Krümmungshalbmesser *m*
- *radius of curvature*

23 ein Krümmungsmittelpunkt *m*
- *centre* (Am. *center*) *of curvature*

24-58 die ebenen Flächen *f*
- ***plane surfaces***

24 die symmetrische Figur
- *symmetrical figure*

25 die Symmetrieachse
- *axis of symmetry*

26-32 Dreiecke *n*
- ***plane triangles***

26 das gleichseitige Dreieck; [A, B, C die Eckpunkte *m*; a, b, c die Seiten *f*; α (Alpha), β (Beta), γ (Gamma) die Innenwinkel *m*; α', β', γ' die Außenwinkel *m*; S der Schwerpunkt]
- *equilateral triangle; [A, B, C: the vertices; a, b, c: the sides; α (alpha), β (beta), γ (gamma): the interior angles; α', β', γ'; the exterior angles; S: the centre* (Am. *center)]*

27 das gleichschenklige Dreieck: [a, b die Schenkel *m*; c die Basis (Grundlinie), h die Achse, eine Höhe]
- *isosceles triangle [a, b: the sides (legs); c: the base; h: the perpendicular, an altitude]*

28 das spitzwinklige Dreieck mit den Mittelsenkrechten *f*
- *acute-angled triangle with perpendicular bisectors of the sides*

29 der Umkreis
- *circumcircle (circumscribed circle)*

30 das stumpfwinklige Dreieck mit den Winkelhalbierenden *f*
- *obtuse-angled triangle with bisectors of the angles*

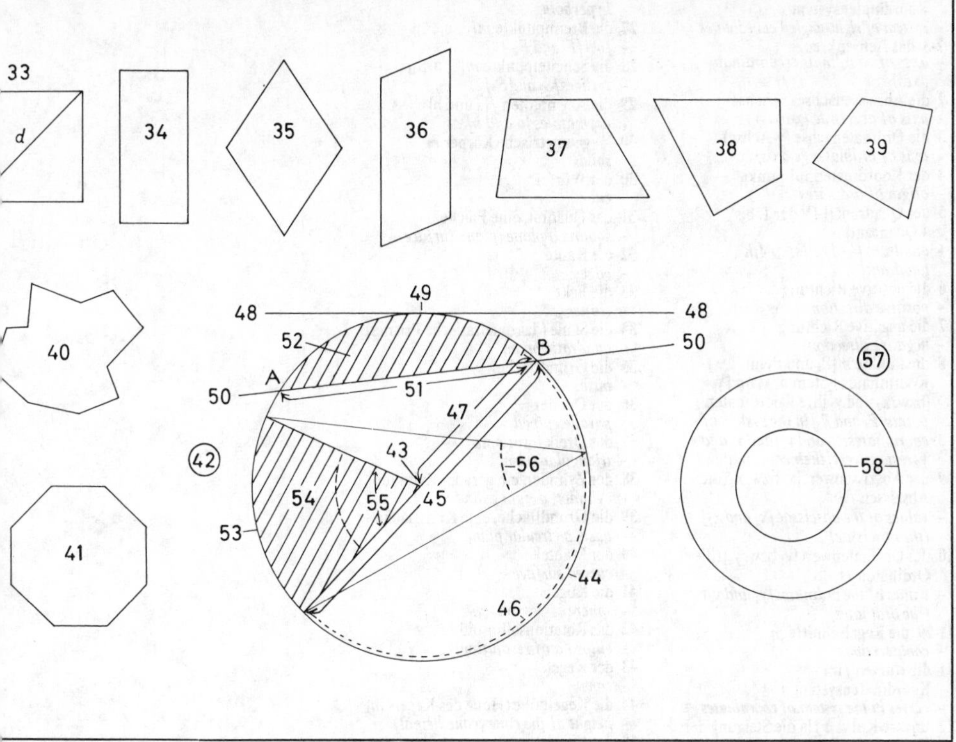

31 der Inkreis
- *inscribed circle*

32 das rechtwinklige Dreieck und die trigonometrischen Winkelfunktionen *f*; [a, b die Katheten *f*; c die Hypotenuse; γ der rechte Winkel; a:c = sin α (Sinus); b:c = cos α (Kosinus); a:b = tg α (Tangens); b:a = ctg α (Kotangens)]
- *right-angled triangle and the trigonometrical functions of angles; [a, b: the catheti; c: the hypotenuse; γ: the right angle;* $\frac{a}{c}$ *= sin α (sine);* $\frac{b}{c}$ *= cos α (cosine);* $\frac{a}{b}$ *= tan α (tangent);* $\frac{b}{a}$ *= cot α (cotangent)]*

33-39 Vierecke *n*
- ***quadrilaterals***

33-36 Parallelogramme *n*
- ***parallelograms***

33 das Quadrat [d eine Diagonale]
- *square [d: a diagonal]*

34 das Rechteck
- *rectangle*

35 der Rhombus (die Raute)
- *rhombus (rhomb, lozenge)*

36 das Rhomboid
- *rhomboid*

37 das Trapez
- *trapezium*

38 das Deltoid (der Drachen)
- *deltoid (kite)*

39 das unregelmäßige Viereck
- *irregular quadrilateral*

40 das Vieleck
- *polygon*

41 das regelmäßige Vieleck
- *regular polygon*

42 der Kreis
- ***circle***

43 der Mittelpunkt (das Zentrum)
- *centre (*Am. *center)*

44 der Umfang (die Peripherie, Kreislinie)
- *circumference (periphery)*

45 der Durchmesser
- *diameter*

46 der Halbkreis
- *semicircle*

47 der Halbmesser (Radius, r)
- *radius (r)*

48 die Tangente
- *tangent*

49 der Berührungspunkt (P)
- *point of contact (P)*

50 die Sekante
- *secant*

51 die Sehne AB
- *the chord AB*

52 das Segment (der Kreisabschnitt)
- *segment*

53 der Kreisbogen
- *arc*

54 der Sektor (Kreisausschnitt)
- *sector*

55 der Mittelpunktswinkel (Zentriwinkel)
- *angle subtended by the arc at the centre (*Am. *center) (centre,* Am. *center, angle)*

56 der Umfangswinkel (Peripheriewinkel)
- *circumferential angle*

57 der Kreisring
- *ring (annulus)*

58 konzentrische Kreise *m*
- *concentric circles*

1 das rechtwinklige Koordinatensystem
- *system of right-angled coordinates*
2-3 das Achsenkreuz
- *axes of coordinates (coordinate axes)*
2 die Abszissenachse (x-Achse)
- *axis of abscissae (x-axis)*
3 die Ordinatenachse (y-Achse)
- *axis of ordinates (y-axis)*
4 der Koordinatennullpunkt
- *origin of ordinates*
5 der Quadrant [I-IV der 1. bis 4.Quadrant]
- *quadrant [I - IV: 1st to 4th quadrant]*
6 die positive Richtung
- *positive direction*
7 die negative Richtung
- *negative direction*
8 die Punkte *m*[P_1 und P_2 im Koordinatensystem *n;* x_1 und y_1 [bzw. x_2 und y_2 ihre Koordinaten *f*
- *points [P_1 and P_2] in the system of coordinates; x_1 and y_1 [and x_2 and y_2 respectively] their coordinates*
9 der Abszissenwert [x_1 bzw. x_2 (die Abszissen *f*)
- *values of the abscissae [x_1 and x_2] (the abscissae)*
10 der Ordinatenwert [y_1 bzw. y_2] (die Ordinaten *f*)
- *values of the ordinates [y_1 and y_2] (the ordinates)*
11-29 die Kegelschnitte *m*
- *conic sections*
11 die Kurven *f* **im Koordinatensystem** *n*
- *curves in the system of coordinates*
12 lineare Kurven *f*[a die Steigung der Kurve, b der Ordinatendurchgang der Kurve, c die Wurzel der Kurve]
- *plane curves [a: the gradient (slope) of the curve; b: the ordinates' intersection of the curve; c: the root of the curve]*
13 gekrümmte Kurven *f*
- *inflected curves*
14 die Parabel, eine Kurve zweiten Grades *m*
- ***parabola**, a curve of the second degree*
15 die Äste *m* der Parabel
- *branches of the parabola*
16 der Scheitelpunkt (Scheitel) der Parabel
- *vertex of the parabola*
17 die Achse der Parabel
- *axis of the parabola*
18 eine Kurve dritten Grades *m*
- *a curve of the third degree*
19 das Kurvenmaximum
- *maximum of the curve*
20 das Kurvenminimum
- *minimum of the curve*
21 der Wendepunkt
- *point of inflexion (of inflection)*
22 die Ellipse
- *ellipse*
23 die große Achse
- *transverse axis (major axis)*
24 die kleine Achse
- *conjugate axis (minor axis)*
25 Die Brennpunkte m der Ellipse [F_1 und F_2]
- *foci of the ellipse [F_1 and F_2],*
26 die Hyperbel
- *hyperbola*
27 die Brennpunkte *m*[F_1 u. F_2]
- *foci [F_1 and F_2]*
28 die Scheitelpunkte *m*[S_1 u. S_2]
- *vertices [S_1 and S_2]*
29 die Asymptoten *f*[a und b]
- *asymptotes [a and b]*
30-46 geometrische Körper *m*
- *solids*
30 der Würfel
- *cube*
31 das Quadrat, eine Fläche
- *square, a plane (plane surface)*
32 die Kante
- *edge*
33 die Ecke
- *corner*
34 die Säule (das quadratische Prisma)
- *quadratic prism*
35 die Grundfläche
- *base*
36 der Quader
- *parallelepiped*
37 das Dreikantprisma
- *triangular prism*
38 der Zylinder, ein gerader Zylinder
- *cylinder, a right cylinder*
39 die Grundfläche, eine Kreisfläche
- *base, a circular plane*
40 der Mantel
- *curved surface*
41 die Kugel
- *sphere*
42 das Rotationsellipsoid
- *ellipsoid of revolution*
43 der Kegel
- *cone*
44 die Kegelhöhe (Höhe des Kegels *m*)
- *height of the cone (cone height)*
45 der Kegelstumpf
- *truncated cone (frustum of a cone)*
46 die vierseitige Pyramide
- *quadrilateral pyramid*

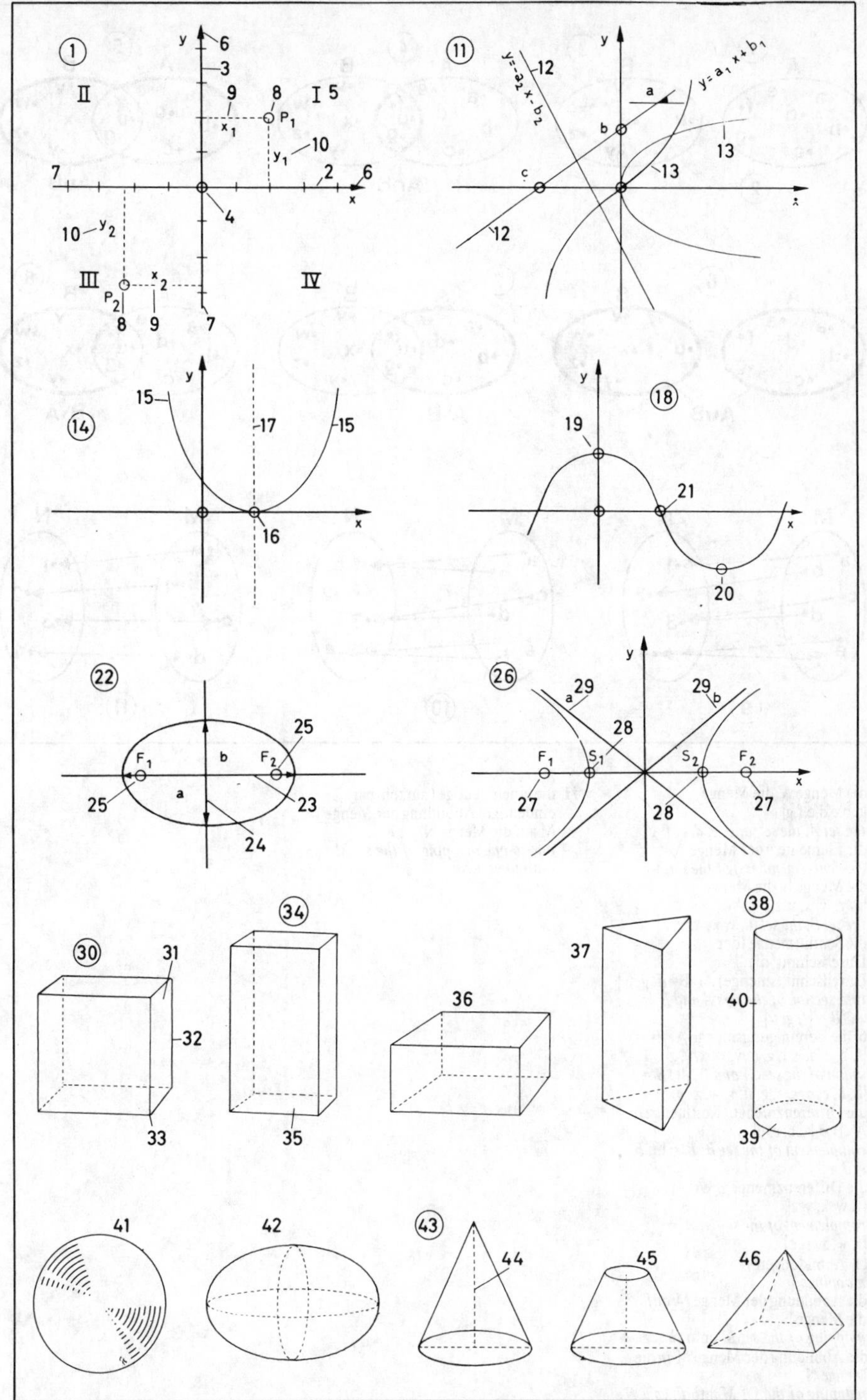
1
y
6
3
II
9
8
I 5
x_1
P_1
y_1
10
7
2
6
x
4
10
y_2
III
x_2
2
IV
P_2
8
9
7
11
$y = -a_2 x - b_2$
12
$y = a_1 x + b_1$
a
b
13
c
13
12
14
15
17
15
16
x
18
19
21
20
x
22
25
F_1
b
F_2
a
25
23
24
26
29
a
29
b
28
F_1
S_1
S_2
F_2
x
27
28
27
30
31
32
33
34
35
36
37
38
40
39
41
42
43
44
45
46

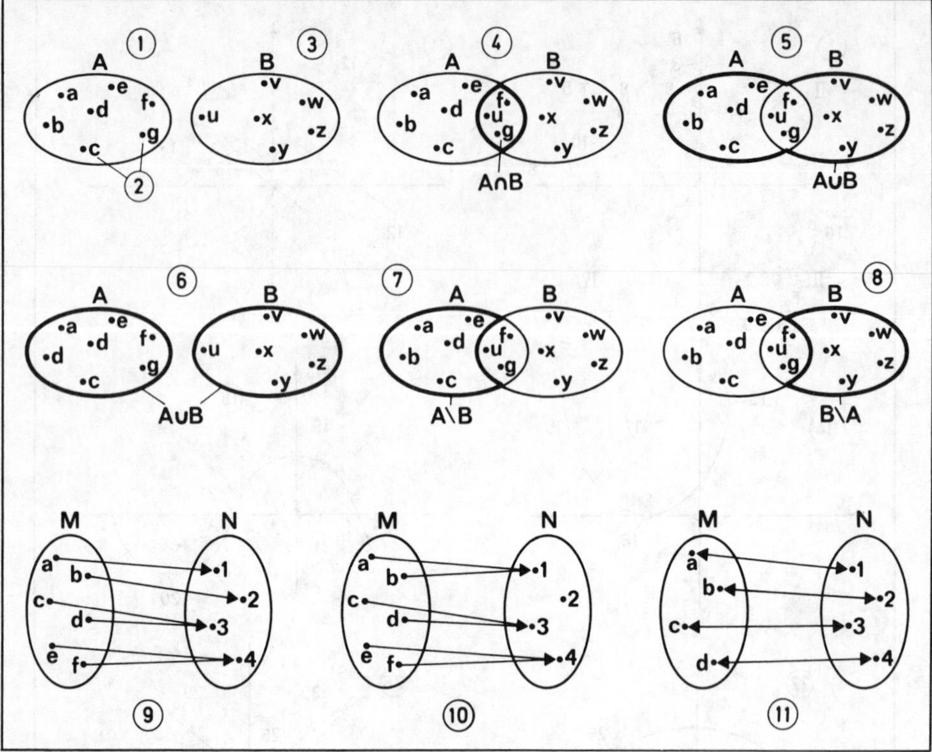

1 die Menge A, die Menge {a,b,c,d,e,f,g}
- *the set A, the set {a, b, c, d, e, f, g}*

2 die Elemente *n* der Menge A
- *elements (members) of the set A*

3 die Menge B, die Menge {u, v, w, x, y, z}
- *the set B, the set {u, v, w, x, y, z}*

4 die Schnittmenge (der Durchschnitt, die Durchschnittsmenge) $A \cap B = \{f, g, u\}$
- *intersection of the sets A and B,* $A \cap B = \{f, g, u\}$

5-6 die Vereinigungsmenge $A \cup B = \{a, b, c, d, e, f, g, u, v, w, x, y, z\}$
- *union of the sets A and B,* $A \cup B = \{a, b, c, d, e, f, g, u, v, w, x, y, z\}$

7 die Differenzmenge (Restmenge) $A \setminus B = \{a, b, c, d\}$
- *complement of the set B,* $B' = \{a, b, c, d, e\}$

8 die Differenzmenge $B \setminus A = \{v, w, x, y, z\}$
- *complement of the set A,* $A' = \{v, w, x, y, z\}$

9-11 Abbildungen *f*
- *mappings*

9 die Abbildung der Menge M *auf* die Menge N
- *mapping of the set M* onto *the set N*

10 die Abbildung der Menge M *in* die Menge N
- *mapping of the set M* into *the set N*

11 die eineindeutige (umkehrbar eindeutige) Abbildung der Menge M auf die Menge N
- *one-to-one mapping of the set M onto the set N*

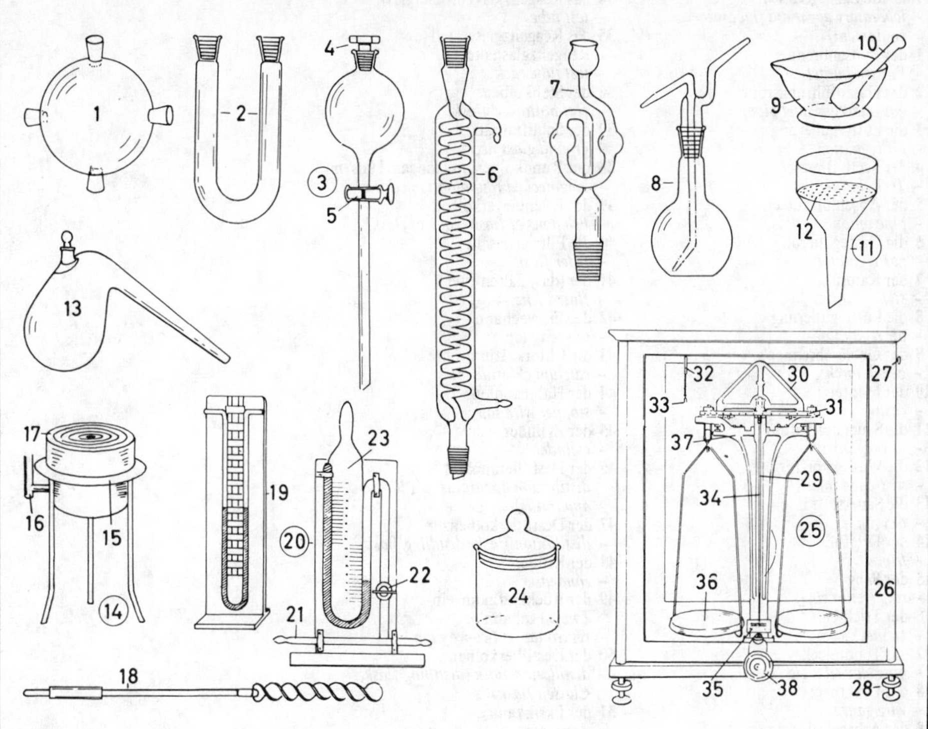

1-38 die Laborgeräte *n*
- ***laboratory apparatus*** *(laboratory equipment)*

1 die Scheidtsche Kugel
- *Scheidt globe*

2 das U-Rohr
- *U-tube*

3 der Scheidetrichter (Tropftrichter)
- *separating funnel*

4 der Achtkantschliffstöpsel
- *octagonal ground-glass stopper*

5 der Hahn
- *tap (*Am. *faucet)*

6 der Schlangenkühler
- *coiled condenser*

7 das Sicherheitsrohr (der Gäraufsatz)
- *air lock*

8 die Spritzflasche
- *wash-bottle*

9 der Mörser
- *mortar*

10 das Pistill (der Stampfer, die Keule)
- *pestle*

11 die Nutsche (der Büchner-Trichter)
- *filter funnel (Büchner funnel)*

12 das Filtersieb
- *filter (filter plate)*

13 die Retorte
- *retort*

14 das Wasserbad
- *water bath*

15 der Dreifuß
- *tripod*

16 der Wasserstandszeiger
- *water gauge (*Am. *gage)*

17 die Einlegeringe *m*
- *insertion rings*

18 der Rührer
- *stirrer*

19 das Über- und Unterdruckmanometer (Manometer)
- *manometer for measuring positive and negative pressures*

20 das Spiegelglasmanometer, für kleine Drücke *m*
- *mirror manometer for measuring small pressures*

21 die Ansaugleitung
- *inlet*

22 der Hahn
- *tap (*Am. *faucet)*

23 die verschiebbare Skala
- *sliding scale*

24 das Wägeglas
- *weighing bottle*

25 die Analysenwaage
- *analytical balance*

26 das Gehäuse
- *case*

27 die Vorderwand, zum Hochschieben *n*
- *sliding front panel*

28 die Dreipunktauflage
- *three-point support*

29 der Ständer
- *column (balance column)*

30 der Waagebalken
- *balance beam (beam)*

31 die Reiterschiene
- *rider bar*

32 die Reiterauflage
- *rider holder*

33 der Reiter
- *rider*

34 der Zeiger
- *pointer*

35 die Skala
- *scale*

36 die Wägeschale
- *scale pan*

37 die Arretierung
- *stop*

38 der Arretierungsknopf
- *stop knob*

1-63 die Laborgeräte *n*
- ***laboratory apparatus*** *(laboratory equipment)*

1 der Bunsenbrenner
- *Bunsen burner*

2 das Gaszuführungsrohr
- *gas inlet (gas inlet pipe)*

3 die Luftregulierung
- *air regulator*

4 der Teclu-Brenner
- *Teclu burner*

5 der Anschlußstutzen
- *pipe union*

6 die Gasregulierung
- *gas regulator*

7 der Kamin
- *stem*

8 die Luftregulierung
- *air regulator*

9 der Gebläsebrenner
- *bench torch*

10 der Mantel
- *casing*

11 die Sauerstoffzufuhr
- *oxygen inlet*

12 die Wasserstoffzufuhr
- *hydrogen inlet*

13 die Sauerstoffdüse
- *oxygen jet*

14 der Dreifuß
- *tripod*

15 der Ring
- *ring (retort ring)*

16 der Trichter
- *funnel*

17 das Tondreieck
- *pipe clay triangle*

18 das Drahtnetz
- *wire gauze*

19 das Asbestdrahtnetz
- *wire gauze with asbestos centre (Am. center)*

20 das Becherglas (der Kochbecher)
- *beaker*

21 die Bürette, zum Abmessen *n* von Flüssigkeit *f*
- *burette (for measuring the volume of liquids)*

22 das Bürettenstativ
- *burette stand*

23 die Bürettenklemme
- *burette clamp*

24 die Meßpipette
- *graduated pipette*

25 die Vollpipette (Pipette)
- *pipette*

26 der Meßzylinder (das Meßglas)
- *measuring cylinder (measuring glass)*

27 der Meßkolben
- *measuring flask*

28 der Mischzylinder
- *volumetric flask*

29 die Abdampfschale, aus Porzellan *n*
- *evaporating dish (evaporating basin), made of porcelain*

30 die Schlauchklemme (der Quetschhahn)
- *tube clamp (tube clip, pinchcock)*

31 der Tontiegel, mit Deckel *m*
- *clay crucible with lid*

32 die Tiegelzange
- *crucible tongs*

33 die Klemme (Klammer)
- *clamp*

34 das Reagenzglas (Probierglas)
- *test tube*

35 das Reagenzglasgestell (der Reagenzglashalter)
- *test tube rack*

36 der Stehkolben
- *flat-bottomed flask*

37 der Schliffansatz
- *ground glass neck*

38 der Rundkolben, mit langem Hals *m*
- *long-necked round-bottomed flask*

39 der Erlenmeyerkolben
- *Erlenmeyer flask (conical flask)*

40 die Filtrierflasche
- *filter flask*

41 der (das) Faltenfilter
- *fluted filter*

42 der Einweghahn
- *one-way tap*

43 die Chlorkalziumröhre
- *calcium chloride tube*

44 der Hahnstopfen
- *stopper with tap*

45 der Zylinder
- *cylinder*

46 der Destillierapparat
- *distillation apparatus (distilling apparatus)*

47 der Destillierkolben
- *distillation flask (distilling flask)*

48 der Kühler
- *condenser*

49 der Rücklaufhahn, ein Zweiwegehahn *m*
- *return tap, a two-way tap*

50 der Destillierkolben
- *distillation flask (distilling flask, Claisen flask)*

51 der Exsikkator
- *desiccator*

52 der Tubusdeckel
- *lid with fitted tube*

53 der Schlußhahn
- *tap*

54 der Exsikkatoreneinsatz, aus Porzellan *n*
- *desiccator insert made of porcelain*

55 der Dreihalskolben
- *three-necked flask*

56 das Verbindungsstück
- *connecting piece (Y-tube)*

57 die Dreihalsflasche
- *three-necked bottle*

58 die Gaswaschflasche
- *gas-washing bottle*

59 der Gasentwicklungsapparat (Kippsche Apparat)
- *gas generator (Kipp's apparatus, Am. Kipp generator)*

60 der Überlaufbehälter
- *overflow container*

61 der Substanzbehälter
- *container for the solid*

62 der Säurebehälter
- *acid container*

63 die Gasentnahme
- *gas outlet*

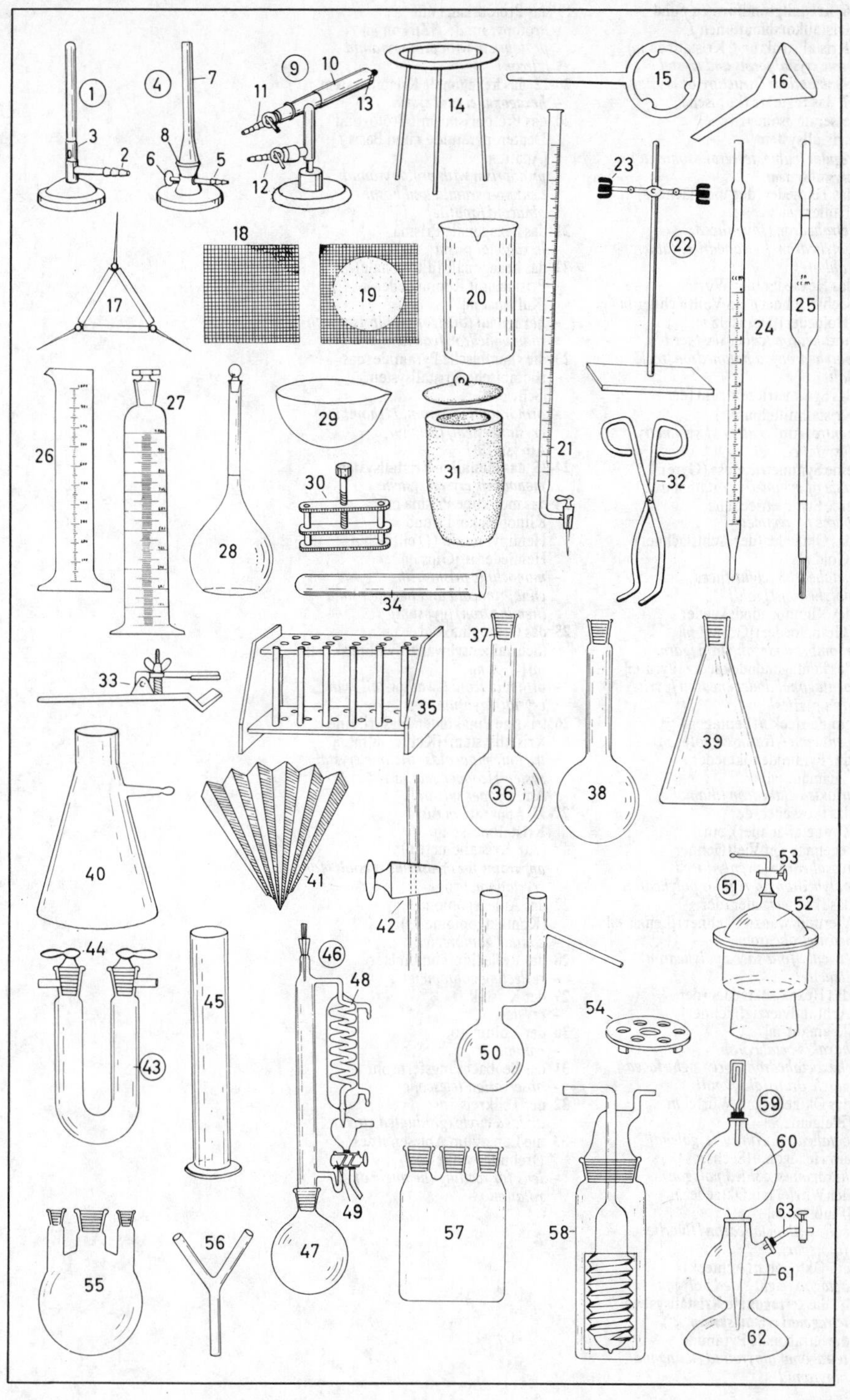
1
2
3
4
5
6
7
8
9
10
11
12
13
14
15
16
17
18
19
20
21
22
23
24
25
26
27
28
29
30
31
32
33
34
35
36
37
38
39
40
41
42
43
44
45
46
47
48
49
50
51
52
53
54
55
56
57
58
59
60
61
62
63

1-26 Kristallgrundformen *f* **und Kristallkombinationen** *f* (Kristallstruktur *f*, Kristallbau *m*)
- ***basic crystal forms and crystal combinations*** *(structure of crystals)*

1-17 das reguläre (kubische, tesserale, isometrische) **Kristallsystem**
- ***regular*** *(cubic, tesseral, isometric)* ***crystal system***

1 das Tetraeder (der Vierflächner) [Fahlerz *n*]
- *tetrahedron (four-faced polyhedron) [tetrahedrite, fahlerz, fahl ore]*

2 das Hexaeder (der Würfel, Sechsflächner), ein Vollflächner *m* (Holoeder) [Steinsalz *n*]
- *hexahedron (cube, six-faced polyhedron), a holohedron [rock salt]*

3 das Symmetriezentrum (der Kristallmittelpunkt)
- *centre* (Am. *center) of symmetry (crystal centre)*

4 eine Symmetrieachse (Gyre)
- *axis of symmetry (rotation axis)*

5 eine Symmetrieebene
- *plane of symmetry*

6 das Oktaeder (der Achtflächner) [Gold *n*]
- *octahedron (eight-faced polyhedron) [gold]*

7 das Rhombendodekaeder (Granatoeder) [Granat *m*]
- *rhombic dodecahedron [garnet]*

8 das Pentagondodekaeder [Pyrit *m*]
- *pentagonal dodecahedron [pyrite, iron pyrites]*

9 ein Fünfeck *n* (Pentagon)
- *pentagon (five-sided polygon)*

10 das Pyramidenoktaeder [Diamant *m*]
- *triakis-octahedron [diamond]*

11 das Ikosaeder (der Zwanzigflächner), ein regelmäßiger Vielflächner
- *icosahedron (twenty-faced polyhedron), a regular polyhedron*

12 das Ikositetraeder (der Vierundzwanzigflächner) [Leuzit *m*]
- *icositetrahedron (twenty-four-faced polyhedron) [leucite]*

13 das Hexakisoktaeder (der Achtundvierzigflächner) [Diamant *m*]
- *hexakis-octahedron (hexoctahedron, forty-eight-faced polyhedron) [diamond]*

14 das Oktaeder mit Würfel *m* [Bleiglanz *m*]
- *octahedron with cube [galena]*

15 ein Hexagon *n* (Sechseck)
- *hexagon (six-sided polygon)*

16 der Würfel mit Oktaeder *n* [Flußspat *m*]
- *cube with octahedron [fluorite, fluorspar]*

17 ein Oktogon *n* (Achteck)
- *octagon (eight-sided polygon)*

18-19 das tetragonale Kristallsystem
- ***tetragonal crystal system***

18 die tetragonale Pyramide
- *tetragonal dipyramid (tetragonal bipyramid)*

19 das Protoprisma mit Protopyramide *f* [Zirkon *m*]
- *protoprism with protopyramid [zircon]*

20-22 das hexagonale Kristallsystem
- ***hexagonal crystal system***

20 das Protoprisma mit Proto- und Deuteropyramide *f* und Basis *f* [Apatit *m*]
- *protoprism with protopyramid, deutero-pyramid and basal pinacoid [apatite]*

21 das hexagonale Prisma
- *hexagonal prism*

22 das hexagonale (ditrigonale) Prisma, mit Rhomboeder *n* [Kalkspat *m*]
- *hexagonal (ditrigonal) biprism with rhombohedron [calcite]*

23 die rhombische Pyramide (das rhombische Kristallsystem) [Schwefel *m*]
- *orthorhombic pyramid (rhombic crystal system) [sulphur,* Am. *sulfur]*

24-25 das monkline Kristallsystem
- ***monoclinic crystal system***

24 das monkline Prisma mit Klinopinakoid *n* und Hemipyramide *f* (Teilflach *n*, Hemieder *n*) [Gips *m*]
- *monoclinic prism with clinoprinacoid and hemipyramid (hemihedron) [gypsum]*

25 das Orthopinakoid (Schwalbenschwanz-Zwillingskristall *m*) [Gips *m*]
- *orthopinacoid (swallow-tail twin crystal) [gypsum]*

26 trikline Pinakoiden (das trikline Kristallsystem) [Kupfersulfat *n*]
- *triclinic pinacoids (triclinic crystal system) [copper sulphate,* Am. *copper sulfate]*

27-33 Apparate *m* **zur Kristallmessung** (zur Kristallometrie)
- ***apparatus for measuring crystals*** *(for crystallometry)*

27 das Anlegegoniometer (Kontaktgoniometer)
- *contact goniometer*

28 das Reflexionsgoniometer
- *reflecting goniometer*

29 der Kristall
- *crystal*

30 der Kollimator
- *collimator*

31 das Beobachtungsfernrohr
- *observation telescope*

32 der Teilkreis
- *divided circle (graduated circle)*

33 die Lupe, zum Ablesen *n* des Drehungswinkels *m*
- *lens for reading the angle of rotation*

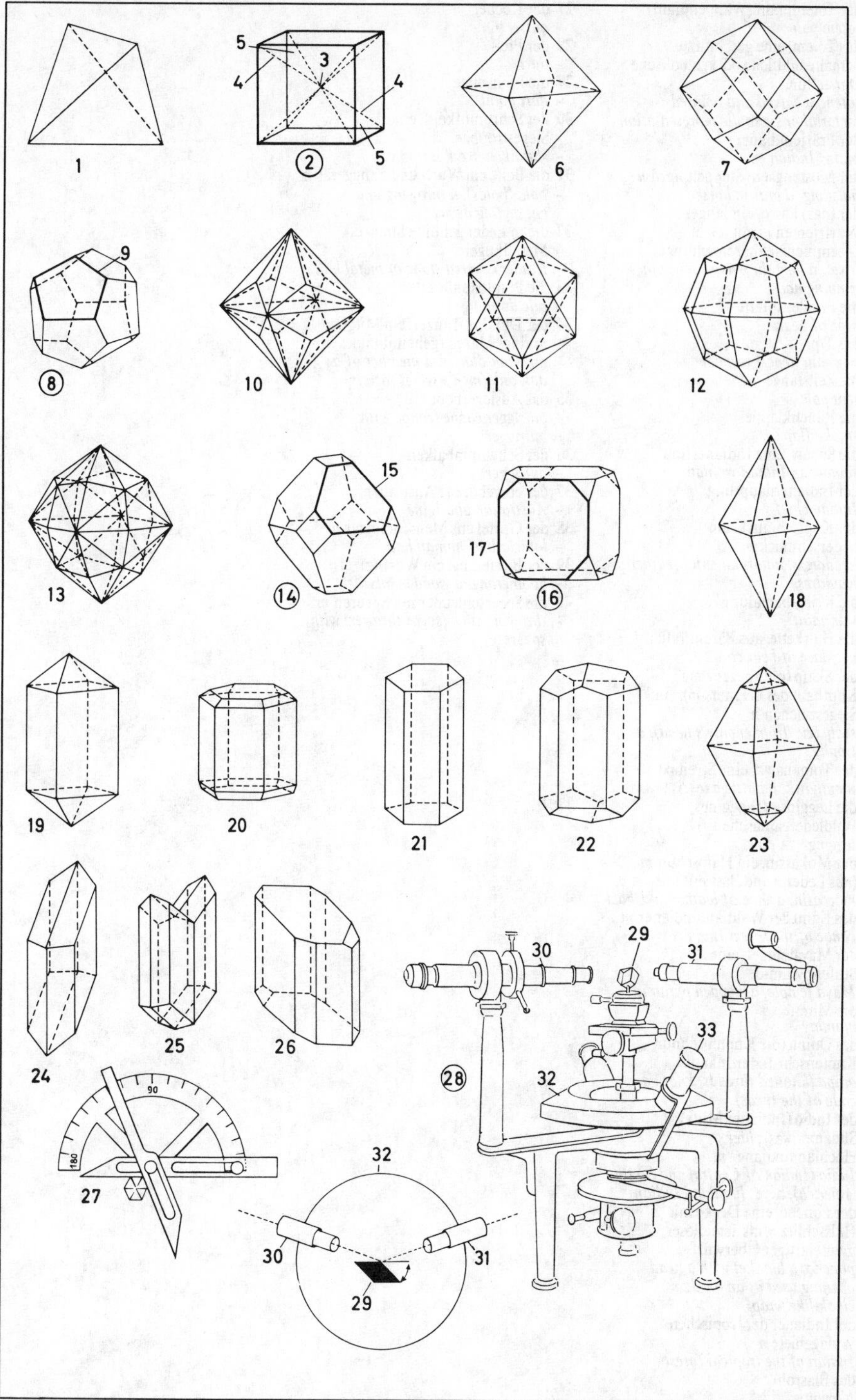
1
5
3
4
4
5
2
6
7
9
8
10
11
12
15
17
13
14
16
18
19
20
21
22
23
24
25
26
30
29
31
33
28
32
90
180
27
32
30
31
29

1 der Totempfahl (Wappenpfahl)
- *totem pole*
2 das Totem, eine geschnitzte u. bemalte bildliche od. symbolische Darstellung
- *totem, a carved and painted pictorial or symbolic representation*
3 der Prärieindianer
- *plains Indian*
4 der Mustang, ein Steppenpferd *n*
- *mustang, a prairie horse*
5 der (das) Lasso, ein langer Wurfriemen *m* mit leicht zusammenziehbarer Schlinge
- *lasso, a long throwing-rope with running noose*
6 die Friedenspfeife
- *pipe of peace*
7 das Tipi
- *wigwam (tepee, teepee)*
8 die Zeltstange
- *tent pole*
9 die Rauchklappe
- *smoke flap*
10 die Squaw, eine Indianerfrau
- *squaw, an Indian woman*
11 der Indianerhäuptling
- *Indian chief*
12 der Kopfschmuck, ein Federschmuck *m*
- *headdress, an ornamental feather headdress*
13 die Kriegsbemalung
- *war paint*
14 die Halskette, aus Bärenkrallen *f*
- *necklace of bear claws*
15 der Skalp (die abgezogene Kopfhaut des Gegners *m*), ein Siegeszeichen *n*
- *scalp (cut from enemy's head), a trophy*
16 der Tomahawk, eine Streitaxt
- *tomahawk, a battle axe (*Am. *ax)*
17 die Leggins *pl* (Leggings, Wildledergamaschen *f*)
- *leggings*
18 der Mokassin, ein Halbschuh *m* (aus Leder *n* und Bast *m*)
- *moccasin, a shoe of leather and bast*
19 das Kanu der Waldlandindianer *m*
- *canoe of the forest Indians*
20 der Mayatempel, eine Stufenpyramide
- *Maya temple, a stepped pyramid*
21 die Mumie
- *mummy*
22 das Quipu (die Knotenschnur, Knotenschrift der Inka *m*)
- *quipa (knotted threads, knotted code of the Incas)*
23 der Indio (Indianer Mittel- u. Südamerikas); *hier:* Hochlandindianer *m*
- *Indio (Indian of Central and South America);* here: *highland Indian*
24 der Poncho, eine Decke mit Halsschlitz *m* als ärmelloser, mantelartiger Überwurf
- *poncho, a blanket with a head opening used as an armless cloak-like wrap*
25 der Indianer der tropischen Waldgebiete *n*
- *Indian of the tropical forest*
26 das Blasrohr
- *blowpipe*
27 der Köcher
- *quiver*
28 der Pfeil
- *dart*
29 die Pfeilspitze
- *dart point*
30 der Schrumpfkopf, eine Siegestrophäe
- *shrunken head, a trophy*
31 die Bola, ein Wurf- und Fanggerät *n*
- *bola (bolas), a throwing and entangling device*
32 die in Leder gehüllte Stein- od. Metallkugel
- *leather-covered stone or metal ball*
33 die Pfahlbauhütte
- *pile dwelling*
34 der Dukduk-Tänzer, ein Mitglied *m* eines Männergeheimbundes *m*
- *duk-duk dancer, a member of a duk-duk (men's secret society)*
35 das Auslegerboot
- *outrigger canoe (canoe with outrigger)*
36 der Schwimmbalken
- *outrigger*
37 der eingeborene Australier
- *Australian aborigine*
38 der Gürtel aus Menschenhaar *n*
- *loincloth of human hair*
39 der Bumerang, ein Wurfholz *n*
- *boomerang, a wooden missile*
40 die Speerschleuder mit Speeren *m*
- *throwing stick (spear thrower) with spears*

1
2
3
4
5
6
7
8
9
10
11
12
13
14
15
16
17
18
19
20
21
22
23
24
25
26
27
28
29
30
31
32
33
34
35
36
37
38
39
40

1 der Eskimo
- *Eskimo*
2 der Schlittenhund, ein Polarhund *m*
- *sledge dog (sled dog), a husky*
3 der Hundeschlitten
- *dog sledge (dog sled)*
4 der (das) Iglu, eine kuppelförmige Schneehütte
- *igloo, a dome-shaped snow hut*
5 der Schneeblock
- *block of snow*
6 der Eingangstunnel
- *entrance tunnel*
7 die Tranlampe
- *blubber-oil lamp*
8 das Wurfbrett
- *wooden missile*
9 die Stoßharpune
- *lance*
10 die einspitzige Harpune
- *harpoon*
11 der Luftsack
- *skin float*
12 der (das) Kajak, ein leichtes Einmannboot *n*
- *kayak, a light one-man canoe*
13 das fellbespannte Holz- oder Knochengerüst
- *skin-covered wooden or bone frame*
14 das Paddel
- *paddle*
15 das Rengespann
- *reindeer harness*
16 das Rentier
- *reindeer*
17 der Ostjake
- *Ostyak (Ostiak)*
18 der Ständerschlitten
- *passenger sledge*
19 die Jurte, ein Wohnzelt *n* der west- und zentralasiatischen Nomaden *m*
- *yurt (yurta), a dwelling tent of the western and central Asiatic nomads*
20 die Filzbedeckung
- *felt covering*
21 der Rauchabzug
- *smoke outlet*
22 der Kirgise
- *Kirghiz*
23 die Schaffellmütze
- *sheepskin cap*
24 der Schamane
- *shaman*
25 der Fransenschmuck
- *decorative fringe*
26 die Rahmentrommel
- *frame drum*
27 der Tibeter
- *Tibetan*
28 die Gabelflinte
- *flintlock with bayonets*
29 die Gebetsmühle
- *prayer wheel*
30 der Filzstiefel
- *felt boot*
31 das Hausboot (der Sampan)
- *houseboat (sampan)*
32 die Dschunke
- *junk*
33 das Mattensegel
- *mat sail*
34 die Rikscha
- *rickshaw (ricksha)*
35 der Rikschakuli
- *rickshaw coolie (cooly)*
36 der (das) Lampion
- *Chinese lantern*
37 der Samurai
- *samurai*
38 die wattierte Rüstung
- *padded armour (*Am. *armor)*
39 die Geisha
- *geisha*
40 der Kimono
- *kimono*
41 der Obi
- *obi*
42 der Fächer
- *fan*
43 der Kuli
- *coolie (cooly)*
44 der Kris, ein malaiischer Dolch
- *kris (creese, crease), a Malayan dagger*
45 der Schlangenbeschwörer
- *snake charmer*
46 der Turban
- *turban*
47 die Flöte
- *flute*
48 die tanzende Schlange
- *dancing snake*

1
2
3
4
5
6
7
8
9
10
11
12
13
14
15
16
17
18
19
20
21
22
23
24
25
26
27
28
29
30
31
32
33
34
35
36
37
38
39
40
41
42
43
44
45
46
47
48

1 die Kamelkarawane
- *camel caravan*
2 das Reittier
- *riding animal*
3 das Lasttier (Tragtier)
- *pack animal*
4 die Oase
- *oasis*
5 der Palmenhain
- *grove of palm trees*
6 der Beduine
- *bedouin (beduin)*
7 der Burnus
- *burnous*
8 der Massaikrieger
- *Masai warrior*
9 die Haartracht
- *headdress (hairdress)*
10 der Schild
- *shield*
11 die bemalte Rindshaut
- *painted ox hide*
12 die Lanze mit langer Klinge
- *long-bladed spear*
13 der Neger
- *negro*
14 die Tanztrommel
- *dance drum*
15 das Wurfmesser
- *throwing knife*
16 die Holzmaske
- *wooden mask*
17 die Ahnenfigur
- *figure of an ancestor*
18 die Signaltrommel
- *slit gong*
19 der Trommelstab
- *drumstick*
20 der Einbaum, ein aus einem Baumstamm *m* ausgehöhltes Boot
- *dugout, a boat hollowed out of a tree trunk*
21 die Negerhütte
- *negro hut*
22 die Negerin
- *negress*
23 die Lippenscheibe
- *lip plug (labret)*
24 der Mahlstein
- *grinding stone*
25 die Hererofrau
- *Herero woman*
26 die Lederhaube
- *leather cap*
27 die Kalebasse
- *calabash (gourd)*
28 die Bienenkorbhütte
- *beehive-shaped hut*
29 der Buschmann
- *bushman*
30 der Ohrpflock
- *earplug*
31 der Lendenschurz
- *loincloth*
32 der Bogen
- *bow*
33 der Kirri, eine Keule mit rundem, verdicktem Kopf *m*
- *knobkerry (knobkerrie), a club with round, knobbed end*
34 die Buschmannfrau beim Feuerbohren *n*
- *bushman woman making a fire by twirling a stick*
35 der Windschirm
- *windbreak*
36 der Zulu im Tanzschmuck *m*
- *Zulu in dance costume*
37 der Tanzstock
- *dancing stick*
38 der Beinring
- *bangle*
39 das Kriegshorn aus Elfenbein *n*
- *ivory war horn*
40 die Amulett-und-Würfel-Kette
- *string of amulets and bones*
41 der Pygmäe
- *pigmy*
42 die Zauberpfeife zur Geisterbeschwörung
- *magic pipe for exorcising evil spirits*
43 der Fetisch
- *fetish*

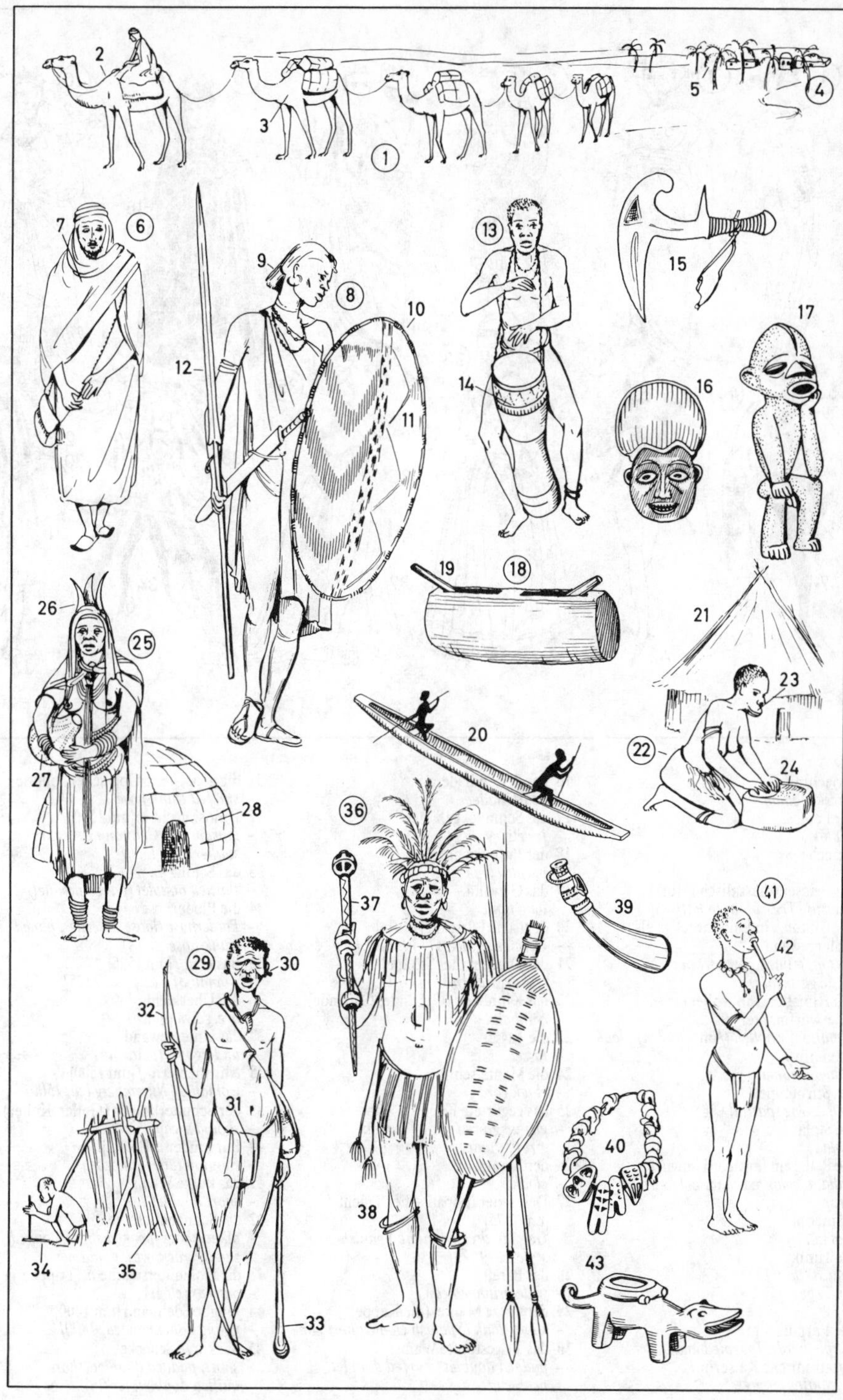
1
2
3
4
5
6
7
8
9
10
11
12
13
14
15
16
17
18
19
20
21
22
23
24
25
26
27
28
29
30
31
32
33
34
35
36
37
38
39
40
41
42
43

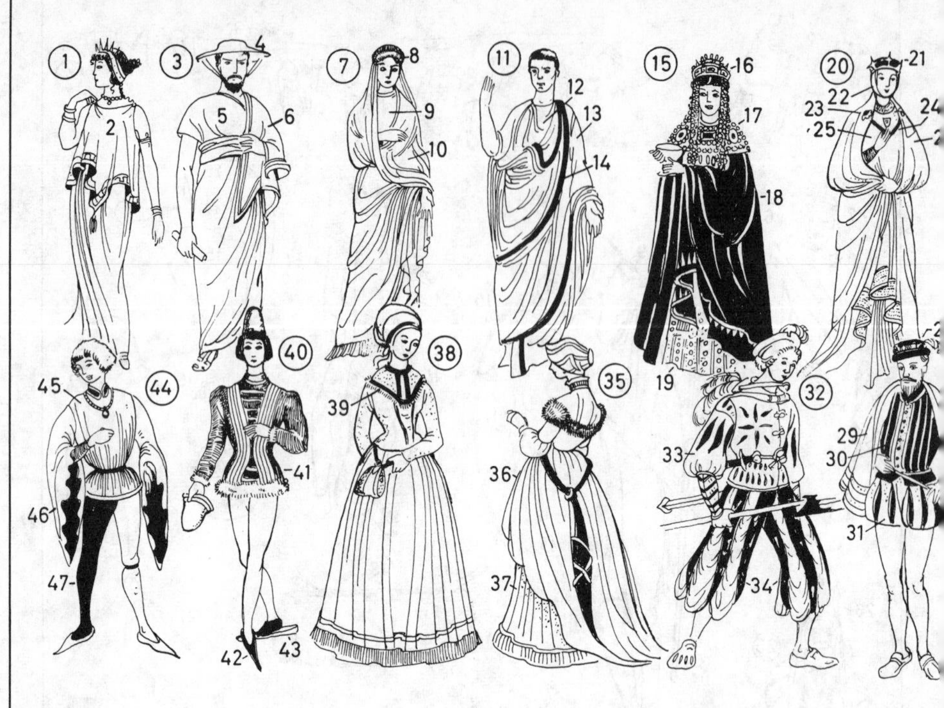

1 Griechin *f*
- *Greek woman*

2 der Peplos
- *peplos*

3 Grieche *m*
- *Greek*

4 der Petasos (thessalische Hut)
- *petasus (Thessalonian hat)*

5 der Chiton, ein Leinenrock *m* als Untergewand *n*
- *chiton, a linen gown worn as a basic garment*

6 das Himation, ein wollener Überwurfmantel
- *himation, woollen* (Am. *woolen) cloak*

7 Römerin *f*
- *Roman woman*

8 das Stirntoupet
- *toupee wig (partial wig)*

9 die Stola
- *stola*

10 die Palla, ein farbiger Umwurf
- *palla, a coloured* (Am. *colored) wrap*

11 Römer *m*
- *Roman*

12 die Tunika
- *tunica (tunic)*

13 die Toga
- *toga*

14 der Purpursaum
- *purple border (purple band)*

15 byzantinische Kaiserin *f*
- *Byzantine empress*

16 das Perlendiadem
- *pearl diadem*

17 das Schmuckgehänge
- *jewels*

18 der Purpurmantel
- *purple cloak*

19 das Gewand
- *long tunic*

20 deutsche Fürstin *f* [13.Jh.]
- *German princess [13th cent.]*

21 das Diadem (der Schapel)
- *crown (diadem)*

22 das Kinnband (Gebände, Gebende)
- *chinband*

23 die Tassel
- *tassel*

24 die Mantelschnur
- *cloak cord*

25 das gegürtete Kleid
- *girt-up gown (girt-up surcoat, girt-up tunic)*

26 der Mantel
- *cloak*

27 Deutscher in spanischer Tracht *f* [um 1575]
- *German dressed in the Spanish style [ca. 1575]*

28 das Barett
- *wide-brimmed cap*

29 der kurze Mantel (die Kappe)
- *short cloak (Spanish cloak, short cape)*

30 das ausgestopfte Wams
- *padded doublet (stuffed doublet, peasecod)*

31 die gepolsterte Oberschenkelhose
- *stuffed trunk-hose*

32 Landsknecht *m* [um 1530]
- *lansquenet (German mercenary soldier) [ca. 1530]*

33 das Schlitzwams
- *slashed doublet (paned doublet)*

34 die Pluderhose
- *Pluderhose (loose breeches, paned trunk-hose, slops)*

35 Baslerin *f* [um 1525]
- *woman of Basle [ca. 1525]*

36 das Überkleid
- *overgown (gown)*

37 das Untergewand
- *undergown (petticoat)*

38 Nürnbergerin *f* [um 1500]
- *woman of Nuremberg [ca. 1500]*

39 der Schulterkragen (Goller, Koller)
- *shoulder cape*

40 Burgunder *m* [15.Jh.]
- *Burgundian [15th cent.]*

41 das kurze Wams
- *short doublet*

42 die Schnabelschuhe *m*
- *piked shoes (peaked shoes, copped shoes, crackowes, poulaines)*

43 die Holzunterschuhe *m* (Trippen *f*)
- *pattens (clogs)*

44 junger Edelmann [um 1400]
- *young nobleman [ca. 1400]*

45 die kurze Schecke
- *short, padded doublet (short, quilted doublet, jerkin)*

46 die Zaddelärmel *m*
- *dagged sleeves (petal-scalloped sleeves)*

47 die Strumpfhose
- *hose*

48 Augsburger Patrizierin *f* [um 1575]
- *Augsburg patrician lady [ca. 1575]*

49 die Ärmelpuffe
- *puffed sleeve*

50 das Überkleid (die Marlotte)
- *overgown (gown, open gown, sleeveless gown)*

51 franz. Dame *f* [um 1600]
- *French lady [ca. 1600]*

52 der Mühlsteinkragen
- *millstone ruff (cartwheel ruff, ruff)*

53 die geschnürte Taille (Wespentaille)
- *corseted waist (wasp waist)*

54 Herr *m* (um 1650]
- *gentleman [ca. 1650]*

55 der schwed. Schlapphut
- *wide-brimmed felt hat (cavalier hat)*

56 der Leinenkragen
- *falling collar (wide-falling collar) of linen*

57 das Weißzeugfutter
- *white lining*

58 die Stulpenstiefel *m*
- *jack boots (bucket-top boots)*

59 Dame *f* [um 1650]
- *lady [ca. 1650]*

60 die gepufften Ärmel *m* (Puffärmel)
- *full puffed sleeves (puffed sleeves)*

61 Herr *m* [um 1700]
- *gentleman [ca. 1700]*

62 der Dreispitz (Dreieckhut, Dreimaster)
- *three-cornered hat*

63 der Galanteriedegen
- *dress sword*

64 Dame *f* [um 1700]
- *lady [ca. 1700]*

65 die Spitzenhaube
- *lace fontange (high headdress of lace)*

66 der Spitzenumhang
- *lace-trimmed loose-hanging gown (loose-fitting housecoat, robe de chambre, negligée, contouche)*

67 der Stickereisaum
- *band of embroidery*

68 Dame *f* [um 1880]
- *lady [ca. 1880]*

69 die Turnüre (der Cul de Paris)
- *bustle*

70 Dame *f* [um 1858]
- *lady [ca. 1858]*

71 die Schute (der Schutenhut)
- *poke bonnet*

72 der runde Reifrock (die Krinoline)
- *crinoline*

73 Herr *m* der Biedermeierzeit
- *gentleman of the Biedermeier period*

74 der hohe Kragen (Vatermörder)
- *high collar (choker collar)*

75 die geblümte Weste
- *embroidered waistcoat (vest)*

76 der Schoßrock
- *frock coat*

77 die Zopfperücke
- *pigtail wig*

78 das Zopfband (die Zopfschleife)
- *ribbon (bow)*

79 Damen *f* im Hofkleid *n* [um 1780]
- *ladies in court dress [ca. 1780]*

80 die Schleppe
- *train*

81 die Rokokofrisur
- *upswept Rococo coiffure*

82 der Haarschmuck
- *hair decoration*

83 der flache Reifrock
- *panniered overskirt*

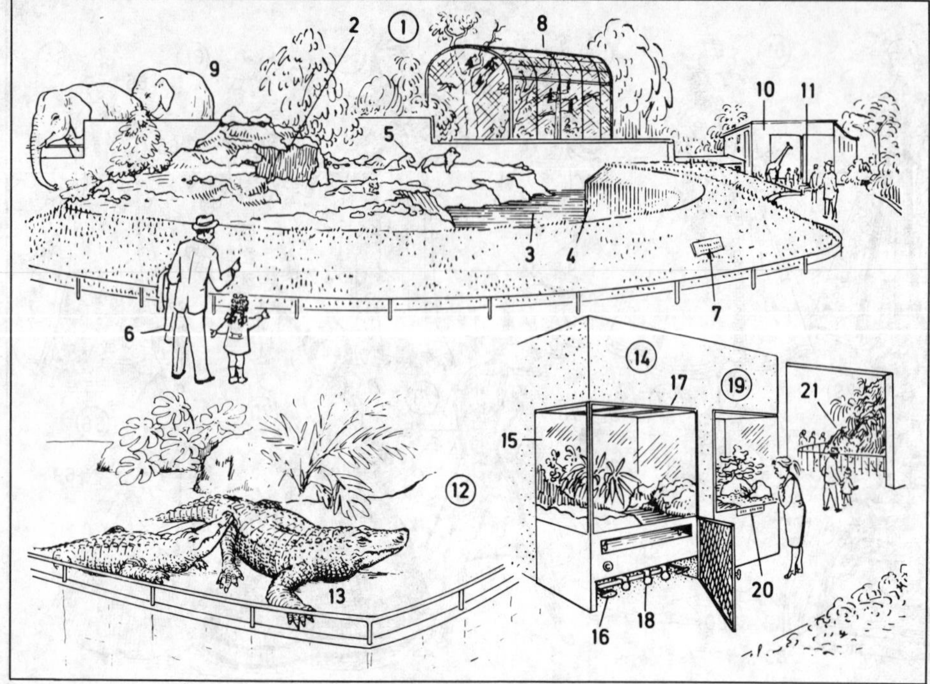

1 das Freigehege (die Freianlage)
- *outdoor enclosure (enclosure)*
2 der Naturfelsen
- *rocks*
3 der Absperrgraben, ein Wassergraben *m*
- *moat*
4 die Schutzmauer
- *enclosing wall*
5 die gezeigten Tiere *n*; *hier:* ein Löwenrudel *n*
- *animals on show;* here: *a pride of lions*
6 der Zoobesucher
- *visitor to the zoo*
7 die Hinweistafel
- *notice*
8 die Voliere (das Vogelgehege)
- *aviary*
9 das Elefantengehege
- *elephant enclosure*
10 das Tierhaus (z.B. Raubtierhaus, Giraffenhaus, Elefantenhaus, Affenhaus)
- *animal house (e.g. carnivore house, giraffe house, elephant house, monkey house)*
11 der Außenkäfig (Sommerkäfig)
- *outside cage (summer quarters)*
12 das Reptiliengehege
- *reptile enclosure*
13 das Nilkrokodil
- *Nile crocodile*
14 das Terra-Aquarium
- *terrarium and aquarium*
15 der Glasschaukasten
- *glass case*
16 die Frischluftzuführung
- *fresh-air inlet*
17 der Luftabzug (die Entlüftung)
- *ventilator*
18 die Bodenheizung
- *underfloor heating*
19 das Aquarium
- *aquarium*
20 die Erläuterungstafel
- *information plate*
21 die Klimalandschaft
- *flora in artificially maintained climate*

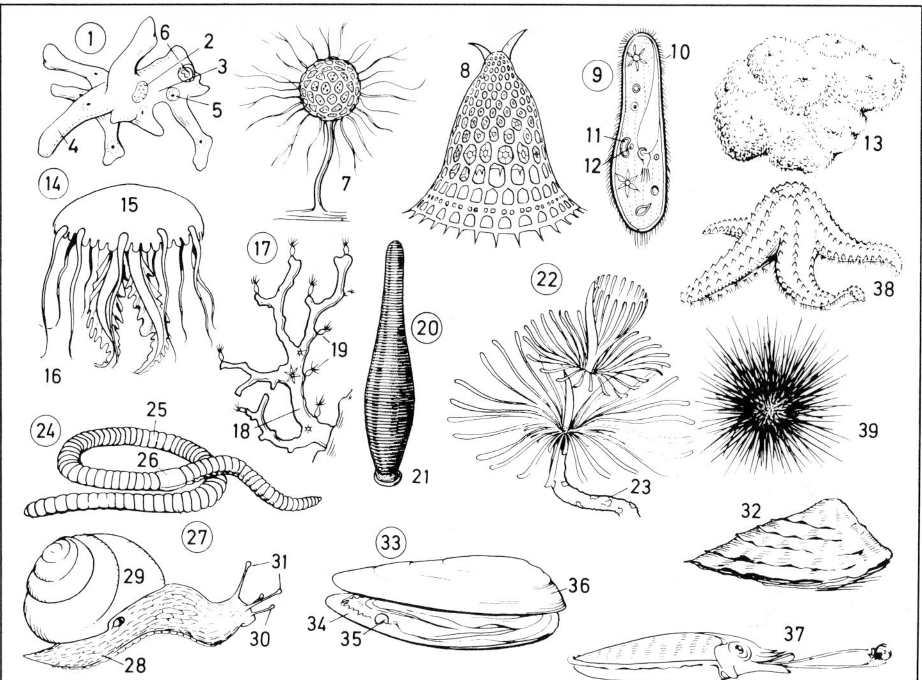

1-12 Einzeller *m* (Einzellige *pl*, Protozoen *n*, Urtierchen)
- ***unicellular (one-celled, single-celled) animals*** *(protozoans)*

1 die Amöbe (das Wechseltierchen), ein Wurzelfüßler *m*
- *amoeba, a rhizopod*

2 der Zellkern
- *cell nucleus*

3 das Protoplasma
- *protoplasm*

4 das Scheinfüßchen
- *pseudopod*

5 das Absonderungsbläschen (die pulsierende Vakuole, eine Organelle)
- *excretory vacuole (contractile vacuole, an organelle)*

6 das Nahrungsbläschen (die Nahrungsvakuole)
- *food vacuole*

7 das Gittertierchen, ein Sonnentierchen *n*
- *Actinophrys, a heliozoan*

8 das Strahlentierchen (die Radiolarie); *darg.:* das Kieselsäureskelett
- *radiolarian;* here: *siliceous skeleton*

9 das Pantoffeltierchen, ein Wimperinfusorium *n* (Wimpertierchen)
- *slipper animalcule, a Paramecium (ciliate infusorian)*

10 die Wimper
- *cilium*

11 der Hauptkern (Großkern)
- *macronucleus (meganucleus)*

12 der Nebenkern (Kleinkern)
- *micronucleus*

13-39 Vielzeller *m* (Gewebetiere *n*, Metazoen)
- ***multicellular animals*** *(metazoans)*

13 der Badeschwamm, ein Schwammtier *n* (Schwamm *m*)
- *bath sponge, a porifer (sponge)*

14 die Meduse, eine Scheibenqualle (Schirmqualle, Qualle), ein Hohltier *n*
- *medusa, a discomedusa (jellyfish), a coelenterate*

15 der Schirm
- *umbrella*

16 der Fangarm (der *od.* das Tentakel)
- *tentacle*

17 die Edelkoralle, ein Korallentier *n* (Blumentier, Riffbildner *m*)
- *red coral (precious coral), a coral animal (anthozoan, reef-building animal)*

18 der Korallenstock
- *coral colony*

19 der Korallenpolyp
- *coral polyp*

20-26 Würmer *m*
- *worms (Vermes)*

20 der Blutegel, ein Ringelwurm *m* (Gliederwurm)
- *leech, an annelid*

21 die Saugscheibe
- *sucker*

22 der Spirographis, ein Borstenwurm *m*
- *Spirographis, a bristle worm*

23 die Röhre
- *tube*

24 der große Regenwurm (Tauwurm, Pier)
- *earthworm*

25 das Körperglied (Segment)
- *segment*

26 das Clitellum [der Begattung dienende Region]
- *clitellum [accessory reproductive organ]*

27-36 Weichtiere *n* (Mollusken *f*)
- *molluscs (*Am. *mollusks)*

27 die Weinbergschnecke, eine Schnecke
- *edible snail, a snail*

28 der Kriechfuß
- *creeping foot*

29 die Schale (das Gehäuse, Schneckenhaus)
- *shell (snail shell)*

30 das Stielauge
- *stalked eye*

31 die Fühler *m*
- *tentacle (horn, feeler)*

32 die Auster
- *oyster*

33 die Flußperlmuschel
- *freshwater pearl mussel*

34 die Perlmutter (das Perlmutt)
- *mother-of-pearl (nacre)*

35 die Perle
- *pearl*

36 die Muschelschale
- *mussel shell*

37 der gemeine Tintenfisch, ein Kopffüßer *m*
- *cuttlefish, a cephalopod*

38-39 Stachelhäuter *m* (Echinodermen)
- *echinoderms*

38 der Seestern
- *starfish (sea star)*

39 der Seeigel
- *sea urchin (sea hedgehog)*

1-23 Gliederfüßer *m*
- ***arthropods***

1-2 Krebstiere *n* (Krebse *m*, Krustentiere *n*)
- ***crustaceans***

1 die Wollhandkrabbe, eine Krabbe
- *mitten crab, a crab*

2 die Wasserassel
- *water slater*

3-23 Insekten *n* (Kerbtiere, Kerfe *m*)
- ***insects***

3 die Seejungfer, ein Gleichflügler *m*, eine Libelle (Wasserjungfer)
- *water nymph (dragonfly), a homopteran (homopterous insect), a dragonfly*

4 der Wasserskorpion, eine Wasserwanze, ein Schnabelkerf *m*
- *water scorpion (water bug), a rhynchophore*

5 das Raubbein
- *raptorial leg*

6 die Eintagsfliege
- *mayfly (dayfly, ephemerid)*

7 das Facettenauge
- *compound eye*

8 das Grüne Heupferd (die Heuschrecke, der Heuspringer, Heuhüpfer, Grashüpfer), eine Springheuschrecke, ein Geradflügler *m*
- *green grasshopper (green locust, meadow grasshopper), an orthopteron (orthopterous insect)*

9 die Larve
- *larva (grub)*

10 das geschlechtsreife Insekt, eine Imago, ein Vollkerf *m*
- *adult insect, an imago*

11 das Springbein
- *leaping hind leg*

12 die Große Köcherfliege (eine Köcherfliege, Wassermotte, Frühlingsfliege, ein Haarflügler), ein Netzflügler *m*
- *caddis fly (spring fly, water moth), a neuropteran*

13 die Blattlaus (Röhrenlaus), eine Pflanzenlaus
- *aphid (greenfly), a plant louse*

14 die ungeflügelte Blattlaus
- *wingless aphid*

15 die geflügelte Blattlaus
- *winged aphid*

16-20 Zweiflügler *m*
- ***dipterous insects*** *(dipterans)*

16 die Stechmücke (*obd.* Schnake, *österr.* Gelse, der Moskito), eine Mücke
- *gnat (mosquito, midge), a culicid*

17 der Stechrüssel
- *proboscis (sucking organ)*

18 die Schmeißfliege (der Brummer), eine Fliege
- *bluebottle (blowfly), a fly*

19 die Made
- *maggot (larva)*

20 die Puppe
- *chrysalis (pupa)*

21-23 Hautflügler *m*
- ***Hymenoptera***

21-22 die Ameise
- *ant*

21 das geflügelte Weibchen
- *winged female*

22 der Arbeiter
- *worker*

23 die Hummel
- *bumblebee (humblebee)*

24-39 Käfer *m* (Deckflügler)
- ***beetles*** *(Coleoptera)*

24 der Hirschkäfer (*obd.* Schröter, Feuerschröter, Hornschröter, *md.* Hausbrenner, *schweiz.* Donnerkäfer, *österr.* Schmidkäfer), ein Blatthornkäfer *m*
- *stag beetle, a lamellicorn beetle*

25 die Kiefer *m* (Zangen *f*)
- *mandibles*

26 die Freßwerkezuge *n*
- *trophi*

27 der Fühler
- *antenna (feeler)*

28 der Kopf
- *head*

29-30 die Brust (der Thorax)
- *thorax*

29 der Halsschild
- *thoracic shield (prothorax)*

30 das Schildchen
- *scutellum*

31 der Hinterleibsrücken
- *tergites*

32 die Atemöffnung
- *stigma*

33 der Flügel (Hinterflügel)
- *wing (hind wing)*

34 die Flügelader
- *nervure*

35 die Knickstelle
- *point at which the wing folds*

36 der Deckflügel (Vorderflügel)
- *elytron (forewing)*

37 der Siebenpunkt, ein Marienkäfer *m* (Herrgottskäfer, Glückskäfer, Sonnenkälbchen *n*, *md.* Gottesgiebchen, *schweiz.* Frauenkäfer *m*)
- *ladybird (ladybug), a coccinellid*

38 der Zimmermannsbock (Zimmerbock), ein Bockkäfer *m* (Bock)
- *Ergates faber, a longicorn beetle (longicorn)*

39 der Mistkäfer, ein Blatthornkäfer *m*
- *dung beetle, a lamellicorn beetle*

40-47 Spinnentiere *n*
- ***arachnids***

40 der Hausskorpion (Italienischer Skorpion), ein Skorpion *m*
- *Euscorpius flavicandus, a scorpion*

41 das Greifbein mit Schere
- *cheliped with chelicer*

42 der Kieferfühler
- *maxillary antenna (maxillary feeler)*

43 der Schwanzstachel
- *tail sting*

44-46 Spinnen (*md.* Kanker *m*)
- ***spiders***

44 der Holzbock (die Waldzecke, Hundezecke), eine Milbe, Zecke
- *wood tick (dog tick), a tick*

45 die Kreuzspinne (Gartenspinne), eine Radnetzspinne
- *cross spider (garden spider), an orb spinner*

46 die Spinndrüsenregion
- *spinneret*

47 das Spinnengewebe (das Spinnennetz, *österr.* das Spinnweb)
- *spider's web (web)*

48-56 Schmetterlinge *m* (Falter)
- ***Lepidoptera*** *(butterflies and moths)*

48 der Maulbeerseidenspinner, ein Seidenspinner *m*
- *mulberry-feeding moth (silk moth), a bombycid moth*

49 die Eier *n*
- *eggs*

50 die Seidenraupe
- *silkworm*

51 der Kokon
- *cocoon*

52 der Schwalbenschwanz, ein Edelfalter *m* (Ritter)
- *swallowtail, a butterfly*

53 der Fühler
- *antenna (feeler)*

54 der Augenfleck
- *eyespot*

55 der Ligusterschwärmer, ein Schwärmer *m*
- *privet hawkmoth, a hawkmoth (sphinx)*

56 der Rüssel
- *proboscis*

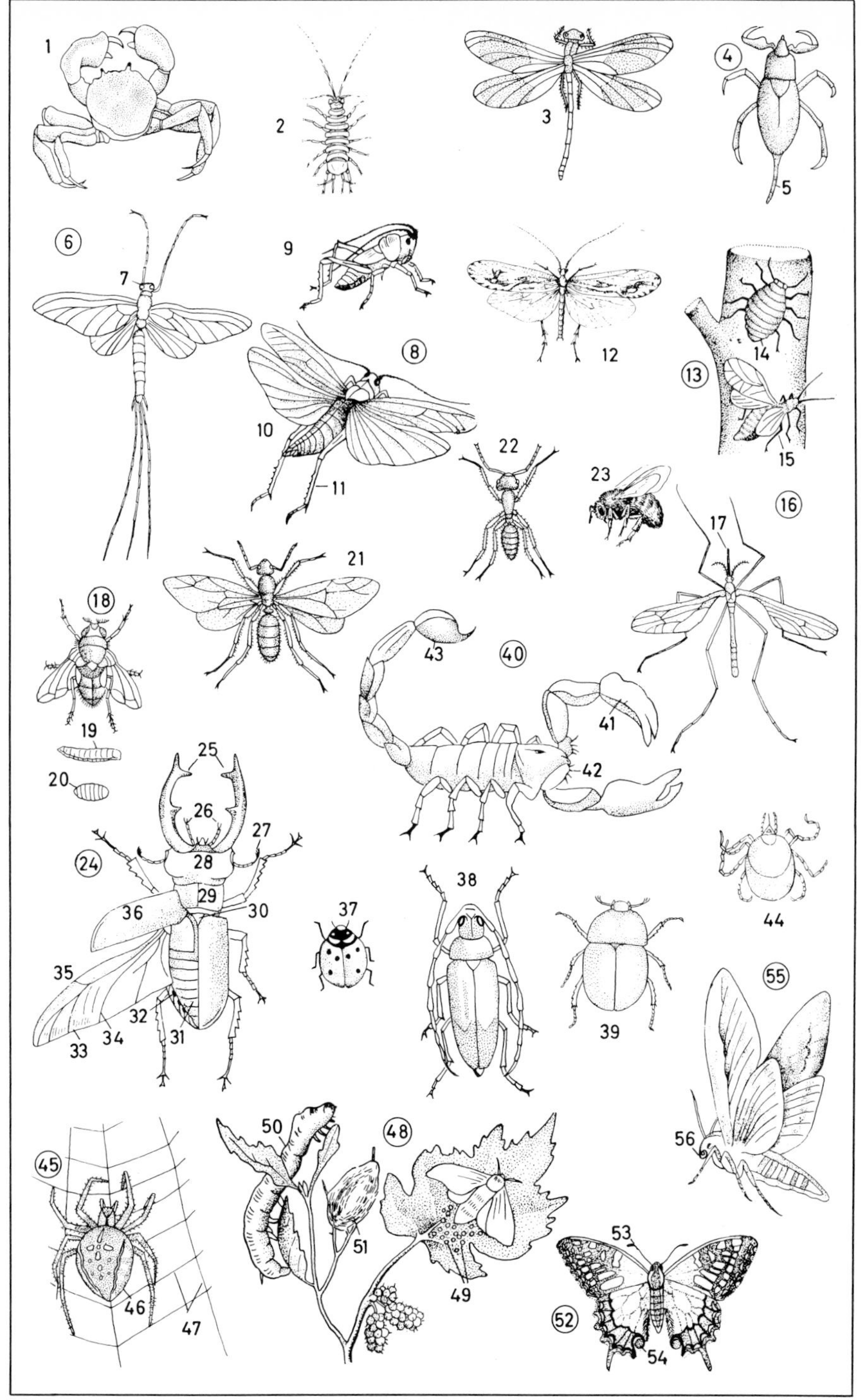
1
2
3
4
5
6
7
8
9
10
11
12
13
14
15
16
17
18
19
20
21
22
23
24
25
26
27
28
29
30
31
32
33
34
35
36
37
38
39
40
41
42
43
44
45
46
47
48
49
50
51
52
53
54
55
56

1-3 Straußvögel *m* (flugunfähige Vögel *m*)
- ***flightless birds***

1 der Helmkasuar, ein Kasuar *m*; *ähnl.:* der Emu
- *cassowary;* sim.: *emu*

2 der Strauß
- *ostrich*

3 das Straußengelege [12-14 Eier *n*]
- *clutch of ostrich eggs [12 - 14 eggs]*

4 der Kaiserpinguin (Riesenpinguin), ein Pinguin *m* (Flossentaucher, Fettaucher; ein flugunfähiger Vogel)
- *king penguin, a penguin, a flightless bird*

5-10 Ruderfüßer *m*
- ***web-footed birds***

5 der Rosapelikan (Gemeine Pelikan, Nimmersatt, die Kropfgans, Löffelgans, Meergans, Beutelgans), ein Pelikan *m*
- *white pelican (wood stork, ibis, wood ibis, spoonbill, brent-goose,* Am. *brant-goose, brant), a pelican*

6 der Ruderfuß (Schwimmfuß)
- *webfoot (webbed foot)*

7 die Schwimmhaut
- *web (palmations) of webbed foot (palmate foot)*

8 der Unterschnabel, mit dem Kehlsack *m* (Hautsack)
- *lower mandible with gular pouch*

9 der Baßtölpel (Weiße Seerabe, die Bassangans), ein Tölpel *m*
- *northern gannet (gannet, solan goose), a gannet*

10 die Krähenscharbe, ein Kormoran *m* (eine Scharbe), mit gespreizten Flügeln *m* „posierend"
- *green cormorant (shag), a cormorant displaying with spread wings*

11-14 Langflügler *m* (Seeflieger, Meeresvögel)
- ***long-winged birds*** *(seabirds)*

11 die Zwergschwalbe (Kleine Schwalbenmöwe), eine Seeschwalbe, beim Tauchen *n* nach Nahrung *f*
- *common sea swallow, a sea swallow (tern), diving for food*

12 der Eissturmvogel
- *fulmar*

13 die Trottellumme (Dumme Lumme, das Dumme Tauchhuhn), eine Lumme, ein Alk *m*
- *guillemot, an auk*

14 die Lachmöwe (Haffmöwe, Kirrmöwe, Fischmöwe, Speckmöwe, Seekrähe, der Mohrenkopf), eine Möwe
- *black-headed gull (mire crow), a gull*

15-17 Gänsevögel *m*
- ***Anseres***

15 der Gänsesäger (Ganner, die Sägegans, Sägeente, Schnarrgans), ein Säger *m*
- *goosander (common merganser), a sawbill*

16 der Höckerschwan (Wildschwan, Stumme Schwan, *alem.* Elbs, Ölb), ein Schwan *m*
- *mute swan, a swan*

17 der Schnabelhöcker
- *knob on the bill*

18 der Fischreiher (Graureiher, Kammreiher), ein Reiher *m*, ein Storchvogel *m*
- *common heron, a heron*

19-21 Regenpfeiferartige *pl*
- ***plovers***

19 der Stelzenläufer (Strandreiter, die Storchschnepfe)
- *stilt (stilt bird, stilt plover)*

20 das Bleßhuhn (Wasserhuhn, Moorhuhn, die Weißblässe, Bläßente), eine Ralle
- *coot, a rail*

21 der Kiebitz (*nd.* Kiewitt)
- *lapwing (green plover, peewit, pewit)*

22 die Wachtel, ein Hühnervogel *m*
- *quail, a gallinaceous bird*

23 die Turteltaube, eine Taube
- *turtle dove, a pigeon*

24 der Mauersegler (Mauerhäkler, die Mauerschwalbe, Kirchenschwalbe, Turmschwalbe, Kreuzschwalbe), ein Segler *m*
- *swift*

25 der Wiedehopf (Kuckucksküster, Kuckucksknecht, Heervogel, Wehrhahn, Dreckvogel, Kotvogel, Stinkvogel), ein Ra[c]kenvogel
- *hoopoe, a roller*

26 der aufrichtbare Federschopf
- *erectile crest*

27 der Buntspecht (Rotspecht, Großspecht, Fleckspecht), ein Specht *m* (Holzhacker); *verw.:* der Wendehals (Drehhals, Drehvogel, Regenvogel)
- *spotted woodpecker, a woodpecker;* related: *wryneck*

28 das Nestloch
- *entrance to the nest*

29 die Bruthöhle
- *nesting cavity*

30 der Kuckuck (Gauch, Gutzgauch)
- *cuckoo*

1
2
3
4
5
6
7
8
9
10
11
12
13
14
15
16
17
18
19
20
21
22
23
24
25
26
27
28
29
30

1, 3, 4, 5, 7, 9, 10 Singvögel *m*
- *songbirds*

1 der Stieglitz (Distelfink), ein Finkenvogel *m*
- *goldfinch, a finch*

2 der Bienenfresser
- *bee eater*

3 das Gartenrotschwänzchen (Rotschwänzchen), ein Drosselvogel *m*
- *redstart (star finch), a thrush*

4 die Blaumeise, eine Meise, ein Standvogel *m*
- *bluetit, a tit (titmouse), a resident bird (non-migratory bird)*

5 der Gimpel (Dompfaff)
- *bullfinch*

6 die Blauracke (Mandelkrähe)
- *common roller (roller)*

7 der Pirol, ein Zugvogel *m*
- *golden oriole, a migratory bird*

8 der Eisvogel
- *kingfisher*

9 die Weiße Bachstelze, eine Stelze
- *white wagtail, a wagtail*

10 der Buchfink (Edelfink)
- *chaffinch*

1
2
3
4
5
6
7
8
9
10
S. Vogel

1-20 Singvögel *m*
- ***songbirds***

1-3 Rabenvögel *m* (Raben)
- ***Corvidae*** *(corvine birds, crows)*

1 der Eichelhäher (Eichelhabicht, Nuß-, Spiegelhäher, Holzschreier), ein Häher *m*
- *jay (nutcracker)*

2 die Saatkrähe (Feld-, Haferkrähe), eine Krähe
- *rook, a crow*

3 die Elster (Alster, Gartenkrähe, *schweiz.* Atzel)
- *magpie*

4 der Star (Rinderstar, Starmatz)
- *starling (pastor, shepherd bird)*

5 der Haussperling (Dach-, Kornsperling, Spatz)
- *house sparrow*

6-8 Finkenvögel *m*
- ***finches***

6-7 Ammern *f*
- *buntings*

6 die Goldammer (Gelbammer, der Kornvogel, Grünschling)
- *yellowhammer (yellow bunting)*

7 der Ortolan (Gärtner, die Garten-, Sommerammer)
- *ortolan (ortolan bunting)*

8 der Erlenzeisig (Erdfink, Strumpfwirker, Leineweber), ein Zeisig *m*
- *siskin (aberdevine)*

9 die Kohlmeise (Spiegel-, Rollmeise, der Schlosserhahn), eine Meise
- *great titmouse (great tit, ox eye), a titmouse (tit)*

10 das Wintergoldhähnchen (Safranköpfchen); *ähnl.:* das Sommergoldhähnchen (Goldköpfchen), ein Goldhähnchen *n* (Goldhämmerchen, Sommerkönig *m*)
- *golden-crested wren (goldcrest);* sim.: *firecrest, one of the Regulidae*

11 der Kleiber (Blauspecht, Baumrutscher)
- *nuthatch*

12 der Zaunkönig (Zaunschlüpfer, Dorn-, Vogel-, Winterkönig)
- *wren*

13-17 Drosselvögel *m* (Drosseln *f*, Erdsänger *m*)
- ***thrushes***

13 die Amsel (Schwarz-, Dreckamsel, Graudrossel, *schweiz.* Amstel)
- *blackbird*

14 die Nachtigall (Wassernachtigall, der Rotvogel, *dicht.* Philomele *f*)
- *nightingale* (poet.: *philomel, philomela)*

15 das Rotkehlchen (Rötel)
- *robin (redbreast, robin redbreast)*

16 die Singdrossel (Wald-, Weißdrossel, Zippe)
- *song thrush (throstle, mavis)*

17 der Sprosser (Sproßvogel)
- *thrush nightingale*

18-19 Lerchen *f*
- *larks*

18 die Heidelerche (Baum-, Steinlerche)
- *woodlark*

19 die Haubenlerche (Kamm-, Dreck-, Hauslerche)
- *crested lark (tufted lark)*

20 die Rauchschwalbe (Dorf-, Lehmschwalbe) (eine Schwalbe)
- *common swallow (barn swallow, chimney swallow), a swallow*

1-13 Greifvögel *m* (*früh.:* Tagraubvögel *m*)
- ***diurnal birds of prey***

1-4 Falken *m*
- *falcons*

1 der Merlin (Zwergfalke)
- *merlin*

2 der Wanderfalke
- *peregrine falcon*

3 die „Hose" (Unterdeckfedern *f*, das Schenkelgefieder)
- *leg feathers*

4 der Lauf
- *tarsus*

5-9 Adler *m*
- *eagles*

5 der Seeadler (Meeradler)
- *white-tailed sea eagle (white-tailed eagle, grey sea eagle, erne)*

6 der Hakenschnabel
- *hooked beak*

7 der Fang
- *claw (talon)*

8 der Stoß (Schwanz)
- *tail*

9 der Mäusebussard (Mauser)
- *common buzzard*

10-13 Habichtartige *pl*
- *accipiters*

10 der Habicht (Hühnerhabicht)
- *goshawk*

11 der Rote Milan (die Gabel-, Königsweihe)
- *common European kite (glede, kite)*

12 der Sperber (Sperlingstößer)
- *sparrow hawk (spar-hawk)*

13 die Rohrweihe (Sumpf-, Rostweihe)
- *marsh harrier (moor buzzard, moor harrier, moor hawk)*

14-19 Eulen *f*
- ***owls*** *(nocturnal birds of prey)*

14 die Waldohreule (Goldeule, der Kleine Uhu)
- *long-eared owl (horned owl)*

15 der Uhu
- *eagle-owl (great horned owl)*

16 das Federohr
- *plumicorn (feathered ear, ear tuft, ear, horn)*

17 die Schleiereule
- *barn owl (white owl, silver owl, yellow owl, church owl, screech owl)*

18 der „Schleier" (Federkranz)
- *facial disc (disk)*

19 der Steinkauz (das Käuzchen, der Totenvogel)
- *little owl (sparrow owl)*

1 der Gelbhaubenkakadu, ein Papageienvogel *m*
- *sulphur-crested cockatoo, a parrot*
2 der Ararauna
- *blue-and-yellow macaw*
3 der blaue Paradiesvogel
- *blue bird of paradise*
4 der Sappho-Kolibri
- *sappho*
5 der Kardinal
- *cardinal (cardinal bird)*
6 der Tukan (Rotschnabeltukan, Pfefferfresser), ein Spechtvogel *m*
- *toucan (red-billed toucan), one of the Piciformes*

1
2
3
4
5
6

1-18 Fische *m*
- ***fishes***

1 der Menschenhai (Blauhai), ein Haifisch *m* (Hai)
- *man-eater (blue shark, requin), a shark*

2 die Nase
- *nose (snout)*

3 die Kiemenspalte
- *gill slit (gill cleft)*

4 der Teichkarpfen (Flußkarpfen), ein Spiegelkarpfen *m* (Karpfen)
- *carp, a mirror carp (carp)*

5 der Kiemendeckel
- *gill cover (operculum)*

6 die Rückenflosse
- *dorsal fin*

7 die Brustflosse
- *pectoral fin*

8 die Bauchflosse
- *pelvic fin (abdominal fin, ventral fin)*

9 die Afterflosse
- *anal fin*

10 die Schwanzflosse
- *caudal fin (tail fin)*

11 die Schuppe
- *scale*

12 der Wels (Flußwels, Wallerfisch, Waller, Weller)
- *catfish (sheatfish, sheathfish, wels)*

13 der Bartfaden
- *barbel*

14 der Hering
- *herring*

15 die Bachforelle (Steinforelle, Bergforelle), eine Forelle
- *brown trout (German brown trout), a trout*

16 der Gemeine Hecht (Schnock, Wasserwolf)
- *pike (northern pike)*

17 der Flußaal (Aalfisch, Aal)
- *freshwater eel (eel)*

18 das Seepferdchen (der Hippokamp, Algenfisch)
- *sea horse (Hippocampus, horsefish)*

19 die Büschelkiemen *f*
- *tufted gills*

20-26 Lurche *m* (Amphibien *f*)
- ***Amphibia*** *(amphibians)*

20-22 Schwanzlurche *m*
- *salamanders*

20 der Kammolch, ein Wassermolch *m*
- *greater water newt (crested newt), a water newt*

21 der Rückenkamm
- *dorsal crest*

22 der Feuersalamander, ein Salamander *m*
- *fire salamander, a salamander*

23-26 Froschlurche *m*
- *salientians (anurans, batrachians)*

23 die Erdkröte, eine Kröte (*nd.* Padde, *obd.* ein Protz *m*)
- *European toad, a toad*

24 der Laubfrosch
- *tree frog (tree toad)*

25 die Schallblase
- *vocal sac (vocal pouch, croaking sac)*

26 die Haftscheibe
- *adhesive disc (disk)*

27-41 Kriechtiere *n* (Reptilien)
- ***reptiles***

27, 30-37 Echsen *f*
- ***lizards***

27 die Zauneidechse
- *sand lizard*

28 die Karettschildkröte
- *hawksbill turtle (hawksbill)*

29 der Rückenschild
- *carapace (shell)*

30 der Basilisk
- *basilisk*

31 der Wüstenwaran, ein Waran *m*
- *desert monitor, a monitor lizard (monitor)*

32 der Grüne Leguan, ein Leguan *m*
- *common iguana, an iguana*

33 das Chamäleon, ein Wurmzüngler *m*
- *chameleon, one of the Chamaeleontidae (Rhiptoglossa)*

34 der Klammerfuß
- *prehensile foot*

35 der Rollschwanz
- *prehensile tail*

36 der Mauergecko, ein Gecko *m* (Haftzeher)
- *wall gecko, a gecko*

37 die Blindschleiche, eine Schleiche
- *slowworm (blindworm), one of the Anguidae*

38-41 Schlangen *f*
- ***snakes***

38 die Ringelnatter, eine Natter (eine Schwimmnatter; Wassernatter; Wasserschlange)
- *ringed snake (ring snake, water snake, grass snake), a colubrid*

39 die Mondflecken *m*
- *collar*

40-41 Vipern *f* (Ottern)
- *vipers (adders)*

40 die Kreuzotter (Otter, Höllennatter), eine Giftschlange
- *common viper, a poisonous (venomous) snake*

41 die Aspisviper
- *asp (asp viper)*

1
2
3
4
5
6
7
8
9
10
11
12
13
14
15
16
17
18
19
20
21
22
23
24
25
26
27
28
29
30
31
32
33
34
35
36
37
38
39
40
41

1-6 Tagfalter *m*
- ***butterflies***
1 der Admiral
- *red admiral*
2 das Tagpfauenauge
- *peacock butterfly*
3 der Aurorafalter
- *orange tip (orange tip butterfly)*
4 der Zitronenfalter
- *brimstone (brimstone butterfly)*
5 der Trauermantel
- *Camberwell beauty (mourning cloak, mourning cloak butterfly)*
6 der Bläuling
- *blue (lycaenid butterfly, lycaenid)*

7-11 Nachtfalter *m* (Nachtschmetterlinge)
- ***moths*** *(Heterocera)*
7 der Braune Bär
- *garden tiger*
8 das Rote Ordensband
- *red underwing*
9 der Totenkopf (Totenkopfschwärmer), ein Schwärmer *m*
- *death's-head moth (death's-head hawkmoth), a hawkmoth (sphinx)*
10 die Raupe
- *caterpillar*
11 die Puppe
- *chrysalis (pupa)*

1
2
3
4
5
6
7
8
9
10
11
S. Vogel

1 das Schnabeltier, ein Kloakentier *n* (Eileger *m*)
- *platypus (duck-bill, duck-mole), a monotreme (oviparous mammal)*

2-3 Beuteltiere *n*
- ***marsupial mammals*** *(marsupials)*

2 das Nordamerikanische Opossum, eine Beutelratte
- *New World opossum, a didelphid*

3 das Rote Riesenkänguruh, ein Känguruh *n*
- *red kangaroo (red flyer), a kangaroo*

4-7 Insektenfresser *m* (Kerbtierfresser)
- ***insectivores*** *(insect-eating mammals)*

4 der Maulwurf
- *mole*

5 der Igel
- *hedgehog*

6 der Stachel
- *spine*

7 die Hausspitzmaus, eine Spitzmaus
- *shrew (shrew mouse), one of the Soricidae*

8 das Neunbindengürteltier
- *nine-banded armadillo (peba)*

9 die Ohrenfledermaus, eine Glattnase, ein Flattertier *n* (eine Fledermaus)
- *long-eared bat (flitter-mouse), a flying mammal (chiropter, chiropteran)*

10 das Steppenschuppentier, ein Schuppentier *n*
- *pangolin (scaly ant-eater), a scaly mammal*

11 das Zweizehenfaultier
- *two-toed sloth (unau)*

12-19 Nagetiere *n*
- ***rodents***

12 das Meerschweinchen
- *guinea pig (cavy)*

13 das Stachelschwein
- *porcupine*

14 die Biberratte
- *beaver*

15 die Wüstenspringmaus
- *jerboa*

16 der Hamster
- *hamster*

17 die Wühlmaus
- *water vole*

18 das Murmeltier
- *marmot*

19 das Eichhörnchen
- *squirrel*

20 der Afrikanische Elefant, ein Rüsseltier *n*
- *African elephant, a proboscidean (proboscidian)*

21 der Rüssel
- *trunk (proboscis)*

22 der Stoßzahn
- *tusk*

23 der Lamantin, eine Sirene
- *manatee (manati, lamantin), a sirenian*

24 der südafrikanische Klippschliefer, ein Schliefer *m* (Klippdachs)
- *South African dassie (das, coney, hyrax), a procaviid*

25-31 Huftiere *n*
- ***ungulates***

25-27 Unpaarhufer *m*
- ***odd-toed ungulates***

25 das Spitzmaulnashorn, ein Nashorn *n*
- *African black rhino, a rhinoceros (nasicorn)*

26 der Flachlandtapir, ein Tapir *m*
- *Brazilian tapir, a tapir*

27 das Zebra
- *zebra*

28-31 Paarhufer *m*
- ***even-toed ungulates***

28-30 Wiederkäuer *m*
- ***ruminants***

28 das Lama
- *llama*

29 das Trampeltier (zweihöckrige Kamel)
- *Bactrian camel (two-humped camel)*

30 der Guanako
- *guanaco*

31 das Nilpferd
- *hippopotamus*

1
2
3
4
5
6
7
8
9
10
11
12
13
14
15
16
17
18
19
20
21
22
23
24
25
26
27
28
29
30
31

1-10 Huftiere *n*, **Wiederkäuer** *m*
- ***ungulates, ruminants***

1 der Elch
- *elk (moose)*

2 der Wapiti
- *wapiti* (Am. *elk)*

3 die Gemse (Gams)
- *chamois*

4 die Giraffe
- *giraffe*

5 die Hirschziegenantilope, eine Antilope
- *black buck, an antelope*

6 das Mufflon
- *mouflon (moufflon)*

7 der Steinbock
- *ibex (rock goat, bouquetin, steinbock)*

8 der Hausbüffel
- *water buffalo (Indian buffalo, water ox)*

9 der Bison
- *bison*

10 der Moschusochse
- *musk ox*

11-22 Raubtiere *n*
- ***carnivores*** *(beasts of prey)*

11-13 Hundeartige *pl*
- ***Canidae***

11 der Schabrackenschakal (Schakal)
- *black-backed jackal (jackal)*

12 der Rotfuchs
- *red fox*

13 der Wolf
- *wolf*

14-17 Marder *m*
- ***martens***

14 der Steinmarder
- *stone marten (beach marten)*

15 der Zobel
- *sable*

16 das Wiesel
- *weasel*

17 der Seeotter, ein Otter *m*
- *sea otter, an otter*

18-22 Robben *f* (Flossenfüßler *m*)
- ***seals*** *(pinnipeds)*

18 der Seebär (die Bärenrobbe)
- *fur seal (sea bear, ursine seal)*

19 der Seehund
- *common seal (sea calf, sea dog)*

20 das Polarmeerwalroß
- *walrus (morse)*

21 das Barthaar
- *whiskers*

22 der Hauer
- *tusk*

23-29 Wale *m*
- ***whales***

23 der Tümmler
- *bottle-nosed dolphin (bottle-nose dolphin)*

24 der Gemeine Delphin
- *common dolphin*

25 der Pottwal
- *sperm whale (cachalot)*

26 das Atemloch
- *blowhole (spout hole)*

27 die Fettflosse
- *dorsal fin*

28 die Brustflosse
- *flipper*

29 die Schwanzflosse
- *tail flukes (tail)*

1
2
3
4
5
6
7
8
9
10
11
12
13
14
15
16
17
18
19
20
21
22
23
24
25
26
27
28
29

1-11 Raubtiere *n*
- ***carnivores*** *(beasts of prey)*
1 die Streifenhyäne, eine Hyäne
- *striped hyena, a hyena*
2-8 Katzen *f*
- ***felines*** *(cats)*
2 der Löwe
- *lion*
3 die Mähne (Löwenmähne)
- *mane (lion's mane)*
4 die Tatze
- *paw*
5 der Tiger
- *tiger*
6 der Leopard
- *leopard*
7 der Gepard
- *cheetah (hunting leopard)*
8 der Luchs
- *lynx*
9-11 Bären *m*
- ***bears***
9 der Waschbär
- *raccoon (racoon,* Am. *coon)*
10 der Braunbär
- *brown bear*
11 der Eisbär
- *polar bear (white bear)*
12-16 Herrentiere *n*
- ***primates***
12-13 Affen *m*
- *monkeys*
12 der Rhesusaffe
- *rhesus monkey (rhesus, rhesus macaque)*
13 der Pavian
- *baboon*
14-16 Menschenaffen *m*
- ***anthropoids*** *(anthropoid apes, great apes)*
14 der Schimpanse
- *chimpanzee*
15 der Orang-Utan
- *orang-utan (orang-outan)*
16 der Gorilla
- *gorilla*

1
2
3
4
5
6
7
8
9
10
11
12
13
14
15
16

1 Gigantocypris agassizi (der Riesenmuschelkrebs)
- *Gigantocypris agassizi*
2 Macropharynx longicaudatus (der Pelikanaal)
- *Macropharynx longicaudatus (pelican eel)*
3 Pentacrinus [der Haarstern], eine Seelilie, ein Stachelhäuter
- *Pentacrinus (feather star), a sea lily, an echinoderm*
4 Thaumatolampas diadema (die Wunderlampe), ein Tintenfisch *m* [leuchtend]
- *Thaumatolampas diadema, a cuttlefish [luminescent]*
5 Atolla, eine Tiefseemeduse, ein Hohltier *n*
- *Atolla, a deep-sea medusa, a coelenterate*
6 Melanocetes, ein Armflossler *m* [leuchtend]
- *Melanocetes, a pediculate [luminescent]*
7 Lophocalyx philippensis, ein Glasschwamm *m*
- *Lophocalyx philippensis, a glass sponge*
8 Mopsea, eine Hornkoralle [Kolonie *f*]
- *Mopsea, a sea fan [colony]*
9 Hydrallmania, ein Hydroidpolyp *m*, ein Polyp *m*, ein Hohltier *n* [Kolonie *f*]
- *Hydrallmania, a hydroid polyp, a coelenterate [colony]*
10 Malacosteus indicus, ein Großmaul *n* [leuchtend]
- *Malacosteus indicus, a stomiatid [luminescent]*
11 Brisinga endecacnemos, ein Schlangenstern *m*, ein Stachelhäuter *m* [nur gereizt leuchtend]
- *Brisinga endecacnemos, a sand star (brittle star), an echinoderm [luminescent only when stimulated]*
12 Pasiphaea, eine Garnele, ein Krebs *m*
- *Pasiphaea, a shrimp, a crustacean*
13 Echiostoma, ein Großmaul *n*, ein Fisch *m* [leuchtend]
- *Echiostoma, a stomiatid, a fish [luminescent]*
14 Umbellula encrinus, eine Seefeder, ein Hohltier *n* [Kolonie *f* leuchtend]
- *Umbellula encrinus, a sea pen (sea feather), a coelenterate [colony, luminescent]*
15 Polycheles, ein Krebs *m*
- *Polycheles, a crustacean*
16 Lithodes, ein Krebs *m*, eine Krabbe
- *Lithodes, a crustacean, a crab*
17 Archaster, ein Seestern *m*, ein Stachelhäuter *m*
- *Archaster, a starfish (sea star), an echinoderm*
18 Oneirophanta, eine Seegurke, ein Stachelhäuter *m*
- *Oneirophanta, a sea cucumber, an echinoderm*
19 Palaeopneustes niasicus, ein Seeigel *m*, ein Stachelhäuter *m*
- *Palaeopneustes niasicus, a sea urchin (sea hedgehog), an echinoderm*
20 Chitonactis, eine Seeanamone, ein Hohltier *n*
- *Chitonactis, a sea anemone (actinia), a coelenterate*

2
3
1
4
5
6
7
10
8
9
11
12
13
14
15
16
19
20
17
18

1 der Baum
- *tree*
2 der Baumstamm (Stamm)
- *bole (tree trunk, trunk, stem)*
3 die Baumkrone
- *crown of tree (crown)*
4 der Wipfel
- *top of tree (treetop)*
5 der Ast
- *bough (limb, branch)*
6 der Zweig
- *twig (branch)*
7 der Baumstamm [Querschnitt]
- *bole (tree trunk) [cross section]*
8 die Rinde (Borke)
- *bark (rind)*
9 der Bast
- *phloem (bast sieve tissue, inner fibrous bark)*
10 das Kambium (der Kambiumring)
- *cambium (cambium ring)*
11 die Markstrahlen *m*
- *medullary rays (vascular rays, pith rays)*
12 das Splintholz
- *sapwood (sap, alburnum)*
13 das Kernholz
- *heartwood (duramen)*
14 das Mark
- *pith*
15 die Pflanze
- plant
16-18 die Wurzel
- *root*
16 die Hauptwurzel
- *primary root*
17 die Nebenwurzel (Seitenwurzel)
- *secondary root*
18 das Wurzelhaar
- *root hair*
19-25 der Sproß
- *shoot (sprout)*
19 das Blatt
- *leaf*
20 der Stengel
- *stalk*
21 der Seitensproß
- *side shoot (offshoot)*
22 die Endknospe
- *terminal bud*
23 die Blüte
- *flower*
24 die Blütenknospe
- *flower bud*
25 die Blattachsel, mit der Achselknospe
- *leaf axil with axillary bud*
26 das Blatt
- leaf
27 der Blattstiel (Stiel)
- *leaf stalk (petiole)*
28 die Blattspreite (Spreite)
- *leaf blade (blade, lamina)*
29 die Blattaderung
- *venation (veins, nervures, ribs)*
30 die Blattrippe
- *midrib (nerve)*
31-38 Blattformen *f*
- *leaf shapes*
31 linealisch
- *linear*
32 lanzettlich
- *lanceolate*
33 rund
- *orbicular (orbiculate)*
34 nadelförmig
- *acerose (acerous, acerate, acicular, needle-shaped)*
35 herzförmig
- *cordate*
36 eiförmig
- *ovate*
37 pfeilförmig
- *sagittate*
38 nierenförmig
- *reniform*
39-42 geteilte Blätter *n*
- *compound leaves*
39 gefingert
- *digitate (digitated, palmate, quinquefoliolate)*
40 fiederteilig
- *pinnatifid*
41 paarig gefiedert
- *abruptly pinnate*
42 unpaarig gefiedert
- *odd-pinnate*
43-50 Blattrandformen *f*
- *leaf margin shapes*
43 ganzrandig
- *entire*
44 gesägt
- *serrate (serrulate, saw-toothed)*
45 doppelt gesägt
- *doubly toothed*
46 gekerbt
- *crenate*
47 gezähnt
- *dentate*
48 ausgebuchtet
- *sinuate*
49 gewimpert
- *ciliate (ciliated)*
50 die Wimper
- *cilium*
51 die Blüte
- flower
52 der Blütenstiel
- *flower stalk (flower stem, scape)*
53 der Blütenboden
- *receptacle (floral axis, thalamus, torus)*
54 der Fruchtknoten
- *ovary*
55 der Griffel
- *style*
56 die Narbe
- *stigma*
57 das Staubblatt
- *stamen*
58 das Kelchblatt
- *sepal*
59 das Kronblatt
- *petal*
60 Fruchtknoten *m* und Staubblatt *n* [Schnitt]
- *ovary and stamen [section]*
61 die Fruchtknotenwand
- *ovary wall*
62 die Fruchtknotenhöhle
- *ovary cavity*
63 die Samenanlage
- *ovule*
64 der Embryosack
- *embryo sac*
65 der Pollen (Blütenstaub)
- *pollen*
66 der Blütenschlauch
- *pollen tube*
67-77 Blütenstände *m*
- *inflorescences*
67 die Ähre
- *spike (racemose spike)*
68 die geschlossene Traube
- *raceme (simple raceme)*
69 die Rispe
- *panicle*
70 die Trugdolde
- *cyme*
71 der Kolben
- *spadix (fleshy spike)*
72 die Dolde
- *umbel (simple umbel)*
73 das Köpfchen
- *capitulum*
74 das Körbchen
- *composite head (discoid flower head)*
75 der Blütenkrug
- *hollow flower head*
76 die Schraubel
- *bostryx (helicoid cyme)*
77 der Wickel
- *cincinnus (scorpioid cyme, curled cyme)*
78-82 Wurzeln *f*
- *roots*
78 die Adventivwurzeln *f*
- *adventitious roots*
79 die Speicherwurzel
- *tuber (tuberous root, swollen taproot)*
80 die Kletterwurzeln *f*
- *adventitious roots (aerial roots)*
81 die Wurzeldornen *m*
- *root thorns*
82 die Atemwurzeln *f*
- *pneumatophores*
83-85 der Grashalm
- *blade of grass*
83 die Blattscheide
- *leaf sheath*
84 das Blatthäutchen
- *ligule (ligula)*
85 die Blattspreite
- *leaf blade (lamina)*
86 der Keimling
- *embryo (seed, germ)*
87 das Keimblatt
- *cotyledon (seed leaf, seed lobe)*
88 die Keimwurzel
- *radicle*
89 die Keimsproßachse
- *hypocotyl*
90 die Blattknospe
- *plumule (leaf bud)*
91-102 Früchte *f*
- *fruits*
91-96 Öffnungsfrüchte *f*
- *dehiscent fruits*
91 die Balgfrucht
- *follicle*
92 die Hülse
- *legume (pod)*
93 die Schote
- *siliqua (pod)*
94 die Spaltkapsel
- *schizocarp*
95 die Deckelkapsel
- *pyxidium (circumscissile seed vessel)*
96 die Porenkapsel
- *poricidal capsule (porose capsule)*
97-102 Schließfrüchte *f*
- *indehiscent fruits*
97 die Beere
- *berry*
98 die Nuß
- *nut*
99 die Steinfrucht (Kirsche)
- *drupe (stone fruit) (cherry)*
100 die Sammelnußfrucht (Hagebutte)
- *aggregate fruit (compound fruit) (rose hip)*
101 die Sammelsteinfrucht (Himbeere)
- *aggregate fruit (compound fruit) (raspberry)*
102 die Sammelbalgfrucht (Apfel *m*)
- *pome (apple)*

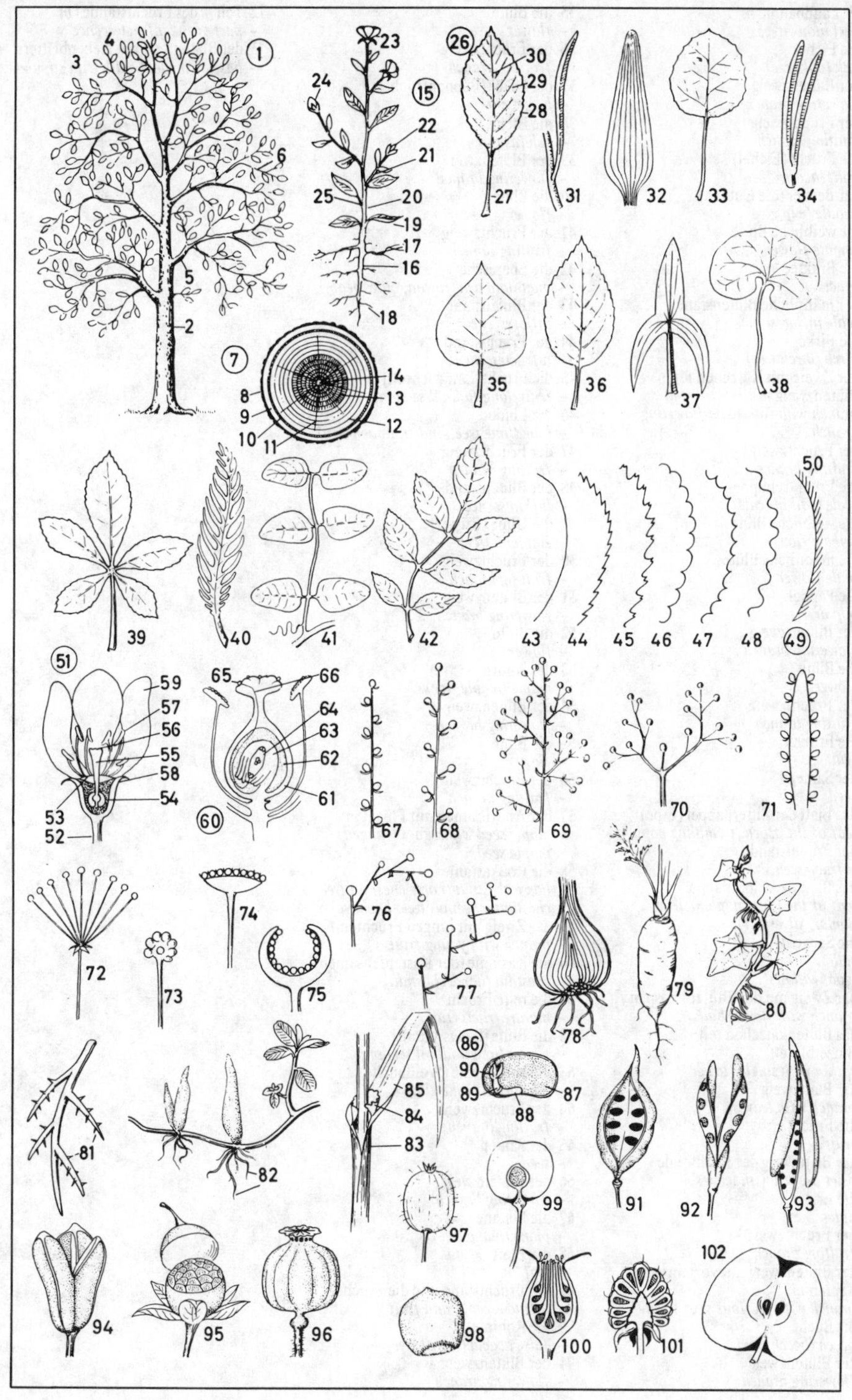
1
2
3
4
5
6
7
8
9
10
11
12
13
14
15
16
17
18
19
20
21
22
23
24
25
26
27
28
29
30
31
32
33
34
35
36
37
38
39
40
41
42
43
44
45
46
47
48
49
50
51
52
53
54
55
56
57
58
59
60
61
62
63
64
65
66
67
68
69
70
71
72
73
74
75
76
77
78
79
80
81
82
83
84
85
86
87
88
89
90
91
92
93
94
95
96
97
98
99
100
101
102

1-73 Laubbäume *m*
- *deciduous trees*
1 die Eiche
- *oak (oak tree)*
2 der Blütenzweig
- *flowering branch*
3 der Fruchtzweig
- *fruiting branch*
4 die Frucht (Eichel)
- *fruit (acorn)*
5 der Becher (die Cupula)
- *cupule (cup)*
6 die weibliche Blüte
- *female flower*
7 die Braktee
- *bract*
8 der männliche Blütenstand
- *male inflorescence*
9 die Birke
- *birch (birch tree)*
10 der Zweig mit Kätzchen *n*, ein Blütenzweig *m*
- *branch with catkins, a flowering branch*
11 der Fruchtzweig
- *fruiting branch*
12 die Fruchtschuppe
- *scale (catkin scale)*
13 die weibliche Blüte
- *female flower*
14 die männliche Blüte
- *male flower*
15 die Pappel
- *poplar*
16 der Blütenzweig
- *flowering branch*
17 die Blüte
- *flower*
18 der Fruchtzweig
- *fruiting branch*
19 die Frucht
- *fruit*
20 der Samen
- *seed*
21 das Blatt der Zitterpappel (Espe)
- *leaf of the aspen (trembling poplar)*
22 der Fruchtstand
- *infructescence*
23 das Blatt der Silberpappel
- *leaf of the white poplar (silver poplar, silverleaf)*
24 die Salweide
- *sallow (goat willow)*
25 der Zweig mit den Blütenknospen *f*
- *branch with flower buds*
26 das Blütenkätzchen mit Einzelblüte *f*
- *catkin with single flower*
27 der Blattzweig
- *branch with leaves*
28 die Frucht
- *fruit*
29 der Blattzweig der Korbweide
- *osier branch with leaves*
30 die Erle
- *alder*
31 der Fruchtzweig
- *fruiting branch*
32 der Blütenzweig mit vorjährigem Zapfen *m*
- *branch with previous year's cone*
33 die Buche
- *beech (beech tree)*
34 der Blütenzweig
- *flowering branch*
35 die Blüte
- *flower*
36 der Fruchtzweig
- *fruiting branch*
37 die Ecker (Buchenfrucht)
- *beech nut*
38 die Esche
- *ash (ash tree)*
39 der Blütenzweig
- *flowering branch*
40 die Blüte
- *flower*
41 der Fruchtzweig
- *fruiting branch*
42 die Eberesche
- *mountain ash (rowan, quickbeam)*
43 der Blütenstand
- *inflorescence*
44 der Fruchtstand
- *infructescence*
45 die Frucht [Längsschnitt]
- *fruit [longitudinal section]*
46 die Linde
- *lime (lime tree, linden, linden tree)*
47 der Fruchtzweig
- *fruiting branch*
48 der Blütenstand
- *inflorescence*
49 die Ulme (Rüster)
- *elm (elm tree)*
50 der Fruchtzweig
- *fruiting branch*
51 der Blütenzweig
- *flowering branch*
52 die Blüte
- *flower*
53 der Ahorn
- *maple (maple tree)*
54 der Blütenzweig
- *flowering branch*
55 die Blüte
- *flower*
56 der Fruchtzweig
- *fruiting branch*
57 der Ahornsamen mit Flügel *m*
- *maple seed with wings (winged maple seed)*
58 die Roßkastanie
- *horse chestnut (horse chestnut tree, chestnut, chestnut tree, buckeye)*
59 der Zweig mit jungen Früchten *f*
- *branch with young fruits*
60 die Kastanie (der Kastaniensamen)
- *chestnut (horse chestnut)*
61 die reife Frucht
- *mature (ripe) fruit*
62 die Blüte [Längsschnitt]
- *flower [longitudinal section]*
63 die Hainbuche (Weißbuche)
- *hornbeam (yoke elm)*
64 der Fruchtzweig
- *fruiting branch*
65 der Samen
- *seed*
66 der Blütenzweig
- *flowering branch*
67 die Platane
- *plane (plane tree)*
68 das Blatt
- *leaf*
69 der Fruchtstand und die Frucht
- *infructescence and fruit*
70 die Robinie
- *false acacia (locust tree)*
71 der Blütenzweig
- *flowering branch*
72 Teil *m* des Fruchtstandes *m*
- *part of the infructescence*
73 der Blattansatz mit Nebenblättern *n*
- *base of the leaf stalk with stipules*

1-71 Nadelbäume *m* (Koniferen *f*)
- *coniferous trees (conifers)*
1 die Edeltanne (Weißtanne)
- *silver fir (European silver fir, common silver fir)*
2 der Tannenzapfen, ein Fruchtzapfen *m*
- *fir cone, a fruit cone*
3 die Zapfenachse
- *cone axis*
4 der weibliche Blütenzapfen
- *female flower cone*
5 die Deckschuppe
- *bract scale (bract)*
6 der männliche Blütensproß
- *male flower shoot*
7 das Staubblatt
- *stamen*
8 die Zapfenschuppe
- *cone scale*
9 der Samen mit Flügel *m*
- *seed with wing (winged seed)*
10 der Samen [Längsschnitt]
- *seed [longitudinal section]*
11 die Tannennadel (Nadel)
- *fir needle (needle)*
12 die Fichte
- *spruce (spruce fir)*
13 der Fichtenzapfen
- *spruce cone*
14 die Zapfenschuppe
- *cone scale*
15 der Samen
- *seed*
16 der weibliche Blütenzapfen
- *female flower cone*
17 der männliche Blütenstand
- *male inflorescence*
18 das Staubblatt
- *stamen*
19 die Fichtennadel
- *spruce needle*
20 die Kiefer (Gemeine Kiefer, Föhre)
- *pine (Scots pine)*
21 die Zwergkiefer
- *dwarf pine*
22 der weibliche Blütenzapfen
- *female flower cone*
23 der zweinadlige Kurztrieb
- *short shoot with bundle of two leaves*
24 die männlichen Blütenstände *m*
- *male inflorescences*
25 der Jahrestrieb
- *annual growth*
26 der Kiefernzapfen
- *pine cone*
27 die Zapfenschuppe
- *cone scale*
28 der Samen
- *seed*
29 der Fruchtzapfen der Zirbelkiefer
- *fruit cone of the arolla pine (Swiss stone pine)*
30 der Fruchtzapfen der Weymouthskiefer (Weimutskiefer)
- *fruit cone of the Weymouth pine (white pine)*
31 der Kurztrieb [Querschnitt]
- *short shoot [cross section]*
32 die Lärche
- *larch*
33 der Blütenzweig
- *flowering branch*
34 die Schuppe des weiblichen Blütenzapfens *m*
- *scale of the female flower cone*
35 der Staubbeutel
- *anther*
36 der Zweig mit Lärchenzapfen *m* (Fruchtzapfen)
- *branch with larch cones (fruit cones)*
37 der Samen
- *seed*
38 die Zapfenschuppe
- *cone scale*
39 der Lebensbaum
- *arbor vitae (tree of life, thuja)*
40 der Fruchtzweig
- *fruiting branch*
41 der Fruchtzapfen
- *fruit cone*
42 die Schuppe
- *scale*
43 der Zweig mit männlichen und weiblichen Blüten *f*
- *branch with male and female flowers*
44 der männliche Sproß
- *male shoot*
45 die Schuppe, mit Pollensäcken *m*
- *scale with pollen sacs*
46 der weibliche Sproß
- *female shoot*
47 der Wacholder
- *juniper (juniper tree)*
48 der weibliche Sproß [Längsschnitt]
- *female shoot [longitudinal section]*
49 der männliche Sproß
- *male shoot*
50 die Schuppe, mit Pollensäcken *m*
- *scale with pollen sacs*
51 der Fruchtzweig
- *fruiting branch*
52 die Wacholderbeere (Krammetsbeere)
- *juniper berry*
53 die Frucht [Querschnitt]
- *fruit [cross section]*
54 der Samen
- *seed*
55 die Pinie
- *stone pine*
56 der männliche Sproß
- *male shoot*
57 der Fruchtzapfen mit Samen [Längsschnitt]
- *fruit cone with seeds [longitudinal section]*
58 die Zypresse
- *cypress*
59 der Fruchtzweig
- *fruiting branch*
60 der Samen
- *seed*
61 die Eibe
- *yew (yew tree)*
62 männlicher Blütensproß und weiblicher Blütenzapfen
- *male flower shoot and female flower cone*
63 der Fruchtzweig
- *fruiting branch*
64 die Frucht
- *fruit*
65 die Zeder
- *cedar (cedar tree)*
66 der Fruchtzweig
- *fruiting branch*
67 die Fruchtschuppe
- *fruit scale*
68 männlicher Blütensproß und weiblicher Blütenzapfen
- *male flower shoot and female flower cone*
69 der Mammutbaum
- *mammoth tree (Wellingtonia, sequoia)*
70 der Fruchtzweig
- *fruiting branch*
71 der Samen
- *seed*

1 2 3 4 5 6 7 8 9 10 11 12 13 14 15 16 17 18 19 20 21 22 23 24 25 26 27 28 29 30 31 32 33 34 35 36 37 38 39 40 41 42 43 44 45 46 47 48 49 50 51 52 53 54 55 56 57 58 59 60 61 62 63 64 65 66 67 68 69 70 71 ♀ ♂

1 die Forsythie
- *forsythia*
2 der Fruchtknoten und das Staubblatt
- *ovary and stamen*
3 das Blatt
- *leaf*
4 der Gelbblühende Jasmin
- *yellow-flowered jasmine (jasmin, jessamine)*
5 die Blüte [Längsschnitt] mit Griffel *m*, Fruchtknoten *m* und Staubblättern *n*
- *flower [longitudinal section] with styles, ovaries and stamens*
6 der Gemeine Liguster
- *privet (common privet)*
7 die Blüte
- *flower*
8 der Fruchtstand
- *infructescence*
9 der Wohlriechende Pfeifenstrauch
- *mock orange (sweet syringa)*
10 der Gemeine Schneeball
- *snowball (snowball bush, guelder rose)*
11 die Blüte
- *flower*
12 die Früchte *f*
- *fruits*
13 der Oleander
- *oleander (rosebay, rose laurel)*
14 die Blüte [Längsschnitt]
- *flower [longitudinal section]*
15 die Rote Magnolie
- *red magnolia*
16 das Blatt
- *leaf*
17 die Japanische Quitte
- *japonica (Japanese quince)*
18 die Frucht
- *fruit*
19 der Gemeine Buchsbaum
- *common box (box, box tree)*
20 die weibliche Blüte
- *female flower*
21 die männliche Blüte
- *male flower*
22 die Frucht [Längsschnitt]
- *fruit [longitudinal section]*
23 die Weigelie
- *weigela (weigelia)*
24 die Palmlilie [Teil *m* des Blütenstands *m*]
- *yucca [part of the inflorescence]*
25 das Blatt
- *leaf*
26 die Hundsrose
- *dog rose (briar rose, wild briar)*
27 die Frucht
- *fruit*
28 die Kerrie
- *kerria*
29 die Frucht
- *fruit*
30 die Rötästige Kornelkirsche
- *cornelian cherry*
31 die Blüte
- *flower*
32 die Frucht (Kornelkirsche, Kornelle)
- *fruit (cornelian cherry)*
33 der Echte Gagel
- *sweet gale (gale)*

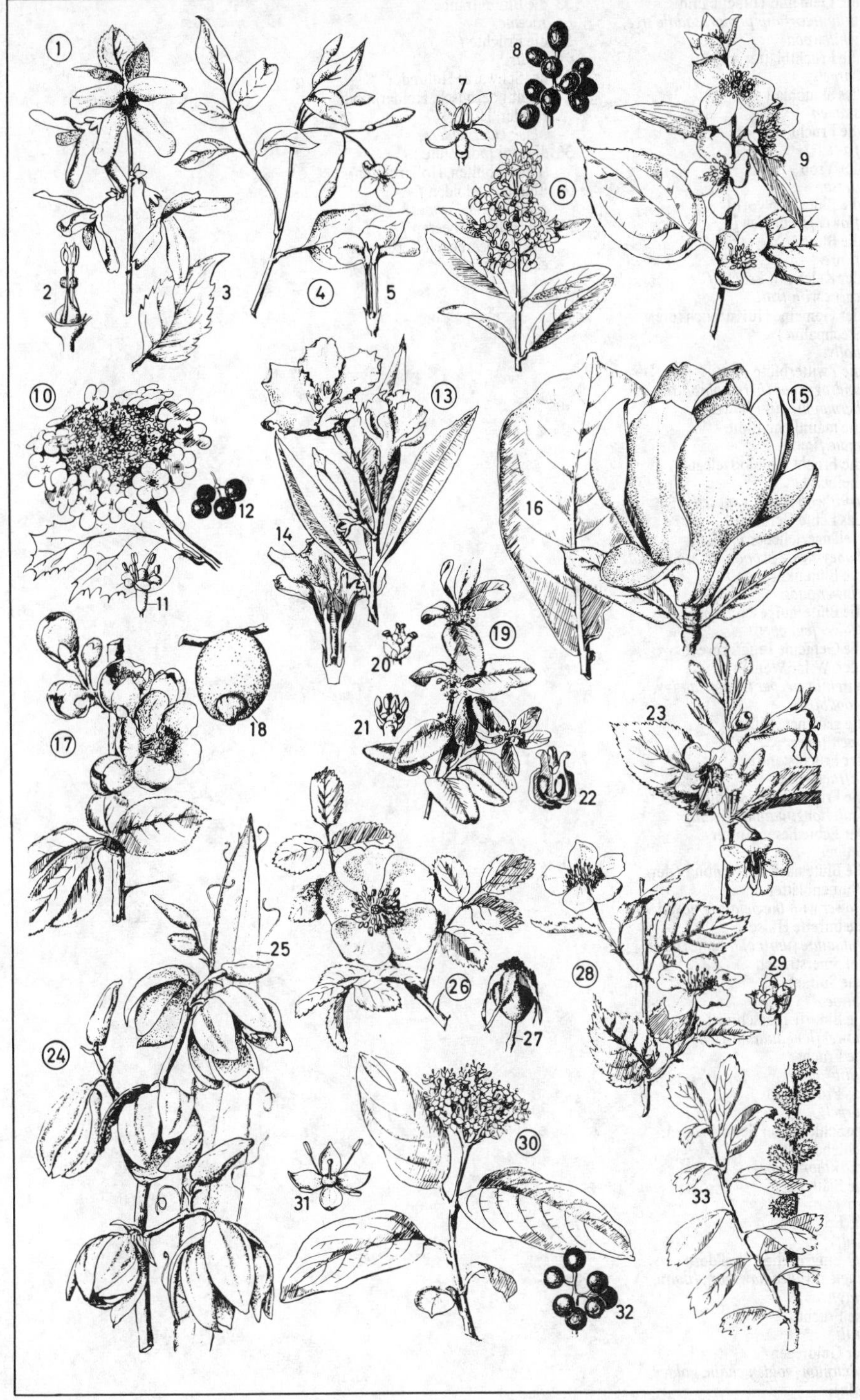
1
2
3
4
5
6
7
8
9
10
11
12
13
14
15
16
17
18
19
20
21
22
23
24
25
26
27
28
29
30
31
32
33

1 der Gemeine Tulpenbaum
- *tulip tree (tulip poplar, saddle tree, whitewood)*
2 die Fruchtblätter *n*
- *carpels*
3 das Staubblatt
- *stamen*
4 die Frucht
- *fruit*
5 der Ysop
- *hyssop*
6 die Blüte [von vorn]
- *flower [front view]*
7 die Blüte
- *flower*
8 der Kelch mit Frucht *f*
- *calyx with fruit*
9 der Gemeine Hülsstrauch (die Stechpalme)
- *holly*
10 die Zwitterblüte
- *androgynous (hermaphroditic, hermaphrodite) flower*
11 die männliche Blüte
- *male flower*
12 die Frucht mit bloßgelegten Steinen *m*
- *fruit with stones exposed*
13 das Echte Geißblatt (Jelängerjelieber *m* od. *n*)
- *honeysuckle (woodbine, woodbind)*
14 die Blütenknospen *f*
- *flower buds*
15 die Blüte [aufgeschnitten]
- *flower [cut open]*
16 die Gemeine Jungfernrebe (der Wilde Wein)
- *Virginia creeper (American ivy, woodbine)*
17 die geöffnete Blüte
- *open flower*
18 der Fruchtstand
- *infructescence*
19 die Frucht [Längsschnitt]
- *fruit [longitudinal section]*
20 der Echte Besenginster
- *broom*
21 die Blüte nach Entfernung *f* der Blumenblätter *n*
- *flower with the petals removed*
22 die unreife Hülse
- *immature (unripe) legume (pod)*
23 der Spierstrauch (die Spiräe)
- *spiraea*
24 die Blüte [Längsschnitt]
- *flower [longitudinal section]*
25 die Frucht
- *fruit*
26 das Fruchtblatt
- *carpel*
27 die Schlehe (der Schwarzdorn, Schlehdorn)
- *blackthorn (sloe)*
28 die Blätter *n*
- *leaves*
29 die Früchte *f*
- *fruits*
30 der Eingriffelige Weißdorn
- *single-pistilled hawthorn (thorn, may)*
31 die Frucht
- *fruit*
32 der Goldregen
- *laburnum (golden chain, golden rain)*
33 die Blütentraube
- *raceme*
34 die Früchte *f*
- *fruits*
35 der Schwarze Holunder (Holunderbusch, Holderbusch, Holder, Holler)
- *black elder (elder)*
36 die Holunderblüten *f* (Holderblüten, Hollerblüten), Blütentrugdolden *f*
- *elder flowers (cymes)*
37 die Holunderbeeren *f* (Holderbeeren, Hollerbeeren)
- *elderberries*

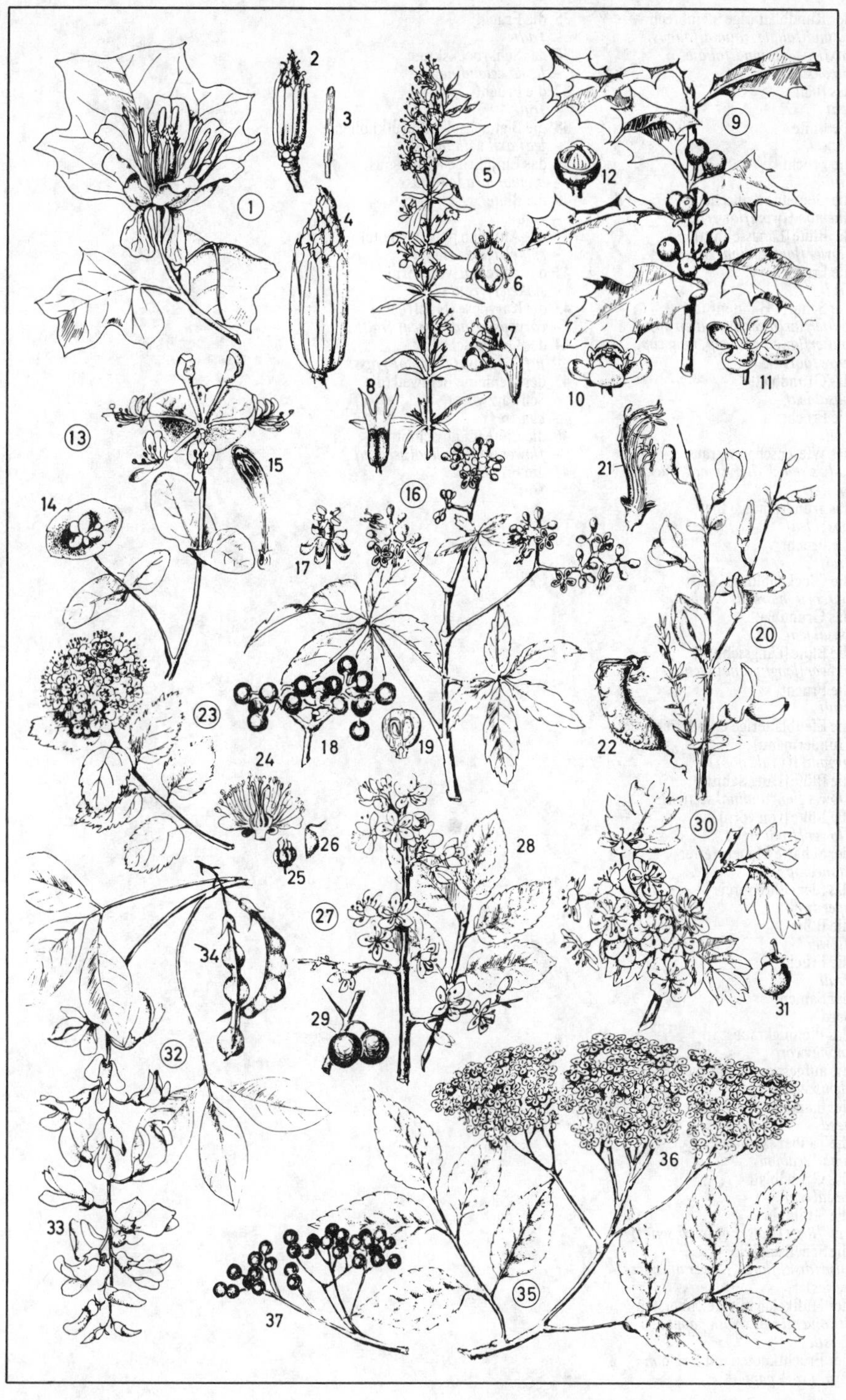
1
2
3
4
5
6
7
8
9
10
11
12
13
14
15
16
17
18
19
20
21
22
23
24
25
26
27
28
29
30
31
32
33
34
35
36
37

375 Wiesenblumen und Blumen am Wegrand I

1 der Rundblätterige Steinbrech
- *rotundifoliate (rotundifolious) saxifrage (rotundifoliate breakstone)*

2 das Blatt
- *leaf*

3 die Blüte
- *flower*

4 die Frucht
- *fruit*

5 die Gemeine Kuhschelle
- *anemone (windflower)*

6 die Blüte [Längsschnitt]
- *flower [longitudinal section]*

7 die Frucht
- *fruit*

8 der Scharfe Hahnenfuß
- *buttercup (meadow buttercup, butterflower, goldcup, king cup, crowfoot)*

9 das Grundblatt
- *basal leaf*

10 die Frucht
- *fruit*

11 das Wiesenschaumkraut
- *lady's smock (ladysmock, cuckoo flower)*

12 das grundständige Blatt
- *basal leaf*

13 die Frucht
- *fruit*

14 die Glockenblume
- *harebell (hairbell, bluebell)*

15 das Grundblatt
- *basal leaf*

16 die Blüte [Längsschnitt]
- *flower [longitudinal section]*

17 die Frucht
- *fruit*

18 die Efeublätterige Gundelrebe (der Gundermann)
- *ground ivy (ale hoof)*

19 die Blüte [Längsschnitt]
- *flower [longitudinal section]*

20 die Blüte [von vorn]
- *flower [front view]*

21 der Scharfe Mauerpfeffer
- *stonecrop*

22 das (der) Ehrenpreis
- *speedwell*

23 die Blüte
- *flower*

24 die Frucht
- *fruit*

25 der Samen
- *seed*

26 das Pfennigkraut
- *moneywort*

27 die aufgesprungene Fruchtkapsel
- *dehisced fruit*

28 der Samen
- *seed*

29 die Taubenskabiose
- *small scabious*

30 das Grundblatt
- *basal leaf*

31 die Strahlblüte
- *ray floret (flower of outer series)*

32 die Scheibenblüte
- *disc (disk) floret (flower of inner series)*

33 der Hüllkelch mit Kelchborsten *f*
- *involucral calyx with pappus bristles*

34 der Fruchtknoten mit Kelch *m*
- *ovary with pappus*

35 die Frucht
- *fruit*

36 das Scharbockskraut
- *lesser celandine*

37 die Frucht
- *fruit*

38 die Blattachsel mit Brutknollen *n*
- *leaf axil with bulbil*

39 das Einjährige Rispengras
- *annual meadow grass*

40 die Blüte
- *flower*

41 das Ährchen [von der Seite]
- *spikelet [side view]*

42 das Ährchen [von vorn]
- *spikelet [front view]*

43 die Karyopse (Nußfrucht)
- *caryopsis (indehiscent fruit)*

44 der Grasbüschel
- *tuft of grass (clump of grass)*

45 der Gemeine Beinwell (die Schwarzwurz)
- *comfrey*

46 die Blüte [Längsschnitt]
- *flower [longitudinal section]*

47 die Frucht
- *fruit*

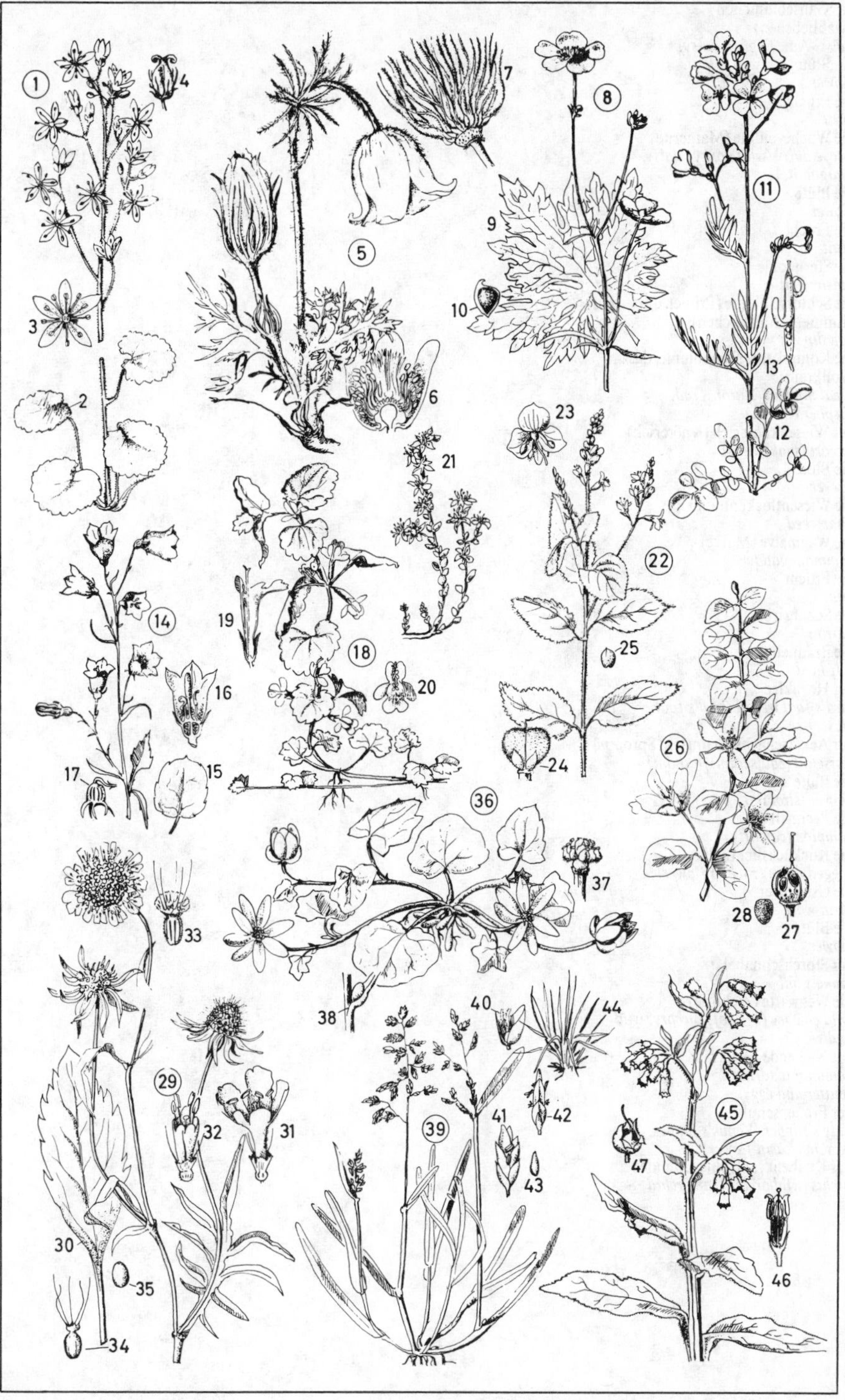
1
2
3
4
5
6
7
8
9
10
11
12
13
14
15
16
17
18
19
20
21
22
23
24
25
26
27
28
29
30
31
32
33
34
35
36
37
38
39
40
41
42
43
44
45
46
47

1 das Gänseblümchen (Maßliebchen)
- *daisy (*Am. *English daisy)*

2 die Blüte
- *flower*

3 die Frucht
- *fruit*

4 die Wucherblume (Margerite)
- *oxeye daisy (white oxeye daisy, marguerite)*

5 die Blüte
- *flower*

6 die Frucht
- *fruit*

7 die Sterndolde
- *masterwort*

8 die Schlüsselblume (Primel, das Himmelsschlüsselchen)
- *cowslip*

9 die Königskerze (Wollblume, das Wollkraut)
- *great mullein (Aaron's rod, shepherd's club)*

10 der Wiesenknöterich (Knöterich)
- *bistort (snakeweed)*

11 die Blüte
- *flower*

12 die Wiesenflockenblume
- *knapweed*

13 die Wegmalve (Malve)
- *common mallow*

14 die Frucht
- *fruit*

15 die Schafgarbe
- *yarrow*

16 die Braunelle
- *self-heal*

17 der Hornklee
- *bird's foot trefoil (bird's foot clover)*

18 der Ackerschachtelhalm [ein Sproß *m*]
- *horsetail (equisetum) [a shoot]*

19 die Blüte
- *flower (strobile)*

20 die Pechnelke
- *campion (catchfly)*

21 die Kuckuckslichtnelke
- *ragged robin (cuckoo flower)*

22 die Osterluzei
- *birth-wort*

23 die Blüte
- *flower*

24 der Storchschnabel
- *crane's bill*

25 die Wegwarte (Zichorie)
- *wild chicory (witloof, succory, wild endive)*

26 das Nickende Leinkraut
- *common toadflax (butter-and-eggs)*

27 der Frauenschuh
- *lady's slipper (Venus's slipper,* Am. *moccasin flower)*

28 das Knabenkraut, eine Orchidee
- *orchis (wild orchid), an orchid*

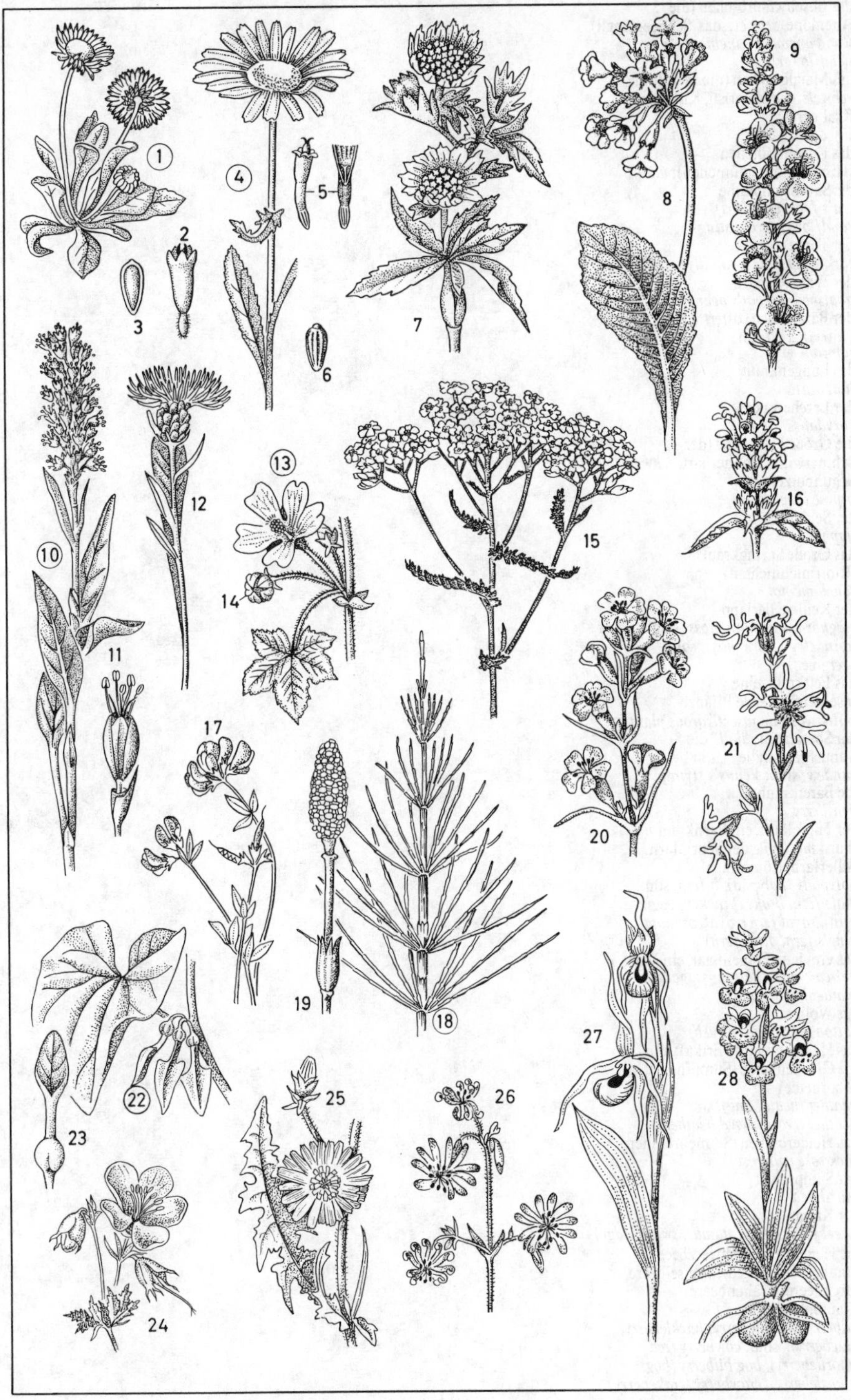
1
2
3
4
5
6
7
8
9
10
11
12
13
14
15
16
17
18
19
20
21
22
23
24
25
26
27
28

377 Wald-, Moor- und Heidepflanzen

1 das Buschwindröschen (die Anemone, *schweiz.* das Schneeglöggli)
- *wood anemone (anemone, windflower)*

2 das Maiglöckchen (die Maiblume, *schweiz.* das Maierisli, Knopfgras, Krallegras)
- *lily of the valley*

3 das Katzenpfötchen (Himmelfahrtsblümchen); *ähnl.:* die Sandstrohblume
- *cat's foot (milkwort);* sim.: *sandflower (everlasting)*

4 der Türkenbund
- *turk's cap (turk's cap lily)*

5 der Waldgeißbart
- *goatsbeard (goat's beard)*

6 der Bärenlauch (*österr.* Faltigron, Faltrian, Feltrian)
- *ramson*

7 das Lungenkraut
- *lungwort*

8 der Lerchensporn
- *corydalis*

9 die Große Fetthenne (der Schmerwurz, Donnerbart, *schweiz.* Schuhputzer)
- *orpine (livelong)*

10 der Seidelbast
- *daphne*

11 das Große Springkraut (Rührmichnichtan)
- *touch-me-not*

12 der Keulige Bärlapp
- *staghorn (stag horn moss, stag's horn, stag's horn moss, coral evergreen)*

13 das Fettkraut, eine insektenfressende Pflanze
- *butterwort, an insectivorous plant*

14 der Sonnentau; *ähnl.:* die Venusfliegenfalle
- *sundew;* sim.: *Venus's flytrap*

15 die Bärentraube
- *bearberry*

16 der Tüpfelfarn, ein Farnkraut *n* (Farn *m*); *ähnl.:* der Wurmfarn, Adlerfarn, Königsfarn
- *polypody (polypod), a fern;* sim.: *male fern, brake (bracken, eagle fern), royal fern (royal osmund, king's fern, ditch fern)*

17 das Goldene Frauenhaar, ein Moos *n*
- *haircap moss (hair moss, golden maidenhair), a moss*

18 das Wollgras
- *cotton grass (cotton rush)*

19 das Heidekraut (die Erika); *ähnl.:* die Glockenheide (Sumpfheide, Moorheide)
- *heather (heath, ling);* sim.: *bell heather (cross-leaved heather)*

20 das Heideröschen (Sonnenröschen)
- *rock rose (sun rose)*

21 der Sumpfporst
- *marsh tea*

22 der Kalmus
- *sweet flag (sweet calamus, sweet sedge)*

23 die Heidelbeere (Schwarzbeere, Blaubeere); *ähnl.:* die Preiselbeere, Moorbeere, Krähenbeere (Rauschbeere)
- *bilberry (whortleberry, huckleberry, blueberry);* sim.: *cowberry (red whortleberry), bog bilberry (bog whortleberry), crowberry (crakeberry)*

1
2
3
4
5
6
7
8
9
10
11
12
13
14
15
16
17
18
19
20
21
22
23

1-13 Alpenpflanzen *f*
- ***alpine plants***

1 die Alpenrose
- *alpine rose (alpine rhododendron)*

2 der Blütenzweig
- *flowering shoot*

3 das Alpenglöckchen
- *alpine soldanella (soldanella)*

4 die ausgebreitete Blütenkrone
- *corolla opened out*

5 die Samenkapsel mit dem Griffel *m*
- *seed vessel with the style*

6 die Edelraute
- *alpine wormwood*

7 der Blütenstand
- *inflorescence*

8 die Aurikel
- *auricula*

9 das Edelweiß
- *edelweiss*

10 die Blütenformen *f*
- *flower shapes*

11 die Frucht mit dem Haarkelch *m*
- *fruit with pappus tuft*

12 der Teilblütenkorb
- *part of flower head (of capitulum)*

13 der Stengellose Enzian
- *stemless alpine gentian*

14-57 Wasser- u. Sumpfpflanzen *f*
- ***aquatic plants** (water plants) and marsh plants*

14 die Seerose
- *white water lily*

15 das Blatt
- *leaf*

16 die Blüte
- *flower*

17 die Victoria regia
- *Queen Victoria water lily (Victoria regia water lily, royal water lily, Amazon water lily)*

18 das Blatt
- *leaf*

19 die Blattunterseite
- *underside of the leaf*

20 die Blüte
- *flower*

21 das Schilfrohr (der Rohrkolben)
- *reed mace bulrush (cattail, cat's tail, cattail flag, club rush)*

22 der männliche Teil des Kolbens *m*
- *male part of the spadix*

23 die männliche Blüte
- *male flower*

24 der weibliche Teil
- *female part*

25 die weibliche Blüte
- *female flower*

26 das Vergißmeinnicht
- *forget-me-not*

27 der blühende Zweig
- *flowering shoot*

28 die Blüte [Schnitt]
- *flower [section]*

29 der Froschbiß
- *frog's bit*

30 die Brunnenkresse
- *watercress*

31 der Stengel mit Blüten *f* und jungen Früchten *f*
- *stalk with flowers and immature (unripe) fruits*

32 die Blüte
- *flower*

33 die Schote mit Samen *m*
- *siliqua (pod) with seeds*

34 zwei Samen *m*
- *two seeds*

35 die Wasserlinse
- *duckweed (duck's meat)*

36 die blühende Pflanze
- *plant in flower*

37 die Blüte
- *flower*

38 die Frucht
- *fruit*

39 die Schwanenblume
- *flowering rush*

40 die Blütendolde
- *flower umbel*

41 die Blätter *n*
- *leaves*

42 die Frucht
- *fruit*

43 die Grünalge
- *green alga*

44 der Froschlöffel
- *water plantain*

45 das Blatt
- *leaf*

46 die Blütenrispe
- *panicle*

47 die Blüte
- *flower*

48 der Zuckertang, eine Braunalge
- *honey wrack, a brown alga*

49 der Laubkörper (Thallus, das Thallom)
- *thallus (plant body, frond)*

50 das Haftorgan
- *holdfast*

51 das Pfeilkraut
- *arrow head*

52 die Blattformen *f*
- *leaf shapes*

53 der Blütenstand mit männlichen Blüten *f* [oben] und weiblichen Blüten *f* [unten]
- *inflorescence with male flowers [above] and female flowers [below]*

54 das Seegras
- *sea grass*

55 der Blütenstand
- *inflorescence*

56 die Wasserpest
- *Canadian waterweed (Canadian pondweed)*

57 die Blüte
- *flower*

1
2
3
4
5
6
7
8
9
10
11
12
13
14
15
16
17
18
19
20
21
22
23
24
25
26
27
28
29
30
31
32
33
34
35
36
37
38
39
40
41
42
43
44
45
46
47
48
49
50
51
52
53
54
55
56
57

1 der Eisenhut (Sturmhut)
- *aconite (monkshood, wolfsbane, helmet flower)*

2 der Fingerhut (die Digitalis)
- *foxglove (Digitalis)*

3 die Herbstzeitlose (*österr.* Lausblume, das Lauskraut, *schweiz.* die Herbstblume, Winterblume)
- *meadow saffron (naked lady, naked boys)*

4 der Schierling
- *hemlock (Conium)*

5 der Schwarze Nachtschatten (*österr.* Mondscheinkraut, Saukraut)
- *black nightshade (common nightshade, petty morel)*

6 das Bilsenkraut
- *henbane*

7 die Tollkirsche (Teufelskirsche, *schweiz.* Wolfsbeere, Wolfskirsche, Krottenblume, Krottenbeere, *österr.* Tintenbeere, Schwarzbeere), ein Nachtschattengewächs *n*
- *deadly nightshade (belladonna, banewort, dwale), a solanaceous herb*

8 der Stechapfel (Dornapfel, die Stachelnuß)
- *thorn apple (stramonium, stramony,* Am. *jimson weed, jimpson weed, Jamestown weed, stinkweed)*

9 der Aronsstab
- *cuckoo pint (lords-and-ladies, wild arum, wake-robin)*

10-13 Giftpilze *m*
- *poisonous fungi (poisonous mushrooms, toadstools)*

10 der Fliegenpilz, ein Blätterpilz *m*
- *fly agaric (fly amanita, fly fungus), an agaric*

11 der Knollenblätterpilz
- *amanita*

12 der Satanspilz
- *Satan's mushroom*

13 der Giftreizker
- *woolly milk cap*

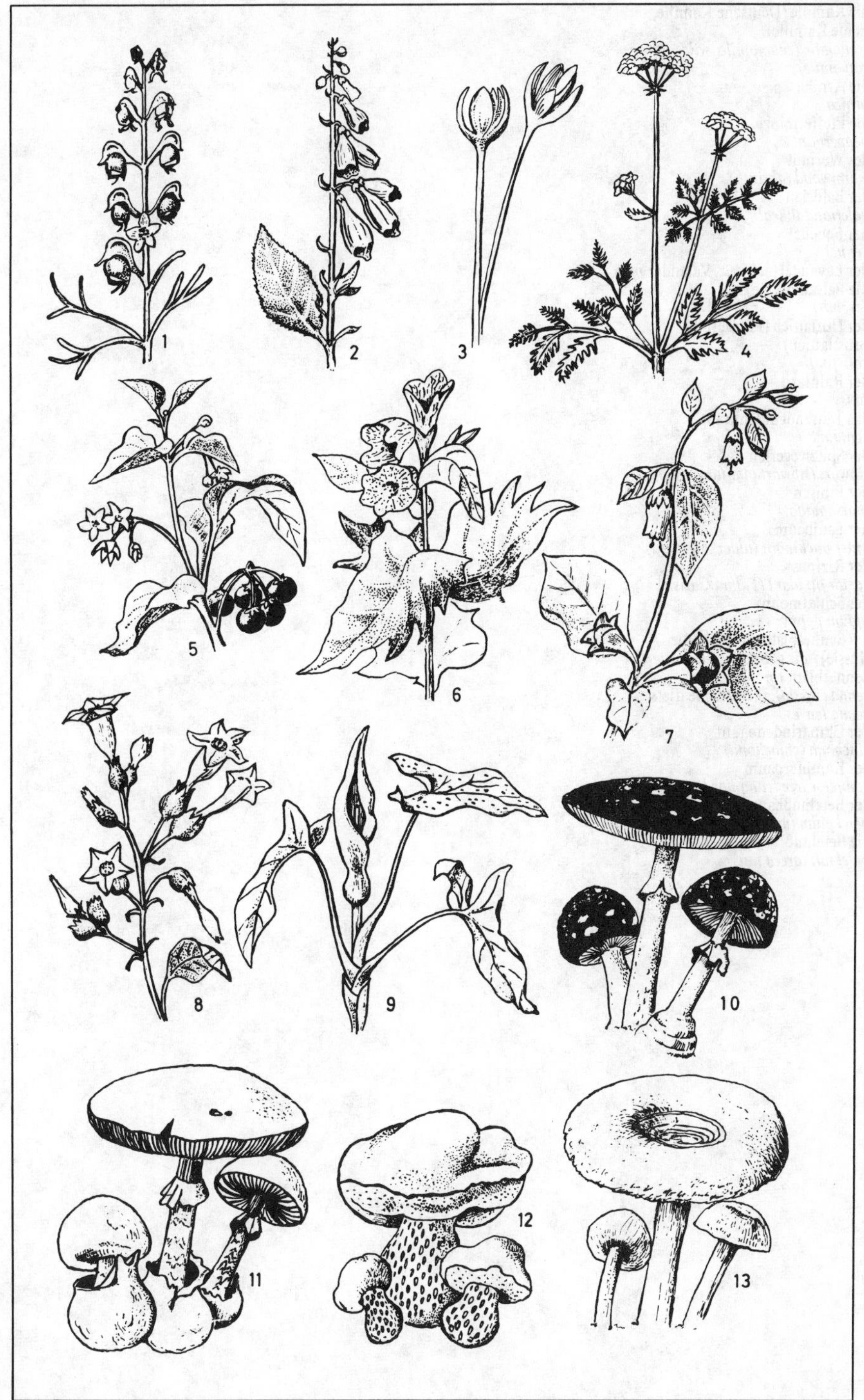
1
2
3
4
5
6
7
8
9
10
11
12
13

1 die Kamille (Deutsche Kamille, Echte Kamille)
- *camomile (chamomile, wild camomile)*
2 die Arnika
- *arnica*
3 die Pfefferminze
- *peppermint*
4 der Wermut
- *wormwood (absinth)*
5 der Baldrian
- *valerian (allheal)*
6 der Fenchel
- *fennel*
7 der Lavendel (*schweiz.* Valander *m*, die Balsamblume)
- *lavender*
8 der Huflattich (Pferdefuß, Brustlattich)
- *coltsfoot*
9 der Rainfarn
- *tansy*
10 das Tausendgüldenkraut
- *centaury*
11 der Spitzwegerich
- *ribwort (ribwort plantain, ribgrass)*
12 der Eibisch
- *marshmallow*
13 der Faulbaum
- *alder buckthorn (alder dogwood)*
14 der Rizinus
- *castor-oil plant (Palma Christi)*
15 der Schlafmohn
- *opium poppy*
16 der Sennesblätterstrauch (die Kassie); *die getrockneten Blätter:* Sennesblätter *n*
- *senna (cassia);* the dried leaflets: *senna leaves*
17 der Chinarindenbaum
- *cinchona (chinchona)*
18 der Kampferbaum
- *camphor tree (camphor laurel)*
19 der Betelnußbaum
- *betel palm (areca, areca palm)*
20 die Betelnuß
- *betel nut (areca nut)*

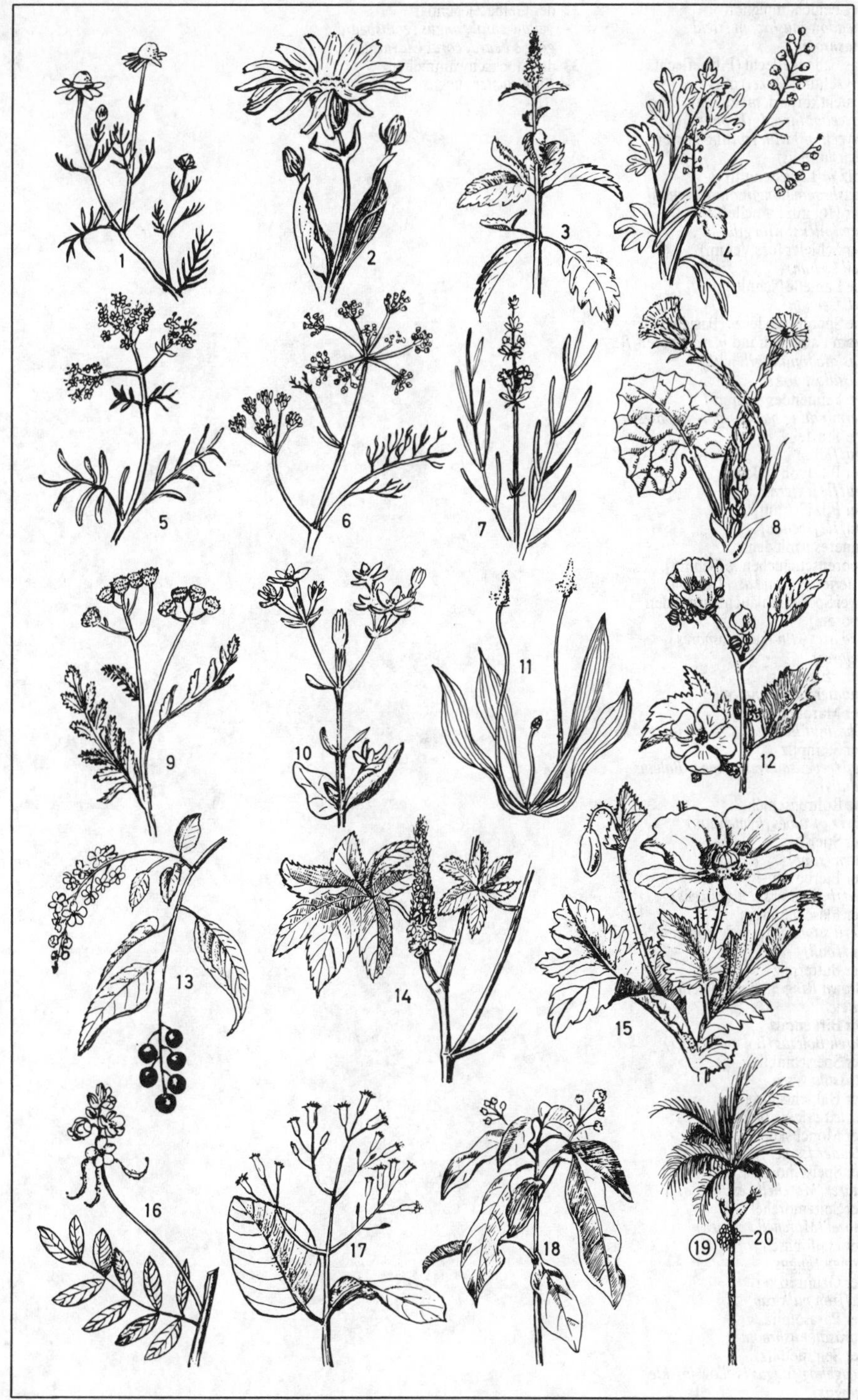
1
2
3
4
5
6
7
8
9
10
11
12
13
14
15
16
17
18
19
20

1 der Feldchampignon
- *meadow mushroom (field mushroom)*
2 das Fadengeflecht (Pilzgeflecht, Myzelium, Myzel) mit Fruchtkörpern *m* (Pilzen)
- *mycelial threads (hyphae, mycelium) with fruiting bodies (mushrooms)*
3 Pilz *m* [Längsschnitt]
- *mushroom [longitudinal section]*
4 der Hut mit Lamellen *f*
- *cap (pileus) with gills*
5 der Schleier (das Velum)
- *veil (velum)*
6 die Lamelle [Schnitt]
- *gill [section]*
7 die Sporenständer *m* (Basidien *f*) [vom Lamellenrand *m* mit Sporen *f*]
- *basidia [on the gill with basidiospores]*
8 die keimenden Sporen *f*
- *germinating basidiospores (spores)*
9 die Trüffel
- *truffle*
10 der Pilz [von außen]
- *truffle [external view]*
11 der Pilz [Schnitt]
- *truffle [section]*
12 Inneres *n* mit den Sporenschläuchen *m* [Schnitt]
- *interior showing asci [section]*
13 zwei Sporenschläuche *m* mit den Sporen *f*
- *two asci with the ascospores (spores)*
14 der Pfifferling
- *chanterelle (chantarelle)*
15 der Maronenpilz
- *Chestnut Boletus*
16 der Steinpilz
- *cep (cepe, squirrel's bread, Boletus edulis)*
17 die Röhrenschicht
- *layer of tubes (hymenium)*
18 der Stiel
- *stem (stipe)*
19 der Eierbovist
- *puffball (Bovista nigrescens)*
20 der Flaschenbovist
- *devil's tobacco pouch (common puffball)*
21 der Butterpilz
- *Brown Ring Boletus (Boletus luteus)*
22 der Birkenpilz
- *Birch Boletus (Boletus scaber)*
23 der Speisetäubling
- *Russula vesca*
24 der Habichtschwamm
- *scaled prickle fungus*
25 der Mönchskopf
- *slender funnel fungus*
26 der Speisemorchel
- *morel (Morchella esculenta)*
27 der Spitzmorchel
- *morel (Morchella conica)*
28 der Hallimasch
- *honey fungus*
29 der Grünreizker
- *saffron milk cap*
30 der Parasolpilz
- *parasol mushroom*
31 der Semmelpilz
- *hedgehog fungus (yellow prickle fungus)*
32 der Gelbe Ziegenbart
- *yellow coral fungus (goatsbeard, goat's beard, coral Clavaria)*
33 das Stockschwämmchen
- *little cluster fungus*

1
2
3
4
5
6
7
8
9
10
11
12
13
14
15
16
17
18
19
20
21
22
23
24
25
26
27
28
29
30
31
32
33

382 Tropische Genußmittel- und Gewürzpflanzen

1 der Kaffeestrauch
- *coffee tree (coffee plant)*
2 der Fruchtzweig
- *fruiting branch*
3 der Blütenzweig
- *flowering branch*
4 die Blüte
- *flower*
5 die Frucht mit den beiden Bohnen *f* [Längsschnitt]
- *fruit with two beans [longitudinal section]*
6 die Kaffeebohne; *nach Verarbeitung:* der Kaffee
- *coffee bean;* when processed: *coffee*
7 der Teestrauch
- *tea plant (tea tree)*
8 der Blütenzweig
- *flowering branch*
9 das Teeblatt; *nach Verarbeitung:* der Tee
- *tea leaf;* when processed: *tea*
10 die Frucht
- *fruit*
11 der Matestrauch
- *maté shrub (maté, yerba maté, Paraguay tea)*
12 der Blütenzweig mit den Zwitterblüten *f*
- *flowering branch with androgynous (hermaphroditic, hermaphrodite) flowers*
13 die männl. Blüte
- *male flower*
14 die Zwitterblüte
- *androgynous (hermaphroditic, hermaphrodite) flower*
15 die Frucht
- *fruit*
16 der Kakaobaum
- *cacao tree (cacao)*
17 der Zweig mit Blüten *f* und Früchten *f*
- *branch with flowers and fruits*
18 die Blüte [Längsschnitt]
- *flower [longitudinal section]*
19 die Kakaobohnen *f*; *nach Verarbeitung:* der Kakao, das Kakaopulver
- *cacao beans (cocoa beans);* when processed: *cocoa, cocoa powder*
20 der Samen [Längsschnitt]
- *seed [longitudinal section]*
21 der Embryo
- *embryo*
22 der Zimtbaum
- *cinnamon tree (cinnamon)*
23 der Blütenzweig
- *flowering branch*
24 die Frucht
- *fruit*
25 die Zimtrinde; *zerstoßen:* der Zimt
- *cinnamon bark;* when crushed: *cinnamon*
26 der Gewürznelkenbaum
- *clove tree*
27 der Blütenzweig
- *flowering branch*
28 die Knospe; *getrocknet:* die Gewürznelke, „Nelke"
- *flower bud;* when dried: *clove*
29 die Blüte
- *flower*
30 der Muskatnußbaum
- *nutmeg tree*
31 der Blütenzweig
- *flowering branch*
32 die weibl. Blüte [Längsschnitt]
- *female flower [longitudinal section]*
33 die reife Frucht
- *mature (ripe) fruit*
34 die Muskatblüte, ein Samen *m* mit geschlitztem Samenmantel *m* (Macis)
- *nutmeg with mace, a seed with laciniate aril*
35 der Samen [Querschnitt]; *getrocknet:* die Muskatnuß
- *seed [cross section];* when dried: *nutmeg*
36 der Pfefferstrauch
- *pepper plant*
37 der Fruchtzweig
- *fruiting branch*
38 der Blütenstand
- *inflorescence*
39 die Frucht [Längsschnitt] mit Samen *m* (Pfefferkorn); *gemahlen:* der Pfeffer
- *fruit [longitudinal section] with seed (peppercorn);* when ground: *pepper*
40 die Virginische Tabakpflanze
- *Virginia tobacco plant*
41 der Blütenzweig
- *flowering shoot*
42 die Blüte
- *flower*
43 das Tabakblatt; *verarbeitet:* der Tabak
- *tobacco leaf;* when cured: *tobacco*
44 die reife Fruchtkapsel
- *mature (ripe) fruit capsule*
45 der Samen
- *seed*
46 die Vanillepflanze
- *vanilla plant*
47 der Blütenzweig
- *flowering shoot*
48 die Vanilleschote; *nach Verarbeitung:* die Vanillestange
- *vanilla pod;* when cured: *stick of vanilla*
49 der Pistazienbaum
- *pistachio tree*
50 der Blütenzweig mit den weibl. Blüten *f*
- *flowering branch with female flowers*
51 die Steinfrucht (Pistazie)
- *drupe (pistachio, pistachio nut)*
52 das Zuckerrohr
- *sugar cane*
53 die Pflanze (der Habitus) während der Blüte
- *plant (habit) in bloom*
54 die Blütenrispe
- *panicle*
55 die Blüte
- *flower*

1
2
3
4
5
6
7
8
9
10
11
12
13
14
15
16
17
18
19
20
21
22
23
24
25
26
27
28
29
30
31
32
33
34
35
36
37
38
39
40
41
42
43
44
45
46
47
48
49
50
51
52
53
54
55

1 der Raps
- *rape (cole, coleseed)*
2 das Grundblatt
- *basal leaf*
3 die Blüte [Längsschnitt]
- *flower [longitudinal section]*
4 die reife Fruchtschote
- *mature (ripe) siliqua (pod)*
5 der ölhaltige Samen
- *oleiferous seed*
6 der Flachs (Lein)
- *flax*
7 der Blütenstengel
- *peduncle (pedicel, flower stalk)*
8 die Fruchtkapsel
- *seed vessel (boll)*
9 der Hanf
- *hemp*
10 die fruchtende weibliche Pflanze
- *fruiting female (pistillate) plant*
11 der weibliche Blütenstand
- *female inflorescence*
12 die Blüte
- *flower*
13 der männliche Blütenstand
- *male inflorescence*
14 die Frucht
- *fruit*
15 der Samen
- *seed*
16 die Baumwolle
- *cotton*
17 die Blüte
- *flower*
18 die Frucht
- *fruit*
19 das Samenhaar [die Wolle]
- *lint [cotton wool]*
20 der Kapokbaum
- *silk-cotton tree (kapok tree, capoc tree, ceiba tree)*
21 die Frucht
- *fruit*
22 der Blütenzweig
- *flowering branch*
23 der Samen
- *seed*
24 der Samen [Längsschnitt]
- *seed [longitudinal section]*
25 die Jute
- *jute*
26 der Blütenzweig
- *flowering branch*
27 die Blüte
- *flower*
28 die Frucht
- *fruit*
29 der Olivenbaum (Ölbaum)
- *olive tree (olive)*
30 der Blütenzweig
- *flowering branch*
31 die Blüte
- *flower*
32 die Frucht
- *fruit*
33 der Gummibaum
- *rubber tree (rubber plant)*
34 der Zweig mit Früchten *f*
- *fruiting branch*
35 die Feige
- *fig*
36 die Blüte
- *flower*
37 der Guttaperchabaum
- *gutta-percha tree*
38 der Blütenzweig
- *flowering branch*
39 die Blüte
- *flower*
40 die Frucht
- *fruit*
41 die Erdnuß
- *peanut (ground nut, monkey nut)*
42 der Blütenzweig
- *flowering shoot*
43 die Wurzel mit Früchten *f*
- *root with fruits*
44 die Frucht [Längsschnitt]
- *nut (kernel) [longitudinal section]*
45 die Sesampflanze
- *sesame plant (simsim, benniseed)*
46 der Zweig mit Blüten *f* und Früchten *f*
- *flowers and fruiting branch*
47 die Blüte [Längsschnitt]
- *flower [longitudinal section]*
48 die Kokospalme
- *coconut palm (coconut tree, coco palm, cocoa palm)*
49 der Blütenstand
- *inflorescence*
50 die weibliche Blüte
- *female flower*
51 die männliche Blüte [Längsschnitt]
- *male flower [longitudinal section]*
52 die Frucht [Längsschnitt]
- *fruit [longitudinal section]*
53 die Kokosnuß
- *coconut (cokernut)*
54 die Ölpalme
- *oil palm*
55 der männliche Blütenkolben mit der Blüte
- *male spadix*
56 der Fruchtstand mit der Frucht
- *infructescence with fruit*
57 der Samen mit den Keimlöchern *n*
- *seed with micropyles (foramina) (foraminate seeds)*
58 die Sagopalme
- *sago palm*
59 die Frucht
- *fruit*
60 das Bambusrohr
- *bamboo stem (bamboo culm)*
61 der Blattzweig
- *branch with leaves*
62 die Blütenähre
- *spike*
63 das Halmstück mit Knoten *m*
- *part of bamboo stem with joints*
64 die Papyrusstaude
- *papyrus plant (paper reed, paper rush)*
65 der Blütenschopf
- *umbel*
66 die Blütenähre
- *spike*

1
2
3
4
5
5
6
7
8
9
10
11
12
13
14
15
16
17
18
19
20
21
22
23
24
25
26
27
28
29
30
31
32
33
34
35
36
♀
♂
37
38
39
40
41
42
43
44
45
46
47
48
49
50
51
52
53
54
55
56
57
58
59
60
61
62
63
64
65
66

1 die Dattelpalme
- *date palm (date)*
2 die fruchttragende Palme
- *fruiting palm*
3 der Palmwedel
- *palm frond*
4 der männliche Blütenkolben
- *male spadix*
5 die männliche Blüte
- *male flower*
6 der weibliche Blütenkolben
- *female spadix*
7 die weibliche Blüte
- *female flower*
8 ein Zweig *m* des Fruchtstandes *m*
- *stand of fruit*
9 die Dattel
- *date*
10 der Dattelkern (Samen)
- *date kernel (seed)*
11 die Feige
- *fig*
12 der Zweig mit Scheinfrüchten *f*
- *branch with pseudocarps*
13 die Feige mit Blüten *f* [Längsschnitt]
- *fig with flowers [longitudinal section]*
14 die weibliche Blüte
- *female flower*
15 die männliche Blüte
- *male flower*
16 der Granatapfel
- *pomegranate*
17 der Blütenzweig
- *flowering branch*
18 die Blüte [Längsschnitt, Blütenkrone entfernt]
- *flower [longitudinal section, corolla removed]*
19 die Frucht
- *fruit*
20 der Samen (Kern) [Längsschnitt]
- *seed [longitudinal section]*
21 der Samen [Querschnitt]
- *seed [cross section]*
22 der Embryo
- *embryo*
23 die Zitrone (Limone); *ähnl.:* Mandarine *f*, Apfelsine *f*, Pampelmuse *f* (Grapefruit *f*)
- *lemon;* sim.: *tangerine (mandarin), orange, grapefruit*
24 der Blütenzweig
- *flowering branch*
25 die Apfelsinenblüte (Orangenblüte) [Längsschnitt]
- *orange flower [longitudinal section]*
26 die Frucht
- *fruit*
27 die Apfelsine (Orange) [Querschnitt]
- *orange [cross section]*
28 die Bananenstaude
- *banana plant (banana tree)*
29 die Blätterkrone
- *crown*
30 der Scheinstamm mit den Blattscheiden *f*
- *herbaceous stalk with overlapping leaf sheaths*
31 der Blütenstand mit jungen Früchten *f*
- *inflorescence with young fruits*
32 der Fruchtstand
- *infructescence (bunch of fruit)*
33 die Banane
- *banana*
34 die Bananenblüte
- *banana flower*
35 das Bananenblatt [Schema]
- *banana leaf [diagram]*
36 die Mandel
- *almond*
37 der Blütenzweig
- *flowering branch*
38 der Fruchtzweig
- *fruiting branch*
39 die Frucht
- *fruit*
40 die Steinfrucht mit dem Samen *m* [der Mandel]
- *drupe containing seed [almond]*
41 das Johannisbrot
- *carob*
42 der Zweig mit weibl. Blüten *f*
- *branch with female flowers*
43 die weibliche Blüte
- *female flower*
44 die männliche Blüte
- *male flower*
45 die Frucht
- *fruit*
46 die Fruchtschote [Querschnitt]
- *siliqua (pod) [cross section]*
47 der Samen
- *seed*
48 die Edelkastanie
- *sweet chestnut (Spanish chestnut)*
49 der Blütenzweig
- *flowering branch*
50 der weibliche Blütenstand
- *female inflorescence*
51 die männliche Blüte
- *male flower*
52 der Fruchtbecher (die Cupula) mit den Samen *m* [den Kastanien *f*, Maronen *f*]
- *cupule containing seeds (nuts, chestnuts)*
53 die Paranuß
- *Brazil nut*
54 der Blütenzweig
- *flowering branch*
55 das Blatt
- *leaf*
56 die Blüte [Aufsicht]
- *flower [from above]*
57 die Blüte [Längsschnitt]
- *flower [longitudinal section]*
58 der geöffnete Fruchttopf mit einliegenden Samen *m*
- *opened capsule, containing seeds (nuts)*
59 die Paranuß [Querschnitt]
- *Brazil nut [cross section]*
60 die Nuß [Längsschnitt]
- *nut [longitudinal section]*
61 die Ananaspflanze (Ananas)
- *pineapple plant (pineapple)*
62 die Scheinfrucht mit der Blattrosette
- *pseudocarp with crown of leaves*
63 die Blütenähre
- *syncarp*
64 die Ananasblüte
- *pineapple flower*
65 die Blüte [Längsschnitt]
- *flower [longitudinal section]*

1
2
3
4
5
6
7
8
9
10
11
12
13
14
15
16
17
18
19
20
21
22
23
24
25
26
27
28
29
30
31
32
33
34
35
36
37
38
39
40
41
42
43
44
45
46
47
48
49
50
51
52
53
54
55
56
57
58
59
60
61
62
63
64
65

Für freundliche Unterstützung und Mitarbeit haben wir zu danken:

ADB GmbH, Bestwig; AEG-Telefunken, Abteilung Werbung, Wolfenbüttel; Agfa-Gevaert AG, Presse-Abteilung, Leverkusen; Eduard Ahlborn GmbH, Hildesheim; AID, Land- und Hauswirtschaftlicher Auswertungs- und Informationsdienst e. V., Bonn-Bad Godesberg; Arbeitsausschuß der Waldarbeitsschulen beim Kuratorium für Waldarbeit und Forsttechnik, Bad Segeberg; Arnold & Richter KG, München; Atema AB, Härnösand (Schweden); Audi NSU Auto-Union AG, Presseabteilung, Ingolstadt; Bêché & Grohs GmbH, Hückeswagen/Rhld.; Big Dutchman (Deutschland) GmbH, Bad Mergentheim und Calveslage über Vechta; Biologische Bundesanstalt für Land- und Forstwirtschaft, Braunschweig; Black & Decker, Idstein/Ts.; Braun AG, Frankfurt am Main; Bolex GmbH, Ismaning; Maschinenfabrik zum Bruderhaus GmbH, Reutlingen; Bund Deutscher Radfahrer e. V., Gießen; Bundesanstalt für Arbeit, Nürnberg; Bundesanstalt für Wasserbau, Karlsruhe; Bundesbahndirektion Karlsruhe, Presse- u. Informationsdienst, Karlsruhe; Bundesinnungsverband des Deutschen Schuhmacher-Handwerks, Düsseldorf; Bundeslotsenkammer, Hamburg; Bundesverband Bekleidungsindustrie e. V., Köln; Bundesverband der Deutschen Gas- und Wasserwirtschaft e. V., Frankfurt am Main; Bundesverband der Deutschen Zementindustrie e. V., Köln; Bundesverband Glasindustrie e. V., Düsseldorf; Bundesverband Metall, Essen-Kray und Berlin; Burkhardt + Weber KG, Reutlingen; Busatis-Werke KG, Remscheid; Claas GmbH, Harsewinkel; Copygraph GmbH, Hannover; Dr. Irmgard Correll, Mannheim; Daimler-Benz AG, Presse-Abteilung, Stuttgart; Dalex-Werke Niepenberg & Co. GmbH, Wissen; Elisabeth Daub, Mannheim; John Deere Vertrieb Deutschland, Mannheim; Deutsche Bank AG, Filiale Mannheim, Mannheim; Deutsche Gesellschaft für das Badewesen e. V., Essen; Deutsche Gesellschaft für Schädlingsbekämpfung mbH, Frankfurt am Main; Deutsche Gesellschaft zur Rettung Schiffbrüchiger, Bremen; Deutsche Milchwirtschaft, Molkerei- und Käserei-Zeitung (Verlag Th. Mann), Gelsenkirchen-Buer; Deutsche Eislauf-Union e. V., München; Deutscher Amateur-Box-Verband e. V., Essen; Deutscher Bob- und Schlittensportverband e. V., Berchtesgaden; Deutscher Eissport-Verband e. V., München; Deutsche Reiterliche Vereinigung e. V., Abteilung Sport, Warendorf; Deutscher Fechter-Bund e. V., Bonn; Deutscher Fußball-Bund, Frankfurt am Main; Deutscher Handball-Bund, Dortmund; Deutscher Hockey-Bund e. V., Köln; Deutscher Leichtathletik Verband, Darmstadt; Deutscher Motorsport Verband e. V., Frankfurt am Main; Deutscher Schwimm-Verband e. V., München; Deutscher Turner-Bund, Würzburg; Deutscher Verein von Gas- und Wasserfachmännern e. V., Eschborn; Deutscher Wetterdienst, Zentralamt, Offenbach; DIN Deutsches Institut für Normung e. V., Köln; Deutsches Institut für Normung e. V., Fachnormenausschuß Theatertechnik, Frankfurt am Main; Deutsche Versuchs- und Prüf-Anstalt für Jagd- und Sportwaffen e. V., Altenbeken-Buke; Friedrich Dick GmbH, Esslingen; Dr. Maria Dose, Mannheim; Dual Gebrüder Steidinger, St. Georgen/Schwarzwald; Durst AG, Bozen (Italien); Gebrüder Eberhard, Pflug- und Landmaschinenfabrik, Ulm; Gabriele Echtermann, Hemsbach; Dipl.-Ing. W. Ehret GmbH, Emmendingen-Kollmarsreute; Eichbaum-Brauereien AG, Worms/Mannheim; ER-WE-PA, Maschinenfabrik und Eisengießerei GmbH, Erkrath bei Düsseldorf; Escher Wyss GmbH, Ravensburg; Eumuco Aktiengesellschaft für Maschinenbau, Leverkusen; Euro-Photo GmbH, Willich; European Honda Motor Trading GmbH, Offenbach; Fachgemeinschaft Feuerwehrfahrzeuge und -geräte, Verein Deutscher Maschinenbau-Anstalten e. V., Frankfurt am Main; Fachnormenausschuß Maschinenbau im Deutschen Normenausschuß DNA, Frankfurt am Main; Fachnormenausschuß Schmiedetechnik in DIN Deutsches Institut für Normung e. V., Hagen; Fachverband des Deutschen Tapetenhandels e. V., Köln; Fachverband der Polstermöbelindustrie e. V., Herford; Fachverband Rundfunk und Fernsehen im Zentralverband der Elektrotechnischen Industrie e. V., Frankfurt am Main; Fahr AG Maschinenfabrik, Gottmadingen; Fendt & Co., Agrartechnik, Marktoberndorf; Fichtel & Sachs AG, Schweinfurt; Karl Fischer, Pforzheim; Heinrich Gerd Fladt, Ludwigshafen am Rhein; Forschungsanstalt für Weinbau, Gartenbau, Getränketechnologie und Landespflege, Geisenheim am Rhein; Förderungsgemeinschaft des Deutschen Bäckerhandwerks e. V., Bad Honnef; Forschungsinstitut der Zementindustrie, Düsseldorf; Johanna Förster, Mannheim; Stadtverwaltung Frankfurt am Main, Straßen- und Brückenbauamt, Frankfurt am Main; Freier Verband Deutscher Zahnärzte e. V., Bonn-Bad Godesberg; Fuji Photo Film (Europa) GmbH, Düsseldorf; Gesamtverband der Deutschen Maschen-Industrie e. V., Gesamtmasche, Stuttgart; Gesamtverband des Deutschen Steinkohlenbergbaus, Essen; Gesamtverband der Textilindustrie in der BRD, Gesamttextil, e. V., Frankfurt am Main; Geschwister-Scholl-Gesamtschule, Mannheim-Vogelstang; Eduardo Gomez, Mannheim; Gossen GmbH, Erlangen; Rainer Götz, Hemsbach; Grapha GmbH, Ostfildern; Ines Groh, Mannheim; Heinrich Groos, Geflügelzuchtbedarf, Bad Mergentheim; A. Gruse, Fabrik für Landmaschinen, Großberkel; Hafen Hamburg, Informationsbüro, Hamburg; Hagedorn Landmaschinen GmbH, Warendorf/Westf.; kino-hähnel GmbH, Erftstadt Liblar; Dr. Adolf Hanle, Mannheim; Hauptverband Deutscher Filmtheater e. V., Hamburg; Dr.-Ing. Rudolf Hell GmbH, Kiel; W. Helwig Söhne KG, Ziegenhain; Geflügelfarm Hipp, Mannheim; Gebrüder Holder, Maschinenfabrik, Metzingen; Horten Aktiengesellschaft, Düsseldorf; IBM Deutschland GmbH, Zentrale Bildstelle, Stuttgart; Innenministerium Baden-Württemberg, Pressestelle, Stuttgart; Industrieverband Gewebe, Frankfurt am Main; Industrievereinigung Chemiefaser e. V., Frankfurt am Main; Instrumentation Marketing Corporation, Burbank (Calif.); ITT Schaub-Lorenz Vertriebsgesellschaft mbH, Pforzheim; M. Jakoby KG, Maschinenfabrik, Hetzerath/Mosel; Jenoptik Jena GmbH, Jena (DDR); Brigitte Karnath, Wiesbaden; Wilhelm Kaßbaum, Hockenheim; Van Katwijk's Industrieën N. V., Staalkat Div., Aalten (Holland); Kernforschungszentrum Karlsruhe; Leo Keskari, Offenbach; Dr. Rolf Kiesewetter, Mannheim; Ev. Kindergarten, Hohensachsen; Klambt-Druck GmbH, Offset-Abteilung, Speyer; Maschinenfabrik Franz Klein, Salzkotten; Dr. Klaus-Friedrich Klein, Mannheim; Klimsch + Co., Frankfurt am Main; Kodak AG, Stuttgart; Alfons Kordecki, Eckernförde; Heinrich Kordecki, Mannheim; Krefelder Milchhof GmbH, Krefeld; Dr. Dieter Krickeberg, Musikinstrumenten-Museum, Berlin; Bernard Krone GmbH, Spelle; Pelz-Kunze, Mannheim; Kuratorium für Technik und Bauwesen in der Landwirtschaft, Darmstein-Kranichstein; Landesanstalt für Pflanzenschutz, Stuttgart; Landesinnungsverband des Schuhmacherhandwerks Baden-Württemberg, Stuttgart; Landespolizeidirektion Karlsruhe, Karlsruhe; Landwirtschaftskammer, Hannover; Metzgerei Lebold, Mannheim; Ernst Leitz Wetzlar GmbH, Wetzlar; Louis Leitz, Stuttgart; Christa Leverkinck, Mannheim; Franziska Liebisch, Mannheim; Linhof GmbH, München; Franz-Karl Frhr. von Linden, Mannheim; Loewe Opta GmbH, Kronach; Beate Lüdicke, Mannheim; MAN AG, Werk Augsburg, Augsburg; Mannheimer Verkehrs-Aktiengesellschaft (MVG), Mannheim; Milchzentrale Mannheim-Heidelberg AG, Mannheim; Ing. W. Möhlenkamp, Melle; Adolf Mohr Maschinenfabrik, Hofheim; Mörtl Schleppergerätebau KG, Gemünden/Main; Hans-Heinrich Müller, Mannheim; Müller Martini AG, Zofingen; Gebr. Nubert KG, Spezialeinrichtungen, Schwäbisch Gmünd; Nürnberger Hercules-Werke GmbH, Nürnberg; Olympia Werke AG, Wilhelmshaven; Ludwig Pani Lichttechnik und Projektion, Wien (Österreich); Ulrich Papin, Mannheim; Pfalzmilch Nord GmbH, Ludwigshafen/Albisheim; Adolf Pfeiffer GmbH, Ludwigshafen am Rhein; Philips Pressestelle, Hamburg; Carl Platz GmbH Maschinenfabrik, Frankenthal/Pfalz; Posttechnisches Zentralamt, Darmstadt; Rabe-Werk Heinrich Clausing, Bad Essen; Rahdener Maschinenfabrik August Kolbus, Rahden; Rank Strand Electric, Wolfenbüttel; Stephan Reinhardt, Worms; Nic. Reisinger, Graphische Maschinen, Frankfurt-Rödelheim; Rena Büromaschinenfabrik GmbH & Co., Deisenhofen bei München; Werner Ring, Speyer; Ritter Filmgeräte GmbH, Mannheim; Röber Saatreiniger KG, Minden; Rollei Werke, Braunschweig; Margarete Rossner, Mannheim; Roto-Werke GmbH, Königslutter; Ruhrkohle Aktiengesellschaft, Essen; Papierfabrik Salach GmbH, Salach/Württ.; Dr. Karl Schaifers, Heidelberg; Oberarzt Dr. med. Hans-Jost Schaumann, Städt. Krankenanstalten, Mannheim; Schlachthof, Mannheim; Dr. Schmitz + Apelt, Industrieofenbau GmbH, Wuppertal; Maschinenfabrik Schmotzer GmbH, Bad Windsheim; Mälzerei Schragmalz, Berghausen b. Speyer; Schutzgemeinschaft Deutscher Wald, Bonn; Siemens AG, Bereich Meß- und Prozeßtechnik, Bild- und Tontechnik, Karlsruhe; Siemens AG, Dental-Depot, Mannheim; Siemens-Reiniger-Werke, Erlangen; Sinar AG Schaffhausen, Feuerthalen (Schweiz); Spitzenorganisation der Filmwirtschaft e. V., Wiesbaden; Stadtwerke – Verkehrsbetriebe, Mannheim; W. Steenbeck & Co., Hamburg; Streitkräfteamt, Dezernat Werbemittel, Bonn-Duisdorf; Bau- und Möbelschreinerei Fritz Ströbel, Mannheim; Gebrüder Sucker GmbH & Co. KG, Mönchengladbach; Gebrüder Sulzer AG, Winterthur (Schweiz); Dr. med. Alexander Tafel, Weinheim; Klaus Thome, Mannheim; Prof. Dr. med. Michael Trede, Städt. Krankenanstalten, Mannheim; Trepel AG, Wiesbaden; Verband der Deutschen Hochseefischereien e. V., Bremerhaven; Verband der Deutschen Schiffbauindustrie e. V., Hamburg; Verband der Korbwaren-, Korbmöbel- und Kinderwagenindustrie e. V., Coburg; Verband des Deutschen Drechslerhandwerks e. V., Nürnberg; Verband des Deutschen Faß- und Weinküfer-Handwerks, München; Verband Deutscher Papierfabriken e. V., Bonn; Verband Kommunaler Städtereinigungsbetriebe, Köln-Marienburg; Verband technischer Betriebe für Film und Fernsehen e. V., Berlin; Verein Deutscher Eisenhüttenleute, Düsseldorf; Verein Deutscher Zementwerke, Düsseldorf; Vereinigung Deutscher Elektrizitätswerke, VDEW, e. V., Frankfurt am Main; Verkehrsverein, Weinheim/Bergstr.; J. M. Voith GmbH, Heidenheim; Helmut Volland, Erlangen; Dr. med. Dieter Walter, Weinheim; W. E. G. Wirtschaftsverband Erdöl- und Erdgasgewinnung e. V., Hannover; Einrichtungshaus für die Gastronomie Jürgen Weiss & Co., Düsseldorf; Wella Aktiengesellschaft, Darmstadt; Optik-Welzer, Mannheim; Werbe & Graphik Team, Schriesheim; Wiegand Karlsruhe GmbH, Ettlingen; Dr. Klaus Wiemann, Gevelsburg; Wirtschaftsvereinigung Bergbau, Bonn; Wirtschaftsvereinigung Eisen- und Stahlindustrie, Düsseldorf; Wolf-Dietrich Wyrwas, Mannheim; Yashica Europe GmbH, Hamburg; Zechnersche Buchdruckerei, Speyer; Carl Zeiss, Oberkochen; Zentralverband der Deutschen Elektrohandwerke, ZVEH, Frankfurt am Main; Zentralverband der deutschen Seehafenbetriebe e. V., Hamburg; Zentralverband der elektrotechnischen Industrie e. V., Fachverband Phonotechnik, Hamburg; Zentralverband des Deutschen Bäckerhandwerks e. V., Bad Honnef; Zentralverband des Deutschen Friseurhandwerks, Köln; Zentralverband des Deutschen Handwerks ZDH, Pressestelle, Bonn; Zentralverband des Kürschnerhandwerks, Bad Homburg; Zentralverband für das Juwelier-, Gold- und Silberschmiedehandwerk der BRD, Ahlen; Zentralverband für Uhren, Schmuck und Zeitmeßtechnik, Bundesinnungsverband des Uhrmacherhandwerks, Königstein; Zentralverband Sanitär-, Heizungs- und Klimatechnik, Bonn; Erika Zöller, Edingen; Zündapp-Werke GmbH, München.

Register

Die halbfetten Zahlen hinter den Stichwörtern sind die Nummern der Bildtafeln, die mageren die auf diesen Tafeln erscheinenden Bildnummern. Gleichlautende Wörter mit verschiedenen Bedeutungen werden durch kursiv gesetzte Bereichsangaben oder Bedeutungshinweise unterschieden.

Folgende Abkürzungen und Kurzformen wurden für die Bereichsangaben verwendet:

Anat.:	Anatomie	*Med.:*	Medizin
Astr.:	Astronomie	*Mil.:*	Militärwesen
AV:	Audiovision	*Müllbes.:*	Müllbeseitigung
Bau:	Bauwesen	*Mus.:*	Musik
Bot.:	Botanik	*Papier:*	Papierherstellung
Buchb.:	Buchbinderei	*Porzellan:*	Porzellanherstellung
Chem.:	Chemie	*Repro:*	Fotoreproduktion
Druck:	Druckerei	*Schädlingsbek.:*	Schädlingsbekämpfung
Eisenb.:	Eisenbahnwesen	*Tech.:*	Technik
Elektr.:	Elektroinstallateur	*Textilw.:*	Textilwesen
Fotogr.:	Fotografie	*U-Elektronik:*	Unterhaltungselektronik
Geld:	Geldwesen	*Walz.:*	Walztechnik
Glas:	Glasherstellung	*Wasservers.:*	Trinkwasserversorgung
Infotechnik:	Informationstechnik	*Web.:*	Weberei
Hütt.:	Hüttenwerk	*Werkzeugmasch.:*	Werkzeugmaschinen
Landw.:	Landwirtschaft	*Winter:*	Winterlandschaft
Masch.:	Maschinenteile	*Zeichn.:*	Zeichnerbüro
Math.:	Mathematik	*Zool.:*	Zoologie

A

B

C

D

E

F

G

H

I

L

M

O

P

Q

R

S

T

U

V

W

X

Y

Z

Index

Ordering

In this index the entries are ordered as follows:

1. Entries consisting of single words, e.g.: 'hair'.
2. Entries consisting of noun + adjective. Within this category the adjectives are entered alphabetically, e.g. 'hair, bobbed' is followed by 'hair, closely-cropped'.
   Where adjective and noun are regarded as elements of a single lexical item, they are not inverted, e.g.: 'blue spruce', not 'spruce, blue'.
3. Entries consisting of other phrases, e.g. 'hair curler', 'ham on the bone', are alphabetized as headwords.

Where a whole phrase makes the meaning or use of a headword highly specific, the whole phrase is entered alphabetically. For example 'ham on the bone' follows 'hammock'.

References

The numbers in bold type refer to the sections in which the word may be found, and those in normal type refer to the items named in the pictures. Homonyms, and in some cases uses of the same word in different fields, are distinguished by section headings (in italics), some of which are abbreviated, to help to identify at a glance the field required. In most cases the full form referred to by the abbreviations will be obvious. Those which are not are explained in the following list:

Agr.	Agriculture/Agricultural	*Hydr. Eng.*	Hydraulic Engineering
Alp. Plants	Alpine Plants	*Impl.*	Implements
Art. Studio	Artist's Studio	*Inf. Tech.*	Information Technology
Bldg.	Building	*Intern. Combust. Eng.*	Internal Combustion Engine
Carp.	Carpenter	*Moon L.*	Moon Landing
Cement Wks.	Cement Works	*Music Not.*	Musical Notation
Cost.	Costumes	*Overh. Irrign.*	Overhead Irrigation
Cyc.	Cycle	*Platem.*	Platemaking
Decid.	Deciduous	*Plant Propagn.*	Propagation of Plants
D.I.Y.	Do-it-yourself	*Rm.*	Room
Dom. Anim.	Domestic Animals	*Sp.*	Sports
Equest.	Equestrian Sport	*Text.*	Textile[s]
Gdn.	Garden	*Veg.*	Vegetable[s]

A

B

C

D

F

J

K

L

N

O

P

T

U

V

W

X

Y